华北电力大学年鉴

2016

华北电力大学档案馆 编

中国工商出版社

责任编辑 / 徐乃莹　张亚丹
封面设计 / 浩　然

图书在版编目（CIP）数据

华北电力大学年鉴 . 2016 / 华北电力大学档案馆编 . —— 北京：中国工商出版社，2016.9
ISBN 978—7—80215—890—0

Ⅰ . ①华… Ⅱ . ①华… Ⅲ . ①华北电力大学 - 2016 - 年鉴 Ⅳ . ① TM-40

中国版本图书馆 CIP 数据核字（2016）第 232880 号

书名 / 华北电力大学年鉴 2016
编者 / 华北电力大学档案馆

出版 · 发行 / 中国工商出版社
经销 / 新华书店
印刷 / 北京翌新工商印制公司
开本 / 880 毫米 ×1230 毫米　1/16　**印张** / 42.5　**字数** / 1600 千字
版本 / 2016 年 9 月第 1 版　2016 年 9 月第 1 次印刷

社址 / 北京市丰台区花乡育芳园东里 23 号（100070）
电话 /（010）63730074，83670785　**电子邮箱**：zggscbs@163.com

书号：ISBN 978—7—80215—890—0 / TM · 1
定价：298.00 元

《华北电力大学年鉴 2016》
编撰人员名单

审　　定：刘吉臻
主　　编：孙忠权
副 主 编：陈　军　张德安
执行主编：王振华　黄义国

特约编审：（按姓氏笔画排列）

丁相宝　丁常富　马小勇　马永光　王秀梅　王佃启　王迎新　王保义　王集令
王聚芹　牛东晓　仇必鳌　毕天姝　曲　涛　任金锁　刘　石　刘　斐　刘云鹏
刘观起　刘志远　刘宗歧　刘秋霞　刘晓峰　杜小泽　李　东　李庆民　李迎春
李庚银　李春祥　李秋夫　杨万华　杨实俊　杨晓忠　吴乐为　吴克河　汪庆华
沈长月　沈剑飞　张天兴　张文建　张建军　张晓宏　张栾英　张瑞雅　张新娟
陆道纲　陈　军　陈　志　陈　武　陈立伟　武彦军　苑英科　范　立　范孝良
范寒松　林　红　林长强　周　泽　房游光　赵玉闪　赵冬鸣　赵冬梅　赵秀国
胡三高　柳长安　段春明　律方成　姜　波　姚凯文　秦卓贤　夏延秋　顾雪平
顾煜炯　徐进良　高　强　高会生　郭炜煜　黄元生　黄国和　曹晓新　董长青
韩中合　谢　红　靳占兴　潘　洁　戴松元　檀勤良

特约编辑：（按姓氏笔画排列）

丁立新　马　焕　马　瑛　马同军　马惠茹　王　艳　王　莉　王　燕　王志红
王彦权　王洪斌　王振华　王瑞琪　尹　莎　孔凌楠　石　峥　石世平　石兵营
田　里　田明霞　史雪霏　付　萍　包跃民　冯满春　朱志媛　朱周斌　任政治
任威宇　刘　让　刘广林　刘长青　刘春磊　刘贵臣　刘　晓　刘跃群　刘　燕
汤石雨　阮艳花　孙志凌　孙翠亭　宋　婧　杜红琴　李　君　李　非　李　博
李红梅　李　青　李晶晶　李睦邻　吴　浩　吴良器　吴学辉　何杰涛　何天枢
何　健　张　杨　张　科　张　清　张力晖　张安冬　张思凡　张隽贤　张湘武
张德安　张　磊　陈晓蕾　陈海燕　范建明　林　林　林建华　郑　凯　郑如秉
郑志平　单田雨　姜　江　赵　凡　赵天怡　赵友君　赵冬鸣　赵丽香　赵海鹏
赵颖涛　荆振宇　胡健强　胡舒敏　侯步蟾　班莹梅　耿江海　倪世清　徐大圣
徐　定　高　洁　高　轩　高慧颖　郭程程　郭新勃　唐　成　常青云　彭跃辉
葛　超　董　剑　董宏伟　董　泽　谢海洋　鄢　知　蒙玉平　赖其军　窦华郡
窦学欣　魏　娜　蹇文馨

内容提要

本书内容包括：华北电力大学在2015年度发表的专文、机构与干部、党群工作与行政管理、学科与学位建设、教育教学、科学研究与产业开发、合作交流与对外联络、院系部情况、教科研设施与服务保障、规章制度建设、重要文件等。

华北电力大学党委书记吴志功在“三严三实”专题教育中讲话

华北电力大学刘吉臻教授当选中国工程院能源与矿业工程学部院士

中华人民共和国教育部
高等学校章程核准书

第71号

华北电力大学：

根据《中华人民共和国高等教育法》《高等学校章程制定暂行办法》，你校党委会审议通过并报我部核准的《华北电力大学章程》，经教育部高等学校章程核准委员会评议，2015年5月26日经教育部2015年第22次部务会议审议通过，现予核准。

核准书所附章程为最终文本，自即日起生效，未经法定程序不得修改。你校应当以章程作为依法自主办学、实施管理和履行公共职能的基本准则和依据，按照建设中国特色现代大学制度的要求，完善法人治理结构，健全内部管理体制，依法治校、科学发展。

中华人民共和国教育部
2015年6月26日

《华北电力大学章程》获批核准

华北电力大学文件

华电校〔2015〕14号

关于印发《华北电力大学综合改革方案》的通知

校直各单位：

近日，国家教育体制改革领导小组办公室下发《关于同意<华北电力大学综合改革方案>备案的函》（教改办函〔2015〕70号），正式批准备案《华北电力大学综合改革方案》，并要求认真组织实施。现将《华北电力大学综合改革方案》予以印发，请相关单位深刻领会文件精神，准确把握全面深化校内综合改革的重大意义，周密部署、抓紧落实、有序推进，确保各项改革任务落到实处。

2015年12月25日

华北电力大学校长办公室　　2015年12月25日印发

《华北电力大学综合改革方案》获准备案并开始实施

全国政协常委、民革中央副主席、民革中央教科文卫体委员会主任傅惠民来访

华北电力大学党委书记吴志功出席哈萨克斯坦博拉沙克国际项目年会

华北电力大学校长刘吉臻当选中电联第六届理事会副理事长

华北电力大学教育基金会召开第二届理事会换届大会及第二届理事会第一次会议

华北电力大学召开西肯塔基大学孔子学院理事会

华北电力大学与紫金（北京）能源管理有限公司举行捐赠签约仪式

华北电力大学与山西大学签署战略合作协议

华北电力大学中欧可再生能源创新中心揭牌

科摩罗联盟驻华大使默罕默德·M·阿布德与南苏丹共和国驻华全权特别大使迈克尔·米利·侯赛因应邀访问华北电力大学并参加本科生毕业典礼

华北电力大学处级领导干部国际化专题培训班开班

华北电力大学举办“科学与艺术掠影”——黄其励、赵景颜夫妇摄影作品展

华北电力大学校长刘吉臻会见英国曼彻斯特大学访问团

华北电力大学赵洱岽负责的《沟通的力量（1-5 讲）》入选第七批国家级精品视频公开课

LETTERS

Edited by Jennifer Sills

Exoskeleton progress yields slippery slope

W. CORNWALL'S FASCINATING News Feature on the growing use of exoskeletons in the military—i.e., robotically augmented ambulatory systems—documented a number of technical hurdles yet to be overcome in this emerging technology ("In pursuit of the perfect power suit," 16 October, p. 270). In addition to their military potential, exoskeletons will aid many civilians suffering from restricted mobility. However, despite their possibilities, exoskeletons pose substantial ethical, legal, and social concerns that will quickly become all the more relevant with the rapid growth of both the military and civilian industries.

The ability to augment otherwise healthy individuals with military-grade exoskeletons starts us down the slippery slope of human enhancement, a challenging area with broad repercussions in conventional society ranging in applications from medicine to sports. Additionally, in transforming soldiers into quasi-machines, we risk further dehumanizing warfare and its human actors, raising the potential for abuse not only by the enemy, but by commanding officers. This capacity for exploitation can also affect civilian workers who will use exoskeletons in heavy industries.

Even corrective uses associated with restoring abilities to the disabled raise social justice concerns relating to the availability of, and accessibility to, this life-altering technology. Therapeutic implementations may also compel us to redefine nontrivial concepts of disability and ableness in light of the growing capacity to technologically supplement human frailties; additionally, current legal and regulatory structures may be unable to appropriately fit newly abled individuals within current disability conventions.

Not only will exoskeletons likely raise novel legal issues relating to product liability, but the potential to implant brain machine interfaces (BMIs) within the posterior parietal cortex, resulting in preconscious control over the exoskeleton, may challenge longstanding near-universal tenets of criminal law. In most jurisdictions, an individual cannot be guilty of a crime if they lack the threshold *mens rea* and *actus reus* (i.e., a guilty mind resulting in a guilty action). BMIs, particularly those supplemented with artificial intelligence, could result in arguably involuntary actions that confound criminal culpability and conceivably put into question even more fundamental issues of free will. In anticipating, promptly acknowledging, and perhaps even tackling these and other concerns, we can preempt and preclude potentially hampering legislation and regulation that might inhibit innovation.

A soldier tests a system built to augment walking performance. The ethical, legal, and social implications of exoskeletons such as this one have yet to be explored.

Dov Greenbaum

Zvi Meitar Institute for Legal Implications of Emerging Technologies, Interdisciplinary Center, Herzliya, Israel and Department of Molecular Biophysics and Biochemistry, Yale University School of Medicine, New Haven, CT 20463, USA. E-mail: [illegible]

Torture's inefficiency long established

IN THE 16 October issue, R. J. McNally reviews a book by Shane O'Mara, *Why Torture Doesn't Work* ("Cruel and unuseful punishment," Books *et al.*, p. 284). I applaud the efforts of the reviewer and the author to publicize this issue, and I would like to remind readers that the inefficiency of torture has long been established, in modern times first and foremost by the Central Intelligence Agency (CIA) itself—the organization at the heart of the current torture dilemma.

McNally claims that "few scholars have scrutinized" the question of whether "abusive questioning reliably causes people to reveal truthful information that they would otherwise refuse to disclose," but this is only true in a qualified sense. In the 1950s and 1960s, the CIA managed a series of front organizations, such as the Human Ecology Fund, to issue grants for empirical studies of human stress responses. The CIA enlisted numerous behavioral science researchers who did not know that their research was contributing to a torture manual (*1*, *2*).

Although using neuroscience may be a new way to demonstrate that physical distress induces "neurocognitive deficits," the CIA had well determined by 1963 that "psychologists and others who write about physical or psychological duress frequently object that under sufficient pressure subjects usually yield but that their ability to recall and communicate information accurately is as impaired as the will to resist" (*3*). The CIA's Counterintelligence Interrogation (KUBARK) manual also observed that "in general, direct physical brutality creates only resentment, hostility, and further defiance" rather than useful information (*4*).

The purpose of torture is not to produce useful information; rather, "all coercive techniques are designed to induce regression" (*3*)—that is, specifically, to erase the individual will by exploiting the psychological and physical dependence of captives on their captors. Ending the practice of torture would seem to involve more than a new, convincing demonstration of its inutility as a means of obtaining information. In this light, then, perhaps the more important assumption to reexamine relates to the disturbing notion that torture has any purpose beyond the exacting of pain, control, and domination.

David R. Witzling

University of Wisconsin-Milwaukee, Milwaukee, WI 53212, USA. [illegible]

REFERENCES

1. D. H. Price, *Anthropol. Today* **23**, 8 (2007).
2. D. H. Price, *Anthropol. Today* **23**, 17 (2007).
3. KUBARK Counterintelligence Interrogation [illegible] (1963); [illegible]
4. KUBARK Counterintelligence Interrogation [illegible] (1963).

Pollution threatens migratory shorebirds

IN ADDITION TO the destruction and loss of coastal wetlands along migration routes ("Hostile shores," C. Larson, News Features, 9 October, p. 150), contamination in the Yellow Sea poses a critical threat to migratory shorebirds.

华北电力大学唐振武副教授研究成果在 Science 上发表

华北电力大学王祥科教授入选为“长江学者”特聘教授，入选 2015 年度汤森路透全球高被引论文科学家

中国电力科学技术奖

获奖证书

奖项名称：中国电力科学技术进步奖

获奖项目：电网信息安全主动防御关键技术与自主可控装备

获奖等级：一等

获 奖 者：华北电力大学

奖励年度：2015年

发证机构：中国电机工程学会
中国电力科学技术奖励工作办公室

证书号：2015-J-1-05-D07

“电网信息安全主动防御关键技术与自主可控装备”项目获中国电力科学技术进步奖一等奖

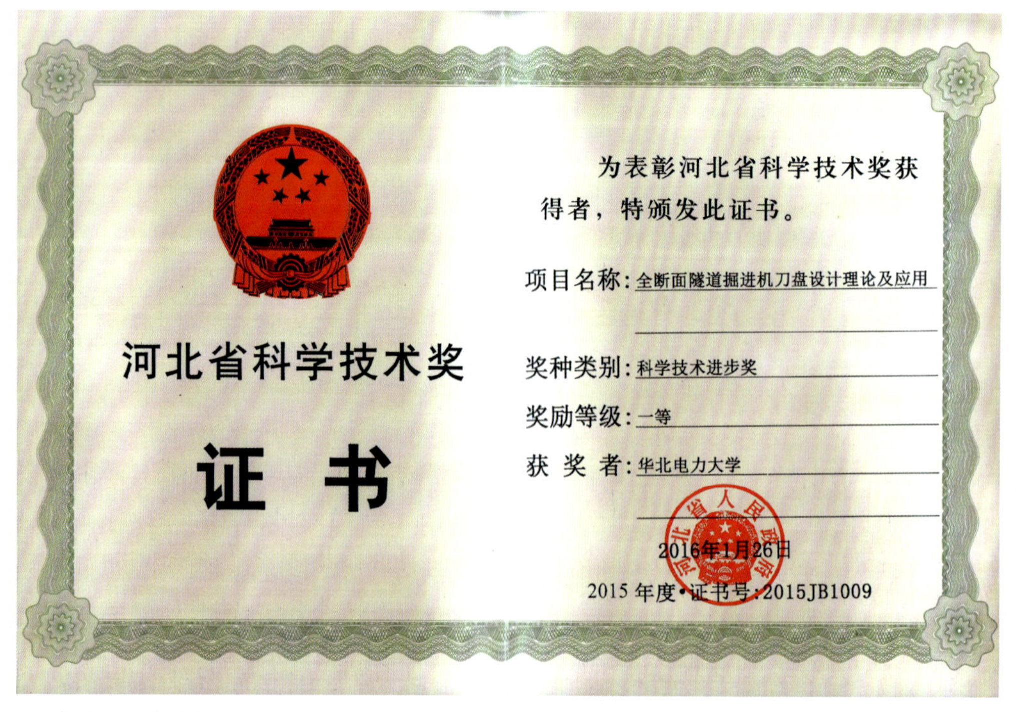

河北省科学技术奖

证 书

为表彰河北省科学技术奖获得者，特颁发此证书。

项目名称：全断面隧道掘进机刀盘设计理论及应用

奖种类别：科学技术进步奖

奖励等级：一等

获 奖 者：华北电力大学

2016年1月26日

2015 年度·证书号：2015JB1009

“全断面隧道掘进机刀盘设计理论及应用”项目获河北省科学技术进步奖一等奖

奥地利联邦水土资源研究所 Peter Strauss 教授来访

加拿大里贾纳大学 Jocelyn Crivea 教授来访

加拿大土木工程学会 Todd Chan 教授来访

学生干雪（左二）获“加多宝杯”第十届全国大学生田径锦标赛女子甲 A5000 米、10000 米两枚金牌

编辑说明

THE EDITORS' DECLARATION

为使我校年鉴更符合编纂出版规范，经查阅大量文献及听取业内专家意见，现决定由原来的以"内容年份"为卷号，变更为以"编纂出版年份"为卷号，目前，以"编纂出版年份"为年鉴卷号被国家、地方及专业年鉴广泛采用，故自本卷始，"《华北电力大学年鉴（2015）》2016卷"表述模式统一采用《华北电力大学年鉴（2016）》模式。

《华北电力大学年鉴（2016）》是一部资料性工具书，由学校档案馆主持编撰，校直各单位参与了编写和编审。

本年鉴以学校各项事业发展为主线，采用文章和条目相结合，以概述、概况和条目为主体的编撰体例，采用语文体和记述体直陈其事，力求简明扼要且不评论。

本年鉴设有13个栏目，以教科研及相关内容为核心，全卷约150万字，共选录图片25幅、重要文件7个、规章制度8个、各类统计表67个。各项数据以2015年12月31日为统计时间节点，部分统计表以各统计部门工作特点的要求为统计口径的卷内予以标注。

本年鉴主要反映学校2015年1月1日至2015年12月31日的重大事件和重要活动，记录各个领域的新成果和新进展。本卷年鉴所收录的文章、条目、图表均由学校各参编单位的年鉴特约编辑组织编写和提供。其中，各一体化办公单位的组稿实行统一编写，非一体化办公单位先分别由校部和保定校区独自撰写，后由校部对应单位统稿。所有材料经由各参编单位特约编审予以审核。

本年鉴筹稿工作于2016年1月始，3月底结束，4月底完成统稿审稿工作，交付出版社。

本卷年鉴编撰出版工作得到学校和参编单位领导重视和各特约编辑支持，在此谨表谢意。在编撰过程中，我们力求做到资料完整、内容详实和数据准确。但由于年鉴编撰时间紧、涉及面广和内容庞杂等原因，加上编者水平所限，难免有疏漏或不妥之处，敬请广大师生和读者批评指正，以便勘误。

年鉴编辑部

2016年4月25日

Editor's Declaration

In order to make our university's yearbook highly coordinate with the criteria of edition and publishing,based on a plenty of documents and references with indoor experts suggestions, since this edition we decided to change the traditional document code from "the date of contents "to "the date of edited and published",currently, "The date of edited and published "has been widely accepted and used by central government, local government and specification yearbooks, so starting from this edition,the description model "*North China Electricity Power University yearbook(2015)in 2016*"are universally changed to be the model *North China Electricity Power University yearbook(2016)* .

North China Electricity Power University yearbook(2016) is a document hand book chiefly edited and directed by university archive museum, written and reviewed by university each executive offices and institutions.

With the development of various university causes being the main line, this almanac takes a compiling style in which articles and items are combined, and summaries, situation descriptions and items constitute the main body. It depicts the facts and matters directly in a concise descriptive style without making any comment.

This almanac is composed of 13 sections, focusing on education, teaching, researches and related matters. The whole volume has about 1.5 million Chinese characters, 25 pictures, 8 important documents,7 regulations, and 67 statistical charts and tables. December 31, 2015 is the statistical closing date for the various data, and marks are made for those statistical tables with different statistical calibers designed on the basis of the work characteristics of the corresponding statistical units.

This almanac mainly reflects the big events and important activities that took place in 2015, from January 1 to December 31, recording the new achievements and progresses in different fields and sectors. All the articles, items, photos, charts in this almanac were prepared and provided by the contributing editors from various university units. The units integrating the office work of the Beijing and Baoding campuses prepared the materials together. As regards those that had not integrated their office work, they prepared independently first, and then the corresponding units in Beijing campus did the final compilation work. All the materials had been checked by the contributing editors from various university units.

The materials collection work started in Jan, 2016, ended in March, and by the end of April, the almanac will be sent to the publishing house after the final compilation and revision work has been completed.

Much attention has been paid by leaders of the university and various compiling units to the production and publishing work of this almanac. Besides, it has also received great support from the contribution editors. Here, we would like to express our great appreciation for their help and support. In the compiling process, we try to produce an almanac with complete materials, detailed content and accurate data. However, it is inevitable to have some mistakes, omissions and errors due to the limited time, extensive subjects, complex content and the compilers" limited abilities. Therefore, we are pleased to receive your criticism and suggestions to make it better.

The Almanac Editorial Department
April 25, 2016

目 录

专文

总述

机构与干部

党群工作与行政管理

学科与学位建设 教育教学

科技研究与产业开发

科研平台建设

合作交流和对外联络

院系部建设

教科研设施与服务保障

规章制度建设

重要文件

统计报表与附录资料

目 录

CONTENTS

SPEECHES AND ARTICLES ON CERTAIN TOPICS

OVERALL REVIEW

ORGANIZATIONSAND LEADERS

INFLUENCE OF THE RELATIONS BETWEEN THE PARTY AND THE MASSES ON ADMINISTRATION

DISCIPLINE CONSTRUCTION AND DEGREE MANAGEMENT AFFAIRS

SCI-TECH RESEARCH AND INDUSTRIAL DEVELOPMENT

CONSTRUCTION OF RESEARCH PLATFORM

COOPERATION, EXCHANGE AND FOREIGN CONNECTIONS

CONSTRUCTION OF SCHOOLS, INSTITUTES AND DEPARTMENTS

INFRASTRUCTURE AND SERVICE GUARANTEE

RULES AND REGULATIONS BUILDING

IMPORTANT NOTICES

STATISTICS AND APPENDICES

□ 专文

SPEECHES AND ARTICLES ON CERTAIN TOPICS

校长刘吉臻发表2015年新年贺词

老师们、同学们、朋友们：

日月开新元，大地又一春。值此岁月更替、辞旧迎新的美好时刻，我谨代表学校向全校师生员工，向离退休老同志，向海内外广大校友和关心、支持学校发展的各级领导、各界朋友们致以新年的祝福！

2014年，是华北电力大学励精图治、深化改革、开拓创新的一年。

学校深入学习贯彻落实党的十八大、十八届三中全会、四中全会精神，紧紧围绕高水平大学的建设目标，坚持以人才培养为中心，深化教育教学改革和校内管理体制改革，全面加强内涵建设，各项工作取得了可喜的成绩。学校系统总结了办学50多年的理论思想和实践经验，高质量地完成了《华北电力大学章程》的制定，为构建现代大学制度和推进依法治校奠定了坚实的基础。面对国家高等教育发展与能源电力革命、京津冀一体化的新形势，学校不断更新观念、抢抓机遇，推进改革，开拓创新，推动学校各项事业蓬勃发展。

2014年，是华北电力大学奋发努力、勇创佳绩、广结硕果的一年。

学校创新人才培养体制机制，着力加强国家精品课程、国家规划教材等理论教学体系与国家实验教学中心、研究生联合培养等实践基地建设，全面提升教育教学质量。大学生在国际、国家级创新创业和学科竞赛中成绩突出，获得国家级奖励372项，省部级奖励450项。其中，在创行世界杯大赛中我校学生团队一举斩获全球总冠军。学校向社会发布了《华北电力大学2014届毕业生就业质量年度报告》，毕业生就业率达到97%，受到了社会及用人单位的广泛好评。

学校坚持“用好现有人才、引进急需人才、培育未来人才”，深入推进“大人才”战略。在“长江学者”、“千人计划”、国家杰出青年基金获得者、国家优秀青年基金获得者等高层次学术领军人才的引进和培养方面有显著突破，建设了一支积极进取、素质优良、结构合理的高水平师资队伍。目前，中国工程院院士1人、双聘院士4人、国家“千人计划”学者10人、国家“青年千人计划”2人、“长江学者”6人，国家杰出青年科学基金获得者7人，“973”首席科学家5人，4支团队列入教育部“长江学者和创新团队发展计划”，具有博士学位的专任教师比例达60%。

学校全面提升科研综合实力和原始创新能力，打造高水平科研平台。“新能源电力系统”国家重点实验室等3个国家级科研平台以优异成绩通过验收，获得国家科技进步二等奖、国家科技发明二等奖各1项，省部级奖13项，年度科研经费近6亿元，中国科技论文与引文数据库收录排名和论文被引用排名持续提升。“智能电网协同创新中心”全面推进，高起点、高规格组建环境研究院。学校被列入了“国家科技成果使用、处置和收益管理”和“教育部高校科技评价”改革试点单位。

2014年，是华北电力大学凝心聚力、蓬勃向上、和谐发展的一年。

学校紧密围绕立德树人的根本任务和为“中国梦”奋斗的时代主题，深入开展社会主义核心价值观培育与践行活动；大力推进校风学风建设，以“自强不息、团结奋进、爱校敬业、追求卓越”的华电精神引领、塑造和培育健康、文明、创新、向上的校园文化。学校不断巩固党的群众路线教育实践活动成果，领导班子及干部工作作风进一步转变，教职工的凝聚力、战斗力显著增强，师生共同构筑和谐校园、平安校园；学校继续加大教育投入，博士生公寓投入使用，教育教学基础设施与学习生活条件显著改善，教职工待遇持续提高。学校获得河北省“省级文明单位”“首都平安示范校”称号。

华北电力大学以上各项成绩的取得来之不易，凝聚着学校全体师生员工的智慧和心血，离不开各级领导、社会各界及全体校友的支持和关怀。在此，我代表学校向大家表示最崇高的敬意和最衷心的感谢！

沧桑砥砺五十载，春融新韵著华章。2015年，学校将继续贯彻落实党的十八大、十八届三中全会、四中全会精神，坚定不移地坚持建设高水平大学的奋斗目标，全面推进教育综合改革，科学规划未来的五年蓝图，紧紧围绕能源转型与革命、新能源开发利用以及京津冀一体化等国家战略与形势任务，把握战略方向，凝练核心项目，用改革推动发展，用发展凝聚人心，全面激发办学活力，切实推动学校各项事业加快发展，不断开拓“多科性、研究型、国际化”高水平大学建设的新局面！

最后，祝大家在新的一年里工作顺利、万事如意、幸福安康！祝愿华北电力大学的明天更加美好！

深化改革　依法治校　全面推进高水平大学建设

校长刘吉臻在第六届第三次教职工代表大会上的工作报告

（3月14日）

各位代表、同志们：

现在，我向大会作工作报告，请各位代表审议。

一、2014年工作回顾

2014年，在教育部等上级部门的正确领导下，学校坚持社会主义办学方向，围绕高水平大学的建设目标，攻坚克难、真抓实干，在党建与思想政治教育、学科建设、人才培养、科学研究、制度建设等各个方面取得了可喜的成绩，呈现出良好的发展势头和稳定和谐的发展局面。

（一）“大电力”学科体系建设跨上新台阶

学校坚持以学科建设为龙头，围绕“大电力”学科体系建设，在继承和保持传统优势学科的基础上，不断优化学科布局，凝练学科方向，加强平台建设，全面深化学科内涵建设。

学校围绕国际前沿和国家能源环境领域的战略性问题，成立了环境与化学工程系，充分整合优势资源、创新模式，高起点地组建了环境研究院。学校全面开展学科调研，逐步推进文理学科振兴计划，新增公共管理（MPA）和应用统计（MAS）2个硕士专业学位授权点。

新能源电力系统国家重点实验室、生物质发电成套设备国家工程实验室、国家火力发电工程技术研究中心三个国家级科研平台经过多年建设，相继在基础理论研究和应用研究等方面取得若干标志性成果，以优异成绩通过国家验收，使学校形成了集3个国家级科研平台、19个省部级科研平台、1个国家国际科技合作基地、4个北京市国际科技合作基地、4个“111引智基地”以及国家大学科技园为一体的高水平科技创新基地。

（二）“大人才”发展战略取得新成效

学校紧密围绕学科建设加强人才队伍建设，人才工作取得突出成效。学校引进同时入选汤森路透环境与生态学和工程学两个领域全球高被引科学家、国家杰出青年基金获得者王祥科、“青年千人计划”学者龚雁峰等一批高层次人才。李永平入选“长江学者”特聘教授，荣获“中国青年女科学家奖”；杨勇平入选“科技北京”百名领军人才培养工程，卢宏玮获国家优秀青年科学基金资助，付忠广获评全国优秀教师、杜小泽获评全国优秀科技工作者。

在“大人才”发展战略指引下，学校全面加强了人才队伍建设工作，聚集高层次人才的能力不断增强，师资队伍结构进一步改善。目前，拥有中国工程院院士1人、双聘院士5人、国家“千人计划”8人、国家“青年千人计划”2人、“万人计划”2人，“长江学者”6人，国家杰出青年科学基金获得者7人，“973”首席科学家5人，国家教学名师1人，4支团队列入教育部“长江学者和创新团队发展计划”，具有博士学位的专任教师比例达60%。

（三）人才培养质量持续提高

学校创新人才培养机制，着力加强国家精品课程、国家规划教材、国家实验教学中心和研究生联合培养基地建设，强化了教师培训力度，建立了三级教学名师资源体系，全面构建能源电力高等工程创新人才培养体系。学校深入落实2013版人才培养方案，完善研究生教育改革总体方案，新增1个本科专业、2门国家级精品课、2部“十二五”国家级规划教材；电力工业全过程仿真实验教学中心入选首批国家级虚拟仿真实验教学中心；与云南电网公司共建的研究生工作站获评全国示范性工程专业学位研究生联合培养基地；电气工程及其自动化专业顺利通过教育部工程教育专业认证；学校获批国家级专业技术人员继续教育基地。

教育教学质量不断提高，创新人才培养成效显著。学生在思想品德、学科竞赛和创新创业大赛中成绩突出，获得国际、国家级奖励375项，省部级奖励450项。其中，在全国研究生和大学生数学建模竞赛、全国大学生节能减排大赛等赛事中一等奖数量位居全国高校前列。学生创行团队在34个国家参赛的“创行世界杯”大赛中一举斩获全球总冠军。

学校大力加强校风学风建设，注重建设丰富多彩的校园文化，学生在文化艺术体育活动方面表现出色：学校男子足球队夺得中国大学生足球联赛北区决赛冠军，多名同学先后在北京国际马拉松赛、全国大学生田径锦标赛等多个国际、国内重要赛事中获得冠亚军；大学生艺术团登上了多个重要舞台展现才艺，2014年作为国家汉办推选出的高校代表赴美国大学举行高水平巡回演出，引起了热烈反响。学校发布了《2013年本科教学质量年度报告》《2014届毕业生就业质量年度报告》，生源质量进一步提升，毕业生就业率97.5%，受到了社会及用人单位的广泛好评。

（四）科技创新取得新突破

学校紧密围绕国家能源电力事业发展需求，深入开展国家重大基础研究和行业共性关键技术研究，全面提升科研综合实力和原始创新能力。全年科研经费总额达5.43亿元。主持承担了国家“973计划”、“863计划”、国家支撑计划、国家自然科学基金等重大、重点基础研究项目共计109项。科技成果产出取得新突破，共获得国家、省部级科研成果奖37项。其中，学校为第一完成单位的“大型超超临界机组自动化成套控制系统关键技术及应用”项目获国家科学技术进步二等奖；学校参与的“气体绝缘装备特高频局部放电监测关键技术及其应用”项目获国家科学技术发明二等奖。

学校围绕能源电力行业的重大科技需求，充分发挥多学科优势，在特高压、智能电网、新能源、节能减排、能源与环境、核电等研究领域广泛开展校企合作，深入推进“2011协同创新计划”，“智能电网协同创新中心”申报认定工作取得阶段性重大进展。学校加强软科学研究和智库建设，在能源电力管理、技术经济、法律法规以及电力改革等领域发挥智囊作用，研究成果为政策制定和企业决策提供智力支持。学校中国科技论文与引文数据库收录排名和论文被引用排名继续提升；被列入“国家科技成果使用、处置和收益管理”及“教育部高校科技评价”改革试点单位。

（五）管理服务水平进一步提高

学校大力加强制度建设，不断深化劳动人事制度改革和后勤管理体制改革，全面构筑管理工作体系和保障体系，管理能力和服务水平进一步提高。大学理事会制度建设和体制机制建设进一步实质性推进，理事会人才培养委员会、科技合作委员会工作进展顺利，校企合作迈出新的步伐；高等教育研究紧密围绕学校中心任务和改革实践，认真做好发展咨询和政策研究工作；校园规划与基础建设扎实推进，信息化工作进程加快，教育教学基础设施与学习生活条件进一步改善；学校年度事业收入17.9亿元，支出16.8亿元，财务运行状况良好，教职工收入稳步提高。学校不断提高后勤、资产、图书、档案、医疗、网络、招标、期刊等保障工作水平，持续推进国际教育及合作交流、基金会、校友会等工作，不断优化科技创安条件，积极发挥工会、共青团等组织的作用，继续保持安定团结、稳定发展的良好办学局面。

（六）党建与思想政治教育工作进一步加强

学校认真学习贯彻党的十八大、十八届三中、四中全会、习近平总书记系列重要讲话和全国高校党建工作会议精神，坚持正确的政治方向和舆论导向，牢牢把握意识形态工作领导权；学校持续巩固党的群众路线教育实践活动成果，扎实推进党风廉政和反腐败体系建设；以党组织换届为契机，进一步优化干部队伍结构，以干部教育培训和强化项目凝练为手段，不断提升干部的宏观思考力和工作执行力，领导班子及干部工作作风进一步转变，教职工的凝聚力、战斗力进一步增强，广大师生爱岗敬业、追求卓越，形成了健康、文明、创新、向上的校园文化。

学校全面贯彻党的教育方针，紧密围绕立德树人的根本任务和中华民族伟大复兴的“中国梦”的时代主题，注重党建与思想政治教育工作顶层设计和过程指导，积极培育和践行社会主义核心价值观，着力打造集思想政治教育、学业辅导、心理健康教育、综合素质评价为一体的学生工作建设体系，大学生思想政治教育成效显著。

各位代表、同志们，过去的一年里，全校师生众志成城，团结奉献，在推动学校各项事业发展的进程中做出了突出贡献。在此，我代表学校领导班子向广大教职员工表示崇高的敬意和衷心的感谢！

二、深化改革　依法治校

党的十八大提出了中华民族伟大复兴的“中国梦”和“两个百年”的宏伟目标，十八届三中、四中全会分别通过了关于全面深化改革和全面推进依法治国的决定。对于高等学校来讲，深入学习贯彻中央一系列重要会议精神，紧密结合高等教育改革发展实际，深化学校综合改革，全面推进依法治校，是当前摆在我们面前的重要任务。在这样的大背景下，学校经过历时两年的起草、论证、修改、征询意见并通过严格的制定、审议程序，完成了《华北电力大学章程》(核准稿)。《章程》待教育部正式核准后，将是学校办学的纲领性文件，标志着学校在探索现代大学制度建设进程中迈出了关键性一步，为学校全面推进依法治校、深化改革奠定了坚实的制度基础。

(一)深刻认识大学章程对学校总结历史、展望未来，依法治校、自主办学，统领大学科学发展的重大意义

《华北电力大学章程》严格按照国家有关法律法规以及中央、教育部有关文件的精神和要求，站在继承历史、把握现实、放眼未来的高度，深刻总结了学校的办学历史与实践经验，高度凝练了学校的理论思想与治校方略，突显了学校的特色和亮点，贯穿了新时期改革创新的精神，把学校的定位、目标、方针、战略、文化、理念以及学校在党和国家宏观制度下已经做、正在做和应当做的各项改革举措以章程的形式固化下来，开启了学校依法治校、自主办学、深化改革、科学发展的历史新阶段。

《章程》集中体现了学校建校57年办学历程的道路自信、理论自信和制度自信。多年来，学校坚持党委领导下的校长负责制，坚持依法治校、民主监督、科学决策；提出了“办一所负责任大学”的办学理念和“学科立校、人才强校、科研兴校、特色发展”十六字方针，构建了“大电力”特色学科体系，凝聚了“自强不息、团结奋进、爱校敬业、追求卓越”的华电精神，创新了大学理事会与教育部共建的办学体制以及两地办学、实质性一体化的管理模式，形成了“厚基础、重实践、强能力、求创新”的人才培养特色，强化了走一条校企合作的兴校之路，实施了“大人才”发展战略及一系列改革创新的劳动人事制度，建立了竞争上岗、干部轮岗、学术回归、干部问责等干部管理制度，开创了以教职工代表大会为代表的民主管理、民主监督的办学道路等。这些都是学校在多年的办学历程中不断探索、完善并在实践中证明行之有效的智慧结晶和宝贵财富。《章程》把这些理念、思想、制度与建设中国特色高等教育的要求相融合，以章程的形式予以确立、加以传承和固化，体现了学校认识规律、把握本质，不断提高治理能力、完善治理体系的理性认识和办学成就，凝聚了学校多年开拓创新的改革成果，因此成为学校在新的时期把握方向、统一思想、依法治校、依章治教、建设中国特色高水平大学的政策依据和行动纲领。

(二)充分把握新形势下学校改革发展的任务和特征，深化改革、依法治校，攻坚克难、特色发展，开创高水平大学建设新局面

当前，国际国内的形势与环境正在发生着重大转变，国家经济转型与能源革命全面开启，高等教育综合改革深入推进。改革既需要用法治、制度保护和巩固现有发展成果，又需要用法治、制度进一步激发改革动力、释放新的生产力和创造力。《章程》的颁布和推行，一方面为学校的建设、改革、发展提供了相对稳定的思想基础和制度保障，另一方面更要为新时期学校改革创新开疆拓土、保驾护航。

多年来，学校在建设发展的过程中，持续不断地推行了各项改革。如以绩效考核为核心的劳动人事与收入分配制度改革，以干部轮岗、学术回归为主导的干部制度改革，以“四三三”核心课程、“四模块”实践教学体系为突出特征的创新人才培养改革等，这些改革都在学校不同发展阶段取得了显著的成绩，推进了学校事业的进步。但是，随着学校面临内外形势的不断变化、国家政策导向与政府管理方式的转型、各种资源配置的格局重组，学校的改革和发展也进入攻坚期和深水区。一方面，多年来制约学校进一步发展的诸多矛盾和问题更加凸显，成为阻碍事业发展的瓶颈；另一方面，在改革创新、破解难题的进程中，也出现了许多新的问题需要攻克和跨越。特别是能源环境成为事关国家经济社会发展的战略问题，习近平总书记去年在中央财经领导小组第六次会议上专门提出了能源消费、能源供给、能源技术和能源体制四方面“能源革命”的论述，这对我们这所以能源电力为学科特色的高校来说是极大的挑战，更是全新的机遇。我们只有以更加坚韧的勇气、更加创新的思路、更加有力的措施，坚定不移地继续推进改革，才能在新常态中把握形势、提升能力，集聚优势、乘势而上，推动学校的事业迈向新台阶。

在新的形势下，学校依然面临着繁重的建设任务、发展任务，面临着更加激烈的竞争格局。比如，学校创新人才培养理念与体制的进一步深化改革，科技创新体系的机制创新和能力的进一步提升，劳动人事制度改革的纵深推进，科技成果转化的全面推动等，这些都是学校综合改革的关键点和突破口。同时，新成立的环境研究院的高位崛起，“2011协同创新中心”战略必争点的实质性突破，国家重点实验室等重点科研平台、基地的重大项目承担和重大成果产出等等，这些事关全局和战略的重点工作，也是学校面临的艰巨任务和重大挑战。唯其改革才有出路，唯其创新才能发展。为此，学校上下要以大学章程为指导思想与行为纲领，坚定目标、迎难而上，抢抓机遇、创新思维，革弊图新、战略突围，带动学校在新的形势下重点突破、全面提升，开创高水平大学建设新局面。

三、2015年重点工作

2015年，是全国上下全面推进依法治国的开局之年、是高等教育深入推进综合改革的关键之年、是完成“十二五”规划的收官之年，也是“十三五”规划制定的开启之年。学校面临的主要任务是：继续深入学习贯彻党的十八大、十八届三中、四中全会、习近平总书记系列重要讲话和全国高校党建工作会议精神，深化改革、依法治校，认清新形势、抢抓新机遇、推进新改革、谋划新项目、取得新突破、跨上新台阶，坚持不移地推进高水平大学建设。

（一）科学谋划发展蓝图，制定学校“十三五”发展规划，着力提升学科建设水平

“十三五”期间，是学校全面贯彻《国家中长期教育改革和发展规划纲要（2010—2020）》、加快推进高水平大学建设的关键时期。要在系统总结学校“十二五”规划任务落实情况的基础上，站在学校事业发展全局性、战略性、前瞻性的高度，认真分析高等教育和能源电力行业的发展趋势，准确把握校情和发展阶段特征，紧紧围绕高水平大学建设的战略目标，牢牢抓住深化学校综合改革这根主轴，科学制定发展目标和改革任务，全面启动学校“十三五”发展规划编制工作。

大力加强学科建设，按照教育部有关文件精神，做好学校“一流学科建设计划”工作，做好现有学科博士、硕士授权点的动态调整工作，建立校内学科评估评价体系，建立以绩效考核为基础的学科建设管理新体制。

（二）深化劳动人事制度改革，推进人才队伍建设再上新台阶

深入贯彻“大人才”发展战略，继续推进劳动人事制度改革，以“明确目标、提高标准、有序推进、精益求精”为指导思想，探索灵活多样的用人机制，不断优化学校人才队伍结构，充分调动各级各类人员的积极性，以改革激发活力。

深化机构改革，按照精简、效能原则科学设置各类机构，推进管理重心下移；进一步完善岗位聘任和新员工聘任制度，逐步建立科学合理的准聘、长聘机制；强化质量导向，完善以绩效考核为主的人才队伍考核、评价标准体系；修订完善专业技术职务评聘条件，完善教职工收入分配体系。

科学编制人才规划，制定完成各级各类人才队伍的建设规划，高质量完成人才招聘工作；加大高层次人才、青年人才特别是学校重点学科发展急需人才的引进工作力度，推进各类人才计划的遴选申报工作；规范人事代理、外聘员工管理，建立灵活多样的用人用工机制。

建立健全各类培训体系，加快青年教师成长。整合培训项目，制定培训规划，按照“国际化、工程化”的要求，拓展教师出国研修计划的申报渠道，推进青年教师培训项目深入实施；改革完善博士后在站管理制度，完成2015年度博士后科研流动站评估工作。

（三）深化教育教学改革，加强创新人才培养体系建设

深入推进教育教学改革。以促进学生全面发展为目标，以社会需求为导向，以强化创新教育为核心，以提升教师教学能力为保障，全面打造集“四三三”核心课程、“四模块”实践教学、“四环节”综合培养（选修课程、综合设计、创新活动、素质教育）为一体的具有鲜明华电特色的创新人才培养体系。

加强教育教学信息化建设，加强优质课程建设，深化基础课教学改革。建立优质核心课程与优秀教学团队认定制度，制定“夯实本科教学基础，加强创新人才培养”行动计划；制定教师教学发展规划，提高教师教学能力和水平。

探索多元化的人才培养目标定位与多样化的人才培养模式；健全专业动态调整机制与转专业制度，推动工程教育专业认证工作；全面修订研究生培养方案，推进研究生招生生源保障机制改革；制定学校研究生学位点自评估方案，扎实做好核科学与技术、翻译硕士、会计硕士等5个学位点专项合格评估工作。

以创新人才培养为核心，加强创新文化建设。深化“创新实验班”培养模式改革，完善“学研双驱”培养模式，探索拔尖创新人才培养的模式和机制；推动大学生创新实践活动，建立“学校引导、学生主导、项目依托、常态运行、自我管理”的群众性创新实践活动体系及长效机制。

加强校企协同育人体制机制建设，构建人才培养实践教学体系。组建“中国电力行业卓越工程师培养联盟”，制定电力行业卓越人才评价标准；推进示范性研究生工作站建设，促进研究生联合培养基地内涵发展。

进一步提升继续教育工作水平。推广中国电力行业远程继续教育网，推进国家级专业技术人员继续教育基地建设，力争成为教育部第一批继续教育试点改革高校。

（四）深化科技体制机制改革，提升学校科技创新能力和水平

深化科研管理体制改革，主动适应国家科技体制战略调整，围绕国家重大需求和学校的战略必争点，进一步凝聚方向、整合资源、形成优势、提升能力。

围绕能源电力与环境保护等重大战略领域，加强内涵建设，提升科技创新能力。全力推进“智能电网协同创新中心”的建设运行与申报认定工作，力争取得重大突破；做好省部级以上科研平台的组织申报和运行管理工作；整合学科优势，加强科技人才队伍和创新团队建设，力争在国家重点项目、重大工程项目申报中取得新突破；加大成果培育与集成力度，力争在国家科技奖励、省部级或行业科技奖励一等奖上有新突破。

深入开展科技成果转化改革试点工作，不断提升学校科技成果转化能力和水平。建立健全科技成果转化制度体系，稳步推进国家技术转移中心建设；依托中国技术市场协会，拓展技术转移渠道，推动科技创新和成果落地转化；推进国家大学科技园服务体系建设，迎接国家大学科技园评估工作。

深化科技创新模式和机制改革。进一步探索建立以质量和贡献为导向的科研评价体系，突出成果导向和分类评价，提高资源配置效率；进一步健全学术组织管理和学风建设制度，强化学术权力。

（五）加强平台和项目建设，切实推进学生工作改革创新

加强和改进大学生思想政治教育工作。以立德树人为根本任务，深入开展“中国梦”“中国精神”、中国优秀传统文化等主题教育实践活动，大力培育和践行社会主义核心价值观，大力弘扬以爱国主义为核心的民族精神和以改革创新为核心的时代精神，大力推动优秀先进文化传承创新，采取多样化方式、方法和途径，促进学生成长成才。

创新学生综合评价体系，注重学生核心素质培养，推进大学生成长，发展数字化平台建设，建立学生成长目标素质模型；加强辅导员队伍建设，实施研究生辅导员队伍建设“德范工程”；完善学业辅导体系；加大研究生“三助一辅”工作力度；实施“绿色家园工程”；关注特殊群体，打造针对性强、特色鲜明的心理素质教育新模式。

加强创新创业教育，拓宽就业渠道，开发移动应用端信息交互平台，实现就业指导服务的精细化和个性化；完善学生奖助体系；加强学风建设；加强校园文化品牌建设，启动“绿色电力照亮丝绸之路”项目；推进高水平运动队和艺术教育精品化建设，促进学生全面发展。

（六）加大力度、开拓创新，着力推进校企校地合作与对外合作交流

深化校企校地合作模式与机制改革，以服务求支持，以贡献促发展。积极参与行业企业重大科技攻关，深入开展校地校企合作，力争在重大技术合作项目和成果落地转化上取得新突破。

进一步加强理事会特别是理事会人才培养委员会和科技合作委员会的建设，激发理事会活力；加快推进能源电力智库建设，启动中国电力史网建设，深入实施电力行业人才培养标准项目；成立校友企业家联盟，完善校友信息数据库。

积极推进国际合作与交流，切实提升学校国际影响力。加快完成中外合作办学机构的设立工作，积极承担国家外交、科技、教育合作重大项目，不断扩大合作伙伴大学的数量和合作范围。

开展优势学科国际知名课程认证体系建设，推进留学生招生机制改革；开展院系国际化示范工作，举办中层干部国际班；加快华北电力大学国际港建设，开发和使用引智、出国、外宾来访以及学生交流管理信息系统。

（七）深化后勤管理体制改革，加强服务保障体系建设

继续做好后勤管理体制改革这篇大文章，构建科学规范高效的后勤管理体系，进一步优化岗位编制，做到人有其岗、岗有所为，加大专业化、精细化、项目化管理力度，充分调动员工工作积极性，提高劳动效率。

提高服务质量与水平，不断满足广大师生员工日益增长的需求，增强服务高水平大学建设的能力。推进全面预算管理和项目化管理，提升财务管理水平；加快房产管理信息化建设与分类管理改革步伐，构建科学准确高效的公房管理模式；改革完善资产管理制度体系，提升大型贵重仪器设备共享管理水平；规范校内服务和经营秩序，完善综合维修追踪及回访机制；加强队伍与条件建设，提升医疗保健水平。

完善基础设施建设，加强校园安全管理。全面做好主楼A、G座和后勤服务楼的工程建设管理工作，完成道路改造等年度修购专项建设任务。启动校园

"一卡通"二期工程与主楼无线校园网升级改造项目，加强节能技术改造，大力推进校园数字化、信息化、智能化管理和应用。

（八）全面加强党建与思想政治工作，为建设高水平大学提供根本保障

学校肩负着学习研究宣传马克思主义、培养中国特色社会主义事业建设者和接班人的重大任务，要把加强和改进学校党的建设作为办好中国特色社会主义大学的根本保证，切实把党要管党、从严治党落到实处，坚持和完善党委领导下的校长负责制，按照抓方向、抓改革、抓制度、抓班子、抓基层、抓作风、抓落实的要求，梳理出目标、思路和举措，有效发挥基层党组织战斗堡垒作用和共产党员先锋模范作用，切实推动学校党建工作上台阶、上水平。

坚持党的教育方针，坚持社会主义办学方向，把社会主义核心价值观的内容和要求融入教育教学、社会实践、文化育人和作风建设全过程；强化党在意识形态领域的主导性引领作用，加强道德教育实践，加强师德师风建设，提升文明创建水平。

深化干部制度改革，以建立党的群众路线教育实践活动长效机制和深化整改方案的落实为抓手，切实加强干部队伍建设；改革干部考核制度，建立系统完整的干部培养教育工作体系，完成处级领导班子和领导干部整体换届工作；按照《中国共产党普通高等学校基层组织工作条例》精神，认真筹备召开学校第二次党代会，做好基层党组织换届选举工作；进一步落实党风廉政建设责任制，深化廉政风险防控管理；加强经济责任审计与财务审计，促进学校内控制度建设。

全面学习贯彻大学章程，大力推进思想文化建设、制度建设和组织建设。深化两级中心组理论学习，加强正面宣传及舆论引导工作，提升宣传工作水平，提高学校社会知名度；进一步提升高等教育研究服务学校改革发展实践的能力，进一步提高学术期刊的办刊水平和社会影响力；深入推进学校民主管理与监督，完善教代会制度建设；做好离退休干部工作，充分发挥老同志的独特作用；牢固树立"大安全观"的理念，做好校园安全稳定工作，完善应急反应机制，提高突发事件的处置能力，全力打造绿色校园、科技校园、人文校园。

各位代表、同志们：

新的发展带来新的机遇，新的时代呼唤新的征程。新的一年，我们要在党的十八大、十八届三中、四中全会精神的指引下，以全面贯彻落实大学章程为契机，紧紧围绕能源转型与革命、新能源开发利用以及京津冀一体化等国家战略与形势任务，把握战略方向，凝练核心项目，用改革推动发展，用发展凝聚人心，全面激发办学活力，切实推动学校各项事业加快发展，努力开拓"多科性、研究型、国际化"高水平大学建设的新局面！

认清形势　明确要求　问题导向　遵循规律
凝练项目　设计模式　优化制度　实现梦想

党委书记吴志功在第六届第三次教职工代表大会闭幕式上的讲话

（3 月 15 日）

各位代表、同志们：

华北电力大学第六届第三次教职工代表大会，经过全体与会代表和工作人员的共同努力，圆满完成了大会的各项议程，即将胜利闭幕。

两天来，代表们认真听取并讨论了刘吉臻校长所作的《深化改革 依法治校 全面推进高水平大学建设》的工作报告，审议了学校《2014 年财务报告》《提案工作报告》《学术委员会章程》和《教职工代表大会实施细则》。代表们以高度的责任感和使命感认真履行职责，积极建言献策，对学校工作提出了许多宝贵的意见和建议。大家一致认为，校长工作报告立意高远、方向明确、振奋人心，抓住了推进依法治校和深化综合改革的重大战略问题，为新时期高水平大学建设指明了方向。下面，我就进一步明确新形势下中国高等教育的根本任务、坚持以问题为导向、凝练重大项目、推进学校高水平大学建设的理论和实践问题谈几点意见。

一、深刻认识并牢牢把握办中国特色社会主义大学的新形势和新要求

什么是中国特色社会主义大学？如何办好中国特色社会主义大学？这是新形势下党和国家对中国高等教育提出的新要求，也是我们在座各位必须思考和回答的一个重要问题。

第一，办好中国特色社会主义大学是实现中华民族伟大复兴、实现社会主义强国之梦的历史的、现实的和未来的必然选择。纵观世界强国发展的历史，大学强则国家强，任何一个国家的综合实力都离不开强大的高等教育的支撑。英国的强大离不开牛津剑桥，德国的强大离不开洪堡大学，美国的强大离不开斯坦福、麻省理工大学，历史的选择如此，现实的和未来的选择也是如此。以科技竞争为核心的综合国力的竞争，必然离不开高等教育的智力支撑。

第二，办好中国特色社会主义大学是中国办什么样大学的必然选择。任何国家的大学教育都是在特定生产关系下进行的，都不能离开一定的社会制度，不能不适应一定的社会需要而孤立存在。高校教育，作为我国社会主义文化建设的重要内容，必须符合中国特色社会主义事业的需要，也必然具有社会主义的中国特色。因此，它应当扎根于中国的土地，从中国的实际出发，继承中国教育的优良传统，适应中国社会的需要。

第三，办好中国特色社会主义大学是实现“四个全面”战略布局的必然要求。习近平总书记在第23次全国高校党建工作会议上，对办好中国特色社会主义大学作出重要指示，强调高校肩负着学习研究宣传马克思主义、培养中国特色社会主义事业建设者和接班人的重大任务。加强党对高校的领导，加强和改进高校党的建设，是办好中国特色社会主义大学的根本保证。习近平总书记对我国高校根本性质的界定，指明了办好高等教育的大前提，即：必须在办好中国特色社会主义大学这个根本问题上形成共识。《关于坚持和完善普通高等学校党委领导下的校长负责制的实施意见》（中办发〔2014〕55号）和《关于进一步加强和改进新形势下高校宣传思想工作的意见》（中办发〔2014〕59号）文件，把办中国特色社会主义大学提到一个前所未有的高度，赋予中国大学在全面建成小康社会、实现中华民族伟大复兴的中国梦中的重大责任和使命。

第四，要把握能源生产和消费革命的大势。当前，能源安全是关系国家经济社会发展的全局性、战略性问题，对国家繁荣发展、人民生活改善、社会长治久安至关重要。习近平总书记去年在中央财经领导小组第六次会议上专门提出了能源消费、能源供给、能源技术和能源体制四方面的“能源革命”，对肩负人才培养和科学研究重要使命的高校，尤其是我们华北电力大学这样的行业特色型院校提出了新的要求。同时，要把握中国“一带一路”和提升中国软实力的新机遇，深刻把握现代科技发展的大势，主动融入国家战略，通过建设高水平智库和人才培养，为提升中国的软实力做出贡献。

面对党和国家事业发展提出的新要求，面对社会、企业、家长和学生对高等教育的新期待，一方面，中国大学作为高端人才的培育者、科技创新的引领者、社会发展的推动者、优秀文化的传承者、人文交流的先行者，必须要顺应历史的趋势和世界发展的潮流，在培养创新创业人才、加强科技成果的获取和转化、推进协同创新、加强高端智库建设等方面发挥服务国家和社会的职能。与此同时，中国大学更应该充分彰显大学的中国特色，明确在中国特色社会主义现代化建设事业中的历史使命和社会责任。中国大学的特色主要体现在：要把学习研究宣传马克思主义作为大学的第一要务；要把培养社会主义事业的建设者和接班人作为大学的根本任务；要加强党对高校的领导，加强和改进高校党的建设；要坚持立德树人，把社会主义核心价值观融入教书育人全过程；要强化思想引领，牢牢把握高校意识形态工作领导权；要更加注重继承和发扬中国的传统文化，对于西方的先进经验，坚持古为今用，洋为中用；要坚持和完善党委领导下的校长负责制，不断改革和完善高校的管理体制机制。这是办中国特色社会主义大学的重要特征，也是党和国家对如何办好中国特色社会主义大学的根本要求。

二、坚持以问题为导向，把握并遵循事物发展的内在规律

问题的本质就是目标要求与现实的差距，也是事物的矛盾，是需求与现实不适应的矛盾，哪里有矛盾，哪里就有问题。有了强烈的问题意识，就有了进取求胜的动力，脱离了对问题的关注，脱离了对未知的探索，要解决问题就很难做到。当前，我们面临的根本问题就是什么是中国特色社会主义大学？如何办中国特色社会主义大学？我们必须在这个根本问题上形成共识。要把建设高水平大学的目标要求与学校发展的现实对比，就会发现我们的比较优势是什么，存在哪些差距，制约学校发展的软

肋和问题在哪儿，这样才能更有力地解决问题。

解决问题的关键在于把握规律。所谓规律，就是事物发展变化过程中本质的联系和必然的趋势，是对事物影响因素相互联系的准确把握。按规律办事，就是按照马克思主义关于规律的基本观点去发现问题、分析问题、解决问题。只有遵循规律，才能够把握事物发展的本质要求，然后根据本质要求找到发展的战略结构点，抓住发展的主要矛盾。教育领域有各种各样的规律，如创新人才培养的规律、科学研究的规律、学科建设的规律，但归根结底离不开马克思主义对教育规律的认识。马克思主义教育规律认为，人的本质“在其现实性上，它是一切社会关系的总和”，人是环境和教育的产物，同时人是可以改造环境的。如何培养全面发展的人，教育与生产劳动相结合是一条根本的规律。在中国的传统文化中也有很多教育规律，如知行合一、因材施教等。规律具有普遍性和特殊性，我们既要遵循马克思主义发展的一般规律，更重要的是要深刻把握中国特色社会主义道路的特殊规律，这是办好中国特色社会主义大学的重要前提。

三、凝练项目，设计科学的模式

项目是指一系列独特的、复杂的并相互关联的活动，这些活动有着一个明确的目标或目的，必须在特定的时间、预算、资源限定内，依据规范完成。项目的主要特征是以解决问题为导向。如我国的596工程，在短时间内整合全国力量，打破各种利益藩篱，集中力量重点突破，终于在5年的时间内自主研制出中国第一颗原子弹。这就是项目的优势和主要意义，对于大学来说，项目是实现大学发展战略的载体，对实现学校的发展目标同样具有重要意义。项目的凝练必须体现以下几点：必须顺应国家的大势、必须体现党和国家要求，必须把握问题，遵循马克思主义教育规律，必须突出学校优势。华北电力大学在这方面有很好的例子，学校从2009年开始实施“把绿色电力送到雪域高原”“绿色电力照亮长征路”大学生新能源科技教育扶贫服务行动，采取“送设备、送光明、送人才、送服务”的方式，探求解决西藏等无电地区的用电对策。项目之所以成功，就在于它体现了社会大势、国家要求和人才培养规律，是国家需求、学校优势和人才培养规律三位一体的结合，也是爱专业、爱国家、爱人民的具体体现，体现了把社会主义核心价值观如公平、富强、和谐与人才培养的要求结合了起来，体现了培养学生社会责任感和创新实践能力的规律。

所谓模式，就是在一定的时空条件下实现项目的具体路线和途径。不同的项目，核心价值观不一样，时空条件不一样，选择的模式就不一样。要运用马克思主义活的灵魂，具体问题具体分析，根据每个项目特定的条件设计科学的模式。在“绿色电力”的项目中，学生根据不同情况运用了不同的模式，分别采取公平模式、富强模式、和谐模式。把“绿色电力送到雪域高原”就是公平模式，解决了西藏拉孜县节村、新疆建设兵团12师104团二牧场等无电区农牧民的生活用电问题，体现了社会主义核心价值观的公平理念。富强模式的案例是：进行试点和调研后成立了公司，针对内蒙古牧民对用电系统的反馈进行技术改造和设备发明，解决了因为恶劣天气而造成的发电效率低和设备使用寿命短等问题，并引入了割草机和水泵等生产设备，提高当地牧民的收入和生活水平。经过大学生们推广使用，当地牧民现可用电量从原来的0.18度/日增加到6度/日，提高了33倍。

和谐模式的设计，就是通过新能源技术网站的建立、科研项目的设立，推广绿色低碳能源的使用。通过项目的实施，学生在服务社会、服务民族、服务国家的过程中培养了创新精神、实践能力和责任感。2014年，我校创行团队凭借这个项目夺得“创行世界杯”全球总冠军。

四、优化制度，实现梦想

政策和策略是党的生命，所谓制度，就是政策和策略的综合体，对项目的实现至关重要。路径和模式确定之后，制定什么样的政策、策略，就成为确保项目实施的关键点。制度具有多样性和权变性。多样性是指任务很多，不同的对象具有不同的特点，就要设计不同的制度。有历史的、现实的、未来的，有教学的、科研的，有知识转换，这些都需要不同的制度。所谓权变性，就是具体问题具体分析，这是马克思主义活的灵魂。也具有优越性和竞争性，优越性就是人无我有、人有我优，竞争性就是制度能够最大限度调动师生员工的积极性，激发最大潜能。制度的优化是一个动态发展的过程，只有不断创造具有竞争性和优越性的制度，才能够充分调动师生员工的积极性，也才能够突显学校的核心竞争力。

梦想是最令人心动的旋律，又是最引人奋进的动力。实现中国梦，强国梦，对我们而言，就是深刻理解办好中国特色社会主义大学的新形势，明确党和国家对办中国特色社会主义大学的新要求，紧紧围绕如何办中国特色社会主义这个根本问题，在马克思教育规律的指导下，凝练出重大项目，设计科学的模式，优化实现项目的制度，把学习研究宣传马克思主义、培养中国特色社会主义事业建设者和接班人作为大学的重要使命，为实现中华民族伟大复兴的中国梦做出贡献。

总的来说，对于高水平大学建设事业中的任何一件大事，都需要认清发展形势，明确党和国家的要求，坚持以问题为导向，遵循发展规律，凝练高水平大学建设的重大项目，设计科学的模式，优化实现项目的制度，这是一个前后衔接、有机统一的战略思维和执行模式，是把高水平大学的奋斗目标转化为一个个工作业绩的重要抓手，对学校的改革发展具有普遍的指导意义。

各位代表、同志们：

本次教代会把深化改革、依法治校，全面推进高水平大学建设确定为本年度的重点工作，是学校科学判断发展形势、准确把握发展方向的新思路和新举措，为学校在新的历史时期的发展指明了方向，注入了强劲动力，开启了学校高水平大学建设的新篇章。

在此，我提几点要求：

一、积极宣传贯彻落实教代会的会议精神，为深化改革、推进依法治校提供强劲动力。全校各级领导干部要认真学习贯彻落实本次教代会精神，切实加强对校长报告和大会决议及相关文件的学习与宣传工作，尤其要以召开二级党组织换届为契机，把校长报告的主要精神和二级党组织换届结合起来，解放思想，锐意改革，引导广大师生树立依法治校和遵章办学意识，把综合改革的目标分解成实际工作中的重大项目，为创建高水平大学做出新的贡献。

二、不断提高谋事和做事的能力，全力推动综合改革取得实效。二级部门的负责人作为综合改革的主要谋划者和实施者，在凝练重大项目、推动部门创新中至关重要。这就要求广大干部首先要提高谋事能力。要深入学习十八大、十八届三中、四中全会和习近平总书记系列重要讲话精神，深刻领会第二十三次全国高校党建工作会议精神，以强烈的担当精神和责任意识，凝练重大项目，推动综合改革进程；其次，要不断提升能做事和做成事的能力。坚决克服领导干部中存在的“在位不知、在位不谋、在位不为、为而无效”以及“能力恐慌”等问题，以全新的战略思维、辩证思维和创新思维，深刻把握学校面临的新形势、新任务，客观分析机遇和挑战，发现问题，把握规律，凝练项目，设计模式，优化制度，推动各项工作迈上新台阶。最后，要重点强调的，要提升干部的办学筹资能力和水平。要贯彻落实袁贵仁部长在今年全教会上的讲话精神，把干部的筹资能力作为考核的重要内容来研究、来实现。希望广大干部能够主动作为、积极工作，充分借助大学基金会的平台，拓宽筹融资渠道，提高资金使用效率，培育和扶持重大项目快速成长。

三、要坚持党要管党、从严治党，切实加强党的建设和干部队伍建设。打铁还需自身硬，各级干部要高度重视新形势下坚持党的领导的重要性和必要性，充分发挥高校党委在深化综合改革、建设中国特色现代大学制度中的领导核心作用。要不断增强自我净化、自我完善、自我革新、自我提高的能力，做到思想过硬、精神过硬、作风过硬、能力过硬。要推动制度治党和依法治校有机结合，扎实开展党风廉政建设，持之以恒贯彻中央“八项规定”，深化“四风”整治，巩固和拓展党的群众路线教育实践活动成果，努力建设一支讲政治、业务精、作风好的高素质干部队伍。

新年伊始，万象更新，衷心希望各位代表和广大教职员工能够以昂扬的斗志和饱满的热情，锐意改革，积极进取，在建设高水平大学的伟大进程中建功立业、再创辉煌！

谢谢大家，并祝大家在新的一年里工作顺利，身体健康！

不负时代　追逐梦想

校长刘吉臻在2015届研究生毕业典礼暨学位授予仪式上的讲话

（4月1日）

各位老师、各位来宾，全体应届毕业研究生同学们：

大家上午好！

春暖花开，万物争秀。在春光明媚的美好时节，今天，我们在这里隆重举行华北电力大学2015届研究生毕业典礼暨学位授予仪式。首先，我代表学校向参加本次毕业典礼的137名博士、3313名硕士研究生毕业并获得学位表示热烈的祝贺。在此，也向为同学们成长成才付出心血、汗水的研究生导师、教职员工以及你们的家人、亲友们致以诚挚的感谢和深深的敬意！

几年前，你们从四面八方集聚到华电，开始在这片沃土上追逐青春的梦想。几年来，你们积极向上、不断努力，在崇尚科学、追求真理、完善自我的道路上不断探索，获取了知识，收获了成长。如今，你们又将在这个充满生机与希望的春天里，开始人生新的启航。

同学们，你们在校的这几年，也是学校蓬勃向上、持续发展的几年，学校与你们共同成长、共同进步，朝着“多科性、研究型、国际化”高水平大学的建设目标不断奋进。学校“大电力”学科体系建设不断深化和完善，“985优势学科创新平台”重点建设持续推进，我校工程学学科进入ESI世界前1%行列；“新能源电力系统”国家重点实验室及一批重要的国家级科研平台引领科技创新，“智能电网协同创新中心”建设顺利推进。与此同时，学校不断深化教育教学改革，持续推进“大人才”发展战略，“长江学者”、“千人计划”、“万人计划”等高层次学术领军人才汇聚成长，科学研究成果显著，人才培养质量稳步提升。

几年来，学校研究生教育得到了快速发展。随着学校“研究型”办学目标的确立，学校多年来在稳定本科生规模的基础上，积极扩大研究生规模。2004年，学校研究生招生规模1195人，去年达到了2516人，十年之间，增长比例达110%。在规模扩大的同时，我们更加注重的是质量的提升和内涵的建设，学校坚持“办一所负责任的大学”的办学理念，学科的发展、师资队伍的建设、教育观念的创新、培养模式的改革、办学条件的改善等等都是扎扎实实推进的重要内容。近年来，学校全面实施研究生教育改革总体方案，以模式与机制改革为重点，提升研究生生源质量，实行研究生分类培养，不断加强专业学位研究生核心课程建设；建立健全资助与激励相结合的研究生奖助体系，鼓励研究生勇于创新、全面发展；扩大并优化导师队伍，研究生导师整体素质持续提高；增大国际交流力度，依托项目和基地建设，使研究生能够走出国门，开拓国际视野；创新研究生培养模式，扩大校企合作培养模式，使我校研究生的培养质量得到国家和社会广泛认可。

今年，共有22篇博士论文和99篇硕士论文被评为校级优秀学位论文，这在历年中是数量最多的一年。今年毕业的同学当中，控计学院博士生孔小兵共发表论文14篇，其中SCI检索论文7篇，EI检索7篇；能动学院博士生汪涛同学共发表论文11篇，其中SCI检索7篇、EI检索2篇、一级学报1篇。还有许多博士、硕士研究生在学期间参加了国家“973”、“863”、自然科学基金、国家科技支撑计划等重大科研项目，并发挥了重要的作用，也做出了重要的贡献。我校研究生还在宣传与践行社会主义核心价值观以及全国研究生数学建模竞赛、研究生英语演讲比赛、全国研究生智慧城市设计大赛等多种社会实践活动与学科创新大赛中取得良好成绩。

同学们，你们的不懈努力不仅是学业的进步和个人的成长，同时，通过你们的努力也为华电的发展做出了重要的贡献。为此，我再次向你们表示衷心的祝贺和诚挚的感谢！

同学们，在你们即将开启人生新征程的时刻，作为师长，我有两点思考，在这里与你们分享：

第一、认清时代，把握自我。生活在当下，必须认清我们所处的时代，俗话讲，识时务者为俊杰，认不清时代，就把握不好前进的方向。当今的时代是一个什么样的时代？首先是国家实现两个百年、中华民族伟大复兴的时代，这为青年人提供了报效国家、成就事业的广阔天地和舞台；同时，当今的时代也是一个高速发展的时代和变革的时代，令人眼花缭乱的时代，全球化、信息化、云计算、互联网、全民创新、万众创业、“一路一带”、中国制造2025等给我们带来了新奇与深深的冲击，人们的思想观念、行为方式、价值取向也面临着多元化的拷问和深刻的影响，概括起来，既充满了机遇，也充满了挑战甚至是风险。对个人来讲，能否在时代的发展潮流中保持清醒的头脑和定力，把握好人生正确的目标，而不迷失方向、随波逐流，是每一个青年人都要经受的现实考验。

第二、脚踏实地，成就梦想。国家有中国梦，我们每一个人也要有自己的人生目标和梦想。没有梦想就没有方向、没有动力，但实现梦想，更主要的就是要脚踏实地、持之以恒，靠自己的勤奋、坚持和智慧，不懈努力进取、实现人生的目标。在成就梦想的道路上，不要见异思迁，不要眼高手低，要耐得住寂寞、守得住平凡，因为伟大出于自平凡；不怕挫折、不怕失败，因为失败是成功之母；要经得住诱惑，因为诱惑的前面往往就是陷阱。

所以，同学们：要做一个脚踏实地的人，做一个对国家、对社会、对他人有用的人，做一个有尊严的人。正如奥斯特洛夫斯基所说的那样：当我回首往事的时候，不因为虚度年华而悔恨，不因为碌碌无为而羞愧。到那时，无论我们事业达到了什么样的境界，或者人生取得了多大的成就，但回想今天、回望青春的时候，我们都会无悔于心、不负时代。这就是成功，也是我对你们最真切的嘱托和期望。

最后，衷心祝愿同学们在未来的征程中一切顺利、鹏程万里、展翅翱翔！

认清形势　明确要求　问题导向　遵循规律
凝练项目　构建体系　优化制度　平安发展

党委书记吴志功在2015华北电力大学党风廉政建设暨纪检监察、审计工作会议上的讲话

同志们：

今天，我们在这里召开华北电力大学2015年党风廉政建设暨纪检监察审计工作会议。刚才，双辰同志回顾总结了2014年的工作，并对2015年学校党风廉政建设和反腐败工作做了全面部署。校内各单位和院系要结合部门实际，把党风廉政建设工作融入到各项具体业务工作中去，切实负起责任，认真抓好贯彻落实。

下面，我结合习近平总书记系列重要讲话，结合上级有关工作会议部署和要求，按照学校第一次党代会和全面推进高水平大学建设的要求，就我校深入推进党风廉政建设和反腐败工作，有效落实党风廉政建设主体责任和监督责任，谈几点意见。

一、认清形势 明确要求

从党的十八大、十八届三中、四中全会和习近平总书记系列重要讲话，中央纪委第五次全会和全国教育系统党风廉政建设工作会议精神中，我们可以清楚地看出，中央对党风廉政建设工作的重视程度和对腐败问题的查处力度也达到了前所未有的高度。同时，我们也要清醒地认识到，高校也绝非一方净土，当前社会对高等教育的期许越来越高，这都要求学校一定要认清形势，高度重视党风廉政建设工作，从学校和二级单位不同层面认真找准问题，并针对问题的不同特点，按照高等教育规律研究制定不同的对策，强化问责制，积极构建集预防、监督、惩治于一体的党风廉政建设体系，确保学校的平安发展。

二、问题导向 遵循规律

多年来，学校在执行民主集中制、决策方面，学校的党委常委会、校长办公会、教代会已经形成了一个独特的体系，应该说在诸多高校中也是很有特色和优势。这种体系将党委常委会和校长办公会、教代会的三重关系处理得恰到好处，保证了重大问题的决策是科学民主的，并且这种制度还在不断的改进和加强。

学校今后要进一步加强二级单位决策的科学化、民主化，首先需要党政一把手进一步构建和完善制度设计，二级院系党代会换届时党政班子能做到共

商共议，将报告落到实处；其次，要完善惩防体系建设，从学校层面赋予纪委更大的权力。纪委不仅要做到预防腐败，更要监督，有依据来问责。

各单位各部门制定的改革举措要体现惩治和预防腐败的要求，与防范腐败同部署、同落实、同检查，一方面要教育、管理，另一方面也要预防，早报告、早干预，更要问责。要把党风廉政建设与教学、科研、管理等具体业务的改革发展结合起来推进。

要遵循规律，加大责任追究力度。建立责任追究制度体系、工作程序和保障机制，形成责任分解、检查监督、倒查追究的完整链条。对“主体责任”不落实，对分管部门下属单位重大腐败案件和严重违纪行为知而不报、知而不查，严格实行“一案双查”制度，严查领导责任链条，既要追究当事人的责任、又要追究相关领导的责任，实现党风廉政建设责任追究的制度化、程序化和常态化。要注重落实体系构建，将《中共华北电力大学委员会贯彻落实〈建立健全惩治和预防腐败体系 2013-2017 年工作规划〉的实施办法》文件精神落到实处。

众所周知，从今年起，副处级干部提升、提职需报教育部审批，教育部要会同相关部门进行审查，周期更加延长了。我觉得党委还可以考虑加强在任命领导干部前进行审计，要求每位干部、每个部门建立一套秩序清楚、执行有序的管理体系；同时，可以考虑建立一套实时动态监控审计体系，延伸在前面，不要形成被动监控的局面。

三、找准问题 凝练项目

大学是多样化的，包括科研、教学、后勤、院系等，方方面面，林林总总，特点不一样，规律就不一样。二级单位党政一把手一定要掌握自己单位的工作重点、特点、规律，不能一刀切，不同业务应有不同对策，找准问题切入点。

凝练项目既要体现形势的要求、中央的要求，也要体现问题导向，要遵循规律。比如科研经费，既要严格管理，又要宽严有度，能调动积极性又不出事，本身对领导干部就是一个挑战。

如高校永恒的目标——培养人才，我校在传播知识方面做的是非常好的，要保持好这个历史优势。如创新创业又是另外一个标准，要遵循规律。如果按原来唯一的标准模式去做，可能就不能完成新形势下的新任务、新要求。如学生安全问题，第一，要教育；第二，要管理；第三，要早发现；第四，要干预。党政一把手要对每个学生了如指掌、心中有数。

四、构建体系 优化制度

构建体系、设计制度要保证不出事，又要保证不影响积极性，这本身就是一个挑战。第一要知，第二要谋，第三要为，而“为”就是要构建体系。党政一把手要具备历史的厚度、世界的宽度、现实的准确度，要能提出有针对性、解决性的举措，才能构建切实可行、行之有效的体系，这就对干部本身提出了极高的要求。做任何一件工作，都应从历史去看，从世界去看，从现实中的特点去挖掘，最后提出解决问题的方法。

要做到优化制度。“优化”它是个动词，它是“优”而且要“化”。最后的标准是学校不出事，同志们又兼备积极性，这就是制度的优化。

五、平安发展

首先要平安，平安才能发展，既要平安又要发展。其次，要提高认识，提高能力，提升水平。重点部门、重点部位要进一步强化主体责任意识。党政一把手要管好自己，本着高度的责任心，自觉承担好党风廉政建设的主体责任，确保本部门团结合作、平安发展，共同为高水平大学建设贡献力量。

最后，希望各位党政一把手一定要认清形势，提高责任性，党政团结一致，要本着对个人、单位、学校高度负责的态度，管好自己的部门，确保不出事。党风廉政建设是一个综合考验，希望全体党员领导干部清新认识当前的形势，认真执行中央的各项方针政策，贯彻落实教育部的各项规定要求，全面落实学校党委的各项决策部署，保证学校的快速发展。

谢谢！

校长刘吉臻在党风廉政建设暨纪检监察审计工作会议上的讲话

同志们：

党风廉政暨纪检监察审计工作会议是十分重要的会议，也是全校为数不多的全体中层干部都参加的会议。深入开展党风廉政建设和反腐败工作，落实好党风廉政建设主体责任和监督责任，事关学校改革发展大局。在这里我要强调几点：

第一，一定要在认真贯彻学习党委书记吴志功同志讲话与党委副书记、纪委书记李双辰同志报告的基础上，高度重视当前形势下学校的党风廉政建设和反腐败工作。

多年来，学校高度重视党风廉政建设，从制度层面、工作层面上，高标准、严要求的做了大量卓有成效的工作。比如公车，2005年学校本部变更为北京之后，学校的一体化更加突出，虽然两地交流活动更加频繁，但从那时起学校制定了公车配备和使用规定，严格控制车辆的购置和使用。比如公务出国，学校除了每年计划内的要求，没有一个部门、一个单位、一个领导用学校预算外经费出国。比如基建、招投标，我可以负责任地说，学校任何领导没有任何人在此过程中干预、插手、打招呼。比如对干部的要求，学校三令五申强调教师、干部不得与在校学生吃饭喝酒，要树立起华电的形象，华电人的庄严。总而言之，党风就是校风学风的灵魂，要把党风廉政建设当作大事来抓。党风廉政建设更是一项持之以恒的事业，需要长期一点一滴去坚持，去建设，去维护，去继承坚持发扬。良好的党风校风、良好的干部作风更是建设高水平大学的应有内涵。

第二，办好学校需要依法治校，必须形成一整套科学有效的体系。

高水平大学一定要有一支素质过硬，高标准、高水平干部管理队伍、学术人才队伍，和教辅后勤保障队伍共同形成“大人才战略”并以此为基础形成科学有效的制度体系。为此，要落实两个方面的工作：一是治理体系。刚才吴书记也提到，今年学校教代会的主题就是深化改革、依法治校，以章程的制定和贯彻为抓手，构建起更加严密、更加先进、更加科学的大学治理体系。这就要求我们从党委会、校长办公会、学术委员会、教代会，包括我们的二级院系会议等建立起依法、依规，能够规范权力的大学治理体系。学校的领导干部要不断提高自己的党性素养、政策水平，这项工作任重道远。二是我们要把权力关在笼子里，学校要形成系统的监督体系，当然监督体系也是现代大学治理体系的主要内容，领导干部要主动接受监督。纪委的同志要耳聪目明，成为学校治理体系里不可或缺的重要角色，要监督到位，要及时向校党委汇报学校里存在的各种问题。纪委监察审计部门在新形势下应该有更高的标准，要成为一个严肃的部门，有力的部门。

第三，要建立一支高水平的管理干部队伍。学校在“大电力体系，大人才战略”里特别强调了要建设一支与高水平大学相适应的大团队。最关键的是领导干部要担负起应付的责任，尤其要做到以下两点，一要作为意识强，责任意识足，二要能力本领到位。任何工作都是一种职业、一种专业，需要积淀、需要磨练、需要用心。学校发展到现在，要想进一步发展，再上台阶，大人才战略和高水平、高质量过硬的管理队伍确为重中之重。在学校不断进取、不断发展的进程中，不进则退，我们都要不断提升自己，通过工作提升学校的发展。所以最近我们也看到，确实有很多部门、单位，甚至包括院系，大家都在踏踏实实、兢兢业业的工作。所以学校党委期待各位领导干部拿出一颗心踏踏实实苦干，尽心尽责，把自己的本职工作做好，这是我们分内的工作。干部队伍建设的重点是提升自身水平，各位领导干部也要真正把党风廉政建设和良好的校风学风结合起来。

第四，要形成以好的党风带动校风学风建设的良好氛围。大学是知识分子聚集，青年人汇聚的地方，应当成为社会的首善之区，不要让污浊的社会风气玷污圣洁的大学校园，我们要崇尚学术、尊重学者；大学是高楼深院、象牙之塔，这是培养人才的地方，是做学问的地方，既不是谋利之地，也不是官场，所以创建良好的校风学风首先要有一个好的党风，每位领导干部要规范自己的行为，对自己要高标准、严要求。我也希望年轻的同志不要虚度时光，要有追求，长本事，这是国家、学校、个人乃至家庭所希望的。

第五，要抓住机会、谋划发展。华北电力大学能走到今天，确确实实来之不易，现在我们面临的时机十分难得，能源问题、环境问题、智能电网、“一带一路”与学校都息息相关，在京津冀一体化、能源革命这样的机遇下我们怎么能够把握好机遇，有所作为；领导班子要谋划，要施行到位。华电靠什么去超越别人？当然首先是领导班子的谋划，比如大学实质一体化战略，这些年来保定校区发展、规模、条件、固定资产和北京校部同步大体也说翻了一番，工资待遇是一个学校。我们要做到“弯道超车”，最核心的就是“人”，是“大人才战略”，尤其是领导干部们更要努力，在京津冀一体化的大背景下，在智能电网、新能源、中国电谷方面有所作为。

最后，希望同志们要以高度的政治责任感和历史使命感，认真学习、领会此次会议精神，把本次会议的精神传达到广大教职员工当中，并以此次会议的召开为契机，不断加强党风廉政建设和反腐倡廉工作，为学校教育事业科学发展做出更大的贡献。

党委书记、体育运动委员会主任吴志功在2015年田径运动会开幕式上的讲话

（5月8日）

全体运动员、裁判员、老师们、同学们：

五月北京，风和日丽。在这美好的时节里，华北电力大学2015年田径运动会隆重开幕了。在此，我代表学校对运动会的胜利召开表示热烈的祝贺！

体育是培养全面发展的人的重要社会活动，高水平大学的体育活动是学校精神文明和文化建设的重要内容，也是学校综合实力的集中体现。体育是一种精神，体现在体育活动展示出勇敢、坚强、坚持、拼博、团结、协作的品质，这种品质不仅使人们强健体魄、磨炼意志，而且给人们转移压力、舒缓情感、促进人的身心健康，因此蔡元培先生讲，“完全人格，首在体育”；体育是一种文化，作为推进学校精神文明和校园文化建设的重要手段，发展体育运动不仅对于提高国民素质、培养师生的爱国主义情操具有重要意义，而且体育活动的拼博、凝聚、团结、协作精神，对于建设积极文明、健康和谐、安全有序的大学文化起到正向的、尤为不可替代的作用；同时，体育更体现了一种实力。竞技场上，比拼的是一种实力，这种实力是人的智力、体力、毅力的综合体现，只有勇者、强者才能在激烈的竞争中胜出，立于不败之地。对于大学建设来说，高水平大学只有以先进的文化、制度，扎实的办学实力与办学水平才能得到社会认可。这一切，都需要扎实的努力、辛勤的汗水，来不得半点虚假。

近年来，伴随着高水平大学建设的深入推进，学校体育工作得到了长足发展，形成了精神面貌好、设施建设发展快、群众性体育运动形式多、竞技体育水平高的良好局面，高水平运动队建设成效显著，团体项目和个人项目在多项高水平竞技比赛中屡获佳绩。过去一年，团体项目如女篮、健绳勇获首都高校联赛团体冠军，个人项目如于雪同学再获北京国际马拉松赛半程女子组冠军，赵新娅等同学夺得全国大学生田径锦标赛3金等。这些成绩的取得，彰显了高水平体育工作的不断进步、学校声誉的不断扩大和办学水平持续提升。

本次运动会的召开，是学校精神风貌的检阅、文化建设的成果和综合实力的展示。衷心希望全体运动员全力以赴、展现自我，赛出精神、赛出实力、赛出水平；希望全体师生员工都“动”起来，弘扬体育精神、传递体育文化、不断提升实力，人人热爱体育活动，每人培养一个体育爱好，让体育这种增强体质、磨炼意志的文化活动成为每一个人的思想意识和行为习惯，养成健康的体魄、阳光的心态，积极生活、努力工作，以饱满热情、团结拼搏的工作精神，投身于高水平大学建设的宏伟事业。

最后，预祝本届运动会圆满成功！祝学校的全民健康运动再上台阶！祝各代表队和全体运动员勇创佳绩！谢谢大家！

校长刘吉臻在中国核学会"院士校园行"座谈交流会上的讲话

（5月14日）

尊敬的杜祥琬院士、叶奇蓁院士、胡思得院士、潘自强院士、徐銤（mǐ）院士、陈念念院士，老师们，朋友们：

今天，我们十分荣幸地邀请到六位从事核科学与核技术的院士走进华电，在我校开展"院士校园行"活动，为广大师生带来一场高水平的科技文化盛宴。在此，我代表学校以及中国核学会有关同志对各位院士的到来表示热烈的欢迎！刚才杜祥琬院士作了主题为发展低碳电力的主题报告，这也是杜院士第二次（第一次为2012年11月）亲临学校作学术报告；还有其他几位院士与师生代表就科学研究前沿话题进行现场指导、交流。这是我校广大师生非常宝贵、非常难得的一次聆听大家教诲、开拓视野、丰富知识、启迪思维的学习机会。在这里，我再次向各位院士表示衷心感谢！

借此机会，把我校的基本情况向各位院士作一简要汇报。

华北电力大学是教育部直属的以能源电力为学科特色的"211工程"重点建设高校。学校始建于1958年，原名北京电力学院，长期由国家电力主管部门管理。2003年，在国家电力体制改革中，学校由国家电力公司划转教育部管理，同时组建了由国家电网公司、中国南方电网公司、中国华能集团公司、中国大唐集团公司、中国华电集团公司、中国国电集团公司和中国电力投资集团公司组成的理事会与教育部共建华北电力大学。学校校部设在北京，分设保定校区，两地实行一体化管理。目前，学校设有10个学院，教职工3千余人，在校学生3万人（其中，本科生2万人，研究生1万人）；学校拥有5个博士后科研流动站，5个一级学科、30个二级学科博士学位授权点，23个一级学科、123个二级学科硕士学位授权点，59个本科专业。

在2003年学校刚刚划转教育部的时候，学校面临着十分困难的局面。由于长期行业办学，学科面十分狭窄，只有火力发电与电网等相关专业；科研实力薄弱，年科研经费总额不足2000万元，没有一个教育部和国家级科技平台，在可比的多项指标中，与教育部其他直属高校相比，学校都处于落后状态，有些方面还没有实现零的突破。

在这样的形势下，我们提出了"办一所什么样的大学"和"如何办这样一所大学"的命题，在思想观念上进行了一次大的洗礼。我们认识到作为教育部高校中唯一一所以"电力"学科为主的高校，"电"力学科在国家战略长远发展中的重要职责和使命，作出了坚持"电"字不变的选择，确立了建设"多科性、研究型、国际化"高水平大学的办学目标和"学科立校、人才强校、科研兴校、特色发展"的办学方针，抢抓机遇，实现了跨越式快速发展。

学校以学科建设为龙头，提出和逐步构建了"以传统优势学科为基础、以新兴能源学科为重点、以文理学科为支撑的"大电力"学科体系。学校集中优势资源发展传统优势学科，"电力系统及其自动化"、"热能工程"先后入选国家级重点学科，"电力科学与工程"入选教育部"985优势学科创新平台"，并在智能电网、特高压、电力系统保护、大型机组仿真、电力节能等重要领域都取得了许多具有原创性的科技成果。

与此同时，学校敏锐捕捉到新能源与可再生能源的发展先机，把新能源作为学校新的增长点，大力扶持新能源学科建设与发展。2007年，学校在水能、风能、太阳能、生物质能等清洁能源学科基础上，成立了国内第一家可再生能源学院。经过几年的建设，可再生能源学科涵盖了水力发电、风力发电、太阳能发电、生物质发电、地热能发电和氢能与燃料电池等诸多方向，是目前国内涉及清洁能源领域门类最全的学科。同时，学校加快学科交叉融合，从根本上推动学科的升级转型，带动相关领域科技创新能力的快速发展。针对新能源电力发展的共性问题，学校首次提出了"新能源电力系统"概念，成功申报并获批建设"新能源电力系统国家重点实验室"。去年，学校围绕国际前沿和国家能源环境领域的战略性问题，成立环境与化学工程系，充分整合优势资源，创新模式，高起点的组建了环境研究院，将研究定位在包括大气、水、有效利用、防止污染等在内的一些更加宏观的、新的资源与环境的问题，开展能源与环境科学前沿领域研究。

核电也是华电在推进新能源、清洁能源学科战略中的重要内容。2004年，学校开始设置核工程与核技术专业，组建创新团队，形成了融合动力、电气、核工程于一体的核电学科体系。2007年，高起点、有特色地组建了核科学与工程学院，使学校成为国内能够培养核能技术和管理人才的五所高校之一;2008年，核工程与核技术专业被批准为国家“特色专业”。几年来，核学院广泛采用订单式联合培养模式，为国家核科学事业培养了大量高素质人才。2010年，华北电力大学与清华大学、西安交通大学两所高校和国家核电技术公司共建核电软件工作站，共同推进我国核电软件自主化工作。2011年，学校取得核科学与技术一级学科硕士授予权，并获准在动力工程与工程热物理一级学科下自设核电与动力工程二级学科博士点。学校成为国家核电技术公司核电软件工作站三家加盟高校之一。

这些年来，学校积极推进“大人才”发展战略，以学科为基点汇聚人才、构筑平台、创新成果，着力培养和引进了一批在相关学科领域具有重要影响力的高层次、高水平人才，建设了以工程院院士、国家“千人计划”、“973”首席科学家、“长江学者”、杰青、国家级教学名师等为代表的高水平师资队伍，建设了“新能源电力系统国家重点实验室”“生物质发电成套设备国家工程实验室”“国家火力发电工程技术研究中心”3个国家级科技创新平台以及20个省部级科技创新平台和研究基地。“十五”以来，承担国家科技重大专项、“973”、“863”、国家科技支撑计划、国家自然科学基金等纵向课题1900余项，获国家级、省部级科技进步奖173项。学校科研经费快速增长，科技论文国际三大检索排名在教育部直属高校中排在前列，工程学进入ESI国际前1%行列。

目前，学校面临国际国内能源发展的战略机遇，处于非常好的发展态势，正在加紧综合改革的步伐，同时谋划“十三五”发展规划蓝图，师生共同努力，致力于把学校建设成为一所具有鲜明特色的、在国际国内具有重要影响力的“多科性、研究型、国际化”高水平大学，为国家能源电力事业的发展做出贡献!

各位院士、专家：

面对能源经济的飞速发展，面对能源革命的新形势以及能源电力行业的战略转型，如何进一步抢抓机遇，整合资源，突出特色，加快推进新能源学科的发展，是学校高水平大学建设的重要战略任务。为此，我们更加迫切地希望得到各位高水平科学家对我校学科建设发展的指导、扶持和帮助。今天的“院士校园行”的活动，使我们得到了一次近距离接近大家、聆听科学前沿的宝贵的学习机会，这对我们广大师生是莫大的鼓舞和激励。在这里，我也诚挚地希望，各位院士专家在今后对于华北电力大学的建设和发展继续给予支持和帮助，继续对我校新能源学科的建设与发展给予宝贵的意见、建议和指导。

在这里，也祝各位院士身体健康、工作顺心、家庭幸福！谢谢!

校长刘吉臻在2015届本科生毕业典礼上的讲话

（6月26日）

2015届毕业生同学们:

大家好!

今天，我们在这里隆重举行华北电力大学2015届毕业生毕业典礼，共同见证同学们顺利完成本科学业。首先，我代表学校向全体毕业生同学们表示热烈的祝贺和衷心的祝福！同时，也向多年来为你们的成长付出心血和汗水的全校教职员工、家长和亲友致以诚挚的敬意和衷心的感谢!

同学们，四年前你们带着渴望和憧憬迈入华北电力大学，开启了人生中宝贵的大学生活时光。今天，你们洋溢着自信的笑容，满载收获的行囊，又将出发踏上人生新的征程。看着你们青春勃发的面孔，我在想：你们在华电四年收获到什么？母校和师长给予了你们什么？有什么能与你们相伴终身？

我想从两个方面进行回答。首先，你们获取了知识、历练了能力，完成了学业、拿到了学位，找到了工作，考上了研究生，同时也锤炼了品行、强健了体魄，为你们步入社会、走进职场或继续深造奠定了坚实的基础，从懵懂青涩的少年走向独立成熟。你们在校期间的收获，学校有关部门提供了丰富的材料和数据。今年，共有5167名本科生毕业，其中1568名同学将继续在国内外高校进一步深造，3224名同学将走上工作岗位。在就业的同学中，有598名同学将前往包括新疆南疆在内的祖国西部去建功立业。在你们当中，有1289人光荣加入了中国共产党，5人获得校长奖学金，155人次获得学校三好学生标兵，270人获得北京市、河北省优秀毕业生，187人次获得国家奖学金。在这四年期间，同学们还在创行"世界杯"、"挑战杯"、全国数学建模竞赛、节能减排大赛及多种艺术体育赛事活动中取得多项优异成绩，为学校赢得了荣誉。同学们，我为你们的成绩和优异表现感到由衷的高兴和自豪。

其次，我想说，除了上面这些看得见的成绩和收获之外，我认为还有一种无形的东西是更为可贵的，或许会比成绩单和学位文凭对你们产生更为长久的影响。这就是你们在成长的过程中，受到了华电精神和华电文化的熏陶。在此，我想送给同学们一句临别寄语，这就是：要让"自强不息、团结奋进，爱校敬业、追求卓越"的华电精神伴你们远行！

大学之大，在于精神之立。大学精神是一所大学优良传统和历史文化的深厚积淀，她如同大师和大楼一样，是一所大学最为宝贵的资源与财富。

首先，华北电力大学发展历程积淀和铸就了华电精神

1958年，华北电力大学应新中国建设需求而诞生。在相当长一段时期内，学校作为一所定位于为电力行业培养应用型技术人才的院校，学科单一，规模很小。在几十年的办学过程中，学校命运多舛，经历了校址搬迁、资源流失、体制变更等艰难曲折的历程。但几代华电人始终信念不灭、百折不挠，特别是在若干个艰难而又关键的历史关头，全体华电人都能够坚守理想、团结一致，识大体、顾大局，冲破阻力、克服困难，走出了一条在曲折中前进、在困境中崛起的强校之路。应该说，华北电力大学近六十年的发展历程，就是一部自强不息、团结奋进的创业史。新世纪以来，学校紧紧围绕建设"多科性、研究型、国际化"高水平大学的办学目标，构建"以传统优势学科为基础、以新兴能源学科为重点、以文理学科为支撑"的"大电力"特色学科体系，实施"大人才"发展战略，学校抢抓机遇、加快发展，着力推进大学内涵建设，改善办学条件，在人才培养、科技创新、社会服务、文化传承等各方面迈出坚实的步伐。短短十几年间，学校发生了天翻地覆的变化。今天的华北电力大学，已经发展成为一所办学实力雄厚、办学条件优越、校风学风优良的教育部直属高校中具有鲜明特色的知名大学，具有广泛的社会影响力，特别在能源电力行业享有盛誉，受到社会各界和国际的广泛认同，这让我们每一个华电人为之自豪和骄傲。

其次，华电精神造就了华电人的精神品格

"自强不息、团结奋进、爱校敬业、追求卓越"这四个词不仅是华电发展历程的写照，更是华电人理想信念的汇聚和价值追求的凝结。华电精神影响了华电几代人，也贯穿在华电人的学习、研究、工作、生活和一言一行中，已经内化为华电人的精神品格。正是凭着这种精神，无论校内的老师、学生，还有遍布在各行各业的华电校友，都在各自的岗位中做出了很多不平凡的业绩，用实际行动诠释了华电精神，这也是我们学校多年来受到社会普遍赞誉、毕业生受到业界广泛欢迎的重要原因之一。

我们知道，在电力领域，有两位在继电保护领域作出卓著功勋的工程院院士，一位是我校的杨奇逊院士，一位是南瑞继保的沈国荣院士，他们引领了我国继电保护的发展。杨奇逊院士1982在澳大利亚获得博士学位回国后，白手起家，研发微机保护装置；无独有偶，沈国荣院士，经过多年的潜心努力，也实现了继电保护原理的重大突破。正是他们矢志不渝的努力，使得我国继电保护技术一直处于世界领先水平，全部微机保护装备全部实现了国产化，是电力装备中唯一没有国外进口产品的领域。两位院士创业成功经历也为青年一代创新创业树立了典范。他们同时也不忘母校，分别设立了四方奖学金、南瑞奖学金，用以奖励优秀学生，提携后学。

在其他领域，我校毕业生也不乏杰出的领军人物。我校通信专业的张庆君校友进入我国航天领域，先后担任神州飞船副总设计师，高分三号卫星、海洋二号文星、陆地资源卫星总设计师兼总指挥，先后获得国家科技进步特等奖、国防科技进步一等奖等荣誉，为我国载人航天事业的发展做出了重要贡献。

在这里，我还特别提及你们当中的一位优秀学子——保定校区经管学院2011级"轮椅女孩"史怡杰同学。史怡杰同学在8岁时突发急性脊髓炎，胸部以下高位截瘫，吃饭、洗脸、日常生活一切都要趴在床上完成，腰部靠着钢板腰托支撑，才能坐到轮椅上。但她就是在这样的身体条件下，凭着顽强的毅力、不屈的精神、不懈的努力，不断超越自己，克服了重重困难，不但以优异的成绩顺利完成了学业，同时还通过技术创新、发明创造获得了两项国家专利；今年，她以优异的成绩被澳大利亚国立大学、英国南安普顿大学等5所世界名校录取为研究生，即将赴英国继续求学深造。

像以上这样的事例还有很多很多。这些华电人的优秀代表，从不同侧面诠释了自强不息、追求卓越的精神，也体现了华电人团结奋进、爱校敬业的品格。

最后，华电精神激励着全体华电人一路前行

同学们，华电精神是华北电力大学几十年创业奋斗历史铸就的精神文化，是学校办学以来在大楼、名师、学科、专业、校园等有形资产以外最为宝贵的无形资产，是经过多年实践证明的学校的精神文化品牌。对于学校而言，过去，我们靠着这种精神走过来许多艰难坎坷，实现了前进路上的一个个跨越。今后，我们还将凭着这种精神，继续我们的强校之梦。

同学们，作为90后的青年，你们正经历着一个全新的大时代。国家经济社会发展进入了一个新的历史阶段，大众创业、万众创新的时代为你们成就事业开拓了广阔的舞台。同时，这个时代也伴随着国际形势风起云涌、国内改革走向深化，种种社会问题给人们的价值观带来了不可逃避的迷失与困惑。但是，同学们，无论面临什么样的境遇，无论处于什么样的位置，你们必须去沐风栉雨、经受锻炼，成就事业、历练人生，这是每一代人的使命。我今天讲“华电精神”，就是请你们牢记，这种精神是你们在华电四年学业生涯中最为宝贵的财富，希望你们无论走向哪里、无论处于顺境还是逆境，都应该把这种精神内化为自己的品格，把这种精神传承下去，把这种精神发扬光大，让这种精神伴随你们在人生的风雨历程中把握方向、追逐理想，奋勇向前，永不言败，成就一种高尚的、有梦想、有尊严的人生，母校期待你们！

最后，衷心祝福同学们工作顺利，生活幸福，鹏程万里！谢谢大家。

校长刘吉臻在2015级新生开学典礼上的讲话

（9月16日）

老师们、同学们：

在这美好的金秋时节，我们迎来了来自全国31个省市的5619名本科新生、2549名研究生新生以及来自39个国家的146名留学生。今天，我们隆重举行华北电力大学2015级新生开学典礼。首先，我代表学校领导和全校师生员工向以优异成绩考入华北电力大学的全体新同学表示热烈的欢迎和衷心的祝贺！

你们来到华电，首先要再一次认识这所学校。

华北电力大学诞生于1958年，原名北京电力学院。“文革”期间迁至河北，1978年更名为华北电力学院，1995年华北电力学院与北京动力经济学院合并，组建为今天的华北电力大学，在北京、保定两地办学，实行实质性一体化管理。学校全日制在校本科生2万余人，研究生1万余人，占地面积1600余亩，建筑面积100余万平方米；设有电气、电子、能动、机械、控制、计算机、经济、管理、核能、可再生能源、环境、数理、外语、文法等59个本科专业，拥有2个国家级重点学科、25个省部级重点学科，有5个博士后科研流动站，5个一级学科博士学位授权点，23个一级学科硕士学位授权点，形成了培养本科、硕士、博士、博士后完整教育体系。学校现有教职工3千余人，其中专职教师1810人，拥有以中国工程院院士、“973”首席科学家、“千人计划”、“万人计划”、国家级教学名师、“杰青”、“长江学者”、“百千万人才工程”等为领军人才的一支素质优良、结构合理的高水平师资队伍。

学校承载着为国家能源电力事业培养高素质人才与推进科技进步的历史使命。学校于2003年由原国家电力部管理划转教育部管理，同时组建了由国家电网公司、中国南方电网公司、中国华能集团公司、中国大唐集团公司、中国华电集团公司、中国国电集团公司、国家电力投资集团公司七家大型电力央企和中国电力企业联合会共同组成的华北电力大学理事会，实现了与教育部共建的模式。

新世纪以来，学校作为一所教育部直属、国家“211工程”重点建设和国家“985工程优势学科平台”重点建设的大学，确立了建设“多科性、研究型、国际化”并具有鲜明办学特色高水平大学的办学目标。学校秉承“办一所负责任大学”的办学理念，坚持“学科立校、人才强校、科研兴校、特色发展”十六字办学方针，通过构建“大电力”学科体系，实施“大人才”发展战略，各项事业得到了快速发展。学校始终坚持把人才培养作为一切工作的中心任务，不断从办学思想、教育理念、教育模式、学校文化等各方面深化改革，使得人才培养质量不断提升。华电在全国的新生录取分数连年攀升，标志着我校的生源质量已进入全国一流大学的行列。

毕业生就业率稳居全国高校前茅，越来越多的华电毕业生进入国内外著名大学继续深造或被国际国内知名企业录用，也有许多毕业生自主创业，做出了骄人的业绩。

同学们，你们经历了十年寒窗和高考的洗礼，作为同龄人中脱颖而出的佼佼者，选择了华北电力大学，并将在这里开启你们人生最宝贵的大学时光。作为校长，我首先要感谢你们选择了华电。同时，面对你们一群出类拔萃、风华正茂的优秀学子，我和学校的全体老师们也深深的感到了一份沉甸甸的责任。这份责任既是国家赋予一所大学应尽的责任，也是为你们通过这几年在华电学习好、生活好、成长好应担负的职责，还包括履行好学校对家长、对社会做出的庄重承诺。

同学们，我们大家从五湖四海来到华电，首先是来这上学来的。学生的任务首先是学习，这一点在华电从来不会含糊。但是，学生不单纯是读书，还要实践，科学实践、社会实践都很重要。还要学会做人、学会做事，德智体全面发展，要成为一名合格的社会公民，成为一名有本领的劳动者，成为一名明事理、有教养、敢担当的人，成为一名能够为国家、为民族做出贡献与成就的人。千里之行，始于足下，现在你们最重要的是要考虑怎样成为一名优秀的大学生。

在这里，我简要地提几点建议：首先，要胸怀理想。

理想是人生的灯塔。没有远大的理想，就容易迷失前进的方向，就缺乏前进的动力。作为当代的青年，要把握正确的人生方向，树立正确的人生观、世界观、价值观，要有家国情怀，把个人的人生目标与民族的复兴、国家的强盛结合起来，因为我们每一个人都属于这个时代，只有把自己的理想融入于报效国家和民族的宏伟事业当中，才能真正体现出一个人的人生价值。

其次，要勤奋努力。

有了理想，还必须加上踏实苦干、加上勤奋努力，才可能会获得成功。我们承认每一个人的天资禀赋可能不尽相同。但是，最终决定人生成就的往往是后天的努力与坚持不懈。特别是在科学的道路上，每一项发明创造、每一部经典作品，其背后都凝结着数不清的心血、努力和汗水。学习和研究是一个十分艰辛的过程，大学阶段的学习更是一种自主的学习、积极的学习，创造的学习。所谓“追求卓越”，就是付出超出常人十倍、百倍的努力和汗水。华电人有一个非常优秀的传统，那就是勤奋努力、踏实肯干。无论走到哪里，华电人都会把勤奋实干的作风带到哪里，也希望新一代华电学子把这种优良的传统继承和发扬下去。

再次，要学会独立思考。

当今世界正在发生着深刻的变革。网络信息发达、虚拟与现实交融、各种新鲜事物不断涌现，而其中也往往鱼龙混杂、泥沙俱下，这考验着我们每一个人的辨别力、自制力。作为新一代大学生要培养自己独立思考的习惯和判别是非的能力。“吾爱吾师，吾更爱真理”，对于社会上出现的各种流弊，我们不人云亦云、不随波逐流，更不可以推波助澜。只有学会了独立思考、具备了独立人格，才能帮助你们激发好奇心、启迪想象力、接受新思路、建立批判性思维，才能促使你们真正走向成熟，也才意味着你们可以对自己负责、对家庭负责、对社会负责。

最后，要学会坚强。

同学们都还年轻，在前进的道路上可能还没有经历太多的风雨，然而人生的道路不是那么平坦，也不可能一帆风顺，困难、险阻的本身就是人生的重要组成部分。有人说，“成功的路上并不拥挤，因为能坚持下来的人并不很多”。无论世事如何残酷，无论遭遇多少不屑与无视，你都要学会坚强，因为成功就在你继续坚持的前方。希望同学们充分利用好大学提供给你们的各种机会，迎接人生的各种挑战，增长知识、锻炼体魄、培养情操、锤炼品格，使你们得以在大学这所熔炉里百炼成钢！

今天，学校还对过去一年来在教学、科研、育人等各项工作中做出优异成绩的教师进行表彰，感谢你们在教书育人中所做出的突出贡献。在这里，我希望全体教师坚守人民教师的光荣职责，做学生思想的引领者、知识的传播者、心灵的指导者，要深入推进教学内容、教学方法、教学模式的改革，在华电进一步形成师生互动、教学相长、勇于创新的良好校风学风，在建设高水平大学的征程中建功立业、勇攀高峰。

最后，祝全体新同学在华电学习进步、生活愉快、健康成长！谢谢大家！

□ 总述

Overall Review

华北电力大学概述

华北电力大学是教育部直属的国家“211 工程”重点建设大学、国家“985 工程优势学科平台”重点建设大学。学校网址：www.ncepu.edu.cn。校部设在北京（地址：北京市昌平区北农路 2 号），分设保定校区（地址：河北省保定市永华北大街 619 号）。

学校的办学历史可追溯至 1958 年创建于北京的北京电力学院。1969 年北京电力学院迁至河北，先后更名为河北电力学院、华北电力学院。1995 年华北电力学院与北京动力经济学院（含华北电力学院北京研究生部）合并组建为华北电力大学。2003 年，在国家电力体制改革中，学校由国家电力公司划转教育部管理，同时组建了由国家电网公司、中国南方电网公司、中国华能集团公司、中国大唐集团公司、中国华电集团公司、中国国电集团公司和中国电力投资集团公司组成的理事会与教育部共建华北电力大学。2013 年，华北电力大学理事会换届，理事会成员单位包括七大电力央企和中国电力企业联合会、华北电力大学等九家单位。

半个多世纪以来，学校承载着为国家能源电力事业培养高素质人才与推进科技进步的历史使命。进入新世纪以后，学校贯彻“学科立校、人才强校、科研兴校、特色发展”的方针，抓紧机遇，加快发展，实现了跨越式快速发展。

截至 2015 年 12 月，学校设有电气与电子工程学院、能源动力与机械工程学院、控制与计算机工程学院、经济与管理学院、环境科学与工程学院、可再生能源学院、核科学与工程学院、数理学院、人文与社会科学学院、外国语学院等 10 个学院，设有 63 个本科专业。学校拥有“电力系统及其自动化”、“热能工程”2 个国家级重点学科、25 个省部级重点学科，电气与电子工程学科入选 QS 全球顶尖学科，“工程学”学科进入世界 ESI1% 行列；学校有 5 个博士后科研流动站，5 个一级学科、30 个二级学科博士学位授权点，23 个一级学科、123 个二级学科硕士学位授权点。此外，学校具备工商管理硕士、公共管理硕士、工程硕士等 8 个类别专业学位授予权，形成了培养本科、硕士、博士的完整教育体系。

学校现有教职工 2922 人，其中专职教师 1801 人，包括教授 396 人、副教授 621 人；博士生导师 217 人、硕士生导师 893 人；中国工程院院士 2 人、双聘院士 5 人、国家“千人计划”8 人、国家“青年千人计划”2 人、“国家高层次人才特殊支持计划”2 人、国家“万人计划”科技创新领军人才 1 人，“万人计划”青年拔尖人才支持计划 1 人，“973”首席科学家 5 人、国家级教学名师 1 人、国家杰出青年科学基金获得者 7 人、“长江学者”6 人、国家有突出贡献专家 7 人、国家“杰出青年科学基金”资助人员 7 人，国家“百千万人才工程”9 人，40 人入选教育部“新世纪优秀人才支持计划”，4 支团队列入教育部“长江学者和创新团队发展计划”。外籍教师 6 人，均为教授。

学校把人才培养作为根本任务，形成了“厚基础、重实践、强能力、求创新”的人才培养特色，成为教育部首批“卓越工程师培训计划”实施高校。学校现有 6 门国家级精品课程，2 个国家级教学名师团队，11 个国家级特色专业，3 个国家级实验教学示范中心，3 个国家级工程实践教育中心，3 个国家级虚拟仿真实验教学中心以及 10 个省部级实验教学中心，学校以“优秀”成绩通过了教育部本科教学工作水平评估。

学校以服务国家重大发展战略为己任，积极参与国家创新体系建设，现有 3 个国家级科技创新平台、3 个教育部重点实验室、16 个省部级科技创新平台和研究基地；近年来，学校在新能源发电、特高压、智能电网、高效洁净燃煤发电技术、核电技术等重要领域都取得了巨大成果。“十五”以来，承担国家科技重大专项、“973”、“863”、国家科技支撑计划、国家自然科学基金等纵向课题 2300 余项，获国家级、省部级科技进步奖 242 项。新世纪以来，学校科研经费快速增长，科技论文国际三大检索排名在教育部直属高校中排在前列。

学校作为中国电力企业联合会副理事长单位，同时依托大学理事会平台，不断深化产学研合作，与国内外三十余家电力、煤炭、电信、装备制造大型高新技术企业达成战略合作关系，共同承担重大研发项目，共建实验中心、研发中心、博士后工作站、研究生工作站，加快科技成果开发与产业化，年均与科技创新主体的企业签订科技项目 760 余项，连续两次获得“国家电网公司特高压交（直）流试验示范工程特殊贡献单位”称号；学校多方位构建校地合作平台，拓展合作渠道，北京、河北、江苏、新疆、广东、内蒙、青海、山东等地方政府成为战略合作伙伴，围绕新能源、智能电网等战略性新兴产业领域，深化在科技创新、成果转化、人才培养等方面的交流与合作，在促进区域科技创新、推动地方经济发展上取得显著成效；学校积极推进校际合作，作为主要发起单位参与组建由 11 所行业特色型大学组成的北京高科大学联盟，实现高校之间的优势资源共享互补，促进校际协同创新。

学校全力推进国际化办学进程，与美、英、法、俄、日等 120 余家国际知名大学和研究机构开展实质性交流与合作，与多家国际教育机构实现了相关课程互认，并在美国创办了孔子学院。5 个引智基地列入“高等学校学科创新引智计划”(“111 计划”)；举办“4+0”、“2+2”等多种模式中外合作办学项目以及与国外高校来华留学生“2+2”联合培养项目，国际化办学水平不断迈出新的步伐。

2015 年，毕业生 13996 人，其中，学历教育学生中全日制研究生 2212 人（博士生 146 人、硕士生 2066 人），普通本专科生 5215 人（本科生 5215 人，专科生 0 人）、成人教育本专科生 5115 人（本科生 3451 人、专科生 1664 人）。在职人员攻读硕士学位 1185 人。外国留学生 269 人。本科毕业生就业率 97.45%。研究生就业率 98.3%。招生 11992 人，其中，学历教育学生中全日制研究生 2539 人（博士生 200 人、硕士生 2339 人），普通本专科生 5476 人（本科生 5476 人，专科生 0 人）、成人教育本专科生 2302 人（本科生 1714 人、专科生 588 人）。在职人员攻读硕士学位 1467 人。外国留学生 208 人。在校生 49984 人，其中，学历教育学生中全日制研究生 7938 人（博士生 1110 人、硕士生 6828 人）、普通本专科生 21852 人（本科生 21852 人、专科生 0 人)，成人教育本专科生 12808 人（本科生 8677 人、专科生 4131 人）。在职人员获取硕士学位 7016 人。外国留学生 370 人。

学校占地面积 97.9283 万平方米，学校产权校舍建筑面积 104.1460 万平方米。固定资产总值 318223.08 万元，其中，教学、科研仪器设备资产值 68383.45 万元。图书馆建筑面积 36932 平方米，藏书 238.503 万册。全年教育经费投入 174782.88 万元，其中，国家拨款 90594.63 万元，自筹经费 84188.25 万元。学校拥有计算机 16809 台，网络多媒体教室 345 间，信息化设备资产值 23486.01 万元，网络信息点 26011 个，校园网出口总带宽 7000Mbps，电子邮件系统用户 28742 个，上网课程 98 门，数字资源量 483463GB，管理信息系统数据总量 20750GB。

巍巍学府，电力之光。站在新的历史起点，学校承载新能源电力时代的光荣与梦想，积极承担为国家和社会培养高层次拔尖创新人才、创造高水平科研成果、提供一流社会服务的历史重任，昂首向建设一所具有鲜明特色的多科性、研究型、国际化高水平大学的目标奋进。

（王振华）

2015 年华北电力大学十件大事

1. 学校深入开展“三严三实”专题教育，党建和宣传思想工作扎实推进。按照中央统一部署和上级有关要求，学校扎实开展“三严三实”专题教育，以“纪律严、标准高、制度实”为要求持续深入推进党的思想建设和作风建设。针对党风廉政建设方面可能存在的问题和隐患开展自查自纠，并对工作重点开展了监督检查和专项治理。学校全面加强和改进新形势下宣传思想工作，11 月，与北京大学等兄弟院校成立了北京市“中国特色社会主义理论大众化和国际传播”协同创新中心。

2.《华北电力大学章程》获批核准。6 月 26 日，教育部印发《中华人民共和国教育部高等学校章程核准书第 71 号(华北电力大学)》文件，正式通过《华北电力大学章程》，标志着学校现代大学制度建设取得新进展。学校将以大学章程为依法自主办学、实施管理和履行公共职能的基本准则和依据，按照建设中国特色现代大学制度的要求，完善法人治理结构，健全内部管理体制，依法治校、科学发展。

3. 刘吉臻教授当选中国工程院院士。刘吉臻教授是“973 计划”项目首席科学家和中国著名的火力发电控制专家，他带领团队攻克行业发展面临的多项关键技术难题，取得具有开创性、系统性的研究成果，曾获国家科技进步二等奖两项，省部级科技进步奖 4 项。12 月 7 日，中国工程院公布 2015 年中国工程院院士增选结果，刘吉臻教授当选中国工程院能源与矿业工程学部院士。

4. 学校推进一流学科建设，编制“十三五”发展规划纲要。根据全国教育事业发展“十三五”规划编制工作的统一部署和教育部具体要求，学校历时半年时间编制《华北电力大学“十三五”发展规划纲要》。“十三五”规划以一流学科为统领，以创新发展为主线，以人才培养为中心，以队伍建设为抓手，以综合改革为保障，落实大学章程，提升治理能力，增强服务水平，积极推进学校内涵发展、转型发展、创新发展、特色发展。

5.《华北电力大学综合改革方案》获准备案并开始实施。11 月 6 日，国家教育体制改革领导小组办公室正式复函学校，同意对《华北电力大学综合改革方案》予以备案，标志着学校综合改革从方案编制转入方案实施新阶段。该方案着力解决改革发展过程中的突出问题，重点推进人才培养模式、科研机制、劳动人事制度、治理结构和治理体系等领域的改革，初步构建起系统完备、科学规范、运行有效、具有华电自身特色的治理体系，为学校今后五年乃至更长一段时间的改革发展提供行动指南。

6. 学校“大人才”战略取得新进展。学校探索教师分类评级体系建设，激发各类人员的内生动力，形成人才聚集和学术领军人才脱颖而出的氛围。李永平教授与毕天姝教授同时入选 2014 年国家创新人才推进计划，王祥科教授入选全球 2015 年高被引科学家，徐进良教授和李永平教授入选 2014 年中国高被引学者榜单，李永平教授获“中国青年女科学家奖”。学校对 72 名处级干部进行国际化专题培训，选派近 50 多名青年教师出国研修，不断提高人才的学术水平、业务能力和国际化视野。

7. 一批国家重大研究课题立项和验收通过，科研经费 5.85 亿元。杨勇平教授为首席科学家的“973 计划”项目、张兴平教授为首席专家的国家社科基金重大项目以及姚建曦教授牵头的国家“863”计划课题获批立项。陆道纲教授和牛风雷教授参与国家重大专项项目研究。王晓东教授和徐超教授分别获得国家自然科学基金委“国家杰出青年科学基金项目”和“国家优秀青年科学基金项目”立项资助。刘吉臻教授、崔翔教授等负责的国家自然科学基金重点项目等 10 项重点科研项目和人才项目以“优秀”成绩通过验收。学校新增一个“111 引智基地”项目，总数增至 5 个，排在全国高校前列。2015 年学校科研总经费再创新高，达到 5.85 亿元。

8. 高水平科技成果质量和数量实现双丰收。学校科研成果获得各类省部级以上科研奖励 31 项，其中一等奖 7 项。黄国和教授与唐振武教授 3 篇 Letter 论文在 Nature 、Science 等高水平期刊上发表。3 篇论文入选 2014 年中国百篇最具影响力的国际学术论文和最具影响力的国内学术论文。2014 年学校被中国科技论文引文数据库(CSTPCD)收录论文 1520 篇，被科学引文索引扩展版（SCI）收录论文 649 篇，在全国高校中排名前进 10 名。

9. 生源质量和人才培养质量持续提升。2015 年录取分数线大幅度提升，学生各类获奖级别和数量显著增多，生源质量再创历史新高。学生在国际商业模拟竞赛“PEAKTIME”全球总决赛、全国大学生数学建模竞赛、大学生电子设计竞赛、美国国际大学生数学建模赛、“挑战杯”全国大学生课外学术科技作品竞赛中均获优异成绩，获奖项目超过 368 项；多项绿色电力扶贫公益创新项目受到国家的资助和表彰。“电力经济管理虚拟仿真实验教学中心”入选国家级虚拟仿真实验教学中心。7 月份，入选“全国高校实践育人创新创业基地”。

10. 学校产学研合作亮点纷呈。学校与山西大学签署战略合作协议，双方在学科建设、人才培养、科技创新、合作交流及资源共享等领域开展战略合作。围绕智能电网、电力体制改革等重点领域，学校与珠海市政府谋划开展包括珠海研究院、智能电网科技园等“三位一体”校地合作项目。学校作为发起单位成立“中国国际新能源应急产业创新联盟”和“中国电谷第三代半导体产业技术创新战略联盟”，参加“中国电谷智能电网装备产业技术创新联盟”。学校国家大学科技园成为“保定·中关村创新中心”首批合作伙伴。

2015 年大事记

1 月

9 日，2014 年度国家科学技术奖颁奖大会在北京举行。华北电力大学 2 项科技成果获奖。刘吉臻教授作为第一完成人、该校为第一完成单位的“大型超超临界机组自动化成套控制系统关键技术及应用”项目获国家科学技术进步二等奖。李成榕教授作为第三完成人、学校为第二完成单位参与的“气体绝缘装备特高频局部放电检测关键技术及其应用”项目获国家技术发明奖二等奖，这也是学校首次获国家技术发明奖。

16日，华北电力大学李永平教授获第十一届中国青年女科学家奖，这是该奖项创办以来本校首次获奖。

是日，华北电力大学举行“华北电力大学——北京国能中电公司研究生工作站”揭牌仪式，校党委书记吴志功，研究生院常务副院长赵冬梅，北京国能中电能源有限公司、北京国能中电节能环保技术有限责任公司董事长兼CEO、中国青年企业家协会副会长、校友白云峰，盘古智库理事长易鹏等出席。

是日，华北电力大学申报的“中亚地区可再生能源发电及入网技术国际培训班”获科技部批准，正式列入2015年发展中国家技术培训班项目计划。

23日，北京华北电力大学教育基金会第二届理事会换届大会及第二届理事会第一次会议召开。会议审议并通过第一届理事会工作报告和审计报告。选举产生第二届理事会理事，吴志功当选第二届理事会理事长，孙平生、杨勇平、王增平当选第二届理事会副理事长，陈兆江为第二届理事会秘书长。

是月，人力资源和社会保障部公布2014年国家百千万人才工程入选人员名单，华北电力大学李永平教授入选，同时被授予“有突出贡献中青年专家”荣誉称号。至此，学校共有国家级百千万人才工程人选9人。

2月

6日至10日，华北电力大学共派出171支参赛队参加2015年美国国际大学生数学建模竞赛，北京校部50支参赛队，获一等奖10项，二等奖18项；保定校区121支参赛队，共获一等奖12项，二等奖55项。此外，由保定校区机械系教师何玉灵指导，计科1203班王炜康、机械1202班徐达、工商1201班张知秋等三名学生组成的参赛队获2015年美国大学生数学建模竞赛（MCM/ICM）国际特等奖提名奖（Finalist）（MCM全球前22名）这是学校学生参加美国国际大学生数学建模竞赛以来获得的最高奖项。

12日，共青团中央书记处书记傅振邦、共青团中央学校部副部长石新明及共青团北京市委员会副书记杨海滨、共青团北京市委员会大学中专部副部长郭昊等一行到华北电力大学校慰问寒假留校学生。校党委书记吴志功、副书记李双辰等参加会见。

3月

2日，校长刘吉臻会见英国曼彻斯特大学副校长Steve Flint教授、电气工程学院院长Tony Brow教授和王忠东教授访问团一行。可再生能源学院院长戴松元、能源与动力工程学院副院长杜小泽、电气与电子工程学院院长助理刘崇如、环境科学与工程系主任王祥科分别就学生培养、学科建设、科研现状等方面做报告。

3日，21世纪教育研究院公布《高校信息公开情况评价报告》，75所教育部直属高校信息公开综合评价平均得分为71.30分，华北电力大学以95.87的高分获本次信息公开综合评价第一名。中央电视台新闻频道对此进行报道。

4日，国家能源局信息中心主任梁建勇一行3人来校参观“华北电力大学信息安全工程实验室”。副校长孙忠权与来访客人就能源领域的信息安全、校企联合促进能源信息安全课题研究等领域的合作进行会谈。

11日，澳大利亚悉尼大学副校长兼工程与信息技术学部部长Archie Johnston、电气信息工程学院院长董朝阳来访，副校长杨勇平接待来访客人，双方就深化校际合作进行广泛交流。双方表示在平等互利的基础上，将持续加强双方师生在科研、教育等方面的交流合作与项目推进，并积极加强两校在行政管理及学生培养方面的交流与沟通。

13日，蒙古科技大学副校长ENKHJARGAL Khaltar来访，同行的还有该校电气工程学院院长MANGALJALAV Chimid以及项目负责人BEKHBAT Galsan先生。副校长杨勇平接见代表团，国际合作处处长段春明、国际教育学院院长李庆民、可再生能源学院党委书记刘永前参加接见。双方就两校共建可再生能源研究中心进行交流。

是日，国家外专局教科文卫专家司司长聂飙、副司长王嵩、计划处处长炊海春到校调研引智工作。副校长杨勇平、国际合作处处长段春明、科学技术研究院常务副院长檀勤良、“煤的清洁转化与高效利用创新引智基地”张锴教授和基地海外学术大师张东柯院士出席调研座谈会，同外专局领导就引智工作进行交流。

14日，华北电力大学召开第六届第三次教职工代表大会。校长刘吉臻作题为《深化改革 依法治校 全面推进高水平大学建设》的工作报告。开幕式上，与会代表听取并审议学校2014年度财务工作报告、教代会提案工作报告。

15日，华北电力大学第六届第三次教职工代表大会闭幕。在闭幕式上，与会代表一致通过《华北电力大学第六届第三次教职工代表大会决议》。党委书记吴志功发表题为《认清形势 明确要求 问题导向 遵循规律 凝练项目 设计模式 优化制度 实现梦想》的讲话。

17日，华北电力大学-罗克韦尔自动化实验室揭牌。该实验室的成立将推动工程教育改革、培养具有工程实践能力和创新精神的高级工程技术人才。

18日，"中国电谷智能电网装备产业技术创新联盟"成立大会在保定电谷国际酒店召开。产业联盟首批发起单位共30家，华北电力大学作为联盟发起单位，同时也是联盟技术委员会单位。产业联盟的建立，将进一步发挥优秀企业的带动作用，实现校企之间合作共赢。

18日至20日，华北电力大学分别在北京和保定召开2015年本科教学工作会议。各院系主管教学工作的副院长（主任）、教务处负责人、教学督导组组长参加会议。副校长安连锁出席会议并作讲话，会议由校长助理米增强主持。

23日，学校在北京校部和保定校区通过两地视频的方式举行2015年处级领导干部国际化专题培训班开班仪式。举办该培训班旨在加速推进学校国际化战略实施，开拓处级领导干部的战略思维和国际视野。

26日，教育部就业指导中心就业服务开发处处长方伟，北京神州泰岳软件股份有限公司副总裁王蔚、中国技术创业协会天使投资联盟秘书长万松以及神州泰岳公司蒋楠、戴海涛等企业高管作为学校特邀专家参观保定校区大学生创新创业中心，专家们通过观摩创新创业产品演示，听取项目介绍，观看成果展示等多种方式了解学校创新创业工作。

27日，共青团中央学校部大学处副处长徐川、全国学联驻会主席满泽阳、共青团河北省委学校部副部长李楠、共青团保定市委副书记刘丹一行来校调研，就如何落实中央4号文件精神与河北省直院校、特邀院校团委书记进行座谈。

29日，第七届"尖烽时刻"国际商业模拟大赛中国赛区总决赛在广州落幕，华北电力大学"风雨同路"本科生代表队获全国总冠军，取得参加全球总决赛的资格。经济与管理学院张琪、刘力纬、赵洱岽等三位教师获"优秀指导教师"称号。

是月，世界著名科技出版机构爱思唯尔（Elsevier）发布2014年中国高被引学者（Most Cited Chinese Researchers）榜单。华北电力大学徐进良、李永平两位教授入选。该榜单的研究数据采集自Elsevier旗下全球最大的同行评议学术论文索引摘要数据库（Scopus数据库），基于对海量的、与科研活动有关的文献、作者和研究机构数据的系统分析而成，旨在对中国学者的世界影响力进行科学分析和评价。

是月，科技部下发《关于国家重点基础研究发展计划2015年项目立项的通知》（国科发基〔2015〕63号），以华北电力大学杨勇平教授作为首席科学家申报的项目"燃煤发电系统能源高效清洁利用的基础研究"获批立项。该项目面向国家能源领域的重大需求，组织华北电力大学、西安交通大学、浙江大学、清华大学、华中科技大学和中国科学院工程热物理研究所等国内一流的科研单位和团队；围绕燃煤发电能耗和污染物的发生机理、分布规律和相互作用机制凝练科学问题；从单元、过程和系统耦合的角度，发展高参数燃煤发电全工况高效热功转换、能源梯级利用和污染物协同控制的新理论、新方法，将力争在燃煤发电系统高效清洁利用关键技术上取得突破。

是月，在由人民网强国社区联合共青团中央学校部、人民日报政文部举办的"知行天下激扬青春——第三届全国大学生社会实践评选"中，保定校区申报的"绿色电力照亮长征路"项目，经与全国近700所高校5000支团队3个多月角逐，获2014年全国大学生社会实践优秀奖。

是月，团中央书记处书记、全国人大代表傅振邦就华北电力大学学生张衡提出的关于青年学生"成长成才、权益维护"的意见建议给予批示。批示表示该意见建议已进行认真研究，对其中所提出的突出问题及建议将通过"两会"予以反映，并请学校部在今后工作中进一步予以关注。

是月，教育部中国大学生在线发展中心公布第七届全国高校百佳网站评选结果，华北电力大学中文主页获"全国高校百佳网站"称号，英文主页获本次评选唯一"最佳外文主页奖"，首次同时获百佳称号和单项奖。第七届全国高校百佳网站评选活动2014年7月启动，共29个省市区，395所高校参与评比。

4月

3日，教育部国际合作与交流司司长岑建君到校调研，并为学校中层干部作高等教育国际化专题报告。党委书记吴志功、校长刘吉臻分别会见岑建君。

4日，第六届全国大学生数学竞赛决赛在华中科技大学举行，在非数学专业类决赛中，华北电力大学保定校区动创新1301班刘洋、电气1304班李奕颖、电气1305班胡国雄等3人获二等奖，北京校部电气1307班张一鸣获三等奖。

8日，美国北科罗拉多大学校长Kay Norton来访，一同到访的还有常务副校长Robbyn Wacker、教育与行为科学学院院长Eugene Sheehan以及该学院院长助理Ginny Huang。副校长安连锁接待来访客人。双方就继续开展学生交流项目，探讨2+2等联合培养模式；选派华电教师赴北科罗拉多大学进行学习交流，行政人员赴该校实践锻炼；在中美人文交流机制的基础上，欢迎北科罗拉多大学的学生来校学习；选派北科罗拉多大学的优秀教师和学生到华北电力大学附属中学任教；选拔优秀北科罗拉多大学教师来华北电力大学进行学术交流等五点建议进行探讨，以推进两校深层次、多领域合作。

13日至14日，中国——欧盟研究及创新伙伴计划启动。该计划由欧盟发起，旨在加强欧盟同中国间研发和创新网络化合作、伙伴关系以及其他形式的科研和创新互动。该计划主要资助欧盟的博士、博士后和学者赴中国高校及科研院所开展高水平科学研究，从而建立和加强欧盟科研界同中国研究机构和院校的长期战略合作关系。华北电力大学入选的计划有可再生能源、能效及城市可持续能源解决领域，杨勇平教授为项目总负责人。

16日至17日，东北电力大学党委书记李岩峰一行来访，就思想政治理论课教育、大学文化建设等内容进行调研。

18日至19日，700℃超超临界燃煤发电关键技术国际研讨会在华北电力大学召开。会议由华北电力大学和德国斯图加特大学MPA Stuttgart主办，国家700℃超超临界燃煤发电技术创新联盟协办。此次会议由华北电力大学徐鸿教授和德国斯图加特大学卡尔·麦勒教授（Prof. Karl Maile）共同组织发起，旨在分享欧盟和中国在700℃等级超超临界燃煤发电技术中关键技术问题的研究进展和高温材料特性方面的研究经验和成果。

26日，由华北电力大学作为首席科学家单位，西安交通大学、清华大学、浙江大学、中国科学院工程热物理研究所和华中科技大学共同承担的国家重点基础研究发展计划（973计划）项目“燃煤发电系统能源高效清洁利用的基础研究”启动。

28日，中关村管委会和保定市政府在保定高新区举行“保定·中关村创新中心揭牌仪式暨京冀创新合作推介会”，华北电力大学副校长杨勇平参加会议。在揭牌仪式上，华北电力大学国家大学科技园、中关村天合科技成果转化促进中心、中科院华南计算技术研究所、赛伯乐投资集团等14家单位签约，成为保定·中关村创新中心首批合作伙伴。

29日，北京市庆祝五一国际劳动节暨表彰劳动模范和先进工作者大会在北京会议中心举行，1153名北京市优秀的劳动者和197个市级模范集体获北京市委和北京市政府表彰。华北电力大学牛东晓教授获北京市先进工作者称号。

是月，“QS世界大学学科排名”发布，华北电力大学电气与电子工程学科入选QS全球顶尖学科前400名，除“985工程”高校外，位居“211工程”高校前列。

5月

9日至10日，第九届梁国治中国社会工作教育发展奖学金颁奖典礼暨学术研讨会在中国人民大学苏州校区举行，以学生郑翩翩为首的团队撰写的《学校社会工作视角下高校学生侵犯行为防控模式初探》获实践报告类一等奖；杜雅轩、李小格撰写的《断裂与发展：优势视角下社工介入青少年社区矫正实践报告》、汪钰、王晓俊、王静茹撰写的《社工介入儿童慈善项目调查与模式比较研究》获实践报告类二等奖；郭少云团队撰写的论文《医患矛盾背景下县级医疗机构医务社工的发展困境分析——以天津市蓟县人民医院为例》获论文类二等奖。

12日，华北电力大学入选河北省大学生创业孵化示范园。

14日，为期两周，由国家商务部主办、华北电力大学承办的2015年坦桑尼亚电力系统运营与管理研修班开班仪式在保定校区举行。研修班围绕电力系统运营与管理开展理论学习和实践，介绍电力企业经济运行管理的相关知识，让各位学员深入到电力企业现场并得到切身体会，了解中国电力工业发展现状和技术特点，同时向各位学员介绍中国在新能源发电领域取得的成果。

22日至24日，第四届全国大学生工程训练综合能力竞赛总决赛在合肥工业大学举行，由机械系学生陈磊、吴芝浩、黄湛林组成的华北电力大学代表队获一等奖。这是学校代表队在该项赛事上连续三届获一等奖。

27日，2015年坦桑尼亚电力系统运营与管理研修班结业。

是月，按照华北电力大学换届选举工作的有关事项安排，全校共39个院（系）级单位党组织进行换届选举。

6月

4日，国家商务部主办，华北电力大学承办的2015年非洲法语国家电力官员研修班在保定校区开班，共有26名来自布隆迪、刚果（金）、几内亚比绍、科摩罗、马达加斯加、尼日尔、塞内加尔、阿尔及利亚、中非的电力官员来校进行为期一个月的研修。研修班围绕电力系统控制与运行开展理论学习和实践。

10日，天安电气集团捐赠人民币200万元，设立华电科技园创新基金，该基金用于支持华北电力大学科技园的建设发展。

20日，2014—2015赛季特步中国大学生足球联赛全国总决赛在华中科技大学开幕。华北电力大学足球代表队获全国第四名的历史最佳战绩。

24日，英国曼彻斯特大学副校长Martin Schroder一行来访。校长刘吉臻会见来访客人，双方就两校教育合作进行广泛探讨，并一致同意建立长效的高水平培养机制，切实从学生利益出发，培养具有全球视野的高水平人才。

25日，学校对处级领导干部国际化专题培训班举办大学教育基金工作坊，对学校基金工作中的优秀案例进行学习交流。党委书记吴志功出席并讲话，处级领导干部国际化专题培训班全体学员参加此次工作坊。

26日，科摩罗联盟驻华大使默罕默德·M·阿布德，南苏丹共和国驻华全权特别大使迈克尔·米利·侯赛因应邀来校参加2015届本业生毕业典礼，祝贺科摩罗籍和南苏丹籍来华留学生完成学业，获得学士学位。是年，学校有科摩罗毕业留学生2名，南苏丹毕业留学生1名。

26日，教育部下发《中华人民共和国教育部高等学校章程核准书第71号（华北电力大学）》文件。《华北电力大学章程》获核准并生效。《章程》的制定，事关学校长远发展，是学校多年来制度化建设成果的结晶，是学校道路自信、理论自信、制度自信的集中体现，也是学校全面深化教育领域综合改革、全力推进治理体系和治理能力建设、构建现代大学制度的重要抓手。

29日，学校召开2015年第9次党委常委会议，专题审议《华北电力大学综合改革方案》，研究讨论华北电力大学“十三五”规划编制工作。

是月，中共国家能源局党组决定，任命校友杨昆为中电联党组书记。

是月，教育部公布第七批158门国家精品视频公开课名单，华北电力大学经管学院教师赵洱岽的《沟通的力量》入选。至此，学校已有2门国家精品视频公开课。

7月

8日，校长刘吉臻会见国网智能电网研究院滕乐天院长一行。刘吉臻指出学校和智研院在人才培养和科技创新方面有不同优势，双方应最大限度的实现优势互补，共谋发展。滕乐天表示智研院将向华北电力大学开放这些实验室，学校导师、研究生和智研院科研团队可以利用这些条件开展全方位合作。

是日，国网智能电网研究院院长滕乐天、副院长汤广福等一行与学校副校长孙忠权、研究生院常务副院长赵冬梅、电气与电子工程学院常务副院长李庚银等及导师代表和联合培养研究生共同参与联合培养研究生签约仪式暨校企导师交流会。

6日至11日，华北电力大学副校长杨勇平代表学校访问意大利热那亚大学、博洛尼亚大学和西班牙的马德里理工大学，并与意大利热那亚大学、博洛尼亚大学两所著名大学建立合作伙伴关系。

13日，保定市市长马誉峰在保定校区为学校师生作题为“逐梦京津冀，共创大未来”的京津冀协同发展专题报告。报告会由校长刘吉臻主持，保定市政府副秘书长刘登宽，学校党委副书记、副校长张金辉，副校长王增平，校长助理米增强、郭孝锋，保定校区全体中层干部以及师生代表600余人参加报告会。

14日，党委书记、教育基金会理事长吴志功与中电联控股有限公司董事局主席吕小康签署捐赠协议，中电联控股有限公司将1000万元人民币及其公司10%的股权（价值1000万元人民币）捐赠给学校教育基金会，用于支持学校的发展建设。

17日，华北电力大学召开2015年暑期领导班子务虚会，专题讨论《华北电力大学“十三五”事业发展规划》编制工作。全体校领导、党委常委、校长助理，部分学科学术带头人，有关部门、院系主要负责人参加会议。会议由校党委书记吴志功主持。

20日，教育部公布50家“全国高校实践育人创新创业基地”入选名单，华北电力大学入选。本次入选名单包括33所部委属院校、8家地方院校及单位、2家高职高专、2家地方政府和5家国有大中型企业。

21日，华北电力大学教育基金会召开第二届理事会第二次会议，会议审议大额捐赠项目、基金会财务报告及第二届理事会工作规划和年度计划等事项。基金会理事长、校党委书记吴志功，副理事长、副校长孙平生、王增平，各位理事及相关工作人员参加会议。

20日至27日，“加多宝杯”第十五届全国大学生田径锦标赛在广西师范大学举行。由北京校部和保定校区联合组队的16名运动员分别参加高水平非注册运动员甲A组和普通学生乙组两个组别的比赛。经过五天角逐，华北电力大学田径代表队共获4枚金牌、两枚铜牌。北京校部干雪获女子甲A5000米、10000米两枚金牌 。保定校区王臣善、齐志泽分获男子甲A3000米障碍金牌和铜牌，周子杰获男子乙组跳远金牌，高萌获女子甲A10000米铜牌。

29日，大航控股集团有限公司向华北电力大学教育基金会捐赠人民币壹仟万元和价值六百万元股权，捐赠款主要用于支持学校新能源微电网领域的发展建设。捐赠协议由党委书记、教育基金会理事长吴志功与大航控股集团有限公司董事长薛军共同签署。

8月

14日，华北电力大学与新疆生产建设兵团十二师、大航控股集团有限公司三方共同签署《关于共建新能源微电网示范中心合作意向书》，商定结合新疆生产建设兵团十二师乌鲁木齐工业园区的产业发展，三方共同打造具有国家示范效应、具有国际竞争力、具有绿色智能特色的兵团新能源微电网示范中心。

27日至29日，第二届全国研究生智慧城市技术与创意设计大赛决赛在武汉大学举行。华北电力大学代表队在创意设计类比赛中获全国团体总分第1名。

29日，创新中国行之保定站——中国电谷·智慧能源创新峰会在保定·中关村创新中心举办。本次峰会由保定国家高新区管委会、华北电力大学、中关村软件园联合主办。国家电网公司、国网信通集团有限公司、中国能源国际集团投资有限公司等150家北京相关企业参加峰会。

是月，以徐进良教授为首席科学家的国家重点基础研究发展计划（973）项目“锅炉低温烟气余热深度利用的基础研究”课题验收会议在华北电力大学召开。专家组认为，本项目初步形成烟气余热利用理论、方法与技术，解决了若干技术难题，在学术上具有重要意义，推动相关交叉学科的发展，若干技术具有推广应用价值，本项目的6个课题通过验收。

是月，华北电力大学派出21只代表队参加2015年中国机器人大赛，共获一等奖9项、二等奖6项、三等奖4项、优秀奖2项。房静获大赛“优秀指导教师”荣誉称号。中国机器人大赛是全国最具影响力、最具权威性的机器人技术大赛，每年举办一届，已分别在苏州、兰州、合肥等城市举办十五届。

9月

9日，为期21天，由国家商务部主办、华北电力大学承办的2015年巴西电力特高压技术规划与发展研修班在保定校区开班。本期研修班是学校承办的重要援外人力资源开发项目之一，是两国电力同行交流电力技术、提高科技水平的一次契机。研修班将围绕特高压技术规划与发展进行理论学习和生产实践。

15日，中国国电集团公司党组成员、副总经理于崇德一行13人来访。校长刘吉臻、副校长杨勇平会见于崇德一行。双方就科技创新这一主题进行对接交流。

16日至17日，华北电力大学分别在北京校部、保定校区举行2015级新生开学典礼。校领导吴志功、刘吉臻、张金辉、安连锁、李双辰、杨勇平、孙平生、孙忠权、王增平，校党委常委、校长助理及有关职能处室、各院系负责人，教师代表和全体2015级新生参加典礼。典礼分别由党委副书记李双辰和党委副书记、副校长张金辉主持。是年，学校共录取本科新生5619名、研究生新生2549名以及来自39个国家的留学生146名。

18日至21日，2015全国全民健身操舞大赛总决赛在山东青岛举行，本次大赛由国家体育总局体操运动管理中心、青岛市人民政府、中国健美操协会主办。华北电力大学Unsleep街舞代表队获2个特等奖，2个一等奖。本次比赛共有来自全国22个分站赛27个省市选拔、推荐的330支参赛队伍、5868名运动员、教练员、裁判员参加。

15日，施耐德电气（中国）有限公司副总裁王洁一行来访。校党委书记吴志功会见来访客人。会上，吴志功表示，双方的合作要紧密围绕国家“十三五”发展规划，形成目标体系、合作模式，紧密围绕中国发展的经济和教育两大趋势，形成战略不可替代。在合作目标上要围绕国家、行业的需求以及大学和企业的时代使命，以项目突破的方式，通过“131”合作模式，双方共同设立项目基金，实现智库一流、技术一流、合作一流，形成命运共同体、利益共同体、协同创新共同体。希望双方以国家、世界、行业、区域的问题和需求作为合作逻辑起点，把问题凝练成能解决的合作项目。围绕项目凝聚双方的人才优势，构建合作共赢的模式，通过具有竞争性的制度、政策和策略的设计，取得标识性成果。会见中，双方围绕职业教育、能效管理、光伏产业、智能电气等领域进行广泛交流，并就“碧播”绿色电力教育基金等项目达成合作意向。

21日至22日，首届“协鑫杯”大学生绿色能源科技创新大赛决赛在上海举行。华北电力大学推荐的“基于光伏沼气互补发电装置的开发”项目与北京大学、上海交通大学等校推荐的8件作品获一等奖。“丝瓜瓤嵌入式洗碗系统”和“学生宿舍节能综合管理系统”分获二等奖和三等奖。其中获一等奖作品受邀参加11月在无锡举办的第七届中国（无锡）国际新能源大会暨展览会。

24日，全国政协常委、民革中央副主席、民革中央教科文卫体委员会主任、北京市政协副主席、民革北京市委会主委傅惠民莅临华北电力大学，就民革中央、民革北京市委会与学校共建“能源软科学研究中心”进行调研。党委书记吴志功，副校长杨勇平会见傅惠民一行并座谈。座谈会上，吴志功希望双方以能源软科学为抓手，发挥各自优势，整合资源，以6P（Problem, Project, People, Pattern, Policy, Product）模式，围绕国家需求，从国家的、人民的、区域的重大问题出发，去凝练出项目，通过项目去汇聚优秀人才，创造出有利于大家合作的模式，创造出好的政策，从而产生出能解决国家重大能源问题的战略体系报告，为国家建言献策，为国家能源电力事业做出贡献，这也是华北电力大学建设高水平大学应有之义。傅惠民在讲话中希望双方的合作能围绕以下三个方面的内容：一是能源的发展问题；二是污染物的防治问题；三是脱贫致富问题。

28日，华北电力大学党委中心组进行“三严三实”专题教育学习研讨。党委书记吴志功，党委常委、校长刘吉臻，党委常委张金辉、安连锁、李双辰、杨勇平、孙平生、张天兴参加会议。副校长王增平，校长助理汪庆华，相关部门负责人，列席会议。会议由吴志功主持。

29日，为期21天，由国家商务部主办、华北电力大学承办的2015年巴西电力特高压技术规划与发展研修班在保定校区结业。副校长王增平及有关部门、院系负责人和19位来自巴西的电力官员和技术专家共同出席结业典礼。

是月，由中国音协打击乐学会行进联合会承办的“乾豪杯”第三届全国行进乐大赛在大连举行。近20支队伍参加大赛。华北电力大学行进管乐队获本届全国行进乐大赛大学组（管乐团体）金奖。

是月，华北电力大学与山西大学在太原签署战略合作框架协议。校长刘吉臻，山西省教育厅副厅长孙世新，山西大学党委书记师帅、校长贾锁堂出席签字仪式。仪式由师帅主持。刘吉臻与贾锁堂分别代表双方签署战略合作框架协议。根据协议，双方将紧密围绕山西能源电力产业发展需求及山西大学发展的实际需要，开展能源电力学科领域的战略合作，在学科建设、人才培养、科技创新、合作交流及资源共享等重点领域，建立长期稳定的合作机制，积极推进全方位深层次的广泛合作。

是月，校长刘吉臻出席北京邮电大学沙河校区启用仪式暨北京高科大学联盟昌平揭牌典礼，并代表北京高科大学联盟讲话。高科联盟将充分发挥大学在学科、人才、科技、文化等方面的资源和优势，紧密围绕昌平京北创新中心、国际创教新城的建设目标，在人才培养、科技创新、成果转化、智库建设、创新创业实践等方面与昌平区展开全方位的合作。

10月

12日，教育部思想政治工作司司长冯刚来校调研并参加学校2015年大学生思想政治教育工作研讨会。校党委书记吴志功介绍学校党建与思想政治教育工作情况，党委副书记李双辰，党委常委、组织部部长张天兴，校长助理、党办校办主任汪庆华陪同调研。

15日至16日，应哈萨克斯坦教育与科技部博拉沙克国际项目中心（Center for International Programs JSC）主席Gani Nygymetov的邀请，党委书记吴志功一行三人参加博拉沙克国际项目2015年年会及教育展，并对国际项目中心和哈萨克斯坦国家电网运营公司进行访问。

17日—18日，第四届IET可再生能源发电国际会议（4th Renewable Power Generation Conference，RPG2015）在华北电力大学召开。此次会议由IET主办，华北电力大学承办。论文评审委员会成员由来自十多个国家的四十多名专家组成，多名RPG期刊编委加入论文评审。RPG系列会议在行业内和国际上都具有颇高的影响力，1/3的往届会议参会代表均来自海外国家。会上，刘吉臻教授作题为“Flexible Control of Coal-fired Power Units in Alternate Electrical Power System with Large-scale Renewable Power Generations”，主旨发言，从新能源电力系统的定义、特征出发，结合中国“富煤、贫油、少气”的电源结构，提出大力提升燃煤火电机组的弹性运行能力，并给出智能优化协调控制、凝结水节流、冷却工质节流、供热抽汽节流调节等解决方案，为规模化新能源电力的消纳奠定基础。鞠平教授、Bikash Pal教授、袁小明教授分别围绕可再生能源发电及其并网难题作大会报告。

19日至21日，中国首届“互联网+”创新创业大赛在吉林大学举办。华北电力大学参赛项目“大数据助力绿色电力推广”获全国铜奖。

24日至25日，由中国工程热物理学会主办，国家火力发电工程技术研究中心、电站设备状态监测与控制教育部重点实验室和华北电力大学能源动力与机械工程学院共同承办的2015年度中国工程热物理学会燃烧学术会议暨国家自然科学基金燃烧项目进展交流会在华北电力大学召开。来自全国100多所高水平大学、研究机构及若干国外大学的1000多名学者、教授及研究生参加会议，共同研讨燃烧领域的学术进展、科学问题及国家需求。

28日，京津保创新创业大街启动仪式在保定举行。国家科技部火炬中心主任张志宏、河北省科技厅厅长王志欣、保定市市委书记聂瑞平、保定市政协主席崔启慧等一行莅临华北电力大学国家大学科技园进行考察。

11月

3日至7日，第十七届中国国际工业博览会在国家会展中心（上海）举行。经过组委会及专家组的评比，华北电力大学“核电站BAS/COC试验智能专家系统”获得第十七届中国国际工业博览会高校展区“优秀展品奖一等奖”，并获高校展区“优秀组织奖”。

6日，“国际能源变革论坛”在苏州市开幕。论坛主题为“全球能源转型与中国能源变革”，通过邀请国内外政要、著名科学家、专家学者以及产业代表，交流各国能源发展趋势和国际能源转型经验，探讨中国能源转型面临的挑战和问题，形成我国能源转型的共识和行动。华北电力大学曾鸣教授受邀参加会议，并作“能源变革与能源互联网”主旨演讲。

16日，华北电力大学中欧可再生能源创新中心揭牌。校长刘吉臻、副校长杨勇平，国家留学基金管理委员会秘书长刘京辉、北京市外办因公出入境管理处处长张文双、北京市教委国际合作处处长潘芳芳、德国黑森州中国合作促进中心主席施密特及该中心代表等参加揭牌仪式。该中心在国家能源转型的大背景下发起，提出以新能源技术创新为核心和出发点，积极开展同德国高校、科研所和企业的合作；为该研究领域搭建教师访学、学生交流、博士联合培养、合作办学等方面的平台。

是月，第十四届“挑战杯”全国大学生课外学术科技作品竞赛终审决赛在广东工业大学落下帷幕。华北电力大学选送的6件作品获一等奖1项，二等奖2项，三等奖3项。参赛作品《基于新能源开发的西藏无电区农牧民用电策略研究——以西藏拉孜县为例》获“累进创新奖”金奖。

是月，华北电力大学能源动力与机械工程学院陈宏霞副教授和徐进良教授申请的发明专利“Internal Liquid Separating Hood Type Condensation Heat Exchange Tube（PCT专利号：PCT/CN2012/00274、美国专利号：13/984,659）”获美国国际专利局授权。

是月，华北电力大学能源互联网研究中心成立。该中心致力于整合校内外能源领域的优势科研力量，形成由经济管理、电气、能源与动力、可再生能源、信息与通信、人文社科等多学科、跨专业的科研团队，在科学研究、产业化和人才培养方面，对能源互联网的未来发挥重要的支撑作用。

12月

6日，第十一届全球孔子学院大会在上海举行。国务院副总理、孔子学院总部理事会主席刘延东出席开幕式并讲话，教育部部长袁贵仁主持会议。来自全球的中外孔子学院院长、校长、教授代表、中外嘉宾2500人出席会议。华北电力大学副校长杨勇平、西肯孔院美方院长潘伟平、中方院长李博等出席会议。这是继2013年西肯塔基大学获优秀孔子学院称号后，2015年西肯孔院再获全球示范孔院称号。

7日，中国工程院公布2015年中国工程院院士增选结果，华北电力大学刘吉臻教授当选为中国工程院能源与矿业工程学部院士。

21日，国家电力投资集团公司在北京昌平未来科技城中央研究院内成功发布中国首套完全自主知识产权的核电厂核设计与安全分析软件—COSINE，标志着中国核电软件自主化工作取得关键性突破。华北电力大学是该软件的主要研发单位之一，副校长杨勇平、科学技术研究院常务副院长檀勤良、核科学与工程学院院长陆道纲及参与COSINE软件包研发的师生代表应邀出席发布会。

23日，中国电力企业联合会第六次全国会员代表大会暨第六届理事会第一次会议在北京召开。华北电力大学再次当选为中电联副理事长单位，校长刘吉臻再次当选为中电联副理事长，校长助理汪庆华当选为中电联第六届理事会常务理事。

25日，由河北省文明办、河北日报报业集团、燕赵都市报共同举办的"福彩杯"2015年十大"感动河北年度人物"评选揭晓。"轮椅女孩"、经济管理系2011级史怡杰入选。这也是华北电力大学学生首次荣膺此项殊荣。

是月，教育部和国家外国专家局联合发布《关于高等学校学科创新引智计划新建基地立项通知》（教技函〔2015〕号），批准47个引智基地作为建设项目予以立项，华北电力大学戴松元教授作为负责人申报的"新型太阳电池的基础和应用研究创新引智基地"获批立项建设。该基地依托华北电力大学在新能源科学与工程学科上的优势学科，通过与瑞士、英国、美国、日本、韩国、澳大利亚和西班牙等著名科学家开展广泛和深入的合作研究，优势互补，以稳定高效新型薄膜太阳电池为研究目标，着力解决关键材料的设计合成、关键器件的制备优化和光电过程的机理等科学问题，构筑完整的研究体系，为国家实现薄膜太阳电池的大规模应用提供科学依据和技术基础。

是月，国家教育体制改革领导小组办公室下发《关于同意〈华北电力大学综合改革方案〉备案的函》，并对学校认真组织实施提出具体要求，标志着《华北电力大学综合改革方案》完成制定工作，正式经国家批准备案，开始进入全面实施阶段。

□机构与干部

DEPARTMENTS AND CARDERS

华北电力大学2015年校级领导干部及校长助理

党委书记 吴志功
校　　长 刘吉臻
党委副书记 张金辉　李双辰　郝英杰
副 校 长 张金辉　安连锁　杨勇平　孙平生　孙忠权　王增平
纪委书记 李双辰

党委常委 吴志功　刘吉臻　张金辉　安连锁　李双辰　郝英杰　杨勇平　孙平生　孙忠权　张天兴

校长助理 张粒子　米增强　律方成　郭孝锋　黄国和　汪庆华　王海风

华北电力大学2015年机构设置及负责人

（北京校部）

机构类别	机构名称	姓名	职务
校机关	党委办公室、校长办公室	汪庆华	校长助理、党委办公室主任、校长办公室主任
	纪委办公室、监察处、审计处	范　立	纪委办公室主任、监察处处长、审计处处长
	党委组织部、统战部、党校	张天兴	党委常委、党委组织部部长、党委统战部部长、党校常务副校长
	党委宣传部、新闻中心	陈　志	党委宣传部部长、新闻中心主任、新闻发言人
	党委学生工作部、学生处、武装部	张新娟	党委学生工作部部长、党委武装部部长、学生处处长
	党委学生工作部、学生处、武装部	张兵仿	就业指导中心主任、学生处副处长
	党委研究生工作部	李　林	党委研究生工作部部长
	研究生院、学位办公室	赵冬梅	研究生院常务副院长、学位办公室主任、专业学位教育中心主任
	党委保卫部、保卫处	靳占兴	党委保卫部部长、保卫处处长
	工会	张瑞雅	工会常务副主席
	团委、艺术教育中心	王集令	团委副书记（主持工作）
	人事处	赵秀国	人事处处长
	人才工作办公室、博士后管理办公室	马小勇	人才工作办公室主任、博士后管理工作办公室主任
	计划财务处	潘　洁	计划财务处处长
	学科建设办公室	律方成	校长助理、学科建设办公室主任、211工程办公室主任

续表

机构类别	机构名称	姓名	职务
校机关	国际合作处、港澳台办公室	段春明	国际合作处处长
	教务处、教师教学发展中心、卓越工程师培养办公室	柳长安	教务处处长、卓越工程师教育培养办公室主任、教师教学发展中心主任
	科学技术研究院	檀勤良	科学技术研究院常务副院长
	校企合作办公室、理事会工作办公室	胡三高	校企合作办公室主任、理事会工作办公室主任
	校友工作办公室	聂国欣	校友工作办公室主任
	基建处、校园规划办公室	刘　斐	基建处处长、校园规划办公室主任
	资产管理处	范寒松	资产管理处处长
	后勤管理处、后勤服务集团	林长强	后勤管理处处长、后勤服务集团总经理
	产业管理处	白　海	产业管理处处长
	离退休工作办公室	秦卓贤	离退休工作办公室主任
	期刊出版部	王佃启	期刊出版部主任
	档案馆	陈　军	档案馆副馆长
	国际教育学院	李庆民	国际教育学院院长
	继续教育学院	沈剑飞	继续教育学院院长
	信息化建设与管理办公室	杨万华	信息化建设与管理办公室主任
	招标中心	冯海群	招标中心副主任
教学科研部门	电气与电子工程学院	李庚银	电气与电子工程学院常务副院长
	能源动力与机械工程学院	徐进良	能源动力与机械工程学院院长
	控制与计算机工程学院	刘　石	控制与计算机工程学院院长
	经济与管理学院	牛东晓	经济与管理学院院长
	可再生能源学院	戴松元	可再生能源学院院长
	核科学与工程学院	陆道纲	核科学与工程学院院长
	数理学院 数理系	杨晓忠	数理系主任兼数理学院副院长
	人文与社会科学学院	苑英科	人文与社会科学学院院长
	外国语学院 英语系	赵玉闪	英语系主任兼外国语学院副院长
	环境与化学工程系	王祥科	环境与化学工程系主任
	思想政治理论课教学部	苑英科	思想政治理论课教学部主任

续表

机构类别	机构名称	姓名	职务
教学科研部门	体育教学部	任金锁	体育教学部主任
	新能源电力系统国家重点实验室	毕天姝	新能源电力系统国家重点实验室常务副主任
	生物质发电成套设备国家工程实验室	董长青	生物质发电成套设备国家工程实验室常务副主任
	国家火力发电工程技术研究中心	顾煜炯	国家火力发电工程技术研究中心常务副主任
	现代电力研究院	张粒子	校长助理、现代电力研究院常务副院长
	环境研究院	黄国和	校长助理、环境研究院院长
	苏州研究院	杜建国	苏州研究院直属党支部书记
	高等教育研究所	郭炜煜	高等教育研究所所长
	国家能源发展研究院	胡光宇	国家能源发展研究院常务副院长
其他部门	图书馆	刘宗歧	图书馆馆长
	校医院	刘晓峰	校医院院长
	网络与信息中心	林　红	网络与信息中心主任
	工程实践中心	尹忠东	工程实践中心主任
	金工实训中心	夏延秋	金工实训中心主任
	教育基金会	陈兆江	教育基金会秘书长

（保定校区）

机构类别	机构名称	姓名	职务
校机关	党委办公室、校长办公室	陈立伟	党委办公室副主任、校长办公室副主任
	党委组织部、党委统战部、党校	李秋夫	党委组织部副部长、统战部副部长、党校副校长
	党委宣传部	仇必鳌	党委宣传部副部长、新闻中心副主任
	纪委办公室、监察处、审计处	刘志远	纪委办公室副主任、监察处副处长、审计处副处长
	党委学生工作部、学生处、武装部	李　东	党委学生工作部副部长、党委武装部副部长、学生处副处长
	党委学生工作部、学生处、武装部	李　瑾	就业指导中心（保定）主任
	党委保卫部、保卫处	张建军	党委保卫部（保定）部长、保卫处（保定）处长
	人事处	姜　波	人事处副处长、博士后管理办公室副主任、人才工作办公室副主任
	教务处	王秀梅	教务处副处长、卓越工程师教育培养办公室副主任、教师教学发展中心副主任（兼）

续表

机构类别	机构名称	姓名	职务
校机关	科学技术处	丁常富	科学技术研究院副院长、科学技术处（保定）处长
	党委研究生工作部、研究生院	顾雪平	研究生院副院长、学位办公室副主任
	财务与资产管理处	丁相宝	财务与资产管理处（保定）处长
	国际合作处、国际教育学院	武彦军	国际合作处副处长、国际教育学院副院长、国际教育学院（保定）党总支书记（兼）
	招标中心	周　泽	招标中心副主任
	信息化建设与管理办公室	王迎新	信息化建设与管理办公室副主任
	产业管理处	刘观起	产业管理处副处长
	后勤与基建管理处	曲　涛	后勤与基建管理处(保定)处长
	离退休工作办公室	陈　武	离退休工作办公室副主任
	继续教育学院	张栾英	继续教育学院副院长
	工会	杨实俊	工会（保定）常务副主席
	团委	赵冬鸣	团委（保定）书记
	艺术教育中心	吴乐为	艺术教育中心主任
教学科研部门	电力工程系	刘云鹏	电力工程系主任兼电气与电子工程学院副院长
	电子与通信工程系	高会生	电子与通信工程系主任兼电气与电子工程学院副院长
	动力工程系	韩中合	动力工程系主任兼能源动力与机械工程学院副院长
	机械工程系	范孝良	机械工程系主任兼能源动力与机械工程学院副院长
	自动化系	马永光	自动化系主任兼控制与计算机工程学院副院长
	计算机系	王保义	计算机系主任兼控制与计算机工程学院副院长
	环境科学与工程学院	付　东	环境科学与工程学院副院长
	经济管理系	黄元生	经济管理系主任兼经济与管理学院副院长
	法政系	沈长月	法政系主任兼人文与社会科学学院副院长
	英语系	张　莉	英语系（保定）主任兼外国语学院副院长
	数理系	张晓宏	数理系（保定）主任兼数理学院副院长
	思想政治理论课教学部	王聚芹	思想政治理论课教学部副主任
	体育教学部	房游光	体育教学部(保定)主任

续表

机构类别	机构名称	姓名	职务
其他部门	工程训练中心	张文建	工程训练中心主任
	信息与网络管理中心	李春祥	信息与网络管理中心副主任
	图书馆	谢　红	图书馆（保定）馆长
	校医院	李迎春	校医院（保定）院长

（组织部　林　林　徐大圣　提供）

华北电力大学2015年直属各党委、党总支、党支部书记

（北京校部）

序号	直属各党委、党总支、党支部	姓名	职务
1	电气与电子工程学院党委	鹿　伟	电气与电子工程学院党委书记
2	能源动力与机械工程学院党委	徐　鸿	能源动力与机械工程学院党委书记
3	经济与管理学院党委	于新华	经济与管理学院党委书记
4	控制与计算机工程学院党委	刘　威	控制与计算机工程学院党委书记
5	人文社科与政教党委	蔡利民	人文社科与政教党委书记
6	数理系党委	吴万凯	数理系党委书记
7	英语系党委	徐玲玲	英语系党委书记
8	可再生能源学院党委	刘永前	可再生能源学院党委书记
9	核科学与工程学院党委	沈　岚	核科学与工程学院党委书记
10	国际教育学院党总支	李　旸	国际教育学院党总支书记
11	继续教育学院党总支	梁立新	继续教育学院党总支书记
12	机关党委	于喜海	机关党委书记
13	教学科研党总支	白　海	教学科研党总支书记
14	图书网络党总支	李　宁	图书网络党总支书记
15	后勤服务集团党总支	李献东	后勤服务集团党总支书记
16	离退休党委	李金全	离退休党委书记
17	体育教学部直属党支部	曹运华	体育教学部直属党支部书记
18	校医院直属党支部	刘晓峰	校医院直属党支部书记
19	苏州研究院直属党支部	杜建国	苏州研究院直属党支部书记

（保定校区）

序号	直属各党委、党总支、党支部	姓名	职务
1	电力工程系党委	赵书强	电力工程系党委书记
2	电子与通信工程系党委	李红霞	电子与通信工程系党委书记

续表

序号	直属各党委、党总支、党支部	姓名	职务
3	动力工程系党委	张树芳	动力工程系党委书记
4	机械工程系党委	葛永庆	机械工程系党委书记
5	自动化系党委	卢青松	自动化系党委书记
6	计算机系党委	王韶坡	计算机系党委书记
7	经济管理系党委	严　立	经济管理系党委书记
8	环境科学与工程学院党委	曹晓新	环境科学与工程学院党委书记
9	数理系（保定）党委	屈朝霞	数理系（保定）党委书记
10	英语系（保定）党总支	张冬生	英语系（保定）党总支书记
11	法政与政教党委	梁　平	法政与政教党委书记
12	科技学院党委	祝志杰	科技学院党委书记
13	国际教育学院党总支	武彦军	国际教育学院党总支书记
14	机关（保定）党委	陈立伟	机关（保定）党委书记
15	教科（保定）党总支	王秀梅	教科（保定）党总支书记
16	校产党总支	刘观起	校产党总支书记
17	后勤党总支	赵宏宇	后勤党总支书记
18	离退休（保定）党委	陈　武	离退休（保定）党委书记
19	校医院（保定）直属党支部	陈惠芸	校医院（保定）直属党支部书记
20	体育教学部（保定）直属党支部	李全化	体育教学部（保定）直属党支部书记
21	信息与网络管理中心直属党支部	王振旗	信息与网络管理中心直属党支部书记

（组织部　林　林　徐大圣　提供）

□ 党群工作与行政管理

INFLUENCE OF THE RELATIONS
BETWEEN THE PARTY AND THE MASSES ON ADMINISTRATION

○ 综 述

2015年，学校持续巩固党的群众路线教育实践活动成果，扎实推进党风廉政和反腐败体系建设；领导班子及干部工作作风进一步转变，教职工的凝聚力、战斗力进一步增强，广大师生爱岗敬业、追求卓越，形成健康、文明、创新、向上的校园文化。

2015年，华北电力大学宣传思想工作结合“中国梦”、中国精神的宣传教育，积极推进华电精神的传承与弘扬，通过拍摄学校微电影，编辑印发《华电记忆Ⅱ》，举办“魅力华电”摄影大赛，增强师生对学校的归属感、责任感和使命感，巩固师生员工团结奋斗的共同思想基础。学校继续加强新闻宣传阵地建设，推进新媒体发展，为广大师生、校友及关心华电的社会各界人士搭建新的交流平台。

2015年，学校深入实施“大人才”发展战略，加强人才工作的制度化、科学化建设。进一步强化用人单位对人才考察与推荐的主体作用。把高层次人才纳入各级人才培育、引进的资助计划体系中。

2015年，华北电力大学积极组织收入，有效控制支出，全面推进财务信息化建设工作，学校财务状况良好，财务管理和服务学校的水平不断提高。

2015年，华北电力大学学生工作围绕立德树人的根本任务和为“中国梦”奋斗的时代主题，以“我的中国梦，我的成才路”“华电精神”“感恩与责任”主题教育系列活动为抓手，深入开展社会主义核心价值观培育与践行活动；大力推进校风学风建设，以“自强不息、团结奋进、爱校敬业、追求卓越”的华电精神引领、塑造和培育健康、文明、创新、向上的校园文化。以“磐石计划”为载体，继续从全面提升能力素质与分类化专业拓展两方面，推进高素质学工队伍建设。学校就业工作依托微信、手机客户端、主页和短信发布系统等网络载体，立足信息化，搭建毕业生的就业指导和服务工作的综合平台，形成就业资讯及时高效、指导信息多维共享、线上线下协同、服务信息全面覆盖的工作体系。2015届本科生一次就业率96.29%，研究生一次就业率96.45%。

2015年，华北电力大学工会围绕学校中心，服务大局，努力发挥群众组织的优势，在维护教职工权益、推进师德建设、参与学校民主管理、构建和谐校园、丰富校园文化生活、为教职工办实事办好事以及加强自身能力建设等方面，进行创新性探索与实践。

2015年，学校大力加强制度建设，不断深化劳动人事制度改革和后勤管理体制改革，全面构筑管理工作体系和保障体系，管理能力和服务水平进一步提高。

2015年，校园规划与基础建设扎实推进，信息化工作进程加快，教育教学基础设施与学习生活条件进一步改善；财务运行状况良好，教职工收入稳步提高。

2015年，学校在档案信息化建设工作方面继续推进，为下一步数字化扫描奠定基础。在档案基础业务方面。完成档案标准化及档案信息化建设后的业务调整，推进校友档案及班级档案建设。档案馆主持编撰的《华北电力大学年鉴》，编撰质量进一步提高。

2015年，学校通过签署共建协议、举行揭牌仪式、重新设计附校校标、改版附校网站、开设附校建设专题网站、设立和推广微信公众号等一系列措施，加强华电附属学校面向社会和家长宣传的工作效果与力度，提升华电附中附小的品牌竞争力和知名度，初步形成华北电力大学附属学校品牌。附属幼儿园前期筹备工作基本完成，预计2017年投入使用。

2015年，学校不断提高后勤、资产、医疗、网络、招标、信息化、安全保卫等保障工作水平，积极发挥工会、共青团、基金会等组织的作用，继续保持安定团结、稳定发展的良好办学局面。

两办工作

【概述】2015年，党办校办围绕学校的战略任务和中心工作，以“三服务”为目标，充分发挥“沟通上下、协调左右、咨询参谋、督察督办”的作用，强化工作职责，创新工作方法，改进工作作风，为学校的重大事项、重点工作、重要任务的推进与落实做好优质服务，圆满完成各项工作任务。

（朱周斌）

【概况】2015年，党办校办以“真诚服务、周到服务”为理念，为学校领导和师生做好服务。全年面向师生员工接待用印4550余次，提供学校组织机构代码证和事业法人证书复印件645份；统筹开展学校保密和文件传输工作，全年流转教育部、北京市各类行政文件、信函、传真件及机要文件等3400余份，试卷、人事档案等各类机要收发及查询3100余份。

2015年，党办校办强化责任意识、质量意识和服务意识，全面加强办公室文秘工作。全年组织起草开学典礼、评优表彰、新年贺词、教代会、运动会、毕业典礼等活动、会议稿件以及兄弟院校贺信、唁电稿件累计20余篇；撰写发布党委常委会议、校长办公会议、校领导周一碰头会等会议纪要52期；编写《每周快讯》32期，上报的《华北电力大学积极构建困难学生帮扶体系》、《华北电力大学着力提高专业学位研究生实践创新能力》先后在教育部网站一线风采栏目报道。

2015年，党办校办以“制度出管理”为抓手，先后修订并发布《华北电力大学公文处理办法》，调研起草并出台《华北电力大学规章制度管理办法》《中共华北电力大学委员会全体会议制度》《中共华北电力大学委员会常委会会议制度》《华北电力大学校长办公会会议制度》等四项规章制度。2015年全年流转发布公文400余份，不断完善学校制度体系，推动各项工作的有序落实。

（朱周斌）

【迎接教育部经费监管中心公务接待专项检查并做好整改工作】2015年11月，教育部经费监管中心组织专家对学校公务接待相关工作开展专项检查，并针对存在的问题不完善现象以书面形式进行反馈。接到反馈后，党办校办立即组织相关单位补充完善材料落实整改，确保各项工作合规合法。同时，结合检查中存在的情况，严格执行《华北电力大学国内公务接待管理规定》，进一步规范公务接待的流程和管理工作，完善公务接待报销工作，强化公务接待信息公开工作，实现此项工作的规范化和流程化。

（朱周斌）

【协助完成学校领导办公用房的调整工作】2015年，教育部先后出台两次直属高校领导班子办公用房调整标准，党办校办按照学校领导的标准和要求，协助相关部门对学校领导的办公用房进行三次调换，并及时上报教育部，严格按照教育部的标准和要求完成学校领导办公用房的调整。

（朱周斌）

【协助完成学校领导公务用车的调整工作】2015年，教育部对学校领导公务用车细化标准和要求，党办校办积极协调后勤管理处取消学校领导固定用车，对现用超标的公务用车进行登记封存，并上报教育部，确保公务用车的合理合规使用。

（朱周斌）

【来信来访工作】2015年，针对来信来访人员提出的问题和诉求，党办校办及时汇报主管领导或批转相关部门处理，能解决的问题，督促相关部门立即解决；暂时不能解决的，督促相关部门创造条件，分阶段予以解决，全年累计接待群众来信来访19次，累计处理校长信箱信件1500余封，切实维护学校安全稳定局面。

（朱周斌）

组织工作

【概述】2015年，华北电力大学党委深入贯彻习近平总书记系列讲话和对高校党建工作重要批示精神，落实“全面从严治党”要求，围绕学校长远发展规划和近期工作目标，扎实开展“三严三实”专题教育，完善制度建设，强化干部培训和管理，夯实基层组织建设和党员发展教育管理，持续深入开展“一个支部一个目标、一个党员一个任务”活动，推动各项工作向前跨越和发展。

2015年，按照中央和教育部的统一部署，华北电力大学在处级以上领导干部中扎实开展“三严三实”专题教育。学校党委高度重视此次专题教育，校级领导班子成员率先垂范，认真学习有关内容，深入查摆自身问题，并制定整改措施；学校党委注重实效，将专题教育与深化学校综合改革、“十三五”规划制定等重点工作任务结合起来，与推进院（系）级单位党组织换届工作报告中所明确的目标任务的落实和完成结合起来，与干部教育培养和管理考核工作结合起来，与分析、解决领导班子和领导干部中存在的突出问题结合起来，相互促进，以知促行，两手抓、两不误；学校党委加强指导，党委书记吴志功对基层党组织阶段总结材料亲自指导审核，在北京、保定两校区分别召开基层党组织书记专题座谈会，并将优秀阶段总结材料编印成册，在全体基层党组织书记大会上交流学习；学校党委以加强制度建设和全面从严管理干部队伍为重要内容，进一步加强干部队伍管理。

2015年，围绕学校党代会和“十二五”规划确定的战略目标和任务，继续贯彻落实学校“大人才”发展战略，积极探寻高水平大学干部队伍建设的规律，进一步加强干部队伍建设。根据学校工作需要和干部成长要求，按照中央新修订的《党政领导干部选拔任用工作条例》，提拔干部14人，调整干部7人，进一步优化干部队伍结构。

2015年，华北电力大学将院（系）级单位党组织发挥作用的机制体制和主要职责写入大学章程。章程明确院（系）级单位党组织在学院（系）发挥政治核心作用，明确通过党政联席会议，与行政班子共同讨论和决定本单位重要事项，落实学院（系）规划。不断强化院（系）级单位党组织书记的主体责任，增强谋大事、抓大事的能力。

2015年，华北电力大学完成院（系）级单位党组织换届选举工作。在此次换届中，学校党委高度重视换届工作报告的撰写，吴志功书记多次约谈各单位党政负责人，两次召开院（系）级单位党组织书记交流会，通过反复修改、凝练、完善，报告质量不断提升，最终形成分解学校发展目标、谋划未来事业发展的指导性报告。2015年4月至5月，各单位按照换届工作程序，召开换届选举大会，顺利完成换届选举工作。此次换届选举，为深入贯彻落实大学章程、党政联席会议决策机制的运行提供保障，也为学校“十三五”规划、第二次党代会报告和高等教育综合改革提供重要依据。

2015年，华北电力大学持续在教职工党支部中开展“一个支部一个目标，一个党员一个任务”活动，形成贯穿“党委战略—院（系）规划—支部目标—党员任务”的自上而下的目标任务体系。学校党委已连续四年要求每个教职工党支部围绕本单位重点工作，或围绕学习型、服务型、创新型党支部建设，制定支部目标和党员任务。为发挥典型引路作用，学校党委精心指导，通过自主申报、中期交流和答辩验收，评选表彰一批示范性的校级“优秀支部目标”，推动整体活动取得实效。其中，大学英语二教研室党支部，将多年来连续开展此项活动的经验成果在2015年北京高校基层党组织负责人示范培训班、北京大学教工党支部书记培训班中进行交流介绍。

2015年，华北电力大学继续深入贯彻落实《中国共产党发展党员工作细则》，修订印发《华北电力大学发展党员工作办法》（华电党组〔2015〕14号），推动学校发展党员工作科学化、规范化建设。

2015年，学校党委按照“控制总量、优化结构、提高质量、发挥作用”的总要求，严格履行党员发展程序，完成党员发展工作，不断提升发展党员质量。期间，围绕细则及《办法》的贯彻落实，学校分期分批进行3次培训，每半年进行自查1次。学校党委常委、组织部长张天兴带领有关工作人员，深入学院进行走访、调研及座谈，进一步了解基层发展党员状况，掌握一手资料，提供帮扶指导。

2015年，华北电力大学全面贯彻党的十八大和十八届三中、四中、五中全会精神，积极适应高等教育综合改革与依法治校新形势，围绕学校办学目标和根本任务，结合干部队伍建设和学生成长成才需求，整合校内外资源，重点开展各类专题培训。党委组织部、党校、国际合作处、外国语学院联合举办2015年处级领导干部国际化专题培训班，采用校内培训与境外访学相结合的形式，以开拓处级干部的战略思维和国际视野，打造一支能够适应高水平大学建设的高素质干部队伍，加速推进学校国际化战略实施。党委组织部、党校、党委学工部、党委研工部、校团委共同组织开办绿色电力创新创业先锋班，以培养社会主义事业的合格建设者和接班人为根本任务，号召学生结合专业背景积极参与国家能源扶贫和创新创业实践活动，加强对能源扶贫活动的公平模式、富强模式、和谐模式的探索，引领学生在服务国家和人民需要的创新创业实践中成长成才。

2015年，华北电力大学继续开展学校党建研究工作，7个课题批准立项。重点支持具有创新性、指导性和应用性成果的项目，以党建研究推动实际工作。

2015年，华北电力大学被北京市委教育工委评为2014年度党内统计全优单位。

（林林　徐大圣　秦芳芳　高　洁　徐　定）

【概况】至年底，华北电力大学共有24个党委、10个党总支、6个直属党支部、471个基层党支部，其中学生党支部271个、在职教职工党支部187个、离退休职工党支部16个。

至年底，华北电力大学共有中共党员7766名，其中在职教职工党员2091名、离退休教职工党员473名、本科生党员2008名、研究生党员3180名。共发展中共党员1382名。

2015年，华北电力大学共举办4期入党积极分子培训班，共有5270名入党积极分子参加学习培训，其中4771人顺利结业，342名入党积极分子在学习培训中表现突出，成绩优秀，被评为优秀学员。举办1期党员发展对象培训班，共有1006名发展对象参加学习培训。

（徐大圣　秦芳芳　高　洁　徐　定）

【完成校级领导班子专题民主生活会工作】1月4日，按照中组部、教育部和北京市委教育工委要求，华北电力大学召开以“严格党内生活，严守党的纪律，深化作风建设”为主题的校级领导班子专题民主生活会。会前认真制定民主生活会方案，进行各项充分的准备。会上班子成员严格按照程序和要求认真进行对照检查，并开展批评和自我批评。民主生活会得到上级领导的肯定，会后进行总结并制定整改措施。

（林　林）

【开展处级领导干部考核工作】1月，学校出台《华北电力大学2014年度处级领导班子单位及处级领导干部考核工作方案》，进行华北电力大学处级领导班子、领导干部考核工作。考核突出分层分类、以考促建，对院（系、部）、职能部门、教辅等处级单位及其主要负责人进行民主测评。相关职能部门分别对各院（系、部）进行单项考评。

（林　林　徐大圣）

【开展干部人事档案专项审核工作】1月，按照中组部和教育部要求，以审核干部“三龄二历一身份”为重点，印发《华北电力大学中层干部人事档案专项审核工作实施方案》。对全校中层干部人事档案开展全面专项审核和清理。

（林　林　徐大圣）

【走访老党员和重病党员】春节期间，华北电力大学党委组织走访、看望老党员和重病党员，帮助解决实际困难和问题，把党的关怀和温暖送到党员家中。

（秦芳芳　高　洁）

【完成校级领导干部年度考核】3月，华北电力大学按照教育部要求完成2014年度校级领导班子与领导干部考核工作。校领导述职报告提前印发，考核民主测评表由教育部统一采用机读方式统计测评结果。

（林　林　徐大圣）

【完成选人用人“一报告两评议”工作】3月，按教育部要求，开展干部选拔任用“一报告两评议”工作。校党委报告干部选拔任用工作情况，包括2014年校党委选拔任用干部总体情况，创新选人用人措施和办法、建立健全干部选拔任用和监督机制等情况；教职员工对学校党委干部选拔任用工作和2014年选拔任用的17名处级干部进行民主评议。

（林　林　徐大圣）

【开展党建工作检查】3月，华北电力大学保定校区对2014年度基层党组织工作进行实地检查，对工作中存在的问题及时反馈各单位，并提出意见建议，对标整改，推进学校基层党组织建设。

（秦芳芳）

【规范党费及活动经费管理】3月，为便于党费、基层组织活动经费的管理和使用，为各院（系）级单位党组织单独设立党费和基层组织活动经费项目号，由组织部统一管理改为各单位直接管理。并按照财务处有关规定，规范上缴、使用和报销流程。

（高　洁）

【对优秀支部目标进行评比验收】3月，学校对在2014年“一个支部一个目标、一个党员一个任务”活动中确立的24个校级“优秀支部目标”进行评比验收，根据评验结果确定一等奖2名，二等奖4名，三等奖6名。其中，获一等奖的大学英语二教研室党支部，将多年来连续开展此项活动的经验成果在2015年北京高校基层党组织负责人示范培训班、北京大学教工党支部书记培训班中进行交流介绍。

（高　洁）

【举办处级干部国际化专题培训班】3月至7月，在校党委统一领导下，党委组织部、党校、国际合作处、外国语学院联合举办2015年处级领导干部国际化专题培训班。通过专题讲座、外国专家工作坊、慕课学习、英语沙龙、项目凝练等方式对72名处级干部进行高等教育管理理论、高等教育综合改革、国外高校管理经验、英语语言能力以及跨文化交流等方面培训，并选派20名优秀处级干部到英美合作伙伴大学开展为期三个月的访学研究，形成学生创新创业中心建设、复合型国际人才培养、国际信息资源共享、共建电力创新中心、大学基金管理、干部绩效管理考核等一系列标志性项目。

（徐大圣　徐　定）

【举办党员发展对象培训班】3月至4月，党校对2015年度党员发展对象进行为期3天的集中培训。培训班采用专题报告与音像教学、访谈教学相结合的形式，报告内容涵盖党在现阶段的基本路线和重大方针政策、国际形势与时事热点、社会主义现代化建设、共产党员的理想信念等；全体学员观看影片《建党伟业》；邀请创行世界杯全球总冠军团队负责人范晓舟、北京高校“红色1+1”示范活动一等奖党支部书记林宁，以“青春责任，服务社会”为主题进行访谈，通过问答的形式讲述各自志愿服务历程。

（徐　定）

【开展党员在线学习活动】4月，北京校部对2014年度“北京高校教师党员在线”学习活动进行总结表彰。校部19个院（系）级单位党组织、97个教职工党支部参与学习，党员参与率86.59%，人均完成学时数14.4学时，列北京高校第3名。共评选出校医院直属党支部等10个院（系）级单位党组织为“在线学习优秀院（系）级单位党组织”，经济与管理学院办公室党支部、英语系大学英语二教研室党支部等20个党支部为“在线学习优秀党支部”，周涛、邢玉娥、赵珥希等31名党员为“在线学习优秀个人”。

（徐　定）

【举办入党积极分子培训班】4月至6月、10月至12月，党校在两校区分别举办两期入党积极分子培训班，通过课堂教学、音像教学、实践教学、在线学习、研读原著等方式，为学员传授党的基本知识、党的历史知识、理论前沿与时事热点、入党的规定和程序等知识内容，形成课堂教学讲理论，音像教学学党史，在线学习固知识，实践教学强信念，研读原著炼思维的教育培训体系。

（徐大圣　徐　定）

【在北京高校党校协作组换届大会作经验交流】4月27日，北京高校党校协作组举行换届大会暨2014年年会。校党委副书记、副校长张金辉代表学校以《围绕一个核心，明确三个定位，切实加强入党积极分子和党员发展对象教育培训》为题做交流发言，对学校党校工作经验和亮点进行总结展示：以理想信念教育为核心，深化教育培训改革，明确党校三个功能定位，一是统一标准，分层推进，做好培训体系的设计者；二是整合资源，改进方式，做好培训创新的引领者；三是指导服务，示范引领，做好面向基层的服务者。

（徐　定）

【完成院（系）级单位党组织换届选举工作】4月，学校启动院（系）级单位党组织换届选举工作程序。通过“两上两下”酝酿提名候选人、召开大会进行换届选举、党委审批选举结果等程序，于5月底完成换届选举工作。

（秦芳芳　高　洁）

【完成领导干部个人有关事项报告工作】5月，根据中共中央办公厅《关于领导干部报告个人有关事项的规定》，按照教育部具体要求，组织全校副处级以上领导干部按要求填写《领导干部个人有关事项报告表》，并对全体干部填报的个人事项进行信息录入、汇总综合和抽查。

（林　林　徐大圣）

【开展“一个支部一个目标、一个党员一个任务”活动】5月，学校继续开展“一个支部实现一个目标、一个党员完成一个任务”活动。在对各单位报送的“优秀支部目标”进行汇总审核后，确定17个任务明确、内容务实、举措得力的校级“优秀支部目标”并按照建设创新型、服务型、学习型党支部进行分类。

（高　洁）

【修订《华北电力大学发展党员工作办法》】5月，按照《中国共产党发展党员工作细则》有关规定，结合学校实际，对《华北电力大学发展党员工作办法》进行修订。为认真贯彻执行该办法，分期分批举行党支部书记、党务干部培训会议，并加强党员发展材料的审核力度。

（秦芳芳　高　洁）

【完成科技镇长团人选推荐工作】6月，根据江苏省第七批科技镇长团工作的相关要求，结合学校实际情况，推荐6名教师和干部赴江苏省有关地区挂职锻炼。

（林　林　徐大圣）

【完成博士生（后）、青年教师和辅导员挂职锻炼工作】6月，按北京市委教育工委要求，完成2015年首都高校博士生（后）、青年教师和辅导员挂职锻炼工作，选派康鹏和黄圣伟到北京市挂职锻炼。

（林　林）

【开展党员献爱心捐献活动】6月，按照北京市委、市委教育工委的统一部署，在全校范围内开展

2015年“共产党员献爱心”捐献活动。北京校部共有2263名党员、1124名入党积极分子、574名群众参加捐款，共筹集款项116677.51元。

（高　洁）

【开展“党员教育组织方式”专题调研】6月，根据河北省委组织部和保定市委组织部文件要求，华北电力大学保定校区开展“党员教育组织方式”专题调研工作，对近年来的党员教育工作实践作梳理和总结，查找问题，制定工作措施，切实提高党员教育培训工作科学化水平。

（秦芳芳）

【开展“党章学习日”等活动】6月，根据河北省委组织部、河北省委宣传部和保定市委组织部、保定市委宣传部文件要求，华北电力大学保定校区结合“党员活动日”活动，开展“党章学习日”和“感动保定·优秀党员讲述自己故事”活动，引导广大党员自觉做政治上的“明白人”，汇聚学校发展稳定的正能量。

（秦芳芳）

【完成党内材料撰写上报工作】6月至11月，按照北京市教工委的有关要求，先后完成《党组织设置情况调研评估报告》、《高层次人才党员发展和教育管理工作情况总结》、《北京志·共产党志（1998-2012）》高校部分相关材料的撰写和上报工作。

（高　洁）

【检查院（系）党员发展、档案保存工作】7月，党委组织部通过实地检查、座谈调研、抽查党员发展材料及撰写有关工作情况总结等方式，对各院（系）党委、党总支发展党员及党员档案保存工作进行检查。对其中发现的问题，要求及时做好整改。同时，编辑下发《院（系）党委、党总支党员发展、教育管理及档案保存工作总结摘要》。

（高　洁）

【聘任学生党支部理论学习导师】7月，党委组织部在北京校部为全体学生党支部聘任理论学习导师，人员组成包括专职教师、中层干部、辅导员、班主任等共102人。邀请关工委主任、原校党委副书记朱常宝作《关于“四个全面”战略布局和新形势下高校意识形态工作的几个问题》辅导报告，组织学生党支部理论学习导师代表赴中国人民抗日战争纪念馆和卢沟桥遗址参观学习。

（高　洁　徐　定）

【开展“三严三实”专题网络培训】7月至11月，全体处级领导干部通过中国教育干部网络学院“高等教育管理干部培训平台”参加本次培训。要求每位学员完成必修课程25学时和选修课程15学时的学习任务，积极参与在线研讨，最后要结合工作实际，撰写学习心得。本次培训参与率89.57%，完成率81.60%，共评选出校部十班等9个“优秀班级”，周涛、张新娟、彭跃辉等20位优秀学员。

（徐大圣　徐　定）

【开展处置不合格党员工作】9月，根据中央、河北省委和保定市委文件要求，华北电力大学保定校区开展处置不合格党员工作，对党员队伍进行排查清理，全力查找“失联”党员。截至12月，通过多方努力，在国内的34名“失联”学生党员已全部找到，出国（境）的10名师生党员按照上级有关文件执行，符合保定市委保组明字〔2015〕87号文件要求，已申请转入组织处置阶段工作。

（秦芳芳）

【完成党内统计工作】9月至12月，按照上级要求，先后完成教育部关于2015年高校基层党组织和党员队伍状况统计、教育部关于高等学校教育事业统计中的党员情况统计、2015年党内统计年报和党员管理信息系统的数据维护工作。

（秦芳芳　高　洁）

【举办党务干部示范培训班】10月，党校举办2015年党务干部示范培训班，来自全校的优秀教工党支部书记及其他党务干部代表共32人参加培训。培训包括学员自学、实践教学和交流总结三个阶段，其中实践教学以“学习党史、发扬传统、锤炼作风、加强修养”为主题，通过专题讲座、现场教学、体验教学、访谈教学等方式，在井冈山革命根据地完成培训任务。

（徐大圣　秦芳芳　徐　定）

【开展敬老帮扶活动】10月，根据保定市委组织部关于“党员活动日”活动的安排，华北电力大学保定校区组织各基层党组织在重阳节期间开展敬老帮扶活动，通过共产党员的影响，带动在全社会进一步弘扬尊老敬老的道德风尚。

（秦芳芳）

【完成困难党员补助申报工作】11月，根据北京市委教育工委要求，完成“北京市生活困难党员帮扶专项资金”补助申报工作。离退休和在职困难党员共2名获批困难党员补助。

（高　洁）

【开展学生党员身份认定工作】12月，根据河北省委组织部、河北省委教育工委冀组字〔2015〕51号文件和保定市委有关要求，华北电力大学保定校区对发展学生党员工作进行全面梳理，重点查找未满18岁入党问题、“异地入党”、毕业离校前后在原就读学校入党、入党手续不清楚等四方面问题，对在校学生党员身份进行核查和确认。

（秦芳芳）

【举办绿色电力创新创业先锋班】 12月，党委组织部、党校、党委学工部、党委研工部、校团委共同组织开办绿色电力创新创业先锋班。先锋班以培养社会主义事业的合格建设者和接班人为根本任务，号召学生积极参与国家能源扶贫和创新创业实践活动，加强对能源扶贫活动的模式探索，引领学生在创新创业实践中成长成才。在开班典礼上，校党委书记吴志功为全体学员讲授题为《以社会主义核心价值观为引领，在服务国家、服务人民、服务家乡的创新创业实践中，争做绿色电力的时代先锋》的党课。

（徐大圣　徐　定）

统战工作

【概述】 2015年，华北电力大学统战工作深入学习贯彻中央统战工作会议、第二次全国高校统战工作会议精神，认真贯彻落实《中国共产党统一战线工作条例（试行）》要求。在学校党委的领导下，认清形势、明确方向，抢抓机遇、主动作为，各方面工作稳步提升。学校党委坚持向党外代表人士通报情况、征求意见制度和邀请党外代表人士参加重要会议、重大活动制度，重视发挥民主党派和无党派人士在民主治校、民主监督上的作用，邀请民主党派、人大政协及无党派人士积极参与到学校各项工作中，虚心听取他们对建设高水平大学的各项建议和意见。支持民主党派加强自身建设，鼓励开展活动和理论研究，积极推荐党外代表人士到各级政府部门、社会团体挂职锻炼和任职，鼓励开展建言献策，为学校和地方的发展做出贡献。与民主党派合作建立能源电力高端智库，加强顶层设计、资源整合和品牌建设，以此提升党外代表人士建言献策的能力和水平，推动新能源、智能电网等新兴战略性产业领域的成果转化。坚持大力营造有利于各族师生交往交融的校园环境，鼓励学生尤其是少数民族学生到民族地区支农、支教和扶贫，教育引导青年学生养成民族团结意识，打下民族团结的思想和感情基础，增强广大学生维护中华民族大团结的思想自觉和行动自觉。

2015年，《把绿色电力送到雪域高原 照亮少数民族学生成长成才之路》获评北京高校统战工作特色与创新“十大特色”项目；刘石、姚建平获评北京高校“心桥工程”先进党外代表人士，康辉获评“民进河北省先进个人”、“2015年度参政议政工作先进个人”，康辉、侯思祖获评“民进河北省社会服务工作先进个人”，康辉、侯思祖、王建伟、刘渊、王印松、史会峰等获评“民进保定市2014—2015年度优秀会员”。

（秦芳芳　徐　定）

【概况】 2015年，华北电力大学共有民主党派成员109名，其中，民革4人，民盟37人，民建9人，民进21人，九三学社33人，农工党3人，致公党1人，台盟1人。民主党派组织共有5个，分别是中国民主同盟华北电力大学支部（北京）、中国民主同盟华北电力大学支部（保定）、九三学社华北电力大学支社（保定）、中国民主促进会华北电力大学支部（保定）、中国民主建国会华北电力大学支部（保定）。

2015年，华北电力大学推荐中央统战部无党派人士重点人物库人选3人、中央统战部党外知识分子信息联络员2人，保定市人民政府参事人选3人，保定市海外联谊会理事人选1人，保定市第一届党外知识分子联席会理事人选4人，昌平区青联第三届委员会委员3人，苏州市妇女第十三次代表大会代表1人。

（秦芳芳　徐　定）

【邀请党外人士参加迎春茶话会】 1月27日至28日，学校在北京校部和保定校区分别举行2015年迎春茶话会，邀请党外人士参加。

（秦芳芳　徐　定）

【走访台盟北京市委】 1月20日，党委统战部张天兴部长率工作人员一行到台盟北京市委走访，就搭建组织建设合作沟通平台、培养锻炼民主党派干部等问题进行座谈。台盟北京市委常务副主委陈军、专职副主委蔡勉、秘书长彭京玉热情接待，学校能源动力与机械工程学院教授、台盟北京市委委员、海淀区工委副主任冼海珍随行前往。

（徐　定）

【赴中央财经大学调研】 3月25日，党委统战部到中央财经大学调研，中央财经大学党委统战部李跃新部长热情接待，双方就新时期下高校统一战线工作尤其是无党派知识分子联谊会建设进行深入交流探讨。

（徐　定）

【民盟支部完成换届】3月，中国民主同盟华北电力大学支部（保定）完成换届，选举产生新一届支部委员会，武群丽为主任委员，魏清为秘书长，田金玉、翟清剑为委员。

（秦芳芳）

【获批北京高校统战课题】4月，以《项目化促进高校少数民族学生统战工作的研究》为题申报北京高校统战理论与实践研究会课题，获批A类课题。

（徐　定）

【印发宗教工作手册】4月，向学校各民族宗教工作领导小组成员单位印发《校园宗教政策知识与实务问答》，要求各单位积极加强统筹协调，认真组织学习，普及相关知识，开展专题宣传教育活动，进一步做好抵御和防范校园传教渗透工作。

（徐　定）

【推荐党外代表人士参加高级研修班】4月，推荐可再生能源学院教授、无党派人士何理参加2015年北京高校党外代表人士高级研修班。

（徐　定）

【举办统战理论专题辅导报告会】5月20日，邀请中国政法大学法学教育研究与评估中心副主任、民盟北京市昌平区工委副主委梁文永研究员为全校民主党派成员作题为《“四个全面”战略视野下参政党的责任与使命》的专题报告会，促进民主党派自身建设，推动学校统一战线工作开展。

（秦芳芳　徐　定）

【发展民主党派新成员】5月，经九三学社北京市委员会批准，荀振芳、周振宇、张洪三人加入九三学社。

（徐　定）

【组织统战联谊活动】6月10日，学校组织两校区统战成员参观北京雁栖湖，游览APEC峰会会址，了解中国在亚洲及世界经济发展中占的主导地位，感受祖国经济的繁荣昌盛，加强校内统战人士之间的沟通交流。

（秦芳芳　徐　定）

【组织民主党派成员参加专题报告会】6月17日，党委统战部组织部分中青年民主党派人士参加在北京会议中心举办的“学习中央统战工作会议精神专题报告会”，报告由中央统战部副部长陈喜庆主讲。

（徐　定）

【完成高校统战工作调研】6月，根据中央统战部办公厅、教育部办公厅文件精神，学校对年初以来统战工作情况进行梳理，总结成绩经验，查找存在的问题，并提出有针对性的意见建议。

（秦芳芳　徐　定）

【王增平参加北京市党外领导干部研修班】6月，按照上级指派要求，学校副校长、民建会员王增平参加北京市2015年党外领导干部研修班。

（徐　定）

【民主党派骨干参加年轻党外干部轮训班】6月，民进党华北电力大学支部主委康辉在河北省社会主义学院参加年轻党外干部轮训班（第三期）学习，顺利结业。

（秦芳芳）

【召开统战工作座谈会】7月3日，学校召开学习贯彻中央统战工作会议精神座谈会，邀请民主党派及无党派人士参加，传达有关会议精神，下发学习材料汇编。

（徐　定）

【推荐党外知识分子信息联络员】8月，推荐何理、王修彦为中央统战部六局党外知识分子信息联络员，聘期两年。

（徐　定）

【推荐党外人士挂职锻炼】8月，推荐经济与管理学院教授李泓泽到北京市发改委挂职，任电力管理处副处长，挂职为期一年。

（徐　定）

【校党委常委会专题讨论统战工作】9月28日，校党委常委会专题讨论统战工作，传达学习中央统战工作会议精神，听取党委统战部工作报告，分析当前工作形势，结合学校具体实际，提出下一步工作指导思路和重点举措。

（徐　定）

【民革中央副主席傅惠民来访】9月24日，全国政协常委、民革中央副主席、民革中央教科文卫体委员会主任、北京市政协副主席、民革北京市委会主委傅惠民来校访问，就民革中央、民革北京市委会与学校共建“能源软科学研究中心”进行调研。校党委书记吴志功，副校长杨勇平，党委常委、统战部部长张天兴会见傅惠民一行并进行座谈。

（徐　定）

【获评统战工作特色项目和先进党外代表人士】10月，北京市委教工委公布北京高校统战工作特色与创新项目、“心桥工程”优秀项目及先进党外代表人士评选结果。学校《把绿色电力送到雪域高原 照亮少数民族学生成长成才之路》获评北京高校统战工作特色与创新“十大特色”项目，刘石、姚建平获评北京高校“心桥工程”先进党外代表人士。

（徐　定）

【吴志功参加全国高校统战工作会议】11月24日，校党委书记吴志功参加第二次全国高校统战工作会议，受到全国政协主席俞正声接见。

（徐　定）

【赴吉林大学等高校调研】11月，党委统战部部长张天兴随北京高校统战理论与实践研究会，赴吉林大学、东北师范大学、延边大学等高校进行工作交流研讨，了解其在统战工作、民族宗教工作等方面的经验做法。

（徐　定）

【九三支部完成换届】11月，九三学社华北电力大学支社（保定）完成换届，选举产生新一届支部委员会，王璋奇为主任委员，温新林为副主任委员，幸莉仙为秘书长，陶恩中、甄成刚为委员。

（秦芳芳）

【民盟支部完成换届】12月，中国民主同盟华北电力大学支部（北京）完成换届，选举产生新一届支部委员会，李继清为主任委员，姚建平为副主任委员。

（徐　定）

【推荐无党派人士重点人物】12月，推荐崔翔、徐进良、何理为中央统战部无党派人士重点人物库人选。

（徐　定）

【民进支部完成换届】12月，中国民主促进会华北电力大学支部（保定）完成换届，选举产生新一届支部委员会，康辉为主任委员，史会峰、王印松为副主任委员。

（秦芳芳）

【召开党外代表人士座谈会】12月31日，学校党委书记吴志功召集党外代表人士座谈会，听取党外代表人士对学校“十三五”发展规划、校级领导班子及领导人员的意见和建议。

（徐　定）

宣传工作

【概述】2015年，华北电力大学宣传思想工作紧紧围绕学校中心工作，以培育和践行社会主义核心价值观为引领，全力推进理论武装、文化思想和精神文明创建工作，弘扬主旋律，集聚正能量，为高水平大学建设提供思想政治保障和精神文化力量。

2015年，学校根据中央办公厅、国务院办公厅《关于进一步加强和改进新形势下高校宣传思想工作的意见》和中宣部、教育部党组《关于加强和改进高校宣传思想工作队伍建设的意见》精神，制定《华北电力大学关于加强和改进宣传思想工作的意见》、《华北电力大学关于加强和改进宣传思想工作队伍建设的实施意见》，并成立工作领导小组，办公室设在宣传部，要求各院（系、部）基层党委、党总支、直属党支部成立加强和改进宣传思想工作领导小组，构建起宣传思想工作大格局。学校举办新闻发言人及舆论引导工作系列培训，邀请教育部办公厅副主任、新闻办主任、新闻发言人续梅，千龙网·中国首都网副总编辑蒲红果为学校新闻发言人、各院系副书记、新闻通讯员等作专题报告，着力提升学校舆论引导水平。学校贯彻落实中办、北京市委、河北省委关于培育和践行社会主义核心价值观的有关文件精神，积极推进社会主义核心价值观的培育和践行。印发《培育和践行社会主义核心价值观任务职责分工方案》，明确责任，统筹资源，形成合力，将社会主义核心价值观融入教育教学和管理服务全过程，重点推进3个“社会主义核心价值观和中国精神实施重点项目”，不断加强项目、平台、品牌建设。

2015年，学校推进大学文化的建设与培育，加强华电精神的传承与弘扬。结合“中国梦”、中国精神的宣传教育，积极推进华电精神的传承与弘扬，拍摄学校微电影，编辑印发《华电记忆Ⅱ》，举办“魅力华电”摄影大赛，增强师生对学校的归属感、责任感和使命感，巩固师生员工团结奋斗的共同思想基础。学校印发《华北电力大学纪念中国人民抗日战争暨世界反法西斯战争胜利70周年主题教育活动方案》，整体统筹推进楹联诗词书画作品征集等相关主题教育活动。继续推进文明校园创建活动，根据教育部、中央文明办《关于深入开展文明校园创建活动的实施意见》要求和北京市、河北省文明委相关工作部署，学校制定《关于深入开展文明校园创建活动的实施意见》，围绕立德树人根本任务，充分发挥广大师生参与文明校园建设的积极性，提高科学管理水平，改善教书育人环境。学校加强新闻宣传阵地建设，推进新媒体发展，为广大师生、校友及关心华电的社会各界人士提供又一新的交流平台。

2015年，《华北电力大学章程》获核准，学校组织广大师生学习研讨章程，校报与新闻网共同刊载学习文章，营造良好氛围，为进一步落实章程、推进学校制度化建设、提高依法治校能力打下良好基础。

（孙翠亭）

【概况】2015 年，华北电力大学党委宣传部和新闻中心，共有工作人员 12 人，其中北京校部 8 人，保定校区 4 人。

2015 年，党委宣传部出版《华北电力大学校报》共计 10 期，对外宣传稿件共计 20 篇。

（孙翠亭）

【做好社会主义核心价值观相关工作】1 月 7 日，学校发布《关于印发〈培育和践行社会主义核心价值观任务职责分工方案〉的通知》。明确学校各单位、部门在推进社会主义核心价值观的培育和践行工作中的任务职责及分工，确定牵头单位和责任单位，并在中期开展阶段性总结检查和督导，重点推进 3 个“社会主义核心价值观和中国精神实施重点项目”，确保将社会主义核心价值观工作落到实处。

（孙翠亭）

【开展新闻发言人及舆论引导工作培训】3 月 12 日，学校要求各单位、部门确定新闻发言人并将名单报送到党委宣传部。针对新闻发言人、各院系副书记、新闻通讯员等制订培训计划，陆续开展新闻发言人及舆论引导工作培训。6 月 19 日，学校邀请教育部办公厅副主任兼新闻办主任、新闻发言人续梅作第一场专题报告。12 月 24 日，邀请千龙网·中国首都网副总编辑蒲红果作第二场专题报告。学校适时组织专题研讨，要求新闻发言人等撰写学习体会，旨在提升新闻宣传工作队伍的舆论引导水平。

（孙翠亭）

【开通华北电力大学官方微信】5 月 6 日，“微华电”公众号正式升级认证为“华北电力大学”官方微信。官方微信由党委宣传部、新闻中心负责运营管理，这是继 2014 年 10 月学校开通华北电力大学新浪官方微博之后开辟的又一新媒体平台。及时发布学校重大新闻，分享师生关心的重要资讯，传递华电声音。设有华电记忆、师者、你所不知的老师、学者风采、图说新闻、媒体华电等栏目，注重线上线下互动，与新闻网、官方微博形成立体传播态势。官方微信具有通知公告、教务信息等服务功能，力求提供全方位、一站式的校园信息服务。

（孙翠亭）

【开展大学章程宣传工作】6 月 26 日，教育部印发《中华人民共和国教育部高等学校章程核准书第 71 号（华北电力大学）》文件，正式通过《华北电力大学章程》。9 月 17 日，学校印发《关于学习宣传〈华北电力大学章程〉工作安排的通知》，部署学习宣传的相关工作，对理论学习中心组、教职工、学生提出具体的学习要求，明确党委宣传部的督导职能。学校印发详实的学习材料，精心制作《图解章程》《华北电力大学章程》二十五问等，在校报、新闻网、微博、微信等多个平台发布，营造良好的学习氛围。

（孙翠亭）

【举办“魅力华电”摄影比赛】10 月 14 日，学校以“魅力华电”为主题，举办 2015 年华北电力大学摄影比赛。比赛共 225 人参加，收到作品 1836 张。经过专家评审，评出一等奖 4 名，二等奖 7 名，三等奖 11 名，优秀奖 28 名。比赛设置微信投票环节，将一等奖、二等奖的作品公布在华北电力大学微信上，让师生投票选出最受欢迎奖。学校为获奖师生颁发奖品，获奖作品在校报、微博、微信上刊发，并在保定校区教六与教九之间的 16 块展示框内进行展览。

（孙翠亭）

【推进学习型党组织建设】2015 年，学校按照党委“勤于学习，努力提高，明确目标，形成对策，加快发展”的要求，采取多种形式进行理论学习活动。3 月 18 日，学校发布《关于印发〈2014—2015 学年第二学期理论学习中心组学习计划〉的通知》，规定 6 项学习内容，明确 5 点学习要求。两级理论中心组完成对党的基本理论、习近平总书记系列重要讲话精神、党的十八届五中全会、第 23 次全国高校党建工作会议、《京津冀协同发展规划纲要》、“三严三实”专题教育、能源问题等方面的学习，各理论学习中心组成员撰写、交流学习体会。理论学习采取多种形式，将集中学习与自主学习相结合，并邀请专家进行专业辅导。4 月 28 日，邀请能源与电力经济研究咨询中心主任曾鸣教授作题为“新电改方案解读及新形势下学校科研建设、人才培养的若干思考”的学术讲座。5 月 25 日，邀请德国华人新能源协会主席、德国柏林东德电网公司新能源项目主管廖宇作“互联网＋时代的能源转型与人才转型”的专题报告。

（孙翠亭）

纪检监察工作

【概述】2015年，华北电力大学纪检监察工作立足“转职能、转方式、转作风”，聚焦监督执纪问责的主业，切实按照学校建设高水平大学的整体战略部署，配合党委把党风廉政建设和反腐败工作融入学校改革发展的各项事业中，统筹谋划、全面部署，扎实推进党风廉政建设和反腐败工作。

2015年，学校贯彻落实中央八项规定精神，自觉遵守《中国共产党廉洁自律准则》和《中国共产党纪律处分条例》，进一步提高认识，进一步严格标准，进一步自觉执行，以各项工作的扎实开展取得纠正“四风”的新成效。一是加强制度建设，落实中央八项规定精神。学校结合群众路线教育实践活动整改落实和“三严三实”教育活动的开展，针对公务接待、办公用房、办公用车修订一系列制度，通过制定新标准进行严格管理，切实加强贯彻落实八项规定精神的制度保障。同时对加强调查研究、密切联系群众、规范出国出访、厉行勤俭节约等方面做出具体规定，要求各级领导干部要把改进工作作风、密切联系群众作为一项经常性工作来抓，自觉接受师生员工的监督。二是协助监督规范公务接待。根据教育部《关于部属高校、直属单位贯彻执行八项规定精神情况专项检查结果的通报》，协调学校党办校办、资产处、财务处、国际合作处、后勤管理处等部门严格执行《华北电力大学国内公务接待管理规定》，进一步规范学校公务接待工作。三是监督促进改进会风文风。监督改进文风，精简发文质量，凡法律法规和党归党纪已作出明确规定的，一律不再制发文件；促进加大会议审批力度，严控会议数量和规模，鉴于学校两地办学的实际情况，大力运用新媒体、信息化等手段，压缩两地同质性会议规模，加大两地视频会议力度。四是结合教育部要求和学校规定，认真开展自查自纠工作。学校针对北京保定两地办学实质一体化的特点，对因异地办公存在两处办公用房的情况进行合并整改。在此基础上，学校纪委开展专项检查，以此督促各项规定的有效执行。从年初起，学校纪委把纠正“四风”和监督八项规定精神执行情况作为党风廉政建设的一项重要的常规性工作融入校内巡视，进一步加大督促落实力度。五是重点治理节假日腐败现象。充分抓住重大节假日公款送礼等腐败行为突出的现象，着重抓好五一、十一、元旦、春节、教师节等重要节点，一个节点一个节点地抓，锲而不舍、严格要求。学校纪检监察部门干部在重要节假日期间开展巡回检查和重点抽查，对校内二级单位有令不行、有禁不止的情况予以纠正，以严明的纪律切实维护八项规定的严肃性和权威性，有效遏制不正之风蔓延。六是成立巡视领导小组，加强外部监督和信息反馈。分别对校内二级单位开展三严三实等环节进行监督巡视。

2015年，学校进一步推进“三转”，落实从严治党的要求，把纪律挺在前面，本着抓早抓小、惩前毖后、治病救人的出发点，在信访线索处置、执纪初核等各个环节，都以纪律为尺子，把守纪律、讲规矩摆在更加重要的位置，开展警示教育，做到警钟长鸣；创新监督检查方式，盯住重要的时间节点逐个具体问题地抓，对作风方面的问题，一经发现，不管问题大小都要高度重视，依规依纪严肃处理，使纪律真正成为带电的高压线；对群众信访中的问题，都严肃对待，对相关党员领导干部及时进行诫勉谈话，切实促进思想认识的转变，维护纪律的严肃性。同时，学校纪委坚决维护党的纪律，对违纪行为予以查处。同时学校纪委对学校近年来的各类信访件进行认真的起底梳理工作，对有调查线索的信访件逐一进行了解核实，并建立登记备查制度。同时，对上级部门纪委交办、批办的信访举报件进行认真核实。坚持每月及时零报告制度。学校纪委根据上级纪委对巡视工作的新要求，积极推进重点部位校内监督，着力发现领导干部是否违反中央八项规定、是否存在“四风”问题等，对领导班子、领导干部不履行党风廉政建设主体责任的，依纪依法实施问责。

2015年，学校下发《关于认真学习贯彻〈中国共产党廉洁自律准则〉和〈中国共产党纪律处分条例〉的通知》，要求学校全体党员充分认识《准则》和《条例》颁布实施的重大意义，切实增强学习贯彻的思想自觉和行动自觉，坚决把管党治党政治责任落到实处，把党的纪律刻印在全体党员特别是党员领导干部的心上、落实到行动中，真正把党章党规党纪的权威性、严肃性树起来、立起来、严起来，为学校高水平大学建设提供坚强纪律保证。

2015 年，学校纪委针对重点问题开展监督检查和专项治理。一是开展办公用房专项治理。通过实际监督检查，确保整改结果的真实准确。整改后，校领导班子成员和处级领导干部办公用房全部符合国家标准要求。二是开展教育乱收费专项治理。根据北京市治理教育乱收费局际联席会议办公室《关于开展 2015 年秋季教育收费自查自纠工作的通知》，学校于 2015 年 10 月 9 日 –21 日分学校和院系、职能部门等二级单位两个层面开展自查，将《通知》中有关高等学校收费的条款作为重点检查内容，逐条检查落实。根据学校的相关规定，学校所有二级单位没有向学生收费的权力，如有收费行为发生均视为违规收费行为。学校对收费政策执行环节、收费制度公示环节、收费资金管理环节开展梳理与自查，落实各项收费政策和管理措施，自查率达到 100%。经过自查，学校没有发现相关问题。三是不断强化招标监察工作。学校纪委着眼于从源头上预防和治理腐败，逐步形成以招投标双方为主体，学校招标中心为平台，基建后勤资产管理部门为保障，纪检监察机关再监督，分工明确、责任到位、各司其职、协调一致的招投标责任体系和制约机制。学校纪检监察部门对基建过程采取全过程的审计，全程参与招投标，既保障工程的质量和速度，也保证学校资金的使用效率和干部的安全。四是完善对科研经费使用的监督和监管。学校纪委会同学校财务、科研部门督促建立科研项目信息公开和科研经费内部检查制度。通过教育引导、制度规范、监督约束、查处警示和弘扬优良学风等长效机制相结合，保证科研经费能规范、合理支出。五是强化经济责任审计。学校严格贯彻落实教育系统经济责任审计工作的相关要求，严格内部复核制度。并依据审计结果，针对经济责任人所在部门、学院的制度建设、财务管理、资产管理等方面提出审计意见和建议。六是加强干部选任工作的监督。学校纪委严肃组织人事纪律，坚决反对用人上的不正之风。纪委全程参与学校干部考察工作，保证干部选拔任用风清气正，提高选人用人的公信度。同时，纪委每年不定期的就党风廉政等事项约谈部分干部，年终也要求干部进行述职述廉。学校纪委直接参与二级部门的党政联席会议或者查阅干部重大事项的报告等了解干部的作风，促进领导干部树立正确的权力观、地位观、利益观，保证学校干部队伍的清正廉洁。

2015 年，学校纪委积极协助党委履行党风廉政建设主体责任。一是协助党委落实党风廉政建设工作。学校纪委认真履行党章赋予的职责，牢固树立责任意识，及时研究提出反腐倡廉建设的阶段性目标和工作重点，报请党委决策实施。同时，学校纪委细化分解落实党风廉政建设责任，督促党委领导认真履行“一岗双责”，把反腐倡廉建设和党风廉政建设责任制工作纳入党政领导班子、领导干部年度任务中，做到与教育教学工作紧密结合，一起部署，一起落实，一起检查，一起考核，形成齐抓共管、协同作战的工作格局。同时，学校纪委针对倾向性、苗头性的问题，协助党委早发现、早教育、早查处，防止小问题变成大问题，切实增强反腐倡廉工作的针对性、有效性。二是充分发挥纪委职能促进科学决策。学校纪委对事关全校党风廉政建设和反腐败工作的重大决策和上级重要部署的落实，由纪委会事先认真研究，反复酝酿讨论，再提请学校党委常委会集体研究决定；对涉及师生切身利益的大事，学校纪委从执纪监督的角度，本着对党委决策科学性、公正性保障提出合理的建议；对学校“三重一大”集体决策制度、大学章程的修订等事关学校改革发展的重要制度，纪委充分发挥纪委在执纪监督方面的优势和作用，积极协助党委搞好科学决策，保证党的教育方针政策有效落实。三是抓住重点部位和关键环节推进源头防治腐败、提高制度执行力。2015 年，学校纪委在《中共华北电力大学委员会落实党风廉政建设主体责任的实施细则》的基础上，制订《中共华北电力大学委员会落实党风廉政建设监督责任的实施细则》，制订《中共华北电力大学委员会深入推进惩治和预防腐败体系建设实施办法》和《中共华北电力大学委员会深入推进惩治和预防腐败体系建设实施任务分解表》；协助学校党委依据《华北电力大学章程》，制订《华北电力大学规章制度管理办法》，并核实计划财务处修订的《华北电力大学教育收费公示制度》等多项制度。

2015 年，学校纪委办加强学习，深化“三转”的要求，认真学习《中国共产党廉洁自律准则》和《中国共产党纪律处分条例》，积极参加各类培训，不断提高自身工作能力和水平。同时督促校内各基层党组织要高度重视和支持二级部门的纪检监察工作，为反腐倡廉工作开展创造条件。学校纪检监察干部切实履行监督执纪问责职能，把加强自身建设摆在更加重要位置，强化组织意识，加强理想信念教育、宗旨教育和“三严三实”教育，牢固树立正确的世界观、权力观、事业观，增强纪律观念和规矩意识，切实做到“严、细、深、实”；做到不越位、不缺位、不错位，创新工作方式方法和理念，不断提升监督执纪问责能力。

（蒲沿洲　蹇文馨）

【概况】2015 年，纪委办公室、监察处、审计处合署办公，两地共有人员 7 人，本科学历 4 人，研究生学历 3 人。共有副高级专业技术职务 3 人，中级专业技术职务 3 人，初级专业技术职务 1 人。2015 年，纪检监察部门共接收、接待来信来访 19 件，均按有关规定进行认真调查处理和信息反馈。

（蒲沿洲　蹇文馨）

【监督检查研究生入学考试】1 月 4 日至 1 月 5 日，学校纪委办对研究生入学考试的全过程进行监督检查，确保研究生考试安全顺利进行。

（蒲沿洲　蹇文馨）

【召开党风廉政建设暨纪检监察审计工作会】2015 年 4 月 2 日，学校召开 2015 年党风廉政建设暨纪检监察审计工作视频会议。会议认真学习贯彻党的十八大、十八届四中全会和习近平总书记一系列重要讲话精神，贯彻落实十八届中央纪委第五次全会和全国教育系统党风廉政建设工作会议精神，回顾总结 2014 年学校党风廉政建设和反腐败工作，对 2015 年各项工作进行部署。全校 40 余个院（系、部）、处、室的党政主要负责人与学校签定 2015 年《华北电力大学处级以上领导干部党风廉政承诺书》《华北电力大学企业负责人廉政承诺书》，明确责任目标，强化责任意识。

（蒲沿洲　蹇文馨）

【落实党风廉政建设监督责任】2015 年 4 月 24 日，学校下发《中共华北电力大学委员会落实党风廉政建设监督责任的实施细则》，要求学校纪委落实监督责任，协助学校党委加强党风廉政建设和组织协调反腐败工作。

（蒲沿洲　蹇文馨）

【加强惩防体系建设】2015 年 4 月 24 日，为深入贯彻《中共教育部党组关于深入推进高等学校惩治和预防腐败体系建设的意见》，加强学校党风廉政建设和反腐败工作，学校下发《中共华北电力大学委员会深入推进惩治和预防腐败体系建设实施办法》。

（蒲沿洲　蹇文馨）

【开展党风廉政建设宣教月活动】2015 年 6 月 1 日至 2015 年 6 月 30 日，围绕“践行‘三严三实’要求，深入落实‘两个责任’，认真履行‘一岗双责’”的主题，学校组织开展为期一个月的“2015 年党风廉政建设宣传教育月活动”。

（蒲沿洲　蹇文馨）

【开展校内巡视检查工作】2015 年 6 月 8 日至年底，根据《中国共产党普通高等学校基层组织工作条例》和《中共华北电力大学委员会关于开展巡视工作的实施意见》及《中共华北电力大学委员会关于在处级以上领导干部中开展“三严三实”专题教育的实施方案》，学校党委决定开展以“践行‘三严三实’要求，加强党风廉政建设”为主题的校内专项巡视检查工作。

（蒲沿洲　蹇文馨）

【深化作风建设】2015 年 9 月 23 日，为进一步落实中央八项规定精神，盯住重要节点，持之以恒纠正“四风”，确保广大党员干部和教师在节假日和新学期开学后严守纪律，切实将中央八项规定精神落到实处，学校下发《关于中秋国庆期间进一步落实中央八项规定精神 坚决纠正“四风”的通知》。

（蒲沿洲　蹇文馨）

【全面贯彻学习两部法规】11 月 6 日，学校党委召开 2015 年专题民主生活会，与会班子成员系统学习《准则》《条例》。11 月 11 日，学校纪委印发《关于认真学习贯彻〈中国共产党廉洁自律准则〉和〈中国共产党纪律处分条例〉的通知》。11 月 24 日、25 日，校党委副书记、纪委书记李双辰针对不同工作侧重，分别召集机关教辅及院系召开“加强党风廉政建设工作推进会”，会上下发《党风廉政建设突出问题和隐患自查自纠任务分解表》。11 月中旬至 12 月上旬，纪委办公室副主任刘志远深入一线，与法政与政教党委、经管系党委、机械系党委、教科党总支、后勤党总支等中心组进行座谈，面向基层党支部、部分院系全体党员、学生党员骨干等开展 12 场《准则》《条例》学习辅导讲座。12 月 1 日，全体校领导、直属各党委（党总支）书记、校直各单位主要负责人参加“教育部违反中央八项规定典型案例通报视频会议”。会议对各基层党组织认真落实主体责任深入贯彻落实，把政治纪律和政治规矩挺在前面，切实转变工作作风，守纪律、讲规矩、知敬畏、存戒惧起到良好作用。12 月 22 日，学校邀请北京市教育纪工委正处级纪检监察员谢金松来校作专题辅导报告。报告围绕两部法规学习贯彻进行深入透彻的讲解，讲解深入浅出，语言精简凝炼，党员领导干部们受益匪浅。

（蒲沿洲　蹇文馨）

【“华电纪检”微信号创立】12月4日，保定校区纪委下发《关于关注“华电纪检”微信公众号的通知》，正式创立“华电纪检”微信公众号。该公众号在校党委、纪委和行政领导下，凭借“多元发布、实时互动”的特点，及时、权威、全面发布党员教育学习的相关信息，通过移动终端学习推送功能，将学习教育资讯更便捷地传递到全校党员手中，搭建起党员干部互动学习交流的“微平台”，该平台第一期推送《准则》《条例》学习问答，对学习贯彻两部法规起到良好作用。

（蹇文馨）

【开展党风廉政建设责任制考核】2015年12月14日至2016年1月15日，学校对2015年校内各单位贯彻落实党风廉政建设责任制情况进行检查考核。

（蒲沿洲　蹇文馨）

【规范礼品上交登记管理工作】2015年12月29日，为进一步规范礼品上交登记管理工作，进一步加强党风廉政建设和反腐倡廉工作，促进学校各项事业健康发展，学校下发《华北电力大学关于收受礼品上交登记的管理办法》。

（蒲沿洲　蹇文馨）

【召开“三严三实”专题教育民主生活会】2015年12月31日，根据教育部《关于做好2015年直属高校领导班子和领导人员年度考核及干部选拔任用“一报告两评议”工作的通知》（教人司〔2015〕440号）和《中共教育部党组关于直属高校领导班子开好“三严三实”专题民主生活会》（教党函〔2015〕55号）的通知要求，学校召开校级领导班子“三严三实”专题教育民主生活会。纪检监察审计处对意见和建议细心梳理、分析、归纳、汇总后，将意见与建议反馈给相关部门，要求涉及问题的部门对意见和建议要做到“事事有回音，件件有回应”。从反馈情况看，各部门负责人对此高度重视，采取多项措施确保民主生活会落到实处。

（蒲沿洲　蹇文馨）

学生工作

【概述】2015年，华北电力大学学生工作围绕落实立德树人根本任务，立足综合改革，着眼内涵发展，突出协同创新，扎实推进社会主义核心价值观教育，大力提升思想政治教育工作质量，努力开拓学生工作新局面。

2015年，学校结合北京市在学生中开展党员先锋工程的相关要求，统筹规划学生党建活动开展，整合已有资源，组织实施党员责任区、助学零距离、红色“1+1”共建等活动，丰富学生党建工作的内容，聚焦新形势下网络思想政治教育工作，充分利用网络思政教育“便捷、多样、传播快”等特点，构建线上线下管理模式。依托新媒体平台延展党建工作的覆盖面，更全面、迅速地宣传党的思想，推广先进党建工作理念。采用“线上”宣传推广，“线下”参与实践的形式，增强广大党员与学生群众间的交流互动，提高党在群众中的威信。注重学生党建品牌活动的规划引导。做好活动前期的培训、中期的跟进指导和后期的总结提升。在学生中广泛开展宣传学习十八大以来党的重要会议精神以及习近平总书记系列重要讲话，开展以“我的中国梦，我的成才路”为主题的社会主义核心价值观教育，以纪念中国人民抗日战争胜利70周年为重点的爱国主义教育，以“华电精神”教育为特色的爱校教育，以“感恩与责任”为核心的成长教育，初步形成有时代特色、华电特色的大学生思想政治教育体系。

2015年，学校心理健康教育工作围绕“以学生为本，为学生服务，促进学生成长成才”的基本思路，以逐步深化心理健康理念、提升学生心理素质为目标，通过心理MOOC制作进行第一、第二课堂有效融合、开展各项主题活动、组织各类培训等形式，营造心理健康教育氛围。心理健康服务中心依托优良的工作环境，为学工干部和心理委员提供工作培训，取得良好效果。

学生管理工作围绕安全稳定核心，坚持以学生为本，扎实推进“平安校园”建设，为学校的人才培养工作营造和谐的氛围。工作中，以学生安全防范预警机制为工作抓手，促进和谐校园建设；定期排查安全隐患，为学生健康成长、快乐成才提供保障；坚持学生三级安全稳定工作实施方案，掌握学生舆情，合理引导；以特殊学生群体、宿舍安全、突发事件等工作为突破口部署相关工作，集学生工作合力，形成校园联动系统，有效维护校园安全稳定。

2015年，学校以规范的管理，进一步巩固优良的校风学风。加强学风建设调研、讨论，找问题、究根源、促提高；注重学习困难学生的帮扶和引导，培养学生良好的生活习惯和学习习惯；坚持施行学籍预警机制，强化学生学业过程管理，加强与家长的联系和沟通；加强考风考纪宣传教育，增强学生学习的主动性、自律性；开展学生评优表彰活动，激励学生奋发图强、再接再厉；通过科技创新活动培养广大学生的成才意识。

2015年，学校继续在全校学生中组织开展优秀基层组织创建评比活动，创新举措，全员参与。以宿舍“基础建设”为突破口，彻底消除安全隐患；以“星级宿舍”创建为目标，促进宿舍文明建设的常态化发展。以和谐团结的班级文化为导向，以各项评比为抓手，提高班级凝聚力，发挥班级在学生管理中的基础作用，培养学生成长成才。

推进辅导员队伍专业化职业化发展，开展班主任队伍系列培训，加强学工干部工作协同。组织开展辅导员职业能力大赛，持续推进辅导员、班主任培训工作，不断提升队伍工作专业化水平，积极选送人员参加教育部及北京市组织的各类培训。大力推动班主任队伍建设，定期召开学生情况通报会，加强教育管理过程中的信息沟通。构建学校和院系两级班主任培训体系，针对班主任工作中的重点和难点，组织策划“相伴成长 共筑梦想”班主任系列培训活动，打造“小规模、多层次、分主题”的班主任工作实务培训模式，搭建班主任工作交流的新平台。

以“磐石计划”为载体，继续从全面提升能力素质与分类化专业拓展两方面，推进高素质学工队伍建设。开展学生工作研讨会、多期学工沙龙、新生辅导员班主任培训、长城计划课题中期检查等活动，并进一步修订完善考评体系，加强考核激励，充分调动和激发学生政工干部的工作积极性和主动性。

2015年，学校大学生思想教育研究工作聚焦现代教育理念发展前沿，围绕思想政治教育工作重点难点问题，坚持以质量为先导，进一步推动大学生思想政治教育研究课题的规范化管理和精细化培育。一项课题获评2016年度首都大学生思想政治教育战略课题，课题立项质量创历史新高。组织开展“MOOC与大学生思想政治教育”专题研讨。深化以“学工课堂”为载体的社会主义核心价值观培育践行的长效机制研究。开展调查研究、总结凝练等，探索新时期大学生思想政治教育工作的规律，助力学生成长成才。

2015年，学校继续落实以国家助学贷款、国家奖助学金和国家励志奖学金为核心，补偿代偿、困难补助、地方政府和企业资助、基金会资助、勤工助学为基础的多元资助体系。进一步整理和修订有关助学贷款的大学文件，增进资助工作在管理、实施等方面的科学规范性；顺利开展国家助学贷款申请、签约、发放、代偿工作和各类奖助学金发放、勤工助学工作。充分发挥网络平台作用，推进资助工作信息化建设，发挥各项奖助措施的激励、教育作用，结合“诚信教育月”、“资助政策宣传月”等活动，针对家庭经济困难学生开展主题教育活动。2015年，学校着力建设家庭经济困难学生的“绿色家园”，继续推进成长“1+1”结对帮扶工作，持续推进“绿色氧吧”工作坊。学校招生录取工作按照教育部规定要求，严格实施招生工作“阳光工程”，与31个省（自治区、直辖市）招生部门合作，圆满完成本科招生录取工作。2015年录取分数线大幅度提升，学生各类获奖级别和数量显著增多，生源质量再创历史新高。

2015年，学校就业工作努力构建全程化、特色化、精细化职业指导新体系，打造全方位、各行业、多层次就业市场新模式，营造分层次、多平台、多维度创新创业工作新格局，实施人性化、专业化、精准化就业帮扶新举措，开创价值型、引领型西部和基层就业新风尚，不断提升就业创业工作水平。北京校部梳理完成《“葫芦娃”就创业工作大计划》，并逐步推进，推出《本科毕业生就业创业指导系列手册》共计10本，成为毕业生实用、便捷的就业创业工具书。依托微信、手机客户端、主页和短信发布系统等网络载体，立足信息化，搭建毕业生就业指导和服务工作的综合平台，形成就业资讯及时高效、指导信息多维共享、线上线下协同、服务信息全面覆盖的工作体系。

2015年，就业指导中心着力开展大学生创新创业工作，获批教育部首批实践育人创新创业基地，以大学生创新创业能力培养为核心。以大学生创业孵化中心为载体，以创新创业项目为抓手，以院系创业平台为重点，加速创业团队培育、创业项目孵化、创业成果转化，并取得阶段性成果。北京校部创业服务中心挂牌成立，开展创业能力训练营。2015

年，学校编制并发布毕业生就业质量报告，社会评价综合排名第23，公信力排名第15，收到良好的社会效果。

学校高度重视国防教育及大学生征兵工作，军训阅兵式、分列式及军体拳表演得到省军区肯定，军事理论课成绩突出，及格率达到100%；2015年应征入伍7人。

2015年，党委学生工作部高度重视新媒体的作用，思想政治教育工作、招生就业工作、资助工作、管理工作、心理教育等方面都积极利用微信平台深入学生，方便学生了解时事和学习。微信已经成为新形势下学校学生工作的重要窗口。

【概况】2015年，学校共评选出本科生先进班集体67个、三好学生标兵160人、优秀学生干部标兵38人、校级三好学生1434人、校级优秀学生干部159人、院系级三好学生2354人、院系级优秀学生干部321人；一等奖学金795人、二等奖学金1633人，三等奖学金1618人，各类单项奖学金3125人次。此外，学校6人获“校长奖学金”，189人获国家奖学金，并评选各类社会奖学金18项，奖金总额139.3万元。

2015年，学校开展的2014—2015年度“我爱我师—我最喜爱的班主任”评选活动中，150名班主任参加评选。参与微信投票人次累计41766人次。经学校综合评审，戴忠信等10名教师被评为2014—2015年度北京校部十佳班主任，毕天姝等61名教师被评为2014—2015年度北京校部优秀班主任。

保定校区3个院系获“学生工作先进集体”荣誉称号，10人获“十佳班主任”荣誉称号，77人获“优秀班主任”荣誉称号，5人获“优秀辅导员”荣誉称号，2人获“优秀学生管理干部”荣誉称号。赵吉鹏获评第二届河北省“高校辅导员年度人物”；3名辅导员被评为“大家访”先进个人；在河北省高校辅导员工作精品项目评选中，获三等奖1项；在河北省高校思想政治工作创新案例评选中，获三等奖1项。

2015秋季，学校有6186名家庭经济困难学生，2266名家庭经济困难学生获得生源地贷款，贷款金额合计1398.46万元。为712名家庭经济困难学生续放国家助学贷款，贷款金额达432.411万元。264名家庭经济困难学生新申请国家助学贷款，签订国家助学贷款首次发放金额为170.64万元。619名家庭经济困难学生获国家励志奖学金，国家励志奖学金金额共计309.5万元，4808名家庭经济困难学生获国家助学金，国家助学金金额911.1万元。27名毕业生获服义务兵役学费补偿和贷款代偿资助，发放1名学生的退役士兵资助资金0.55万元，1077名毕业生获基层就业学费补偿和基层就业贷款代偿资助。2015年设置1491个勤工助学岗位，发放勤工助学工资近270万元。学校保定校区为3380名学生办理城镇居民基本医疗保险，补助保费24.246万元。

2015年，学校心理健康教育中心全年咨询人次471人次，心理危机干预22次。通过开设大一的心理必选课，对15级新生全覆盖。为2015级4426名新生进行心理普查，其中，心理访谈377人，根据标准筛选出各类重点关注人员80人。

2015年，学校招生录取5540人，其中北京校部2968人，保定校区2572人。从各省录取的平均情况来看，2015年北京校部理工类在各省录取最低分超出重点线77.45分，录取平均分超出重点线95.06分；文史类在各省的录取最低分超出重点线45.13分，录取平均分超出重线53.52分。学校保定校区理工类在各省录取最低分超当地重点线58.5分，各省录取平均分超过当地重点线76.5分；文史类在各省录取最低分超过当地重点线25.36分，各省录取的平均分超过当地重点线33.13分。2015年，按照北京市教委的要求，北京校部作为“双培计划”的部属接收单位，接收来自于北京工业大学和北方工业大学的“双培生”共59名。

保定校区共吸引1068家用人单位到校进行招聘，举办大型双选会6场，专场招聘会30余场。截至2015年9月1日，本科生一次就业率96.29%，研究生一次就业率96.45%。学校编制并发布2014届毕业生就业质量报告，社会评价综合排名第23位，完备性与公信力排名第15位，收到良好的社会效果。

2015年，学校入选“全国高校实践育人创新创业基地”，保定校区创业孵化中心入选“河北省大学生创业孵化示范园”、“保定市首批众创空间”和“保定市定点创业孵化基地”。

【获红色“1+1”优秀组织奖】5月，学校启动红色“1+1”共建活动，共有22个支部申报共建。在12月举行的2015年北京高校红色“1+1”示范活动评审会上，经过各校推荐、专家评审、现场展示、评委提问等环节，经济与管理学院13级学生党支部获北京高校红色“1+1”示范活动二等奖。人文与社会科学学院本科2013级党支部、电气与电子工程学院研电1506党支部、核科学与工程学院本科生党支部、数理系学生第一党支部、能源动力与机械工程学院本科2013级党支部、电气与电子工程学院本科2013级党支部分别荣获北京市优秀奖。学校获优秀组织奖。

（孙清磊）

【开展学生党员先锋工程评选活动】2015年，学校组织各院系开展学生党员先锋工程的总结评审。经学校研究，经济与管理学院、能源动力与机械工程学院、数理学院获学生党员先锋工程优秀组织奖；经济与管理学院、核科学与工程学院获党员责任区工作优秀奖；电气与电子工程学院、能源动力与机械工程学院、数理学院、国际教育学院获助学零距离工作优秀奖；人文与社会科学学院、外国语学院获党员志愿服务工作优秀奖；控制与计算机工程学院、可再生能源学院获研究生无职党员工作优秀奖。

（孙清磊）

【开展示范党支部评比】经审评，经济与管理学院2013级学生党支部和数理学院学生第一党支部获“特色活动示范党支部”荣誉称号；电气与电子工程学院研电1506党支部，控制与计算机工程学院2013级学生党支部，电气与电子工程学院研电1408党支部获得“特色活动先进党支部”称号；外国语学院研究生党支部、电气与电子工程学院2014级学生党支部、控制与计算机工程学院研控计1322党支部、核科学与工程学院本科生党支部、能源动力与机械工程学院2013级党支部获得“特色活动优秀党支部”称号；可再生能源学院2013级学生党支部、经济与管理学院2014级学生党支部、经济与管理学院研1528党支部、可再生能源学院研1436党支部、控制与计算机工程学院2014级学生党支部获得“特色活动优秀参与党支部”称号。

（孙清磊）

【开展特色主题班会活动】4月至6月，华北电力大学保定校区以“我的中国梦，我的成才路”为主线，以“以劳动托起青春中国梦”“身边榜样伴我成长”等为主题，在2014级新生中开展内涵丰富特色鲜明的主题班会活动，调动了学生参与的积极性，强化思想引领，注重将社会主义核心价值观教育落细落小，落实，有力推进大学生思想政治教育。

（张　骞）

【开展大学生年度人物评选活动】11月至12月，华北电力大学保定校区开展第二届“大学生年度人物”评选活动，积极培育和宣传大学生中的先进典型，营造积极向上的校园文化氛围。经材料申报、微信投票、专家评审、现场答辩四个阶段，李玥、郝芩羽、华电纪念品创业团队B、F、L乐队等6名个人或团队获评“大学生年度人物”称号。

（张　骞）

【思政工作创新案例获佳绩】10月30日，河北省教育厅公布2015年高校思想政治工作创新案例评选结果。学校《特殊困难学生成长成才帮扶体系——以史怡杰为例》获三等奖，对学校帮扶困难学生，引导教育大学生践行社会主义核心价值观工作给予充分肯定。

（张　骞）

【开展抗战胜利70周年系列活动】9月至12月，学校举办纪念中国人民抗日战争暨世界反法西斯战争胜利70周年宣传活动，通过宣传栏、宣传展板、条幅、微博、“指尖华电”微信平台等多种方式引导学生关注并参与到铭记历史、圆梦中华的行列当中来。

（张　骞）

【开展多项主题调研】3月至10月，学校通过问卷调查、座谈会、个案访谈等多种方式，围绕“寒暑假学生返校思想动态”、“毕业生建言献策”、“践行社会主义核心价值观”、“电力扶贫”等多个主题展开调研，形成有参考性的报告，助推大学生思想政治教育工作持续深入开展。

（张　骞）

【开展主题宣传教育活动】3月至12月，学校保定校区以“劳动节”、“青年节”、“国家公祭日”、“一二九运动八十周年纪念日”等时间节点，通过微信推送、图文展、现场宣讲、条幅签名、有奖知识问答、纸贴寄祝福等多种形式开展主题宣传教育活动，引导学生树立理想，牢记责任，在日常学习生活中践行社会主义核心价值观。

（张　骞）

【媒体报道学生综合帮扶体系】8月17日，教育部网站《一线采风》栏目以《华北电力大学积极构建困难学生帮扶体系》为题对学校综合帮扶体系进行报道，介绍学校对学习困难、生活贫困和心理困惑等不同类型学生，开展学业帮扶，生活帮助以及心理服务等针对性帮扶，取得良好效果。其中，轮椅女孩史怡杰等自立自强典型，激励贫困大学生奋发图强，弘扬社会主义核心价值观。

（张　骞）

【开展史怡杰事迹报告会】5月21日，学校举办“感恩母校，情暖校园”史怡杰感人事迹报告会，该活动激发全校学生奋发图强的精神斗志，弘扬敬业、友善的社会主义核心价值观。在学校的帮助和关怀下，会计1101班的史怡杰战胜残疾带来的身心困难，2015年顺利完成学业，并赴英国南安普顿大学继续深造，其事迹被教育部网站、中国新闻网、燕赵都市报等多家新闻媒体报道，在校内外引起强烈反响，成为学校学生的学习榜样和思政教育的典型案例。

（张　骞）

【开展心理委员培训工作】大学生心理健康服务中心组织专兼职教师在4月、5月、6月、11月、12月为心理委员开展业务培训。培训主题包括心理委员工作规定、主题班会设计、心理测量应用、团体沙盘咨询体验等内容。全年培训共进行16次。

（石世平）

【举办心理文化节】4月，华北电力大学举办系列心理文化活动。北京校部以“不负流年，镌刻青春”为主题，包括“心理美文征集”、“生命礼赞　呵护青春”主题讲座、“舞动青春心理工作坊”、“最强大脑”－心理技能比赛等丰富多彩的活动。4月26日至5月30日，保定校区举行“从心做起，将爱进行到底——第十三届心理健康宣传月”活动。活动以“关注自我”为主题，包括心理测试、主题讲座、征文、手抄报比赛等多个项目。该活动向在校学生宣传心理健康的重要性，号召学生们关注心理健康。活动期间，心理中心举行优秀心理委员评选活动。

（袁　萌　宋一辰）

【举办心理健康讲座】5月9日，学校邀请首都师范大学心理咨询中心杨芷英教授为学生开展“大学生恋爱心理的解读与调适”主题讲座。杨芷英教授担任教育部学位与研究生教育发展中心专家，北京市哲学社会科学专家，中国心理卫生协会大学生心理咨询专业委员会委员。

（石世平）

【举办学工队伍心理培训】9月至12月，学校先后邀请北京航空航天大学李卫华、中国农业大学施钢、北京回龙观医院张艳萍、清华大学李焰等多位专家来校就心理问题识别、危机预防及干预等主题对学工队伍、心理委员队伍进行培训。

（袁　萌）

【建立新生心理档案】10月至11月，学校对2015级全体新生进行心理健康状况普查，根据统计标准，筛查出需进一步面谈的学生。11月，中心对筛查出的学生进行回访，建立2015级新生心理健康档案，对重点人群向院系反馈，以进一步做好心理危机的防范工作。

（袁　萌　石世平）

【开展心理咨询督导工作】每月定期邀请唐登华、蔺桂瑞、李焰、贾晓明、徐凯文等知名心理专家来校为专兼职心理咨询师进行心理咨询督导。为专兼职咨询师技术的提升、个人成长提供有力帮助。

（许玉萍）

【举办咨询室开放月活动】11月12日至12月11日，大学生心理健康服务中心举办第三届咨询室开放月活动。活动以将咨询室面向全校师生开放参观并体验为主题，并进行爱的抱抱、心理知识竞赛、心理委员交流会等多种活动，让学生进一步了解学校心理健康教育建设。

（宋一辰）

【开展心理MOOC课程】9月18日，经审核，心理中心MOOC团队所创立的《基于MOOC的大学生心理健康教育课程教学改革与实践》通过2015年北京市教育教学改革立项项目。

（袁　萌）

【学生朋辈辅导开展多种团体辅导】经过督导和考核，大学生心理健康服务中心为首批8名学生颁发华北电力大学朋辈团体心理辅导领队资格证。11月14日，召开团体心理辅导宣讲会，招募组建5支心理辅导团体，进行包括自我探索、情绪管理、人际关系、拖延症等主题的20次辅导活动。

（宋一辰）

【学生获省级荣誉称号】3月，学校在河北省2014—2015学年度省级三好学生、优秀学生干部和先进班集体的评选工作中获佳绩，经院系推荐，学校审核，河北省教育厅核定，贾孟硕等13名学生获省级三好学生荣誉称号，邓忻依等4人获省级优秀学生干部荣誉称号，电力实1202班、机械1108班获得省级先进班集体荣誉称号。

（吕天成）

【开展创建评比活动】学校深入开展优秀基层组织评选活动，以宿舍和班级为单位开展“星级宿舍”、“十佳班集体”等评选活动，着力开展基层建设，严格基层组织纪律，规范学生行为，进一步落实检查信息反馈，形成多部门管理合力，全面促进基层组织建设。

（汤明润　吕天成）

【修订《学生手册》】2015年，保定校区学生处联合各院系，对《学生手册》进行大范围的修订。一是完善学生素质评价体系，修订各级各类奖学金评定细则等一系列制度性文件，有效发挥学生管理制度的导向性作用，确保日常管理工作的规范性和可靠性；二是制定《华北电力大学本科生创新创业标兵评选办法》，支持引导学生创新创业，进一步贯彻学校的创新人才培养理念；三是修订《学生违纪处分规定》中关于处分的规定，积极探索院系二级管理模式，强化院系层面的学生管理工作；四是完善学生意外伤害等突发事件的处置和管理办法，加强学生安全管理。

（吕天成）

【建成大学生成长发展数字化平台】10月，大学生成长发展数字化平台一期建设完成，请销假、校外住宿管理、重点关注学生管理、综合测评等学生管理的相关职能，实现线上办理。用信息化手段提高管理效率，把辅导员从事务性工作中解放出来，将更多的精力投入到思政教育中去。

（汤明润）

【开展最喜爱班主任评选活动】6月，学校开展2014—2015年度“我爱我师—我最喜爱的班主任”评选活动。活动分班级申报、微信投票、院系推荐几个环节。活动期间150位班主任申报评选，微信投票人次累计41766人次。在班级申报、微信投票和院系推荐的基础上，经学校综合评审，戴忠信等10名教师为2014—2015年度十佳班主任，确定毕天姝等61名教师为2014—2015年度优秀班主任。

（孙清磊）

【选聘辅导员】根据学校用人计划和辅导员队伍发展规划，2015年选聘丁宁、靳周、潘振东3名正式专职辅导员及刘洋、李桐、沈钰、陈婉青、李易炜、吕思宇6名保研辅导员，扩充辅导员队伍力量。

（孙清磊）

【开展班主任系列培训活动】2015年，学校面向全体班主任，围绕学生工作中的热点和难点问题，相继开展10期有针对性的专题培训，构建小规模、多层次、分主题的班主任工作实务培训体系。不断增强班主任政治和业务素养，提升教育引导学生的能力。

（孙清磊）

【启动MOOC与大学生思想政治教育专题研讨】7月8日，学校启动“MOOC与大学生思想政治教育”专题研讨。围绕“MOOC社会主义核心价值观”、“MOOC大学生心理健康教育课程教学改革”、“MOOC大学生规划与择业”、“MOOC‘学工课堂’的意义探析”、“MOOC互动教学特点对于突发事件防范的价值探索”五个方向进行分组讨论交流。

（戚坚军）

【开展学工干部素质提升磐石计划系列活动】3月至11月期间，保定校区开展10余期磐石计划活动及多期学工沙龙活动，包括职场知识、心理辅导、素质拓展以及入职感悟等专题活动。

（张　健）

【开展辅导员职业能力大赛活动】3月，北京校部举行第二届辅导员职业能力大赛决赛，经过微课教学展示、主题演讲、谈心谈话及才艺展示等环节的比拼，由现场观众投票确定一等奖：王栋梁；二等奖：马海红、杨天明、赵珥希；三等奖：李鹏、任华、张灿飞、郑乐、盖姝、薛明磊。7月，保定校区开展校内第三届辅导员职业能力大赛活动。大赛内容包括：“基础知识测试、班情熟知、主题班会、案例分析、主题演讲、谈心谈话”等六项内容，全体辅导员参加比赛，最终评出综合奖和单项奖。

（孙清磊　张　健）

【开展年度学生工作队伍考核评优工作】10月份以来，保定校区进一步修订完善以《院系学生工作年度量化考核评估体系》为重点的考核体系，并开展2014—2015学年学生工作队伍考核评优工作。电力系等3个院系获“学生工作先进集体”荣誉称号，10人获“十佳班主任”荣誉称号，77人获“优秀班主任”荣誉称号，5人获“优秀辅导员”荣誉称号，2人获“优秀学生管理干部”荣誉称号。

（张　健）

【教育部司长冯刚来校调研】10月12日，教育部思想政治教育工作司司长冯刚来校调研，并参加华北电力大学2015年大学生思想政治教育工作研讨会。校党委书记吴志功向冯刚司长介绍学校党建与思想政治教育工作，党委副书记李双辰，党委常委、组织部部长张天兴，校长助理、党办校办主任汪庆华陪同调研。冯刚司长对近年来学校在加强和改进大学生思想政治教育所做的各种理论和实践探索给予肯定。

（戚坚军）

【一项课题获立项】10月，2016年度首都大学生思想政治教育课题立项结果公布，华北电力大学一项课题获2016年度首都大学生思想政治教育战略课题立项，成为北京市教工委唯一立项的战略课题。此外，获一般课题1项，支持课题5项。立项课题数量和质量取得突破。

（戚坚军）

【运用家庭经济困难生认定模型，为实现精准扶贫打好基础】为提高高校家庭经济困难学生认定的科学性、准确性，资助中心结合多年来家庭经济困难认定经验，在充分调研和参考国内外文献的基础上，协同学校一卡通中心和控制与计算机工程学院，依托学校数字化校园的建设，首次使用家庭经济困难认定模型进行新生预认定及全体（申请家庭经济困难）学生的科学认定，初步实现家庭经济情况认定从经验定性转向精准认定，实现经验值的科学化。

2015年10月，保定校区资

助中心对2015级新生进行家庭经济困难认定，共认定家庭经济特殊困难246人、家庭经济困难379人、家庭经济一般困难301人。为各类奖助学金的评定提供依据。

（王　璐　张汉军）

【开展诚信教育活动】2015年3月，学校继续深入落实教育部办公厅《关于开展高校学生资助诚信教育主题活动的通知》（教资助厅函〔2013〕1号）文件精神，在开展资助工作的过程中，依托资助基础工作平台，积极培育和践行社会主义核心价值观，引导大学生树立诚信意识，加强诚信学习，弘扬“人人学诚信、知诚信、守诚信”的道德新风，践行“诚信待人、诚信处事、诚信学习、诚信立身”的良好品质。围绕“诚信”在原有系列活动基础上，创建“品享咖啡”品牌，以“为诚信买单”作为运营主体，建立“五自四有”的诚信自助售卖体系。5月，保定校区资助中心开展诚信教育月系列活动，主要通过诚信教育大会、微信公众平台、出展板、印制宣传册等形式来提升在校生的诚信意识。6月25日，全国学生资助管理中心刊登华北电力大学“爱心助学，学子圆梦，诚信你我，感恩社会”的诚信教育活动。该主题受到全国资助管理中心在《关于2015年高校学生资助诚信教育主题活动开展情况的通报》中通报表扬。

（王　璐　张汉军）

【3380名学生参加城镇居民医疗保险】2015年，保定校区经申请参保、核实资料、上报数据、缴费等程序，3380名学生参加大学生城镇居民医疗保险，全校参保率达99.5%，学校补助医疗保险费共计24.246万元。

（张汉军）

【组织高水平运动员测试】3月6日至8日，华北电力大学北京校部和保定校区组织高水平运动员测试，经过选拔，北京校部认定高水平运动员资格学生18人，录取10人，其中6人为一级运动员；保定校区认定高水平运动员资格学生27人，录取17人，其中5人为一级运动员。

（彭军林　王　倩）

【组织自主招生和农村学生单独招生校内测试】6月14日，华北电力大学北京校部和保定校区分别组织自主招生和农村学生单独招生校内测试，对获初审资格的考生安排复试，通过心理测试、笔试、综合素质测试、发展潜能测试等测试，完成考生的考核和资格确认。面试环节采用“四随机”，即考官考场随机抽取、考生面试序号随机抽取、考场随机抽取、测试题目随机抽取，有效维护测试的公平公正。入选名单在招生网公示后按教育部要求在阳光高考平台、省招生办和中学公示。北京校部录取自主招生68人，农村单招47人；保定校区录取自主招生71人，农村单招48人。

（彭军林　王　倩）

【组织第二学士学位测试】5月9日，华北电力大学组织电气工程及其自动化专业和人力资源管理专业第二学士学位笔试。经过考核，北京校部招收9人，保定校区招收10人。

（彭军林　王　倩）

【开展招生宣传工作】2015年，学校本科招生宣传工作实现现场咨询、教育部和各省招办网络咨询、媒体杂志、微博、微信、邮件等方式的全方位覆盖，各项宣传工作有序地展开。学校选派熟悉学校情况和招生政策的招生工作组参加山东、广西、河南等20余个省市的招生咨询专场；参加教育部阳光高考平台、湖南、安徽等组织的网上招生咨询周活动，网上回复率100%。编印《华北电力大学2015年招生简章》，制作2015年分省报考指南，在各省免费发放22000余份宣传资料。招募寒假招生宣传大使，近300人赴全国各地100余所重点高中开展招生宣传活动，发放宣传材料8000余份。

（彭军林　王　倩）

【完成内地新疆班、西藏班录取工作】7月，北京校部共招收内地新疆班学生26人，内地西藏班学生34人。保定校区共招收内地新疆班学生24人。

（彭军林　王　倩）

【编制毕业生就业质量报告】1月1日，华北电力大学编制并发布《华北电力大学2014届毕业生就业质量年度报告》。在21世纪教育研究院发布的“高校就业质量年度报告”评价排名中，华北电力大学在综合评价排名中居第23位，在内容完备性与公信力评价排名中居第15位。

（王栋梁　彭建章）

【举办多场校园双选会】4月和11—12月，华北电力大学北京校部举办5场双选会，4场综合类双选会，1场为经管文法语言及电子信息类，共有601家用人单位进校招聘，招聘专业涵盖学校所有专业。4月13日—4月17日，华北电力大学保定校区举办2015届毕业生春季双选周，主要针对非电气类学科、新兴学科、交叉学科，时间持续一周，期间共有120余家用人单位来校招聘。

10月28日，中国国电集团下属十六家二级单位来校参加宣讲招聘会，吸引包括全校各院系、兄弟院校的700多名毕业生参加。10月30日，保定校区举办中国大唐集团公司校园专场双选会，大唐集团公司及所属大唐国际、大唐新能源、各省分公司等99家用人单位的130余位代表参会。用人单位所需专业广泛，基本覆盖华北电力大学所有专业，该集团公司对传统的电气、热动等大类专业的需求更加细化，对信管、会计、工商等非电专业的需求有所增加。11月1日，中国华电集团公司校园招聘会在保定校区举办，来自校内外的600余名毕业生到场参会。11月2日，第十三届电力人才招聘大会在保定校区举办。国网四川省电力公司、内蒙古（集团）电力公司、国网新源股份有限公司、中国环境保护集团有限公司等34家电力企业集团参会，吸引近千名毕业生参加。12月12日，保定校区举办“华北电力大学冬季双选会”，吸引110余家用人单位和两千多名毕业生，招聘专业涵盖电力、机械制造、绿色低碳、互联网、金融、教育咨询、贸易服务等众多行业，提供岗位600多个，覆盖学校全部专业。

2015年，华北电力大学接待进校招聘单位2078家。另外，还举办各省网公司、发电集团、能源集团专场招聘会70余场。

（李兰涛　王栋梁）

【举办“情牵母校”系列活动】5月7日，2015届毕业生“情牵母校”系列活动开幕式暨“职场知识”讲座在保定校区举行。系列活动包括优秀校友讲座、“华电拍客”微视频征集、“我的大学 Diary 征集”、“OPA”经验交流会、自立自强报告会、爱心募捐、跳骚市场、文明离校宣传倡议、院系特色活动等九个主题，旨在引导毕业生奋发图强，锐意进取，争当表率，树立新风尚，传递正能量。

（彭建章　程利敏）

【编制就业创业指导手册】9月，华北电力大学北京校部编制本科毕业生就业创业指导系列手册，包括《青春梦想 激扬绽放——国家基层就业项目全解析》《就业那些事——就业常识一本通》《小逗趣就业—2016届本科毕业生就业指导手册》《未来印象——2016届本科毕业生就业指导手册（一）》《逗指导 都知道（二）》《电网专刊（三）》《我是华电人（二）》《大学生创业政策文件汇编——大学生就业指导手册（一）》《华电大学生创业案例》《大学生创业流程及常见问题》，面向各院系发放1000册，并提供电子版供毕业生下载。

（王栋梁　靖仕寅　贠佩宏）

【开展就业帮扶系列讲座】9月至11月，华北电力大学就业指导中心承办就业帮扶系列讲座，该讲座由北京高校就业指导中心主办，活动包含“就业信息获取和简历制作讲座”、“Office讲座送东风，扬起就业之帆”、“行政课程陪你共赴公职考试”、“找工作，你准备好了吗”等求职讲座。9月至11月，保定校区就业指导中心开展系列职业指导活动。9月24日，保定校区举办“职业导航月”系列活动，包括就业形势、就业准备、职场知识、电网招聘、公务员应考、出国留学、模拟面试、院系特色等八个主题，涵盖就业的各个方面，通过形式多样、内容丰富、针对性强、富有成效的就业指导活动提高学生就业竞争力。共有5000余人次参与活动。

（王栋梁　贠佩宏　彭建章　程利敏）

【立足网络平台促就业】2015年，华北电力大学设计开发就业官网、微信公众号、就业APP等网络平台，将学生就业指导、就业信息、就业咨询、职业生涯规划等服务信息化、数据化。打造“就业嘚吧嘚”、“就业印象”、“我是华电人”等在学生中有良好反响的栏目，全面提升学生就业能力。保定校区不断维护和完善“华电就业”微信公众平台。该平台开设“就业信息”、“就业指导”和“创业园地”三大板块，实现各类招聘信息的及时发布、就业政策手续解读以及创业入孵指导等功能。到年底关注量超6000人，就业创业信息传播速度和覆盖广度得到有效提升。

（王栋梁　陈　强　赵书彬　程利敏）

【开展创业能力训练营】1月至12月，就业指导中心开展12期创业能力训练营活动，累计参加学生1000余名，分别从创业精神、创业项目、企业融资、公司组建、公司管理等方面对学生进行创业实训。

（王栋梁　靖仕寅）

【接待校内外领导视察】2015年，学校大学生创业孵化中心接待多次校内外观摩活动。3月26日，教育部就业指导中心就业服务开发处处长方伟、北京神州泰岳软件股份有限公司副总裁王蔚、神州泰岳教育科技有限公司副总经理蒋楠、戴海涛及中国技术创业协会天使投资联盟秘书长万松参观大学生创业孵化中心；4月14日，副校长王增平、校长助理郭孝锋视察大学生创业孵化中心；9月23日，北京爱可生通信技术有限公司总经理刘广辉和加伏沃集团有限公司技术总监邵俊松一行参观大学生创业孵化中心；10月30日，东北大学秦皇岛分校副校长李晓奇、副校长曹洪刚等一行到保定校区参观创业孵化中心；11月上旬，保定校区组织各院系学生分批次观摩大学生创业孵化中心。

（彭建章　张冰华　高树彬）

【入选河北省大学生创业孵化示范园】5月12日，河北省教育厅召开高校大学生孵化示范园评选总结大会，保定校区大学生创业孵化中心入选河北省大学生创业孵化示范园。河北省教育厅副厅长杨勇为学校授牌，保定校区就业指导中心主任李瑾代表学校做典型发言。

（彭建章　张冰华）

【开设“创业彩虹工作坊”】1月至12月，学校开设创业指导的特色品牌活动—“创业彩虹工作坊”，安排创业导师以一对一的形式为学生答疑解惑，2015年，“创业彩虹工作坊”共接待学生500余名，为30余个创业团队提供创业咨询服务。

（王栋梁　靖仕寅）

【发放创业项目扶持资金】5月，就业指导中心组织召开创业项目评审会，通过自筹经费的形式，对100个创业项目进行综合评审，其中25个创业项目分别获1-10万元的创业项目投资洽谈会，有效促进学生创业项目发展。

（王栋梁　靖仕寅）

【创行创业团队获佳绩】5月，学校创行团队代表学校参加创行世界杯，获华北赛区一等奖、全国三等奖，创业专职教师靖仕寅作为北京地区高校唯一代表，获创行全国十佳指导教师。

（王栋梁　靖仕寅）

【成立若干院系创业平台】6月24日，保定校区依托学校大学生创业孵化中心成立若干院系创业平台，包括“工业智造”创业平台、“智能控制”创业平台及“互联网+”创业平台。

（彭建章　高树彬）

【举行大学生创业孵化中心项目入驻仪式】6月25日，学校保定校区举行大学生创业孵化中心项目入驻暨创业导师聘任仪式，校外导师代表，学生处、教务处、科技处、研工部、校团委等部门负责人，校内创业导师、院系创业平台负责人出席。学生处副处长李东代表大学生创业孵化中心与2015年6个入驻项目负责人签订《大学生创业孵化中心入驻项目孵化协议》，并为包括保定市人力资源和社会保障局副局长李光军、北京新源绿网节能科技有限公司董事长王立宗、保定市人力资源和社会保障局全民创业办公室主任杨保安在内的校内外创业导师代表颁发聘书。

（彭建章　张冰华）

【开展暑期职业体验活动】7月至9月，学校组织20个暑期职业团队赴全国开展暑期职业体验活动，完成就业市场调研报告100余篇，优秀社会实践论文100余篇，新建立企业英才俱乐部16个。

（王栋梁　靖仕寅）

【开展大学生创业沙龙活动】6月至12月，保定校区开展多期大学生“创想·火花”创业沙龙活动，包括“互联网+”大学生创新创业大赛主题交流、创业知识讲座、创业导师项目诊断等。

（彭建章　高树彬）

【获批教育部首批实践育人创新创业基地】9月，学校获批教育部首批实践育人创新创业基地，其中部属院校33所，标志着学校实践育人创新创业工作跻身全国前列。

（王栋梁　靖仕寅
彭建章　高树彬）

【多项创业项目获成功】9月至12月，学校扶持的学生创业项目取得成功，学生自主研发的手机APP软件单笔获500万融资；“绿色电力照亮丝绸之路”项目在尼泊尔、巴基斯坦等国家推广。

（王栋梁　靖仕寅）

【入选首批众创空间及众创空间创新联盟副理事长单位】9月23日，保定市首批众创空间授牌仪式暨众创空间创新联盟成立仪式在保定中关村创新中心举行，保定校区电火花众创空间入选保定市首批众创空间，并当选众创空间创新联盟副理事长单位。

（彭建章　高树彬）

【神州泰岳集团来校洽谈合作事宜】9月24日，神州泰岳集团公司副总裁王蔚、神州泰岳教育科技有限公司副总经理蒋楠、戴海涛等一行7人到保定校区商谈创新创业合作事宜。副校长王增平，校长助理米增强、郭孝锋，学生处负责人参加洽谈会。

（彭建章　高树彬）

【当选创新创业联合会副会长单位】9月28日，保定市大学生创新创业联合会成立大会在保定高新区国家大学科技园主楼二楼会议室召开。保定市人大常委会主任宋文、保定市副市长闫丽英、蒋栋出席会议，保定市相关部门，驻保高校、会员单位等参加会议。保定校区就业指导中心主任李瑾应邀出席会议。华北电力大学当选为大学生创新创业联合会副会长单位。

（彭建章　高树彬）

【创业服务中心挂牌成立】10月，大学生创业服务中心挂牌成立，为学生提供一流的创业环境设施和项目论证、公司注册、企业管理、法律咨询、市场营销等一站式创业指导与服务。

（王栋梁　靖仕寅）

【出版就业创业指导系列教材】12月，就业指导中心主任张兵仿主持编写的就业创业指导系列教材出版，包括《大学生职业生涯规划》《大学生就业指导教程》《大学生创业基础教程》三本。

（王栋梁　靖仕寅）

【开展首届电火花·创响未来系列活动】9月至12月，保定校区开展首届“电火花·创响未来”系列活动。校长助理郭孝锋，学生处、教务处、研究生院、团委等部门主要领导及各院系党委（党总支）副书记、辅导员和2016届毕业生代表出席开幕式。按照系列活动安排，10月15日在学工楼信息发布室举办创业财务知识讲座；12月5日至6日，与网管中心、科技处联合海尔创客实验室在国际会议中心举办“我是创客”创新创业大赛；12月18日，组织大学生创业孵化中心入驻项目成员参加创筹学堂创业训练营活动；12月中旬，推送“绿能生态”、“变电站智能巡检平台”等项目参加微软集团驻保高校项目路演；推选项目参加创筹网周二下午茶及项目路演等系列活动。

（彭建章　高树彬）

【创业孵化中心与知名创投机构、众创空间签署三方协议】12月30日，保定校区大学生创业孵化中心与河北领创投资有限公司及天津草帽众创空间企业孵化器有限公司结成战略合作伙伴，签约仪式在兰亭汇举行。保定市科技局副局长刘彦锋，保定市竞秀区副区长石国栋、张国辉，天津市南开区科委副处级调研员沈瑞莉，天津草帽众创空间企业孵化器有限公司总经理法卓，河北领创投资有限公司董事长路景涛及总经理周春辉等领导及嘉宾出席。保定校区就业指导中心彭建章作为大学生创业孵化中心代表出席并讲话。

（彭建章　高树彬）

【入选保定市定点创业孵化基地】12月31日，保定市人社局为保定市定点创业孵化基地授牌，保定校区大学生创业孵化中心入选保定市定点创业孵化基地。

（彭建章　高树彬）

【征兵工作】2015年，学校成立征兵领导小组，通过制定2015征兵宣传片，编写书籍《携笔从戎，无上光荣》，召开征兵动员大会，举办优秀大学生退伍士兵报告会等举措，开展征兵工作系列宣传动员活动。经报名、体检、政审、审批，共22名学生应征入伍。

（王文才　赵书彬）

安全保卫工作

【概述】2015年，华北电力大学安全保卫工作围绕学校总体工作思路，积极主动开展各项工作，继续巩固和深化创建平安校园成果，扎实推进安全保卫的各项工作，确保校园的安全稳定。

2015年，保卫处治安管理集办公、巡逻、执勤、处警、处突、服务于一体，实现全校安保责任网格化、办公现场化，“处突”、“服务”高效化。通过优化应急分队队员年龄结构，建立严格考评制度，针对消防疏散和防暴反恐1强化思想教育和业务技能培训，切实提升应急分队对治安、交通、消防及各类突发事件的应急处置能力，确保校园正常教学秩序。

2015年，保卫处定期派专人对全校消防报警系统、防火卷帘门、消防供水系统、自动气体灭火系统、应急照明系统、防火门等消防设施设备进行全面普查和检测，对损坏、过期及存在问题的设施设备进行登记备案并落实整改。加强校内外来施工单位的消防安全监督力度，巡视巡查并签订安全责任书。配合昌平气象局对校内所有建筑物避雷系统进行检测维修，请专家对校内建筑进行消电检工作。

2015年，保卫处对全校本科、研究生和外国留学生信息资料进行整理建档，针对维、藏等少数民族学生进行台账式管理。对各类重点学生建立档案进行台账管理。尤其加强对涉维重点学生的监管力度，按“一人一策、一人一组、一人一案”的要求建立帮教工作机制，严格落实管控与帮教责任。定期走访重点学生所在院系调查学生情况，研究帮教计划，以保证学校安全稳定为底线，控制重点人情况。针对校内非法传教现象制定防控方案，在校内学生宿舍发放防范邪教渗透的宣传品，进行反邪教宣传。配合上级单位和公安机关、安全局等单位做好重点人员及在校学生调查工作，并按要求上报人员数据。

2015年，保卫处集中人力，加大管理力度，采取定点引导和巡逻引导两种方式，持续强化校内机动车辆管理，进一步规范机动车辆的有序停放，初步建立安全、畅通、规范、有序的校园环境。对燃油摩托车和外卖电动车穿行校园进行专项整治，校园交通秩序得到极大改善，交通违章、交通安全事故大大降低。

（郝　知）

【概况】2015年，保卫处（含保定校区）共有在编安全保卫干部21人，职工16人，人事代理1人。

2015年，保卫处共接报案案件131起，为学生查看监控197人次，捡拾、返还学生财物等共40余件1次，为师生挽回经济损失共计52335元。加班加勤876人次，快速处置突发事件，确保校园安全稳定。

2015年，保卫处对校内5000多具到期灭火器逐期逐批进行年度维保，对校内33个消防中控室设施进行检查和人员培训，对校内16栋建筑物消防设施设备进行大范围修缮改造。

2015年，保卫处核查23人护照办理情况，对17名因工作需要等原因的学生进行在校情况鉴定，对16名入伍学生进行政审，对37名学生进行审查并开具户籍证明，配合公安机关对49名在校生进行19次核查工作。

2015年，保卫处对全校2262个机动车通行证进行信息更新和重新审核。

2015年，保卫处北京校部为1925名新生办理落户，并采集落户新生照片、指纹和办理身份证；为1700多名毕业生办理户口迁出；为2700人次办理如护照、签证、结婚、补办身份证、补办《常住人口登记卡》、无犯罪证明、公证、购房和未婚证明等相关事宜。保卫处保定校部为900多名新生办理落户，为2000多名毕业生办理户口迁出，办理在校师生户口借用手续2000多人次，办理各类证件200多个。完善户籍信息化数据库，确保户籍无差错、无丢失。

（鄢　知　刘　让）

【采取多项措施减少诈骗案件发生】2015年，为最大限度减少学生被诈骗案件发生，保卫处开展多方位宣传教育和行动，确保校园平安稳定。2015年9月新生报到期间，保卫处早部署，早安排，早预案，悬挂防诈骗横幅15条，保卫干部和大学生治安服务队队员全体深入新生报到公寓进行走访、宣传和发放传单等，确保新生报到期间未发生一起诈骗案件。新生军训期间，保卫处副处长宫凯为全体师生进行安全教育，进一步提高师生的安全意识。2015年，通过在保卫处网站发布安全警示、提示、通报等10余条，张贴防诈骗宣传标语60张，增强师生安全防范意识。通过案例通报教育，和后勤公寓及保安等多方联合，及时抓获进入公寓推销诈骗的4名嫌疑人员，移交警方处理，避免学生遭受更大经济损失。

（单纪胜　鄢　知）

【破获重大案件10起】2015年，保卫处针对校园内发生的各类案件，发挥主观能动性，利用遍布全校的监控网络，结合坚守、走访和发动群众等方法，处理大小案件58起，破获特殊、重大案件10起。2015年8月6日，保卫处成功侦破1起重大电脑盗窃案。嫌疑人先后5次进行室内偷盗，盗窃10余台笔记本电脑和打印机。案件发生后，保卫处对此案高度重视，认真分析嫌疑人作案手法，查处相关视频资料，打印嫌疑人影像分发到各安保人员手中，制定周密的蹲守抓捕计划。最终将其擒获并移交史各庄派出所。被盗5台笔记本电脑及时归还师生。

（单纪胜　鄢　知）

【开展消防安全教育活动】2015年11月9日，保卫处开展消防日安全教育活动，邀请市防火中心的专家来校进行消防知识讲座，组织消防应急分队进行模拟灭火训练，组织师生进行消防应急疏散演练。在学生公寓区和教学区利用消防安全知识宣传展板逐楼进行巡展。

（赵风雷　鄢　知）

【建设“安临华电”微信公众平台】2015年，在以往“爱失招”平台基础上建设“安临华电”微信公众平台，结合原飞信平台及时更新安全内容，为平台内1000名安全信息员提供安全咨询，普及安全知识，共发布安全信息动态100余条。

（刘　让　鄢　知）

【举办安全知识竞赛】2015年5月，保定校区保卫处举办“校园安全与大学生活”大型知识竞赛，活动采用问答等方式，竞赛内容涉及校园治安、交通常识、消防知识、心理健康、校规校纪等多项内容，全校共有12支院系代表队参加。

（刘　让）

工会工作

【概述】2015年，华北电力大学工会围绕学校中心，服务大局，努力发挥群众组织的优势，在维护教职工权益、推进师德建设、参与学校民主管理、构建和谐校园、丰富校园文化生活、为教职工办实事办好事以及加强自身能力建设等方面，进行创新性探索与实践。

2015年，校工会作为教代会工作机构，以深化教代会制度建设和推进教代会专委会建设为抓手，有力促进学校民主管理。学校圆满召开第六届第三次教代会，会议主题为继续深入学习贯彻党的十八大、十八届三中全会、四中全会、习近平总书记系列重要讲话和全国高校党建工作会议精神，深化改革、依法治校，认清新形势、抢抓新机遇、推进新改革、谋划新项目、取得新突破、跨上新台阶，坚持不移地推进高水平大学建设。教代会教职工职业发展委员会编印《青年教职工职业发展指引》，指导青年教师进行职业发展规划。

2015年，校工会发挥工会"大学校"作用，以服务教职工队伍建设为重点，通过多种形式的教育活动，提高教职工队伍的整体素质。组织青年教师教学基本功比赛，校部推荐1人参加北京市讲课比赛获二等奖；校区推荐6人参加保定市说课比赛3人获一等奖，2人获二等奖，1人获三等奖。推荐牛东晓获"北京市先进工作者"荣誉称号，史会峰获"河北省师德先进个人"荣誉称号。校工会获2014年度北京市教育工会"工会财务竞赛先进单位"，年度经审工作规范化建设考核获评优秀单位。

2015年，校工会积极探索教职工服务体系建设，努力提高工会的服务能力，为教职工做实事、解难事，把学校党政对教职工的关怀直接送到教职工身边。举办校部六大杯赛、校区七大体育赛事，组织参与两地田径运动会等文体活动，校部增开瑜伽培训班3个，新开舍宾培训班2个。依托教职工服务委员会，与体育教学部合作开办两期教职工子女寒假、暑假体育训练托管班，该项目获北京市教育工会年度工会工作特色奖。举办新春茶话会、区人大代表与师生员工交流座谈会、服务教职工的系列讲座活动、节假日慰问教职工、保定校区开展"职工互助一日捐"活动对重病患者28人实施救助，"一日捐"二次救助重病患者16人，受到教职工群体的普遍欢迎。关心关注教职工的民生问题。举办教职工子女入学服务、雾霾天气慰问、自费团购、评选"幸福家庭"、新春送春联等项目。加强和完善保护妇女合法权益，组织女性主题讲座；针对女职工的劳动保护和计划生育问题，做了大量宣传工作，联合校医院举办"青春期生理及心理健康讲座"，保证基本国策在学校得以认真执行。

（田　里　张湘武）

【概况】2015年，华北电力大学工会共有会员3256人（其中非在编会员469人）、分工会39个、教工文体协会和艺术团21个。校工会安排42名教职工外出疗养，组织243人次教职工自费外出旅游。

在2015年度学校"先进分工会"等系列先进评优中，北京校部评选出先进分工会9个，工会工作特色奖4个，先进分工会主席28人；校级先进协会5个，校级先进协会会长13人，校级协会活动积极分子74人；工会宣传积极分子14人，工会工作积极分子210人；表彰分工会教职工协会21个，先进分工会教职工协会会长42人。保定校区评选出先进分工会（含协会）11个，11名工会工作标兵、26名优秀工会干部、111名优秀工会积极分子、28个先进工会小组。对从事教育工作满三十年的57名教工给予表彰。

"三八"妇女节打造节日活动特色品牌，为学校900多名女职工和离退休女职工发放纪念品，开展一年一度的女职工专项体检；发放2015年子女医疗统筹686人20万元；为61名退休独生子女父母发放离退休教职工独生子女父母3000元一次性奖励；为216人次办理准生证、婚育证、独生证等有关证明、证件；为4150人次研究生和本科毕业生办理计生方面的证明、证件。

（田　里　张湘武）

【召开第六届第三次教代会】2015年3月14日至15日，华北电力大学第六届第三次教职工代表大会在北京校部召开。会上，校长刘吉臻作题为《深化改革 依法治校 全面推进高水平大学建设》的工作报告，党委书记吴志功发表题为《认清形势 明确要求 问题导向 遵循规律 凝练项目 设计模式 优化制度 实现梦想》的讲话。会议听取审议校长工作报告、学校年度财务工作报告、教代会提案工作报告；会议审议《华北电力大学教职工代表大会实施细则》和《华北电力大学学术委员会章程》；进行校级领导班子、领导干部述职和民主测评等议程。提案工作方面，六届二次教代会共收到提案107件，经提案委员会审查、合并内容相近提案，最终立案87件，立案率81.3%，提案办复率100%。截至2015年1月，提案代表已全部签署回复意见，对提案办理工作的回复满意率持续提升。

（张湘武　田　里）

【组织青年教师教学基本功比赛】2015年4月17日，校工会、教务处和人事处联合举办2015年度青年教师教学基本功比赛，经过院系的初赛选拔，共有36名选手参加决赛。经学校专家评审组认真评选，共评出一等奖4名、二等奖10名、三等奖15名、优秀奖7名，最佳教案奖1名、最佳教学演示奖1名，最受学生欢迎奖1名，优秀指导教师奖1名，6个院系获优秀组织奖。随后，校部推荐高攀参加市级讲课比赛获二等奖；校区推荐6人参加市级说课比赛，张磊、刘伟、李松涛获一等奖，江文强、陈奎获二等奖，秦伟江获三等奖。

（田　里　张湘武）

【开展附小教学评估工作】2015年6月24日至26日，校工会邀请北京师范大学基础教育对外合作办学部专家团队前往华北电力大学附小开展为期三天的办学评估工作。党委书记吴志功会见专家团队，副校长孙忠权听取专家团队的汇报。评估中，专家团队分为教育科研组、学校管理组、德育教育组，通过查阅资料、座谈访谈、调查问卷、现场听课等形式对附小的教学管理情况进行全方位的评估。

（田　里）

【开展青年教师社会实践和调研工作】2015年3月31日，学校在北京市环境保护监测中心开展本年度青年教师社会实践活动。来自各分工会的41名青年教师和教职工代表参观访问北京市环境监测展示大厅以及空气自动监测质保质控实验室等四个相关实验室。暑期，校工会与党委宣传部联合开展青年教师社会调研，首次采取个人或集体申报立项资助的方式，门宝辉获北京高校青年教师社会调研优秀成果一等奖，张惠、冯静获二等奖。

（田　里）

【开展系列文体活动】2015年，校工会协同相关院系、机关和文体协会，除圆满完成两地田径运动会的组织工作外，在校部举办“控计杯”羽毛球团体赛、“能动杯”教职工集体跳绳比赛、“后勤集团杯”教职工扑克牌比赛、“远程教育杯”教职工篮球联赛、“经管杯”教职工乒乓球混合团体赛、“电气与电子杯”冬季长走活动；在保定校区举办“教科杯”保龄球、“后勤杯”趣味运动会、“科院杯”教工篮球、“电力杯”羽毛球团体、排球、教工中国象棋、“数理杯”乒乓球团体、“机械杯”羽毛球单项、运动会健身操表演等20多项文体赛事。学校工会除积极参与上级单位组织的文体活动外，各分工会亦积极开展具有日常性和广泛性的文体活动。

（田　里　张湘武）

共青团工作

【概述】2015年，共青团华北电力大学委员会（以下统称校团委）围绕学校中心工作和上级团组织的工作部署，坚持“引领青年团员在服务国家和人民需要的创新创业实践中成长成才”的理念，带领青年骨干在校内外开展思想理论研究活动、实践调研活动、科技创新活动、扶贫互助活动等，为学校的人才培养做出贡献。

2015年，校团委为务实基础建设，加强基层建设，提高组织的凝聚力与工作能力，积极组织校内各大社团及组织，携手并进开展活动，加大社团建设力度，逐渐完善社团管理制度；着力提高共青团干部综合素质，注重团干部培养和教育工作，积极为团干部创造参与培训和学习的机会，不断提高其理论水平、业务能力及工作效率；优化共青团组织体系，以团校为平台，加强专职团干部以及学生会、社团联合会学生干部队伍建设；认真贯彻党的十八届五中全会精神，以宣讲、团日主题活动以及表彰活动等多种形式完善青年自身改革创新素养；深化中国特色社会主义和中国梦学习宣传教育，深入推进社会主义核心价值观培育践行。北京校部团委获团中央2015年度“与信仰对话”优秀组织单位，保定校区团委被授予“2014年河北省学校共青团工作突出单位”荣誉称号及团中央“2014年度全国学校共青团优秀研究成果二等奖”。学校3个团支部获全国高校“示范团支部”荣誉称号，4个项目获全国“四进四信”活动优秀项目。

2015年，校团委立足学校学科特色、围绕国家战略需求，形成“以创新人才培养为导向，以创新成果为依托，以创业为载体驱动创新成果转化”的工作理念。逐步形成依托社团挖掘项目，通过创新创业竞赛完善项目，通过创新创业实验班孵化项目的不间断工作流程。

2015年，校团委积极组织学生参加各级各类创新创业赛事，共获包括“挑战杯”科技竞赛全国累进创新金奖、国家一等奖，全国大学生节能减排竞赛一等奖，全国管理决策模拟大赛国家一等奖，全国大学生绿色能源科技创新大赛全国一等奖，全国MBA培养院校企业竞争模拟大赛一等奖，全国“互联网+”大学生创新创业大赛三等奖在内的国家级奖项50项，省部级奖项12项。学校被授予“挑战杯”竞赛全国优秀组织奖，并获发起高校资格。校团委依托大学生创新创业实验班，对创新成果进行转化，实验班二期共培育出17项科技含量高、市场前景好的创业项目，并有10支创业团队成功孵化。

2015年，校团委紧密结合青年学生的成长需求，不断创新社会实践活动形式和载体，积极引导青年学生在实践中学知识、受教育、长才干、做贡献。两地共组建社会实践团队百余支、学生自由组队千余支，围绕政策宣讲、科技服务、就业见习、社会调研、支农支教、爱心助困等主题开展各类社会实践活动，取得良好效果。其中，以抗战胜利70周年为契机，两地团委组织50余支抗战寻访实践团队，深入全国16个省份，开展走访抗战胜利纪念馆、烈士陵园，寻访抗战老兵等活动，持续深入开展“绿色电力”新能源解困行动，组织“绿色电力赴江西”实践团，帮助江西省兴国县埠头乡枫林村15户贫困农民安装光伏发电设备并实现并网售电。保定校区“情暖童心”系列活动已成为社会实践品牌活动，全年学校共组织该主题实践队伍7支，前往保定市顺平县、阜平县等地开展关爱农村留守儿童主题系列实践活动，受到当地群众好评。2015年，两地团委被授予全国“三下乡”暑期社会实践优秀单位，1个实践团队获全国优秀团队，1个实践团队获全国百强实践团队，2个项目入选团中央专项实践项目，获专项资金支持。保定校区团委申报的“创新学校共青团实践育人体系”项目获“全国学校共青团重点工作创新试点优秀项目”并入选典型案例。

2015年，学校充分发挥“奉献、友爱、互助、进步”青年志愿者精神，有效依托自身专业特长，紧密结合社会发展形势，不断创新工作机制，在社会保障、社区服务、大型活动、城区建设、环境保护及促进社会稳定等方面组织开展形式多样、丰富多彩的青年志愿者服务活动，树立学校志愿服务的鲜活名片，从全局和战略的高度重视西部计划，完善政策措施，健全工作机制，全年共有19名大学生参加“大学生志愿服务西部计划”和“中国青年志愿者研究生支教团”。2015年北京校部团委完成北京田联世锦赛志愿者工作，获优秀组织单位；保定校区团委重点推进“情暖童心”关爱顺平留守儿童志愿服务项目。依托5个分中心，累计开展各类关爱活动40余次，募集电脑、课桌椅、衣服等大量物资，帮助顺平关爱中心建立“图书阅览室”、“电脑机房”等设施，丰富留守儿童课余生活、拓展视野。“情暖童心”实践队被评为全国优秀团队、全国百强实践团队，“情暖童心”志愿服务项目获评“河北省优秀志愿服务项目”，2项目获中国青年志愿服务项目大赛银奖。

2015年，学校扎实推进校园特色文化建设，努力营造浓厚校园文化氛围，成功举办“科技文化艺术节”、“体育节”、“社团节”、迎新生文艺晚会、五四表彰文艺晚会等校园文化活动。在此基础上，校团委结合学校实际，紧扣时代主题，广泛开展“学习贯彻习近平总书记系列重要讲话精神”、“培育和践行社会主义核心价值观”、“中华优秀传统文化教育”、“三走”等系列主题教育实践活动，各级团组织举办座谈会、分享会、辩论赛、演讲比赛等形式的主题教育活动200余场次，参与人数达2万人次。

（任威宇　张蓓蓓）

【概况】2015年，共青团华北电力大学委员会（以下简称校团委）共有教职工3人，共有专职基层团委（团总支）书记12人。校团委下设9个基层团委，3个基层团总支，共青团员（不含保留团籍的学生党员）13717人、团支部562个、登记在册学生社团52个。保定校区有教职工4人，共有专职基层团委（团总支）书记13人，下设11个基层团委，2个基层团总支，共有共青团员18072人，团支部671个，学生社团61个。

2015年，北京校部在年度团员教育评议中评出优秀团总支6个，校级优秀团支部45个，系级优秀团支部68个，校级优秀团干部253人，系级优秀团干部312人，校级文体标兵10人，科技标兵10人，青年志愿者标兵10人，校级优秀团员902人，系级优秀团员1601人。1人获北京市优秀共青团员称号，17人获北京市三好学生荣誉称号，5名人获北京市优秀学生干部称号，5个班集体获北京市优秀班集体称号。保定校区团委在学校团员教育评议工作中共评出优秀团员970人，优秀团支部131个，科技积极分子358人，优秀团干部302人，团员标兵23人，志愿服务先进306人。在2014年度全国、河北省、保定市共青团评优表彰中，校团委获“2014年度全国学校共青团优秀研究成果二等奖”、“2014年河北省学校共青团工作突出单位”等荣誉称号，3个分团委获保定市五四红旗团委荣誉称号，2个团支部获保定市五四红旗团支部荣誉称号，1名学生获河北省优秀共青团员荣誉称号，20名学生获保定市优秀共青团员、优秀大学生等荣誉称号。

2015年，校团委积极组织学生参加各类学科竞赛，在第十四届“挑战杯”比赛中，北京校部获省部级一等奖2项，二等奖3项，三等件9项，保定校区获“累进创新奖”金奖，同时被授予全国“挑战杯”竞赛高校优秀组织奖，并获得“挑战杯”组委会发起高校资格。并获河北省特等奖7项、一等奖4项、二等奖4项、三等奖5项。

在2015年社会实践活动中，校团委组织开展以“绿色电力”能源解困、纪念抗战胜利70周年等为主题的社会实践活动，学校共派出暑期社会实践团队173支，自由组建团队千余支，学生参与率达99%。学校获全国大中专学生志愿者暑期“三下乡”社会实践活动先进单位称号。北京校部5人获首都高校社会实践先进工作者称号；5人获首都高校社会实践先进个人称号；10支实践团获首都高校社会实践团队优秀团队称号；20项调研成果获首都高校社会实践优秀调研成果称号。参与“青年中国行”专项调研活动，2支团队获全国百强团队，2名教师获全国优秀指导教师。

2015年，河北省百万大学生和青年教师千乡万村“体验省情·服务群众”主题实践活动先进学校、“发布优秀博文、优秀视频、优秀图片单位”等荣誉称号，“情暖童心，与爱同行”社会实践团获2015年全国大中专学生“三下乡”社会实践活动优秀团队称号，“情暖童心”赴神南中学小分队获“全国大学生百强实践团队”称号，并有12支实践团队、20名指导教师、35名学生、6篇调研报告获得省市级社会实践表彰。

（任威宇　张蓓蓓）

【傅振邦等慰问寒假留校学生】2月12日，共青团中央书记处书记傅振邦、共青团中央学校部副部长石新明及共青团北京市委员会副书记杨海滨、共青团北京市委员会大学中专部副部长郭昊等一行到华北电力大学慰问寒假留校学生。华北电力大学党委书记吴志功、副书记李双辰会见团中央书记处领导。党办校办、学生处、团委、后勤管理处、保卫处等部门负责人参加会见。李双辰陪同傅振邦一行来到学生宿舍，慰问留校学生，他仔细询问学生的学习生活等情况，提醒同学们要学习好、休息好，要“走下网络、走出宿舍、走向操场”，养成体育锻炼的好习惯，为服务国家和社会打下坚实的身体基础。傅振邦一行还参观新能源电力系统国家重点实验室。

（任威宇）

【获评团中央创新试点优秀项目】3月，团中央学校部发布2014年学校共青团重点工作创新试点优秀项目公示名单，华北电力大学团委承担的创新试点项目“创新学校共青团实践育人体系”位列其中。此次公示的共有100个优秀项目，其中有4家首都高校项目获评优秀。

（任威宇）

【开展学雷锋志愿服务月活动】3月15日，华北电力大学“蓝之焰”青年志愿者协会举行“学雷锋”志愿服务月活动启动仪式。志愿服务月中，青年志愿者协会在学校开展规范校园自行车摆放、校园流浪动物喂养、校园广告清理及校园清扫、带领志愿班级走出校园，服务敬老院、阳光社区、智光学院；并响应共青团中央号召，开展“网络文明志愿”行动，鼓励学生以正确的世界观与价值观看待网络信息，规范同学上网言行，以实际行动弘扬与践行雷锋精神。

（任威宇）

【举办“与信仰对话·飞Young中国梦”主题讲座】3月17日，“与信仰对话·飞Young中国梦”主题讲座开讲。该讲座由共青团中央主办、校团委与三人行公司共同承办、控制与计算机工程学院团委协办。讲座上，北京大学微电子学研究院教授、国际大学生物联网创新创业大赛主席、全球华人微纳米分子系统学会秘书长张海霞，分别讲述物联网创业技巧及创业案例。

（任威宇）

【承办省属高校团委书记联席会】3月26日，2015年河北省省属高校团委书记联席会在华北电力大学保定校区召开。团省委学校部部长刘丽、副部长李楠、直属院校团委及部分特邀观摩院校团委负责人共30余人出席会议。各直属高校团委负责人就本校团委2014年度各项重点工作开展情况、特色亮点工作、创新做法及所取得的成效等进行述职汇报。

（张蓓蓓）

【团中央来校开展调研】3月27日，共青团中央学校部大学处副处长徐川、全国学联驻会主席满泽阳、共青团河北省委学校部副部长李楠、共青团保定市委副书记刘丹一行来校调研，就如何落实中央4号文件精神与河北省直院校、特邀院校团委书记进行座谈。

（张蓓蓓）

【举办第十一届社团文化节】3月31日，华北电力大学第十一届社团文化节开幕式“旧社新城”开幕。在为期一个月的活动中，各社团纷纷开展特色社团活动。临睢国学斋到北京西城区历代帝王庙内参观大射礼活动；晨星读书会举办大型文化沙龙；清风轮滑社参加北戴河轮滑节和全国数百高校社团交流轮滑技艺；法学会举办《刑事选择性追诉及其抗辩》专题讲座；乒乓球协会组织“华电杯”乒乓球比赛；华电羽协主办“挑战杯”羽毛球比赛；武协举办“奔跑吧，武协”精品活动；邓小平理论研究会举行“开眼看世界”系列活动之“殖民家国外——香港占中的反思”；美食协会主办“奔跑吧，美食！”；迷音吉他社开辟吉他角；摄影协会举行北京春景图摄影展等活动。第一届“我最喜爱的社团”评选活动在线上同时进行。5月7日，第十一届社团文化节“趁你年轻，TA还未老”闭幕式晚会暨十佳社团颁奖典礼在教三报告厅举行。

（任威宇）

【获共青团工作突出单位】4月，共青团河北省委员会下发《关于2014年全省学校共青团工作情况的通报》，华北电力大学保定校区团委获“2014年河北省学校共青团工作突出单位”称号。

（张蓓蓓）

【获共青团创新试点优秀项目】4月7日，保定校区团委申报的“成长服务类——创新学校共青团实践育人体系”项目从全国489个试点立项项目中脱颖而出，获评优秀项目，并入选50个学校共青团重点工作创新试点典型案例集。

（张蓓蓓）

【举办第二十六届体育节】4月9日，华北电力大学第二十六届体育节在保定校区开幕。本次体育节历时两个月，设有足球、篮球、排球、羽毛球、乒乓球、轮滑、拔河等14个比赛项目。

（张蓓蓓）

【刘月宁与“茉莉花”民族音乐进高校系统系列展演来校演出】4月23日，刘月宁与“茉莉花”民族音乐进高校系统系列展演在华北电力大学演出。校副书记李双辰、校长助理汪庆华和师生们一同观看演出。本场音乐会是由中央音乐学院的刘月宁教授与她所创立的“茉莉花”扬琴重奏团带来的民乐展演。展演中，刘月宁教授不仅对扬琴的由来、历史及发展做详细介绍，同时也与“茉莉花”扬琴重奏团共同带来精彩的扬琴合奏演出。

（任威宇）

【举办“志愿同行”首都高校经验交流会】4月25日，华北电力大学“蓝之焰”青年志愿者协会举办第二届“志愿同行”首都高校经验交流会，来自北京各高校志愿组织参与活动。交流会上，“星星光彩”事业促进会、“绿色啄木鸟”环保公益组织、华北电力大学“蓝之焰”青年志愿者协会向在座学生展示志愿活动。参会学生观看精品志愿活动整合视频，并加入自己感兴趣的小组，积极参与相关主题的交流讨论。

（任威宇）

【举行纪念“五四”运动九十六周年表彰大会】5月4日、4月30日，华北电力大学分别在北京校部和保定校区举行纪念“五四运动”九十六周年表彰大会。校领导吴志功、刘吉臻、张金辉、李双辰、杨勇平、王增平，党委常委张天兴，校长助理米增强、郭孝锋、汪庆华，各职能部门、各院系党委、党总支负责人及学生代表参加大会。会上，党委书记吴志功、校长刘吉臻分别在北京校部和保定校区讲话。吴志功对当代大学生提出四点希望并鼓励广大共青团员争做时代先锋。刘吉臻教导学生们，要将实现自我与服务社会结合起来，将自我利益与民族利益结合起来，将个人梦想与“中国梦”结合起来，成为有发展力和创造力的优秀青年。表彰大会后，北京校部与保定校区都分别举行歌咏比赛。

（任威宇　张蓓蓓）

【参加“五四杯”首都乒乓球比赛获佳绩】4月至5月，华北电力大学乒乓球协会参加“五四杯”首都乒乓球比赛。该比赛由北京团市委举办，华北电力大学获男子单打铜牌、团体前八强的好成绩，该成绩刷新华北电力大学“五四”杯历史最好成绩。

（任威宇）

【获省扶残助残先进集体称号】5月，保定校区青年志愿者协会因在扶残助残方面成绩突出，作为省教育系统唯一代表被授予“河北省扶残助残先进集体”荣誉称号。

（张蓓蓓）

【中央音乐学院“四季”室内乐团来校演出】5月11日，华北电力大学高雅艺术进校园活动之——中央音乐学院“四季”室内乐团华电专场音乐会在主楼礼堂演出，《动物狂欢节》《“四季”小提琴协奏曲》《C大调弦乐小夜曲》《娃哈哈》合奏曲等曲目参加演出。

（任威宇）

【举行创新创业实验班项目汇报会】5月15日，华北电力大学举行创新创业实验班二期创业项目汇报会，党委书记吴志功出席汇报会，两地团委负责人和院系团委书记参加会议。听取两地创业项目汇报后，吴志功指出，创新创业实验班要秉承培养人才的主旨，着力培养学生强烈的社会责任感，强烈的问题意识，复合型的知识结构；解决问题、发现问题的能力；分析力、判断力、创造力、执行力、团队精神和企业家精神。相关部门和学院要联动起来，共同为学生创新创业提供良田沃土，做到智库一流、技术一流、合作一流。即一流的智库，从全局把控，为人才培养提供指导性方向和建议；一流的技术，从技术突破，使人才培养具有实质性成果；一流的合作，借企业专业之势，为人才培养注入社会力量，以项目为抓手合力助推人才培养。

（任威宇　张蓓蓓）

【举办“青马工程”培训班】5月14日至17日，华北电力大学2015年团校暨“青马工程”培训班在保定校区举行。各院系团委、团总支书记，全体2014级研究生、本科生团支部书记及各院系团委、团总支骨干成员共200余人参加活动。本次培训班以习近平总书记系列重要讲话精神、社会主义核心价值观学习为重点，结合提高团干部思想政治素质与工作能力、增强基层团支部活力和凝聚力等目标，采用集中授课、分组研讨和工作实践相结合的方式进行。

（张蓓蓓）

【举办主题讲座】5月19日，华北电力大学团委举办“与信仰对话·飞Young中国梦”第二次主题讲座。中国社会科学院外国文学研究所研究员、中北欧研究室副主任、中国德语文学研究会秘书长叶隽受邀主讲《现代中国的学人、知识与精神——人文学者与科学家的互动》主题讲座。校团委主要学生干部与各学院学生代表参加报告会。

（任威宇）

【开展“超级英雄”E-star校园之星风采大赛】5月16日，华北电力大学举办第十二届E-star校园之星风采大赛决赛。中国舞蹈家、校艺教中心教师王悦、中国内地男歌手夏天Alex、中国内地男歌手曹寅、中国音乐学院声歌系学生会主席张天石担任本次大赛评委。北京市学生联合会及来自北京35所兄弟高校学生会主席受邀到场观看比赛。比赛决出比冠、亚、季军得主以及魅力之星等多个奖项。

（任威宇）

【举办北京市主持人风采大赛】5月23日，由华北电力大学团委、全国高校广播联盟主办，华北电力大学广播台承办的第七届北京市主持人风采大赛在教三报告厅举行，来自八所高校的参赛者参赛。知名主持人栾雨林、中央人民广播电台主持人马宗武和李其轩、著名节目主持人许川受邀担任评委及嘉宾。经过四轮比拼，大赛决出冠、亚、季军得主及思辨之星、魅力之星等多个奖项。

（任威宇）

【参加高校大学英语演讲比赛】5月23日，首届“英伦杯”驻保高校大学英语演讲比赛在河北大学举行。该比赛是由共青团保定市委、保定市学生联合会主办的。华北电力大学保定校区计算机系学生苏比·依明江和电力系学生于森参加比赛，分别获二等奖和三等奖。

（张蓓蓓）

【参加全国大学生英语辩论赛】5月24日，第十八届“外研社·京东杯”全国大学生英语辩论赛全国总决赛在北京外研社国际会议中心落幕。华北电力大学保定校区学生以雷也和白雪组成的代表队获全国三等奖。

（张蓓蓓）

【参加创行世界杯中国站全国赛】5月26日至27日，2015创行世界杯中国站全国赛总决赛在上海市跨国采购会展中心举行。华北电力大学保定校区创行团队参加比赛，在88支团队中脱颖而出，获全国二等奖；胡庆宇被评为2015年度优秀指导教师；创行团队获年度最体现创行精神奖；队长叶梓明获年度最佳队长称号；队员王雷获年度最佳精英联盟成员称号；保定创行创始人蒋巍校友（2008级）获得年度最佳创行校友称号。

（张蓓蓓）

【北京市曲剧团来校演出】6月4日，北京市曲剧团来校举办专场演出，演出经典曲剧《四世同堂》。

（任威宇）

【参加首都大学生户外挑战赛】6月5日，由北京市团委、北京市学联、中国登山协会联合主办的“来挑战吧”首都大学生户外挑战赛（第一季）在北京国际青年营密云营地举办，华北电力大学派出代表队参赛。18支高校代表队经过三天角逐，华北电力大学代表队获“挑战奖”、“最佳组织奖”、“最佳人气奖”3个奖项。

（任威宇）

【获暑期社会调研实践活动多项荣誉】7月，在2015年第三届“青年中国行”大学生暑期社会调研实践活动评比中，华北电力大学的“人口老龄化背景下北京市单独两孩政策的调查研究”、“看新电改下中小型民营等发电企业的未来”两个实践项目的团队获“全国百强团队”荣誉称号；核科学与工程学院团委书记赵珥希、经济与管理学院青年教师王永利获全国百强团队优秀指导教师荣誉称号。“青年中国行”大学生暑期社会调研实践活动是由中华青年精英基金会和共青团中央主管的综合性新闻杂志《中国周刊》共同主办，面向内地与香港青少年，以调研和实践为核心的暑期社会考察活动。来自内地和香港的230多所高校参与其中，2879支团队报名参加，200个优秀方案诞生，近50支团队深入社会调研。

（任威宇）

【指导学生开展假期社会实践活动】2015年，华北电力大学校团委开展以“践行‘八字真经’，投身‘四个全面’”为主题的社会实践活动，组织成立30余支校级社会实践队伍，近百支院系级社会实践队分赴全国各地开展社会实践活动，内容涉及绿色电力推广、关爱农村留守儿童、纪念抗战胜利70周年、建设社会主义新农村调研、新能源产业调研、京津冀协同发展调研、大学生创新创业等主题突出、形式多样、内容丰富的暑期“三下乡”社会实践活动，取得良好效果和社会反响。保定校区团委获2015年全国大中专学生“三下乡”社会实践活动优秀单位称号，“情暖童心，与爱同行”社会实践团获2015年全国大中专学生“三下乡”社会实践活动优秀团队称号。其中“情暖童心”赴神南中学小分队获“全国大学生百强实践团队”荣誉称号，实践成果得到中国青年报社官网等媒体报道。

（张蓓蓓）

【获高校校园文化建设优秀成果奖】7月，教育部公布第八届全国高校校园文化建设优秀成果评选结果，华北电力大学保定校区申报的《点亮希望梦 扬帆正当时——华北电力大学“绿色电力”公益实践活动》获优秀奖。

（张蓓蓓）

【参加中华全国学联第二十六次代表大会】7月23日至25日，中华全国学生联合会第二十六次代表大会在京召开。华北电力大学保定校区学生会当选全国学联二十六大代表团体，学生会主席苗峻玮作为全国学联二十六大代表参加会议。

（张蓓蓓）

【开展暑期支教社会实践活动】8月10日，华北电力大学12名学生前往甘肃省清水县第五、第六中学，开展为期10天的“青春、梦想、超越”暑期甘肃支教社会实践活动。此次暑期支教社会实践活动由国家能源局规划司综合处与华北电力大学校团委联合举办，得到清水县地方政府大力支持。

（任威宇）

【开展“九一八”事变纪念日活动】9月18日，正值“九一八”事变84周年纪念日，华北电力大学团委组织全体主要学生干部开展“勿忘国耻，警钟长鸣”学习活动。会上，校团委任威宇带领学生们重温“九一八”事变发生经过以及历史意义，学生代表交流发言。当天，各院系团委、团总支、团支部开展丰富多彩的学习活动。华北电力大学第十七届研究生支教团临时党支部开展讨论会，学习抗战精神。相关微信平台发布相关文章并开展线上互动活动。

（任威宇）

【参加国际田联世锦赛志愿者工作】8月22日至8月30日，华北电力大学86名志愿者参加2015年国际田联世锦赛志愿者工作，负责赛事观众引导等工作。9月18日，在2015北京国际田联世界田径锦标赛志愿者表彰大会上，华北电力大学获“优秀组织单位”称号，王新军、吴薇被评为世锦赛优秀工作者，郗文康、俞晓桐等17名志愿者被评为优秀志愿者。

（任威宇）

【开展“社彩季”社团展示活动】10月11日，华北电力大学第十二届“社彩季”社团展示活动在操场路开展。本次活动由社团联合会主办，17个社团集中展示，50多个社团参与展示。

（任威宇）

【举办“与信仰对话，飞Young中国梦”主题讲座】11月6日，华北电力大学举办“与信仰对话，飞Young中国梦——社会主义核心价值观解读”主题讲座。此次讲座由共青团中央、中国电信集团主办，共青团北京市委员会、共青团华北电力大学委员会、中国电信北京公司承办，三人行公司协办。主讲人为华北电力大学人文与社会科学学院院长苑英科。各院系团委书记、2015级新生骨干培训班全体学生及各院系学生代表参与此次报告会。

（任威宇）

【参加挑战杯课外学术作品竞赛】11月，第十四届“挑战杯”全国大学生课外学术科技作品竞赛获奖名单揭晓，华北电力大学保定校区学生参赛作品《基于新能源开发的西藏无电区农牧民用电策略研究——以西藏拉孜县为例》获“累进创新奖”金奖，全国共5件作品获此殊荣，实现华北电力大学参加“挑战杯”竞赛以来新的突破。同时，学校被授予全国“挑战杯”竞赛高校优秀组织奖，并获“挑战杯”组委会发起高校资格。在首都“挑战杯”大学生课外学术科技作品竞赛以及河北省“挑战杯”大学生课外学术科技作品竞赛中，华北电力大学北京校部获首都一等奖2项，二等奖3项，三等奖9项；保定校区获省级特等奖7项、一等奖4项、二等奖4项、三等奖5项，特等奖获奖数量再创历史新高。同时，学校获“优秀组织奖”，5名教师获“优秀指导教师”荣誉称号。

（任威宇　张蓓蓓）

【举办传统艺术进校园晚会】11月17日，华北电力大学举办“传递、传播、传承”传统艺术进校园晚会。本场晚会由北京市文联主办，北京杂技家协会、北京民间文艺家协会、华北电力大学校团委承办，华北电力大学社团联合会、中国高校魔术联盟、华北电力大学魔术协会协办，是北京市文联本年度“传统艺术进校园”系列活动的收官之作。北京市文联副秘书长苏社钦，中国杂技家协会副主席、中国杂技团团长、北京国际艺术学校校长张红，中国杂技家协会理事、北京杂技家协会理事、武警文工团一级演员徐凤美，北京杂技家协会秘书长董蕾及近千名华电师生观看演出。

（任威宇）

【参加青年创业创新大赛】11月25日，2015第四届中国（河北）青年创业创新大赛暨第二届“创青春”中国青年创新创业大赛河北赛区决赛在石家庄落幕。华北电力大学保定校区选送作品5件，项目经过预赛、半决赛，作品“云电梯智能巡检”和“智能关爱宝”进入决赛，分获河北省二等奖和三等奖。

（张蓓蓓）

【举办昆曲专场晚会】11月25日，学校举行高雅艺术进校园昆曲《西厢记》华北电力大学专场演出。此次晚会由北方昆曲剧院知名演员来校演出，近千名师生观看演出。

（任威宇）

【举办第二十三届大型演讲比赛】11月26日，华北电力大学保定校区举办第二十三届大型演讲比赛“VIVI培训杯大演说家”比赛决赛，此次比赛由校团委主办、校自育会承办。校团委副书记王家，政教部副教授徐岿然、张乃芳，党委办公室、校长办公室于海龙及第21届演讲比赛冠军蒋鸿宇担任评委。

（张蓓蓓）

【举办社团答辩总决选活动暨年度社团颁奖典礼】11月29日，华北电力大学校团委举行第十一届社团答辩暨“群星璀璨”年度社团颁奖典礼。按照社团性质，在册的56个社团分为体艺风采类、文学交流类、文化艺术类、理论实践类以及运动健身类五类，分别参与社团答辩评选。初期评选采用网上投票等形式，每个类别选出四支社团进入最后的终审答辩环节。清风Breeze轮滑社等五个社团获奖。

（任威宇）

【成立海外直属团支部】12月，华北电力大学保定校区驻英国曼彻斯特大学海外直属团支部成立大会在英国曼彻斯特大学举行，这是继华北电力大学驻英国斯莱斯克莱德大学后首个海外直属团支部后，在海外成立的第二个直属团支部。

（张蓓蓓）

【参加科技创新作品与专利成果展示推介会】12月5日，第四届大学生科技创新作品与专利成果展示推介会启动仪式在北京电子科技职业学院举行，华北电力大学共有18件作品参与此次推介会，三件作品参与推介会展览。学校获“最佳组织奖”。

（任威宇）

【开展第十六届社团文化节活动】12月5日，华北电力大学举行2015年社团年度盛典暨第十六届社团文化节。演出由校团委主办，学生社团联合会承办，健美操协会、街舞协会、相声社、轮滑社、动漫社、魔术协会、武术协会、极坐标话剧团、国标舞协会等社团带来体现社团独特文化的演出。

（张蓓蓓）

【举办魔术专场晚会】12月8日，华北电力大学举办“魔幻奇妙夜”——八校联合魔术专场晚会。晚会由社团联合会、魅影魔术社主办，北京航空航天大学ACE魔术社、中央美术学院城院魔术社、北京农学院翼空间魔术社、中国矿业大学魔术社、中国农业大学魔鬼鬼魔魔术社、中央财经大学MC魔术社及阿拉索魔术工作室来校观看，魔法巨人专业魔术学校的优秀魔术师参加演出。

（任威宇）

【开展纪念“一二.九”运动八十周年系列活动】12月9日，华北电力大学举行纪念“一二·九”运动80周年座谈会。党委书记吴志功出席座谈会，校团委组织学生干部开展纪念“一二·九”运动交流分享会；各院系团委、团总支、团支部开展特色纪念活动；共青团华北电力大学委员会网站、校团委各组织微信公众号、院系团委微信公众号当天推送纪念“一二·九”运动八十周年图文、视频资料。

（任威宇）

【获高校辩论赛冠军】12月14日，“华泰杯”首都地区高校友谊辩论赛决赛在中国政法大学开幕。华北电力大学获本次“华泰杯”首都地区高校辩论赛决赛冠军，这是华北电力大学首次获得该项赛事冠军。"华泰杯"首都地区高校辩论赛由中国政法大学主办，华泰律师事务所赞助，由清华大学、中国人民大学、华北电力大学等共11所高校共同组成参与。在本次比赛中，华北电力大学校辩论队经过初赛、复赛、半决赛三场比赛的角逐，进入决赛，与中国政法大学角逐冠、亚军。

（任威宇）

【获全国高校示范团支部荣誉称号】12月，团中央学校部公布全国高校践行社会主义核心价值观"示范团支部"的遴选结果，华北电力大学北京校部核科学与工程学院核安1301团支部、保定校区电力工程系电气工程及其自动化专业电创新1301团支部、保定校区法政系社会工作1401班团支部获评"示范团支部"。团中央学校部、全国学联秘书处于2015年5月至12月在全国高校中开展践行社会主义核心价值观"示范团支部"创建和"百佳团支书"寻访活动，经过省级遴选推荐、网络平台展示、公开投票及差额评定等环节，最终在全国范围内选出1000个"示范团支部"和100名"百佳团支书"。

（任威宇　张蓓蓓）

离退休工作

【概述】2015年，华北电力大学校离退休工作以围绕中心，服务大局、服务老同志为宗旨，以引导老同志为党和国家事业增添正能量为出发点和价值取向，以提升和建设各种平台落实"六个老有"为抓手，进一步完善老干部工作机制。

2015年，学校各部门齐心协力共同做好离退休服务管理工作机制形成常态化，各部门形成尊重老同志、主动服务老同志的良好风气。

2015年，离退休老同志的政治待遇和生活待遇得到落实，党支部及思想政治工作有所提升。

政治待遇上：邀请老同志参加春节茶话会、教代会、大型活动等；请老同志参与学科、学术、教学指导、党建、关心教育下一代、文化建设等工作；离退休办公室组织大小型学习辅导报告和参观活动。组织安排离退休党员群众学习十八届五中全会和习近平总书记系列重要讲话精神及党的大政方针，交流时事看法等。

生活待遇方面，落实国家关于机关、事业单位退休人员养老金并轨制度改革方案。

党支部建设方面，完成离退休党委换届工作和部分支部换届工作，每支部增设信息委员，加强支部工作信息化，以弥补居住上远、散、难的困难。

思想政治工作建设方面：在常规基础上注重发挥威望高，有影响力老同志作用，引导热点问题，化解难点问题。强化离退休党委和工作人员联系支部、支部联系党员群众和特殊群体特殊个体的个性化联系方式的职责，使老同志有归属感。

2015年，学校继续加强实体建设，强化三支队伍、两个阵地和若干平台的作用。

老干部工作的三支队伍主要指工作人员队伍、支部干部队伍、发挥作用骨干队伍。通过学习、培训、参观、主题活动开展，提高认识，开阔眼界、增强手段，服务水平得到提升。

2015年，继续利用老干部活动中心、银龄课堂为老同志服务，并每月定期举行一次文学、艺术课堂活动。

2015年，学校利用多个平台服务老同志。教学督导组（提高整体教学质量发挥重要作用）。关工委（学生思想政治教育发挥独特作用）。银龄艺术团（落实文化养老、老有所乐发挥巨大作用）。建设社区（积极联系社区，引导老同志高度融入社区、积极建设社区，为落实老同志"四就近"发挥基础作用）。养老院（调研并组织老同志参观若干养老院，使老同志们优化养老理念，拓展养老方式，丰富养老渠道）。

2015年，针对十八大中央提出"文化养老"重大决策，学校举行"展示阳光心态、体验美好生活、畅谈发展变化"等为党和国家事业增添正能量主题实践活动、"送寿联、祝健康 为80岁老人过集体生日"活动，通过系列活动，涌现出一批积极分子和示范项目。

2015年，离退办学习领会老干部工作"转型发展、科学发展"的内涵，引导老同志适应全面深化改革和人口严重老龄化背景下的养老模式，实践为党和国家事业增添正能量的主流价值要求。

（张隽贤）

【概况】2015年，华北电力大学离退休办公室是隶属于校党委系统的职能部门，由校党委书记直接分管。离退休工作办公室分为北京、保定两部分属地办公，经费单列。离退休办公室北京校部现有主任1人、离退休党委书记1人、工作人员2人。保定校区副主任1人，党委书记1人（兼），工作人员3人。

2015年北京校部共有离退休人员436人，其中离休人员19人。退休人员417人，其中司局级15人，正高职121人，副高职96人，中职50人，工人59人，正处级26人，副处级8人，科级34人。

2015年保定校区离退休现有人员648人，其中离休人员18人。退休人员630人，工人190人，其中司局级4人，正高职117人，副高职138人，中级164人，正处级13人，副处级8人，科级17人。

2015年离退休党总支北京校区有离退休党员238人，党支部11个。保定校区离退休党员282人，党支部8个。北京校部小营家属宿舍区地下室设有老干部活动中心，占地500平方米。有阅览室，沙壶球，乒乓球、台球室、音乐教室，卡拉OK室，健身器材等。保定校区老干部活动中心有700多平米，设有多功能厅、乒乓球、台球、棋牌室、健身房等。

（张隽贤　马同军）

人事管理

【概述】 2015年，华北电力大学人事管理工作结合学校教育综合改革方案（劳动人事部分）和学校“十三五”规划（师资队伍和人力资源小组）的起草工作，认真分析，充分调研，顶层设计，明确下一步人事人才工作整体思路。

2015年，学校在完善全员培训工作体系、加大全员培训力度、建立人员培训档案的同时，按照项目制形式持续推动青年教师培育工作，启动《英语系教师出国研修项目》专题培训；完成青年骨干教师国内访问学者的选派工作；进一步丰富两地新入职教职工的培训方式和内容，提高培训质量；拓展教职工网络培训的范围，完善网络培训内容。

2015年，学校积极稳妥推进事业单位养老保险改革工作。养老保险社会化工作涉及全校教职员工的切身利益，且学校两地办学的情况更为复杂。为做好此项工作，保障职工权益，学校积极与人力资源和社会保障部、教育部、河北省人社厅等单位加强沟通协调，严格按照时间节点，准确、高效的完成学校养老保险改革的各项准备工作，包括确定参保人员范围、核实并梳理人员情况、进行养老保险预扣等工作。

2015年，学校严格按照国家文件要求，积极筹措资金，做好教职工基本工资调整、津贴补贴规范、离退休人员增加离退休费、物业服务补贴和采暖补贴改革等一系列工作，努力提高在职教职工和离退休人员的生活待遇，增强教职员工归属感和主人翁意识。

2015年，学校按照中央相关规定，进一步加强对学校登记备案人员尤其是领导干部因私出国的管理；严格按照中组部文件要求，以严谨、负责的态度按时完成中层干部“干部人事档案专项审核”工作。

（董　剑）

【概况】 2015年，华北电力大学共有教职工2922人，其中北京校部1475人，保定校区1447人，两校区人员基本持平。其中教师1801人，管理人员共有508人，其他专业技术人员共有412人，工勤人员201人。学校教师队伍中，正高级393人，占比21.8%；副高级597人，占比33.1%；中级758人，占比42.1%；初级及以下53人，占比3%。学校现有教师1801人中，具有博士学位教师1010人，占比56.1%；具有硕士学位教师566人，占比31.4%；具有本科及以下学位教师225人，占比12.5%。

至年底，学校拥有工程院院士2人，双聘院士5人，国家“千人计划”学者8人，青年“千人计划”2人，“长江学者”特聘教授5人，国家“高层次人才特殊支持计划”2人，中青年科技创新领军人才3人，“973”首席科学家5人，国家级教学名师1人，国家杰出青年科学基金获得者8人，国家“百千万人才工程”9人，40人入选教育部“新世纪优秀人才支持计划”，4支团队列入教育部“长江学者和创新团队发展计划”。

（董　剑）

【启动养老保险改革工作】 2015年1月，国务院下发《国务院关于机关事业单位工作人员养老保险制度改革的决定》（国发〔2015〕2号）、《国务院办公厅转发人力资源社会保障部财政部关于调整机关事业单位工作人员基本工资标准和增加机关事业单位离退休人员离退休费三个实施方案的通知》(国办发〔2015〕3号)等重要文件，决定在机关事业单位实施养老保险制度改革。7月，教育部召开会议，部署教育部直属高校开展养老保险改革工作。按照教育部的要求，华北电力大学于7月底完成事业编制职工基本工资调整、离退休人员增加离退休费及养老保险预扣工作。

(董　剑)

【启动外语学院教师出国研修项目】2015年，为深入贯彻落实学校“国际化”战略，促进大学英语课程建设，不断提高外语教师的学术水平和业务能力，学校决定选拔部分英语教师参加出国研修项目，通过国家公派和学校公派相结合的形式，2015—2020年期间，每年选派优秀英语教师赴海外合作院校进行为期3至6个月的研修。

(董　剑)

【规范因私出国管理】根据《中共中央组织部关于进一步加强领导干部出国(境)管理监督工作的通知》《中共中央组织部、公安部关于开展违规办理和持有因私出国(境)证件专项治理工作的通知》《教育部办公厅关于进一步加强出国(境)证件集中管理的通知》等一系列文件要求，对学校所有登记备案人员的因私证照实行统一保管，进一步规范因私出国的审批程序。

(董　剑)

【成立华北电力大学公共管理硕士(MPA)教育中心】2015年，根据全国公共管理专业学位研究生(MPA)教育指导委员会相关要求，结合国务院学位委员会办公室对公共管理硕士专业学位授权点评估指标设计，经学校研究决定，成立华北电力大学公共管理硕士(MPA)教育中心(简称MPA教育中心)，挂靠人文与社会科学学院。

(董　剑)

【2个研究中心成立】2015年，为进一步丰富学校“大电力”学科体系，凝练学术方向，汇聚人才队伍，增强学校对国家重大战略需求任务承接能力和对能源电力行业引领、支撑及服务能力，经学校研究决定，成立华北电力大学燃气轮机研究中心、华北电力大学能源互联网研究中心。

(董　剑)

【成立马克思主义中国化研究协同创新中心】2015年，为贯彻落实中宣部、教育部《普通高校思想政治理论课建设体系创新计划》和北京市委、市政府《关于全面加强北京高校马克思主义理论学习研究宣传的实施意见》，实施马克思主义理论学科协同创新战略，经学校研究决定，成立华北电力大学马克思主义中国化研究协同创新中心。

(董　剑)

【成立节能领导小组和节能管理办公室】2015年，为进一步提高学校能源管理水平，落实国家及上级有关部门关于节能方面的法律、法规及政策，指导制定学校节能规划、制度，推动学校节约型校园、绿色校园建设，经学校研究决定，成立华北电力大学节能领导小组，同时，成立节能管理办公室，撤销原能源管理办公室建制。节能管理办公室作为节能领导小组的下设机构，隶属后勤管理处，具体负责学校节能管理日常事务。

(董　剑)

【成立附属学校建设与管理办公室】2015年，为了加强学校附属学校的建设与管理，经学校研究决定，成立华北电力大学附属学校建设与管理办公室，负责华北电力大学附属中学、附属小学、附属幼儿园的建设、管理及协调工作。

(董　剑)

【林碧英教授退休】2015年3月，林碧英教授退休。林碧英，女，汉族，湖南人，研究生，教授，研究生导师。主要研究方向：计算机网络应用、数据库管理与应用、计算机软件构件/架构技术；已培养硕士研究生50多人。从教42年中，主持研究和承担多个科研项目，撰写科技论文几十篇，先后获得全国师德先进个人、首都五一劳动奖章、校级教学优秀特等奖等20余项荣誉。2011年获华北电力大学首届“教学名师”奖，2013年获《北京市教育教学成果二等奖》，2013年获北京市第九届高等教育教学名师奖。主讲《C程序设计》《面向对象的程序设计》《JAVA程序设计》《数据结构》《计算机图形学》《深入Windows的编程技术》等多门课程；主编国家级规划教材1部，十一五规划教材1部，十二五规划教材1部。完成20余项科研项目，主要有《华北电力集团公司科技综合管理系统》《北京供电局科技管理系统》《天津北辰供电局管理信息系统》《青海省供电公司MIS系统的总体设计》《河北南网主网规划的可视化平台的设计与实现》《基于潮流计算的线损在线分析及调度防误操作培训系统》《通辽地区电网供电能力和可靠性评价及措施的研究》《国网配电网高级软件系统》《山东省规划可研初设一体化平台》和《广东海上风资源电气设备一体化平台》等。

(董　剑)

【陈兆江教授退休】2015年3月，陈兆江教授退休。陈兆江，男，1955年2月出生。2000年至2015年担任学校计划财务处处长一职。主要研究方向为：企业经济效益评价，企业绩效评价与审计，资产评估。曾获北京市优秀教师、校级优秀教师、管理工作突出贡献奖等荣誉称号。

（董　剑）

【张一工教授退休】2015年4月，张一工教授退休。张一工，男，1955年4月生。1971年12月在河北电力学院（现华北电力大学）参加工作，任教材科印刷工人。1978年3月考入北京钢铁学院（现北京科技大学），1982年1月毕业，获工学学士学位。1982年2月回华北电力学院（现华北电力大学）工作，任助教、讲师。1985年12月毕业于华北电力学院北京研究生部（现华北电力大学），获工学硕士学位；1990年9月至1991年10月在挪威工学院做访问学者。先后在华北电力学院、北京动力经济学院（现华北电力大学）、华北电力大学工作，任讲师、副教授、教授，2015年4月退休。长期从事电力电子技术及相关专业的教学和科研工作。主要研究项目包括：电力系统谐波分析仪（获水电部科技进步三等奖，获国家发明专利）；静止无功补偿器（SVC）（华北电网公司示范工程）；静止无功发生器（SVG）（获水电部科技进步二等奖）；有源滤波器；用于超导储能装置的DC/DC换流器控制；用于风力发电的异步双馈电机控制等。享受国务院政府特殊津贴。编著教材数种；发表论文数十篇。担任《中国电机工程学报》《电网技术》等刊物特约审稿专家。曾担任电力电子教研室主任、电力电子技术研究所所长、计算中心副主任、《现代电力》杂志副主编等职。

（董　剑）

【汪泽青教授退休】2015年6月，汪泽青教授退休。汪泽青，男，江苏苏州人。1989年研究生毕业来校任教，现为华北电力大学思想政治理论教学部教授。现任首都经济学家论坛常务理事，北京科学社会主义学会理事。多年来一直从事中国特色社会主义理论体系教学并侧重经济社会问题研究。在教学上，主要讲授过的课程有：《资本论》《政治经济学》；电科院硕士研究生的《科学社会主义理论与实践》《中国社会主义建设》《价格学》《邓小平理论概论》《邓小平理论和“三个代表”重要思想概论》《毛泽东思想、邓小平理论和“三个代表”重要思想概论》《毛泽东思想和中国特色社会主义理论体系概论》；硕士研究生的《社会主义市场经济理论专题研究》等课程。在科研上，1996年教材《建设中国特色社会主义概论》获北京市高等学校优秀成果三等奖；1997年论著《思想政治工作的创立和发展》获原化工部企业管理优秀成果三等奖；2003年译著《沉默的大多数——美国工人阶级家庭生活》被评为华北电力大学科技成果三等奖，2009年，北京大学宣传部组织教授推荐“对我最有影响的几本书”中有此书，并公布此书在北大图书馆馆藏位置。主持完成研究课题4项，参加研究课题1项；发表论文58篇，其中CSSCI计15篇，中文核心期刊26篇；出版译著1部，论著6部，教材7部；发表译文3篇；获省部级奖2项，地局级奖10项。

（董　剑）

【马卫华教授退休】2015年11月，马卫华教授退休。马卫华，男，生于1955年11月28日，汉族，山西省介休市义安乡桑柳树村人，1975年9月入党，1980年7月毕业于北京大学西语系英语专业，1986年10月毕业于山西大学法律系科学社会主义专业，后在山西经济管理学院经济法系任讲师，1999年12月在德国巴伐利亚州雷根斯堡大学法学院获法学博士，2000年9月至2004年8月在山西大学法学院任教授，2004年8月任华北电力大学人文与社会科学学院教授，能源资源环境法律研究中心副主任。研究方向为国际经济法和能源法，承担国家社科基金等国家级和国家部委级课题六项，发表论文30余篇，出版专著与教材三本，获省级奖励两项。曾指导华电学生获全国大学生挑战杯特等奖和创业大赛全国金奖等22项奖项，所带法学2008级和2012级的两个班全部获得北京市或全国奖项。

（董　剑）

【全玉生教授退休】2015年12月，全玉生教授退休。全玉生，男，1955年12月24日生于河北省秦皇岛市，1975年9月至1978年2月为河北省遵化县兴旺寨公社花椒园子大队知青；1978年2月至1982年2月华北电力学院电力工程系理论电工专业大学本科（工学学士）；1982年2月至1985年9月东北电力学院电力工程系助教；1985年9月至1987年12月东北电力学院电力工程系电力系统及其自动化专业硕士研究生（工学硕士）；1987年12月至1993年6月东北电力学院电力工程系讲师；1993年6月至1999年12月东北电力学院电力工程系副教授；1995年9月至1999年12月西安交通大学电气工程（高电压技术）专业博士研究生（工学博士）；1999年12月至2016年1月华北电力大学电气与电子工程学院高压所教授。发表专业论文100余篇，其中70余篇被Ei收录，先后负责和参与十几项横纵项课题研究开发。在研项目：（1）发电机出口PT匝间短路检测算法研究，华北电力科学研究院有限责任公司，第一项目负责人，2015.10.01—2015.6.30。（2） 电力变压器绕组变形动态扫描检测方法与短路冲击累积效应评估方法的研究，国网四川省电力公司电力科学研究院，第一项目负责人，2015.08.01—2016.10.30。

（董　剑）

【蒋艳杰教授退休】2015年2月，蒋艳杰教授退休。蒋艳杰教授1998年北京师范大学数学系博士研究生毕业，获理学博士学位，1995年至退休一直在华北电力大学数理系信息教研室任教，2002年获硕士导师资格，2003年评聘为教授。曾任信息教研室副主任，分管教学、信息党支部书记、数理系基础与计算数学研究所所长，数理系党委委员等职务。曾讲授过本科生高等数学、线性代数、概率论、复变函数、数学分析；硕士生的矩阵论、小波分析、泛函分析；博士生的现代数学基础与方法等多层次课程。指导毕业硕士研究生11人。主编一部《现代应用数学基础》，由科学出版社出版。在J.A.T.、J.C.、A.M.、中国科学、科学通报、数学学报等国际、国内学术期刊发表学术论文50余篇，SCI收录近20篇；主持完成校内博士基金1项、省教育厅指导项目1项；合作完成国家自然科学基金1项，合作在研国家自然科学基金1项。主持完成校研究生核心课程建设“现代数学基础与方法”1项；本科生“数学分析”1项。

（付立新）

【李宝树教授退休】2015年2月，李宝树教授退休。李宝树教授1982年1月毕业于华北电力学院理论电工专业，同年留校任教，曾担任电工教研室副主任、电力系副主任和电力系党总支书记。曾获电力部优秀教学成果二等奖1项、河北省优秀教学成果三等奖1项，讲授本科和研究生课程多门，指导毕业硕士研究生70多名，主编出版国家级规划教材1部。发表学术论文120余篇，主持完成科研项目12项，获电力部科技进步四等奖1项，参加电工理论与新技术学科建设。获河北省党风廉政建设先进个人一次。

（付立新）

【李琦教授退休】2015年2月，李琦教授退休。李琦教授自1978年河北师范大学物理系毕业后，在华北电力大学物理教研室任教，后曾到北京师范大学物理系和清华大学物理系学习。曾任应用物理系副主任，工程训练中心书记。现任中国创造学会理事、河北省创造创新学会副会长、河北省仪器仪表学会常务理事。多年来一直从事物理教育、创新教育、教学仪器方面的研究和教学工作。承担国家级科学研究课题4项；承担省级教育教学改革项目7项；主持省级精品课程1门；主编或参编公开出版论著4部；发表学术论文60余篇。曾2次获国家教委教学仪器研究优秀成果奖；6次获省级教育教学成果奖；6次校级教学优秀奖；多次获华北电力大学优秀党员等荣誉称号；指导学生进行课外创新活动，完成近百项教学仪器及科技作品，参加挑战杯、机械设计、机器人等比赛获国家级、省级奖50余项，10个科技节目在中央电视台《异想天开》栏目播出。曾参与创建华北电力大学国家级工程训练中心、应用物理系及物理专业、4个大学生创新创业实践基地及两个大学生创新创业俱乐部；完成数千项大学生创新创业训练项目的实施管理工作；建成华北电力大学创新创业人才培养体系，经近年来实践，均取得丰硕成果并形成学校亮点。

（付立新）

【原永涛教授退休】2015年2月，原永涛教授退休。原永涛教授在华北电力大学从教39年，任教授岗位17年，长期从事环境工程专业的教学与科研工作，主研方向大气污染控制工程；获省部级科技进步奖4项，获国家发明专利多项，出版学术专著2部，发表学术论文近百篇；获“河北省十大发明家”称号，2006年被国际静电除尘学会（ISESP）授予“专业领域精英奖”（International fellow award），享受国务院政府特殊津贴；其自主研发的DR系列高温高压粉尘比电阻试验台、BDL系列工况飞灰比电阻测定仪等专利技术产品已在国内科研院所、生产企业及高等院校广泛应用，并销往美国等国际市场。

（付立新）

【石新春教授退休】2015年2月，石新春教授退休。石新春是恢复招生制度后的首届硕士，毕业后留校任教至退休。石新春1987年任副教授，1993年任教授，2005年任博导，享受国务院特殊津贴；曾任直流输电研究室主任，科技开发部主任；曾讲授本科和研究生课程多门，指导毕业博士和硕士研究生多名；发表论文近百篇，出版教材一本；在电力电子，动态无功补偿和高频感应加热技术方面有专长；曾获水电部科技成果二等奖和保定市中兴人才奖；向校友基金会捐赠100万元成立奖助学金。

（付立新）

【王兵树教授退休】2015年7月，王兵树教授退休。王兵树教授1981年获得硕士学位，先后在学校电教部、动力系和仿控所任教，曾任仿真中心主任、电教部副主任、动力系副主任、防控所所长、部级重点实验室主任、学校华仿科技公司总经理、董事长。讲授本科和研究生课程，指导毕业博士、硕士研究生60余名，发表论文60余篇。创建仿真中心、仿控所、部级重点实验室。曾主持完成仿真机科研项目获得科技部《1992年度全国十大科技成就》奖、电力部科技进步一等奖；主持完成电机调速节能项目获河北省科技进步三等奖。获政府特殊津贴、科技部科技推广先进个人、河北省劳动模范等称号。

（付立新）

【田建设教授退休】2015年11月，田建设教授退休。田建设教授1982年1月获华北电力学院继电保护及自动化专业学士学位，毕业后在电力系电自教研室任教，曾任电自教研室主任。曾获省部级教学成果一等奖2项。讲授电力系统自动化和电力系统自动装置等课程，指导毕业硕士研究生40余名，发表论文数十篇。主持、完成科研项目多项，获得省部级科技进步三等奖1项。

（付立新）

人才工作

【概述】2015年，学校深入实施“大人才”发展战略，加强人才工作的制度化、科学化建设，修订人才招聘、青年骨干教师出国选派、博士后管理等工作制度。进一步强化用人单位对人才考察与推荐的主体作用。把高层次人才纳入各级人才培育、引进的资助计划体系中。明确学术评价在人才工作中的主导地位，对人才引进和人才计划申报开展学术评价。紧密围绕学校学科建设，着力引进国家重点实验室及能动、核、环化、可再生等学校重点发展学科的急需人才。人才工作体制机制改革取得新的进展，师资队伍结构得到进一步改善，博士后评估取得优良结果。

一、人才引进与人才招聘

2015年，学校按照大学《章程》，重新修订《关于进一步规范人才招聘程序的通知》，为人才工作的科学高效、公平公正奠定了制度层面的基础。为进一步加强人才引进和招聘工作，2015年，学校积极拓展人才引进渠道、创新人才引进手段、落实吸引人才举措，人才引进和招聘工作有序开展：通过广泛对接高层次人才招聘网站，在中国教育在线、Science、海外专业学术论坛等多种渠道发布招聘信息，并通过师生传承、大师推荐等方式，广泛搜集海内外高层次杰出人才与优秀应届博士毕业生/博士后的简历，积极推荐给相关院系，提升师资招聘的整体质量。

2015年，学校引进包括中国科学院“百人计划”入选者王素华教授、新家坡归国学者潘家鸿教授等一批优秀人才，对相关学科的进一步发展起到很好的支撑作用。

二、人才服务与跟踪

2015年，学校继续加强引进人才、用好人才、服务人才的制度环境建设。人才办进一步转变工作观念，提升服务意识，加强人才聘后服务。协助引进人才办理科研启动、安家费、周转房及办公用房等事宜，协助解决相关引进人才生活困难问题。

对人才进行绩效跟踪。结合聘期考核与成果报告等方式进行考核，将高层次人才纳入教师考核体系，要求各位高层次人才将年度工作总结（含绩效）作为2015年度考核报告，分别提交人事处与人才办。

三、人才计划申报

2015年，人才计划申报工作成绩卓著：刘吉臻教授入选中国工程院院士，王祥科教授继续入选2015年度汤森路透全球高被引论文科学家，并入选“长江学者”特聘教授，李英教授入选“北京市高等学校教学名师”，马同涛获得“北京市优秀人才培养资助”。

四、人才国际化

2015年，按照学校青年教师“三化”要求，深入实施青年教师培训项目，推进青年教师“国际化”进程，加快青年教师成长步伐。在上一年度试点基础上，继续完善先全额资助、再青年骨干、后自筹研修的三层申报资助管理体系，实现国家公派资助优先、校内青骨为主、自筹访学为辅的配套申报管理办法，通过创新青年教师派出选拔工作机制，以政策鼓励教师积极申报全额公派资助项目，规范上半年只选派全额资助，以此作为下半年青年骨干项目申报必要条件的管理办法，从而为学校争取更多的公派出国研修名额。由于措施得力，公派出国人数与质量得到明显提升，为加速学校青年教师“国际化”进程提供保障。

五、博士后队伍建设

根据人社部函〔2014〕204号文件，人力资源和社会保障部、全国博士后管理委员会于2015年对所有2012年前设立的博士后科研流动站进行综合评估。工商管理、电气工程、动力工程及工程热物理、管理科学与工程四个博士后科研流动站参加本次评估。经过数据采集，2015年2月12日分别完成博士后、博士后导师、博士后科研流动站、学校博士后管理工作办公室的数据上报工作。人社部函〔2015〕241号文件公布2015年度博士后综合评估结果，华北电力大学四个博士后科研流动站均以优异成绩顺利通过评估。其中，工商管理博士后科研流动站被评为“优秀等级”，电气工程、动力工程及工程热物理、管理科学与工程三个博士后科研流动站被评为“良好等级”。

2015年是我国博士后制度建立30周年，学校博士后管理工作办公室按照国家博管办的要求完成网上成果展等工作。

（师瑞峰　赵友君）

【概况】至年底，华北电力大学教师岗位共招聘43人：北京校部29人，保定校区14人。其中，博士后7人，占16%；应届博士毕业生33人，占77%；拥有一年以上海外经历者17人，占40%；35岁以下35人，占81%。在所聘用的青年教师中，总计发表SCI检索论文407篇，人均9篇。

完成非教师岗位招聘17人：北京校部5人，保定校区12人。

2015年，学校公派出国留学36人。其中12人获全额公派资助，24人获青年骨干教师出国研修项目资助，另有4人由学校、院系和个人配套自筹经费派出访学。

博士后管理工作办公室组织召开3次博士后基金申报交流座谈会，2015年度共有5人获得中国博士后科学基金面上资助，其中1人为一等资助，4人为二等资助。

2015年，共有进站博士后20人，出站17人。学校自2001年3月设站至今，累计出站64人，其中留校工作23人，占出站总数36%。截至2015年年底，各流动站在站博士后共计45人。

至年底，学校拥有的高层次人才队伍包括：中国工程院院士2人，双聘院士5人，国家“千人计划”专家10人，国家“万人计划”科技创新领军人才1人，“万人计划”青年拔尖人才支持计划1人，“长江学者”特聘教授6人，汤森路透全球高被引科学家1人，国家“百千万人才工程”9人，“国家有突出贡献专家”7人。

（赵友君　黄楠楠）

【刘吉臻教授入选中国工程院院士】12月7日，中国工程院公布2015年中国工程院院士增选结果，刘吉臻教授当选为中国工程院能源与矿业工程学部院士。刘吉臻教授1976年毕业于华北电力学院热工测量及其自动化专业，1982年本校发电厂工程专业研究生毕业后留校任教。1989年和1994年在加拿大皇后大学（Queen's University）做高级访问学者和访问教授。担任“新能源电力系统国家重点实验室”主任，“973计划”项目首席科学家，是我国著名的火力发电控制专家。刘吉臻教授长期从事大机组建模、检测、控制理论与技术研究，带领团队攻克行业发展面临的多项关键技术难题，取得具有开创性、系统性的研究成果。2004年研发成功中国第一套大型火电厂监控信息系统，2011年成功研发我国最大容量1000MW超超临界机组成套控制系统，2013年成功研发世界首台600MW超临界循环流化床机组控制系统。研究成果在工程中得到广泛应用，取得显著的社会经济效益。刘吉臻教授获国家科技进步二等奖两项（排名第一），省部级科技进步奖4项。出版学术著作5部，发表SCI论文32篇，EI论文118篇。获授权发明专利17项。共培养博士研究生36名，硕士研究生68名。

（华电新闻中心）

【引进中科院“百人计划”入选者王素华教授】根据学科发展需要，学校引进中科院“百人计划”入选者王素华教授。王素华教授的加盟，将会在学校学科建设、创新团队建设、承担国家级重大项目中发挥重要作用。王素华，男，教授，博士生导师。1992年毕业于山东师范大学，获理学学士学位、1995年毕业于中科院化学所，获“物理化学”硕士学位、2001年毕业于香港科技大学（The Hong Kong University of Science and Technology）获哲学博士学位（化学）。2001年11月—2003

年10月在日本Hemeji Institute of Technology（现Hyogo University）做JSPS博士后；2003年10月—2010年7月在新加坡国立大学（National University of Singapore）做Research Fellow（Scale A）。2009年加入中科院合肥物质科学研究院、中科院合肥智能机械研究所工作，2010年中科院“引进海外杰出人才”入选百人计划，研究员，博士生导师；2010年任中国科技大学博士生导师资格、中科大双聘教授。已毕业2名博士研究生、5名硕士研究生，其中多人次获朱李月华奖、光华奖、兴业责任奖和国家奖学金、中国科技大学优秀毕业生、中科院合肥智能所优秀研究生等。任中国生物物理学会自由基生物学与医学分会理事。多年来主要从事物理化学、分析化学的基本理论和方法研究，发展环境中有害物质的高灵敏分析检测、生化分析与传感的应用技术等。在环境中的有害物质如大气污染物（氮氧化物NOx、SO_2、H_2S等）、金属离子（Hg、Cd、Cu、Pb）和农药残留的快速、高选择灵敏检测技术与控制处理方面取得一定的成果，建立几种基于光学性质的快速可视化检测分析方法与技术。在针对生命过程中和环境毒理诱导的相关自由基/活性氧类（包括过氧化物、羟基自由基、NO，$1O_2$、NO_2、HClO等）的检测与分析方法研究方面，通过设计合成特异性的荧光分子探针和复合纳米探针建立氮氧自由基等活泼分子的荧光打开检测方法。

至年底，在J. Am. Chem. Soc.; Anal. Chem.; Angew. Chem. Inter. Ed.; Anal. Chim. Acta; Sensors & Actuators：B; Chem. Mater.; Langmuir; J. Phys. Chem. B; ACS Appl. Mater. Interface；J. Mater. Chem.；Chem. Commun. 等SCI期刊上发表论文50多篇，他人正面引用和评价近1000次。主持与参加中科院知识创新工程重要方向项目、国家自然科学基金委的面上项目、海外与港澳学者合作研究基金项目、重大研究计划项目、以及科技部973项目、中科院科技创新“交叉与合作团队”项目、中科院仪器装备等多项研究。

（路雨欣）

【王祥科教授入选“长江学者”特聘教授及汤森路透全球高被引论文科学家】根据《教育部关于公布2015年度“长江学者奖励计划”入选名单的通知》（教人函，2016〕3号文件环境与化学工程系王祥科教授入选为2015年度长江学者特聘教授。这是近四年来，学校连续成功申报的第四位“长江学者”特聘教授。

美国汤森路透集团（Thomson Reuters）公布的2015年全球高被引用的科学家名单中，中国共有148位科学家（含港澳台地区）入选168人次，王祥科教授是环境与生态学科领域中国大陆学者仅有的两名入选者之一；同时，王祥科教授还入选工程领域。在两个以上学科领域同时入选全球最高被引用科学家的大陆学者仅有18位。

王祥科，男，1973年3月生，环境与化学工程系主任，教授、博士生导师，中科院“百人计划”，国家杰出青年基金获得者。2000年毕业于兰州大学化学化工学院，获博士学位；2000年9月至2011年12月在法国南特SUBATECH国家实验室从事博士后研究；2002年1月至2003年9月在德国卡尔思路国家研究中心任洪堡研究员；2003年10月作为中科院百人计划引进海外杰出人才到中国科学院等离子体物理所工作，2008年起担任等离子体应用研究室主任；2012年获国家杰出青年基金；2013年获安徽省自然科学一等奖（排名第一）。

王祥科教授主要从事环境放射化学污染检测和治理，等离子体技术在材料制备和功能化修饰，及其在环境污染治理等方面的研究工作。先后主持中科院百人计划1项，国家自然科学基金面上项目5项，国家自然科学基金重点项目1项，国家自然科学基金杰出青年基金项目1项，及承担科技部重大研究项目973课题2项等多项国家纵向项目2000多万经费。在国际重要学术期刊如Chem.Soc.Rev., Adv.Mater., Environ.Sci.Technol., Geochim. Cosmochim. Acta, ACS Nano, Chem.Sci. 等发表SCI论文200多篇，邀请综述10篇，被他人正面引用和评价11000多次，H因子66，多篇研究论文被选为封面论文和热点论文，申请发明专利多项等。2009年被Science News和Elsevier联合评选为“Scopus未来科学之星”——环境科学领域金奖（中国大陆唯一获选者），2010年获安徽省第十二届青年科技奖，2012年获安徽省青年科技创新杰出奖等荣誉称号。4篇论文获2007年，2010年，2012年中国最具影响百篇国际学术论文等。担任“Energy and Power Engineering”，“Global Journal of Environmental Science and Technology”等多个国际学术刊物期刊编委。担任中国核学会放射化学专业委员会委员，中国大气化学专业委员会委员，上海光源专家委员会委员，中国科学院放射化学专家委员会委员，中国材料研究学会纳米材料与器件分会委员会委员等。中国科学技术大学双聘教授，苏州大学讲座教授，日本静冈大学客座教授等。

2009年、2011年、2012年、2013年、2014年和2015年被评为中科院优秀研究生导师、中科院优秀研究生指导教师等，2009年被评为中科院朱李月华优秀导师奖。已培养13名博士生，其中4名博士毕业生获2009年、2012年、2013年和2014年中科院院长特别奖，2010年、2013年和2015年中科院优秀博士学位论文，2011年安徽省优秀博士学位论文；另有7名博士毕业生获中科院院长优秀奖学金；7名博士生获中科院－BHP奖学金；5名博士获中科院朱李月华优秀博士生奖。毕业研究生中2人已获评为博士生导师，2人获安徽省杰出青年基金资助等。

（路雨欣）

【马同涛获“北京市优秀人才培养资助”】根据市委组织部京组通〔2015〕39号文件精神，学校严格按照要求开展2015年度北京市优秀人才培养资助选拔推荐工作。经市委教育工委、市委组织部多轮评选及校内公示，马同涛入选为2015年度北京市优秀人才培养资助拟资助人员。并于12月8日至14日通过学校办公平台网站（http：//bgpt.ncepu.edu.cn）在全校范围内进行公示。在公示期间，未收到任何异议。马同涛，男，1981年生。华北电力大学工程师，现任电力经济管理实验教学中心副主任，2007年7月毕业于华北电力大学并留校工作，2015年7月获得华北电力大学信息管理工程专业博士学位。长期从事经济管理实验教学的研究和授课工作，作为核心成员参与组建电力经济管理实验教学中心，成果获得北京市教育教学成果二等奖。实验中心先后被北京市教委评为“北京市实验教学示范中心”（2008年），被教育部评为“国家级虚拟仿真实验教学中心”（2014年），被北京市教委评为“北京高等学校示范性校内创新实践基地”（2015年）。主持省部级纵向国防军工保密科技项目1项、中央高校基本科研业务费专项资金面上项目1项、北京市教学改革项目1项、华北电力大学重点教学改革项目1项，参与国家自然科学基金项目2项。近3年来以第一作者身份发表及录用EI期刊检索论文3篇，中文核心期刊论文6篇，以第一发明人申请软件著作权2项，参与出版教材2部。研究方向及领域：智能电网风险元传递理论及应用、新能源产业发展的区域协同研究、电力经济管理虚拟仿真实验研究。

（路雨欣）

财务管理

【概述】2015年，华北电力大学财务管理工作贯彻落实党和国家的财经方针、政策，在制度建设、预算管理、规范会计基础工作、防范财务风险等方面开展工作，积极组织收入，有效控制支出，全面推进财务信息化建设工作，学校财务状况良好，财务管理和服务学校的水平不断提高。

制定《华北电力大学会计基础工作规范》等九个制度和《华北电力大学差旅费实施细则》（试行），起草《华北电力大学预算管理办法》《华北电力大学收入管理办法》和《二级单位业务辅助经费管理暂行规定》并提交校长办公会审议。

2015年，在经济下行大背景下，学校实现总收入113726万元，为学校各项事业运行和发展提供资金保障。

组织并实施部门预算项目库编制工作和2016—2018年“改善基本办学专项”中期财政规划的三年滚动预算，完成2016—2018年改善基本办学条件项目申报工作，项目资金的核减率不足3%。同时，有效控制预算执行。从2015年开始，二级部门运行经费当年结余一律清零，促进二级部门重视预算的编制工作，提高各部门预算执行进度和效率。

2015年，顺利完成本年的财政资金支付任务，预算执行率在教育部直属高校中排名靠前。

正确处理事业发展需要和资金供给的关系，保障调资、养老保险、质量工程、人才培养和基本建设等项目的资金供给。

2015年，学校以“消化历年结转、防止新增结转”为切入点，着力加强存量资金清理、建立统筹协调机制；明确责任主体，积极推进预算执行进度；切实贯彻落实盘活财政存量资金工作，努力实现工作目标。2015年，根据财政部及教育部要求，学校对结题未结账的科研项目、预算单位长期未动用项目进行清理，提高资金使用效益。

在国家、上级单位和地方对学校开展的教育部公务接待、MBA教育专项、北京市公费医疗、秋季教育收费、国有资产、捐赠配比等专项核查以及多项科技项目验收审计过程中，针对专项检查和审计中发现的有关财务问题均予以纠正、立行立改。与学校相关部门配合，通过建立长效机制规范学校经济行为，防范财务风险的发生。

主动和教务处、研究生院、学生处以及各院系沟通，通过各层面采取有效措施清理学生欠费，成效显著，在校生欠费金额比去年同期下降1530万。

作为校园规划条件保障小组牵头单位，参与起草学校“十三五”规划的制定。

成立财务处信息化工作小组，以提高财务信息化建设为手段，加强对学校经济活动的财务控制和监督，发挥财务信息资源的功效，运用财务预算等内控方法，提高财务管理绩效。

（李成鹏　朱安华）

【概况】截至2015年12月31日），华北电力大学资产总额480644万元（其中保定校区159359万元），较上年度增长7.89%，固定资产325095万元（其中保定校区120403万元）、流动资产110149万元（其中保定校区27800万元），负债总额26196万元（其中保定校区11522万元），其中银行贷款4360万元（其中保定校区0万元）；净资产总额454448万元（其中保定校区147837万元），较上年增长7.08%。总收入174783万元（其中保定校区61056万元），总支出173748万元（其中保定校区59742万元）。中央高校改善基本办学条件专项项目支出10000万元（其中保定校区4000万元）。

2015年，学校计划财务处共录入凭证44235份，录入会计分录166527笔，审核报销单据857548张，装订完成大本凭证4153本。

（李成鹏　朱安华）

【完成预决算报表编制工作】2015年，学校计划财务处按教育部要求完成学校各类预决算的编制工作，包括2016年部门预算和2015年部门决算、2016年住房改革支出预算和2015年住房改革支出决算、全国教育经费统计报表等。

（胡东星　李成鹏　姚利星）

【预算执行成效显著】根据《教育部办公厅关于2014年财政拨款结转结余情况的通报》（教财厅〔2015〕1号），学校在各直属高校和事业单位中结转资金体量最小，排名第一。2015年开始，学校二级部门运行经费当年结余一律清零，促进二级部门重视预算的编制工作，提高各部门预算执行进度和效率。2015年，顺利完成本年的财政资金支付任务，预算执行率在教育部直属高校中排名靠前。

（潘洁　胡东星　李成鹏）

【盘活存量资金】2015年，教育部印发《关于做好盘活中央部门存量资金有关工作的通知》（教财司便函〔2015〕31号），学校计划财务处以“消化历年结转、防止新增结转”为切入点，着力加强存量资金清理、建立统筹协调机制；积极推进预算执行进度，明确责任主体；切实贯彻落实盘活财政存量资金工作，努力实现工作目标。2015年，根据教育部及财政部要求，学校对结题未结账的科研项目进行清理，对校内预算单位长期未动用项目进行清理，大力提高资金使用效率。根据《教育部关于直属高校和直属单位进一步做好盘活财政存量资金工作的通知》（教财函〔2015〕41号）文件要求，学校成立盘活财政存量资金工作领导小组，推动学校财政存量资金盘活工作的开展。

（潘　洁　胡东星　李成鹏）

【规范财务报销核算工作】保定校区在保障工作稳定性的前提下，对财务处部分科室工作人员实行轮岗，并推行跨科室交叉复核制度，防范财务风险，提高会计人员业务素质，激发会计人员创新思想，各岗位人员打破固有思维模式，激发创新思想，有利于建设具有较高综合素质的会计人员队伍。为进一步规范业务流程，加强财务制度管理，根据国家最新的文件精神并结合学校财务工作要求，学校保定校区制定《保定校区财务报销核算工作规范说明》，同时定期对规范说明的内容进行更新，为教职工的经费报销提供实际依据和参考。

（丁相宝　陈文杰　高婷婷）

【实现财务与资产管理对接】2015年，学校计划财务处加强资产管理，完善相关管理制度，利用财务与资产整体管理的优质环境，彻底理清财务与资产管理的合理关系，对学校资产进行全面的对账，找出近三年财务与资产对账中的实际问题。在资产对账过程中，克服数据对接等一系列难题，认真细致，大胆创新。做到财务与资产账实相符、账账相符。

（胡东星　陈　蔚　周　航）

【全面推进财务信息化建设】学校计划财务处内部成立由主管副处长牵头、各科长及业务骨干形成的“财务信息化工作小组”，定期针对财务信息化进行规划、盘点、有序推进会计信息化工作。通过在Tower建立团队，利用Tower与微信、邮箱、钉钉等应用的整合，串联日常的bug跟踪、任务安排、事项跟进、日志管理、团队总结、知识文档积累等工作。取得较为明显的成绩。学校保定校区财务处在前期多次调研和详尽的需求分析之后，选用天财软件公司的高校财务管理系统，并从2015年1月起，实施高校财务管理系统5.0，实现多个账套数据从原有财务系统到新系统的平稳迁移和过渡。部署银校互联系统，实现网银实时付款；实施了网上收入申报系统，规范校内外人员收入发放和计税；实施网上查询系统，提高财务信息公开透明度；实施资金结算系统，实现多账套和校内资金结算中心的账务数据对接。

（胡东星　陈文杰　杨利国）

【开通住房公积金短信提醒业务】2015年，学校计划财务处在住房公积金方面为全校教工开通短信提醒业务，以方便广大教职工。

（胡东星　李　烨）

【启用“银校直联银行对账系统”】学校计划财务处在2015年启用“银校直联银行对账系统”，将来款全部纳入预收账款管理，为往来款清理工作卸下包袱。

（胡东星　汤石雨　李成鹏）

【完成基建投资】2015年，基建财务会计核算正式启用教育部新软件系统，综合楼A座G座、后勤服务楼等工程本年完成基建投资11844万元，其中：国家拨款6000万元；学校自筹投资5844万元。综合楼A座G座主体框架已完成，本年完成投资9818.4万元，B座水电学院楼工程财务结算已完成，F座动力学院楼工程财务结算进入尾声。

（张冬媛）

【落实科技成果转化收益分配】2015年，学校作为试点高校完成首次科技成果转化收益现金分配。

（杨利国）

【实现校医院财务撤户并账】为促进学校医疗保健服务健康发展，规范校医院财务管理，2015年将学校医疗收支全部纳入学校财务统一核算、实行收支两条线管理，并根据高等学校会计制度和医疗会计制度相关规定制定校医院收支规定。

（胡东星　陈　蔚）

【实现多种形式网上缴费】2015年，学校实现多种形式网上缴费。学校计划财务处完成2015学年新生入学的迎新工作，全年进行十余次学费批扣，并且每次批扣前采用短信通知学生详细欠费信息及批扣时间，学费交费比率进一步提升。2015年，学校保定校区正式使用天大天财高校学生收费管理系统，并开通工商银行融e购网上缴费平台，于4月份顺利完成工程硕士新生网上缴费工作。于5月份启用天财网上缴费系统，实现各类在校生的网上缴费，实现网上缴费与线下缴费并行的高效收费模式。

（朱晓林　李　烨　安　英　王　颖）

审计工作

【概述】2015年，华北电力大学审计工作贯彻《国务院关于加强审计工作的意见》精神，落实《教育部关于加强直属高校内部审计工作的意见》，依法依规进行审计工作。

2015年，学校认真执行《教育系统内部审计工作规定》，严格审计程序，结合学校实际和重点工作，召开纪检监察和审计工作会议，科学合理制定2015年审计工作要点，并以此为基础开展审计工作。

2015年，学校按照上级有关文件要求，切实做好科研经费资金管理与使用情况的审计。在科研经费结题审签的基础上，加强对科研项目立项、资金使用和经费决算的审计监督，对重大、重点科研项目实施抽查审计，积极探索对重大科研项目开展全过程跟踪审计的工作思路和工作方法。

2015年，学校按照上级要求，严肃开展领导干部任职期间履行经济责任情况的审计工作。在开展经济责任审计的过程中，严格内部复核制度，做到审计评价客观公正、实事求是。

2015年，学校认真开展财务收支审计和预算执行审计，提高教育资金规范管理和资金使用效益，对被审计单位在制度建设、财务管理、资产管理中存在的不足提出审计意见和建议。

2015年，学校严把建设资金结算关，切实做好基建、修缮工程结算审计。通过全年的工程结算审计，为学校节约建设资金，维护学校的利益。与此同时，也进一步促进工程造价管理方式的改进，取得良好审计效果。

2015年，学校积极开展审计结果分析，促进审计成果的转化和应用。在完成相关领导干部的经济责任审计的基础上，根据审计结果进行审计结果分析，提交审计分析报告和管理建议书。对各学院（部门）的发展、预算执行、资金使用、资产管理等、学校干部管理、财务管理等方面提出审计意见和建议。

2015年，学校注重加强审计队伍自身的政治教育和理论学习，认真学习贯彻党风廉政建设、党的群众路线教育，落实中央“八项规定”，深入贯彻“三严三实”要求，促进依法依规审计。落实审计人员定期学习制度和后续教育制度，专业胜任能力进一步提升。重视内部审计管理理论的研究工作，结合学校审计工作的实际情况，对高校内部审计工作开展理论探索。

（白　静　唐　成）

【概况】2015年，华北电力大学审计处共有人员10人，其中硕士学历3人，本科学历7人。共有副高级专业技术职务5人，中级专业技术职务3人，初级专业技术职务2人。

2015年，学校扎实开展科研经费资金管理与使用情况的审计，全年完成横向和纵向科研项目经费审签77项、专项审计51项，审计科研经费总额7321万元。

2015年，学校共完成基建、修缮工程结算审计147项，总计送审金额为14615.93万元，审减1340.23万元，审减率9.17%。其中基建项目8项，送审金额为7765.07万元，审减955.43万元，审减率12.30%；修缮项目139项，送审金额为6850.86万元，审减384.80万元，审减率5.62%。

2015年，华北电力大学继续落实审计人员定期学习制度和后续教育制度，安排业务培训2人次。

（白　静　张继红　唐　成）

【开展国际交流中心审计相关工作】3月9日，学校开展对国际交流中心2011、2012年审计发现问题的整改落实情况检查工作。12月，开展国际交流中心2013年、2014年财务收支审计工作，审计资金1645.17万元。

（白　静　庄　丽）

【召开审计工作会议】4月2日，学校召开党风廉政暨纪检监察审计工作会议，会议对2014年的纪检监察审计工作做总结汇报，同时对2015年的工作提出具体要求和计划。

（白　静　庄　丽）

【参加直属高校基建管理专项检查汇报会】5月，学校参加教育部直属高校基本建设管理专项检查汇报会，对校内基本建设工程审计工作进行汇报，并总结学校建设工程预决算审计机制、跟踪审计机制及重点项目跟踪审计等情况。

（白　静　李　桦）

【完成离任经济责任审计】5月至7月，学校完成原计划财务处处长、招标中心主任、保定校区综合经营与服务中心总经理等3位领导干部的离任经济责任审计，出具审计报告3份。并依据审计结果，针对经济责任人所在部门在部门建设、财务管理、资产管理等方面提出审计意见和建议。

（白　静　张继红　唐　成）

【完成审计自评工作】6月，教育部开展2015年直属高校财务管理状况评价工作，华北电力大学对自身的内部审计管理体系及内控评价体系进行自评。

（白　静　唐　成）

【完成相关预算执行情况审计】9月至10月，学校完成动力系、体育教学部、工会、教务处、网络与信息管理中心等5个院系、部门2014年经费预算执行情况的审计，审计资金966.89万元，针对存在的问题提出审计意见和建议10条。

（白　静　张继红　唐　成）

【修订审计制度】12月，学校按照国家、教育部的法律法规以及相关行业规范，对《华北电力大学领导干部经济责任审计实施办法》进行再次修订，至年底，已完成征求意见工作。

（白　静　唐　成）

资产管理

【概述】2015年，资产管理工作主要围绕科学规范管理，提高使用效益的要求展开，借助教育部直属高校国有资产管理专项检查工作的契机，对学校资产管理工作进行全面梳理和总结，完善资产管理规章制度，重点推进房产资源的有偿使用、管理和大型贵重仪器设备共享，切实提高资源的使用效益，保证国有资产的保值增值。为规范房屋土地资产出租出借管理工作，制定《华北电力大学房屋土地出租出借管理暂行办法》(华电校资〔2015〕15号)。

完成2015年5月教育部直属高校资产管理工作专项检查相关工作。通过检查，对学校事业资产和企业资产进行全方位梳理。对检查中发现的个别问题，根据实际情况进行即时整改或列入重点工作进行整改落实，提升学校国有资产管理工作的水平。

2015年，学校开展全校公用房专项清查整改工作。严格落实公用房分类管理和标准配置的要求。通过全面清查整改，实现学校处级（含）以上领导干部办公用房达标率100%。

2015年，针对高校实验室安全事故频发的问题，学校设置专人负责实验室技术安全管理工作，结合每学期全校范围的实验室安全大检查和不定期的重点实验室、重点设备及危化品专项抽查等形式，开展实验室安全专项检查工作，消除实验室安全隐患。

2015年，进一步推进大型贵重仪器设备共享。完善学校“大型贵重仪器设备共享管理平台”的建设工作。已实现开放共享65台设备。在此基础上，完成“教育部CERS系统接口建设”的工作，实现部属高校之间及面向社会的大型贵重仪器设备共享。

（李福顺　何　旸）

【概况】至年底，学校固定资产总值3250951255.71元，其中：北京校部固定资产总值2046918679.35元，保定校区固定资产总值1204032576.36元。学校权属土地1588亩，房屋建筑总面积1041187.51平方米，其中：北京校部权属土地759.93亩，房屋建筑面积567113.92平方米；保定校区权属土地828.07亩，房屋建筑面积474073.59平方米。学校仪器设备资产总计125932台套，价值97394.68万元，其中：北京校部53238台，价值56345.36万元；保定校区72694台，价值41049.32万元。学校单价40万以上的设备有191台，其中北京168台，总值184073923.06元，保定23台件，价值：32791647.24元。

2015年学校新增仪器设备13666台，价值11716.59万元，其中：北京校部4819台，价值7218.77万元；保定校区8847台，价值4497.82万元。学校新增10万元以上设备108台，价值5286.03万元，其中：北京校部74台，价值3166.45万元，保定校区34台，价值2119.58万元；新增40万元以上设备33台，价值3701.55万元，其中：北京校部17台，价值2024.29万元，保定校区16台，价值1677.26万元。

学校北京校部报废仪器设备2281台，账面价值955.83万元，收回残值7.68万元。

2015年，北京校部共办理27个项目的进口设备免税手续，金额75.4593万美元；完成中央政府采购总额为：1253.74万元，其中协议供货金额：878.01万元，网上竞价金额：235.12万元。

2015年，学校总计核发教职工住房补贴1650.22万元，其中：北京校部1220万元，保定校区430.22万元。

2015年，学校继续推进房产资源有偿使用管理工作，北京校部收缴2014年度科研用房使用费159.64万元；清理核查房屋出租出借收益1397.51万元；与各单位签订用房协议29份，配置各类用房面积共计2263.54平方米。

2015年，为落实中央八项规定关于办公用房的清理整改工作，学校多次调整办公用房，清理腾退办公用房面积1254平方米，实现办公用房100%达标。

2015年处理实验室化学药品废液1592.9公斤，化学药品空瓶721.9公斤，消除实验室安全隐患。

（何　旸　杜春芳　朱安华）

【完成资产管理工作专项检查相关工作】2015年5月，教育部直属高校国有资产管理专项检查组进驻学校开展国有资产管理工作专项检查。通过本次检查，对发现的资产管理问题进行及时整改，提升学校国有资产管理工作的水平。

（李福顺）

【推进大型贵重仪器设备共享】2015年，学校继续完善“大型贵重仪器设备的共享管理平台”的建设工作。实现开放共享65台设备。在此基础上，还完成“教育部CERS系统接口建设”的工作，实现部属高校之间以及面向社会的大型贵重仪器设备共享。

（李福顺）

【制定房屋土地出租出借暂行办法】12月8日，学校印发关于《华北电力大学房屋土地出租出借暂行办法》（华电校资〔2015〕15号）。该办法明确学校国有资产房屋土地出租出借各部门的管理职能、管理规程、收入管理及监督管理等具体规定，进一步健全和完善学校国有资产管理制度体系。

（何　旸）

【开展办公用房清理整改工作】2015年1月、7月、11月，学校开展三次全校范围内办公用房清理整改工作，按照《中共中央办公厅国务院办公厅关于进一步做好办公用房清理整改工作的通知》（中办发〔2014〕64号）、《关于开展直属高校办公用房清理整改情况书面督查工作的通知》（教发司〔2015〕103号）、《教育部办公厅关于核查直属高校落实中央八项规定清理整改办公用房和公务车情况的紧急通知》（教发司函〔2015〕91号）文件要求，对全校办公用房进行全面深入地清理和调整，学校办公用房更加规范、合理。

（何　旸）

基建管理

【概述】2015年华北电力大学基建工作从大局出发，完成年初制定的各项计划，并为“十三五”规划制定和执行奠定基础。建立工程项目管理信息系统，工程安全、质量、进度、造价、合同、文档管理质量得到较大提升。2015年，学校按照教育部的工作要求完成“十三五”期间基本建设规划、投资计划等的编制工作。完成后勤服务楼前期工作，并顺利开工。完成锅炉房煤改气工程后续工作，节能效果显著。启动15号学生宿舍楼的前期工作。完成综合教学楼A、G座工程的结构工程施工。圆满完成中央改善办学条件专项工程两项，分别为篮球场田径场改造道路及广场改造。保定校区后勤与基建管理处根据学校发展规划，结合保定校区实际情况，编制完成保定校区“十三五”基本建设规划。通过完善管理制度，进一步加强工程质量、进度、投资控制、施工安全等方面的管理。合理安排，精心组织，顺利完成教育部改善办学基本条件有关专项项目及各项修缮工程项目。编写“2016—2018年教育部修购基金项目可行性报告”和二校区近期及远期规划方案。完成改善办学基本条件专项项目三年规划（2016—2018年）的项目申报。根据工程完工情况、立项情况及资金来源，向审计处递交工程结算报审项目60项。配合招标中心顺利完成2015年改善办学基本条件项目25项分项工程和16项校内维修改造工程的招标工作，与施工单位签订施工合同或向施工单位下达委托书49项。

（曹宇博）

【概况】2015年，华北电力大学北京校部基建处设行政综合管理、项目前期管理、计划及合同管理、工程管理和校园规划管理等职能岗位，共有员工12人。保定校区后勤与基建管理处设计划管理科、工程技术科，负责校园规划、修缮工程和基建工程管理，有专业工程师、水电气专业管理人员8人。

（曹宇博　刘　洁）

【综合教学楼A、G座项目主体结构完工】至年底，综合教学楼A、G座项目主体结构完工，该项目是学校西区工程的二期工程，均为地上9层，地下2层，高35米。其中A座总建筑面积为32180.5平方米，地上建筑面积为25865平方米，地下建筑面积为6315.5平方米；G座总建筑面积为31783.6平方米，地上建筑面积为26018.6平方米，地下建筑面积为5765平方米。整个工期约一年零十个月。项目建成后，将与西区一期工程形成一个大型连体建筑群，总建筑面积达到24万余平方米。

（曹宇博）

【后勤服务楼开工建设】10月，学校后勤服务楼开工建设，该项目建筑面积为2096平方米，地上3层，高13.65米，预计2016年9月建成交付使用，该服务楼建成后过渡期间将作为华北电力大学幼儿园使用。

（曹宇博）

【完成锅炉房煤改气项目建设】至年底，锅炉房煤改气工程后续建设工作完成，包括道路施工、燃气切改线、锅炉房内部控制系统的完善等工程。该项目分三次分别获得北京市环保局、北京市发改委等部门的各种补贴共计1297万元。工程完工后，节能效益和资金利用效益成果显著。

（曹宇博）

【道路及广场改造项目】至年底，北京校部完成北门广场、东北校门、东西校园连接道路等重点部位改造工程，对破损路面进行修缮。该工程由北京城建五市政工程有限公司承建，北京星舟工程管理有限公司监理。该项目2015年暑假开学前按时完成主要改造工作并投入使用。完成北门广场修缮工作，重新规划东北门的道路交通系统，在两个北门增加排水系统，解决北门积水的历史问题。规划建设5号学生宿舍和6号学生宿舍之间的人行通道，增加国际交流中心北侧的机动车通道，修缮教工楼东广场通过对道路及广场的改造，使校园形象大幅度提升，环境更加优美，交通更加合理畅通。

（曹宇博）

【篮球场田径场改造项目】学校完成北京校部中央改善办学条件专项工程，篮球场田径场改造项目。该项目批复投资预算为500万元，主要建设内容为田径场跑道塑胶更新、东区篮球场地面更新及硅PU面层铺设、球架球台更新等工程。在工程建设中基建处通过深入调研实地情况、反复论证修缮方案、精打细算每一笔投资，在完成原计划施工内容的基础上，利用结余资金完成田径场照明、乒乓球馆采暖、自行车棚等工程。改善学校体育运动环境，为师生提供舒适的运动环境，同时球场的使用率成倍增长。经济和社会效益成绩显著。

（曹宇博）

【保定校区完成学生宿舍改造工程项目】保定校区后勤与基建管理处顺利完成学生宿舍改造项目。学生宿舍改造项目是将保定校区二校区临教楼改造为学生宿舍，并对学七、学九舍宿舍楼室内进行整体粉刷及设施维修。该项目自2014年6月起进行施工方案讨论、优化，并申报教育部2015年改善办学基本条件专项项目，获批准后，合理安排工期，充分利用寒暑假时间依次组织施工，于2015年暑假开学前按时完成全部改造工作并投入使用。

（刘　洁）

【保定校区完成学生公寓空调安装工程项目】经过前期对用电总负荷的计算核实，保定校区后勤与基建管理处先后对一、二校区高压配电室进行增容改造，对一、二校区19栋学生公寓室内空调用电线路及室外用电线路进行改造，并精心组织，有序进行各学生公寓空调安装，完成空调系统调试工作，学生公寓空调于2015年6月投入使用。

（刘　洁）

【完成集中供热改造项目】2015年，学校完成保定校区集中供热改造项目，该项目充分考虑未来一校区整体规划及校区西侧临街建筑整体性，合理安排新建热力站，对室外一、二次热网管线进行科学规划，并于取暖期前完成整体改造工作。

（刘　洁）

信息化工作

【概述】2015年，学校信息化工作围绕高水平大学的建设目标，在信息化建设、信息安全、信息公开、信息统计、信息管控等方面取得进展。

2015年，协调建行北京分行继续向北京校部追加投资220万元建设校园“一卡通”二期，增设多媒体教室设备柜门禁系统和楼宇门禁系统；深化拓展保定校区“校园一卡通”应用，在学生宿舍楼加装圈存机，建设多媒体教室管理系统。

2015年，学校在认真总结“十二五”信息化建设的基础上，以大学“十三五”规划为引领，认真梳理，针对性开展校内外调研12次，制定《华北电力大学“十三五”信息化建设规划》。

2015年，学校在北京校部建设学工系统、人事系统、“数字华电”平台等并上线使用，初步建成数字校园；北京校部和保定校区建设无线校园，已基本实现校园覆盖；规范信息化项目建设申报、实施和验收流程，全年审核项目申报25项。

2015年，学校完成外语系、数理系、图书馆、环境与化学工程系、华电附小、研究生院、国家能源发展研究院、高等教育研究所以及十三五规划专题和附属学校专题等网站的改版和迁移上线。

2015年，信息办对大学网站进行全新的架构设计与技术开发，新版网站运用HTML5和多屏展示技术，进行多终端响应式设计，页面能够在智能手机、平板电脑等移动终端上自适应呈现最佳效果，兼容各种主流浏览器。

2015年，按照教育部和市文保总队要求，完成网络信息安全自查工作，并完成网络安全工作检查总结报告；校内配合学生处、宣传部开展社会主义核心价值观思想政治教育，完成《大安全观下的华北电力大学网络信息安全体系建设实施方案》，初步建立大学网络信息安全管控体系。

2015年，通过“人防+技防”的有机结合，高质量完成网络安全保卫工作，逐步构建以安全上报、应急响应、桌面推演等为依托的“大安全”管控体系，为学校发展营造安全稳定的互联网环境。

2015年，学校制定并发布《华北电力大学院系信息公开事项清单（试行）》，建立二级单位信息公开工作制度并纳入学校二级网站考核；改进信息公开网站栏目设置，增加“微信、微博”等自媒体分享体验，实现信息交互共享，新增“教师相关信息、学生相关信息”栏目，进一步扩展信息公开范围。

2015年，完成高教统计、社会统计及其他专项统计工作，对外报送各类数据100余项，连续第四次获“北京教育事业统计工作质量评估优秀集体一等奖”。

（刘　艳　赵颖涛）

【概况】2015年，华北电力大学信息化建设与管理办公室实行北京、保定两地一体化管理，有主任1人、副主任2人。其中北京校部5人、保定校区2人。工作人员中博士学位1人，硕士学位6人；高级工程师2人，副教授1人，讲师1人，工程师1人，助理工程师2人；具有国家统计从业人员资格的统计人员4人。

2015年，学校完成研究生院等10个二级网站的改版和迁移上线学校网站群系统；模板调整和系统维护85次；全年协调网络信息安全“零报送”450人次，完成网络信息安全自查工作2次，信息内容监测日志50份。

2015年，学校完成大学门户网站、信息公开网站、办公平台、“校信通”等信息平台内容维护和服务支持1400余次，发布主页宣传大图67幅。

2015年，协调网络信息安全“零报送”450人次，完成网络信息安全自查工作2次，信息内容监测日志50份，发现并协调处置互联网非法不实信息20余例。

2015年，学校发布公开信息3000余条，在教育部直属高校2015年信息公开第二次、第三次测评中，继续保持第一名。撰写完成《华北电力大学2015年度信息公开工作报告》并报教育部审核。

2015年，按照教育部要求完成高等教育统计工作，组织全校20余个部门完成北京校部和保定校区高等教育统计的81张高基表的填报工作；完成北京统计直报网涉及财务报表、后勤能源报表、固定资产投资统计、劳动工资统计以及新增的《亿元以上在建项目基本情况表》和《非金融固定资产投资表》等报表的上报工作；为校内各单位提供20余次统计数据查询服务；评选出10个先进集体和24名优秀个人。

2015年，华北电力大学网络信息科技协会共有指导教师5人，学生信息员50人，协助校内各部门对50余个网站进行运行维护，组织信息化相关培训80余人次；翻译团队完成大学英文外网新闻翻译工作，共发布英语新闻42条。

（刘　艳　赵颖涛）

【开展“十三五”信息化发展规划调研】9月至11月，信息办分别赴北京工商大学、北京林业大学进行十三五信息化发展规划调研，充分借鉴兄弟院校先进经验，深入开展服务学校教学、科研、管理和服务工作，让全校师生共享信息化成果带来的便利和快捷。

（刘　艳　马新科）

【信息公开工作屡获佳绩】3月3日，第三方专业评估机构“21世纪教育研究院”公布《高校信息公开情况评价报告》，华北电力大学以95.87的高分获教育部直属高校信息公开综合评价第一名，中央电视台新闻频道对本次信息公开的评价结果做出相关报道。10月8日，在“教育部直属高校信息公开事项测评第二次、第三次反馈结果”中，学校排名连续保持第一名，从而在教育部直属高校信息公开测评中连续三次获第一名，并受到有关领导高度认可。

（刘　艳　牛辰昊）

【西南大学来访调研信息公开工作】11月27日，西南大学校长办公室副主任罗义文一行4人来校调研交流信息公开工作。会上介绍信息公开工作的开展情况、管理模式、相关经验等方面，西南大学对学校信息公开工作开展的思路和取得的成果给予高度评价，通过互相交流学习，分享经验，促进学校信息公开工作机制不断完善。

（刘　艳　牛辰昊）

【信息公开工作经验交流】5月26日至5月29日，教育部在国家教育行政学院举办“2015年教育系统办公室主任培训班”，邀请信息办主任杨万华作大会经验交流发言并作题为《创新模式多维推进信息公开工作助力现代大学制度体系建设》的专题报告，总结学校信息公开工作的开展历程和经验亮点。

（刘　艳　牛辰昊）

【获市统计工作质量评估一等奖】9月13日，北京市教委召开2015年北京市高等学校教育事业统计工作布置会，会上表彰2014年教育事业统计工作质量评估优秀集体和个人。学校再次获2014年度北京教育事业统计工作质量评估优秀集体一等奖。信息办牛辰昊获优秀个人二等奖。

（刘　艳　牛辰昊）

【组织开展信息安全培训实践活动】3月18日，信息办组织开展信息安全培训实践活动，信息办主任杨万华带领全校信息化助理一行40余人，共同参观学校信息安全工程实验室，进一步提升信息化管理队伍的安全意识水平，共同做好网络信息安全事件的发现、处置和引导工作。

（刘　艳　马新科）

【开展信息化学习体验实践活动】4月21日，信息办组织开展信息化学习体验实践活动，信息办副主任贺斌生带领全校信息化助理一行20余人，共同参观中国移动4G智慧馆，并交流讨论信息技术和信息化的发展趋势。

（刘　艳　马新科）

【举办学生信息员技术培训】4月24日，网络信息科技协会举办Photoshop技术培训，讲解PS制图的要素、工具及方法，使学生信息员学会基础运用和操作，在熟练掌握Photoshop软件的基础上，创作出更有新意的主题图片。

（刘　艳）

附属学校建设工作

【概述】2015年，根据北京市、昌平区教委推动高校支持中小学发展的相关精神，华北电力大学充分发挥自身在师资、学科、科研、管理等方面的教育资源优势，开展全方位的支持与合作，引领和带动附中附小发展，提高办学水平和教育质量，进而协同创建华北电力大学、华电附中和华电附小的发展共同体。

2015年，学校通过签署共建协议、举行揭牌仪式、重新设计附校校标、改版附校网站、开设附校建设专题网站、设立和推广微信公众号等一系列措施，加强华电附属学校面向社会和家长宣传的工作效果与力度，提升华电附中附小的品牌竞争力和知名度，初步形成华北电力大学附属学校品牌。

2015年，学校将高校支持附中附小建设项目分为九个子项目，由九个处级部门领导直接负责和对接。通过九大项目，在优化学校管理、开发特色课程、推进学科建设、助力师资培养、深化教育教学研究等方面帮助附属学校提升自身综合软实力。

2015年，充分发挥大学的校园文化独特魅力和文体活动资源优势，开设开展一系列相关课程和活动来培养和提高附属学校学生综合素质，进一步提升家长对附属学校的满意度。

2015年，学校成立附属学校建设与管理办公室，负责附属中学、附属小学、附属幼儿园的建设、管理及协调工作。组织制定中长期发展规划和具体实施方案，负责与北京市教委、昌平区教委的沟通和联络，负责北京市基础教育相关项目的推进和实施。进一步明确部门职责，理顺附属学校建设管理体制。

2015年，附属幼儿园前期筹备工作基本完成，学校与昌平区教委签订双方合作办园框架协议，明确双方的权利和义务以及法律责任。幼儿园性质为区属公办，实行在昌平区教委领导下的园长负责制，主要为学校教职工子女和周边群众服务，协议合作期限为20年。

（刘　艳）

【概况】2015年，学校成立附属学校建设与管理办公室，在北京校部设置，与信息化建设与管理办公室合署办公，人员编制为2人。其中，博士学位1人，硕士学位1人；高级工程师1人，讲师1人。

2015年，学校指导附属学校教师开展课题申报14项，组织附属学校教师到国内高水平中小学参观学习12次，参加学术会议和拓展实践活动6次；邀请北京教科院基教研中心专家到附属学校听评课并做专题讲座5次。

2015年，学校选派8名来自美国、加拿大等英语国家的外籍教师到附中附小授课286学时；推荐1名附中教师赴美国西肯塔基大学孔子学院交流学习。

2015年，学校为附属学校开设特色校本课程，举办讲座《实践与创新》46次、《能源与环境》授课34次，参与教师12人。

2015年，学校针对附中学生开展“学业辅导计划”，选派81名优秀大学生志愿者作为学业辅导员，累计辅导3312小时。

2015年，学校为附属学校学生购置图书13000册，转藏图书附中15种，65册，附小40种，95册。为附中附小老师申请办理校园一卡通，并开通借阅权限，共计145人。

2015年，学校组织附中附小学生参观大学校园、图书馆和重点实验室，共计2000人次，观看文艺专场演出9场。

（刘　艳）

【学校高度重视附属学校建设】3月24日，经党委常委会研究决定：副校长孙忠权协助校长负责华北电力大学附属学校的建设与管理工作，日常工作由信息化建设与管理办公室承担。3月26日，副校长孙忠权一行6人前往附中附小，正式明确华北电力大学附属学校分管校领导和部门负责人。

12月10日，经校长办公会研究决定：成立“附属学校建设与管理办公室”，负责华北电力大学附属中学、华北电力大学附属小学、华北电力大学附属幼儿园的建设与管理工作。

（刘　艳）

【召开附属学校工作推进会】

1月至12月，学校多次召开附中附小工作推进会。就专项经费作详细的说明，并要求项目负责人高度重视，认真负责，务必按照市教委和市财政的要求，统筹规划，共同推动附中附小工作的快速开展。

（刘　艳）

【参加高校支持附中附小建设工作总结推进会】12月21日，附属学校办公室参加高校支持附中附小建设交流推进会，华北电力大学作为高校代表在附属学校合作共建方面形成特色，成绩突出。信息办主任杨万华在会上做交流发言，分享附属学校合作共建的实践经验。

（刘　艳）

【开设科学兴趣课程】9月16日，学校选派电气学院优秀教师为附小学生授课，课程主题为“能源与环境”特色校本课程之电学模块——“电是什么”。旨在激发学生的科学兴趣，从小树立可持续发展意识。

（刘　艳）

【开展特色子项目】1月至12月，学校在附中附小教师学历提升计划、教师教育教学能力提升计划、特色课程建设计划、开展特色体育教学计划、大学生课外辅导计划、专业阅览室及文献资源建设计划、家长委员会建设计划、中小学素质拓展计划和外籍教师讲授外国文化与语言教育计划等9个子项目方面开展工作，全面提升附中、附小的师资水平、科研水平和管理水平等专业素质和能力，提高中小学生的综合素质。

（刘　艳）

【教师教育教学能力提升项目】高等教育研究所通过开展专家讲座、对外交流、成果出版以及课题研究等形式的活动提升教师的教育教学能力。

（刘　艳）

【特色课程建设项目】教务处对附中附小开展科普教育活动，根据附属学校提出的需求和前期调研，开设《实践与创新》《能源与环境》特色校本课程，包括实践创新作品与创新案例剖析和无线电、动学、核学、环保等校本课程的讲解。

（刘　艳）

【外籍教师讲授外国文化与语言教育项目】国际合作处选派外籍教师每周到附中附小正式授课；5月24日，组织美国西肯塔基大学孔子学院院长、美国盖顿中学领导到附中参观交流。

（刘　艳）

【特色体育教学项目】体育教学部聘请北京队男女篮退役的健将运动员对附中附小的体育项目给予指导和专业训练。并且根据附小发展以篮球和田径为特色项目的要求，体育部选派专业的篮球教练，帮助附小打造华电附小优秀的篮球和田径品牌。11月20日，学校为附中积极筹备花式篮球表演队。

（刘　艳）

【大学生课外辅导项目】学生处针对附中学生开展“学业辅导计划”，共组织四期“大学生课外学业辅导计划”面签会，选派优秀大学生志愿者作为学业辅导员，大学生和家长们签订相关承诺书、协议，并印发《辅导情况记录表》和《辅导效果评价表》。

（刘　艳）

【家长委员会建设项目】5月27日，校工会邀请北京师范大学基础教育对外合作办学部专家组对附属学校进行全面系统性评估，客观准确地提出学校办学现状和实际问题，提供建设性意见，使支持附小建设的措施更具针对性。6月3日，举办附中附小学校情况和入学政策专题讲座，帮助教职工做好子女入学的准备，解决子女入学时遇到的实际问题。

（刘　艳）

【专业阅览室及文献资源建设项目】2015年，图书馆为附中附小老师开通VPN服务，方便附中附小老师充分使用大学的电子文献资源，购置《国外学科科技报告全文数据库》、新东方中小学课外辅导课程网络版》和《国外学科科技报告全文数据库》，为附中定制图书馆集群管理系统。4月25日，图书馆走进附小举办“书香传递、诵读经典”交流会，大学生与小学生面对面，同读经典，共话阅读，交流心得。

（刘　艳）

【中小学素质拓展项目】2015年，校团委选派研究生支教团协助附小德育处及各班班主任组织开展活动；选派蓝色动力合唱团支持附中附小合唱团建设，开设国际班合唱课；邀请师生观看演出；6月5日，组织新疆乌鲁木齐四十中学师生到华电附中参观交流。

（刘　艳）

【建立专题网站、开设微信公众号】信息办在大学主页开设“附属学校”专题网站，从软件和硬件方面全力支持附小的网站改版，负责网站制作及运行维护；12月17日，开设“华北电力大学附属学校”微信公众号，及时传递附属学校共建动态，展示项目成果。

（刘　艳）

档案工作

【概述】2015年，华北电力大学档案工作贯彻落实《高等学校档案管理办法》，在基础档案建设、档案信息化建设、档案业务拓展、档案管理等方面创新工作方式，服务水平取得较大提高。全年重点完成档案基础业务夯实、档案软件升级改进及档案工作“十三五”规划等多项工作。

2015年，学校在档案信息化建设工作方面继续推进，分别完成档案著录模式改革、电子证书档案征集、档案检索库二期任务建设、档案智能化库房合理规划等工作，并开设档案数字化室，为下一步数字化扫描奠定基础。

2015年，在档案基础业务方面。完成档案标准化及档案信息化建设后的业务调整，推进校友档案及班级档案建设；实行周例会集体学习制度，通过组织研读《档案标准化建设体系制度》、问题讨论、现场讲解示范等方式提高全体人员的档案综合业务能力。

2015年，在档案宣传及档案法律法规普及方面，积极配合国家档案局开展国际档案日宣传服务活动。通过实地参观档案馆、举办档案知识培训、发放档案法律法规读本等方式，对新入职教职员工集中进行档案培训，提高新员工的档案法律意识和责任意识，落实管理岗位文书档案“谁产生谁归档”和教育部关于“以件归档”的机制和要求；通过现场宣讲、发放《档案馆服务卡》等方式，对广大新生进行校史档案宣传教育。

2015年，学校积极参加全国及省市级档案工作研讨与业务交流活动，充分利用北京高校档案研究会及中档会等业务交流平台，向北京市及其他省市兄弟院校介绍学校档案管理成果，并认真学习高校档案界先进的管理理念与管理经验。

2015年，学校按照《教育部办公厅关于做好2014年度部属高校档案统计年报工作的通知》的文件要求完成2014年档案统计年报工作。

2015年，在史志鉴工作方面，《华北电力大学年鉴2011》由中国轻工业出版正式出版发行，编校质量进一步提升；按北京市史志办的要求，完成北京教育志编撰委员会第二次修志材料上报工作；顺利完成《中国教育年鉴》《中国电力年鉴》《北京教育年鉴》《昌平年鉴》等稿件报送工作。

（王振华）

【概况】华北电力大学在北京校部设立档案馆，在保定校区下设档案室，两地档案业务管理实行一体化，档案业务管理按照全宗划分管理；两地档案工作管理实行属地化管理，保定校区档案工作划归校长办公室管理。档案馆既是学校档案业务管理部门，也是学校档案工作管理的职能处室。

2015年，学校有档案工作人员13人，北京校部10人、保定校区3人。

2015年，学校档案馆藏包括北京电力学院、河北电力学院、华北电力学院（01全宗）、北京电力管理干部学院、华北电力学院北京研究生部（02全宗）、北京水利电力经济管理学院、北京动力经济学院（03全宗）、华北电力大学北京校区（04全宗）、华北电力大学保定校部（05全宗）、华北电力大学北京校部（06全宗）、华北电力大学保定校区（07全宗）共7个全宗，共计130081卷、照片档案15528张、馆藏资料2550册。

2015年，学校档案业务指导和培训150余人次。全年共计接收各类档案4598卷,705件。照片档案889张。全年利用档案1080卷。

2015年，完成档案、年鉴工作先进单位及先进个人评比表彰活动。共评出档案工作先进单位24个、先进个人30名；评出年鉴工作先进参编单位25个、先进个人42名。

2015年，完成档案编研任务3项，完成北京市档案科研课题1项，成功申报河北省档案科研课题1项，发表档案论文3篇。

（王振华）

【出版发行第2015卷年鉴】9月1日，《华北电力大学年鉴2014》（2015卷）由中国轻工业出版社正式出版发行，该卷年鉴是学校第14本年鉴，首印800册。全书共计1600千字、彩色插图32张，各类统计报表66个，全面体现学校2015年的工作重点和在教育教学、科学研究、国际交流、人才培养等方面的建设成果。

（王振华）

【上海电力学院来访】12月9日，上海电力学院办公室主任一行来访并参观档案馆，双方就各自档案管理和业务开展与创新情况进行交流，华北电力大学档案馆通过ppt向客人介绍档案管理创新、档案信息化、档案数字化、职能档案库房建设、档案设备购置使用等情况。会后，一行参观校档案馆业务室及档案库房等。

（王振华）

【获评北京高教学会档案分会先进集体】12月10日，北京高等教育学会档案分会工作会议在中国科学院大学召开，会上，对近三年档案工作先进单位进行表彰。华北电力大学档案馆获评先进集体。

（王振华）

【陈军当选北京高教学会档案分会常务理事】12月10日，北京高等教育学会档案分会工作会议在中国科学院大学召开，北京高校代表200余参加会议，大会通过无记名方式进行换届选举，北京工业大学档案馆馆长赵明当选为新一届理事长，北京师范大学档案馆馆长杨桂明当选为常务副理事长、秘书长，华北电力大学档案馆馆长陈军等9人当选常务理事。

（王振华）

【王振华获评北京教育年鉴优秀工作者】12月25日，北京教育年鉴（2016）工作会议在首农香山会议中心召开，会上对2015年度北京教育年鉴优秀工作者及先进个人进行表彰。华北电力大学王振华获评优秀工作者。本次评比，共评出全市教育系统年鉴工作优秀工作者50人，先进个人20人。

（王振华）

【字画类档案修复装裱工作启动】12月，学校字画类档案修复装裱工作启动，共采购快速装裱机1台、快速包边机1台及装裱耗材1批，专门安排人员外出参加装裱业务培训1次。至此，学校已具备字画类档案修复装裱的设备与技术条件。书画装裱工作室启用后，计划于2016—2017年完成馆藏字画的装裱及相关修复工作。

（王振华）

招标管理

【概述】2015年，华北电力大学招标工作以建立科学、规范、精细的招标管理体系为工作目标，完成各项招标工作。

2015年，招标中心践行“三严三实”，严格按规则、按制度行使权力；自觉做好自查自纠工作，配合纪检监察部门整理完成多个项目的招标资料工作，防患于未然。

2015年，经过调研，依据国管局相关文件精神，针对学校印刷服务工作的实际情况，修订具体实施细则，为各部门印刷工作提供便利。

2015年，学校组织完成“2016—2017年度校园网接入互联网带宽服务”、“第三学生食堂三层风味食堂经营项目”等服务类项目公开招标共16次(北京12次、保定4次)；组织完成“华北电力大学后勤服务楼”、“学生宿舍电改造（1–6）”等工程类项目公开招标共44次（北京24次、保定20次)；组织并完成“16通道数据采集模态试验分析系统、多媒体教室扩声系统采购项目”、“磁悬浮动力学实验仪等、核磁共振实验仪等、偏振光实验仪等采购项目”等货物类项目公开招标共54次（北京37次、保定17次）；学校组织并完成“学生公寓改造太阳能热水系统—校园一卡通公寓水控项目”、“罗克韦尔配套设备”等货物类项目单一来源谈判共12次(北京校部3次、保定校区9次)；

（冯海群　周　泽　吴学辉）

【概况】2015年，华北电力大学招标中心共有在编员工4人（北京2人，保定2人），非在编员工1人（北京1人）。2015年，华北电力大学公开招标114次(北京校区73次、保定校区41次)，公开招标预算金额13761.19万元（北京校部9094.61万元，保定校区4666.58万元），中标金额12447.36万元（北京校部8295.84万元，保定校区4151.52万元），中标金额比预算金额减少1313.83万元（北京校部中标金额比预算金额减少798.77万元，保定校区中标金额比预算金额减少515.06万元），中标金额是预算金额的90.45%（北京校部中标金额是预算金额的91.22%，保定校区中标金额是预算金额的88.96%）。

2015年，学校组织单一来源谈判12次（北京校部3次、保定校区9次），预算金额473.62万元（北京校部107.83万元，保定校区365.79万元），中标金额459.20万元（北京校部104.60万元，保定354.60万元），中标金额为预算金额的96.96%（北京校部97.0%，保定校区96.94%）；

2015年，学校中标金额比预算金额降低1328.25万元（北京校部802.0万元，保定校区526.25万元)，比预算金额减少9.33%(北京校部减少8.72%，保定校区减少10.46%)，有效提高学校资金使用效率，降低项目成本。

（冯海群　周　泽　吴学辉）

【招投标管理系统数据采集】2015年，学校完成招投标管理信息系统数据录入工作，实现项目信息、专家信息、供应商信息等的查询、统计和分析，做到学校招标工作公开、透明，并主动接受各方监督。

（冯海群　周　泽　吴学辉）

【后勤服务楼招标】2015年，学校完成后勤服务楼招标工作。后勤服务楼作为学校幼儿园使用，招标过程中，学校精心组织，制定详细的招标计划，确保招标文件的完整准确，为施工建设和竣工结算打好基础。

（冯海群　周　泽　吴学辉）

□学科与学位建设　教育教学

EDUCATION, TEACHING AND ACADEMIC SUBJECTS BUILDING
AND DEGREE MANAGEMENT DEGREE AFFAIRS

○ 综 述

2015 年，华北电力大学学科建设工作围绕学校“十三五”发展规划和国家“双一流”工程开展。提出按照“扶优、扶强、扶特”原则，实施非均衡发展战略，实现电、动两个主干优势学科的率先突破，构建起以电气工程、动力工程及工程热物理学科为核心的链条式、金字塔结构的世界一流能源学科体系，成功跻身国家“双一流”建设行列的“十三五”学科建设目标。李庚银和杨勇平被聘为国务院学位委员会第七届学科评议组成员，首次实现学校电、动两大优势学科同时受聘国务院学科评议组成员。至年底，学校拥有 2 个国家级重点学科，25 个省部级重点学科；5 个博士后科研流动站；5 个一级学科、30 个二级学科博士学位授权点；23 个一级学科、123 个二级学科硕士学位授权点；8 个专业学位类别，11 个工程硕士授权领域；2 个国务院学科评议组成员；在 ESI 工程学领域，按被引频次和发文量统计，学校分别排名世界 311 位和 217 位。

2015 年，研究生院积极推进研究生招生机制改革，探索推免生招生新机制。进一步完善《华北电力大学招收推荐免试硕士研究生复试录取工作办法》，扎实推进学科特色发展，不断完善学位与研究生教育内部质量保障体系，完成并向教育部上报“华北电力大学学位授权点合格评估工作方案”。2015 年，研究生院进一步增加国际交流力度，2015 年依托国家公派留学项目和北京市国内外联合培养研究生基地及国家留学基金委的公派留学项目，各类项目共资助 54 名研究生出国进行学术交流。华北电力大学毕业研究生北京校部与保定校区的一次就业率为 98.3%。

2015 年，华北电力大学不断深化教育教学改革，持续推进人才培养体制机制建设，注重提升教师教学能力和人才培养质量。省部级教育教学改革立项 17 项；46 门课程进行研究性教学试点。1 门课程获评国家级精品视频公开课；学校第一门慕课《管理与沟通》在教育部“中国大学 MOOC”平台正式上线；学生参加各类学科创新竞赛获得国际、国家级奖 368 项、省部级奖 384 项。国家大学生创新创业训练计划项目 160 个，学生共获专利 97 项，发表论文 201 篇，制作软件或实物作品 204 件。学生团队参加欧洲最大国际商业模拟竞赛“尖烽时刻”全球总决赛获全国特等奖、综合总成绩亚洲第二、商业模拟全球第一的好成绩；学生参加美国国际大学生数学建模竞赛取得历史突破。

2015 年，继续教育基地工作稳步推进，进一步完善基地各项规章制度和管理办法，基地管理更加规范化、制度化、科学化。配合人力资源和社会保障部为国家能源电力行业提供高层次、急需紧缺和骨干人才培养、岗位培训、知识更新工程培训等各类培训；申办国家级高级研修班共 3 期，涉及火力发电、电力需求侧，能源消费革命等领域。学校牵头联合各电力行业高校、企业等组建行业分联盟“电力行业继续教育联盟”，充分发挥高校、行业、企业在继续教育中的作用，加快推动电力行业继续教育规模化进程，形成校际、校企间的良性互动体制，实现合作共赢。

2015 年，艺术教育工作紧密围绕学校中心工作，推进高水平校园文化、，提高广大师生文化艺术修养，营造良好校园氛围，坚持“国际化、精品化、项目化、专业化”工作思路，在艺术教育、艺术实践等方面取得优异成绩。开展各类艺术课程 10 余门，内容涉及音乐、美术、舞蹈、戏剧等各类艺术门类。艺术教育在精品化方面，充分调动多方面力量开展各类“高雅艺术进校园”文化活动。学校多次邀请北京交响乐团、北京市曲剧团、中国歌剧院等艺术团体来校演出。学校蓝色动力合唱团参与 CCTV 合唱先锋录制，获周冠军，并首次在国家大剧院举办专场演出。

学科建设

【概述】2015年，学科建设工作重点围绕学校“十三五”发展规划和国家“双一流”工程开展。组织全校23个一级学科到全国40多所重点院校开展学科调研，撰写20多份学科调研报告；与爱思唯尔公司、汤森路透等公司合作，进行部分优势学科的国际学科分析，开发学科分析系统，完成《ESI学科分析（2015）》、《电、动学科高水平期刊投稿指南》2份研究报告，此调研与分析报告为“十三五”规划科学编制奠定基础。根据学校统一安排，暑假务虚会后，在各工作小组提交的专题和专项规划的基础上，形成学校“十三五”总体规划征求意见稿。之后，文件起草组先后在北京、保定两地召开七轮征求意见会，征求两校区各职能部门、院系、学科带头人、青年教师及离退休老干部的意见和建议，最终形成《“十三五”发展规划（教代会征求意见稿）》。在编制“十三五”发展规划的同时，重点开展“双一流”建设的前期调研和规划工作，提出按照“扶优、扶强、扶特”的原则，实施非均衡发展战略，实现电、动两个主干优势学科的率先突破，构建起以电气工程、动力工程及工程热物理学科为核心的链条式、金字塔结构的世界一流能源学科体系，成功跻身国家“双一流”建设行列的“十三五”学科建设目标。2015年，国务院学位委员会学科评议组换届，李庚银和杨勇平被聘为国务院学位委员会第七届学科评议组成员，首次实现学校电、动两大优势学科同时受聘国务院学科评议组成员。

（张　磊　赵　凡）

【概况】至年底，学校拥有2个国家级重点学科，25个省部级重点学科；5个博士后科研流动站；5个一级学科、30个二级学科博士学位授权点；23个一级学科、123个二级学科硕士学位授权点；8个专业学位类别，11个工程硕士授权领域；2个国务院学科评议组成员；在ESI工程学领域，按被引频次和发文量统计，学校分别排名世界311位和217位。

（张　磊　赵　凡）

【完成“十三五”学科调研工作】2015年，学校组织全校23个一级学科到国内40多所重点高校走访、调研，各院（系）高度重视、积极响应，取得预期调研效果，学到许多学科发展经验，形成学校和学院两个层面20多份学科调研报告，为学校和学院“十三五”规划的编制奠定基础。

（张　磊　赵　凡）

【到武汉高校调研学科建设工作】3月26日至27日，副校长杨勇平、校长助理律方成带领学科办和电气与电子工程学院、能源动力及机械工程学院、控制与计算机工程学院、可再生能源学院、环境科学与工程学院主要负责人到华中科技大学和武汉理工大学调研学科建设工作，学习兄弟院校学科建设方面的成功经验。在华中科技大学，双方就学科发展规划的制定、深化高等教育综合改革、一流大学和一流学科建设构想、师资队伍建设与人事制度改革情况、人才培养与教学改革情况、科研管理改革等相关情况进行交流和探讨。在武汉理工大学，相关处室及学院负责人就武汉理工大学的基本情况、深化高等教育综合改革、学校的国际排名、学科发展规划、人才强校战略的实施、国际引智计划及材料学院试点学院的改革等有关情况进行介绍，随后，双方就关心的有关问题展开深入交流和探讨。

（张　磊　赵　凡）

【到中南大学调研综合改革和“十三五”规划工作】2015年，为高质量完成学校综合改革方案和“十三五”规划等重点工作，4月16日，副校长杨勇平、校长助理律方成带领学科建设办公室和科学技术研究院有关负责同志前往中南大学调研学科建设和科学研究的综合改革和“十三五”规划工作，双方重点就学科建设和科学研究的综合改革工作以及学科建设机制创新、学科国际评估、ESI论文排名、学科性公司制、大学科技园、科研绩效考核等方面进行交流和探讨。

（张　磊　赵　凡）

【两位教授受聘国务院学位委员会第七届学科评议组成员】4月，李庚银（电气工程学科）和杨勇平（动力工程及工程热物理学科）被聘为国务院学位委员会第七届学科评议组成员，这是学校首次实现电、动两大优势学科同时受聘国务院学科评议组成员。

（张　磊　赵　凡）

【组织编制学校“十三五”发展规划】3月19日，教育部下发《关于直属高校开展“十三五”规划编制工作的意见》，对直属高校的“十三五”规划编制工作作出总体部署。为此，学校成立以党委书记吴志功和校长刘吉臻为组长的“十三五”规划领导小组，下发《“十三五”规划编制工作方案》，确定学校“十三五”规划1+1+6+X的工作体系，正式启动华北电力大学“十三五”规划的编制工作。在“十三五”学科调研，“十一五”、“十二五”发展规划完成情况分析，与对标学校对比分析，保定校区专题规划和6个专项规划的基础上，形成学校总体规划的征求意见稿。之后，文件起草组先后在北京、保定两地召开七轮征求意见会，征求两校区各职能部门、院系、学科带头人、青年教师及离退休老干部的意见和建议，大家对规划征求意见稿给予充分肯定，并提出意见和建议。至年底，学校“十三五”发展总体规划已形成第7稿。

（张　磊　赵　凡）

【召开“十三五”规划编制系列座谈会】2015年10月29日至今，学校在北京、保定两地先后召开七轮“十三五”规划编制座谈会，就《“十三五”发展规划纲要（征求意见稿）》广泛听取职能部门、院系、学科带头人、青年教师、民主党派及离退休老干部的意见和建议。副校长杨勇平参加系列座谈会并作重要讲话，校长助理、学科办主任律方成主持系列会议。会上，与会人员各抒己见，畅所欲言，既肯定“十三五”规划纲要的整体结构、发展目标等，又结合各自工作，建言献策。七轮座谈会共征集意见和建议500多条，涉及学科建设、人才培养、师资队伍、科学研究、两校区协调发展、规划实施等规划文本的方方面面内容，充分表达广大教职工对学校未来五年发展的信心与关注。杨勇平对与会人员的发言给予高度评价，并重点就“十三五”规划起草的指导思想、面临形势及重要举措进行阐释。他强调，“双一流”建设对学校未来发展具有极其重要的意义，要深刻认识学校发展的新阶段和新特点，以一流学科为统领，以创新发展为主线，以人才培养为中心，以队伍建设为抓手，以综合改革为保障，发挥学校两地实质性一体化办学的巨大优势，切实推升学校各项办学实力，在创新型国家建设中发挥更加突出的作用。系列座谈会共计180余人参加，每次会后，总体规划编制工作小组均将相关意见和建议融入《“十三五”发展规划纲要（征求意见稿）》中，形成新的文本。“十三五”规划编制系列座谈会的召开对推动学校“十三五”发展规划纲要的科学制定和顺利完成起到至关重要的作用。

（张　磊　赵　凡）

【开展学科分析工作】3月，学校完成“学科分析系统及相关服务”招标采购协议的签订，华北电力大学学科分析系统正式进入开发阶段。6月，编制完成《华北电力大学ESI学科分析（2015）》和《电、动学科高水平期刊投稿指南》2份研究报告，为提升学校科研论文国际竞争力、服务学校战略决策和院系、职能部门日常管理提供帮助和参考。至年底，在ESI工程学领域，按被引频次和发文量统计，学校分别排名世界311位和217位，比2014年同期分别上升119位和234位。

（张　磊　赵　凡）

【开展“双一流”建设调研和规划工作】8月，国务院印发《统筹推进世界一流大学和一流学科建设总体方案》，在学校的统一部署下，学校进行“双一流”建设的前期调研和规划工作。经过大量的调研和分析，提出按照“扶优、扶强、扶特”的原则，实施非均衡发展战略，实现电、动两个主干优势学科的率先突破，构建起以电气工程、动力工程及工程热物理学科为核心的链条式、金字塔结构的世界一流能源学科体系，成功跻身国家“双一流”建设行列的“十三五”学科建设目标。

（张　磊　赵　凡）

【教育部在京直属高校“十三五”规划编制座谈会召开】12月9日，教育部在京直属高校（第三组）“十三五”规划编制座谈会在华北电力大学召开。副校长杨勇平、校长助理律方成，教育部高教司直属办处长刘永强，中央戏剧学院、中国石油大学（北京）、中国政法大学、中国传媒大学及中央美术学院5所高校规划部门主要负责人，高教所主要负责人、学科办全体工作人员参加座谈会。律方成就华北电力大学“十一五”“十二五”规划完成情况作简要汇报，并就“十三五”规划编制过程中存在的问题进行具体说明。随后，5所高校规划部门主要负责人分别就本校“十一五”“十二五”规划完成情况、“十三五”规划编制进展、“十三五”规划编制过程中存在的主要问题进行汇报、交流。刘永强针对每所高校汇报的情况、提出的问题分别进行解答与互动交流。

（张　磊　赵　凡）

研究生教育教学

【概述】2015年，研究生院根据“华北电力大学教育综合改革方案”对研究生教育的要求，以提高培养质量为核心、培养拔尖创新人才为重点，走内涵式发展道路。积极推进研究生招生机制的改革，探索推免生招生的新机制，进一步提高研究生生源质量。积极推动吸引优秀生源政策的落实，从政策层面为提高生源质量提供支持。进一步完善《华北电力大学招收推荐免试硕士研究生复试录取工作办法》，加大研究生招生宣传的力度，吸引更多高质量的生源。优化学科布局，扎实推进学科特色发展，不断完善学位与研究生教育内部质量保障体系，完成并向教育部上报“华北电力大学学位授权点合格评估工作方案”，评估工作方案遵循科学、客观、公正的原则，以人才培养为核心，以评估研究生教育质量和学位授予质量为重点，着眼于发现问题，以评促建，为自评估的实施做好准备，推动学位与研究生教育水平的整体提升。组织学习、研讨“一级学科博士、硕士学位基本要求”、“专业学位类别（领域）博士、硕士学位基本要求”。与各学院座谈，初步形成全面修订培养方案的基本思路，并完成6个学科（专业）培养方案修订工作，为全面修订并实施培养方案打下基础。博士研究生拔尖创新人才培养质量明显提高，2015年毕业的博士研究生发表被SCI/SSCI检索论文的人数占总毕业人数的比例过半，人均发表SCI/SSCI检索或一级学报等高水平论文2篇，省部级及以上奖励120余项，取得各类知识产权400余项。校企合作特色创新培养模式和培养质量受到国家认可，研究生唐辉获第二届“工程硕士实习实践优秀成果获得者”荣誉称号，这是学校研究生连续两届获此荣誉称号。

2015年，研究生院进一步增加国际交流力度，2015年依托国家公派留学项目和北京市国内外联合培养研究生基地及国家留学基金委的公派留学项目，各类项目共资助54名研究生出国进行学术交流。

2015年，研究生院大力推进网络信息化建设，提高对师生的服务能力和服务质量。改版研究生院网页，建立研究生院微信平台，开发华北电力大学研招微网，实现招生、培养、学生管理等各项工作信息的及时发布。党委研究生工作部紧紧围绕学校党政中心工作，坚持以党建为龙头开展研究生思想政治教育，举办科学道德教育与学风建设宣讲，研究生党支部干部培训班，推进无职党员上岗，支持学生党建重点项目建设45项，研究生基层党建工作扎实。以培育和践行社会主义核心价值观为根本目的，通过与高水平研究生教育同行、五个多读、暖流行动等主题教育活动，分别开展以“弘扬中国精神、发挥创新力量、实现青春梦想”、“科研创新 学术创优”、“学术道德 科研诚信”、“爱心志愿 友爱校园”、“打造校园文化 传递中国力量”、“寻访青春榜样”等为主题的系列活动，大力培育和践行社会主义核心价值观。结合抗战阅兵、入学教育、毕业教育等重大活动，利用微信平台、网站等平台，使得中国特色社会主义和“中国梦”宣传教育扎实有效。探索以院系发挥优势，构建凝练项目、覆盖全校的机制，相关学院在研究生学术活动、公益创业、奖助测评管理系统等方面成效显著。2015年，学校构建的研究生思政教育“1234”工作模式，获第四届首都高校大学生思想政治教育工作实效奖。

（赵冬梅　顾雪平）

【概况】2015年，华北电力大学研究生院专职工作人员共30人，其中北京校部16人，保定校区14人。

2015年，华北电力大学招收博士研究生200人，全日制硕士研究生2339人，在职专业硕士研究生1467人。至2015年年底，华北电力大学具有学历教育研究生7938人，其中北京校部研究生5388人（硕士研究生4278人，博士研究生1110人），保定校区硕士研究生2550人。在职专业学位硕士研究生7016人，其中北京校部4065人，保定校区2951人。组织相关院系举办“电力之星”“能源之星”及“走进自动化”本科生科技夏令营，共招收营员108人，有38名营员作为推免生被学校录取。

2015年，华北电力大学授予146人博士学位，3271人硕士学位。

2015年，华北电力大学毕业研究生北京校部与保定校区的一次就业率为98.3%。

2015年共有3名研究生获校

长奖学金，34 名博士和 155 名硕士研究生获国家奖学金，50 名博士获优秀博士奖学金，188 名研究生获社会奖学金；共有 46 名研究生获优秀研究生标兵称号，678 名研究生获优秀研究生称号，396 名研究生获优秀研究生干部称号，30 个研究生班级获先进集体称号。此外，为激励研究生勤奋学习、潜心科研、勇于创新，从 2014 级秋季入学研究生起，设立研究生学业奖学金。其中，全日制博士研究生可获博士学业奖学金，奖励标准为每人 18000 元（本校教工，标准为每人 15000 元）；全日制硕士研究生分获研究生学业奖学金一等（40%）、二等（40%）和三等奖学金（20%），奖励标准为每人 8000—2000 元不等。2015 年有 311 名博士研究生获得学业奖学金，1738 名硕士研究生获一等学业奖学金，1741 名研究生获二等学业奖学金，747 名硕士研究生获三等学业奖学金。

根据教育部要求，加大研究生“助研、助教、助管和兼职辅导员”（简称三助一辅）工作力度，面向全体博士发放博士助教、助研岗位助学金；选聘 362 名研究生担任助管岗位，同时有 310 人担任课程助教、120 人担任学业辅导助教，50 人担任研究生兼职辅导员，共发放“三助一辅”岗位助学金 624.2 万元，鼓励和支持研究生在学校教学、科研、管理与服务中发挥积极作用。2015 年，全校研究生共获奖助学金总额为 8069.61 余万元。

（何　健　张　杨）

【发布“华北电力大学学位授权点合格评估工作方案”】3 月 25 日，华北电力大学第四届学位评定委员会第四次会议批准“华北电力大学学位授权点合格评估工作方案”；3 月 30 日，评估工作方案上报国务院学位委员会办公室及北京市学位委员会办公室备案。

（宋晓华　何明华）

【组织 5 个学位授权点参加教育部专项评估】3 月至 9 月，华北电力大学学位办公室按照《关于开展 2014 年学位授权点专项评估工作的通知》（学位〔2014〕17 号）要求，组织“翻译”“资产评估”“会计”“工程管理”等 4 个专业学位授权点及“核科学与技术”学位授权点参加教育部专项评估工作。

（宋晓华　何明华）

【与国网智能电网研究院签署联合培养研究生协议】7 月 8 日，华北电力大学与国网智能电网研究院签署联合培养研究生协议，双方围绕智能电网战略，为“智能电网班”研究生制定个性化培养方案，定向开设专题课程，共同创新研究生培养模式。

（宋晓华　王青霞）

【制定专业实践教学大纲】7 月，研究生院制定完成工程硕士 11 个专业领域及工程管理硕士、会计硕士、资产评估硕士和翻译硕士等类别和领域专业学位研究生专业实践教学大纲。

（赵黎明　何　健）

【获“工程硕士实习实践优秀成果获得者”荣誉称号】11 月 23 日，全国工程教育指导委员会颁发《关于公布获得第二届“工程硕士实习实践优秀成果获得者”荣誉称号名单的通知》（工程教指委〔2015〕8 号），华北电力大学北京校部工业工程领域学生唐辉获第二届“工程硕士实习实践优秀成果获得者”荣誉称号。

（赵黎明）

【利用新媒体提高服务质量】10 月 12 日，研究生院通过改版研究生院网，建立研究生院微信平台，开发华北电力大学研招微网，实现招生、培养、学生管理等各项工作信息及时发布，工作效率及服务质量得到明显提升。

（杜广微　李宝儒）

【推进国际学术交流和特色学术创新活动】2015 年，研究生院围绕研究生学术成长，主办“第三届研究生国际学术交流论坛”“第十三届研究生学术交流年会”“前沿 & 创新”学术论坛、英采文化节等学术交流活动，成立研究生众创空间俱乐部，取得创新创业竞赛优异成绩。国际学术交流和特色学术创新活动的推进，有利于营造浓厚的学术文化氛围，培育研究生创新意识和能力，增加研究生社会责任感。

（周　华　戴　民）

【创新创业工作取得丰硕成果】2015 年，在国务院扶贫办中国扶贫发展中心举办的第二届大学生假期扶贫调研活动评选中，由华北电力大学研究生贾时轮等 10 名学生组建的“阳光枣农”公益扶贫团队申报的作品《脱贫致富中的返贫风险分析》获全国特等奖；张衡、孙晓提交的《新时期农村光伏扶贫运行模式的调研报告》获全国一等奖。本次活动旨在加强对青年学生的国情教育，关注贫困地区和贫困群众的发展，探索研究扶贫新形式新方法，为“十三五”扶贫工作建言献策。同时组织参加青年成就组织（JA）商业计划大赛、摩托罗拉“企业移动创新挑战赛”、尖烽时刻商业模拟大赛等国际各种类型创新创业竞赛，获 JA 中国“金字塔底端的创新”青年创业培养项目 2015 商业计划大赛全国总决赛优胜团队（第一名）。

（李林　周　华）

【共建企业科技助理挂职锻炼基地】2015年，研究生院与苏州高新区科技局共建研究生企业科技助理挂职锻炼基地，选派7名研究生到高新企业担任3个月的总经理科技助理，为研究生创造充分与企业家接触的机会，在挂职锻炼中培育研究生创新精神和创业能力，创新产学研人才培养合作模式。

（李　林　周　华）

【参加创新实践系列比赛获佳绩】2015年，研究生院组织研究生参加研究生数学建模、电子设计大赛、智慧城市技术与创意设计大赛等各项全国竞赛，取得优异成绩。在第十一届全国研究生数学建模竞赛中，共有39支队伍获奖，其中一等奖2项，二等奖14项，三等奖23项，参赛队伍和获奖队伍数量均创历史新高，在全国高校继续保持前列，连续五年被大赛组委会授予"优秀组织奖"称号。在第二届全国研究生智慧城市技术与创意设计大赛中，获创意设计类全国团体总分第1名，获一等奖2项，三等奖17项、最佳答辩奖1项、优胜奖14项。王春波、韩中合获优秀指导教师奖。

（戴　民　刘献伟）

本科生教育教学

【概述】2015年，华北电力大学不断深化教育教学改革，持续推进人才培养体制机制建设，注重提升教师教学能力和人才培养质量。深入推进教学研究与改革。省部级教育教学改革立项17项；46门课程进行研究性教学试点。推进现代教育技术与教育教学过程的深度融合。1门课程获评国家级精品视频公开课；学校第一门慕课《管理与沟通》在教育部"中国大学MOOC"平台正式上线；在第二届全国高校微课教学比赛中，获国家级一等奖1名、二等奖1名、优秀奖1名。开设《工程方法与实践》课程，探索工程教育课程改革。加强"本科教学工程"项目内涵建设，制定《2015年本科教学工程建设方案》；8个本科专业综合改革试点、5个大学生校外实践教育基地报教育部备案建设；4个专业入选"北京高等学校高水平人才交叉培养计划"。1名教师获北京市高等学校教学名师奖，6名教师获学校教学名师奖；23部教材出版，其中国家级规划教材1部；"电力经济管理虚拟仿真实验教学中心"入选国家级虚拟仿真实验教学中心。

2015年，学校教育教学质量成效显著，创新成果进一步攀升：学生参加各类学科创新竞赛获得国际、国家级奖368项、省部级奖384项。国家大学生创新创业训练计划项目160个，学生共获专利97项，发表论文201篇，制作软件或实物作品204件。2015年5月，在欧洲最大的国际商业模拟竞赛"尖烽时刻"全球总决赛中，学生团队获全国特等奖、综合总成绩亚洲第二、商业模拟全球第一的好成绩；第八届"全国大学生节能减排社会实践与科技竞赛"，获特等奖1项、一等奖2项、二等奖5项、三等奖12项；2015年全国大学生电子设计竞赛，共获全国一等奖1项、二等奖3项，省部级一等奖4项、二等奖9项、三等奖10项，创历史最佳成绩；在"高教社杯"全国大学生数学建模竞赛中取得优异成绩，获全国一等奖4项、二等奖13项，至此学校已连续八年在该项赛事中获全国一等奖；在2015年美国国际大学生数学建模赛中获1项国际特等奖提名奖，进入全球前22名，这是学校学生参加美国国际大学生数学建模竞赛以来获得的最高奖项，取得历史突破。

（孙志凌　陈海燕）

【概况】2015年，华北电力大学共设自然班792个（含保定校区358个），其中实验班38个（含保定校区17个），共授课学时234590个（含保定校区115848学时）。

2015年，学校5个项目获批北京市教改立项项目，9项教改项目入选省级教改项目，1名教师被评为北京市高等学校教学名师，1门课程入选国家级精品视频公开课，1实验教学中心获评国家级虚拟仿真实验教学中心。

（孙志凌　陈海燕）

【5个项目获批北京市教改立项项目】11月，北京市教育委员会发布《关于批准2015年度北京高等学校教育教学改革立项项目的通知》（京教函〔2015〕584号），华北电力大学获批面上项目5个。分别是：《以专业认证为导向的电气工程人才培养方案研究与完善》；《高校重点实验室提升本科创新人才培养能力模式探索》；《虚拟仿真环境下电力经管

类实验的研究与实践》;《校际及校企共建共享新能源教学资源的途径探索与实践》;《大学英语综合教学改革》。

（孙志凌）

【1门课程入选国家级精品视频开放课】4月，教育部办公厅发布《关于公布第七批“精品视频公开课”名单的通知》(教高厅函〔2015〕11号)，华北电力大学赵洱岽负责的《沟通的力量（1～5讲)》入选第七批国家级精品视频公开课。

（孙志凌）

【1名教师被评为北京市高等学校教学名师】7月，北京市教委发布《北京市教育委员会关于公布第十一届北京市高等学校教学名师奖获奖名单的通知》(京教函〔2015〕382号)华北电力大学李英教授被评为第十一届北京市高等学校教学名师。

（孙志凌）

【1个实验教学中心获评国家级虚拟仿真实验教学中心】1月，教育部办公厅发布《教育部办公厅关于批准清华大学数字化制造系统虚拟仿真实验教学中心等100个国家级虚拟仿真实验教学中心的通知》(教高厅函〔2015〕3号)，华北电力大学“电力经济管理虚拟仿真实验教学中心”入选国家级虚拟仿真实验教学中心。

（孙志凌）

【9项教改项目入选省级教改项目】2015年3月27日，河北省教育厅下发《河北省教育厅关于公布2014至2015年度河北省高等教育教学研究与实践项目名单的通知》(冀教高〔2015〕7号)，王秀梅主持的《高等学校拔尖创新人才培养体系的研究与构建》、李斌主持的《能源与动力工程专业拔尖创新人才培养模式的探索与实践》、程晓荣主持的《以培养创新创业能力为目标的计算机专业人才培养模式研究》、温磊主持的《基于PDCT目标体系的工程造价专业创新人才培养模式研究》、潘卫华主持的《面向创新人才培养的程序设计课程教学模式改革与研究》、张文建主持的《大学生多学科交叉融合综合创新实践模式的研究与实践》、谢志远主持的《电子信息科学与技术专业创新人才培养实践教学体系改革研究》、李永刚主持的《基于系统化理念的《电机学》教学体系创新与综合改革实践》、王璋奇主持的《基于学研双驱模式的输电工程专业实践教学体系研究》入选省级教改项目。

（陈海燕）

继续教育教学

【概述】2015年，华北电力大学继续教育工作围绕学校发展大局，全面落实中央“全面从严治党”的重大部署，认真学习党的十八届四中全会和习近平总书记系列重要讲话精神，开展“三严三实”专题教育活动，查摆问题、整改巩固，通过思想上、政治上、工作上的学习和自查，继续教育学院全体教职员工爱岗敬业意识明显增强，工作作风明显改进，整体素质全面提高，队伍建设迈上新台阶。

2015年，华北电力大学国家级专业技术人员继续教育基地(以下简称基地)工作稳步推进。基地办公室进一步完善基地各项规章制度和管理办法，基地管理更加规范化、制度化、科学化。2015年，基地配合人力资源和社会保障部为国家能源电力行业提供高层次、急需紧缺和骨干人才培养、岗位培训、知识更新工程培训等各类培训;成功申办3期国家级高级研修班，涉及火力发电、电力需求侧、能源消费革命等领域。

2015年，华北电力大学牵头联合各电力行业高校、企业等组建行业分联盟“电力行业继续教育联盟”，充分发挥高校、行业、企业在继续教育中的作用，加快推动电力行业继续教育规模化进程，形成校际、校企间的良性互动体制，实现合作共赢。

2015年，华北电力大学作为教育部第一批试点高校，积极参加教育部普通高校成人学历继续教育改革试点，整合函授、业余教育、高自考和远程教育统一为学历继续教育。充分利用中国电力行业远程继续教育网的教学资源，开展网络加面授的混合学习模式，解决函授教育中最突出的工学矛盾。

2015年，华北电力大学成人学历教育工作强化教学质量、严格收费管理，加强校外教学站点管理，规范合作办学，加强师资队伍建设和管理，各校外教学站通过所在省市教育厅的检查评估。

2015年，顺应形势要求，华北电力大学创新企业培训模式，以送教上门的形式开展企业培训项目，前往内蒙古、山西、陕西、甘肃、浙江、广东、四川、新疆等省16家电力企业开展20余期培训班，包括管理能力、电力技术、前沿专题等内容，参培人员人数更多、范围更广。

（尹　莎）

【概况】2015年，学校成人学历教育在校生共计14199人，录取新生2725人，毕业生共计5130人，授予学士学位862人，评选优秀毕业生318名。现有教学站60个。2015年，学校非学历继续教育全年共举办培训班153期，参加培训12,515人次。2015年，中国电力行业远程继续教育网（www.dljxjy.com）更新课程77门，210.5课时，至年底，已上线1613门课程、4184.5课时课件，课程专业涵盖火电、水电、风电、核电、生物质能发电、太阳能发电及供电、输配电、电力设计、电力制造等整个能源电力行业，在线注册学员5万多名。

（尹　莎）

【参加成人学历继续教育改革试点】3月，华北电力大学作为第一批试点高校，积极推进成人学历继续教育改革试点，挑选《电力系统继电保护》一门课程作为网络学习试点课程，其中校本部和在京教学站的学员减少一半面授，外地函授站试行全部网上学习，网上考试。该课程的网络学习试点使成教学生工学矛盾问题得到有效缓解。

（尹　莎）

【美国斯坦福大学专业发展中心一行来访】4月20日，美国斯坦福大学专业发展中心执行董事Paul Marco和赵春梅女士来校交流访问。双方就继续教育高端前沿项目的研究设计、继续教育市场开拓等方面进行交流和探讨，希望今后双方能在能源电力领域工程技术人员的知识更新和继续教育等方面开展长期合作。

（尹　莎）

【出席国际继续工程教育在线学习研讨会】5月14日，继续教育学院院长沈剑飞代表华北电力大学参加国际继续工程教育协会继续工程教育在线学习研讨会，并作关于中国电力行业继续工程教育远程培训实践与探索的专题发言。研讨会主要围绕远程培训现状、存在问题、解决途径及未来发展展望等内容展开研讨。人力资源和社会保障部专业技术人员管理司作会议主旨发言，宝钢集团、中国国家人事人才培训网、美国斯坦福大学、英国索福德大学、北京理工大学等国内外相关行业、院校、协会作专题发言。

（尹　莎）

【成立电力行业继续教育联盟】5月27日，“电力行业继续教育联盟成立大会”在华北电力大学召开。会议邀请教育部职成司远程与继续教育处处长刘英、全国高校现代远程教育协作组及全国网络教育考试委员会常务副主任李德芳、北京大学继续教育部兼资源建设联盟负责人兼协作组及网考办副主任侯建军、清华大学继续教育学院书记兼校企合作联盟秘书长刁庆军、中国华电集团公司、国网北京市电力公司、国电电力发展有限公司、山西漳泽电力股份有限公司、国华电力公司、中电投华北分公司、东北电力大学、长沙理工大学、上海电力学院、华北水利水电大学、安徽电气工程职业技术学院、重庆电力高等专科职业学校等联盟理事会成员出席。华北电力大学校长助理律方成教授致开幕词并介绍华北电力大学在继续教育领域内的行业学科优势，肯定联盟建设对华北电力大学成为高水平的大学、培养有创新能力、高素质人才所具有的重要意义，并承诺华北电力大学将和各联盟单位一起勇担为国家和社会培养高层次拔尖创新人才、服务社会、服务行业的重任。继续教育学院沈剑飞院长做《电力行业继续教育联盟工作汇报》，对电力行业继续教育联盟的背景、性质、组织结构等基本情况进行介绍，对联盟未来建设提出构想和初步方案。教育部职成司远程与继续教育处处长刘英做重要讲话，指出继续教育如何战略转型、如何利用新的技术手段为社会提供教育资源、如何更好地发挥服务社会的功能是业内要思考和解决的重要问题，电力行业继续教育联盟要发挥好行业引领作用，紧密联系国家能源电力行业和继续教育事业未来改革发展与战略转型的思路与方向。大会对联盟章程进行讨论，并审议通过第一届理事会名单。根据各单位的推选，华北电力大学任第一届理事长单位。联盟各单位签署“联盟加盟书”。

（李　琦　尹　莎）

【举办能源生产和消费革命高级研修班】6月10日，华北电力大学举办新常态下能源生产和消费革命高级研修班。本次高研班列入人力资源社会保障部2015年全国专业技术人员高级研修班计划，由中国高级公务员培训中心、华北电力大学承办。参加高研班的培训学员共70人，均为电网及发电企业中负责管理工作的高层次专业技术人才及管理人员。课程内容主要涉及中国海外利益与能源企业走出去战略；能源革命与燃煤电厂清洁化；“一带一路”与能源企业国际化战略；十三五能源规划战略分析；国内外典型案例的针对性剖析等。研修期间全体研修学员赴华北电力大学国家重点实验室与专家团队进行现场互动交流与研讨。通过研修，进一步加快中国能源电力领域专业技术人员知识更新的步伐，帮助能源电力领域的高级管理人员及专家拓展视野，深入了解新常态下能源生产和消费革命的相关政策和发展趋势，研讨能源与环境友好关键技术和研究前沿，提高电力系统安全水平和综合效率。

（于丹丹　尹　莎）

【**召开成人教育工作会议**】7月3日，华北电力大学2015年成人教育工作会议在国际交流中心召开。来自北京、内蒙、山东、重庆等地17个校外教学站（点）的28位代表及继续教育学院部分工作人员参加会议。华北电力大学校长助理律方成出席会议并讲话。副院长张淑莉主持本次会议，院长沈剑飞作华北电力大学2015年成人教育工作报告，总结2014年成人教育主要工作及成果，对华北电力大学成人教育下一年的工作做出安排与部署，主要工作包括：(1)继续抓质量监控；(2)积极参与学历继续教育信息化改革；(3)指导校外教学站点的检查评估；(4)稳定成人教育招生规模。党总支书记梁立新宣读《华北电力大学关于表彰优秀教学站（点）及教学站（点）优秀管理工作者的决定》的文件，并向获“华北电力大学优秀教学站（点）”称号的教学站（点）、获“华北电力大学成人教育优秀管理工作者”称号的工作人员颁发荣誉证书。

（张淑莉　尹　莎）

【**举办火电机组污染物超排放关键技术研讨高级研修班**】9月20日，火电机组污染物超排放关键技术研讨高级研修班在华北电力大学开班。本次高研班列入人力资源社会保障部2015年全国专业技术人员高级研修班计划，由华北电力大学国家专业技术人员继续教育基地举办。参加高研班的培训学员共70人，均为国电集团负责火电机组污染物排放的高层次专业技术人才及管理人员。研修内容主要是新形势下碳排放控制技术和碳市场贸易的最新发展趋势；燃煤电厂大气主要污染物高效低成本控制技术研发；火电机组脱硫、脱销、烟气脱水技术；火电机组超低污染物排放关键技术研讨；湿法脱硫吸收塔内除尘DUC技术、烟气污染物排放数据管理系统研发情况燃煤电厂碳盘查工作方案等。研修期间全体研修学员赴国家火力发电工程技术研究中心、生物质发电成套设备国家工程实验室与专家团队进行现场互动交流与研讨。通过研修，力图进一步加快我国能源电力领域专业技术人员知识更新的步伐，帮助能源电力领域的高级管理人员及专家拓展视野，深入了解火电机组污染物超低对环保的重要性和必要性，研讨火电能源在国际产业界的最新发展趋势。

（于丹丹　尹　莎）

【**举办电力需求侧管理高级研修班**】10月27日，工业领域电力需求侧管理高级研修班在华北电力大学开班。本次高研班列入人力资源社会保障部2015年全国专业技术人员高级研修班计划，由中国继续工程教育协会主办、华北电力大学、中电联工业领域电力需求侧管理促进中心承办。研修内容主要是能源互联网与售电侧放开；大数据在能源革命中的应用；智能电网及其应用技术前瞻；新形势下售电侧机遇与挑战；工业领域电力需求侧系统及案例分析等。研修期间全体研修学员赴北京水泥厂与专家团队就污染物回收再利用及环境友好型产业进行现场互动交流与研讨。通过研修，力图进一步加快我国电力需求侧领域专业技术人员知识更新的步伐，帮助电力需求侧领域的高级管理人员及专家拓展视野，深入了解电力需求侧管理的重要性和必要性，研讨电力需求侧在国际产业界的最新发展趋势，提高电力需求侧管理水平和综合效率。

（于丹丹　尹　莎）

【**校外教学站通过检查评估**】12月，安徽电力职工大学函授站、陕西地方电力培训中心函授站、北京供电培训学校、北京达德职业技能培训学校等多个校外教学站通过各省市教育厅检查评估。

（张淑莉　尹　莎）

艺术教育教学

【**概述**】2015年，华北电力大学艺术教育工作紧密围绕学校中心工作，推进高水平校园文化、，提高广大师生文化艺术修养，营造良好校园氛围，坚持“国际化、精品化、项目化、专业化”的工作思路，在艺术教育、艺术实践等方面取得优异成绩。

2015年，华北电力大学艺术教育开展各类艺术课程10余门，内容涉及音乐、美术、舞蹈、戏剧等各类艺术门类。除本校艺术教师专职授课外，还聘请知名艺术专家担任客座教授或兼职教授，满足广大学生提高艺术修养的需求。

2015年，华北电力大学艺术教育在精品化方面，充分调动多方面力量开展各类“高雅艺术进校园”文化活动。学校多次邀请北京交响乐团、北京市曲剧团、中国歌剧院等艺术团体来校演出。学校蓝色动力合唱团参与CCTV合唱先锋录制，获周冠军，并首次在国家大剧院举办专场演出。学生艺术团四大分团分别举办各自专场演出。

2015年，华北电力大学艺术教育在专业化方面，充分发挥专职教师的作用。合唱团、舞蹈团、话剧团、曲艺团均有专职教师负责，以提高大学生艺术团水平。

2015年，华北电力大学艺术教育获团体及个人多项荣誉，并代表中国进行海外巡演，受到热烈欢迎。

（任威宇　王洪斌　王媛媛）

【**概况**】2015年，华北电力大学艺术教育中心有专职教师6人，兼职教师10人。其中正教授1人，副教授2人。

2015年，学校艺术教育中心在原有四个大学生艺术团（合唱团、舞蹈团、话剧团和曲艺团）基的础上，新设西洋乐团，艺术团表演形式得到进一步丰富，现共有团员800余人。

2015年，艺术教育中心面向全校本科生开设的选修课程有《音乐鉴赏》《声乐艺术欣赏》《电影音乐鉴赏》《舞蹈欣赏》《舞蹈形体》《视唱与合唱》《影视鉴赏》《书法鉴赏》《美术鉴赏》《戏剧鉴赏》《乐理基础》《合唱与指挥》等。

（任威宇　王洪斌　王媛媛）

【**举办大学生艺术节**】2015年，华北电力大学保定校区成功举办大学生艺术节。此次艺术节通过举办多种形式的文艺活动，为大学生的健康成长营造良好文化环境，引领大学生参与“高雅艺术进校园”活动，弘扬优秀民族文化，吸纳人类先进文化成果，提高艺术修养和文化素质。艺术节期间，共举办2015保定高校管乐艺术沙龙、纪念中国人民抗日战争胜利暨世界反法西斯战争胜利70周年大型民族音乐会《太行壮歌》、中央民族大学副教授黑力独唱音乐会、“春华秋实”大学生艺术团教学汇报演出、“星光灿烂”青年歌唱家音乐会、2016年新年音乐会、美国曼哈顿交响音乐会等丰富多彩的活动。

（王洪斌　王媛媛）

【**参加全国大学生艺术展演**】2015年，华北电力大学保定校区大学生艺术团参加全国第四届大学生艺术展演，在声乐、器乐、戏剧小品及艺术教育科研论文等方面均取得优异成绩。

（王洪斌　王媛媛）

【**举办多场相声专场活动**】2015年，华北电力大学相声协会举办多场相声专场活动。5月5日，华北电力大学“一笑堂”相声协会在科学会堂举办“相声大讲堂”，向全校师生普及和分享相声艺术的有关知识。5月13日，华北电力大学“一笑堂”相声协会在教三报告厅举办“与笑结缘”相声专场演出，为全校师生带来一场相声视听盛宴。12月3日，华北电力大学大学生艺术团成立十周年系列庆祝演出活动之“与笑结缘”相声专场在教三报告厅开演。

（任威宇）

【**举办舞蹈大讲堂**】5月29日，华北电力大学舞蹈团在教三6楼排练厅举办“舞蹈大讲堂”，向全校师生普及和分享舞蹈艺术的有关知识。

（任威宇）

【**参加天津市大学生舞台剧邀请赛**】5月28日，华北电力大学光合话剧团参加天津市大学生舞台剧邀请赛。话剧团剧目《时间胶囊》获得季军。本赛事由天津广播电视台主办，在津湾大剧院隆举行，京、津、冀多所大学派出代表队参赛。

（任威宇）

【**举办大学生艺术团汇报演出**】11月12日，华北电力大学大学生艺术团举办“春花秋实”2015年汇报演出。此次汇报演出由艺教中心主办、大学生艺术团承办，再现艺术团在各艺术领域取得的喜人成绩及艺术团的成长历程。

（任威宇）

【**参加北京市大学生舞蹈节**】11月18日至19日，华北电力大学大学生艺术团参加2015北京大学生舞蹈节，原创舞蹈《冬不拉的节奏》获本届舞蹈节群舞A类一等奖，《喜鹊喳喳喳》获群舞A类二等奖，华北电力大学获“优秀组织奖”。本届舞蹈节由中共北京市委教育工作委员会、北京市教育委员会主办，北京学生活动管理中心、清华大学、首都师范大学、北京舞蹈学院承办，共有57所高校参赛。

（任威宇）

【**举办艺术团成立10周年专场演出**】12月2日，华北电力大学“光辉岁月”——艺术团成立十周年专场演出在教三报告厅举办，回顾艺术团成立10年来的光辉岁月，并为十周年精品节目颁奖。

（任威宇）

【**举办蓝色动力合唱团十周年专场音乐会**】12月11日，“蓝色记忆”——华北电力大学蓝色动力合唱团十周年专场音乐会在国家大剧院音乐厅举办。此次音乐会是国家大剧院“青少年普及音乐会”的特别策划，“青少年普及音乐会”共邀请全国五所高校分别带来五场别音乐会，“蓝色记忆”音乐会是五场演出的开篇之作，也是蓝色动力合唱团在国家大剧院舞台上首次举办专场音乐会。

（任威宇）

【光合话剧团演出《蠢蛋》】12 月 15 日，华北电力大学光合话剧团在教三报告厅演出年度大戏《蠢蛋》，话剧团幽默诙谐的表现形式，受到师生欢迎。

（任威宇）

□科技研究与产业开发

SCI-TECH RESEARCH AND INDUSTRIAL DEVELOPMENT

〇 综 述

2015 年，学校科技成果产出提升，获各类省、部级以上科技成果奖 40 项。其中，获教育部科学技术奖、中国电力科学技术奖、重庆市科技进步奖等省部级一等奖 7 项。学校积极推进 22 个省部级以上科研平台规范运行和管理，力争新的省部级以上科研平台立项，新增“新型太阳电池的基础和应用研究创新引智基地”1 个，学校“111 引智基地”达到 5 个，位居全国高校前列。新增中国工程院院士 1 人，新增科技部创新人才推进计划“中青年科技创新领军人才”2 人，新增“北京市优秀青年人才”1 人，中国青年女科学家奖 1 人；1 个教育部创新团队验收获得专家高度评价，7 名教育部新世纪优秀人才以优秀成绩通过结题验收。科技成果转化改革试点工作完成并取得初步成效。学校各类科研合同经费达到 5.85 亿元，创历史新高，比去年增长 7.7%。各类纵向科技项目获得立项资助 278 项，资助经费达 1.70 亿元。学校共申请专利 1021 项，其中发明专利 526 项；获得专利授权 544 项，其中发明专利 276 项。

2015 年，华北电力大学产业现有企业 31 家，是中国电力行业有影响力的高科技产业群体之一，形成以电力科技为核心，电子、通信、计算机、机械、环保等产品和服务并举，内外联合，多层次、多渠道发展的格局。

2015 年，高等教育研究所与学校相关部门紧密配合，按计划完成学校综合改革方案制订、“十三五”事业发展规划编制、学校“十二五”发展成就和经验总结、学校“十三五”发展形势分析、“三严三实”教育实践活动相关材料撰写、校地合作论证及其他材料撰写等多项工作。

2015 年，现代电力研究院围绕能源电力行业的发展趋势和学校“大电力”学科体系的布局，针对能源市场、能源政策、能源信息化等研究方向的关键问题开展理论研究和应用研究，为新一轮电力体制改革方案相关配套文件起草及电力市场试点方案设计等提供专业咨询。继续推进能源领域交流平台建设，成功举办第五届“现代能源发展论坛”。

2015 年，华北电力大学期刊部办刊质量总体上稳中有升，社会影响力进一步扩大。《现代电力》《学报（自然科学版）》《电力科学与工程》的影响力指数 CI 值在 105 种 TM 类电气工程学科专业期刊中分别排名第 20 位、第 21 位和第 27 位（上年按影响因子排名分别为第 22、21 和 19 位）；《学报（社会科学版）》的影响力指数 CI 值在 632 种综合性人文社科期刊中排名为 196 位，较上年上升 3 位。

2015 年，环境研究院围绕学校“大电力”学科体系，针对资源与环境问题及其关键科学问题和技术开展大量的研究和工程实践，在研究生培养，科学研究、国际交流合作，该研究院与国内外多家知名院校、企业在人才培养、科技攻关、科技成果转化、产学研结合等方面展开全方位交流与合作。研究院师生共发表论文 108 篇，其中 SCI 检索 53 篇，申请和授权发明专利 6 项，获国家电网公司科技进步一等奖 1 项。黄国和教授在 Nature 杂志上发表文章 1 篇、唐振武教授分别在 Nature 和 Science 杂志上发表文章 1 篇。

2015 年，苏州研究院科研管理水平进一步提高，经费收入 157.3 万元，成功申报江苏省自然科学基金项目 1 项，科技服务机构绩效补助项目 1 项，与 3 家企业共建苏州市工程技术研究中心，与 1 家企业共建苏州市重点实验室，参与 1 家企业成果转化专项项目，与 4 家企业共建区级研究生工作站，与 3 家企业共建江苏省研究生工作站等。成功举办华北电力大学苏州光伏技术创新与合作训练营。与苏州高新区共建“研究生企业科技助理挂职锻炼基地”，与新加坡国立大学苏州研究院达成初步合作。

科学研究

【概述】2015年，华北电力大学以深化学校综合改革为契机，以全面提升科技创新能力为中心，进一步创新科研体制机制，年度科研经费继续增长。

2015年，学校科技成果产出提升，获各类省、部级以上科技成果奖40项。其中，获教育部科学技术奖、中国电力科学技术奖、重庆市科技进步奖等省部级一等奖7项。科技论文发表在全国高校排名继续攀升，专利申请和授权数量不断增加。

2015年，科研院积极推进22个省部级以上科研平台规范运行和管理，力争新的省部级以上科研平台立项，新增“新型太阳电池的基础和应用研究创新引智基地”1个，学校“111引智基地”达到5个，位居全国高校前列。

科技人才队伍和平台建设成效明显，高层次人才不断涌现。新增中国工程院院士1人，新增科技部创新人才推进计划“中青年科技创新领军人才”2人，新增“北京市优秀青年人才”1人，中国青年女科学家奖1人；1个教育部创新团队验收获得专家高度评价，7名教育部新世纪优秀人才以优秀成绩通过结题验收。

2015年，科技成果转化改革试点工作完成并取得初步成效。作为财政部、科技部、国家知识产权局组织的深化中央级事业单位科技成果使用、处置和收益权改革试点单位，学校进一步健全科技成果转化的制度体系，确保试点工作有序开展。继续加强技术转移中心建设，与多个地方政府和企业签订合作协议。大学科技园管理服务体系进一步完善。

（刘　晓　张力晖）

【概况】2015年，学校各类科研合同经费达到5.85亿元，创历史新高，比去年增长7.7%；到账经费3.58亿元，比去年减少8.67%。各类纵向科技项目获得立项资助278项，资助经费达1.70亿元。其中，承担“973”计划项目、“863”计划项目、国家科技重大专项8项，国家自然科学基金和社科基金项目75项。2名教授分别获得国家自然科学基金委“国家杰出青年科学基金项目”和“国家优秀青年科学基金项目”立项资助。2015年，学校横向项目合同总经费3亿元。

2015年，学校共申请专利1021项，其中发明专利526项；获得专利授权544项，其中发明专利276项。

2014年，学校作为第一署名单位被三大检索收录的论文数2368篇，其中SCI 649篇，排名第78名；EI 1124篇，排名第37名；CPCI-S 595篇，排名第8名。（编者注：因该数据次年揭晓，故数据迟缓一年刊登）。

2015年，期刊学术影响稳步提升。《华北电力大学学报》（自然科学版）被河北省新闻出版局评为2012—2014年度优秀期刊称号，影响因子持续增加。

2015年，大学科技园成为保定·中关村创新中心首批合作伙伴，在该中心设立“华北电力大学国家大学科技园融智空间”，各项硬件设施建设工作已启动。

截至2015年12月，园区企业共计232家，其中北京总部175家，保定57家；北京新增入驻企业40家，保定新增入驻企业14家；获批相关部委支持资金项目5项，总计获得支持资金280万元，其中北京总部270万元。2015年，北京总部科技园租金收入1000.21万，上缴学校利润821万。

（刘　晓　张力晖）

【2项成果获国家科学技术奖励】1月9日，中共中央、国务院在北京举行国家科学技术奖励大会。学校2项科技成果获得2014年度国家科学技术奖励。刘吉臻教授作为第一完成人、学校为第一完成单位的“大型超超临界机组自动化成套控制系统关键技术及应用”项目获国家科学技术进步奖二等奖，在大型超超临界机组复合建模理论与状态重构技术等方面取得重大突破。该项目获授权发明专利20项，软件著作权46项；发表SCI论文22篇，EI论文23篇。项目先后通过科技部、国家能源局、中国电机工程学会组织的项目验收和技术鉴定。李成榕教授作为第三完成人、学校为第二完成单位参与的“气体绝缘装备特高频局部放电监测关键技术及其应用”项目获国家技术发明奖二等奖，这是学校首次获得国家技术发明奖。该项目获得授权发明专利18项、实用新型6项及软件著作权1项；发表SCI论文49篇，EI论文185篇。

（刘　晓）

【召开科技成果转化动员会议】1月14日，保定校区召开科技成果转化宣讲动员会议。副校长王增平、职能处室及相关院系负责人、科研骨干和科技处全体工作人员参加会议。会议由科技处处长丁常富主持。丁常富介绍保定校区近四年来科技成果产出及转化现状，讲解国家和省市鼓励成果转化的政策，解读《华北电力大学科技成果转移转化管理改革试点实施方案》。王增平表示，学校被认定为改革试点单位，是学校科技工作重大机遇。科技工作者，要解放思想，妥善处理成果转化与教学的关系，选择适合自身条件和能力的方式进行成果转化工作。

（张力晖）

【加入中国国际新能源应急产业创新联盟】1月15日，由华北电力大学和英利集团、清华大学、美国杜邦公司等21家单位联合发起的中国国际新能源应急产业创新联盟在保定成立。这是中国第一个新能源领域的应急产业创新联盟。河北省工信厅、河北省科技厅、中国产学研合作促进会、保定市有关领导参加会议。校长助理米增强教授代表学校参加剪彩仪式。学校将通过加强与新能源应急产业创新联盟各单位的合作，促进学校相关学科的发展。

（张力晖）

【1人获中国青年女科学家奖】1月16日，第十一届“中国青年女科学家奖”颁奖典礼在北京举行。学校环境研究院李永平教授获“中国青年女科学家奖”，这是学校首次获此奖。“中国青年女科学家奖”有中国青年科技女性“诺贝尔奖”之称，表彰奖励在基础科学与生命领域取得重大和创新性成果的青年女性科技工作者。

（刘　晓）

【召开大学科技园工作会议】1月16日，学校召开国家大学科技园2014年度工作总结暨科技成果转移转化推介会。会议由国家大学科技园管理办公室主任王宏盛主持。会议全面总结大学科技园2014年工作，对园区年度优秀企业、重点合作平台、优秀产学研转化项目、优秀企业家、优秀大学生创业导师、企业优秀员工进行表彰，相关学院向园区企业推介优秀科技成果。副校长杨勇平、北京市昌平区政协副主席、昌平区科委副主任李雪红等十余位嘉宾以及园区企业代表、师生代表230余人参加会议。

（刘　晓）

【加入中国电谷第三代半导体产业技术创新战略联盟】1月16日，学校作为发起单位筹划的“中国电谷第三代半导体产业技术创新战略联盟暨院士工作站成立大会”在保定召开。中国科学院院士、中科院半导体研究所所长李树深，中科院北京分院副院长李静，保定市委书记聂瑞平，市长马誉峰，市人大常委会主任宋文，常务副市长刘颖，副市长杨猛和学校党委副书记、副校长张金辉，“千人计划”特聘专家黄永章等参加揭牌仪式。河北省科技厅、金融机构、其他高校和高新区骨干企业共50余家单位参加会议。

（张力晖）

【召开2014年科研工作总结会议】1月19日，学校召开2014年科研工作总结两地视频会议，副校长杨勇平出席会议，会议由科学技术研究院副院长肖万里主持。科研院常务副院长檀勤良作工作汇报，全面总结2014年学校科研工作，并部署学校2015年科研工作任务。科研院副院长丁常富通报2014年各学院（系）2014年科研经费任务。科研院项目一部主任刘明军对2015年度国家自然科学基金项目项目申请进行动员。杨勇平指出，学校和各单位要对2014年科研工作进行全面总结和深刻分析，及时了解国家科技体制改革和能源电力领域改革动态，认真谋划“十三五”发展战略，努力推动学校科研工作再上新台阶。

（刘　晓）

【召开第一届学术委员会第四次会议】1月20日，新能源电力系统国家重点实验室第一届学术委员会第四次会议在学校召开。出席会议的学术委员会委员有：国家电网公司黄其励院士、华中科技大学程时杰院士，中国电力科学研究院郭剑波院士，中国科学院热物理研究所金红光院士，清华大学闵勇教授，中国科学院电工研究所肖立业研究员，国家电网公司特高压部陈维江教授，中国国电集团公司王雨蓬教授，华北电力大学刘吉臻教授、崔翔教授和徐进良教授。出席会议的还有清华大学韩英铎院士，华北电力大学杨奇逊院士，华北电力大学副校长杨勇平教授、副校长王增平教授，电气与电子工程学院常务副院长李庚银教授、可再生学院院长戴松元教授、控制与计算机工程学院刘石教授、科学技术研究院檀勤良常务副院长和重点实验室科研骨干70余人。会议由檀勤良主持，杨勇平致欢迎词。实验室常务副主任毕天姝教授作2014年实验室工作报告。崔翔、赵成勇、刘吉臻、王海风分别作课题研究进展报告。牛玉广介绍2014年开放课题工作进展和2015年开放课题设置思路。委员们肯定2014年实验室取得的成绩，并提出指导性建议：突出前瞻性，明确目的性，拓展研究领域。实验室主任刘吉臻勉励实验室全体人员增强危机意识，把实验室建设成为在业界具有引领、示范和创新作用的国家重点实验室。

（刘　晓）

【1人入选国家百千万人才工程】 1月，人力资源和社会保障部公布2014年国家百千万人才工程入选人员名单，学校资源与环境研究院李永平教授入选，同时被授予“有突出贡献中青年专家”荣誉称号。至此，学校共有国家级百千万人才工程人选9人。

（刘　晓）

【1项目获国家973计划立项】 3月，科技部下发《关于国家重点基础研究发展计划2015年项目立项的通知》（国科发基〔2015〕63号），以学校杨勇平教授作为首席科学家申报的项目“燃煤发电系统能源高效清洁利用的基础研究”获得批准立项。该项目面向国家能源领域的重大需求，组织华北电力大学、西安交通大学、浙江大学、清华大学、华中科技大学和中国科学院工程热物理研究所等科研单位和团队。该项目从单元、过程和系统耦合的角度，发展高参数燃煤发电全工况高效热功转换、能源梯级利用和污染物协同控制的新理论、新方法，力争在燃煤发电系统高效清洁利用关键技术上取得突破。

（刘　晓）

【加入中国电谷智能电网装备产业技术创新联盟】 3月18日，“中国电谷智能电网装备产业技术创新联盟”成立大会在保定召开。中国科学院院士、中国电力科学研究院总工程师周孝信，中科院电工研究所书记张福宽，保定市市长马誉峰、副市长杨猛，学校副校长王增平、科技处有关负责人参加成立大会。河北省科技厅、有关高校和智能电网企业共60余家单位参加会议。王增平等领导共同鉴签《中国电谷智能电网装备产业技术创新联盟协议书》，并为产业技术创新联盟常务理事单位颁牌。学校杨奇逊院士、王增平教授受聘为产业技术创新联盟技术委员会委员。中国电谷智能电网装备产业技术创新联盟涵盖智能电网领域的科研机构、高校、企业、协会等，组织机构包括指导委员会、技术委员会和理事会。

（张力晖）

【1项“973计划”项目启动】 4月26日，由学校作为首席科学家单位，西安交通大学、清华大学、浙江大学、中国科学院工程热物理研究所和华中科技大学共同承担的国家重点基础研究发展计划“973计划”项目“燃煤发电系统能源高效清洁利用的基础研究”正式启动。华北电力大学副校长、项目首席科学家杨勇平和科研院常务副院长檀勤良共同主持启动会。科技部“973计划”能源领域咨询组项目联系责任专家中国矿业大学彭苏萍院士、南京航空航天大学宣益民教授，项目特聘顾问刘吉臻教授、中国工程院院士谢克昌、中国科学院院士徐建中和电力规划设计总院副院长兼总工程师孙锐，项目专家组成员、各课题负责人和项目研究骨干60余人参加启动会，科技部基础研究管理中心和教育部科学技术司基础处有关领导参加会议。

（刘　晓）

【成为保定·中关村创新中心首批合作伙伴】 4月28日，中关村管委会和保定市政府在保定高新区举行“保定·中关村创新中心揭牌仪式暨京冀创新合作推介会”。河北省副省长许宁、国家科技部火炬中心主任张志宏、北京市委副秘书长郭广生、中关村管委会主任郭洪、河北省科技厅厅长王志欣、保定市委书记聂瑞平、保定市市长马誉峰、学校副校长杨勇平等领导同志出席会议。在揭牌仪式上，华北电力大学国家大学科技园等14家单位签约，成为保定·中关村创新中心首批合作伙伴。此次签约将有效推进学校与保定地区合作，助力京津冀协同发展。作为中关村创新主体高校院所的代表，杨勇平就与保定·中关村创新中心的战略合作发表讲话。杨勇平指出，学校两地实质性一体化办学的格局，契合京津冀一体化协同发展的国家战略，保定·中关村创新中心的落地将成为科技成果转化先锋，为大学创新驱动发展提供新动力。

（刘　晓　张力晖）

【参加保定科技园众创空间建设推进会】 5月28日，保定国家大学科技园举行众创空间建设推进会。科技部高新司巡视员耿战修，河北省科技厅巡视员廖波，保定市市长马誉峰，学校副校长王增平及保定市相关单位负责人参加此次活动。推进会举行中国电谷·豆芽创客空间启动仪式。启动仪式后，与会领导参观学校大学科技园。耿战修、马誉峰等领导对学校科技园为创客团队提供的企业家指导、融资中介、技术、法律等支撑性服务以及创客团队的成果给予肯定，并对科技园的运营和发展提出建设性意见。

（张力晖）

【设立华电科技园创新基金】 6月10日，天安电气集团捐资设立华电科技园创新基金捐赠签约仪式在学校举行。天安集团捐赠200万元，设立华电科技园创新基金，用于支持华北电力大学科技园的建设发展。党委书记、教育基金会理事长吴志功，副校长、教育基金会副理事长杨勇平，天安电气集团有限公司集团执行总裁蒋善武出席签约仪式。科学技术研究院、校企合作办公室和教育基金会等部门负责人参加仪式。仪式由科学技术研究院常务副院长、国家大学科技园总经理檀勤良主持。蒋善武表示此次捐赠对天安集团和学校具有长远战略意义。

（刘　晓）

【中青科协专委会理事来校参观】6月17至19日，中国青年科技工作者协会五届二次理事会在保定召开。6月18日，与会的中国青年科技工作者协会环境与能源科学专委会理事在保定市人大常委会副主任孙金博的陪同下到学校参观。副校长王增平和有关部门、院系负责人陪同参观。理事们参观新能源电力系统国家重点实验室保定分室、物理模拟实验大厅、柔性直流输电实验室、电网模拟室、电力系统动态模拟实验室，就感兴趣的问题与实验室专家进行探讨。

（刘　晓）

【审议综合改革方案】6月29日，学校召开2015年第9次党委常委会议，专题审议《华北电力大学综合改革方案》，研究讨论华北电力大学“十三五”规划编制工作。校党委书记吴志功，党委常委、校长刘吉臻，党委常委张金辉、安连锁、李双辰、杨勇平、孙平生、张天兴参加会议。副校长王增平，校长助理米增强、律方成、汪庆华，学校综合改革方案编制专门工作小组成员列席会议。会议由吴志功主持。党委副书记李双辰介绍上级部门的相关要求、学校综合改革方案编制工作的总体部署、改革重点；校长助理汪庆华汇报综合改革方案的编制过程、框架结构及主要内容。党委常委、副校长杨勇平汇报关于“十三五”规划编制工作方案。党委常委对综合改革方案进行审议，并批准《华北电力大学综合改革方案》《华北电力大学“十三五”规划编制工作方案》，决定成立学校“十三五”规划编制工作领导小组，同时成立总体规划及专项规划编制工作组。会议要求，全校各单位要高度重视“十三五”规划编制工作，科学规划发展蓝图，科学确定“十三五”阶段发展的关键指标。

（刘　晓）

【1项成果通过鉴定】8月22日，中国电机工程学会在北京组织召开“源网联合调度控制仿真系统研究与开发”项目技术鉴定会，项目鉴定委员会由国网公司运检部、中国电力科学研究院、清华大学、天津大学、海南电力技术研究院、国电科环集团、国网甘肃省电力公司风电技术中心和内蒙古电力经济技术研究院等单位9名专家组成。中国工程院韩英铎院士担任主任委员，国家电网公司副总经济师王益民教授担任副主任委员。华北电力大学校长刘吉臻教授、副校长杨勇平教授、杨奇逊院士以及科学技术研究院、新能源电力系统国家重点实验室和保定华仿科技股份有限公司有关人员参加鉴定会。鉴定委员会听取项目报告，一致认为该研究成功研发含新能源接入的源、网、荷一体化电力系统调度控制仿真系统，为提高电网对新能源电力接纳能力、保证电网安全稳定运行提供技术支撑，整体技术达到国际先进水平，其中基于多源互补与火电机组弹性运行控制的电网调度控制仿真系统达到国际领先水平。

（刘　晓）

【与山西大学签署合作协议】9月，学校与山西大学在太原签署战略合作框架协议。校长刘吉臻，山西省教育厅副厅长孙世新，山西大学党委书记师帅、校长贾锁堂出席签字仪式，仪式由师帅主持。刘吉臻与贾锁堂分别代表双方签署战略合作框架协议。根据协议，双方将紧密围绕山西能源电力产业发展需求及山西大学发展的实际需要，开展能源电力学科领域的战略合作，在学科建设、人才培养、科技创新、合作交流及资源共享等重点领域，建立稳定合作机制。双方共同成立合作委员会，制定具体工作计划，组织、协调双方的合作事宜。签约仪式结束后，召开合作委员会第一次会议，就合作机制、合作内容进行深入探讨。

（刘　晓）

【主办中国电谷·智慧能源创新峰会】8月29日，创新中国行之保定站——中国电谷·智慧能源创新峰会在保定·中关村创新中心举办。该峰会由保定国家高新区管委会、华北电力大学、中关村软件园联合主办，北京中关村信息谷资产管理有限责任公司承办。国家电网公司、国网信通集团有限公司、中国能源国际集团投资有限公司等150家北京相关企业参会。学校副校长杨勇平、科学技术研究院副院长丁常富、副院长肖万里，电气与电子工程学院副院长刘云鹏、国家大学科技园主任王宏盛出席会议。该峰会旨在通过京冀两地在智慧能源领域协同发展的政策引导及合作推进，引进中关村技术、人才、资本、市场、平台等要素，凭借保定·中关村创新中心的基础支撑，以华北电力大学“电力系统融智空间”平台启动为契机，引领智慧能源产业创新，加快京津冀协同发展。

（刘　晓　张力晖）

【1项成果通过验收】9月，国家重点基础研究发展计划“973计划”项目“锅炉低温烟气余热深度利用的基础研究”课题通过验收。出席验收会议的有：科技部基础研究管理中心处长闫金定和孟庆权博士、教育部基础研究司处长邹晖、校长刘吉臻，“973计划”项目责任专家：清华大学曹竹安教授、南开大学朱坦教授、中国科学院山西煤炭化学研究所毕继诚研究员，项目组专家及特邀专家：中国科学院工程热物理所徐建中院士、西安交通大学陶文铨院士，清华大学岳光溪院士、中国科学院工程热物理所金红光院士、北京工业大学马重芳教授、浙江大学樊建人教授、西安交通大学何雅玲教授及北京航空航天大学孙晓峰教授。项目组课题负责人刘朝教授、唐桂华教授、徐进良教授、夏国栋教授、淮秀兰教授及张建华教授，团队代表及研究生60余人参加会议。专家组认为，该项目初步形成烟气余热利用理论、方法与技术，已解决若干技术难题，推动相关交叉学科的发展，该项目的6个子课题通过验收。

（刘　晓）

【与国电集团举行科研对接交流会】9月15日，中国国电集团公司——华北电力大学科研对接交流会在学校举行，会议由杨勇平副校长主持。中国国电集团公司党组成员、副总经理于崇德在讲话中介绍公司发展历程、科研情况以及科技管理情况。双方就感兴趣的领域进行对接交流。刘吉臻希望双方今后围绕国家战略、行业需求凝练项目，以任务为驱动，取得具有标志性、富有影响力、兼具竞争力的合作成果。国电电科院院长刘建民、国电电力副总经理兼总工程师许琦、安生部副主任祁智明、科综部副主任刘东远、龙源集团副总经理张滨泉、国电新能源研究院副院长郭桦、科环集团副总经理杨东、安生部科技环保处处长崔立群、科综部科技处处长崔青汝、副处长谭勇、科综部技术处陶志刚等出席会议，校长助理、党校办主任汪庆华及相关部门主要负责人参加会议。

（刘　晓）

【科技论文创佳绩】10月21日，中国科技论文统计结果发布统计数据，学校2014年科技论文喜获丰收。报告显示，2014年学校被中国科技论文引文数据库（CSTPCD）收录论文1520篇，在全国高校中排名第63名，论文被引6819次，排名第40名。被科学引文索引扩展版（SCI）收录论文649篇，在全国高校中排名第78名，与去年同期相比论文数量增加185篇，排名前进10名。另外，2005—2014年10年间共有2488篇SCI论文被引用13491次，在全国高校中排名第111名。（去年同期数据：2004—2013年1155篇SCI论文被引用8643次，排名第118名）论文被引用次数与去年相比增加4848次，排名前进7名。被工程索引核心部分（EI）收录期刊论文1124篇，在全国高校中排名第37名，与去年同期相比论文数量增加202篇，排名前进6名。学校有3篇论文入选中国百篇最具影响力的国内学术论文，分别是：朱艳伟撰写的《粒子群优化算法在光伏阵列多峰最大功率点跟踪中的应用》，赵冬梅撰写的《基于储能的微网并网和孤岛运行模式平滑切换控制综合策略》，焦重庆撰写的《开孔矩形腔体的近场电磁屏蔽效能研究》。

（徐　扬）

【科技部考察大学科技园】10月28日，京津保创新创业大街启动仪式在保定举办。会议期间，国家科技部火炬中心主任张志宏、河北省科技厅厅长王志欣、保定市市委书记聂瑞平、保定市政协主席崔启慧等一行莅临学校国家大学科技园进行考察。张志宏等参观“天德π客”创客空间和中小企业涉电产品公共检测服务平台，对大学科技园开展科技企业孵化和科技成果转化等情况给予肯定，同时建议：众创空间作为新型创业服务平台，要充分发挥其作用，带动大众创新创业，完善创业孵化服务；中小企业涉电产品公共检测服务平台应加强建设，不断完善，争取获得实验室资质认定，更好地服务于园区及周边企业；大学科技园要帮助科技创业型企业做好产品“市场准入”工作，帮助企业开拓市场；要进一步建立良好的创业生态和服务系统，打响大学科技园品牌，更好地发挥服务区域经济和推动产业发展的积极作用。

（曲　伟）

【成立能源互联网研究中心】10月31日，华北电力大学能源互联网研究中心成立。筹备期间，能源互联网研究中心主任曾鸣教授及其科研团队积极参与能源互联网以及泛在智能电网相关研究工作，依托华北电力大学新能源国家重点实验室，在能源互联网产学研合作研究方面取得丰富的成果，积极参与北京地区能源互联网建设项目，参与并承担国家能源局科技司主持的能源互联网行动计划课题，承担多项能源电力企业的能源互联网产学研课题，受邀出席多场次能源互联网高峰论坛，探索“十三五”电力规划的新思路，参与全球能源互联网的研究工作等多方面内容，为学校成立能源互联网研究中心奠定基础。

（刘　晓）

【1项发明专利获得美国专利局授权】11月，从国家知识产权局获知，由学校能源动力与机械工程学院陈宏霞副教授和徐进良教授申请的发明专利“Internal Liquid Separating Hood Type Condensation Heat Exchange Tube（PCT专利号：PCT/CN2012/00274、美国专利号：13/984,659）”获美国国际专利局授权。该专利于2012年通过申请国际PCT途径，获得中国国际专利局“具有新颖性、创造性和工业实用性”的检索报告；于2013年申请进入美国。该专利依托学校平台，具有完全的自主知识产权。该专利属于国家科技部“973计划”项目“锅炉低温烟气余热深度利用基础研究”的研究成果。

（刘　晓）

【1项目获国家社科基金重大项目立项】11月，学校经济与管理学院张兴平教授作为首席专家申报的国家社科基金重大项目：清洁能源价格竞争力及财税价格政策研究（15ZDB165）获得立项资助。国家社科基金重大项目是现阶段国家社科基金中层次最高、资助力度最大、权威性最强的项目类别。

（刘　晓）

【1引智基地获批】11月16日，教育部和国家外国专家局联合发布《关于高等学校学科创新引智计划新建基地立项通知》（教技函〔2015〕58号），学校戴松元教授作为负责人申报的“新型太阳电池的基础和应用研究创新引智基地”获批立项建设。新型太阳电池的基础和应用研究创新引智基地依托学校在新能源科学与工程学科上的优势学科，以稳定高效新型薄膜太阳电池为研究目标，着力解决关键材料的设计合成、关键器件的制备优化和光电过程的机理等科学问题，构筑完整的研究体系，为国家实现薄膜太阳电池的大规模应用提供科学依据和技术基础。截至年底，学校共有5个创新引智基地获得立项。引智基地的建设，有助于创造具有国际影响的科技成果，提升学科国际竞争力，提高学校整体水平和国际地位。

（刘　晓）

【召开第四届学术委员会第一次会议】11月25日，北京市高电压与电磁兼容重点实验室第四届学术委员会第一次会议在华北电力大学召开。出席会议的委员有：南方电网公司李立浧院士，国家电网公司陈维江教授，国家自然基金委员会丁立健教授，清华大学何金良教授，西安交通大学张冠军教授，重庆大学廖瑞金教授，国网智能电网研究院汤广福教授级高工，南方电网公司电力科学研究院傅明利教授级高工，中国电力科学研究院陆家榆教授级高工，冀北电网公司于德明教授级高工，华北电力大学李成榕教授和崔翔教授。出席会议的还有华北电力大学校长刘吉臻教授，电气与电子工程学院常务副院长李庚银教授，科学技术研究院常务副院长檀勤良教授，科学技术研究院基地与成果管理部主任朱正茂及北京市重点实验室固定人员和研究生50余人。檀勤良致欢迎词，并宣读实验室学术委员会及客座教授聘任文件。刘吉臻向第四届学术委员会成员颁发聘书，并发表讲话。刘吉臻指出，我国在高电压与电磁兼容技术的很多分支研究领域站在世界前列且独具特色，但仍有很大的拓展和提升空间。学术委员会主任李立浧院士主持第一次全体会议，实验室主任李庆民教授作2015年度实验室工作报告，实验室青年学术骨干教师齐波、齐磊、卞星明、马国明分别报告课题研究工作进展。李立浧院士指出，中国拥有世界上最好的高电压实验研究条件，通过开展基础性前瞻性研究，中国高压界要立志引领世界高电压技术的发展。

（刘　晓）

【在《Science》发表文章】学校环境研究院唐振武副教授及其合作者的文章“Pollution threatens migratory shorebirds”在12月4日出版的《Science》第6265期上发表。这是继9月24日唐振武及其合作者在《nature》发表文章“China-Overhaul rules for hazardous chemicals”之后第二篇化学品管理相关的论文，学校均为第一单位。该文章指出，必须高度重视黄渤海区域污染，制定相关的管理政策和环境目标，否则可能会造成更大的生态危机。

（刘　晓）

【刘吉臻当选中国工程院院士】12月7日，中国工程院公布2015年中国工程院院士增选结果，校长刘吉臻教授当选为中国工程院能源与矿业工程学部院士。刘吉臻长期从事大机组建模、检测、控制理论与技术研究，带领团队攻克行业发展面临的多项关键技术难题，取得具有开创性、系统性的研究成果。刘吉臻获国家科技进步二等奖两项（排名第一），省部级科技进步奖4项。出版学术著作5部，发表SCI论文32篇，EI论文118篇。获授权发明专利17项。培养博士研究生36名，硕士研究生68名。

（刘　晓）

【参加河北省光电网学会成立大会】12月7日，河北省光电网学会成立大会在保定召开。河北省科学技术协会副主席许顺斗、学校科学技术研究院副院长丁常富及会员单位负责人参加成立大会。会议审议通过《河北省光电网学会章程》《河北省光电网学会选举办法》和《河北省光电网学会会费标准及收支管理办法》等文件，选举产生理事、常务理事、理事会会长、副会长、秘书长。华北电力大学电子系吕安强、张浩被选举为副会长。河北省光电网学会是由从事光电缆光电网研发、生产和销售的个人或单位组织自愿组成的专业性、联合性、非营利性的社会团体。学会通过学术交流，开展光电网产业创新和推广活动，促进光电网相关产业发展，从而带动国家电力和信息安全战略的提升。

（张力晖）

【召开第一届学术委员会第二次会议】12 月 23 日，北京市非能动核能安全技术重点实验室第一届学术委员会第二次会议在华北电力大学召开。参加会议的委员和专家有：中国工程院叶奇蓁院士，国家核与辐射安全中心核安全所所长张春明研究员，中广核工程有限公司设计院副院长、华龙一号总设计师咸春宇研究员，中科院先进核能创新研究院总工程师刘桂民研究员，中国核动力研究设计院设计所副所长余红星研究员，清华大学核能与新能源技术研究院周志伟教授、杨星团教授。出席会议的还有北京市科委政策法规与体制改革处副处长董齐超，国家自然基金委物理处处长蒲钔，华北电力大学副校长杨勇平教授，实验室主任、核科学与工程学院院长陆道纲教授，核科学与工程学院副院长牛风雷教授。会议由科学技术研究院基地与成果管理部主任朱正茂主持，杨勇平致欢迎词，实验室主任陆道纲教授作工作汇报。学术委员会主任叶奇蓁院士表示，实验室作为一个全面的科研平台，在各个方面如快堆、高温气冷堆等四代堆型均有一定研究成果，非能动核能安全技术北京市重点实验名副其实。

（刘　晓）

【当选中电联副理事长单位】12 月 23 日，中国电力企业联合会第六次全国会员代表大会暨第六届理事会第一次会议在北京召开。华北电力大学再次当选为中电联副理事长单位，刘吉臻校长再次当选为中电联副理事长，校长助理汪庆华当选为中电联第六届理事会常务理事。副校长孙忠权、校长助理汪庆华、校企合作办公室主任胡三高等参加会议。

（刘　晓）

产业管理

【概述】华北电力大学产业现有企业 31 家，是中国电力行业有影响力的高科技产业群体之一，形成以电力科技为核心，电子、通信、计算机、机械、环保等产品和服务并举，内外联合，多层次、多渠道发展的格局。同时，依托大学优势学科与相关企业在战略性新兴产业尤其是电力领域节能减排，推动清洁能源技术领域积极努力地搭建广泛应用的桥梁，致力于探索将高校智力资源与企业需求建立紧密结合长效机制的新模式。构建“大电力”特色的智力支撑平台，促进产学研合作的良性发展。

2015 年，学校围绕大学社会服务功能，专注产业规范化建设、科技成果产业化以及学校经营性资产的保值增值，加强对学校控股和参股企业的监管，保证学校经营性资产的安全、保值和增值。同时，积极研究制定鼓励学科性公司发展的政策措施，加快学校学科性公司成立步伐，重点孵化具有本校学科特色和优势、具有自主知识产权的科技企业。

2015 年，学校继续拓展促进交叉学科、跨行业领域的产学研合作模式，促进科技成果的转化；充分发挥学校的学科优势及多学科协作的技术潜力，进一步激活学校人才、技术、实验装备等优势资源，走产学研紧密结合之路，充分利用科技和人才优势扶植创办学科性企业。

（金海燕）

【概况】2015 年年底，资产总额达 126422.76 万元，比 2014 年增长 4.56%；所有者权益 45325.51 万元，比 2014 年减少 22.58%；负债 81097.25 万元，资产负债率 64.15%。学校控股参股企业收入 45009.72 万元，比 2014 年增加 22.68%；实现净利润 11549.18 万元，比 2014 年增长 3.15%。

（金海燕）

【召开资产公司董事会会议】3 月 24 日，北京华电天德资产经营有限公司召开第三届第一次董事会会议；4 月 28 日，北京华电天德资产经营有限公司以通讯方式召开第三届第二次董事会会议，并通过董事会决议；7月6日，北京华电天德资产经营有限公司召开第三届第三次董事会会议；9月21日，北京华电天德资产经营有限公司召开第三届第四次董事会会议；10月30日，北京华电天德资产经营有限公司以通信方式召开第三届第五次董事会会议，并通过董事会决议。

（金海燕）

【制订科技成果转化制度】2015年，协助做好学校科技成果使用处置和收益管理及产业化试点工作。3月，制订《华北电力大学科技企业设立及科技成果入股股权激励实施细则（试行）》（华电校产〔2015〕2号）。

（金海燕）

【获商业模式创新奖】3月，北京华电天德资产经营有限公司承担的北京市科委首都科技条件平台建设与运营项目获“商业模式创新奖”。

（金海燕）

【培育学科性公司】4月，学校培育出具有学科特色和拥有自主知识产权的科技型企业1家，该企业名称为华电智连科技（北京）有限公司，资产经营公司代表学校在该公司持股比例为20%。

（金海燕）

【一家企业完成股权转让】7月，北京华电天德资产经营有限公司以公开挂牌方式转让所持北京丹华昊博电力科技有限公司10%股权，转让价为人民币205万元。

（金海燕）

【保定华仿公司上市准备工作】2015年，保定华仿公司上市准备工作顺利开展。8月，完成保定华仿科技股份有限公司两家法人股东的股权回购工作，处置库存股，为在新三板上市做好准备。

（万　军）

【国有产权登记工作】9月，学校组织参股控股企业的产权登记工作。完成部分企业的产权登记申报工作。

（姚敬伟　万　军）

【参展中国国际工业博览会】

11月3日至7日，学校参加在上海举办的第十七届中国国际工业博览会。其中，“核电站BAS/COC试验智能专家系统”获中国高校展区“优秀展品奖一等奖”，学校获中国高校展区“优秀组织奖”，产业管理处姚敬伟获中国高校展区“优秀个人奖”。

（姚敬伟）

【两家企业开展资产清算工作】2015年1月，保定华电配电设备有限公司注销工作取得阶段性成果，清产核资结果获财政部批复。12月，北京华电天达科技有限责任公司股权转让工作稳步推进，清产核资立项申请获批。

（金海燕）

高等教育研究

【概述】2015年，华北电力大学高等教育研究以服务学校改革发展为宗旨，认真履行职责，发挥咨询参谋作用，在政策研究、资讯服务等方面开展工作，研究能力和服务质量进一步提高。

2015年，高等教育研究所与学校相关部门紧密配合，按计划完成学校综合改革方案制订、“十三五”事业发展规划编制《国家中长期教育改革和发展规划纲要（2010—2020）》中期总结、学校“十二五”发展成就和经验总结、学校“十三五”发展形势分析、“三严三实”教育实践活动相关材料撰写、校地合作论证及其他材料撰写等多项工作，取得较大成效。

（朱志媛）

【概况】2015年，华北电力大学从事高等教育研究有专职工作人员6人、兼职工作人员1人，其中正高职称1人、副高职称6人。

2015年，高等教育研究所开展高等教育综合改革、高校人事制度改革、大学“双一流“建设、高校学科排名、世界大学排行榜等方面的专题研究和大学高端人才队伍、ESI排名、学科评估、学生就业、创新创业等方面的院校研究，全年共编发《高教参考》24期，为学校改革发展和领导决策服务。

2015年，高等教育研究所撰写学校领导的有关会议讲话致辞、活动主题发言、讲座答辩材料、媒体采访专稿等10余篇。完成学校领导临时交办的党务活动总结汇报等其他材料若干篇。

2015年，高等教育研究所新获批教育研究课题2项；在CSSCI刊物上发表教育研究论文4篇，参编著作3部；参加国内外学术会议和教育培训活动15次（项）；参与学校“教育与经济管理”专业硕士研究生培养工作。

2015年，高等教育研究所做好附中附小教师教育教学能力提升计划项目的日常管理和服务联络工作，组织22人次的校外专家讲座或评课，6次教师外出培训，1次讲课比赛，开展10项教改立项研究。

（朱志媛）

【参与学校综合改革方案制定】 2015年1月，高教所参与学校综合改革方案的制订工作，完成《推进人事制度改革 加强人才队伍建设——基于高等教育综合改革背景下的国内高水平大学人事制度改革动态研究》调研报告，并在2015年学校领导班子寒假务虚会上进行专题汇报。

（朱志媛）

【配合党办校办完成相关材料撰写工作】 2015年4月，配合党办校办完成学校向教育部报送的《国家中长期教育改革和发展规划纲要（2010—2020）》中期总结材料撰写工作。2015年6月，配合党办校办完成学校综合改革方案制订工作，方案已经国家教育体制改革领导小组办公室备案批复并正式实施。

（朱志媛）

【参加大学战略规划编制与执行培训班】 2015年5月，参加教育部直属高校"大学战略规划编制与执行培训班"，并编印有关会议材料，将教育部关于做好"十三五"规划制定的相关精神及时传达给学校。

（朱志媛）

【配合学科办完成学校"十三五"规划编制工作】 2015年7月，配合学科办参加学校"十三五"事业发展规划编制工作，在系统总结"十二五"发展的基础上，对"十三五"的建设基础和形势分析、指导思想、基本原则和总体目标进行研判并落实到规划文本编制中。

（朱志媛）

现代电力研究院建设

【概述】 2015年，现代电力研究院（以下简称"研究院"）认真贯彻落实"十八大"精神，围绕能源电力行业的发展趋势和学校"大电力"学科体系的布局，针对能源市场、能源政策、能源信息化等研究方向的关键问题开展理论研究和应用研究，为新一轮电力体制改革方案相关配套文件起草及电力市场试点方案设计等提供专业咨询。继续推进能源领域交流平台建设，成功举办第五届"现代能源发展论坛"；2015年12月，中国电机工程学会能源系统专委会第六届委员会成立。

（刘秋霞　李　君）

【概况】 2015年，研究院有教职工7人（新调入教授1名，引进毕业生1名）。研究院下设8个研究中心，分别是"中国能源政策研究中心""新能源产业技术经济研究中心""数字电力与节能研究中心""智慧能源与信息研究中心""能源供应链仿真研究中心"和"电气设备状态检测研究中心"。2015年，研究院签订科研课题7项，其中，纵向课题6项，横向课题1项。实现科研合同金额共计88.75万元，完成全年科研任务的104%。2015年，研究院来访外国专家4人次。

（刘秋霞　李　君）

【举办电力市场培训班】 11月6日至7日，"电力市场培训班"在华北电力大学举办。培训内容包括中国电力体制改革政策解析、电力市场热点问题研讨、以及相关理论知识。来自各地能源管理部门、电力企业、售电企业等80余人参加本次培训班。

（刘秋霞　李　君）

【举办现代能源发展论坛】 11月7日，第五届"现代能源发展论坛——新一轮电改的机遇与挑战"在华北电力大学举行。能源电力领域的专家和学者100余人出席本次论坛。论坛邀请两位专家做主题报告，分别是：美国加州能源投资公司Forest Investment Group的执行董事Michael Chu先生做题为"美国电力金融市场的发展与运作"的演讲，华北电力大学王鹏教授做题为"新一轮电改的路径、动力与机遇"的演讲。与会嘉宾畅所欲言，就新一轮电改中遇到的问题广泛交流意见。

（刘秋霞　李　君）

【召开能源系统专委会换届会议】 12月4日，中国电机工程学会能源系统专委会第六届委员会换届会议暨"能源发展战略与能源系统规划研讨会"在北京举行。中国电机工程学会副理事长兼秘书长谢明亮，能源系统专委会名誉主任委员徐锭明，主任委员周大地，顾问石定寰，名誉委员孙嘉平、王家诚、施鹏飞，副主任委员林刚、毛迅、沙亦强、黄峰、张粒子，中国电机工程学会学术部主任周缨以及20余位委员、代表出席会议。中国电机工程学会副理事长兼秘书长谢明亮代表中国电机工程学会致辞，学会学术部主任周缨宣读专委会组成意见的批复文件。专委会副主任委员兼秘书长张粒子作专委会换届工作报告后，由周大地主任委员主持，与会委员就新一届专委会发展定位和工作方向进行交流讨论。在“能源发展战略与能源系统规划研讨会”上，原国务院参事、专委会名誉主任委员徐锭明作题为《五中全会与我国能源发展总方针》专题报告，中国能源研究会常务副理事长、专委会主任委员周大地作题为《我国能源发展战略》专题报告，原国务院参事、中国可再生能源学会理事长、专委会顾问石定寰作题为《我国新能源发展推进战略》专题报告，国家发改委能源研究所能源系统分析研究中心主任、专委会委员杨玉峰作题为《我国能源系统分析与战略规划》专题报告。

能源系统专委会第六届委员会由7位名誉委员、顾问和来自电力企业、科研院所、高等院校、行业协会等单位的35位委员组成；专委会挂靠在华北电力大学。

（刘秋霞　李　君）

【海外名师项目专家来访】2015年，“海外名师项目”专家李伟仁教授应邀来校工作50余天，与研究院各中心开展全方位的合作与交流工作，主要工作包括：召开专题报告会1次，讲座1次，参加学术交流会和科研项目研讨会多次，邀请美国电力市场专家RAO V. KONIDENA一同来校进行学术交流活动，并访问本项目的联合实施院校上海电力学院。李伟仁，美国德克萨斯大学阿灵顿分校电气工程系教授，博士生导师，IEEE Fellow。多年来从事电力系统分析、智能电网、电力市场、可再生能源发电预测与并网技术、电能质量、设备在线实时诊断及预测系统等方向的研究，有着深厚的理论基础和丰富的实践经验。

（刘秋霞　李　君）

学术期刊建设

【概述】2015年，华北电力大学主办的《华北电力大学学报（自然科学版）》（双月刊）、《华北电力大学学报（社会科学版）》（双月刊）、《现代电力》（双月刊）和《电力科学与工程》（月刊）按计划完成编辑出版工作，办刊质量总体上稳中有升，社会影响力进一步扩大。对于反映华北电力大学的学术科研成果，发现和培养学术人才，促进校内外学术交流都起到重要作用。四个期刊共计出版正刊30期，其中《华北电力大学学报（自然科学版）》《华北电力大学学报（社会科学版）》和《现代电力》各出版6期，《电力科学与工程》出版12期；发表论文共计503篇，四个期刊分别发表101篇、152篇、88篇和162篇；发行共计48000册，四个期刊分别发行6000册、6000册、6000册和30000册。《华北电力大学学报（自然科学版）》和《现代电力》继续为北京大学图书馆2014版《中文核心期刊要目总览》收录。2015年，《中国学术期刊影响因子年报》首次根据期刊影响力指数对期刊影响力进行排名。《现代电力》《学报（自然科学版）》《电力科学与工程》的影响力指数CI值在105种TM类电气工程学科专业期刊中分别排名第20位、第21位和第27位（上年按影响因子排名分别为第22、21和19位）；《学报（社会科学版）》的影响力指数CI值在632种综合性人文社科期刊中排名为196位（去年按影响因子在631种综合性人文社科期刊中排名为199名）。除《电力科学与工程》影响力指数CI值和影响因子有所下降外，其他三个刊物的排名均有小幅提升。

（王佃启）

【概况】华北电力大学主办的《华北电力大学学报（自然科学版）》《华北电力大学学报（社会科学版）》《现代电力》以及《电力科学与工程》四个学术期刊，各编辑部共有正式员工10人。其中副高以上职称的编辑人员5人，硕士及以上学历的7人，全部具有新闻出版署颁发的编辑出版人员从业资格证书。期刊出版部作为学校两地一体化办公的职能部门，贯彻执行党和国家有关期刊出版的方针政策和法律法规，行使对华北电力大学主办期刊的行政管理及工作指导权。

（杜红琴）

【调整学报封面及内容】为进一步找准刊物的定位，提升学术期刊质量，扩大学术期刊的社会影响力，从2015年第1期开始，期刊出版部对《华北电力大学学报（自然科学版）》和《华北电力大学学报（社会科学版）》两个学报的封面及内容进行较大幅度调整。《学报》（自然科学版）按照EI收录期刊的标准和要求，重新规范学报稿件的栏目格式及编排规则;《学报（社会科学版)》以大电力学科为依托，对栏目进行全面改版，加大能源环境及电力经济类文章的发稿比例；减少人文学科类稿件的发稿比例，增设“电力经济研究”栏目及“京津冀协同发展研究”栏目。获得较好社会反响和效果。

（杜红琴）

环境研究院建设

【**概述**】2015年，华北电力大学环境研究院围绕学校“大电力”学科体系，针对资源与环境问题及其关键科学问题和技术开展大量的研究和工程实践，不断深化科研创新思路，在研究生培养，科学研究、国际交流合作，平台建设等方面取得长足发展。

一、科研项目

2015年，该研究院继续发挥科研优势，加强关键科学问题的深入研究和集成，实现若干重点领域和重要方向的跨越发展。新增纵向项目科研经费1592万元，新增横向项目科研经费累计369.27万元，科研总经费任务完成比例为136%。承担的重大科研项目包括：高等学校学科创新引智计划项目、国家水体污染控制与治理科技重大专项至课题、国家自然科学基金重大和面上项目、环保部公益项目、水利部公益项目、联合国开发计划署(UNDP)合作项目。该研究院“区域能源与环境系统优化”教育部创新团队，“区域能源系统识别、优化与调控机理研究”教育部科学技术研究重大项目顺利通过教育部验收。

二、国际合作与交流

2015年，该研究院与国内外多家知名院校、企业在人才培养、科技攻关、科技成果转化、产学研结合等方面展开全方位交流与合作。聘请多名国内外专家、学者到研究院进行指导讲座，多名师生参加国内外重要学术会议：该研究院博士生刘政平顺利完成“2014年国家建设高水平大学公派研究生项目联合培养博士研究生选派计划”回国，访问期间，与里贾纳大学科研人员积极开展学术合作，在能源规划与环境污染控制研究领域取得丰硕成果；该研究院博士生张俊龙、刘静入选“2015年国家建设高水平大学公派研究生项目联合培养博士研究生选派计划”，前往加拿大里贾纳大学进行为期1年学术交流与研究；该研究院邀请加拿大里贾纳大学范玉瑞博士进行学术交流与访问，拟开展多项式混沌展开、Copula以及高斯模型在水文分析中的应用等方面的科研合作；该研究院邀请加拿大里贾纳大学朱华博士进行学术交流与访问，拟开展不确定性优化方法在河流水质以及农业水资源中的应用等方面的科研合作；该研究院邀请加拿大里贾纳大学Jocelyn Crivea博士进行学术交流与访问，拟开展与IEESC团队进行科研合作，以及研究生联合培养方面的合作；该研究院邀请加拿大圭尔夫大学Edward McBean教授进行学术交流与访问，拟开展影响水安全的环境气候因素以及气候变化条件下水安全与能源、食品等方面的关系研究的科研合作；该研究院邀请美国伊利诺伊大学香槟分校（UIUC）蔡喜明教授进行学术交流与访问，聘任蔡喜明教授为华北电力大学兼职教授，拟开展社会、经济、人类活动对水资源系统的影响及未来在水资源系统研究方面的合作；该研究院邀请奥地利联邦水土资源研究所Peter Strauss教授进行学术交流与访问，拟与HOALP实验室合作，开展水土流失、水质和洪水监测方面科研；该研究院邀请加拿大土木工程学会副主席Todd Chan教授和圭尔夫大学Edward McBean教授进行学术交流与访问，与Todd Chan教授就加拿大土木工程协会合作事宜达成共识，与Edward McBean教授在世界水安全以及水处理技术方面开展合作；该研究院邀请圭尔夫大学Cameron Farrow博士进行学术交流与访问，拟开展CWFs、净水效率等方面的研究合作。

三、科技产出

2015年，该研究院师生共发表论文108篇，其中SCI检索53篇，申请和授权发明专利6项，获国家电网公司科技进步一等奖1项。其中，黄国和教授在Nature杂志上发表文章1篇、唐振武教授分别在Nature和Science杂志上发表文章1篇。

四、科研平台与条件建设

2015年，该研究院继续加大实验室建设力度，区域气候模拟实验室引进oracle高级计算服务器用于全球气候模型模拟计算研究；膜动力分析实验室针对膜材料研究引进 flow-cell 膜处理系统；针对多尺度区域能源系统模拟研究室、能源与环境耦合过程研究室、能源系统风险预测预警研究室、能源系统虚拟现实管理研究室、不确定性理论系统分析中心、能源系统随机过程高级计算中心、智能信息处理中心、区域能源高级计算中心、开发计划署（UNDP）专家工作站和中加气候情景研究中心，加大固定资产投入；并完成地下水石油污染修复中试实验室、水能开发与水环境响应实验室、气候变化与能源环境影响分析实验室的建设。该研究院累积新增固定设备资产 53 万元。

五、研究生培养

2015 年，研究院毕业博士 5 人，硕士 28 人；新入学博士研究生 7 人，硕士生 33 人；在读博士生 19 人，硕士生 99 人；硕士研究生尤立、董焕焕获得“2015 届春季优秀毕业研究生”称号，尤立、朴明军、付正辉的硕士学位论文被评为优秀；博士研究生姜龙、刘静，硕士研究生陈莹、李韵获得 2015 年研究生国家奖学金荣誉；博士研究生姜龙、刘静、王冰获 2015 年优秀博士奖学金荣誉；博士研究生刘静、孟冲、王冰、王春晓、张俊龙，硕士研究生牛李韵、罗彬、皮晶薇、邱尤丽、王源意、曾娅玲、张凯获得 2015 年优秀研究生奖学金荣誉。

六、产学研合作

2015 年，该研究院高度重视产学研结合，积极将研究成果产业化，转化为实际生产力，通过与企业、政府、兄弟院校及科研院所多层次的密切合作，在规划制定、政策咨询、方案评估、节能减排等领域取得良好社会和经济效益；与多个企业和园区开展各个层面的合作，在大中小循环层面，制订编写循环经济发展规划和实施方案，解决当地政府和企业在发展经济和保护环境、节能减排方面的深层次问题，经由可持续发展之路发展经济，提高人民生活水平；与中国林业科学研究院森林生态环境与保护研究所合作进行吉林省西部地区雨洪资源综合利用河湖连通供水工程环境影响评价协作项目；与国网电力科学研究院武汉院区合作进行典型用能系统能耗评估方法研究；与北京郎新明环保科技有限公司合作开展环境风险调查与评估；与湖南省环境保护科学研究院合作进行典型重金属及农药复合污染场地风险评估及案例研究；与国家电网公司能源研究院合作进行能源系统优化研究；与中国环境科学研究院合作研究重庆市典型村镇生活垃圾样品理化特性检测。

七、师资队伍建设

2015 年，该研究院李永平教授入选人社部 2014 年度“国家百千万人才工程”，同时被授予“有突出贡献中青年专家”荣誉称号；李永平教授还入选科技部 2014 年“中青年科技创新领军人才”，被全国妇女联合会、科学技术协会、中国联合国教科文组织全国委员会和欧莱雅（中国）联合授予第十一届中国青年女科学家奖。

八、党务工作

2015 年，该研究院教职工党支部认真学习和领会十八大三中全会精神，深入开展群众教育实践活动，为支部建设和研究院教学科研等工作的开展提供理论基础和思想保证。4 月，组织环境研究院全体教工党员开展践行“三严三实”党风廉政建设主题学习会，认真学习中央、教育部及学校发布的重要文件和规定，结合自身岗位职责，将文件精神落到实处，营造一个廉洁自律，负责教育，踏实科研的学术和教育氛围；6 月，为纪念建党 94 周年，加强廉政文化建设，推进“三严三实”专题教育，丰富教育内容和形式，校党委组织部、校团委特邀请中国铁路文工团为学校师生演出优秀原创反腐话剧《叩问》，环境研究院党支部组织全体党员和群众进行观看，并组织集中讨论和交流观后感；7 月，根据北京市委组织部、北京市委教育工委组织处通知要求，通知环境研究院全体党员和群众观看历史文献纪录片《筑梦中国——中华民族复兴之路》，并上报观后感；9 月，开展“纪念中国人民抗日战争暨世界反法西斯战争胜利 70 周年”学习教育活动，组织环境研究院党支部全体全体党员观看 70 周年阅兵，学习习近平总书记在纪念大会上的重要讲话，并进行集中讨论和交流，对全体党员进行一次深刻的爱国主义教育，引领党员群众学习和弘扬伟大的抗战精神，不怕困难，勇往直前，为建设高水平大学，实现“华电梦”努力奋斗；10 月，组织环境研究院党支部全体党员开展《中国共产党纪律处分条例》《中国共产党党内监督条例》等党纪条规的集中学习活动，加强党的纪律教育；11 月，开展“纪念中国人民抗日战争暨世界反法西斯战争胜利 70 周年”学习教育活动，组织环境研究院党支部教工党员，学生党员及群众，赴中国人民抗日战争纪念馆和卢沟桥遗址参观学习，并于参观后组织学习交流会；12 月，召开支部2015年度"北京高校教师党员在线"学习活动总结会，支部党员就学习心得和经验做总结和沟通，要求所有教工党员严格按照考核要求完成规定课时学习，同时就教学和科研中存在的问题进行剖析和对策探讨，研究生导师就研究生培养中的思想教育问题展开热烈的交流，并一致认为，要教导广大研究生学生党员积极培育和践行社会主义核心价值观，为实现中华民族伟大复兴的中国梦努力奋斗。12月，召开环境研究院教职工党支部组织生活会，组织党员结合2015年全年工作交流思想、总结经验教训、开展批评与自我批评。

（郑如秉　李延峰　李　薇）

【概况】院长：黄国和

常务副院长：李永平、刘明军

副院长：王祥科、潘伟平、张化永

总工程师：赵毅

书　记：李　薇

2015年，该研究院有教职工16人，其中，专任教师10人（教授4人、副教授5人，讲师1人，具有博士学位的教师为100%）、有实验及技术人员4人、党政及管理人员2人。

2015年，该研究院新增入选"国家百千万人才工程"1人，获得"有突出贡献中青年专家"荣誉称号1人；入选科技部2014年"中青年科技创新领军人才"1人，被全国妇女联合会、科学技术协会、中国联合国教科文组织全国委员会和欧莱雅（中国）联合授予第十一届中国青年女科学家奖1人。

2015年，该研究院硕士研究生在校人数达99人，新入学硕士生33人，硕士毕业生28人。在读博士研究生19人，新入学博士研究生7人，博士毕业生5人。优秀毕业研究生2人，优秀毕业论文3人，国家奖学金获得者4人，优秀博士奖学金获得者3人，"优秀研究生"称号获得者12人，申请"2015年国家建设高水平大学公派研究生项目联合培养博士研究生选派计划"2人。

2015年，该研究院2015届毕业研究生28人全部与用人单位签订三方协议。

2015年，该研究院开设研究生课程15门，完成教学450学时，举办学术讲座25次。

2015年，该研究院新增科研项目17项。其中，国家或省部级纵向项目8项，企事业单位委托科技项目9项。新增纵向项目经费1592万元，横向项目经费369.27万元。2015年研究院师生共发表论文108篇，其中SCI检索53篇，申请和授权发明专利6项，获国家电网公司科技进步一等奖1项。其中，Nature收录2篇、Science收录1篇。

2015年，该研究院来访外国专家或外籍教师10人次，国家建设高水平大学公派研究生项目联合培养博士研究生选派计划3人次。

2015年，该研究院拥教研室1个、实体化科研队伍7个，实验室15个（其中教学实验室8个，科研实验室7个）。

（郑如秉　李延峰　李　薇）

【加拿大里贾纳大学范玉瑞博士应邀来访】1月21日，加拿大里贾纳大学范玉瑞博士应邀对环境研究院进行学术交流与访问。范玉瑞博士为研究院师生做学术讲座，并结合其研究成果，从"多项式混沌展开模型""基于Copula方法的水文风险分析"和"耦合高斯混合模型与Copula函数方法的水文分析"三个方面为师生讲解多项式混沌展开、Copula以及高斯模型在水文分析中的应用。在交流互动环节中，范玉瑞博士与该研究院师生在有关水文模型不确定分析以及方法应用等方面的问题进行沟通与讨论。

（郑如秉　郭军红）

【李永平教授入选国家创新人才推进计划】2月26日，科技部公布2014年创新人才推进计划入选名单，该研究院李永平教授成功入选，被授予"中青年科技创新领军人才"荣誉称号。创新人才推进计划是《国家中长期人才发展规划纲要（2010—2020年）》确定的12项重大人才工程之一，由科学技术部会同人力资源和社会保障部、财政部等8部委共同组织实施，该计划旨在通过创新体制机制、优化政策环境、强化保障措施，培养和造就一批具有世界水平的科学家、高水平的中青年科技领军人才和工程师、优秀创新团队和创业人才，打造一批创新人才培养示范基地，加强高层次创新型科技人才队伍建设，引领和带动各类科技人才的发展，为提高自主创新能力、建设创新型国家提供有力的人才支撑。

（郑如秉　李延峰）

【李永平教授入选国家百千万人才工程】3月4日，人力资源社会保障部印发《关于确定2014年国家百千万人才工程入选人员名单的通知》（人社部发〔2014〕105号），公布2014年国家百千万人才工程入选人员名单，该研究院李永平教授入选2014年国家百千万人才工程人选，被授予"有突出贡献中青年专家"荣誉称号。国家百千万人才工程是选拔培养中青年学术技术领军人才的重大人才工程，选拔面向各类企事业单位专业技术人员，重点选拔培养瞄准世界科技前沿，能引领和支撑国家重大科技、关键领域实现跨越式发展的高层次中青年领军人才，其目标是培养造就一批具有世界水平的科学家、技术领军人才。

（郑如秉　李延峰）

【2人获春季优秀硕士毕业生称号】3月31日，华北电力大学发布关于授予“2015届春季优秀毕业研究生”称号的决定，该研究院硕士研究生尤立、董焕焕两位同学获得此称号。尤立，男，2012年入学攻读硕士研究生，师从李永平教授，2015年获得环境工程硕士学位，主要研究方向为能源与环境系统规划、环境系统分析等，并于2015年获得华北电力大学“优秀毕业研究生”称号；董焕焕，女，2012年入学攻读硕士研究生，师从何理教授，2015年获得环境工程硕士学位，主要研究方向为环境微生物。

（郑如秉　郭军红）

【3人获优秀硕士毕业论文称号】4月3日，该研究院2015届硕士毕业生尤立、朴明军、付正辉撰写的毕业论文获2015年华北电力大学优秀硕士毕业论文称号。尤立，毕业论文题目：“不确定性条件下基于生态补偿机制的滨海湿地生态系统管理与规划”，指导老师：李永平教授；朴明军，毕业论文题目：“耦合随机模拟优化的电力系统规划”，指导老师：李永平教授；付正辉，毕业论文题目：“基于不确定性理论的3E系统优化研究”，指导老师：李薇副教授。

（郑如秉　郭军红）

【加拿大里贾纳大学朱华博士应邀来访】5月25日，加拿大里贾纳大学朱华博士应邀对环境研究院进行学术交流与访问。访问期间，朱华博士为研究院师生做题为“Inexact optimization methods for stream water quality management & agricultural water allocation”的学术讲座，并结合其研究成果，将讲座内容分为“Simulation-based optimization for stream water quality management in Guo River, Anhui Province”和“Robust inexact-stochastic fractional programming for agricultural water allocation”两部分，为研究院师生详细讲解不确定性优化方法在河流水质以及农业水资源中的应用，重点讲解分式规划原理及其改进机理。在交流互动环节中，朱华博士针对师生提出的有关水资源管理以及不确定性方法应用等方面的问题做详细解答。之后参观研究院实验室，并与研究院水资源研究组师生进行深入讨论和沟通，并就实验室建设以及未来的科研合作等方面达成共识。

（郑如秉　郭军红）

【加拿大里贾纳大学Jocelyn Crivea博士应邀来访】6月8日，加拿大里贾纳大学Jocelyn Crivea博士应邀对环境研究院进行学术交流与访问。访问期间，Jocelyn Crivea博士为研究院师生做题为“Energy and Environment Research”和“English Communication Tips”主题讲座，并介绍加拿大里贾纳大学概况，重点介绍IEESC团队所做科研内容及取得的科研成果，之后针对如何学习英语，如何用英语进行交流等问题与现场师生进行沟通交流。在提问互动环节中，Jocelyn Crivea博士就现场师生所提的关于如何进行科研，如何学习英语等问题进行互动交流。

（郑如秉　郭军红）

【加拿大圭尔夫大学Edward McBean教授应邀来访】6月18日，加拿大圭尔夫大学Edward McBean教授应邀对环境研究院进行学术交流与访问。访问期间，Edward McBean教授为研究院师生作题为“Water Security - Priority Needs in a Climate Changing World”的主题讲座。重点介绍影响水安全的环境气候因素以及气候变化条件下水安全与能源、食品等关系，并就师生关心的问题进行解答。会后，Edward McBean教授就科研和研究生培养方面的进一步合作与该院教师进行讨论，并达成合作意向。

（郑如秉　郭军红）

【1创新团队通过验收】6月30日，该研究院“区域能源与环境系统优化”教育部创新团队验收会在主楼会议室举行，教育部科技司副司长高润生，教育部科技司综合处副处长李楠，华北电力大学校长助理律方成，科学与技术研究院常务副院长檀勤良及环境研究院黄国和教授、李永平教授等出席会议。经认真评议、打分，专家组一致认为团队已完成计划任务，达到预期目标，同意通过验收。该研究院“区域能源与环境系统优化”教育部创新团队于2011年入选，并得到教育部支持，已在能源与环境领域培养出多名中青年科研人才。

（郑如秉　郭军红）

【美国伊利诺伊大学蔡喜明教授应邀来访】8月23日，美国伊利诺伊大学香槟分校（UIUC）蔡喜明教授应邀对环境研究院进行学术交流与访问。访问期间，蔡喜明教授为研究院师生作题为“Discussion on water research”主题讲座，详细阐述社会、经济、人类活动对水资源系统的影响以及未来在水资源系统研究上所面临的挑战，并且结合其工程实践对当前水资源热点问题发表看法。

（郑如秉　郭军红）

【博士研究生赴里贾纳大学交流】 9月20日，该研究院博士生张俊龙、刘静成功入选“2015年国家建设高水平大学公派研究生项目联合培养博士研究生选派计划”，前往加拿大里贾纳大学进行为期1年的学术交流与研究；该项目由国家留学基金管理委员会组织选拔，为鼓励国内学生健康积极发展，通过公费选派优秀学生到国外知名高校交流学习的一种方式。张俊龙，男，1988年8月生，山东省青岛市人。2011年6月毕业于成都理工大学环境与土木工程学院并学士获得工学学位；2011年9月进入华北电力大学环境研究所攻读硕士学位；2013年9月通过“硕博连读”资格认定，转为博士研究生；2015年9月参加“国家建设高水平大学公派研究生项目”，通过联合培养的方式，赴加拿大里贾纳大学进行为期一年的学术交流与研究；研究方向为流域水质管理。刘静，女，1990年9月生，湖北石首市人；2012年6月毕业于华中科技大学文华学院并获得工学学士学位；2012年9月进入华北电力大学资源与环境研究所攻读硕士学位；2013年9月通过“硕博连读”资格认定，转为博士研究生；2015年9月参加“国家建设高水平大学公派研究生项目”，通过联合培养的方式，赴加拿大里贾纳大学进行为期一年的学术交流与研究；研究方向为水资源管理。

（郑如秉　李延峰）

【唐振武副教授就危险化学品管理研究在Nature上发表文章】 9月24日，该研究院唐振武副教授撰写的文章“China：Overhaul rules for hazardous chemicals” 在Nature上发表（Nature, 2015, 552：455）。天津港“8.12”事件、8月22日淄博化工厂爆炸事件等再次引发国内外对危化品安全管理的高度关注。文章基于危化品管理现状，提出中国危化品管理的主要问题及其对策建议，为相关法律法规制定、管理能力建设和科学研究提供参考。该研究院科研成果在Nature杂志的发表，标志着科研水平迈上新台阶。

（郑如秉　郭军红）

【1研究生完成联合培养计划回国】 10月1日，该研究院博士生刘政平完成“2014年国家建设高水平大学公派研究生项目联合培养博士研究生选派计划”回国。刘政平于2014年入选“2014年国家建设高水平大学公派研究生项目联合培养博士研究生选派计划”，前往加拿大里贾纳大学进行为期1年的学术交流访问。访问期间，博士生刘政平与里贾纳大学科研人员积极开展学术合作，在能源规划与环境污染控制研究领域取得丰硕成果。

（郑如秉　李延峰）

【奥地利Peter Strauss教授来访】 10月26日，奥地利联邦水土资源研究所Peter Strauss教授应邀对环境研究院进行学术交流与访问。访问期间，Peter Strauss教授作题为“The Hydrological Open Air Laboratory Petzenkirchen”主题讲座，详细介绍HOALP实验室在水土流失、水质和洪水监测方面所开展的研究以及取得的成果，并针对师生们感兴趣的问题进行详细解答。

（郑如秉　郭军红）

【加拿大两教授来访】 11月1日，加拿大土木工程学会副主席Todd Chan教授和圭尔夫大学Edward McBean教授应邀对环境研究院进行学术交流与访问。访问期间，Todd Chan教授介绍加拿大土木工程学会的发展历程，并表达与环境研究院进行进一步合作的意愿。Edward McBean教授作题为“The Nexus of Impacts to Water Security at the Global Level”“Provision of Water Supply Treatment Technologies in the Developing World” 的主题讲座，并与研究院师生共同讨论当前世界水安全带来的诸多问题以及一些水处理技术等内容，并就实验室建设及未来的科研合作交换意见。

（郑如秉　郭军红）

【1研究成果在Science上发表】 12月4日，该研究院唐振武撰写的文章“Pollution threatens migratory shorebirds” 在Science上发表（Science, 2015, 350：1176–1177）。文章指出，化学品污染已成为中国重要的环境问题，由于环境管理滞后，污染已造成渤海渔业资源急速衰退，严重影响候鸟捕食。更为严重的，黄渤海区域环境和鱼体的化学污染严重影响着候鸟健康。鉴于此，国家必须高度重视黄渤海区域污染，制定相关的管理政策和环境目标，否则可能会造成更大的生态危机。美国的《Science》杂志为国际上著名的自然科学综合类学术期刊，在世界学术界享有盛誉。

（郑如秉　郭军红）

【圭尔夫大学Cameron Farrow博士来访】 12月9日，圭尔夫大学的Cameron Farrow博士应邀对环境研究院进行学术交流与访问。访问期间，Cameron Farrow博士做关于"Ceramic Water Filters（CWFs）： Point-of-Use Water Treatment for Rural Communities"的主题讲座。重点介绍CWFs的工作原理、净水效率等关键性技术问题，并与研究院师生就该技术问题进行讨论。

（郑如秉　郭军红）

苏州研究院建设

【概述】2015年，华北电力大学苏州研究院逐步提高科研管理水平，2015年经费收入共计157.3万元，其中地方政府补贴103.48万元，科研管理费收入6万元，产学研协同创新项目收入10万元，其他收入37.82万元。2015年，苏州研究院把科技服务工作推向更广范围，成功申报江苏省自然科学基金项目1项，科技服务机构绩效补助项目1项，与3家企业共建苏州市工程技术研究中心，与1家企业共建苏州市重点实验室，参与1家企业的江苏省成果转化专项项目，与4家企业共建区级研究生工作站，与3家企业共建江苏省研究生工作站等。

2015年，华北电力大学苏州研究院产学研合作取得显著成效，成功举办华北电力大学苏州光伏技术创新与合作训练营，成立“苏研院光伏俱乐部（企业家同学会）”，与江苏固德威电源科技股份有限公司签署建立智慧光伏储能联合研究中心协议。华北电力大学苏州研究院与苏州高新区共建“研究生企业科技助理挂职锻炼基地”，双方代表签订研究生派驻企业挂职锻炼合作协议。

2015年，华北电力大学苏州研究院与新加坡国立大学苏州研究院达成初步合作，组建华北电力大学苏州研究院环境与功能材料实验室。

（张安冬）

【概况】

书记：杜建国

2015年苏州研究院把科技服务工作推向更广范围，成功申报江苏省自然科学基金项目1项，与3家企业共建苏州市工程技术研究中心，与1家企业共建苏州市重点实验室，参与1家企业的江苏省成果转化专项项目，与4家企业共建区级研究生工作站，与3家企业共建江苏省研究生工作站，与3家企业达成产学研合作框架协议，华北电力大学苏州研究院技术转移机构已累计服务企业80余家。2015年苏州研究院作为技术转移机构，已有技术经纪人队伍30多人，定期组织参加江苏省生产力促进中心举办的技术经纪人培训活动。

2015年华北电力大学苏州研究院经费收入共计157.3万元，其中上级补助收入共计99.28万元，包括苏州工业园区管委会补助20万元，苏州市科技局补助3万元，苏州独墅湖科教创新区管委会补助76.28万元；事业收入共计20.2万元，其中技术开发费16万元，科技补贴4.2万元；经营收入14.55万元；技术服务费14.55万元；产学研协同创新项目收入10万；其他收入13.26万元。

2015华北电力大学苏州研究院新增科研经费共计60.5万，新增纵向科研项目2项，其中江苏省项目1项，苏州市项目1项；新增横向科研项目1项。在研纵向项目收入共计36万，在研横向项目收入共计24.5万。

（张安冬）

【与新加坡国立大学苏州研究院商洽科研合作】5月19日，华北电力大学苏州研究院领导及科研团队一行走访调研新加坡国立大学苏州研究院。会谈中相关部门负责人、科研骨干进行深入的沟通与交流，分析双方的科研需求，为进一步组建有一定影响力的科学研究、学术交流中心奠定基础。

（张安冬）

【召开新一届直属党支部委员会第一次全体会议】5月20日，苏州研究院召开全体党员大会，进行新一届党支部委员会换届选举工作，此项工作由校党委统一部署。按照《中国共产党基层组织选举工作暂行条例》和学校党委的有关规定，与会党员采用无记名投票差额选举的办法，选举产生华北电力大学苏州研究院直属党支部委员会委员3名。

（张安冬）

【首批研究生赴企业挂职锻炼】6月9日，华北电力大学与苏州高新区共建“研究生企业科技助理挂职锻炼基地”启动仪式在苏州高新区举行，华北电力大学首批八名研究生正式赴苏州高新区七家科技创新创业型企业开展为期3个月的挂职锻炼活动。校党委副书记李双辰与苏州高新区常委钮跃鸣签署共建“研究生企业科技助理挂职锻炼基地”协议。

（张安冬）

【开展“爱慧湖”环境修复研讨会】6月15日，华北电力大学苏州研究院在苏州工业园区中小企业服务中心召开“爱慧湖”环境修复研讨会。此次活动旨在推动环境技术成果的有效转化，为企业和技术人员之间的合作开辟道路，打开国内环保产业的市场。

（张安冬）

【召开创业大赛宣讲会】9月23日，华北电力大学苏州研究院举行苏州独墅湖大学生创业大赛宣讲会。会上，通过分享典型创业故事、普及创业政策、分析典型创业案例以及观看苏州工业园区系列宣传片等活动，吸引学校更多的大学生参与到创新创业的活动中来。

（张安冬）

【独墅湖科教创新区副主任章小英来访】10月29日，科教创新区管委会副主任章小英、教育处工作组一行来访。苏州研究院书记杜建国、副院长张一梅等会见来访客人。会上，双方就科技服务、产学研合作、平台建设及创新创业等方面进行交流探讨。

（张安冬）

【华电光伏创新与合作训练营开班】12月17日，华电光伏创新与合作训练营开班。该训练营由华北电力大学苏州研究院主办，能动学院、电气学院、可再生能源学院、人文学院等专家教授及全国光伏行业企业家130余名代表参加。华北电力大学苏州研究院与江苏百家智库文化传媒有限公司就共建传统文化研究中心项目签署协议。

（张安冬）

【举办“华电之光”慈善活动】12月18日，华北电力大学苏州研究院举办“华电之光 慈善晚宴”活动，副校长杨勇平介绍华北电力大学关注国家和世界能源问题，开展绿色电力献爱心的活动，倡导嘉宾为社会上更多需要帮助的人奉献出博爱情怀。活动中，通过艺术家义演、艺术作品拍卖等方式，将所得款项由苏州工业园区慈善基金会统筹分拨给受捐学校及儿童。

（张安冬）

【“苏研院光伏俱乐部成立】12月19日，华北电力大学苏州研究院主办的华电光伏创新与合作训练营活动结束。华北电力大学副校长杨勇平、苏州市科技局副局长蔡剑锋、苏州工业园区经发局副局长孙静霞、华北电力大学苏州研究院和其他学院领导及培训班学员（企业高管、学校老师）等约160人、来自江苏省电力公司、苏州供电公司、西安热工院、苏州热工院、大唐新能源公司等电力行业的校友30余人共同参加活动。杨勇平宣布“苏研院光伏俱乐部（企业家同学会）”成立，并为训练营学员颁发毕业证书，见证华北电力大学苏州研究院与江苏固德威电源科技股份有限公司签署建立智慧光伏储能联合研究中心协议仪式。苏州工业园区经济发展局孙静霞副局长作“能源互联网实践与展望”的讲座，曾鸣教授针对“能源互联网的变革与创新”议题作阐述。

（张安冬）

【苏州供电公司来访】12月19日，苏州供电公司副总经理张志昌一行11人来访，并与华北电力大学苏州研究院代表商讨合作事宜，华北电力大学副校长杨勇平、华北电力大学苏州研究院以及相关学院负责人出席会议，会议就智能电网先行区和示范区建设、苏州智能电网规划、合作模式等方面展开讨论。杨勇平介绍华电苏州研究院的发展现状、希望在苏研院基建、人才引进等方面与苏州供电公司达成合作。张志昌表示希望在华北电力大学专家的指导下智能运行、信息技术、基础数据、资产管理、智慧管理等方面能取得突破，把苏州建设成智能电网示范区。丁丹军介绍苏州供电公司的发展思路、指出要以特高压、高信息化、高自动化、输出高品质的电能为目标，保障苏州地区的电力发展需求，构建内部坚强的智能网架，促进智能电网协调发展。苏州供电公司希望借助苏州研究院的平台，与华北电力大学深入合作，引入智能微电网、分布式发电、储能、绿色能源等多领域专家和技术资源，利用先进的智能电网技术、实现自动控制水平，形成成熟的技术成果，搭建最好的示范工程展示平台。苏研院将建立多方面的开放和共享机制，与苏州供电公司共同推动中国版的综合城市发展。

（张安冬）

□科研平台建设

CONSTRUCTION OF SCIENCE

○综述

2015年，新能源电力系统国家重点实验室完成新能源电力系统源、网、荷一体化联合仿真系统结构方案的设计与试验。组织完成团队聘期考核，完成新一轮团队组建和固定、流动研究人员聘任。新增科技项目203项，总经费11483万元。获省部级以上奖励7项；共发表中英文论文300多篇（其中SCI检索99篇）；申请发明专利146项，获授权发明专利61项；出版专（译）著11部。承办学术会议10次；作大会主旨报告28次。邀请海外专家来室讲学45人次；派实验室人员往境外交流30人次。充分利用自身科研优势，开展科普教育、科普宣传和科普活动等工作，全年共接待各类参观人员1000人次。

2015年，生物质发电成套设备国家工程实验室承担国家973、863、科技支撑计划、国家自然科学基金、北京市科技计划等多项重大科研课题，为科研院所、高新技术企业等提供技术攻关和检验测试服务。新增纵向科研项目8项，经费合计303万元。另外，实验室在研纵向科研项目31项，其中包括“十二五”科技支撑计划项目（含子项目）3项、国家自然科学基金项目11项等，经费累计达到2515万元。加速进行科技成果转化，板式脱硝催化剂技术已形成国内唯一具有完全自主知识产权的成套技术，产品应用于国内10余家电厂，该科技成果获第十七届中国国际高新技术成果交易会优秀产品奖和优秀展示奖。

2015年，国家火力发电工程技术研究中心承担国家973、863、科技支撑计划等多项重大课题及企业委托的各类项目，建立良好的“产、学、研、用”合作交流机制。研究中心加强平台、基地建设成立燃气轮机研究中心，并依托国家火力发电工程技术研究中心建设运行。平台及基地实验仪器设备继续对外开放共享，继续加强人才培养及培训工作，共举办技术培训10期；举办专题研讨1次，举办专题讲座3次。研究中心充分发挥国家级科研平台在科普宣传、科普教育及科普活动等方面的优势，接待大型参观访问团体3批，共计600人次。全年共获各级各类纵向科技项目资助18项，资助金额达2132万元；共签订横向科技合作项目29项，合同金额1518万元。

2015年，电站设备状态监测与控制教育部重点实验室获各类纵向科技项目资助共42项，资助金额为6719.8万。其中，国家级项目14项，北京市科技项目6项，北京高等学校教育教学改革项目1项。实验室学术带头人杨勇平教授作为首席科学家再次获国家973计划项目“燃煤发电系统能源高效清洁利用的基础研究”。承办“2015年中国工程热物理学会燃烧学术会议暨国家自然科学基金燃烧项目进展交流会”，为历届燃烧会议参加人数最多的一次。

2015年，区域能源系统优化教育部重点实验室继续加大实验室平台建设力度，加大固定资产投入，完成多个实验室的建设。新增纵向项目科研经费1592万元，新增横向项目科研经费累计369.27万元，科研总经费任务完成比例为136%。“区域能源与环境系统优化”教育部创新团队，“区域能源系统识别、优化与调控机理研究”教育部科学技术研究重大项目通过教育部验收。国际合作与交流方面更加频繁，与国内外多家知名院校、企业在人才培养、科技攻关、科技成果转化、产学研结合等方面展开全方位交流与合作。

2015年，高电压与电磁兼容北京市重点实验室获科研项目总经费939.65万元，获国家自然科学基金重点项目3项，获“863”项目课题（大数据分析技术在输变电设备状态评估中的研究及应用）1项；获国家发明专利授权20项、实用新型授权2项。2015，实验室发表SCI收录论文27篇；出版专著1部。

2015年，能源的安全与清洁利用北京市重点实验室科研项目申报工作取得进展，自然科学基金项目申报36项，较去年的24项增加50%，持续3年保持在20项以上；获批6项，较去年的4项增加2项。戴松元教授作为负责人申报的“新型太阳电池的基础和应用研究创新引智基地”获批立项建设。

2015年，“工业过程测控新技术与系统”北京市重点实验室承担重大纵向项目16项，金额达4953万元，其中包括973项目、863项目等重点项目；科研设备总资产达到1600多万元，10万元以上仪器设备达到16件；刘吉臻教授当选为中国工程院能源与矿业工程学部院士，“600MW超临界循环流化床锅炉关键技术研究与应用”获2015年度教育部高等学校科技进步一等奖，“源网联合调度控制仿真系统研究与开发”平台被电机工程学会鉴定为具有国际先进水平。

2015年，低品位能源多相流与传热北京市重点实验室研究成果获得美国发明专利授权。依托国家科技部973项目“锅炉低温烟气余热深度利用基础研究”，在强化传热技术领域，徐进良教授课题组对低温差新型换热器进行系统的机理研究，提出一种新型高效的冷凝换热管，从根本上解决冷凝传热中沿管长方向形成厚液膜使传热恶化的技术难题。实验室研究成果实现企业转让，走向产业化。依托实验室承担的科技部973项目和国家自然科学基金广东联合项目等对低品位能源ORC发电系统和大功率LED散热系统的相关发明专利对企业进行转让，并与企业进行签订技术产业化长期合作协议，签订合同达1000万元。

2015年，北京市电力信息技术工程研究中心全心各项工作按照既定规划目标开展。科研方面，承担国家电网公司科技项目“面向智能配电网的通信与计算协同关键技术研究”1项；2项科研成果在国家电网公司得到深化应用。人才培养方面，2015年工程中心团队共有25名硕士毕业。共发表学术论文10篇，其中SCI 3篇，EI 7篇。

2015年，河北省输变电设备安全防御重点实验室围绕国家发展战略，获批及在研国家级科研项目9项，累计获批经费支持178.2余万元；获批及在研省部级科研项目5项，累计获批经费支持76余万元；加强与国内外电力公司、研究机构合作，共承担和完成横向科研项目47项，获得研究经费支持837万元。新增“非正弦周期激励下硅钢的损耗和磁化特性研究”“沙尘条件下超/特高压交流输电线路导线电晕损失特性分析”等国家自然科学基金3项；发表论文35篇，其中SCI收录6篇,EI收录18篇；获得发明专利授权3项、实用新型专利授权8项，申请发明专利9项。

2015年，河北省发电过程仿真与优化控制工程技术研究中心的科研工作取得多项突破性进展，部分研究成果达到国内或国际先进水平。中心先后为多家工程单位和高校开发优化控制系统。与多家相关企事业单位、科研院所合作，发挥各自的优势，实现强强联合。

先后与北京国电智深控制技术有限公司、国电科学技术研究院等单位在一系列工程研究领域中进行合作。共同完成“现场总线设备管理系统”，“现场总线氧量仪的优化设计”，“热工过程优化控制系统”，“1000MW二次再热火电机组激励式仿真系统”，“基于虚拟现实技术的热力设备检修培训与管理系统”等多个工程研究项目和技术课题。

2015年，能源基地获各类纵向项目资助共计16项，其中，国家级5项，省部级11项；各类纵向项目结题共计10项，发表能源类学术论文共计201篇，其中SSCI检索论文21篇，EI期刊检索论文45篇，SCI检索论文12篇，CSSCI检索论文29篇；出版能源类学术专/编著9部。为响应国家战略部署，能源基地成立北京能源互联网发展研究中心。张兴平教授申报的“清洁能源价格竞争力及财税价格政策研究”项目获2015年度国家社会科学基金重大项目立项资助。

新能源电力系统国家重点实验室建设

【概述】新能源电力系统国家重点实验室面向国家规模化新能源开发、利用的重大需求，聚焦新能源电力系统的重大科技问题，以多学科交叉为基础，开展基础性创新性研究。实验室由3个大型的综合实验平台和24个功能实验平台及公共服务区域组成。

2015年，实验室围绕学术方向凝练、研究进展和平台建设、团队建设与人才培养、开放交流与合作等方面开展工作。围绕规模化新能源电力的消纳和电力系统安全高效运行等科学问题，进一步凝练学术方向，确立火电机组弹性运行控制技术、集群式电动汽车与规模化新能源消纳、需求侧资源响应特性及风光发电消纳调控机制、规模化新能源电力传输、新能源电力系统稳定性机理与控制、新能源电力系统保护等主要研究内容。

通过设置自主研究课题和评选年度标志性科研成果等形式，引导实验室人员围绕实验室研究方向开展持续研究。围绕研究领域的核心科学问题和关键科学技术，设立开放课题20项，资助经费120万元。

2015年，完善新能源电力系统源网联合调度控制仿真系统，完成新能源电力系统源、网、荷一体化联合仿真系统结构方案的设计与试验。先后与内蒙古电力（集团）有限责任公司、国网甘肃省电力公司、海南电网公司等单位形成实质性合作关系，为解决大规模新能源电力消纳问题提供研究对象与场景。源网联合调度控制仿真系统通过中国电机工程学会组织的技术鉴定；电力系统机电暂态过程相量精确量测技术与系统应用通过教育部科技发展中心组织的鉴定。

2015年，组织完成团队聘期考核，完成新一轮团队组建和固定、流动研究人员聘任。制定人才规划，优化队伍结构，推进学科交叉与团队融合。举办新能源电力系统国家重点实验室开放课题交流会暨首届新能源电力系统论坛；承办第四届IET可再生能源发电国际会议（RPG2015）等学术会议10次；作大会主旨报告30余次。邀请海外专家讲学45人次；派实验室人员往境外交流30人次。充分利用自身的科研优势，开展科普教育、科普宣传和科普活动等工作，以此传播科学知识、弘扬科学精神、宣传科学思想和科学方法。

2015年，实验室在仪器设备开放共享方面，充分利用网上预约系统，在保障实验室重点科研课题研究的基础上，为其他单位科研人员的提供优质的服务。

（张　洪　彭跃辉）

【概况】

主　任：刘吉臻

副主任：毕天姝　崔　翔

牛玉广　张海波

黄永章　彭跃辉

实验室网址：http ://laps.ncepu.edu.cn/

实验室三大研究方向：1.新能源电力系统特性及多尺度模拟；2.规模化新能源电力变换与传输；3.新能源电力系统控制与优化。

至年底，实验室占地面积8650平方米，科研设备总资产7500多万元。实验室现有固定人员95名，其中研究人员85人。有中国工程院院士2名、万人计划入选者1人、国家杰出青年基金获得者1人、973首席科学家2名、“千人计划特聘专家”3人、“青年千人计划特聘专家”1人、国家百千万人才工程人选6人、中科院百人计划入选者3人、教育部创新团队3个、教育部新世纪人才13人、“111”学科创新引智基地3个。

2015年，实验室获专项经费685万元，其中开放运行费400万，基本科研业务费285万。设立开放课题20项，其中境外项目5项，共资助金额120万元。

2015年，实验室新增科技项目203项，总经费11483万元。其中，国家级20项，经费1709.59万元；省部级6项，经费530万元；横向项目177项，经费9243.41万元。获省部级以上奖励7项；共发表中英文论文300多篇（其中,SCI检索99篇）；申请发明专利146项，获授权发明专利61项；出版专（译）著11部。

2015年，实验室承办学术会议10次；作大会主旨报告28次，邀请海外专家来室讲学45人次；派实验室人员往境外交流30人次。充分利用自身的科研优势，开展科普教育、科普宣传和科普活动等工作，以此传播科学知识、弘扬科学精神、宣传科学思想和科学方法，全年共接待社会各界人士参观80余场次，接待各类参观人员1000人次。

（张　洪　彭跃辉）

【召开学术委员会第四次会议】1月20日，新能源电力系统国家重点实验室召开第一届学术委员会第四次会议。学委会委员黄其励院士、程时杰院士、郭剑波院士，金红光院士、闵勇教授、肖立业研究员、陈维江教授、王雨蓬教授、刘吉臻教授、崔翔教授、徐进良教授及特邀专家韩英铎院士、杨奇逊院士听取实验室主任年度工作报告、代表性研究报告及开放课题情况汇报，指导实验室各项工作，指引学术研究方向。委员们肯定实验室在科学研究、队伍建设、开放交流及实验室管理等方面取得的成绩，对实验室今后的发展提出指导性建议。

（张　洪　彭跃辉）

【自主课题】2015年，实验室在研自主研究课题共计23项，其中重点类课题10项，探索类课题13项。自主课题结题22项，基于课题研究，发表SCI期刊论文62篇，EI期刊论文80篇，申请/授权发明专利76项，申请软件著作权16项；基于课题研究获得省部级以上基金面上及重点项目12项。

（张　洪　彭跃辉）

【开放课题】2015年，实验室设立开放课题20项，资助经费120万元。通过实施开放课题，共同开展研究，联合发表高水平文章。共发表学术论文101篇，其中SCI检索47篇。申请发明专利17项，软件著作权4项，出版专著1部。

（张　洪　彭跃辉）

【毕天姝教授入选万人计划】2月26日，科技部公布2014年创新人才推进计划入选名单，毕天姝教授入选中青年科技创新领军人才名单。创新人才推进计划是国家从2011年开始组织实施的国家高层次创新人才培养培育计划，由中青年科技创新领军人才、科技创新创业人才、重点领域创新团队、创新人才培养示范基地四项内容构成，是《国家高层次人才特殊支持计划》（又称“万人计划”）的重要组成部分。

（张　洪　彭跃辉）

【源网联合调度控制仿真系统鉴定】8月22日，中国电机工程学会组织“源网联合调度控制仿真系统研究与开发”项目技术鉴定会。来自国网运检部、电科院、清华大学、天津大学、海南电力技术研究院、国电科环集团、国网甘肃省电力公司风电技术中心和内蒙古电力经济技术研究院等单位的9位鉴定专家认为该项研究契合新能源规模化接入电力系统的仿真、试验需求，研发的含新能源接入的源、网、荷一体化电力系统调度控制仿真系统为提高电网对新能源电力接纳能力、保证电网安全稳定运行提供技术支撑，具有良好的经济、社会效益和推广应用前景，整体技术达到国际先进水平，其中基于多源互补与火电机组弹性运行控制的电网调度控制仿真系统达到国际领先水平。

（张　洪　彭跃辉）

【召开可再生能源发电国际会议】10月17日至18日，第四届IET可再生能源发电国际会议（4th Renewable Power Generation Conference，RPG2015）召开。此次会议由IET主办，华北电力大学承办，国内外各大高校与学会协会支持。大会进行一系列主题报告及论文交流报告。

（张　洪　彭跃辉）

【举办开放课题交流会】11月28日至29日，实验室召开开放课题交流会暨首届新能源电力系统论坛。来自国内外16家单位的开放课题承担人与实验室研究人员共计90余人参会。交流会充分发挥和利用国家重点实验室的研究和交流平台作用，促进科研合作和学术交流，活跃学术氛围，提升实验室在主要研究方向的水平。通过实施开放课题，实验室研究方向得到外界广泛认可，影响力有所扩大，实验室开放课题日益受到校外专家学者关注。

（张　洪　彭跃辉）

【刘吉臻当选中国工程院院士】12月7日，中国工程院公布2015年中国工程院院士增选结果，刘吉臻教授当选为中国工程院能源与矿业工程学部院士。刘吉臻教授是“973计划”智能电网中大规模新能源电力安全高效利用基础研究项目首席科学家和火力发电控制专家，他带领团队攻克行业发展面临的多项关键技术难题，取得具有开创性、系统性的研究成果，曾获国家科技进步二等奖两项，省部级科技进步奖4项。

（张　洪　彭跃辉）

生物质发电成套设备国家工程试验室

【概述】2015年，生物质发电成套设备国家工程实验室继续加强平台建设，包括生物质分析测试实验平台、生物质燃烧实验平台、生物质热解气化实验平台、生物质热解炭化实验平台、生物质选择性热解实验平台、生物质发电设备材料实验平台、生物质发电动力设备实验平台、生物质发电测控技术实验平台、生物质收储运实验平台、生物质发电仿真实验平台、生物质发电成套设备验证性实验平台、锅炉烟气污染物治理实验平台、生活垃圾热解处理实验平台、有机废液高效焚烧实验平台、无机废水处理实验平台等。实验室集理论研究、技术开发与装备研制为一体，为生物质发电、锅炉烟气污染物治理等行业的理论研究与工程实践提供理论支撑与技术支持。

实验室积极承担国家973、863、科技支撑计划、国家自然科学基金、北京市科技计划等多项重大科研课题，为科研院所、高新技术企业等提供技术攻关和检验测试服务。

实验室在生物质电站集成设计与优化运行技术、燃煤锅炉内生物质混燃技术、生物质高效热化学转化技术、板式脱硝催化剂技术、有机废液焚烧关键技术、生物质成型技术等方面进行专利布局，并推进自主创新科研成果的产业化。

实验室培养“新能源科学与工程”本科生及“新能源与可再生能源”研究生，为能源行业输送高素质人才。实验室与瑞典麦拉达伦大学、美国加州大学洛杉矶分校、美国密西西比州立大学、美国爱达荷大学等国外机构建立良好的交流与合作机制。

（孔凌楠）

【概况】

主任：吴占松

常务副主任：董长青

国家工程实验室网址：http：//nelb.ncepu.edu.cn/

2015年，实验室占地面积1780平方米，累计总资产2160万元，其中硬件857台/套，价值2068万元，软件9套，价值92万元。

2015年，实验室有固定研究人员43人，培养博士、硕士研究生58人，培养本科生207人。

2015年，实验室新增纵向科研项目8项，其中国家973计划项目1项，国家自然科学基金项目2项，教育部项目4项，北京市科技计划项目1项，经费合计303万元。另外，实验室在研纵向科研项目31项，其中包括“十二五”科技支撑计划项目（含子项目）3项、国家自然科学基金项目11项等，经费累计达到2515万元。

2015年，实验室发表论文32篇，其中SCI收录21篇、EI收录7篇。实验室新申请专利6项，其中发明4项，实用新型2项；获授权专利11项，其中发明专利9项、实用新型2项。实验室主持3项行业标准的编制，参与1项国际标准、3项国家标准的编制。

2015年，实验室加速进行科技成果转化，板式脱硝催化剂技术已形成国内唯一具有完全自主知识产权的成套技术，产品成功应用于国内10余家电厂，该科技成果获第十七届中国国际高新技术成果交易会优秀产品奖和优秀展示奖。

2015年，实验室进一步加强国际交流与合作。1月，美国加州大学洛杉矶分校霍毅欣博士访问实验室，介绍其在合成生物学领域的研究工作。2月，瑞典麦拉达伦大学Erik Dahlquist教授来访，介绍其在新能源储存以及能源管理等方面的研究工作。3月，美国爱达荷大学Brain He教授来访，介绍其在生物质热解领域的研究工作。5月，美国密西西比州立大学Fei Yu教授来访，介绍生物质热化学转化领域研究前沿。

2015年，实验室通过国家级检验检测机构资质认定（计量认证）三类10项33个参数的复查评审。

2015年，实验室作为“中关村开放实验室”，为科研院所、中关村园区高新技术企业等10余家单位提供技术攻关和检验测试服务。

（孔凌楠）

【2项国家科技支撑计划项目结题验收】2015年3月，实验室主持的国家科技支撑计划项目“生物质直接燃烧发电关键技术与示范”结题验收。6月，实验室主持的另一项国家科技支撑计划项目“生物质低能耗固体成型燃料装备研发与应用”结题验收。

（孔凌楠）

【实验室通过资质认定复查评审】2015年6月25日至27日，国家认证认可监督管理委员会委派评审组对实验室资质认定（计量认证）进行复查评审。评审组专家实地考察实验室环境建设，审查质量手册、程序文件、作业指导书、记录文件，查阅检测报告存档件、仪器计量检定证书、技术人员业务工作档案、内部审核和管理评审记录，组织座谈会，挑选7个样品进行8个项目的现场试验考核。评审组专家一致认为：实验室母体具有独立事业法人证明文件及法人代表委托授权书，能满足实验室资质认定（计量认证）的法人地位，有保证第三方公正检测的声明和措施；实验室组织机构健全，已按《实验室检查机构资质认定管理办法》和《实验室资质认定评审准则》建立质量管理体系，并正常运行；实验室人员素质高，分析测试能力强，能满足所申请项目的要求。最终，实验室通过国家级检验检测机构资质认定（计量认证）三类10项33个参数的复查评审，并于9月获资质认定（计量认证）证书（证书编号：150020003337）。实验室可在煤炭类、固体生物质燃料类、环保材料类等方面为科研机构及企业提供具有法律效力的检测报告。

（孔凌楠）

【参加资质认定内审员培训】2015年10月28日至29日，实验室组织人员参加由教育部科技发展中心主办，国家计量认证高校评审组、高校分析测试中心研究会承办的“国家检验检测机构资质认定政策宣贯暨高校内审员培训班”。实验室人员学习国家质检总局新发布的《检验检测机构资质认定管理办法》和《检验检测机构资质认定评审准则》，新形势下高校实验室管理体系及新版高校实验室管理体系文件。

（孔凌楠）

【参展第十七届中国国际高新技术成果交易会】2015年11月16日至21日，实验室推荐参展第十六届中国国际高新技术成果交易会的项目“SCR板式硝催化剂”获大会优秀成果奖和优秀展示奖。

（孔凌楠）

【外国专家来访】2015年1月14日，美国加州大学洛杉矶分校加州纳米研究所霍毅欣博士访问实验室并做学术报告，介绍如何利用合成生物学技术在世界上首次实现蛋白质的生物精炼以及“电燃料”的生物合成及如何改造微生物工程菌株将二氧化碳、甲烷或者合成气等温室气体直接或间接转化为生物燃料和高附加值化工产品。2月25日至3月2日，瑞典麦拉达伦大学Erik Dahlquist教授来访，介绍其在新能源储存及能源管理等方面的研究工作，包括利用多协同集成电池方法对新能源中的风能、太阳能、生物质能进行储存，能源精细化管理在新能源利用中的重要地位和具体实施方法等。并与实验室研究人员展开深入讨论。3月17日至23日，美国爱达荷大学Brain He教授举行学术研讨会，介绍其在生物质热解领域的研究工作，重点是生物质热解制备生物油工艺技术，希望与实验室在生物质能源利用方面开展合作。5月4日，美国密西西比州立大学Fei Yu教授来访，介绍生物质热化学转化领域研究前沿，重点是生物质热解气化、液化以及炭化等方面情况。

（孔凌楠）

国家火力发电工程技术研究中心

【概述】国家火力发电工程技术研究中心以火力发电过程节能与优化运行技术、火电厂重要部件和材料的研发和制备技术、火电厂污染物的监测与脱除技术、火电厂设备状态监测与故障诊断技术、火电机组测控与数字仿真技术等为主要研究方向，包含火电厂重要部件的先进表面技术与再制造技术研发平台、火电厂设备状态监测、故障诊断与维修决策系统研发平台、火力发电过程节能与机组优化运行技术研发平台、火电厂清洁运行与环保减排技术研发平台、火力发电测控与仿真技术研发平台等5个大平台和近30个功能研发试验平台。

2015年，国家火力发电工程技术研究中心组织完成《火力发电产业技术创新“十三五”规划》编写工作，连续发行内刊《火力发电》6期，与能源动力与机械工程学院、电站设备状态监测与控制教育部实验室联合承办中国工程热物理学会燃烧分会燃烧学术会议及筹备会议。

2015年，国家火力发电工程技术研究中心继续在应用基础研究和技术原理探索、关键技术攻关、新产品新系统研发等不同层次上为国家火电机组的优化运行提供技术保障。积极承担国家973、863、科技支撑计划等多项重大课题及企业委托的各类项目，建立良好的“产、学、研、用”合作交流机制。

2015年，国家火力发电工程技术研究中心继续加强平台、基地建设。华北电力大学燃气轮机研究中心成立，并依托国家火力发电工程技术研究中心建设运行。平台及基地实验仪器设备继续对外开放共享，在保障中心研发工作的基础上，为其他单位科研人员提供服务。

2015年，国家火力发电工程技术研究中心继续加强人才培养及培训工作，共举办技术培训10期；举办专题研讨1次，举办专题讲座3次。中心充分发挥国家级科研平台在科普宣传、科普教育及科普活动等方面的优势，接待大型参观访问团体3批，共计600人次。

（任治政　王　敏）

【概况】主任：杨勇平

副主任：顾煜炯　杜小泽

陈海平　程伟良

韩　璞

网址：www.tprc.org.cn

至年底，国家火力发电工程技术研究中心共计建设大型研发基地1个，占地面积4000余平方米，位于主楼F座；培训基地1个，占地面积600余平方米，位于行政楼4层；产学研合作基地1个，占地面积500余平方米，位于行政楼4层；1000MW空冷机组凝气器单元中试试验平台一个，总投资1300万元。科研设备总资产超过5000万元。

2015年，国家火力发电工程技术研究中心拥有国家杰出青年科学家2名，国家“千人计划”学者3名，国家“百千万人才”国家级人选3名，国家“973计划”首席科学家3名；中科院“百人计划”学者2名，教育部新世纪优秀人才7名；教育部创新团队2支。

2015年，共获各级各类纵向科技项目资助18项，资助金额达2132万元；共签订横向科技合作项目29项，合同金额1518万元；获国家和省部级科技奖励3项，授权专利24项，软件著作权4项，出版专著1部，发表高水平论文249篇；获成果鉴定2项。

2015年，国家火力发电工程技术研究中心对外开展各类技术培训班10期，合同总额140余万元，培训人数500余人；接待大型参观访问团体3批次；举办大型学术会议1次。

（任治政　王　敏）

【编写《火力发电产业技术创新“十三五”规划》】2015年，该中心组织火力发电产业技术创新战略联盟（下称“联盟”）编写《火力发电产业技术创新“十三五”规划》，《规划》的编制为火电产业“十三五”时期的技术创新发展指明方向，明确“十三五”时期国家火电技术发展的总体方略和行动纲领，对推动火电创新发展、安全发展、科学发展具有重要意义。

（任治政　王　敏）

【发行《火力发电》刊物】2015年，该中心内部发行《火力发电》杂志共6期，杂志面向中心理事单位、中心工程技术委员会、联盟理事单位、联盟专家技术委员会、火力发电厂、火力发电设备制造商、火力发电协会学会、大专院校、科研院所等单位及火力发电行业技术专家、技术主管、高级管理者等。《火力发电》刊物将加强联盟成员单位之间的技术交流，实现优势互补，推动火力发电产业的技术创新发展，是中心与联盟对外宣传服务的重要窗口。

（任治政　王　敏）

【承办中国工程热物理学会燃烧学术会议】10月24日至25日，该中心承办中国工程热物理学会燃烧学术会议暨国家自然科学基金燃烧项目进展交流会，完成会议的组织和协调工作，来自全国100多所高水平大学、研究机构及若干国外大学1000多名学者、教授及研究生参加本次会议，共同研讨燃烧领域的学术进展、科学问题及国家需求。

（任治政　王　敏）

【燃气轮机研究中心成立】11月26日，华北电力大学燃气轮机研究中心成立，并依托国家火力发电工程技术研究中心建设运行。该燃气轮机研究中心的主要研究方向包括：燃气轮机先进系统集成与能量梯级利用；燃气轮机高温部件冷却和余热利用系统；燃气轮机高效低污染燃烧技术研究；燃气轮机气动设计与优化技术；燃气轮机高温金属材料研究；燃气轮机装备制造及运行维护关键技术等。

（任治政　王　敏）

【召开联盟专家咨询委员会聘任仪式】12月15日，该中心召开火力发电产业技术创新战略联盟专家咨询委员会聘任仪式暨第一次全体委员会议，会议审议由联盟和中心共同编制的《火力发电产业技术创新“十三五”规划》，会议选举并聘任黄其励等19人为联盟专家咨询委员会委员，专家咨询委员会将为中心及联盟技术创新工作定位掌舵。

（任治政　王　敏）

电站设备状态监测与控制教育部重点实验室

【概述】电站设备状态监测与控制教育部重点实验室面向中国节能减排与能源环境可持续发展的重大需求，围绕大型火电和可再生能源发电安全、高效和清洁热功转换过程中的关键科学问题开展应用基础研究。

2015年，电站设备状态监测与控制教育部重点实验室获各类纵向科技项目资助共42项，资助金额为6719.8万。其中，国家级项目14项，北京市科技项目6项，北京高等学校教育教学改革项目1项。实验室学术带头人杨勇平教授作为首席科学家再次获国家973计划项目“燃煤发电系统能源高效清洁利用的基础研究”，并于2015年1月启动，项目经费3500万。实验室获国家科技支撑计划课题共3项，总经费702.1万元。国家自然科学基金项目8项，总经费663.7万。获北京市自然科学基金4项，总经费72万。获北京市科技计划课题2项，总经费540万。获北京市教改项目1项，经费10万元。

2015年，实验室签订横向科技项目31项，合同金额2148.6万元；获授权发明专利32项，实用新型专利14项；共发表论文126篇，其中，SCI收录47篇，中文期刊论文79篇，EI收录47篇。

2015年，实验室有5个专利转让给相关企业，专利分别为“冷却器扩展型一体化平板热管”“立体四元阵列电站锅炉承压管泄漏的精确定位方法”“一种炉管泄漏声学检测定位装置”“基于有机朗肯循环的烟气冷凝热回收热电联供系统”“用于制备高温耐磨耐蚀熔覆层的粉末材料及制备方法”等，转化收益约210万元左右。

2015年，重点实验室培养博士研究生14名，硕士研究生61名。在国外访学的青年教师有4名，分别在美国、英国、比利时等国家。在团队建设方面，重点实验室徐超教授获国家自然科学基金“优秀青年科学基金”资助，资助金额150万；青年老师程永攀获欧盟“玛丽居里学者计划”基金资助，资助金额135万。

2015年，实验室科研成果获省部级奖项2项和“高被引论文奖”1项，分别为2015年度高等学校科学研究优秀成果奖二等奖和2014新疆维吾尔自治区科技技术进步奖二等奖，徐超教授的关于太阳能热发电高温储热的研究论文获《Applied Energy》杂志“高被引论文奖”。

2015年，实验室作为“火力发电过程节能与清洁运行”北京市国际科技合作基地，继续发挥平台的优势作用，积极加强和促进国际合作与交流，实验室主办或承办国际和国内学术会议4次，分别为“700℃超超临界燃煤发电关键技术国际研讨会”“煤的清洁转化与利用研讨会”“Crossroads of Particle Science and Technology, Leeds, UK”和“2015年中国工程热物理学会燃烧学术会议暨国家自然科学基金燃烧项目进展交流会”；开展国内外专家学术交流活动8次，分别来自澳大利亚、英国和德国等国。其中，实验室承办的“2015年中国工程热物理学会燃烧学术会议暨国家自然科学基金燃烧项目进展交流会”是历届燃烧会议参加人数最多的一次，也是学校至今承办的参会人数最多的一次学术会议。

（唐宁宁）

【概况】

主　任：徐　鸿

副主任：杜小泽

实验室网址：http：//cmc.ncepu.edu.cn/

实验室有四个研究方向：1.燃烧状态检测与污染控制；2.高温金属材料特性与失效预防；3.高效热功转换与过程节能；4.电站运行状态监控。围绕上述方向，通过对检测方法、材料特性和过程机理的探索，研究设备运行状态及其发展变化规律，实现大型发电机组安全、高效和清洁运行目标。

至年底，实验室占地面积3930平方米，科研设备总资产3228多万元。新增固定资产共33台套，总价值28.2万元。有大型仪器和检测设备共计41台套对外开放共享，总价值1800万余元。

实验室固定研究人员30名、流动研究人员17名、实验技术人员3人，以中青年学术骨干为主，包括：国家杰出青年科学家2名，国家“千人计划”学者1名，国家“百千万人才”一、二层次人选3名，国家“973计划”首席科学家2名；中科院“百人计划”学者3名，教育部新世纪优秀人才7名，“长江学者”特聘教授1名，“万人计划”首批杰出人才1名，国家优秀青年科学基金获得者1名。

2015年，实验室获各类纵向科技项目资助共42项，资助金额为6719.8万，其中，国家级项目14项，北京市科技项目6项，北京高等学校教育教学改革项目1项；签订横向科技项目31项，合同金额2148.6万元；获授权发明专利32项，实用新型专利14项；共发表论文126篇，其中，SCI收录47篇，中文期刊论文79篇，EI收录47篇。实验室共有5项专利成果转让。

2015年，实验室培养博士研究生14名，硕士研究生61名。在国外访学的青年教师有4名。团队建设方面，重点实验室1人获国家自然科学基金“优秀青年科学基金”资助，1人获欧盟“玛丽居里学者计划”基金资助。

2015年，实验室科研成果获省部级奖项2项和《Applied Energy》杂志“高被引论文奖”1项。

2015年，实验室主办或承办国际和国内学术会议4次，开展国内外专家学术交流活动8次。

（唐宁宁）

【刘吉臻当选中国工程院院士】12月7日，中国工程院公布2015年中国工程院院士增选结果，教育部重点实验室首任主任刘吉臻教授当选中国工程院院士。刘吉臻教授自从2005年1月电站设备状态监测与控制教育部重点实验室立项建设以来，作为首任实验室主任及学术方向带头人，带领学术团队在火力发电控制领域深入研究，做出重大贡献。刘吉臻教授长期从事大机组建模、检测、控制理论与技术研究，带领团队攻克行业发展面临的多项关键技术难题，取得具有开创性、系统性的研究成果。2004年研发成功国家第一套大型火电厂监控信息系统，2011年成功研发国家最大容量1000MW超超临界机组成套控制系统，2013年成功研发世界首台600MW超临界循环流化床机组控制系统。研究成果在工程中得到广泛应用，取得显著的社会经济效益。

（唐宁宁）

【获批1项国家“973计划”项目】3月，科技部下发《关于国家重点基础研究发展计划2015年项目立项的通知》（国科发基〔2015〕63号），以电站设备状态监测与控制教育部重点实验室学术带头人杨勇平教授作为首席科学家，申报的“燃煤发电系统能源高效清洁利用的基础研究”获批立项。2009年至2013年期间，项目团队承担并完成中国燃煤发电领域第一个国家“973”计划项目“大型燃煤发电机组过程节能的基础研究”，取得一系列高水平科研成果，获国家科技进步二等奖 2 项，创造较大的经济和社会价值。此次项目获批是学校在燃煤发电领域首次获得“973”计划的连续支持，标志着教育部重点实验室基础研究和原始创新能力的显著提升，为学校参与“十三五”国家重大科研计划奠定坚实基础。

（唐宁宁）

【新型聚光光伏 / 光热混合发电系统取得突破】 2015 年，实验室徐超教授团队研发的新型聚光光伏 / 光热混合发电系统目前取得突破性进展。常规的聚光光伏发电系统只有一小部分光能被转化为电能，而聚集的大部分光能则转化为热能散失。虽然在传统的光伏 / 光热混合系统中可以把这部分余热进行利用，但是因为余热温度较低而在应用方面受到很大限制。针对这个难题，研发团队提出一种新型的聚光光伏 / 光热混合发电系统。通过将常规聚光光伏发电系统损失的热能与 ORC（有机朗肯循环）发电系统结合起来的思路，将液体有机工质加热成为过热蒸汽并通过 ORC 系统进行发电，以此提高整个太阳能发电系统的发电效率。

（徐　超）

【1 项科技支撑计划课题通过结题验收】 3 月 20 日，科技部委托项目组织单位中国华能集团公司，在内蒙古上都召开“十二五”国家科技支撑计划课题“燃煤机组换热设备强化传热技术与节能改造工程示范”现场结题专家验收会。来自国内科研院所、工程设计单位的 10 位专家现场考察工程示范情况，听取课题负责人杨立军教授代表课题组所作的技术报告，并检查由第三方出具的性能考核检测报告，经过认真质询和讨论，形成验收意见。意见认为课题已完成预定各项研发目标，一致同意通过课题结题验收。近年来，节水效益显著的空冷技术成为北方地区燃煤火力发电的关键技术，空冷机组装机容量已接近 2 亿千瓦。但火电空冷机组在实际运行中，环境风对机组的发电能耗和运行安全性都存在显著的不利影响。同时，空冷凝汽器单元还存在冷却空气流场流动不均匀、换热面利用率低等固有缺陷，导致空冷机组发电煤耗进一步升高。围绕上述问题，通过深入系统的应用基础研究，电站设备状态监测与控制教育部重点实验室开发出空冷岛环境风诱导、空冷凝汽器单元空气导流等技术。在国家科技支撑计划课题的支持下，将上述技术在中国北方典型的 600MW 等级空冷机组上开展综合应用与工程示范。由第三方承担的性能考核对比试验表明，空气流场优化组织技术的应用，可显著强化空冷系统的传热能力。同比情况下，可使 600MW 空冷机组供电煤耗下降 3g/kWh 以上，并使空冷机组运行的安全性得到显著提高。该课题执行期间，共申请 27 项发明专利、授权 14 项发明专利；发表国内外学术期刊论文 50 余篇；培养 20 余名博士、硕士研究生。重点实验室依托该课题研发的“直接空冷单元空气导流装置”还先后获第 15 届中国国际高新技术成果交易会优秀成果奖、第 16 届中国国际工业博览会大会银奖（排名第 1）等，并获 2014 年度新疆自治区科技发明二等奖 1 项。

（唐宁宁）

【英国赫瑞瓦特大学 Ola 博士来访】 4 月 2 日，来自英国赫瑞瓦特大学（Heriot-Watt University）CCS 创新中心的 Oluwafunmilola Ola 博士来校进行为期一个月的学术交流。4 月 10 日，Ola 博士作题为《Solar Fuels Via Engineering Innovation at the Centre for Innovation in Carbon Capture and Storage（CICCS）》的学术报告，杨立军教授主持本次报告，徐超、巨星、陈林等 30 余位师生听取报告。Ola 博士详细介绍赫瑞瓦特大学 CICCS 科研团队在太阳能光催化还原二氧化碳领域的最新进展。光催化还原二氧化碳技术也称为人工光合作用，该技术通过模拟绿色植物吸收二氧化碳合成有机物的过程，实现光催化还原二氧化碳制备甲醇等燃料，在节能减排、发展可再生能源等方面都有深远的理论研究意义和应用实践价值。Ola 博士及其团队实验研究不同类型催化剂的光催化效率，通过实验数据详细分析影响光催化效率的因素。在报告中，她还阐释不同类型反应器的优缺点及反应器结构对催化效率的影响。会后，Ola 博士与现场师生针对一些问题进行互动交流并邀请师生到英国赫瑞瓦特大学进行学术交流。

（唐宁宁）

【举办 700℃超超临界燃煤发电关键技术国际研讨会】 4 月 18 日至 19 日，700℃超超临界燃煤发电关键技术国际研讨会在华北电力大学召开。会议由华北电力大学和德国斯图加特大学 MPA Stuttgart 主办，国家 700℃超超临界燃煤发电技术创新联盟协办。此次会议由华北电力大学电站设备状态监测与控制教育部重点实验室主任徐鸿教授和德国斯图加特大学卡尔·麦勒教授（Prof. Karl Maile）共同组织发起，旨在分享欧盟和中国在 700℃等级超超临界燃煤发电技术中关键技术问题的研究进展和高温材料特性方面的研究经验和成果。参与欧盟700℃计划的德国大部分研究机构和企业参这次会议。德国先进超超临界实验电站及欧共体700℃计划商业电站部件测试项目负责人、700℃计划德方材料实验主要研究机构、大学和高温部件制造企业负责人及专家学者，700℃超超临界燃煤发电创新联盟崔占忠，国家自然科学基金委中德中心陈乐生，中国华能集团清洁能源研究院、中科院金属所、三大主机厂技术负责人和专家，重点实验室团队带头人杨勇平教授、徐鸿教授、徐进良教授等来自国内外的50余名专家学者出席会议。

（唐宁宁）

【召开国家“973计划”项目启动会】2015年4月26日，由重点实验室杨勇平教授作为首席科学家的国家重点基础研究发展计划（973计划）项目“燃煤发电系统能源高效清洁利用的基础研究”正式启动，该项目联合西安交通大学、清华大学、浙江大学、中国科学院工程热物理研究所和华中科技大学共同承担。

（唐宁宁）

【召开煤的清洁转化与利用研讨会】5月12日，由重点实验室杨勇平教授负责的“煤的清洁转化与高效利用”111引智基地的探讨会在实验室召开，参加会议的有澳大利亚联邦科学与工业研究组织（CSIRO）的Merched Azzi教授，Hai Yu博士，英国克兰菲尔德大学的John Edwin Oakey教授及Kumar Patchigolla博士，重点实验室团队带头人杨勇平教授、张锴教授、杜小泽教授等40余位师生。会议由张锴教授主持，主要围绕煤的清洁转化与利用等相关问题进行交流和研讨。会议邀请4位外国专家进行一系列学术报告，分别为：Merched AzziProf./Emissions Management & Air Pollution Science（污染物排放管理与大气污染科学）；Hai YuDr./Post Combustion CO_2 Capture Research in CSIRO CSIRO（燃烧后CO_2捕集研究）；John OakeyProf./ Measures for Climate Change in UK：Situation and Policy of CO_2 capture（英国应对气候变化对策：CO_2捕集现状与政策）；Kumar PatchigollaDr./ State-of-the-art CO_2 Capture Technologies and ComparisonsCO_2（捕集技术现状与比较）。

（唐宁宁）

【中关村天合科技成果转化促进中心来校调研】6月18日，中关村开放实验室及天合科技成果转化促进中心（以下简称天合转促中心）主任朱希铎带领天合转促中心的相关工作人员来校调研。参加会议的有实验室副主任杜小泽教授、张乃强副教授、张永生副教授等。此次调研旨在了解开放实验室成果转化的情况及转化方式与需求，重点了解实验室技术成熟度较高的“燃煤烟气中多种重金属污染物的联合控制技术”的相关内容和关于“微网”的研究情况及成果。张永生副教授对成果的详细情况进行介绍，并介绍成果转化的需求。朱希铎表示实验室的研究成果可以为行业内的燃煤电厂和相似企业减少环境污染做出一定的贡献，且技术成熟度高，成果落地转化的可行性大，具有重要价值。

（唐宁宁）

【参加京津冀科协科技成果转化平台项目发布和推介会】8月6日，由北京市科协、天津市科协、河北省科协和中关村管委会主办，中关村天合科技成果转化促进中心和北京科技社团服务中心承办的首次“京津冀科协科技成果转化平台”项目发布和推介会在中关村国家自主创新示范区举行。中国科协党组书记、常务副主席、书记处第一书记尚勇，北京市委副书记吕锡文出席项目发布和推介会。此次推介的30项优质科技项目是从中关村天合科技成果转化促进中心项目库的1000多个项目中，通过科技成果市场转化成熟度评价模型对科技成果转化促进提供产品、技术、市场等多维度的评价后筛选出来的。30个项目分为重大项目、促进项目和对接项目3大类，涉及新能源、物联网、新材料、云服务、生物医药、智能交通、电子信息等多个领域。所有项目都有技术报告、商业策划分析和市场成熟度评估。实验室潘伟平教授团队“燃煤烟气中多种重金属污染物的联合控制技术”成果入选第一批中关村天合科技成果转化促进中心30个重点推介项目之一，张永生副教授受邀参加此次项目推介会并对项目进行介绍。

（唐宁宁）

【市科委领导受邀来访】11月12日，实验室邀请北京市自然科学基金委员会办公室学科管理部寇奕主任来校交流，为重点实验室科研人员针对申请北京市自然科学基金的相关工作进行详细介绍。寇奕全面介绍北京市自然科学基金的基本概况和近几年申请情况及2016年基金重点资助方向、资助额度和申请人条件。同时也介绍基金申请的流程、评审过程以及申请过程中应该注意的事项，并解答实验室老师的问题。会后，实验室副主任杜小泽教授及学校科学技术研究院武润莲对寇奕的到来表示感谢，并希望与北京市科委能够建立更紧密的联系，积极参与北京市科委的相关科学研究。

（唐宁宁）

【承办中国工程热物理学会燃烧学术会议】10月24日至25日，2015年中国工程热物理学会燃烧学术会议暨国家自然科学基金燃烧项目进展交流会在华北电力大学召开，会议由电站设备状态监测与控制教育部重点实验室、国家火力发电工程技术研究中心与能源动力与机械工程学院共同承办，来自国内高校、科研院所的院士、专家、学者1000余人参会。会议共收录论文569篇，设置燃烧污染物控制、化学动力学等12个议题。基金项目交流会的《基金进展报告汇编》共收录基金项目进展报告162篇，其中含大会报告2项，分会场报告20项。10月24日，燃烧会议及基金交流大会开幕，开幕式由能源动力与机械工程学院院长徐进良教授主持，校长刘吉臻、国家自然科学基金委处长刘涛、清华大学煤清洁燃烧国家工程研究中心主任姚强、天津大学内燃机燃烧学国家重点实验室副主任姚春德出席开幕式并致欢迎辞。台湾中央大学的司圣洋教授、韩国科学技术研究院的崔相敏教授、德国工程院院士 K.Kohse-Hoinghaus 女士、天津大学姚春德教授和浙江大学樊建人教授作大会学术报告。

本届燃烧学年会是历届燃烧会议参加人数最多的一次，也是学校至今承办的参会人数最多的一次学术会议。会议期间参会代表还前往参观教育重点实验室和国家火力发电工程中心，并就科研平台的建设进行经验交流。这次大规模、高规格学术盛会成功举办，对实验室及华北电力大学展示形象、提升影响力发挥重要作用。

（田思达）

【徐超教授获国家优秀青年科学基金】2015年，重点实验室徐超教授获国家自然科学基金优秀青年科学基金项目资助，资助金额150万，是实验室首位获得优秀青年科学基金项目资助的青年学者，对实验室培养创新型青年人才具有积极的促进作用。国家优秀青年科学基金，是国家杰出青年基金的铺垫性科技支撑基金。国家为进一步贯彻落实国家中长期人才发展规划纲要的部署，加强对创新型青年人才的培养，完善国家自然科学基金人才资助体系而设立的资助项目。作为人才项目系列中的一个项目类型，优秀青年科学基金项目与青年科学基金项目和国家杰出青年科学基金项目之间形成有效衔接，促进创新型青年人才的快速成长，主要支持具备5～10年的科研经历并取得一定科研成就的青年科学技术人员，在科研第一线锐意进取、开拓创新，自主选择研究方向开展基础研究。

（唐宁宁）

【程永攀获“玛丽居里学者计划”基金资助】12月17日，经过欧洲研究委员会组织的严格评审，青年教师程永攀获欧盟第七框架协议下的“玛丽·居里学者计划”基金资助，共计19.5万欧元（约135万人民币）。该基金在全球范围内资助1200名左右有发展潜力的优秀青年学者，申请成功率仅为14%左右，其中全球范围内工程热物理领域只有10余项。程永攀将与英国伦敦大学玛丽皇后学院的教授们展开多尺度多相流方面的研究。程永攀成功申请该基金，说明其研究工作得到欧盟同行的高度认可，为重点实验室赢得学术声誉；该项目的开展也将为实验室在多相流流动与传热领域创建更好的科研平台，并对提高重点实验室在该研究领域的影响力作出贡献。

（唐宁宁）

区域能源系统优化教育部重点实验室

【概述】区域能源系统优化教育部重点实验室是依托华北电力大学环境研究院，整合学校其他优势科技资源而形成的一个研究实体，2010年12月由教育部批准立项建设。实验室主要针对能源供需矛盾、温室气体、大气污染及与社会、政治、经济相关的复杂环境问题开展科学研究，为多区域、多种尺度的能源系统管理提供科学的决策支持，为解决与防治中国经济发展中的诸多能源与环境问题提供科学依据。实验室研究方向主要包括：不确定性优化理论与技术；中国特色的多尺度区域能源模型；能源与环境系统互动机理与耦合技术研究；能源系统风险预测预警与管理决策综合研究等。研究方向涉及能源与环境工程、热能工程、管理科学与工程、可再生清洁能源等领域。实验室在建设过程中将依托实验室的多个学科点和相关博士后科研流动站，为国家培养能源与环境领域的专业技术人才。

2015年，该重点实验室继续加大实验室平台建设力度，区域气候模拟实验室引进 oracle 高级计算服务器用于全球气候模型模拟计算研究；膜动力分析实验室针对膜材料研究引进 flow-cell 膜处理系统；针对多尺度区域能源系统模拟研究室、能源与环境耦合过程研究室、能源系统风险预测预警研究室、能源系统虚拟现实管理研究室、不确定性理论系统分析中心、能源系统随机过程高级计算中心、智能信息处理中心、区域能源高级计算中心、开发计划署（UNDP）专家工作站和中加气候情景研究中心，加大固定资产投入；并完成地下水石油污染修复中试实验室、水能开发与水环境响应实验室、气候变化与能源环境影响分析实验室的建设。该重点实验室累计新增固定设备资产 53 万元。该重点实验室科研平台和实验室的建设将为实验室师生提供更加完善的实践教学平台，进一步优化学科建设体系，促进重点实验室学科的飞跃发展，为科研深入开展提供优质平台。

2015 年，该重点实验室继续发挥科研优势，加强关键科学问题的深入研究和集成，实现若干重点领域和重要方向的跨越发展。新增纵向项目科研经费 1592 万元，新增横向项目科研经费累计 369.27 万元，科研总经费任务完成比例为 136%。承担的重大科研项目包括：高等学校学科创新引智计划项目、国家水体污染控制与治理科技重大专项至课题、国家自然科学基金重大和面上项目、环保部公益项目、水利部公益项目、联合国开发计划署（UNDP）合作项目。该重点实验室“区域能源与环境系统优化”教育部创新团队，“区域能源系统识别、优化与调控机理研究”教育部科学技术研究重大项目通过教育部验收。

2015 年，该重点实验室继续在国际合作与交流方面开展广泛而深入的工作，与国内外多家知名院校、企业在人才培养、科技攻关、科技成果转化、产学研结合等方面展开全方位交流与合作。聘请多名国内外专家、学者到重点实验室进行指导讲座，有多名师生参加国内外重要学术会议：该重点实验室博士生刘政平顺利完成“2014 年国家建设高水平大学公派研究生项目联合培养博士研究生选派计划”回国，访问期间，与里贾纳大学科研人员积极开展学术合作，在能源规划与环境污染控制研究领域取得丰硕的成果；该重点实验室博士生张俊龙、刘静成功入选“2015 年国家建设高水平大学公派研究生项目联合培养博士研究生选派计划”，前往加拿大里贾纳大学进行为期 1 年学术交流与研究；该重点实验室邀请加拿大里贾纳大学范玉瑞博士进行学术交流与访问，拟开展多项式混沌展开、Copula 及高斯模型在水文分析中的应用等方面的科研合作；该重点实验室邀请加拿大里贾纳大学朱华博士进行学术交流与访问，拟开展不确定性优化方法在河流水质及农业水资源中的应用等方面的科研合作；该重点实验室邀请加拿大里贾纳大学 Jocelyn Crivea 博士进行学术交流与访问，拟开展与 IEESC 团队进行科研合作，以及研究生联合培养方面的合作；该重点实验室邀请加拿大圭尔夫大学 Edward McBean 教授进行学术交流与访问，拟开展影响水安全的环境气候因素及气候变化条件下水安全与能源、食品等方面的关系研究的科研合作；该重点实验室邀请美国伊利诺伊大学香槟分校（UIUC）蔡喜明教授进行学术交流与访问，聘任蔡喜明教授为华北电力大学兼职教授，拟开展社会、经济、人类活动对水资源系统的影响及未来在水资源系统研究方面的合作；该重点实验室邀请奥地利联邦水土资源研究所 Peter Strauss 教授进行学术交流与访问，拟与 HOALP 实验室合作，开展水土流失、水质和洪水监测方面科研；该重点实验室邀请加拿大土木工程学会副主席 Todd Chan 教授和圭尔夫大学 Edward McBean 教授进行学术交流与访问，与 Todd Chan 教授就加拿大土木工程协会合作事宜达成共识，与 Edward McBean 教授在世界水安全及水处理技术方面开展合作；该重点实验室邀请圭尔夫大学 Cameron Farrow 博士进行学术交流与访问，拟开展 CWFs、净水效率等方面的研究合作。

2015 年，该重点实验室高度重视产学研结合，积极将研究成果产业化，转化为实际生产力，通过与企业、政府、兄弟院校及科研院所多层次的密切合作，在规划制定、政策咨询、方案评估、节能减排等领域取得良好的社会和经济效益；与多个企业和园区开展各个层面的合作，在大中小循环层面，制订编写循环经济发展规划和实施方案，解决当地政府和企业的在发展经济和保护环境、节能减排方面的深层次问题，经由可持续发展之路发展经济，提高人民生活水平；与中国林业科学研究院森林生态环境与保护研究所合作进行吉林省西部地区雨洪资源综合利用河湖连通供水工程环境影响评价协作项目；与国网电力科学研究院武汉院区合作进行典型用能系统能耗评估方法研究；与北京郎新明环保科技有限公司合作开展环境风险调查与评估；与湖南省环境保护科学研究院合作进行典型重金属及农药复合污染场地风险评估及案例研究；与国家电网公司能源研究院合作进行能源系统优化研究；与中国环境科学研究院合作研究重庆市典型村镇生活垃圾样品理化特性检测。

2015 年，该重点实验室年度科研成果产出丰硕，师生共发表论文 108 篇，其中 SCI 检索 53 篇，申请和授权发明专利 6 项，获国家电网公司科技进步一等奖 1 项。其中，该重点实验室黄国和教授在 Nature 杂志上发表文章 1 篇、唐振武教授分别在 Nature 和 Science 杂志上发表文章 1 篇。

2015 年，该重点实验室李永平教授入选人社部 2014 年度“国家百千万人才工程”，同时被授予“有突出贡献中青年专家”荣誉称号；李永平教授还入选科技部 2014 年“中青年科技创新领军人才”，被全国妇女联合会、科学技术协会、中国联合国教科文组织全国委员会和欧莱雅（中国）联合授予第十一届中国青年女科学家奖。

2015 年，重点实验室在研究生培养方面再获佳绩，毕业博士 5 人，硕士 28 人；新入学博士研究生 7 人，硕士生 33 人；在读博士生 19 人，硕士生 99 人；硕士研究生尤立、董焕焕获得“2015 届春季优秀毕业研究生”称号，尤立、朴明军、付正辉的硕士学位论文被评为优秀；博士研究生姜龙、刘静，硕士研究生陈莹、李韵获得 2015 年研究生国家奖学金荣誉；博士研究生姜龙、刘静、王冰获得 2015 年优秀博士奖学金荣誉；博士研究生刘静、孟冲、王冰、王春晓、张俊龙，硕士研究生李韵、罗彬、皮晶薇、邱尤丽、王源意、曾娅玲、张凯获得 2015 年优秀研究生奖学金荣誉；该重点实验室博士生刘静，张俊龙入选“2015 年国家建设高水平大学公派研究生项目联合培养博士研究生选派计划”，赴加拿大里贾纳大学进行为期 1 年的学术交流与访问；该重点实验室博士生刘政平顺利完成“2014 年国家建设高水平大学公派研究生项目联合培养博士研究生选派计划”，结束在加拿大里贾纳大学进行为期一年的学术交流与访问回国。

（郑如秉　李延峰　李　薇）

【概况】实验室主任：黄国和

学术委员会主任：刘鸿亮

2015 年，该实验室现有固定在编人员 37 人，在编客座研究人员 27 人，聘请 7 位本领域国内外著名的专家担任学术顾问。其中包括中组部“千人计划”人才 2 人、国家杰出青年基金获得者 2 人、教育部长江学者特聘教授 2 人、973 计划首席科学家 1 人、优秀青年基金获得者 1 人、“青年拔尖人才计划”入选者 1 人。

2015 年，该重点实验室新增入选“国家百千万人才工程”1 人，获“有突出贡献中青年专家”荣誉称号 1 人；入选科技部 2014 年“中青年科技创新领军人才”1 人，被全国妇女联合会、科学技术协会、中国联合国教科文组织全国委员会和欧莱雅（中国）联合授予第十一届中国青年女科学家奖 1 人。

2015 年，该重点实验室硕士研究生在校人数达 99 人，新入学硕士生 33 人，硕士毕业生 28 人。在读博士研究生 19 人，新入学博士研究生 7 人，博士毕业生 5 人。优秀毕业研究生 2 人，优秀毕业论文 3 人，国家奖学金获得者 4 人，优秀博士奖学金获得者 3 人，“优秀研究生”称号获得者 12 人，申请“2015 年国家建设高水平大学公派研究生项目联合培养博士研究生选派计划”2 人。

2015 年，该重点实验室 2015 届毕业研究生 28 人全部与用人单位签订三方协议。

2015 年，该重点实验室开设研究生课程 15 门，完成教学 450 学时，举办学术讲座 25 次。

2015 年，该重点实验室新增科研项目 17 项。其中，国家或省部级纵向项目 8 项，企事业单位委托科技项目 9 项。新增纵向项目经费 1592 万元，横向项目经费 369.27 万元。2015 年重点实验室师生共发表论文 108 篇，其中 SCI 检索 53 篇，申请和授权发明专利 6 项，获国家电网公司科技进步一等奖 1 项。其中，Nature 收录 2 篇、Science 收录 1 篇。

2015 年，该重点实验室来访外国专家或外籍教师 10 人次，国家建设高水平大学公派研究生项目联合培养博士研究生选派计划 3 人次。

2014 年，该实验室拥有研究室 4 个，下设研究中心和实验室 15 个。

（郑如秉　李延峰　李　薇）

【加拿大里贾纳大学范玉瑞博士应邀来访】1 月 21 日，加拿大里贾纳大学范玉瑞博士应邀对该重点实验室进行学术交流与访问。在重点实验室会议室范玉瑞博士为实验室师生做精彩的学术讲座。范玉瑞博士结合自己的研究成果，从“多项式混沌展开模型”“基于 Copula 方法的水文风险分析”和“耦合高斯混合模型与 Copula 函数方法的水文分析”三个方面为师生讲解多项式混沌展开、Copula 以及高斯模型在水文分析中的应用。在交流互动环节中，范玉瑞博士与该重点实验室师生在有关水文模型不确定分析以及方法应用等问题进行讨论。

（郑如秉 郭军红）

【李永平教授入选国家创新人才推进计划】2月26日，科技部公布2014年创新人才推进计划入选名单，该重点实验室李永平教授入选，被授予"中青年科技创新领军人才"荣誉称号。创新人才推进计划是《国家中长期人才发展规划纲要（2010—2020年）》确定的12项重大人才工程之一，由科学技术部会同人力资源和社会保障部、财政部等8部委共同组织实施，该计划旨在通过创新体制机制、优化政策环境、强化保障措施，培养和造就一批具有世界水平的科学家、高水平的中青年科技领军人才和工程师、优秀创新团队和创业人才，打造一批创新人才培养示范基地，加强高层次创新型科技人才队伍建设，引领和带动各类科技人才的发展，为提高自主创新能力、建设创新型国家提供有力的人才支撑。

（郑如秉 李延峰）

【李永平教授入选国家百千万人才工程】3月4日，人力资源社会保障部印发《关于确定2014年国家百千万人才工程入选人员名单的通知》（人社部发〔2014〕105号），公布国家百千万人才工程入选人员名单，该重点实验室李永平教授入选2014年国家百千万人才工程人选，被授予"有突出贡献中青年专家"荣誉称号。国家百千万人才工程是选拔培养中青年学术技术领军人才的重大人才工程，选拔面向各类企事业单位专业技术人员，重点选拔培养瞄准世界科技前沿，能引领和支撑国家重大科技、关键领域实现跨越式发展的高层次中青年领军人才，其目标是培养造就一批具有世界水平的科学家、技术领军人才。

（郑如秉 李延峰）

【加拿大里贾纳大学朱华博士应邀来访】5月25日，加拿大里贾纳大学朱华博士应邀对重点实验室进行学术交流与访问。在重点实验室主楼会议室，朱华博士为实验室师生做精彩学术讲座。会议由李永平教授主持，实验室部分师生出席会议。朱华博士为实验室师生作题为"Inexact optimization methods for stream water quality management & agricultural water allocation"的学术讲座。会议由该重点实验室李永平教授主持，部分师生出席此次会议出席讲座。朱华博士结合自己的研究成果，将讲座内容分为"Simulation-based optimization for stream water quality management in Guo River, Anhui Province"和"Robust inexact-stochastic fractional programming for agricultural water allocation"两部分，为重点实验室师生详细讲解不确定性优化方法在河流水质及农业水资源中的应用，重点讲解分式规划原理及其改进机理。在交流互动环节中，朱华博士针对师生提出的有关水资源管理及不确定性方法应用等方面的问题做详细解答。之后参观重点实验室，并与重点实验室水资源研究组师生进行深入讨论和沟通，就实验室建设及未来的科研合作等方面达成共识。

（郑如秉 郭军红）

【加拿大里贾纳大学Jocelyn Crivea博士应邀来访】6月8日，加拿大里贾纳大学Jocelyn Crivea博士应邀对重点实验室进行学术交流与访问。在重点实验室主楼会议室，Jocelyn Crivea博士为重点实验室师生做精彩学术讲座。讲座由李永平教授主持，重点实验室部分师生出席会议。Jocelyn Crivea博士作题为"Energy and Environment Research"和"English Communication Tips"的主题讲座。讲座之后，Jocelyn Crivea博士介绍加拿大里贾纳大学概况，重点介绍IEESC团队所做科研内容及取得的科研成果，针对如何学习英语，如何用英语进行交流等问题与现场师生进行沟通交流。在提问互动环节中，Jocelyn Crivea博士就现场师生所提的关于如何进行科研，如何学习英语等问题进行一一解答。

（郑如秉 郭军红）

【加拿大圭尔夫大学Edward McBean教授应邀来访】6月18日，加拿大圭尔夫大学的Edward McBean教授应邀对重点实验室进行学术交流与访问。在重点实验室主楼会议室，Edward McBean教授为重点实验室师生作精彩的学术讲座。讲座由黄国和教授主持，重点实验室部分师生出席会议。Edward McBean教授作题为"Water Security – Priority Needs in a Climate Changing World"的主题讲座。重点介绍影响水安全的环境气候因素以及气候变化条件下水安全与能源、食品等方面的关系。最后，在提问互动环节中，Edward McBean教授就现场师生所关心的问题进行详细解答。会后，Edward McBean教授与该重点实验室老师进行座谈，就在科研和研究生培养方面的进一步合作进行讨论，并达成合作意向。

（郑如秉 郭军红）

【"区域能源与环境系统优化"教育部创新团队通过验收】6月30日，该重点实验室"区域能源与环境系统优化”教育部创新团队验收会在主楼会议室举行，教育部科技司副司长高润生，教育部科技司综合处副处长李楠，华北电力大学校长助理律方成、重点实验室主任黄国和教授，李永平教授等出席会议。会议由教育部领导介绍验收组专家并发表重要讲话。之后专家组听取该重点实验室教育部创新团队带头人黄国和教授的总结报告，并针对汇报进行提问，给出团队今后建设的意见及建议。经认真评议、打分，专家组对该创新团队取得的成绩给予高度评价，一致认为团队已完成计划任务，达到预期目标，同意通过验收。该重点实验室“区域能源与环境系统优化”教育部创新团队于2011年入选，并得到教育部支持，在能源与环境领域做大量科研工作，培养多名杰出的中青年科研人才。

（郑如秉　郭军红）

【美国伊利诺伊大学蔡喜明教授应邀来访】8月23日，美国伊利诺伊大学香槟分校（UIUC）蔡喜明教授应邀对重点实验室进行学术交流与访问。在重点实验室主楼会议室，蔡喜明教授为重点实验室师生作精彩的学术讲座。会议由李永平教授主持，华北电力大学人才工作办公室主任马小勇，重点实验室部分师生出席会议。李永平教授介绍蔡喜明教授的学术经历和工作成就，并代表重点实验室全体师生对其的到来表示欢迎。随后，马小勇发表讲话并为蔡喜明教授颁发华北电力大学兼职教授聘书。蔡喜明教授为重点实验室师生作题为“Discussion on water research”的主题讲座。在讲座中，蔡喜明教授凭借在水资源领域丰富的经验，详细阐述社会、经济、人类活动对水资源系统的影响及未来在水资源系统研究上所面临的挑战，并且结合自身的工程实践对当前水资源热点问题发表个人看法，蔡喜明教授提出的“与时俱进”“分久必合”等思想，为在场师生留下深刻印象。在提问互动环节中，蔡喜明教授就现场师生感兴趣的问题进行详细解答。

（郑如秉　郭军红）

【2博士研究生赴加拿大里贾纳大学交流学习】9月20日，该重点实验室博士生张俊龙、刘静入选“2015年国家建设高水平大学公派研究生项目联合培养博士研究生选派计划”，前往加拿大里贾纳大学进行为期1年学术交流与研究；该项目由国家留学基金管理委员会组织选拔，为鼓励国内学生健康积极发展，通过公费选派优秀学生到国外知名高校交流学习的一种方式。张俊龙，男，1988年8月生，山东省青岛市人。2011年6月毕业于成都理工大学环境与土木工程学院并学士获得工学学位；2011年9月进入华北电力大学环境研究所攻读硕士学位；2013年9月通过“硕博连读”资格认定，转为博士研究生；2015年9月参加“国家建设高水平大学公派研究生项目”，通过联合培养的方式，赴加拿大里贾纳大学进行为期一年的学术交流与研究；研究方向为流域水质管理。刘静，女，1990年9月生，湖北石首市人；2012年6月毕业于华中科技大学文华学院并获得工学学士学位；2012年9月进入华北电力大学资源与环境研究所攻读硕士学位；2013年9月通过“硕博连读”资格认定，转为博士研究生；2015年9月参加“国家建设高水平大学公派研究生项目”，通过联合培养的方式，赴加拿大里贾纳大学进行为期一年的学术交流与研究；研究方向为水资源管理。

（郑如秉　李延峰）

【唐振武副教授在Nature上发表文章】9月24日，该重点实验室唐振武副教授撰写的文章“China: Overhaul rules for hazardous chemicals”在Nature上发表。天津港“8.12”事件、8月22日淄博化工厂爆炸事件等再次引发国内外对危化品安全管理的高度关注。文章基于危化品管理现状，提出中国危化品安全管理体系存在的主要问题。中国至今仍缺乏具有针对性和可操作性的危化品管理法律法规，无法从整个生命周期过程指导各个环节的风险控制。再者，中国的危化品由众多部门管理，容易导致安全监管混乱和无序，监管缺乏执行力度。如安监部门、交通运输部门、港口部门等多个部门对天津重大事故均负有监管责任。企业管理人员的专业水平影响危化品的安全管理。此外，中国危化品信息公开有待进一步加强，以促进公众参与危化品的风险防范。国家危化品安全基础信息仍缺乏，底数不清，相关风险了解有限，严重制约相关危化品的安全管理，亟需进一步加强科学研究。文章提出中国危化品管理的主要问题及其对策建议，为相关法律法规制定、管理能力建设和科学研究提供参考。该重点实验室科研成果在Nature杂志发表，标志着科研水平迈上一个新的台阶。

（郑如秉　郭军红）

【完成联合培养计划回国】10月1日，该重点实验室博士生刘政平完成“2014年国家建设高水平大学公派研究生项目联合培养博士研究生选派计划”回国。刘政平于2014年入选“2014年国家建设高水平大学公派研究生项目联合培养博士研究生选派计划”，前往加拿大里贾纳大学进行为期1年的学术交流访问。访问期间，博士生刘政平与里贾纳大学科研人员积极开展学术合作，在能源规划与环境污染控制研究领域取得丰硕成果。

（郑如秉　李延峰）

【奥地利联邦水土资源研究所 Peter Strauss 教授应邀来访】10月26日，奥地利联邦水土资源研究所 Peter Strauss 教授应邀对重点实验室进行学术交流与访问。在重点实验室主楼会议室，Peter Strauss 教授为重点实验室师生作精彩的学术讲座。会议由王盛萍副教授主持，重点实验室部分师生出席会议。王盛萍副教授首先介绍 Peter Strauss 教授的学术经历和工作成就，并代表重点实验室师生对其到来表示热烈欢迎。随后，Peter Strauss 教授作题为“The Hydrological Open Air Laboratory Petzenkirchen”的主题讲座，详细介绍 HOALP 实验室在水土流失、水质和洪水监测方面所开展的研究以及取得的成果。最后在问题解答环节，Peter Strauss 教授针对师生们感兴趣的问题做详细解答。

（郑如秉　郭军红）

【2位加拿大土木工程学会教授来访】11月1日，加拿大土木工程学会副主席 Todd Chan 教授和圭尔夫大学 Edward McBean 教授应邀对重点实验室进行学术交流与访问。在重点实验室主楼会议室，Todd Chan 教授和 Edward McBean 教授为重点实验室师生作精彩学术讲座。会议由李永平教授主持，该重点实验室主任黄国和教授及部分师生出席此次会议。首先李永平教授分别介绍 Todd Chan 教授和 Edward McBean 教授的学术经历和工作成就，并代表重点实验室师生对两位教授的来访表示热烈欢迎。随后，Todd Chan 教授详细介绍加拿大土木工程学会的发展历程，同时表达希望与重点实验室进行进一步合作的意愿。之后，Edward McBean 教授分别作题为“The Nexus of Impacts to Water Security at the Global Level”“Provision of Water Supply Treatment Technologies in the Developing World”的主题讲座并与师生共同讨论世界水安全带来的诸多问题及一些水处理技术等内容。在提问互动环节中，Edward McBean 教授就现场师生所关心的问题进行详细解答。讲座结束后，两位教授共同参观“区域能源环境系统优化”教育部重点实验室，并就实验室建设及未来科研合作交换意见。

（郑如秉　郭军红）

【唐振武副教授研究成果在 Science 上发表文章】12月4日，该重点实验室教师唐振武撰写的文章“Pollution threatens migratory shorebirds” 在 Science 上发表（Science, 2015, 350：1176–1177）。文章指出，化学品污染已成为中国重要的环境问题。相关行业特征污染物排放引发局部环境质量恶化，有毒有害化学品导致健康与环境风险与日俱增。渤海湾已成为全球污染最严重的海湾之一。由于环境管理滞后，污染已造成渤海渔业资源急速衰退，严重影响候鸟捕食。更为严重的，黄渤海区域环境和鱼体的化学污染严重影响着候鸟健康。尽管较少造成鸟类急性死亡，但对鸟类的内分泌和生殖系统会造成较大威胁。东亚–澳大利亚通道迁徙候鸟种群的大幅度下降已成为全球候鸟生态的重大危机。黄渤海区域污染已成为迁徙候鸟的重要威胁。文章指出，必须高度重视黄渤海区域污染，制定相关的管理政策和环境目标，否则可能会造成更大的生态危机。美国的《Science》杂志为国际上著名的自然科学综合类学术期刊，在世界学术界享有盛誉。《Science》杂志创刊于1880年，具有新闻杂志和学术期刊的双重特点，每周除向世界各地发布有关科学技术和科技政策的重要新闻外，还发表全球科技研究最显著突破的研究论文和报告。《Science》杂志发表的论文涉及所有科学学科，特别是物理学、生命科学、化学、材料科学和医学中最重要的、最前沿的研究进展。

（郑如秉　郭军红）

【圭尔夫大学 Cameron Farrow 博士应邀来访】12月9日，圭尔夫大学 Cameron Farrow 博士应邀对重点实验室进行学术交流与访问。李延峰简要介绍 Cameron Farrow 博士的学术经历及工作成就，并代表实验室师生对 Cameron Farrow 博士的来访表示欢迎。Cameron Farrow 博士作关于“Ceramic Water Filters（CWFs）：Point-of-Use Water Treatment for Rural Communities”的主题讲座。在讲座中，Cameron Farrow 博士重点介绍 CWFs 的工作原理、净水效率等关键性技术问题，并与重点实验室师生就该技术问题进行讨论。

（郭军红　郑如秉）

高电压与电磁兼容北京市重点实验室

【概述】高电压与电磁兼容北京市重点实验室于2004年5月获批建设。本实验室以新一轮的能源革命为发展契机，并紧密围绕北京市建设布局合理、运行灵活、绿色智能的现代化电网和发展新型电工装备支柱专业的战略需求，重点开展下列研究：1）电介质物理与放电机理；2）低温绝缘与超导输电；3）多物理场交互作用与复杂电磁环境；4）输变电装备故障诊断与状态评估。

（程养春）

【概况】2015年，实验室成员31人，其中教授18人（含博士生导师12人），高级工程师1人，副教授9人，工程师2人，讲师1人。实验室成员中千人计划入选者1人，国家杰出青年基金获得者1人，国家百千万人才工程入选者2人，教育部新世纪优秀人才1人，中国科学院百人计划入选者1人。

（程养春）

【教学成果】2015年，实验室完成本科生教学888个学时，留学生教学128个学时，函授成教教学490个学时，研究生教学468个学时。

（程养春）

【科研成果】2015年，实验室获科研项目总经费939.65万元，获国家自然科学基金重点项目3项，分别是“规模化海上风电场雷击演化物理机制与防护技术研究”，“高频电力变压器高频绝缘特性与强电－热效应耦合作用机理研究”及“基于新型内置光纤F-P传感器变压器局部放电故障定位方法的研究”；获“863”项目课题（大数据分析技术在输变电设备状态评估中的研究及应用）1项；获国家发明专利授权20项、实用新型授权2项。2015，实验室发表SCI收录论文27篇；出版专著1部。

（程养春）

【平台建设】2015年，实验室仪器设备总值达2400多万元，建成GIL/GIS故障模拟诊断试验平台、换流变压器油纸绝缘空间电场测试系统，高压阀体复杂工况物理试验平台，器件温度结控制系统，纳微秒级瞬态电磁场发生、试验测试平台，DC-3GHz电磁场与电磁波发生测试平台，电磁电容试验、测试仪器分析平台，超导电工试验平台等，可开展电晕及其电磁环境效应、高压大功率电力电子器件、换流阀组件、高频磁性材料、超导材料以及换流阀、换流变压器、气体绝缘电器及管道、直流输电系统等先进输电装备与系统的电磁、绝缘、多物理场等科学研究。

（程养春）

能源的安全与清洁利用北京市重点实验室

【概述】2015年，实验室的、科研、学科各项工作取得较大进展。科研项目申报工作取得较好进展，自然科学基金项目申报36项，较去年的24项增加50%，持续3年保持在20项以上；获批6项，较去年的4项增加2项。学院教师发表科研论文约126篇，其中SCI论文60篇、EI论文15篇；至年底，学院获批项目82项，总经费达4000余万。其中横向项目62项，获批经费3000余万元，纵向项目21项，获批经费1000余万元；2015年学院共获批41项专利，其中发明专利37项，实用新型专利4项。教育部和国家外国专家局联合发布《关于高等学校学科创新引智计划新建基地立项通知》（教技函〔2015〕号），批准47个引智基地作为建设项目予以立项，华北电力大学戴松元教授作为负责人申报的“新型太阳电池的基础和应用研究创新引智基地”获批立项建设。新型太阳电池的基础和应用研究创新引智基地依托华北电力大学在新能源科学与工程学科上的优势学科，通过与瑞士、英国、美国、日本、韩国、澳大利亚和西班牙等著名科学家开展广泛和深入的合作研究，优势互补，以稳定高效新型薄膜太阳电池为研究目标，着力解决关键材料的设计合成、关键器件的制备优化和光电过程的机理等科学问题，构筑完整的研究体系，为国家实现薄膜太阳电池大规模应用提供科学依据和技术基础。积极开展国际科技合作交流。受首尔汉阳大学邀请，戴松元院长赴韩国济州岛参加“27th International Conference on Photochemistry” 和 “The 5th Sungkyun International Solar Forum（SISF 2015）”访问“Visit to Department of Energy Engineering of Hanyang University, Seoul”（参加第五届成均馆大学太阳能国际论坛和第二十七届光化学国际会议，访问汉阳大学）；受瑞士洛桑联邦高等工业学院邀请，戴松元教授于（2015 年 9 月 27 日）至（10 月 3 日）访问瑞士洛桑，参加“1st International Conference on Perovskite Solar Cells and Optoelectronics（PSCO 2015）”国际学术会议、“opening ceremony of EPFL new laboratories at Sion”；受韩国高等科技学院邀请，戴松元、谭占鳌教授 2 人访问韩国釜山，参加“第 25 届国际光伏科学与工程（PVSEC-25）暨 2015 全球光伏会议（GPVC2015）”国际学术会议。

（姚建曦）

【概况】主任：姚建曦

2015 年，实验室有博士生导师 14 人、教授 20 人、副教授 17 人。

2015 年，实验室共获批发明专利 25 项。

2015 年，实验室教师发表科研论文约 126 篇，其中 SCI60 篇，EI15 篇。

2015 年，实验室获批项目 82 项，总经费达 3844.84 万。其中横向项目 62 项，获批经费 2748.84 万，纵向项目 20 项，获批经费 1096 万。接受外国来华留学生攻读硕士研究生 9 名、博士研究生 3 名。

（姚建曦）

工业过程测控新技术与系统北京市重点实验室

【概述】2015 年，“工业过程测控新技术与系统”北京市重点实验室各项工作开展顺利，目前承担重大纵向项目 16 项，金额达 4953 万元，其中包括 973 项目、863 项目等重点项目；科研设备总资产达到 1600 多万元，10 万元以上仪器设备达到 16 件；刘吉臻教授当选为中国工程院能源与矿业工程学部院士，“600MW 超临界循环流化床锅炉关键技术研究与应用”获 2015 年度教育部高等学校科技进步一等奖，“源网联合调度控制仿真系统研究与开发”平台被电机工程学会鉴定为具有国际先进水平。

（李　青）

【概况】主任：曾德良

实验室网址：http：//mcs.ncepu.edu.cn/

2015 年，实验室继续紧密围绕工业过程特别是发电过程运行参数的快速检测与优化控制，在传统能源与新能源建模、控制与优化等方面进行深入研究。主要研究方向包括：方向一：燃烧过程快速检测。方向二：热力过程参数软测量。方向三：基于网络的工业过程状态监测与控制。方向四：测控系统信息安全。

2015 年，该实验室各项工作进展顺利，在科研队伍方面，重点实验室有固定研究人员及技术人员 23 名，其中新增院士 1 人，教授 9 人，副教授 6 人，讲师 5 人，高级工程 1 人，工程师 1 人。实验室有“发电过程状态监测与优化控制”研究团队，团队负责人为刘吉臻院士。

2015 年，在科研现状及成果方面，承担各类纵向科技项目资助共 16 项，资助金额达 4953 万元，包括 973 项目 1 项，863 计划项目 1 项，自然科学基金项目 6 项（其中重点 1 项，中英合作项目 1 项，青年项目 1 项），国家科技支撑计划 2 项，北京市共建项目 3 项等重要的科研项目。2015 年获专利授权 13 项，新申请发明专利 12 项，发表核心学术论文 43 篇以上，其中 SCI 收录的学术论文 11 篇，出版学术专著 1 部。“大型超超临界机组自动化成套控制系统关键技术及应用”获 2014 年度国家科技进步奖二等奖，“600MW 超临界循环流化床锅炉关键技术研究与应用”获 2015 年教育部高等学校科技进步一等奖。

2015 年，在平台建设方面，至年底，实验室占地面积 1631.55 平方米，科研设备总资产 1600 多万元，10 万元以上仪器设备达到 16 件。

2015 年，承担着控制与计算机工程学院的教学任务及培训工作，培养数十位博硕士研究生，并为本科生的培养教育提供实验设备及场地；接待国内外专家开展多项学术交流及参观活动，促进学术进步并促成多项项目合作。

（李　青）

【刘吉臻当选为中国工程院院

士】12月7日，中国工程院公布2015年中国工程院院士增选结果，刘吉臻教授当选为中国工程院能源与矿业工程学部院士。刘吉臻为大机组状态监测与优化控制（CMCPP）团队学术带头人，1976年毕业于华北电力学院热工测量及其自动化专业，1982年本校发电厂工程专业研究生毕业后留校任教。1989年和1994年在加拿大皇后大学（Queen' s University）做高级访问学者和访问教授。他是中国著名的火力发电控制专家，担任“新能源电力系统国家重点实验室”主任，“973计划”项目首席科学家。刘吉臻长期从事大机组建模、检测、控制理论与技术研究，带领团队攻克行业发展面临的多项关键技术难题，取得具有开创性、系统性的研究成果。2004年研发成功中国第一套大型火电厂监控信息系统，2011年成功研发中国最大容量1000MW超超临界机组成套控制系统，2013年成功研发世界首台600MW超临界循环流化床机组控制系统。研究成果在工程中广泛应用，取得显著的社会经济效益。获国家科技进步二等奖2项（排名第一），省部级科技进步奖4项。出版学术著作5部，发表SCI论文32篇，EI论文118篇。获授权发明专利17项。培养博士研究生36名，硕士研究生68名。

（李　青）

【1项目获国家科学技术进步奖二等奖】1月，国务院公布2015年度国家科技进步奖名单，刘吉臻教授为第一完成人的“大型超超临界机组自动化成套控制系统关键技术及应用”项目获2014年度国家科学技术进步奖二等奖，主要完成单位包括：华北电力大学，中国国电集团公司，北京国电智深控制技术有限公司，中国国电集团公司谏壁发电厂，中国电力工程顾问集团华东电力设计院，北京华电天仁控制技术有限公司等。项目承担单位依托国家自然科学基金、国家863计划、国家能源局新技术示范项目，围绕大型火力发电机组建模、检测、控制与仿真等内容，开展系统深入的基础理论与关键技术研究。本项目将研究开发与工程应用相结合，研发的1000MW超超临界机组自动化成套控制系统于2011年1月在国电谏壁发电厂获成功应用，实现本领域关键技术的突破和装备制造的自主化、国产化，结束国外产品与技术长期垄断的局面。本项目的关键技术内容包括：1）大型超超临界机组复合建模理论与状态重构技术；2）大型超超临界机组智能优化控制技术；3）自动化成套控制系统装备研发与集成应用技术。近五年来，本项目申请发明专利60项，已授权发明专利20项；获软件著作权46项；形成国家和行业技术标准3项（GB/T20438、JB/T6810、DL/T924）；发表SCI收录论文25篇，EI收录论文44篇。项目先后通过中国电机工程学会、国家科技部、国家能源局组织的技术鉴定、863重点项目验收和新技术示范工程验收。鉴定与验收结论认为：该系统设计思想先进、功能齐全、可靠性高、控制品质优良，整体技术国际先进、部分关键技术居国际领先水平。

（李　青）

【1项目获教育部高校科技进步一等奖】2015年，实验室“600MW超临界循环流化床锅炉关键技术研究与应用”项目获2015年度教育部高等学校科技进步一等奖。该项目在无借鉴资料条件下，根据600MW超临界CFB锅炉的工程需要，提出并开展相关关键技术研究开发，形成系列原创性成果，获得授权发明专利33项，实用新型专利70项，计算机软件著作权6项，发表学术论文234篇，其中EI收录148篇，SCI收录60篇，ISTP收录18篇。一系列创新性成果应用于包括四川白马电厂在内的多个超临界CFB锅炉，得到实践验证。该项目曾获中国国电集团公司2014年度科技进步二等奖，神华集团第四届科技进步一等奖，通过中国电机工程学会及中国机械工业联合会鉴定，鉴定意见为研究成果创新性显著，达到国际领先水平。

（李　青）

【1科技成果通过电机工程学会鉴定】8月22日，中国电机工程学会组织召开“源网联合调度控制仿真系统研究与开发”项目技术鉴定会，项目鉴定委员会由来自国网公司运检部、中国电力科学研究院、清华大学、天津大学、海南电力技术研究院、国电科环集团、国网甘肃省电力公司风电技术中心和内蒙古电力经济技术研究院等9位专家组成。鉴定委员会由中国工程院韩英铎院士担任主任委员，国家电网公司副总经济师王益民教授担任副主任委员。华北电力大学校长刘吉臻、副校长杨勇平、杨奇逊院士及科学技术研究院、新能源电力系统国家重点实验室和保定华仿科技股份有限公司有关人员参加鉴定会。鉴定委员会通过听取项目工作报告、技术报告、测试报告、运行报告、效益分析报告和科技查新报告，现场观看系统演示等环节，经质询和讨论，一致认为该项研究契合新能源规模化

接入电力系统的仿真、试验需求，成功研发含新能源接入的源、网、荷一体化电力系统调度控制仿真系统，研究成果为提高电网对新能源电力接纳能力、保证电网安全稳定运行提供技术支撑，具有良好的经济、社会效益和推广应用前景，整体技术达到国际先进水平，其中基于多源互补与火电机组弹性运行控制的电网调度控制仿真系统达到国际领先水平。该项目主要研制人员有刘吉臻授、曾德良教授，牛玉广教授及青年教师王玮、赵征、张文广、李青等。

（李 青）

【《新能源电力系统建模与控制》出版发行】2015 年，《新能源电力系统建模与控制》由科学出版社正式出版。该书由刘吉臻教授主编。该书旨在总结新能源电力系统国家重点实验室团队在系统建模与控制方面取得的研究成果，为推进新能源电力系统相关理论与技术研究提供一定的基础与思路。全书共九章。第 1 章概述新能源电力的发展现状与趋势，提出新能源电力系统的概念；第 2 章讨论风力发电的建模与控制问题；第 3 章分析太阳能发电的建模与控制理论；第 4 章阐述火力发电的快速深度变负荷控制模型与策略；第 5 章针对多源互补问题讨论不同发电过程的特性以及互补机制；第 6 章讨论新能源电力系统的优化调度问题；第 7 章和第 8 章分别讨论新能源电力系统特性、稳定控制以及安全控制问题；第 9 章探讨需求侧响应特性与供需协同机制。

（李 青）

【召开龙虹毓学术交流会暨 CMCPP 团队总结会】2015 年 11 月 10 日，刘吉臻教授带领大机组状态监测与优化控制（CMCPP）团队与西南大学副教授龙虹毓在华北电力大学举行学术交流活动。会上，龙虹毓做题为“热网蓄能深度利用”的报告。报告主要讨论热电集成的应用前景，尤其在参与电网深度调峰与负荷平滑方面进行深入研究。龙虹毓还就清洁能源规模消纳问题及利用采暖负荷调度在抽凝式热电联产机组和火电机组之间实现新型节能调度等问题与与会人员进行交流探讨。刘吉臻通报 CMCPP 团队取得的三大成果。一是“源网联合调度控制仿真系统研究与开发”项目于 2015 年 8 月被中国电机工程学会鉴定为国际先进，该仿真系统以整个电网为原型，是国内首次将电源侧及电网侧进行联合仿真的平台。二是循环流化床控制技术取得重要进展，解决 600MW 超临界循环流化床机组的控制问题，该技术获得多项奖项，处于国际领先地位。三是在新能源电力系统调度中的火力发电弹性控制策略研究中取得重要进展，火电“一次能源可储，二次能源可控”使之成为消纳新能源的基本手段，纯凝式机组可利用场内回热技术、供热机组通过进行凝结水节流控制等策略或与新能源协同等技术达到深度快速调峰调频的目标，团队可实现 300MW 机组达到快速调节 6% 的目标。总结会上，刘吉臻教授对各科研小组进行表彰并勉励团队加强与龙虹毓等优秀学者交流，共同为电力事业做出贡献。

（李 青）

低品位能源多相流与传热北京市重点实验室

【概述】2015 年，低品位能源多相流与传热北京市重点实验室在实验室建设、科研成果、对外交流、项目申报与结题等方面取得进展。

实验室依托学校优势学科，紧密结合国家和京津冀地区战略需要，在低品位能源利用方面进一步深入研究，并拓展相变传热装置多尺度协同性及构造前沿领域研究，取得多项具有国际影响力的研究成果。

2015 年，实验室代表性成果研究进展。重点实验室围绕国家及京津冀地区重大需求，在可再生能源（地热能、太阳能）研究领域，同时兼顾微能源方面的系统研究，取得多项原创性进展和标志性成果。在低品位能源余热利用系统中，ORC 若干关键科学问题得到解决，共研制出两代 ORC 机组。第一代机组主要用于科学问题研究，第二代机组达到实验室中试水平，一项发明专利实现企业转让，并签订合作协议。在多尺度研究方面，重点研究多尺度表面制备方法、相变传热系统测量信号解耦、对流传热管多尺度构造及多尺度热管等内容，1 项发明专利实现企业转让，并签订产业化合作协议。

2015 年，实验室研究成果获得美国发明专利授权。依托国家科技部973项目“锅炉低温烟气余热深度利用基础研究”，在强化传热技术领域，徐进良教授课题组对低温差新型换热器进行系统的机理研究，提出一种新型高效的冷凝换热管，从根本上解决冷凝传热中沿管长方向形成厚液膜使传热恶化的技术难题。该发明新型换热管内的汽液分离，不受重力影响，在地面及微重力环境下可显著提高冷凝传热系数。为发展从微观到宏观的多尺度传热做出贡献，受到国际学术界关注。徐进良教授课题组正积极推进样机研制及产业化推广的工作，试图完成从发明到基础研究，再到应用的全链条式研究工作。

2015年，以徐进良教授为首席科学家承担的“973”项目通过验收。该项目初步形成烟气余热利用理论、方法与技术，解决若干技术难题，在学术上具有重要意义，推动相关交叉学科的发展，若干技术具有推广应用价值。

2015年，实验室研究成果实现企业转让，走向产业化。依托实验室承担的科技部973项目和国家自然科学基金广东联合项目等对低品位能源ORC发电系统和大功率LED散热系统的相关发明专利对企业进行转让，并与企业进行签订技术产业化长期合作协议，签订合同达1000万元。实现高校基础研究成果不断向市场化转化，与企业合作发展是互利协同发展，使科技成果加速转化、资源配置得以优化，促进节能环保科技的发展。

2015年，实验室进一步完善实验室基础建设，拥有国际领先的高性能热物理综合实验平台。依托实验室平台和科技部、基金委等项目的支持，共发表SCI论文20余篇，授权国家发明专利5项，国内外学术会议上作特邀报告或大会报告4次，担任多个学术杂志的编辑和编委，中国能源学会专家委员会综合专家组委员，实验室谢剑博士获吴仲华优秀学生奖，多名研究生获国家及其他奖学金。实验室拥有科技部973项目首席科学家1名，杰出青年基金获得者2名，长江学者特聘教授1名，百千万人才工程1名，教育部新世纪人才1名。实验室现有博士生12人，硕士生40余人。实验室科研团队形成年龄层次合理，富有朝气和创新性的研究团队。

（刘广林）

【**概况**】主任：徐进良教授

2015年12月，实验室新增1项欧盟“玛丽·居里学者计划”国际合作项目，共计19.5万欧元（约135万人民币）。

2015年11月，由实验室老师陈宏霞与徐进良教授申请的1项美国发明专利获得授权。

2015年9月，实验室2项授权发明专利实现企业转让，相应的研究成果与企业签订产业化合作协议。

2015年9月，实验室承担的1项科技部973项目“锅炉低温烟气余热深度利用的基础研究”顺利通过科技部验收。

2015年4月，新增学术任职2项，实验室主任徐进良教授获聘中国能源学会专家委员会综合专家组委员，聘期4年；任职工程热物理学会多相流分会副主任。

2015年，研究生获得吴仲华优秀学生奖1项，获国家奖学金1项，获得校优秀研究生奖学金1项。

2015年，实验室授权发明专利5项，申请发明专利4项，发表SCI论文20余篇，国际会议大会特邀报告1次。

（刘广林）

【**国际合作获突破**】实验室程永攀副教授获欧盟“玛丽·居里学者计划”基金资助，共计19.5万欧元（约135万人民币）。欧盟第七研究框架计划是欧盟投资最多、内容最丰富的全球性科研计划，是欧盟资助个人科研最高奖项之一，该项目促进学校科研人员与欧洲开展合作研究，以期促进科学进步、加强国际科技合作。

（刘广林）

【**科研成果获美国发明专利授权**】由实验室陈宏霞副教授和徐进良教授申请的美国发明专利获授权，专利名称：Internal Liquid Separating Hood Type Condensation Heat Exchange Tube，专利号：13/984,659。该专利为实验室在多相流低温差强化传热方面提出的原创性新型换热器，表明研究成果得到国际认可。

（刘广林）

【**研究成果实现企业转化**】实验室在低品位能源发电系统和大功率LED研究方面的授权发明专利实现企业转让，研究成果与企业签订转化协议，促进实验室研究成果产业化，进一步加强与企业之间的合作。

（刘广林）

【**研究生获多项奖项**】研究生谢剑博士获吴仲华优秀学生奖，土野硕士获国家奖学金，杨绪飞博士获优秀研究生奖学金。

（刘广林）

【**科研成果丰硕**】2015年，实验室在低品位能源利用、微尺度强化传热等方面申请发明专利5项，授权发明专利4项，发表SCI论文20余篇，徐进良教授应邀到国际太阳能燃料研讨会作特邀报告。

（刘广林）

【“973”项目通过验收】2015年，以徐进良教授为首席科学家承担的“973”项目通过验收。8月29日，以徐进良教授为首席科学家的国家重点基础研究发展计划（973）项目“锅炉低温烟气余热深度利用的基础研究”课题验收会议在华北电力大学召开。科技部基础研究管理中心处长闫金定和孟庆权博士、教育部基础研究司处长邹晖、华北电力大学校长刘吉臻、“973计划”项目责任专家及特邀专家出席会议。专家组认为，该项目紧密结合中国国情及国际前沿，针对电站锅炉及工业锅炉余热利用，开展创新性研究。针对电站锅炉烟气余热利用，重点破解锅炉烟气余热利用磨损、积灰及腐蚀难题。针对烟气余热驱动的有机朗肯循环系统（ORC），以余热与ORC耦合为切入点，提出换热器积分温差，发现临界温度筛选准则，找到提高ORC效率的关键方法。揭示有机工质相变传热现象、规律及机理，原创流型调控原理与方法，获美国专利授权，揭示出流型调控形成的薄液膜为第一强化传热机理，形成的脉动交变流为第二强化传热机理。研制换热器原理样机。研究单螺杆膨胀机，初步形成螺杆膨胀机设计理论、制造方法及运行模式。研制以膨胀机转速及有机工质流量为控制变量的ORC控制系统。研制百千瓦级热功率ORC机组，进行机理验证，在热源温度100℃条件下，获得7%的实测有效热效率。在国际上最早认识到，有机工质低蒸发潜热导致的热力学非平衡性是ORC区别于水蒸气发电系统的特点。还研究适合波动余热条件下的化学热泵系统，制备出高性能催化剂，研制成功化学热泵系统原理样机。该项目在国际著名杂志上发表系统的研究成果，申请并获批一批国家发明专利，流型调控冷凝器获美国专利授权，3项发明专利实现向企业转让，和企业签订联合开发合同多项，并参与余热及低品位能源利用国家标准制定，推动中国余热利用事业的发展。项目执行期间，徐进良教授作为大会主席，主持2014年国际传热研讨会，选择60篇论文刊登在国际Applied Thermal Engineering杂志专辑上，本项目成果在国际上作特邀报告10多次。研究团队中，1人被评为教育部长江学者特聘教授，2人获国家自然科学基金优秀杰出青年基金资助等。该项目初步形成烟气余热利用理论、方法与技术，解决若干技术难题，在学术上具有重要意义。

（刘广林）

北京市电力信息技术工程研究中心

【概述】北京市电力信息技术工程研究中心全称为“电力信息技术北京市高等学校工程中心，Beijing Higher Institution Engineering Research Center of Electric Information Technology”（简称为“工程中心”），2010年3月经北京市教委核准，在华北电力大学电力信息技术工程中心（成立于2005年）基础上成立。工程中心依托华北电力大学建设和管理。工程中心下设电力智能软件技术、电力信息安全技术、发电厂信息技术、智能电网技术、电力ERP技术5个研究所。北京市电力信息技术工程研究中心是国家科技创新体系的重要组成部分，是北京市设立的唯一一所专业从事电力行业信息技术研究和成果推广应用的工程中心。工程中心隶属北京市，依托华北电力大学建设和管理。工程中心按专业科研机构设立和建设运营，承担大学科研成果转化和市场推广的任务，是大学科研成果产业化、产品化工程平台。

（张晓良）

【概况】主任：吴克河

工程中心网址：http：//www.epuceit.com/

2015年，工程中心各项工作按照既定规划目标开展。科研方面，承担国家电网公司科技项目“面向智能配电网的通信与计算协同关键技术研究”1项；2项科研成果在国家电网公司得到深化应用。人才培养方面，2015年工程中心团队共有25名硕士毕业。共发表学术论文10篇，其中SCI 3篇，EI 7篇。

（张晓良）

【“个人有关事项报告核实信息专递通道”上线】2015年6月，根据中组部印发的《领导干部个人有关事项报告抽查核实办法（试行）》要求，由北京市电力信息技术工程研究中心开发“个人有关事项报告核实信息专递通道软件”上线实施，国家电网公司总部及各网省、直属单位共64家用于拟提拔副处级及以上干部、列为副局级以上后备干部人选、转任重要岗位人选的报告核实信息传递。规范个人有关事项报告核实信息的传递渠道，节省大量人力、物力、财力，提高效率，同时降低途中信息被截获、丢失的风险，具有重要的实际意义。

（周旭祥）

【1项目召开中期验收会】2015年8月7日，由北京科东电力控制系统有限责任公司牵头承担的2014年国家电网公司科技项目“提升优质服务水平的营销智能化技术”工作中期验收会在辽宁鞍山召开。华北电力大学、辽宁省电力公司、国网冀北电力有限公司、国网客户服务中心相关人员参加会议。会上，科东公司对项目基本情况及项目现阶段研究进展情况做介绍，重点介绍项目开展的技术方案。项目参与单位就项目进展、试点工作、验收、资金支付等方面存在的问题进行充分沟通和讨论，提出切实可行的解决办法，并对下一步的工作进行整体安排，提前做好项目验收的准备工作，确保项目顺利完成。

（张　帆）

【1项目原型系统进行联调测试】2015年11月18日，“在线互动型移动应用支撑关键技术研究与应用”项目组对所开发的原型系统进行联调测试。在线互动型移动应用支撑关键技术研究与应用项目是由工程中心牵头承担的2014年国家电网公司总部科技项目，旨在通过对移动应用多媒体复杂在线互动技术、移动工作流技术、移动终端跨平台运行支撑技术及移动信息安全防护加固技术等的研究，为国家电网公司各业务系统未来实现移动信息化研发与应用提供技术支撑与保障。本次测试主要对于系统的功能指标、性能指标，平台兼容性等指标进行测试与验证。测试结果表明，原型系统的功能指标及性能指标基本满足项目要求，并具备较好跨平台兼容性。

（李　艺）

河北省输变电设备安全防御重点实验室

【概述】河北省输变电设备安全防御重点实验室2009年成立，是学校唯一一所河北省输变电设备研究领域省级重点实验室。实验室以实现校企联合，科技创新，人才培养为宗旨，围绕国家及河北省能源电力的科技需求开展工作，主要在电磁环境与电磁兼容耦合机理及测试技术的研究、电气设备状态监测与故障诊断技术的研究、超特高压输变电关键技术的研究等方面进行重点研究。实验室涉及学科包括电气工程一级学科博士点，高电压与绝缘技术、电工理论与新技术、电机与电器3个二级学科博士点和1个电气工程博士后科研流动站。本实验室具有培养博士后、博士、硕士、本科四个层次人才的完善体系。

（耿江海）

【概况】实验室主任：律方成

2015年，实验室有固定人员37人，其中正高级职称13人，副高级职称9人，其中70%以上具有博士学位，是一支以中青年学术骨干为主的科研团队，人员素质及结构不断提升。实验室现有科研用房1420平米，办公用房647平米，主要仪器设备146台套，资产总值2574.2万元。团队拥有国家杰出青年科学基金获得者1人、国家级教学名师1人、全国模范教师1人、国家电网特高压交流试验示范工程特殊贡献专家1人、霍英东青年教师基金获得者2人。

2015年，实验室围绕国家发展战略，获批及在研国家级科研项目9项，累计获批经费支持178.2余万元；获批及在研省部级科研项目5项，累计获批经费支持76余万元；加强与国内外电力公司、研究机构合作，共承担和完成横向科研项目47项，获得研究经费支持837万元。新增“非正弦周期激励下硅钢的损耗和磁化特性研究”“沙尘条件下超/特高压交流输电线路导线电晕损失特性分析”等国家自然科学基金3项；发表论文35篇，其中SCI收录6篇，EI收录18篇；获得发明专利授权3项、实用新型专利授权8项，申请发明专利9项。实验室现有博士点2个、硕士点3个。本年度实验室共招收博士研究生8人、硕士研究生65人，毕业博士研究生7人、硕士研究生63人。

2015年，学术交流与公众开放方面，实验室派遣2名研究人员赴美国俄亥俄州立大学和奥地利格拉茨大学作访问学者。年内承担“非洲法语国家电力官员研修班”“巴西电力特高压技术规划与发展研修班”等大型参观访问3次，进一步扩大实验室的国际影响力；学生实践8次，提高学生的认知能力。

（耿江海）

河北省发电过程仿真与优化控制工程技术研究中心

【**概述**】2015年，河北省发电过程仿真与优化控制工程技术研究中心坚持以电力行业为背景，围绕“网络化工业控制系统研究与开发”“火电生产过程建模、仿真与优化控制”“大型火电机组运行优化与节能减排技术研究与应用”“清洁能源发电过程优化运行与控制”等研究方向，展开课题研究，与国内外知名科研院所和工程单位密切合作，取得多项技术突破，创造良好的社会和经济效益。

2015年，工程中心的科研工作取得多项突破性进展的进展，部分研究成果达到国内或国际先进水平。中心先后为上海明华电力工程技术有限公司、北京华科新技控制技术有限公司、北京华电杰德科技有限公司、上海电力学院等工程单位和高校开发优化控制系统。该系统在分散控制系统研究成果的基础上，对传统的系统结构进行扩展。该优化控制系统已应用于国内多家火力发电企业，为企业创造经济效益。工程中心进一步完善两票培训考核及开票专家系统，并在国电投东北公司下属的7家电厂推广应用。预计在未来两年内，将把该产品应用到国电投公司所管辖的所有发电企业。该系统以电力企业两票制度和安规制度为基础，为电力企业提供一套集实际开票、安规培训考核、开票培训、实时系统图监测等功能为一体的软件，易于升级及管理维护，具有较强的通用性和可扩展性，可大大提供员工的工作效率。

2015年，工程中心与多家相关企事业单位和科研院所合作，发挥各自的优势，实现强强联合。先后与北京国电智深控制技术有限公司、上海晓舟电子仪表工贸有限公司、上海明华电力工程有限公司、国电科学技术研究院等单位在一系列工程研究领域中进行深入地实质性合作。共同完成“现场总线设备管理系统”，“现场总线氧量仪的优化设计”，“热工过程优化控制系统”，“1000MW二次再热火电机组激励式仿真系统”，“基于虚拟现实技术的热力设备检修培训与管理系统”等多个工程研究项目和技术课题。

2015年，工程中心充分发挥资源优势，积极利用基础设施进行对外服务，开放火电机组仿真系统等仪器设备对外进行研究和技术培训工作。

2015年，工程中心承担建设的华北电力大学自动化系卓越工程师实验室继续为“卓越工程师计划”试验班生产实践环节服务。该实验室提供的激励式仿真平台，在培养和锻炼学生的工程实践能力方面，发挥了重要作用。同时，该实验室还包含“卓越工程师计划”培养过程的大部分专业技术课程的实验，包括自动控制理论、过程控制、电子技术基础、计算机控制技术与系统等。

（董　泽）

【**概况**】主任：董泽

2015年，河北省发电过程仿真与优化控制工程技术研究中心现拥有固定人员48人，其中教授17人，高级工程师1人。工程试验用房面积1350平方米，办公用房面积670平方米。中心拥有“600MW超临界火电机组仿真系统”“1000MW超超临界火电机组仿真系统”、“STS7激励式仿真支撑系统”等先进设备，仪器设备总值达到3235万。工程中心承担和完成科研项目30余项，实到研究经费800余万元。中心积极推动科技成果的转化与应用，为相关企业创造经济效益上亿元。发表论文和出版专著30余篇，获得自主知识产权16项，其中发明专利7项。成果转化与应用5项。当年入学研究生64人，当年毕业研究生66人。主办交流会议2次。工程中心充分利用自身设备进行高级技术人才培养工作，共有600余人次在工程中心参加技术培训。

（董　泽）

【**参加堆料机项目成果鉴定会**】2015年4月25日，中电联在山西省太原市组织召开大唐科技产业集团有限公司和大唐山西太原第二热电厂联合研制的“DQL1500/1500.30堆取料机”项目鉴定会。会议听取研制单位的工作报告、技术报告、用户报告、查新报告。专家们进行实地考察及技术质疑，最后给出鉴定结论为：整体技术达到国际先进水平。韩璞教授作为鉴定委员会专家参加会议。

（董　泽）

【**1项目通过省级技术鉴定**】2015年5月21日，工程中心研发的《面向热控调试及培训的多界面虚拟DCS仿真关键技术研究与应用》在北京顺利通过由中国电机工程学会组织的成果鉴定，得到与会专家高度评价，鉴

定委员会认为：该项目总体技术达到国际先进水平。鉴定会上，董泽教授作项目工作报告，孙明讲师参加技术答疑。

（董　泽）

【韩璞教授在学术研讨会上做主题报告】2015 年 6 月 4 日，中国自动化学会发电自动化专业委员会在上海光大会展中心国际大酒店举办“数字化电厂建设与现场总线应用”学术研讨会。韩璞教授应邀参加本次会议，并作题为“自动化与信息化技术的发展及在数字化电厂中的应用”的主题报告。报告内容包括“数字化电厂的概念及建设目标；数字化电厂的技术支持；发电生产优化运行总体目标以及相应的五方面研究内容：自动控制装置、系统设备性能优化、新型检测与监测技术与智能系统、智能管理信息系统、火电站仿真机”等。报告时间长达 70 分钟，得到与会者的热烈反响。

（董　泽）

【召开“大数据”项目中期交流】2015 年 6 月 17 至 18 日，工程中心与粤电集团公司合作的两个科研项目“基于实时大数据应用于控制系统调节品质和机组性能优化的新型控制方法研究与应用”“基于实时大数据的火电机组建模与优化控制技术的研究与应用”中期交流会在粤电集团公司举行，参加会议的有粤电集团公司热工部经理胡文斌高工、湛江中粤有限公司生产经营部主任钟振林、韩璞和王东风教授等 8 人参加会议。会上，王东风教授作为项目负责人及主研人对两个项目的进展情况进行汇报，甲方对乙方的完成情况表示满意。双方就下一步工作进行讨论。这两个项目年内完成。

（董　泽）

【英国赫尔大学罗纳德· 约翰· 巴顿教授来访】6 月 16 日至 18 日，英国赫尔大学工程学院的罗纳德· 约翰· 巴顿（Ronald John Patton）教授应邀来校进行学术访问。巴顿教授此次访问的主要目的是与自动化系相关研究团队就风力发电建模及控制等问题进行交流，并就有关容错控制及风电控制系统项目进行合作的可能性进行讨论。巴顿教授毕业于英国谢菲尔德大学，是故障诊断与容错控制领域的世界级权威专家，曾担任国际自动控制联合会（IFAC）副主席，现任教于英国赫尔大学工程学院，是 IEEE Fellow，the Institute of Measurement and Control Fellow 及 AIAA 高级会员，曾主持多项欧盟科研项目，包括与英国罗罗公司和美国 NASA 合作开展的发动机控制与故障诊断研究。主要从事动态系统鲁棒性故障检测和隔离 / 故障检测和诊断（FDI/FDD）、容错控制（FTC），多模型以及有关 FDI/FDD & FTC 的非集中式策略，鲁棒性故障预测，航天系统的重构控制，海上风电容错控制，波浪能转换等方面的研究。

（董　泽）

【参加工程教育创新课程研究与教材建设委员会核心成员会议】2015 年 6 月 17 日至 19 日，由教育部电气类专业教学指导委员会、自动化类教学指导委员会、中国电力出版社有限公司在杭州举行“电气类自动化类工程教育创新课程研究与教材建设委员会核心成员会议”。会议就人才培养模式、创新课程设置、教材建设等影响专业发展的关键环节进行综合研究，旨在强化高等院校学生的工程能力和创新能力。韩璞教授作为核心成员参加会议。

（董　泽）

【参加电力行业标委会年会】2015 年 6 月 24 日至 26 日，电力行业标委会 2015 年会暨标准送审稿审查会在郑州召开。会议总结标委会年度工作，讨论下年度工作部署，审查并通过《火力发电厂厂级监控信息系统技术条件》《火力发电厂分散控制系统验收测试规程》和《火力发电厂汽轮机控制系统验收测试规程》等 3 个行业标准送审稿。韩璞教授作为标委会副主任委员参加本次会议。

（董　泽）

【参加省级工程技术研究中心绩效评估会议】2015 年 6 月 23 日至 28 日，河北省科技厅科技平台建设与基础研究处组织 9 位专家对轻纺、医药卫生、能源与交通技术领域的 42 个工程技术研究中心进行会议评估。专家组对参评中心的研发能力与水平、转化应用效果、促进产业发展、创新团队建设、开放运行与管理等方面进行评估，对佐证材料进行核实和甄别，对存在的问题进行质询，并提出建设性意见。专家组认为本次参评的工程技术研究中心和依托单位普遍重视，能按照规定准备评估和汇报材料。工程技术研究中心的主任、主要技术带头人到会，评估准备工作比较充分。工程中心参加本次评估，评价结果为良好。

（董　泽）

【2 教授获聘山西大学教授】2015 年 7 月 15 日，山西大学与华北电力大学签署战略合作协议。签约仪式上，包括工程中心韩璞教授、董泽教授在内的华北电力大学首批派出的 7 名电力学科专家教授被聘为山西大学特聘教授，并接受山西大学贾锁堂校长颁发山西大学特聘教授聘书，开始在山西大学指导其相关学科教学、

科研及团队建设。山西省教育厅副厅长孙世新，华北电力大学校长刘吉臻，山西大学校领导师帅、贾锁堂、李思殿、鲍善冰、赵怀洲、行龙，华北电力大学专家和校企合作办公室主要负责人，山西大学大东关管委会全体成员及相关职能处室主要负责人出席签约仪式。

（董　泽）

【参加智能汽车竞赛华南赛区及华北赛区比赛】2015 年 7 月 18 日至 21 日、7 月 28 日至 31 日受教育部自动化类专业教学指导委员会委派韩璞教授作为仲裁组组长分别参加第十届智能汽车竞赛华南赛区及华北赛区比赛。韩璞教授代表教指委监督开幕式、预赛、决赛、闭幕式整个过程的进行，主导比赛按章程进行，维护公平公正参赛环境，寓教于赛，韩璞教授在开幕式上发表讲话。

（董　泽）

【赴北京大学作学术讲座】2015 年 8 月 5 日，韩璞教授应北京大学继续教育学院邀请，为神华国能（神东电力）集团公司 2015 年现职干部第一期培训班做为期 1 天的“自动化与信息化技术引领下的数字化电厂”的学术报告培训。本期培训班参训人员大多来自神华国能集团公司下属各电厂生产第一线的领导干部、高级工程师及集团总部电力生产部门负责人，对韩璞教授本次学术报告内容有着浓厚兴趣。

（董　泽）

【成功中标“先进策略控制优化站模型开发”项目】2015 年 8 月 21 日，在上海明华电力技术工程有限公司举行的竞争性谈判会上，工程中心凭借卓越的研发能力，合理的价格，优质的性能和完善的售后服务以及业内良好口碑，成功中标该公司“先进策略控制优化站模型开发”项目。

（董　泽）

【参加仿真技术学术会议】2015 年 8 月 22 日至 25 日，两年一度的全国仿真技术学术会议于在江苏南京召开，工程中心韩璞教授、董泽教授等一行 5 人参加会议。学会副理事长韩璞教授主持大会的学术报告。在本届会议进行的计算机应用学会仿真应用分会换届选举环节中，韩璞教授继任学会副理事长，董泽教授当选为学会理事。

（董　泽）

【韩璞教授为国华热控自动调节及 DCS 可靠性培训班授课】2015 年 8 月 26 日，应国华电力集团公司邀请，韩璞教授为“国华热控自动调节及 DCS 可靠性培训班”进行为时 1 天的学术讲座。韩璞教授讲座的题目是“计算机时代下的自动控制理论及其工程应用”。重点讲述在计算机时代下的现代工程控制理论体系、内容，以及热工过程控制策略设计初衷的理论基础，经典控制策略的设计思想，先进手法的设计目的，要解决的问题。电厂机组自动化发展方向，存在的难题和技术攻关方向等。

（董　泽）

【受聘长沙理工大学客座教授】2015 年 9 月 11 日，长沙理工大学举行聘任仪式，仪式由能动学院副院长何建军主持，副校长黄立宏出席。能动学院负责人、教师及相关专业的研究生和本科生近 150 人参加聘任仪式。副校长黄立宏为韩璞颁发客座教授聘书。韩璞教授表示，将尽自己所能为能动学院的学科建设和科技创新发挥自己的力量。聘任仪式结束后，韩璞教授作关于“自动化与信息化技术的发展及应用”的学术报告。

（董　泽）

【参加电站自动化技术研究生学术论坛并作主题报告】2015 年 10 月 17 日至 18 日，由上海市学位委员会主办、上海电力学院承办、上海市电站自动化技术重点实验室和上海发电过程智能管控工程技术研究中心协办的“2015 年上海市‘电站自动化技术’研究生学术论坛”在上海电力学院召开。包括清华大学、华北电力大学、南京航空航天大学、华东理工大学、上海大学在内的全国 20 余家高校和科研院所单位 200 余名研究生和导师代表参会。上海电力学院原副校长张浩教授、研究生处处长韦钢教授、自动化工程学院院长杨宁教授等领导出席本次论坛。论坛由自动化工程学院副院长彭道刚主持。华北电力大学国家火力发电工程技术研究中心副主任韩璞教授作大会主题报告。

（董　泽）

【参加全国电站过程监控及信息标准化技术委员会】2015 年 10 月 29 日，《电子皮带秤在线期间核查技术规范》团体标准送审稿审查会议浙江嘉兴召开。该标准是国家标准化管理委员会下达的首个团体标准。由浙江浙能温州发电有限责任公司、浙江省电力公司电力科学院等单位联合完成送审稿的制定。10 月 30 日，召开全国电站过程监控及信息标准化技术委员会年会，分组讨论《电站分散控制系统运行维护与试验技术规程》《火力发电厂汽轮机数字电液控制系统运行维护与试验技术规程》的送审稿。这两个标准的送审稿分别由国网浙江省电力公司电力科学研究院和大唐浙江乌沙山发电有限责任公司牵头制定。韩璞教授参加会议，并主持分组讨论会。

（董　泽）

【召开国家级教学团队建设研讨会】2015 年 11 月 6 日至 8 日，第三届控制类国家级教学团队建设研讨会在南京东南大学召开。该会议就国家级教学团队的可持续发展、控制类课程教学改革、精品课程（精品资源共享课、视频公开课建设）、教师队伍建设与青年骨干教师培养以及工程教育专业论证等内容进行研讨。韩璞教授作为学校自动化专业国家级教学团队负责人参加本次会议，并作题为“信息化时代下的自动控制理论课程体系探讨”的学术报告。

（董　泽）

【《电站分散控制系统运行维护与试验技术要求》启动】2015 年 11 月 10 日，IEEE P1865《电站分散控制系统运行维护与试验技术要求》启动会在北京召开，30 多位专家学者参加。会议讨论该项目的组织机构和工作计划及工作建议等。韩璞教授作为大学代表参加本次会议，并当选为该项目的秘书长。该项目是中国制定的第一个国际电力行业标准。

（董　泽）

【当选中国化工学会化工自动化及仪表专业委员会委员】2015 年 11 月 12 日至 11 月 14 日，由上海机电学院承办的“全国先进控制技术与自动化装备应用学术交流会”会议在福州召开。会议邀请来自大学和企业的 6 名专家做大会主题报告。韩璞教授应邀参加本次大会，并作题为“自动控制理论与自动化技术的发展及应用”的主题报告。报告就自动控制系统的构成发展及应用、自动控制理论体系内容及其发展、自动化技术的发展及应用等内容进行深入地论述。报告引起与会者强烈反响和高度评价。13 日，召开化工自动化及仪表专业委员会会议，韩璞教授当选为中国化工学会化工自动化及仪表专业委员会第九届委员。

（董　泽）

【韩璞教授在工程创新课程教学研讨会作报告】2015 年 11 月 13 日至 11 月 15 日，由中国电力出版社主办的“电气类及自动化类工程创新课程教学研讨会暨教材编写会议”在南京市召开。会议邀请教育部高等学校自动化类教学指导委员会委员西安交通大学韩九强教授、上海交通大学田作华教授、华北电力大学韩璞教授、南京工程学院创新学院郁汉琪教授、浙江工业大学陈国定教授及 MathWorks 中国大学计划部经理卓金武经理作大会主题报告。14 日，由韩璞教授主持，韩九强教授、田作华教授、郁汉琪教授、韩璞教授组成点评专家组，对各高校教师介绍的九门课程教材进行点评。韩璞教授的报告就教学思想与理念、数学基础 - 仿真与优化、自动化专业的定位、面向工程教育的课程体系结构、实践基地等内容进行详细论述。报告内容得到与会者高度评价。

（董　泽）

【韩璞教授应邀作学术讲座】2015 年 11 月 12 日和 19 日，韩璞教授应清华大学长三角院邀请为浙江嘉兴电厂一般管理干部作为时 3 个小时的“智能发电厂信息与优化控制技术”的学术讲座。本期培训班由清华大学长三角院举办，参训人员来自浙能嘉兴发电厂生产第一线的一般领导干部和工程师。韩璞教授本次的学术讲座内容由浅入深，简单表述对智能发电厂的认识及建设能能化发电厂的理念。

（董　泽）

【召开“卓越工程师教育培养计划”经验交流会】2015 年 11 月 20 日至 22 日，第二届全国自动化专业“卓越工程师教育培养计划”经验交流会暨工作研讨会在江西赣州召开，韩璞教授作为教育部自动化类教学指导委员会委员参加本次会议，并主持分组研讨会。本次会议旨在为分析和解决“卓越计划”实施过程中出现的问题、分享成功经验、进一步推动“卓越计划”顺利进行、更好地给实施自动化专业“卓越计划”的高校和工业界在工程实践方面的实质合作提供一个交流平台。

（董　泽）

【韩璞教授应邀作报告】2015 年 11 月 24 日，韩璞教授应华电集团公司邀请在该公司举办的“智能化发电厂研讨会”上做题为“智能发电厂信息与优化控制技术”的学术报告。本次参会人员为华电集团公司下属的发电公司负责人和专家。韩璞教授首先简述对智能发电厂的认识以及建设能能化发电厂的理念。着重论述实现智能化发电厂的五项任务：自动控制装置与仪表、系统设备性能优化、新型检测与监测技术与智能系统、智能管理信息系统、火电站仿真机应用等。

（董　泽）

【2 项目通过验收】2015 年 11 月 24 日至 25 日，国电科学技术研究院组织召开“1000MW 超超临界二次再热火电机组仿真系统”项目验收会。工程中心孙明作为项目负责人和主研人在会上做工作报告，并向专家组进行系统操作演示——从机组冲转到满负荷，整个过程实现给水全程自动、旁路控制系统自动和协调控制。专家组进行实操和现场提问，并审查相关的技术文件，经深入细致的讨论，一致认为，1000MW

超超临界二次再热火电机组仿真系统配置合理、技术先进、功能齐全、质量可靠，同意通过验收。2015 年 12 月 8 日，工程中心承担的《基于实时大数据应用于控制系统调节品质和机组性能优化的新型控制方法研究和应用》科研项目验收会在湛江中粤能源有限公司召开，由胡文斌，金丰，张培华，孙长生和张曦组成的验收专家组对该科研项目进行验收。工程中心孙明对项目实施过程及取得的成果作详细的汇报，韩璞教授对验收专家现场的提问与质疑进行解答。专家组认为该项目完成科技项目的目标任务，一致同意验收通过。

（董　泽）

【韩璞教授应邀作学术报告】2015 年 12 月 11 日，韩璞教授应新疆独山子石化公司邀请，为公司仪控专业的技术与管理人员作题为“智能化工厂信息化与优化控制技术”的学术讲座。讲座中，韩璞教授介绍“人工智能”“数字化”“智能（数字）化工厂”等概念以及数字化电厂的建设目标、构架、技术支撑等。同时介绍自动控制装置与仪表的发展历程及应用现状。着重论述自动控制系统的优化设计任务、方法与技术。

（董　泽）

【召开技术委员会会议】2015 年 12 月 17 日，“河北省发电过程仿真与优化控制工程技术研究中心举行 2015 年技术委员会会议。来自电力规划设计总院、电力科学研究院、发电集团公司、高校等 20 余位教授级高级工程师、教授等代表出席会议，共商“智能发电厂信息与优化控制技术”，推进“工业大数据”及“互联网 +”在电力行业中的应用和发展。

（董　泽）

北京能源发展研究基地

【概述】北京能源发展研究基地（以下简称能源基地）是全国首家开展能源决策研究的省部级哲学社会科学研究基地，2006 年经北京市教育委员会和北京市哲学社会科学规划办公室批准在华北电力大学设立，2007 年 1 月 26 日正式挂牌。能源基地成立以来，秉持“聚能会源、咨政立言”的理念，聚集国内外能源专家，以国家和北京市能源发展重大理论和能源决策研究为中心，与国务院和北京市政府能源管理部门及相关部门紧密配合，为国家和北京市制定能源战略、能源规划、能源政策和能源法规提供理论研究成果和专家智力支持，逐步建成以科学研究、学术队伍建设、条件平台建设为重点，集科研、咨询、教学和培训于一体的能源科研机构。

能源基地的建设总目标，即通过敏锐把握国内外能源发展趋势和决策动向，运用能源决策及管理的前沿工具，前瞻性预研国家和北京市能源发展中亟待解决的重大问题，为政府能源管理部门及其决策提供智力支持，逐步建成具有学术原创力和特色竞争力能源决策智库。具体开展以下领域的研究工作：

一是国家和北京市“十三五”能源规划研究。具体包括：能源安全问题研究、能源需求研究、新能源发展研究、能源、资源与环境协调发展研究、能源运输与基础设施研究、新能源产业化问题研究、煤炭清洁利用研究、电网智能化问题研究。二是北京市新能源发展战略研究。具体包括北京市建设新能源研究开发中心研究、北京市建设新能源示范应用中心研究、北京市建设新能源高端制造中心研究、北京市建设新能源中心国内政策法规研究、北京市建设新能源中心国际经验借鉴研究等。三是国家能源政策与立法研究。依托学校能源法学等学科优势，开展能源政策、立法、体制研究。四是能源经济与管理研究。依托学校电力技术经济等学科优势，开展煤电产业链协调规划研究、能源产业风险管理研究、电力产业节能减排研究。

2015 年，能源基地主要完成如下目标。

（一）学术成果

2015 年，能源基地获各类纵向项目资助共计 16 项，其中，国家级 5 项，省部级 11 项；各类纵向项目结题共计 10 项，其中，国家级 3 项，省部级 7 项；新签横向合同 53 项；获得优秀成果奖励 10 项，其中，省部级以上奖励 7 项；发表能源类学术论文共计 201 篇，其中 SSCI 检索论文 21 篇，EI 期刊检索论文 45 篇，SCI 检索论文 12 篇，CSSCI 检索论文 29 篇；已经出版能源类学术专 / 编著 9 部。

（二）工作简报

2015 年，能源基地注重对学术活动、研究成果的及时总结和反映，定期编制《北京能源发展研究基地工作简报》，并由基地主任签发，向市教委、市社科规划办、学校领导、学校职能部门负责人以及学院领导报送信息，建立起准确、畅通、高效的信息渠道。能源基地共编制《北京能源发展研究基地工作简报》30期。通过这些简报，能源基地向上级准确反映基地工作的信息、动态，同时使主管领导部门及时解基地工作情况，便于进行指导。

（三）学术沙龙

2015年，能源基地积极响应国家和政府关于京津冀发展一体化的战略要求，认真贯彻落实国家战略方针，针对京津冀地区大气污染治理问题，结合自身优势，推出“京津冀雾霾治理一体化”系列学术沙龙。至年底，已举办至第十期，邀请校内外相关领域专家学者就雾霾治理理论和实践开展多角度、多层次的探讨，取得良好学术效果。

（四）社会影响

2015年，能源基地多位研究员就能源互联网、能源发展转型、能源变革、能源贫困等问题在《人民日报》等主流媒体发表评论文章、接受国内能源媒体的独家专访、在国内外高端学术会议发表主旨演讲，能源基地学术和社会影响力进一步扩大。

（五）队伍建设

2015年，能源基地以研究队伍建设为核心，通过整合研究资源、加强学术梯队建设等多项措施，为形成结构合理的研究队伍、培养具有良好学术素养的骨干学术人才奠定基础，也为高水平科研项目的取得奠定基础。

2015年，为增强能源基地学术原创力和特色竞争力，经主任办公会商议，能源基地聘任2名研究员，分别是：美国纽约大学 Shakeel Kazmi 教授、国家信息中心经济预测部肖宏伟博士。这些研究员的加入将在能源基地这一科研平台上，继续强化基地在能源领域的特色研究，支持基地在第四期建设中实现跨越式发展。

（六）国际交流

2015年，能源基地积极推动国际合作与交流，派出研究员姚建平副教授参加新加坡国立大学组织举办的能源政策研讨培训班，邀请美国纽约大学 Shakeel Kazmi 教授访问基地并开办为期两周的短期课程，同时举办讲座和学术沙龙。

（沈　磊）

【概况】2015年，能源基地有高级专家12人，专职和兼职研究人员54人，与基地建立科研协作关系的研究人员28人，初步形成一支由能源领域专家、教授、博士、研究生组成，勇于开拓，善于创新，能打硬仗的科研团队。

2015年，能源基地获各类纵向项目资助共16项，其中，国家级5项，省部级11项；各类纵向项目结题共计10项，其中，国家级3项，省部级7项；新签横向合同53项；获优秀成果奖励10项，其中，省部级以上奖励7项；发表能源类学术论文共计201篇，其中SSCI检索论文21篇，EI期刊检索论文45篇，SCI检索论文12篇，CSSCI检索论文29篇；已出版能源类学术专/编著9部。

2015年，能源基地共编制《北京能源发展研究基地工作简报》30期。

（沈　磊）

【学术著作出版发行】1月，由华北电力大学党委书记、能源基地学术顾问吴志功研究员担任主编，能源基地组织来自校学科办、高等教育研究所、人文学院、国家应对气候变化战略研究和国际合作中心、北京市环保局等校内外各方面的专家学者共同编写的《京津冀雾霾治理一体化研究》一书由科学出版社正式公开出版发行。

（李　欣）

【首席专家谭忠富教授主讲学术沙龙】4月8日，首席专家谭忠富教授主讲“电改9号文全解读及相关市场主体影响分析”学术沙龙。

（穆　斌）

【举办学术沙龙活动】4月21日，能源基地邀请阳光动力能源互联网公司董事长彭小峰主讲以“新能源·互联网·金融·创业”为主题的学术沙龙。

（李　欣）

【张素芳教授成果被多次引用】4月，研究员张素芳教授的科研成果在国际可再生能源署发布的《中国可再生能源展望》报告中被多次引用。

（穆　斌）

【曾鸣教授举办学术讲座】4月28日，研究员曾鸣教授受邀为华北电力大学全体干部举办新电改方案解读讲座。

（沈　磊）

【王伟接受中国经济导报记者专访】4月，基地主任王伟就能源互联网问题接受中国经济导报记者专访，专访文章刊发在2015年4月25日出版发行的《中国经济导报》能源版上。

（沈　磊）

【姚建平副教授指导的学生作品取得优异成绩】5月6日，研究员姚建平副教授指导的学生作品在中国扶贫发展中心主办的首届大学生假期返乡调研活动中取得优异成绩，获三等奖一项，优秀奖两个项。

（沈　磊）

【参观大学生创业基地】5月13日，基地主任王伟参观校学生处大学生创新创业孵化基地，并就绿色传媒创业项目做专门指导。

（侯洁林）

【Shakeel Kazmi 教授来访】5月18日至31日，应能源基地的邀请，美国纽约大学 Shakeel Kazmi 教授来基地访问，进行为期两周的访问讲学活动，并正式受聘担任能源基地研究员。

（侯洁林）

【主办学术沙龙】5月26日，能源基地主办以“2015年巴黎国际气候变化协议：机遇与挑战”为主题的学术沙龙，邀请美国纽约大学 Shakeel Kazmi 教授作为主讲人。

（刘童一）

【举办京津冀雾霾治理一体化学术沙龙】2015年，能源基地举办多期京津冀雾霾治理一体化学术沙龙。5月12日，能源基地举办第八期“京津冀雾霾治理一体化”学术沙龙，此次沙龙的主题是“互联网+能源的思考”，基地主任王伟担任主讲。5月27日，能源基地举办第九期“京津冀雾霾治理一体化”学术沙龙，以“美国可再生能源法律与政策”为主题，邀请美国纽约大学 Shakeel Kazmi 教授作为主讲嘉宾。6月9日，能源基地举办第十期“京津冀雾霾治理一体化”学术沙龙，以“互联网+是什么——商业模式试解读”为主题，邀请北京经济技术开发区管委会资深研究员许建生作为主讲嘉宾。

（侯洁林）

【樊良树受邀举办学术讲座】6月11日，应首都体育学院邀请，研究员樊良树副教授为首都体育学院部分师生作题为“从城市地理的角度看北京雾霾”的学术讲座。

（侯洁林）

【获国家社科基金项目立项资助】6月25日，研究员樊良树副教授申报的“环境污染型工程项目社会稳定风险与治理研究”课题成功获得2015年国家社科基金项目立项资助。

（刘童一）

【姚建平副教授在《人民日报》发表评论文章】6月26日，研究员姚建平副教授撰写的《“能源贫困”亟待扶贫创新》的评论文章在《人民日报》评论版发表。

（沈　磊）

【举办首届经观新能源沙龙】9月22日，由能源基地和《经济观察报》联合经济观察研究院共同主办的首届“经观新能源沙龙”在华北电力大学召开。此次会议以“产学研对话：新能源+互联网”为主题，邀请来自政府相关部门负责人、新能源界企业代表、华北电力大学及能源基地专家教授、投资金融界代表参与座谈。

（杨　璐）

【1部译著正式出版】9月，基地研究员张素芳教授、基地主任王伟等共同合作，对基地高级顾问、英国著名中国能源问题专家 Philip Andrews-Speed 教授的专著《The Governance of Energy in China：Transition to a Low-Carbon Economy》进行编译，完成译著《中国能源治理：低碳经济转型之路》一书由中国经济出版社正式出版发行。

（杨　璐）

【李俊峰出席会议作主旨发言】10月16日至18日，2015中国能源互联网大会在杭州举行。名誉主任李俊峰应邀出席大会，并在主论坛作题为《气候变化、能源革命与能源互联网》的主旨发言。

（沈　磊）

【李俊峰接受能源媒体专访】10月，能源基地名誉主任李俊峰就国家能源发展转型问题接受国内多家能源媒体独家专访，相关专访文章被国内各大新闻媒体广泛转载，在能源业界产生广泛影响。

（沈　磊）

【英国 CMS 律师事务所高级合伙人安捷博士来访】10月22日，英国 CMS 金马伦麦坚拿律师事务所合伙人安捷博士、高级顾问彭亮等应邀访问能源基地，商谈合作事宜。

（沈　磊）

【曾鸣教授出席会议并发表主题演讲】10月22日至23日，“第七届中国国际电力合作论坛暨展览（CEFE）”在北京展览馆举办。研究员曾鸣教授受邀就全球能源互联网、中国电力企业开展国际合作等问题作题为“对能源互联网一些思考”的主题演讲。

（杨　璐）

【张兴平教授获国家社科基金重大项目立项资助】11月，研究员张兴平教授申报的“清洁能源价格竞争力及财税价格政策研究”项目成功获2015年度国家社会科学基金重大项目（第二批）立项资助。

（杨　璐）

【曾鸣教授参加国际能源变革论坛作主旨演讲】11月6日至7日，“国际能源变革论坛”在江苏省苏州市隆重举行。研究员曾鸣教授受邀参加论坛并在“能源互联网分论坛”上作题为“能源变革与能源互联网”的主旨演讲。

（沈　磊）

【**出版能源基地年度研究报告**】11月，能源基地组织研究人员针对当前北京市能源发展中存在的若干重大问题开展重点研究后形成系列学术论文，汇编成《北京能源发展研究报告2014》，该书由中国经济出版社正式公开出版发行。

（丛　丹）

【**曾鸣教授出席会议并发表主题演讲**】11月12日，"2015中国（珠海）智能电网大会暨电力创新论坛"在珠海市召开，研究员曾鸣教授受邀出席，并就能源互联网的基本概念、能源互联网交易机制和商业模式及能源互联网与售电侧放开背景下各主体面临的挑战与对策作主题演讲。

（丛　丹）

【**北京能源互联网发展研究中心成立**】11月12日，为响应国家战略部署，应对国际能源领域深刻变化，满足国家能源发展实际需求，能源基地经基地主任办公会提出，基地学术委员会讨论通过，决定成立北京能源互联网发展研究中心，中心主任由基地主任王伟兼任。这也是能源基地下设成立的第七个研究中心。

（丛　丹）

【**5项市社会科学基金研究基地项目获立项资助**】12月，能源基地申报的5项课题顺利获得北京市社会科学基金研究基地项目立项资助。其中包括，特别委托项目一项、重点项目一项、一般项目三项。

（侯洁林）

□ 合作交流和对外联络

COOPERATION, EXCHANGE AND FOREIGN CONNECTIONS

○ 综 述

2015年，学校国际交流频繁，外专和外宾来访、教师和学生交流、留学生数量、国际会议等均有较大幅度增长。同德国黑森州中国合作促进中心共同设立华北电力大学中欧可再生能源创新中心，与蒙古科技大学筹划中蒙可再生能源创新中心；学校国际化工作服务于学校发展，在外专引智、联合科研、优质教育资源引进和国际学术交流等方面积极推动学校高水平大学建设。国际交流与合作规模和质量不断提升，全年学生出国交流和出国攻读学位学生人数达612人次，达到历史最高水平。全年共接待外宾和专家来访300余人。

2015年，校（企）地合作取得新突破。学校与珠海市的战略合作取得实质性推进，校地双方初步形成大学珠海研究院、智能电网创新园、大学科技园珠海分园、大学研究生院珠海分院协同发展合作模式，同时形成政产学研多方共同引领珠三角地区产业升级与经济发展的格局。学校积极推动北京高科与河北秦皇岛签署战略合作协议，成立北京高科大学联盟北戴河新区科研成果转化基地，与河北金茂集团签订产学研用战略合作协议，积极融入京津冀协同发展。学校与扬中市开展战略合作，共建智能电气研究院，服务长三角地区经济创新发展。

校校合作取得新进展，与山西大学签署全面战略合作协议，积极推进全方位深层次的广泛合作。学校高度重视软科学研究和智库建设，成立“能源互联网研究中心”等，充分发挥多学科优势，在能源互联网、能源电力管理、法律法规以及电力改革等领域发挥智囊团作用。

2015年，华北电力大学理事会充分发挥秘书处、人才培养委员会及科技合作委员会职能，围绕全球能源互联网等国际能源电力发展形势，服务国家能源电力发展重大需求，与理事单位在全球能源互联网等领域开展广泛合作，成立“华北电力大学全球能源互联网研究中心”，推动电力行业产学研协同创新。2015年，华北电力大学再次当选为中电联副理事长单位，刘吉臻再次当选为中电联副理事长，汪庆华当选常务理事，学校在能源电力行业的影响力进一步提升。2015年，华北电力大学依托理事会与中电联平台，与以理事成员单位为主体的电力行业企业保持密切的联系，在人才培养、科学研究等方面进一步加强合作，在共建科研平台、科研合作、联合人才培养、奖学金等方面取得丰硕成果。

2015年，校友工作充分发挥校友会“一家一桥一平台”的作用，参加全国校友工作研讨会，走访清华大学、北京航空航天大学、浙江大学、中山大学、河北大学等兄弟院校，学习校友工作先进经验。全年共组织、接待大型校友返校活动30余次，接待校友3000余人次；依托校友之家举办各种特色活动，累计接待5000多名校友和在校师生交流座谈；邀请30余位校友返校举办知名校友进校园系列讲座，组织策划“面对面”名家校友访谈系列活动2期；印发《华电校友》共2期，开通微信平台，通过校友会网站、微信平台发布新闻百余条；接收校友捐款和项目合作共计170余万元。

2015年，华北电力大学教育基金会稳步发展，采取有效措施，募集资金额度持续增加，各项工作取得可喜成果。基金会全年签订捐赠协议49笔，协议金额55，153，000元，年内实际收到资金和资产价值31，252，447.61元，其中实际收到资金21，097，447.61元，收到捐赠股权价值10，155，000.00元。

国际合作与交流　港澳台工作

【概述】2015年，华北电力大学国际化工作服务于国家外交战略，充分发挥学校学科优势，为发展中国家提供专业技术和管理培训，为中国电力企业“走出去”提供智力和人才支撑；同时服务于北京市国际交往中心和创新中心的城市功能定位，推动国际合作与交流工作。

2015年，学校国际交流更加频繁，外专和外宾来访、教师和学生交流、留学生数量、国际会议等均有较大幅度增长。同德国黑森州中国合作促进中心共同设立华北电力大学中欧可再生能源创新中心，与蒙古科技大学筹划中蒙可再生能源创新中心；学校国际化工作服务于学校发展，在外专引智、联合科研、优质教育资源引进和国际学术交流等方面积极推动学校高水平大学建设。

2015年，学校积极承担国家外交任务，分别承办商务部“坦桑尼亚电力系统运营与管理研修班”“非洲法语国家电力官员研修班”“巴西电力特高压技术规划与发展研修班”以及科技部“中亚可再生能源发电与入网技术培训班”四个国家级援外培训项目，总计85名学员。

2015年，学校同哈萨克斯坦“博拉沙克奖学金”管理委员会签署协议，为哈萨克斯坦的大学和企业培养可再生能源和电力人才，充分发挥学校能源电力学科优势，积极践行国家提出的“一带一路”战略。

2015年，学校西肯塔基大学孔子学院再次获得国家孔子学院总部颁发的“全球示范孔子学院之优秀孔子学院”称号，至此，该孔子学院已成为全美注册学生最多的孔院。

2015年4月，学校参与发起的“欧盟－中国研究及创新伙伴计划”在华北电力大学举行启动仪式，该项目是学校第一次参与发起大型欧盟科研项目。11月，华北电力大学同德国黑森州中国促进中心共同发起的中欧可再生能源创新中心揭牌，这将开启同德国高校、科研院所和企业在可再生能源领域的合作。2015年，由华北电力大学倡议的中蒙可再生能源创新中心将于2016年挂牌。

2015年，华北电力大学国际交流与合作规模和质量不断提升，全年学生出国交流和出国攻读学位学生人数达612人次，达到历史最高水平。其中49人获国家奖学金资助，5人获法国电力公司专项奖学金资助。2015年，学校共接待外宾和专家来访300余人。

2015年，学校出台《学生持因私护照赴境外学术交流管理办法》《华北电力大学外国专家经费管理办法》《华北电力大学外宾接待经费管理办法》，使学校外事接待、学生出国交流和引智管理更加规范。

2015年，学校共有24名学生赴台学习交流，同时学校启动第一届“华北电力大学绿色能源学堂”，总计招收来自台湾大学、台湾科技大学、台湾清华大学、台湾交通大学、台南大学等5所学校的27名学生，是学校首次利用优势科学大规模招收台湾学生来校参加暑期夏令营活动。

2015年，学校同意大利热那亚大学开展共建孔子学院的谈判，双方达成一致，并已完成相关申报工作。

2015年，国际合作处协助组织部完成20名中层干部赴外访学计划，负责境外合作伙伴大学渠道、接收和资金落实等方面的工作，这是学校第一次中层干部大规模境外访学，将推动学校国际化发展。

2015年，国际合作处负责安排附中、附小的外教，常年有4名外教为附中、附小开设英语课程，提升附中、附小在回龙观地区的影响力。

（赵子健）

【概况】2015年，校领导出国访问共4个团组，分别赴德国、捷克、西班牙、意大利、俄罗斯、哈萨克斯坦，同合作伙伴院校签署一系列校级协议，上述团组的出访使学校国际合作向高层次、宽领域发展，搭建实质性交流平台，对全校国际化战略的推进起到铺垫和引领作用。

2015年，学校共聘请外国专家157人来校工作，聘请专家总人月数为168月。157名来校工作专家中，长期语言教师共12人，长期专业专家共2人，短期专家共143人。2015年来校工作的专家中，共有院士级别专家3人，各学科领域权威学者25人；其中教授级别专家121人，副教授级别专家10人，助理教授级别专家6人，知名跨国公司主要负责人6人，符合学校以“引进高层次专家”为主的需求。从专家所属专业领域来看，短期来访专家主要为工程与材料科学领域的专家，共83人，占来访专家总人数的58.04%，与学校“大电力”和“新型能源”的学科特色相符合。学校短期来访专家来校工作时长有较大幅度增加，来访专家工作时间主要在半个月至一个月之间，平均工作时长为1.07个月，体现学校对2015年度外专聘请“以引进高层次专家为主”和“加强聘请计划实施效果”的要求。

2015年，学校教师出国（境）交流共90个团组，188人次，分别赴美国、英国、法国、意大利等20多个国家和地区进行交流访问、学术交流、国际会议、境外培训、学生交流、招生宣传、艺术演出等。

2015年，学校申请国家公派出国留学项目总计36人。其中35人申请全额资助项目，12人获批；24人青年骨干教师出国研修项目，全部获批。

2015年，学校共举办3个国际会议，内容涉及可再生能源发电、核反应堆领域、燃煤发电领域以及西肯塔基大学孔子学院“1+2”项目联席会，共有与会代表600余人。

2015年，学校共派出194名学生赴国（境）外进行交流学习。

2015年，学校积极发挥自身优势，举办各类国际培训项目。承办科技部中亚地区可再生能源并网技术培训班，蒙古等国18名学员来校学习；承办商务部“坦桑尼亚电力系统运营与管理研修班”“非洲法语国家电力官员研修班”和“巴西电力特高压技术规划与发展研修班”，研修学员共计65人。

2015年，西肯孔院有在读注册汉语学生13,580人，新增获汉语教师资格证教师13名，首次聘请本土汉语教师4人，成为北美学生人数最多的孔子学院；HSK/HSKK/YCT考试人数3000余人，人数居北美第一；新增4所孔子课堂，总数达到15所；该孔院中国文化体验中心（CLC）每年参观人数逾15,000人，累计参观人数超过60000人，成为美国民众了解中国的重要窗口；孔院设立中国文化体验移动车，受益学生15,000余人。新建孔子学院大楼将于2016年投入使用。

作为上海合作组织大学能源学方向中方牵头院校，学校积极参与到上合大学建设中。共派出7名研究生，另有4名来自哈萨克斯坦的学生来校学习。

（赵子健）

【法国电力集团设立奖学金】1月8日，法国电力集团亚太区总部同华北电力大学签署捐赠协议，捐赠5万欧元，该笔捐款主要为核电专业本科学生赴法国格勒诺布尔国立理工留学提供奖学金。副校长杨勇平，法国电力集团执行副总裁和亚太区总裁马识路（Herve Machenaud）先生、执行副总裁艾琳（Aline Penot）女士和宣传交流总监潘敏女士、国际合作处、教育基金会负责人等出席捐赠仪式。

（赵子健）

【刘吉臻会见英国曼彻斯特大学访问团】3月2日，校长刘吉臻会见英国曼彻斯特大学副校长Steve Flint教授、电气工程学院院长Tony Brow教授和王忠东教授访问团一行。副校长杨勇平、国际合作处处长段春明、国际教育学院院长李庆民参加会见。

（赵子健）

【澳大利亚悉尼大学来访】3月11日，澳大利亚悉尼大学副校长兼工程与信息技术学部部长Archie Johnston和电气信息工程学院院长董朝阳来校访问。副校长杨勇平与国际合作处处长段春明接待来访客人，并与Johnston校长一行就深化校际合作进行广泛交流。

（赵子健）

【与蒙古科技大学达成合作意向】3月13日，蒙古科技大学副校长ENKHJARGAL Khaltar来访，同行的还有该校电气工程学院MANGALJALAV Chimid院长以及项目负责人BEKHBAT Galsan先生。副校长杨勇平接见代表团，国际合作处处长段春明、国际教育学院院长李庆民、可再生能源学院党委书记刘永前参加接见。双方就两校共建可再生能源研究中心进行探讨。

（赵子健）

【华北电力大学－罗克韦尔自动化实验室揭牌】3月17日，华北电力大学－罗克韦尔自动化实验室揭牌。罗克韦尔自动化全球总监迈克尔·库克、亚太区经理李磊、中国区大学项目高级专员吕颖珊，华北电力大学副校长王增平及相关部门负责人、自动化系师生参加揭牌仪式。

（赵子健）

【纽卡斯尔大学来访】2015年3月26日，澳大利亚纽卡斯尔大学常务副校长Kevin Hall一行5人来访。国际合作处处长段春明接待来访客人，并与Kevin Hall副校长就加强两校合作交流进行深入的探讨。

（赵子健）

【北科罗拉多大学校长来访】4月8日，美国北科罗拉多大学校长Kay Norton来访，一同到访的还有该校常务副校长Robbyn Wacker、教育与行为科学学院院长Eugene Sheehan及该学院院长助理Ginny Huang。副校长安连锁接待来访客人，一同出席会见的还有国际合作处处长段春明、外国语学院党委书记徐玲玲、英语系戴忠信教授及国际合作处赵子健。

（赵子健）

【中国——欧盟研究及创新伙伴计划启动会召开】 4月13日至14日，中国——欧盟研究及创新伙伴计划启动会议在华北电力大学召开。来自英国曼彻斯特大学、意大利博洛尼亚大学、挪威科技大学、克罗地亚萨格勒布大学及华北电力大学、清华大学、北京交通大学、国网智能电网研究院的专家代表出席启动会，就落实该计划有关细则进行商讨。

（赵子健）

【密西西比大学全球事务办公室主任来访】 4月17日，密西西比大学全球事务办公室主任Nosa O.Egiebor教授、化学工程学院Wei-Yin Chen教授，Sandra Spiroff副教授来访，国际合作处处长段春明接待来访客人，并与Nosa O.Egiebor教授就如何开展校际合作进行深入交流。

（赵子健）

【加拿大里贾纳大学副校长戴维博士访问人文学院】 5月13日，加拿大里贾纳大学副校长戴维教授访问华北电力大学人文学院，人文学院院长苑英科、党委书记蔡利民、副院长兼北京能源发展研究基地主任王伟、副书记王硕，公共管理教研室主任姚建平等参加会见。双方就未来的长效合作机制、互派留学生、加强中国传统文化的研究等方面进行深入探讨。

（赵子健）

【英国曼彻斯特大学数学学院院长来访】 5月15日，英国曼彻斯特大学数学学院院长Peter Duck和国际事务处处长Mike Prest来访。国际合作处处长段春明、经济与管理学院副院长张兴平、数理系副主任马德香接待来访客人。段春明与Peter Duck院长就开展学院间的本科“2+2”和硕士项目、教师互访以及联合科研的可能性进行深入探讨。双方将尽快开展相关专业的课程认证工作，并将尽快签署学院间的“2+2”项目协议。

（赵子健）

【高端外国专家来校参加学术交流】 2015年，为推动学校国际教育教学深度发展，加快中外合作办学项目和留学生教育教学的国际化步伐，国际教育学院邀请亚利桑那州立大学、电气工程领域资深教授Ravi S. Gorur博士来校进行为期两周的教学活动和学术交流。5月18日至29日，Ravi S. Gorur教授给电气专业的硕士和博士留学生作5次专题讲座；针对电气专业本科学生作7次基础知识讲座。所有讲座面向全校开放，取得圆满成功，受到外国留学生和中国学生的一致好评。同时，Ravi S. Gorur教授还参加电气学院科研交流活动。

（赵子健）

【纽约大学Shakeel Kazmi教授访问人文学院】 5月18日至5月31日，应人文学院北京能源发展研究基地邀请，国际气候变化与能源法律政策研究领域的知名学者、美国纽约大学教授Shakeel Kazmi来校进行为期2周的访问讲学活动，期间为研究生和本科生上课，并举办学术沙龙1次，华电大讲堂1次，学院学术交流座谈3次。5月20日，人文学院院长苑英科会见Shakeel Kazmi教授，国际合作处郑宗明博士、人文学院副院长兼北京能源发展研究基地主任王伟、副书记王硕、法学教研室赵保庆、沈磊两位老师等参加此次会见，会见由王伟主持。

（赵子健）

【加拿大原子能公司Laurence Leung教授来访】 2015年5月20日，加拿大原子能公司Laurence Leung教授应邀访问核科学与工程学院，就超临界水冷堆（SCWR）热工水力的研究现状以及子通道计算程序的开发等内容与该院师生进行学术交流。Laurence教授是国际超临界水冷堆设计研发的带头人之一，在加拿大原子能公司承担CANDU-SCWR热工水力的研究工作。院长陆道纲向客人详细介绍核科学与工程学院的发展历史以及学院在学科建设、人才培养、课程设置、师资队伍建设、科研团队、科研平台搭建以及校企合作等方面所做的工作。在科研方面，陆道纲将团队承担的科研课题以及将要开展的相关研究做详细介绍，双方就共同关心的问题进行探讨，为今后的科研合作奠定良好基础。

（赵子健）

【美国伊利诺伊大学香槟分校来访】 5月21日至28日，应学校电力工程系米增强教授团队的邀请，美国伊利诺伊大学香槟分校电气与计算机工程系乔治·格罗斯（George Gross）教授来校进行学术访问。George Gross教授此次访问主要就王飞副教授的国家外国专家局2015年度聘请单位重点引智项目开展学术交流。

（赵子健）

【曼彻斯特大学来校交流】 为学习了解国际一流大学在教育教学、科学研究、人力资源、国际合作等方面的管理理论和实践，进一步提升干部的国际化水平。学校特邀请英国曼彻斯特大学电气与电子工程学院院长Tony Brown教授来校与处级领导干部开展交流。5月26日，Tony Brown教授与学校各学院领导进行座谈，双方就学院科研、教学、管理等方面进行深入探讨。

（赵子健）

【刘吉臻会见曼彻斯特大学代表团】6月24日，校长刘吉臻会见到访的英国曼彻斯特大学副校长Martin Schroder一行。双方对两校下一步的教育合作进行广泛探讨，一致同意建立长效高水平培养机制，切实从学生利益出发，培养具有全球视野的高水平人才。参与会见的有副校长杨勇平，国际合作处和国际教育学院负责人。

（赵子健）

【刘吉臻会见驻华大使】6月26日，科摩罗联盟驻华大使默罕默德·M·阿布德，南苏丹共和国驻华全权特别大使迈克尔·米利·侯赛因应邀前来参加2015届本业生毕业典礼，祝贺科摩罗籍和南苏丹籍来华留学生完成学业并获学士学位。2015年，学校有科摩罗毕业留学生2名，南苏丹毕业留学生1名。校长刘吉臻会见两国驻华大使。两国驻华大使感谢华北电力大学对该国留学生的培养。希望将来能够派遣更多学生来到华北电力大学学习，并加强与华北电力大学各领域的合作与交流。

（赵子健）

【威斯康星大学Thomas M. Jahns院士来访】7月2日，美国威斯康星大学知名教授Thomas M. Jahns院士来访，副校长杨勇平会见客人，国际合作处和电气工程学院负责人一同参加会见。Thomas Jahns教授表示，开展教师交流对华北电力大学和威斯康星大学都十分有益。近几十年来，中国经济快速发展，电力工业也发展得十分迅猛，并在一系列的电力项目和工程方面取得重大成就。华北电力大学积极参与中国电力工业的发展，为其提供大量高水平人才，他相信在未来，华北电力大学将为世界培养新型的电力工程师并在其中发挥重要作用。

（赵子健）

【加拿大能源研究中心高级研究员丹尼斯·陆来访】10月13日至17日，应学校动力工程系鲁许鳌邀请，加拿大能源研究中心高级研究员丹尼斯·陆（Dennis Lu）对保定校区进行学术访问。丹尼斯·陆是加拿大能源研究中心高级研究员，有30多年从事先进燃料燃烧和气化研究的丰富经验，尤其在清洁化石燃料，清洁电能生产和碳捕集领域 有很高造诣。丹尼斯·陆研究员此次访问促进加拿大能源研究中心和动力工程系在先进燃烧方面的深度合作，对于推进学校在该领域的研究具有重要意义。

（赵子健）

【英国客人到访北京能源发展研究基地】2015年10月22日，应人文学院北京能源发展研究基地邀请，英国CMS金马伦麦坚拿律师事务所合伙人安捷博士、高级顾问彭亮于来北京能源发展研究基地进行访问，人文学院副院长兼北京能源发展研究基地主任王伟、北京能源发展研究基地课题管理部主管曹治国老等参加此次会见，会见由王伟主持。安捷博士作为“亚太地区能源网络”成员，专注于中国及东南亚的能源业务，并期待通过此次来访能够与华北电力大学北京能源发展研究基地建立双方的长期合作关系和共同发展机制。

（赵子健）

【中欧可再生能源创新中心揭牌】11月16日，华北电力大学举行中欧可再生能源创新中心揭牌仪式。校长刘吉臻、副校长杨勇平，国家留学基金管理委员会秘书长刘京辉、北京市外办因公出入境管理处处长张文双、北京市教委国际合作处处长潘芳芳、德国黑森州中国合作促进中心主席施密特和该中心17名代表及学校有关部门负责人参加揭牌仪式。

（赵子健）

【西肯塔基大学孔子学院理事会召开】12月3日，西肯塔基大学孔子学院第五届理事会在华北电力大学召开，西肯塔基大学校长Gary Ransdell，孔子学院外方院长潘伟平，教育和行为科学学院院长Sam Evans和孔子学院外方副院长Betty Yu。出席理事会的有校长刘吉臻，国际合作处处长段春明、孔子学院中方院长李博和孔子学院中方联络人赵子健。

（赵子健）

【澳大利亚著名学者大卫·沃克夫妇来访】12月13至15日，应英语系郭雷教授和国际合作处邀请，澳大利亚著名学者、历史学家、作家大卫·沃克教授（David Walker）和凯伦·沃克教授（Karen Walker）来校讲学。此次讲学由两个讲座构成。14日，大卫·沃克教授和凯伦·沃克教授从澳大利亚历史、社会、语言与文化中最为普通的层面入手（Language and Culture：Six Things You Need to Know about Australia），引领学校师生了解并熟悉澳大利亚。15日，两位教授概述澳大利亚文学发展史、自然环境与中澳两国的合作前景。两位教授的讲座既包含丰富的澳大利亚历史、社会与人文知识，又不乏深入浅出的学术见解。学校师生聆听讲座。

（赵子健）

校企合作

【概述】2015年，校（企）地合作取得新突破。学校与珠海市的战略合作取得实质性推进，校地双方初步形成大学珠海研究院、智能电网创新园、大学科技园珠海分园、大学研究生院珠海分院协同发展合作模式，同时形成政产学研多方共同引领珠三角地区产业升级与经济发展的格局。学校积极推动北京高科与河北秦皇岛签署战略合作协议，成立北京高科大学联盟北戴河新区科研成果转化基地，与河北金茂集团签订产学研用战略合作协议，积极融入京津冀协同发展。学校与扬中市开展战略合作，共建智能电气研究院，服务长三角地区经济创新发展。

2015年，校校合作取得新进展。在教育部和山西省政府的支持下，学校与山西大学签署全面战略合作协议，双方紧密围绕国家能源电力发展需求以及山西能源电力产业实际需要，开展能源电力学科领域的战略合作，在学科建设、人才培养、科技创新、合作交流及资源共享等重点领域，建立长期稳定的合作机制，积极推进全方位深层次的广泛合作。

2015年，学校高度重视软科学研究和智库建设，成立“能源互联网研究中心”等，充分发挥多学科优势，在能源互联网、能源电力管理、法律法规以及电力改革等领域发挥智囊团作用，进行学术研究，积极建言献策，研究成果为政策制定和企业决策提供智力支持。同时，面对社会舆论和行业热点问题，学校组织专家学者开展研究，发表客观、科学的观点论据，正确引导社会舆论，传播正能量，为能源电力行业健康发展发挥积极作用。

（吴良器）

【概况】2015年，华北电力大学校企（地）合作通过搭建平台与企业及地方政府签署战略合作协议4项，达成合作意向5项；共建研究院1个，共建科技园1个，共建科研成果转化基地1个。

（吴良器）

【江苏扬中市委书记来访】1月17日，江苏扬中市委书记、市人大常委会主任孙乾贵，副市长于德祥，副市长、科技镇长团团长刘金秋，市委常委、新坝镇党委书记王成明一行带领扬中市各镇及开发区领导近20余人来校访问，与学校相关部门进行产学研工作交流。副校长杨勇平接待来访客人。校企办、科研院、电气与电子工程学院、学生就业指导中心等相关部门负责人以及部分教授参加此次交流会。杨勇平对江苏扬中市的领导到访学校表示热烈欢迎，并向到访客人详细介绍学校的历史沿革和发展现状。他指出，长久以来，学校重视服务地方经济，依托大学的优势学科在科学研究、人才培养、社会服务等领域发挥着积极的作用。之后，学校电气与电子工程学院负责人详细介绍学院的情况。扬中市委书记孙乾贵对扬中的产业环境、科技创新、人才引进等领域的政策及发展状况进行详细介绍，他指出，扬中市委、市政府高度重视与华北电力大学的合作，并提出扬中作为“工程电气之乡”，希望其工程电气的产业集聚度和产业氛围与学校的科研创新能够“精准对接”，希望通过合作深入产业转型，引领企业创新，加速“才产融合”；扬中市委常委、新坝镇党委书记王成明则用“魅力新坝”“实力新坝”“活力新坝”三组定位对新坝镇的情况作介绍，希望双方能够发挥各自的优势资源，将新坝镇的产业优势与大学的科研优势有效整合，在促进大学科技成果转化的同时，也促进新坝镇的产业结构升级，共同开创协同创新的新局面。学校科研院、学生就业指导中心、组织部、校团委以及产业管理处等部门负责人针对该次交流会的主题分别向到访客人介绍学校科研合作情况、学生就业情况、江苏科技镇长团开展情况、大学生创新创业情况以及产业工作发展的情况。学校“千人计划”特聘专家黄永章教授针对科研团队与扬中的企业对接交流畅谈感受并希望能与扬中企业开展更多更深入的合作。刘鹏作为学校派出的科技镇长团团员，汇报已经开展的合作情况以及下一步加大合作力度和深度的计划，并表示将担当起学校与江苏镇江扬中市的桥梁，更好地促进双方的产学研合作交流。交流会结束后，孙乾贵一行在相关人员的陪同下参观学校信息安全工程实验室、生物质发电成套设备国家工程实验室以及新能源电力系统国家重点实验室等国家级科研平台。

（吴良器）

【学校参加北京高科大学联盟与秦皇岛市政产学研对接会】 6月28日，北京高科大学联盟与秦皇岛市政产学研对接会在北戴河新区举行。河北省委副书记赵勇，河北省委常委、秦皇岛市委书记田向利，北京高科大学联盟12所高校领导，省市有关部门领导出席会议。杨勇平副校长出席会议并作主题演讲。会议由北京高科大学联盟理事长、北京邮电大学党委书记王亚杰主持。杨勇平在发言中介绍大学的发展历史、特色优势学科、人才培养特色、科技创新实力及产学研合作开展情况，他指出华北电力大学将以自身的能源电力学科特色与优势，进一步深化与河北的政产学研合作，加快人才培养、科技创新及成果转化的合作步伐，积极融入京津冀协同发展。会上，北京高科大学联盟与秦皇岛市人民政府签定战略合作框架协议。根据框架协议，北京高科大学联盟将依托北戴河新区科研成果转化基地，充分发挥行业领域优势，与秦皇岛开展广泛深入的合作，并优先考虑将科研成果在北戴河新区或秦皇岛地区转化。

（吴良器）

【刘吉臻会见国网智能电网研究院院长滕乐天】 7月8日，校长刘吉臻会见国网智能电网研究院滕乐天院长一行。刘吉臻指出学校与国网智研院、中国电科院以及清华大学等五所高校联合申报国家智能电网协同创新中心，校企协同踏踏实实开展很多创新性工作，取得良好的成效；学校与智研院联合培养智能电网急需人才是推进智能电网协同创新中心的重要内容。学校和智研院在人才培养和科技创新方面有不同的优势，双方应该最大限度实现优势互补，实施更加密切的合作，共谋更大发展。滕乐天指出，双方有着极好的合作基础，双方签订战略合作协议以来，稳步推进各项合作，智研院有国内一流的实验室，智研院将向华北电力大学开放这些实验室，学校导师、研究生和智研院科研团队可以利用这些条件开展全方位的广泛合作。同日，国网智能电网研究院院长滕乐天、副院长汤广福等一行与学校副校长孙忠权、研究生院、电气与电子工程学院等部门主要负责人及导师代表和联合培养研究生共同参与联合培养研究生签约仪式暨校企导师交流会。孙忠权向智研院介绍学校近年在学科建设、科学研究和人才培养等方面的情况。研究生院常务副院长赵冬梅和国网智能电网研究院科技部主任邓占峰代表校企双方签署联合培养研究生协议。校企双方导师还就联合培养研究生的相关问题进行交流和探讨。

（吴良器）

【与山西大学签署战略合作框架协议】 7月15日，学校与山西大学在太原签署战略合作框架协议。学校校长刘吉臻，山西省教育厅副厅长孙世新，山西大学党委书记师帅、校长贾锁堂出席签字仪式。仪式由师帅主持。会上，刘吉臻与贾锁堂分别代表双方签署战略合作框架协议。根据协议，双方将紧密围绕山西能源电力产业发展需求及山西大学发展的实际需要，开展能源电力学科领域的战略合作，在学科建设、人才培养、科技创新、合作交流及资源共享等重点领域，建立长期稳定的合作机制，积极推进全方位深层次的广泛合作。同时双方共同成立合作委员会，制定具体工作计划，组织、协调双方的合作事宜。仪式上，贾锁堂为学校韩璞、崔翔、韩中合、陈鸿伟、盛四清、任建文、董泽等7位教授颁发山西大学特聘教授聘书。签约仪式结束后，双方召开合作委员会第一次会议，重点就合作机制、合作内容进行深入探讨。山西大学相关院系及职能部门介绍本单位相关情况和合作需求，学校专家就山西大学电力相关学科的发展提出有关建议。

（吴良器）

【吴志功赴新疆签署新能源微电网项目合作意向书】 8月14日，华北电力大学与新疆生产建设兵团十二师、大航控股集团有限公司三方共建新能源微电网示范中心合作意向签约仪式在乌鲁木齐举行，学校党委书记、基金会理事长吴志功，新疆生产建设兵团十二师党委副书记、师长宋骏，江苏省扬中市市委书记孙乾贵出席签约仪式并致辞。学校党委常委张天兴、基金会主要负责人以及新疆生产建设兵团、扬中市相关领导陪同出席。仪式上，三方共同签署《关于共建新能源微电网示范中心合作意向书》，商定结合新疆生产建设兵团十二师乌鲁木齐工业园区的产业发展，三方共同打造具有国家示范效应、具有国际竞争力、具有绿色智能特色的兵团新能源微电网示范中心。吴志功指出，此次合作是贯彻2013年华北电力大学与新疆生产建设兵团签署的战略合作协议的具体化、实施化举措。基于兵团戍边屯垦的特殊政治使命，此次三方共建兵团新能源微电网中心，对于贯彻中央新疆工作会议精神，落实国家“一带一路”发展战略，加快能源产业革命，确保新疆和兵团地区战略安全，促进学校学科发展及成果转化等方面具有重要意义，此次合作是对政府、企业、高校共同联手，形成紧密协作的命运共同体、利益共同体和协同创新共同体的战略捆绑，积极响应国家发展战略的三螺旋协同创新模式的良好诠释。该示范中心项目用创新驱动，以金融引领政军校企通力合作，产学研用齐头发展，为探索并树立国家新能源建设的公平模式、富强模式、和谐模式、驱动模式及安全模式等新兴发展模式发挥不可替代的积极作用，华北电力大学将发挥在智库建设、科研创新和人才培养等方面的优势，与政府、企业携手一道，为国家“一带一路”和能源革命等战略的落实做出新的更大的贡献。仪式结束后，新疆生产建设兵团党委常委、副司令员，自治区政协副主席于秀栋会见吴志功一行。

（吴良器）

【学校主办中国电谷·智慧能源创新峰会】8月29日，创新中国行之保定站——中国电谷·智慧能源创新峰会在保定·中关村创新中心举办。本次峰会由华北电力大学、保定国家高新区管委会、中关村软件园联合主办。国家电网公司、国网信通集团有限公司、中国能源国际集团投资有限公司等150家北京相关企业参加本次峰会。学校杨勇平副校长，科学技术研究院、电气与电子工程学院等有关部门负责人应邀出席。本次中国电谷·智慧能源创新峰会是主题为“引领创新，服务创业”的“创新中国行”的首站，是中关村区域合作创新服务体系的重要组成部分。峰会旨在通过京冀两地在智慧能源领域协同发展的政策引导及合作推进，引进中关村技术、人才、资本、市场、平台等要素，凭借保定·中关村创新中心的基础支撑，以华北电力大学“电力系统融智空间”平台启动为契机，汇聚全国智慧能源及电力行业的前沿技术，引入更多行业资源与要素，引领智慧能源产业创新，展示智慧能源新技术、新产品、新应用和新的合作模式，深化中关村品牌的示范效应，推进能源互联网建设，加快京津冀协同发展，助推保定·中国电谷成为世界级智慧能源及电力技术创新与产业基地，带动区域资源整合和区域创新能力的自我提升。本次中国电谷·智慧能源创新峰会分为两个阶段，一是专家学者进行“京津冀智慧能源产业布局及发展创新”“电力系统融智空间落地保定·中关村创新中心”等专题演讲，二是围绕“创新金融服务”“京冀协同创新中关村服务”和“智慧能源产业支持”进行研讨对话。

（吴良器）

【吴志功会见施耐德电气（中国）有限公司副总裁王洁】9月15日，党委书记吴志功会见施耐德电气（中国）有限公司王洁副总裁一行。吴志功代表学校对王洁副总裁一行表示欢迎，对施耐德电气对学校长期以来的支持表示感谢。他指出，近年来，双方以绿色电力项目为切入点，取得优异成绩。希望双方今后以此为契机，在相互交流合作、促进自身发展的同时，更好地服务于国家能源电力事业的发展，共同发挥企业和大学服务社会的基本功能王洁向吴志功书记介绍施耐德电气进入中国28年以来的发展成果和发展战略。吴志功表示，双方的合作在合作目标上要围绕国家、行业的需求以及大学和企业的时代使命，以项目突破的方式，通过“131”合作模式，双方共同设立项目基金，实现智库一流、技术一流、合作一流，形成命运共同体、利益共同体、协同创新共同体。

围绕项目凝聚双方的人才优势，构建合作共赢的模式，通过具有竞争性的制度、政策和策略的设计，取得标识性成果。会见中，双方围绕职业教育、能效管理、光伏产业、智能电气等领域进行广泛交流，并就“碧播”绿色电力教育基金等项目达成合作意向。

（吴良器）

【刘吉臻出席北京高科大学联盟昌平揭牌典礼】9月18日，校长刘吉臻出席北京邮电大学沙河校区启用仪式暨北京高科大学联盟昌平揭牌典礼，并代表北京高科大学联盟讲话。刘吉臻指出，北京高科大学联盟的组建，以其显著的行业性办学特色呈现出突出的学科群优势、专业覆盖，在多个国家战略工程的行业领域处于“领头羊”地位。联盟成立以来，各成员高校强强联合、优势互补、协同创新，在服务国家战略、服务行业发展、服务地方经济方面作出积极的探索，取得可喜的成果。刘吉臻强调，北京高科联盟落户昌平，是新形势下联盟高校进一步融入北京、融入昌平，推动京津冀一体化发展和首都科技创新中心、文化中心战略建设的重要举措。高科联盟将充分发挥大学在学科、人才、科技、文化等方面的资源和优势，紧密围绕昌平京北创新中心、国际创教新城的建设目标，在人才培养、科技创新、成果转化、智库建设、创新创业实践等方面与昌平区展开全方位的合作，为推动北京科技创新体系与区域经济建设发展做出新贡献。

（吴良器）

【吴志功会见新疆电力公司副总经理阿斯卡尔】12月23日，学校党委书记吴志功会见新疆电力公司副总经理阿斯卡尔一行。党委常委、组织部长张天兴，有关部门负责人参加会见。吴志功代表学校希望双方要紧密围绕“一带一路”战略和国家“十三五”规划带来的重大发展机遇，在相互交流合作、促进自身发展的同时，更好地服务于国家能源电力事业的发展，共同发挥企业和大学服务社会的职能。阿斯卡尔向吴志功书记介绍新疆电力公司近年的发展成果。希望进一步加强双方围绕国家“一带一路”发展战略和能源扶贫战略开展深度合作。吴志功指出双方要从世界的宽度、历史的厚度、现实的准确度来把握新疆在国家“一带一路”战略和能源扶贫战略中的政治意义和经济意义。以“6P”模式推进双方的深度合作，以国家、行业、区域的问题和需求作为逻辑起点，把问题凝练成能解决的合作项目。围绕项目凝聚双方人才优势，构建合作共赢模式，通过具有竞争性的制度、政策和策略的设计，取得标识性成果。实现智库一流、技术一流、合作一流，形成命运共同体、利益共同体、协同创新共同体。会见中，双方还围绕科学研究、人才培养、能源扶贫等领域进行广泛交流，并就双方签署战略合作协议达成意向。

（吴良器）

【刘吉臻会见广东省委常委、珠海市委书记李嘉】12月底，校长刘吉臻访问广东省珠海市，会见中共广东省委常委、珠海市委书记李嘉，珠海市市长江凌，就推进华北电力大学与珠海市共建智能电网研究院和创新产业园等事宜进行会谈。刘吉臻简要回顾双方合作的进展与成绩。他指出，华北电力大学建设珠海智能电网研究院和创新产业园是学校建设研究型高水平大学的重要战略举措，也符合珠海市打造国家级新能源示范城市与智能电网创新产业基地的整体规划，校地双方通过资源整合、创新机制、优势互补，完全可以实现互利双赢，为国家能源技术革命和创新驱动发展宏伟战略做出应有贡献。李嘉表示珠海市要与华北电力大学建立并完善沟通交流机制，创新合作平台的体制机制，进一步推动双方在产学研多领域深入合作，将珠海打造成为研究型、创新型、国际化的智能电网平台，助推华北电力大学高水平大学建设，双方在推进华北电力大学珠海智能电网研究院和创新产业园方面需加强沟通、加紧磋商，促成合作项目早日落地，实现双赢。副校长孙忠权，校长助理汪庆华，科研院常务副院长檀勤良，珠海市香洲区委区政府、珠海市教育局、科技与信息化局主要领导参加会谈。刘吉臻一行还对珠海有关单位进行实地考察。

（吴良器）

大学理事会工作

【概述】2015年，华北电力大学理事会充分发挥秘书处、人才培养委员会及科技合作委员会职能，围绕全球能源互联网等国际能源电力发展形势，服务我国能源电力发展重大需求，与理事单位在全球能源互联网等领域开展广泛合作，成立“华北电力大学全球能源互联网研究中心”，推动电力行业产学研协同创新。

2015年，华北电力大学再次当选为中电联副理事长单位，刘吉臻再次当选为中电联副理事长，汪庆华当选常务理事，学校在能源电力行业的影响力进一步提升。

2015年，华北电力大学依托理事会与中电联平台，与以理事成员单位为主体的电力行业企业保持密切的联系，在人才培养、科学研究等方面进一步加强合作，在共建科研平台、科研合作、联合人才培养、奖学金等方面取得丰硕成果。

（吴良器）

【概况】2015年华北电力大学与理事成员单位达成战略合作2项，开展科技、人才合作3项，共建研究中心1个。

（吴良器）

【与中国国电集团公司举行科研对接交流会】9月15日，中国国电集团公司党组成员、副总经理于崇德一行莅临学校。学校校长刘吉臻、副校长杨勇平会见于崇德一行。双方就科技创新这一主题进行对接交流。会议由杨勇平副校长主持。此次对接交流会旨在以往合作的基础之上，进一步拓宽合作领域、丰富合作层次、增强合作力度，融合双方各自在人才、技术、平台、资源等领域的优势，优势互补，在为国家能源电力领域发展做出贡献的同时实现双赢。国电电科院院长刘建民、国电电力副总经理兼总工程师许琦、安生部副主任祁智明、科综部副主任刘东远、龙源集团副总经理张滨泉、国电新能源研究院副院长郭桦、科环集团副总经理杨东、安生部科技环保处处长崔立群、科综部科技处处长崔青汝、副处长谭勇、科综部技术处陶志刚，校长助理、党校办主任汪庆华，科研院、校企办等院系、部门主要负责人参加对接交流会。

（吴良器）

【国家电网举行“全球能源互联网”专题报告会】11月20日，“全球能源互联网”专题报告会在华北电力大学举行。国家电网公司总工程师张启平为学校师生介绍全球能源互联网等相关问题。在京校领导和1300多名师生代表参加报告会。报告会由校长刘吉臻主持。报告会前，张启平向学校师生赠送国家电网公司董事长刘振亚的新书《全球能源互联网》。报告会上，张启平详细介绍《全球能源互联网》一书的主要内容，并从当今世界能源发展面临的巨大挑战、实施清洁替代和电能替代这“两个替代”的必然性、构建全球能源互联网的必备条件、必要性、可行性以及如何构建、发展前景等方面，对“全球能源互联网”这一概念作深入讲解。

报告指出，全球能源互联网是关于世界能源可持续发展重大的战略创新，与党的十八届五中全会提出的构建清洁低碳、安全高效的现代能源体系是一致的。当前世界能源发展过度依赖化石能源，导致能源安全、环境污染、气候变化问题日益突出。构建全球能源互联网，形成以电为中心的全球能源配置体系，是实施“两个替代”、推进能源绿色低碳发展、保障能源可持续供应的必由之路。张启平表示，全球能源互联网实质是“特高压电网＋智能电网＋清洁能源”，也是集能源传输、资源配置、市场交易、信息交互、智能服务于一体的“物联网”。构建全球能源互联网，将按照“先国内、后洲内、再洲际”的原则统筹推进，总体可分为国内互联、洲内互联、洲际互联3个阶段，有条件的地区可以率先实现跨国跨洲互联。当务之急，要加强国内外合作，尽快实现机制、规划、技术、标准、政策的全面突破。刘吉臻在主持报告会时指出，习近平总书记在联合国发展峰会上倡议探讨构建全球能源互联网，推动以清洁和绿色方式满足全球电力需求。全球能源互联网已成为国家战略。《全球能源互联网》一书，从理论到实践都对这一崭新的命题作深入阐释。报告会，以宏观战略的角度，从空间、时间的跨度出发，结合很多业已成熟的技术、在建的工程、已取得的成效，对全球能源互联网进行深入剖析，有助于学校进一步深入地认识这一能源电力领域前沿概念的内涵，有助于启迪学校在此领域的灵感与智慧，也有助于凝练学科科研方向。

刘吉臻指出，作为一所高校，应该对那些代表未来、有前景、具有科学性的思维与观点，保持高度的敏感性，要善于将其与自己从事的领域结合起来进行分析与思考。创新，新思维、新发明和新描述固然重要，但更为重要的是善于学习以及对新事物所具备的敏感性。善于学习别人先进的思想、理念、技术、观点，以一种善于学习的心态，对知识、科学保持高度的敏感性，这是一个学者最基本的素质。无论是办大学还是做学问，都不能两耳不闻窗外事。科技的进步，需要不同观点、理念之间的交流与切磋。

（吴良器）

【刘吉臻再次当选为中电联副理事长】12月23日，中国电力企业联合会第六次全国会员代表大会暨第六届理事会第一次会议在北京召开。华北电力大学再次当选为中电联副理事长单位，刘吉臻校长再次当选为中电联副理事长，校长助理汪庆华当选为中电联第六届理事会常务理事。副校长孙忠权、校长助理汪庆华、校企合作办公室主任胡三高等参加会议。原电力工业部部长史大桢，原国家电力监管委员会主席柴松岳，全国政协经济委员会副主任、原国家发改委副主任、国家能源局局长吴新雄出席会议，国家能源局副局长郑栅洁出席会议并讲话。会议听取中电联理事会第五次理事会工作报告以及财务收支、审计情况报告。第六次全国会员代表大会选举产生第六届理事会理事单位172家，理事191名。第六届理事会第一次会议选举产生常务理事单位77家、常务理事103名，同时选举产生中电联第六届理事会领导集体。国家电网公司董事长、党组书记刘振亚继续当选为理事长，中电联党组书记杨昆当选为常务副理事长，包括华北电力大学理事会成员单位中国南方电网公司、中国华能集团公司、中国大唐集团公司、中国华电集团公司、中国国电集团公司、国家电力投资集团公司在内的16家大型电力企业主要负责人当选副理事长。中国国电集团公司副总经理、党组成员于崇德，中电联党组成员魏昭峰、王志轩当选为专职副理事长，于崇德兼任秘书长。刘吉臻继续当选为中电联副理事长，学校继续作为副理事长单位中的唯一高校，这是电力行业对华北电力大学近年来发展成绩与社会贡献的高度评价与充分肯定，也意味着学校将在能源电力行业人才培养、科学研究、社会服务、文化引领等方面承担更大责任、发挥更大作用。

（吴良器）

校友联络工作

【概述】2015年，校友工作办公室紧密围绕学校的中心工作和发展大局，坚持“三个有利于”的原则，充分发挥校友会“一家一桥一平台”的作用，努力做好“三个服务”，锐意进取，开拓创新，认真学习《社会团体登记管理条例》、社会团体评估等相关规章，学习“三严三实”、《中国共产党廉洁自律准则》和《中国共产党纪律处分条例》，确保依法依规开展校友工作。参加全国校友工作研讨会，走访清华大学、北京航空航天大学、浙江大学、中山大学、河北大学等兄弟院校，学习校友工作先进经验。华北水利水电大学、山西大学、上海电力学院等高校来校调研。协助高教协会校友分会组织北京市高校校友工作联盟，担任中国高等教育校友工作研究分会监事单位。校友联络工作以校庆为契机邀请多位校友返校参加活动，增进交流，为今后校友工作奠定基础。

（王瑞琪）

【概况】2015年，华北电力大学校友工作办公室共组织、接待大型校友返校活动30余次，接待校友3000余人次；依托校友之家举办各种特色活动，累计接待5000多名校友和在校师生交流座谈；邀请30余位校友返校举办知名校友进校园系列讲座，组织策划“面对面”名家校友访谈系列活动2期；印发《华电校友》共2期，开通微信平台，通过校友会网站、微信平台发布新闻百余条；接收校友捐款和项目合作共计170余万元，完成年度校友奖助金评选、发放工作；做好校友、校友企业和地方校友会交流走访，召开校友企业座谈会，服务校友企业，促进校企合作；申请获批并顺利完成2015民政部中央财政支持社会组织参与社会服务示范项目。光明日报等媒体予以报道，获得大学生假期扶贫调研活动一等奖，十四届挑战杯河北省特等奖、国家三等奖、累进创新奖，提高学校和校友会社会影响力。

（王瑞琪）

【山西大学一行来访】1月8日，山西大学大东关校区管委会副主任张主社、苏小林，科技处处长程芳琴，校友工作办公室主任赵新龙等一行来访，学校科研院、校企办、校友办等部门负责人参加交流座谈。双方就科研和校企合作、校友工作开展等多方面进行交流探讨。

（王瑞琪）

【北京高校校友工作同仁做客校友之家】1月22日，高等教育学会办公室主任沙玉梅，北京航空航天大学校友工作办公室主任白鸣，清华大学校友总会秘书长助理、办公室主任张悦月，北京邮电大学教育基金会秘书长、校友总会常务副秘书长蔺志青，北京工商大学校友会办公室主任吕东燕，首都师范大学校友会秘书长尹刚等高校校友工作同仁及校友企业代表孟宏伟、杜德安、王晓丹等来访学校，校党委常务、组织部部长张天兴就校友工作开展与来访同仁深入交流。

（王瑞琪）

【94级罗静校友获两项户外大奖】1月29日，第九届中国户外年度金犀牛奖颁奖典礼在国家会议中心举行。计算机94级罗静校友获第九届中国户外金犀牛奖最佳户外女性和2014年度中国户外佳丽两项大奖。

（王瑞琪）

【举办插花艺术讲座】3月9日，校工会、女职工委员会与女教授协会在校友之家共同举办“花语花韵”插花艺术讲座。讲座由工会常务副主席张瑞雅主持，女职工委员会主任赵冬梅、副主任沈岚、李祝华和来自各分工会的女教职工代表90余人参加本次活动。

（王瑞琪）

【举行面对面名家校友访谈活动】3月23日，学校举办“面对面”名家校友访谈第二期“感恩母校，共话成长”校友与毕业研究生座谈交流活动。本期访谈邀请到国企代表张虎林和外企身份的海广跃校友作为嘉宾，校友姚雪松担任嘉宾主持。

现场嘉宾和同学们就“老实人”与“不老实人”究竟哪一个更受青睐的问题展开深入交流和探讨。“面对面”是校友会邀请央视财经主播姚雪松校友共同打造的一档校园互动活动，旨在邀请名家和校友，走进校园，对话同学，交流互动。

（王瑞琪）

【校友自费筹款助力校友罗静登顶珠峰】3月23日，校友会为华人女登山家罗静校友举行饯行会。罗静，计算机94级校友，已成功登顶7座8000m级山峰，3月25日将继续踏上征程，进行安纳普尔纳和珠峰洛子峰的连登。饯行会上，播放的罗静登山视频，震撼着与会校友及师生。

校友们被罗静校友自强不息、追求卓越的华电精神所感动，自发筹款64万元助力罗静完成登顶14座8000米级高峰的拍摄梦想。

（王瑞琪）

【**加拿大校友被政府授予"洪水英雄奖"**】3月25日，加拿大校友被阿尔伯塔省政府授予"洪水英雄奖"。加拿大校友会在2013年6月加拿大阿尔伯塔省洪水灾害中出人、出力、捐款、捐物，帮助了众多素不相识的家庭和居民，被阿尔伯塔省政府授予"洪水英雄奖"。

（王瑞琪）

【**校友获海南电网十佳杰出青年荣誉称号**】5月6日，电力96级校友蔡渊、计算机02级校友游志伟、测控06级校友蔡仁源、电子信息科学技术06级校友林云梯获海南电网第四届"十大杰出青年"荣誉称号。此次十杰评选，学校共4位校友得此殊荣，每一位校友都在自己的岗位上兢兢业业，努力为实现国际先进电网企业的目标、为海南的绿色崛起贡献力量。

（王瑞琪）

【**91级校友捐赠仪器设备**】5月16日，机械91级校友设备捐赠仪式在学校举行。校长助理律方成，电力系党委书记赵书强，电力系主任刘云鹏以及机械91级校友代表出席仪式。机械91级校友为学校捐赠价值10万元的高压测试仪一台。校友代表王亚英表示，个人的发展离不开母校的培养，希望通过这次高压测试仪的捐献为母校的发展做出力所能及的贡献。

（王瑞琪）

【**校友足球俱乐部正式成立**】6月6日，华北电力大学校友足球俱乐部成立仪式暨校友与教工足球友谊赛在学校举行。校长助理律方成、体育教学部主任房游光、校足球队教练王建伟，教工足球协会成员与返校校友足球爱好者们一起参加活动。校友足球俱乐部是校友们自发成立的第一个兴趣爱好俱乐部，是校友会积极倡导"健康生活，健康工作"理念结出的硕果。俱乐部旨在努力发扬自强不息、团结奋进、爱校敬业、追求卓越的华电精神，积极促进校友足球的联谊活动，推广健康快乐的生活方式；努力支持校友会的活动及发展；支持和助力华电足球运动的发展。俱乐部主席是孙洪，常务副主席是杨巍，秘书长是梁强。

（王瑞琪）

【**校友户外俱乐部举行徒步活动**】6月21日，华北电力大学校友户外俱乐部集结在京十余位校友，举行第一次徒步活动，行程超过18公里。校友户外俱乐部是由一群喜爱户外运动和摄影的校友们自发组织成立的，旨在为广大热爱旅游和户外运动的同学提供一个友好、方便的互动交流平台，让同学们在辛苦工作和学习的同时，身心能得到有益的放松和舒展，并且在共享欢乐和共渡患难中收获更多的真情和友谊。校友户外俱乐部选出第一届主席崔继纯、常务副主席陈景东、秘书长杨兆静。

（王瑞琪）

【**磁州窑陶瓷艺术走进华电**】6月25日，由河北省邯郸市峰峰矿区区委区政府主办、华北电力大学校友办、档案馆、校团委协办的非物质文化遗产公益巡展"2015磁州窑陶瓷艺术展"在校友之家举办。展览期间，多地校友返校齐聚校友之家观看展览。邯郸市峰峰矿区彭城镇向学校捐赠陶瓷艺术品《1米黑刻牡丹纹梅瓶》一对，向校友之家赠送《骚落黑刻牡丹梅瓶》一个。6月20日，BTV北京卫视《北京您早》栏目对此进行报道。

（王瑞琪）

【**校友羽毛球俱乐部成立**】7月2日，华北电力大学校友羽毛球俱乐部成立。校党委副书记李双辰，校党委常委、组织部部长张天兴，校长助理律方成，热爱羽毛球的校友代表及学校教工羽毛球协会成员共同参加活动。张天兴和律方成一起为校友羽毛球俱乐部授旗。羽毛球俱乐部是校友们自发成立的兴趣爱好俱乐部，旨在努力发扬华电精神，推广健康快乐的生活方式，助力华电羽毛球运动的发展。俱乐部名誉主席是李双辰，主席是杜德安，秘书长是张庆生。

（王瑞琪）

【**华北水利水电大学校友会一行来访**】7月8日，华北水利水电大学校友会领导一行来访，校企办、基金会、校友办参加交流，双方就社会团体的财务制度、评估情况、捐款捐赠，校企合作、理事会建设管理等方面进行深入探讨。

（王瑞琪）

【**看望湖南校友**】9月19日，校党委常委、组织部部长张天兴在参加全国党的建设研究会高校党建研究专业委员会2015年年会期间，看望大唐湖南省分公司党委书记王万春，湖南省电网公司党组成员副总经理、校友会副理事长周建方，湖南电网公司总工程师、校友会副理事长朱伟江及各领域的校友代表。张天兴代表学校就校友工作开展，华电湖南校友之家建设等做进一步沟通交流，探讨如何以校友之家建设为契机，开展丰富多彩的校友活动，密切校友之间的联络和沟通。

（王瑞琪）

【**王增平副校长会见校友刘广辉一行**】9月23日，王增平副校长会见北京爱可生通信技术有限公司总经理刘广辉和加伏沃集团有限公司技术总监邵俊松一行。刘广辉和邵俊松系94级校友。双方就如何进一步开展校企合作进行深入交流。校办、学生处、教务处、网管中心、校友会和电力系相关人员参加会见。王增平副校长就学校近年来的发展以及大学生创新创业活动、网络建设等方面的工作进行介绍。王增平指出校企合作可以为双方带来共赢，希望北京爱可生通信技术有限公司与学校加强沟通合作，促进发展。刘广辉总经理介绍北京爱可生通信技术有限公司目前的发展状况，并表示将大力支持学校的校园网络建设以及大学生创新创业等方面的工作。

（王瑞琪）

【举办华北电力大学纪念品展】10月31日至11月11日，建校五十七周年之际，校友会联手校友企业开展“迎校庆华北电力大学纪念品展”活动。展出的展品种类包括：刻有校徽的金色胸章、印有英文首拼NCEPU的文化衫、篆刻校长题字炭雕。纪念品展出期间，受到广大在校师生及校友的关注与赞赏。本次展览旨在宣传和提升学校文化、校友文化。

（王瑞琪）

【举办“面对面”名家校友访谈】11月21日，由华北电力大学校友会和MBA联合会联合举办的第三期“面对面”名家校友访谈在学校举行。此次访谈邀请到81级校友、杭州中恒电气股份有限公司董事周庆捷，97级研究生校友、青岛特锐德电气股份有限公司董事长于德翔，特邀天使投资人刘博女士担任点评嘉宾，华电校友、现CCTV-2主持人姚雪松担任嘉宾主持。副校长王增平，MBA中心和校友工作办公室负责人，校友代表和在校师生参加此次活动。访谈围绕“认识创业，参与创业，分享创业”主题，于德翔、周庆捷两位校友分享各自创业历程和创业心得。

（王瑞琪）

【召开校友企业发展座谈会】11月21日，华北电力大学校友企业发展座谈会在校友之家召开。华北电力大学党委常委、组织部部长张天兴和来自全国各地的校友企业代表20余人参加座谈会。校友们介绍企业的发展情况、发展需求和期望。校友们希望学校能够加强与校友企业合作，学校与校友企业相互促进、共同发展。张天兴指出服务校友是校友工作的核心内容，在大众创业、万众创新的时代背景下，华电创业校友不断增加，如何为创业校友服务好是校友工作面临的新机遇，也是新的挑战，希望校友们多提宝贵意见和建议，和学校一起把校友企业俱乐部建设好。

（王瑞琪）

【举行主题报告会】11月27日，电气学院对标“985”——“创青春，创未来”主题报告会在学校进行。华北电力大学电气学院党委书记鹿伟，电气学院党委副书记包小勇，校友工作办公室主任聂国欣出席本次活动。出席本次报告会的特邀嘉宾有：84级校友、北京清畅电力股份有限公司董事长樊京生，89级校友、北京信锚网络有限公司总经理王廷严，学生嘉宾：清华大学刘一锋，华北电力大学在读研究生耿坤龙、本科生陈科枫。在报告会上，两位校友分享各自创业心得并鼓励更多感兴趣的华电学子投身到创新创业行列。

（王瑞琪）

【申报能源示范项目获资助】2015年，校友会结合2014年项目和课题的执行经验，申报“绿色电力照亮丝绸之路”能源解困示范项目，项目在参与申报的400多项中排名第四，获中央财政支持经费100万元，获施耐德电气（中国）投资有限公司、四方电气（集团）有限公司、江西德力电缆电线有限公司资助50万元，并得到学校和广大校友的大力支持。民政部中央财政支持社会组织示范项目的实施和民政部“中国社会组织建设与管理”部级理论研究课题的研究，将有力促进学校发挥服务社会职能，为学校进一步深入开展社会服务活动提供有力保障。

（王瑞琪）

【举办北京昊蓬机电奖（助）学金颁奖暨续签仪式】12月2日，华北电力大学校友奖助金—“北京昊蓬机电奖（助）学金”颁奖暨续签仪式在学校举行。党委副书记、副校长张金辉，校长助理郭孝锋，机械系88级校友、北京昊蓬机电设备有限公司总经理刘君业，机械系88级校友、中央电视台节目主持人姚雪松，机械系、学生处、校友办相关负责人和机械系在校学生400余人参加活动。“北京昊蓬机电奖（助）学金”由刘君业、姚雪松校友于2011年11月捐资20万元设立，2012—2015年累计奖励、资助学生100余名。本次续签，两位校友再次捐资20万元。郭孝锋代表学校与校友续签北京昊蓬机电奖（助）学金协议，张金辉代表学校接受捐赠，并为校友颁发捐赠证书。

（王瑞琪）

【校友张丽英做客CCTV《对话》栏目】12月6号，电力78级校友张丽英做客CCTV《对话》栏目，就如何解决当前面临的气候变化问题发表见解。在访谈中，她表示应用发展的眼光看待新能源的问题。随着技术的进步，新能源的上网电价已经在快速下降，特别是风电和光伏发电。这一趋势依赖于技术改革和产业升级。未来要坚持清洁能源优先发展的战略，促进全球能源互联网，在基于新能源优先发展模式下促进整个能源体系的完善与可持续、绿色发展。

（王瑞琪）

【上海电力学院来访】12月9日，上海电力学院一行4人来访，双方就新时期的学校工作、校企合作、档案工作、校友工作等进行座谈交流和实地考察。上海电力学院校长办公室主任苏少华介绍有关情况。校长办公室主任于喜海介绍办公室日常工作及相关规章制度，档案馆副馆长陈军介绍档案分类、年鉴编辑和数字化设备办公等相关工作，校友办主任聂国欣介绍校友会发展历程和校友之家建设情况。

（王瑞琪）

【蓝色动力合唱团在国家大剧院演出】12月11日，学校蓝色动力合唱团《蓝色记忆——合唱专场音乐会》在国家大剧院·音乐厅举行。本次演出为“青少年普及音乐会”的第一场，也是蓝色动力合唱团成立十周年的纪念演出。64级老校友和北京天津等多地校友、蓝色动力合唱团历届成员，附小、附中学生等聆听此次音乐会。

（王瑞琪）

【参加全国高校校友工作研讨会】12月9日至11日，全国高校校友工作第22次研讨会在广州中山大学召开，华北电力大学校友会作为监事单位参加此次研讨会。本次会议以“大学与校友”为主题，就新形势下校友工作如何开展进行探讨。中国高等教育学会秘书长康凯在研讨会上指出校友会的发展要做到三点：学术立会、服务兴会和规范办会。要将学校发展的需求和校友工作相结合，努力拓展校友工作。各个高校校友工作代表也就各自校友工作的特色亮点进行交流，这也是校友会作为中国高等教育学会校友工作研究分会监事单位第一次参加全国高校活动。

（王瑞琪）

【举办光伏创新与合作训练营活动】2015年12月19日，由华北电力大学苏州研究院主办的华电光伏创新与合作训练营活动暨华北电力大学江苏校友座谈会在苏州举行。苏州市科技局副局长蔡剑锋，苏州工业园区经发局副局长孙静霞，副校长杨勇平，苏州研究院、学校相关部门负责人、各领域专家和江苏校友代表近100人参加此次活动。会议围绕“科技创新 协同合作”这一主题展开，旨在促进校企、校地合作，帮助企业解决在技术研发、产品创新、资本运作等环节中遇到的问题，促进光伏产业创新和科技成果转化及企业间协同创新发展。座谈会上，“苏研院光伏俱乐部”成立，旨在整合资源，实现多方共赢。

（王瑞琪）

【海南校友服务三沙推广电动汽车】12月23日，电气04级校友林道鸿带领团队驾驶着一辆北汽电动汽车登上祖国最南端三沙永兴岛，代表海南电网首次对三沙的2座直流充电桩进行调试，成功与电动汽车对接充电，并将数据传至主站平台，为岛上军民用电动汽车出行创造条件。

（王瑞琪）

【轮椅女孩史怡杰当选十大感动河北年度人物】12月25日，由河北省文明办、河北日报报业集团、燕赵都市报共同举办的“福彩杯”2015年十大“感动河北年度人物”评选揭晓。经济管理系2011级校友、“轮椅女孩”史怡杰榜上有名。这也是华北电力大学学生第一次荣膺此项殊荣。

（王瑞琪）

【校友杜雨亭获“中央人民广播电台第五届十佳播音员主持人”第一名】12月25日，中央人民广播电台第五届十佳播音员主持人评选结果揭晓。机械90级校友杜雨亭获“中央人民广播电台第五届十佳播音员主持人”第一名。

（王瑞琪）

【校友捐助《创业基础与创新实践》课程】12月26日，人文研究生08级校友杜力向学校捐助创新创业课程。共100名学生接受资助参与课程学习并完成创新创业课程实践学习环节，其中68名学生通过课程考核，获得结业证书。此次《创业基础与创新实践》课程，简称4G创新创业课程，是人文学院近年来的首次创新创业课程，在学校创业课程教育中也有着积极意义。课程通过真实互动实践、线上线下相结合来培养学生创新意识、增加学生创业知识、提高学生创业能力。

（王瑞琪）

【校友返校交流】2015年，全国及海外众多校友重返母校，同忆求学岁月，共叙同窗情谊。1月16日，计算机91级校友、北京国能中电能源有限公司、北京国能中电节能环保技术有限责任公司董事长兼CEO、中国青年企业家协会副会长白云峰，盘古智库理事长易鹏，工商管理2000级校友、北京兆瑞恒科技发展有限公司总经理杨兆静返校参加华北电力大学——北京国能中电公司研究生工作站揭牌仪式暨研究生创新创业项目汇报会，党委书记吴志功和相关负责人、研究生代表参加会议。1月20日，热力77级校友、国家电网助理总师、企协副理事长崔继纯校友返校参观“科学与艺术掠影——暨黄其励、赵景颜夫妇摄影作品展”，希望校友之家充分发挥好平台的作用，促进校友与校友之间，校友与母校之间的交流。1月27日、30日，热动90级校友谢鹏晖、机械81级校友张以平分别返校，与学校相关领导洽谈校企合作事宜。3月21日，春招电气C01/02/03校友时隔十一载，重返母校，共叙情谊。4月1日，通信86级，研究生90级校友张庆君应邀返校参加研究生毕业典礼暨学位授予仪式；4月8日，李斌、饶怀宇两位校友重返校园交流；4月21日，杜永涛校友重返母校交流，并就学生创业培训事宜进行探讨；4月23日，环工92级校友、美的空调设备管理经理严毅华来校洽谈合作并参观校园；五一前后电力、电自91级，热动、热自91级，通信91级，电力、电气01级，热动、热自01级，物料01级，机电01级，工艺01级，设计01级，电子01级，经济01级，英语01级等近20批次1700多名校友返校聚会，感恩母校；5月6日，热自77级校友，广东校友会副理事长，大唐国际广东分公司潮州发电有限公司党组书记兼副总经理芦晓英；发电81级校友，北京校友会副理事长，四方股份电网部总经理张萍；机械81级校友，北京校友会秘书长，北京中电兴业开发公司总经理杜德安；机械85级校友，湖北校友会副理事长，襄樊凯瑞电力科技有限公司总经理金丛兵；计算机85级校友，北京校友会副秘书长，北京中电方大科技公司总经理邓岳辉；热动90级校友，广东校友会副理事长，广州艾博电力设计院总经理崔小勃；热动90级校友，宁夏新能源研究院副院长杨中其等多位校友重返母校座谈交流。6月6日，会计011班校友重回母校庆祝毕业10周年；6月13日，电自82级张永浩、黄殿勋，电力86级校友阎国增，热动87级校友温华明、刘勇利，通讯87级校友熊佩华，城电90级校友黄海云返校交流。6月21日，电气01级80余位校友返回母校共叙情谊，庆祝毕业10周年。电气012班、电气015班、电气016班、电气017班向母校主楼西广场捐赠花坛。9月12日，校友会举办首届校友足球友谊赛暨校友足球发展基金捐赠。新疆校友会秘书长王逸军，校友足球俱乐部来自全国各地的70余名校友代表参加活动。国庆期间，电经92级、硕计算机02级、工程01级、设计01级、法政01级、计算机01级、农电01级和仪表01级等十余批近20个班级校友返校交流；10月13日，国家电网许继集团有限公司电自83级校友张学深、电力96级校友刘浩返回母校参观交流；10月15日，热控90级校友、国电南京自动化股份有限公司办公司副主任候庆旭返校交流；10月17日，电自81级校友重回母校，庆祝毕业30周年；10月24日，研究生92级校友返校庆祝毕业20周年；10月28日，张家口校友返校交流；11月1日，海南华北电力大学校友欢聚一堂，庆祝母校华北电力大学57周年生日；11月29日，甘肃校友会向母校捐赠一套敦煌石窟艺术收藏白瓷以谢母校培育之恩；12月3日，环工911班毛春芳、王德宏校友代表班级向学校捐植树木一株。12月22日，贵州校友会理事长雷霖、杨兆静两位校友返校洽谈校企合作；12月29日，广东校友会理事长石生光校友和发电75级校友雷晓蒙返校洽谈校企合作。

（王瑞琪）

基金会工作

【概述】2015年，华北电力大学教育基金会稳步发展，基金会秘书处在理事会的领导下，在学校各部门、各院系的支持配合下，采取有效措施，募集资金额度持续增加，各项工作取得可喜成果。

（史雪霏）

【概况】2015年，基金会签订捐赠协议49笔，协议金额55,153,000元，年内实际收到资金和资产价值31,252,447.61元，其中实际收到资金21,097,447.61元，收到捐赠股权价值10,155,000.00元。年度支出合计12,719,949.30元，其中：业务活动成本12,493,686.80元，管理费用226,262.50元，筹资费用0元。另外对外投资100,000.00元。本年度工作人员工资福利和行政办公支出占本年支出比例的1.06%。

2015年，基金会召开理事会2次，管理运作基金项目69项，比2014年新增加项目24项。

（史雪霏）

【法国电力集团捐资五万欧元设立留学生奖学金】1月8日，法国电力集团在华北电力大学举行捐赠签约仪式。该集团捐资五万欧元设立留学生奖学金，主要用于学校核电专业本科学生赴法国格勒诺布尔国立理工大学留学。

（史雪霏）

【召开第二届理事会换届大会】1月23日，基金会召开第二届理事会换届大会。第一届理事会理事长吴志功作工作报告。会议审议通过第一届理事会工作报告和审计报告，选举产生第二届理事会理事。北京市教育委员会郭宏伟祝贺理事会换届成功。会上，校长刘吉臻指出，四年来，基金会始终坚持规范发展，成效显著，来之不易。资金支出全部用于学校事业发展，不仅对学校发展提供财力支持，更为学校各项事业的稳定、有序、健康发展做出贡献，得到全校教职工高度评价。新任理事应承担责任，带领广大干部职工开拓思路，革新理念，优化技术，深挖资源，共同实现教育基金筹资的远大目标。党委书记、基金会第一届理事会理事长吴志功指出，基金会将深入研究大学管理与基金会发展的关系，建立有竞争力的制度，全面促进共同发展。

（史雪霏）

【召开第二届理事会第一次会议】1月23日，基金会召开第二届理事会第一次会议。会议选举吴志功为第二届理事会理事长，孙平生、杨勇平、王增平为第二届理事会副理事长，陈兆江为第二届理事会秘书长。理事长指出，希望理事能将学校工作与基金会工作结合起来，挖掘项目，争取资源，共同努力，推动高水平大学建设事业发展。

（史雪霏）

【设立华电科技园创新基金】6月10日，天安电气集团在华北电力大学举行捐赠签约仪式。该集团捐资两百万元设立华电科技园创新基金，主要用于支持华北电力大学科技园的建设发展。

（史雪霏）

【举办大学教育基金工作坊】6月25日，华北电力大学举办处级领导干部国际化专题培训班大学教育基金工作坊，对基金工作中的优秀案例进行学习交流。与会干部认为，当今世界发展，任何一个强国的综合实力都离不开强大的高等教育的支撑，筹措资源、资金是对大学新的考验，也是领导干部谋事创业的重要能力。

（史雪霏）

【中电联控股有限公司捐赠价值一千万元股权】7月14日，中电联控股有限公司在华北电力大学举行捐赠签约仪式，该公司捐赠价值一千万元股权，主要用于支持学校的智库建设、文体活动及产学研协同创新等方面发展。

（史雪霏）

【召开第二届理事会第二次会议】7月21日，基金会召开第二届理事会第二次会议。会议审议通过2014—2015年度大额捐赠项目、股权捐赠、《2014年度基金会业务计划执行和财务决算报告》以及基金会第二届理事会工作规划和年度计划等事项。党委书记、基金会理事长吴志功指出，广大干部要深入思考大学建设与基金发展的关系，仔细研究教育基金的历史、模式和趋势等重要问题，进一步提升对基金会在高水平大学建设中的地位和作用的认识，结合部门工作，做到谋、筹、成，利用和发挥基金会平台作用，施展自身才能，加快基金发展，促进学校建设。

（史雪霏）

【大航控股集团捐赠一千万元资金】7月29日，大航控股集团有限公司在华北电力大学举行捐赠签约仪式，该公司捐赠资产人民币一千万元设立智能微电网专项基金，主要用于支持校企双方就新能源智能微电网建设所开展的技术及产业化合作。

（史雪霏）

【签署新能源微电网项目合作意向书】8月14日，华北电力大学教育基金会与新疆生产建设兵团十二师、大航控股集团有限公司三方在乌鲁木齐签署共建新能源微电网示范中心合作意向，基金会理事长吴志功指出，此次合作是贯彻2013年华北电力大学与新疆生产建设兵团签署的战略合作协议的具体化、实施化举措。基于兵团戍边屯垦的特殊政治使命，此次三方共建兵团新能源微电网中心，对于贯彻中央新疆工作会议精神，落实国家“一带一路”发展战略，加快能源产业革命，确保新疆和兵团地区战略安全，促进学校学科发展及成果转化等方面具有重要意义。

（史雪霏）

【设立华电巨邦电气助学金】11月16日，巨邦电气集团有限公司在华北电力大学举行捐赠签约仪式。该集团捐资一百二十万元设立“华北电力大学巨邦电气助学金”，主要用于资助学校家庭经济困难、学习刻苦、自立自强的学生。

（史雪霏）

【设立北京昊蓬机电奖（助）学金】12月2日，北京昊蓬机电设备有限公司在华北电力大学举行捐赠签约仪式。该公司捐资20万元设立“北京昊蓬机电奖（助）学金”，主要用于资助学校家庭经济困难、品学兼优的学生。

（史雪霏）

□院系部建设

CONSTRUCTION OF SCHOOLS, INSTITUTES AND DEPARTMENTS

○ 综 述

2015年，华北电力大学各院（系、部）围绕学科建设、国家重点实验室建设、优势学科创新平台建设、“教学名师”评选等开展工作。

2015年电气与电子工程学院启动“十三五”发展规划编制工作。先后到清华大学、华中科技大学等10余所高校调研，进一步凝练学科方向，明确学科定位，综合各学科带头人建议，形成三个学科的“十三五”规划。围绕“国重”及“2011协同创新中心”的建设，建立和完善以学术领军人物为负责人，稳固承担国家能源电力重大需求的科研团队。学院充分利用学校的技术、人力等资源以及先进成熟的技术成果，利用企业的生产条件，提高学院的科研能力，将科研成果尽快地转化为生产力。学院充分利用协同创新机制和校企合作研究中心等平台，发挥双方各自优势，通过多种形式开展全面合作。学院先后与中国电力科学研究院高电压研究所、新能源研究所签订合作建设协议，电子与通信工程系与申科电子股份有限公司联合申请的河北省精密互感器工程技术研究中心获批，加入“图像视频大数据产业技术创新战略联盟”。2015年全学院进一步凝聚方向、整合资源、形成优势，两地合计科研经费达1.48亿元。

2015年，能源动力与机械工程学院加强工程热物理、动力机械及工程等省级以上重点学科建设，调整机械工程和材料工程学科方向，逐步向能源环境、能源装备领域延伸，在学科建设、人才培养、科学研究等方面取得进展。多次赴西安交通大学、华中科技大学、东南大学、武汉理工大学等高校进行学科调研，高质量完成动力工程及工程热物理、机械工程、材料科学与工程3个一级学科的“十三五”规划调研报告。建筑环境与能源应用工程专业被列入北京市教委“双培计划”，电站虚拟实验室初步建成。学院进一步推进实验室与相关平台的整合工作。徐进良教授主持国家自然科学奖申报进入答辩环节，安连锁教授获2015年教育部科技进步二等奖。杨勇平教授主持111引智基地项目取得阶段性成果，徐鸿教授主持700℃燃煤超超临界关键技术国际研讨会；成功承办2015年度工程热物理学会燃烧学学术会议，参会人数近1000人，为学校承办千人以上规模会议取得经验。

2015年，经济与管理学院对国内5所著名大学进行调研访问，学习先进经验，初步做好学院“十三五”发展规划。科学研究成果突出，国家级重大项目首次获得突破：获得国家社科基金重大研究项目2项。赵洱岽《沟通的力量》入选教育部精品视频公开课，并开设华北电力大学的第一门慕课。罗国亮等撰写的原创性案例《种粮大户的烦恼》获全国“百篇优秀管理案例”。MBA中心获第五届全国“百篇优秀管理案例”优秀组织奖。16篇案例中国管理案例共享中心。第九届中国MBA联盟领袖年会，学校2014级学生刘晓鹏获“MBA创业成就奖”。

2015年，控制与计算机工程学院在学科建设、教学科研、党建工作、学生管理等方面取得进步。刘吉臻教授当选为中国工程院能源与矿业工程学部院士。学院进一步完善新领域和物联网工程专业的建设，学院以重点学科优势为依托，不断加强学科之间的交叉融合。保定校区计算机系继续对“河北省电子信息教育创新高地”进行建设，凝练研究方向，引导教师在智能电网、物联网、信息系统与安全、智能通信与信息处理等方向展开合作研究，重点突破，取得一批标志性成果。

2015年，华北电力大学人文与社会科学学院MPA教育中心挂牌成立，以李英为首的一批教师获得北京教学名师等荣誉。李英教授获第十一届北京市高等学校教学名师称号，陈玲荣获全国大学生广告艺术大赛优秀指导教师，陈建国副教授获2015年全国民政理论研究成果奖。能源解困项目获得国家级奖励。大学生新能源解困试点项目团队在甘肃开展第三年活动，该项目获友成基金会创业基金支持，形成的课外学术科技作品获“挑战杯”北京赛区一等奖。

2015年，华北电力大学外国语学院翻译本科专业完成第一届招生工作。《电力英语》获批2015年北京市精品视频开放课程、“大学英语综合教学改革”获批北京市教育教学改革项目、“项目管理成熟度”翻译实践研究项目及专业研究生基础笔译课程建设项目获北京市产学研联合培养研究生基地项目立项。保定校区英语系以研究中心带动科学研究，拟组建5个研究中心，其中同声传译研究中心、英汉对比语言学研究中心成立并运行。蔡红改的“词源学视阈下英语词汇形意演变规律及研究”项目和王珊的“金·斯坦利·罗宾逊科幻小说的生态伦理研究”项目获河北省哲学社会科学申报立项，突破保定校区英语系中级职称申报纵向科研课题的历史。

2015年，数理学院计算物理实验室正式启用，为应用物理学专业相关专业课程的教学工作和学生上机实习提供保障，在物理实验室硬件建设方面，加大对物理实验室的资金投入，物理实验教学中心获380万中央高校改善基本办学条件专项资金资助。考研率增至近50%，考研升学率在全校连年名列前茅，就业率稳居97%以上。

2015年，华北电力大学环境科学与工程学院围绕学科发展和“千人计划”团队建设，共引进4名高水平的博士生（1人具有国外博士学历，1人为国内外联合培养博士），学院师资队伍进一步充实。

2015年，可再生能源学院申报4个国家级校外人才实习基地获批，自然科学基金项目申报36项，较去年的24项增加50%，持续3年保持在20项以上。完成“新型薄膜太阳电池北京市重点实验室”的验收工作；成功申报“新型太阳电池的基础和应用研究创新引智基地”；中欧可再生能源创新中心顺利揭牌。“生物质发电成套设备国家工程实验室”已成为学院科研平台发展的重要标志。

2015年，华北电力大学核科学与工程学院完成国家级“核动力工程全范围虚拟仿真实验教学中心”申报。学院领导赴西安交通大学进行学科调研，召开教授座谈会，完成学院“十三五”规划的制定。举办中俄瑞国际学术研讨会、非能动核能安全技术北京市重点实验室年会，并获得2017年召开的第十五届全国反应堆热工流体会议的承办权。成功组织“院士华电行”活动。学生参加暑期社会实践获全国百强团队荣誉称号。

2015年，华北电力大学国际教育学院进一步拓展已有2+2项目合作范围，并广泛开拓新的项目合作伙伴等；来华留学生招生结构进一步优化，在招收研究生层次上留学生和企业合作培养留学生取得新突破。成功举办孔子学院YCT强化训练营、“中国寻根之旅”夏令营北京集结营、中西礼仪文化节等活动。

2015年，环境与化学工程系扎实推进科研团队平台建设，进一步优化科研团队基础平台建设，高起点、高标准、高水平发表各类重要核心期刊学术论文，出色的完成各项科研项目，科研人均绩效全校排名第二。王祥科教授同时获环境与生态学和工程学两个领域全球“高被引科学家奖”，并获教育部“长江学者”教授称号。

2015年，学校不断更新体育教育理念，进一步提高体育教学质量，改善教学条件，改革教学内容、教学方法、教学手段。严格教学管理，提高科学管理水平，加强对体育教育的科学研究工作，体育教学水平全面提高。学生参加全国比赛成就优异，学生干雪参加的国际、国内多个赛事均夺得桂冠。

2015年，华北电力大学政教部在学科建设、教学工作等方面展开工作取得显著成效。培养学科带头人4名，校级教学骨干4名，深入推进思想政治理论课教师的“专业化、专家化”工程。教师获市级及以上荣誉奖励7项。发表学术论文59篇，其中CSSCI 12篇、核心期刊发表5篇；申报市级及以上纵向项目10项。

电气与电子工程学院

【概述】2015年电气与电子工程学院以内涵发展、提高质量为核心，坚定不移地推进高水平大学建设，各项工作顺利开展。

一、科学制定“十三五”发展规划

学院全面启动“十三五”发展规划编制工作。先后到清华大学、华中科技大学等十余所高校调研，完成电气工程、信息与通信工程、电子科学与技术三个学科调研报告。参照大学“十三五规划”，进一步凝练学科方向，明确学科定位，综合各学科带头人建议，形成三个学科的“十三五”规划。

二、机制体制创新

学院围绕“国重”及“2011协同创新中心”的建设，建立和完善以学术领军人物为负责人，稳固承担国家能源电力重大需求的科研团队，为科研团队创造宽松的学术研究氛围。学院完善产学研的运行机制，充分利用学校的技术、人力等资源以及先进成熟的技术成果，利用企业的生产条件，提高学院的科研能力，将科研成果尽快地转化为生产力。学院充分利用协同创新机制和校企合作研究中心等平台，发挥双方各自优势，通过多种形式开展全面合作，共同构建产学研联盟的创新体系，建立产学研长期合作关系，学院本部先后与中国电力科学研究院高电压研究所、新能源研究所签订合作建设协议，电子与通信工程系与申科电子股份有限公司联合申请的河北省精密互感器工程技术研究中心获批，加入“图像视频大数据产业技术创新战略联盟”。

三、科研与学科建设工作

学院继续坚持学院的发展目标和定位，即坚持以学科建设为龙头、以队伍建设为保障、以教学质量为核心、以人才培养为根本，将学院建成专业结构合理、师资队伍一流、教学设施精良、科研平台先进、教学质量优异、研究成果丰硕的服务电力行业、面向社会发展、在国内外有一定影响的高水平研究型电气与电子工程学院。

学院的科研管理主动适应国家科技体制战略调整，围绕国家重大需求和学校的战略必争点，进一步凝聚方向、整合资源、形成优势、提升能力。2015 年全学院两地合计科研经费达1.48亿元。

四、人才队伍与团队建设

学院针对学院不同学科及不同研究方向之间的差异，有针对性地引进国内外有重要影响的突出拔尖人才充实师资队伍。学院本部，共举办 15 次内部学术交流活动、1 次校际学术交流活动、3 次外国专家学术报告；电力工程系落实青年优秀人才支撑计划公开选拔优秀青年教师；电子与通信工程系实施“青年教师教学质量和教学水平提升计划”，通过多种方式加快青年教师成长。配合学校改革完善博士后在站管理制度，完成度博士后科研流动站评估工作。

五、教学工作

学院探索多元化的人才培养目标定位与多样化的人才培养模式，按照卓越电力联盟和专业认证要求修订人才培养方案，制定电力人才培养国家标准。电力工程系建立涵盖所有核心课程的 13 个教学团队，制定团队管理办法。学院本部开始实施北京市“双培计划”，按照“3+1”的培养机制北方工业大学输送的 32 名优秀学生，到学院本部进行电气工程、智能电网信息工程 2 个专业为期 3 年的学习。学院加强优质课程建设，申报优质课程和优秀教学团队，进一步完善精品资源共享课的建设，扩大网络课程资源。首届全国高等学校青年教师电路、信号与系统、电磁场课程教学竞赛中，学院皮伟和董云霞代表学校参加决赛，分别获得一等奖和三等奖。在研究生培养方面，制定完成研究生导师年度招生资格认定办法。

六、党建及工会

学院本部完成党委第一次换届选举。认真组织“三严三实”实践教育活动，深入推进作风建设，扎实开展违反中央八项规定精神专项整改工作。组织《中国共产党廉洁自律准则》和《中国共产党纪律处分条例》专题学习。按计划完成党员发展工作。按时召开二级教代会，工会下属各个协会开展工作有声有色。深入推进民生工程，切实解决师生切身利益问题，把解决思想问题和解决实际问题结合起来，拓宽思想政治工作领域，增强思想政治工作的实效性。注重发挥二级教代会、统战、工会、共青团等工作优势，凝聚各方力量为学院的安全稳定做贡献。

七、学生工作

学院加强和改进大学生思想政治教育工作。以立德树人为根本任务，深入开展“中国梦”“中国精神”、中国优秀传统文化等主题教育实践活动，采取多样化方式、方法和途径，促进学生成长成才。

IEEE 华北电力大学学生分会大力推动学生学术交流活动的规范化和常态化。学院本部成立创新创业俱乐部，搭建创新创业实践活动、项目孵化和指导服务平台。商议并制定首都高校电气联盟同盟校未来五年规划。电力工程系首次举办“电力之星”全国优秀大学生暑期科技夏令营，全国 33 所院校 75 名学生参加，初步建立学长、校友、党员干部、身边的榜样四位一体的教育引领和帮扶体系。电子与通信工程系以学生安全“零事故”为目标，抓好以基础建设、重点项目和重要平台为主要内涵的学风教育“三个一”工程建设，学风明显好转。

（刘春磊）

【概况】常务副院长：李庚银 （刘云鹏 保定电力系主任；高会生 保定电子与通信工程系主任）

书记：鹿伟（赵书强　保定电力系主任；李红霞 保定电子与通信工程系书记）

学院网址：http ：//electric.

ncepu.edu.cn

2015年，华北电力大学电气与电子工程学院在北京设学院本部，在保定校区设有2个系，电力工程系、电子与通信工程系。学院现有1个国家级重点学科、1个国家级重点实验室、4个省部级重点实验室。设有1个博士后科研流动站，1个一级学科博士学位授权点（电气工程专业）3个一级学科工学硕士学位授权点（电气工程、信息与通信工程、电子科学与技术）1个二级学科工学硕士学位授权专业（农业电气化与自动化），2个专业学位硕士学位授权领域（电气工程、电子与通信工程）。8个本科专业（电气工程及其自动化、通信工程、电子信息工程、电子科学与技术、电子信息科学与技术、电力工程与管理、农业电气化与自动化、智能电网信息工程）。

2015年，学院有中国工程院院士1人（杨奇逊），国家千人计划专家2人（王海风、黄永章），国家杰出青年科学基金获得者1人（崔翔），国家青年千人计划专家1人（龚雁峰），国家级教学名师1人（崔翔），国家百万千人才计划2人（崔翔、李成榕）、中科院百人计划1人（王银顺）、教育部新世纪优秀人才4人（朱永利、毕天姝、李庆民、刘崇茹）。

2015年，学院本部有教职工209人，其中，专任教师164人（教授59人、副教授67人，具有博士学位的教师占77%）、有实验技术人员26人、党政及管理人员19人。2015年，学院本部共引进师资6人，其中从海外引进2人，有9人出国进修。

2015年，电力工程系有教职工129人，其中，专任教师102人（教授28人、副教授25人，具有博士学位的教师占64.7%）、有实验技术人员16人、党政及管理人员11人。2015年电力工程有5人出国进修，聘请2名海外兼职教授。

2015年，电子与通信工程系有教职工68人，其中，专任教师50人（教授10人、副教授16人，具有博士学位的教师占64%）、有实验技术人员10人、党政管理人员7人。

2015年，学院本部毕业1242人，其中博士研究生52人，硕士研究生394人，普通本科生796人；学院本部招1178人，其中博士研究生54人、硕士研究生452人、普通本科生672人；学院本部在校生4417人，其中，博士研究生192人、硕士研究生1271人，普通本科生2954人。本科生就业率为98.99%，研究生就业率为99.55%。

2015年，电力工程系毕业学生785人，其中博士研究生0人，硕士研究生224人，普通本科生561人；电力工程系招生711人，其中硕士研究生（日校）230人，普通本科生481人；电力工程系在校生2941人，其中，博士研究生0人，硕士研究生（日校）692人，普通本科生2249人。本科生的英语四级一次通过率为93.01 %，本科毕业生一次就业率为98.6%，研究生毕业生一次就业率为100%；本科考研上线率为23.86%，升学率为18.29%。

2015年，电子与通信工程系毕业学生213人，其中，硕士研究生76人，普通本科生137人；电子与通信工程系招生233人，其中，硕士研究生78人、普通本科生155人；电子与通信工程系在校生818人，其中，硕士研究生221人，普通本专科生597人。本科生的英语四级一次通过率为87.67 %。

2015年，学院本部设有141个学生班级，大二接收转专业学生64人，其中院内转专业25人，院外其专业转入39人，设有辅导员岗位10个（其中副书记1人），其中正式编制5个、聘任4个。2015年，电力工程系设有93个学生班级，其中实验班7个，设有辅导员岗位6个，其中5个为正式编制。2015年，电子与通信工程系设有26个学生班级，设有辅导员岗位2个，均为正式编制。

2015年，学院教师承担普教本科生课程211门、函授生课程208门、单独英语授课27门。2015年，电力工程系开设研究生课程35门，完成教学1072学时；开设本科生课程166门次，完成教学6744学时；实践环节77门次，193.5周学时。2015年，电子与通信工程系开设研究生课程25门，完成教学752学时；开设本科生课程65门次，完成教学5280学时；实践环节23门次1096学时。

2015年，学院本部拥有研究所15个，本科教学实验教学中心6个，分别为国家级工程实践中心、北京市电工电子实验教学中心（下辖电工实验室、电子实验室），国家级电气工程专业实验教学中心一个（下辖电力电子教学实验室、微机保护教学实验室、电力系统仿真教学实验室、电力市场仿真实验室、高电压技术教学实验室、电机教学实验室、实习用35Kkv变电站）、电子信息实验教学中心、电子科学实验教学中心、通信工程与智能电网信息工程实验教学中心。学院本部学生实习基地19个（其中冀北电力公司——华北电力大学校外实习基地为国家级工程实践教育中心及北京市校外实习基地)、科技研究(创新)基地2个,大学生科技创新乐园1个。

2015年,电力工程系拥有教研室7个、科研创新团队13个、电气工程基础实验中心1个、专业实验室4个、河北省输变电设备安全防御重点实验室1个、新能源电力系统国家重点实验室物理模拟平台1个,学生实习基地16个。

2015年,电子与通信工程系拥有教研室3个、实验室2个、学生创新实习基地1个。

2015年,学院本部承担各类科技项目255项,科技经费计11580万元,连续第5年过亿元。其中:纵向34项,资助金额1813万元;横向221项,合同经费9767万元。纵向项目到账经费2239.61万元,横向项目到账经费7952.41万元,到账经费总计10192万元。获奖10项,其中:省部级科技奖6项,社会力量奖2项,其他2项。获授权专利114项,其中:发明专利78项、实用新型33项、外观设计3项。发表核心期刊以上论文409篇,其中:SCI收录75篇,EI期刊、一级学报152篇。出版著作13部,其中:专著4本,译著3本,编著6本。

2015年,电力工程系签订纵横向科研项目72个,其中纵向20项、横向52项,实现科研合同金额共计3040.3万元,其中纵向科研经费575.81万元,横向科研经费2464.5万元;其中国家高技术研究发展计划(863计划)项目子课题1项、国家科技支撑计划项目子课题1项、国家自然科学基金获得资助7项,河北省自然基金7项,省级科技计划项目2项;河北省高等学校科学技术研究项目1项,河北省科技创新平台建设项目1项。2015年中央高校基本科研业务费项目获资助25项(学生项目8项、面上项目15项、重点项目2项),总经费134万元;共发表核心期刊以上论文362篇,其中三大检索收录198篇(SCI 31篇、EI 167篇)。编著出版1部;2015年申请国家发明专利64项,实用新型专利39项,申请计算机软件著作权登记79项。2015年获授权发明专利36项,实用新型专利23项,计算机软件著作权44项。邀请国外专家举行学术交流会12场次。刘云鹏、赵涛的研究项目《多源信息融合的广西电网风险防治关键技术及应用》获广西电网有限责任公司一等奖。

2015年,电子与通信工程系纵横向科研项目15项,实现科研合同金额共计287.9万元,其中横向科研经费212.9万元、纵向科研经费60万元,2015年申报中央高校基本科研业务费基金项目11项(获资助10项:其中重点项目2项,面上项目7项,学生项目1项),经费共计82.5万元。发表核心期刊以上论文84篇,其中三大检索收录31篇。专利授权14项;其中发明专利9项、实用新型专利4项,出版专著2部、译著2部、编著1部。

2015学院本部设有60个党支部,有中共党员1049人,新发展党员169人。电力系设有30个党支部,有中共党员597人、新发展党员125人。电子与通信工程系设有12个党支部,有中共党员175人,新发展党员32人。

2015年,学院本部学生参加各级各类竞赛获奖共计830人次,其中全国科技类竞赛246人次,文体竞赛22人次;省部级(北京市级)科技类竞赛146人次,文体竞赛27人次;校级科技类竞赛167人次,文体竞赛222;国家奖学金、国家励志奖学金评选,国家奖学金25人;获励志奖学金71人。本科生社会奖学金进行评选,校长奖学金3人、校友奖助金15人、博纳之星奖学金4人、四方股份奖学金10人、南瑞继保5人、协鑫奖1人、国能中电2人、安徽省电力公司奖助学金11人、毅格奖学金18人、九州方圆助学金12人、特高压奖学金6人、巨邦奖学金8人。研究生企业奖助金评选工作中,获校长奖学金1人、国家奖学金39人、优秀博士9人、四方股份奖学金16人、南瑞继保奖学金6人、毅格奖学金4人、泰科电子奖学金10人、校友奖助金4人、九州方圆助学金3人、巨邦奖学金4人。2015年本科综合测评及奖学金三好学生优秀学生干部评选,一等奖109人;二等奖221人;三等奖224人;单项奖学金439人;十佳示范性优秀班集体1个、十佳本科生优秀宿舍2个、校级三好学生标兵22人,校级三好学生131人,院系级三好学生174人;校级优秀学生干部标兵4人、校级优秀学生干部22人,院系级三好学生174人、院系级优秀学生干部43人。

2015年,电力工程系获华北电力大学教学优秀特等奖1人,获华北电力大学教学优秀奖6人,获华北电力大学教学基本功比赛一等奖1人,二等奖1人,获南瑞继保奖教金2人,获泰科电子奖教金1人,获河北省2015年暑期社会实践优秀指导教师1人。2015年,有5名青年教师入选电力工程系青年优秀人才支持计划。2015年,电力工程系学生有34人(含研究生15人)获国家奖学金,有64人获国家励志奖学金,有392人获国家助学金,另有50

人获社会奖学金、助学金。参加各类创新和学习竞赛获奖国家级206人次，省部级219人次。其中，美国国际大学生数学建模竞赛一等奖20人，二等奖85人；全国大学生数学建模竞赛国家一等奖7人、国家二等奖5人；全国大学生英语竞赛（C类）特等奖4人。2015年本科学生中有31项实用新型专利，38项计算机软件著作权。本科生共发表109篇学术论文，中文核心期刊1篇。2015暑期电力系共组建4支校级分队，32支系级小分队，100多个学生自发组队。电力系也被评为“2015年暑期社会实践先进院系”，一支实践分队获“2015年保定市‘教育、医疗、文化’三下乡实践活动先进小分队”荣誉称号。

2015年，电子与通信工程系新立省级教改项目1项。省级精品课程4门。指导大学生科技创新项目11项，其中国家级一等奖1项，国家级三等奖1项，省部级二等奖3项，省部级三等奖1项。指导大学生创新创业项目44项，其中国家级6项，省级5项，校级33项。2015年度获“南瑞继保奖教金”1人。出版普通高等教育“十二五”规划教材1部，出版21世纪高等院校电气信息类系列教材1部。

（刘春磊　李红梅）

【启动青年优秀人才支持计划】 2015年，电力工程系启动青年优秀人才支持计划，旨在进一步加强电力工程系青年学术带头人队伍建设，加速培养造就一批拔尖创新人才，大力增强原始性创新能力，持续提升学术水平和人才培养质量。第一批共5人入选。

（李红梅　谷喜岭　宋金鹏
吴启宏　孙　颖　王　倩）

【获大学教学名师支持计划资助1人】 2015年3月，学院教师王靖获大学第三期教学名师支持计划（小名师）资助项目。

（宋金鹏）

【完成修购立项申报】 7月，学院完成未来三年修购立项申报工作，共计申报实验室建设资金1877万元。

（宋金鹏）

【举办“电力之星”科技夏令营】 2015年7月，电力工程系首次举办“电力之星”全国优秀大学生暑期科技夏令营，全国33所院校的75名学生参加夏令营，其中36名学生被华北电力大学接收为免试推荐研究生。

（李红梅）

【2本教材获批立项】 2015年9月，崔翔的《信号分析与处理》、李庚银老师的《电力系统分析基础》获批第二批十二五国家级规划教材立项。

（宋金鹏）

【1项北京市教改项目获批】 2015年9月，徐衍会作为负责人的《以专业认证为导向的电气工程人才培养方案修订与完善》获批北京市教改立项。

（宋金鹏）

【“双培计划”实施】 2015年9月，“双培计划”（选派部分北京市属高校学生到教育部属高校进行前三年学习）开始实施。学院电气工程专业和智能电网信息工程专业分别接收北方工业大学首批双培计划学生各16人。未来两年学院将继续接收两届双培计划学生。

（宋金鹏）

【2人教学基本功大赛获奖】 2015年11月，皮伟、董云霞在电气教指委组织的《全国青年教师青年教师电路、信号与系统、电磁场课程教学竞赛》决赛中，分获一等奖、三等奖。

（宋金鹏）

【多项大学生创新训练项目立项或结题】 2015年，学院共立项大学生创新训练项目79项，结题41项，结题成果获国家级项目28项，北京市级10项。

（宋金鹏）

能源动力与机械工程学院

【概述】 2015年，能源动力与机械工程学院加强工程热物理、热能与动力工程等省级以上重点学科建设，调整机械工程和材料工程学科方向，逐步向能源环境、能源装备领域延伸，在学科建设、人才培养、科学研究等方面取得进展。

学科建设方面：学院多次组织召开北京保定两校区学术骨干交流研讨会，组织不同规模的教授专家论证会，领导班子和学科带头人多次赴西安交通大学、华中科技大学、东南大学、武汉理工大学等高校进行学科调研，顺利完成动力工程及工程热物理、机械工程、材料科学与工程3个一级学科调研和规划工作，发现学科发展中存在问题，并有针对性地制定出学科建设规划和下一步工作计划，高质量完成动力工程及工程热物理、机械工程、材料科学与工程3个一级学科的“十三五”规划调研报告。

教育教学方面：学院继续建设骨干课程，统筹编写若干教材。机械工程及自动化专业入选教育部专业综合改革项目，建筑环境与能源应用工程专业被列入北京市教委“双培计划”，电站虚拟实验室初步建成。第一届“名师面对面”活动顺利开展；张志、李斌、宋玉旺、郭永红、刘文毅五位教师被评选为第二届“严爱之星”；李斌入选大学教学名师培育计划；李红录制的微课“读组合体三视图”获高校微课教学比赛北京市级复赛二等奖。宋玉旺在浙江大学举行的第一届全国高等院校工程应用技术教师大赛决赛获一等奖，武鑫、吴浩获二等奖。动力工程系成立系教风与教学质量督察小组，完成系教学督导组换届，制定并实施《动力工程系教风与教学质量监督办法实施细则》。持续推进能源与动力工程专业教学综合改革，其中1个教改项目获河北省立项，13个项目获学校立项。组织6位青年教师参加微格教学活动。张磊在保定市说课比赛中获一等奖。机械工程系继续推动“理论力学”“工程图学B”2门课程的优秀核心课程建设，戴庆辉教授等5位教师完成6门研究性教学试点课程建设，何玉灵、杨文刚、刘静、苑素玲四位教师获2014—2015学年教学优秀奖，制定和完善《机械工程系工程教育专业认证过程管理办法（草案）》《机械工程系工程教育专业认证专业支撑材料归档明细（草案）》《机械工程系工程教育专业认证专业支撑材料档案保管办法（草案）》。

人才培养方面：学院继续落实学校“博士化、工程化、国际化”人才工程，按照学校“用好现有人才、引进急需人才、培育未来人才”的工作思路，积极开展人才培养的工作。继续加大优秀人才、团队实体化建设的力度，坚持强化通过博士后流动站作为学院主要学科人才选拔、考察和留用的人才引进方式，并逐步向学院所有学科推广。王晓东获国家杰出青年基金、徐超获国家优秀青年基金；多位青年学术骨干、带头人和研究团队全方位参与杰青、优青人才项目及国家自然科学基金创新群体申报。

平台建设及科学研究方面：学院进一步推进实验室与相关平台的整合工作。电站设备监测与控制教育部重点实验室、国家火力发电工程技术研究中心、热电生产过程污染物监测与控制北京市重点实验室、低品位能源多相流与传热北京市重点实验室等平台全方位合作，以实现资源的有机整合。徐进良教授主持国家自然科学奖申报进入答辩环节，安连锁教授获2015年教育部科技进步二等奖。杨勇平教授主持111引智基地项目取阶段性成果，徐鸿教授主持700℃燃煤超超临界关键技术国际研讨会；成功承办2015年度工程热物理学会燃烧学学术会议，参会人数近1000人，为学校承办千人以上规模会议取得经验，杜小泽教授等参与国际颗粒大会。2015年，北京校部完成纵横向科研项目274个，其中纵项84项、横项47项，实现科研合同金额共计6200.6万元，其中纵向科研经费2982.5万元，横向科研经费3218.1元；承担校内科研项目34个；共发表论文249篇，其中三大检索收录128篇，核心期刊121篇。举行学术交流会25次，其中国外专家学术交流会3次，国内专家学术交流会15次。有65人次参加国际学术会议。共获得省部级以上奖励3项，授权专利88项，其中发明专利59项，实用新型专利29项。动力工程系实现科研合同总额1058.773万元，其中纵向项目合同额162万元，横向项目合同额896.773万元。中央高校基本科研业务费批准立项28项，共资助金额135.5万元。阎维平老师“利用低热值煤气加热一次风提高磨煤机干燥出力”获中国电力科学技术进步奖二等奖；高正阳“基于脱汞的燃煤电站烟气污染物联合脱除技术研究及应用”获广东省科学技术奖三等奖；刘志坚“北方集中供暖地区建筑因素对PM2.5排放特性影响研究”获中国建筑学会科技进步奖二等奖。专利授权73项，其中发明专利11项，实用新型专利45项，计算机软件著作权17项。共发表论文207篇，其中SCI检索30篇，EI期刊检索25篇，国外期刊35篇，一级学报44篇。机械工程系共完成科研项目总额452.77万元，其中省部级以上纵向基金经费18.3万元，高校基本科研业务费27万元，横向经费407.47万元，包括社会科学基金、河北省自然科学基金、高校基本科研业务费等纵向项目在内的各类科技项目30项，发表论文94篇，其中SCI收录8篇，EI收录23篇，CSSCI收录1篇。

党团分工会及学生工作：顺利召开学院第一次党员代表大会，选举产生新一届党委会。积极开展“三严三实”专题教育活动，认真贯彻完成《中国共产党廉洁自律准则》和《中国共产党纪律处分条例》的学习宣传工作。顺利完成教职工党员在线学习，其中实验室党支部和办公室党支部获优秀党支部，侯步蟾获教师党员在线学习优秀个人。积极开展工会建设工作，继续发挥工会在师德建设、维护教职工权益、丰富教职工文体活动等方面的作用，营造和谐学院氛围。由学院承办的2015年春季运动会圆满落幕并取得教工团体第四，学生团体第一的好成绩。学院陆续开展健走、飞镖、跳绳、动感颠球等“爱能动，爱运动”系列活动，羽毛球协会、合唱协会日趋完善；组织慰问退休老教师，以感恩之心为他们送去关怀之情；多次开展不同规模座谈会，倾听教职工意见，积极维护好教职工利益。鼓励学生参加科技创新性大赛，其中，北京校部在首届北京市大学生工程设计表达竞赛上获得团体二等奖1项，团体优秀奖3项，2人次获得二等奖，4人次获得三等奖；第八届“全国大学生节能减排社会实践与科技竞赛”决赛上，分获一、二、三等奖各1项；中国机械工程学会举办“中国大学生材料热处理创新大赛”上获得二等奖2项，在全国大学生金相技能大赛中获三等奖1项。动力工程系参加各类创新训练项目26人次，全国研究生智慧城市设计大赛17人次，数学建模大赛31人次，节能减排竞赛10人次，中国机器人大赛暨ROBOCUP公开赛1人次，全国周培源大学生力学竞赛4人次，英语竞赛3人次，环保科技创意设计大赛10人次，创行世界杯创新公益大赛1人次，省部级创新训练项目44人次，数学建模大赛6人次，数学竞赛12人次，力学竞赛3人次，英语写作大赛1人次，全国大学生工程训练综合能力竞赛1人次，“挑战杯”河北省大学生课外学术科技作品竞赛3人次。机械工程系1人次获2014全国大学生数学建模竞赛国家级一等奖以及2015年美国国际大学生数学建模竞赛国家级特等奖提名奖、国家级一等奖；两人获2015年创行世界杯创新公益大赛中国家级二等奖；7人获得2015年中国机器人大赛暨ROBOCUP公开赛国家级一等奖；5人在2014首届河北省大学生力学竞赛中获得一等奖；1人获2014第一届河北省大学生物理竞赛中一等奖；3人获第四届全国大学生工程训练综合能力竞赛国家级一等奖；3人获得第十届全国周培源大学生力学竞赛国家级二等奖。

（侯步蟾　李　非　谢海洋）

【概况】院长：徐进良

书记：徐鸿

2015年，学院有教职工333人，其中，专任教师270人（教授62人、副教授101人，具有博士学位教师占71.5%）、有实验及技术人员33人、党政及管理人员30人。

2015年，学院中国工程院院士2人，享受政府津贴6人。共引进师资7人，其中教师6人，党政及管理人员1人。

2015年，学院有毕业学生1482人，其中博士研究生41人，硕士研究生382人，普通本科生1034人；学院招生1662人，其中博士研究生42人，硕士研究生408人，普通本科生1212人；学院在校生6112人，其中博士研究生215人，硕士研究生1313人，普通本科生4584人。本科生英语四级一次通过率为90.01%，本科毕业生一次就业率为98.51%，研究生毕业生一次就业率为98.19%；本科考研报名436人，实际考取233人，考研率为53.44%。

2015年，学院签定纵横向科研项目180个，其中纵项82项、横项98项，实现科研合同金额共计7693.143万元，其中纵向科研经费3162.8万元，横向科研经费4510.343元；共发表论文550篇，其中三大检索收录217篇，核心期刊272篇。自编教材3本；学院举行学术交流会28次，其中国外专家学术交流会6次，国内专家学术交流会22次。90人次参加国际学术会议。

2015年，学院共完成科研项目15个，通过验收2个。

2015年，学院共获省部级以上奖励3项（火电直接空冷单元冷却空气导流技术及应用省级奖；复杂地质条件下双护盾TBM施工关键技术研究省级奖；百万千瓦级超超临界燃煤机组空冷温度场在线监测诊断系统的开发及应用部级奖二等奖）。获授权专利222项，其中发明专利80项，实用新型专利100项，计算机软件著作权28项。

2015年，学院拥有教研室17个、研究所11个、实验室16个、学生实习基地13个，科技研究（创新）基地3个。

2015年，学院开设研究生课程294门，完成教学10097学时；开设本科生课程1168门，完成教学46879学时；举办各类培训班6期，共培训学员210人，其中电力系统学员210人，北京市地方学员150人。

2015年，学院设有77个党支部，拥有中共党员1202人、发展党员241人，其中学院本部发展党员104人，动力工程系发展党员90人，机械工程系发展党员47人。

2015年，学院设有212个学生班级，其中实验班14个，设有辅导员岗位14个，其中正式编制12个、聘任2个；学生获各类省部级奖励416人次。

（侯步蟾　李　非　谢海洋）

【召开第一次党员代表大会】5月19日，中国共产党华北电力大学能源动力与机械工程学院第一次代表大会召开。师生党员代表共100人参加会议，副校长安连锁、组织部副部长王韶华出席会议，学院副院长王修彦教授，“千人计划”潘伟平教授、金工实习中心主任夏延秋教授，北京市政协委员冼海珍教授，国家火力发电中心副主任程伟良教授列席会议。会议审议并通过上一届委员会报告，并选举产生新一届党委委员。保定动力工程系和机械工程系均完成党委换届会议。

（侯步蟾）

【举办700℃超超临界燃煤发电关键技术国际研讨会】4月18日至9日，700℃超超临界燃煤发电关键技术国际研讨会在华北电力大学召开。参与欧盟700℃计划的德国大部分研究机构和企业参加会议。德国先进超超临界实验电站（GKM）及欧共体700℃计划商业电站部件测试（HWT I/II/III）项目负责人、700℃计划德方材料实验主要研究机构、大学和高温部件制造企业负责人及专家学者，700℃超超临界燃煤发电创新联盟主任崔占忠，国家自然科学基金委中德中心主任陈乐生，中国华能集团清洁能源研究院、中科院金属所、三大主机厂技术负责人和专家，华北电力大学杨勇平教授及有关学院负责人及来自国内外50余名专家学者出席会议。杨勇平副校长代表会议主办方致辞，崔占忠代表会议协办方致辞，开幕式由徐鸿教授主持。

（侯步蟾）

【承办中国工程热物理学会燃烧学术会议】10月24日至25日，由中国工程热物理学会主办，国家火力发电工程技术研究中心、电站设备状态监测与控制教育部重点实验室和华北电力大学能源动力与机械工程学院共同承办的2015年度燃烧学术会议及国家自然科学基金燃烧项目进展交流会在华北电力大学召开。参加本次会议的主要领导和嘉宾有：华北电力大学校长刘吉臻教授、国家自然科学基金委工程三处处长刘涛及主任纪军、国际燃烧学会主席及德国工程院院士K. Kohse-Höinghaus教授、中国工程热物理学会燃烧分会主任姚强教授、中国工程热物理学会燃烧分会前主任姚春德教授、国家火力发电工程技术研究中心副主任程伟良教授等。10余名国家杰出青年基金获得者及长江学者参加会议。刘吉臻校长代表学校致欢迎词，开幕式由学院院长徐进良教授主持。来自全国100余所高水平大学、研究机构及若干国外大学1000余名学者、教授及研究生参加会议。

（侯步蟾）

【承办春季田径运动会】5月8日至9日，华北电力大学2015年春季田径运动会举办，本届运动会开幕式由能源动力与机械工程学院承办。前期准备共完成运动会徽、吉祥物、奖牌、会歌等设计工作，开幕式表演包括五彩旗方阵、主题曲方阵、运动魅力方阵，最炫小苹果教工表演方阵等。学院师生协同努力，顺利完成运动会开幕式表演，并取得教工团体第四，学生团体第一的好成绩。

（侯步蟾）

【北京航空航天大学能动学院来访】1月29日，北京航空航天大学能动学院分党委书记王强教授一行11人来校调研，调研主要内容为能源与动力工程专业的建设，包括：培养目标、培养计划和培养特色；核心课程建设情况；本科专业教学实验建设情况；招生与就业情况。院长徐进良致欢迎词，会后，一行参观热能与动力工程国家级实验教学示范中心。

（王修彦　侯步蟾）

【2教授分获国家杰青及优青项目基金资助】2015年，学院王晓东教授和徐超教授分别获得国家杰出青年基金和优秀青年基金资助。王晓东教授和徐超教授在微尺度传热和新能源系统传热传质方面均取得多项有国际影响力的高水平学术成果，并分别于2013年和2014年获得中国工程热物理学会“吴仲华”优秀青年学者奖。

（徐　超）

【杜冬梅教授获北京市师德先进个人称号】根据北京市教育工会《关于开展2014年北京市师德先进个人（标兵）选树活动的通知》文件精神，由学校“三育人”评选委员会评选、公示，报学校批准，经北京市教育工会公示表彰，学校杜冬梅教授获2014年“北京市师德先进个人”称号。

（王修彦）

【1专业入选教育部专业综合改革项目】经学院论证、学校审核，并按照教育部对学校《2015年本科教学工程建设方案》的批复，本年度学校6个本科专业入选教育部专业综合改革项目，其中包括学院机械工程及自动化专业。各入选专业均已确定项目实施方案，明确改革内容与绩效目标。

（王修彦）

【举办第八届节能减排大赛答辩会】5月17日，由教务处和校团委举办，学院承办的华北电力大学第八届节能减排大赛答辩会在主楼举行。此次答辩会邀请到能源动力与机械工程学院陈海平、电气与电子工程学院尹忠东教、教务处副处长梁光胜、可再生能源学院宋记峰担任评委。参与答辩的41支队伍包含实物制作类31支、软件类1支、设计类1支、社会调研类8支。经过评选，本次比赛共有15支队伍代表学校参加国家级评选。

（王修彦）

【**1专业列入北京市教委双培计划**】2015年，北京市启动“北京高校高水平人才交叉培养计划”，首批试点高校共40所，其中央属高校23所，市属高校17所，涉及128个专业及方向，投放2008个招生计划。根据该计划，学院建筑环境与能源应用工程专业将对口接受北京工业大学该专业16人。

（王修彦）

【**开展名师面对面活动**】11月4日，学院开展首期“名师面对面”活动，活动由全国优秀教师、第六届北京市教学名师付忠广教授开讲，演讲主题为《教育与教师——适应教师专业化发展，争做新时期教学名师》。

（王修彦）

【**开展严爱之星评选活动**】11月3日，学院开展第二届“严爱之星”的评选工作。通过个人申报、教研室推荐，产生10位候选人，经能动学院教学指导委员会投票选举，张志、李斌、宋玉旺、郭永红、刘文毅五位教师获学院“严爱之星”称号。

（王美瑄）

【**吉首大学副校长黎奇升来访**】11月9日，吉首大学副校长黎奇升与实验室与设备管理中心、信息科学与工程学院、物理与机电工程学院负责人等一行6人来学校考察调研实验室建设与管理、实验教学改革及创新人才培养等方面情况。副校长安连锁和有关部门、院系负责人陪同调研。座谈会由教务处柳长安处长主持。座谈会后，黎奇升一行参观学院热能与动力工程国家级实验教学中心和金工实训中心。

（王修彦）

【**举办能源之星学术夏令营**】7月18日至19日，华北电力大学动力工程系2015年“能源之星”学术夏令营活动在学校国际会议中心举行。来自西北农林科技大学、武汉理工大学、中国石油大学、中国矿业大学、河北工业大学等14所“985”“211”高校18名学子参加此次活动。本次夏令营活动旨在促进高校之间的互动与交流，加深青年学生对科学研究的了解和兴趣，选拔优秀本科生继续学业深造。

（范大志）

【**1学生团队获全国百强实践团队称号**】2015年7月23日至28日，学校“情暖童心”社会实践团队赶赴顺平县神南中学，此次活动旨在了解留守儿童这个特殊群体的学习生活情况，并尽己所能提供物质和精神上的帮助。通过评审，该团队“2015寻找全国百强暑期实践团队”活动中获“全国百强实践团队”称号。

（范大志）

【**获省级先进工作者称号**】7月，叶学民在中共河北省委教育工委、河北省教育厅评选2015年河北省学校思想政治教育先进工作者的活动中获“河北省学校思想政治教育先进工作者”荣誉称号。

（范大志）

【**机械工程系学生创新创业工作显成效**】2015年，大学创业孵化中心有入驻项目14个，其中，华电“创艺”设计工作室和“电小二”华电微信商城两个项目为机械系学生主导负责，该项目拥有相对稳定的网络平台和产品模型。华电“创艺”设计工作室于2015年7月1日注册成立保定惟尚广告设计有限责任公司，为创业孵化注册成立的三个公司之一。

（谢海洋）

【**学生参加创新大赛获佳绩**】8月10日至12日，第八届“全国大学生节能减排社会实践与科技竞赛”决赛在哈尔滨工程大学举行，共有来自全国281所高校2534件作品参赛。华北电力大学学子共获特等奖1项、一等奖2项、二等奖5项、三等奖12项，学校获竞赛优秀组织奖。首届大学生工程设计表达竞赛获1项团体二等奖，三项团体优秀奖，6人获个人奖，其中2人获二等奖，4人获三等奖，杨志凌和张志获优秀指导教师奖。

（王修彦）

【**参加国家、省部级大赛获佳绩**】2015年，机械工程系学生参加国家、省部级大赛取得优异成绩。学生徐达获2014全国大学生数学建模竞赛国家级一等奖及2015年美国国际大学生数学建模竞赛国家级特等奖提名奖、国家级一等奖；学生参加2015年创行世界杯创新公益大赛获国家级二等奖2项；参加2015年中国机器人大赛暨ROBOCUP公开赛获国家级一等奖7项。

（谢海洋）

经济与管理学院

【概述】2015年，经济与管理学院坚持“创国内一流、国际知名的经管学院”的目标，结合大学“十二五”规划和大学党委第一次党代会精神，认真总结反“四风”活动和“三严三实”教育，完成反“四风”和“三严三实”教育的整改工作，通过建章立制，进一步规范学院的教学、科研、学生管理等各项管理工作，加强学风、教风、院风建设，学院各项工作取得长足发展。

2015年，是学院“十二五”规划的收官之年，科学制定“十三五”规划的谋划之年，学院在人才队伍建设、科学研究中取得突破。为做好“十三五”规划，学院对国内5所著名大学进行调研访问，学习先进经验，初步做好学院“十三五”发展规划。学科建设方面，以优异成绩通过2015年度博士后流动站综合评估，工商管理博士后流动站评为优秀，管理科学与工程博士后流动站评为良好。成功申报电力经济管理国家级虚拟仿真实验示范中心。完成会计、资产评估和工程管理三个专业学位授权点专项评估工作，三个学位点均通过专业学位教指委的评估。科学研究成果突出，国家级重大项目首次获得突破：获得国家社科基金重大研究项目2项，其中1项为子课题。2015年度第一批获得国家自然科学基金委资助项目3人，面上项目2人，青年项目1人。科研经费到账4739.5万元，其中北京4483.5万元，超额完成2015年大学下达的科研任务。学术论文及专著：发表论文291篇，其中三大检索115篇核心期刊68篇。出版学术专著10部。科研获奖：社会力量一等奖1项，省部级二等奖1项，其他部委三等奖1项。国内专家来学院学术交流20人次。牛东晓教授、曾鸣教授、袁家海副教授等多名专家学者接受主流媒体采访，并在能源类主流报纸等媒体上发表学术观点。国际合作稳步推进，新加坡国立大学能源研究所所长邹绍强教授和苏斌研究员来学院做学术交流。与英国曼彻斯特大学就科研合作和人才培养进行交流。参加国际学术会议13人次。

2015年，获校级优秀博士学位论文4篇，校级优秀硕士学位论文8篇。完成2015年全日制硕士研究生的招生录取工作，录取的研究生中毕业于985/211院校的学生比例达70%。

完成各全日制专业学位专业实践教学大纲的编制与修订，进一步规范专业学位研究生专业实践考核指标和标准。学院工业工程专业研究生获得第二届“工程硕士实习实践优秀成果获得者”荣誉称号1项。针对电力企业改革需求，开展培训工作。赵洱岽《沟通的力量》入选教育部精品视频公开课，并开设华北电力大学的第一门慕课。

赵洱岽《个性与职业的适配性选择——霍兰德人业互择六角理论》获全国高校微课教学大赛一等奖，魏咏梅《西餐礼仪之餐具的使用方法》获北京市微课教学大赛二等奖。牛东晓教授负责的“虚拟仿真环境下电力经管类实验课程体系建设的研究与实践”教学研究项目获北京市教改项目立项支持。谭忠富教授《发供电企业经营模式》成功申报北京市精品视频开放课课程。成功承办北京市“互联网+经管实验教学”研讨会暨经管实验实践教学众创联盟成立仪式。选派李星梅副教授赴加拿大进行教学法研修并完成研修任务。李彦斌教授获第三届“华北电力大学教学名师奖”。刘琳获2015年度华北电力大学青年教师教学基本功比赛二等奖。获得校级教学特等奖1项，校级优秀教师7名。出版精品教材2部。获第七届“全国管理决策模拟大赛”总决赛一等奖；“尖烽时刻”商业模拟大赛全国总冠军；全国大赛特等奖1项、全国大赛二等奖1项、全国大赛三等奖9项、省部级大赛特等奖1项、省部级大赛一等奖1项、省部级大赛二等奖7项、省部级大赛三等奖13项。大学生创新实验计划结题国家级结题优秀3项，国家级结题良好2项，北京市结题优秀1项，北京市结题良好2项。

2015年，学院为适应教学科研发展需要，引进青年教师2人，学生辅导员1人，返聘教授3人，返聘管理人员1人。学院出国学习教师8人，学成回国2人。学院召开职称评定会，向大学推荐副教授4人，教授3人。

2015年，学院继续把学风、教风建设和学生科技创新作为重点工作。举办学院教风学风表彰大会，表彰教师99人次，学生595人次，其中133名同学在省部级以上的大学生创新创业竞赛中创佳绩。完成2015届毕业生就业，本科生一次就业82.15%、研究生就业率95.88%。2013级学生党支部在北京市红色“1+1”活动中，获北京市二等奖，同时获学校第十三届“特色活动示范党支部”评选第一名。1个班级入围全国高校践行社会主义核心价值观“示范团支部”，2个学生班级获“首都大学先锋杯优秀团支部”，2个班级获得学校“十佳示范性优秀班集体”，1个学生宿荣获学校“十佳示范性优秀宿舍”，1名教师获学校“十佳优秀班主任”，7名教师获学校“优秀班主任”。在学校纪念五四运动举办的“五月的花海”合唱比赛中获冠军；辩论赛获全校冠军；春季运动会获得团体季军并获优秀组织奖；男篮女篮男足等多项文体赛事也分获冠亚军。2015年第三届“青年中国行”大学生暑期社会调研实践活动评比中，学院王永利指导的“看新电改下中小型民营等发电企业的未来”项目获“全国百强团队”和“优秀指导教师”荣誉称号。学院与王老吉集团共同开展“让爱吉时回家”贫困生回乡补助活动资助120名贫困生共计6万元。于新华、李彦斌、赵军伟获“培育和践行社会主义核心价值观远程专题培训优秀个人”。牛东晓教授获“北京市先进工作者”。2015年共33人次获得校级以上奖励。

2015年，MBA学院在第七届尖烽时刻比赛中获得三等奖。罗国亮等撰写的原创性案例《种粮大户的烦恼》获全国“百篇优秀管理案例”。MBA中心获第五届全国“百篇优秀管理案例”优秀组织奖。16篇案例中国管理案例共享中心。第九届中国MBA联盟领袖年会，学校2014级刘晓鹏获“MBA创业成就奖”，14级马营荣获“MBA新锐100”。

（董宏伟）

【概况】院长：牛东晓（黄元生 保定经管系主任）

书记：于新华（严立 保定经管系书记）

学院（系）网址：http：//business.ncepu.edu.cn

2015年，学院在北京设有学院本部，在保定校区设有1个系，经济管理系。学院现有2个省部级重点学科、1个省部级示范中心、1个省部级研究基地。设有2个博士后科研流动站，在站博士后13人；7个博士点专业（其中具有一级学科博士学位授予权的2个）、15个硕士点专业、13个本科专业。

2015年，学院有教职工206人（其中保定68人），专任教师185人（其中保定59人），教授48人（其中保定13人），副教授79人（其中保定21人），具有博士学位的教师占78%，有实验及技术人员4人（其中保定1人）、党政及管理人员20人（其中保定8人）。

2015年，学院有享受政府津贴5人。共引进教师3人。2015年，学院有毕业学生1443人（保定452人），其中博士研究生37人，硕士研究生738人（保定251人），普通本科生668人（保定201人）；学院（系）招生1418人（保定378人），其中博士研究生博士生34人，硕士研究生661人（保定177人），普通本科生723人（保定201人）；学院在校生5566人（保定1403人），其中，博士研究生231人，硕士研究生2656人（保定595人），普通本科生2679人（保定808人）。本科生的英语四级一次通过率为90.20%，本科毕业生一次就业率为82.15%，研究生毕业生一次就业率为95.88%；本科考研报名284人（保定88人），实际考取162人（保定51人），考研率为24.40%。

2015年，学院签订纵横向科研项目137个，其中纵项29项、横项108项，实现科研合同金额共计4739.5万元；共发表论文291篇，其中三大检索收录115篇，核心期刊68篇。出版专著10部，自编教材1本，学院（系）举行学术交流会15次，其中国外专家学术交流会2次，国内专家学术交流会13次。有34人次参加国际学术会议。

2015年，学院共获得省部级以上奖励388人次，其中，本科生获奖295人次（保定168人次），研究生获奖47人次（保定1人次），教师获奖46人次。

2015年，学院拥有经济与管理系（保定）1个、教研室9个、研究所26个、实验室10个、学生实习基地42个，科技研究（创新）基地2个。

2015年，学院开设研究生课程188门（保定63门），完成教学4986学时（保定1890学时）；开设本科生课程652门（保定212门），完成教学18168学时（保定7088学时）；举办各类培训班3期，共培训学员205人。

2015年，学院设有52个党支部（保定17个），拥有中共党员764人（保定221人）、发展党员160人（保定48人）。

2015年，学院设有137个学生班级（保定37个），设有辅导员岗位24个，其中正式编制7个（保定2个）、聘任3个、兼职14个。

（董宏伟　张　清）

【曾鸣教授受邀做客吉林卫视】2015年1月17日，吉林电视台新闻节目《顶尖会面》就“新电改破茧欲出，路在何方”的话题，特邀参与新一轮电力改革方案设计的电力市场专家、深入研究电力改革十余年的曾鸣教授做客节目现场进行解答。电力体制改革是进一步深化国家经济体制改革的重要环节，关乎国计民生。随着 2014 年 10 月 28 日国家发改委再次组织电力体制改革方案研讨会，新一轮电改拉开帷幕。

（董宏伟）

【国家级虚拟仿真实验教学中心获批】2015 年 1 月 8 日，教育部下发通知《教育部办公厅关于批准清华大学数字化制造系统虚拟仿真实验教学中心等 100 个国家级虚拟仿真实验教学中心的通知》（教高厅函〔2015〕3 号），华北电力大学电力经济管理虚拟仿真实验教学中心获批。此次批准的 100 个国家级虚拟仿真实验教学中心，是根据教育部开展 2014 年国家级虚拟仿真实验教学中心建设工作的有关要求，经省级教育行政部门、军队院校教育主管部门推荐，中国高等教育学会组织形式审核、专家评审和网上公示，最终由教育部批准的。

（董宏伟）

【吴志功到经管学院座谈】2015 年 3 月 2 日，校领导吴志功书记到经济与管理学院走访调研，深入了解新学期经济与管理学院的学生返校、安全稳定、教学、科研、学科建设及其他各项工作的开展情况，与经济管理学院领导班子进行座谈，并对学院新学期工作做出全面部署。

（董宏伟）

【袁家海副教授发布新科研成果】2015 年 1 月 21 日，由国际环保机构自然资源保护协会（NRDC）与 20 余家政府智库、科研院所和行业协会等合作进行的中国煤控项目在京发布最新课题研究成果：电力行业煤炭消费总量控制方案和政策研究。20 余家中外媒体参加发布会。

（董宏伟）

【媒体采访报道史怡杰事迹】2015 年 3 月 16 日，保定电视台、广播电台来校采访经济与管理系学生史怡杰事迹。史怡杰出生于山西大同的一户普通家庭，从小性格开朗，不幸在八岁时，因突发急性脊髓炎，从此下半身失去知觉，生活行动需要依靠轮椅，高考中，她以优异的成绩被华北电力大学经济与管理会计专业录取。了解到史怡杰的事迹后，校党委副书记张金辉高度重视，并做出专门指示，要求各部门、院系采取切实有效的措施让史怡杰在校期间学习、生活“零障碍”。

（董宏伟）

【“尖烽时刻”商业模拟大赛获全国总冠军】2015 年 3 月 29 日，第七届“尖烽时刻”国际商业模拟大赛中国赛区总决赛在广州圆满落幕，华北电力大学“风雨同路”本科生代表队荣膺全国总冠军，取得参加全球总决赛的资格，华北电力大学经济与管理学院的张琪、刘力纬、赵洱岽获“优秀指导教师”称号。本次参赛代表为林弘杨（测控 1201 班）、荆一鸣（经济 1201 班）、杨倩茹（会计 1201 班）、方靖（经济 1201 班）、秦磊（物流 1201 班）、秦鹏飞（信管 1201 班）、赵佳伟（信管 1201 班）、陈乐怡（会计 1202 班）。

（董宏伟）

【MBA 联合会参加北京 MBA 联盟联欢晚会】2015 年 4 月 6 日，由第十一届北京 MBA 联盟主办的“同行筑梦正青春——北京 MBA 联盟联欢晚会”在北京举行，华北电力大学 MBA 联合会主席团成员杨兆静、刘晓鹏出席会议。来自北京大学、北京工业大学、北京航空航天大学等北京 MBA 联盟 30 多所成员单位及兄弟院校近 150 位 MBA 联合会主席、秘书长、副主席、联合会成员、MBA 代表参加。

（董宏伟）

【获百优案例评选最佳组织奖】2015 年 4 月 3 日，全国 MBA 培养学校管理学院院长联席会议于北京西郊宾馆举行，华电 MBA 项目获 MBA 教指委颁发第五届百优案例评选最佳组织奖。经济与管理学院院长、MBA 中心主任牛东晓教授、MBA 中心常务副主任闫庆友教授、副院长李彦斌教授及华电 MBA 案例中心主任孙冬等出席会议并与各校同行共同探讨和交流国内 MBA 项目的发展走向及热点话题。

（董宏伟）

【举办春季双选会】2015 年 4 月 17 日，由经济管理系牵头举办的春季双选会在学校文体中心拉开帷幕，近 50 家用人单位来校招聘。本次用人单位主要招聘管理类、经济类、法政类和英语类人才，针对性强。未就业毕业生和部分大三学生参加招聘会，大三学生提前感受招聘现场的气氛。每年春季，经济与管理系均积极配合学校做好春季毕业生双选会，逐步形成具有经管特色的招聘会。

（董宏伟）

【参加“PEAKTIME”国际商业模拟全球总决赛获佳绩】2015 年 4 月 20 日，第十六届国际商业模拟竞赛“PEAKTIME”全球总决赛落幕，华北电力大学代表队 E-KINGSMAN 获商业模拟全球第 1 名、综合总成绩亚洲第 2 名、全球第 8 名的优异成绩。继 2014 年华北电力大学学子首次走出国门、参加国际商科类竞赛获得商业模拟全球第 1 名的基础上，华北电力大学再次取得国际商科竞赛顶尖荣誉，这充分表明华北电力大学实施以“四模块”为框架的实践教学取得重大成果，也标志着华北电力大学创新创业教育工作取得显著成效。

（董宏伟）

【李彦斌增补为中国管理案例研究专业委员会委员】2015年4月22日，中国管理现代化研究会管理案例研究专业委员会一届三次会议在西安举行。会上，华北电力大学李彦斌增补为中国管理案例研究专业委员会委员。本次会议由中国管理现代化研究会管理案例研究专业委员会主任、大连理工大学苏敬勤教授主持。出席会议的有：中国管理现代化研究会管理案例研究专业委员会名誉主任、清华大学仝允桓教授和南京大学赵曙明教授，中国管理现代化研究会管理案例研究专业委员会副主任、北京大学周长辉教授和北京航空航天大学欧阳桃花教授。

（董宏伟）

【应邀出席第八届北京地区MBA院校联盟经验交流会】2015年4月29日上午9：00，第八届北京地区MBA院校联盟经验交流会在北京科技大学东凌经济管理学院210室隆重举行。活动邀请来自华北电力大学、北京理工大学、北京交通大学、中国科学院大学、北京师范大学等24所京津冀地区MBA院校的商学院主管院长、副院长、中心主任、招生主管等50多位嘉宾出席会议。华北电力大学MBA教育中心常务副主任闫庆友教授、教学培养部主任罗国亮教授、MBA中心张剑、吕艳霞应邀出席此次会议。会议围绕各大院校MBA实践教学、教育转型等话题进行交流和分享，针对北京地区MBA项目所面临的挑战、如何持续健康发展等问题进行探讨。

（董宏伟）

【牛东晓教授获北京市先进工作者称号】2015年4月29日，北京市庆祝五一国际劳动节暨表彰劳动模范和先进工作者大会在北京会议中心举行，1153名北京市优秀的劳动者和197个市级模范集体获新世纪以来北京市委和北京市政府进行的最高规格表彰。华北电力大学牛东晓教授获北京市先进工作者称号。

（董宏伟）

【召开党委换届选举会议】2015年5月12日，经济与管理学院党委换届选举会议召开。校党委书记吴志功出席本次会议，经济与管理学院党委书记于新华、院长牛东晓及全系教工党员和学生党员参会，民主党派及党外人士代表列席会议。会议由院党委副书记赵军伟主持，共选举9名党委成员。5月14日，经济管理系党委换届选举大会召开。校党委书记吴志功出席本次大会，经济管理系党委书记严立、系主任黄元生及全系教工党员和学生党员184人参会，民主党派及党外人士代表列席会议。大会由系党委副书记赵怀璧主持。

（董宏伟）

【召开学术交流研讨会】2015年5月14日，管理科学与工程学科大团队北京成员在海淀区稻香湖酒店会议中心举行学术交流研讨会，本次会议除管科团队教师以外，校党委书记吴志功书记、学院的于新华书记和牛东晓院长及全体班子成员、校学生处处长张新娟及对学科建设做出重大贡献和给予管科支持和帮助的部分老师，共60余人参加研讨会。

（董宏伟）

【《沟通的力量》课程获批国家精品视频公开课】2015年6月6日教育部发布《教育部办公厅关于公布第七批“精品视频公开课”名单的通知》（教高厅函〔2015〕11号），批准华北电力大学经济与管理学院赵洱岽《沟通的力量》等158门课程为国家精品视频公开课。该课程已在教育部“爱课程”网“视频公开课”栏目上线后，受到全国各界的关注和好评，社会反响热烈。

（董宏伟）

【第八届全国大学生网络商务创新应用大赛公益巡讲活动圆满完成】2015年6月9日，邮储银行杯中国互联网协会第八届全国大学生网络商务创新应用大赛公益巡讲活动华北电力大学站在华北电力大学举办，互联网协会高校负责人崔峣，邮政储蓄银行昌平支行经理张乐琴，微商科技有限公司经理任海林及学院师生代表参与本次巡讲。

（董宏伟）

【曾鸣教授拜访周孝信院士】2015年7月21日，经济与管理学院能源与电力咨询中心主任、国家能源互联网行动计划专家组组长曾鸣教授，清华大学能源互联网创新研究院高峰副院长，华北电力大学刘敦楠副教授以及清华大学能源互联网创新研究院陈启鑫一行拜访中国电力科学研究院周孝信院士，就中国能源互联网建设的若干关键问题和国家能源互联网行动计划十二个支撑课题的相关内容向周院士请教。

（董宏伟）

【获全国管理决策模拟大赛一等奖】2015年7月27日，2015年“创新创业杯”第七届全国管理决策模拟大赛总决赛暨全国工商管理实验教学研讨会在上海第二工业大学落幕。经济与管理学院荆一鸣（经济1201）、陈巩凡（工管 1302)、李一鸣(财务 1402)三人组成的“迷失的羔羊”代表队在 96 支队伍中脱颖而出，夺得全国一等奖。该代表队由刘金朋、张琪两位指导。学校学子已连续三年获该赛事全国奖项，其中 2013 年获全国总决赛一等奖、2014 年获全国总决赛二等奖。

(董宏伟)

【参加能源经济学术创意大赛获佳绩】2015 年，经济与管理学院学生参加第一届全国大学生能源经济学术创意大赛获佳绩。INE 杯第一届全国大学生能源经济学术创意大赛由中国优选法统筹法和经济数学研究会主办，由中国科学院能源与环境政策研究中心和上海国际能源交易中心(INE)联合发起。

(董宏伟)

【华电 MBA 学子访问汉能控股集团】10 月 12 日，华电 14 级 MBA 集中班学员、经管院导师刘树良、班主任吕艳霞一行共 38 人前往北京汉能控股集团总部及清洁能源展示中心参观访问。汉能控股集团技术部总监曹志峰及汉能控股集团总裁助理崔少娟接待华电 MBA 一行并对汉能集团的技术、产品、战略布局进行讲解和展示，期间双方针对国内新能源技术的应用及国内外新能源领域发展趋势等热点问题进行讨论与交流。

(董宏伟)

【召开会计审计发展论坛】2015 年 10 月 20 日，经济与管理学院会计教研室主办“新形势下国企改革中的会计审计发展论坛”。本次论坛是 7 月 12 日“当前国企改革中的财务与会计发展论坛”的进一步拓展与深化。本次论坛由夏宁教授筹划，将进一步促进会计专业的科研和教学工作。

(董宏伟)

【华电 MBA 代表参加 MBA 联盟领袖年会】2015 年 10 月 24 日，由郑州大学主办的第九届中国 MBA 联盟领袖年会在郑州召开。华北电力大学 MBA 教育中心师生一行 4 人出席年会。本次会议以“创时代下的新模式、新引擎”为主题，邀全国 MBA 院校、学者、优秀企业家、政府官员及在校的 MBA/EMBA 学员们近 600 人参会。

(董宏伟)

【华电 MBA 应邀出席第十五届中国 MBA 发展论坛纪实】2015 年 10 月 24 日，第十五届中国 MBA 发展论坛在江苏南京河海大学举行。该论坛以“协同创业创新与中国‘走出去’”为主题，深入探讨在大众创业、万众创新的时代背景下，中国 MBA 创业创新教育的实践之路。本届论坛由河海大学主办、河海大学商学院承办，华北电力大学 MBA 中心常务副主任闫庆友教授、宣传推广部张剑、校友代表郭瑞林应邀出席论坛。

(董宏伟)

【能源互联网研究中心成立】2015 年 10 月 31 日，能源互联网研究中心成立。该中心致力于整合校内外能源领域的优势科研力量，形成由经济管理、电气、能源与动力、可再生能源、信息与通信、人文社科等多学科、跨专业的科研团队，在科学研究、产业化和人才培养方面，对能源互联网的未来发挥重要的支撑作用。

(董宏伟)

【国家社科基金重大项目得立项资助】2015 年 10 月 19 日，2015 年度国家社科基金重大项目(第二批)经专家评审、社会公示并报全国哲学社会科学规划领导小组批准，立项名单公布。华北电力大学张兴平教授申报的《清洁能源价格竞争力及财税价格政策研究》(项目编号 15ZDB165)项目获立项资助。这是华北电力大学首次获批国家社科基金重大项目，是学校在国家社科基金立项方面的一项突破。

(董宏伟)

【举行名家校友访谈】2015 年 11 月 21 日，华北电力大学校友会和 MBA 联合会联合举办的第三期“面对面”名家校友访谈见面会。此次访谈邀请到青岛特锐德电气股份有限公司董事长、华北电力大学 97 级研究生于德翔，杭州中恒电气股份有限公司董事、华北电力大学 81 级校友周庆捷博士，特邀天使投资人刘博女士担任点评嘉宾，华电校友、央视主持人姚雪松担任主持人。

(董宏伟)

【第八届全国大学生网络商务创新应用大赛获佳绩】2015 年，经济与管理学院学生参加第八届全国大学生网络商务创新应用大赛获佳绩。本次比赛共有九支团队参赛，其中三支队伍进入全国总决赛并取得优异的成绩。其中，peerless 团队获全国一等奖，Oh My Girls 团队获全国二等奖，FF 团队获全国三等奖。“全国大学生网络商务创新应用大赛”是中国互联网协会主办的全国性活动，旨在提升大学生网络商务创新应用的职业能力、促进大学生就业与高校实践教学。

(董宏伟)

【获中国土木工程学会优秀毕业生奖】2015 年 12 月 15 日，经济与管理学院胡勇获中国土木工程学会、詹天佑土木工程基金会颁的“中国土木工程学会高校优秀毕业生奖”，至此，华北电力大学工程管理专业已连续五年蝉联此殊荣。

(董宏伟)

控制与计算机工程学院

【概述】2015年，控制与计算机工程学院在学科建设、教学科研、党建工作、学生管理等方面取得进步。

一、学科建设

2015年，根据12月7日中国工程院公布的2015年中国工程院院士增选结果，学院刘吉臻教授当选为中国工程院能源与矿业工程学部院士。学院进一步完善新领域和物联网工程专业的建设，学院以重点学科优势为依托，不断加强学科之间的交叉融合。保定校区计算机系继续建设好“计算机科学与技术”“软件工程”一级学科硕士点和“计算机技术”“软件工程”专业学位硕士点，继续对“河北省电子信息教育创新高地”进行建设，凝练研究方向，引导教师在智能电网、物联网、信息系统与安全、智能通信与信息处理等方向展开合作研究，重点突破，取得一批标志性成果。

二、制度建设

2015年，学院在现有制度的基础上修订“财务管理”“研究生评奖、评优办法”“国家奖学金评选”等工作制度，上线运行“学生综合测评系统”。学院根据实际情况，制定《控制与计算机工程学院专项基金项目管理实施细则》，基金主要支持学院教师开展自主选题科学研究工作。通过该项目的实施，带动相应学科的建设以及前沿性科学研究、教改研究以及管理研究工作；努力建立一支与高水平学院建设相适应的教学、科研并重的师资队伍，以实现学院整体水平的全面提升和可持续发展。保定校区计算机系围绕“三严三实”教育，坚持走内涵发展为主的道路，全面贯彻学校制定的“质量工程”“创新工程”“人才工程”计划，在教职员工的考核上由原来以“量”为主转变为以“质”为主，突出标志性成果，以绩效作为评优的依据；加强青年教师的博士化，鼓励青年教师到名校随名师攻读博士学位，进一步推进青年教师的国际化，支持青年教师到国外求学深造。

三、教学工作

2015年，学院物联网工程教研室正式成立，专业实验室一期工程竣工，投入使用。学院承办的首次“互联网+”大赛顺利结束。建设以卓越班为主、服务于大学生创新创业的开放支撑平台。协助国际教育学院为计算机专业方向留学生制订研究生培养大纲，组织专业骨干教师系统性地开设相关英文课程。在实践教学和学生课外科技活动方面加大人力和经费投入，并完善创优评优机制。开展教学反馈，交流经验，增强学习效果。学院重视教学信息反馈，每学期组织召开学生座谈会和学习经验交流会。保定校区自动化系完成2013版培养方案的教学大纲修订工作，顺利完成2014级“卓越计划”工程实践型试点班选拔工作的同时，继续完善卓越班建设工作，对自动化401房间卓越班实验室进行改造，完善实验资料，使该实验室使用率大幅度提高。在第一届“卓越计划”毕业生毕业之际，详细总结培养经验，并对后续培养工作进行改革与调整。全面规划2016—2018三年建设方案，着力于本科实践教学内容的改革，制定工业控制实践教学基地计划。2016年度教育部修购专项申请获批。华北电力大学罗克韦尔自动化实验室投入使用。继续进行智能车俱乐部建设工作。保定校区计算机系获批河北省教学改革项目《以培养创新创业能力为目标的计算机专业人才培养模式研究》1项。获准向教育部申报项目1项。

四、科研工作

2015年，筹建“华北电力大学电力智能机器人工程技术研究中心”“华北电力大学能源互联网与电力大数据研究所”以及“电力信息安全研究所”。国家自然科学基金项目超过去年立项数的两倍。国家级、省部级平台形成稳定的科研方向和较强的科研实力，基本建立科研可持续发展格局。北京校部签订纵横向科研项目28个，其中纵向21个，技术服务12个。实现科研合同金额共计1953万元，其中纵向科研经费512万元，横向科研和技术服务经费1441万元。共发表论文126篇，其中SCI检索论文35篇，EI检索论文39篇；专利授权共43项，其中发明36项，实用新型专利授权7项。刘吉臻、牛玉广等完成的“大型超超临界机组自动化成套控制系统关键技术及应用”获国家科学技术进步奖二等奖。韩晓娟等参与完成的“MW级大型风力发电机组的智能控制技术研究”获吉林省科技进步奖二等奖。保定校区自动化系累计完成科研项目合同额600多万元，申报国家自然科学基金10项，河北省（北京市）自然科学基金8项，获批国家自然科学青年基金1项。发表论文130余篇，其中SCI检索5篇，EI期刊检索和一级学报论文19篇；获得发明专利授权8项，实用新型专利4项，计算机软件著作权获批67项。保定校区计算机系完成科研合同总额达到516.97万元（含纵向45万元），共组织申报国家自然基金9项，河北省自然基金5项，中央高校基本科研业务费项目7项，获批国家自然基金1项，中央高校基本科研业务费项目7项。发表中文核心期刊以上级别论文43篇，中文核心期刊及以上论文29篇（其中SCI和EI期刊论文6篇）；鼓励广大教师积极申报省部级鉴定和各级奖励，共获计算机软件著作权47项，发明专利2项。

五、学生工作情况

思想政治教育方面，组织一系列社会主义核心价值观的培育和践行活动，效果良好。

学生党建方面，2013级学生党支部获学校“先进党支部”，研控计1322党支部获“特色活动先进党支部”。学院学生党支部积极参与学校的党支部党建重点项目建设活动，共有17个支部申报14个重点项目。

国防教育方面，专人负责征兵工作，共有2人入伍。就业工作方面，本科生就业率为97.63%，考研116人，出国8人。研究生方面，完成全国工程专业学位研究生教育研究课题1项。完成控制工程专业、计算机技术专业和软件工程专业实践教学大纲修订工作，首次召开全日制工程硕士实践成果汇报会，在读研究生研究成果丰硕，SCI论文产出数量稳步增长；5位博士研究生获国家公派出国项目资助。保定校区自动化系主抓学风建设工作，重点建设“3X3学风建设工作体系”，确保不同层次的学生都能快速找准方向，提升人才培养质量。针对精英学生开展创新人才培养计划；针对大部分学生，开展“四横两纵计划”，加强生涯目标引领。关注学业困难学生的教育帮扶，以“雁阵”学业困难帮扶项目为平台，推行虚拟班集体制度，引导学业困难学生重回课堂。注重学生创新能力培养，以“智能车俱乐部”为依托，鼓励学生开展创新活动，积极参加科技竞赛等。

2015年度，自动化系本科学生获省部级科技竞赛奖励147项。

六、工会工作

2015年，学院积极参与工会组织的各项活动并获佳绩。

七、党政管理创新情况

2015年，学院继续加强领导班子的思想政治建设，加强党风廉政建设。教育引导教师勤教、廉教、善教。召开党委换届选举大会并选举产生新一届党委委员。

保定校区自动化系完成党委换届选举，并选举产生新一届委员会。领导班子不断加强自身学习，提高执政能力和水平，建设学习型班子，继续深入落实党的群众路线学习实践活动，认真学习并研讨党中央方针政策及学校未来发展规划。

保定校区计算机系结合国内外计算机学科的发展趋势和发展经验，凝练项目4个，分别为：（1）基于云计算与大数据技术面向电力数据处理理论与应用研究；（2）智能电网与物联网双网融合创新研究；（3）信息安全重点研究和本硕博特色专业建设项目；（4）以学科竞赛、实际科研训练为抓手的创新人才培养及与IBM共建面向卓越工程师的人才培养项目。

八、培训工作

2015年，学院继续承担全国计算机等级考试及注册认证考试工作。在职工程硕士生源质量和招生人数进一步提升。完成学业并获得硕士学位的在职学生数量显著增加。保定校区自动化系承担电力行业仿真教练员教师资格认证、仿真指导高级教师资格认证、电厂运行培训等项目，在电力行业具有重要影响，取得良好社会效益。

九、对外交流与合作

2015年，依托国家外专局、教育部国际交流、“111”引智基地、“973计划”、国家自然科学基金等项目，学院各专业教师邀请多位国外知名专家到学院进行学术交流。协助国际教育学院为计算机专业方向留学生制订研究生培养大纲，组织专业骨干教师系统性地开设相关英文课程。继续高质量地申报和执行国家外专局和教育部国际交流重点项目，获资助项目数在学校名列前茅。2014—2015年度，学院有5位青年教师受到国家留学基金委资助，先后赴国外留学深造。

保定校区自动化系共邀请国外、国内专家来校访问讲学2人次。

十、师生获奖情况

2015 年，北京校部杨锡运获“教学优秀特等奖”，单波、马苗苗、魏振华、吴华、夏宏、周长玉获“教学优秀奖”。吴华获第二届全国高校微课教学比赛全国决赛优秀奖。赵建涛获“十佳班主任”荣誉称号，杨婷婷、高峰、滕婧等 9 名老师获“优秀班主任”称号，杨锡运、申晓留、梁赓、李新利、刘娜、刘海青等 6 名教师获“优秀研究生班主任”称号。薛明磊获“北京高校优秀辅导员”荣誉称号。

北京校部本科生科技创新成果突出，90 人次获省部级以上奖励。获得国家级以上奖励 68 项；省部级奖励 60 项；在大学生创新创业训练计划项目中获国家级优秀 15 人次；此外，1 名同学作为第一著作人获得软件著作权一项，1 名同学作为第一发明人获得专利两项。曹杰、刘建波获 2014 年度校长奖学金题名。8 名同学获得校友奖助金。65 名同学获得“一等奖学金”，134 名同学获得“二等奖学金”，134 名同学获得“三等奖学金”，264 名同学获“校内单项奖学金”。39 名同学被评为“校级优秀毕业生”。

研究生获奖情况：崔超获校长奖学金，周欢等 7 人获“博士优秀奖学金”，孟洪民等 4 名同学获“博士国家奖学金”，侯杰等 16 名同学获“硕士国家奖学金”。王诚诚等 4 名同学获“优秀研究生标兵”称号，张晓霞等 69 名同学获“优秀研究生”称号，王耀函等 34 名同学获“优秀研究生干部”称号。86 名同学获得“一等奖学金”,85 名同学获得“二等奖学金”。

保定校区计算机系获美国数学建模大赛一等奖一项、全国节能减排国家一等奖、省部级以上奖励 9 项，并有独立作者以及第一作者发表论文 71 篇，获专利 10 项。保定校区自动化系激励大学生积极参与科技创新活动，获省部级科技竞赛奖励 60 余项。全国电工杯数学建模竞赛国家一等奖 2 人次、二等奖 5 人次、三等奖 3 人次。美国大学生数学建模竞赛一等奖 5 人次，二等奖 10 人次。节能减排大赛全国一等奖 2 人次，二等奖 2 人次，三等奖 2 人次。2015 中国机器人大赛暨 RoboCup 公开赛一等奖 1 人次，二等奖 1 人次。第十届全国大学生“飞思卡尔”杯智能车竞赛二等奖 3 人次。全国信息技术水平大赛全国二等奖 1 人次，三等奖 1 人次。

（单田雨　胡建强　李金花）

【概况】院长：刘石

书记：刘威

2015 年，控制与计算机工程学院在北京设有学院本部，在保定校区设计算机系和自动化系。学院现拥有控制科学与工程一级学科博士点、博士后科研流动站。拥有控制科学与工程、计算机科学与技术、软件工程三个一级学科硕士点。其中，控制科学与工程一级学科下设控制理论与控制工程、检测技术与自动化装置、系统工程、模式识别与智能系统等 4 个二级学科；计算机科学与技术一级学科下设计算机系统结构、计算机应用技术等 2 个二级学科。拥有控制工程、计算机技术、软件工程 3 个工程硕士专业学位授予权。学院设立有自动化、测控技术与仪器、计算机科学与技术、软件工程、网络工程、信息安全、物联网工程 7 个本科专业。保定校区计算机系，现有 3 个工学硕士点专业，2 个工程硕士点专业，4 个本科专业。保定校区自动化系现有 1 个省部级重点学科，设有 1 个一级学科博士点专业、1 个一级学科硕士点专业、1 个工程硕士点专业、2 个本科专业。

2015 年，学院在校本科生 3616 名（北京 1773 人，保定 1843 人），研究生 1252 名（北京 714 人，保定 538 人）。

2015 年，学院有教职工 283 人，其中教师 201 人。教师队伍中，教授 58 人，其中博士生导师 19 人，副教授 76 人。国家千人计划 1 人，国家百千万人才计划 1 人，中科院百人计划 1 人，教育部新世纪优秀人才 3 人，全国师德先进个人 1 人，首都劳动模范奖章获得者 2 人，北京市教学名师 2 人，河北省教学名师 1 人，北京市师德先进个人 3 人，北京市优秀教育工作者 1 人，形成一支以博士生导师为学术带头人，以中青年教师为学术骨干，具有良好师德和较高教学科研水平的师资队伍。

学院取得的主要成果有：国家级科技进步二等奖 1 项，中国国电集团科技进步一等奖 1 项，国家级教学成果二等奖 1 项，联合国发明创新科技之星奖 1 项，电力科技进步一等奖 1 项，省部级科技进步一等奖 3 项、二等奖 5 项、三等奖 8 项，获省部级教学成果二等奖 3 项。获得包括国家 973 项目、国家 863 重大项目、国家科技支撑项目、国家自然科学基金重点以及国家自然科学基金等项目数十项，省部级教改项目 3 项。主研重大横向科研课题 5 项。在国内外著名学术刊物上发表 SCI、EI、ISTP 检索论文千余篇。

学院拥有“自动化”国家级教学团队和特色专业，北京市优秀教学团队和特色专业，“电子信息教育”河北省高等学校本科教育创新高地、“信息安全”河北省品牌特色专业，拥有《现代控制理论》国家级双语教学示范课程，以及《过程参数检测及仪表》《数据结构》和《自动控制原理》等一批省部级精品课程。

学院拥有“新能源电力系统”国家重点实验室发电过程测控新技术平台，“工业过程测控新技术与系统”北京市重点实验室，北京市电力信息技术工程研究中心，剑桥－华电全球可持续发展中心（Centre for Global Sustainable Development），智能化分布式能源系统教育部“111”引智基地，电力企业软件工程实习基地等高水平人才培养平台，拥有1个教育部“长江学者和创新团队发展计划”，以及纳入河北省工程技术中心序列进行管理的“河北省发电过程仿真与优化控制工程技术研究中心”。

2015年，北京校部开设研究生课程91门，完成教学2848学时；开设本科生课程135门，完成教学4992学时（不含实践环节）。保定校区计算机系开设研究生课程22门，完成教学680学时；开设本科生课程92门，完成教学8184学时。保定校区自动化系开设研究生课程19门，完成教学608学时；开设本科生课程52门，完成教学2304学时（不含实践环节），其中一本开设本科生课程47门，完成教学1856学时（不含实践环节）；三本开设本科生课程47门，完成教学1856学时（不含实践环节）。

2015年，学院拥有教研室12个、研究所（室）8个、教学实验中心2个、实验管理中心1个、学生实习基地16个，科技研究（创新）基地5个，研究生工作站5个。其中，保定校区计算机系拥有教研室2个、研究室7个、教学实验中心1个、学生实习基地15个。保定校区自动化系拥有教研室2个，教学实验中心1个，纳入河北省工程技术中心序列进行管理的“河北省发电过程仿真与优化控制工程技术研究中心”1个，国家级虚拟仿真实验教学中心1个（电力工业全过程虚拟仿真实验教学中心）。

2015年，学院共有62个党支部，拥有中共党员1036人、发展党员185人。北京校区设有35个党支部，拥有中共党员548人、发展党员97人。保定校区计算机设有11个党支部，拥有中共党员194人、发展党员42人。保定校区自动化系设有16个党支部，拥有中共党员294人，发展党员46人。

（单田雨　胡建强　李金花）

【青年教师前往环境保护监测中心参观】2015年3月31日，学院实验中心、检测技术与自动化装置教研室、控制理论与控制工程教研室及千人团队4位青年教师代表跟随学校工会前往北京市环境保护监测中心参观实践。在参观空气监测、遥感监测等实验室时，学院就监测原理、监测方法、监测设备、数据分析等跟专业密切相关问题咨询中心工作人员并做简单探讨。

（单田雨）

【获国际仪器仪表协会“2015 Graduate Fellowship Award”】5月9至14日，闫勇教授带领学院教师胡永辉、张文彪及博士后王丽娟参加在意大利比萨举办的2015 IEEE International Instrumentation and Measurement Technology Conference（IEEE I2MTC，国际仪表和测量大会）。王丽娟在其博士生导师闫勇教授的指导下获2015年度国际仪器仪表协会的“Graduate Fellowship Award”。

（单田雨）

【院党委换届选举大会召开】2015年5月19日，学院召开党委换届选举大会。校长刘吉臻，校长助理汪庆华，学院全体党员及部分党外教师代表出席。刘威代表上一届学院党委作题为《求真务实 凝心聚力 开创学院各项工作新局面》的工作报告；谢桂庆作党费收缴、使用和管理情况工作报告；大会选举产生新一届党委委员。

（单田雨）

【高校兵棋推演大赛获佳绩】5月30日至31日，为期2天的北京高校学生第二届兵棋推演总决赛在清华大学拉开帷幕。来自12所高校16支队伍32名选手参加比赛，最终控制与计算机工程学院团队获季军。

（单田雨）

【德国亚琛工业大学Berno Misgeld博士来访】6月8日，学院邀请来自德国亚琛工业大学（RWTH Aachen）的Berno Misgeld博士来访。作题为“From Classical to Robust Control with Biomechatronic Applications”的精彩学术报告，详细阐述鲁棒控制理论及其在生物机械领域中的应用情况，并从仿真分析和实验验证两个方面验证所提算法的合理性和有效性。

（单田雨）

【法国尼斯大学Cédric Richard教授来访】2015年7月，应学院教师滕婧邀请，法国尼斯大学Cédric Richard教授来校开展为期10天的学术交流与访问并作题为“Distributed Learning and Adaptation Over Networks”的专题讲座。Cédric Richard教授就其团队在无线传感器网络中信号及图像处理以及机器学习领域研究的最新进展，给师生做深入浅出的讲解。

（单田雨）

【肯特大学高级访问学者王涛博士来访】2015年8月，应学院闫勇教授邀请，KROHNE（UK）流量仪表公司科研主管、英国肯特大学高级访问学者王涛博士来校开展学术交流和访问并作题为“Coriolis Flow Measurement Technology from a Manufacturer’s Perspective”的专题学术报告。王涛博士就科里奥利流量计在科研、工业中的发展历程、研究现状，给师生做详细介绍，引起与会师生热烈讨论。

（单田雨）

【意大利Enrico Canuto教授来访】2015年8月25日至9月6日，应学院邀请，意大利都灵理工大学自动化系控制理论专家Enrico Canuto教授来校访问和交流并作题为“Disturbance Estimation and Rejection：The EMC Approach”的三场系列精彩学术报告，分别是：EMC Principles and Uncertainty、Embedded Model and Noise Estimator、Control Law and Performance。详细阐述EMC控制理论的核心思想、主要组成及在航天飞行器中的实际工程应用情况，并通过仿真实验结果验证所提算法的合理性和有效性。

（单田雨）

【英国University of Sheffield马林教授来访】2015年9月，应学院闫勇教授、院长刘石邀请，英国University of Sheffield马林教授来校开展学术交流和访问并作题为“Integrated CFD and Process Modelling of Thermal Power Plants”的专题学术报告会，就Computational Fluid Dynamics（CFD，计算流体力学）在热电厂富氧燃烧优化中的应用做详细讲解。

（单田雨）

【研究生综合测评系统上线】2015年9月21日，研究生综合测评系统上线，标志着由研究生自主研发的研究生信息系统正式应用到研究生日常管理工作中。学院于2015年4月份启动研究生综合测评系统的开发工作。开发团队由谢桂庆作指导，研究生辅导员费翔作为领队，以及控制与计算机工程学院8名研究生组成。团队成员将专业所学用于实践当中，经过近半年研发构建出一套较为完备的研究生综合测评系统。

（单田雨）

【1学生捐献造血干细胞】2015年10月13日，学院2015级硕士研究生小华（化名）在海军总医院成功实施造血干细胞采集，他所捐献的造血干细胞将用于救助一位广东白血病患者。昌平区副区长刘淑华代表区委区政府和北京市红十字会、中国造血干细胞捐献者资料库北京管理中心共同为该同学颁发捐献造血干细胞荣誉证书和奖状。这是学校第二位成功捐献造血干细胞的志愿者。

（单田雨）

【举办前沿&创新学术论坛】2015年10月27日，学院在国际交流中心多功能厅举办“前沿&创新”学术论坛活动，论坛邀自动化领域专家毛剑琴教授作主题是“做人、做事、做学问”讲座。

（单田雨）

【刘吉臻当选中国工程院院士】2015年12月7日，中国工程院公布2015年中国工程院院士增选结果，学院刘吉臻教授当选为中国工程院能源与矿业工程学部院士。

（单田雨）

【学科建设工作取得进展】2015年，计算机系学科建设取得成效，共凝练项目4个，分别为：（1）基于云计算与大数据技术面向电力数据处理理论与应用研究；（2）智能电网与物联网双网融合创新研究；（3）信息安全重点研究和本硕博特色专业建设项目；（4）以学科竞赛、实际科研训练为抓手的创新人才培养及与IBM共建面向卓越工程师的人才培养项目。

（胡建强）

【出版1部教材】2015年8月，朱永利教授主编的“十二五”普通高等教育本科国家级规划教材《发电厂电气部分（第五版）》正式出版发行。

（胡建强）

【获省级优秀硕士学位论文】2015年，朱永利教授指导的《变电站常规监测装置与IEC61850监测系统通信的研究》（作者张凡）被评为河北省2015年优秀硕士学位论文。

（胡建强）

【开展暑期支教活动】2015年7月，计算机系暑期社会实践团赴保定市顺平县安阳乡希望小学开展暑期支教活动，队长殷礼宾被评为2015年河北省“体验省情·服务群众”创新创业主题实践活动“优秀个人”，代曼被评为2015年河北省“体验省情·服务群众”创新创业主题实践活动“优秀个人优秀指导教师”。

（胡建强）

【开展“大家访”活动】2015年8月，为贯彻落实河北省教育工委、教育厅以及学校相关文件精神，积极开展2015年暑期“大家访”活动。计算机系辅导员结合学生实际情况，以家庭经济困难、学习困难、心理问题严重或思想行为偏激、孤儿或单亲家庭学生为重点，到学生家中进行走访、慰问、座谈和调研。代曼被评为2015年河北省高校辅导员暑期“大家访”活动先进个人。

（胡建强）

【华北电力大学－罗克韦尔自动化实验室揭牌】 3月17日，华北电力大学－罗克韦尔自动化实验室揭牌。罗克韦尔自动化全球总监迈克尔·库克、亚太区经理李磊、中国区大学项目高级专员吕颖珊，学校副校长王增平及相关部门负责人、自动化系师生参加揭牌仪式。

（李金花）

【召开自动化系党委换届大会】 2015年5月14日，自动化系召开党委换届选举大会。学校党委组织部副部长李秋夫出席会议。会议审议通过《华北电力大学自动化系党委换届选举办法》，并选出新一届党委委员。会后，自动化系新一届党委委员召开第一次会议，选举产生自动化系党委书记和副书记。

（李金花）

【获高校自动化设计大赛一等奖】 2015年7月29日，第二届“台达杯”高校自动化设计大赛决赛在苏州市举行，由学校自动化系教师梁伟平指导，硕自动化133班王佳荣、硕自动化133班米路、硕自动化152班赵海龙、测控1303班王安琪组成的参赛队伍在大赛中获全国二等奖。

（李金花）

【获“飞思卡尔”杯智能汽车总决赛二等奖】 2015年，第十届全国大学生“飞思卡尔”杯智能汽车竞赛总决赛在山东大学举行。由学校教师林永君、王炳谦指导，自动实1201班徐海洲、自动化1204班舒向前、测控1203班王润芳组成的代表队表现出色，获全国二等奖。

（李金花）

人文与社会科学学院

【概述】 2015年，华北电力大学人文与社会科学学院扎实开展“三严三实”专题教育活动，通过成立领导小组，制定实施方案，认真参加相关活动，同时坚持个人自学与集体学习相结合，围绕文科振兴，结合实际工作，统筹谋划，从严从实，有效推动各项工作的开展。

2015年，人文社科与政教党委完成党委换届工作。按照校党委的统一部署，人文社科与政教党委换届选举党员大会顺利召开。大会通过《以振兴文科为己任，为实现华电强校梦而努力奋斗》的工作报告，选举产生新一届党委委员会。大会立足于振兴华电文科，发展特色文科，为建设高水平大学做贡献的高度，提出今后一段时期的指导思想、工作思路、标志性项目和重点任务，描绘未来美好蓝图。

2015年，学院制定完成“十三五”发展规划。按照学校部署，公共管理学科调研中山大学、暨南大学、中南大学、湖南大学，法学学科调研安徽大学、湘潭大学、燕山大学等高校并借鉴以上学校的学科发展经验，多次召开座谈会，认真制定学院的“十三五”发展规划，确立未来五年发展目标与行动计划。

2015年，学院MPA专业硕士学位点获批后，MPA教育中心挂牌成立，学院建设完成案例教学室、档案管理室，制定管理规章制度。首届MPA学员完成第一次集中学习，同时新一届研究生的招生工作正在有序推进。

2015年，以李英为首的一批教师获得北京教学名师等荣誉。李英教授获第十一届北京市高等学校教学名师称号，陈玲荣获全国大学生广告艺术大赛优秀指导教师，陈建国副教授获2015年全国民政理论研究成果奖。在全体教职员工的密切协作下，本科生教育不断推进，研究生培养质量提升，圆满完成各项教学任务。

2015年，学院科研圆满完成经费任务，项目质、量同步提升。总科研经费完成额达到377.3万元，其中纵向项目总经费257.5万元，横向项目总经费119.8万元。在学校下达任务318万元的基础上，超额完成任务，完成率118.6%。共获批纵向项目18项，横向项目11项。共出版著作11部，发表学术论文39篇。其中核心期刊以上论文19篇，包括SSCI三篇，SCI一篇。科研获奖获得省部级奖励1项，地厅级奖励1项。

2015年，北京能源发展研究基地建设成果丰富。基地申报并获批纵向项目23项，其中国家级5项，省部级10项，北京社科基金8项，横向项目50项。总经费1980万，其中纵向经费261万，横向经费1719万，出版著作9部，获省部级奖4项，地市级奖3项，获副总理批示1项。

2015年，国际学术交流频繁。全年开展国际学术活动多次。加拿大里贾纳大学副校长戴维教授再次来访，国际气候变化与能源法律政策研究领域学者、美国纽约大学教授Shakeel Kazmi进行为期2周的访问讲学，英国皇家科学院院士John Robertson受邀来学校讲座，英国CMS金马伦麦坚拿律师事务所合伙人安捷博士、高级顾问彭亮等来北京能源发展研究基地访问。同时，贾江华前往加拿大阿尔伯特大学访学，陈建国副教授一行访问日本内阁府地域活性化推进室和内阁官房地域活性化统合事务局，姚建平副教授前往台湾辅仁大学、新加坡国立大学访问。

2015年，学院立学工程取得积极进展，立学基金正式成立，已筹款14万余元，发款4万余元，并筹得校友捐赠12万元创新创业课程。立学读书会积极组织各层面读书活动，被评为市大学生读书节“十佳优秀社团”。其经验刊登在《思想政治工作研究》，《光明日报》进行专题报道。

2015年，能源解困项目获得国家级奖励。大学生新能源解困试点项目团队在甘肃开展第三年活动，该项目获友成基金会创业基金支持，形成的课外学术科技作品获“挑战杯”北京赛区一等奖，姚建平副教授凝聚的调研思考发表在《人民日报》。团队学生成员获得JA中国的青年创业培养计划大赛全国十强，师生撰写的调研报告获全国第二届大学生假期返乡调研特等奖，部分成员受邀参加中国2015减贫与发展青年扶贫论坛。

（王　硕）

【概况】院长：苑英科

书记：蔡利民

学院网址：http：//law.ncepu.edu.cn

2015年，华北电力大学人文与社会科学学院在北京设有学院本部，在保定校区设有法政系。学院现有省部级能源发展研究基地1个。设有一级学科硕士点专业2个、本科专业6个。

2015年，学院有教职工99人（含保定34人），其中，专任教师87人（含保定30人），其中教授13人（含保定2人）、副教授38人（含保定7人），具有博士学位的教师为48%（含保定10人）、党政及管理人员13人（含保定5人）。

2015年，学院新增副教授2人（含保定1人）。

2015年，学院共引进师资2人，其中教师2人。

2015年，学院有毕业学生294人（含保定94人），其中，硕士研究生43人（含保定9人），普通本科生251人（含保定85人）。

2015年，学院招生320人（含保定104人），其中，硕士研究生52人（含保定11人），普通本专科生268人（含保定93人）。

2015年，学院在校生1154人（含保定388人），其中，硕士研究生137人（含保定32人），普通本专科生1017人（含保定356人）。本科生的英语四级一次通过率为84.85%（保定为95.89%），本科毕业生一次就业率为99.4%（保定为94.12%），研究生毕业生一次就业率为100%（保定为100%）；本科考研报名87人（含保定26人），实际考取63人（含保定22人），考研率为42.62%（保定为25.88%）。

2015年，学院签定纵横向科研项目62个（含保定31个），其中纵项49项（含保定31项）、横项11项，实现科研合同金额共计432.2万元（含保定54.9万元），其中纵向科研经费312.4万元（含保定54.9万元），横向科研经费119.8万元；承担校内科研项目20个（含保定8个）；共发表论文74篇（含保定341篇），其中三大检索收录4篇，核心期刊28篇（含保定9篇）。出版专著15部（含保定4部）；学院举行学术交流会8次（含保定3次），其中国外专家学术交流会3次（含保定1次），国内专家学术交流会5次（含保定2次）。有78人次（含保定30人次）参加国际学术会议。

2015年，学院共完成科研项目12个（含保定4个），通过验收12个（含保定4个）。

2015年，学院获省部级以上奖励3项（含保定2项），其中，梁平等《民事司法权力运行机制的改革与实践——以河北法院为例》，获第九届河北省社会科学基金项目优秀成果奖。胡红伟《国民健康公平程度测量、因素分析与保障体系研究》，获第七届高等学校科学研究优秀成果奖（人文社会科学）。

2015年，学院拥有教研室7个（含保定3个）、研究所16个（含保定3个）、实验室8个（含保定3个）、学生实习基地36个（含保定15个），科技研究（创新）基地2个（含保定2个）。

2015年，学院开设研究生课程87门（含保定39门），完成教学2688学时（含保定1248学时）；开设本科生课程426门（含保定176门），完成教学15129学时（含保定7020学时）。

2015年，学院设有16个党支部（含保定3个），拥有中共党员236人（含保定59人）、发展党员72人（含保定25人）。

2015年，学院设有41个学

生班级（含保定12个），设有辅导员岗位6个（含保定3个），其中正式编制6个（含保定3个）；学生获各类省部级奖励255人次（含保定134人次），其中教育部奖励66人次、北京市奖励90人次、河北省奖励99人次。

（胡舒敏　石兵营）

【市残联厉才茂来校做讲座】1月13日，应公共管理教研室主任姚建平邀请，北京市残疾人联合会政策研究室主任厉才茂到学院给师生做一次关于《残疾人的保障与服务—中国残疾人事业改革发展的方向》的讲座。

（姚建平）

【《京津冀雾霾治理一体化研究》出版】1月，由华北电力大学党委书记、能源基地学术顾问吴志功研究员担任主编，成员包括来自校学科办、高等教育研究所、人文学院、国家应对气候变化战略研究和国际合作中心、北京市环保局等校内外各方面的专家学者编写的《京津冀雾霾治理一体化研究》一书由科学出版社公开出版发行。

（王　伟）

【接受中国经济导报记者采访】1月20日，学院副院长、北京能源发展研究基地主任王伟就光伏发展政策接受中国经济导报的记者采访。

（陈建国）

【首都高校徒步运动会获佳绩】4月11日，校体训部与人文政教学工办携手合作，以人文政教为主的26名本硕学生组队参加第三届首都高校徒步运动大会，取得一等奖和最佳组织奖的好成绩。

（王　硕）

【“挑战杯”获北京市一等奖】5月30日，历时两个月的2015年“挑战杯”全国大学生课外学术科技作品竞赛北京赛区特等奖答辩在北京联合大学举行。由马卫华、王硕两位教师指导的团队项目“偏远少数民族乡村清洁能源扶贫模式的调查研究——以甘肃省临夏自治州和政县为视角”，获得北京市一等奖。

（王　硕）

【党委换届选举党员大会顺利召开】5月19日，人文社科与政教党委换届选举大会在学校科学会堂召开。人文社科与政教党委全体党员及预备党员参加会议。华北电力大学党委副书记、副校长张金辉代表学校党委莅临大会并发表讲话。

（王　硕）

【市高院何马根做客华电大讲堂】5月20日，北京市高级人民法院执行三庭庭长何马根做客华电大讲堂，为全校师生作主题为“立案登记制对法院审判执行工作的影响”的讲座。

（王学棉）

【举办部级课题立项评审会】5月27日，由民政部社会福利和慈善事业促进司委托，华北电力大学人文与社会科学学院主办，华北电力大学社会企业研究中心承办的“民政部2015年度慈善事业创新和发展理论研究部级课题”立项评审会在北京湖北大厦举办。评审会由院长苑英科教授主持并致欢迎词。

（朱晓红）

【全国大学生广告艺术大赛获佳绩】9月，第七届全国大学生广告艺术大赛获奖名单揭晓，广告创意团队在全国总决赛及北京分赛区中获全国总决赛一等奖1项、二等奖2项、三等奖1项，在北京分赛区共获一等奖1项、二等奖5项、三等奖9项。

（陈玲）

【举行国务院国资委软科学项目结项报告会】12月16日，国务院国资委软科学项目“在完善国有企业监管制度中强化纪检机构监督作用研究”课题结项报告会在学院举行。院长苑英科教授，副院长方仲炳教授，院长助理、廉政研究中心主任赵旭光副教授、副主任李红枫副教授出席报告会。

（赵旭光）

【承办全国性社会组织申报培训会】12月28日，中央财政支持社会组织参与社会服务项目申报培训会在京举行，本次活动由民政部民间组织管理局主办，华北电力大学人文学院社会企业研究中心承办。来自全国各地的全国性社会组织以及自愿参会的地方社会组织500余家约900人参会。培训会分别由华北电力大学人文学院院长苑英科教授、民政部民间组织管理局办公室许昀主任主持。

（朱晓红）

【召开党支部委员会组成会议】12月29日，人文社科与政教党委在主楼召开国家能源发展研究院党支部委员会组成会议。人文社科与政教党委书记蔡利民、组织委员卢海燕、国家能源发展研究院常务副院长胡光宇及国家能源发展研究院党支部全体党员参加会议。

（卢海燕）

外国语学院

【概述】2015年，华北电力大学外国语学院认真落实学校各项工作任务，坚持人才培养和教学质量为中心，深化教学改革，提高教学质量。学院各项工作扎实推进。

2015年，该学院注重学科和专业建设。翻译本科专业完成第一届招生工作。翻译硕士（MTI）授权点专项评估工作有序推进，以评促建，完成翻译硕士教学指导委员会专家进校检查评估工作。针对专业学位的特点，对翻译硕士（MTI）的培养方案进行修订，增设多门实践课程，强化学生的实践能力，以达到培养专业化、应用型人才的目标。按照学校部署，学院启动2016年外国语言文学一级学科硕士学位点的评估准备工作。总结“十二五”发展规划，启动“十三五”规划制定工作，积极进行学科调研，坚持“走出去”，对哈尔滨工业大学、吉林大学、北京理工大学、北京航空航天大学、青岛大学、南京师范大学、东南大学和华中科技大学等进行学科调研，汲取有益经验，并探讨本学科在“大电力”学科体系中的定位，提出本学科下一步的发展思路和关键突破点。

2015年，在教学方面，该学院继续深化教学改革，多措并举，提高教学质量。校部英语系大学英语教学搭建网络自主学习平台，使用英语写作智能批改网和交互英语教学平台，增加网络自主学习内容，改革课程讲授方式及考核方式；坚持办好每年三月份的教学质量月活动；继续加强英语第二课堂建设，以竞赛提升英语学习水平，举办学校“英语文化节”活动，组织学生参加全国大学生英语竞赛、英语演讲比赛、英语写作大赛、英语阅读大赛等多项高规格的学科竞赛，16人次在全国大学英语类竞赛中获奖；新建中国对外翻译出版有限公司、中国电力工程有限公司子公司兴侨公司、华电附中（回龙观中学）等5个实习基地。校部本科生的英语专业四级一次通过率为84.8%，校部2013级大学英语四级一次通过率继续保持90%以上；坚持以教学研究带动教学改革，《电力英语》获批2015年北京市精品视频开放课程、“大学英语综合教学改革”获批北京市教育教学改革项目、“项目管理成熟度”翻译实践研究项目及专业研究生基础笔译课程建设项目获北京市产学研联合培养研究生基地项目立项、“翻译硕士核心课程群建设”获校内立项，同时启动英语系内教改立项工作，共确定4项集体项目和5项个人项目立项。

保定校区英语系，坚持听课评价制度。2014—2015学年系领导和教研室主任、副主任随堂听课80次，对任课教师的课堂教学质量提出综合评价意见，促进教师改进教学方式，提高教学效果。以赛促学，以赛促教，4月举办青年教师教学基本功比赛，经教研室初赛、系里决赛，选出2名青年教师代表英语系参加河北省英语竞赛。为进一步提高英语专业四级通过率，制定奖励政策，并积极组织研讨会，专业教研室组成经验丰富的教师团队，针对不同学生的特点实行个性化指导，2015年英语专业四级通过率再创新高，达到93.3%（其中英语1301班通过率100%），英语专业八级通过率为66.67%，大学英语四级通过率继续保持在90%以上。根据英语未来发展需要和社会对英语专业人才的需求，对现有的教研室进行调整，将大英一、大英二教研室合并组成大学英语教研室，新成立翻译专业教研室和多语种教研室，英语专业教研室不变，使教研室由原来三个调整为四个。

2015年，在科研方面，该学院坚持政策引导，进行适当奖励和团队建设，科研成果较2014年有大幅度提升。校部英语系本年度共有10个科研项目立项，其中，纵向8项，到账43.94万元，横向2项，到账12.5万元，到账总额较2014年提高88%。发表论文64篇，其中国外期刊19篇，国际学术会议论文8篇，CSSCI检索论文1篇，ISSHP检索论文5篇；出版学术著作2部。聘请国内外专家进行学术讲座10场。

保定校区英语系以研究中心带动科学研究，拟组建5个研究中心，其中同声传译研究中心、英汉对比语言学研究中心成立并运行。共有5个科研项目立项，其中横向1项，到账3万元，纵向科研4项，到账0.8万元。青年教师积极开展课题研究，获批学校中央高校科研项目10项，资助资金额40万元。蔡红改的“词源学视阈下英语词汇形意演变规律及研究”项目和王珊的

"金·斯坦利·罗宾逊科幻小说的生态伦理研究"项目获河北省哲学社会科学申报立项，突破保定校区英语系中级职称申报纵向科研课题的历史。2015年发表论文247篇，其中核心期刊21篇，ISSHP检索论文68篇，EI检索1篇，在数量还是质量都大步提升，其中被ISSHP检索收录的论文比上一年多出62篇，创历史新高。出版译著1部。邀请10名校外专家到校进行学术讲座。

2015年，该学院重视青年教师培养，加强教师专业培训和进修，完善师资队伍结构，提高教师业务水平。举办青年教师教学基本功比赛，选派人员参加北京市、河北省和全国性讲课比赛，成绩显著。

在第六届"外教社杯"全国高校外语教学大赛中，王海若以第四名成绩获翻译专业组全国总决赛二等奖，张婷获北京赛区商务英语专业组一等奖，杜异获北京赛区英语专业组三等奖；王皎皎获第二届全国高校微课教学比赛北京市比赛三等奖、2015年外研社"教学之星"大赛复赛一等奖，宁圃玉获北京市高等教育学会研究生英语教学研究分会第六届青年教师基本功比赛二等奖；高然、安国平分获第十六届河北省高等院校"世纪之星"外语演讲大赛教师组二等奖、三等奖，李静获第六届"外教社杯"全国高校外语教学大赛英语专业组全国总决赛三等奖。校部英语系鼓励和资助教师参加专业培训和研修，38人次参加教学方法、实验教学、听说读写译、慕课等教学及教研会议、研修26场。马铁川获学校第三届教学名师，国防、张婷入选学校"名师培育计划"，9名教师被评为校级教学优秀奖（含保定4人），其中宁圃玉获校级教学优秀特等奖；引进教师4名，其中，校部英语和德语教师各1名，保定校区英语和日语教师各1名；新增2名教师国内读博、2名教师国内学习进修（含保定2人），3名教师结束访学回国，7名教师出国访学交流（含保定1人）；新晋副教授3人（含保定1人）。

2015年，该学院校部英语系初步搭建大学英语网络自主学习平台；新建英语专用多媒体教室20间，大学英语教学条件得到改善；正式启用英语系资料室，安排专人负责，增订外语类学术期刊约20种，加强与图书馆合作，共建外文阅览室，实现资源共享，为外语教学和科研提供良好条件。保定校区英语系2015年同声传译实验室正式投入使用，为培养高水平翻译人才（尤其是口译人才）提供重要平台。

2015年，该学院注重加强党建与班子建设，成果显著。校部英语系完成党委换届及学生支部换届工作；新增系副主任1名，进行班子工作分工；扎实开展政治学习和理论研讨，党委在"三严三实"专题网络培训、处级领导干部培育和践行社会主义核心价值观远程专题培训、党员在线学习、党内统计工作中获4项优秀单位称号，党员干部9人次获优秀个人称号；在"一个支部一个目标、一个党员一个任务"活动中，大英二支部获校一等奖，研究生英语支部获校三等奖。大英二支部和专业支部被确定为校优秀支部目标；全部教工支部获党员在线学习优秀党支部；深入推进党员导师制活动，开展"与导师一起读名著"等活动。本科生党支部在党建工作重点项目验收中获评优秀，研究生党支部在特色示范党支部评选中获"特色活动优秀党支部"。学生支部与回龙观镇龙腾二社区党支部建立共建关系，学生党员助力首都和谐社区建设。

保定校区英语系党总支不断加强领导班子建设和作风建设，坚持中心组学习制度，紧扣"三严三实"专题教育，理论与实践相结合，践行社会主义核心价值观。坚持每周一次的党政联席会议。组织建设上，完成党总支换届，组建新一届总支委员会，明确英语系发展思路；进行基层党组织调整，大英一、二党支部合并为大英教研室党支部，本科生和2015级研究生新生整合为一个党支部，新增翻译专业教研室党支部。严格发展党员的程序和办法，在预审过程中设置答辩、党的理论知识测试等环节，要求做到每一次发展标准都不低于各项奖学金的评定。思想建设上以"文化中西、德明内外"为英语系师生发展的倡导语；充分利用新媒体开展宣传工作，重新设计英语系网站，建立微信公众号，努力营造良好的文化氛围，在师生关注的热点问题上注重引导。

2015年，该学院学生工作坚持专业认同教育、加强创新创业教育、夯实基础、突出重点。校部英语系以基层组织建设为引领，着力提升党支部、班集体的凝聚力，英语系团委被评为特色团委，研英1432班被评为北京高校优秀基层组织和北京市优秀班集体、学校十佳示范班集体，7A102获十佳宿舍；以学业辅导和党员导师制为抓手，落实新生引航工程，2014级与2013级相比学风建设效果显著；以创新创业为核心，探索项目培育思路，引入专业教师力量，为学生项目把脉开方，美译翻译工作室联通本硕，年翻译量达35万字，承接组织部"美国翻译史"慕课，信息办"校园网新闻"，教育基金会"教育基金运作理论"等翻译项目，互联网"新业态"——恩恩绿色农业项目获得学校互联网+创新创业大赛二等奖；以第二课堂建设为平台，浓厚校园国际化氛围，第七届文化节报名和获奖人数均达历年之最，戏剧《变色龙》在北京高校英文戏剧比赛中斩获佳绩，先后有14名学生赴国外交换或实习；以志愿实践为载体，强化实践育人功能，赴北流村小学支教，助力京郊农村教育，服务北京市外办"国际友好林"植树活动，加强寒暑假社会实践立项指导，实现社会实践全覆盖；以新媒体工具为依托，打造线上共青团工作体系，建设"西窗雨"双语微信公众号，关注量破万，开辟宣传新阵地，建立自上而下多层次的微信群，提高工作效率。2014届就业工作获校先进集体，就业质量及读研数量显著提升，2015届本科毕业生就业率约98%，考研录取率达32%，位于学校前列。

保定校区英语系学生工作，总结出"强基础、攻专业、尚科技、固安全、促就业"的主线。把学生的思想政治教育、学风建设、宿舍文明建设、日常文明建设、就业等方面作为学生的发展的基础，进一步加强；把英语专业四级、八级以及学生的科技竞赛、创新意识能力的培养作为竞争点；把安全工作作为保障，学生培养质量逐步提高，提高就业竞争力。举办第十四届华北电力大学英语文化艺术节，活动面向全校学生，通过举办演讲、辩论、征文、配音等丰富多彩的活动，为同学们提高英语实际应用能力，增进对国外文化的了解，促进英语学习水平的整体提高提供广阔的舞台。在全国大学生英语竞赛中3人次获省部级以上奖励，节能减排科技竞赛1人次获国家级三等奖，河北省大学生人文知识竞赛中1人次获省级奖，河北省英语演讲、辩论、写作等比赛中7人次获省级奖，1人参加学校创行团队获华北赛区二等奖，参加学校合唱团代表学校演出获奖3次，在校级各类文体比赛、学科竞赛中53人次获奖。其中英语1302班史少颖在全国大学生英语竞赛中，获全国B类特等奖。保定校区英语系2015届本科毕业生就业率为97.14%，录取率26%。

2015年，该学院国际交流与合作进一步深化。首次聘请外国专家为本科生授课，举办"Summer School"国际合作项目，反应良好；派出8名本科生、2名研究生到美国、新西兰、韩国、台湾等国家和地区学习交流，其中1人攻读硕士学位；启动英语教师出国研修项目，制定选拔派出规定，2015年共派出8名教师进行长短期出国进修（含保定1人）。

2015年，该学院完成学校处级领导干部国际化专题培训班的英语语言与文化培训工作。校部英语系与华电附中、附小合作共建，确定共建项目并在学校立项，同时分别与附中、附小建为学生的实习基地。

2015年，该学院工会结合院系工作实际，认真履行工会职能，主动融入院系各项重点工作。校部英语系分工会坚持落实二级教代会制度，不断推进二级教代会提案质量，创新开展各项文体活动。2015年校部英语系分工会被评为学校二级教代会模范单位、2015年校级先进分工会，获校运动会乙组总分第三名、"后勤集团杯"扑克牌赛组织奖、"能动杯"跳绳赛组织奖。保定校区英语系分工会在2015年第四十七届校运动会中首次获团体总分第一名，在校工会保龄球比赛中获团体第三名。

（郑志平　窦学欣）

【概况】2015年，外国语学院在北京和保定分设英语系。学院现拥有外国语言文学一级学科硕士学位授权点和翻译硕士专业学位授权点，设有2个学术型硕士学位授权专业（英语语言文学和外国语言学及应用语言学）、2个专业学位硕士学位授权专业（英语笔译和英语口译）、2个本科专业（英语和翻译）。

2015年，该学院有教职工135人（含保定63人），其中，专任教师122人（含保定57人），专任教师中教授12人（含保定6人）、副教授38人（含保定15人），具有博士学位的教师为18人（含保定3人）；有实验及技术人员2人（含保定1人）、党政及管理人员12人（含保定5人）。2015年，学院新增硕导3人，新晋副教授3人（含保定1人），新进教师4人（含保定2人）。

2015年，该学院有毕业学生130人（含保定43），其中硕士研究生57人（含保定20人），普通本科生73人（含保定23人）；招生170人（含保定85人），其中硕士研究生46人（含保定20人），普通本科生124人（含保定65人）；在校生531人（含保定229人），其中硕士研究生141人（含保定52人），普通本科生390人（含保定177人）。校部本科生的英语专业四级一次通过率为84.8%。本科毕业生一次就业率为98%，本科考研率为32%，研究生毕业生一次就业率为94.59%。大学英语四级考试一次通过率 90.1%；保定校区本科生的英语专业四级一次通过率为 93.3%，本科毕业生一次就业率为 97.14%，本科考研率为 26%，研究生毕业生一次就业率为 90%。大学英语四级考试一次通过率 90.1%。

2015 年，该学院签定纵向科研项目 12 项（含保定 4 项），横向项目 3 项（含保定 1 项），实现科研合同到账金额共计 60.24 万元（含保定 3.8 万元）；获 2015 年度中央高校基金资助面上项目 12 项（含保定 10 项），青年项目 1 项；共发表论文 311 篇（含保定 247 篇），出版专著 2 部，译著 1 部（含保定 1 部）。举行国内外专家学术交流会 17 次（含保定 7 次）。

2015 年，该学院 1 人获校级教学优秀特等奖，8 人获校级教学优秀奖（含保定 4 名），1 人被评为学校“我爱我师”十佳最美班主任，4 人被评为“我爱我师”最美班主任，名教师被评为学校“优秀班主任”。校部英语系 1 人获北京市高等教育学会研究生英语教学分会第六届青年教师基本功决赛二等奖,3 人在第六届“外教社杯”全国高校外语教学大赛中分获翻译专业组全国总决赛二等奖、北京赛区商务英语专业组一等奖、北京赛区英语专业组三等奖，1 人获第二届全国高校微课教学比赛北京市比赛三等奖和 2015 年外研社“教学之星”大赛复赛一等奖；保定校区英语系 2 人分获第十六届河北省高等院校“世纪之星”外语演讲大赛教师组二等奖、三等奖，1 人获第六届“外教社杯”全国高校外语教学大赛英语专业组全国总决赛三等奖。

2015 年，该学院拥有教研室 9 个（含保定 4 个）、实验室 22 个（含保定 7 个）、学生实习基地新增 5 个。校部英语系开设研究生课程 52 门，完成教学 5196 学时；开设本科生课程 94 门，完成教学 18516 学时。保定校区英语系开设研究生课程 62 门，完成教学 1696 学时；开设本科生课程 100 门，完成教学 3680 学时。

2015 年，该学院设有 12 个党支部（含保定 6 个），拥有中共党员 185 人（含保定 73 人）、发展党员 24 人（含保定 5 人）。

2015 年，该学院设有 27 个学生班级（含保定 12 个），学生获得各类省部级奖励 30 人次（含保定 23 人次），其中北京市奖励 5 人次，河北省奖励 15 人次。

（郑志平　窦学欣）

【学校官网英文主页翻译获认可】 2015 年，教育部中国大学生在线发展中心公布第七届全国高校百佳网站评选结果，学校中文主页获“全国高校百佳网站”称号，英文主页获本次评选唯一“最佳外文主页奖”，校部英语系师生在学校英文网站建设中做出贡献。学校中、英文主页由信息化建设与管理办公室负责运营管理，网络与信息中心提供硬件支持，英语系提供英文主页翻译服务。2012 年学校信息办与英语系合作共建教学实习基地。英语系依托翻译硕士教学实践，安排专门的翻译教师和研究生进行学校英文主页的翻译工作，形成一整套的翻译工作流程，及时有效地保证学校的信息表达和对外展示，提升大学主页的整体形象。

（窦学欣）

【举行与导师一起读名著活动】 4 月至 7 月，校部英语系党委在本科 2014 级学生中开展党员导师制“与导师一起读名著”活动。该活动由英语系党委统一购买英文原版图书，党员导师负责指导学生做好读书笔记，并定期做好进度检查和心得交流，举办班级、院系两个层面的读书汇报会，组织专业教师对学生上交的英文版读书报告进行评比，对其中表现突出的学生进行表彰，选出优秀的读书报告集结成册。此次活动是英语系党委党员导师制活动的一部分，对培养学生良好阅读习惯具有重要推动作用。

（卜叶蕾）

【督导组专家指导青年教师】 3 月，英语系举办青年教师教学基本功比赛，共选出 7 名优秀教师，他们分别进行 15 分钟教学演示。4 月 14 日，校部英语系邀请学校督导组专家对系青年教师基本功比赛获奖教师的教学展示进行指导。督导组专家王清照和贾爱晶进行精彩点评并提出建议。通过本次辅导，讲课教师更加明晰各自授课的优缺点，对教学活动及参加教学比赛均具有积极的指导意义。这也是英语系积极培育教师参加教学比赛的有益尝试。

（窦学欣）

【参加英文戏剧邀请赛】 5 月 10 日，校部英语系组织师生赴对外经贸大学参加北京高校戏剧邀请赛。英语系教师李一坤带领“华抓马”戏剧社的《变色龙》剧组参赛，获“最佳男主角”和“最佳男配角”奖。

（卜叶蕾）

【党总支举办换届选举大会】 5 月，保定校区英语系举办党总支换届选举大会。大会选举产生中共华北电力大学英语系（保定）总支委员会新一届委员会，确定今后一个时期英语系发展的目标和任务，团结带领全系师生员工，解放思想，锐意进取，努力推动全系科学发展、和谐发展，开创各项工作新局面。

（宣兆卫）

【举办微课设计与制作讲座】5月20日，由教务处主办、英语系承办的“微课设计与制作”讲座在主楼C608举行。讲座由首都师范大学教育技术系教师张鸽主讲，英语系全体教师及校内其他院系、部门教师参加。讲座主要介绍微课的选题与设计、微课的录制方法和要点、微课录屏软件Camtasia Studio和视音频剪辑软件的使用方法等，引起与会师生热烈反响。

（窦学欣）

【党委召开换届党员大会】5月26日，北京校部英语系召开英语系党员大会。学校党委副书记、纪委书记李双辰出席大会，徐玲玲作工作报告。大会选举产生新一届英语系党委，确定今后一个阶段英语系发展的目标。

（窦学欣）

【英语系主任寄语毕业生】6月14日，保定校区英语系在一校艺教中心五楼举办2015年毕业生联欢会——“See You Again”，英语系主任张莉以“请记得诗与远方”的真挚寄语对毕业生们表达美好祝愿。本次欢送会由系党总支主办、系学生会承办，系负责人及各任课教师应邀参加。

（宣兆卫）

【马铁川获教学名师奖】7月14日，北京校部英语系马铁川获第三届“华北电力大学教学名师奖”。本次评选经院系推荐、学校审核、校内公示、公众推举、专家评审、教学展示评价等环节，全校共评出6名教师。马铁川，25年工作在大学英语教学一线，教学效果显著。主持教育部大学英语教改项目2项，主持校级教改项目5项，主编出版教材3部。获校级教学成果二等奖2项，三等奖1项，获校级教学优秀奖5次。指导学生3次获全国大学生英语竞赛特等奖，所教班级7次大学英语四级通过率达到100%。2次获校级优秀班主任荣誉称号。

（窦学欣）

【举办英语文化节】9月至12月，校部英语系举办以“Peace and Justice”为主题的第七届英语文化节。本次文化节共设有英语演讲比赛、英语写作比赛、英语系阅读比赛、英语翻译比赛、英语戏剧比赛及模拟联合国大会等活动。全校本硕学生积极参与，并从中选拔优秀选手参加北京市大学生英语演讲比赛、外研社杯写作比赛等。5人获北京市级奖励，110人获校级奖励。

（卜叶蕾）

【获学校田径运动会教工组团体总分第一名】10月16日，保定校区英语系在第47届田径运动会中获教工组团体总分第一名。本次运动会，英语系师生凭借整体实力，经过两天角逐，取得教工组团体总分第一名、学生组团体总分第三名以及学生方队优胜队列称号的好成绩。

（宣兆卫）

【获外教社杯全国总决赛二等奖】12月1日，校部英语系教师王海若在第六届“外教社杯”全国高校外语教学大赛全国总决赛中获翻译专业组全国总决赛二等奖。本次大赛3月底启动，通过提交授课视频，初赛、复赛等环节，进入全国总决赛，最终以全国第四名的成绩获大赛翻译专业组二等奖。此次大赛，展现华北电力大学英语教师的风采和教学水平，有利于鼓励教师重视课堂教学、探索先进教学理念，有利于打造高素质、专业化的英语师资团队，不断深化学校的英语教学改革。

（窦学欣）

【参加研究生英语演讲比赛获佳绩】12月13日，由校部英语系教师指导的电气及电子工程学院2015级硕士研究生陈紫薇、王书扬参加北京市研究生英语演讲比赛表现优异。陈紫薇获三等奖，王书扬晋级总决赛并获二等奖。本次比赛，研究生院和英语系精心准备，依托研究生外语教研室口语课堂活动，举办校内选拔赛暨第五届“华北电力大学研究生英语演讲比赛”，营造英语学习氛围，展现华北电力大学研究生良好的英语水平，这也是学校研究生英语教学不断改革提升的结果。

（窦学欣）

数理学院

【概述】2015年，数理学院以人才培养和教学质量为中心，规范教学管理，科研工作、实验室建设、党群工作、学生管理等各项工作稳步推进。

教育教学方面：

2015年，数理系按计划完成全校本科及研究生公共数学课程、公共物理课程的教学任务。2015年7月3日，曹艳华、韩榕生、史小川、赵红涛、周继泉等5名教师获2014—2015学年教学优秀奖，马德香获教学优秀特等奖；7月14日，陈雷获第三届

"华北电力大学教学名师奖"。5月6日，数理系获华北电力大学2015年度青年教师教学基本功比赛优秀组织奖，赵红涛获二等奖。2015年4月2日，赵红涛入选华北电力大学教学名师培育计划（第3期）。7月22日，华北电力大学第四届学位评定委员会第五次会议同意应用统计硕士专业学位研究生培养方案，通过曹李刚、李敏等2名教师校内硕士生指导教师资格。

2015年，数理系（保定）完成全校本科和研究生的公共基础课程及专业课教学任务。2015年4月，美国大学生数学建模竞赛，获一等奖10项，二等奖33个；2015年5月14日，马新顺获教学优秀特等奖，刘敬刚、赵占龙、苏晓红、徐艳梅获2014—2015教学优秀奖；5月22日在2015华北电力大学青年教师教学基本功比赛中刘伟获二等奖，崔英敏获三等奖，数理系获优秀组织奖；6月10日史会峰获河北省师德标兵先进个人；7月马新顺获第三届"华北电力大学教学名师奖"。11月25日李松涛、刘伟在保定市第六届大中专院校青教说课比赛中获一等奖。

科学研究方面：

2015年，获纵向科研项目7个，实现科研合同金额共计359.94万元。其中3项国家自然基金面上项目，3项国家自然基金青年项目，1项国家自然基金重大研究计划项目。共发表论文100篇，其中被SCI检索论文52篇，被EI检索论文6篇，被ISSHP检索论文1篇。杨晓忠获《支付红利下期权定价稳定性仿真系统V1.0》和《支付红利下期权定价仿真系统V1.0》软件著作权。

2015年，数理系（保定），获纵向科研项目12项，横向科研项目8项，实现科研合同金额共计342.2万元。

共发表论文78篇，其中被SCI检索论文39篇，被EI检索论文8篇，被ISTP检索论文2篇，被ISSHP论文检索1篇，被CSSCI检索论文1篇。

2015年，师资队伍建设方面，11月，马德香、肖智、谷云东等3名教师获批青年骨干教师出国研修项目。1月29日，黄晔辉、谷云东、孙淑珍、朱勇华、张学梅、李忠艳、陈德刚、王雷、邓加军、刘纪彩、李宁、黄霞、付星球、张化永、任华等15名教师获华北电力大学2013—2014学年度考核优秀。

12月20日，数理系（保定）曹春梅、徐艳梅、黄明强、张贵银、史会峰、张隆阁、杨玉华、苏晓红、王涛、刘敬刚10名教师获华北电力大学2014—2015学年度考核优秀。

学科建设方面：

2015年，调研拟定数理系（保定）"十三五"规划；论证修购基金项目《物理实验课程平台建设》《数理系本科生专业实验实践平台二期建设》；制定实施了数理系（保定）《科研项目工作室管理制度》《教研室工作条例》；获批应用统计专业硕士学位授权点，完成第一届招生工作。

实验室建设方面：

2015年，信息与计算科学实验室投入使用。在教学方面，与专业教研室密切合作，完成三个年级的本科实践教学任务。同时依托信息与计算科学专业、数学建模团队，以信息与计算科学实验室为基地，组织学生参与美国大学生数学建模竞赛（MCM/ICM）和全国大学生数学建模竞赛，并取得优异成绩。

物理实验室软件建设方面：

2015年，计算物理实验室正式启用，为应用物理学专业相关专业课程的教学工作和学生上机实习提供保障。在物理实验室硬件建设方面，加大对物理实验室的资金投入，物理实验教学中心获380万中央高校改善基本办学条件专项资金资助，新增实验仪器425套（件），改造实验仪器124套（件），并安装门禁系统，便于实验室统一管理。在物理实验教学方面，新增大学物理实验项目12个，新增中级物理实验项目9个，进一步完善物理实验课程体系，实验项目覆盖力学、热学、电学、磁学、光学和近代物理学等各物理学领域及多个物理学领域交叉的综合性与设计性实验项目。大力开展物理实验室文化建设，包括规章制度上墙、科学前沿介绍、著名物理学家事迹宣传等，拓展学生的知识面，培养学生对物理实验的兴趣，提升学生的学习主动性。

工程生态学与非线性科学研究中心建设方面：

2015年，以分子生物学和基础化学分析实验平台为基础，在已有硬件设施的基础上，对实验室系统进行全面升级，满足中心各项课题不断扩大的实验需求。加强实验室的管理工作，进一步完善实验室仪器、设备、药品以及废弃物的安全管理制度和操作规程，对实验人员进行系统教育指导，切实保证实验的科学性和安全性。加强与国外高水平大学的交流与合作，与英国帝国理工学院、玛丽皇后学院、加拿大里贾纳大学及日本东京大学开展深度科研合作。同时，中心注重与国内一流学者的交流与合作，成功邀请侯立安院士来校报告。两名联合培养博士王中玉、徐翔期满回国。在学生培养方面，中心招生硕士研究生10名，毕业硕士研究生4名，博士研究生1名，博士后出站1名。已检索SCI杂志论文4篇（其中一区1篇）；已检索EI会议论文8篇。中心成功申请2项国家“十二五”水体污染与控制重大专项课题。此外，中心主任张化永教授入选国家水体污染控制与治理科技重大专项河流主题组专家和中期评估河流方向专家组核心成员，为中心的长足发展、建设以及学校相关项目的申报和科研实力的提升打下一定的基础。

学生工作方面：

2015年，数理系以学生党建、共青团建设、学生会建设、班级建设工作为抓手，以党建带团建，以学风建设和毕业生就业工作为工作核心，以制度建设为保障，不断修订和完善人才培养方案，实现“符合就业导向、满足市场需求”的人才培养目标。

1. 学生党建带团建方面：思想先行，模范引领，建设一流的数理学生党团组织，其中学生第一党支部获评校级“特色活动示范党支部”并获推成为北京市红色“1+1”活动优秀党支部，学院3个学生党支部均获学校学生党建工作项目并顺利结项，其中校级优秀一项。

2. 学院学风建设：以学为本，整合资源，推动学风建设走融合式创新发展道路，考研率增至近50%，考研升学率在全校连年名列前茅，就业率稳居97%以上。

3. 学生管理方面：制度为本，协同配合，形成合理有效的学生管理局面，建立重点学生档案，实现一人一档；监控学业困难学生成绩，及时安排专项学业辅导，与班主任加强沟通，做好问题学生的心理状态监控工作。

4. 共青团工作层面：凝心聚力，突出特色，强化共青团引领青年进步的功能建设，加强网络宣传阵地建设，建立数理学院辅导员网官网板块，改版华电数理微信平台，开设“理研视野”公众号。

5. 获奖情况：2015年，全系共有95人获得校内奖学金，39人次获校内三好学生、优秀学生干部称号，2人获得国家奖学金，9人获得国家励志奖学金，8人获得各级各类社会奖学金。

2015年，计科1402班获校级“示范性十佳先进班集体”荣誉称号，数理系学生第一党支部获“特色活动示范党支部”“先进基层党组织”荣誉称号。吕蓬、邓加军、丁迅雷、马新科、李忠艳5位教师获校级“优秀班主任”荣誉称号，石玉英获校级“优秀研究生班主任”荣誉称号，吕蓬获校级“十佳班主任”荣誉称号，再创佳绩。

2015年，物理1301获校级优秀团支部荣誉称号，计科1402班、研数理1323班获系级优秀团支部荣誉称号。2015年，数理系计科1302班黄一北荣获“北京市三好学生”荣誉称号。

2015年，数理系（保定）秉承“育人为本、全面服务学生成长成才”的工作理念，坚持“形成合力带队伍、突破难点强服务”的工作思路，合力并举，圆满完成各项工作任务。

1. 加强学生工作队伍建设，推进学生干部工作规范化，坚持辅导员周计划和周例会制度，加强沟通、统筹安排、明确分工；鼓励辅导员积极进行学生工作理论专题研究，本年度获研究成果3项；注重打造学习型、创新新、服务型团队，鼓励辅导员参加各类培训班，提高理论素养和工作水平。

马新顺、江卫春、马燕鹏3人获华北电力大学“优秀班主任”荣誉称号。李金花获华北电力大学第三届辅导员技能大赛二等奖。

2. 以考研促就业，推进考研全过程指导，2015届毕业生考研上线率33.33%，录取率29.63%，3名学生出国读研，1名学生应征入伍。

3. 加强学风建设，推进学业困难学生的帮扶工作，本年度学生科技竞赛成绩显著，共获国家级奖励17人，省部级42人，研究生共发表论文23篇，SCI6篇，EI14篇，本科生共发表论文11篇，获专利6项。

2015年，数理系（保定）共有105人获校内奖学金，44人次获校内三好学生、优秀学生干部称号，3人获国家奖学金，10人获国家励志奖学金，3人获各级各类社会奖学金。

针对学业困难学生，系领导班子成员、教研室主任、班主任形成合力全员帮扶，对教学、学生工作人员进行任务分工。建立与任课教师的联系制度，邀请任课教师重点关注、督促学习预警学生。今年学籍处理时，退学预警学生由去年10人降为4人。

4. 建立和完善学生评优工作细则、学生行为量化管理实施细则、学生社团换届管理办法、优秀团支部评选条例、毕业生行为管理办法以及学生党支部组织生活会制度等一系列制度规范，确保各项工作规范有序，全学年学生违纪率大幅下降。

5. 学生工作人员承担飞行协会的组织、指导工作，重新聘请专业教师为相关赛事的指导教师，进行学生“飞行器创新实践”和“飞行器设计制造研发”的指导工作，同时邀请省模型运动协会秘书长刘明罡为学生进行“飞行实践”的校外指导工作，将基础理论知识到试飞的整个过程有机地结合在一起，通过三个实践育人平台联动培养高素质创新人才。

2015 年，数理系党建与精神文明建设方面：

1. 组织建设工作

2015 年 5 月 19 日，数理系召开基层党委换届选举大会，大会选举产生 9 名党委委员会委员。全年共发展新党员 18 名，培养入党积极分子 54 名。5 月 28 日，数理系（保定）党委召开基层党委换届选举大会，大会选举产生 7 名党委委员会委员。全年共发展新党员 22 名，培养入党积极分子 93 名。

2. 践行“三严三实”，贯彻落实《准则》《条例》，通过领导班子专题研讨会、中心组扩大会议专题研讨会、全体党支部集中学习等方式，组织全体党员学习《中国共产党纪律处分条例》《中国共产党廉洁自律准则》，自觉在廉洁自律上追求高标准，在严守党纪上远离违纪红线。

3. 党风廉政建设宣传教育月，强化反腐倡廉意识，组织开展党风廉政建设宣传教育月活动。指导支部专题学习讨论会、党政领导班子中心组学习、学生党员立党风树学风“党旗下的宣誓”活动、诚信应考倡议活动，以及教工党员廉政文化摄影展等系列活动，进一步强化领导班子的反腐倡廉意识。

4. 创新活动形式，强化党员、积极分子教育培养。2015 年共举办入党积极分子培训班 2 期，党委书记、副书记带头讲党课，充分发挥分党校在党员和入党积极分子教育培训中的主阵地作用。以各种活动为契机，与时俱进的对学生党员进行适时教育。在教工党员和学生党员中开展“党员先锋工程”“红色 1+1”“特色活动示范党支部”“榜样在身边，先进党员事迹宣传”“党章学习日”“重阳节送温暖”等系列活动，在日常教育活动中贯彻对党员和入党积极分子的培养。

2015 年，数理系工会与精神文明建设方面：

数理系分工会积极开展各项活动，丰富教职工业余生活。2015 年，除组织教职工参加校工会各项活动外，还组织开展青年教师教学基本功讲课比赛、乒乓球对抗赛、羽毛球级别赛、健身项目比赛、教职工摄影作品展等 11 项文体活动。其中保定史会峰获河北省“师德”先进个人；李松涛、刘伟获保定市第六届大中专院校青教说课比赛一等奖；姜根山家庭获华电“幸福家庭”称号。

（王　莉　刘跃群）

【概况】2015 年，数理学院在北京和保定分设 2 个系，2 个本科专业。有数学和物理 2 个一级学科硕士点。5 个硕士学位授权二级学科，1 个博士学位授权二级学科，1 个硕士专业学位授权点。2015 年，在编教职工 181 人（北京 93 人，保定 88 人），其中，专任教师 161 人（北京 83 人，保定 78 人），教授 36 人（北京 21 人，保定 15 人，副教 54 人（北京 33 人，保定 21 人），实验及技术人员 9 人（北京 5 人，保定 4 人）、党政及管理人员 11 人（北京 5 人，保定 6 人）。共引进师资 3 人（北京 1 人，保定 2 人）其中教师 2 人（北京 1 人，保定 1 人），实验员 1 人（北京 0 人，保定 1 人）。

2015 年，科研方面，签定纵向科研项目 19 个（北京 7 个，保定 12），实现科研合同金额共计 702.14 万元（北京 359.94 万元，保定 342.2 万元）。共发表论文 178 篇（北京 100 篇，保定 78 篇），其中被 SCI 检索文章 91 篇（北京 52 篇，保定 39 篇），被 EI 检索文章 14 篇（北京 6 篇，保定 8 篇）会议论文集 28 篇（北 15 篇，保定 13 篇），举行学术交流会 19 次（北京 11 个，保定 8 个）2015 年，学院有毕业学生 163 人（北京 69 人，保定 94 人），其中硕士研究生 33 人（北京 20 人，保定 13 人），普通本科生 130 人（北京 49 人，保定 81 人），招生 235 人（北京 133 人，保定 102 人），其中硕士研究生 75 人（北京 58 人，保定 17 人），普通本专科生 160 人（北京 75 人，保定 85 人）；在校生 779 人（北京 407 人，保定 372 人），其中硕士研究生 170 人（北京 126 人，保定 44 人），普通本专科生 609 人（北京 281 人，保定 328 人）。

校部、保定校区本科生的英语四级一次通过率分别为 81.54% 和 88.24% 本科毕业生一次就业率分别为 97.96% 和 93.82%，研究生毕业生一次就业率分别为 100% 和 100%；考研率分别为 38.78% 和 29.63%。

2015 年，学院拥有教研室 10 个（北京 5 个，保定 5 个）、实验室 10 个（北京 4 个，保定 6 个）、学生实习基地 8 个（北京 2 个，保定 6 个）。北京校部研究中心 1 个，保定校区科技研究（创新）基地1个。

2015年，学院开设研究生课程88门次（北京44门，保定44门），完成教学3652学时（北京1904学时，保定1748学时）；开设本科生课程200门（北京98门，保定102门）完成教学55934学时（北京38568学时，保定17366学时）。

2015年，学院设有16个党支部（北京7个，保定9个），拥有中共党员216人（北京116人，保定100人）、发展党员40人（北京18人，保定22人）。

2015年，学院设有29个班级（北京16个，保定13个），设有辅导员正式岗位2个。北京保定各1个。

2015年，数理系（保定）有2个省部级重点学科、3个一级学科硕士点专业、2个本科专业。

2015年，学院学生获各类省部级奖励44人次（北京2人，保定42人），国家级奖励37人次（北京20人，保定17 人）。

（王　莉　刘跃群）

【赴南京高校调研】1月6日，为加强物理实验室建设，书记吴万凯带领物理实验室主任刘纪彩、物理教研室党支部书记黄霞、实验员师青梅、段志强一行5人，赴南京大学、东南大学、南京航空航天大学、南京师范大学，就物理实验室建设进行调研。在实验项目设置、实验仪器购置、实验室管理、实验室人员配置等方面进行交流。

（王　莉）

【实验室获专项资金资助】3月，在物理实验室硬件建设方面，本学年学校加大对物理实验室资金投入，物理实验教学中心获380万中央高校改善基本办学条件专项资金资助，新增实验仪器425套（件），改造实验仪器124套（件）；为实验室安装门禁系统，便于实验室管理。

（刘纪彩）

【参加数学建模竞赛获佳绩】2015年，数学建模竞赛指导团队指导学生参加数学建模竞赛获佳绩。4月，获美国大学生数学建模竞赛，国际一等奖14项，国际二等奖35项；9月，获全国大学生数学建模竞赛，全国一等奖2项，全国二等奖6项，北京市一等奖24项，北京市二等奖22项。9月，获全国研究生数学建模竞赛，全国一等奖1项，全国二等奖8项，全国三等奖14项。学校本部获优秀组织奖。

（雍雪林）

【召开党员大会】5月19日，学院在国际交流中心召开党员大会。校领导、相关职能部门领导、特邀嘉宾、数理系全体党员参加大会。党委书记吴万凯作题为"汇众智群力 锐意创新 扎实工作 为建设一流数理学院 创建高水平大学再立新功"的报告，并进行数理系党委换届选举。大会选举产生9名党委委员会委员，并于新一届党委委员会第一次全体会议上明确委员分工。

（王　莉）

【7项目获国家自然基金资助】9月，3个项目获国家自然基金面上项目资助，3个项目获国家自然基金青年项目资助，1个项目获国家自然基金重大研究计划项目资助，实现科研合同经费359.94万元。

（任　华）

【参加物理实验竞赛获佳绩】11月15日，北京市大学生物理实验竞赛在北京交通大学举办，该赛事由北京市教委牵头。胡冰指导的《无线供电装置》获一等奖，由韩榕生指导的《基于Matlab图像灰度处理的液体波速测量改进方法》获二等奖，黄霞、邓加军、刘纪彩指导的作品获三等奖。

（黄　霞）

【参加大学生物理竞赛获佳绩】12月6日，物理竞赛指导团队指导学生参加第三十二届全国部分地区大学生物理竞赛并获佳绩。该赛由北京市物理学会主办，学校获非物理A类一等奖，5名，二等奖4名，三等奖20名。

（黄　霞）

【邀请侯立安院士作报告】2015年12月07日，侯立安院士应邀为学校师生做题为《创新驱动饮用水的安全保障》的报告。侯立安是著名环境工程专家，中国工程院院士。江苏省徐州市人。工学博士，教授，博士生导师。现任第二炮兵后勤科学技术研究所所长，侯立安院士长期致力于环境科学与工程领域的基础研究、工程设计和技术管理工作，在饮用水安全保障、分散点源生活污水处理和人居环境空气净化等方面，率先提出并成功研发具有自主知识产权的水处理及空气净化技术和系列装备，取得多项突破性成果和富有创造性的成就。报告主要包括三方面内容：一、建设成就与发展面临的问题；二、创新驱动破解饮用水安全保障技术难题；三、饮用水安全保障的相关对策。

（张化永）

【学生参加创业大赛获奖】4月，在学生处就创业指导中心举办的优秀大学生创业项目遴选活动中，数理系"'乐学在线'微信教学"创业项目获评学校重点创业扶持项目，并获扶持资金一万元，实现历史性突破。

（任　华）

【邀请国内外知名专家作学术报告】2015年，学院邀请国内外专家来校作学术报告。西安交通大学李开泰教授做题为“三维旋转 Navier-Stokes 方程”学术报告；王刚作题为“逆向供应链中的作业调度：相同需求和交货期限”的学术报告；郭紫华作题为“Non-existence of solution to the 1D periodic cubic nonlinear Schrodinger equation below L2.”的学术报告；巴基斯坦真纳大学 Tasawar Hayat 教授作题为“Art of mathematical modeling and some fundamental equations in flow mechanism”的学术报告；清华大学步尚全教授作题为“向量值周期边值问题的最大正则性”的学术报告；美国辛辛那提大学数学 Dan Ralescu 教授作题为“不确定情况下的混合模型”的学术报告；新加坡科技研究局段玉萍作题为“变分图像分割方法应用到医学图像和手术模拟仿真”的学术报告；美国中弗罗里达大学孙颀彧教授作题为“空间分布是抽样和结构”的学术报告；中国石油大学曹思远教授作题为“数学在能源勘探中的应用与挑战”的学术报告；中科院数学与系统科学研究院应用数学研究所张波研究员作题为“分解法在声波反射问题中的最新进展”的学术报告。华北电力大学的王雷副教授作题为“非自治呼吸子和畸形波的若干问题研究”的学术报告；石家庄铁道大学王艳召副教授作题为“当代核物理前沿及其研究进展”的学术报告；中国人民大学张芃教授作题为“Calibration of Interaction Energy between Bose and Fermi Superfluids”的学术报告。

（王　莉）

【获各级各类自然基金项目】2015 年，学院获多项各级各类自然基金项目。北京校部李忠艳《L^2（R^d）框架乘子系统化及其在群表示酉系上的拓展研究》获国家自然科学基金面上项目 54 万元；刘纪彩《低于电离阈值的谐波产生机制及其相干控制的理论研究》获国家自然科学基金面上项目 70.94 万元；曹李刚《超越平均场方法研究原子核性质》获国家自然科学基金面上项目 73 万元；丁迅雷《贵金属单原子催化剂活化和转化甲烷的机理研究》获国家自然科学基金重大研究计划项目 97 万元；李敏《基于零模间色散双芯光子晶体光纤的飞秒脉冲全光孤子开关研究》获国家自然科学基金青年项目 20 万元；陈亮《铱氧化合物自旋轨道耦合体系中的关联效应》获国家自然科学基金青年项目 24 万元；张振华《超重核转动性质的研究》获国家自然科学基金青年项目 21 万元。保定校区获国家自然基应急管理项目 1 项，国家高技术研究发展计划（863 计划）子课题项目 1 项，河北省自然科学基金青年基金项目 1 项，河北省自然科学基金面上项目 2 项。熊波《电离层 TEC 多源数据融合》获国家高技术研究发展计划（863 计划）子课题 20 万元；汪伟建获批国家自然科学基金青年基金项目《中微子质量矩阵特殊结构与味对称》18 万元，孙宗利获批国家自然科学基金青年基金项目《受限胶体中结构与力学性质的动态密度泛函研究》21 万元。

（王　莉）

【学生参加竞赛获佳绩】2015 年，学院学生参加国内、国际竞赛获优异成绩。北京校部彭武安指导参加全国大学生数学竞赛的学生代表们，3 月，获北京市一等奖 4 名、二等奖 7 名、三等奖 9 名，全国三等奖 1 名。4 月，参加美国大学生数学建模竞赛，获国际一等奖 14 项、国际二等奖 35 项；9 月，参加全国大学生数学建模竞赛，获全国一等奖 2 项，全国二等奖6项，北京市一等奖24项，北京市二等奖 22 项。9 月，全国研究生数学建模竞赛，全国一等奖 1 项，全国二等奖 8 项，全国三等奖 14 项。校本部获优秀组织奖。保定校区参加全国大学生数学建模竞赛，获全国一等奖 2 项，全国二等奖 8 项；9 月，参加全国研究生数学建模竞赛，获全国一等奖 1 项，全国二等奖 6 项；12 月 20 日，参加第二届河北省大学生物理竞赛，获一等奖 6 项，二等奖 10 项。

（任　华）

【发表多篇高质量论文】2015 年，学院教师发表多篇高质量论文。任芝获《布里渊散射装置》《一种具有圆环台形反射棱镜的固体激光器》《一种具有圆环形反射镜的固体激光器》《环形增益介质固体激光器》《利用旋转波片抑制连续激光受激布里渊散射装置和方法》《一种压力调谐的光子晶体光纤微波毫米波发生器》等 6 项发明专利。华回春获《适用于电能质量数据交换格式的谐波污染责任的计算方法》发明专利，李松涛获《一种使用小功率探测器探测大功率激光束的装置及方法》发明专利。于国梁获《一种便携式氚化水采样装置》《一种用于（n,xn）截面测量的多层裂变电离室装置》实用新型专利，李松涛获《一种用于输电线的激光驱鸟器》《一种输电线激光驱鸟装置》《一种激光器驱动电路》《一种三相励磁涌流抑制装置》实用新型专利。

（王　莉）

环境科学与工程学院

【概述】2015年，华北电力大学环境科学与工程学院在本科及研究生教学、学科建设、科研、师资队伍建设、学生及党建工作等方面取得较大成绩。

2015年，学院注重引进高层次人才，着力培养现有人才，师资队伍的学缘结构、学历结构、年龄结构得到改善，队伍更具活力。

2015年，学院围绕学科发展和“千人计划”团队建设，共引进4名高水平的博士生（1人具有国外博士学历，1人为国内外联合培养博士），学院师资队伍进一步充实。有4名青年教师到美国、加拿大和日本等发达国家的高水平研究团队进行博士后研究。学院还将继续有计划地将青年教师送到国内、外大学及科研院所攻读博士学位或做博士后研究工作。

2015年，学院取得科研绩效考核人均保定校区前三名的好成绩。

（倪世清）

【概况】书记：曹晓新

主持工作：付东

网址：http：//202.206.208.57/huangongxi/index.asp

2015年，华北电力大学环境科学与工程学院本部设在保定，设有环境工程、环境科学、应用化学、能源化工四个教研室。学院现有北京市及河北省重点学科1个、研究所4个、中心实验室1个、学生实习基地4个，科技研究（创新）基地1个；二级博士点专业1个、硕士点专业7个、本科专业4个。

2015年，学院有教职工58人，其中，专任教师44人（教授13人、副教授9人，具有博士学位的教师占55%）、实验及技术人员5人、党政及管理人员6人。教育部“长江学者”及国家“千人计划”特聘专家1人，“教育部新世纪人才支持计划”3人，1人享受国务院特殊津贴。

2015年，学院共发表论文71篇，其中SCI收录26篇，EI收录8篇，一级学会学报论文4篇；科研经费合同额635余万元，其中纵向合同达到325万元。获河北省科技进步三等奖一项。环境学院共获批“国家自然科学重大研究计划培育项目”1项、“国家自然科学青年项目”2项、“河北省重大科技项目”1项；获国家发明专利7项。学院举行学术交流会8次，其中国外专家学术交流会4次，国内专家学术交流会4次。有29人次参加国际学术会议。

2015年，学院新增硕士生导师4名。185名毕业生顺利毕业。其中博士研究生2人，硕士研究生54人，本科生136人；学院招生279人，其中博士研究生博士生6人，硕士研究生56人，普通本专科生217人；学院（系）在校生928人，其中，博士研究生23人，硕士研究生149人，本科生756人。本科生的英语四级通过率为88.6%，本科毕业生一次就业率为97.8%，研究生毕业生一次就业率为100%；本科考研报名54人，实际考取24人，考研率为18.2%。

2015年，学院开设研究生课程41门，完成教学1288学时；开设本科生课程98门，完成教学3856学时。

2015年，学院设有12个党支部，拥有中共党员137人、其中教工党党员33人，学生党员104人。新发展党员28人。

2015年，学院设有32个学生班级，设有辅导员岗位3个，其中正式编制2个；学生获各类省部级及以上奖励53人次。

（倪世清 石立宁）

【参加高校环保科技创意设计大赛获佳绩】2015年6月30日，环境学院承办高校环保科技创意设计大赛校内选拔赛并获全国最佳组织奖。华电学子在比赛中，获金奖1项、银奖3项、铜奖3项、优胜奖8项。

（石立宁）

【参加全国大学生学科竞赛获佳绩】2015年，学院积极组织学生参加学科类竞赛，5月30日，张钰参加美国大学生数学建模大赛获全球一等奖。11月20日，陈兴参加河北省大学生物理竞赛获一等奖。

（石立宁）

【开展特色鲜明的社团活动】2015年，学院学生社团积极组织和开展丰富多彩，主题突出、特色鲜明的文化活动。5月10日，开展“清朗网络空间 彰显青春正气”演讲比赛；12月24日，举办大学生辩论赛；11月12日，举办“点赞青春，圆梦华电”如何规划大学生活系列教育活动；11月14日，开展“情暖童心，温暖过冬”关爱留守儿童爱心捐赠活动；12月20日，举办“情暖童心”优秀学子励志报告会；12月27日，举办“青春飞YOUNG”班级风采大赛。

（石立宁）

【开展千乡万村主题实践活动】2015年7月19日至7月25日，学校暑期开展以“情暖童心 与爱同行”关爱贫困地区留守儿童主题实践活动，联系企业为6名留守儿童捐赠价值3000多元的学习机、台灯、书本等学习用品，并录制关爱留守儿童宣传片，引起社会各界对留守儿童问题的关注。“情暖童心 与爱同行”关爱留守儿童实践团队被共青团中央评为全国优秀团队、获河北省“三下乡”社会实践活动优秀团队称号，石立宁获河北省“三下乡”社会实践活动优秀指导教师称号，刘帅志获保定市大中专学生志愿者暑期社会实践活动先进教师称号，学生陶冶获河北省“三下乡”社会实践活动优秀个人称号。

（石立宁）

【推进关爱留守儿童项目】2015年，学院积极推进关爱留守儿童项目。全年累计开展帮扶活动50余次，包括成立“彩虹班”一帮一、爱心捐赠、心理健康教育、励志报告会、课程辅导、爱心捐赠、主题班会等，累计帮扶留守儿童1500多人次，累计捐资捐物价值30000余元，被媒体、网站报道100余次。

（石立宁）

【毕业生就业成绩突出】2015年，环境学院毕业生在就业升学方面再创佳绩，2015届毕业生共152人，推免研究生13人（包括北京大学深圳研究院1人、浙江大学1人、西安交通大学1人、天津大学1人，华南理工大学1人，华北电力大学8人，考研升学23人（包括浙江大学、中科院、北京师范大学等），签约98人（包括国网、南网、设计院、五大发电集团下属电厂等），选调生1人（揭阳市揭西县委组织部），公务员1人（秦皇岛海关），出国1人（澳大利亚），继续考研10人。整体就业率连续三年持续上升。

（石立宁）

【学生创业初见成效】2015年11月11日，环境学院创新创业协会成立，学院创新创业工作初见成效。学生张羽凡负责的创业团队成功注册成立“保定创品绘工艺品制造有限公司”，主要经营华电纪念品，月营业额1.5万元，已初步实现盈利。

（石立宁）

可再生能源学院

【概述】2015年，可再生能源学院各项工作深入开展，取得显著成效。

一、党建与思想政治工作

2015年5月19日，学院党委召开党员大会，杨勇平副校长、组织部副部长、统战部副部长窦雅萍出席大会，学院190余名师生党员、民主党派人士参加。学院党委书记刘永前代表上届党委在会上作题为《凝心聚力、开拓创新，为建设高水平可再生能源学院努力奋斗》的工作报告。会议选举刘永前、张利、李美成、姚建曦、耿晔、董长青、戴松元等7人当选学院新一届党委委员。

做好党风廉政宣传教育工作，落实中央八项规定、坚决纠正“四风”，学习贯彻《中国共产党廉洁自律准则》和《中国共产党纪律处分条例》。

2015年6月1日至6月30日组织开展以“践行‘三严三实’、落实‘两个责任’、‘履行一岗双责’师生共建风清气正的廉洁文化”为主题的党风廉政建设宣传教育月活动；6月25日召开以践行“三严三实”要求，深入落实“两个责任”，认真履行以“一岗双责”为主题的中心组学习讨论会，切实加强作风建设，落实党委主体责任。党政领导干部要按照“一岗双责”和“谁主管，谁负责”的要求，认真执行党风廉政建设责任制；11月至12月，学院党委组织开展专题学习活动，召开专题学习研讨会，确保学习贯彻《准则》和《条例》落到实处；组织全体党员对照文件精神，逐条学习、全面自查；修订《可再生能源学院党政联席会议制度》和《可再生能源学院落实“三重一大”制度实施细则》，“把权力关进制度的笼子”，确保学院重要事项决策民主化、科学化、制度化、规范化。

二、教学工作

1. 召开学院的考风考纪大会，邀请教务处高继周副处长讲解监考的要求；建立学院巡考制度，规定学院领导、中心主任、教研室主任、辅导员每学期对本学院考试课程进行巡考，以加强考试管理、进一步提高教学质量。

2. 组织青年教师教学基本功比赛。青年教师高攀获一等奖、葛铭纬获二等奖。高攀获评最佳教案奖和最佳教学演示奖，并代表学校参加北京高校第九届青年教师教学基本功比赛。

3. 申报4个国家级校外人才实习基地获批，对实习基地的建设和提高本科生实践能力的培养具有积极的作用；新能源科学与工程专业获得专业建设项目经费30万元。

4.2015年5月26日召开“互联网+时代的教学方法”主题教研活动。

三、科研工作

2015年，学院科研工作取得较大进展。

1. 自然科学基金项目申报36项，较去年的24项增加50%，持续3年保持在20项以上；获批6项，较去年的4项增加2项。

2. 学院教师发表科研论文约126篇，其中SCI论文60篇、EI论文15篇；学院获批项目82项，总经费达4000余万。其中横向项目62项，获批经费3000余万元，纵向项目21项，获批经费1000余万元；全年共获批41项专利，其中发明专利37项，实用新型专利4项。

四、学科与科研平台建设

1.2015年，重新调整国家重点实验室人员，确认戴松元、田德、姚建曦、朱红路4人为国家重点实验室固定人员，刘永前、李美成、谭占鳌、何理、卢宏玮、张兵为国家重点实验室流动人员。

2. 完成“新型薄膜太阳电池北京市重点实验室”的验收工作；成功申报“新型太阳电池的基础和应用研究创新引智基地”；“中欧可再生能源创新中心”顺利揭牌。

3. 继续推进“生物质发电成套设备国家工程实验室”等原有重要科研平台建设。“生物质发电成套设备国家工程实验室”及已有的2个北京市重点实验室是学院一直重点建设的科研平台，特别是“生物质发电成套设备国家工程实验室”已成为学院科研平台发展的重要标志。

五、学生工作

1. 加强学生党建工作，发挥党支部的核心作用和党员的先锋模范作用，确保学生稳定，促进各方面的工作的开展。

2015年，学院加强社会主义核心价值观教育，开展“中国梦·价值魂”主题教育活动；指导本科生、研究生党支部开展红色“1+1”活动，帮助学生树立正确的世界观、价值观和人生观。加强学习型、服务型、创新型学生党支部建设。

2. 加强学生工作队伍建设，发挥专职辅导员、班主任和学生干部在学生思想教育中的中坚作用，保障学生管理工作正常化和高效化。坚持学生工作例会制度，加强沟通和了解，副书记、辅导员就学院阶段性情况进行总结，分析存在的问题，提出解决的办法，并部署下一阶段的工作；选聘“三高”（高学历、高职称、高责任心）专业教师担任班主任；在班主任队伍中提倡“六个特别关心”，努力打造一支责任心强、业务能力强的班主任队伍。

3. 学生科技活动蓬勃发展，共有523人次参加社会实践；学生参加各类比赛获佳。

4. 积极开拓市场，有序实施毕业生就业工作。本科生考研率为32.97%，就业率为95.24%。研究生就业率达100%。

5. 学院注重校园文化建设。组织学生参加“五月的花海”合唱比赛获二等奖，参加校辩论赛获第二名，春季运动会取得学生男、女团体总分第三名及最佳组织奖的优秀成绩；通过各种渠道深入了解学生实际状况，共评定出408名家庭经济困难学生并建立贫困生档案。

六、工会工作

2015年，学院在学校工会举办的五大杯赛活动中分别获得羽毛球乙组季军、篮球比赛乙组冠军，并在春季运动会上获得乙组团体第一名的好成绩；学院积极组织国家自然基金申请讨论讲座、青年教师教学培训等，为青年教师的科研及授课提供良好环境；学院青年教师积极申报北京市高校青年教师社会调研项目并获得立项3项并已结题。2015年青年教师讲课比赛中高攀、葛铭纬分获一、二等奖，高攀在北京市工会组织的青年教师比赛中获二等奖。

（刘振增　常青云）

【概况】院长：戴松元

书记：刘永前

2015年，学院有教职工79人，其中，教授22人，副教授27人，讲师17人，行政人员8人，实验员5人。

2015年，学院在校生1373人，其中，本科生1093人，硕士217人，博士63人。

2015年，学院教师发表科研论文126篇，其中SCI论文60篇、EI论文15篇。

2015年，学院获批项目82项，总经费达4000余万。其中横向项目62项，获批经费3000余万元，纵向项目21项，获批经费1096万元。

2015年，学院共获批41项专利，其中发明专利37项，实用新型专利4项。自然科学基金项目获批6项。

2015年，申报4个国家级校

外人才实习基地获批，对实习基地的建设和提高本科生实践能力的培养具有积极的作用；新能源科学与工程专业获得专业建设项目，经费30万元。

2015年，共招收硕士研究生85名、博士研究生19名。

2015年，学生在各类比赛中硕果累累。在第八届节能减排全国大学生课外科技与实践作品竞赛中，有3支队伍获国家级三等奖，1支队伍获北京市一等奖，1支队伍获北京市三等奖；在2015全国青年科普创新实验暨作品大赛中，1支队伍获北京赛区第三名，在2015年“挑战杯”全国大学生课外学术科技作品竞赛中，1支队伍获国家级三等奖；在2015年美国大学生数学建模竞赛（MCM）中，1支队伍获国际一等奖，七支队伍获国际二等奖；在电工杯全国大学生数学建模竞赛中，一支队伍获全国一等奖；在创行创新公益大赛世界杯全国赛中，一支队伍获全国三等奖。

2015年，可再生能源学院党委共有学生党支部14个，其中研究生党支部11个、本科生党支部3个。研究生党员人数141名，占研究生总数51.1%；本科生学生党员人数97名，占本科生总数8%。

2015年，学院本科毕业生共273人，考研90人，考研率为32.97%，出国12人，出国率4.4%，签三方87人，灵活就业71人，就业率为95.24%。研究生就业人数为55人，其中升学4人，出国2人，签就业协议40人，劳动合同9人，就业率100%。

2015年，学院共发展党员61人，其中本科生51人，研究生10人。本科生学生党员人数达到97名，占本科生总数8%。研究生党员人数达141名，占研究生总数51.1%。共有229人参加党校学习并毕业。

（刘振增　常青云）

【召开第四届学位评定委员会第四次会议学院分委员会】2015年3月10日，学院召开第四届学位评定委员会第四次会议学院分委员会，会议审议申请全日制学术硕士学位研究生36人，审议来华留学生硕士学位研究生1人，全日制学术学位硕士论文发表49篇，人均1.3篇，共授权8个专利。

（王志红）

【召开第四届学位评定委员会第五次会议学院分委员会】2015年6月15日，学院召开第四届学位评定委员会第五次会议学院分委员会。授予博士学位研究生1人，审议通过《可再生能源学院硕士生指导教师推荐遴选办法（试行）》，推荐硕士生指导教师13人。

（王志红）

【接收留学研究生】2015年，学院接受外国来华留学生攻读硕士研究生9名、博士研究生3名。

（王志红）

【接收免试攻读硕士研究生】2015年9月29日，接收免试攻读学术硕士研究生14人，其中支教保研1人。

（王志红）

【举行青年教师讲课比赛】2015年4月14日，学院举行青年教师讲课比赛，共有29名青年教师参加，通过评委小组评定，评出一等奖2人（高攀、葛铭纬），二等奖4人（白一鸣、胡笑颖、王福芝、宋记锋），三等奖6人（张惠、赵莹、孙万泉、张尚弘、何少剑、彭杨）。

（张亦楠）

【举行教学主题研讨会】2015年5月26日，学院举行“互联网+时代的教学方法”主题教研活动。主讲人为北京智启蓝墨信息技术有限公司副总裁原继东及学院李继清教授。原继东围绕移动互联时代教学改革及数字化资源建设主题向老师们介绍移动交互式数字教材课程建设，现场就蓝墨云班课的APP应用进行演示。李继清就互联网时代的教学方法进行概述，并对慕课、微课、翻转课堂等新的教学方法进行介绍。

（张亦楠）

【推免硕士研究生15人】2015年9月18日，学院完成推免硕士研究生工作，共推免22人，分别为李春辉、汪东飞、李博文、刘文、龚一莼、吴嘉杰、李宁宁、杨熠、张慧娟、韩德鹏、曲映溪、李思敏、张良、余璐、尹宜夫、龙颖、庞辉庆、闫肖蒙、李翔宇、侯晓娟、万子裴、温源。

（张亦楠）

【本科生转专业5人】2015年9月25日，学院完成2014级本科生转专业相关指标审核及学分绩计算，梁晨阳、杨更宇、许冰倩、练丹阳4人转入电气工程及其自动化专业，辛永琳、张子健、周家慷3人转入新能源科学与工程（风电）专业，王若晗、地瓦那夏2人转入水利水电工程专业，地里热巴转入新能源科学与工程（光伏）专业。

（张亦楠）

【学籍处理60人】2015年10月16日，经学院核对，学校审核，对达到相应条件的学生进行学籍处理：跟班试读41人，退学试读19人。

（张亦楠）

【完成实验教学示范中心申报工作】2015年12月24日，可再生能源工程实验教学中心完成北京高等学校市级实验教学示范中心申报工作。

（张亦楠）

【两班级获集体奖项】2015年，学院2个颁奖获得集体奖项。能科1401班获2015年北京市五四红旗团支部荣誉称号；能科1306班、能科1401班获华北电力大学示范性优秀班集体称号；7A223、7A231宿舍获华北电力大学优秀宿舍称号。

（耿　晔）

【学生党建工作】2015年，学院党委共有学生党支部14个，其中研究生党支部11个、本科生党支部3个。研究生党员人数141名，占研究生总数51.1%；本科生学生党员人数97名，占本科生总数8%。2015年共发展党员61人，其中本科生51人，研究生10人。2015年共有4个党支部参与主题为“践行核心价值观，永葆党员先进性”的红色1+1共建活动，先后开展“粽情端午，情暖意浓”，“铭记历史寻初心，复兴之路传党魂”，“加强支部共建，宣讲绿色能源”，“学习党章，永葆先进”等特色活动。5个党支部组织申报学生党支部党建工作重点项目，围绕“传党魂、懂法治、铭历史、强文化、爱奉献”开展活动，加强学习型、服务型、创新型学生党支部建设，其中3个党支部验收结果为优秀，2个合格。2个党支部参与第十三届特色活动示范党支部评选活动申报，表现突出，全部获得“特色活动优秀参与党支部”荣誉称号。

（耿　晔）

【学生参加多项竞赛获佳绩】2015年，学院学生在各类比赛中取得优异成绩。在第八届节能减排全国大学生课外科技与实践作品竞赛中，有三支队伍获国家级三等奖，一支队伍获北京市一等奖，一支队伍获北京市三等奖；在2015全国青年科普创新实验暨作品大赛中一支队伍获北京赛区第三名；在2015年“挑战杯”全国大学生课外学术科技作品竞赛中，一支队伍获国家级三等奖；在2015年美国大学生数学建模竞赛（MCM）中，一支队伍获国际一等奖，七支队伍获国际二等奖；在电工杯全国大学生数学建模竞赛中，一支队伍获全国一等奖；在创行创新公益大赛世界杯全国赛中，一支队伍获全国三等奖。

（耿　晔）

【毕业生就业率保持在95%以上】2015年，学院2015届本科毕业生应就业人数共273人，考研90人，考研率为32.97%；出国12人，出国率4.4%；签三方协议87人，灵活就业71人，就业率为95.24%。研究生就业人数为55人，其中升学4人，出国2人，签就业协议40人，劳动合同9人，就业率100%。

（耿　晔）

核科学与工程学院

【概述】2015年，华北电力大学核科学与工程学院以“十三五”规划制定为契机，深化“三严三实”专题教育，整合优质资源，加强对外交流合作，推进教学形式多样化，各项工作取得新进展。

一、学科建设

2015年，该学院顺利完成硕士学位点评估及“核能与核技术工程”专业硕士学位点申报。对虚拟仿真实验资源进行论证和整合，完成国家级“核动力工程全范围虚拟仿真实验教学中心”申报。学院领导赴西安交通大学进行学科调研，召开教授座谈会，完成学院“十三五”规划的制定。举办中俄瑞国际学术研讨会、非能动核能安全技术北京市重点实验室年会，并获得2017年召开的第十五届全国反应堆热工流体会议的承办权。

二、教学工作

2015年，该学院尝试与国电投、中核等单位合作拓展人才培养新途径，首次派出12名本科生进行为期半年的“毕业设计+实习”。向田湾核电站本科生校外实习基地派出首批30名本科生进行毕业实习。聘请国内核电企业知名专家3人次为工程实践班学生授课、6人次在华电大讲堂开设讲座。推进核电子学实验室、压水堆热工参数检测与控制实验室建设，完成因审批问题停滞多年的标准放射源实验室建设。组织全体青年教师开展学院教学基本功大赛，在2015年度学校教学督导组对学院重点听课的反馈中，专家评价效果较好。陈涛、吕雪峰两名教师获北京校部2014—2015学年教学优秀奖。

三、科研工作

2015年，该学院科研工作再创佳绩，新签项目合同总金额超过3600万元，科研任务完成率

207%。陆道纲、牛风雷教授再获国家重大专项项目资助，该事件被列为“华北电力大学 2015 年十件大事”。陈义学教授获得国家自然科学基金面上项目资助，张斌、刘洋、程晓磊分别获得国家自然科学基金青年项目资助。2015 年，该学院新签一批国家科技重大专项子课题及快堆项目的课题，首批国家科技重大专项子课题圆满结题，产生一批带有自主知识产权的软件成果及发明专利，购建一批大型实验台架、装备及测量仪器。作为重要合作单位之一，该学院参加研发的中核集团 NESTOR 软件、国电投集团 COSINE 软件成功发布，为核电软件国产化及核电“走出去”战略做出重要贡献。

四、师资队伍建设

2015 年，该学院认真落实“大人才”战略，积极招纳海内外人才。完成首批核电师资班毕业生的选拔，计划对齐厚博、卓卫乾、刘雨、张帆 4 名优秀毕业生重点培养，以补充到学院未来的教师队伍中。2015 年，该学院引进青年教师郭张鹏、朱卉平。吴英晋升为教授，韩然、刘洋晋升为副教授。该学院赵珥希获 2015“青年中国行”暑期社会实践全国百强团队优秀指导教师、首都大学生暑期社会实践先进工作者、学校“第二届辅导员职业能力大赛”二等奖，其创作的《高校辅导员之歌》歌词评选全国优秀奖。隋丹婷获 2015 年校级十佳班主任，陈娟获 2015 年校级优秀班主任，马续波、张斌、曹琼、曹博、吴军获评 2014—2015 学年度考核优秀等级。2015 年，由于个人原因，韩然、程晓磊办理离职。

五、党务工作

2015 年，该学院党委委员会换届大会顺利召开，总结上一届委员会四年的工作成绩和不足，分析学院发展面临的困难和问题，明确新一届委员会的工作思路和重心。抓好“三严三实”专题教育，对照检查、剖析问题、即知即改，提高学院班子的团结力和战斗力。推进基层组织建设和党员教育、发展工作，在全院师生党员中开展准则和条例的系列学习活动。该学院党委获 2014 年度党员在线学习优秀院（系）级单位党组织、2014 年度党员统计先进单位，赵珥希、曹博获 2014 年度党员在线学习优秀个人、吴军获 2014 年度党员统计先进个人。学院教工党支部“对照‘三严三实’要求，加强党员学习交流，形成热爱学习、重视学习，主动学习的长效机制，创建学习型党支部”获得校级“优秀支部目标”立项。本科生党支部获 2015 年北京高校红色“1+1”示范活动北京市优秀奖，并获学校“特色活动优秀党支部”称号。本科生党支部“弘扬法治精神，建设法治文化”项目、研核 1335 党支部“学习国学经典，建设活力支部”主题活动，分别在 2015 年学生党支部党建工作重点项目验收中被评为优秀。

六、工会工作

2015 年，该学院分工会考评获“特色”分工会，在多项体育赛事上取得丰硕成果。分别获得第三届“远程教育”杯教职工篮球联赛乙组亚军，2015 年“经管杯”教职工乒乓球混合团体赛乙组亚军和 2015 年“控计杯”羽毛球团体赛乙组亚军。马雁、赵强、周世梁、吴英被评为华北电力大学“工会积极分子”。

七、学生工作

2015 年，该学院学生工作持续保持良好发展态势，在多个奖项中取得优异成绩。获 3 项国家级荣誉（均为北京校部唯一获奖班集体），分别是“坚守信仰，实现我的中国梦”主题活动获全国“四进四信”活动优秀项目，核安 1301 班获全国高校践行社会主义核心价值观“示范团支部”荣誉称号和 2015“青年中国行”暑期社会实践全国百强团队荣誉称号；获 5 项省部级荣誉，分别是核安 1301 班获北京市先进班集体荣誉、北京市“五四”红旗团支部称号，核安 1401 班获首都“先锋杯”优秀团支部荣誉称号，本科生党支部获评北京高校红色“1+1”优秀奖，“纪念抗战胜利 70 周年社会实践团”获评“2015 年度首都大学生暑期社会实践优秀团队”；获 4 项校级荣誉，分别是学校示范性十佳班集体、特色活动优秀党支部、社会实践优秀组织奖、运动会“道德风尚奖”。

该学院根据年级特点整顿学风，倡导和践行“勤于学习，奋发向上，诚实守信，勇于创新”，扎实推进学风建设，设立学风建设专项奖励，在 2013、2014、2015 级形成“互比互学互助”风气，从课堂出勤、科技创新、考风考纪、宿舍环境等方面对班集体进行学风奖励。

在科技竞赛方面，创新创业项目共计立项 22 项，18 人次取得软件著作权、实用新型专利及在国内刊物发表论文。傅盛磊、徐兴嘉、宋文达、隋卓婕、张志宏、黄凯、杨志凯、降东阳 8 人获全国大学生数学建模竞赛北京市一等奖；陈昭、苏阳、孙妍妍、王浩男、刘珠、黎瑶聪6人获全国大学生数学建模竞赛北京市二等奖；黎瑶聪等获美国数学建模竞赛一等奖；徐兴嘉获美国数学建模竞赛二等奖。贾唐堂获电力科技杯校级三等奖，大学生创业项目比赛三等奖；李志勇获“挑战杯”校级二等奖；唐辉获“挑战杯”校级二等奖队员。

在就业方面，该学院保持较高的就业率和就业质量。研究生就业率保持100%，本科生就业率96%，就业落实率保持持续增长。

八、对外交流与合作

2015年，该学院组织“院士华电行”活动，一行6名院士对学院的办学及科研成果给予高度评价。2015年，该学院教师因公出国11人次。其中，李向宾受国家留学基金委资助公派出国访问1年，马续波完成为期1年的公派出国任务按时返校。在研究生的国际合作教学方面，该学院培养的巴基斯坦、苏丹等国留学生达35名，并自筹资金建成留学生专用科研工作室。

（张　科　赵珥希）

【概况】院　长：陆道纲

书　记：沈　岚

2015年，核科学与工程学院有1个“核科学与技术”一级学科硕士点，在该学科下设有“核能科学与工程”“辐射防护及环境保护”2个目录内二级学科硕士点；2个本科专业名称为“核工程与核技术”“辐射防护与核安全”。在“动力工程及热物理”一级学科下自设有“核电与动力工程”二级学科博士点。

2015年，该学院有在编教职工36人，非在编教职工1人。其中，专任教师29人（教授8人、副教授6人，具有博士学位的教师为97%）、有实验及技术人员3人、管理人员6人。学院现有学术带头人7名，博士生导师6名，中国工程院院士3人（兼职）。

2015年，该学院党委下设6个党支部，其中1个教工党支部，4个研究生党支部，1个本科生党支部。其中教工党支部2015年转入2人、现有党员27人。学生党员115人（其中本科生50人，研究生65人）。该学院全年共发展党员25人，96人成为入党积极分子；76名学生递交入党申请书。

2015年，该学院本科生在校人数达547人，新招本科生141人，本科毕业生131人。在读研究生136人（硕士117人，博士19人），新招硕士研究生47人，硕士毕业生26人，其中5人获得研究生国家奖学金，1人获得优秀博士奖学金，3人获评优秀硕士毕业生。

2015年，该学院本科生就业率为96.18%。其中，签订三方协议53人占40.4%，考取硕士研究生41人占31.2%，出国7人占5.3%，灵活就业25人占19%。研究生就业率100%。

2015年，该学院开设研究生课程13门，完成教学384学时。开设本科生课程45门，完成教学2841学时。举办联合培养班1期，共62名学员。其中，北京校区中广核学员33人，保定校区苏州班学员29人。

2015年，该学院新签合同额3637万元，在研项目160项（新增科研项目30项）。新增项目中，国家科技重大专项项目3项，企事业单位委托科技项目16项，国家自然科学基金面上项目1项、青年项目3项。纵向项目1282万元（国家重大科技专项1053万元），横向项目2355万元。2015年，该学院教师共发表论文58篇，其中SCI检索19篇，EI检索13篇，专利授权发明6项，著作权20项。

2015年，该学院有教研室2个，分别为核反应堆工程教研室、核辐射防护与环境工程教研室。实体化科研团队5个。实验室26个，其中教学实验室19个，科研实验室7个。学生实习基地8个，分别为中国核动力研究设计院、中国原子能科学研究院、清华大学核能研究院、山东海阳核电、华南辐射监督站、田湾核电站、国核软件中心、中电投核电技术研究中心。省部级重点实验室2个，分别为非能动核能安全技术北京市重点实验室、国家能源核电软件重点实验室（参与单位）。

（张　科　赵珥希）

【访问核电企业】1月29至30日，核科学与工程学院院长陆道纲与教务处副处长梁光胜一行5人访问江苏核电有限公司田湾核电基地，落实“大学生实践教学基地”建设、核电人才培养等事宜。双方在进一步开展互派专家讲学与科研合作上达成共识，商定自2015年3月开始，田湾核电站将为核学院45名本科生提供毕业实习。

（张　科）

【参加全国核电人才研讨会】3月19至20日，全国核电人才开发与建设研讨会在山东石岛湾召开。会议由中国电力发展促进会核能分会主办，华能山东石岛湾核电有限公司承办。核科学与工程学院副院长刘洋代表华北电力大学参加会议并作题为“华北电力大学核电人才培养”的报告。会议围绕中国核电企业人力资源现状和问题，核电运营管理人才、科技人才、国际人才的培养、开发与储备，核电企业员工学习地图体系构建，核电人才吸引与凝聚机制建设，管理人才的激励等内容进行具体研讨。

（张　科）

【开展学科调研】5月4日至6日，华北电力大学核科学与工程学院调研组到西安交通大学开展“核科学与技术”一级学科调研工作。调研组就学科方向凝练、高端人才引进、人才培养、国际合作、校企合作等问题同西安交通大学核学科的同行开展研讨，认真听取经验和建议，参观实验室，返校后形成学科调研报告。

（张　科）

【召开学院党委换届会议】5月26日，中国共产党华北电力大学核科学与工程学院党员大会在科学会堂召开，学院全体教职工党员和学生党员参加会议。华北电力大学副校长孙忠权代表学校党委出席大会并发表讲话，牛风雷教授作为无党派代表受邀列席会议。会议由李辉主持，沈岚代表上一届学院党委作《齐心协力、抢抓机遇、扎实推动学院工作再上新台阶》的工作报告。会议总结上一届委员会四年的工作情况，分析学院发展面临的形势与困难，谋划和确定今后一段时期学院的发展目标、主要任务和工作方向。会议审议并通过《核科学与工程学院党委换届选举办法（草案）》和监票人、计票人名单，在总监票人周世梁的主持下，以无记名投票方式，经差额选举，产生新一届党委委员会委员6人（以姓氏笔画为序）：刘洋、李辉、吴军、陆道纲、沈岚、赵珥希。

（张　科）

【赴美参会并招纳人才】6月6至10日，核科学与工程学院教师陆道纲、牛风雷、曹琼赴美国德克萨斯州圣安东尼奥参加2015年美国核学会年会，作题为“Steam-jet DCC in Scaled Automatic Depressurization System Sparger of AP1000”的学术报告，展示在AP1000内置换料水箱沸腾与冷凝方面的研究成果，受到与会专家广泛关注。参会期间，陆道纲、牛风雷教授组织座谈会，就学院学科建设、人才培养、科研平台等情况同中国留美学者进行交流，为学院人才引进建立储备。美国核学会年会是由美国核学会组织的综合性学术会议，涉及核燃料循环、反应堆物理、反应堆热工、辐射防护、小型堆及空间堆等领域。

（张　科）

【举办国际研讨会】9月24至25日，核科学与工程学院暨非能动核能安全技术北京市重点实验室主办的中俄瑞核反应堆严重事故研讨会在华北电力大学国际交流中心举办。瑞典皇家工学院（KTH）Sevostian Bechta教授、俄罗斯圣彼得堡国立电工技术大学Lopukh Dmitrii教授及环境保护部核与辐射安全中心、国家电力投资集团公司中央研究院、中国核电工程公司、中广核（北京）仿真技术有限公司、华北电力大学的30余名专家学者参加会议。中俄瑞三国专家就反应堆严重事故进行交流和讨论，并对未来的合作方式进行探讨。

（张　科）

【出席NESTOR成果发布会】12月17日，中国首套自主的核电软件包和一体化软件集成平台（NESTOR）在京发布。标志着中国已具备成套核电技术独立出口的能力，达到美、法等核电一流强国水平。NESTOR的研发团队，由中核集团所属的中国核动力院、中国核电工程公司、核动力运行研究所组成，同时，联合清华大学、西安交大、上海交大、南华大学、华北电力大学和四川大学等高校，核星和中软等专业的软件开发和测试单位，以及核与辐射安全中心等独立验证机构，集智攻关。NESTOR已成功应用于“华龙一号”示范工程福清5、6号的反应堆工程设计工作中，该软件包计算精度达到国际先进水平，工程适用性强。部分软件已应用于包括方家山、福清、昌江、田湾等在役电厂的技术服务，未来还将在新一代的反应堆工程设计工作发挥核心作用。NESTOR的发布将为核电软件国产化及核电“走出去”战略做出重要贡献。

（张　科）

【出席COSINE成果发布会】12月21日，国家电力投资集团公司在北京昌平未来科技城中央研究院成功发布中国首套完全自主知识产权的核电厂核设计与安全分析软件—COSINE，标志着中国核电软件自主化工作取得关键性突破。该成果发布，得到国家有关部委、北京市政府、相关高校、企事业单位的关注。国家科技部、工信部、环保部、国资委、国家能源局、国家核安全局，北京市科委，中国工程院、上海交通大学、西安交通大学、华北电力大学、清华大学，中广核集团，美国、日本、韩国，台湾地区的知名专家，国家电投、国家核电及所属单位等43家单位、150多位领导和专家参加该发布会。华北电力大学是该软件的主要研发单位之一，该校副校长杨勇平、科学技术研究院常务副院长檀勤良、核科学与工程学院院长陆道纲及参与COSINE软件包研发的师生代表应邀出席发布会，杨勇平代表华北电力大学对COSINE公开测试版的发布表示祝贺。该发布会成立COSINE用户组（COSINE User Group），华北电力大学是首批用户组成员单位。COSINE 公开测试版，包含热工水力设计与安全分析、堆芯物理设计、燃料设计、屏蔽设计与源项分析、严重事故分析、概率安全分析、堆用蒙特卡罗、群常数研制 8 大类，15 个软件，覆盖国际同类软件 80 余项功能，具备核电厂核工程设计与安全分析的所有核心功能，并全部通过课题技术成果预验收。COSINE 软件整体性能与技术指标达到国际先进水平，部分关键技术达到国际领先水平。

（张　科）

【召开重点实验室会议】12 月 23 日，北京市非能动核能安全技术重点实验室召开第一届学术委员会第二次会议。会议总结分析该重点实验室在研的重大研究课题及成果，并制定未来发展规划。北京市科委、国家自然基金委领导，叶奇蓁院士等专家和委员，华北电力大学领导等 13 人参加会议。该重点实验室的建设与北京市科技创新功能定位要求相一致，在快堆、高温气冷堆等四代堆型的科学研究中发挥重要作用。

（张　科）

【获评国家级优秀项目】12 月，核科学与工程学院“坚守信仰，实现我的中国梦”主题活动获评全国“四进四信”活动基层优秀项目。“四进四信”活动由共青团中央举办，经各地推荐、网络平台展示、公开投票、差额评定等环节，确定“四进四信”活动高校优秀项目 180 个、基层优秀项目 400 个。该学院在基层团组织中开展社会主义核心价值观演讲比赛、“奋斗的青春最美丽”分享会、“与信仰对话”主题教育实践、研读经典著作活动、“我身边的正能量”网络宣传等多项活动，帮助和引领学生和团学干部牢固树立对党的科学理论的信仰、坚定走中国特色社会主义道路实现中国梦的信念、增强对党和政府的信任、增进对以习近平同志为总书记的党中央的信赖。

（张　科）

【获评国家级荣誉称号】12 月，在践行社会主义核心价值观“示范团支部”创建和“百佳团支书”寻访活动中，核科学与工程学院核安 1301 团支部获评全国高校践行社会主义核心价值观“示范团支部”称号。该活动由共青团中央举办，旨在推动实施高校团支部“活力提升”工程，选树一批可亲可敬可学的团支部和团支书典型，示范引领广大青年学生进一步学习践行习近平总书记“勤学、修德、明辨、笃实”的重要要求。经过省级遴选推荐、网络平台展示、公开投票及差额评定等环节，最终在全国范围内确定 1000 个“示范团支部”和 100 名“百佳团支书”。

（张　科）

国际教育学院

【概述】2015 年，华北电力大学国际教育学院紧密围绕学校建设高水平大学的目标，积极实施华北电力大学国际化战略，坚持国际化办学思路，践行国际化教育理念，以培养具有国际视野、创新意识和国际竞争力的人才为目标，不断增强工作的主动性、系统性和前瞻性。通过全体人员的共同努力，完成国际教育学院“十三五”发展规划的制定；取得中外合作办学机构申请的阶段性突破；实现来华留学生规模的持续增长；率先向教育部提出设立“一带一路”能源电力国家奖学金项目建议；全面引入评教机制培育自有师资，首次引进高端外国专家参与本科教学，多项举措推进学风建设；开展“凝聚高端校友项目”，精心培育学生创业项目；建立创新的常态化与动态化结合的留学生管理体系；加强制度建设，实现科学化、规范化管理。

一、党建与思想政治工作

2015 年，学院党总支通过定期召开专题民主生活会，开展批评与自我批评等方式征集群众意见，不断改进干部作风，促进党员干部思想观念的放和教育理念的转变，提高干部队伍的党性观念、精神境界、服务意识，为国际教育学院的改革、提高和发展提供强有力的队伍保障。学院进一步完善学院党总支制度建设，先后出台并完善多项党内外规章制度，有效地推进学院“法治”建设进程。

继续开展“一个支部一个目标、一个党员一个任务”活动。围绕 2015 年学校重点工作和学院工作目标，开展“加强学习实践提高能力建设活动”，活动采取项目申报的形式，围绕学习党中央提出的“十三五”规划建议，以制定学院“十三五”规划纲要为契机，凝练项目，制定目标，将党支部工作融入到每个党员日常工作当中，做到党建工作与学院中心工作不脱节，不孤立，有机统一。

2015年，国际教育学院教工党支部目标在校级“优秀支部目标”评比验收中获二等奖；国际教育学院党总支被评为“党员在线学习优秀院（系）级单位党组织”，周涛获评党员在线学习优秀个人。国际教育学院党总支被评为“处级领导干部培育和践行社会主义核心价值观远程专题培训优秀班级”，李庆民、周涛、姜良杰被评为“培育和践行社会主义核心价值观远程专题培训优秀个人”。在全校处级领导干部学习践行“三严三实”专题网络培训活动中，国际教育学院名列前茅，李旸、周涛获评“学习践行‘三严三实’专题网络培训优秀个人”。

二、招生工作

2015年，经过项目选拔考试，录取电气工程及其自动化项目总计90人。学院进一步优化中外合作办学项目的招生工作流程，无差错完成现场报名工作，召开近700人家长见面会。

改进和创新中外合作办学项目的政策制定、选拔流程和考试内容。健全选拔考试环节的人员培训机制。提升选拔考试环节的服务质量和水平。在选拔工作服务安排上，学院通过在考场区布置“考场示意图”“考生须知”等宣传板和路引标志，确保考生能顺利抵达考场按时参加考试。

2015年，国际教育学院为2013级220余人提供留学一条龙服务，包括整理户籍档案、办理护照、制作英文成绩单、计算平均成绩、组织面试、申请学校、安排住宿、签署授权协议、申请签证、购买机票、临行教育等，从2014年10月起历时近十二个月。最终出国北京118人，保定73人。英国、美国、澳大利亚签证通过率100%。

优化中外合作办学项目管理方式，扎实推进规范化管理。例行会议制度化：学生在各个留学环节需要完成的任务很密集，时间要求很高，通常采用全体大会形式进行信息传达，保证及时、准确无误。今年继续留学服务中例行会议制度化，在信息发布、各部门联动机制的建立方面进一步明晰和固化。整个留学服务中集体会议15次，会议通知、会议材料进一步规范化。建立信息及时发布及互动平台，提高学校资源利用率：根据留学各个环节需求，建立负责人微信群，及时发布最新信息，延续长期建立的公共邮箱，便于文件传输和信息统计等。微信群与公共邮箱相辅相承，反馈问题及时解决。

加强过程管理和应急响应。近两年来留学服务面临新形势，也集中爆发出一些特殊案例。学生由于学习压力过大与家长产生分歧导致心理健康问题，课业压力过大与任课老师产生矛盾问题，学生抗压能力弱遇到挫折退缩问题等。面对突发事件，国际教育学院依法依规、坚持“办一所负责任大学”的理念、科学应对，既进行有序有力有效的处置，又探索建立新机制，以提高管理水平。

2015年，全年共招收各类长期留学生180人，比上年增长10%。其中硕博研究生人数比上年增长27%，招收的学历生比例进一步提高至54%。学院更新完善各类留学生招生材料，进一步丰富招生材料语种，包括中文、英语、日语、俄语、越南语、葡萄牙语、西班牙语、法语。

学院创新招生策略，强化服务意识，加强校际合作，开展2+2项目，多渠道、多层次拓展招生工作，分别与美国、俄罗斯、韩国、巴基斯坦、苏丹、印尼、哈萨克斯坦、塔吉克斯坦、蒙古、卢旺达、古巴等近20个国家的高中、大学、中介、使馆、华侨教育、孔子学院等机构建立招生联系渠道。学院优化工作人员组合，为留学生提供全方位“一站式”服务；建设网上支付平台，便捷留学生境外支付；积极参加各机构组织的境外教育展，在教育展中注重加深与访问国家优秀院校及教育机构的合作；进一步拓展已有2+2项目合作范围，并广泛开拓新的项目合作伙伴等；搭建全面宣传平台，统筹协调境外资源，协同宣传，同时加大网络宣传力度，全面更新学院英文主页，与多家网络公司合作进行网络宣传。

2015年，来华留学生招生结构进一步优化，在招收研究生层次留学生和与企业合作培养留学生取得新突破。学院借助教育部下放“自主权”给高校的契机，通过中国政府奖学金自主招生项目录取硕士研究生27名，博士研究生17名，另有两名来自俄罗斯的同学现于学校学习汉语，下一年将进入硕士研究生的专业学习。学院利用国家“一带一路”战略契机，结合留学生生源结构及合作伙伴分布情况，首先向教育部有关部门提出设立“一带一路”能源电力国家奖学金项目的设想，并得到赞赏和指导。学院迎来第一批与由中核集团下属的中国中原对外工程有限公司委托培养的来自苏丹的学生，为中国企业实施“走出去”战略培养订单式本土化人才。

三、教育教学

2015年国际教育学院进一步推进“教学质量管理年”活动，强化学风管理，注重学习的过程管理；加强与任课教师和相关院系的沟通，调动任课教师的教学积极性，通过改革评价机制鼓励其进行教学方法改革；继续坚持信息简报制度，定期梳理各项教学事务；积极申报及推进各级教育教学改革课题研究；制定教育教学“十三五”规划，科学规划今后五年的发展蓝图。

为优化中外合作办学项目班的教学效果，国际教育学院坚持课堂教学检查、努力推进小班授课、规范期中考试制度、增设学生对教师评价环节，全面推进学风建设，重视课堂教学秩序，采取多项措施保证教学质量。

留学生的教学管理注重制度化建设，重视教学质量的提高，首次在专业留学生班级中开展教学质量调查活动；规范全英语授课专业培养方案，起草新的培养方案；改善硬件设施，为多媒体教室更新电脑设备。

为促进留学生文化体验和语言实践，学院对外汉语教研室组织6次文化参访及游学活动，参观访问龙泉寺等文化基地及游学西安、苏杭等中国历史文化名城，受到留学生欢迎。

2015年，华北电力大学中外合作办学项目、留学生教育教学完成教学运行、教学安排、学籍管理、毕（结）业审核、考试管理等各项日常工作。

四、学生工作

2015年，国际教育学院坚持“学贯中西、知行合一”的学生培养理念，以培养高水平、具有国际视野的人才为己任，不断加强学生管理制度建设、深化学生干部队伍组织机构改革，营造包容、创新、追求卓越的学院文化氛围。

充分发挥学生党员先进性，坚持将学生党员作为学业辅导的主力军，将学业辅导分类化、个性化管理作为学院学业辅导的主攻方向；“凝聚高端校友项目”，通过建立“蒲公英TV”，依靠网络媒体传播，凝聚一大批在剑桥、帝国理工、康奈尔等世界一流大学就读的华电学子。完成毕业生回访，建立与毕业生进行长期联络的平台与组织；精心培育创业项目，始终坚持走“培育精品、放眼国际”的道路。

2015年，华北电力大学国际教育学院继续秉持“国际化”的工作理念，坚持“常态化”与“动态化”相互结合的工作方法，将留学生管理工作良好有序地开展。学校继续把保障来华留学生的安全稳定摆在第一位，构建课堂管理、公寓管理、留办管理等多层次全方位的管理体系，预防和管控各类突发敏感事件，同时全覆盖留学生医疗保险，加强与北京市公安局沟通，最大限度的保障来华留学生的在华安全。学院始终秉持“优化国际化服务”的管理理念，努力为来华留学生做好服务工作，通过打造双语服务提升学校国际化服务环境。学院拓展和丰富来华留学生的中国传统文化教育。留学生事务部通过总结工作经验，创新工作方法，将专业实践学习、国情教育与中国传统文化考察相结合，达到“一次考察，两度结合，三重效果”。

五、培训工作

2015年，学院共举办3期短期来华留学培训项目，共培训273人次。4月3日到4月10日，学院举办孔子学院YCT强化训练营，该训练营由孔子学院总部主办、西肯塔基大学孔子学院和华北电力大学国际教育学院共同承办的在华北电力大学举办。5月20日至6月17日，国际教育学院承办国家汉办美国西肯塔基大学孔子学院转学分项目“汉语与实景中国体验之旅”。8月1日至9日，学院举办2015年“中国寻根之旅”夏令营北京集结营武术1营，该集结营由国务院侨务办公室主办，北京市人民政府侨务办公室承办，华北电力大学协办。

【概况】2015年，国际教育学院中外合作办学项目电气工程及其自动化专业（“2+2”）有教学班23个，在校生412人；核工程与和技术专业（中法联合）有教学班4个，在校生15人；管理类中澳合作专业有教学班3个，在校生48名；经济管理类中澳合作专业有教学班3个，在校生11人。

2015年，国际教育学院开展中外合作办学项目1个，专业为电气工程及其自动化。总计报名142人，录取90人。

2015年，中外合作办学项目及校际转学分项目共计英、法、美、澳四国11个项目，派出人数北京校部118人，保定校区73人，共计191人。其中北京校部赴爱丁堡大学10人，曼彻斯特大学33人，巴斯大学10人，斯莱斯克莱德大学12人，伊利诺伊理工大学24人，威斯康星大学密尔沃基分校17人，昆士兰大学9人，格勒诺布尔国立理工大学2人。

2015年，中外合作办学项目培养学生中有88人取得工学学士学位，4人取得经济学学士学位，9人取得管理学学士学位；有

20名学生因外方合作学校毕业时间较晚等原因推迟毕业。

2015年，学院中外合作办学学生获得省部级奖励76人次，获得奖学金183人次。电气GJ1304班被评为校级优秀团支部，会计金融GJ1301班被评为系级优秀团支部，校级三好学生标兵3人，校级优秀学生干部标兵1人，校级优秀团干3人，校级优秀团员10人，十佳青年志愿者标兵1人，十佳文体标兵1人，十佳科技标兵1人。2011级有12名同学被评为华北电力大学优秀毕业生，6名同学被评为北京市优秀毕业生。

2015年，北京校部留学生总人数为590人，其中本科生150人，硕士生111人，博士生45人，高级进修生7人，普通进修生1人，长期语言生111人，短期语言生165人。

2015年，北京校部招收各类奖学金及自费留学长期生180人，人数比上年增长10%，是学院成立以来新生入学最多的一年。其中博士生18人，硕士生44人，本科生35人，普通和高级进修生5人，汉语进修生78人，学历生比例为54%，远高于北京市来华留学生学历生比例，学历生中硕博比例为64%。英文授课人数由去年的47人增长至67人，其中硕博层次研究生60人。180名留学生中有中国政府奖学金生72人，北京市政府奖学金生20人，孔子学院奖学金生39人，自费生27人，校际奖学金生18人，分别来自法国、意大利、俄罗斯、美国、蒙古、韩国、哈萨克斯坦等47个国家。

2015年，学校有本科留学生28人、硕士留学生15人、5名博士留学生完成教学计划全部内容，取得毕业资格并被授予学士、硕士和博士学位；5名高级进修生结业。

2015年，学校扩大留学生全英语授课专业范围，开设全英语授课的博士专业6个，分别为电力系统及其自动化、核能科学与技术、可再生能源与清洁能源、热能工程、工程与项目管理、控制理论与控制工程；全英语授课的硕士专业5个，分别为电力系统及其自动化、核能科学与技术、可再生能源与清洁能源、计算机应用技术、材料科学与工程；全英语授课的本科专业1个，为电气工程及其自动化。

2015年，国际教育学院有效化解留学生各类安全突发事件3起。组织共计400余名来华留学生参加“汉语之星”“来华杯”“感知中国－中国新能源汽车”“环昆明湖长走”等各类文体活动20余次。组织来华留学生参加文化考察与体验活动3次。5月，学校组织60多名留学生赴山西进行社会主义新农村和太阳能发电站考察；6月，组织50多名留学生赴河南文化考察，11月组织80多名留学生赴山东国网技术学院实践学习，感受孔子故乡曲阜。

国际教育学院党总支设有2个党支部，分别为教工党支部和学生党支部。其中，教工党支部党员共15人，学生党支部党员共39人，海外党员36人；本年度132名同学递交入党申请书；经过培训，共有34人通过入党积极分子培训班考核，成为入党积极分子；本年度共发展党员20人。

（郑　凯）

【合作办学项目获奖】 2月20日，英国曼彻斯特大学电气工程学院因积极推动和实施与华北电力大学的教育合作获得由英国贸易促进总署颁发的英国西北地区“2015年度中国教育联络奖”（China Education Links Award 2015）。英国曼彻斯特大学电气与电子工程学院与华北电力大学长期开展电气工程及其自动化专业本科中外合作办学项目，吸引并培养大批优秀人才。该奖项是华北电力大学中外合作办学项目在境外首次获奖。

（陈　雯）

【召开首届管理委员会会议】 3月2日，学院召开中外合作办学机构第一届管理委员会会议。校长刘吉臻、副校长杨勇平、国际合作处处长段春明、国际教育学院院长李庆民、曼彻斯特大学副校长Stephen Flint，电气工程学院院长Tony Brown、电气工程学院国际教育项目负责人王忠东教授，国际合作处国际交流科主任赵子健、国际教育学院招生科科长陈雯列席。

（陈　雯）

【印尼21所高中校长团来访】 3月4日，由印尼大学校长Yohanes Surya组织的来自印尼21所高中的校长访问团来访，与国际教育学院领导进行深入交流。会后校长团参观新能源电力系统国家重点实验室。该代表团成员均为华人集中地区的高中校长，通过此次实地访问交流，有望吸引更多的印尼应届高中毕业生到华北电力大学学习深造。

（李庆民　王　娟　刘欣朋）

【实现留学生报名费线上支付】 4月1日，留学生报名费网上支付功能正式启动。针对留学生反映的境外支付报名费难的问题，通过与易智付科技（北京）有限公司合作，利用“首信易支付”平台，采用将支付链接端口与国际教育学院英文主页进行对接，实现申请华北电力大学学历项目的自费来华留学生可网上支付报名费功能，为留学生申请及管理系统后续建设提供数据和现实支撑。

（王 娟）

【承办YCT强化训练营】4月10日，西肯塔基大学孔子学院YCT强化训练营落幕。本次训练营从4月3日到4月10日共计8天，由孔子学院总部主办，西肯塔基大学孔子学院和华北电力大学国际教育学院共同承办。来自西肯塔基大学孔子学院29位学员和3位带队教师参加训练营。

（王 娟 刘欣朋）

【举办汉语之星大赛】5月，第六届“北京外国留学生汉语之星”大赛在北京开幕，国际教育学院首次举办华北电力大学分会场，组织40余名汉语优秀的外国留学生参加比赛，经过激烈角逐选拔出3名优秀留学生进入复赛，哈萨克斯坦留学生爱卡入围北京市高校前20名。华北电力大学组织工作受大赛组委会赞赏。

（刘 松 胡金光）

【引进外国专家参与教学】5月18日，受国际教育学院邀请，亚利桑那州立大学Ravi Gorur教授来华北电力大学开展为期两周的教学活动。学院通过引进高端外国专家，旨在推进留学生教育和中外合作办学本科教学的国际化进程。Ravi Gorur教授针对电气专业硕博留学生作5次专题讲座，针对电气专业中外合作项目日本科学生作7次基础知识讲座，受到外国留学生和中国学生好评。此外，Ravi Gorur教授还参加相关科研交流活动。

（吴春卿 袁予熙）

【召开党员换届选举大会】5月19日，国际教育学院召开党员换届选举大会，杨勇平副校长出席此次会议。学院党总支书记李旸作题为“开创新思路开拓新局面 努力实现国际教育学院事业发展的新跨越”的工作报告。大会进行国际教育学院党总支换届选举，对9名候选人进行无记名投票，7名党员当选为国际教育学院新一届党总支委员会委员。

（郑 凯）

【承办国家汉办转学分项目】5月20日，国际教育学院承办的国家汉办美国西肯塔基大学孔子学院转学分项目“汉语与实景中国体验之旅”启动，该项目历时一个月。学院克服时间紧、任务重、经费不足等困难，在两周内完成项目策划、组织、教学安排工作，使项目顺利实施，受到外方院校和学生一致好评。

（吴春卿）

【举办中西礼仪文化节活动】6月9日，国际教育学院召开中西礼仪文化节启动仪式。该文化节包含《中国传统文化与传统礼仪》讲座、西餐用餐礼仪鉴赏、国际教育学院出国学生欢送会等系列活动，旨在帮助学生掌握西方礼仪文化，提升文化素养和精神风貌，融入海外学习生活。

（郑 乐）

【HSK考试在华北电力大学考点举行】6月16日，面向来华留学生的汉语水平考试（HSK）在华北电力大学考点举行，国际教育学院教学科承担相关考务工作。学院对外汉语教研室为孔子学院奖学金生HSK3级、4级、5级、6级开展考前培训。此外，教研室还组织学生前往北京语言大学、北京王府学校等考点参加HSK3级网考一次，HSK4级网考两次，笔考两次，KSK5级网考一次，笔考一次，HSK6级一次。留学生HSK四级通过率达100%。

（吴春卿 刘 松 曾雅云）

【“中国寻根之旅”夏令营开营】8月2日，由国务院侨务办公室主办，北京市人民政府侨务办公室承办，华北电力大学协办的2015年“中国寻根之旅”夏令营北京集结营武术1营开营仪式在华北电力大学举行。国侨办文化司副司长周虹、北京市侨办文宣处副处长唐苏北、华北电力大学副校长杨勇平、华北电力大学国际教育学院院长李庆民等出席开营仪式。本次夏令营从8月1日开始，8月9日结束，共228名营员和领队参加该项目。

（郑 凯）

【与苏丹2所大学开展合作】9月2日，首批来自苏丹喀土穆大学的5名学生和来自苏丹科技大学的3名学生到华北电力大学准时报到。苏丹喀土穆大学和苏丹科技大学在苏丹高等院校排名中位居前两名，其中喀土穆大学曾是非洲排名第一的大学。每年均有来自这两所院校的学生慕名申请到华北电力大学留学，在此基础上，华北电力大学与这两所院校建立合作，为该校年轻教师提供深造机会，来华北电力大学继续攻读更高学位，同时为华北电力大学进一步扩大留学生规模，提高生源质量提供有力支撑。

（王 娟）

【签订苏丹留学生委培合同】11月9日，华北电力大学与中核集团下属中国中原对外工程有限公司正式签订《苏丹留学生委托培养合同》，由中国中原对外工程有限公司提供资金支持，华北电力大学提供学历教育培训，该合作的建立标志着华北电力大学为中国企业实施“走出去”战略培养订单式本土化人又迈出可喜的一步。

（齐 郑 王 娟）

【创新中外合作办学项目选拔考试】9月15日至17日，国际教育学院组织实施2015年中外合作办学项目选拔考试，北京校部全部采用标准化考场，全程录像。面试试题从命题、试卷印制、封装到现场分发等环节严谨、保密，高标准严要求。制度上严格规范考试的工作程序，首次实行复试“双侧随机”抽签方式，即面试专家侧抽签随机分配考场，考生侧抽签随机分配考场、考试顺序号、复试题。纪检部门工作人员及巡考组领导进行全程督查。

（陈　雯）

【留学生参加央视节目录制】11月，华北电力大学留学生PHETSALAPHONE DOUANGNGUEN参与中央电视台“一带一路”特别报道之《数说命运共同体：奔跑吧！能量》节目，运用自身专业优势和语言优势，全程为中央电视台著名记者欧阳夏丹翻译和介绍电力能量在“一带一路”战略中的重要作用。该学生是华北电力大学与南方电网公司、老挝电力公司联合培养的电气工程及其自动化本科留学生，这一联合培养项目是华北电力大学校企合作国际化的重要标志。

（胡金光）

环境与化学工程系

【概述】环境与化学工程系于2014年10月组建，一年多来，该系将推进高水平大学建设作为工作的出发点和落脚点，重点围绕世界一流大学一流学科建设与京津冀协同发展等任务，以学校“十三五”规划目标为指导，树立“科学管理、服务育人”的教育教学理念，做好人才培养、师资筹建、学科建设以及教学科研等各项工作，促进学校环境与化学学科快速、稳定发展。

一、学科建设

2015年，该系申报一级学科“环境科学与工程”下的二级学科“环境工程”及一级学科“化学工程与技术”下的二级学科“应用化学”等2个学科；2015年上半年该系选取国内设置有环境和化学专业、且综合实力较强的高校和研究院所，进一步做好学院的“十三五”学科建设规划和顶层设计的论证工作；调研包括北京师范大学环境学院、北京工业大学环境与能源工程学院、天津大学理学院化学系和太原理工大学化工学院等多所院校。在校内外调研基础上，制定“环境工程”及“应用化学”学科的本科生教学计划大纲，进一步凝练学科建设方向，汇聚优良学科资源；学院力争高起点、高标准、高水平，在环境与化学领域科学研究和培养高素质电力环境创新型人才方面发挥作用。

二、教学工作

2015年，该系按照学校“十三五”规划要求的学科建设目标，进一步凝练学科方向，制订具有电力特色的“应用化学”及“环境工程”2个本科培养方案，并开设“应用化学”专业1个，招收本科生120余人；同时高起点、高标准招收“能源环境”及“环境科学及工程”博士、硕士研究生13人，留学生1人；并在2015年完成本科生“分析化学”及“物理化学”教学实验室建设，为学校在环境与化学领域科学研究、培养高素质电力环境创新型人才方面提供重要支撑。该系定期组织青年教师参加2015年学校教学业务培训，不断提高教师教学业务水平，加强师资力量建设。已初步形成本科教学团队和研究生培养教学团队，博士学历教师覆盖率100%；其中艾玥洁获“校优秀教学奖”，郭伟获“2015年度本科生优秀班主任称号”。

三、科研工作

2015年，该系扎实推进科研团队平台建设，进一步优化科研团队基础平台建设，高起点、高标准、高水平发表各类重要核心期刊学术论文，出色地完成各项科研项目，科研人均绩效全校排名第二。2015年共计发表高水平SCI学术论文20余篇，超额完成学校科研工作量目标，共计完成纵向、横向科研项目1137.24万元，完成率552%；其中2015年科研经费到款合计535.23万元，经费纵横比为2.61，实现学科学术水平提升及工程实践项目的协调发展。系主任王祥科教授个人科研工作量9720的积分及科研绩效29500的积分，在学校“2015年科研工作量公示”中排名第一。王祥科教授同时获环境与生态学和工程学两个领域全球“高被引科学家奖”，并获教育部“长江学者”教授称号。

四、师资队伍建设

2015年，该系在“十三五”开年，逐步建成一支思想素质过硬、知识结构、年龄结构、学历职称高、教学效果好、科研能力强、具有创新意识和团队精神的师资队伍；形成一支以系主任王祥科教授（已获“高被引科学家”“杰青”“长江学者”）为学科带头人，以中青年学术骨干为支撑，具有稳定的研究方向和可持续发展能力的学术梯队。2015年新招环境化学专业博士教师3名，在职博士后2名；形成“应用化学”教研室9名教师的教学梯队，逐步组建和完善本科教学团队和研究生培养教学团队，教师博士学历覆盖率100%。

五、党务工作

2015年，该系抓好“三严三实”专题教育，对照检查、剖析问题、即知即改，提高学院班子的团结力和战斗力。推进基层组织建设和党员教育、发展工作，在全院师生党员中开展准则和条例的系列学习活动。该系领导班子注重加强班子自身建设，严格按照学校党委对领导干部职责及工作各项规定的要求开展工作，进一步规范教学工作例会制度，不断规范学院管理制度等，形成明确职责、分工合作、执行透明、相互监督的良好工作机制。在2015年党员在线培训学习中，2名教师获党员学习先进个人称号。

六、工会工作

2015年，该系隶属于“可再生”分工会，积极响应学校工会活动，在参加2015年春季学校运动会、校工会体育赛事中取得优异成绩，获个人运动赛事项目第一名3人，第二名5人，多人获其他比赛项目计分成绩名次。

七、学生工作

2015年，该系学生工作由可再生学院书记和辅导员协助管理，2014级“应用化学”专业共有本科生53人，在2015年9月综合测评中，2人获学校一等奖学金、5人获二等奖学金、7人获三等奖学金、1人获校友办社会奖学金。

在就业方面，该系于2014年9月开始第一届本科生招生，2015年9月开始第一届研究生招生。暂无毕业生，但该系积极联系相关行业企业，做好就业基础准备工作。

八、对外交流与合作

2015年，该系共邀请6名外国专家到学院开展学术访问交流，同时举办相应的“华电大讲堂”6次。2015年，该系因公出国5人次。其中，郭伟副教授受国家留学基金委资助公派出国访问2年。在研究生的国际合作教学方面，该系培养巴基斯坦博士留学生1名，并自筹经费建设留学生科研实验室。

（何杰涛　谢　晶）

【概况】系主任：王祥科

系副主任：彭　林

2015年，环境与化学工程系在资环院中有1个“环境科学与工程”一级学科硕士点，在该学科下设有“环境科学”“环境工程”2个目录内二级学科硕士点；同时，在一级学科“环境科学与工程”下设的二级学科“环境工程”本科学位点，以及一级学科“化学工程与技术”下设的二级学科“应用化学”本科学位点2个具体学科。在“动力工程及热物理”一级学科下自设有“能源环境”二级学科博士点。未来将申报“环境科学与工程”一级学科博士点。

2015年，该系有在编教职工11人，非在编教职工1人。其中，专任教师10人（教授3人、副教授2人，具有博士学位的教师为100%）、有实验及技术人员1人、管理人员2人。学院现有学术带头人3名，博士生导师3名，“长江学者”1人。

2015年，该系党支部隶属于可再生党总支，教工党支部2015年转入5人、现有党员11人。该系全年发展预备党员8人，5人成为入党积极分子；7名学生递交入党申请书。

2015年，该系本科生在校人数114人，新招本科生53人。在读研究生15人（硕士11人，博士3人，博士后1人），新招硕士研究生11人，新招博士3人，新招博士后1人。

2015年，该学院开设研究生课程2门，完成教学96学时。开设本科生课程7门，完成教学176学时，认识实习2周。

2015年，该系新签合同额1137.24万元，在研项目16项（新增科研项目14项）。新增项目中，国家自然科学基金青年项目1项，国家自然科学基金面上项目1项、纵向项目1032万元，横向项目105.24万元，经费纵横比为2.61。2015年，该学院教师共发表SCI学术论文30余篇，其中SCI检索23篇。

2015年，该系有教研室1个：应用化学教研室。实体化科研团队1个。本科教学实验室2个，在建科研实验室1个。

（何杰涛　谢　晶）

【赴北京师范大学调研】3月11日，学科办主任张磊，系主任王祥科、副主任彭林等一行8人赴北京师范大学环境学院开展学科调研。从立足优势学科围绕行业需求项目提升学科建设、成果导向重点发展优势学科、团队考核凝聚梯队队伍建设3个方面调研国内设置有环境和化学专业、且综合实力较强的高校和研究院所，进一步做好该系的“十三五”学科建设规划和顶层设计的论证工作。

（何杰涛　谢　晶）

【赴北京工业大学调研】3月17日，学科办主任张磊，系主任王祥科、副主任彭林等一行8人赴北京工业大学环境与能源工程学院开展学科调研。从学科建设定位和导向、社会需求优化学科资源配置、学校与社会投入加快学科发展速度等3个方面调研国内设置有环境和化学专业、且综合实力较强的高校和研究院所，进一步做好本系的“十三五”学科建设规划和顶层设计的论证工作。

（何杰涛　谢　晶）

【赴天津大学调研】3月19日，学科办主任卢占会、张磊，系主任王祥科、副主任彭林等一行9人赴天津大学理学院开展学科调研。从学院学科资源配置、学科建设规划、学科平台建设、师资队伍建设及学科平衡发展等4个方面调研国内设置有环境和化学专业、且综合实力较强的高校和研究院所，进一步做好本系的“十三五”学科建设规划和顶层设计的论证工作。

（何杰涛　谢　晶）

【赴太原理工大学调研】4月9日至10日，系主任王祥科、副主任彭林等一行7人赴太原理工大学化工学院开展学科调研。从学科建设定位和导向、本科教学培养、研究生培养、青年教师培养、教师引进人才制度、学科资源配置等6个方面调研国内设置有环境和化学专业、且综合实力较强的高校和研究院所，进一步做好本系的“十三五”学科建设规划和顶层设计的论证工作。

（何杰涛　谢　晶）

【山西省环保项目通过论证】9月16日，由环化系彭林教授承担的“太原市大气颗粒物PM2.5来源解析研究”项目通过国家环境保护部、中国科学院、中国工程院组织的联合论证。该项目提出的空气颗粒物污染防治对策可作为太原市决策的重要依据，在该领域具有先进性。

（何杰涛　谢　晶）

【山西省环保项目研究方案通过论证】9月21日，由环化系彭林教授承担的“山西省典型城市（太原市）臭氧来源解析研究”的“研究方案”通过中国环境科学研究院的论证，该研究项目正式启动。该项目的研究成果将为有效开展臭氧污染防治工作打下重要基础。

（何杰涛　谢　晶）

【赴曼彻斯特大学访问交流】10月10至16日，华北电力大学国际教育学院院长李庆民、环境与化学工程系主任王祥科等一行人，组成访问代表团到英国曼彻斯特大学开展高校学术访问及办学合作交流。双方对两校环境学科及人才培养教育合作进行广泛探讨，并签订“2+2”培养方案建立长效高水平培养机制，切实从学生利益出发，培养具有全球视野的高水平人才。

（何杰涛　谢　晶）

【参加中日双边核燃料循环研讨会】12月2日至6日，华北电力大学环化系王祥科教授在日本东京工业大学参加为期3天的中日双边核燃料循环研讨会。参加会议中方成员有柴之芳院士，中科院高能所石伟群研究员等39位代表，来自美国、俄罗斯、德国、法国、日本等代表70余人参会，柴之芳院士做大会特邀报告。王祥科教授应邀作题为“Efficient removal of radionuclides from aqueous solutions using carbon nanomaterials”的大会邀请报告。通过此次研讨会，环化系更进一步了解环境放射化学前沿领域，为该系把握世界研究动态最新成果，提供优秀的交流学习平台。

（何杰涛　谢　晶）

【在Polymer Chemistry上发表封面论文】12月8至16日，华北电力大学环化系王祥科教授在Polymer Chemistry上发表两篇封面论文《Amidoxime functionalization of mesoporous silica and its high removal of U（Ⅵ）》【2015, 6, 5376－5384】、《Amidoxime functionalization of mesoporous silica and its high removal of U（Ⅵ）》【2015, 6, 5376－5384】，SCI论文它引累计超过11000多次，国际学术H影响因子上升至67。

（何杰涛　谢　晶）

【北京大学朱东强教授应邀作学术报告】12月17日，该系邀请北京大学长江学者特聘教授朱东强来校作《污染物与天然及人工纳米颗粒物作用机制》学术报告，参会的环化系教师、本科生及研究生代表就学院学科发展核心问题及研究兴趣方向现场提问，会议取得丰硕的学术讨论成果，会后朱东强教授指导该系研究生博士进行2篇SCI论文合作发表，为环化系今后的环境化学学科发展及创新型人才培养打下坚实基础。

（何杰涛　谢　晶）

【暨南大学曾永平教授应邀作学术报告】12月23日，该系邀请暨南大学环境学院院长、Environmental Pollution主编曾永平教授来校作《大气有机污染物的环境归趋与健康风险评估》学术报告，并与参会教师、本科生及研究生代表开展学术讨论及提问作答。会议取得良好的学术研讨成果，提升华北电力大学环境化学学科学术创新水平，为下一步学科发展及专业人才培养奠定坚实基础。

（何杰涛　谢　晶）

【举办首届师生元旦联欢会】12月31日，环境与化学工程系举办2016年元旦晚会。学院院长王祥科、本科生班主任、系办教职工及全体环化系本科生113人、研究生15人共同参加本次联欢会。举办此次联欢会，旨在活跃学院的文化氛围，表达环化系莘莘学子对梦想的追求和对青春的热爱，展现他们积极奋发、朝气蓬勃的精神风貌。

（何杰涛　谢晶）

体育教学部

【概述】2015年，华北电力大学坚持“办一所负责任大学”的办学理念，遵循“以人为本，健康第一”，从多方面提高和改进师生的健身理念，创造良好的锻炼环境，严格管理、以人为本，使体育教学部教学、竞赛训练、群体和科研工作质量不断提高。

2015年，学校把体育教学和体育课程建设放在首位，不断更新体育教育理念，进一步提高体育教学质量，改善教学条件，改革教学内容、教学方法、教学手段。严格教学管理，提高科学管理水平，加强对体育教育的科学研究工作，体育教学水平全面提高。组织深入教学改革，提高学生身心健康水平和体育实践创新能力。

2015年，学校在认真搞好教学和课外体育的同时，认真搞好各种竞赛活动和高水平运动队建设，校足球队、田径队、男女篮球队、男女排球队、健美操队、街舞队、乒乓球队、跆拳道、毽绳队、藤球队、武术队、铁人三项、传统养生、轮滑队、网球队在全国和省部级比赛中取得优异成绩。

2015年，学校积极开展阳光体育运动。组织实施2015年华北电力大学学生阳光体育冬季长跑活动，引导组织各院系开展趣味运动会。要求学生在上好体育课基础上，积极参加各种体育活动，结合自己实际在不同的时间和场合进行有效的体育锻炼。积极开展一小时校园体育活动，确保每天锻炼一小时。力争做到人人有体育项目、班班有体育活动。因地制宜地开展丰富多彩和卓有实效的课外体育活动，指导全校师生进行科学的体育锻炼。引导全校师生利用体育课、课间活动、课外活动搞好阳光冬季长跑活动，确保学生体质逐年提高。

2015年，学校结合体育教学实际，积极进行体育科学研究，营造浓厚的学术氛围。体育教学部（保定）积极进行学术交流，编著体育教材1部、获得保定市第十二届社会科学优秀成果奖两项，发表论文18篇。2015年，篮球馆、田径场修缮完成，保证教学、训练正常进行。

（任全锁　赖其军）

【概况】2015年，体育教学部有教职工58名（保定29人），其中，专任教师52人（保定26人），教授5人（保定4人）、副教授22人（保定11人），具有硕士学位的教师81%（北京）、60%（保定）。管理岗3人（保定1人），实验及技术人员3人（保定2人），体育教学部有中共党员46人（保定22人）。

华北电力大学体育教学部分北京和保定两个教学部。现有体育运动中心1座，标准塑胶田径场3块（保定2块），场内均设有标准足球场地。室外篮球场47块（保定33块），排球场14块（保定12块），塑胶网球场地8块（保定2块）；羽毛球场地8块（保定）；小足球场4块（保定）；乒乓球台110张（保定60张）。教学器材种类齐全，数量充足，各运动项目器材配备完善。运动场总面积97443.25平方米（保定67224.25平方米），室内运动场面积为9720.05平方米（保定4626.05平方米）。室内运动场地包括400平米综合训练场1个（保定）、443.75平方米健美操教室两个（保定1个，193.75平方米）、1700平方米乒乓球室两个（保定1个，500平方米）、111平方米健美教室1个（保定）、404.5平方米武术、跆拳道教室1个（保定）、205.5平方米形体教室1个（保定）、637.8平方米综合体育教室1个（保定）789.5平方米大学生体质健康测试室两个（保定1个，169.5平方米）、528.5平方米体育活动中心跑廊1个（保定），为体育教学、训练、竞赛和课外体育活动创造良好的环境，满足体育教学、竞技体育和群众性体育的场地需求。

（赖其军　王　艳）

【大众跆拳道比赛获佳绩】5月1日，由河北省体育局和河北省跆拳道协会主办，保定市体育局和河北省青少年跆拳道训练基地承办的河北省第九届大众跆拳道公开赛开赛。本次比赛共有100余家单位参加。华北电力大学派出30名运动员参加18项比赛，获得跆拳舞、女子距离击破、女子高度击破和女子49kg竞技4枚金牌和2枚银牌、5枚铜牌的优异成绩。

（赖其军）

【获首都高校篮球联赛季军】5月6日，首都高校“STAR杯”大学生篮球联赛在北京万事达体育中心开幕。本次比赛由北京市大体协主办、北京市大体协篮球分会协办，来自北京的12支代表队参加比赛，华北电力大学代表队赛11场，以8胜3负的战绩获男子甲组第三名。

（王　艳）

【首都高校田径运动会获佳绩】5月14日至17日，首都校第53届学生田径运动会在北京体育大学英东田径场举行，华北电力大学派出12人参加比赛，干雪获10000米冠军，女子4×400米获第三名，学校获女子团体第7名。

（王　艳）

【获全国大足联赛北区亚军】5月15日，历时十天的中国大学生足球联赛（校园组）北区决赛在哈尔滨工程大学举行。学校足球队作为河北赛区冠军，与来自北方各省的十六支代表队角逐并获北区第二名，进入全国总决赛。

（赖其军）

【首都高校武术比赛创佳绩】5月23日，2015年首都高校武术比赛在房山区良乡体育中心开赛。来自北京30所高校的445名大学生参加比赛。比赛分太极推手和中国功夫对抗赛两个组别，团体和个人共10个项目，华北电力大学张洪敏、周银平获女子F组自选长拳第一、第二名；毕雨穆获女子组长拳第二名；胡旺、闫昊辉则获男子F组自选长拳第二、第三名；胡旺获男子F组自选剑术第二名；张洪敏、周银平获女子F组自选刀术第二、第三名；胡旺获自选棍术第一名；张洪敏、闫昊辉获自选棍术第一、第三名；左文超获男子自选太极第二名；学校获得女子团体第八名。

（王　艳）

【全国路跑联赛获佳绩】5月24日，在李宁全国十公里路跑联赛（徐州站）比赛中，保定校区电气1401班高萌夺得女子组第三名。李宁全国十公里路跑联赛，“中国最佳路跑联赛”是国家体育总局中国田径协会金牌路跑重要赛事之一，创立于2012年，今年是第四个年头，共设置10站赛事，影响力较大。共有3000余人参加该站比赛。

（赖其军）

【干雪获半程马拉松亚军】5月24日，第一届上海半程马拉松在陆家嘴东方明珠塔下开幕。比赛分男女半程马拉松和女子8英里两个项目，共有5000余人参加比赛，干雪以1小时17分51秒的成绩获亚军。

（王　艳）

【男篮在高校联赛中获佳绩】6月6日，中国大学生保险责任行篮球主题体育文化节爱无疆高校联赛开幕，华北电力大学男篮以98：41，68：40，80：68和101：37分别战胜北京青年政治学院、北工大实验学院、北京交通大学、北京大学，四战全胜以小组第一出线。在淘汰赛中，与北京化工大学和北京体育大学队以一胜一负的成绩获北京区第二、全国第三的优异成绩。

（王　艳）

【校足球队全国赛获佳绩】6月20日，中国大学生足球联赛全国总决赛在华中科技大学开幕。6月30日，经过十天的激烈比赛，学校足球代表队夺得全国第四名的历史最佳战绩，

（赖其军）

【干雪获国际马拉松冠军】7月4日，2015重庆黄水千野草场马拉松赛在重庆石柱县千野草场举行，共有2000多名国内外运动员和跑步爱好者参加比赛，赛道全长21.0975公里，华北电力大学干雪以1小时21分45秒的成绩获女子组冠军。

（王　艳）

【干雪获马拉松公开赛总冠军】7月11日，由国家体育总局社会体育指导中心、吉利汽车、时尚集团联合主办的2015向上马拉松中国公开赛在北京开赛，分别在七个城市举办分站赛，共有3000余名运动员和运动爱好者参加比赛，华北电力大学干雪分别在长沙站、郑州站、深圳站取得三站全胜的成绩，直接进入总决赛。总决赛的比赛地点设在金茂大厦，88层高、420.5米，9月12日历时两个月的赛事完美落幕，华北电力大学干雪以12分43秒的成绩获女子青年组冠军。

（王　艳）

【全国大学生田径锦标赛创佳绩】7月20日24日，“加多宝杯”第十五届全国大学生田径锦标赛在广西师范大学开赛。华北电力大学派出北京校部和保定校区联合代表队16名运动员参加比赛，比赛分高水平非注册运动员甲A组和普通学生乙组两个组别，学校共获4枚金牌、两枚铜牌。北京校部干雪获女子甲A5000米、10000米两枚金牌。保定校区的王臣善、齐志泽分别获男子甲A3000米障碍金牌、铜牌，周子

杰获男子乙组跳远金牌，高萌获女子甲A10000米铜牌。

（王　艳）

【入选国家藤球队集训名单】8月2日至31日，体育总局小球中心为备战2015年法国国际藤球邀请赛（男子组），在山东烟台健友体育运动中心组织国家藤球队集训。经北京大体协竞赛选拔，体育总局小球总局的推荐，华北电力大学代表队3人，阿布都外力·依米提、买买提·买托合提和张江涛作为北京地区推荐的唯一代表队成功入选国家藤球队集训名单。

（王　艳）

【全国健身操舞大赛获佳绩】9月18日至21日，华北电力大学Unsleep街舞代表队参加2015全国全民健身操舞大赛总决赛，获特等奖2个，一等奖2个的好成绩。来自全国22个分站赛330支参赛队伍5868名运动员、教练员、裁判员参加本次大赛。

（赖其军）

【全国大学生越野锦标赛创佳绩】9月26日，2015年首届包头“青杉杯”百所大学马拉松邀请赛暨第二届全国大学生越野锦标赛开赛。华北电力大学派出北京校部和保定校区联合代表队参加比赛，获女子甲A组团体第一名；男子甲A组团体第六名；总团体第六名；并获体育道德风尚奖。北京校部干雪获女子甲A组个人第一名，保定校区高萌获女子甲A组个人第五名。

（王　艳）

【首都高校轮滑比赛获佳绩】10月24日，首都高校大学生第六届轮滑比赛在对外经济贸易大学举行，来自北京地区的26所高校46支代表队参加比赛，华北电力大学派出8人参加比赛，陈传涛获300米速滑大学男子组第七名和500米速滑大学男子组第六名；魏豪君获500米速滑大学男子组第四名；段延达获500米速滑大学男子组第七名和1000米速滑大学男子组第六名，并获男子团体第四名的优异成绩。

（王　艳）

【第十八届CUBA中国大学生篮球联赛获佳绩】11月11日至29日，第十八届CUBA中国大学生篮球联赛（北京预赛）开赛，来自北京的10支男篮代表队参加比赛。比赛以单循环形式进行，华北电力大学获男篮北京赛区第四名，学校被组委会授予体育道德风尚奖。

（王　艳）

【获首都高校藤球比赛季军】11月22日，首都高校第八届藤球比赛在对外经贸大学举办，来自北京地区的12所高校24支代表队参加比赛。男子藤球队获甲组第三名，女子藤球队获甲组第三名，郭晓宇和王孝慈分获男女优秀运动员，学校获体育道德风尚奖。

（王　艳）

【首都高校毽绳比赛夺冠】12月6日，第二十三届首都大学生毽绳比赛在清华大学举办，共有20余所高校参加。华北电力大学代表队获得7个团体总分中的6项冠军和1项亚军，实现毽绳团体在首都高校群体比赛中的五连冠，打破3项高校纪录。

（王　艳）

【全国啦啦操锦标赛获佳绩】12月9日至12月13日，2015年全国啦啦操锦标赛暨2015年中国大学生全明星啦啦操队冠军赛在福建师范大学举行。来自全国59所高校的64支代表队，共1806人参加比赛。华北电力大学啦啦操DIAMOND代表队夺得技巧啦啦操第二名、爵士啦啦操第四名。

（赖其军）

【女篮获CUBA河北赛区冠军】12月27日，中国大学生CUBA河北赛区预选赛在中央司法警官学院开赛。华北电力大学女篮以80：41战胜河北师大女篮夺得河北省冠军，取得2016年东北赛区参赛资格。从2013年以来，学校女篮已连续三年以河北省冠军的资格参加CUBA全国分区赛。

（赖其军）

思想政治理论课教学部

【概述】2015年，华北电力大学政教部在学科建设、教学工作等方面展开工作，各方面工作都取得显著成效。严格把关，确保思想政治理论课教学的政治方向；认真研究教学教法，确保思想政治理论课教学质量提升；积极拓展学科建设，确保学科均衡发展；引进急需人才培养现有人才，确保教学、科研、团队的可持续发展；狠抓科研，全面提升政教部科研水平。

2015年，该部以现有人才资源为基础，充分挖掘潜力，实现优势绽放，初步整合出思想政治理论课教研梯队、马克思主义基本原理教研梯队、毛泽东思想和中国特色社会主义理论体系教研梯队和中国近现代史纲要教研梯队，培养熟练掌握课程教学内容和体系的骨干。在此基础上，努力使教学质量再上新台阶，着力培养学科带头人 4 名，校级教学骨干 4 名，深入推进思想政治理论课教师的“专业化、专家化”工程。

（赵天怡　陈晓蕾）

【概况】主任：苑英科

书记：蔡利民（北京）　梁平（保定）

2015 年，华北电力大学政教部设有思想政治教育专业硕士点 1 个和马克思主义中国化专业硕士点 1 个。

2015 年，该部有教职工 46 人。其中，专任教师 42 人，其中教授 9 人，副教授 19 人，讲师 14 人，管理人员 4 人。专任教师中具有博士后学历 4 人，具有博士学位 19 人，硕士生导师 14 人。

2015 年，该部全日制硕士研究生春季答辩毕业 7 人，夏季答辩毕业 1 人，共毕业 8 人；招收思想政治教育专业 12 人，马克思主义中国化专业 6 人，共 18 人。

2015 年，该部发表学术论文 59 篇，其中 CSSCI 12 篇、核心期刊发表 5 篇；申报市级及以上纵向项目 10 项。

2015 年，该部参加高校思想政治理论课新修订教材网络培训 16 人，参加河北省教育厅开展的高校思想政治理论课骨干教师培训与研修 2 人。

2015 年，该部教师获市级及以上荣誉奖励 7 项。获华北五省（市，自治区）大学生人文知识竞赛“优秀指导教师”荣誉称号 1 人；获河北省大学生人文知识竞赛“优秀指导教师”荣誉称号 2 人；担任河北省国际共运史常务理事 1 人；河北省青少年理论研究会第二届理事会常务理事 1 人；获保定市第十二届哲学社会科学优秀成果一等奖 1 人；获得保定市第三届社科优秀青年专家荣誉称号 1 人。

（赵天怡　陈晓蕾）

【“三严三实”专题教育取得阶段性成果】2015 年，政教部开展“三严三实”专题教育活动，人文政教党政领导班子高度重视，成立领导小组，制定实施方案，认真参加相关活动，同时坚持个人自学与集体学习相结合，围绕文科振兴、学科建设、人才培养、基层党建等实际问题，统筹谋划，从严从实，有效推动人文政教各项工作。

（赵天怡　陈晓蕾）

【制定马克思主义学科“十三五”发展规划】2015 年，围绕马克思主义学科和思想政治理论课建设，组织力量到武汉大学、武汉理工大学、厦门大学进行学科调研。借鉴其他院校的发展经验，结合自身实际，经过广泛听取各方面意见建议，制定马克思主义学科“十三五”发展规划。明确政教部今后五年在课程建设、学科发展、教研科研、队伍建设、人才培养等方面的发展目标和方向。

（赵天怡　陈晓蕾）

【出台思政课建设实施意见】2015 年，为贯彻落实习近平总书记关于宣传思想工作系列重要讲话精神，根据中宣部、教育部印发的《普通高校思想政治理论课建设体系创新计划》及北京市委、市政府印发的《关于全面加强北京高校马克思主义理论学习研究宣传的实施意见》等文件精神，结合学校实际，出台《华北电力大学关于加强思想政治理论课建设的实施意见》，对思想政治理论课建设作出整体部署和安排。

（赵天怡　陈晓蕾）

【东北电力大学来访】4 月 16 日，东北电力大学党委书记李岩峰、党委宣传部部长王铁军、马克思主义学院院长张富东一行莅临政教部，就思想政治理论课教育、大学文化建设等内容进行调研。双方围绕思政课课程设置与改革、教学方法的探索与应用、提高思政课实效性等方面进行交流与探讨。随后，李岩峰一行来到教室，听取思政课教师课堂教学。

（赵天怡）

【国家社会科学基金项目结项】4 月 30 日，魏彤儒教授主持的“我国青少年灾难教育的客观考量与制度设计研究”国家社会科学基金“十一五”规划（教育类）课题，鉴定等级良好，经审核准予结项。9 月 11 日，王聚芹教授主持的“东方社会发展模式比较研究”国家社会科学基金一般项目，鉴定等级良好，经审核准予结项。

（陈晓蕾）

【国家社会科学基金项目立项】6 月，政教部樊良树申请的国家社科基金项目《环境污染型工程项目社会稳定风险与治理研究》获准立项，批准号 15BSH018。该课题的成功立项是该部近年来学科建设上台阶、不断提升科研影响力的重要体现。

（赵天怡）

【申报北京市协同创新中心】10 月，由北京大学马克思主义学院牵头、华北电力大学思想政治理论课教学部等单位参与的中国特色社会主义理论大众化和国际传播协同创新中心通过评审。该中心将积极推进中国特色社会主义理论研究、学科建设和人才培养、思想政治理论课教育教学改革、中国特色社会主义理论宣传和大众化、中国道路和中国理论的中国话语表达和国际传播等方面的工作，充分发挥高校在服务国家发展和服务社会方面的功能与作用。

（赵天怡　陈晓蕾）

【河北省大学生人文知识竞赛获佳绩】11月21日，政教部教师带队参加的河北省人文知识竞赛获一等奖1项，二等奖1项，并获“优秀组织”奖。

（陈晓蕾）

【参加人文知识竞赛获佳绩】12月13日，政教部教师带队参加的华北五省（市，自治区）大学生人文知识竞赛获二等奖。

（陈晓蕾）

【获省级社会科学基金项目优秀成果奖二等奖】12月15日，王聚芹教授主持的“东方社会发展模式比较研究”课题、魏彤儒教授主持的“我国青少年灾难教育的客观考量与制度设计研究”课题分别获第九届河北省社会科学基金项目优秀成果奖二等奖。

（陈晓蕾）

教科研设施与服务保障

INFRASTRUCTURE AND SERVICE GUARANTEE

○综　述

2015年，华北电力大学教科研设施建设稳步推进，在管理和服务创新方面取得新进展。

2015年，图书馆运用多媒体读报机、触摸文化展示窗、电子书借阅机等现代化设施给读者带来全新阅读体验。2015年读者通过手机扫描二维码，使用电子书借阅机借阅电子书共计41298册；读者通过2台自助借还机借还图书235492册次，占总借还书量的83%，有效提高图书馆工作效率；座位预约系统接受预约达41836人次，规范读者占座行为，促进读者文明阅览习惯的养成；提供小组学习、学术研讨和课程讨论服务的5个研讨空间深受师生欢迎，全年预约使用2100余次，接待师生8000余人。

2015年，华北电力大学网络与信息化工作在国家提出“互联网+”行动计划的背景下，深入推进大学校园网络信息化建设。网络与信息中心在保证校园网安全稳定运行前提下，着力实施完成主楼无线网络改造，并实现全校无线校园网无感知认证，保障师生上网安全和便捷；加快校园网安全体系建设，万兆防火墙、上网行为检测系统、漏洞扫描系统、web防火墙等一批网络安全设备上线运行。为解决学校师生访问校外资源瓶颈问题，将校园网出口带宽扩容到4.6G，大大提高师生访问校外资源速度；数字校园平台（一期）正式上线运行，实现全校师生统一身份认证、统一数据标准以及各个业务系统统一门户；校园一卡通平台支撑业务进一步拓展，学生宿舍安全用电管理、新建开水房节约用水管理业务系统均纳入一卡通统一管理平台，管理效率得到提高。

2015年，工程训练中心在教学、大学生创新实践、党建与思想政治等方面取得进展。中心可开出金工实习、电工实践训练、机电结合训练、先进设计与制造系统训练、创新实践等训练项目，具备每年接受学生近8000多人次的培训能力。

2015年，金工实训中心顺利完成电气学院、能动学院、控计学院、可再生学院、核学院、国际教育学院、经管学院、外国语学院等八个学院十九个专业75个班约2100人为期2至3周的实习任务，教学运行机制和教学质量进一步提升。

2015年，华北电力大学后勤管理与服务工作围绕建设与高水平大学相适应的一流后勤服务保障体系这一中心，以进一步提高服务质量与水平，不断满足广大师生员工日益增长的对后勤服务的需求。北京校部后勤启动实施“厨师驻校计划”、积极参加“农校对接”和伙食原材料联合采购，搭建供需见面、公开透明的采购平台，通过机制监督和制度保障，建立可追溯源头的食品安全监管体系，确保餐饮的食品安全，又能降低采购成本，稳定餐饮价格，让利广大师生；保定校区后勤与基建管理处深化改革创新，巩固和完善餐饮综合改革各项成果，采取改善就餐、生产条件，调整花色品种，提高服务质量；将原老清真餐厅改造为“优先时尚餐厅”，引进新品种，调整饮食结构；对聚缘阁餐厅采取中心宏观管理与商户具体经营的合作经营模式等措施更好服务师生。

2015年，校医院强化传染病防控和急诊急救能力，重点加强人才队伍建设，提升管理和服务水平，医疗条件得到改善，落实教育部修购资金160万元，共购置血糖检测仪、尿沉渣分析仪、五分类血球仪、牙科综合治疗椅、动脉硬化检测仪等10余套大中型设备。医院综合服务能力持续提升，全年门急诊量再创新高，达58580人次，较上年增长5.4%。

图书馆建设

【概述】2015年，华北电力大学图书馆围绕学校中心任务，全力为学校教学和科研提供必要的文献保障，积极探索新服务，开拓新功能，重点在新技术应用、阅读推广、附中附小文献项目建设、文献资源优化整合、馆际协作、资源深度利用等方面取得新成绩，为学校教学科研提供有力支撑。

2015年，学校图书馆运用多媒体读报机、触摸文化展示窗、电子书借阅机等现代化设施给读者带来全新阅读体验。2015年读者通过手机扫描二维码，使用电子书借阅机借阅电子书共计41298册；读者通过2台自助借还机借还图书235492册次，占总借还书量的83%，有效提高图书馆工作效率；座位预约系统接受预约达41836人次，规范读者占座行为，促进读者文明阅览习惯的养成；提供小组学习、学术研讨和课程讨论服务的5个研讨空间深受师生欢迎，全年预约使用2100余次，接待师生8000余人。

2015年，图书馆深入开展阅读推广活动。校部图书馆围绕世界读书日，举办借阅排行展示，十佳读书明星、书香班级和荐购达人评选，走进附小开办读书交流会等16项活动并召开阅读推广活动表彰暨总结交流大会，吸引学校师生走进图书馆，享受阅读，建设书香华电；积极探索信息化环境下阅读推广模式与方法，利用微博、微信、QQ群等新媒体平台定期推送导读荐读文章，为读者提供专业阅读指导，开通微信荐购群，打造荐购图书快捷通道。保定校区图书馆阶段性面向不同读者群推出系列化阅读推广活动，如读书节期间推出馆藏中国人民抗日战争暨世界反法西斯战争作品主题书展；在面向2015级新生的图书馆导游活动中，推出新生导读专题展示；针对2015届毕业生开展“送给毕业季的你”活动，推荐面向毕业生的系列书籍；设计制作样式精美的旨在推荐优秀馆藏的电子期刊；充分利用移动图书馆、微信等现代信息技术及新媒体平台加强资源推广及读者服务。

2015年，顺利完成“附中附小文献资源建设（一期）项目”，校部图书馆从文献资源建设、图书馆管理软件和资源共享等方面帮助附中附小图书馆优化藏书，提升管理水平。为附属学校138名教师开通一卡通图书借阅服务，为148人开通远程访问学校图书馆电子资源的权限；为附中调研购买图书文献集成管理系统；通过划选书目单、组织图书馆党员、附中附小教师现采和微信群荐购等途径，统一采购、加工，购置适合儿童和青少年阅读的科普、文学、艺术类精品书籍1100余种，10000余册；购置《新东方中小学课外辅导课程网络版》《国外学科科技报告全文数据库》开阔中小学学生的视野；组织大学生为附中附小学生开展读书讲座等阅读推广活动，激发孩子们读书兴趣。

校部图书馆开展资源整合，共建共享，发挥资金使用效益。加大电子资源联合采购工作力度，新增数据库资源全部通过DRAA、高科联盟和BALIS等图书馆联盟统一谈判、制定方案并采购，总计节约购置经费30%—40%。主动与书商沟通协调，促成外语学院、可再生学院、控计学院、校医院等部门书刊采购享受图书馆统一招标最低折扣价，节约总经费的25%，发挥学校资源购置经费最大效益。

2015年，保定校区图书馆优化馆藏资源结构，加强数字资源建设，提高传统文献建设质量，构建更加全面、完整的文献资源保障体系。图书采购采用政府招标的形式招资格标，并建立严格细致且具有可操作性的质量与服务考核体系，确保馆藏质量。新出台《图书馆数字资源配置论证工作细则》，成立由16人组成的数字资源建设小组，并建立QQ群，对数据库资源的配置进行科学论证和充分探讨。通过论证、招标购买NoteExpress文献管理软件，为科研人员提供得力工具。

2015年，馆际协作成绩显著。校部图书馆向北京高校图书馆文献资源保障体系（BALIS）发送馆际互借服务请求289次，接收请求133次，新注册600人，满足率达76%；在79家成员馆综合评比中排第21名，获集体三等奖和个人先进二等奖。通过BALIS、CALIS、CASHL三大平台发送原文传递服务请求2155次，接收请求67次，新注册659有；文献传递满足率达98.26%，在90家成员馆年度综合评定中升至第9名，获年度先进集体和先进个人称号；宣传月服务评比中取得排名第7的好成绩。保定校区图书馆继续通过北京高校图书馆文献资源保障体系（BALIS）向校区师生提供服务，新增注册读者96人，文献提供满足率达100%；CASHL发送原文传递服务请求69次，接收请求64次，文献传递满足率达92.75%，获CASHL学科服务活动宣传创意奖。

2015年，协助学校完成图书馆“十三五”规划的编制。科学制定校部图书馆“十三五”期间既符合校情又具前瞻性的发展目标，明确扩建馆舍、建立完善的网络环境、加大文献购置、拓宽图书馆业务、加强馆员队伍建设和环境与文化建设等六项具体任务，指明未来五年发展方向。

2015年，开展资源深度利用服务。校部图书馆进一步细化读者调研工作，深入院、系和教研室，特别是学校人文学科、核科学等发展较快的小学科，了解教师实际需求。对已购数据库和试用数据库，开展详细的使用和访问量统计，为开展网络数据库评价和新购数据资源提供客观依据。保定校区图书馆学科馆员深入院系，多方了解师生需求并积极推荐本馆相关服务：提供个性化的专场培训9次；面向全校师生做SCI、Nature、NoteExpress等数据库利用专题培训17场；查新站积极为社会服务，为保定市企事业单位查新占保定校区查新总量的66.7%；与经管系联合举办本科生信息知识大赛、研究生“科研达人”大赛，参与者达200余人；首次举办面向全体研究生新生的入馆教育系列活动，包括图书馆参观及系列讲座等，其中专题讲座题为“学习与科研之路，图书馆与你同行”，2015级800余名研究生新生参加活动；在电子阅览室定期举办“半小时讲座”。

2015年，保定校区图书馆文化建设活动蓬勃开展。制作推出“好书推荐”电子期刊9期，在图书馆主页发布的同时，同步推出宣传栏展示，并通过微信推介；举办《“我与图书馆的爱情”三行情书大赛》，参赛者达256人；举办第六届读书节“阅读成就智慧，书香伴我成长”系列活动7项，参与者达上千人次；进行优秀志愿者表彰，年内工作时数达40小时以上的志愿者38人；依托现代信息技术，构建图书馆志愿管理创新体系，提高管理效率，规范志愿者管理；诚信书屋接受读者捐书3251册，累计捐书量达140547册。

2015年，校部图书馆专门为流通阅览部和期刊部工作人员开展数据库资源培训讲座，提高一线员工服务师生的水平。保定校区图书馆编印1.7万字的学习材料，安排业务骨干主讲8场专题讲座，对全体职工开展全面系统的图书馆业务知识培训，并组织闭卷考试进行学习效果考核；与北京校部共同编写2014年《图书馆资源与利用白皮书》，全面介绍图书馆状况及现有资源服务的使用统计情况，供学校各院系师生查阅参考。

2015年，首次完成校部图书馆各部门业务和资源使用状况数据统计分析，客观评价服务水平和质量，为图书馆各项工作做科学规划和指导。完成北京高校图书馆“中文核心期刊要目总览2014版：TK类能源与动力工程核心期刊表”项目；刘宗歧当选北京高校科技信息委员会委员。保定校区图书馆成功申报市级科研项目3项，省级项目结题1项，校级项目结题2项，发表论文11篇。

2015年，北京校部图书馆和保定校区图书馆分获首届全国高校图书馆阅读推广案例大赛北京赛区三等奖、河北赛区二等奖；校部图书馆申报的《基于读者决策的新书征订评价系统》获北京地区高校图书馆数字图书馆年会应用案例三等奖；保定校区图书馆参加河北省图书馆学会第二届图书馆服务创新大赛获二等奖；图书馆科技查新工作站接受中国电机工程学会授牌；于会泮、金声、王晓红3人获河北省高校图书馆先进工作者称号。

（林建华　赵丽香）

【概况】2015年，北京校部图书馆馆舍面积1.55万平方米，阅览座位1900个。实际完成年度文献购置经费911.10万元，其中购置中外文图书137.29万元，非书资料0.02万元，中外文报刊15.66万元，电子文献758.13万元。年进新书5.1万册，订购中外文报刊1115种。接收博硕士学位论文2014册，本科生论文2884册，新增随书光盘500种。至年底，共拥有纸质文献107.70万册，其中图书98.72万册，期刊合订本7.10万册，博硕士学位论文1.88万册。随书光盘1.01万种，3.1万片。

2015年，北京校部图书馆全年共接待读者134.28万人次；借还书28.2万册；图书馆主页改版，融入春夏秋冬四季元素，网页访问量达130.13万人次。官方微博关注人数3506人，推送博文279条；微信关注人数2548人，推送文章272条，推送文章阅读78571人次，被分享转发2544人次；QQ群加入读者700人，累计解答读者疑问159827字；“读者荐购直通车”微信群，关注人数105人，推荐图书300种，320册。三大新媒体平台成为沟通师生的重要途径。

2015年，保定校区图书馆馆舍面积2万余平方米，阅览座位1800余个。实际完成年度文献购置经费373.37万元，其中购置中外文图书163.49万元，中外文报刊33.65万元，电子文献176.23万元。年进新书4.8万册，订购中外文报刊1051种。接收博硕士学位论文1357册，新增随书光盘1638种。至年底，共拥有纸质文献138.96万册，其中图书129.87万册，期刊合订本7.89万册，博硕士论文1.2万册。

2015年，保定校区图书馆全年接待读者56.7万人次，借还书39万册，网页访问量达100.3万人次。官方微信平台“华电微图”关注用户达3374人，共推送资源及服务信息135条，回复咨询300多人次，关键词回复数千条。图书馆管理下的读者协会微信平台“华电读者小助手”关注人数达 786 人，推送阅读及图书馆服务等相关信息 382 条，推荐好书 397 种。

2015 年，校部图书馆完成 43 个已有数据库的续订和外文数据库合同的重新审核工作，新增《美国核学会 ANS》《月旦台湾学术期刊》《JSTOR》《Emerald 案例库》《CNKI 工具书》《新东方中小学课外辅导课》和《IEEE 电子书》等 9 种数据库资源，保定校区图书馆新增数据库 4 种，北京、保定两地共享网络数据库 60 余个，电子图书（含电子论文）465.55 万册，电子期刊 28.44 万册。丰富图书馆网络资源，开通并推介试用数据库 50 余个，在经费不足的情况下，为教师科研提供最大限度的资源服务。

2015 年，华北电力大学科技查新工作站共完成查新课题 367 项，其中国内外课题 220 件，占 59.9%，国内课题 147 件，占 40.1%；省部级以上课题 185 件，占 50.4%；服务校内的查新课题为 216 件，占 58.9%，服务社会的查新报告数量为 151 件，占 41.1%；用于科研立项课题 29 件，占 6%，用于成果鉴定、验收和评价查新课题 156 件，占 42.5%，申报奖励类课题 19 件，占 5.2%。通过 2015 年教育部科技发展中心的查新站年检。通过中国电机工程学会电力科技查新查新站年检。

（林建华　赵丽香）

【高科联盟图书馆资源生态系统上线】1 月 9 日，由北京高科联盟图书馆共同开发的“高科联盟图书馆资源生态系统”上线，标志着联盟馆内部实现资源共享。该系统拥有包括图书、报刊、论文、专利、标准、开放资源等在内的各类学术资源 4.5 亿篇，涵盖北京邮电大学、西安电子科技大学、北京科技大学、北京交通大学、北京化工大学、北京林业大学、华北电力大学、哈尔滨工程大学、中国地质大学（北京）、中国矿业大学（北京）、中国石油大学（北京）等 11 所高水平行业特色大学的信息资源，实行一站式检索并开通移动图书馆功能。读者可以登录该系统，共享联盟成员馆文献资源。

（刘宗歧）

【《科技查新典型案例解析》发布】1 月 9 日，由刘宗歧作为编委，王宝清、方燕虹和武桂芹参编、北京高科大学联盟组织编写的《科技查新典型案例解析》一书正式发布。该书理论与实践相结合、案例与分析并举，通过对查新案例进行详细解析，指导查新人员提高查新业务实践中的实际操纵能力，可作为科技查新培训教材、科技查新站工具书及科研人员查新参考书。

（刘宗歧）

【接受中国电机工程学会授牌】2 月 10 日，在中国电机工程学会第十届理事会第二次会议暨 2015 年工作会议上，中国电机工程学会举行电力科技查新机构授牌仪式，保定校区图书馆谢红参加会议，并接受颁发给校科技查新工作站的“电力科技查新机构”铭牌。电力科技查新资质机构是学校继成为教育部科技查新工作站（G03）之后，在科技查新资质平台搭建方面取得的重要突破。近年来，学校查新站的查新课题数量逐年增加，其中“大电力”学科查新课题比例接近 80%。电力科技查新资质机构的获得，拓宽查新站的服务领域，提高服务社会的内涵，为电力行业的科技决策、科技管理和科技创新等活动提供重要的技术支持，也为学校进行电力科研立项和成果评价、科技奖励提供更有效的服务。

（周晓兰）

【调研华电附小】3 月 11 日，校部图书馆到华北电力大学附小就《专业阅览室及文献资源建设计划项目》的推进和实施与附小进行交流和研究。确定在文献资源建设、图书馆管理软件和资源共享等方面加强合作，以优化附小藏书，提升附小图书馆管理水平。通过调研，图书馆更全面了解附小图书馆的现状和真实需求，为开展更具针对性的帮扶合作及项目的顺利推进奠定良好基础。

（林建华）

【开展向贫困山区中学捐赠书刊献爱心活动】3 月 18 日，保定校区图书馆向贫困山区唐县川里中学捐赠书刊 3000 余册。图书馆党支部、工会小组立足本职工作，开拓思路，发起“向山区中学捐赠图书”献爱心送温暖活动，号召党员带头，全体图书馆员工参与，将家中适合中学生阅读的课外书籍捐赠给山区里的孩子，让他们也可以拥有看课外书的机会。

（李　晞）

【举办职工业务培训活动】3 月至 12 月，保定校区图书馆启动图书馆业务知识培训系列活动。利用多个周四下午的时间，先后安排八场全体职工参加的集中培训。组织业务骨干编写 1.7 万字的《图书馆业务知识材料》，并组织闭卷考试进行学习效果考核。旨在让馆员熟悉馆内各个部门的工作职责，全面掌握各类专业技能，从而能有针对性地为读者提供系统的解决方案，全面提高图书馆服务水平。

（赵丽香）

【获全国阅读推广案例大赛北京赛区三等奖】4 月 23 日，校部图书馆申报的《基于新媒体平台的个性化阅读推荐服务》方案获首届全国高校图书馆阅读推广案例大赛北京赛区三等奖。大赛由教育部高等学校图书情报工作指导委员会读者服务创新与推广工作组举办，旨在通过征集富有创新性的阅读推广案例，交流图书馆阅读推广经验，探索信息化环境下图书馆阅读推广模式与方法。校部图书馆提交的方案以简洁明快、主题鲜明的海报设计，精炼却不失精彩的 PPT 汇报，在北京 80 多家图书馆提交的 29 份参赛方案中表现突出，赢得参赛评委肯定。按照这个设计方案，图书馆将根据读者类别，利用微博、微信、QQ 群等新媒体平台为师生定期提供个性化阅读推荐服务，随时随地提供专业阅读引导。

（马　磊）

【图书馆面向中小学开放】4 月 23 日起，包括校部图书馆在内的北京 87 家高校图书馆正式面向北京市中小学生开放。校部图书馆采取平时开放日集体预约方式，定在每周三下午的 14：00—16：00 面向中小学开放，并安排专人负责接待、引导、讲解等工作。一次可接待 40 人。北京高校图书馆面向中小学设立参观开放日是北京高校服务社会，服务中小学的一项具体举措，旨在充分发挥北京高校图书馆资源丰富的优势，引领中小学生走进阅读殿堂，感受大学文化，以大学图书馆文化氛围影响和培养中小学生爱学习、爱阅读的良好习惯，建设书香校园。

（林建华）

【举办“书香传递”交流会】4 月 24 日，校部图书馆组织华电研究生胡哲、畅欣，与华电附小六年级学生开展读书交流活动，推荐好书并共同诵读经典，分享读书心得。作为 2015 年阅读推广的活动之一，“书香传递”交流会是校部图书馆专门为华电附小学生们量身定制的，旨在让大学生走进小学校园，与小学生对话，给小学生推荐好书，鼓励小学生积极读书，从小养成热爱读书的习惯。

（林建华）

【获首届全国高校图书馆阅读推广案例大赛河北赛区二等奖】5 月，保定校区图书馆申报的《多读书、读好书、好读书——华北电力大学读者协会阅读推广实践》方案获首届全国高校图书馆阅读推广案例大赛河北赛区二等奖。本次大赛由教育部高等学校图书情报工作指导委员会读者服务创新与推广工作组举办，面向全国高校图书馆征集富有创新性的阅读推广案例，分为赛区初赛和全国总决赛两个阶段。保定校区图书馆读者协会的阅读推广实践案例的创新性、可持续性、可操作性及影响力突出。

（赵丽香）

【开放“华电文库”】5 月，保定校区图书馆数字资源建设部筹建的“华电文库”阅览室正式对读者开放，该室收藏本校教师著作 900 余册，并同步建设数字化平台，开放形式灵活新颖，配备专业咨询馆员，可提供小组讨论、个人阅览服务，提供无线 wifi 及可自由组合的桌椅等。

（于会萍）

【举办“一叶知秋和管中窥豹”读书讲座】5 月 14 日，中国人民大学出版社汪渤做客校科学会堂，为学校师生作题为“读书：一叶知秋和管中窥豹”主题讲座。通过推荐优秀书籍，拓宽学生阅读视野，提高看问题视角和高度。该活动作为图书馆 2015 年阅读推广系列活动和“礼敬中华优秀传统文化”系列活动之一，由校部图书馆携手校研究生会共同举办。

（吴京红）

【举行程忠智图书捐赠仪式】5 月 19 日，图书馆举行“程忠智图书捐赠仪式”，律方成出席仪式，李宁主持。程忠智为原中国电力出版社社长，所捐赠图书为其早年从哈萨克斯坦和俄罗斯带回国的 110 余种俄语原版电力科技图书和反映中国电力科技发展的 40 余种中文图书。其中的俄语原版图书，限于当时印刷数量和发行渠道不畅等原因，堪称国内珍本，将作为特色资源在校图书馆长期保存，并在学校电力学科教学和科研工作中发挥作用。

（林建华）

【图书网络党总支换届选举】5 月 19 日，图书网络党总支召开换届选举党员大会。大会表决通过《华北电力大学图书网络党总支换届选举办法（草案）》，投票选举产生图书网络新一届党总支委员会委员。新当选的党总支委员召开第一次会议，选举李宁为图书网络党总支书记。

（李　宁）

【举办我与图书馆的爱情三行情书大赛】5 月 21 日至 24 日，保定校区图书馆举办“我与图书馆的爱情”三行情书大赛。大赛启用多种新媒体宣传方式，通过读者协会“华电读者小助手”微信公众平台参赛和投票，包括研究生、本科生在内的 249 名读者参赛，参与投票读者达 1617 人，评出一、二、三等奖及优秀奖共计 19 人。该活动旨在引导学生们走进图书馆，爱上图书馆，多读书，读好书。

（赵丽香）

【举办书海寻宝活动】5 月 26 日，校部图书馆举办“书海寻宝”活动，来自电气、控计、核科学、数理、可再生、外语、经管和能动等8个学院的24名学生代表各自学院参加比赛。控计学院代表队、外语学院代表队和可再生能源学院代表队分获前三名。

（易　彬）

【举办图书馆信息知识竞赛】6月2日，保定校区图书馆为帮助大学生熟知图书馆资源利用方法，提高大学生信息意识及信息获取能力，掌握学术资源获取途径，和经管系联合举办图书馆信息知识竞赛。本次大赛是图书馆学科馆员与学生社团有效协同的结果，是华北电力大学图书馆做好对口院系学科服务的一次新的尝试。共有200余人参加前期培训和竞赛。

（高玉平）

【推出送给毕业季的你专项活动】6月15日，面向2015届毕业生推出“送给毕业季的你”专项系列活动，为毕业生送上一份温馨的纪念和祝福。活动内容包括：留住青春阅读的记忆——图书馆纪念书单；图书馆为你准备的毕业“行囊”——处世择业类图书推荐。

（赵丽香）

【刘宗歧当选北京高校科技信息服务专业委员会委员】6月30日，2015年度北京高校信息服务与创新学术年会召开，会上，刘宗歧当选北京高校科技信息服务专业委员会新一届理事会委员。学校参与北京高校信息服务委员会的工作，将进一步加强学校图书馆与兄弟高校图书馆在科技信息服务方面的学习和交流，从而促进图书馆科技信息服务水平的提高。

（刘宗歧）

【正式开通图书馆读者培训系统】经过调试和论证，6月，校部图书馆正式购买图书馆读者培训系统，运用该系统开展图书馆资源宣传、读者服务、读者信息素养培训、图书馆使用常识介绍等工作。已通过该平台相继开展“图书馆服务满意度调查”“文献检索课考试题库”“图书馆知识有奖问答”等系列活动，受到广大师生好评。

（马　磊）

【获CASHL学科服务推广活动宣传创意奖】7月，由于保定校区图书馆在CASHL教育学、哲学学科服务宣传推广工作中业务扎实，表现优秀，由CASHL教育学学科中心、华北地区代行区域中心北京师范大学图书馆、CASHL文艺学、古代哲学学科中心山东大学图书馆与CASHL东北区域中心吉林大学图书馆联合授予“CASHL学科服务宣传创意奖”。为做好此次CASHL学科服务推广活动，保定校区图书馆在活动期间，通过图书馆主页动态、学校OA、原文传递QQ群、图书馆官方微信、海报张贴和学科馆员入系培训等多种形式宣传原文传递优惠活动，充分调动学校师生“多利用CASHL、利用好CASHL”的热情，CASHL已经成为学校教师进行社会科学研究的重要资源获取途径。这是保定校区图书馆第二次获得该奖项。

（高玉平）

【制定《图书馆数字资源配置论证工作细则》】7月，保定校区图书馆制定《图书馆数字资源配置论证工作细则》。此细则的主导思想为：依托有本馆相关部门工作人员组成的数字资源建设小组，广泛征求图书馆用户的意见，不定期召开“数字资源建设研讨会”，对拟采购的新数字资源，需要调整、整合的数字资源进行论证，力求为全校师生配置最合适的数字资源，实现数字资源购置经费的效益最大化。为此，图书馆成立由数字资源部、信息部等部门的业务骨干及学科馆员组成的16人数字资源建设小组，并建立QQ群，通过多种方式开展对数据库资源配置的科学论证和充分探讨。

（于会萍）

【编制《2014年图书馆资源与利用白皮书》】9月，校部图书馆和保定校区图书馆共同完成《2014年图书馆资源与利用白皮书》编制。内容包括图书馆概况、图书馆文献资源、图书馆资源服务、图书馆资源利用、SCI/SSCI/CPCI-S/EI/ESI收录学校发表论文数据分析和科技查新站等6部分内容。以数据和图表形式介绍学校图书馆发展概况、资源、服务，并通过数据对比分析资源利用情况和查新站完成的查新项目列表，清晰反映出学校的科研热点。

（林建华　赵丽香）

【网站移至信息办站群系统】9月14日，校部图书馆网站迁移至学校信息办的站群系统，纳入校园网统一管理，提高其安全性和稳定性，为读者提供更可靠、更优质的在线服务。完成图书馆主页改版，融入春夏秋冬四季元素，受到读者好评；网站访问量1301326人次，访客数262336人，平均访问时长3分41秒。

（陈　普）

【举办读书节系列活动】10月15日至11月15日，保定校区图书馆举办主题为“阅读成就智慧 书香伴我成长”的华北电力大学第六届读书节系列活动。活动通过多种宣传方式，充分揭示馆藏，引导读者了解图书馆、利用图书馆、热爱图书馆，营造书香校园，促进校园文化建设。读书节期间共举办十佳读者评选、好书推荐、好书交换、信息资源利用系列培训讲座、研究生“科研达人”选拔比赛、主题书展等7项活动。研究生、本科生等上千人次参加活动。华北电力大学读书节自2010年开始举办，成为华电的品牌校园活动。

（赵丽香）

【组织附中附小教师现采图书】 10月29日，校部图书馆组织附中附小4位教师参加北京台湖出版物会展贸易中心暨第十届中国北京国际文化创意产业博览会，现场为附中附小学生采选图书，共挑选适合中小学生阅读的科普、文学类精品读物和教学教辅类图书近200种。

（林建华）

【举办“科研达人”选拔比赛】 11月5日，由保定校区图书馆主办、经管系研究生会承办的图书馆科研达人选拔比赛培训活动在电子阅览室举行，来自经管系不同专业、不同班级的60余人参加比赛。赛前，经管系学科馆员高玉平围绕数据库资源类型和分类、核心期刊与索引类期刊收录与查找、学生自助检索论文收录和视频和培训课件等开放资源的自助获取等方面问题，对图书馆资源与服务进行全面而有重点的介绍。该活动为经管专业学生了解图书馆资源，熟知图书馆服务提供一个很好的平台，帮助其扩大科研视角，更好地利用图书馆资源进行论文写作，也是图书馆学科服务的一种尝试。

（高玉平）

【获微视频大赛最高奖】 11月24日，由北京万方数据股份有限公司主办、北京高校图工委艺专委协办的第二届万方数据“大学那些事儿”微视频大赛颁奖典礼在北京电影学院举行。电气学院2015级毕业生团队“华电北回归线”集体拍摄制作的微视频短片《光阴的故事》获最高奖——最佳视频奖，彰显学校学生扎实的综合素质和创造力。作品通过对点点滴滴大学学习及生活的描绘，表达毕业生对大学生活的眷恋与不舍。

（刘宗歧）

【获河北省图书馆服务创新案例大赛二等奖】 12月，保定校区图书馆申报的《依托现代信息技术构建志愿服务管理创新体系》案例获河北省图书馆服务创新案例大赛二等奖。本次大赛由河北省图书馆学会举办，面向河北省四百余家高校及公共图书馆征集富有创新性的服务案例。保定校区图书馆申报的管理案例创新性、可操作性突出，在河北高校与公共图书馆提交的61份参赛方案中脱颖而出。自主开发的高校图书馆志愿者信息管理系统V 1.0获国家出版局的计算机软件著作权。

（赵丽香）

网络与信息化工作

【概述】 2015年，华北电力大学网络与信息化工作在国家提出“互联网+”行动计划的背景下，深入推进大学校园网络信息化建设。网络与信息中心在保证校园网安全稳定运行前提下，着力实施完成主楼无线网络改造，并实现全校无线校园网无感知认证，保障师生上网安全和便捷；加快校园网安全体系建设，万兆防火墙、上网行为检测系统、漏洞扫描系统、web防火墙等一批网络安全设备上线运行。为解决学校师生访问校外资源瓶颈问题，将校园网出口带宽扩容到4.6G，大大提高师生访问校外资源速度；数字校园平台（一期）正式上线运行，实现全校师生统一身份认证、统一数据标准以及各个业务系统统一门户；校园一卡通平台支撑业务进一步拓展，学生宿舍安全用电管理、新建开水房节约用水管理业务系统均纳入一卡通统一管理平台，管理效率得到提高。

2015年，华北电力大学网络与信息中心完成北京校部多媒体教室无线语音系统改造工程，实现授课教师人手一个无线麦克，极大改善教室的教学环境。计算机公共教学机房实现全年安全、稳定运行。

2015年，华北电力大学（保定）网络信息化工作在保障网络安全稳定运行的基础上，完善校园网信息安全体系建设，依托校园网现有资源进一步提升信息化管理水平。继续加强数字化校园建设，扩展校园一卡通专网规模，保障一卡通圈存机增量扩容成功实施，有效提高一卡通服务能力；提升校园网信息安全等级，服务器前端下一代防火墙顺利投入使用，运维效率得到提升，改变安全运维状态，有效保障网络安全；完成财务与资产管理处专网建设，成功与银行相关系统对接，运行稳定；协同后勤与基建管理处整合学生宿舍电费计量数据的网络传输，同时完成标准化教室网络监控系统改造及大学生创业孵化中心无线网建设。2015 年，校园一卡通系统稳定运行，顺利完成校区学生和科技学院学生制卡、销户等工作。

2015 年，计算机基础教学在 15 级学生中继续实现“大学计算机基础”课程分级教学，组织分级测试，根据学生情况实行“大学计算机基础”A 班、B 班、基础班三级教学；“高级语言程序设计（C++）”进行教学改革，提出“分层次、分阶段、分目标”的教学模式，增加课程设计和答辩环节，提高整体教学质量，满足创新性人才培养的要求；“微机原理与接口技术”在电气工程课堂进行研究性教学模式改革试点，提高学生课堂学时利用率和学习效果，减轻课下学习负担。

2015 年，计算机公共实验室利用寒假对教九楼实验室进行升级改造，学校自筹资金购置 500 台计算机，学生实验效率得到提高，为每门课程的实践环节提供保障。

（荆振宇　丁立新）

【概况】2015 年华北电力大学校部网络与信息中心工作人员为 18 人，高级职称 9 人，研究生学历 5 人。网络与信息中心下设网络运行管理室、网络信息管理室、电化教学室、计算机房、一卡通中心、办公室。

2015 年华北电力大学校部校园网 IPv4 出口总带宽 4600 兆，出口平均流量 4000 兆，其中教育网出口带宽 500 兆，平均流量 350 兆；公网出口带宽 4100 兆，平均流量 3700 兆；IPv6 出口带宽 1000 兆，平均流量 900 兆。共有 IPv6 地址 45297 个，IPv4 地址 36864 个，信息点 12223 余个，无线接入点 1421 个。校园网用户 25000 余人，其中教学办公区 9000 余人，宿舍区 16000 余人，全部采用实名认证方式上网。多媒体教室 200 间。计算机教学机房 10 间，共有计算机 730 多台。完成教学实验五十万机时。

2015 年，华北电力大学（保定）信息化工作人员 34 人，其中专任教师 14 人，教授 4 人，副教授和高级工程师 8 人，计算机应用技术硕士导师 6 人，博士学位 4 人，硕士学位 21 人。发表教学、科研论文 15 篇。

2015 年，华北电力大学（保定）校园网 IPv4 出口总带宽 2400 兆，出口平均流量 2200 兆，其中教育网 IPv4 出口带宽 1000 兆，平均流量 900 兆；公网出口带宽 1400 兆，平均流量 1300 兆；IPv6 出口带宽 300 兆，平均流量 300 兆。多媒体教室 210 间，多媒体教室座位数 22992 个。计算机教学机房 4 间，共有计算机 840 台。完成教学实验 30 万机时。

（荆振宇　丁立新）

【数字化校园建设项目（一期）上线运行】2015 年，北京校部数字化校园建设项目（一期）正式上线运行，实现全校师生统一身份认证、统一数据标准以及各个业务系统统一门户，该项目是学校信息化建设新的里程碑。

（荆振宇）

【校园网安全体系建设】2015 年，北京校部校园网安全运维体系初见规模，万兆防火墙、上网行为检测系统、漏洞扫描系统、web 防火墙等一批网络安全设备正式上线运行，对抗战胜利 70 周年阅兵期间的网络安全保障起到重要作用。

（荆振宇）

【校园一卡通系统建设】2015 年北京校部校园一卡通平台安全稳定运行，支撑业务不断扩展，新建学生宿舍安全用电管理、水房节约用水管理等新增业务系统，纳入校园一卡通平台统一管理，信息化技术支撑至学校各个基础管理环节。2015 年，教代会期间首次使用校园卡刷卡签到系统，代表参会统计准确度和办事效率得到提高，对推进大学数据整合，统一信息标准，提高信息化应用，具有新的实践价值。

（孙亚娟）

【主楼无线网络建设】2015 年 9 月 1 日，学校主楼无线网络改造升级项目建设完成投入使用，主楼无线网络自 2009 年投入使用至今，逐渐暴露出接入网络速度慢，不稳定的情况，无法满足当前移动互联的需要，学校选用 H3C 公司智能无线接入方案，该方案采用市面上成熟的基于 802.11ac 技术的无线接入设备，上行千兆以太接入校园网主干，下行接入用户速度为 866M，并以师生使用体验为中心，根据不同场景需要和实际情况，设计多种部署方案。该项目从 2015 年 8 月开始由北京康邦科技有限公司负责建设，共安装调试 H3C S12508 核心交换机 1 台，H3CS5120-28P 无线 POE 交换机共 42 台、H3C 各类室内 AP 共 751 台，其中 WA4320 共计 650 个，WA4320H 共计 26 个，WA4330 共计 75 个，分布在主楼及三个学生食堂、图书馆等公共区域，总投资 399 万。该项目的建成率先实现有线无线设备的万兆互联，实现全校教学公共区的无缝漫游和无感知认证，实现全校无线网络的统一管理，为广大师生更广泛使用移动互联服务提供保障。

（胡　涛）

【漏洞扫描系统上线运行】2015 年 11 月，学校数据中心漏洞扫描系统上线试运行。该系统采用高效稳定的扫描引擎，运用智能页面爬取、代理缓存机制和实时任务调度技术，实现对大规模网站的快速、稳定扫描。提供专家级统计分析报告，融入漏洞修补流程和漏洞精确定位技术，提升各个系统自我防护能力，有效减少来自黑客的攻击。

（朱徐飞）

【编写信息编码标准】2015 年 1 月，北京校部网络与信息中心启动撰写新的信息编码标准，根据学校两校区信息化工作的发展现状和未来预期，对组织机构和人员编码进行修订和补充、并新增科研项目、设备、房屋等编码标准。

（张晓华）

【多媒体教室设备改造】2015 年 7 月，学校投入 108 万元专项资金在北京校部新建 20 间多媒体教室，大大缓解学校多媒体教室不足的局面，另投入 60 万元购置教学录播设备，提高学校多媒体课程的录播质量。

（荆振宇）

【教学教研成果】2015 年，保定校区信息与网络中心罗贤缙的“高级语言程序设计 C++”参加教务处组织的“教师课堂教学质量综合评价”，评价结果为特优。朱有产的“微机原理与接口技术 T”参加教务处组织的“教师课堂教学质量综合评价”，评价结果为优秀。朱有产、秦金磊、罗贤缙的《文档操作题的自动组卷方法和自动阅卷方法》2015 年 09 月获中华人民共和国知识产权局发明专利授权。2015 年，信息与网络中心完成两门国家级视频公开课，以光盘形式上报教育部。

（丁立新）

工程训练中心建设

【概述】华北电力大学工程训练中心于 2005 年 3 月由原实习工厂、机械制造实验室和保定华电配电设备有限公司组建成立，是集教学、科研和产业为一体的学校直属单位。其主要任务是承担学生的工程训练、教学综合实验和创新实践活动、为机械学科提供科研平台和开展对外技术服务。经过多年建设，华北电力大学工程训练中心已成为特色鲜明，机械工程与电力工程结合的，集教学、科研、生产为一体的工程实践教学基地。中心在建设过程中积极进行教学改革研究，逐步形成“以培养学生工程意识和工程能力，提高学生工程素质和创新能力为目标”的实践教学理念，完成以操作技能训练和课程验证实验为主到以综合性工程训练和创新实践为主的教学观念和教学实践的转变。中心按照“覆盖面大、层次多、强调工程性、系统性、开放性和特色性”的建设思路，以能力培养为核心，构建与理论教学有机结合，具有鲜明特色四年不断线的工程实践教学体系，并在实践中不断加以完善。作为特色鲜明的、具有国内先进水平的大型综合性实践教学基地，将继续加强中心建设，增强示范辐射作用。

2015 年，工程训练中心在教学、大学生创新实践、党建与思想政治等方面取得进展。

教学相关工作方面。通过建章立制，听课和巡视加强教学质量监管和安全保障，保证教学质量和教学安全。继续加强和完善教学计划管理，保证高质量完成年度实践教学任务，全年接受参加实践学生 9166 人次，完成教学工作量 333632 人时数，中心的教学运行机制和教学质量得到进一步提升。继续推进教学改革，4 项教改项目全部通过中期检查，部分成果已得到应用，新开新技术综合应用实践课 3 门，发表高水平论文 2 篇，完成专著一部。通过建立教学质量标准，完善大学生创新俱乐部体系，推进多学科学生综合创新实践项目，加强新技术在训练中的应用进一步进行教学改革。继续推进中心建设，完成综合性创新实践基地建设，进一步拓展和推进全校学生综合创新实践。进行安全隐患大排查，并对查出的隐患制定具体的整改措施，并建立定期检修制度和专人负责制度，对各种教学设备进行全面检查，对存在故障的设备进行及时维修，消除安全隐患，确保师生实习安全。

大学生创新实践活动方面。按照创新人才培养的要求，精心规划综合性创新基地创客空间建设。加强大学生创新实践的内涵建设，组织好相关的竞赛活动和项目运行管理，成果丰硕。全年参加创新课程与实践学生达 1479 人次，共获国家奖 22 项，其中国家一等奖 10 项；省部级奖 15 项。获发明专利授权 3 项，实用新型专利授权 12 项，外观授权 6 项、软件著作权授权 12 项。指导9项创新创业项目。

党建与思想政治工作方面。定期组织政治理论学习，提高党员和职工的政治思想水平，高质量完成党在这一阶段的主要工作，积极培养和发展积极分子。积极开展党风廉政教育，组织民主生活会，党员和干部职工没有违法违纪行为，保证中心各项工作顺利进行。中心职工在校组织的活动上取得优异成绩，在校第47届田径运动会上有5人次获奖。

2015年，中心按照学校的工作部署，完成一年一度的考核工作，考核结果表明，中心的各个部门都能很好地完成工作任务。通过进一步完善教学管理制度，以提高管理水平促进教学质量提高。

（范建明）

【概况】中心现有员工35人，其中教授2人，高级工程师3人，工程师4人，技师7人，高级技师1人，高级工14人。中心拥有加工中心、三坐标测量机、快速成型机、数控铣床、数控车床、数控线切割机床、电火花机床等先进设备，教学设备达300余台套，总值1400余万元，房屋面积5500余平方米，已经具有很好的实训条件。中心可开出金工实习、电工实践训练、机电结合训练、先进设计与制造系统训练、创新实践等训练项目，已经培养学生40多届，现具有每年接受学生近8000多人次的培训能力。

（范建明）

金工实训中心建设

【概述】2015年，金工实训中心继续坚持将实习安全和积累教学经验作为首要职责。依照中心“安全第一、教习相长、防微杜渐”的原则，加强教职工安全制度培训和提高教学质量，防范实习中的不安全因素；严抓学生实习动员中的安全教育环节，从思想根源上深化学生的安全意识；同时着力研究在各工种教学中“如何在降低风险前提下，提高教学质量”的方法，以确保学生实习既能有所收获又保证安全。2015年，中心顺利完成电气学院、能动学院、控计学院、可再生学院、核学院、国际教育学院、经管学院、外国语学院等八个学院十九个专业75个班约2100人为期2至3周的实习任务，教学运行机制和教学质量进一步提升。

2015年，中心继续完备教学设备、改善教学环境。现代加工机房增加计算机20台，增加投影仪、电动幕布、中控讲台、功放音响、管理软件等多媒体设备，教学形式更加生动灵活；增加高速数控雕铣机、微型机床、台式锯床、小型磨抛机各一台，教学内容进一步丰富；增加门禁系统十二套，提高车间的安全系数；增设宣传栏、展示柜各一套；改造第三教学楼三间语音室为钳工实习区，缓解空间拥挤压力；改造厂房二区部分区域为两层阁楼，提高空间利用率。

2015年，中心继续组织、指导学生参与创新实践，获2015年华北五省（市、自治区）大学生机器人大赛暨北京市大学生机器人大赛一等奖一项、二等奖一项；获北京市第四届大学生工程训练综合能力竞赛竞赛环节一等奖两项、二等奖两项，知识竞答环节一等奖两项、二等奖一项，同时学校获优秀组织奖；获第十四届全国大学生机器人大赛ROBOMASTERS华北赛区三等奖一项；与杭州先临三维科技股份有限公司合作，成功举办第一届“先临杯”华北电力大学3D打印竞赛。

2015年，中心继续定期进行课程审核，组织培训学习，提高业务水平。夏延秋和吴浩编著，多位中心老师参与的普通高等教育“十二五”工程训练系列规划教材《金工实习指导教程》由机械工业出版社出版并投入使用，吴浩等发表2篇关于金工教育的论文，吴浩在2015年全国高等院校工程应用技术教师大赛数控机床控制技术项目中获三等奖。

2015年，在对外宣传与交流方面，中心多次利用课余时间接待中小学生、高校同仁及相关专业师生。积极参加各级金工会议，与各兄弟单位进行交流。

（夏延秋　吴　浩）

【概况】2015年，华北电力大学金工实训中心有员工17人，其中在职管理人员2人，外聘指导教师7人，返聘退休指导教师6人，实习生2人。中心拥有加工中心、三维扫描仪、快速成型机（含工业机与桌面机）、激光打标机、激光淬火成套设备、激光内雕机（含三维照相机）、激光雕刻机、费斯托机电一体化系统、数控车床、数控线切割机床、电火花成型机床、高速数控雕铣机等先进设备。中心建筑面积约2200平方米，各类设备仪器200余台套件，累计投入经费超过1400万元。中心可开出金工实习、先进设计与制造系统训练、创新实践等训练项目。中心已运行的工种有：车工、钳工、铣工、焊工、数控加工、电加工、激光加工、快速制造等。

（夏延秋　吴　浩）

【**出版出版社级规划教材一部**】2015年9月，由夏延秋和吴浩编著，多位教师参与编撰的普通高等教育“十二五”工程训练系列规划教材《金工实习指导教程》由机械工业出版社出版并投入使用。

（夏延秋　吴　浩）

【**参加全国大学生机器人大赛获佳绩**】2015年5月，由共青团中央学校部和全国学联秘书处组织的第十四届全国大学生机器人大赛ROBOMASTERS华北区比赛在中国石油大学举行，华北电力大学一支代表队参赛并获三等奖。

（夏延秋　吴　浩）

【**参加华北五省大学生机器人大赛获佳绩**】2015年11月，由北京市教委、天津市教委、河北省教育厅、山西省教育厅、内蒙古自治区教育厅组织的2015年华北五省（市、自治区）大学生机器人大赛暨北京市大学生机器人大赛在北京信息科技大学举行，华北电力大学两支代表队参赛，获一等奖一项、二等奖一项。

（夏延秋　吴　浩）

【**参加工程训练综合能力竞赛获佳绩**】2015年12月，由北京市教委主办的北京市第四届大学生工程训练综合能力竞赛在北方工业大学举行，华北电力大学四只代表队参赛，竞赛环节获一等奖两项、二等奖两项，知识竞答环节获一等奖两项、二等奖一项，学校获得优秀组织奖。

（夏延秋　吴　浩）

【**举办首届3D打印竞赛**】2015年12月，由金工实训中心组织承办、杭州先临三维科技股份有限公司赞助的第一届“先临杯”华北电力大学3D打印竞赛完成。入围决赛的16组作品进行现场展示和答辩，经过专家评审，选出一等奖三项，二等奖四项，三等奖四项，纪念奖若干。

（夏延秋　吴　浩）

【**吉首大学来访**】2015年11月，吉首大学副校长黎奇升与实验室与设备管理中心、信息科学与工程学院、物理与机电工程学院负责人等一行6人，来校考察调研实验室建设与管理、实验教学改革及创新人才培养等方面的情况。座谈会后在教务处副处长梁光胜的陪同下参观金工实训中心。

（夏延秋　吴　浩）

后勤管理与服务

【**概述**】2015年，华北电力大学后勤管理与服务工作以进一步提高服务质量与水平，不断满足广大师生员工日益增长的对后勤服务的需求为宗旨，继续做好后勤管理体制改革，构建科学规范高效的后勤管理体系，进一步优化岗位编制，做到人有其岗、岗有所为，加大专业化、精细化、规范化、项目化管理力度，充分调动员工工作积极性，提高劳动效率。

2015年，校部后勤根据学校六届三次教代会精神，继续深化后勤管理体制改革，不断提升管理水平与服务质量，努力构建适应高水平大学建设内在需求的后勤服务保障体系。将自后勤服务集团成立以来，对学校制定的面向后勤的各类规章制度按照实际情况进行全面梳理，提出完善的修订意见，从岗位职责、工作流程、采购管理和合同管理等方面，有效规范后勤各方面的工作准则和员工行为。保定校区后勤与基建管理处强化科学管理，提高工作质量。加强后勤管理和服务规范化建设，制定《华北电力大学（保定）学生公寓空调使用管理办法（试行）》《华北电力大学保定校区冬季清雪工作实施方案》等文件。

2015年，后勤加强能源研究，积极推进节约型校园建设。校部后勤通过对学生公寓现有设施进行改造用做洗浴，将1–2号学生公寓楼屋顶共安装1300平米太阳能集热器供应洗浴所需的热水，对水房进行适当改造并安装150套独立的洗浴间和60套洗漱热水龙头；新建一座机房，安装太阳能储水箱2套、电辅助加热及供水控制设备；改造13号楼太阳能热水系统，更换集热器500平米，增加1套水箱及控制设备；安装校园一卡通刷卡水控器800套及数据采集传输系统。一方面充分利用太阳能生产热水，节约大量煤炭、天然气能源，为促进学校节能减排，创建绿色校园发挥重要作用；另一方面缓解学生洗浴不方便、人员拥挤等问题。同时校部通过北京市发改委进行碳核查项目验收。保定校区加强能源研究，推进节约型校园建设，将“节能监管平台体系建设”项目纳入2016年教育部改善办学条件专项基金（修购）的申报序列中。

2015年，校部后勤在食品原材料持续上涨的社会背景下，通过加强管理内挖潜力，做好计划减少浪费，强化成本核算，努力降低伙食办伙成本，积极应对用工成本、市场物价上涨造成的办伙压力，保证全校学生食堂基本伙的稳定，且花色品种、饭菜质量稳步提高。合理使用平抑资金，完善学生食堂可靠平衡的供需机制、合理浮动的价格机制、公平有序的竞争机制；积极参加“农校对接”和伙食原材料联合采购，搭建供需见面、公开透明的采购平台，通过机制监督和制度保障，建立可追溯源头的食品安全监管体系，确保餐饮的食品安全，又能降低采购成本，稳定餐饮价格，让利广大师生；通过对二食堂的一、二层进行修缮改造、增加保温售饭台和中央空调，改善广大师生员工的就餐环境、工作环境。同时对三食堂三层进行改造，建成风味食堂后增加1000多平方米的就餐面积，解决学生们对风味饮食的需求，同时缓解基本伙的就餐压力。启动实施“厨师驻校计划”，北京交通大学4名厨师为师生提供多种菜式选择。通过员工培训、长途慢步行走、跳健身操等活动以及在食堂实行低盐少油措施，开展健康食堂的创建工作。组织骨干员工参加西餐培训，16名厨师取得证书，并在三食堂二层组织西餐用餐礼仪鉴赏，受到师生好评。

2015年，保定校区后勤与基建管理处深化改革创新，提高服务保障水平。巩固和完善餐饮综合改革各项成果，改善就餐、生产条件，调整花色品种，提高服务质量；将原老清真餐厅改造为“优先时尚餐厅”，引进新品种，调整饮食结构；对聚缘阁餐厅采取中心宏观管理与商户具体经营的合作经营模式；围绕华电主题餐厅，对三餐厅三楼进行整体装修改造，设计文化长廊，营造具有华电特色的文化氛围。

2015年，后勤围绕高水平大学建设目标，扎实推进重点项目工作。校部后勤严格执行经费管理、工程招标、资产管理、采购管理等重大事项集体研究及报批制度，加强对财务，工程、经营、采购等风险点的监控；协助完成2015年度国拨经费项目、校内项目的立项、招标、验收、支付、报审等工作。其中国拨经费八大项13子项目，校内立项59项；报招标中心招标26项，后勤内部招标12项；完成空调安装管理申请70余项；对12个学院的60余处实践教学实验室进行给排水、电气线路和建筑装饰等配套设施改造，为开展教学科研工作提供基础条件；完成教三楼、校医院的电话线路改造、电话号码管理工作300余项。建立后勤微信公众平台，将后勤形象更广泛的展现，参与北京市后勤协会信息化平台规划等。从策划、实施、检查、迎评、总结汇报等方面完成2015年度控烟工作获市优秀的成绩；规划、部署校内防汛工作，上报防汛工作相关内容；推进固定资产分级管理模式，设置各中心资产管理员，加强中心自管，提高固定资产管理的效率。保定校区细化管理，提高质量，加强修缮项目管理、工程材料管理，积极做好工程项目验收的组织工作，配合学校做好项目招标和资金拨付，完成教育部改善办学基本条件有关专项项目及各项修缮工程项目。全年签订承揽、建设等合同8大类19小类共计168项。进一步巩固物业维修标准化建设成果，全面提高物业管理与服务质量。完成固定资产变更969件，报废设备249件。

2015年，后勤更新服务理念，提升服务形象，积极搭建高层次、多区域交流发展平台，多次以座谈交流、实地参观考察等方式，加强与兄弟院校的交流与合作，全面提升学校后勤保障工作的科学化水平；高度重视制度化及标准化建设，把标准化的要求贯彻落实到实际工作中。校部后勤开展“优质服务月”和“十大实事”的评选活动；公寓楼垃圾分类已常态化，“立体化、三季花，四季彩”的美丽校园已有雏形；华电师生副食超市顺利开业；设立主任接待日和主任访谈日，随时解决师生员工的实际问题；联合自服会学生在5号公寓楼成立爱心超市；以公寓5#楼为试点，在大厅挂国家奖学金获得者的简介，以榜样的形象出现，让学生在潜移默化中感受到激励。保定校区积极搭建平台，创新服务，满足学生多元化物业服务需求；多措并举，协调配合，高质量完成冬季供暖工作。幼儿园开展多元化教育教学，全面提高保教质量。创新服务项目，提升服务质量，继续开展“优质服务月”等重点活动。

2015年，后勤以建设和谐校园为基础，强化安全意识。校部后勤坚持执行分级值班制度与日、周、月、节假日安全检查相互结合的方式做好安全预案工作；后勤一站式服务大厅全天候服务，接报12847起报修、咨询等事项及时解决回复，增设后续回访跟踪，回访率达到100%；全年校长信箱反映的12大类热点问题658条意见，均予以回复处理。保定校区“123”综合信息平台全年受理咨询、报修1.4万余次，编写“123”综合信息平台培训手册。始终高度重视安全工作，配合学校建立《华北电力大学安全稳定工作责任追究制度》；开展“安全生产周”“安全生产月”等专项活动；定期开展专题培训，定期排查安全隐患，保证安全生产。

2015年，学校后勤继续坚持文化引领，加强信息宣传，通过多种平台宣传后勤各方面活动和成果，展示后勤风采，推动和谐发展。校部后勤组织开展系列丰富多彩的员工活动和比赛，精心筹划后勤职工趣味运动会等系列活动；举行岗位技能大练兵，开发现有人力资源，通过多种形式的培训提高社会用工队伍综合素质。将员工的职业发展规划与后勤的可持续发展目标相统一；继续办好后勤职工子女课外免费辅导班，为广大的后勤职工切实解决子女教育的后顾之忧。为丰富后勤员工子女暑假生活，开阔后勤员工子女视野，校部后勤还举行为期5天的“我先进、我自豪、我快乐”后勤员工子女暑期夏令营活动。

2015年，后勤党总支积极开展“三严三实”专题教育活动，落实学校“三严三实教育活动”各阶段任务；落实党风廉政建设责任制，签订《党风廉政保证书》，组织开展《中国共产党廉洁自律准则》和《中国共产党纪律处分条例》学习培训活动；扎实落实基层党支部组织生活制度，提高党支部组织生活规范性；以党总支换届为契机，深入开展党员教育活动。

（林长强　曲　涛）

【概况】2015年，校部后勤管理处（后勤集团）事业编制职工53人，非事业编制员工588人，正副主任以上管理干部21名，设党总支1个，党支部5个，党员62人。下设综合管理科、计划财务科、后勤管理科、物业管理中心、餐饮管理中心、能源与修缮管理中心、公寓管理中心、接待服务中心、综合服务中心。保定校区后勤与基建管理处事业编制员工136人，人事代理制员工21人，中心正副主任及以上管理人员22人。设党总支1个，党支部4个，正式党员55人。下设综合管理科、计划管理科、运行管理科、能源管理科、工程技术科和餐饮管理与服务中心、物业管理与保障中心、综合经营与服务中心。

2015年，学校后勤各项保障任务顺利完成，北京校部全年平稳供水64.92万吨，用电2252.36万度，50万平方米建筑物的供暖，燃气用量4472399.41立方米。完成全校挂号信、汇款、平信25.5万余件、报刊杂志16万件的接收发送，保证850多万人次就餐，新建三食堂三层1300平方米风味餐厅，筹建西餐窗口和师生副食超市，为师生提供多种菜式选择。为130万人次提供开水供应及浴室服务，供应洗澡水约141912万吨，全年处理中水约90万吨。完成23万平米绿植养护，种植8千余平米丹麦草、清除杂草、修剪养护绿篱，累计约23万平米及各类会议及活动1106场次。顺利完成4026名毕业生离校、4554名新生入学等后勤保障任务。完成学校各项重大活动接待服务保障工作，全年接待团体入住112个，各种会议130个。同时完成全校课桌椅，门房窗床，灯管电扇，水电暖7341项大小维修及安装项目，同时积极配合学校修缮、粉刷、电增容等改造工作，承接校内小型工程约62项。在商贸管理方面，加强行业服务管理，不断强化服务意识，积极引导商户不断提高服务质量。

2015年，保定校区后勤完成各项后勤保障任务。顺利完成一、二校区、科技学院三个校区在校生的供餐任务。强化学生公寓安全管理，组织开展学生公寓各类安全和管理检查41次。绿化全年完成地被植物15万平方米、各类乔灌木21万棵、绿篱延长8500余米、植物组图3000余平方米的修剪、灌溉、病虫害防治、施肥、补植、除草、树木保温等工作，保障学校各类重点活动和考场卫生保洁、校园环境、教室安排、会场摆花及秩序管理等相关任务20余次。全年保障大小会议服务371次，完成各类印刷任务105万份，洗涤卧具、物品21.8万余件。全年受理各类维修任务1.78万次，主动巡检巡修4500多次；完成水电气暖突发故障抢修85次；因办公用房调整，校内固定电话移装机1128部。中水站、太阳能浴室、中央空调、燃气锅炉及换热站全年共接待1500余名学生进行认识实习。配合完成一校区、科技学院、七一南苑及工厂院和统建院家属区集中供热改造工程任务。

（刘贵臣　魏　娜）

【慰问春节期间在岗职工和留校学生】2月14日，在新春佳节来临之际，副校长孙忠权在校长助理汪庆华、校办、人事处、学生处、后勤处、保卫处、校医院等部门主要负责人的陪同下，慰问春节期间坚守在工作岗位的职工和留校过年的学生，向他们送去新春的祝福和慰问品。走访结束后孙忠权详细询问留校学生假期安排和学校为同学们提供的各种服务。后勤集团餐饮中心春节期间通过为师生发放免费餐券，国际交流中心妥善安排留校学生免费集中入住等举措，让留校师生度过一个祥和、温馨的春节。

（刘贵臣　宋　婧）

【召开后勤员工课外免费辅导班家长见面会】2015年3月13日，在学生处、校团委的大力资助下，新的一期后勤员工课外免费辅导班在主楼C518教室举行家长见面会。后勤管理处（集团）处长林长强代表后勤处感谢学生处资助中心、校团委青协志愿者、学生志愿者一直以来对辅导班的付出，针对当前新形势下对于校园安全、交通安全进行具体讲解，并向家长们提出一些教育孩子的建议，希望家长加强孩子的思想引导，提高安全意识。校团委副书记黄盛伟就如何正确引导孩子培养良好的学习、行为习惯等与家长们进行交流与沟通。此次家长会拉近了志愿者与家长间的距离，进一步促进了两者共育孩子的良性循环，对后勤员工课外免费辅导班顺利进行起到促进作用。

（刘贵臣　宋　婧）

【召开贯彻落实教代会精神大会】3月24日，校部后勤管理处召开贯彻落实教代会精神大会，后勤管理处领导班子成员及各中心相关负责人参加会议。党总支书记李献东传达校长刘吉臻在第六次教职工代表大会的工作报告精神，报告指出：继续做好后勤改革工作，以“科学管理、精干高效”为原则，整合机构，划分职责，设岗定编，全员竞聘，优化岗位职能和人力资源配置，努力降低后勤运行成本，提高后勤服务质量和水平。林长强对下一步后勤工作做相关部署。

（刘贵臣　宋　婧）

【开展后勤优质服务月活动】4月，保定校区后勤与基建管理处开展2015年度“优质服务月”活动，各中心组织开展12项重点服务活动，其中，餐饮管理与服务中心实施的“就餐大厅摆放绿植，开展‘美化餐厅环境’活动”、综合经营与服务中心实施的“关注幼儿教育保健，搭建沟通了解平台活动”获“固化项目”奖；物业管理与保障中心实施的“拓展服务方式，提升后勤形象”和“公寓公房病虫害消杀灭科学防治与管理”分别获“优秀项目”和“鼓励项目”奖。

（魏　娜　刘　洁）

【深入企业进行项目调研】4月16日，后勤管理处处长林长强、副处长王吉飞一行到丹田股份公司珠海总部（简称丹田股份）进行项目调研，并与丹田股份企业相关负责人就现代物业服务、多功能文化餐饮和智能后勤管理系统等进行项目合作前期交流。此次参观交流意义重大，丹田股份公司创新型的服务理念、现代化的后勤服务内容、智能化和信息化的服务手段，对学校后勤的管理和服务工作具有很大的启发性。

（刘贵臣　宋　婧）

【举办第九届趣味运动会】4月25日，为丰富后勤集团职工的业余文化生活，增强职工的凝聚力和向心力，更好地展示后勤职工的精神风貌，增进职工之间的友谊，培养大家集体意识和团结协作精神，校部后勤集团分工会举行第九届趣味运动会。运动会由集团副总经理、后勤分工会主席周劲松主持，后勤集团300多名职工参加。

（刘贵臣　宋　婧）

【通过重点用能单位节能目标考评】5月19日，后勤管理处负责节能工作相关人员参加昌平区发展改革委员会组织的2014年度重点用能单位节能目标考评现场考核会。后勤处在水、电、气等基础设施建设及节能技术改造的工作中取良好的经济效益和社会效益，完成“十二五”节能指标中2014年的年度分解目标。通过专家组的现场评分，学校顺利通过2014年度节能目标责任完成情况考核。

（刘贵臣　宋　婧）

【举办中西礼仪文化节】6月14日，由后勤管理处（集团）、国际教育学院联合主办的中西礼仪文化节——西餐用餐礼仪鉴赏在学生第三食堂成功举办。后勤管理处处长林长强、党总支书记李献东、国际教育学院党总支书记李旸、副书记姜良杰及后勤管理处副处长周劲松出席本次活动。活动中，主讲教师魏咏梅首先对西餐的概况进行简要介绍，并为同学们系统化地讲解西餐摆台、餐巾折花、斟酒等知识。本次活动的举办为同学们提供一个更加全面地了解外国文化和风俗民情的平台，有利于推进学生生活文化国际化，提高学生的综合素质。同时，体现后勤集团不断提高餐饮服务质量和水平来满足广大师生饮食需求的内容之一，也为西餐进入学生食堂做一次有益的尝试。

（刘贵臣　宋　婧）

【举行电动汽车充电桩启用仪式】7月15日，北京校部举行电动汽车充电桩启用仪式。副校长孙忠权、校长助理汪庆华代表学校参加启用仪式，仪式由后勤管理处（集团）处长林长强主持。参加仪式的还有国网智蕊微电子科技有限公司、昌平区电力公司、校工会、基建处、产业处等有关部门领导。孙忠权针对电动汽车推广应用、充电桩基础设施安装建设方面，提出学校应承担社会责任的意义，并对不断加强后勤服务提出新要求。

（刘贵臣　宋　婧）

【举行员工子女夏令营开营仪式】 7月20日，为了丰富后勤员工子女暑假生活，构建后勤企业文化，表彰先进，开阔视野，结合后勤的实际情况，校部后勤集团在交流中心举行“我先进、我自豪、我快乐”暑期员工子女夏令营活动开营仪式。80名职工子女参加此次夏令营活动。本次夏令营活动是后勤集团继员工子女课外辅导班之后又一增强员工归属感和集团凝聚力的重要举措。旨在表达集团对员工子女的关爱之情。本期夏令营为期5天，不同年龄段的孩子分为4个团队，在集团工会组成的工作团队带领下，开展一系列丰富多彩的活动。

（刘贵臣　宋　婧）

【举办和谐校园见面会】 10月27日，学校举办“和谐校园见面会”，副校长孙忠权和研究生、本科生学生代表在主楼D区238会议室进行面对面的交流。后勤管理处、基建处、校团委、校医院、保卫处等职能部门领导参会。在见面会上，后勤处负责人针对同学们提出的涉及后勤服务方面的意见和建议进行现场解答、解释，并对可以解决的问题给出解决方案并落实承诺。为做好各方面的沟通协调，后勤处特增设主任接待日，主任访谈日服务，解决学生住宿、饮食中遇到的问题。学生代表们还就后勤的饮食服务提出一些合理化的建议，孙忠权作总结发言。

（刘贵臣　宋　婧）

【校部各分工会主席走进后勤餐饮】 10月28日，后勤餐饮中心副食超市开业，以此为契机，后勤管理处（集团）邀请校工会携各分工会主席共同走进后勤餐饮，相继参观副食超市、二食堂后厨、三食堂三楼风味餐厅。副校长孙忠权在校工会常务副主席张瑞雅、副主席蔡可佩、后勤管理处（集团）处长林长强、副处长周劲松以及各分工会主席的陪同下进行参观。

（刘贵臣　宋　婧）

【评估验收节约型公共机构示范单位创建工作】 10月28日，国家机关事务局公共机构节能管理司张国威副司长、节能推广指导处张志勇处长一行4人来校，对学校创建全国第二批节约型公共机构示范单位工作进行评估验收。副校长孙忠权到会致辞，基建处处长刘斐、后勤管理处处长林长强及后勤能源与修缮中心主任相关工作人员参加此次评估验收会议，会议由后勤管理处副处长王吉飞主持。在评估过程中，专家组对学校能源资源消耗、管理制度与实施、建筑及设备系统节能、节约用水、绿色消费等方面的验收材料进行细致查阅，专家对学校节约型公共机构示范单位创建工作给予充分肯定和高度评价，认为华北电力大学能在节约型校园建设和发展过程中特色鲜明、亮点突出，起到引领作用。

（刘贵臣　宋　婧）

【赴兄弟院校交流后勤工作】 10月23日和10月26日。校部后勤管理处处长林长强、副处长王吉飞及能源与修缮中心主任罗保全、副主任常宇及校园节能办工作人员一行赴北京交通大学、中央民族大学交流校园节能工作，着重就节能管控平台建设验收进行了解并汲取经验。通过对兄弟院校相关工作的交流学习，加深对节能监测平台在后勤乃至学校能源管理中的重要作用，对学校节约型校园建设具有较大的借鉴意义和促进作用。作为高校节能联盟的首批发起院校，学校校积极响应国家号召，积极宣传、倡导并努力践行节约型校园建设。作为一所以“能源电力”为学科特色的全国重点大学，华北电力大学以实际举措积极推进节约型校园建设工作，近年来，学校实施的多个重大节能技术改造项目，取得显著成效。

（刘贵臣　宋　婧）

【接受“全民健康生活方式示范单位”考核验收】 11月17日，由北京市昌平区食品药品监督管理局、卫生和计划生育委员会、疾病控制中心等组成的健康生活方式督导小组一行6人，在校部后勤管理处副处长周劲松、餐饮中心主任肖义及餐饮相关负责人的陪同下对学校食堂进行“全民健康生活方式示范单位”创建工作考核验收。考核组通过听取汇报、查阅资料、现场询问和实地查看等方式，对学校餐饮中心的保障措施、健康教育和健康促进等工作进行检查，肯定餐饮中心对创建健康食堂工作所付出的努力及对卓有成效的全民健康生活方式宣传工作给予高度评价，并对今后如何继续做好这项工作给予指导。

（刘贵臣　宋　婧）

【首都经贸大学来校部后勤餐饮中心参观交流】 11月19日，首都经贸大学后勤处副处长魏有亮一行7人来到校部后勤餐饮中心进行参观和交流。参观组在后勤管理处副处长周劲松、餐饮中心主任肖义的陪同下参观学生食堂、风味餐厅、食品加工中心、副食超市，并体验高峰期食堂的就餐情况。双方将以此为契机，不断加强工作交流，相互促进，提升学校食堂的整体水平，为广大师生员工提供更有优质的餐饮服务。

（刘贵臣　宋　婧）

【**开设北交大厨师交流窗口**】2015年，校部后勤集团餐饮中心为进一步增加饭菜花色品种，改善菜品结构，丰富饭菜口味，提高饭菜质量，同时探索和完善员工技术培训的另一种方式，与北京交通大学后勤集团协商一致，开展“厨师互派交流学习”活动。学校厨师所开设的窗口在北京交通大学受到极大好评。华北电力大学作为北京市高校首先提出“厨师互派活动”的院校，此次活动是继武汉大学、首都经贸大学之后与兄弟院校进行的第三届“厨师互派交流学习”活动。通过互换交流与学习，促进校际之间食堂餐饮文化的融合，更进一步提高双方互派人才能力的提升，对于提高食堂菜品和服务质量，同时也能够通过开设窗口让广大师生不出校门就能品尝到其他高校的美食，为师生提高更多口味选择。

（刘贵臣　宋　婧）

【**获校园物业服务实体（企业）百强称号**】12月19日，由中国教育后勤协会主办、中国教育后勤协会物专会和《中国校园物业管理》杂志联合承办的物专会（2015）年会暨“中国校园物业服务实体（企业）百强”揭晓盛典在海口市举行。后勤服务集团副总经理王吉飞应邀参会。会议对在高校后勤社会化改革过程中，涌现出的一大批锐意改革、管理创新的物业服务实体和企业进行百强评选，经过专家委员会对参选的近200家高校后勤实体和社会企业进行评审，华北电力大学校后勤服务集团获“2015校园物业服务实体（企业）百强”荣誉称号，入围“中国校园物业服务实体（企业）百强”名录。

（刘贵臣　宋　婧）

【**举办第十二届厨艺大赛**】12月25日，校部后勤集团餐饮中心第十二届厨艺大赛决赛在三食堂一层举行，参赛选手由学校餐饮中心食堂和风味餐厅厨师组成，评委嘉宾有副校长孙忠权、后勤管理处处长林长强、后勤管理处党总支书记李献东、各学院书记及校工会、学生处、教务处、校团委等部门领导及校研究生会、校学生会、新闻中心记者团和大学生自我服务委员会会长等。本次活动由后勤管理处副处长周劲松主持。孙忠权副校长对本次比赛进行总结并向获奖厨师表示祝贺，指出学校餐饮在北京高校中处于较高水平，本次厨艺比赛是对厨师技能的一场考验，更是一次锻炼和提高。希望餐饮工作者在为全校师生做好饮食服务的同时，加强个人学习，以高度的责任心着力提高学校整体的餐饮烹饪技术水平。

（刘贵臣　宋　婧）

医疗服务

【**概述**】2015年，华北电力大学医院积极对照“四风”改进工作作风，完成直属党支部的换届工作，制定医院“十三五”发展规划。组织党员干部和职工认真学习《准则》《条例》和教育部、大学党风廉政建设方面的精神，认真抓好“三严三实”专题教育，与党中央保持高度一致，对照上级精神认真自查整改。与大学人事处、计财处共同制定《校医院财务管理若干事项的说明》，修订完善《校医院职工值班、加班费、劳务费用发放若干规定》《医院考勤管理制度》等10项制度。

2015年，医院综合服务能力不断提升，获北京市无偿献血先进单位、获昌平区艾滋病防控先进单位和昌平区肺结核防控先进单位；获“党员在线学习”优秀直属党委(党总支、党支部)和“一个支部一个目标，一个党员一个任务”活动三等奖；获大学春季田径运动会优秀组织奖和年度工会工作特别奖。

2015年，华北电力大学（保定）医院以“更好地为学校实现高水平大学建设服务”为工作宗旨，以师生利益为根本，以加强各岗位服务态度为基础，以保证医疗质量安全为核心，全力做好师生的医疗保障服务工作。认真学习贯彻落实党的十八大和十八届三中、四中、五中全会精神，重点加强人才建设，强化管理和服务意识，严抓医疗规范化管理和医疗核心制度的落实，积极完善医疗、预防、保健、护理等各项工作的规章制度。全力做好师生员工的医疗保障服务工作，立足于服务学校，并加强慢性病的调控管理。对照五中全会精神并结合校医院情况，修订完善《医院十三项核心制度》《医疗器械科管理制度》《常见疾病护理常规》制度，完善制定《科室会议学习培训记录》《三基三严培训内容》《设备维修保养记录》《医疗质量安全检查、整改记录》等相关记录资料。

2015年，校医院坚持“一切以病人为中心，全心全意为病人服务”理念，优化服务细节，完善就医环境，加强预警监控、防止医疗事故，强化医院管理制度。1月，所有医技人员完成继续医学教育学分（25学分）并通过两年一次的医师考核；3月，校医院落实医疗安全预警制度。召开全院职工大会，就如何做好新学期医疗保障工作提出各项要求。校医院成立“医疗质量与医疗安全小组”，定期不定时对相关责任人进行检查和监督，以深挖细找医疗质量和安全各环节存在的安全隐患，及早发现医疗技术风险、加强预警监控、防止医疗事故，确保医疗安全制定本预警；4月，为适应高水平大学建设的需要，校医院开办为期4个月的专业英语听、说培训班，为培养高层次、高素质、懂外语的复合型医学人才奠定基础；5月，落实医务人员定期培训制度，不断提高医疗业务水平，以便及时应对突发状况，校医院坚持外聘三甲医院专家每月1次来院进行业务培训，真正提升医护人员的专业技能；8月，完成住院部墙壁粉刷和地面铺胶，全院感应式水龙头及厕所排水系统改造，并申购全自动血液分析仪；9月，完善医院信息化建设，完成医院信息化管理系统与办公平台的对接，教职工体检继续完善检查项目，运行良好；10月，开展健康教育知识讲座，为提高离退休人员和学生的卫生科普知识，增加健康意识及自救能力。校医院对离退休人员和学生开展急救知识、常见病、慢性病预防、艾滋病肺结核宣传等几方面的讲座。校医院在第47届运动会中获入场式队列优胜奖、教工组团队总分第四名，取得良好成绩。

（赵海鹏　李迎春）

【概况】2015年，华北电力大学医院共有职工37人（含在编24人，返聘2人，外聘11人），其中，正高职称1人，副高级职称8人，设12个临床及辅助科室，开设病床30张。医院全年完成门急诊58580人次（含发热1241人次，腹泻32人次），输液986人，肌肉注射576人次，外伤处置2598人次，理疗5196人次。发现并上报传染病82人次（含疑似结核病24例，水痘25例，流行性腮腺炎1例、感染性腹泻32例），院内住院患者51人次（其中疑似肺结核首诊留观24例、水痘24例、带状疱疹3例）。完成各种化验22590份，完成X线透视4205份，X线摄片5220人次，心电图检查3987人次，动态心电图检查76人次，动态血压监测60人次，彩超检查834人次，液态氮冷冻治疗305人次、黑光治疗844部位。完成各种预防接种3567人次（含师生预防免疫接种2989人次，社区儿童计划免疫接种102人次，外来务工人员476人次）；完成各类学生体检8227人次（含本科新生体检2994人次，研究生新生体检1474人次，推免研究生体检188人次，本科毕业生体检2071人次，研究生复试体检1500人次）；组织完成教工体检1746人次；为本科和研究生新生中149名结核菌素试验强阳性学生组织专场专家报告会，其中68名学生参加为期3个月的自愿预防用药；全年无疫情爆发和流行。完成约2994名本科新生15天的军训保健工作，完成大学运动会、老干部外出活动、研究生招生及英语四六级考试、大学自主招生等20次大型会议和活动的保健任务。开展健康教育讲座25场；组织结核病、艾滋病等传染病全校性宣传活动3次，发放宣传手册2000余份；本年度完成4143人次门诊转诊、444人次住院转诊和师生医疗费审核工作，医保信息上报458人次；师生无偿成分献血25次、捐献成份血（血小板）355份，一名学生成功捐献造血干细胞。

2015年，华北电力大学（保定）医院医务人员共41人，在编22人，返聘和外聘19人。其中正高职4人，副高职8人，中职9人。科室10个，床位40张。完成全校3000余名教职工、三个校区24700余名学生的医疗工作。全年完成门诊（内科、外科、口腔科、二校区医务室）67283人次，留观输液治疗1258人次，肌肉注射1434人次。小手术、外伤处置、清创缝合及换药612人次，急诊抢救及校内出诊34次，各类医学功能检查17982人次（心电图2597人次、胸透6200人次、DR胸片7200人次、造影6人次、彩超2055人次）及各类化验检查26376人次，全年未发生任何医疗纠纷和医疗事故。在预防保健方面，全年完成新生、研究生、毕业生各类体检10700人次（含新生本科体检、研究生新生体检、本科毕业生体检、研究生毕业体检、体训部参赛人员体检），离退休人员体检、45岁以上及35-45岁教职工体检1507人次、35岁以下教工体检及新职工入职体检389人次，女职工宫颈癌前病变筛查586人，对各类健康检查资料进行统计分析，针对性采取防范措施；妇保儿保267人次，儿童各类预防接种1000人次。学生大规模接种乙肝疫苗5950余人次，发现并全年网络直报并管理传染病人35例（含细菌性痢疾4人、肺结核6人、流行性腮腺炎1人、其他感染性腹泻2人、水痘15人、其他疾病7人），全年无重大疫情的流行和爆发。为新生发放艾滋病健康教育处方4323份，本科新生15天的军训保健工作，进行传染病预防、艾滋病知识普及、外科急救、心肺复苏等健康教育56学时，提高大学生自我保护和突发情况下自救及互救能力；定期对学校的食品卫生、环境卫生、饮用水等开展卫生监督、监测。在12月1日第28个世界艾滋病日，校医院举行主题为“合力抗艾，共担责任，共享未来”的宣传活动。

（赵海鹏 李迎春）

【传染病防控和急诊急救工作】 2015年，校医院重点加强心肺复苏培训演练和肺结核、艾滋病防控工作，规范处置多起院前急救，及时发现并处置各种传染病82例（其中肺结核24例、水痘25例、流行性腮腺炎1例、感染性腹泻32例），结核病预防用药68人。艾滋病防控和肺结核防控均获北京市昌平区先进单位，艾滋病防控工作在全国高校卫生工作年会上受到教育部体卫艺司巡视员廖文科的大会表扬。

（赵海鹏）

【购置160万元医疗设备】 2015年，落实教育部修购资金160万元，共购置血糖检测仪、尿沉渣分析仪、动脉硬化检测仪、胃幽门螺杆菌检测仪、眼科屈光检测仪、洗胃机等10余套大中型设备。

（赵海鹏）

【直属党支部换届工作完成】 2015年5月20日，校医院直属党支部召开全体党员大会，完成直属党支部换届工作。新一届支委分别为：刘晓峰、刘计荣、陈红艳。支委分工如下：刘晓峰担任直属党支部书记兼组织委员；刘计荣担任宣传委员兼青年委员；陈红艳担任纪检委员兼统战委员。

（赵海鹏）

【医院综合服务能力不断提升】 2015年，随着医院人才、设备建设再上新台阶，医院综合服务能力持续提升，全年门急诊量再创新高，达58580人次，较上年增长5.4%。“十二五”期间门急诊量增长29.2%，年均增长5.84%。

（赵海鹏）

【无偿献血工作开创佳绩】 2015年，学校大学生无偿献成分血（血小板）355份，较上年增长10.7%，居北京市高校前列；10月13日学校控制与计算机学院一名2015级研究生在海军总医院成功实施造血干细胞采集捐献，这是学校第二例、北京市第226例造血干细胞志愿者成功捐献，副校长孙忠权、北京昌平区副区长刘淑华、北京市红十字会副会长刘娜等前往慰问。

（赵海鹏）

【华北电力大学（保定）医院顺利通过基层医院检查评审】 2015年6月，保定市卫生局专家组对校医院进行医疗质量检查评审，其中包括院感、医疗质量、护理常规、医废管理、处方规范、急救药物管理等多方面工作进行督导检查，督导组对校医院管理给予充分肯定和高度评价，管理工作扎实、到位，设施完善，制度完善，医院感染管理水平明显提高，医疗质量与医疗安全工作组织健全，医护人员素质较高，校医院质量记分获166分（满分200分），在基层医院中名列前茅。校医院针对督导组指出的问题积极组织整改，加强各科室、各部门的能力建设，提高医院管理专业化、科学化和精细化水平。

（李迎春）

【华北电力大学（保定）医院获卫生科研论文一等奖】 2015年7月，校医院医生代表校医院参加全省高校组织的学校卫生科研论文评选活动，校医院医生论文获一等奖。

（李迎春）

【华北电力大学（保定）医院实行PDCA循环管理体系】 2015年，校医院成立医疗质量、医疗安全领导小组，实行PDCA循环管理体系，定期组织对医疗质量、医疗安全检查，杜绝安全隐患，降低医疗风险，医院质量管理持续改进和提高。

（李迎春）

【华北电力大学（保定）医院改善医疗环境】 2015年，校医院为不断满足患者日益增长的就医需求，提高患者看病的舒适度、满意度，重点完成住院部基本装修，其中墙壁、门窗粉刷和地面铺胶；全院水龙头感应式改造，厕所排水系统改造成脚踏式。申购更新设备全自动血液分析仪，使校医院设备先进化、检查准确化、就医舒适化、服务人性化。

（李迎春）

□ 规章制度建设

RULES AND REGULATIONS BUILDING

华北电力大学学术委员会章程

华电校科〔2015〕6号

第一章　总　则

第一条　为规范华北电力大学学术委员会的组织和行为，加强学术委员会建设，保障学术委员会在教学、科研等学术事务中有效发挥作用，根据《中华人民共和国高等教育法》和《高等学校学术委员会规程》等相关规定，制定本章程。

第二条　华北电力大学学术委员会（以下简称学术委员会）是校内最高学术机构，统筹行使学术事务的决策、审议、评定和咨询等职权。

第三条　学术委员会开展工作应坚持公平、公正、公开的原则，维护学校学术声誉，倡导学术自由、学术平等，鼓励学术创新，促进学术发展和人才培养，提高学术质量，促进学校科学发展。

第二章　组成规则

第四条　学术委员会由学校各学科、专业的教授及具有正高级以上专业技术职务的人员组成。对有突出学术成就的青年教师，可以适当降低对专业技术职务的要求。

第五条　学术委员会委员实行定额席位制，由各单位根据学校分配的名额选举产生，其中应有一定比例的青年教师。各单位的分配名额根据学校各学科、专业的教授及具有正高级以上专业技术职务的人员数，按照一定比例确定。

担任学校及职能部门党政领导职务的委员，不超过委员总人数的1/4；不担任党政领导职务及院系主要负责人的专任教授，不少于委员总人数的1/2。

各单位的分配名额及相关要求另行制定。

第六条　学术委员会可根据需要聘请校外专家、有关方面代表及有突出学术创建和潜力的学生，担任专门学术事项的特邀委员。特邀委员由校长、学术委员会主任委员或者1/3以上学术委员会委员提名，经学术委员会全体会议2/3以上委员同意后通过。

第七条　学术委员会委员应当具备以下条件：

（一）遵守宪法法律，学风端正、治学严谨、公道正派；

（二）学术造诣高，在本学科或者专业领域具有良好的学术声誉和公认的学术成果；

（三）关心学校建设和发展，有参与学术议事的意愿和能力，能够正常履行职责。

第八条　学术委员会委员由校长聘任。学术委员会委员每届任期为4年，委员连任不得超过两届，每届连任委员人数不应超过上届总人数的2/3。

第九条　学术委员会可根据工作需要设立专门委员会，具体承担相关职责和学术事务；各学院设置分学术委员会，负责本单位学术事务决策、审议、评定和咨询工作。

各专门委员会和分学术委员会根据相关规定、学术委员会的授权及各自章程开展工作，向学术委员会报告工作，接受学术委员会的指导和监督。

第十条　学术委员会设主任委员1名，副主任委员3名。主任委员由校长提名，经学术委员会全体会议选举产生；副主任委员由主任委员提名，经学术委员会全体会议选举产生。

第十一条　学术委员会设立秘书处，处理学术委员会的日常事务。秘书处设秘书长1名、副秘书长、秘书若干名。秘书长由学术委员会主任提名，并经学术委员会选举产生。学术委员会的运行经费，纳入学校预算安排。

第十二条　学术委员会委员的增补可由校长、学术委员会主任或者1/4以上校学术委员会委员共同提名，经学术委员会全体会议2/3以上委员同意后通过。

第十三条　学术委员会委员在任期内有下列情形，经学术委员会全体会议讨论决定，可免除或同意其辞去委员职务：

（一）主动申请辞去委员职务的；

（二）因身体、年龄、职务变动等原因不能履行职责的；

（三）怠于履行职责或者违反委员义务的；

（四）有违法、违反教师职业道德或者学术不端行为的；

（五）因其他原因不能或不宜担任委员职务的。

第三章　职责权限

第十四条　学术委员会委员享有以下权利：

（一）知悉与学术事务相关的学校各项管理制

度、信息等；

（二）就学术事务向学校相关职能部门提出咨询或质询；

（三）在学术委员会会议中自由、独立地发表意见，讨论、审议和表决各项决议；

（四）对学校学术事务及学术委员会工作提出建议、实施监督；

（五）学校章程或者学术委员会章程规定的其他权利。

特邀委员根据学校的规定，享有相应权利。

第十五条 学术委员会委员须履行以下义务：

（一）遵守国家宪法、法律和法规，遵守学术规范、恪守学术道德；

（二）遵守学术委员会章程，坚守学术专业判断，公正履行职责；

（三）勤勉尽职，积极参加学术委员会会议及有关活动；

（四）学校章程规定的其他义务。

对长期不能履行职责的委员，学术委员会酌情作出相应的处理决定。

第十六条 在学校下列事务决策前，应交由学术委员会或者其授权的学术组织进行审议：

（一）科学研究、对外学术交流合作等重大学术规划；

（二）学术机构设置方案，交叉学科、跨学科协同创新机制的建设方案；

（三）学术评价、争议处理规则，学术道德规范；

（四）学术委员会专门委员会组织规程，分学术委员会章程；

（五）学校认为需要提交审议的其他学术事务。

第十七条 学校实施以下事项，涉及对学术水平做出评价的，应交由学术委员会或者其授权的学术组织进行评定：

（一）学校科学研究成果和奖励，对外推荐科学研究成果奖；

（二）自主设立各类学术、科研基金、科研项目以及科研奖项等；

（三）需要评价学术水平的其他事项。

第十八条 学校做出下列决策前，应当通报学术委员会，由学术委员会提出咨询意见：

（一）制订与学术事务相关的全局性、重大发展规划和发展战略；

（二）学校预算决算中教学、科研经费的安排和分配及使用；

（三）教学、科研重大项目的申报及资金的分配使用；

（四）开展中外合作办学、赴境外办学，对外开展重大项目合作；

（五）学校认为需要听取学术委员会意见的其他事项。

学术委员会对上述事项提出明确不同意见的，学校相关部门须做出说明、重新协商研究或者暂缓执行。

第十九条 学术委员会按照有关规定及学校委托，受理有关学术不端行为的举报并进行调查，裁决学术纠纷。

学术委员会调查学术不端行为、裁决学术纠纷，应当组织具有权威性和中立性的专家组，从学术角度独立调查取证，客观公正地进行调查认定。专家组的认定结论，当事人有异议的，学术委员会应当组织复议，必要的可以举行听证。

对违反学术道德的行为，学术委员会可以依职权直接撤销或者建议相关部门撤销当事人相应的学术称号、学术待遇，并可以同时向学校、相关部门提出处理建议。

第四章 议事规则

第二十条 学术委员会每学期至少召开 1 次全体会议，根据工作需要，经学术委员会主任委员或者校长提议，或者 1/3 以上委员联名提议，可以临时召开学术委员会全体会议，商讨、决定相关事项。

学术委员一般不得缺席会议，因故不能出席的，须向主任委员说明原因，并在秘书处备案。不得委托他人参加会议。

第二十一条 学术委员会可以授权专门委员会处理专项学术事务，履行相应职责。

第二十二条 学术委员会主任委员负责召集和主持学术委员会会议，必要时可以委托副主任委员召集和主持会议。学术委员会委员全体会议应有 2/3 以上委员出席方可举行。

学术委员会全体会议须提前确定议题并通知与会委员。经与会 1/3 以上委员同意，可以临时增加议题。

第二十三条 学术委员会议事决策实行少数服从多数的原则，重大事项须以与会委员的 2/3 以上同意，方可通过。

学术委员会会议审议决定或者评定的事项，一般以无记名投票方式做出决定；也可以根据事项性质，采取实名投票方式。

第二十四条 学术委员会审议或者评定的事项与委员本人及其配偶和直系亲属有关，或者具有利益关联的，相关委员须回避。

第二十五条 学术委员会会议可以根据议题，设立旁听席，允许学校相关职能部门、教师及学生代表列席旁听。

第二十六条 学术委员会形成的决定，如无涉密内容，即以书面文件形式在学校网站予以公布。通过网站公布的决议须同时保留内容一致的纸质文本并存档备查。

第二十七条 对学术委员会做出的决定如有异议，在一周之内经 1/3 以上委员同意，可召开全体会议复议。经复议的决定为终局结论。

第二十八条 学术委员会实行年度报告制度，每年度对学校整体的学术水平、学科发展、人才培养质量等进行全面评价，提出意见、建议；对学术委员会的运行及履行职责的情况进行总结。

学术委员会年度报告须提交教职工代表大会审议，有关意见、建议的采纳情况，由校长做出相应说明。

第五章 附 则

第二十九条 本章程的修订须由校长、主任委员或学术委员会 1/3 以上委员提议，经学术委员会全体会议审议通过后，由学校发布实施。

第三十条 本章程由学术委员会负责解释。

第三十一条 本章程自公布之日起施行。

2015 年 3 月 31 日

华北电力大学发展党员工作办法

华电党组〔2015〕14 号

发展党员工作是党的建设一项经常性重要工作，发展党员工作应当贯彻党的基本理论、基本路线、基本纲领、基本经验、基本要求，按照控制总量、优化结构、提高质量、发挥作用的总要求，坚持党章规定的党员标准，始终把政治标准放在首位；坚持慎重发展、均衡发展，有领导、有计划地进行；坚持入党自愿原则和个别吸收原则，成熟一个，发展一个。禁止突击发展，反对“关门主义”。

一、入党积极分子的确定和培养教育

（一）入党教育引导

各基层党组织要通过宣传党的政治主张和深入细致的思想政治工作，提高党外群众对党的认识，不断扩大积极分子队伍。

（二）接收入党申请书并派人谈话

年满 18 周岁的中国公民，承认党的纲领和章程，愿意参加党的一个组织并在其中积极工作、执行党的决议和按期交纳党费的，可以申请加入中国共产党。

入党申请人应当向工作、学习所在单位党支部提出书面申请。内容一般包括：对党的认识和入党动机；本人的政治信念、成长经历和思想、工作、学习等方面的情况；应如何积极争取加入党组织，表达自己要求入党的决心和今后工作、学习、生活等方面的打算等。入党申请书一般应由本人书写。

党支部收到入党申请书一个月内，由支部书记或指派支部委员同申请人谈话，介绍党的基本知识，说明入党的条件、要求、程序等，同时对其年龄、入党动机和其他情况进行了解。同时，建立入党申请人档案，及时将入党申请书、思想汇报等有关材料归档。

（三）确定入党积极分子

在学生入党申请人中确定入党积极分子，一般应采取团组织推优的方式产生人选，在教工入党申请人中确定入党积极分子，一般应采取党员推荐方式产生人选。经支部委员会（不设支部委员会的由支部大会，下同）研究，最终确定入党积极分子，并通过多种形式进行公示（时间不少于五天），无异议后，报基层党委备案。党总支、直属党支部报校党委组织部备案。

团组织推优工作的具体步骤是：团支部召开团员大会，介绍申请入党的团员情况，团员进行民主评议，提出推荐对象；团支部委员会在对推荐对象进行认真考察的基础上，讨论确定推荐名单，报基层团委审定，不设基层团委的，报团总支审议后，上报校团委审定；基层团委（或校团委）进一步考察审核后向党支部推荐。

党员推荐的具体步骤是：党支部召开党员大会，介绍申请入党的教工情况，党员提出推荐对象，经集体讨论后，确定人选。

基层团委（或校团委、党员推荐人）、党支部和基层党委应将是否同意的意见分别填入《入党积极分子培养考察表》（参考模板 1）中“确定为入党积极分子”一栏。党总支、直属党支部填写意见后报校党委组织部。

（四）指定培养联系人

党支部应指定一至两名正式党员做入党积极分子的培养联系人。培养联系人一般由经过一定时间党内生活锻炼、能够用党员标准严格要求自己、先锋模范作用发挥得比较好的正式党员担任。

培养联系人的主要任务是：

1. 向入党积极分子介绍党的基本知识；

2. 了解入党积极分子的政治觉悟、道德品质、现实表现和家庭情况等，做好培养教育工作，引导入党积极分子端正入党动机；

3. 及时向党支部汇报入党积极分子情况；

4. 向党支部提出能否将入党积极分子列为发展对象的意见。

（五）培养、教育入党积极分子

党支部应采取吸收入党积极分子听党课、参加党内有关活动，给他们分配一定的社会工作以及集中培训等方法，对入党积极分子进行马克思列宁主义、毛泽东思想和中国特色社会主义理论体系教育，党的路线、方针、政策和党的基本知识教育，党的历史和优良传统、作风教育以及社会主义核心价值观教育，使他们懂得党的性质、纲领、宗旨、组织原则和纪律，懂得党员的义务和权利，帮助他们端正入党动机，确立为共产主义事业奋斗终身的信念。

（六）考察入党积极分子

入党积极分子要经常向党支部汇报思想，一般以书面形式每季度汇报一次。

培养联系人定期与入党积极分子进行谈话，形成书面考察意见，并填写《入党积极分子培养考察表》（参考模板 1）。

党支部每半年对入党积极分子进行一次考察，重点考察他们的政治立场、思想觉悟、入党动机、学习工作表现、组织纪律观念、群众观念，本人的历史、家庭主要成员和与其关系密切的主要社会关系情况，形成书面意见，并填写《入党积极分子培养考察表》（参考模板 1）。

基层党委每年对入党积极分子队伍状况作一次分析。针对存在的问题，采取改进措施。

（七）建立入党积极分子档案

在入党申请人档案基础上，党支部要指导入党积极分子填写《入党积极分子培养考察表》（参考模板 1），并及时归档，建立入党积极分子档案。

入党积极分子因毕业、工作调动等原因离开原基层党委（党总支、直属党支部）时，原基层党委（党总支、直属党支部）应当及时将入党积极分子档案材料封好交给积极分子本人，由本人转交所去单位党组织。

入党积极分子因入学、工作调动等原因转入基层党委（党总支、直属党支部）时，基层党委（党总支、直属党支部）应当对积极分子有关材料进行认真审查，程序规范、材料齐全的可认定其入党积极分子身份，并接续做好培养教育工作。培养教育时间可连续计算。

二、发展对象的确定和考察

（八）确定发展对象

对经过一年以上培养教育和考察、基本具备党员条件的入党积极分子，在听取党小组、培养联系人、党员和群众意见的基础上，支部委员会讨论同意，并通过多种形式进行公示（时间不少于五天），无异议后报基层党委备案，可列为发展对象。党总支、直属党支部报校党委组织部备案。

培养联系人、党支部和基层党委应将意见分别填入《入党积极分子培养考察表》（参考模板 1）中“确定为发展对象”一栏。党总支、直属党支部填写意见后报校党委组织部。

听取党员和群众意见可采取在党内、外分别召开座谈会（每个不少于 8 人）或个别访谈等方式广泛听取意见，形成《征求党员、群众意见情况》（参考模板 2）。对于学生入党积极分子还应当听取导师、辅导员、班主任等的意见。

（九）确定入党介绍人

党支部确定两名正式党员作为发展对象的入党介绍人。入党介绍人一般由培养联系人担任，也可由党支部指定。受留党察看处分、尚未恢复党员权利的党员，不能做入党介绍人。

入党介绍人的主要任务是：

1. 向发展对象解释党的纲领、章程，说明党员的条件、义务和权利；

2. 认真了解发展对象的入党动机、政治觉悟、道德品质、工作经历、现实表现等情况，如实向党组织汇报；

3. 指导发展对象填写《中国共产党入党志愿书》（以下简称《入党志愿书》），并认真填写自己的意见；

4. 向支部大会负责地介绍发展对象的情况；

5. 发展对象批准为预备党员后，继续对其进行教育帮助。

（十）对发展对象进行政治审查

党支部必须对发展对象进行政治审查。

政治审查的主要内容：发展对象对党的理论和路线、方针、政策的态度；政治历史和在重大政治斗争中的表现；遵纪守法和遵守社会公德情况；直系亲属和与本人关系密切的主要社会关系的政治情况。

政治审查的基本方法：同本人谈话、查阅有关档案材料、找有关单位和人员了解情况以及必要的函调或外调。对流动人员中的发展对象进行政治审查时，还应当征求其户籍所在地和居住地基层党组织的意见。函调或外调及反馈材料一般应由基层党组织出具，并经基层党委审核盖章。党总支、直属党支部由校党委组织部盖章。

政治审查必须严肃认真、实事求是，注重本人的一贯表现。政治审查需形成《入党政审函调表》（参考模板3）、《关于 ××× 的政治审查报告》（参考模板4）等材料。凡是未经政治审查或政治审查不合格的，不能发展入党。

（十一）对发展对象进行短期集中培训

安排发展对象参加党校组织的短期集中培训，时间一般不少于三天（或不少于二十四个学时）。培训时主要学习党章、《关于党内政治生活的若干准则》等文件。培训合格者发放发展对象培训班结业证书，有效期为两年。

未经培训的，除个别特殊情况外，不能发展入党。

三、预备党员的接收

（十二）支部委员会审查并集体讨论

支部委员会应对发展对象的入党材料进行整理和审查，装入档案袋，经集体讨论认为合格的，将发展对象的有关材料报基层党委（党总支、直属党支部）预审。

发展对象材料应包括：

1. 入党申请书
2. 思想汇报
3.《入党积极分子培养考察表》
4.《征求党员、群众意见情况》
5. 入党积极分子培训班结业证书和发展对象培训班结业证书
6. 政治审查材料（包括《入党政审函调表》、《关于 ××× 的政治审查报告》等相关材料）

（十三）对拟接收预备党员进行公示

在召开接收预备党员的支部大会前，基层党委（党总支、直属党支部）应将发展对象的有关情况通过公开栏、电子显示栏或校内网站等方式进行公示，以听取各方面意见，公示期为5个工作日。公示模板参见《关于拟接收 ××× 为中共预备党员的公示书》（参考模板5）。

对公示期内接到的反映，党组织要进行调查核实，问题性质比较严重、一时难以查实但又不能轻易否定的，暂缓发展；经核实问题严重的，不予发展。

（十四）基层党委预审

基层党委（党总支、直属党支部）对发展对象的条件、培养教育情况等全套材料进行审查，根据需要听取执纪执法等相关部门的意见。

（十五）报校党委组织部审查并发放《入党志愿书》

基层党委（党总支、直属党支部）预审通过后，填写《关于领取入党志愿书的申请》（参考模板6），连同发展对象材料一并报校党委组织部审查。审查合格的，发放《入党志愿书》。

发展对象在党支部书记和入党介绍人的指导下，填写《入党志愿书》，《入党志愿书》各项内容不得随意涂改。参见《〈中国共产党入党志愿书〉填写规范》（参考模板7）。

发展对象未来三个月内将离开工作、学习单位的，一般不办理接收预备党员的手续。

（十六）召开支部大会讨论接收预备党员

经党委预审合格的发展对象，由支部委员会提交支部大会讨论。

召开讨论接收预备党员的支部大会，有表决权的正式党员到会人数必须超过应到会有表决权正式党员人数的五分之四。上级党组织要指派党委委员或组织员到会，进行业务上的指导。

支部大会讨论接收预备党员的主要程序是：

1. 发展对象汇报对党的认识、入党动机、本人履历、家庭和主要社会关系情况，以及需向党组织说明的问题；

2. 入党介绍人介绍发展对象有关情况，并对其能否入党表明意见；

3. 支部委员会报告对发展对象的审查情况；

4. 与会党员对发展对象能否入党进行充分讨论，并采取无记名投票方式进行表决。赞成人数超过应到会有表决权的正式党员的半数，才能通过接收预备党员的决议。因故不能到会的有表决权的正式党员，在支部大会召开前正式向党支部提出书面意见的，应当统计在票数内。

支部大会讨论两个以上的发展对象入党时，必须逐个讨论和表决。参见《入党介绍人意见》（参考模板 8）、《接收预备党员 \ 预备党员转正表决票》（参考模板 9）、《接收预备党员 \ 预备党员转正票决情况汇总表》（参考模板 10）。

（十七）填写支部大会决议、将有关材料报党委

党支部应当及时将支部大会决议写入《入党志愿书》，连同发展对象全套材料，报基层党委（党总支、直属党支部）。

支部大会决议主要包括：发展对象的主要表现和公示情况；应到会和实际到会有表决权的党员人数；表决结果；通过决议的日期；支部书记签名。参见《支部大会通过接收申请人为预备党员的决议》（参考模板 11）。

（十八）党委委员或组织员与发展对象谈话

基层党委审批前，应当指派党委委员或组织员同发展对象谈话，作进一步的了解，并帮助发展对象提高对党的认识。谈话人应当将谈话情况和自己对发展对象能否入党的意见，如实填写在《入党志愿书》上，并向基层党委汇报。具体参见《上级党组织指派专人进行谈话情况和对申请人入党的意见》（参考模板 12）。

党总支、直属党支部应指派本单位的校党委委员或组织员，本单位无校党委委员或组织员的，由校党委组织部负责安排谈话人员。

（十九）党委审批

预备党员必须由党委审批。

基层党委审批预备党员，必须集体讨论和表决。主要审议发展对象是否具备党员条件、入党手续是否完备。发展对象符合党员条件、入党手续完备的，批准其为预备党员。将审批意见写入《入党志愿书》，注明预备期的起止时间。党委会审批两个以上的发展对象入党时，应当逐个审议和表决。

基层党委对党支部上报的接收预备党员的决议，应当在三个月内审批。如遇特殊情况可适当延长审批时间，但不得超过六个月。

党总支、直属党支部不能审批预备党员，但应当对支部大会通过接收的预备党员进行审议。审议通过后，应及时将《预备党员备案名册》（参考模板 13）和《入党志愿书》报校党委组织部，由校党委审批。

（二十）通知审批结果

党委审批结果应当及时通知报批的党支部。党支部应当及时通知本人并在党员大会上宣布。对未被批准入党的，应当通知党支部和本人，做好思想工作。

（二十一）报上级党委组织部门备案

基层党委审批预备党员后一周内，应填写《预备党员备案名册》（参考模板 13），报校党委组织部备案。由校党委审批的，报上级党委组织部门备案。

（二十二）预备党员材料存档

预备党员审批后，党委将《入党志愿书》返还至预备党员所在党支部，由党支部负责将其与其他入党材料一并存档。

四、预备党员教育、考察和转正

（二十三）将预备党员编入党支部

党组织应当及时将党委批准的预备党员编入党支部。对预备党员继续进行教育和考察。

（二十四）举行入党宣誓仪式

基层党委审批通过后，一个月内，基层党委或党支部（党总支）组织入党宣誓仪式，预备党员面向党旗进行入党宣誓。

（二十五）预备期内的教育和考察

党支部应当通过党的组织生活、听取本人汇报、个别谈心、集中培训、实践锻炼等方式，对预备党员进行教育和考察。一般应由预备党员的入党介绍人继续担负教育考察的责任。入党介绍人、党支部分别将教育考察情况写入《预备党员教育考察情况表》（参考模板 14），发现问题要及时同本人谈话。

（二十六）接收转正申请、征求意见并审查

预备党员的预备期为一年。预备期从支部大会通过其为预备党员之日算起。预备期满前，预备党员应主动向党支部递交转为正式党员的书面申请，内容一般包括：何时被批准为预备党员，何时预备期满，在预备期内履行党员义务的情况和主要优缺点，要求转正的意愿和今后的努力方向。

对于预备党员能否转正，党支部要及时进行研究，听取入党介绍人、党员和群众的意见，支部委员会审查。

（二十七）对拟转正预备党员进行公示

在召开讨论预备党员转正的支部大会前，基层党委（党总支、直属党支部）应将拟转正预备党员的有关情况通过公开栏、电子显示栏或校内网站等方式进行公示，以听取各方面意见，公示期为 5 个工作日。具体参见《关于拟同意 ××× 同志转为中共正式党员的公示书》（参考模板 15）。

对公示期内接到的反映，党组织要进行调查核实，问题性质比较严重、一时难以查实但又不能轻易否定的，暂缓转正；经核实问题严重的，不予转正，并取消其预备党员资格。

（二十八）召开讨论预备党员转正的支部大会

党支部应在预备党员预备期满一个月内召开支部大会，讨论其能否转为正式党员，不得无故提前或拖延。认真履行党员义务、具备党员条件的，应当按期转为正式党员；需要继续考察和教育的，可以延长一次预备期，延长时间不能少于半年，最长不超过一年；不履行党员义务、不具备党员条件的，应当取消其预备党员资格。

支部大会讨论预备党员转正的主要程序是：

1. 预备党员汇报一年来各方面的情况，特别是针对党支部接收预备党员大会上党员的意见进行改进的情况；

2. 与会党员对预备党员能否转正进行充分讨论，并采取无记名投票方式进行表决。

讨论预备党员转正的支部大会，对到会人数、赞成人数等要求与讨论接收预备党员的支部大会相同。

预备党员违犯党纪，情节较轻，尚可保留预备党员资格的，应当对其进行批评教育或延长预备期；情节较重的，应当取消其预备党员资格。

预备党员转为正式党员、延长预备期或取消预备党员资格，应当经支部大会讨论通过和上级党组织批准。

党支部应当及时将支部大会决议填写在《入党志愿书》上。

具体参见《接收预备党员\预备党员转正表决票》（参考模板 9）、《接收预备党员\预备党员转正票决情况汇总表》（参考模板 10）、《支部大会通过预备党员能否转为正式党员的决议》（参考模板 16）。

（二十九）预备党员转正审批

党支部应当及时将《入党志愿书》、《预备党员教育考察情况表》、转正申请书报基层党委审批。对延长预备期或取消预备党员资格的情况，提交相关说明材料。

基层党委对党支部上报的预备党员转正的决议，应当在三个月内审批。审批后一周内，填写《预备党员转正备案名册》（参考模板 17），报校党委组织部备案。

党总支、直属党支部不能对预备党员转正进行审批，但应当对支部大会通过预备党员转正的情况进行审议。审议通过后，及时将《预备党员转正备案名册》（参考模板 17）、《预备党员教育考察情况表》《入党志愿书》、和转正申请书报校党委组织部，由校党委审批。

预备期未满的预备党员因毕业、工作调动等原因离开原基层党委（党总支、直属党支部）时，原基层党委（党总支、直属党支部）应当及时将其党员档案、预备期间教育考察情况等转入接收单位党组织。

预备期未满的预备党员因入学、工作调动等原因转入我校基层党委（党总支、直属党支部）时，基层党委（党总支、直属党支部）应当对转入的预备党员的入党材料进行严格审查，对无法认定的预备党员，应及时报校党委审定。

基层党组织对转入的预备党员，在其预备期满时，如认为有必要，可推迟讨论其转正问题，推迟时间不超过六个月。转为正式党员的，其转正时间自预备期满之日算起。

（三十）通知审批结果

党委审批结果应当及时通知党支部。党支部书记应当同本人谈话，并将审批结果在党员大会上宣布。

党员的党龄，从预备期满转为正式党员之日算起。

（三十一）正式党员档案保存

预备党员转正后，党支部应当及时将其《入党志愿书》、入党申请书、思想汇报、《入党积极分子培养考察表》、入党积极分子培训班结业证书和发展对象培训班结业证书原件或复印件、《征求党员、群众意见情况》、政治审查材料、《预备党员教育考察情况表》、转正申请书在内的党员材料存入本人档案。教工党员材料由校党委组织部送交人事处存档；学生党员材料由其所在基层党委（党总支、直属党支部）负责保存。

五、发展党员工作的领导和纪律

各级党委应当把发展党员工作列入重要议事日程，纳入党建工作责任制，作为党建工作述职、评议、考核和党务公开的重要内容。重视对组织员的选拔、配备和培训，充分发挥他们在发展党员工作中的作用。

落实发展党员工作责任制，明确各责任主体职责。各级党委负有领导责任，党委组织部门负有指导责任，基层党组织负有主体责任，培养联系人和入党介绍人负有直接责任。

各级党组织对发展党员工作中出现的违纪违规问题和不正之风，应当严肃查处。对不坚持标准、不履行程序、超过审批时限和培养考察失职、审查把关不严的党组织及其负责人、直接责任人应当进行批评教育，情节严重的给予纪律处分。典型案例应当及时通报，对违反规定吸收入党的，一律不予承认，并在支部大会上公布。

对采取弄虚作假或其他手段把不符合党员条件的人发展为党员，或为非党员出具党员身份证明的，应当依纪依法严肃处理。

六、附　则

本办法由党委组织部负责解释。

本办法自发布之日起施行。《华北电力大学发展党员工作程序（试行）》（华电党组〔2013〕8号）同时废止。

2015年5月13日

华北电力大学科学技术协会章程

华电校科〔2015〕12号

第一章　总　则

第一条　华北电力大学科学技术协会（以下简称华北电力大学科协），是由华北电力大学科技工作者自愿组成的科技工作者的群众团体，是华北电力大学党委和行政领导联系华北电力大学科技工作者的桥梁和纽带，是推动高校科技工作和社会发展的重要力量。

第二条　华北电力大学科协的宗旨：以科学发展观为指导，坚持科教兴国、人才强国和创新驱动发展战略，以提升能力建设为保障，以服务科技创新为重点，为学校教育事业和科技工作服务，促进学校与社会、科研与生产、科技与经济的结合。团结全校科技工作者，遵守法律法规，遵守学术道德规范，弘扬社会道德风尚，秉承"团结、勤奋、求实、创新"的校训，加强对科学技术的普及与推广，推动科学技术的繁荣与发展，促进科技人才的成长与提高，加速科技成果转化，为学校建设高水平大学做贡献。

第三条　华北电力大学科协是北京市科学技术协会的基层组织，承认《中国科学技术协会章程》及《北京市科学技术协会实施"中国科学技术协会章程"细则》，接受北京市科协业务指导，贯彻国家和北京市科学技术工作方针，弘扬"尊重知识、尊重人才"的风尚，倡导"献身、创新、求实、协作"的精神。坚持独立自主、民主办会的原则和"百花齐放、百家争鸣"的方针。

第四条　华北电力大学科协遵守国家法律和有关规定，按照本章程独立自主地开展工作。

第二章　任　务

第五条　华北电力大学科协的主要任务：

（一）推动学术交流与合作。积极组织跨院系、跨学科、跨领域的学术交流活动，加强与其他高校、科研机构、企业、地方政府及民间学术团体的交流合作，积极拓宽国际学术交流渠道，引导科技工作者聚焦国家战略需求和经济社会发展难点热点问题，组织开展决策咨询，促进科技成果转化；

（二）开展科学技术普及活动。贯彻《全民科学素质行动计划纲要》，组织师生参加各项科技普及活动。整合大学生科普志愿者、学生科协等力量，深入社区、企业、农村、学校开展科普服务；

（三）举荐和培养优秀科技人才。加强科技人才队伍建设，鼓励老同志发挥"传、帮、带"作用，激励年轻人快速成长。支持科技工作者加入学术团体，举荐优秀科技人才参加科技奖项的评选表彰。及时反映学校科技工作者的建议、意见和诉求；

（四）加强科学道德和学风建设宣传教育。面向广大教师和学生，组织开展科学道德和学风建设宣传教育活动，强化诚信意识和社会责任，弘扬高尚的科学道德，营造健康和谐的科研环境；

（五）指导学生科技实践活动。指导大学生科协、研究生科协开展活动，鼓励和引导学生崇尚科学，支持和组织在校生参加课外学术科技活动，指导学生参与科研工作，提升学生科技素质，培养科技后备力量；

（六）完成学校领导和北京市科协交办的其他任务。

第三章　会　员

第六条　凡拥护党的路线、方针和政策，承认并遵守本章程，并符合以下条件之一者，由本人申请，经华北电力大学科协审核并批准，即可发展为会员。

（一）凡在学校工作的中国科协或市科协所属学

会、协会、研究会的会员，即为本会会员；

（二）具有专业技术职务或具有一年以上工作经历的在职教职工，本人自愿，可申请成为本会会员。品学兼优的在校大学生经申请可加入本会；

（三）各院系建立的科协组织和大学生科协为本会团体会员。

第七条 会员的权利和义务：

会员权利：

（一）有选举权和被选举权；

（二）对北京华北电力大学科技工作有建议权和批评权；

（三）优先参加华北电力大学科协举办的各种活动和取得相关资料；

（四）当合法权益受到侵犯时，有权要求华北电力大学科协帮助申诉和给予维护。

会员义务：

（五）遵守本章程，执行决议；

（六）关心华北电力大学科协各项建设，积极完成科协交办的任务；

（七）积极参加华北电力大学科协组织的各项活动；

（八）向华北电力大学科协反映情况，提供相关材料。

第八条 会员有退会的自由，由本人提出申请，经华北电力大学科协委员会确认，即可退会。若触犯刑律或严重违反华北电力大学规定、本章程，长期不履行义务、破坏或损害科协名誉的，经华北电力大学科协委员会决定，取消其会员资格。

第九条 会员因工作变动，离开本单位，其会员资格自动取消，会员退休后，其会员资格保留一年。

第四章 组织机构

第十条 华北电力大学科协实行民主办会。华北电力大学科协会员代表大会是华北电力人学科协的最高权力机构，经它选举产生的华北电力大学科协委员会是华北电力大学科协的领导机构。

第十一条 华北电力大学科协会员代表大会每四年举行一次，由华北电力大学科协委员会召集。在特殊情况下，可以提前或延期举行。

第十二条 华北电力大学科协会员代表大会的名额和产生办法由会员代表大会决定。

第十三条 华北电力大学科协会员代表大会的职责：

（一）制定华北电力大学科协的工作方针和任务；

（二）审议和批准华北电力大学科协委员会的工作报告；

（三）制定和修改本章程；

（四）选举华北电力大学科协委员会委员；

（五）决定其他重大事项。

第十四条 在会员代表大会闭会期间，科协委员会负责领导华北电力大学科协工作，其职能是：

（一）执行科协会员代表大会的决议；

（二）选举华北电力大学科协主席、副主席；根据主席提名，讨论通过秘书长人选；

（三）制定科协工作计划，审议工作总结；

（四）组织学校科技人员开展各种活动；

（五）筹备组织召开下届华北电力大学科协会员代表大会。

第十五条 华北电力大学科协设主席 1 名、副主席若干名、秘书长 1 名，委员若干人。

第十六条 华北电力大学科协委员会下设秘书处，秘书处挂靠在科学技术研究院，在秘书长的领导下负责具体科协日常工作。

第五章 经 费

第十七条 经费来源：

（一）华北电力大学划拨专项活动经费；

（二）华北电力大学科协各种科技服务活动收入；

（三）社会或个人捐赠、资助；

（四）其他收入。

第十八条 华北电力大学科协将严格执行国家的有关法律法规，执行华北电力大学有关财务规章制度。

第六章 附 则

第十九条 本章程自印发之日起施行。

第二十条 本章程由华北电力大学科学技术协会负责解释。

2015 年 7 月 15

华北电力大学公文处理办法

华电校〔2015〕9号

第一章　总则

第一条　为适应学校党政机关工作需要，切实推进学校公文处理工作科学化、制度化、规范化，根据《党政机关公文处理工作条例》《教育部公文处理规定》《北京市党政机关公文处理办法》《华北电力大学章程》等文件精神，结合学校实际，制定本办法。

第二条　本办法适用于学校一级的公文处理工作。

第三条　学校公文，是学校党政机关实施领导、履行职能、处理公务的具有特定效力和规范体式的文书，是传达贯彻党和国家的方针政策、推进依法治校和开展校务活动的重要工具。

第四条　公文处理工作是指发文办理、收文办理、公文管理等一系列相互关联、衔接有序的工作。

第五条　公文处理工作应当坚持实事求是、准确规范、精简高效、安全保密的原则。

第六条　学校各单位要高度重视公文处理工作，加强组织领导，强化队伍建设，指定专人负责。

第七条　党委办公室校长办公室（以下简称党办校办）主管学校党政机关公文处理工作，并对学校各单位的公文处理工作进行业务指导和督促检查。

第二章　公文种类

第八条　学校公文种类主要有：

（一）决议。适用于会议讨论通过的重大决策事项。

（二）决定。适用于对学校重要事项作出决策和部署、奖惩有关单位和人员、变更或者撤销学校各单位不适当的决定事项。

（三）公告。适用于向校内外宣布重要事项或者法定事项。

（四）通告。适用于在一定范围内公布应当遵守或者周知的事项。

（五）意见。适用于对重要问题提出见解和处理办法。

（六）通知。适用于发布、传达要求学校各单位执行和有关单位周知或者执行的事项，批转、转发公文。

（七）通报。适用于学校表彰先进、批评错误、传达重要精神和告知重要情况。

（八）报告。适用于向上级机关汇报工作、反映情况，回复上级机关的询问。

（九）请示。适用于向上级机关请求指示、批准。

（十）批复。适用于答复学校各单位请示事项。

（十一）议案。适用于按照有关规定向学校党员代表大会、教职工代表大会等重要会议提请审议事项。

（十二）函。适用于不相隶属单位之间商洽工作、询问和答复问题、请求批准和答复审批事项。

（十三）纪要。适用于记载、传达会议主要情况和议定事项。

第九条　章程、规则、规定、办法、意见、细则、规程、规范、准则、制度等作为各项规章制度的专属名称，按照《华北电力大学规章制度管理办法》的有关规定使用，一般以“通知”的形式印发。

第十条　在公文处理工作中，应综合考虑学校的职能权限和层级规格、相互间的隶属关系和行文方向、公文的行文目的和公文内容、文种的功能属性和适用对象等，正确使用文种。

第三章　公文格式

第十一条　公文一般由份号、密级和保密期限、紧急程度、发文机关标志、发文字号、签发人、标题、主送机关、正文、附件说明、发文机关署名、成文日期、印章、附注、附件、印发机关和印发日期、页码等组成。

（一）份号。公文印制份数的顺序号。涉密公文应当标注份号。

（二）密级和保密期限。公文的秘密等级和保密的期限。涉密公文应当根据涉密程度分别标注“绝密”、“机密”、“秘密”和保密期限。

（三）紧急程度。公文送达和办理的时限要求。根据紧急程度，紧急公文应当分别标注“特急”、“加急”。

（四）发文机关标志。由发文机关全称或者规范化简称加“文件”二字组成，也可使用发文机关全称或者规范化简称。

（五）发文字号。由学校代字、主办部门代字、年份、发文顺序号组成。

（六）签发人。上行文应当标注签发人姓名。

（七）标题。上行文、平行文、外送下行文的标题由发文机关名称、事由和文种组成。校内下行文标题原则上可以省略发文机关标志。

（八）主送机关。公文的主要受理机关，应当使用机关全称、规范化简称或者同类型机关统称。其中，面向全校党组织的下行文，主送机关应为“直属各党委（党总支、党支部）；面向全校行政单位的下行文，主送机关应为“校直各单位”。

（九）正文。公文的主体，用来表述公文的内容。

（十）附件说明。公文附件的顺序号和名称。

（十一）发文机关署名。署发文机关全称或者规范化简称。

（十二）成文日期。署学校领导签发的日期。

（十三）印章。公文中有发文机关署名的，应当加盖发文机关印章，并与署名机关相符。

（十四）附注。公文印发传达范围等需要说明的事项。

（十五）附件。公文正文的说明、补充或者参考资料。

（十六）印发机关和印发日期。公文的送印机关和送印日期。

（十七）页码。公文页数顺序号。

第十二条 学校公文的版式按照《党政机关公文格式》国家标准执行。

第四章 行文规则

第十三条 行文应当确有必要，讲求实效，注重针对性和可操作性。

严格控制发文数量。凡国家法律法规和党内法规已作出明确规定的，一律不再制发文件；现行文件规定仍然适用的，不再重复发文；没有实质内容、可发可不发的，一律不发。

严格规范发文规格。属于学校党政机关职权范围内的工作严格按部门的发文字号行文；党办校办根据学校授权可以向上级机关、外单位和校内各单位行文，能以党办、校办名义行文的，不以党委、行政名义行文；联合行文的，原则上按主办部门的发文字号行文。

第十四条 属于学校党委职权范围内的工作，以党委名义行文；属于学校行政职权范围内的工作，以行政名义行文；学校公文版头的主要形式和适用范围为：

（一）文件格式

中共华北电力大学委员会：属学校党委文件，为上行文、平行文公文版头。其中上行文、平行文编“华电党〔公元年份〕×号”或者“华电党×〔公元年份〕×号”。适用于向上级党组织请示、报告工作，就有关事项与同级党组织或外单位党组织商洽工作、征询意见、进行答复等。

中共华北电力大学委员会文件：属学校党委文件，为下行文公文版头。编“华电党〔公元年份〕×号”或者“华电党×〔公元年份〕×号”。适用于学校党委职权范围内的传达、贯彻、决定、部署、周知的事项，答复直属各党委（党总支、党支部）的请示等。

华北电力大学：属学校行政文件，为上行文、平行文公文版头。其中上行文、平行文编“华电校〔公元年份〕×号”或者“华电校×〔公元年份〕×号”（个别专用字号除外）。适用于向上级行政机关请示、报告工作，就有关事项与兄弟院校以及外单位商洽工作、征询意见、进行答复等。

华北电力大学文件：属学校行政文件，为下行文公文版头。编“华电校〔公元年份〕×号”或者“华电校×〔公元年份〕×号”（个别专用字号除外）。适用于学校行政管理工作范围内的传达、贯彻、决定、部署、周知的事项，答复基层单位的请示等。

华北电力大学党委办公室、华北电力大学校长办公室：属党办校办文件，为上行文、平行文公文版头。编“华电党办发〔公元年份〕×号”、“华电校办发〔公元年份〕×号”。适用于以党办或校办名义向上级部门、外单位办公厅（室）以及其他同级单位之间商洽工作、征询意见、进行答复等事项。

华北电力大学党委办公室文件、华北电力大学校长办公室文件：属党办校办文件，为下行文公文版头。编“华电党办发〔公元年份〕×号”、“华电校办发〔公元年份〕×号”。适用于落实、部署学校党委、行政中心工作，印发或转发由职能部门拟定的在全校推进工作或周知事项的通知等。

（二）信函格式。属学校函件，编“华电×函〔公元年份〕×号”。使用发文机关全称或规范化简称，如“中共华北电力大学委员会”、“华北电力大学”、“华北电力大学党委办公室”、“华北电力大学校长办公室”；适用于以学校党委、行政或者党办校办的名义就有关事项与同级单位（党组织）商洽工作、征询意见、进行答复；批复下级单位（党组织）的请示；布置具体工作；印发会议通知等。

（三）纪要格式。由发文机关全称或规范化简称加会议名称和“纪要”组成，如“中共华北电力大学委员会全委会纪要”、“中共华北电力大学委员会常委会议纪要”、“华北电力大学校领导班子务虚会纪要”、“华北电力大学校长办公会议纪要”、“华北电力大学校领导碰头会纪要”等，编“华电纪要〔公元年份〕×号”，适用于传达有关会议主要情况和议定事项。

第十五条 行文关系根据隶属关系和职权范围确定；一般不得越级行文。

除党办校办外，学校其他二级单位不得制发学校一级的公文、不得对外行文。如确有需要，各职能部门可在规定的职权范围内，以函件的形式与相关部门处室、院系、教辅单位商洽工作、询问和答复一般事务性问题。

第十六条 向上级机关行文，应当遵循以下规则：

（一）原则上主送一个上级机关，根据需要同时主送相关上级机关和同级单位。

（二）学校各单位向上级主管部门请示、报告重大事项，应当经学校党委、行政同意或者授权。属于部门职权范围内的事项，报分管校领导审批后，由党办校办办理流转。

（三）学校各单位的请示事项，如需以学校名义向上级机关请示，应当提出倾向性意见后上报，不得原文转报上级机关。

（四）请示当一文一事，不得在报告等非请示性公文中夹带请示事项。

（五）请示事项涉及其他部门职权范围内的，应经过协商并取得一致意见后方可行文，经协商不能取得一致意见的，应当列明各方意见及理据，提出建设性意见，并与其会签后上报。

（六）受双重领导的部门单位向一个上级机关行文，必要时同时主送另一个上级机关。

（七）向上级机关报送公文，必要时应附相关背景材料、情况说明等，并在附注中明确联系人和联系方式。

第十七条 平行文按照对等原则，一般以函件的形式商洽或答复工作；校内下行文主送受理部门。

第五章 发文办理

第十八条 发文办理的程序主要包括起草、审核、批办、签发、登记、校对、印制、复核、用印、核发等程序。

第十九条 公文起草应当做到：

（一）符合国家法律法规、党的路线方针政策、地方性法规规章和《华北电力大学章程》，完整准确体现发文机关意图，并同现行有关公文相衔接；

（二）一切从实际出发，深入调查研究，分析问题实事求是，充分进行论证，所提政策措施和办法切实可行；

（三）内容简洁，主题突出，观点鲜明，结构严谨，表述准确，文字精练；

（四）文种准确，格式规范；

（五）公文起草单位负责人应当主持、指导重要公文起草工作。

第二十条 公文起草过程中要充分征求意见。

（一）事关学校改革发展稳定的重大决策、涉及师生利益的重大事项应征求各方意见。

（二）对师生或者其他组织的权利和义务产生直接影响、具有普遍约束力的文件，必须进行合法性审查。

（三）涉及其他单位职权范围内的事项，起草单位必须征求相关单位意见。征求意见应充分协商，达成一致。

第二十一条 上行文、平行文以及外送的下行文，公文起草单位应认真填写发文稿笺（附公文稿件及其附件材料），经部门负责人审签后，提交党办校办审核、批办；校内下行文原则上应在校园网办公平台进行流转办理。

第二十二条 联合行文的，以主办部门为主撰文，相关部门会签后提交党办校办审核、批办。

第二十三条 严格实行公文分级分工审核制度。

分管校领导会同办文部门的审核重点是：发文的必要性和可行性；内容是否符合国家法律法规、党的路线方针政策、地方性法规规章和《华北电力大学章程》；是否准确体现学校意图；是否同现行公文相衔接；所提政策措施和办是否切实可行；涉及其他部门职权范围内的事项是否经过充分协商并达成一致意见。

党办校办的审核重点是：行文理由是否充分，行文依据是否准确；文种是否准确；公文格式和行文规则是否符合本办法；合法性审查是否符合规定；公开属性是否标注准确；密级确定是否符合有关规定；紧急程度是否合适；附件是否齐全、题目是否一致；文字表达、标点符号、层次序数等是否准确规范等。

第二十四条 涉及规章制度类公文的审核与发布按照《华北电力大学规章制度管理办法》有关要求执行。

第二十五条 党办校办对各单位报送的公文应及时审核、批办。普通公文审核期限一般不超过3个工作日，加急公文一般不超过1个工作日，特急公文应当及时审核、批办。

第二十六条 经审核不符合发文条件的公文文

稿，应当退回起草部门并说明理由；符合发文条件但内容需作进一步研究和修改的，由起草单位修改后重新报送。

第二十七条 经审核符合行文要求的公文，由党办校办批办、学校领导签发。

（一）以学校名义的上行文，须由主办部门主要负责人签字、分管校领导会签后，报学校主要领导签发或经学校主要领导同意后由分管校领导签发。

（二）属于学校综合性、全局性工作的重大问题，应经学校全委会、党委常委会议或校长办公会议集体讨论决定后，报学校主要领导签发。

（三）一般性的日常工作公文，由分管校领导签发。

（四）属于涉及两位及以上分管校领导分管范围的文件，在有关校领导会签后，由学校主要领导或分管校领导签发。

（五）党委办公室、校长办公室文件，由党办校办主要负责人签发。

第二十八条 签发后的公文由党办校办统一进行登记、编写文号，由办文部门校对无误后印制。印制复核无误后方可使用学校印章核发文件。涉密公文应当由机要人员负责印制。

第二十九条 涉密公文应当通过机要交通、邮政机要通信、城市机要文件交换站或者收发件机关机要收发人员进行传递，通过密码电报或者符合国家保密规定的计算机信息系统进行传输。

第三十条 所有公文须按信息公开有关规定确定公开属性，公开属性为主动公开和依申请公开。除涉密公文或者有特殊要求外，应当主动公开。涉密公文应当由主办单位提出密级和保密期限的初步意见后，送学校保密办进行定密审核。

第六章　收文办理

第三十一条 收文一般分为阅知性公文和批办性公文。阅知性公文是指需要呈送相关领导和有关部门在特定范围内阅知的公文；批办性公文是指需要收文部门答复意见、反馈结果、予以落实的公文。

第三十二条 收文办理指对收到公文的办理过程，程序包括签收、登记、初审、批办、批示、承办（督办）、答复等程序。

（一）签收。校外来文由党办校办专职人员统一签收、逐件清点，核对无误后签字或盖章，并注明签收时间。校内有关单位直接收到的上级机关来文原则上应统一先交由党办校办签收、流转。

（二）登记。详细记录公文的主要信息和办理情况。

（三）初审。初审重点：是否应当由学校办理；是否符合行文规则；文种、格式是否符合要求；是否符合公文的其他要求。经初审不符合规定的公文，应当退回来文单位并说明理由。

（三）批办。党办校办负责人负责公文批办。阅知性公文应当根据公文内容、要求和工作需要确定范围后分送。批办性公文应当提出拟办意见报分管校领导批示或者转有关部门办理；需要 2 个以上部门办理的，应当明确主办部门；紧急公文应当明确办理时限。

（四）批示。根据拟办意见，将公文及时送校领导阅示（传阅），同时要随时掌握公文去向并做好记录，避免漏传、误传、延误；送相关部门阅办的公文必须交由该部门指定的专人或部门负责人签收。

（五）承办（督办）。公文承办部门对交办的公文，应按照学校领导批示和公文要求认真、及时办理，有明确办理时限要求的应当在规定时限内办理完毕。党办校办要及时了解掌握公文的办理进展情况，督促承办部门按期办结。

（六）答复。公文的办理结果应当及时答复来文单位，并根据需要告知相关单位。

第三十三条 机要文件的收文处理，应按国家保密部门制订的相关文件要求执行。

第七章　公文管理

第三十四条 学校各单位应逐步完善公文管理制度，确保管理严格规范，充分发挥公文效用。规章制度类公文应逐步建立定期清理机制。

第三十五条 学校党政机关当年公文由党办校办统一管理，往年公文由档案馆归档管理。

第三十六条 公文须及时立卷、归档。发文办结和来文办理完毕后，应当按照档案管理的有关规定，由党办校办定期统一整理立卷、及时归档。不具备归档和保存价值的公文，经批准后可以销毁。

第三十七条 上级机关公文的印发传达范围应当按照发文机关的要求执行；校内公文则应明确印发范围。

第三十八条 公文的撤销和废止，由学校、上级机关或者权力机关根据职权范围和有关法律法规决定。公文被撤销的，视为自始无效；公文被废止的，视为自废止之日起失效。

第三十九条 经学校批准公开发布的公文，同学校正式印发的公文具有同等效力。

第四十条 新设立的职能部门应当向党办校办提出发文立户申请，经审查符合条件的，明确其发文字号。部门合并或者撤销时，全部公文应当随之相应进行调整。工作人员离岗离职时，所在部门单位应当督促其将暂存、借用的公文按照有关规定移交、清退。

第四十一条 学校涉密公文的管理、复印、汇编、传阅、清退和销毁，按照国家保密有关规定执行。

第四十二条 学校制定外事方面的公文，按照外事工作规定办理。

第八章 附 则

第四十三条 保定校区公文处理工作参照本办法执行。

第四十四条 纪委、保密委、工会、团委、理事会、基金会、校友会职权范围内的公文处理工作参照本办法制定相应管理办法，报请学校批准后执行。

第四十五条 本办法未尽事宜参照第一条所列文件规定执行。

第四十六条 本办法由党办校办负责解释。

第四十七条 本办法自发布之日起施行，原办法自动废止。

2015 年 9 月 29 日

华北电力大学规章制度管理办法

华电校〔2015〕10 号

第一条 为规范学校规章制度的制定、修改和废止工作，切实保障规章制度的合法性和科学性，不断完善学校内部管理体制和运行机制，推进学校依法治校进程，依据《中华人民共和国教育法》《中华人民共和国高等教育法》《教育部全面推进依法治校实施纲要》《华北电力大学章程》，参照国务院《规章制定程序条例》有关精神，结合学校实际，制定本办法。

第二条 本办法所称的规章制度，是指在《华北电力大学章程》框架下，按照一定程序制定、经学校公布的对全校各单位、师生员工具有普遍约束力的办事规程、行为准则。

按照内容不同，一般称为“规定”、“办法”、“意见”、“细则”等，对某方面工作所做的带有约束性的行为规范，称为“规定”；对某项工作所做的比较具体的要求和规范，称为“办法”；对某项工作或为贯彻执行上级有关决定提出的见解和处理办法，称为“意见”；为有效实施学校有关规定或执行相关政策而制定的具体措施或就相关条文做出的具体说明和阐释，称为“细则”。

此外，根据需要也可称为“章程”、“规则”、“规程”、“规范”、“准则”、“制度”等，但不得称为“条例”。

第三条 学校及学校授权的各职能部门和教辅单位，制定、修改和废止面向全校的规章制度的活动，适用本办法。涉及部门内部规章制度的制定、修改和废止，不适用本办法。

第四条 党委办公室校长办公室（以下简称“党办校办”）是学校各类规章制度的综合管理部门，负责规章制度的审查、批转、公布和统一清理，并协助相关单位做好监督实施等工作。

第五条 规章制度的制定、修改和废止，应当符合宪法、法律、法规的规定，遵循国家方针、政策，贯彻学校总体工作思路，切实保障全校各单位和师生员工的合法权益，充分体现公正、统一和效能的原则，保证学校的规章制度体系层次合理、简洁明确、协调一致。

第六条 规章制度的内容一般应包括制订依据、适用范围、权利和义务主体、具体规范、解释单位和执行日期等。要求内容明确、具体、凝练，具有指导性、针对性和可操作性。

规章制度根据内容需要，一般用条文形式表述，可以分为条、款、项、目。条的序号用中文数字依次表述，款不编序号，项的序号用中文数字加括号依次表述，目的序号用阿拉伯数字依次表述。

第七条 规章制度的制定程序包括立项、起草、审核、决定、公布、解释。其中，起草、审核、决定、公布是必经程序。

第八条 党委全委会、党委常委会议、校长办公会议、教职工代表大会确认有必要制定规章制度的，或按照上级要求需要制定规章制度的，可以授权相关部门负责起草。

专门委员会、领导小组、职能部门、教辅单位认为有必要制定规章制度的，应向学校提出立项建议，对立项制定的必要性、依据、拟确立的规章制度、进度安排等事项进行说明。立项经分管校领导批准后，由相应职能部门、教辅单位具体负责起草。上述情形涉及两个及两个以上职能部门的，可以联合起草，但须明确牵头部门以及各自职责。

第九条 起草规章制度包括起草规章制度草案和草案说明。

起草规章制度，须注意与学校现行规章制度协调、衔接。若有内容涉及管理体制、职能调整等应由学校决策的重大问题，起草部门应先行报请学校决定。

起草部门应当就规章制度涉及的主要问题深入调查研究，广泛听取意见。涉及其他单位职责的，应征求其他单位意见。若有不同意见，应与其他单位协商一致；经充分协商仍不能取得一致意见的，应在上报规章制度草案时说明情况。

第十条 规章制度起草工作完成后，由起草部门将草案和有关材料报请分管校领导审核。

报送审核的规章制度草案，应由起草部门主要负责人签署意见；涉及其他部门职责的，应由其他部门主要负责人会签；直接涉及全体教职员工和学生基本权利与义务的，应征求相关部门或群众团体的意见。

审核规章制度草案，应由分管校领导召集或委托相关职能部门召开专题会议进行论证，参加成员应包括起草部门、相关部门、有关专家、规章制度的管理服务对象代表等。

第十一条 规章制度审核的主要内容包括：

（一）是否具有制定的必要性和可行性；

（二）是否符合授权范围；

（三）是否符合宪法、法律、法规的规定，是否遵循国家的方针、政策；是否符合《华北电力大学章程》；

（四）是否与学校现行规章制度协调、衔接；

（五）是否征求相关部门和管理服务对象的意见；

（六）是否符合本办法的规定；

（七）需要审核的其他内容。

第十二条 规章制度草案经审核后，由起草部门提出书面审议申请，由分管校领导签署提请学校相关会议审议的建议意见，由党办校办审查后确定会议通过方式。一般涉及面广、影响大、政策性强及首次制定的规章制度原则上应由党委常委会议或校长办公会议讨论通过。

需提交党委全委会、党委常委会议、校长办公会议讨论通过的，由分管校领导提出议题，经党办校办审查、党委书记、校长批准后，按照规定程序进行审议。需提交教职工代表大会审议通过的，由校工会提交议题，经校党委研究确定，按照规定程序进行审议。需提交学校专门委员会或领导小组会议审议通过的，由分管校领导牵头，起草部门按照规定程序提请会议审议。

第十三条 起草部门根据学校相关会议的讨论意见对规章制度草案进行修改；若相关会议提出需做较大调整或修改的，经起草部门论证、修改后，再次按程序提请相关会议审定。

第十四条 经党委全委会、党委常委会议、校长办公会议、教职工代表大会、学校专门委员会或领导小组会议通过的规章制度，统一由党办校办按照学校公文处理有关规定以“中共华北电力大学委员会文件”或“华北电力大学文件”名义公布施行。除授权外，其他任何单位不得擅自公布施行学校规章制度。

第十五条 党办校办负责将规章制度在学校办公平台发布；由党办校办发布的规章制度文本为标准文本，传达、执行过程中的文本必须与党办校办发布的文本保持一致。

信息办、各相关单位按照信息公开的相关要求分别在学校网站和部门网站予以公布或更新。

第十六条 规章制度的解释权由学校相关会议授权有关职能部门或教辅单位。

第十七条 建立规章制度的清理工作机制。规章制度的起草部门应根据有关法律、法规和国家方针、政策的调整以及实际情况的变化及时对相关规章制度进行清理，根据需要对已公布的相关规章制度按有关规定申请进行修改或废止。

修改规章制度的程序，参照本办法第八条执行。

规章制度的废止，由起草部门提出申请，原则上由审议通过该规章制度的学校相关会议讨论决定，由党办校办核准后公布。

规章制度修改或废止后，应当及时公布新的规章制度，并在新的规章制度中明确原规章制度废止的时间。

第十八条 本办法由学校授权党办校办负责解释，自发布之日起施行。

2015 年 9 月 29 日

中共华北电力大学委员会常委会会议制度

华电党办〔2015〕9号

第一章　总　则

第一条　为充分发挥党委在学校事业发展中的领导核心作用，进一步提高党委常委会决策科学化、民主化、规范化水平，依据《中国共产党普通高等学校基层组织工作条例》《关于坚持和完善普通高等学校党委领导下的校长负责制的实施意见》《中共教育部党组关于进一步加强直属高等学校领导班子建设的若干意见》《教育部关于进一步推进直属高校贯彻落实"三重一大"决策制度的意见》等文件精神和《华北电力大学章程》，对原党委常委会会议制度进行修订。

第二条　中共华北电力大学委员会常务委员会（以下简称"常委会"）由学校党委根据相关规定设立。

第二章　议事范围

第三条　传达、学习、贯彻、执行党和国家路线方针政策和上级党组织的重要决定、指示和会议精神，落实学校党员代表大会和党委全体会议的决议、决定。

第四条　研究党委经常工作。

第五条　研究决定学校改革发展稳定和教学、科研、行政管理及党的建设等方面的重要事项。

第六条　按照干部管理权限和有关程序推荐、提名、决定任免干部事项。

第七条　决定召开全委会，审定全委会议题。

第八条　听取有关纪检监察、组织、统战、工会、共青团、学生工作等方面的工作汇报。

第九条　校长办公会议提交常委会会议研究决定的重要事项。

第十条　其他必须由常委会会议研究决定的重要事项。

第三章　议题确定与要求

第十一条　常委会会议议题由学校领导班子成员提出，党委办公室汇总后报党委书记确定。

第十二条　常委会会议讨论决定学校重大问题，应在调查研究基础上提出建议方案，经学校领导班子成员沟通酝酿且无重大分歧后提交会议讨论决定；讨论有关教学、科研、行政管理工作等议题，应在会前听取校长意见；意见不一致的议题暂缓上会，待进一步交换意见、取得共识后再提交会议讨论。

第十三条　对干部任免建议方案，在提交常委会会议讨论决定前，应在党委书记、校长、分管组织工作的副书记、纪委书记等范围内进行充分酝酿。

第十四条　对专业性、技术性较强的重要事项，应经过专家评估及技术、政策、法律咨询。

第十五条　对事关师生员工切身利益的重要事项，应通过教职工代表大会或其他方式，广泛听取师生员工的意见建议。

第十六条　常委会会议原则上不临时增加议题。确需临时增加议题，应征得会议主持人的同意。

第四章　会议召开

第十七条　常委会会议由校党委书记召集并主持。

第十八条　常委会会议成员为学校党委常委，不是党委常委的行政领导班子成员和党委办公室主任可列席会议，会议必须有半数以上常委到会方能召开。讨论决定干部任免等重要事项时，应有三分之二以上常委到会方能召开。研究或决策某一问题时，提交议题和分管工作的校领导必须出席。

第十九条　因特殊情况不能与会的会议成员和列席人员，须提前向会议主持人请假，报党委办公室备案，对议题的意见可以书面形式提交。

第二十条　党委办公室负责常委会会议的记录，讨论的问题、通过的决议均应记录在案，并按照档案管理的相关规定整理归档。会议纪要在一定范围内公布。

第五章　议事规则

第二十一条　常委会会议议事程序一般为：一是分管校领导或议题提交部门负责人就议题作简要说明，提出解决办法的建议或方案；二是与会人员就议题发表意见；三是主持人归纳讨论情况，提出初步意见；四是到会党委常委进行表决。

第二十二条　常委会会议要充分发扬民主，与会人员要畅所欲言、充分讨论、各抒己见、集思广益。

第二十三条　常委会会议实行一事一议，决定多个问题时，应逐项表决。表决可根据讨论事项的不同内容分别采取口头、举手或投票方式。表决事项时，以超过应到会常委人数的半数同意为通过。

第二十四条 常委会会议对于少数人的不同意见，应当认真考虑。如对重要问题发生争论，双方人数接近，除了在紧急情况下必须按多数意见执行外，应当暂缓作出决定，进一步调查研究，交换意见，下次再表决。

第二十五条 议题涉及与会人员本人及其亲属重要任免、奖罚等事项时，本人应主动回避或应会议主持人要求回避，待相关事项研究结束后再行与会。

第六章 落实与督办

第二十六条 常委会会议做出的决议、决定事项，根据集体领导和个人分工负责相结合的原则，由分管校领导会同相关部门、院系负责落实。

第二十七条 对尚未做出决定的问题，或对已经做出决定但暂时需保密的，在没有正式传达之前，与会人员一律不得与任何人议论或泄露会议内容，否则按有关纪律追究责任。

第二十八条 党委办公室对常委会会议决议、决定的贯彻落实要做好督查督办工作，并及时报告有关落实情况。

第二十九条 在确遇新情况、新问题，不适宜或不可能按原决议或决定执行时，应及时提交常委会复议。对无正当理由未能按时落实的，要查明原因，学校将按规定追究有关人员的责任。

第七章 附 则

第三十条 本制度由党委常委会授权党委办公室负责解释。

第三十一条 本制度自公布之日起施行，《关于印发〈华北电力大学党委常委会会议制度〉的通知》（华电党办〔2008〕3号）自动废止。

2015年12月17日

华北电力大学校长办公会会议制度

华电校办〔2015〕3号

第一章 总 则

第一条 为全面贯彻党和国家的教育方针，坚持和完善党委领导下的校长负责制，提升学校行政决策的科学化、民主化、规范化水平，根据《关于坚持和完善普通高等学校党委领导下的校长负责制的实施意见》《中共教育部党组关于进一步加强直属高等学校领导班子建设的若干意见》《教育部关于进一步推进直属高校贯彻落实“三重一大”决策制度的意见》等文件精神和《华北电力大学章程》，对原校长办公会会议制度进行修订。

第二条 校长办公会议是学校行政议事决策机构，主要研究提出拟由党委讨论决定的重要事项方案，具体部署落实党委决议的有关措施，研究处理教学、科研、行政管理工作。

第二章 议事范围

第三条 研究贯彻上级和学校党委关于办学方针、指导思想等方面的实施意见和方案。

第四条 拟定学校发展规划、基本管理制度、重要行政规章制度、重大教学科研改革措施、重要办学资源配置方案；制定具体规章制度、年度工作计划。

第五条 拟定学校内部组织机构的设置方案以及人才发展规划、重要人才政策和重大人才工程计划，研究教师队伍建设。

第六条 拟定学校重大基本建设、年度经费预算等方案，研究财务与资产管理中的重要事项。

第七条 研究处理教学、科研、思想品德教育、学籍管理、学生奖惩、招生就业、安全稳定、后勤保障以及学校对外交流与合作中的重要事项。

第八条 组织处理教职工代表大会、学生代表大会、工会会员代表大会和团员代表大会有关行政工作的提案。

第九条 听取校直各单位关于行政工作的汇报。

第十条 其他必须提交校长办公会议审议、决定的事项。

第三章 议题确定与要求

第十一条 校长办公会议议题由学校领导班子成员提出，校长办公室汇总后报校长确定。

第十二条 校长办公会议讨论决定学校重大问题，应在调查研究基础上提出建议方案，经学校领导班子成员沟通酝酿且无重大分歧后提交会议讨论决定；讨论重要议题，应在会前听取党委书记意见；

意见不一致的议题暂缓上会，待进一步交换意见、取得共识后再提交会议讨论。

第十三条 对专业性、技术性较强的重要事项，应经过专家评估及技术、政策、法律咨询。

第十四条 对事关师生员工切身利益的重要事项，应通过教职工代表大会或其他方式，广泛听取师生员工的意见建议。

第十五条 校长办公会议原则上不临时增加议题。确需临时增加议题，应征得会议主持人的同意。

第四章　会议召开

第十六条 校长办公会议由校长召集并主持，原则上每两周举行一次。如遇重大或急需办理的事项可随时举行。

第十七条 校长办公会议成员一般为学校行政领导班子成员，党委书记、副书记、纪委书记等可视议题情况参加会议，校长办公室、纪检监察部门负责人列席会议。

第十八条 会议必须有二分之一以上的成员出席方可召开。研究或决策某一问题时，提交议题和分管工作的校领导必须出席。其他有关职能部门负责人和学校党员代表大会代表、教职工代表大会大表、学生代表等可按有关规定，列席相关议题。

第十九条 因特殊情况不能与会的会议成员和列席人员，须提前向会议主持人请假，报校长办公室备案，对议题的意见可以书面形式提交。

第二十条 校长办公室负责校长办公会议的记录，讨论的问题、通过的决议均应记录在案，并按照档案管理的相关规定整理归档。会议纪要在一定范围内公布。

第五章　议事规则

第二十一条 校长办公会议议事程序一般为：一是学校领导或相关部门负责同志就议题作简要说明，提出解决办法的建议或方案；二是与会人员就议题发表意见；三是在充分讨论的基础上，由校长在广泛听取与会人员意见的基础上，对讨论研究的事项作出决定。

第二十二条 校长办公会议要充分发扬民主，与会人员要畅所欲言、充分讨论、各抒己见、集思广益。

第二十三条 校长办公会议实行一事一议，决定多个问题时，应逐项审议。

第二十四条 会议决策中意见分歧较大或者发现有重大情况尚不清楚的，应暂缓决策，待进一步调研或论证后再作决策。

第二十五条 议题涉及与会人员本人及其亲属奖罚等事项时，本人应主动回避或应会议主持人要求回避，待相关事项研究结束后再行与会。

第六章　落实与督办

第二十六条 校长办公会议做出的决议、决定事项，根据集体领导和个人分工负责相结合的原则，由分管校领导会同相关部门、院系负责落实。

第二十七条 对尚未做出决定的问题，或对已经做出决定但暂时需保密的，在没有正式传达之前，与会人员一律不得与任何人议论或泄露会议内容，否则按有关纪律追究责任。

第二十八条 校长办公室对校长办公会议决议、决定的贯彻落实要做好督查督办工作，并及时报告有关落实情况。

第二十九条 在确遇新情况、新问题，不适宜或不可能按原决议或决定执行时，应及时提交校长办公会复议。对无正当理由未能按时落实的，要查明原因，学校将按规定追究有关人员的责任。

第七章　附　则

第三十条 本制度由学校授权校长办公室负责解释。

第三十一条 本制度自公布之日起施行，《关于印发〈华北电力大学校长办公会议制度〉的通知》（华电校办〔2008〕6号）自动废止。

2015年12月17日

华北电力大学综合改革方案

华电校〔2015〕14号

为深入贯彻落实党的十八大、十八届三中、四中全会和习近平总书记系列重要讲话精神，全面推进高水平大学建设，根据《中共中央关于全面深化改革若干重大问题的决定》和《国家中长期教育改革和发展规划纲要（2010-2020年）》的部署，按照国家教育综合改革的总体要求，结合华北电力大学实际，研究制定学校综合改革方案，并于2015—2020年予以实施。

一、改革背景

新世纪以来，学校确立了“多科性、研究型、国际化”高水平大学办学目标，坚持“学科立校、人才强校、科研兴校、特色发展”的办学方针，抢抓机遇，深化改革，加速发展，推进内涵建设，着力构建“大电力”特色学科体系，实施“大人才”战略，高水平人才队伍日益壮大，教育教学质量不断提高，科技创新能力显著增强，内部管理体制进一步完善，实现了规模、质量、效益的同步提升和协调发展，已成为教育部直属高校中一所具有鲜明特色、较强实力和良好发展势头的国家“211工程”和“985工程优势学科创新平台”重点建设大学。

立足新阶段、开启新征程，国家改革开放新的战略和部署、国内外高等教育发展新的形势和变化、能源革命以及以“互联网+”为重要特征的信息技术革命所引发开辟的新的发展环境和业态、国家“一带一路”、“京津冀协同发展”等重大战略全面开启所拓展的新的领域和方向，都为学校改革发展提供了前所未有的重大机遇，同时也是严峻的挑战。面对新的形势和要求，特别是与国内外一流大学的创新性改革实践相比，学校还存在许多不足，主要表现在：高层次人才仍显缺乏，在国内外具有广泛影响的学术大师、教学名师等领军人物及拔尖后备人才相对不足；创新人才培养的理念、模式、方法、手段相对滞后，成效不够显著；科技创新的组织管理机制、模式、承担国家重大攻关项目的能力与高水平大学办学目标仍不相适应，缺少具有标志性的重大科技成果；与高水平大学发展目标相适应的治理结构与治理体系仍未完全建立。学校必须以更大的责任和担当，直面不足和短板，积极推进综合改革，大胆破解难题、勇于革弊图新，抓住机遇、迎接挑战、加速发展，这样才能在新一轮的高等教育激烈竞争中把握机遇、赢得主动，实现更高质量、更有特色的卓越发展。

二、总体思路

（一）指导思想

坚持以中国特色社会主义理论为指导，按照“四个全面”战略布局，进一步解放思想、更新观念，全面贯彻党的教育方针，遵循高等教育规律，以立德树人为根本任务，以提高人才培养质量、促进内涵发展、增强办学实力和发展能力为目标，以加强党的领导、加强人才队伍建设、完善治理体系、优化资源配置为保障，聚焦突出问题，强化传统优势，推进制度创新，形成充满活力、富有效率、更加开放的办学环境，促进学校事业科学发展。

（二）总体目标

围绕高水平大学办学目标，重点推进人才培养模式、科研机制、劳动人事制度、治理结构和治理体系等领域的改革，用五年左右的时间，健全完善与高水平大学办学目标相适应的现代大学制度，形成与创新人才培养目标相适应的教育培养机制和模式，提升学校服务国家重大战略和社会经济发展的能力和水平，打造有利于释放办学活力、充分调动各类人才积极性和创造性的制度环境，初步构建起系统完备、科学规范、运行有效、具有华电自身特色的治理体系，为全面增强学校核心竞争力、加快实现具有鲜明特色的“多科性、研究型、国际化”高水平大学办学目标注入强劲的动力。

（三）基本原则

坚持顶天立地、务求实效，坚持系统设计、协同推进，坚持重点突破、带动全局。

一要把握规律性。全面学习领会综合改革的精神、指导思想和原则，把学校的综合改革纳入到整个国家教育综合改革的体系当中，把握规律，以问题为导向，着力解决突出的问题。

二要强调系统性。注重顶层设计、统筹合作和协同推进，坚持顶层设计和发挥基层智慧相结合，明晰难点和重点，形成一套系统的思路和方法，重拳出击，破解难题。

三要突出延续性。尊重学校历史，继承学校在改革上迈出的步伐、取得的成果，同时认识不足，努力破解制约学校发展的关键问题。

四要具有可操作性。落实以师生为本的改革理念，改革的力度和举措要立足华电实际，方案的设计要切实可行，能够落到实处、取得实效。

三、重点任务

（一）深化教育教学改革，切实提高人才培养质量

坚持立德树人根本任务，树立先进的创新创业教育理念，把促进学生全面发展、适应社会需求作为衡量人才培养质量的根本标准，传承弘扬优良办学传统，更加科学有效地把握教育规律和人才成长规律，坚持为学为人并重，坚持改革创新，深化人才培养模式改革，强化“厚基础、重实践、强能力、求创新”人才培养特色，进一步完善具有华电特色的创新人才培养体系。

1. 完善招生选拔机制。按照“基于统一高考和高中学业水平考试成绩、参考综合素质评价”的高考改革要求，结合学校学科专业特色和人才培养定位，研究制定科学有效的考生评价体系，探索专业大类本科招生模式；创造条件扩大推免研究生招生比例；推行一级学科招生，充分发挥和规范导师在招生中的作用，采取多种措施不断提高研究生生源质量。

2. 科学修订人才培养方案。解放思想、更新观念，树立以德育为先、能力为重、学习成效为核心的人才培养质量观，按照品德、知识、能力、素质四个维度构建培养目标体系，把社会主义核心价值观融入人才培养的全过程，把创新精神、创业意识和创新创业能力作为评价人才培养质量的重要指标；加强人才培养的选修环节、综合设计环节、创新活动环节、素质培养环节“四环节”的精细化设计与有机性衔接；结合学校生师比等实际状况，统筹协调国家各相关口径对开设课程的有关要求，科学合理设置学时学分数，本着“少而精”的原则，适当减少课程门数，为学生自主学习能力和创新创业能力培养提供更大的空间；增大选修力度；加大外语、计算机等基础课程的改革力度。

3. 推动以优质核心课程为重点的课程建设。在夯实和保证全校各本科专业“433 核心课程”的基础上，大力推动优质核心课程建设，制定优质核心课程标准，依托优质课程建立优秀教学团队，建立优秀教学团队申请、认定制度，以优质核心课程建设带动课程体系建设质量的提升；加大对新的现代教育技术的研究、探索、运用力度，实现现代教育技术与教育教学过程的深度融合，通过课程教学内容的研究与革新、教育教学方法的改革、现代教育技术的应用、考核方式方法的变革等优化课程结构、提高课程建设质量，实现课程质量标准再造。

4. 积极推进“小班教学”。加强对人才培养质量的科学评价和教师教学工作量的合理计量，采取措施引导教师将更多的精力投入到教育教学工作中，全面落实教授、副教授为本科生上课制度，改革大班课堂教学方式，积极推进核心课程“小班教学”。

5. 强化创新创业教育，加强实践育人。成立学校创新创业教育指导委员会，统筹创新创业教育的研究、咨询、指导和服务；开设创新创业教育相关课程，完善创新创业教育课程体系，促进专业教育与创新创业教育有机融合；健全“学校引导、学生主导、项目依托、常态运行、自我管理”的创新创业实践体系，完善“国家—省级—学校”三级学生创新创业实践活动长效机制，改革小而散的资助方式，对有潜力的项目进行重点持续资助，改革评价体系，激发参与热情，制定创新创业实践与专业教育选修环节学分互认制度；加强创新创业教育实践平台建设，筹划建设学校创新创业实践中心；坚持教育与生产劳动和社会实践相结合，继续完善“四模块”实践教学体系，积极推进省部级以上实验教学示范中心建设，推动学校各级各类实验室向本科生开放；实施好新一轮“大学生创业引领计划”，建设一支专兼职结合的创新创业教师队伍和实践育人队伍，对创新创业和实践项目进行精细指导和重点培育，促成更多项目孵化落地、取得成效。

6. 积极探索拔尖创新人才、复合人才、国际化人才等多元化人才培养新模式。

进一步明确创新人才培养目标，构建与培养目标相适应的培养体系，探索“学研双驱”创新实验班的培养新模式；探索拔尖创新人才培养新模式，每年选拔一定比例的大二学生，实施导师负责制，制定个性化的培养方案，以本硕博一体化的模式进行培养，导师引领学生早进课题、早进实验室、早进团队，带领学生参与科研活动；充分发挥学分制的灵活性，探索建立跨校、跨院系、跨学科、跨专业交叉培养人才的新机制，培养学科交叉、知识融合、技术集成为特征的复合型人才；继续完善课外能力

素质学分认证制度，加强第二课堂对人才培养的作用；积极推进中外合作办学机构建设，探索国际化人才培养新模式，鼓励更多学生赴海外访学和交流；根据学生的不同需求开设各种国际化课程，加强全英文授课课程建设，建立与国外相关院校之间的学分互认制度，积极扩大留学生培养规模。

7. 深化研究生培养模式创新，全面实施研究生教育质量创新工程。建立学位点定期自评估指标体系和评估办法、评估机制；针对博士、学术硕士、专业硕士的不同培养目标，结合学校实际科学修订研究生人才培养方案，优化同一学科不同层次、不同类别人才培养课程体系，使其有机衔接与区分；进一步完善研究生培养质量保障长效机制，优化研究生学制和培养进程，建设优质课程，完善硕士研究生各培养环节的质量标准，设计标准化和程序化的培养管理流程；强化各级各类研究生学位论文匿名评审、公开答辩、学位授予审核环节的质量监控力度，提高学位授予质量。发展特色人才培养模式项目，一是完善基于研究生工作站的产学研联合培养研究生创新人才培养模式，有效促进企业导师作用的发挥；二是建立协同创新培养模式项目，强强联合，实施科教联合、校校联合培养模式；三是探索专业型硕士培养与职业资格对接模式，增强就业创业竞争力；四是探索工程学科与文科、经管学科交叉学科的复合型专业学位人才培养模式等。

8. 加大教学投入力度。确保本科生业务费、教学差旅费、教学仪器设备维修费、体育维持费四项教学经费投入占学费收入的比例达标，并争取逐年提高；加大教学经费和教改专项基金投入力度，鼓励广大教师和教育教学管理人员积极参与教育教学改革研究，以教改促教学；设定相关指标体系，核算投入和产出绩效，采取相应的激励和约束机制，确保投入效益，引导教学投入项目不断上层次上水平；通过政策引导和体制机制创新，推动学校办学优势和资源不断向人才培养集聚和转化，牢固确立人才培养在学校工作中的中心地位。

9. 建立健全人才培养治理结构。建立学校教学委员会，对教学建设、教学改革和人才培养的重大事项提出咨询建议；加强理事会人才培养委员会建设，对毕业生质量提供反馈意见，对人才培养提供前瞻性、专业化的咨询建议；完善由学生信息员组成的教学信息反馈委员会，强化学生对人才培养各环节的反馈机制；加大力度，建立与学科建设相适应、与社会需求相适应、与学生就业相适应的本科专业动态调整机制；通过构建鼓励创新、管理规范、分工负责的治理模式，推动职能部门管理重心下移，建立以院系为责任主体、各相关委员会为指导的人才培养治理结构，充分调动各方面的积极性，实现全员全方位育人目标。

10. 推动学生教育管理服务模式创新。以培育和践行社会主义核心价值观为根本，进一步加强大学生思想政治教育。深化中国特色社会主义和“中国梦”宣传教育，创新网络思想政治教育形式和内容。探索适应本科大类招生的学生教育管理服务组织架构与运行机制，以学生生活区为基本组织单元搭建第二课堂教育平台，促进文理渗透、专业互补、个性拓展和学生全面发展；改革学生评价及激励机制，探索建立学生成长发展素质模型；完善荣誉体系，构建从目标设立、状况测评、路径引导到效果反馈的学生教育管理服务工作机制；完善学生资助体系，构建基于大数据的家庭经济困难学生认定和动态管理体系，进一步优化资助育人机制；抓住新生入学、季节变换、期末考试等关键时间节点，有针对性地加强心理健康教育，探索课堂教学与课外团体辅导、主题工作坊等相结合的心理素质教育内容与形式的改革创新；进一步加强学风建设，强化学籍管理与学业预警机制，建立学业指导中心，系统研究学生学习的动机、策略和内容等问题，形成覆盖全面的学习辅导体系，引导学生自主学习和有效率学习。推进学生事务一站式综合服务中心和社团活动中心建设，构建多元育人体系和服务支持方式。

改革进程：

2015 年

1. 改革和完善本科生招生选拔机制，研究并制定《华北电力大学普通本科招生计划编制办法》《华北电力大学本科招生对考生高中综合素质评价的使用办法》，建立科学的生源评价体系，使本科招生选拔模式和机制对学校人才培养的基础性作用得到进一步加强。

2. 研究并制定《华北电力大学学业指导工作细则》，实现学业指导工作全覆盖。

3. 研究并制定《华北电力大学家庭经济困难学生经济状况动态监测管理办法》，推广家庭经济困难学生认定模型。

4. 研究并制定《华北电力大学第一、二课堂心理素质教育综合实施细则》，创建第一、第二课堂相结合的心理素质教育新模式。

2016 年

1. 研究并制定人才培养标准，修订本科专业人才培养方案，顶层设计和完善选修、综合设计、创新活动、素质培养“四环节”的质量标准，并将其有机衔接。

2. 研究并制定《优质核心课程标准》《优秀教学团队认定标准》，启动优质核心课程和优秀教学团队建设，实现课程质量标准再造。

3. 研究并制定《华北电力大学本科拔尖创新人才培养实施办法》，深化“创新实验班”培养模式改革，探索建立拔尖创新人才培养新模式。

4. 研究并制定《华北电力大学创新创业教育改革的实施意见》，成立创新创业教育指导委员会，全方位加强大学生创新创业教育。

5. 改革适应本科“大类招生”的学生住宿模式，探索以学生生活区为基本组织单元的学生教育管理服务组织架构与运行机制。

6. 在5个学科试点一级学科硕士招生，完善研究生招生机制。

7. 完成研究生培养方案的修订，推进全新研究生培养方案、各项标准和评价体系的全面实施与完善。

8. 启动并实施百门优质研究生课程，完善综合实践类课程。

2017年

1. 研究修订《本科学生辅修专业和辅修学位实施办法》，构建复合型人才培养模式。

2. 积极推进中外合作办学机构建设，开设各种国际化课程，建立与国外相关院校之间的学分互认制度，探索构建国际化人才培养模式。

3. 研究并制定《华北电力大学在线开放课程建设与管理办法》，建设一批在线开放课程，实现现代教育技术与教育教学过程的深度融合。

4. 建设学校创新创业实践中心，建设高水平、综合化、具有能源电力特色的创新创业教育实践平台。

5. 完善本科专业动态调整机制，加强专业内涵建设，深化专业综合改革，推动工程教育专业认证工作。

6. 设计实施交叉学科、协同创新、职业资格对接研究生培养特色项目，并在实践基础上予以动态完善。

7. 构建研究生各学科（专业/领域）学位论文标准及评价体系。

8. 研究修订《华北电力大学学位授予条例》，进行硕士研究生培养标准化和程序化管理流程再设计，制定并实施本、硕、博培养一体化方案。

2018年

1. 推进核心课程“小班教学”。

2. 健全教育质量评价与监控体系。

3. 完成研究生职业发展指导体系建设。

2019年

1. 推进学生事务一站式综合服务中心和社团活动中心建设，构建多元育人体系和服务支持方式。

2. 推进第二批研究生一级学科招生，并在实践中予以进一步完善。

3. 进一步修订完善《研究生培养方案》，基本建成规模与结构适应国家尤其是能源电力行业需要、不同层次类别的研究生培养模式各具特色、质量保障体系不断完善、拔尖创新人才不断涌现、整体质量全面提升的研究生创新人才培养体系。

2020年

1. 全校上下形成以能力为重、学生学习与发展成效为核心的教育质量观，创新人才培养的理念、模式、方法、手段大大提升和改进，人才培养成效显著。

2. 通过体制机制创新和多部门工作联动，人才培养在学校工作中的中心地位更加牢固，学校办学优势和办学资源向人才培养集聚和转化的机制基本确立，全员、全过程、全方位育人的氛围有效形成，高层次、上水平、强素质、多样化的创新型人才培养体系和服务于人才培养总体目标的教育教学管理体系得以全面构建。

（二）改革体制机制，着力提升科研创新能力

通过完善科技评价体系、创新科研组织模式、规范科研机构建设与开放运行、构建高效的科技成果转化体系、改革科技资源配置的决策机制，从而不断提升学校服务国家战略、服务能源电力行业、服务区域经济社会发展的能力和水平。

1. 以科研组织的创新推动产生高质量科技成果。积极适应国家科技计划改革，探索我校科研项目组织管理新模式，鼓励以重大科研任务为牵引，组建跨校区、跨学科、跨院系的科研团队，持续开展基础性、战略性、系统性、前瞻性的研究；科研团队实行负责人制，建立以目标任务为导向的团队绩效考核机制，实现团队内成员合理的进退流转，加大对优秀团队的支持力度，保障和促使团队高质量完成重大研究任务，形成稳定的科研方向，产出高质量的科研成果；进一步利用中央高校基本科研业务费，重点支持青年教师、在校研究生在科研 领域的自由探索、自主创新活动和高校服务国家重大需求项目的前期培育；加强各类科研项目的全过程管理和规范科研经费的使用，鼓励项目负责人依托重大课题、重点任务，利用科研项目间接费和劳务费自主设立科研岗位，组建支撑队伍，学校提供相应政策支持和保障条件。

2. 推进各类科研平台规范建设和高效运行。推进国家级科研平台实体化管理，对其研究生招生、人才引进、科研用房等资源配置以学术特区的方式予以单列；依托学院加强对省部级科研平台的建设与管理，学院与平台在学科建设、团队建设、平台建设方面统筹规划、协调发展；跨院系的交叉研究平台依托科学技术研究院管理，改革现有阻碍学科交叉研究的人员评聘、资源配置、学科评估、考核激励等体制机制约束；加强各类科研机构专职管理队伍、研究队伍及技术支撑队伍的建设，完善绩效考核办法，积极探索激励与约束并重的人员聘用管理机制。

3. 进一步加大产学研合作力度。聚焦能源电力行业企业需求，充分利用大学理事会、中国火力发电产业技术创新战略联盟等行业协会和联盟组织等平台，与行业上下游单位开展联合攻关，谋划重大课题，进行深度合作，建立促进产学研合作特别是科学研究与市场需求相结合的相关引导与激励制度，完善科技成果转化及产业化的动力和保障机制；积极探索地方研究院、大学科技园、技术转移中心等产学研运作和辐射模式，建立以技术开发、人才培养、平台建设、成果转化、市场运营一体化的科研与产业联动机制，以特色学科及优势技术，对接产业发展需求，助力地方经济社会发展。

4. 完善技术转移和成果转化机制。制定并落实“华北电力大学国家科技成果使用、处置和收益管理和改革试点”实施方案，组建跨部门技术转移管理机构，归口管理和运作知识产权及技术资产，组建专业化技术经纪人队伍，开展相应的技术许可、转让、作价入股等专业化运作，获取知识产权收益；研究制定“华北电力大学国家科技成果使用、处置和收益管理和改革试点”实施方案，通过设置成果转化岗位、完善人员考核、评聘制度，完善科技成果收益分配制度，有条件允许离岗创业等措施，创新转化机制，解除相关束缚，充分调动广大科技成果持有人进行科技成果转移、转化工作的积极性。

5. 加强新型特色智库建设。积极实施哲学社会科学繁荣行动计划，大力推进文理学科振兴计划，改进和完善文理学科评价机制，设立文理学科专项发展基金，重点支持特色方向和交叉学科，鼓励文理工交叉；加强对学报等学术期刊评估与建设，努力提升学报等学术期刊的学术影响；整合学校相关科技资源，在智能电网、能源互联网、能源管理、环境治理、公共政策、社会工作、社会保障、法律法规等领域加大研究力度，通过体制机制的协同完善和服务方式的不断创新，发挥人文社科研究积极作用，逐步打造特色鲜明的华电智库品牌，为国家经济社会发展和能源电力行业提供咨政服务和决策支持。

改革进程：

2015 年

1. 研究并制定《华北电力大学科技成果使用、处置和收益管理和改革试点方案》，修订相关配套政策，明确工作流程。

2. 部署华北电力大学科技人员分类评价改革试点项目的实施，明确改革目标及任务分工，为学校人事和干部管理提供相关的科学依据。

2016 年

1. 研究并制定《华北电力大学科研机构管理办法》，进一步优化各类科研机构布局，规范各类科研机构的建设与开放运行，实施分类管理。

2. 修订完善《华北电力大学实体化研究队伍管理办法》，进一步加强创新团队、专职科研人员、技术服务以及科技支撑队伍的建设与管理。

3. 修订完善《华北电力大学中央高校基本科研业务费专项资金管理办法》，进一步规范和加强基本科研业务费的管理，提高经费使用效益。

2017 年

1. 系统总结科技成果使用、处置和收益管理和改革试点工作经验，进一步完善制度体系及工作流程，成果转化工作进入新常态。

2. 系统总结环境研究院、智能电网协同创新中心、燃气轮机研究院等多学科交叉研究中心的建设与运行经验，针对存在的问题进行相应的调整。根据学校发展规划，适时启动新的多学科交叉研究中心的建设。

3. 系统总结中国火力发电产业技术创新战略联盟、苏州研究院等校企、校地合作平台建设与运行经验，针对存在的问题进行相应的调整。

2018 年

1. 系统总结学校科研机构分类管理经验，针对存在的问题进行相应的调整。

2. 系统总结学校实体化研究队伍的建设与管理经验，针对存在的问题进行相应的调整。

3. 系统总结学校哲学社会科学繁荣行动计划实施情况，针对存在的问题进行相应的调整。

2019—2020 年

基本完成科研改革任务，通过各项改革措施的推进和不断建设，学校的基础研究和前沿技术研究的原始创新能力显著增强，在传统能源、新能源、环境等若干领域取得突破，部分领域达到国内一流水平和世界先进水平。新能源电力系统国家重点实验室等国家级科研平台成为具有重大影响的学术高地；共性关键技术有效供给能力明显提高，建设起一批对行业有显著支撑和引领作用的共性技术研发平台和有组织地开展政策咨询研究的智库，在重大技术装备的开发上取得突破，智能电网协同创新中心、燃气轮机研究院等发挥强有力的引领作用，成为学校创新链整合的示范区和综合改革的试验田。

（三）深化劳动人事和干部管理改革，以制度激发活力

着力实施学校“大人才”发展战略，“用好现有人才、引进急需人才、培育未来人才”，努力打造高水平教职员工队伍。以“明确目标、提高标准、精益求精、稳步推进”为原则，不断深化校内改革，形成引进与培育相结合、约束与激励相促进、评价体系完善、发展路径畅通的劳动人事制度体系。推进干部管理制度改革，加强干部队伍建设，切实提高干部执行力和管理效能。

1. 不断深化聘用聘任制度的完善、规范。规范“准聘——长聘”机制，完善新进教职工首聘固定期限合同管理与考核办法，首聘结束时根据其综合评价确定与其签订无固定期限合同，或再次签订固定期限合同，或调整岗位，或不再续聘等；探索新进博士协议工资制。完善以岗位为核心的聘任制度，实行合同管理。合理确定各级各类岗位，优化岗位比例和结构，加强岗位聘期目标管理，严格聘期考核，坚持择优聘任，建立教师能上能下、能进能出的流转、退出机制，加大教师校内岗位调配和横向交流力度，强化人岗匹配；加大管理岗位的职员制改革，通过科学合理的设置职员职级、各级岗位数量和比例结构，建立职务职级相结合的职员晋升发展通道，建立起一支精干、高效的职业化管理干部队伍。

2. 强化分类评价与考核体系。修订专业技术职务评聘办法，进一步规范评聘程序，提高评聘条件，突出教师分类评价，强化质量导向和代表性成果，更加重视教育教学工作和国际化经历，逐步将评审权下放到院系，实现学校、院系的分级评聘。以入选“教育部高校科技评价”改革试点单位为契机，建立以创新和贡献为导向的分类科研评价机制；完善不同学科领域、不同类型人才的评价体系；建立多元评价模式，探索学术组织和学术团队参与的独立评审机制与市场化评价机制相结合的评价方式改革。以目标导向和质量提升为核心，年度考核与聘期考核相结合，以聘期考核为主，完善教师绩效和团队考核办法，以项目凝练和实际完成为核心，加大对管理部门考核力度，突出其在推动学校改革发展中取得的突出业绩与关键作用；以服务和保障水平提升为核心，完善教辅部门考核体系。

3. 健全引才聚才长效机制。创新引才聚才的工作机制，完善人才计划、人才评价、人才招聘工作既相互分离又协同高效、既相互监督制约又三位一体的选人用人工作机制；按照“坚持标准、严格程序、公开招聘、择优录用”的原则，实施公开招聘、优化人才结构，提高用人质量和标准；优先发展教师队伍，使教师岗位比例稳定在 62% 及以上，为建设高水平研究型大学奠定基础；加大高层次人才引进力度，从资金投入、政策配套、资源配置、管理服务等各方面创造条件，吸引海内外知名高校及科研院所的优秀人才来校工作。

4. 加大人才队伍培养力度。建立完整的全员培训体系，完善工作机制，重点制定教师职业发展规划和教学发展培训计划，持续提高教师教学能力、科研能力和教学水平；从资金投入、团队建设、承担项目、奖励申报等方面入手整合资源，着力建设高层次人才培育机制，加大高层次人才后备队伍建设力度；进一步完善“创新人才支持计划”，赋予其新的内涵与外延，加大对入选对象特别是青年骨干教师的支持力度，鼓励青年骨干教师跨校区、跨院系、跨学科组建科研团队，促进研究方向的凝练；建立以“能力 + 提升”为核心的青年教师发展体系，继续深入实施教师“博士化、国际化、工程化”工程，着力拓展和提高青年教师的教育教学能力、创新能力、国际化视野和工程化水平。

5. 深化收入分配制度改革。进一步理顺校内各级各类人员的收入比例关系，动态调整校内津贴结构，使收入与岗位职责相对应，更好地向优秀人才和关键岗位倾斜；充分发挥绩效津贴在收入分配中的调节作用与导向、激励作用，通过绩效考核，更好地处理“教学与科研、长期与短期、数量与质量、个人与团队”的关系，通过动态调整绩效项目和分值，体现多劳多得、优劳优酬；探索设立非教师岗位绩效津贴，鼓励他们在管理服务工作的创新和重大业绩成效；推进二级管理，充分发挥各部门、单位在人员考核津贴中的主导作用。

6. 建立和完善多元化用人模式。全面规范人事代理、外聘员工等人员管理，确保依法用工；通过购买、委托、外包和临时雇工等方式，加大自主灵活用工力度，重点满足教辅部门和实验室临时性、辅助性工作用工需求；鼓励研究团队及项目负责人依托重大课题、重点任务，利用科研项目间接费和劳务费自主设立科研岗位，组建支撑队伍，突出“任务牵引、以用为本”，学校提供相应政策支持和条件保障。

7. 深化博士后科研流动站管理制度改革。加强博士后科研流动站建设，把科研流动站工作作为学科建设及院系工作的重要内容，通过增加规模、提高质量、提升待遇等渠道，创造条件吸引优秀人才进站学习工作，大力推动博士后创新能力的培养，使其成为学校一支重要的科研力量；实施师资博士后制度，对于拟选聘的教师，创造条件进站培养，充分发挥博士后科研流动站在学校教师队伍人力资源储备和前期职业能力考察的作用；提高从流动站选聘教师的比例，把博士后流动站建成学校高标准培养师资的蓄水池。

8. 加强高水平干部队伍建设。进一步完善干部分类管理、任期管理、目标管理、优化管理相关机制建设，推进以凝练项目、构建模式、制定政策为导向的干部教育培训体系和以项目完成考核评价为重要手段的干部培养选拔机制；强化干部任期工作目标，以学校发展战略规划为依据，明确约束性指标，根据任期工作目标选拔任用干部，加强对“双肩挑”干部的管理；坚持分类考核、以考促建的干部绩效考核原则，通过年初凝练项目、年终达标考核，按照讲效益、讲效果、讲水平等不同类型的指标体系和目标要求，切实推行“达标制”；加大考核结果运用，绩效考核结果作为班子调整、选拔任用、培养教育、工作奖励、诫勉谈话等的重要依据，建立以完成重要项目和开展创新工作为导向的干部考核奖励机制。

改革进程：

2015 年

1. 修订完善《华北电力大学专业技术职务评聘办法》，完善分类评价体系。

2. 修订完善《华北电力大学处级领导干部选拔任用办法》，进一步完善干部选拔任用程序，为干部选拔任用提供更加科学的制度保障。

3. 研究并制定高层次人才引进、毕业生招聘、校外人员调入工作规范。

4. 完成养老金并轨工作。

2016 年

1. 研究并制定《华北电力大学教职工出国研修管理办法》，加强全员培训体系建设，提升教职工国际化水平。

2. 修订完善校内岗位津贴、绩效津贴发放办法，理顺非教师人员校内岗位津贴，规范“双肩挑”人员津贴管理，深化校内收入分配制度改革。

3. 修订完善博士后管理制度，补充师资博士后管理办法；设立“华北电力大学优秀博士后奖励基金”，加大博士后的激励力度。

4. 研究并制定《华北电力大学关于加强处级干部队伍建设的若干意见》，固化已有成果，明确努力方向，形成学校干部工作的纲领性文件，不断深化以提高执行力和管理效能为目标的干部队伍管理改革，建立一支“信念坚定、为民服务、勤于政务、敢于担当、清正廉洁”的干部队伍。

5. 修订完善《华北电力大学创新人才支持计划》，进一步创新支持模式，加大支持力度，助力教师职业发展。

6. 修订完善教职工考核办法，强化分类考核，建立多元化评价模式，加强考核体系建设。

7. 修订完善《华北电力大学关于规范新进教职工聘用管理暂行办法》，完善“准聘—长聘”制度，形成早期职业竞争与晚期职业保护相结合的晋升淘汰制度。

8. 建立青年教师工程化实践基地。

2017 年

1. 合理确定学校各级各类岗位，优化岗位比例结构，进行新一轮全员聘任。

2. 研究并制定《华北电力大学五级、六级职员岗位聘任实施办法》和《华北电力大学干部分类管理实施方案》，推进学校职员队伍建设和干部分类管理。

3. 创新各类人才计划申报工作机制，调整、完善申报政策与评审制度，促使学校老、中、青教师队伍的协调发展。

4. 研究并制定《华北电力大学处级单位干部绩效奖励办法》，调动干部工作积极性，鼓励干部建功立业。

5. 研究并制定《华北电力大学处级干部教育培训规划》，建立以凝练项目、构建模式、制定政策为导向的干部教育培训体系。

6. 研究并制定劳动（劳务、兼职）合同人员管理办法，逐步完善多元化用人模式。

2018 年

1. 创新编制管理。建立新的机构编制管理方式、人员总量控制办法、公益服务提供方式和用人单位用人机制，实现自主用人，管理增效。

2. 研究并制定《华北电力大学高层次人才引进管理和考核办法》，完善人才引进后的管理考核与绩效跟踪服务，切实保障学校引才效果。

3. 研究并制定《华北电力大学科研平台和本科教学实验室运行和管理的实施意见》，整合实验室资源，理顺科研平台运行机制；加强实验人员队伍建设，突出分类管理。

2019—2020 年

各项政策不断完善并深入落实，改革成果初步显现，教师发展体系日益完善，青年教师“三化”比例不断提升，各级各类人员管理进一步规范，结构比例不断优化，晋升渠道得到有效拓宽，评价体系不断完善，真正做到“以人为本、人尽其才、才尽其用”。

（四）推进学校治理结构与治理体系改革，完善现代大学制度

改革内部治理结构，精简机构设置，加强院系管理体系与能力建设，强化学术组织作用，加强党建与思想政治教育工作，优化资源配置，不断完善现代大学制度。

1. 坚持和完善党委领导下的校长负责制。落实中央《关于坚持和完善普通高等学校党委领导下的校长负责制的实施意见》，完善党委常委会和校长办公会的议事规则和决策程序；进一步完善“三重一大”事项决策制度。

2. 推进以学校章程为统领的制度体系建设。依据国家法律法规和学校章程，进一步推进规章制度的“废、改、立、释”工作，进一步规范学校文件的制定程序，推进各项规章制度建设与完善；以历史的深度、国际的宽度和现实的准确度为着眼点和出发点，推进学校制度体系健全、规范、高效、统一，入主流、上层次，建立一整套与国家和区域经济社会发展相适应的、富有良好效率和充分竞争力的高水平大学制度体系，为学校的改革发展提供充足的体制机制保障和优越的制度环境。

3. 健全学术组织及其运行机制。落实学校学术委员会章程，完善学术委员会运行机制，规范工作规程，充分发挥学术委员会在学科建设、学术评价、学术发展和学风建设等方面的重要作用，尊重并支持学术委员会独立行使职权，积极探索教授治学的有效途径；在校级学术委员会的大框架下，针对学科建设、教师聘任、教学指导、科学研究、学术道德等不同学术事项，建立和完善若干专门委员会，进一步健全以学术委员会为核心的学术管理体系和组织架构，建立学术委员会或其专门委员会定期开展教学、科研等重大学术事项的研判论证机制，为学校学术发展提供咨询建议；依托学术委员会组织开展有重大影响的学术活动，活跃学术氛围；进一步完善对违反学术规范、学术道德行为的认定程序和有效办法，依章依规履行学术权力，维护良好的学术氛围，端正学术风气，保障和促进科学研究和教育教学的发展繁荣和规范健康。

4. 构建精简高效的管理服务体系。根据学校人才培养、科学研究、管理服务等需要，按照精简高效原则，科学合理设立管理服务机构，试行大部制改革，减少部门数量、简化办事流程，北京校部和保定校区机构设置不实行完全对应，提高管理效率和工作效能；以学科建设为龙头，突出学科门类和学科集群特点，进一步完善学术组织架构；按照实际需求，合理确定编制、岗位和职责，按需设岗，制定并完善各级各类岗位职责。

5. 推进院系治理体系改革，加强院系治理能力建设。加强院系建设是新时期学校向高水平大学目标迈进历程中的一个重要战略布局。大力加强院系领导班子建设，明确院系领导班子及院系党政主要负责人的职责，完善以党政联席会议制度为核心的议事规则与民主决策程序；加强院系内部治理结构建设和制度建设，提升院系自我发展能力和自主创新能力；采取灵活多样的形式，组建和完善院系层面学术组织，发挥基层学术组织和教授在院系学术事务上的核心作用，充分发挥教授在人才培养、学术研究中的作用，保障教师的学术权利和学术自由，激发教师的创新活力和主动参与院系管理的热情。进一步理顺学校与院系的关系，逐步实现管理重心下移，激发院系办学活力；推进院系管理改革试点，在人员聘任、考核、津贴分配、绩效奖励等方面赋予院系和重大科研团队更多自主权，使院系真正成为学科建设和学院治理的主体。

6. 深化后勤管理体制改革。进一步推进和深化后勤管理体制改革，构建权责清晰、公益性投入与市场化运营相结合的后勤保障体系；加强后勤内控体系建设，加强后勤经营、服务、管理的制度建设，开展后勤工作体系的监管及评估；强化成本核算、优化资源配置，相对独立运营，实现资产保值增值，不断提高发展能力；采用灵活用工方式，提高人员专业素质，提高服务质量和水平，为师生提供优质、高效、环保、节能的服务。

7. 优化资源配置，提升办学保障水平。改革财务预算管理体系，提高办学经费筹措能力和使用效益；改革房产等校内资源配置方式，完善有偿使用制度，推进资源整合和开放共享；改革信息化建设管理体制，大力加强校园信息化建设；围绕学校发展和综合改革，不断优化资源配置，为高水平大学建设提供充分的财务保障和完备的资源支撑。

8. 加强和改善党建和思想政治工作。围绕高水平大学办学目标，按照全面从严治党的总体要求，不断增强党建和思想政治工作在把握方向、夯实基础、凝聚师生、推动发展方面的重要作用，大力培育和践行社会主义核心价值观，不断加强意识形态工作，提升基层党组织的战斗力，强化理论学习和师德师风建设，努力营造积极向上的大学文化，为学校改革发展提供坚强政治保证和良好思想氛围。

改革进程：

2015 年

1. 修订完善《华北电力大学学术委员会章程》，发挥各级各类学术组织的作用。

2. 修订完善并正式发布学校职能部门工作职责及工作流程。

2016 年

研究并制定《华北电力大学规章制度管理办法》，持续开展各项规章制度的“废、改、立”工作，推进学校制度体系建设。

2017 年

研究并编制《华北电力大学面向能源电力行业服务行动计划》，拓展社会服务内涵，以贡献赢得社会和行业支持，形成大学理事会、校友会和基金会整体工作合力，完善社会参与机制，扩大对外合作平台。

2018 年

管理部门大部制和学术组织机构改革基本完成，根据人员总量规模重新核定各级各类岗位数量和比例结构，推进编制、岗位、职责的“三定”工作，推进治理结构创新与治理体系优化。

2019—2020 年

基本建立起符合《华北电力大学章程》的系列管理制度和师生权益保障体系，现代大学制度日益完善，办学活力进一步增强，为构建政校分开、管办分离、依法办学、社会参与的现代大学治理体系打下坚实的基础。

四、组织保障

（一）积极争取中央、地方政府和行业企业、社会各界的广泛支持

积极争取各级政府的政策支持，努力破除制约学校改革发展的体制机制障碍；采取适宜形式和有效方式，积极争取政府对学校改革发展实践的方向性指导和相关资金支持，帮助学校协调解决改革进程中的新矛盾和新问题；主动听取理事会单位、能源电力行业企业和社会相关机构对学校改革发展的建议和意见，并争取获得相关资源支持；根据改革发展的实际需要，调整办学经费对相关工作的支持力度，必要时设立校内综合改革专项资金，为综合改革的顺利实施提供坚实的保障。

（二）强化组织领导，鼓励基层创造，提高改革的效能

成立由党委书记、校长任组长的学校深化综合改革领导小组，加强对综合改革的组织领导；紧紧把握好综合改革要遵循的规律性、系统性、连续性和可操作性原则，加强对学校改革发展的全局性研判和战略性谋划，在继承已有改革成果的基础上进一步明确制约学校发展的关键性症结，以问题为导向寻找改革的突破口，做好方案的顶层设计；明确各部门和院系职责，鼓励二级单位根据实际情况积极探索和大胆实践，确保改革的针对性和有效性。

（三）加强宣传引导，形成全校师生员工广泛关注和积极参与改革的良好氛围

加强舆论宣传，强化目标引领，营造改革氛围，不断增强师生员工对学校改革发展的紧迫感和责任感，多方面引导师生员工正确处理学校和院系、全局和局部、当前和长远、个人和集体的关系，正确对待利益格局调整，形成全校师生员工理解改革、支持改革、参与改革的良好氛围；发挥学校各级党组织在改革进程中总揽全局、协调各方的领导核心、战斗堡垒作用和党员的先锋模范作用，坚持党的群众路线，完善师生利益表达机制和建言献策渠道，集中师生智慧，凝聚师生共识，确保改革各项工作的顺利开展和深入推进。

（四）建立健全监督评估机制，确保改革取得实效

根据学校综合改革总体方案，抓紧制定改革具体方案，落实年度推进计划，分解任务，明确责任，确保改革工作可衡量、可检查；建立健全工作督查制度，及时报告改革进展情况和遇到的实际困难，完善过程监督机制，加强事中、事后监管，确保改革

方向的正确；建立健全改革成效跟踪评估机制，对改革创新绩效进行考核和激励，鼓励先进、问责落后。同时根据监管情况和对改革成效的评价结果，及时修正完善改革方案，动态调整相关改革措施，确保改革取得实际成效。

2015 年 12 月 25 日

□重要文件

IMPORTANT ARTICLES

关于加强和改进宣传思想工作队伍建设的实施意见

华电党宣〔2015〕5号

直属各党委（党总支、党支部）、校直各单位：

为深入贯彻中共中央办公厅、国务院办公厅《关于进一步加强和改进新形势下高校宣传思想工作的意见》和中共中央宣传部、中共教育部党组《关于加强和改进高校宣传思想工作队伍建设的意见》精神，进一步推进中共华北电力大学委员会《关于加强和改进宣传思想工作的意见》的落实，切实加强和改进宣传思想工作队伍建设，结合学校实际，特制定本意见。

一、充分认识和把握加强和改进宣传思想工作队伍建设的重要意义和总体要求

高校宣传思想工作队伍是党的宣传思想工作的一支重要力量，加强队伍建设是新形势下加强和改进高校宣传思想工作一项重大而深远的战略任务。宣传思想工作的根本任务，就是要巩固马克思主义在意识形态领域的指导地位，巩固全党全国人民团结奋斗的共同思想基础，学习研究宣传马克思主义、培养中国特色社会主义事业建设者和接班人。学校宣传思想工作队伍，是学校统一思想、凝聚共识，办好中国特色社会主义大学、建设高水平大学的重要思想和组织保障力量，要把加强和改进宣传思想工作队伍建设，作为全面落实新形势下学校宣传思想工作战略任务的基础工程，以加强思想理论建设为根本，以配齐建强队伍为重点，以提高工作能力为核心，以改革完善激励机制为保障，努力建设一支信念坚定、数量充足、结构合理、能力突出、勇于担当的高素质宣传思想工作队伍。

二、加强和改进宣传思想工作队伍建设的重点任务

（一）不断加大专职宣传思想工作队伍建设力度

为贯彻落实中央及上级部门对学校宣传思想工作的有关要求，进一步强化党委宣传部“六个统筹”（即：统筹意识形态工作，统筹推进培育和践行社会主义核心价值观，统筹校园文化建设，统筹新闻宣传舆论引导，统筹网络文化建设和管理，统筹教师思想政治工作）职责任务和牵头抓总职能，按照中央、教育部“加强力量配备、明确专岗专责、着眼优化结构”的原则，要科学核定、合理配置，并适度增加党委宣传部干部职数和人员编制，把政治坚定和在理论上、笔头上、口才上有专长的优秀干部充实到宣传思想工作重要岗位。

（二）配齐加强兼职宣传思想工作队伍

各有关部门要把政治标准作为人员聘用、考核的首要标准，切实贯彻落实党和国家关于配备思想政治理论课专任教师、专职辅导员和班主任、心理健康教育教师等方面的要求和规定，加大人才引进和培养力度，合理调配现有编制，充分发挥兼职宣传思想工作队伍的作用。

（三）加强培训工作，提升队伍整体素质

坚持党管干部、党管人才原则，把宣传思想工作队伍建设纳入学校人才队伍建设计划和培训规划。

按照政治上强起来的要求，健全政治理论经常性学习制度、定期轮训制度以及思想政治状况定期调查分析制度，合理制定政治理论学习计划，确保每年集中政治理论教育时间不少于24学时。

密切关注全国高校思想政治理论课教师社会实践研修基地、教育部辅导员培训和研修基地、国家级高校宣传思想工作队伍培训基地建设，积极参与国家示范培训、省级分批轮训；积极参加教育部实施的卓越新闻传播人才和高校网络文化建设骨干队伍培养计划等，努力培养一支忠诚于党的宣传思想工作事业的人才队伍。

（四）加强和改进宣传思想工作队伍的网宣能力

着力提升网络运用能力，遵循信息网络规律，把掌握运用微信、微博等新媒体操作技术作为宣传思想工作队伍的必备能力，练就运用“网言网语”参与网络文化建设管理的过硬本领。

着力增强网络舆论引导能力，培养训练主动设置议题、汇集研判网上思想动态、回应网上关切的方法手段，熟练掌握网上信息发布、报送和舆论引导工作规程，不断增强应对网络舆情突发事件的能力，着力培育一大批网络宣传骨干人才。

着力增强网络信息安全管理能力，强化对网上有害信息的甄别、抵制、批判能力，学习掌握抵御防范网络攻击的技术规范和技巧。

（五）不断强化宣传思想工作队伍的实践锻炼

积极推动学校与学校之间、学校与地方之间、部门与院（系）之间的宣传思想工作干部交流任职，支持思想政治理论课教师和哲学社会科学教师与相关实务部门人员互相兼职。

紧密结合社会实践和校外挂职，积极参与高校思想政治理论课教师社会实践研修活动、辅导员暑期“三下乡”社会实践活动、青年教师参加教育驻外工作和到孔子学院任教等，不断拓宽社会实践的途径。

加快推进志愿服务长效机制建设，规范师生志愿服务活动认证和登记，鼓励支持宣传思想工作队伍积极投身志愿服务活动。

（六）完善宣传思想工作队伍的激励评价机制

坚持重品德、重能力、重业绩、重服务的用人导向，坚持解决思想问题和实际问题相结合，加强人文关怀，完善激励政策。

在校内分配制度改革中，认真研究制定宣传思想工作专兼职一线人员的工作量计算办法和津贴补贴标准。

加大表彰激励力度，建立健全学校宣传思想工作队伍的表彰奖励办法。

严格落实辅导员“双重身份、双线晋升”和辅导员专业技术职务单列指标、单设标准、单独评审政策。

鼓励和支持专职宣传思想工作干部在职攻读学位、赴国内外研修、交流任职等，拓展职业发展空间和晋升通道。

积极探索建立优秀网络文章在科研成果统计、职务职称评聘方面的认定机制，不断形成吸引优秀人才参与网络文化建设的政策导向。

三、加强和改进宣传思想工作队伍建设的保障措施

（一）加强组织领导

学校成立加强和改进宣传思想工作队伍建设领导小组，加强统筹协调和督促落实，制定宣传思想队伍建设规划，纳入学校整体队伍建设规划当中，不断完善支持政策和保障制度，适度增加宣传思想工作经费，确实保障党委宣传部履行好宣传思想工作牵头抓总职能。

各基层党委、党总支、直属党支部，统筹负责本单位的宣传思想工作，并明确一名分管领导和一名宣传员，确保任务到岗、责任到人。

（二）强化责任落实

强化领导责任。将学校宣传思想工作列入党委工作重要内容，每学期专题研究意识形态工作和宣传思想工作队伍建设工作。

强化管理责任。建立健全宣传思想工作目标管理责任制和检查评估制度，构建党委书记负总责，校长和分管副书记、其他班子成员“一岗双责”，各有关部门和院（系）协调推进的工作机制。

强化考核责任。把宣传思想工作纳入院（系）和有关部门领导班子的考核当中，明确各级宣传思想工作队伍的目标任务和责任清单，做到有责必问、有责必查、有责必究。

2015 年 11 月 20 日

关于公布2015年第一批废止文件的通知

华电校办〔2015〕1号

校直各单位：

根据《关于认真做好清理学校规章制度工作的通知》（华电校〔2014〕5号）文件精神，学校对各类规章制度性文件进行了清理，经研究确定第一批废止的规章制度文件68份，现予以公布（详见附件）。

2015年3月6日

附件：

华北电力大学2015年第一批废止文件

序号	部门	规章制度名称	文件文号	备注
1	宣传部	华北电力大学关于加强和改进校园网信息建设与管理的若干意见	华电党宣〔2007〕8号	废止
2	纪委办、监察处、审计处	华北电力大学内部审计工作程序的若干规定	华电校审〔1996〕4号	废止
3	纪委办、监察处、审计处	华北电力大学（北京）审计工作程序实施细则	华电京审〔1998〕68号	废止
4	纪委办、监察处、审计处	华北电力大学（北京）审计档案管理办法	华电京审〔2001〕2号	废止
5	纪委办、监察处、审计处	华北电力大学领导干部任期经济责任审计实施办法	华电校审〔2001〕3号	废止
6	纪委办、监察处、审计处	华北电力大学关于落实“三重一大”制度的意见	华电党〔2003〕21号	废止
7	纪委办、监察处、审计处	华北电力大学设备物资采购和基建修缮工程招标管理办法	华电监察〔2007〕5号	废止
8	人事处	华北电力大学教职工考核办法	华电校人〔2007〕15号	废止
9	人事处	华北电力大学管理岗位人员聘任专业技术职务的补充规定	华电校〔2008〕2号	废止
10	人事处	华北电力大学专职科研人员管理暂行办法	华电校人〔2009〕8号	废止
11	教务处	关于印发《学分制实施方案》等文件的通知	华电校教〔2003〕36号	废止
12	教务处	华北电力大学教学成果奖励办法	华电校教〔2004〕15号	废止
13	教务处	关于印发《华北电力大学教材选用及供应工作规范》等文件的通知	华电校教〔2004〕24号	废止
14	教务处	华北电力大学推荐优秀应届本科毕业生免试攻读硕士学位研究生工作实施办法	华电校教〔2006〕20号	废止
15	教务处	华北电力大学本科学生补考暂行规定	华电校教〔2007〕20号	废止
16	教务处	华北电力大学本科创新人才培养实验班实施方案（试行）	华电校教〔2007〕31号	废止

续表

序号	部门	规章制度名称	文件文号	备注
17	教务处	华北电力大学本科学生学分制学籍管理规定（试行）	华电校教〔2008〕26号	废止
18	教务处	华北电力大学推荐优秀应届毕业生免试攻读硕士学位研究生工作的实施办法（修订版）	华电校教〔2010〕27号	废止
19	教务处	华北电力大学教材建设奖励办法（试行）	华电校教〔2010〕7号	废止
20	科研院	华北电力大学科技奖励办法	华电校科〔2006〕3号	废止
21	科研院	华北电力大学学术道德规范	华电校科〔2009〕7号	废止
22	科研院	华北电力大学“中央高校基本科研业务费专项资金”管理实施细则	华电校科〔2009〕11号	废止
23	科研院	关于调整《华北电力大学科技奖励办法》若干条款的通知	华电校科〔2010〕2号	废止
24	学生处	华北电力大学国家助学金评审办法	华电校学〔2010〕27号	废止
25	研究生院、学位办	华北电力大学授予科技学院毕业生学士学位暂行办法	华电校学科〔2006〕12号	废止
26	研究生院、学位办	华北电力大学研究生培养机制改革方案（试行）	华电校研〔2009〕7号	废止
27	研究生院、学位办	华北电力大学研究生培养机制改革方案（修订）	华电校研〔2011〕24号	废止
28	研工部	关于印发《华北电力大学研究生奖助学金评定管理暂行办法》的通知	华电校研〔2009〕10号	废止
29	研工部	关于提高博士研究生普通奖学金标准的通知	华电校研〔2010〕1号	废止
30	研工部	华北电力大学研究生奖学金评定管理办法	华电校研〔2012〕14号	废止
31	财务处	华北电力大学内部财务二级核算管理办法	华电京财〔2001〕144号	废止
32	财务处	关于调整短期培训收入提成比例的通知	华电校财〔2008〕1号	废止
33	财务处	华北电力大学科技项目经费管理暂行办法	华电校财〔2008〕7号	废止
34	财务处	华北电力大学科技项目经费管理暂行办法补充规定	华电校财〔2012〕5号	废止
35	财务资产处（保定）	华北电力大学关于职工个人所得税代扣代缴办法的通知	华电校财〔1999〕10号	废止
36	财务资产处（保定）	关于我校实行职工个人所得税代扣代缴的通知	华电校财〔1999〕13号	废止
37	财务资产处（保定）	华北电力大学关于使用牡丹卡收缴学费及住宿费的通知	华电校财〔2002〕4号	废止
38	财务资产处（保定）	华北电力大学经济责任制	华电校财〔2002〕9号	废止
39	财务资产处（保定）	华北电力大学财务收支预算管理办法和华北电力大学预算委员会工作规则	华电校财〔2002〕10号	废止
40	财务资产处（保定）	华北电力大学关于大额资金使用审批的暂行规定	华电校财〔2002〕11号	废止
41	财务资产处（保定）	华北电力大学收费票据管理办法	华电校财〔2002〕12号	废止
42	财务资产处（保定）	华北电力大学财务分析及其评价指标体系	华电校财〔2002〕13号	废止
43	财务资产处（保定）	华北电力大学会计电算化环境下的内部控制制度	华电校财〔2002〕14号	废止
44	财务资产处（保定）	华北电力大学资金结算中心结算办法	华电校财〔2002〕15号	废止
45	资产处	关于对学校周转房实施市场化改革的决定	华电校勤〔2007〕4号	废止
46	资产处	华北电力大学国有资产管理暂行办法、华北电力大学仪器设备管理暂行办法、华北电力大学物资设备采购管理实施细则	华电校勤〔2007〕6号	废止
47	资产处	华北电力大学关于资产清查盘亏资产的处理意见	华电校勤〔2007〕10号	废止

续表

序号	部门	规章制度名称	文件文号	备注
48	资产处	华北电力大学校部各类用房收费标准	华电校勤〔2009〕5号	废止
49	资产处	华北电力大学校部专家公寓管理办法	华电校勤〔2009〕6号	废止
50	基建处	华北电力大学基建招标投标管理实施细则（试行）	华电校建〔2008〕3号	废止
51	后勤处	华北电力大学大型修建项目专家咨询论证暂行办法	华电校勤〔2009〕2号	废止
52	后勤基建处（保定）	华北电力大学专项修缮改造工程管理办法	华电校勤〔2007〕7号	废止
53	后勤基建处（保定）	华北电力大学节能降耗暂行办法和实施细则	华电校勤〔2007〕12号	废止
54	保卫处	华北电力大学安全生产大检查实施方案	华电校保〔2013〕3号	废止
55	保卫处（保定）	华北电力大学计算机及网络信息系统安全管理暂行规定	华电校保〔2000〕6号	废止
56	保卫处（保定）	华北电力大学校园公共秩序管理暂行规定	华电校保〔2001〕8号	废止
57	保卫处（保定）	华北电力大学关于进一步加强校园公共秩序管理的通知	华电校保〔2002〕8号	废止
58	保卫处（保定）	华北电力大学预防和处理学生伤害事故办法	华电校保〔2003〕1号	废止
59	学科办	华北电力大学在博士学位授权一级学科范围内自主设置学科、专业的实施办法	华电校学科〔2007〕10号	废止
60	工会	华北电力大学关于实施分工会工作考核量化细则的决定	华电京工〔2001〕1号	废止
61	工会	华北电力大学关于实施《分工会工作考核量化细则（修订稿）》的决定	华电京工〔2002〕4号	废止
62	工会	华北电力大学关于实施新的《分工会工作量化考核细则》的决定	华电京工〔2004〕6号	废止
63	工会	华北电力大学关于实施修订后的《分工会工作量化考核细则》的决定	华电京工〔2005〕7号	废止
64	工会	华北电力大学关于实施修订后的《分工会量化考核细则》的决定	华电工〔2006〕4号	废止
65	工会	华北电力大学工会经费使用管理办法	华电工〔2009〕17号	废止
66	团委	华北电力大学届中补选团总支书记实施办法	华电团〔2007〕15号	废止
67	校医院	华北电力大学（北京）教职工公费医疗暂行规定	华电京医〔1996〕13号	废止
68	校医院	华北电力大学（北京）学生公费医疗暂行规定	华电京医〔1996〕14号	废止

关于成立教师教学发展专家咨询委员会的通知

华电校教〔2015〕3号

校直各单位：

为了全面深化教育教学改革，提高教育教学质量，服务教学工作，促进教师教学发展，经学校研究，决定成立教师教学发展专家咨询委员会。现将有关事项通知如下：

续表

一、主要职责

（一）对学校教师教学发展工作、政策制度进行政策咨询与建议。

（二）对学校教师教学发展中心工作方案提供咨询建议。

（三）结合专业特点、教师个人特质，为教师职业生涯规划发展提供咨询服务。

（四）针对教师在教学工作中存在的问题、特别是课堂教学过程中遇到的困惑，提供个性化的教学咨询与帮助，从教学理念、教学设计、教学方法、教育技术等方面为教师教学能力提升提供指导建议。

二、人员组成

主任：教学督导组组长

委员：教学督导组专家，国家级、省级、校级教学名师

三、组织机构

教师教学发展专家咨询委员会分属地分别在北京校部和保定校区成立。秘书处设在教师教学发展中心，负责专家咨询委员会日常工作的联系与协调。

2015 年 3 月 16 日

关于明确华北电力大学附属学校分管校领导的通知

华电党〔2015〕2号

各党委(党总支、直属党支部)、校直各单位:

根据工作需要，经2015年3月24日党委常委会研究决定:

孙忠权同志协助校长负责华北电力大学附属学校(含华电附中、华电附小，以及筹建中的幼儿园)的建设与管理工作。

日常工作由信息化建设与管理办公室承担。

2015年3月25日

关于调整华北电力大学思想政治理论课建设领导小组的通知

华电党宣〔2015〕2号

各基层党委、党总支、直属党支部:

为深入贯彻落实习近平总书记关于加强高校党的建设、加强和改进高校思想政治理论课的重要批示精神，进一步贯彻落实《中共中央、国务院关于进一步加强和改进大学生思想政治教育的意见》，全面加强学校思想政治理论课和人文社科课程的宏观指导，根据工作需要，经研究决定对华北电力大学思想政治理论课建设领导小组成员予以调整，调整后的成员名单如下:

组　长: 吴志功　刘吉臻

副组长: 张金辉　安连锁

成　员:(按姓氏笔画为序)

王秀梅　王集令　王聚芹　仇必鳌

卢占会　李　东　李　林　张新娟

陈　志　苑英科　赵冬鸣　赵冬梅

柳长安　律方成　顾雪平　梁　平

蔡利民

领导小组办公室设在政教部。苑英科为办公室主任(兼)，王聚芹为办公室副主任(兼)。

2015年3月30日

关于成立华北电力大学综合改革方案编制专门工作小组并开展工作的通知

华电校〔2015〕3号

校直各单位:

为做好学校综合改革方案编制工作，根据国家教育体制改革领导小组有关要求，学校决定：成立学校综合改革方案编制专门工作小组，负责改革方案编制及相关工作。

一、各专门工作组及人员组成

1. 综合组

组　长: 吴志功　刘吉臻

副组长: 汪庆华　郭炜煜

成　员: 荀振芳

2. 人才培养组

组　长: 安连锁

副组长: 米增强　赵冬梅　柳长安

成　员: 王秀梅　顾雪平　张新娟　李　林

段春明

3. 科技创新组

组　长：杨勇平

副组长：檀勤良

成　员：丁常富　肖万里

4. 劳动人事组

组　长：李双辰

副组长：赵秀国

成　员：马小勇　姜　波　孟大伟

5. 学科建设组

组　长：杨勇平

副组长：律方成

成　员：卢占会

二、主要任务

围绕“多科性、研究型、国际化”高水平大学办学目标和学校第一次党代会确定的“三步走”发展战略，科学研判我国高等教育发展的新形势、新任务、新要求，从学校各项事业发展的实际出发，认真梳理存在的问题，实事求是地对问题做出“轻、重、缓、急”的分析，提出深化改革的目标、重点举措和预期成效。通过深化改革、破解难题，加快建立健全与高水平大学建设相适应相匹配的发展机制与办学模式，为学校2015—2020年乃至今后更长一段时间的发展提供行动指南。

三、基本要求

1、要将综合改革方案制定工作与党的群众路线教育实践活动整改、“十二五”工作总结、“十三五”规划制定等工作有机结合起来。

2、各专项方案原则上围绕问题陈述、形势分析、改革目标、主要举措、预期成效五个方面撰写，重点放在改革举措上。

四、进度安排

1.2015年4月初，正式启动专项改革方案编制工作；

2.2015年4月底，各专项工作组提交专项改革方案；

3.2015年5月上旬，完成学校综合改革方案草案；

4.2015年5月中旬，校长办公会审查改革方案草案；

5.2015年6月上旬，召开专题座谈会听取意见；

7.2015年6月中旬，根据征集到的意见完成方案修改；

8.2015年6月下旬，校党委常委会审定通过方案；

9.2015年6月底《改革方案》报国家教改办。

2015年3月30日

2015年4月15日

关于北京华电天德资产经营有限公司第三届董事会、监事会成员任命及公司经理聘任的决定

华电校产〔2015〕10号

校直各单位：

根据北京华电天德资产经营有限公司（以下简称“资产经营公司”）公司章程规定，资产经营公司董事会由华北电力大学经营性资产管理委员会委派，董事会每届任期三年。

经华北电力大学经营性资产管理委员会聘任（自2015年3月20日起），学校批准，北京华电天德资产经营有限公司第三届董事会、监事会人选及经理聘任名单如下：

董事会成员名单：

董 事 长：孙忠权

副董事长：王增平

董　事（按姓氏笔画排列）：

李长青　刘观起　刘宗德（职工代表）　姚凯文　檀勤良

监事会成员名单：

主　席：范　立

监　事：（按姓氏笔画排列）

丁相宝　万　军（职工代表）　刘志远　范寒松　姚敬伟（职工代表）　潘　洁

公司经理名单如下：

聘任姚凯文为北京华电天德资产经营有限公司

总经理。

聘任刘观起为北京华电天德资产经营有限公司常务副总经理。

聘任钱跃飞为北京华电天德资产经营有限公司副总经理。

聘任李长青为北京华电天德资产经营有限公司副总经理。

聘任金海燕为北京华电天德资产经营有限公司副总经理兼董事会秘书。

2015 年 6 月 26 日

关于成立华北电力大学公共管理硕士（MPA）教育中心的通知

华电校人〔2015〕18 号

校直各单位：

根据全国公共管理专业学位研究生（MPA）教育指导委员会相关要求，结合国务院学位委员会办公室对公共管理硕士专业学位授权点评估指标设计，经学校研究决定，成立华北电力大学公共管理硕士（MPA）教育中心（简称 MPA 教育中心），挂靠人文与社会科学学院。

MPA 教育中心作为学校 MPA 教育的日常工作机构，全面负责中心日常管理和 MPA 教育教学的各项具体事务；负责实践基地的建设、监督和管理；负责总结、凝练和创新 MPA 教育教学方法和培养模式，促进学校 MPA 教育质量的不断提高。

2015 年 7 月 3 日

关于成立节能领导小组和节能管理办公室的通知

华电校人〔2015〕29 号

校直各单位：

为进 步提高我校能源管理水平，落实国家及上级有关部门关于节能方面的法律、法规及政策，指导制定我校节能规划、制度，推动我校节约型校园、绿色校园建设，经学校研究决定：成立华北电力大学节能领导小组，小组成员名单如下：

组　长：孙忠权

副组长：林长强　刘斐

成　员：学生工作部、研究生工作部、校工会、校团委、计划财务处、资产管理处、国际教育学院主要负责人

同时，成立节能管理办公室，撤销原能源管理办公室建制。节能管理办公室作为节能领导小组的下设机构，隶属后勤管理处，具体负责学校节能管理日常事务，办公室主任由后勤管理处分管能源工作的副处长担任。节能办公室主要职责为：

1. 在节能领导小组的领导下负责学校节能管理日常事务；

2. 依据国家相关文件精神和政策法规，制定和监督落实学校节能工作的相关政策和制度；

3. 申报和申请重大节能改造项目及资金并负责项目实施；

4. 统计、分析、报送学校的年度能源报告；接收上级主管部门对我校能源管理和节能工作进行评审；

5. 监督和管理校内各单位和附属机构的能源使用情况，完善能源计量、规范能源定额管理和费用的收取。

2015 年 12 月 16 日

关于成立附属学校建设与管理办公室的通知

华电校人〔2015〕30号

校直各单位：

为了加强我校附属学校的建设与管理，经学校研究决定：成立华北电力大学附属学校建设与管理办公室，负责华北电力大学附属中学、附属小学、附属幼儿园的建设、管理及协调工作。其主要职责为：

一、负责组织制定我校附属中学、附属小学、附属幼儿园的中长期发展规划和具体实施工作；

二、负责与北京市教委、昌平区教委的沟通和联络，负责北京市基础教育相关项目的推进和实施；

三、负责协调学校各相关部门与附属中学、附属小学、附属幼儿园的沟通、交流和合作；

四、负责制定我校教职工子女入学、入园相关政策，做好教职工子女入学、入园的相关协调和服务工作。

附属学校建设与管理办公室在北京校部设置，与信息化建设与管理办公室合署办公，人员编制为2人。

2015年12月16日

□统计报表与附录资料

STATISTICAL STATEMENTS AND APPENDIXES

学生基本数据情况表

华北电力大学 2015 年硕士研究生分专业学生数

专业名称	毕业生数	授予学位数	招生数		在校生数			
			计	其中：应届毕业生	合计	一年级	二年级	三年级及以上
甲	1	2	3	4	5	6	7	8
硕士研究生	2066	2066	2339	1755	6828	2339	2294	2195
其中：女	888	888	950	746	2827	950	921	956
学术型学位硕士	1248	1248	1312	1075	3890	1312	1290	1288
其中：女	558	558	555	470	1640	555	533	552
国家任务学术型学位硕士	1085	1085	1312	1075	3866	1312	1290	1264
模式识别与智能系统	13	13	14	11	43	14	13	16
模式识别与智能系统	4	4	8	6	24	8	8	8
系统工程	6	6	5	4	15	5	5	5
系统工程	5	5	6	4	21	6	6	9
农业电气化与自动化	6	6	8	4	27	8	10	9
检测技术与自动化装置	15	15	16	13	49	16	15	18
检测技术与自动化装置	7	7	8	5	22	8	8	6
理论物理	1	1	3	2	7	3	2	2
理论物理	3	3	5	5	13	5	5	3
车辆工程	1	1	1	1	4	1	2	1
机械电子工程	5	5	8	6	20	8	6	6
机械电子工程	9	9	15	12	39	15	13	11
计算机应用技术	35	35	36	23	110	36	36	38
计算机应用技术	20	20	27	21	79	27	26	26
电磁场与微波技术	3	3	0	0	10	0	4	6
电磁场与微波技术	3	3	0	0	9	0	5	4
制冷及低温工程	1	1	0	0	1	0	1	0
制冷及低温工程	1	1	1	1	5	1	2	2
工程热物理	7	7	11	10	31	11	11	9
工程热物理	6	6	8	4	21	8	6	7
机械制造及其自动化	5	5	3	3	12	3	4	5
机械制造及其自动化	4	4	6	5	15	6	4	5
材料科学与工程学科	0	0	20	19	20	20	0	0
软件工程学科	0	0	8	7	28	8	9	11
电机与电器	11	11	10	6	23	10	7	6
电机与电器	5	5	6	5	16	6	5	5
电子科学与技术学科	0	0	12	7	12	12	0	0

续表

专业名称	毕业生数	授予学位数	招生数		在校生数			
			计	其中：应届毕业生	合计	一年级	二年级	三年级及以上
电子科学与技术学科	0	0	6	5	6	6	0	0
电工理论与新技术	14	14	7	5	27	7	10	10
电工理论与新技术	14	14	16	10	49	16	16	17
水利水电工程	4	4	6	5	16	6	6	4
电路与系统	11	11	0	0	20	0	8	12
电路与系统	3	3	0	0	6	0	2	4
通信与信息系统	20	20	0	0	43	0	19	24
通信与信息系统	23	23	0	0	59	0	31	28
应用化学	2	2	6	5	15	6	5	4
水文学及水资源	12	12	14	13	38	14	13	11
电力系统及其自动化	145	145	152	141	457	152	155	150
电力系统及其自动化	58	58	84	68	240	84	79	77
工业催化	1	1	0	0	3	0	2	1
动力工程及工程热物理学科	1	1	2	0	6	2	2	2
核能科学与工程	9	9	32	27	79	32	29	18
高电压与绝缘技术	20	20	21	18	70	21	26	23
高电压与绝缘技术	9	9	15	13	35	15	12	8
电气工程学科	11	11	39	36	103	39	33	31
信号与信息处理	12	12	0	0	25	0	12	13
信号与信息处理	5	5	0	0	18	0	9	9
信息与通信工程学科	0	0	30	26	30	30	0	0
信息与通信工程学科	0	0	38	34	38	38	0	0
电力电子与电力传动	20	20	18	14	50	18	16	16
电力电子与电力传动	7	7	11	9	33	11	11	11
控制理论与控制工程	36	36	31	29	100	31	39	30
控制理论与控制工程	26	26	32	27	93	32	31	30
管理科学与工程学科	13	13	31	27	89	31	30	28
管理科学与工程学科	14	14	0	0	1	0	0	1
管理科学与工程学科	5	5	5	3	19	5	6	8
凝聚态物理	3	3	6	1	13	6	5	2
辐射防护及环境保护	3	3	7	7	15	7	1	7
公共管理学科	0	0	17	12	17	17	0	0
技术经济及管理	30	30	32	29	102	32	34	36
技术经济及管理	16	16	26	20	60	26	18	16
行政管理	16	16	0	0	30	0	16	14
行政管理	4	4	2	2	10	2	6	2
会计学	10	10	10	9	37	10	14	13
会计学	9	9	6	5	24	6	9	9

续表

专业名称	毕业生数	授予学位数	招生数		在校生数			
			计	其中：应届毕业生	合计	一年级	二年级	三年级及以上
水工结构工程	8	8	7	4	25	7	7	11
热能工程	53	53	59	58	192	59	71	62
热能工程	31	31	49	45	132	49	41	42
控制科学与工程学科	0	0	4	1	8	4	4	0
动力机械及工程	8	8	8	5	25	8	8	9
动力机械及工程	4	4	7	5	16	7	5	4
机械设计及理论	6	6	6	4	16	6	4	6
机械设计及理论	4	4	5	5	18	5	6	7
供热、供燃气、通风及空调工程	4	4	6	6	13	6	4	3
供热、供燃气、通风及空调工程	4	4	10	9	27	10	9	8
流体机械及工程	5	5	3	3	10	3	2	5
流体机械及工程	6	6	3	3	14	3	6	5
材料学	14	14	0	0	28	0	14	14
运筹学与控制论	4	4	5	4	17	5	6	6
运筹学与控制论	1	1	2	1	7	2	2	3
计算机系统结构	9	9	9	1	26	9	7	10
计算机系统结构	3	3	3	3	11	3	4	4
外国语言学及应用语言学	16	16	9	9	31	9	11	11
应用数学	4	4	14	14	43	14	18	11
应用数学	2	2	3	3	9	3	3	3
英语语言文学	14	14	3	2	13	3	3	7
英语语言文学	11	11	9	7	29	9	10	10
思想政治教育	4	4	8	4	20	8	5	7
思想政治教育	2	2	5	4	17	5	3	9
金融学（含：保险学）	2	2	3	3	10	3	4	3
金融学（含：保险学）	2	2	3	2	9	3	4	2
光学	2	2	3	1	7	3	2	2
马克思主义中国化研究	0	0	5	4	8	5	3	0
产业经济学	7	7	4	4	13	4	7	2
产业经济学	2	2	2	0	11	2	2	7
计算数学	7	7	10	7	28	10	7	11
计算数学	1	1	2	2	6	2	2	2
诉讼法学	4	4	0	0	14	0	6	8
诉讼法学	2	2	2	2	8	2	1	5
法学学科	0	0	12	4	12	12	0	0
环境与资源保护法学	2	2	0	0	1	0	0	1
国际法学（含：国际公法、国际私法、国际经济法）	5	5	0	0	7	0	4	3
数量经济学	2	2	0	0	2	0	0	2

续表

专业名称	毕业生数	授予学位数	招生数		在校生数			
			计	其中：应届毕业生	合计	一年级	二年级	三年级及以上
数量经济学	1	1	3	2	7	3	2	2
社会保障	1	1	0	0	1	0	0	1
社会保障	0	0	2	0	5	2	3	0
教育经济与管理	2	2	0	0	0	0	0	0
化学工程	2	2	2	1	6	2	2	2
化学工程	1	1	2	2	6	2	2	2
环境工程	9	9	22	18	59	22	17	20
环境工程	12	12	17	11	47	17	15	15
统计学	1	1	3	3	8	3	3	2
民商法学（含：劳动法学、社会保障法学）	0	0	3	2	7	3	3	1
企业管理（含：财务管理、市场营销、人力资源管理）	15	15	10	9	36	10	14	12
企业管理（含：财务管理、市场营销、人力资源管理）	6	6	9	6	22	9	7	6
计算机软件与理论	11	11	0	0	0	0	0	0
计算机软件与理论	5	5	6	6	18	6	6	6
环境科学	0	0	0	0	0	0	0	0
环境科学	2	2	3	2	9	3	3	3
委托培养学术型学位硕士	10	10	0	0	13	0	0	13
系统工程	0	0	0	0	0	0	0	0
模式识别与智能系统	0	0	0	0	0	0	0	0
计算机应用技术	0	0	0	0	0	0	0	0
理论物理	0	0	0	0	0	0	0	0
控制理论与控制工程	0	0	0	0	0	0	0	0
控制理论与控制工程	1	1	0	0	0	0	0	0
信号与信息处理	0	0	0	0	0	0	0	0
电气工程学科	0	0	0	0	0	0	0	0
高电压与绝缘技术	0	0	0	0	0	0	0	0
电力系统及其自动化	0	0	0	0	4	0	0	4
电力系统及其自动化	0	0	0	0	2	0	0	2
电路与系统	0	0	0	0	0	0	0	0
环境科学	0	0	0	0	0	0	0	0
计算机软件与理论	1	1	0	0	0	0	0	0
企业管理（含：财务管理、市场营销、人力资源管理）	1	1	0	0	1	0	0	1
企业管理（含：财务管理、市场营销、人力资源管理）	1	1	0	0	0	0	0	0
环境工程	0	0	0	0	0	0	0	0

续表

专业名称	毕业生数	授予学位数	招生数		在校生数			
			计	其中：应届毕业生	合计	一年级	二年级	三年级及以上
环境工程	1	1	0	0	0	0	0	0
数量经济学	0	0	0	0	0	0	0	0
诉讼法学	0	0	0	0	0	0	0	0
产业经济学	0	0	0	0	0	0	0	0
思想政治教育	0	0	0	0	0	0	0	0
思想政治教育	1	1	0	0	0	0	0	0
英语语言文学	0	0	0	0	0	0	0	0
热能工程	3	3	0	0	2	0	0	2
热能工程	1	1	0	0	0	0	0	0
会计学	0	0	0	0	0	0	0	0
行政管理	0	0	0	0	0	0	0	0
技术经济及管理	0	0	0	0	1	0	0	1
管理科学与工程学科	0	0	0	0	1	0	0	1
管理科学与工程学科	0	0	0	0	2	0	0	2
自筹经费学术型学位硕士	153	153	0	0	11	0	0	11
计算机应用技术	2	2	0	0	0	0	0	0
模式识别与智能系统	2	2	0	0	0	0	0	0
管理科学与工程学科	0	0	0	0	1	0	0	1
会计学	0	0	0	0	3	0	0	3
控制科学与工程学科	0	0	0	0	1	0	0	1
计算机软件与理论	1	1	0	0	1	0	0	1
外国语言文学学科	0	0	0	0	1	0	0	1
流体机械及工程	1	1	0	0	0	0	0	0
软件工程学科	0	0	0	0	1	0	0	1
电工理论与新技术	1	1	0	0	0	0	0	0
电子科学与技术学科	0	0	0	0	1	0	0	1
系统工程	2	2	0	0	0	0	0	0
模式识别与智能系统	2	2	0	0	0	0	0	0
计算机应用技术	9	9	0	0	0	0	0	0
机械电子工程	4	4	0	0	0	0	0	0
机械制造及其自动化	1	1	0	0	0	0	0	0
工程热物理	2	2	0	0	0	0	0	0
电磁场与微波技术	0	0	0	0	1	0	0	1
控制理论与控制工程	12	12	0	0	0	0	0	0
电力电子与电力传动	3	3	0	0	0	0	0	0
信号与信息处理	2	2	0	0	0	0	0	0
高电压与绝缘技术	4	4	0	0	0	0	0	0
车辆工程	1	1	0	0	0	0	0	0

续表

专业名称	毕业生数	授予学位数	招生数		在校生数			
			计	其中：应届毕业生	合计	一年级	二年级	三年级及以上
理论物理	1	1	0	0	0	0	0	0
检测技术与自动化装置	2	2	0	0	0	0	0	0
农业电气化与自动化	2	2	0	0	0	0	0	0
管理科学与工程学科	2	2	0	0	0	0	0	0
技术经济及管理	6	6	0	0	0	0	0	0
会计学	4	4	0	0	0	0	0	0
行政管理	1	1	0	0	0	0	0	0
热能工程	11	11	0	0	0	0	0	0
计算机软件与理论	2	2	0	0	0	0	0	0
机械设计及理论	2	2	0	0	0	0	0	0
动力机械及工程	1	1	0	0	0	0	0	0
思想政治教育	1	1	0	0	0	0	0	0
金融学（含：保险学）	1	1	0	0	0	0	0	0
英语语言文学	4	4	0	0	0	0	0	0
应用数学	1	1	0	0	0	0	0	0
计算机系统结构	1	1	0	0	0	0	0	0
运筹学与控制论	1	1	0	0	0	0	0	0
流体机械及工程	2	2	0	0	0	0	0	0
供热、供燃气、通风及空调工程	2	2	0	0	0	0	0	0
企业管理（含：财务管理、市场营销、人力资源管理）	2	2	0	0	0	0	0	0
环境工程	7	7	0	0	0	0	0	0
数量经济学	1	1	0	0	0	0	0	0
诉讼法学	2	2	0	0	0	0	0	0
产业经济学	1	1	0	0	0	0	0	0
光学	1	1	0	0	0	0	0	0
电力系统及其自动化	24	24	0	0	1	0	0	1
动力工程及工程热物理学科	1	1	0	0	0	0	0	0
应用化学	1	1	0	0	0	0	0	0
通信与信息系统	9	9	0	0	0	0	0	0
电路与系统	1	1	0	0	0	0	0	0
电工理论与新技术	4	4	0	0	0	0	0	0
电机与电器	2	2	0	0	0	0	0	0
环境科学	1	1	0	0	0	0	0	0
专业学位硕士	818	818	1027	680	2938	1027	1004	907
其中：女	330	330	395	276	1187	395	388	404
国家任务专业学位硕士	638	638	1027	680	2824	1027	1004	793
工程	1	1	19	14	32	19	13	0
工程	96	96	108	92	325	108	111	106

续表

专业名称	毕业生数	授予学位数	招生数		在校生数			
			计	其中：应届毕业生	合计	一年级	二年级	三年级及以上
工程	99	99	169	143	450	169	158	123
工程	50	50	35	24	111	35	39	37
工程	27	27	45	28	126	45	43	38
工程	26	26	40	28	114	40	42	32
工程	10	10	16	11	40	16	11	13
工程	12	12	20	17	58	20	21	17
工程	14	14	26	19	68	26	23	19
工程	1	1	0	0	3	0	0	3
工程	9	9	0	0	16	0	0	16
工程	10	10	17	9	49	17	17	15
工商管理	10	10	87	0	186	87	99	0
会计	28	28	16	9	48	16	18	14
工程管理	2	2	7	0	17	7	6	4
资产评估	13	13	5	4	40	5	19	16
翻译	0	0	13	7	37	13	9	15
翻译	6	6	2	1	8	2	4	2
应用统计	0	0	20	14	20	20	0	0
公共管理	0	0	10	0	10	10	0	0
资产评估	6	6	4	3	15	4	7	4
翻译	3	3	11	5	23	11	8	4
工程	209	209	343	247	990	343	343	304
工程管理	1	1	1	0	3	1	1	1
工商管理	0	0	3	0	7	3	4	0
会计	5	5	6	3	24	6	8	10
应用统计	0	0	2	2	2	2	0	0
公共管理	0	0	2	0	2	2	0	0
委托培养专业学位硕士	17	17	0	0	11	0	0	11
工程	2	2	0	0	0	0	0	0
工程	1	1	0	0	0	0	0	0
工商管理	12	12	0	0	6	0	0	6
工程	1	1	0	0	1	0	0	1
翻译	0	0	0	0	0	0	0	0
工程	0	0	0	0	0	0	0	0
工程	0	0	0	0	0	0	0	0
工程	0	0	0	0	0	0	0	0
工程	0	0	0	0	0	0	0	0
工程	0	0	0	0	0	0	0	0
工程	0	0	0	0	0	0	0	0

续表

专业名称	毕业生数	授予学位数	招生数		在校生数			
			计	其中：应届毕业生	合计	一年级	二年级	三年级及以上
会计	0	0	0	0	0	0	0	0
工程	1	1	0	0	2	0	0	2
工商管理	0	0	0	0	1	0	0	1
会计	0	0	0	0	1	0	0	1

华北电力大学 2015 年博士研究生分专业学生数

专业名称	毕业生数	授予学位数	招生数		在校生数					
			计	其中：应届毕业生	合计	一年级	二年级	三年级	四年级	五年级及以上
甲	1	2	3	4	5	6	7	8	9	10
博士研究生	146	146	200	47	1110	200	199	188	179	344
其中：女	34	34	60	16	320	60	55	42	45	118
学术型学位博士	146	146	200	47	1110	200	199	188	179	344
其中：女	34	34	60	16	320	60	55	42	45	118
国家任务学术型学位博士	124	124	200	47	993	200	199	170	160	264
工程热物理	1	1	8	2	17	8	5	2	0	2
电力电子与电力传动	5	5	0	0	13	0	5	3	5	0
控制理论与控制工程	6	6	11	2	71	11	8	9	16	27
检测技术与自动化装置	0	0	2	1	7	2	3	2	0	0
模式识别与智能系统	0	0	3	1	7	3	1	3	0	0
化工过程机械	0	0	3	0	12	3	5	1	1	2
管理科学与工程学科	4	4	3	3	23	3	6	3	3	8
管理科学与工程学科	7	7	5	1	21	5	4	3	5	4
管理科学与工程学科	4	4	3	0	15	3	4	3	3	2
工商管理学科	0	0	5	0	13	5	6	2	0	0
技术经济及管理	13	13	15	3	125	15	20	22	21	47
热能工程	15	15	23	6	159	23	20	23	25	68
控制科学与工程学科	0	0	2	1	5	2	1	2	0	0
控制科学与工程学科	0	0	2	0	4	2	1	1	0	0
动力机械及工程	3	3	7	1	33	7	8	4	8	6
流体机械及工程	3	3	4	2	10	4	2	2	1	1
企业管理（含：财务管理、市场营销、人力资源管理）	1	1	4	0	14	4	4	3	3	0

续表

专业名称	毕业生数	授予学位数	招生数		在校生数					
			计	其中：应届毕业生	合计	一年级	二年级	三年级	四年级	五年级及以上
电机与电器	2	2	0	0	6	0	2	1	0	3
电工理论与新技术	5	5	0	0	11	0	3	4	1	3
动力工程及工程热物理学科	9	9	16	2	71	16	14	14	8	19
动力工程及工程热物理学科	0	0	7	3	18	7	6	5	0	0
电力系统及其自动化	29	29	0	0	142	0	39	33	33	37
高电压与绝缘技术	7	7	0	0	35	0	8	8	7	12
电气工程学科	6	6	18	5	69	18	16	10	17	8
电气工程学科	4	4	0	0	33	0	8	7	3	15
电气工程学科	0	0	59	14	59	59	0	0	0	0
委托培养学术型学位博士	22	22	0	0	115	0	0	18	19	78
工程热物理	2	2	0	0	0	0	0	0	0	0
化工过程机械	0	0	0	0	2	0	0	0	0	2
控制理论与控制工程	3	3	0	0	8	0	0	0	2	6
电力电子与电力传动	1	1	0	0	0	0	0	0	0	0
电气工程学科	0	0	0	0	2	0	0	0	0	2
电气工程学科	0	0	0	0	5	0	0	2	1	2
高电压与绝缘技术	2	2	0	0	3	0	0	2	1	0
电力系统及其自动化	3	3	0	0	38	0	0	7	3	28
动力工程及工程热物理学科	0	0	0	0	5	0	0	1	4	0
动力工程及工程热物理学科	0	0	0	0	0	0	0	0	0	0
电工理论与新技术	1	1	0	0	2	0	0	0	0	2
电机与电器	0	0	0	0	2	0	0	0	0	2
企业管理（含：财务管理、市场营销、人力资源管理）	0	0	0	0	0	0	0	0	0	0
动力机械及工程	0	0	0	0	2	0	0	0	0	2
控制科学与工程学科	0	0	0	0	0	0	0	0	0	0
热能工程	2	2	0	0	24	0	0	5	3	16
技术经济及管理	5	5	0	0	12	0	0	1	4	7
技术经济及管理	0	0	0	0	2	0	0	0	0	2
工商管理学科	0	0	0	0	0	0	0	0	0	0
管理科学与工程学科	1	1	0	0	0	0	0	0	0	0
管理科学与工程学科	2	2	0	0	5	0	0	0	0	5
管理科学与工程学科	0	0	0	0	3	0	0	0	1	2
自筹经费学术型学位博士	0	0	0	0	2	0	0	0	0	2

华北电力大学2015年普通本科分专业学生数

专业名称	毕业生数	授予学位数	招生数				在校生数				
			计	其中：			合计	一年级	二年级	三年级	四年级
				应届毕业生	春季招生	预科生转入					
甲	1	2	3	4	5	6	7	8	9	10	11
普通本科生	5215	5162	5476	5186	0	101	21852	5545	5638	5507	5162
其中：女	1799	1795	1893	1797	0	39	7457	1896	1801	1878	1882
高中起点本科	5195	5142	5465	5179	0	101	21832	5534	5629	5507	5162
金融学	70	70	28	27	0	1	92	28	29	26	9
经济学	13	13	35	35	0	0	158	35	29	28	66
经济学	27	27	26	23	0	1	105	27	26	24	28
法学	56	55	58	56	0	2	107	58	29	18	2
法学	32	32	32	27	0	2	120	32	32	31	25
国际经济与贸易	1	1	30	30	0	0	174	30	47	53	44
社会工作	26	26	31	30	0	1	110	31	29	25	25
翻译	0	0	20	20	0	0	20	20	0	0	0
翻译	0	0	26	23	0	0	26	26	0	0	0
广告学	27	27	28	28	0	0	106	28	28	28	22
汉语言文学	0	0	0	0	0	0	43	0	22	0	21
应用物理学	0	0	30	30	0	0	94	30	24	20	20
应用物理学	21	21	27	27	0	0	108	27	33	26	22
应用化学（注：可授理学或工学学士学位）	0	0	57	57	0	0	110	57	53	0	0
应用化学（注：可授理学或工学学士学位）	53	53	56	55	0	2	222	61	58	54	49
市场营销	45	44	53	51	0	2	187	53	52	41	41
物流管理	27	27	28	28	0	0	92	28	26	20	18
信息管理与信息系统（注：可授管理学或工学学士学位）	24	24	28	28	0	0	104	28	30	21	25
信息管理与信息系统（注：可授管理学或工学学士学位）	28	28	26	24	0	1	107	27	26	27	27
工业工程（注：可授管理学或工学学士学位）	27	27	29	29	0	1	111	29	29	27	26
工商管理	31	31	32	32	0	0	113	32	28	27	26
工商管理	26	26	28	24	0	1	107	29	26	27	25
电子商务（注：可授管理学或经济学或工学学士学位）	19	18	28	27	0	1	96	28	29	18	21
人力资源管理	31	31	30	28	0	2	120	30	30	29	31

续表

专业名称	毕业生数	授予学位数	招生数 计	其中：应届毕业生	春季招生	预科生转入	在校生数 合计	一年级	二年级	三年级	四年级
工程造价（注：可授管理学或工学学士学位）	52	52	61	55	0	3	237	61	64	59	53
会计学	100	99	58	58	0	0	299	58	58	83	100
会计学	74	73	60	54	0	3	278	60	68	75	75
财务管理	59	59	63	63	0	0	244	63	62	61	58
产品设计	41	41	44	31	0	0	167	45	44	39	39
公共事业管理	28	28	28	27	0	1	99	28	24	26	21
公共事业管理	27	27	31	25	0	2	129	31	29	35	34
工程管理（注：可授管理学或工学学士学位）	54	54	59	58	0	1	233	59	48	67	59
能源化学工程	26	26	63	56	0	2	203	63	61	54	25
劳动与社会保障	28	27	29	27	0	2	117	29	30	28	30
行政管理	55	55	61	59	0	2	209	61	48	56	44
智能电网信息工程	63	63	91	90	0	1	325	91	83	94	57
水文与水资源工程	27	26	29	29	0	0	117	29	31	30	27
辐射防护与核安全	0	0	28	28	0	0	73	28	23	22	0
环境工程	52	52	57	54	0	1	222	58	58	59	47
核工程与核技术	136	134	118	118	0	0	501	118	124	126	133
环境科学（注：可授工学或理学学士学位）	27	26	30	28	0	1	112	30	28	30	24
水利水电工程	54	53	60	60	0	0	227	60	62	52	53
电气工程及其自动化	679	673	366	366	0	0	2259	366	493	658	742
电气工程及其自动化	541	533	484	441	0	8	2249	496	592	600	561
农业电气化	52	52	70	62	0	2	233	75	60	49	49
材料科学与工程	47	46	60	59	0	1	208	60	54	46	48
自动化	149	148	164	164	0	0	633	164	153	170	146
自动化	142	139	142	133	0	6	614	146	172	146	150
新能源科学与工程	140	139	169	166	0	3	626	169	167	167	123
机械电子工程	0	0	68	65	0	4	189	70	62	57	0
能源与动力工程	362	360	358	356	0	2	1422	358	361	358	345
能源与动力工程	261	257	288	249	0	8	1156	288	313	295	260
建筑环境与能源应用工程	24	24	29	29	0	0	77	29	30	18	0
建筑环境与能源应用工程	53	53	61	55	0	1	239	61	64	61	53
电子信息科学与技术（注：可授工学或理学学士学位）	54	54	62	55	0	2	227	64	58	53	52
软件工程	47	47	58	57	0	1	220	58	58	59	45
软件工程	56	54	65	62	0	1	234	68	59	53	54
测控技术与仪器	96	94	119	119	0	0	446	119	112	107	108

续表

专业名称	毕业生数	授予学位数	招生数				在校生数				
			计	其中:			合计	一年级	二年级	三年级	四年级
				应届毕业生	春季招生	预科生转入					
测控技术与仪器	72	72	95	87	0	5	338	105	84	81	68
过程装备与控制工程	0	0	32	29	0	1	92	37	26	29	0
新能源材料与器件	26	26	31	31	0	0	116	31	30	27	28
机械工程	28	27	34	34	0	0	118	34	28	28	28
机械工程	223	222	93	79	0	1	521	96	114	93	218
网络工程	58	55	57	50	0	2	216	57	63	53	43
物联网工程	0	0	29	29	0	0	81	29	30	22	0
电子科学与技术(注:可授工学或理学学士学位)	29	28	36	36	0	0	114	36	31	24	23
通信工程	66	66	89	88	0	1	319	89	84	73	73
通信工程	79	79	91	81	0	5	355	94	95	90	76
信息安全(注:可授工学或理学或管理学学士学位)	46	46	60	60	0	0	203	60	52	51	40
信息安全(注:可授工学或理学或管理学学士学位)	28	28	31	30	0	1	112	31	28	26	27
机械设计制造及其自动化	0	0	97	81	0	4	280	104	86	90	0
电子信息工程(注:可授工学或理学学士学位)	44	41	59	59	0	0	220	59	65	51	45
计算机科学与技术(注:可授工学或理学学士学位)	41	41	62	60	0	2	214	62	56	53	43
计算机科学与技术(注:可授工学或理学学士学位)	73	72	81	74	0	2	312	82	81	74	75
英语	50	50	39	39	0	0	195	39	57	47	52
英语	33	31	39	31	0	2	152	39	47	30	36
信息与计算科学	49	49	54	54	0	0	198	54	49	46	49
信息与计算科学	60	60	57	50	0	0	220	59	55	56	50
第二学士学位	20	20	11	7	0	0	20	11	9	0	0
电气工程及其自动化	3	3	2	2	0	0	3	2	1	0	0

华北电力大学 2015 年在职人员攻读硕士学位分专业(领域)学生数

专业名称	授予学位数	招生数	在校生数			
			合计	一年级	二年级	三年级及以上
甲	1	2	3	4	5	6
硕士学位学生	1185	1467	7016	1467	1725	3824
其中:女	333	359	1529	359	396	774
学术型学位硕士	2	0	3	0	0	3

专业名称	授予学位数	招生数	在校生数			
			合计	一年级	二年级	三年级及以上
学术型学位硕士 其中：女	2	0	0	0	0	0
管理科学与工程学科	0	0	1	0	0	1
计算机软件与理论	0	0	1	0	0	1
应用数学	1	0	1	0	0	1
英语语言文学	1	0	0	0	0	0
专业学位硕士	1183	1467	7013	1467	1725	3821
专业学位硕士 其中：女	331	359	1529	359	396	774
工程	51	150	576	150	139	287
工程	34	87	337	87	71	179
工程	292	282	1776	282	412	1082
工程	29	22	88	22	16	50
工程	12	20	113	20	17	76
工程	91	125	504	125	132	247
工程	55	38	322	38	73	211
工程	34	71	180	71	46	63
工商管理	84	32	169	32	73	64
工程	501	640	2948	640	746	1562
硕士学位学生	1185	1467	7016	1467	1725	3824
其中：女	333	359	1529	359	396	774
学术型学位硕士	2	0	3	0	0	3
学术型学位硕士 其中：女	2	0	0	0	0	0
管理科学与工程学科	0	0	1	0	0	1

华北电力大学 2015 年成人本科分专业学生数

专业名称	毕业生数	授予学位数	招生数	在校生数					
				合计	一年级	二年级	三年级	四年级	五年级
甲	1	2	3	4	5	6	7	8	9
成人本科生	3451	801	1714	8677	1733	2825	3243	397	479
其中：女	1106	344	559	2837	559	966	1048	129	135
函授本科	2963	667	1272	6562	1291	2212	2507	259	293
其中：女	897	287	404	2003	404	719	735	66	79
高中起点本科	321	43	32	918	51	201	114	259	293
能源与动力工程	51	4	3	130	3	1	4	69	53
工商管理	23	3	0	17	0	0	0	0	17
市场营销	0	0	0	0	0	0	0	0	0
会计学	0	0	0	0	0	0	0	0	0

专业名称	毕业生数	授予学位数	招生数	在校生数					
				合计	一年级	二年级	三年级	四年级	五年级
电气工程及其自动化	247	36	29	771	48	200	110	190	223
专科起点本科	2642	624	1240	5644	1240	2011	2393	0	0
能源与动力工程	314	61	0	203	0	0	203	0	0
能源与动力工程	0	0	165	357	165	192	0	0	0
能源动力类专业	0	0	0	0	0	0	0	0	0
能源动力类专业	0	0	0	3	0	3	0	0	0
计算机科学与技术（注：可授工学或理学学士学位）	0	0	5	5	5	0	0	0	0
电气工程及其自动化	2212	531	0	2128	0	0	2128	0	0
电气工程及其自动化	0	0	1026	2813	1026	1787	0	0	0
会计学	0	0	27	40	27	13	0	0	0
会计学	34	13	0	41	0	0	41	0	0
市场营销	1	1	0	0	0	0	0	0	0
工商管理	34	8	0	21	0	0	21	0	0
工商管理	0	0	17	33	17	16	0	0	0
电气类专业	47	10	0	0	0	0	0	0	0
业余本科	488	134	442	2115	442	613	736	138	186
其中：女	209	57	155	834	155	247	313	63	56
高中起点本科	99	17	24	520	24	76	96	138	186
计算机科学与技术（注：可授工学或理学学士学位）	6	1	0	44	0	4	8	14	18
工商管理	6	1	0	103	0	25	9	19	50
人力资源管理	19	1	0	60	0	0	23	32	5
会计学	15	4	0	75	0	16	8	20	31
电气工程及其自动化	48	9	24	236	24	31	48	53	80
国际经济与贸易	5	1	0	2	0	0	0	0	2
专科起点本科	389	117	418	1595	418	537	640	0	0
计算机科学与技术（注：可授工学或理学学士学位）	33	8	0	20	0	0	20	0	0
计算机科学与技术（注：可授工学或理学学士学位）	0	0	0	20	0	20	0	0	0
能源与动力工程	0	0	0	1	0	0	1	0	0
能源与动力工程	0	0	45	59	45	14	0	0	0
电气工程及其自动化	189	80	0	431	0	0	431	0	0
电气工程及其自动化	0	0	295	651	295	356	0	0	0
会计学	52	7	0	43	0	0	43	0	0
会计学	0	0	24	53	24	29	0	0	0
人力资源管理	63	12	0	91	0	0	91	0	0
人力资源管理	0	0	0	63	0	63	0	0	0

续表

专业名称	毕业生数	授予学位数	招生数	在校生数					
				合计	一年级	二年级	三年级	四年级	五年级
工商管理	52	10	0	54	0	0	54	0	0
工商管理	0	0	54	109	54	55	0	0	0
电气类专业	0	0	0	0	0	0	0	0	0

华北电力大学 2015 年成人专科分专业学生数

专业名称	毕业生数	招生数	在校生数			
			合计	一年级	二年级	三年级
甲	1	2	3	4	5	6
成人专科生	1664	588	4131	588	1358	2185
其中：女	698	142	1502	142	487	873
函授专科	860	413	2344	413	817	1114
其中：女	219	60	480	60	192	228
高中起点专科	860	413	2344	413	817	1114
市场营销	1	0	0	0	0	0
电厂热能动力装置	84	0	52	0	0	52
电厂热能动力装置	0	5	5	5	0	0
电力技术类专业	322	0	578	0	0	578
电力技术类专业	0	270	823	270	553	0
发电厂及电力系统	205	0	130	0	0	130
发电厂及电力系统	0	19	46	19	27	0
能源类专业	64	0	66	0	0	66
能源类专业	0	19	40	19	21	0
能源类专业	3	0	0	0	0	0
供用电技术	26	0	30	0	0	30
供用电技术	0	56	90	56	34	0
火电厂集控运行	5	0	0	0	0	0
机电一体化技术	0	3	39	3	36	0
机电一体化技术	28	0	91	0	0	91
工商企业管理	6	0	0	0	0	0
计算机类专业	53	0	59	0	0	59
计算机类专业	0	11	93	11	82	0
电力系统自动化技术	63	0	108	0	0	108
电力系统自动化技术	0	30	94	30	64	0
业余专科	804	175	1787	175	541	1071
其中：女	479	82	1022	82	295	645

续表

专业名称	毕业生数	招生数	在校生数			
			合计	一年级	二年级	三年级
高中起点专科	804	175	1787	175	541	1071
会计	33	0	24	0	0	24
会计	0	23	43	23	20	0
电力系统自动化技术	59	0	120	0	0	120
电力系统自动化技术	0	86	187	86	101	0
工商企业管理	303	0	102	0	0	102
工商企业管理	0	66	81	66	15	0
计算机应用技术	42	0	37	0	0	37
计算机应用技术	0	0	23	0	23	0
机电一体化技术	95	0	77	0	0	77
人力资源管理	83	0	284	0	0	284
人力资源管理	0	0	301	0	301	0
语言文化类专业	189	0	427	0	0	427
语言文化类专业	0	0	81	0	81	0
国际经济与贸易	0	0	0	0	0	0

华北电力大学 2015 年外国留学生情况

		编号	毕(结)业生数	授予学位数	招生数		在校生数					
					计	其中:春季招生	合计	第一年	第二年	第三年	第四年	第五年及以上
甲		乙	1	2	3	4	5	6	7	8	9	10
总　计		1	269	48	208	28	370	208	85	38	39	
其中:女		2	1	1	61	18	86	61	16	3	6	
按学历分	小　计	3	48	48	117		279	117	85	38	39	
	专　科	4		*								
	本　科	5	28	28	43		130	43	34	21	32	
	硕士研究生	6	15	15	50		103	50	39	12	2	
	博士研究生	7	5	5	24		46	24	12	5	5	
培　训		8	221	*	91	28	91	91				
按大洲分	亚　洲	9	55	29	103	13	208	103	63	22	20	
	非　洲	10	15	15	64	3	109	64	15	13	17	
	欧　洲	11	88		19	2	22	19	2	1		
	北美洲	12	106		18	10	22	18	4			
	南美洲	13	2	2	3		5	3		1	1	
	大洋洲	14	3	2	1		4	1	1	1	1	

续表

		编号	毕（结）业生数	授予学位数	招生数		在校生数					
					计	其中：春季招生	合计	第一年	第二年	第三年	第四年	第五年及以上
按经费来源分	国际组织资助	15					4		2	2		
	中国政府资助	16	36	31	80		182	80	53	24	25	
	本国政府资助	17										
	学校间交换	18			18	7	18	18				
	自　费	19	233	17	110	21	166	110	30	12	14	

华北电力大学 2015 年学生组织社团一览表

（北京校部）

序号	社团名称	社团负责人	负责人班级
1	棒垒协会	李星琛	自动 1304
2	毽绳协会	赵　灏	能科 1402
3	排球协会	王　磊	信息 1301
4	乒乓球协会	李晨昱	通信 1402
5	羽毛球协会	邓宏远	国教 1305
6	足球协会	阿布都外力·依米提	商务 1301
7	网球协会	崔天依	能动 1308
8	藤球协会	买买提·买托合提	测控 1401
9	征途自行车协会	杨清雄	电气 1309
10	长跑协会	陈红发	电气 1307
11	台球协会	吴羽翩	能动 1410
12	迷音吉他社	吴　琼	电气 1306
13	美食协会	吴嘉昊	核电 1304
14	摄影协会	余　越	国教 1403
15	星河弈站	郭鹏天	软件 1302
16	Saying 动漫社	刘　赫	能动 1401
17	摩登舞协会	廖嘉莹	工商 1301
18	时尚艺术团	岑萌赞	通信 1401
19	“惦鹤”创意手工社	屈　蕴	应化 1401
20	雪莲花锅庄舞协会	洛桑丹达	软件 1402
21	魅影魔术社	黄俊逸	电气 1405
		王睿智	实践核 1301
22	晋能轩	张志宏	核电 1301

序号	社团名称	社团负责人	负责人班级
23	海峡西岸实践交流会	陈维镜	电气 1312
24	风庄推理协会	张一弛	电气 1409
25	邓小平理论研究会	于建帮	自动化 1304
26	大学生科技协会	陈科枫	国教 1306
27	“天行者”飞行器协会	曾郁兴	能动 1310
28	星野天文社	李高峰	电气 1302
29	公共行政研究会	柳家雯	行管 1302
30	“巍燃”虚拟现实兴趣社团	冯谟可	创电 1301
31	大学生法学会	李雪远	法学 1301
32	逐影双截棍协会	徐飞阳	电气 1310
33	阳光跆拳道协会	李馨雨	电气 1401
34	武术协会	苏发昌	机械 1301
35	太极拳协会	许朝宗	自动 1401
36	清风 Breeze 轮滑社	周海江	应化 1402
37	飞跃滑板社	张成迪	经贸 1401
38	Golden Melody 口琴社	郭望旺	创新动 1301
39	电子音乐社	刘诗仑	电气 1302
40	B-box 协会	万　泽	信息 1201
41	昭华古风社	王高迈	测控 1404
42	晨星读书会	曹　宇	物流 1301
43	中外学生友好交流协会	李丹萍	行管 1301
44	英语协会	李信蓓	电气 1403
45	粤语协会	陈　森	能动 1410
46	和之日语社	胡　玥	创自 1301
47	墨友书画社	李云平	通信 1403
48	国学斋	王婴君	行管 1302
49	演讲与口才学社	李恺岳	国教 1402
50	希望手语社	宋艺雯	英语 1303
51	冰雪文化交流会	孙　堃	物流 1301
52	阿里郎韩语协会	成艺花	应化 1401

（保定校区）

序号	社团名称	社团负责人	负责人班级
1	大学生科学技术协会	刘谟汉	建环 1301
2	计算机视频与图像设计协会	肖　丹	软件 1301
3	创客协会	禤俊杰	硕计算机 132
4	华电创行	刘春霆	工商 1301
5	华电百科俱乐部	王夏光	电气 1310

续表

序号	社团名称	社团负责人	负责人班级
6	BIM 俱乐部	石梦舒	造价 1301
7	礼仪队	曹　瑞	测控 1303
8	粤语社	王淦燊	建环 1301
9	棋牌社	黄兴强	环工 1301
10	街舞协会	牛　路	建环 1302
11	动漫社	邢浩若	能动 1309
12	书画协会	杨佳轩	自动化 1402
13	极坐标	杨凯中	能动 1306
14	星韵文学社	李　健	能化 1302
15	武术协会	卞艺衡	电实践 1301
16	音乐协会	寇红伟	信安 1301
17	国标舞协会	李文岳	工程造价 1301
18	魔术协会	王彦博	能动 1308
19	绘画联合会	王金娜	测控 1302
20	相声社	王　允	输电 1302
21	新媒体研究会	刘令钦	产品设计 1301
22	团委调研室	杜涵蕾	社工 1301
23	团委报刊社	廖明伟	信息 1302
24	反邪教协会	王　聪	机电 1302
25	科幻协会	陈宏勇	电气 1312
26	法律协会	王玉皓	电气 1313
27	民族与文化协会	刘　畅	环工 1301
28	历史研究协会	哈那格尔	法学 1301
29	推理爱好者协会	王子奇	工商管理 1401
30	国学社	孙　颖	电气 1312
31	青年记者团	庄　冉	公管 1301
32	MMD	耿　璐	电气 1305
33	自行车协会	赵　鹏	电气 1301
34	篮球协会	李欣林	能动 1405
35	排球协会	黄芝魁	能动 1404
36	足球协会	帕拉沙提	能动 1308
37	乒乓球协会	董思同	农电 1302
38	羽毛球协会	郑子墨	电气 1411
39	网球协会	沈岑惠	通信 1303
40	轮滑协会	赵彬彬	会计 1302
41	跆拳道协会	王政义	电气 1304
42	健美操协会	张　越	环科 1301

续表

序号	社团名称	社团负责人	负责人班级
43	搏击俱乐部	张峻领	设制 1303
44	台球协会	马云飞	电气 1306
45	滑板协会	吕荒芜	能动 1309
46	自育会	袁　野	电气 1306
47	广播台	郝婧宇	通信 1301
48	青协	吕亮亮	工程 1301
49	管协	王从龙	电气化 1311
50	外协	布鹏遥	工程 1301
51	红十字	顾　琦	能动 1306
52	主持人协会	孙　泽	机械 1203
53	爱心社	覃渴祎	测控 1303
54	山鹰户外俱乐部	金绍贵	电实践 1401
55	演讲与口才协会	葛博强	环工 1301
56	摄影协会	王志浩	电气化 1308
57	悦动传媒	冶瑞鹏	自动化 1201
58	模联	李竞舟	环工 1302
59	手工协会	许崇琪	物理 1301
60	校友工作志愿者协会	许士锦	硕电力 142

毕业生名单

华北电力大学 2015 年研究生获学位名单

（北京校部春季部分）

博士：33 人

学科门类	获学位专业及人数		姓名			
工学	电力系统及其自动化	2 人	陈金猛	刘　灏		
	高电压与绝缘技术	1 人	AN KWANG HUI			
	电力电子与电力传动	1 人	李　响			
	电工理论与新技术	2 人	范杰清	罗广孝		
	工程热物理	2 人	时国华	张旭涛		
	热能工程	7 人	胡　阳	吕锡锋	汪　涛	杨先亮
			张　雷	张一龙	赵　军	
	动力机械及工程	2 人	杨文刚	张穆勇		
	能源环境工程	1 人	李　飞			
	控制理论与控制工程	2 人	胡　勇	王丽娟		
管理学	管理科学与工程	1 人	买买提艾力·吾甫尔			
	技术经济及管理	9 人	丁　士	李晓彤	李　璐	宋　河
			唐永胜	王玉萍	向红伟	岳海涛
			阚芝南			
	信息管理工程	3 人	李艳梅	庆格夫	张成松	

学术硕士：683 人

1. 经济学：11 人

获学位专业及人数		姓名						
产业经济学	6 人	霍慧娟	刘志文	徐鑫森	纪美云	王晓永	姚　进	
数量经济学	2 人	崔刘洋	苏羿宇					
金融学	2 人	华占虎	刘　航					
统计学	1 人	李旭垚						

2. 法学：11 人

获学位专业及人数		姓名				
诉讼法学	4 人	高靖茹	刘梦怡	秦　昊	宋吉宇	
国际法学	2 人	王　超	张雨鑫			
环境与资源保护法学	1 人	曲　扬				

续表

获学位专业及人数		姓名			
思想政治教育	4人	高尚宇	王安权	王之源	温婧馨

3. 文学：28人

获学位专业及人数		姓名							
英语语言文学	12人	包宗鑫	郝　敏	蒋凌斐	龙　娇	邵　丹	向一慧	沈　丹	张　珊
		党　超	何佳婧	李　丽	罗　俊				
外国语言学及应用语言学	16人	程八元	何爱苗	蒋成宇	宋伟伟	田　娟	王殊凡	卫宏燕	张　佳
		甘　爽	姜妍文	靖　璇	陶欣冉	王金凤	王　森	姚媛媛	朱红叶

4. 理学：18人

获学位专业及人数		姓名						
应用数学	4人	刘小瑞	王　军	宋　桃	赵　靖			
计算数学	7人	迟广元	刘　慧	杨　乐	颉　迪	郭　峰	刘玉欢	张　敏
理论物理	1人	苏海鹏						
运筹学与控制论	4人	孙园园	万亚丽	张　雪	赵振敏			
凝聚态物理	2人	陈　晶	刘　鹏					

5. 工学：536人

获学位专业及人数		姓名							
机械电子工程	5人	曹　雷	陈宇飞	刘觉晓	刘　莹	舒宗英			
机械制造及其自动化	5人	陈　超	苗　青	宁少华	彭　旸	杨信飞			
机械设计及理论	5人	丁　崇	刘乐天	苗丽娟	许晓春	尹琪东			
材料学	14人	付　丽	刘娟波	尚　伟	孙　刚	王　迪	韦艳妮	杨　琴	周健强
		顾　威	刘姝女	史辰露	汪　洋	王　蔚	吴　强		
工程热物理	7人	安广然	韩临武	孙超杰	唐宝强	陈　骏	李　渠	孙　健	
热能工程	52人	陈亚威	韩　立	刘　亚	宋　娜	王文渊	薛晓迪	张　阳	周振宇
		董泽文	胡宇航	罗　娜	苏璐玮	王晓明	杨　斌	张振星	朱龙飞
		方　杨	纪执琴	年　越	孙　源	吴　腾	杨伟鹏	赵　伟	俎海东
		高　雷	李　鹏	潘其云	田　甜	邢丽婧	袁　晶	郑中阳	周健铿
		郭俊伟	李晓磊	庞　森	田伟强	徐　超	袁　凯	钟　阳	张建波
		郭瑞涛	梁丽萍	茹燕丹	王德俊	徐　玫	张晨旭	周会霞	许文龙
		韩高岩	林会昌	史鹏飞	王世永				
动力机械及工程	8人	高芬芬	李　豪	王宏伟	张泽中	黄赛冬	苏　烨	位召祥	张骁驰
流体机械及工程	6人	董世充	秦　韬	叶昭良	刘　婧	熊万能	张　仪		
制冷及低温工程	1人	丁晓敏							
电机与电器	7人	黄　胜	肖成东	张晓东	张鑫磊	孙明骁	尹青华	张　琦	

续表

获学位专业及人数	姓名							
电力系统及其自动化 130人	曹京津	陈芬芬	陈 菡	董靓媛	高 芬	郭 龙	黄佩玮	金挺超
	曹丽欣	陈 杰	陈婧华	杜儒剑	高 翔	郭世晓	霍建东	景海伟
	曹志勇	陈艳伟	程天宇	段 聪	葛立坤	韩龙艳	纪双全	鞠 鹏
	常娜娜	陈玉龙	丁 冬	费 彬	耿介雯	韩贤岁	贾 青	李 安
	陈璟昊	陈 茜	丁秀香	冯耀轩	郭津瑞	韩玉蓉	江劲舟	李海南
	李 鹤	梁伟宸	卢 婷	裴肖然	童 潇	吴玫蓉	张君则	朱存浩
	李 剑	林久通	鹿 伟	齐桓若	汪洋子	徐 凯	张蓝宇	朱祥胜
	李 娟	林永朋	罗 程	乔 艳	王 灿	徐晓波	张蕾蕾	朱逸超
	李俊游	林周宏	罗定平	秦冬杰	王建波	许雯榕	张立影	奚超超
	李亮玉	刘常军	马凯波	秦晓培	王 佩	杨 灿	张梦琳	闫鹤鸣
	李 欧	刘大川	马 伟	申 昭	王小虎	杨 雨	张 帅	周宝玉
	李鹏华	刘可可	孟琦斌	宋 歌	王 卓	杨 煦	张 田	张景明
	李韦姝	刘 平	苗金亚	苏 斌	王 钰	于永富	张 昭	翁文婷
	李雅菲	刘伟杰	宁阳天	苏靖棋	魏天彩	俞勤政	赵冠群	唐 浩
	李 杨	刘 学	欧阳进	苏丽宁	温从溪	俞隽亚	赵 双	潘秀敏
	李芝娟	刘羽超	潘险险	孙闻浩	温剑锋	章 超	赵彦杰	刘骁繁
	李 蓓	NATABOU GUINLI FRANCIS						
高电压与绝缘技术 20人	曹文彬	龚 博	黄智伟	李 赟	王广真	杨 芮	赵子健	周恩泽
	陈雪薇	顾杰峰	李 帆	刘昌标	行晋源	姚林志	赵 鑫	左 健
	高兴军	何 梦	李富平	刘丁华				
电力电子与电力传动 20人	代志强	谷腾飞	罗 军	孙 海	王晋伟	卫思明	武生国	叶 青
	杜 潇	郭 磊	倪一峰	孙小燕	王志春	吴 侃	许 晖	田 雨
	高 宇	刘 焕	潘佩明	宋杨呈祥				
电工理论与新技术 15人	柏树青	郭韶杰	黄 刚	刘胜南	史晓宁	吴德志	徐国林	张 娣
	郭焕辉	郭 振	林晓华	刘 伟	王 克	徐 丹	应 力	
电路与系统 11人	宾 虹	何光泉	赖程鹏	喻 宇	张晓宇	赵 磊	张鹏飞	张潇龑
	付国强	蒋玮栋	宋子贤					
电磁场与微波技术 3人	石雨鑫	邹凯凯	梅 南					
通信与信息系统 16人	陈 鹤	关利华	黄可心	刘慧娟	娄 佳	吴温翠	杨 逍	张保健
	段瑞超	郭延凯	李艺伟	龙 娇	南 婧	许浩伟	袁 博	张 荣
信号与信息处理 9人	戴 威	高 阳	吴倩倩	薛文婷	叶明武	袁 飞	赵彦红	闫 颖
	高小林							
控制理论与控制工程 36人	白 旭	高 珊	贾玉斌	刘 倩	王 倩	熊 晶	于 童	张晴晴
	陈 雯	郭静姝	李艺欣	骆宇峰	王 楠	徐倩茹	詹 鹏	张斯媛
	刁姝文	郭雪娇	刘彧昕	王海东	席 珂	杨彬彬	张 恒	赵志龙
	杜 娟	胡 婧	刘海珍	王航飞	项 丹	于 芳	张路遥	朱博文
	冯亚娇	黄崇亮	刘 敬	王 硕				
检测技术与自动化装置 14人	陈鹏原	杜诗萌	李国栋	马一凡	王丽鹏	王雪茹	郑茜予	周 进
	陈 嵩	贺贯举	龙晨吟	任晓辰	王笑宇	武晓宁		
系统工程 6人	程 可	邢永亮	张丽娟	邢校蓊	于 慧	郑士尧		

续表

获学位专业及人数		姓名							
模式识别与智能系统	15 人	陈 杰	付亚利	贾剑锋	李小缤	卢 昱	邱红锴	王晓彤	张 晔
		陈英博	高 雄	李 航	刘 芳	祁丽婉	唐艳梅	于广琛	
计算机系统结构	9 人	蔡显军	丛治志	冯建朋	黄正观	刘先达	宋 鹏	宋志新	徐晓东
		程志明							
计算机软件与理论	11 人	曹 颖	龚亚亚	刘晨莹	王 召	徐 月	许元斌	杨 冲	张亦辰
		杜 俊	李梦菊	乔建强					
计算机应用技术	37 人	艾明浩	胡 鑫	李小龙	秦浏杰	王盛源	吴金水	阳建坤	张 栋
		白冰洁	黄春佑	刘杰慧	任李懋	王艳萍	吴培培	俞骏豪	张 浩
		程博昊	贾娅婧	刘 阳	尚永明	王艳艳	杨奇民	袁 玥	张 璐
		楚胜楠	靳 琳	莫莉娟	石 宁	王 茜	杨 楠	曾 杰	张 晟
		胡晓艳	李 慧	乔俊峰	王 浩	王 蓓			
供热、供燃气、通风及空调工程	4 人	韩玉维	马 恺	刘 浩	王雪皎				
水文学及水资源	12 人	陈 平	黄 锋	陆宗宇	谢明江	余 涛	张 凯	赵博华	闫 龙
		额尔敦	刘 丹	秦 民	PHANTHAVONG, TULAXAY				
水工结构工程	8 人	陈虹宇	黄雄辉	许芳星	张 宇	郭建强	邵艳妮	岳 潇	覃 媛
水利水电工程	4 人	刘 健	税 宁	欧海庆	张 薇				
化学工程	2 人	李丽娇	易 娟						
核能科学与工程	9 人	蔡骏驰	胡俊鹏	李 妍	杨 晔	赵云淦	胡迎秋	许雁泽	易 晔
		单祖华							
辐射防护及环境保护	3 人	陈蒙腾	傅 娟	张鹏鹤					
环境工程	8 人	程冰川	李青青	潘海洋	尤 立	付正辉	刘晓宇	斯余力	周长志
可再生能源与清洁能源	11 人	曹 桢	高小力	黄 睿	吕 泽	谢 婷	邢 峰	余 悦	张国强
		范汇洋	侯旭亮	巨少达					
管理科学与工程	13 人	蔡娜娜	邓艳明	刘 超	李 越	邵利洁	杨海平	赵艳丽	张瑛楠
		崔姗姗	高 敏	李恩成	杨颖蓉	许 燕			

6. 管理学：79 人

获学位专业及人数		姓名							
管理科学与工程	14 人	范明武	侯丽颖	李锦贤	李欣芸	刘曦子	王 唯	苑嘉航	闫斌杰
		葛 鑫	黄洵斌	李 熙	刘 姣	祁之强	王 琦		
会计学	10 人	江远彬	王俊晓	武亚琴	张 慧	周丹妮	王 洋	余艳庆	张懿巍
		邵 飞	LEE DONGCHEL						
企业管理	12 人	程 蔚	傅骏杰	罗茜亚	施立刚	唐 怡	杨翔宇	王 琦	周 伟
		刁惠悦	戈 通	马天文	孙升辉				
技术经济及管理	28 人	柴玉凤	顾姗姗	刘洋洋	王秉晶	徐玉杰	展海艳	周 波	朱锦晨
		陈 坤	李 菁	刘志岩	王 良	颜 艳	赵晨晨	周承英	闫 微
		陈延超	李钰龙	刘姣姣	王 琼	杨 晶	钟朋园	周玲芳	琚艳芳
		陈婷婷	林丽琼	史 慧	吴 锐				
行政管理	13 人	阿其图	褚 超	高晶晶	黄艺雪	秦明辉	张鹏超	赵静璇	张 宇
		白晓波	丁 宁	高学芳	李 丹	王晓玲			
教育经济与管理	2 人	刘 晓	朱佳琦						

续表

工程硕士：494 人

获学位专业及人数	姓名							
动力工程　108 人	柏梦瑶	郭佳伟	李　超	刘　吉	苏　超	吴　军	俞志强	支佳运
	曹宏芳	韩少龙	李恒阳	刘林植	孙　喆	吴松畔	袁　昊	钟亚峰
	陈烨璇	韩文静	李　雷	刘　芸	孙思宇	吴　娅	章晶晶	钟昊良
	丁泊遥	何明骏	李云博	罗九天	孙泽洋	武超群	张孟超	周军城
	范世岩	胡文杰	李志伟	毛晓娥	汤建楠	辛雅焜	张　鹏	周钊平
	方亚雄	姜　鹏	梁江涛	孟海燕	唐　田	邢　通	张伟霖	朱国正
	房丽萍	姜瑞涛	林达平	齐　程	田　嘉	熊　心	张　鑫	佟连尧
	符鑫杰	江　双	林吕荣	饶笙扬	屠逍鹤	徐　威	赵成澎	闫　栋
	高明中	蒋　博	刘　超	任朝旭	汪　全	徐文进	赵立林	琚忠云
	高　征	靳　周	刘　超	桑柏超	王　曙	徐　勇	赵　龙	叶小宁
	耿旭川	李安生	刘春阳	邵继续	魏　超	姚珮珮	赵艳飞	吴冠宇
	闾喜宏	范晓英	季广辉	李志鹏	田　祎	王　晨	杨东月	张立新
	丁立平	冯　强	姜　浩	梁　宏	田永兴	徐　宁	詹华德	张　千
	顾　颜	李本善	刘光耀	沈　毅				
电气工程　172 人	白坚实	冯　伟	黄昀思	李　京	路欣怡	田爱忠	辛昊阔	张惠汐
	卜晓坤	高子力	皇甫羽飞	李梦渔	马骋原	王玥娇	徐　金	张　强
	陈天穹	高自强	贾东明	李伟花	马云凤	王　晨	许雯旸	张森林
	董　晨	高　媛	贾仕龙	李月月	彭茂兰	王代娟	续　涛	张晓涵
	董若溪	葛江锋	姜宏丽	李　烨	乔敏瑞	王　梦	颜　磊	张　颖
	董少峤	何旭洁	景　琦	连　欢	任晓朦	王　尧	杨东博	张玉莹
	董　旭	洪旺松	黎　量	梁卫泉	任小宇	王　茜	俞露杰	张宗成
	杜家振	侯建兰	李传栋	刘　聪	宋晓旭	王　琮	袁　语	赵　琳
	段正阳	胡　浩	李　丹	刘　佳	孙亚璐	王昊天	云辰太	赵先超
	樊　磊	黄　超	李光熹	刘　杰	孙铁环	吴旻昊	曾垂辉	赵　蓓
	方攀宇	黄　浩	李海青	刘向宁	唐亚迪	吴晓腾	张慧颖	赵梓淇
	冯君淑	黄扬琪	李嘉迪	刘晓霞	唐哲慈	吴小刚	张慧瑜	郑　超
	周　樨	崔　薇	高春辉	胡晨刚	金超杰	林阿依	鲁　宇	马国平
	曹俊琳	董思思	谷　然	胡　瑾	金　洁	刘长武	陆　炜	马　磊
	常密生	董中圆	韩春雷	黄　萃	李广帅	刘顶印	吕　达	马征鸿
	苏　斌	冯国青	韩薇佳	纪路明	李文鹏	刘风波	吕　航	彭　晋
	陈盛君	冯毓敏	侯向敏	贾寅飞	李益沛	刘海波	吕继涛	钱　力
	陈亚凯	付龙明	胡　冰	蒋　良	梁　兵	刘宏伟	罗美玲	秦　维
	沈鸿冰	万　然	谢宏伟	张　凯	赵　能	邹鹏辉	赵利宁	朱　筠
	史如新	王绍亚	邢俊芳	张　默	赵晓明	仝晓非	吴国权	袁　哲
	寿祝义	王志毅	徐春华	张三川	赵　园	滕明尧	赵春林	朱　红
	苏　斌	王　斐	于立叁	陈洪安琪				
电子通信与工程　58 人	陈书祥	郝党科	李　斌	刘　钊	孙　鹏	吴　昊	杨德龙	张　琪
	陈章伟	胡　雯	李　丹	吕新荃	王晓艳	夏　烨	杨有霞	周佳迅
	丁　科	黄　琳	李文清	牛恩涛	王　珂	肖知根	叶　青	周兴人
	董希杰	黄　珊	李　珏	申　昉	王　韬	熊　超	原　静	周益扬
	冯川宁	姜苏娜	刘　强	沈敏轩	魏大冬	徐艳红	张　松	周莹坤

续表

获学位专业及人数	姓名							
电子通信与工程　58 人	傅　昊	蒋　金	刘紫南	宋桂林	魏齐巍	徐志文	张小梅	庄　元
	代群威	郝景昌	刘国胜	王　兴	杨春双	卢　洁	相英杰	邹剑芬
	高　佳	李青泽						
机械工程　9 人	蔡林峰	林培能	孟　超	彭　津	王　乐	于强强	张秋佳	赵　兴
	邓　斌							
控制工程　31 人	蔡光柱	康俊杰	李　玲	孟　佳	田吉华	张　辰	赵子昂	邬梦娇
	代云飞	孔令达	李鹏飞	牛誉蓉	童国炜	张健华	钟振芳	吴　凡
	何雨晨	冷　强	刘　婧	史永锋	王梦月	张文原	左家翰	宋　洁
	黄　蓉	李恩章	罗茜文	陈兆晋	郭石开	李　哲	张金友	
软件工程　11 人	白　娟	辜庭帅	马思达	杨　帆	于　潇	张　宁	钟思维	朱　迪
	丁　杰	李　涛	孝　瑞					
计算机技术　29 人	曹　婷	贺　焕	江永俊	刘宏艳	吴维峰	辛希超	喻　隽	赵祎迪
	陈　勇	华　梁	蒋　军	盛　利	吴莹辉	杨　帆	张克建	赵　俊
	冯金刚	黄琳华	梁　艾	吴　培	谢亚鑫	杨　震	张　林	郑志伟
	韩　霜	霍思岐	司　琪	汪　诚	郑牡丹			
项目管理　28 人	王继龙	王　君	杜一龙	李　辉	马莉娜	孙玉民	游峰岩	张利民
	张瑞斌	周　堃	方敬韬	李莎莎	乔卫国	孙　卓	岳　莹	徐华东
	张莹莹	周　林	何兴华	刘永亭	宋黎黎	王　莹	张国辉	宋振龙
	张志文	赵　慧	李海娟	刘　源				
工业工程　25 人	成　欢	冯　琪	刘　军	田　娜	王唯玮	魏涵静	周　群	周淑仪
	程　敏	胡　宇	冉　曦	汪　鹏	王兆权	周　佳	毕林凤	高振峰
	刘宏伟	吴恺源	许丽军	张　力	闫　冬	项　风	姚　莉	张　毅
	王继伟							
环境工程　12 人	崔继宪	杜　鹏	李小萌	马　丽	姚尔高	张　超	于淑杰	王泽森
	董焕焕	郝　晴	刘方方	朴明军				
物流工程　11 人	樊煜坤	李昕玥	申佳昆	姚　阳	曾　勇	潘振东	薛尧齐	叶君红
	冯　霞	冯　光	赵赟昌					

工商管理硕士：105 人

获学位名单					
陈建平	樊瑞全	贾军茹	宋　锴	魏文江	燕超源
崔宏博	冯康进	金礼超	孙洪勋	温静雅	杨　喆
邓华平	付明慧	刘华东	王　杰	翁冬凤	张　芳
杜建华	高　峰	刘雅婷	王科选	武　剑	张文华
杜亮亮	郝瑞丽	吕世斌	王莉夫	肖立飞	仲光明
杜月华	胡晓璐	麻　良	王　洋	熊小明	邹志伟
段翔颖	季丽英	聂文慧	王　智	熊　鑫	张兴旺
安　俊	顾天雄	刘庭军	孙　林	徐全义	赵　波

续表

获学位名单					
毕海波	郭　洁	毛昌锋	孙　睿	徐孝忠	赵凤燕
曹　宇	何春林	倪元平	汤　雍	徐　雨	郑　颖
陈雪莲	黄继伟	潘福荣	王春娟	杨亚光	周建邦
陈振虎	江　炯	潘杰锋	王　亮	姚洪文	周奇波
陈　婷	蒋科若	钱　凯	王　猛	俞　军	周　嵘
程　慧	康小平	任家鑫	王　希	郁乐瑜	朱　亚
丁国锋	李楚君	邵红山	吴英俊	章宏娟	庄建勇
董　涛	梁　丹	沈百强	谢　宏	张宝平	张　科
董元龙	林仁斌	史　婵	谢文全	张灿江	谢小杰
樊　琛	凌荣光	孙建康			

工程管理硕士：2 人

获学位名单	
刘　彤	万洪江

会计硕士：28 人

获学位名单				
曹娟娟	郭慧媛	李丹骅	王雅枫	张俊民
陈致宏	何　璐	李若纯	王　颖	张力飞
戴欣桐	何森雅	李斯仪	武　迪	张晓艺
翟相彬	洪厦楠	李　燕	谢弘艺	赵若辰
董丽丽	黄锦鸿	刘　捷	薛　枫	赵志威
段美娟	贾媛媛	刘雯君		

翻译硕士：6 人

获学位名单					
董秋娟	郭嘉祥	黄碧茜	金　烁	金　悦	张湉甜

资产评估硕士：13 人

获学位名单				
付韵涵	刘　洁	任　爽	王思佳	赵　丹
孔　超	刘　筱	宋　炎	王馨曼	闫　寒
李　敏	祁　晨	孙菁遥		

同等学力人员硕士：1 人

学科门类	获学位专业及人数	姓名
工学	环境工程　　1 人	于书一

高校教师在职硕士：1 人

学科门类	获学位专业及人数	姓名
理学	应用数学 1人	苗森玉

（保定校区春季部分）

学术硕士：487 人

1. 经济学：8 人

获学位专业及人数		姓名		
产业经济学	3人	刘兴会	祖红莲	逯芳芳
数量经济学	2人	薄　涛	张希刚	
金融学	3人	王旭磊	尹　宁	张广伟

2. 法学：6 人

获学位专业及人数		姓名		
诉讼法学	3人	杜龙敏	宋跃国	谢　琦
思想政治教育	3人	董国静	张贺程	闫建亮

3. 文学：14 人

获学位专业及人数		姓名							
英语语言文学	14人	陈文哲	郭莎莎	李　娜	尚彦飞	沈　晨	唐利梅	杨泽兵	赵英娲
		翟晓坤	韩纪坤	刘宇婷	申珍珍	孙香菊	王璀灿		

4. 理学：12 人

获学位专业及人数		姓名			
应用数学	2人	苏夏莹	杨京云		
计算数学	1人	刘　正			
理论物理	4人	陈朵朵	丁庆伟	郭书源	胡　濛
运筹学与控制论	2人	王仁昌	王　雪		
光学	3人	陈　杰	季　慧	沈崇丰	

5. 工学：395 人

获学位专业及人数		姓名							
机械电子工程	12人	韩国栋	李广杰	林影超	王文平	吴　浩	张　灿	詹长庚	鄢小安
		侯兰兰	李　楠	吕占杰	魏红丽				
机械制造及其自动化	5人	董良太	郝　龙	黄开明	江　伟	赵振红			
机械设计及理论	6人	陈　沫	付士鹏	徐成龙	邓雁敏	李　俊	朱登杰		
车辆工程	2人	陈卓群	刘　欢						
工程热物理	8人	陈嵩涛	李　洋	柳志平	张永涛	冯　涛	李婷婷	张会亮	滕　龙
热能工程	41人	白彦飞	翟新杰	姜　翻	刘维维	孙大龙	王思思	武利斌	张辉彬
		边继飞	董　楠	李晋达	刘志巍	孙伟晋	王佼佼	许加庆	张圣陶
		陈　丰	范元周	李明磊	陆泳宇	王　佩	卫少科	薛瑞轩	张泽森
		陈红健	郭　婷	李鹏敏	庞广陆	王　锐	吴培昕	尹荣荣	赵盼龙
		陈顺宝	黄　伟	林晓巍	乔木森	王士桥	吴伟铭	张　斌	周　权
		程文煜							

续表

获学位专业及人数		姓名							
动力机械及工程	5人	杜燕	郎进花	刘会阳	陆明	米晓冬			
流体机械及工程	7人	蔡天水	胡宏宽	梁丰盈	王宁	张波	甄鹏洋	付冠	
制冷及低温工程	1人	孙学杰							
电机与电器	6人	冯文宗	黄成才	马德军	杨浩	于海波	张立鹏		
电力系统及其自动化	80人	曹璐璐	范佳琪	连莎莎	申雪	王伟	熊希	张波	赵燕
		常静	高成彬	林鹏	宋少帅	王莹	徐超	张华彬	郑雪冰
		陈安	谷雨峰	刘大正	孙承祥	王莹莹	徐以坤	张建超	钟超
		陈念斌	关守姝	刘桂林	孙景文	魏丹	杨帆	张静	周娟娟
		程晓悦	郭栋	刘晋	孙晓霞	魏俊姣	杨娜娜	张路朋	周一辰
		崇志强	韩旭	刘泽锴	田雨	温晓强	杨少波	张猛	周泽远
		崔然然	黄平	马焕均	王菲	吴超	杨天	张强	朱立刚
		丁冠华	李浩闪	苗飞	王贺楠	吴丽娜	殷梓恒	赵彤	祝高乐
		丁晓哲	李思宇	苗宏佳	王建文	吴耀东	应璐曼	赵威	闫红伟
		范国琛	李怡萌	任正	王凯龙	谢宇琪	于晓蕾	赵亚清	窦鹏冲
高电压与绝缘技术	12人	崔欢欢	高黎明	何杰	刘洋	王剑	吴振扬	王增超	杨东星
		冯宏恩	郭兴五	李世延	马伦				
电力电子与电力传动	10人	郭本峰	雷亚雄	马尚	王景婷	张晓红	王春梅	徐湘楚	朱劲波
		郭明伟	吕金历						
电工理论与新技术	14人	安海清	崔灿	蒋丹	孙磊	杨漾	院一敏	张泽	晏阔
		陈尚	耿茜	吕萌姣	武晓明	于洁	张合川		
可再生能源与清洁能源	2人	郝艳芳	贾亚晴						
电路与系统	3人	崔水香	梁雪梅	吕鹏鹏					
电磁场与微波技术	3人	刁首人	胡阳	孟悦恒					
通信与信息系统	31人	安婷	崔洁	何亚军	李英敏	马立	王宇	杨杰	支九英
		蔡新伟	崔蒙	何宇	李婷	孟祥腾	王跃	尹亚南	周怡
		陈佩瑶	傅向苑	李国平	刘丽沙	秦英	吴如平	张灿	闫亚静
		陈永	高启翔	李梦婵	马博洋	王雪	杨红叶	赵倩	
信号与信息处理	7人	曹明静	范月坤	寇欣	孟显	时方	王立欣	赵旭	
控制理论与控制工程	39人	曹丁元	郭姗姗	贾君茹	李通	马伟娜	徐晨静	张君颖	张志超
		陈哲盼	海日	江溢洋	刘赫男	孙丹	徐大伟	张理放	赵健
		范玉珍	韩亚莉	李传斌	刘彦华	王瑾	杨静	张龙新	赵鹏旭
		付文秀	侯晓宁	李境达	刘照	武彬	姚欣彤	张梦	赵炜
		富双进	胡绍宇	李娜	卢晓玲	伍阳阳	于浩	张涛	
检测技术与自动化装置	8人	邓菲	李雪如	唐影	王明达	高山	乔静兵	王猛	王欲平
系统工程	6人	康立杰	林向雨	王丽娜	王召鹏	王姝媛	于文浩		
模式识别与智能系统	6人	孙红	孙文文	王彬筌	肖甜甜	徐楠楠	郑飘飘		
计算机系统结构	4人	李强	刘晓萌	杨磊	杨亮				
计算机软件与理论	7人	蔡志彬	徐新明	袁少光	郭岩	阴皓	张腊英	张文雪	

续表

获学位专业及人数		姓名							
计算机应用技术	29人	安　龙	郭叶芳	李振波	马之骏	王建宽	王雪群	杨继明	张　蕾
		陈雪振	李　超	刘碧丹	明　镜	王金华	夏　欢	于海慧	朱　维
		董怀普	李大为	刘伟娜	孙志伟	王铭坤	辛　祥	张红玉	许艳超
		甘玉芳	李　静	吕佩吾	田　赢	王　爽			
供热、供燃气、通风及空调工程	6人	黄翠翠	李春龙	李　蕾	刘娟娟	刘　婷	杨　昆		
化学工程	1人	杨培青							
应用化学	3人	安亚静	冉玉倩	杨　晓					
工业催化	1人	张妍芬							
农业电气化与自动化	8人	胡丽丽	霍明雷	霍晓娣	李荣荣	李双双	李雅靓	张　华	张　涛
环境科学	3人	吴晓霞	尹子珺	张　琨					
环境工程	17人	崔　皎	郭　蒙	刘东晓	刘　轩	生明亮	王红梅	姚尽丰	赵　洁
		杜磊霞	郝思琪	刘　枫	钱新凤	孙莉莉	王明明	余海浩	朱怡儒
		高　杰							
管理科学与工程	2人	封志贤	黎　特						

6、管理学：52人

获学位专业及人数		姓名							
管理科学与工程	5人	代　赛	单晓晨	冯　磊	冯元元	姜　帆			
会计学	13人	陈雪然	高　艳	李苏玉	连亚坤	孙佳佳	田亚楠	王娟利	王朋娜
		王秀月	王　瑜	严丽君	张珍珍	都达古拉			
企业管理	9人	高　鑫	姜　曼	焦志菲	李　瀚	刘　灿	彭一俫	皮　薇	杨　磊
		张　浩							
技术经济及管理	21人	董　莎	郭小帆	李盼娟	欧青翔	王　超	王　圆	徐秋卉	张念情
		段雅娜	贾春燕	李璐桐	任　清	王芳芳	肖艳利	尤丽君	张朋宇
		高　倩	李　念	刘　宣	任雅棣	郑金成			
行政管理	4人	黄志永	牧　丹	王晓霞	谢一锋				

工程硕士：500人

获学位专业及人数		姓名							
软件工程	6人	陈天英	冯理达	刘　杨	陈彦毓	贺林晓	张　晔		
物流工程	8人	陈　宁	贺　彬	王　蕊	丁雅芳	石亚超	张宇薇	孙　黎	赵子成
动力工程	51人	白留祥	丁晓冬	贾宝桐	李鹏飞	舒盼盼	魏明阳	杨保才	张佳宝
		班彩英	谷丽景	贾连联	梁　昊	孙美琪	吴婷婷	杨玖林	张庭钰
		陈　祎	顾兴鹏	焦英智	林　卿	王　丰	肖龙跃	杨星辉	赵桂章
		陈莉莉	郝晓飞	李　畅	吕旭阳	王立坤	徐　博	袁　超	周遵凯
		陈朋强	何骏鹏	李　飞	齐阳阳	王营营	许继峥	章少山	朱亚宁
		程少伟	胡松魁	李寒冰	任嘉庆	蔚群超	严晓哲	刘红彬	卢元明
		吕浩军	张　超	宗　强					

续表

获学位专业及人数	姓名							
	薄利明	崔春艳	李 琳	刘建鹏	邵 玲	王 硕	徐 洋	张韶光
	卜 鹏	董 驰	李宁彩	刘 星	苏孝明	王晓华	姚 鹏	赵 茜
	蔡玉朋	段 昕	李 锐	马 超	孙 辉	王 续	伊晓宇	郑陈达
电气工程 176 人	曹 楷	范环宇	李雪云	马 然	孙 帅	王彦波	余国龙	周进龙
	曹玉强	高建涛	李雪珠	苗鹏超	汪春莉	王 倩	原亚宁	朱凯枫
	陈 松	郭 琪	李岩松	彭英杰	王彬彬	王媛媛	岳 婷	邳浚哲
	陈新超	韩 凉	李云威	戚中译	王 静	吴军汝	曾 鑫	褚华宇
	陈骥群	黄国林	李芷筠	秦召磊	王 磊	谢 岩	张 洁	张 猛
	陈 昕	李 浩	廖仰凯	任剑峰	王丽娜	辛 岩	张玲玲	徐其航
	仇仔来	李家明	林 琳	任 杰	王树欢	李 霖	刘 莉	苗俊玲
	陈 博	董瑞钧	高 原	胡格金	霍金鑫	李晓影	刘 洋	潘 勇
	陈 萌	董永乐	郭建新	胡秋曈	金福铭	李 楠	卢 毅	申 远
	崔立飞	段军普	郭之中	胡世昊	康 乐	林长海	陆 广	施 勇
	戴 筱	方 珺	韩 博	黄永烈	孔 薇	林 伟	马 帅	舒 信
电气工程 176 人	邓士禹	高 萍	韩红霞	黄 智	雷少波	刘建树	孟冠男	司晓鸣
	宋 峰	王 师	谢 彬	杨 晶	张园丰	赵 硕	张一帆	赵 品
	孙利军	王翔峰	谢乃博	杨 阳	张智刚	赵永升	张文杰	赵明峰
	孙 婧	王莹莹	徐建建	尹德强	张 璇	甄 真	武伟鸣	杨 超
	田贵阳	王 治	徐思佳	于慧军	赵 翠	朱 清	张少勇	赵 亮
	万 磊	魏 民	徐晓光	余 敏	赵海东	朱 勇	武 健	杨常春
	王 滨	魏 兴	徐亚兵	张建海	赵慧莹	褚文超	王 杰	王 辉
	王大维	吴军英	颜继英	张密生	赵建伟	王 鹏	武文华	杨 春
	曹蒙蒙	候俊马	刘 珊	裴萌萌	石永刚	王 凯	张国云	赵梦莹
	陈 阳	胡宏伟	刘绍宇	彭 棚	万彩红	王蒙蒙	张书晨	赵子龙
电子通信与工程 37 人	范炜琳	李 宁	吕 欣	任顺航	王 晨	魏佳红	张 永	臧丽炜
	葛宝来	刘 凯	吕越颖	任 莹	王慧芳	肖瑞菊	陈 方	董 璟
	荆慧丰	李 锋	潘兰芬	庞 龙	王立华			
	薄俊青	付 娜	黄秀梅	李潇培	马云龙	孙小林	谢胜男	张会超
	陈文雯	高素文	江效龙	刘 芳	倪 蒙	王梦婷	谢泽坤	赵会超
控制工程 48 人	戴 晓	宫旭辉	李 超	刘海涛	宁福军	王铁华	杨育刚	仲 举
	董丽静	韩月皎	李江浩	刘 微	宋胜男	王仲莉	于金生	朱元全
	冯旭阳	洪 博	李 哲	吕生辉	孙辰辰	吴 成	余丽莹	郭 嘉
	胡雪松	焦涵宇	毛 伟	任永坡	谭明宇	田 松	仙树祥	张 凯
	董禹辛	侯仰军	李 嘉	刘兆雄	裴 飞	王 衡	王智慧	杨大伟
	董 月	李奔奔	李雪梅	娄 乾	石佳磊	王笑雅	吴 泽	钟至智
计算机技术 34 人	高 泽	李浩威	刘汝坤	吕金厦	王冬阳	王雅继	辛 笛	朱 良
	郭云龙	韩进喜	何炳哲	李卫炜	沈 刚	张振宇	王玉璋	仝 茵
	李 磊	罗 谦						

续表

获学位专业及人数	姓名							
机械工程　31人	曹　蒙	陈学辉	韩文雅	刘林杰	刘泽坤	时兴波	杨光甫	张文德
	常星亚	崔淑平	李　晶	刘一操	马慧涛	孙　冉	袁万全	宗鹏程
	陈　涛	豆龙江	李　琼	刘　宇	庞　彬	邢　瑞	蔡贵立	陈甲子
	姜　浩	李　扬	刘海涛	王文刚	张少波	赵兴明	褚力永	
项目管理　22人	赵媛媛	艾　澎	高　健	刘　晗	史竞辉	孙　薇	徐红刚	张　丽
	杨新征	陈晓蕾	何　煊	吕　航	宋　冰	王　冬	杨广军	张　丽
	祝　琳	崔天伟	黄　砚	孟祥禹	孙志琼	王　弋		
工业工程　65人	陈皓立	耿超凡	刘晓瑜	任冠娉	魏智超	余嘉乐	许　泉	张　曼
	杜　俊	解　晗	刘燕南	王霄楠	侯瑞明	李润涛	梁锦虎	路　佳
	白　毅	曹兴杰	匙跃军	高香云	康　毅	李　伟	刘令仪	毛远志
	曹　杰	常广隆	董艳芳	葛　峰	李　斌	李向路	刘子龙	孟静宇
	曹　宁	陈　强	高铁柱	韩　钰	李浩军	李　勇	刘　楠	孟宪良
	潘　博	孙　波	田真华	王文婷	杨云涛	张　雷	赵　贝	朱质珊
	彭广勇	孙立峰	王　飞	王忠良	张　恒	张利锋	赵　巍	闫东昌
	邵建东	陶慕翔	王　敏	杨　亮	张　娟	张　帅	赵　伟	缪　勇
	臧文茜							
环境工程　22人	崔　帅	李路远	刘　佳	刘珂智	王超凡	徐　珊	张晓曦	赵学娟
	郭　青	李志新	刘　爽	卢越琴	王吉龙	于水新	赵华伟	邹单单
	黄治娟	李　钊	刘永超	孟成龙	王　莉	张　帝		

会计硕士：7人

获学位名单			
单晨阳	马明静	祁　程	王星宇
胡庆博	马英敏	孙兆颖	

翻译硕士：5人

获学位名单				
刘淑婷	吴　洁	李　娇	刘　笛	苏环宇

资产评估硕士：9人

获学位名单				
韩敬一	李　晶	马蕾雅	邵凯月	张　燕
韩　宁	李　萌	全　芸	张化光	

同等学力硕士：1人

学科门类	获学位专业及人数	姓名
工学	环境工程　1人	于书一

高校教师在职硕士：1人

学科门类	获学位专业及人数	姓名
理学	应用数学　1人	苗森玉

（北京校部夏季部分）

博士：89 人

获学位专业及人数		姓名				
工程热物理	1 人	任思源				
热能工程	10 人	刘 岩	李沛峰	宋 磊	陶 君	王 然
		汉京晓	毛 剑	郭 从	席新铭	信 晶
动力机械及工程	1 人	张维维				
流体机械及工程	3 人	仇永兴	梁思超	左 薇		
能源环境工程	8 人	付殿峥	李超慈	周 雅	杨丽娟	张自丽
		解玉磊	曾雪婷	郝润龙		
可再生能源与清洁能源	6 人	陈晓明	姜永健	李精精	徐强	张勋
		胡文超				
电机与电器	2 人	王 博	张自力			
电力系统及其自动化	30 人	陈 炜	刘 阳	文 晶	张宝顺	郑一博
		樊 冰	龙云波	但扬清	张建坡	王晓宇
		董 博	陆晶晶	徐 鹏	张 虹	赵国亮
		葛江北	王大江	葛润东	张金虎	辛业春
		蒋 程	王 涛	吴伟丽	张乐丰	王利猛
		汤庆峰	SIDEIG ABDELRHMAN IBRAHIM DOWI 斯蒂克			
		DANG, NGOC HUY 邓玉辉			LE, KIM ANH 黎金英	
		NGUYEN PHUC HUY 阮福辉				
高电压与绝缘技术	8 人	岳国良	刘志凯	魏 振	周 游	朱 雷
		金 虎	俞 乾	郑书生		
电力电子与电力传动	5 人	刘海鹏	孟建辉	杨 琳	张丽荣	
		COULIBALY BALLA MOUSSA 巴拉				
电工理论与新技术	4 人	崔英敏	王 平	王 瑜	李世琮	
电气信息技术	4 人	冯 森	吕安强	马 爽	梅华威	
控制理论与控制工程	7 人	董子健	杜黎龙	李素真	马增辉	袁世通
		张瑞青	张隆阁			

管理学：24 人

获学位专业及人数		姓名				
管理科学与工程	5 人	蒋志强	雷 涛	孙 平	张新娟	嵇 灵
信息管理工程	5 人	马同涛	张建业	孙 伟	张金荣	朱益平
工程与项目管理	4 人	董鹤云	耿 帅	许儒航	杨益晟	
企业管理	1 人	张 欧				
技术经济及管理	9 人	柴大鹏	陶 杰	刘喜梅	孙 蕾	刘 威
		陈春武	刘 杰	张 鲲	王 伟	

学术型硕士：53 人

1. 经济学：1 人

获学位专业及人数		姓名
产业经济学	1 人	万　冠

2. 法学：4 人

获学位专业及人数		姓名		
国际法学	3 人	李　欣	穆　斌	万思怡
环境与资源保护法学	1 人	张丹丹		

3. 文学：2 人

获学位专业及人数		姓名	
英语语言文学	2 人	萨日娜	褚　秀

4. 理学：1 人

获学位专业及人数		姓名
凝聚态物理	1 人	马世成

5. 工学：35 人

获学位专业及人数		姓名			
机械设计及理论	1 人	曹　阳			
热能工程	4 人	蒋宝平	李志强	刘欣汉	王学深
电机与电器	4 人	安俊义	胡建新	贾　英	仵　蒙
电力系统及其自动化	15 人	姜舒婷	李　科	朱劭璇	IQBAL，MUHAMMAD JAVED 简一
		KHAN, ZAIGHAM NASIR 詹汉姆		RAZA，ARSALAN 阿萨兰	
		ABDUL HAMEED 阿布杜拉		MUHAMMAD ALI 刘乐	
		ABBAS, FARUKH 法诺哈尔		RASOOL, AAZIM 阿兹姆	
		ASIF, MANSOOR 曼苏		NASIR，USMAN 乌建新	
		NTAMBARA, JACKSON 杰克逊		HUSSAIN，RAFAQAT 阿巴斯	
		DJAMIL，MOHAMED ASSOUMANI 大龙			
通信与信息系统	4 人	金良溥	刘盛尧	孙　跃	张　闯
信号与信息处理	3 人	吕金涛	王海峰	闫文肖	
检测技术与自动化装置	1 人	关　宁			
计算机软件与理论	2 人	高　瞰	罗　浩		
环境工程	1 人	韩娜娜			

6. 管理学：10 人

获学位专业及人数		姓名			
技术经济及管理	2 人	洪　悦	熊　俊		
企业管理	4 人	安　婕	曹旭东	丁　宁	杨　晨
社会保障	1 人	王　璐			

工程硕士：466 人

获学位专业及人数		姓名					
机械工程	1 人	王骏遥					
动力工程	39 人	高宇航	何海洋	孙　宇	田敬云	王永刚	张思为
		敖玉峰	郭　超	雷启龙	孙　帅	乌日根	张　越
		薄　辉	郭晋伟	李　昂	王佰仟	吴　旋	周　勇
		陈泰来	郭晓敏	李　智	王　会	谢毅霏	周哲一
		崔　娜	郝俊利	彭喜华	王晓晖	许　晨	滕　亮
		代　宇	赫向辉	彭中峰	王　欣	张　超	张海洁
		丁淇德	冀佳蓉	孙　健			
电气工程	219 人	芦新波	闫炜阳	朱奕弢	窦　飞	闫　珅	栾　宁
		柏建良	陈企楚	戴元安	高昱峰	何玉涛	黄　剑
		鲍晓峰	陈士俊	邓显波	葛亚明	贺晨晨	黄　腾
		贝斌斌	陈文翰	丁　红	郭　兵	侯晨艳	黄旭亮
		蔡　皓	陈亚林	丁　平	郭抒然	侯鹏飞	黄薛凌
		曹彦昆	陈玉春	杜星辰	郭　鑫	胡　航	黄耀德
		柴　莹	陈自立	杜宇航	韩程亮	胡　杰	惠晓东
		常　彦	程国开	段峥辉	韩红雅	胡敬奎	贾林杰
		陈　吉	仇群辉	傅浩峰	韩丽维	胡　伟	贾永奎
		陈家翘	丛　莹	高俊杰	何金陵	胡奕挺	姜才海
		陈明勋	崔晋军	高　勋	何晓伟	黄　媛	姜春莹
		蒋克勇	李鸿鹏	李彦君	刘力行	鲁　静	倪前程
		解　超	李杰琼	李跃军	刘晓健	陆晨亮	潘　庆
		金　晨	李　阔	李兆丰	刘啸峰	陆　凯	裴宇豪
		金萝颖	李　蒙	李正之	刘兴胜	马鸿斌	钱　海
		金宪才	李　猛	李妍虹	刘怡思	马　建	钱旭盛
		金鑫锋	李　铭	梁晓明	刘姝敏	马千里	钱燕敏
		康家乐	李　娜	林小明	楼　佳	毛西吟	钱　薇
		康　伟	李　鹏	林　洋	楼　健	梅　青	沈晓东
		孔德全	李松迪	林　楠	卢　杰	苗　超	沈毅君
		李海龙	李小南	刘　俊	鲁海威	莫红丹	盛佳鹏
		石一峰	汪洲飞	王　磊	吴　健	徐国旺	叶　晨
		谭强林	王　晨	王　娜	吴剑雄	薛国斌	余云钢
		谭先军	王创业	王　硕	吴晓明	燕　博	俞　磊
		谭艳妮	王　丹	王颖超	吴潇潇	杨　彬	曾　林
		谭卓强	王　丹	王颢钧	习强勇	杨成鹏	章纪锋
		唐中强	王国青	魏　巍	夏　莉	杨洪利	章敏捷
		田　锋	王　剑	魏晓伟	夏时哲	杨明佳	章　怡
		童　翎	王建宇	卫阿四	肖国磊	杨　宁	章姗捷
		万尧峰	王金旺	温英才	肖　明	杨秀慧	章　婷
		汪从敏	王　凯	吴　健	徐　波	阳燕华	章　璨

续表

获学位专业及人数		姓名					
电气工程	219人	张冰	张肖	张宇	赵志新	钟明祥	周清生
		张帆	张新斌	张懿	郑海东	周斌	朱犇
		张宏	张彦平	张妍	郑众	周海超	朱建军
		张静	张阳	赵丹	郑晔	周慧	朱井新
		张思宾	张吟妹	赵晶	钟海亮	周静龙	朱利锋
		朱瑞凯	邬光耀	缪立恒			
电子与通信工程	22人	陈校芸	金钊	田荣	扈国维	叶泓灏	朱颖
		付薇薇	计伟	孙久库	王凤阁	杨学超	张俊宇
		韩玉	李明怡	唐雪峰	许永超	杨志	张叶峰
		皇德刚	史可敬	万鑫	杨秀娟		
控制工程	31人	胡子慧	高宁	李宏财	刘旭隆	王雨	张海燕
		陈超	郭强	李俊卿	曲坚	王怡	张浩
		陈笑晨	郭智慧	李亮	唐勇	吴吉	张俊吉
		陈振山	李婳	李阳	田雨薇	肖海波	张旭
		董慕杰	李菲	刘峻	王贺	曾轲	张禹侬
		高巨贤					
计算机技术	31人	鲁林俊	樊胜强	李文	牛聪	王怡君	杨希成
		曹宸珲	何蕾	李响	苏亚楠	吴盾	张翃
		陈新	黄国楠	李新营	王建业	许剑冰	张璞
		程思宇	黄小文	梁晓娜	王静萍	杨剑南	赵凌伟
		程智	李耕赜	苗宇	王娜	杨铭辰	周子铂
		丁伟波					
工业工程	46人	李施	祝彤	李海鹏	裴鹏	王宇峰	张冬梅
		安玉民	樊振江	李海雨	乔生繁	魏晗	张海云
		蔡超	韩节	李娟	邵玉洁	温建平	张琳
		蔡明	韩续	李亮	施菁菁	吴美姿	张媛
		常建斌	狐冠宇	李阳	史玮	吴世民	赵发平
		陈涛	贾聪彬	李振宇	王长军	徐连杰	赵晓丽
		程辉阳	贾楠	刘剑冲	王春龙	叶涵敏	于珊珊
		董伟	蒋旭	潘云	王维		
项目管理	65人	白莹	贺启利	李云燕	任长红	卫红霞	张鹏
		柏峰	侯捷旭	梁勇	任天成	吴兴燕	张晓磊
		曹蓓蓓	侯雨	刘莹莹	孙潇潇	肖婧	张雪宁
项目管理	65人	程彪民	胡槐生	刘婧	王晹	谢辉	张颖
		崔爽	胡雪艳	吕一凡	王大玮	谢鹏	张羽翘
		丁乐成	黄志刚	马丹丹	王慧琴	杨娜	张志英
		董潇涛	雷洋	娜仁花	王巧乐	姚甲刚	张妍玲
		杜一鸣	李朝瑞	彭鹏	王胜军	袁良	赵然
		方国锋	李红	祁博彦	王旭	张玥玥	郑捷
		何潇	李群	乔朋利	王哲	张军	窦鹏飞
		贺凌霄	李树杰	任常宁	王倩	张敏	

续表

获学位专业及人数		姓名					
物流工程	12 人	李欢欢	徐海清	刘俊峰	王　旭	赵　涵	梁锡恩
		董　科	李凌郁	罗松波	张　昊	阚亚军	贾丹娜

工商管理硕士：55 人

获学位名单					
曹雨萍	郭玉欣	李子峰	戚敬错	辛培裕	张吉薇
董　锐	韩筛根	李　昱	邵璐妍	杨　宇	张学颖
房晓东	郝　璐	梁　煜	孙国文	姚　旺	赵冰冰
付文超	霍　明	凌　昶	王　强	应　欢	朱　梅
付雨峰	霍文彬	刘锦荣	王学利	由　晔	蒿丽娜
高培玉	李　乐	孟　颖	魏　巍	岳　苑	张　平
陈兴君	崔航凯	黄可炎	李　琪	孙　荣	邵建波
杨　莹	范宝文	江　楠	卢志明	严迪波	李可克
曹　治	韩小燕	蒋佳奇	马　丹	杨光盛	侯保华

工程管理硕士：1 人

获学位名单
岳　佳

会计硕士：3 人

获学位名单		
杜　乾	吴　蓉	张　放

翻译硕士：1 人

获学位名单
毛靓宇

（保定校区夏季部分）

学术型硕士：25 人

1. 法学：2 人

获学位专业及人数		姓名
诉讼法学	1 人	王艳娇
思想政治教育	1 人	张　娇

2. 文学：1 人

获学位专业及人数		姓名
英语语言文学	1 人	吴素静

3. 理学：1 人

获学位专业及人数		姓名
应用数学	1 人	罗　婷

4. 工学：19 人

获学位专业及人数		姓名			
机械电子工程	1 人	尤　林			
热能工程	2 人	吴　晶	周新军		
流体机械及工程	1 人	李志超			
电机与电器	1 人	贾　杰			
电力系统及其自动化	2 人	许崇新	张　珺		
高电压与绝缘技术	1 人	梁培松			
电工理论与新技术	4 人	李宗恩	史松召	王凯红	徐玉涛
电路与系统	1 人	康文倩			
通信与信息系统	1 人	姜　伟			
检测技术与自动化装置	1 人	李路远			
系统工程	1 人	苏子卿			
环境工程	3 人	卢　林	魏　巍	赵书彬	

5. 管理学：2 人

获学位专业及人数		姓名
技术经济及管理	1 人	李建一
行政管理	1 人	刘敏卓

工程硕士：321 人

获学位专业及人数		姓名					
机械工程	4 人	胡思磊	朱　凯	刘　哲	赵敬佩		
动力工程	21 人	白　睿	郭增良	李建河	龙小平	吴宝富	张建英
		陈英峰	洪文超	李　静	鲁希振	杨津智	张　培
		高　翔	姜　涛	刘铁苗	马科攀	叶得刚	张占超
		谷敬泽	赵　亮	赵　晖			
电气工程	153 人	安奕霖	崔　峰	兰立雄	鲍　冰	胡　杨	刘献超
		白　雪	范玉婷	郭井申	贾鹏举	李会青	刘　波
		曹　栋	方永毅	郭启波	贾璐璐	李　晋	刘丁华
		柴　琳	冯晓伟	郭小斌	贾　焘	李　莉	刘　洁
		陈　珺	冯　杨	郝　威	江　洋	李民华	刘　山
		陈国锋	冯婷婷	胡　宇	李　斌	李沛然	刘　伟
		陈利琳	富鹏浩	户　刚	李春耕	李　鹏	刘延博
		戴月升	高春霞	黄　波	李纯卫	李学斌	刘　毅
		但　涛	高　欢	黄　嘉	李　锋	李　毅	刘正道
		董世博	高留洋	黄水平	李光明	李　悦	芦　钏
电气工程	153 人	杜金桥	郭长彪	姬　哲	李广翱	林　繁	卢晓龙
		罗　燚	石　娟	孙　岩	王　俊	王振宁	邢　云
		马　杰	时广毅	汤　微	王　鹏	王志达	熊　玲
		马　岚	史欣鹭	王　喆	王　帅	王璐璐	熊先云
		倪志坚	宋　鑫	王　博	王　伟	魏建祥	熊英亮智

续表

获学位专业及人数	姓名					
电气工程 153人	潘润华	苏凤筑	王 超	王晓维	吴 丹	徐华跃
	齐新杰	苏志华	王春辉	王新炜	吴凯华	徐晓雨
	冉庆凯	隋 卓	王 丹	王 旭	吴千里	许丽娟
	任 捷	孙 嘉	王凤杰	王 阳	吴 群	许利民
	任振蓉	孙 健	王国金	王宇辉	武 杰	杨春燕
	邵光磊	孙 宁	王继承	王泽乾	席 贺	杨世峰
	于雷乐	张宏宇	张 鹏	张 琰	赵 鸣	左 航
	于振洪	张计英	张世琦	张 鑫	郑家骥	郜向军
	张 超	张继超	张 帅	赵 堃	郑少雷	赵 萌
	张大陆	张俊玮	张 镇	赵 杰	庄新纲	邹小金
	张 丹	张立辉	张志飞			
电子与通信工程 15人	金广璐	苗慧鹏	褚佳佳	田 娜	许立坡	张 微
	程润钊	郝硕萌	刘春晖	王建兰	药雪崧	朱一凡
	崔宇辰	李永超	宋 阳			
控制工程 16人	陈连栋	董瑞龙	黄 曼	钱 磊	徐昌明	郑书磊
	陈永利	贺治国	黄小龙	王鹏朝	殷德佳	张 鹏
	崔 靖	侯志辉	刘 云	王演铭		
计算机技术 13人	安红梅	焦丽静	李兆堃	刘呱呱	尚 峰	田 益
	高赫远	兰 昊	廖震宇	荣宇龙	孙 玲	王 浩
	胡静坤					
工业工程 67人	马 金	王 炜	李振伟	申 伟	徐俊平	张 昊
	白 靖	郭晨光	刘 华	时 勇	许仕伟	张晔韬
	毕守东	郭文杰	刘 恬	苏 琳	于淑芳	赵 成
工业工程 61人	蔡亚南	胡德斐	刘铁城	王静宜	余玉洋	赵国航
	陈 汇	黄 研	刘潇清	王 路	云 冰	赵明婧
	党 鹏	焦晓军	麻晓菲	王晓飞	张会君	赵 伟
	杜 鹏	靳晶晶	马鹏超	王彦海	张建业	郑晶晶
	杜亦婷	李 祎	马天霆	王兆暄	张洁羽	周道军
	段助民	李 玲	牛东民	韦利斯	张 乐	朱慧敏
	范晓明	李奇锋	平 立	魏保国	张庆云	乜 璐
	冯宝森	李新宽	齐 勇	辛 剑	张宗兴	岱 青
	高伟杰					
项目管理 27人	安晓倩	高筠朋	雷 雨	陆 娟	王 乐	赵 乾
	陈宏祥	管明锐	李 波	马 吉	云 飞	邹广燕
	陈 明	郭英丽	李季洋	孟文辉	张 建	田英男
	迟玉娥	郝 哲	刘 航	陶 涛	张 艳	赵建华
	范楠楠	侯琳琳	刘晓凤			
物流工程 2人	覃 铭	邓 敏				
环境工程 3人	崔少平	姚卓飞	张 薇			

续表

工商管理硕士：2 人

获学位名单	
乔　丽	夏兵秀

工程管理硕士：1 人

获学位名单
岳　佳

会计硕士：3 人

获学位名单		
杜　乾	吴　蓉	张　放

翻译硕士：1 人

获学位名单
毛靓宇

同等学力硕士：1 人

学科门类	获学位专业及人数		姓名
工　学	环境工程	1 人	宋昌安

高校教师在职硕士：2 人

学科门类	获学位专业及人数		姓名
文学	英语语言文学	1 人	陈　静
工学	电工理论与新技术	1 人	李占友

华北电力大学2015年本科毕业生名单

（北京校部）

电气与电子工程学院

艾双杰	陈江鹏	程小平	郭凌卿	房国俊	黄婷	傲东	陈琨
程宇頔	房佳姝	郭睿	黄英	白冰	陈乐辉	池丽娜	房刘远
郭晔	黄毓华	白勇	陈利华	仇楠媖	费咏攀	郭毅	黄子恒
白宇宁	陈林	崔超	冯啸	郭志锋	黄子凌	班墨涵	陈林林
崔海涛	奉钰力	郭子箭	纪中豪	包吉强	陈茂森	崔婧	福佳
韩镔	季雨	包玉莲	陈明佳	崔康生	付强	韩超然	贾振维
鲍红伟	陈明升	崔荣庆	付天博	韩金越	简大淇	毕贵龙	陈铭岳
崔岩	傅笛	韩璐	建少爽	边喆	陈楠	代冰	高洪吉
韩思琦	江欣明	才超	陈攀登	代航	高坤	韩通	姜辽
蔡博	陈琪	代丽娟	高铭	杭庆骅	姜天杭	蔡岩涛	陈诗浩
单浩东	高尚	郝晨耕	姜雨秋	蔡煜	陈思源	单禹喆	高爽
何国佩	姜玉昆	曹涵	陈曦	党成斌	高一骄	何力	蒋皓楠
曹凯放	陈曦	邓铭薇	高元宏	何乔木	蒋明浩	曹孟超	陈仙京
邓小龙	高源	何思秦	蒋如棋	曹孟珽	陈翔	丁光宇	耿华
何畏	蒋世苑	曹望璋	陈小云	丁玲莉	耿祥瑞	何鑫	蒋卓毓
曹晓微	陈晓帆	丁徐斌	耿银凤	何源	焦宁宁	曹颖	陈新威
丁学斌	宫晓珊	贺旭光	金东亚	岑梦佳	陈泫光	丁雨霏	宫艺鸣
贺艳华	金莉	常书荣	陈雪姣	东野忠昊	龚晨	贺子清	金秋龙
常征	陈雪瑶	董超	龚玉	洪俊	金若水	晁鹏	陈一凡
董凯旋	古浩声	洪文迪	瞿嘉俊	巢盼盼	陈寅	董蒙	顾柳逸
胡海洋	开买尔江·玉素甫	陈波	陈颖贤	董芃	顾妙松	胡浩	阚博文
陈博	陈宇翔	董其成	顾明元	胡浩宇	阚一琦	陈诚	陈志民
董颖章	顾炜杰	胡今朝	康春渊	陈春宇	陈智锴	董宇楠	顾玮
胡小浩	孔灿	陈达林	陈卓	端木雨阳	关睿	斛冬冬	孔庆钰
陈辅成	陈子君	段旭辉	郭才硕	华笑延	赖铭峰	陈冠初	陈紫薇
段意	郭得扬	黄焕彬	兰小东	陈浩	成敏杨	凡曼	郭昊天
黄乔莎	兰自冉	陈焕玉	程嘉泰	樊威	郭红林	黄山珂	蓝天
陈建希	程同辉	方伟	郭嘉晨	黄天琦	郎硕	李晓骏	梁金霞
刘沁园	吕欣哲	牟越	沈显赫	黎昆威	李亚鹏	林寅羲	龙杰
冒晓舟	沈立扬	李兵	李阳	林昱澍	龙日尚	梅田	沈苏帆
李博	李洋	林智炜	龙思岑	蒙锦飞	施梦如	李博男	李洋
凌忠标	娄嘉淇	孟东东	石城	李朝朋	李药藤	刘岸竹	卢东祁
孟繁星	石洪峰	李晨曦	李一凡	刘昶	卢韵西	孟悦宁	石建江
李帆	李一鸣	刘潮	卢泽华	米玛平措	石峻玮	李根	李一之

刘辰睿
莫申扬
李金多
刘高远
潘可达
李利成
刘吉昀
潘　英
李梦鹏
刘明川
彭英骥
李南帆
刘诗怡
强　婧
李佩霖
刘　恬
秦司晨
李　珅
刘信福
曲照言
李先锋
刘　洋
任思尧
李晓婷
刘禹含
商可易
李修远
龙江幸
玄博文
孙艺阳
王　熠
鄢鸿婧
塔　拉
王宇晨
闫晓东
唐成鹏
王云睿
严　鑫
唐　倩
王镇隆
杨　帆
陶思捷

芦　曦
石文浩
李亦斌
吕勃翰
史文华
李玉亮
吕小颖
司新雨
李　越
罗　亚
宋兴业
李治军
马　东
苏思旭
李子豪
马　捷
粟华林
梁天奕
马　莉
孙　畅
廖敏飞
马秋阳
孙立东
林　圣
马　妍
孙玮琳
林雅芸
毛媛媛
尹加琦
王昊月
吴周长
于芳竹
王佳桢
武嘉薇
于田田
王　婧
奚嘉雯
余心仪
王科敏
肖仁晖
袁　健
王令萌

苗晓晓
李嘉乔
刘飞飞
牛成然
李立枫
刘晖童
潘旭新
李孟军
刘孟歆
彭文昊
李明阳
刘启智
齐步洋
李培宇
刘天语
秦清佩
李瑞生
刘　鑫
曲春晓
李天乐
刘　阳
饶　艺
李晓谋
刘逸辰
茹丹丹
李校莹
柳林天
沈海媛
孙　宜
王怡璇
薛　顺
索硕琦
王　宇
闫佩嘉
谭　涛
王　越
闫漪涵
唐　萁
王章廷
杨奥博
陶　琪
王智晖

石　璐
李宜哲
陆　琪
史康宁
李雨薇
吕思琦
司　翔
李　悦
罗昕宇
宋世杰
李志民
马安安
宋占象
李忠禹
马　剑
苏子娟
梁呼群
马骏鹏
孙长乐
廖彩如
马　强
孙嘉茜
林美妤
马　鑫
孙同越
林雯瑜
马　悦
孙耀威
王豪阳
吴昱江
游宏宇
王吉亚
武　超
于　淼
王洁聪
郗　泽
余仁辉
王康睿
肖凤女
袁嘉斌
王历晔
谢　赛

李国圣
刘　帆
聂凤祺
李兰瑛
刘　晖
潘　舒
李　璐
刘丽娜
彭　川
李明轩
刘　鹏
祁宇轩
李庞博
刘烁洁
秦嘉策
李　强
刘新民
邱煜超
李天成
刘雪珂
全明轩
李　想
刘轶伦
任仲也
李晓霞
刘子轩
申　钰
孙一宁
王一帆
薛祺浩
孙思达
王　宇
闫凌宇
谭石磊
王　媛
闫业华
唐利渊
王泽润
阳　鹏
唐　鑫
王志远
杨佳艺

李依琳
鲁杨飞
史金鑫
李永基
吕　晟
史雨菲
李　玥
罗　洁
宋慎聪
李至蕙
雒　磊
宋　悦
李中烜
马惠中
苏文静
梁　浩
马俊杰
孙博洋
梁媛方
马梁智聪
孙嘉辰
林健雄
马啸宇
孙启星
林　童
马宇飞
孙妍璐
王　晗
吴益锋
尤泽东
王　慧
伍林海
于　雷
王坚峰
武小康
于致远
王俊生
夏　商
袁　博
王　磊
谢　德
袁艺仓

刘晨曦
倪浩然
李可心
刘鸿磊
潘瑞阁
李林泽
刘佳斌
庞　鹏
李　敏
刘佩辰
彭紫一
李南君
刘舒宁
秦　浩
李鹏宇
刘　通
卿哲文
李世豪
刘　轩
屈炳君
李　想
刘译聪
任　艺
李晓桐
刘玉奇
申雅茹
李秀花
王　垚
薛梦雯
孙逸伦
王永航
闫　涵
谭必华
王　媛
闫欣蕾
唐　昊
王泽黎
颜世杰
唐　伟
王　震
杨怀远
陶亦然

鲁　力
时　争
李裔锋
吕富强
史　旭
李玉龙
罗　晨
宋浩泽
李　臻
骆李成
宋玉曦
李智翔
马　飞
苏　伟
李紫依
马俊杰
孙冰莹
梁　秀
马里千
孙慧敏
林长盛
马晓路
孙启梦
林师远
马永珍
孙　雯
林　毅
吴　瑶
尹　婧
王浩任
吴紫恒
于海生
王佳振
武倩羽
于　越
王君莹
夏冰阳
於滨森
王　磊
肖童心
袁靖宇
王　萌

王忠旭	忻达	杨晶晶	苑佳楠	滕岳桓	王蒙	王子涵	邢栋
杨炯	苑舒博	田浩	王梦超	王子豪	邢建坤	杨俊威	岳瑞欣
田镜石	王梦丹	韦鸣月	熊仁彰	杨林满	曾宪衡	田诗涵	王淇
韦淑婉	徐丹丹	杨荣芝	扎西嘉措	田硕	王启明	魏纯晓	徐东旭
杨睿	张晨	田晓明	王乾	魏鹤	徐歌	杨双飞	张理
铁兴平	王倩	魏熙	徐国旺	杨涛	张程	仝欣	王然
魏征	徐晶	杨晓超	张格格	万军	王蓉东	温豪	徐乐旸
杨啸宇	张海华	万凯遥	王晟	温森	徐椤赟	杨艳敏	张海洋
万雪婷	王舒	文茜	徐梦恬	杨洋	张晗	汪贝	王思涵
翁馨	徐铭远	杨耀贤	张涵	汪然	王天琦	翁中秀	徐上九
杨叶昕	张浩	汪余	王天翔	吴博仁	徐天舒	杨怡帆	张恒友
汪煜涛	王文	吴昌鹏	徐伟	杨振宇	张红颖	汪执雅	王小明
吴晨曦	徐筱昕	杨振宇	张慧娟	王奥	王馨尉	吴迪	徐义良
杨至元	张吉明	王丙瀚	王星鸽	吴刚	徐燚	姚艺迪	张继阳
王超	王星星	吴加栋	徐玥	姚远	张嘉慧	王琛弘	王秀瑞
吴嘉悦	徐中伟	叶子阳	张健	王达	王萱	吴静琳	许博
一帆	张健	王东方	王亚玲	吴隆诚	许景毓	易扬	张晶
王方雨	王燕领	吴升进	许逸飞	殷炜榕	张俊	王国成	王阳
吴先哲	许泽峰	尹航	张可迪	张坤	张雪垠	赵明远	钟丽莎
朱韶一	张希甲	张立凡	张娅	赵鹏宇	周泊宇	朱文韬	张晓涛
张立雪	张逸楠	赵生延	周潮	朱晓文	赵丽	张丽敏	张溢戈
赵天琲	周昊甫	朱兴隆	赵栾	张利	张毅	赵天扬	周建
朱垚宇	郑毅	张曼	张影	赵天宇	周健	朱一峰	郑有为
张美硕	张瑜	赵婉茹	周攀	朱永康	朱林鹏	张蒙晰	张宇
赵熹宇	周企慧	朱宇松	朱乃斌	张明	张宇鹏	赵相政	周清文
朱雨蕙	张伟	张明智	张雨薇	赵小龙	周爽	朱玉婷	张文婷
张鸣祚	张雨璇	赵孝磊	周庭振	朱毓凝	张稳	张宁	张媛
赵一蒙	周晓枫	朱在兵	赵佳	张佩爽	张悦	赵奕奕	周信星
竹俊俊	赵坚鹏	张瑞程	张泽凯	赵钰	周杨	祝浩	赵建设
张润峰	张振邦	赵钊	周宇聪	祝培鑫	郑梦园	张若煜	张震
赵振华	周喆	祝绍飞	郑乔华	张莎	张峥	赵志伟	周正
庄舒仪	郑伟栋	张少艾	张正昕	赵宗耀	周子青	卓嘎央宗	朱江江
张思源	张志鹏	甄云飞	朱博亚	卓然群	朱俊谕	张婷婷	赵炳强
郑嘉炜	朱晨	卓越	朱开成	张桐	赵成爽	郑璟	朱春燕
卓越	邹英杰	宗旌伯	邹福强				

核科学与工程学院

马寅星	张荩	张海	汪喆	郭智超	马路遥	马路遥	全峰阳
张希颖	张立川	王式保	洪潇	邱水	赵子坤	赵子坤	张壮壮
张薇	王喜祥	纪鹏飞	王园鹏	许康	周乐	周乐	杨赟
王昕	贾坤	夏科	安逸然	俸宇航	赵鹏尧	赵鹏尧	王雨
金时源	钟宇航	蔡贵松	鲍娜娜	李婧	王昭	王昭	梁虎啸

左迟	姜昊	陈磊	焦冠超	王志远	林韩清	林韩清	丁涛
李羿良	丁少飞	张静溪	辛明伟	马泽华	郭袭	郭袭	陆佳星
郭天鹏	曹瑛	许谦	祁文静	黄及娟	秘金松	秘金松	华强
高泽伟	余恩林	任碧瑶	姜兰兰	彭兵	李璟瑶	李璟瑶	胡小康
田聪	王博栋	金鑫	漆圣培	刘文林	康峥嵘	康峥嵘	阿依努尔古力·吾甫尔
王欣	罗思民	任婧雯	罗光龙	林大超	杨远超	杨远超	王修荣
任硕	沙宁	马亚栋	凌泉	曹惺笛	肖景	肖景	衣聪慧
唐飞	蒙建朋	龙川	许京亚	肖元元	赵宝峰	赵宝峰	王达
彭卫平	罗绍北	邹佳岐	徐秋冬	赵绩	王杰	王杰	孙强
倪天威	白涛	许爱威	蒋佳	王悦	王德武	王德武	祁学灵
曹郭楠	袁野	吕红梅	吴东泽	王海军	秦子权	秦子权	陈博文
张志鹏	齐实	杨一帆	王浩	司卓宇	陈磊	陈磊	董冠岐
张慧帅	叶志豪	王剑举	孙大伟	陈之睿	黄斌	黄斌	赵军
张健夫	杨堃昱	唐剑	崔金彪	刘聪	蔡宇钦	蔡宇钦	李雨潇
文海洋	张龙	韩正刚					

经济与管理学院

阿不都克依木·阿布都克热	阿力木江·衣不拉音	艾地汉·阿不都热依木	布马力亚穆·依明	克丽比奴尔·吐尔洪	迪丽热巴·巴哈德尔	陈媛	陈增华
付静雯	和远舰	孔海生	李欣民	阿罗	陈芝光	傅东	厚杭希
劳南新	李依莎	付宏辉	池佳	傅杰	胡佳宸	黎倩	李毅飞
敖若晴	揣恺芮	高白玲	胡金红	李彪	李永栋	巴桑卓嘎	次仁桑珠
高成军	胡诗媛	李兵抗	李玥	白婧萌	次仁旺多	高林霈	胡亚兰
李博	李越	白玛曲珍	次央	高明媚	胡勇	李昶攸	李真
宾凤	丛森	耿集芸	胡赟	李成林	李智	卜银河	崔■■
耿晓旭	华沐阳	李芳	栗子淇	卜琢	崔平平	宫明蕊	华勇
李枫晚	梁蕾	何远敏	崔亚平	龚浩	黄飞龙	李晗昱	梁晓珍
蔡婧	崔影	谷静秋	黄果	李合艳	梁馨文	曹文星	崔钟月
关婕	黄航丹	李弘洋	林朝静	曹煜	崔子萌	郭宝昌	黄昊
李鸿瑞	林翠灵	巢方毅	代思晨	郭佳	黄慧敏	李佳楹	林卫
陈宝琦	戴非凡	郭健	黄吉康	李婧怡	林心宇	陈宸	单媛君
郭俊佑	黄米兰	李静诗	刘博	陈冠宇	党慧慧	郭飘	黄悦
李雷	刘唱	陈昊	邓凤娟	郭涛	黄云浩	李孟原	刘定
陈健	李昕蔚	郭田园	霍玉清	李梦媛	刘瑾宸	陈妙机	丁兆民
郭宇城	吉训正	李敏	刘靓	陈丕乾	杜善重	韩博堃	籍翔
李敏	刘凯	陈若鹏	段丽	韩楚怡	江天娇	李明尔	刘立姝
陈珊	段萌萌	韩菲	姜杨	李诺	刘龙泽	陈世媛	鄂晨爽
韩鲁茜	蒋茵梦	李奇	刘梦蕾	陈文彬	范婧怡	韩梦文	焦杰
李青龙	刘梦琦	陈祥强	范梦雅	韩硕	焦文静	李琼	刘淼
陈萧雄	范岩	韩天瑞	焦扬	李冉	刘明宗	陈霄	方畑畑
韩晓宇	焦一倩	李司思	刘佩嬛	陈晓希	冯琳	郝凌岳	金梦

李 婷	刘 琦	陈新如	冯 鑫	何 晨	金若琪	李雯乐	刘 勤
陈雅晴	冯兴斌	何龙玥	金 玮	李小刚	刘舒琪	陈 逸	符传孔
何淑敏	金旭超	李晓璇	刘汪洋	陈昱文	符春媚	何玉宽	柯毅明
李 昕	刘 伟	刘 晓	全恒禛	杨亦萍	于 凯	郑 强	莫晓菲
刘晓岚	任飞阳	杨智博	于小桐	钟 雯	莫中正	刘晓丽	任梦婕
姚多朵	余 可	周吉康	牟艳鑫	英提扎尔·阿力木江	乌米古丽·艾柯木	帕如克·拍祖拉	玛尔江·沙依兰别克
买吐送那洪·巴拉提	乃再尔江·艾山	刘依然	阮 亮	姚轲文	俞其榕	周仕刚	聂 丹
刘 艺	商唯琳	姚奕楠	袁 慧	周旭彬	欧阳星卓	刘宇婷	商雅菲
叶琪琪	袁 恺	周瑜智	姚凤先	刘雨薇	邵云龙	尹博航	袁培棠
朱国栋	潘多晨	刘 媛	沈晨姝	刘 昕	袁伟伟	朱佳妮	潘 格
刘 泽	沈 橙	尤志华	岳彩奇	朱 亮	潘 莲	刘展鸣	盛正昱
于 晶	曾凡伟	朱赛雯	潘 舒	柳丽莎	石 弟	王钰博	曾 浩
邹 鹏	潘张益	柳前伟	石馥铭	王 铮	曾 澜	邹睿思	裴雯雯
楼江庭	石 恒	韦钧彪	曾 强	左 艺	王 帅	卢柏屹	石子凡
魏佳榕	曾文明	彭科程	王唯佳	卢东昊	时益苍	温璐瑶	翟 优
彭小康	王文秀	卢凤鸣	史振哲	闻 浩	张晨韵	平林艳	王 曦
卢 拓	舒 晗	茹鹏飞	张黛妮	齐媛媛	王 玺	卢艺菲	宋 栋
吴朝莹	张发友	钦秋萍	闫 博	路雅婕	宋 培	吴 晗	张翰林
秦和珂	杨超昊	吕林骏	宋沂邈	吴季林	张 杭	秦一馨	杨环宇
罗 宁	宋宇晴	吴 俊	张浩楠	秦玉梁	杨蕙嘉	罗晓鹏	宋舟安
吴 磊	张弘扬	曲 径	杨佳贝	罗永阳	苏 红	吴美琼	张嘉玉
王 霄	赵浩然	马 斌	隋 潇	吴珮珮	张锦韬	王 欣	赵 嘉
马嘉悦	孙 聪	吴芮曦	张 珂	王衍琦	赵 玲	马 健	孙 静
吴胜凯	张 亮	工 杨	赵令华	马井力	孙润波	吴廷燕	张敏琳
王苡轩	赵梦奇	马 可	孙廷瑞	吴烨伟	张 茜	王义峰	王敏哲
马 雷	孙 璇	吴 怡	张 茜	王艺歌	王 倩	马其昆	孙永悦
吾日娜	张 倩	王艺璇	王 倩	马 涛	孙治国	武冠男	张事成
王瑛琳	玄雅琳	马 通	索朗普赤	武 涵	张天硕	杨健桥	薛 芳
马微微	谭粤元	武 燕	张天天	杨钧钧	薛 师	马文霞	汤建贺
夏海波	张 曈	杨柳狄	张云兰	马小芳	汤 力	夏慧聪	张琬琳
杨 陆	张召园	马 旭	唐 朝	肖 可	张炜莹	杨璐瑶	赵安飒
马学福	唐德佳	肖 琳	张 文	杨 沫	王林炎	马 艳	唐 源
谢姗羽	张文华	杨 双	王露琳	马 原	陶海明	谢诗妍	张文杰
杨 鑫	王美琪	马振炎	陶永文	谢文静	张文鹏	杨 洋	许 梅
俞捷妮	王呈舜	谢晓珊	张翔宇	赵 爽	许小峰	周世洁	王 栋
辛雅晨	张晓楠	赵天琦	许 颖	张玉琢	王二龙	徐可欣	张馨怡
赵小菡	张誉耀	毛梦婕	王 冠	徐铭浩	张栩蓓	赵雪松	张源峰
冒鹏喆	王 觐	徐晓寒	张燕鹏	赵杨宇	张越聪	孟诗竹	王菊霞
徐 迎	张耀川	赵英琦	王 丽	张语轩	王珂琪	徐幼珍	张一馨
赵又艺	王利彬	闵 操	王 岚	徐跃珊	张颖琦	赵 越	许宸玮

明 玉	王李惠子	徐云菁	张 优	郑 楠	许靖宜	麦麦提吐尔孙·米吉提	米尔艾合买提·阿吾孜

可再生能源学院

阿力木江·依米提	别克吐尔松·达列里汗	马尔旦·帕尔哈提	牙森·热西提	努尔丁·热法依	余庆春	白格格	何小江
刘 超	祁荷音	王启强	虞 敏	何文栋	贺 凯	刘 昊	邱雨微
王若愚	曾癸森	步允启	胡 斌	刘华兵	邱泽强	王生鹏	詹芳蕾
曹善桥	胡成龙	刘 磊	冉 超	王 泰	詹森国	常 晶	胡 森
刘丽娜	茹建宇	王文龙	张 晨	陈 卉	胡 莎	刘 明	邵力成
王雅萍	张晨晨	陈荟萃	胡雪晴	刘 明	邵笑严	王亚舟	张大鹏
陈力勤	黄博文	刘芮绯	盛 璐	王志斌	张 昊	陈立东	黄 甘
刘 伟	石广琛	韦 龙	张 浩	陈梦圆	黄 凯	刘文健	石 玥
韦永江	张家浩	陈 瑞	黄修学	刘晓锴	时小强	魏智宇	张锦辉
陈心一	黄振晨	刘勋伟	隋国栋	吴 飞	张凌岳	陈学琨	惠 庆
刘乂夫	孙 超	吴 萍	张 曼	陈 颖	吉仲维	刘 易	孙洪宇
吴帅锦	张茗梦	陈植强	纪 军	刘 宇	孙建威	吴王琨	张 强
程冰清	贾欢力	柳元青	孙清芸	吴雪茹	张强明	崔凤娇	姜智钰
龙丕桂	孙庆琦	吴云召	张润禾	崔 尧	蒋涵颖	卢 航	孙学晶
吴志毅	张 伟	党晨星	蒋华婷	陆 佳	覃冬梅	伍秋坤	张文霞
邓栖霞	金海生	陆 明	覃红霞	向劲松	张 熙	丁希宏	康富振
吕奇瑞	汤卓凡	肖 雄	张小萌	董 洁	康庆星	罗莹莹	唐 俊
肖学冰	张晓慧	杜 根	柯炜铭	罗韵纯	唐梁潇	谢江兵	张英团
杜 鸣	孔令涵	罗泽耀	唐诗洁	谢 玄	张 榆	段喻琳	雷秉啸
洛 桑	陶钧烨	徐冬媛	张玉玮	段志鹏	雷晓玲	麻艺炜	田春明
徐家辉	张泽龙	范威威	李晨晨	林 楠	田浩楠	徐 盛	赵安丽
封照林	李栋栋	马广军	田俊义	徐 涛	赵昊哲	冯 倩	李方敏
马国林	田孟爽	徐小雪	赵 强	冯学斌	李 浩	马赛男	铁 钰
徐以强	赵 瑞	奉 鑫	李浩钧	马 爽	佟 锴	许成志	赵亚威
甘晨宏	李嘉楠	马筱梅	万抒策	许丽琪	赵 钰	高 猛	李 娜
马易君	王安泽	许璞轩	赵裕童	高庆林	李 宁	毛 未	王 丹
薛 帅	郑杨艳	耿 超	李 添	梅 击	王德鹏	薛鑫宇	钟孟圆
顾培根	李文达	梅 亮	王 迪	彭 正	钟 青	郭春悦	李 欣
孟凡开	王东旭	严祺慧	周 婵	郭泓村	李雄艳	孟庆春	王凤阳
颜 彦	周大伟	郭 峤	李依擎	莫秋迟	王海峰	羊冰清	周福文
郝国荣	连仁仙	宁 聪	王 函	杨馥源	周 洁	郝少博	梁丽彤
王鹏琪	王 浩	杨树维	周舒琦	郝晓玮	梁 宇	潘 程	王江天
杨骕騑	周童童	何瑾琛	梁 钊	潘 红	王 晶	杨 雄	周于梦秋
何 畔	林 琛	彭燕祥	王 静	于晓琳	周 正	朱达川	朱红彬
庄 岩							

控制与计算机工程学院

阿克伟	符传运	李　伟	孟　婧	王文亚	尧佳鑫	阿力普江·吾吉麦麦提	艾力帕提·艾尼外尔
奥斯曼·伊米提	努尔东·麦合木提	皮尔开提·玉苏甫	买合布拜·肖开提	付胜国	傅楚峻	李晓东	闵云浪
王晓鹏	姚　远	安　芳	高信腾	李晓蒙	缪晓春	王新国	叶　奇
敖　鑫	高一鸣	李　鑫	莫欣睿	王英文	易思瑶	李　响	戈　扬
李绣雯	牟　犇	王　禹	尹岑杰	白小玥	辜建波	李　岩	牛　斌
王兆光	尹　昕	白　旭	古国伟	李　岩	牛文静	王梓楠	尹旭辉
白雪剑	谷　珊	李宜璞	米　琦	旺青扎堆	尹　旋	柏文健	郭宏宇
李　元	潘　晶	韦金荣	尤俊杰	蔡凌霄	郭　庆	李　壮	彭　捡
魏　帆	于明雪	蔡宗辰	郭　翔	梁　平	王　宪	魏家辉	于　朋
曹　闯	郭云格	梁子航	綦　晓	魏　霜	余晓玲	曹　轲	韩卫波
廖泽翔	秦绪良	温晓全	余圆圆	曹　敏	韩　勇	林　远	秦正鹏
温玉冰	詹　斌	曹仕元	何彩柳	刘　迪	邱　杰	乌日图	张　报
曹廷祥	何洋洋	刘宏宇	邱　实	邬　林	张琛宸	曹先波	何　雨
刘　洁	仁增多吉	吴锦莹	张　迪	常昱润	何子琎	刘力舟	桑麟慧
吴俊博	张　飞	陈必茜	洪怡婷	刘梦欣	邵　帅	吴凯兴	张凤飞
陈　超	侯婧婷	刘明达	申　思	吴　雷	张　皓	陈　川	侯旻嵩
刘千浩	沈　遐	吴　涛	张会峰	陈海粟	侯晓帅	刘山山	施文豪
吴玮钦	张继业	陈卉捷	胡文亮	刘仕文	石国磊	吴　瑕	张佳欣
陈晋恺	胡忠文	刘　澍	宋文泽	吴晓宇	张竞予	陈　静	黄晨笛
刘文德	宋小龙	吴　颖	张俊杰	陈军伟	黄海波	刘小波	苏　晴
武昊英	张　龙	陈鲲鹏	黄杰峰	刘　鑫	苏树伟	武　焕	张美玲
陈立翼	黄丽芬	刘　星	孙　畅	西绕江村	张明慧	陈丽娟	黄　蓉
刘　旭	孙单勋	席明湘	张庆林	陈丽雪	黄世晨	刘杨中华	孙国强
仙子龙	张思齐	陈　林	黄域钊	刘　永	孙建建	肖逸群	张天禹
陈秋林	黄子强	刘谕齐	孙　楠	肖　玥	张　甜	陈权贺	季雨欣
刘　悦	孙绮蔚	谢　奥	张悟然	陈　嵘	贾晓倩	刘正雯	孙　熙
谢伟戈	张　旭	陈茹君	简一帆	龙东腾	孙潇然	谢　洋	张雅坤
陈　睿	姜权珍	龙仲涛	锁　钊	徐建光	张　征	陈炜天	姜　婷
陆炜灏	谭梅梅	徐美娇	赵艾清	陈　溪	姜渭鹏	陆文坤	唐思远
徐　特	赵　波	陈于堃	蒋运洋	逯胜建	唐　琰	徐　伟	赵博阳
陈　瑜	金乘成	吕铁鑫	田　昊	徐亦白	赵偲榆	程　诚	柯海山
罗雪静	田雪枫	徐郑晨	赵程程	程鼎铉	柯　琦	马　超	佟雪菲
许　彬	赵　康	程　何	柯文晖	马成功	万　珂	许慕聪	赵　坤
程玉翔	蒯梦如	马珺婷	万睿娜	许若冰	赵林春	崔国东	黎　天
马　良	万旭惠	许　玥	赵现晶	邓明松	李宝光	马　亮	汪鼎民
薛芮茜	赵雄飞	邓文玉	李伯尧	马　锐	王宝源	闫睿波	赵占伟

邓志光	李 晨	马思腾	王 彫	晏 鹏	郑伟敬	邸小慧	李晨星
马唯伦	王华斌	燕卫政	郑 勇	丁熠辉	李 飞	马 伟	王会林
杨国伟	支宸啸	丁 悦	李 飞	马 伟	王慧丰	杨继园	钟佾歆
董德华	李光虎	马晓曦	王吉春	杨景华	周彩云	董 璐	李佳佳
马 许	王 佳	杨俊森	周康佳	董天放	李君明	马雪楹	王家兴
杨文良	周磊月	董志飞	李凯军	马 毅	王金秋	杨旭东	朱春林
杜 欢	李柳耘	马雨薇	王 婧	杨雅兰	朱 东	杜 杰	李梦琪
马志雄	王靖雅	杨 扬	朱海魏	杜祥明	李秦孜	马智学	王 娟
杨 阳	朱木森	方冰燕	李青青	姚 楚	王俊铮	杨 洋	朱 瑞
方毓晨	李 权	买哲旭	王 强	杨一雷	朱小祥	冯长寿	李 涛
邹光华	王汝杰	杨 元	朱煜枫	冯 伟	李婷婷	孟格思	王婉君
杨志鑫	朱震东	麦麦提卡热·努尔麦提					

能源动力与机械工程学院

阿勇嘎	韩菲菲	李双双	牟 锴	王 胜	俞南杰	白丽梅	韩慧蕊
李思阳	倪伟铭	王 帅	袁明野	白 璞	韩继朋	李 伟	牛晨巍
王松淦	袁 勇	白 翔	韩京昆	李 响	牛宏坤	王 婷	远洪亮
白雪亮	韩瑞午	李晓鹤	牛晓璇	王 彤	云 飞	毕晓瑜	韩文卓
李欣婷	欧春禧	王晓东	曾吉祥	蔡 黎	韩雨辰	李雅丽	欧阳恒杰
王晓珑	曾蕾蕾	蔡顺凯	何春龙	李雁楠	潘嘉申	王 岩	曾 腾
蔡学礼	何晗玮	李源非	潘利超	王咏骏	曾星明	曹 进	何 鑫
李远杰	潘 越	王 仲	曾志松	曹俊杰	何 研	李 振	祁子尧
韦丁萍	翟闰森	曹 力	和学豪	梁洪波	齐佳伟	卫祎然	詹诗伦
曹 伟	贺伟宗	林兰兰	齐振宇	魏立帅	张百千	常梦星	贺政康
林雅婧	秦斌钰	魏明东	张飞宇	常文帅	贺之豪	林耀健	秦 琅
魏雨菲	张福盛	陈畅赫	洪 艳	凌坤雄	秦 利	温怀栋	张海东
陈海兵	侯永策	刘 博	秦仁港	温 暖	张 荆	陈海川	胡方融
刘 晨	秦 彤	文 琪	张 君	陈 桦	胡凤铜	刘代刚	邱禹桐
闻陆靖	张钧超	陈柯名	胡贺超	刘方亮	裘闰超	吴 凡	张利亚
陈立铭	胡金婷	刘 枫	任朝明	吴红良	张 明	陈 培	胡延蓉
刘高志	任晓永	吴礼坤	张鹏飞	陈 爽	胡扬清	刘涵子	商宇楠
吴凌云	张鹏娜	陈思同	胡雍胜	刘恒平	尚星宇	吴元松	张 倩
陈雄伟	黄木和	刘洪涛	申 鹏	吴祖龙	张 强	陈 宇	黄小亮
刘家东	沈 新	武 越	张 强	陈 煜	黄晓宇	刘 健	施光泽
席 翔	张 强	陈子丹	黄应红	刘 津	施鸿健	夏单城	张圣胜
陈 作	黄永刚	刘 雷	施 烨	夏庄凡者	张世保	成 谦	黄中艺
刘 琦	石 敏	肖 龙	张庭祎	程睿泽	季海超	刘 琪	石巍巍
谢行川	张 闻	池炜东	贾润强	刘 赛	史正斌	谢云云	张晓芳
仇志超	贾赛赛	刘双龙	司旭东	辛文韬	张 笑	崔凤新	贾文鑫

刘烁	宋嘉祺	邢宁	张雪	崔佳奇	贾小伟	刘桃宏	宋涛
熊超	张一可	崔欣莹	江北	刘潇波	孙达康	徐传享	张应荣
达娃曲珍	江雄	刘晓菲	孙家璞	徐道克	张永明	代连普	姜磊
刘行	孙恺婧	徐劲松	张宇航	邓玲	蒋翔宇	刘雄	孙尚瑜
徐梦怡	张雨檬	邓小未	蒋阳	刘旭栋	孙伟博	徐然	张正一
丁遥	焦子洵	刘亦芳	孙旭鸿	徐士猛	张政	丁泽宇	矫延林
刘缘	孙依	徐炜乔	张志清	董家纬	金星	刘云	孙增森
徐煜	张子璇	董永星	金宇航	龙伟迪	孙筑华	许爱伟	章岱超
鄂兵	靳生文	龙宇	谈政	许彦斌	赵海亮	范锦谕	康孟飞
隆昕	覃绘航	许尧	赵海洋	范田飞	柯明	鲁敬妮	覃韬
许悦	赵鸿翔	方玲	蒯丽娟	路冰心	覃兴宁	薛小军	赵天乐
冯沛飞	雷雪霏	吕冠桥	唐甸积	薛卓	赵鑫	冯瑞翔	黎力
吕纳贤	唐昊	竹松	赵旭升	冯云聪	李百航	伦雨晴	唐三力
闫培耘	赵妍芳	傅晨阳	李博	罗恒松	唐智明	杨彩雯	赵洋
傅思伟	李超	罗薇	陶泽宇	杨东海	赵宇玺	傅玉	李成奇
罗佑楠	田东昌	杨夺奎	赵祯	傅钟艺	李创	马波	田富宽
杨帆	赵忠正	嘎玛旦增	李芳义	马海峰	万英辉	杨帆	郑大郁
干雪	李凤莲	马昊	万震天	杨霏	郑皓天	高清鑫	李海宇
马军	王博	杨浩	郑磊	高润龙	李灏榀	马立群	王春兰
杨宏伟	郑磊	高翔	李季巍	马林	王德富	杨宏宇	郑清清
高远	李金洲	马璐	王刚	杨吉明	郑荣辉	葛世程	李静
马乾	王刚	杨杰栋	仲旭雯	宫逸飞	李凯璇	马帅	王海东
杨进成	周广亮	顾令东	李浪涛	马卫东	王皓冉	杨名	周佳佳
关清瀚	李磊	马晓丽	王鉴	杨艳	周民星	桂波	李明
马振华	王婧超	杨永成	周敏	呙云迪	李明杰	麦贻鑫	王静
杨悦	周强	郭瑞军	李平凉	毛德元	王恺琪	杨臻	周顺鹏
郭峣烨	李倩倩	梅笑寒	王磊鑫	叶静思	周天一	郭子杰	李锐
蒙朝刚	王良远	游作树	周旭	国旭涛	李润	苗肖东	王亮
余东真	周逸挺	祝雅馨	李帅	莫诗	干琦	余欢	朱坤强
雪开提·吾木尔	海热提·艾合买提	朱胜森					

人文与社会科学学院

安琪	格桑拉姆	李博文	吕凯强	王瑜芳	于子健	安忠霞	耿云霞
李卉	罗翔	王子墨	余晨	柏雪菱	关欣怡	李佳琦	马涵慧
旺姆	余汶璐	曹立志	郭帅	李敏哲	蒙丽娜	巫燕彬	袁方明
曹雅雯	郭志伟	李明婵	孟庆伟	吴婧淳	曾健文	曹乙木	左又允
李佩遥	倪秋月	吴琼	曾留馨	车勇辉	韩晓岩	李娉	聂彬彬
吴文才	詹宇	陈慧	郝婵婵	李薇	潘韵竹	武雅韬	张彪

陈晓旭	郝甜莉	李雪松	彭程璐	夏俊生	张昊希	陈 昱	何海露
李永鸿	秦 雯	谢佳雯	张 晶	程 垚	何杰权	李昭伟	冉 钦
谢杰杉	张孟凡	程伊乔	贺志权	李忠鹏	任嘉宁	熊锦慧	张南翔
楚 君	侯晨曦	连乃熵	沈兴辉	许甜田	张 睿	达 珍	侯青云
梁安吉	石柳玲	闫 宁	张舒扬	邓 隽	侯雅璐	林锦媚	石维巍
严煜珅	张 瑶	董怀玉	胡彩凤	林 强	史 璇	阎 芳	张 喆
杜 琳	胡 榕	林 燕	斯 瑶	杨 灿	张之栋	杜 苗	胡枭峰
林智宇	苏梦曦	杨凤娇	赵洪月	杜郑颖	黄陈辰	凌 翔	苏榆淋
杨竞原	赵梦凯	范婷婷	黄家藤	刘春竹	唐 涛	杨 静	赵奕凯
方若云	黄晓萌	刘凌宇	滕蕤莲	杨凯悦	郑 引	冯泽宙	贾佳轩
刘美香	王宝娟	杨 珂	周芳杏	符文惠	贾万文	刘 伟	王 超
杨 汐	周洪坤	付 玥	姜佳婷	刘晓婵	王东霞	杨宇晨	周 璟
甘露芳	姜聿样	龙梦召	王 璐	杨志伟	周星宇	高瑞笛	靳子乐
楼程莉	王若谷	朱子璇	周雨楠	高思遥	黎前锋	卢晓文	王雅芳
于 洋	朱妮莎	哈斯亚提·买买提	伊尔夏提·阿卜杜喀迪尔	朱 旭	朱姿桦		

数理学院

陈程林	黄晨雨	李一霖	马 帅	王虹霁	张鹏飞	陈治峰	黄海燕
李育昆	毛兴达	王修岩	张 野	戴静怡	贾玉改	李子钉	裴 瑶
吴梓川	张又中	段 波	雷江涛	梁 浩	荣梦蕾	肖 航	张驻西
冯 乐	李 丹	梁 秋	史俊达	徐蕙心	赵 阶	符景帅	李芳漪
刘 敏	宋唐女	游文婕	赵亚男	傅思远	李顺子	刘 爽	童君芳
张 冲	郑士攀	葛 强	李伟康	刘毅楠	王国兴	张丹珍吉	郑星豪
周英亮							

外国语学院

安可心	黄诗音	罗丹杏	孙静茹	谢达思	余 欣	蔡桉然	贾辛遥
蒙娜娜	孙微子	邢雪琪	张 萍	邓 杰	赖雅文	周于蓝	汪晓燕
熊 野	张 烨	付红新	李笑迎	莫冰倩	王晨玺	徐菡婷	张宇婷
高赫临	李钊森	朱 悦	王菲菲	杨 倩	赵胜楠	郭 然	林诗茜
裴雨云	王海枫	杨小平	赵悦含	浩 琦	刘成虎	宋珺瑜	王岩希
姚艺娜	钟 妍	黄 靖	吕芳弟	宋 龙	温巧莲	冶 娜	周 烨
米里克扎提·艾尼娃尔	妮鲁帕尔·阿布都热西提						

（保定校区）

电力工程系

万世超	靳伟佳	王乐笛	陈志恒	刘 欣	许博闻	周海超	李雪晨

吴达鑫	方有余	卢方正	赵思诚	慈　盛	刘达然	伍　聪	冯　浩
鲁　虹	白　杨	杨洪易	刘　硕	闫人滏	黄　婧	马庚辰	陈　尉
付　洋	刘哲夫	杨智伟	姜宇轩	马启超	范名琳	李建秋	卢家欢
袁敬彬	蒋　乐	马卓黎	高书垚	金成日	马　伟	曾开宇	蓝　峥
么　丹	郭航源	白　俊	孟令苗	翟羽佳	李康平	纳　瑜	洪燕柔
贾龙飞	乔林思杭	张良星	李　敏	宁峻卫	胡正清	蔡文乾	秦　玥
艾梦琦	李　颖	潘刘轶	纪又予	李晓镇	宋双成	安振国	李卓桁
王泓程	李飞逸	秦　红	王宁宁	程　霓	刘天宏	王兰谟	李海东
周　兵	王　鑫	谷子健	陆　峥	王琳媛	刘晋维	王　明	邢希君
姜　訸	罗　博	王怡聪	罗钦波	杨世文	杨溥洋	李佳月	马　刚
王志宏	石砺瑄	房　杰	姚志伟	李林蔚	史　凯	徐靖雯	孙浩然
张　骏	曾彦超	廖海威	宋子浩	张伟豪	孙嘉鑫	刘柯岳	赵广新
刘宏杨	孙永健	张子韵	吴思宇	陈冰研	郑　悦	柳扬帆	佟彦磊
陈　凯	谢凌博	董佳奇	周立超	陆梅莉	王　琛	陈　康	杨宇佳
李英昊	周丕刚	陆文娇	王晨雪	程　成	张盛晰	张　恒	白　洋
马鸿义	韦汉宇	方晓曦	林　荧	顾青宇	陈　烨	孟天骄	吴碧优
冯　成	项佳宇	李酒林	范　航	聂沧禹	尹献杰	郭　恒	周立栋
马世旭	付思茗	任　洁	袁少雄	洪　泽	何小平	王　杨	郭　婷
汤玉龙	张　锴	黄晓义	黄健林	聂齐齐	焦　杰	王梦琳	张　娜
贾学栋	严思齐	曹　昕	黎颖茵	王雪松	张泽宇	李晓东	姜　妍
陈　铭	李晨曦	徐　磊	赵　举	林西阔	孙朝阳	邓畅宇	林程立
阴　凯	周晋霖	马国慧	华天琪	丁　楠	刘敬新	袁婷婷	曹亚钊
潘祉名	刘思夷	郭杰炜	刘　敏	张志谦	曹　哲	裴俊亦	彭　柳
姜淇文	刘明奎	郑剑锋	陈智伟	宋文晔	杨　林	李京芳	刘锡禹
朱德高	方著琳	孙　聪	张　怡	李　林	刘翔宇	敖　榜	富雨晴
徐捷立	杨晓言	李兆宇	刘娅菲	白　冰	高圣达	薛宇石	郭美若
刘　娇	雒　震	陈芳宇	何嘉兴	雪　维	张　锐	刘雪雯	聂雄伟
陈学深	黄　智	杨　旭	樊　涛	马　轩	任鹏辉	陈章妍	李立周
于思超	苏　浩	莫宁生	佘　强	董搏靖	李晓航	于　洋	刘蓓蓓
潘俊宇	魏　佳	杭晗晶	李笑彤	袁　琳	毛宇晗	孙畅岑	徐培东
洪冬欢	刘　波	张滕飞	王资博	孙　晨	余　航	黄鹏飞	刘士嘉
张祎慧	席明潇	童煜栋	张美娜	李　萌	马少强	赵靓玮	杨　帆
王付金	张学渊	李颜丽	马　桃	钟　凯	殷加玞	杨宏宇	赵　岳
刘军山	孙榆昊	蔡　昊	侯　爽	杨瑞环	祝晋尧	刘晓强	王　健
陈安琪	王　冬	杨　行	曹大卫	马建忠	徐永海	陈文慧	王刘利
姚晓东	陈晓阳	马　跃	严敬汝	胡庭栋	叶建芳	占添乐	陈耀明
门传仁	杨　森	姜宇杭	陈丽芹	张　宾	董　旭	庞东泽	尹思雨
李瑾蓉	李晓冰	张俊伟	郭　飞	邱　嵘	张思琼	刘芳峤	黄玲玉
张锐锋	何鋆淼	孙西倚	张旭超	刘云涛	王富臣	张晓春	侯继发
唐　旭	赵元元	马雪菲	占梦瑶	张振法	霍瑞皓	王亚军	周晓峰

宁宏宇　张　该　赵秾秾　季一宁　王宇航　朱紫薇　牛　闯　薛伏申
赵文亨　李　梦　卫　凯　鲍超凡　覃一鸣　闫书畅　赵雅婷　李　洋
夏　青　曹文斌　王亭之　周　晨　陈玉航　梁　号　杨世栋　朵吉明
王　妍　祝　凯　韩一宁　马　敏　叶　露　房师新　卫婧菲　马玉龙
黄一航　平江波　张　凡　高静博　张智恒　薛明志　江　坡　乔世赟
张　立　黄淳驿　周怡冰　曹澄沙　姜　涛　任　杰　张朕搏　赖智航
陈纪桥　钟　平　林　华　时光远　赵浩舟　李柏江　樊宏宇　周志禹
卢鹏翔　汤　钰　周清飞　李　爽　贺子洋　陈搏威　马海亮　唐俊杰
曹宇豪　吕　爽　洪　雯　陈　垒　马　炜　王灵安　陈　龙　马　静
姜　燃　潘文文　马文强　伍　娟　陈　轩　庞　曼　梁刚强　凌　霞
毛济炜　闫威洁　陈志雄　钱凌寒　刘晨旭　朱雪雯　潘　维　杨　帆
仇　志　宋博言　刘馨雅　谭程凯　乔忠祥　杨丽思　董文凯　汪倩羽
毛亚鹏　李嘉伟　任骊企　张才奇　黄弘钢　汪　洋　商开航　陈　烨
石小琛　张天凤　季　璇　王清霞　孙家豪　戴岸珏　王　博　张　钊
康平霞　王荣华　王乐秋　俞飞杨　王　卉　赵晓丽　李大亮　王　彤
王　琪　胡　香　王景峰　朱胤宇　李力行　魏　遥　吴　越　马彩娟
王一飞　陈星灿　刘　乔　吴耕纬　张一凡　陈晓琳　吴　昊　崔华舟
史　冀　袁雪慧　周奕帆　张雨濛　吴洪亮　邓　睿　苏　宇　张坤林
祝　睿　樊　舒　辛建江　范心一　王佩诗　张晓乐　陈　璐　刘瑞颖
姚嘉伟　韩　樑　王　强　赵虹博　狄　焜　王灵超　张　彬　郝嘉诚
王　泉　郑子洵　傅　婧　臧泽洲　张　贺　李大勇　王欣欣　周雁南
甘一夫　陈煜文　张靖钰　李炜彤　王一凡　蔡鹏翼　蒋浩晨　王　烁
张扬帆　梁涵卿　徐会文　常丁元　李　洋　谷　金　陈光勇　柳　彬
尹　唱　陈文博　梁培钰　张义仁　程黄新　卢　娜　张　恒　陈欣恺
刘安琪　李　雷　范祺玥　毛晓旭　张　佳　胡清婕　刘勇跃　刘　金
韩鹏飞　孟金棒　张经纬　黄　通　马肇轩　牛雷雷　何伶俐　倪凯荻
张帅涛　李　冬　孙惠民　吴　昊　胡玉忠　彭忠源　张伟波　李　婧
王　聪　吴培硕　黄洪康　秦兴邦　赵　宝　李　昱　王士铭　尹　星
黄　涛　谭舒翠　郑可伦　刘　畅　吴润哲　袁静静　季　杨　王高红
周艺旋

动力工程系

陈海龙　张　戈　赵　明　冯文永　蓝水岚　韩　赛　张　欣　张启辰
朱晨帆　高海琴　李建宁　贾　曦　柯　峥　张一鹏　班潇文　郭　皓
李建尧　李焕社　王　潇　赵廷阳　陈　征　何俊勋　李玉平　栗国鸿
李　欣　赵　兴　顾文波　黄　雄　李云飞　林　崑　刘宸源　周　玲
何　伟　靳志豪　李子毅　刘林茹　柏　锋　杜　霞　矫　健　李思谦
马永成　刘子明　张　浩　冯东洋　赖茂江　李志意　毛阳涛　马　赫
陈　笑　高海松　雷　泽　刘傲燃　祁　超　申正远　冯世才　胡振波
李宏林　刘东洋　王子铭　隋　然　甘　力　刘　博　李子杰　刘　鸿
吴　韬　铁成梁　顾思菁　刘治凡　栾程程　马文帅　郄江浩　王　刚

韩 林	苗 健	穆 斌	祁 昊	杨一波	吴小奇	洪有耀	石 强
钱家林	权 琛	于 淏	吴英才	李国良	石沂东	时 斌	王兰昱
翟道创	伍文杰	李佳晨	司志民	史学桐	王 喆	张青风	谢秉宏
李丽华	王 宇	司 桐	吾兰·巴合提	张志文	杨诗繁	刘 杨	许 文
宋嘉琪	谢 超	周彦彬	易清明	刘志鹏	延 雄	王从宝	杨静远
张思嘉	尹 丹	缪伦奇	严泽锋	韦元恒	于 淇	何 靓	张丽洁
任 默	杨光华	肖汉晨	张伊黎	李晓楠	张晓东	石松照	杨凯杰
晏佳佳	周凯帆	李兆强	张 毓	王鹏乾	杨 越	杨官煌	岑 涛
梁新宇	赵言炜	王祖耀	张 飞	杨国晟	冯升飞	刘洋伶	朱钦琛
魏凌云	赵若丞	杨深振	贾 帅	刘雨濛	黄敏智	武丽蓉	周 正
张红军	李 超	刘志恒	韩腾飞	熊宜骏	朱俊徽	朱锋杰	李亚臻
吕宏图	卢 阳	杨 博	庄英乐	崔 吉	李樟强	罗黛微	王青会
杨 广	陈 野	崔 靖	梁东宇	马立伟	陈 嘉	杨哲鸣	段娟娟
冯景浩	龙书翼	沈 向	顾君莘	张 波	高建树	谷 尧	马梦祥
孙 铁	王新赫	张泊宁	高 洁	郭良丹	缪佳静	仝浩杰	闫 鑫
郑展鹏	高 伟	贾国晖	牛永忠	王玢滢	庄馥瑜	白枫逍	贺卫杰
李 杨	祁 超	王 健	刘万宇	房聚刚	李梦奇	廖金龙	佘岳峰
王宗武	马增志	黄龙腾	李 昭	刘金龙	沈春全	吴晓文	陈巍巍
康志雄	刘文涛	刘 康	孙立超	伍 健	李帅帅	李鹏鹏	龙 铨
刘闻博	王宇航	夏宏伟	黄家荣	李 勇	吕凯文	刘 轩	吴文韬
杨 帆	张超炜	梁金锐	马金龙	刘 阳	武 江	殷雪娇	史康宁
牛军伟	毛浩宇	罗 波	谢海萍	于 洋	王 江	庞智伟	莫荣杰
石 炟	杨 森	余文进	吕 媛	彭 逸	盛啸天	唐 楠	张 皓
袁文青	马文静	乔永强	田 魏	王英楠	张玉波	张 渊	程槐号
王 浩	王建东	王昱翔	赵宇博	赵旭阳	舒冠鑫	王 明	王 悦
魏盼盼	周 奇	郑 灿	杨 雪	吴居晋	温渊博	叶闻杰	周正飞
周 航	朱恺雯	徐 杰	武 威	袁静静	曹宇坤	安 鹏	何宇康
许 静	夏 凯	周 沛	曹振斌	陈志宇	和 鹏	许 艺	雍明月
程长勇	高 昂	高 壮	王润曦	阳永飞	张宏强	狄元权	谷秋实
关东焱	张 倩	杨 扬	张志潮	范圣天	冀瑞云	郭 源	赵 育
袁志超	赵冬冬						

电信系

刘文华	王玉琳	漆 辉	马彬杰	连天碧	李 迪	杨振宝	王煜山
钱佳宁	马静茹	梁 伟	梁建伟	管俊豪	温营坤	史宏博	孟灵丽
刘 阳	梁 杰	卜艺博	吴梦越	王扶文	任思诚	毛庆飞	刘 薇
崔毅夫	周方舟	吴林艳	田雨婷	潘润霖	卢妍倩	高 军	别传栋
翟 果	王 腾	苏 樾	裴 楠	高祖慧	蔡澔伦	张惠茹	仵 姣
孙靳伟	阮 尧	胡 驰	常 秋	张昆阳	严凡棵	孙依娜	侍剑峰
赖远鹏	陈 琳	张 爽	杨通周	王 凯	宋镳文	李 梁	程 航

张振华	姚亚青	王　磊	苏俊源	李铁伟	丁光远	赵新竹	袁胜兰
王　蓉	苏莉娜	梁运丰	傅慧华	赵　轩	张　雲	夏文达	孙　星
刘佳敏	胡燕灼	陈　萍	种　飞	邢　莉	王明昌	卢晓强	黄成杰
陈天成	柴琦琪	杨　翠	王伟成	马元桐	黄少帅	陈湧东	陈莉佳
张成功	王雪霏	莫小艺	江毅峰	陈禹歌	陈　昱	张恩杰	熊　昊
彭　辽	金　烁	崔　鹏	丁正沣	赵艳朋	杨鸿基	特日格乐	李京涛
段　坤	冯　誉	朱兆戬	杨军伟	王　畅	廖杨春子	黄云巍	韩　冰
陈一鸣	张　帅	王金隆	刘臣佑	金存义	胡长悦	何耀华	张羽松
王　明	罗晓成	奎智翔	胡启杨	黄世亮	赵　爽	王　帅	聂　金
梁　敏	客梦宇	李炳招	刘安琪	王　荀	牛海鹏	刘华森	李言龙

机械工程系

马　杰	安海林	付兴旺	张仲杰	尹　涛	王士林	张　龙	白云灿
高　晋	朱　托	张泰然	徐菁菁	何　雷	常建选	郭世广	陈秋桦
赵纪彦	徐志强	尚　鹏	程　龙	郭雪华	高　杨	赵　杨	薛萌静
闫　洁	杜敬敬	黄东杰	何　东	范宏伟	杨浩楠	蔡慧颖	方超文
蒋濛溪	贾祎蔓	韩永强	袁　野	曹　伟	纪卓含	李　凯	蒋景烁
黄彬浩	张泽宇	程国强	李冠军	李名圆	开　禹	黄海风	赵金鹏
董欣欣	李海啸	李　宁	黎修远	江隆昌	祝光恒	段晓东	李　佩
李庆文	李呈宗	解友兴	陈怡帆	黄素洁	李　舒	李小东	李英杰
李　慧	崔　蕊	黄政星	梁华清	林剑峰	廉　涛	李军平	崔亚军
黄子良	莫志宁	刘鑫杰	林明杰	刘高静	高　洁	贾　斌	聂　博
刘　琰	平璐璐	罗政刚	葛冉冉	李绍明	宁笑林	马文东	邵志龙
马俊势	郭宝春	李万东	申居阳	茹增田	王金袖	马　练	韩子洁
李　翔	王成文	谭　健	王卫东	祁复功	花雅文	李　星	王建文
吴荣华	韦晓航	任书娴	李　皓	卢贺龙	王　盼	夏月明	辛创业
宋金浩	李　轮	宋松涛	吴本雪	张钦嘉	许丽朦	孙兵兵	李天宇
陶　锋	徐闻谦	赵　强	杨　力	孙盼玉	刘毅康	田　恒	袁　葶
赵晓迪	杨修齐	田　东	马　硕	万　政	张　斌	郑江伟	于剑桥
王常浩	齐　菁	王　鸿	周仲强	仲妙建	张　达	王　敏	王婷婷
王　亮	邹小红	樊　晓	赵金健	谢小元	许　诺	杨　光	樊润泽
高弘扬	赵　晴	徐东东	于　凡	杨　涛	方　钿	高　帅	安洁恒
徐惠杰	张姣姣	袁　威	冯　燚	郭二强	白英可	徐　鹏	张若云
曾　成	韩立明	胡肖璇	冯茹祯	张　博	张钰淇	赵登科	何志华
黄　铃	谷晓民	张菁蔓	安　阳	蔡文靖	胡泽仁	雷　波	韩春雨
赵文翔	高　擎	崔　凡	李文凯	李　秋	金志浩	赵英遵	高乙丹
高鹏飞	李学斌	梁　腾	李　雪	崔耀文	韩桐桐	何诗文	李智德
林绍智	刘德永	刁晓迪	郝如初	黄尚愚	梁英豪	蔺　争	刘圣西
丁　弘	李　孟	李金龙	刘江涛	刘江涛	刘温锐	封　冉	刘学敬
李科慧	马丛科	刘艳辉	罗　云	付　芮	刘一炜	潘孝伟	马　硕
马强辉	马福桥	何　侃	吕正涛	宋雪嵩	马伟涛	裴娜娜	麦俊佳

黄庄雯	马一丹	韦家奇	王杰	邱梦媛	彭冲华	金满山	毛惠志
温硕	于琦	邱智星	祁旦见尚	李乐	穆广明	肖发扬	于彦秋
田成军	任红兴	李文尚	曲名燕	行建军	张灏	田山川	任璐
李洋	孙辰	邢玉杰	张辉鼎	王凯	邵山峰	刘佳琦	王君怡
杨彭城	张庆伟	王世华	王杰	刘培波	王子怡	易莹鑫	张鑫
武玥	王康	刘欣	辛春梅	张贵军	赵圣林	徐仁	魏江浩
孙明耀	杨博文	赵先哲	周志杰	徐文	伍世良	田雨常	赵发金
郑显超	陈家炜	于天义	杨雷雷	汪中圆	赵阔	庄颖涛	方晓仲
张秋爽							

环境科学与工程学院

梁平	赵天奇	陈桂文	郑玲洋	高进海	冯雪	张泽林	毕颢译
陈康	朱金红	高然	高妍	田亚利	陈晨	陈鹏宇	陈灯
果柄桥	黄军	常磊	龚靖雯	陈叶康	陈基华	韩启明	黄帅斌
陈煜茜	洪少扬	韩银萍	陈玉强	黄泽洋	黄智宏	单凯磊	黄斐鹏
李虹锐	杜志君	解姣姣	姜义健	高少杰	姜莹	李珊珊	郭佳翌
李鹏贺	李博	郭赵南	李建	刘华旭	郭峻辰	吕相兵	李江鹏
蒋帅	李郑娜	刘伟彬	何东霈	马梅兰	李诺男	孔德智	陆红祥
路国坤	雷雨	宁飞	李妍	李春辉	聂晨斐	罗天楠	李超越
漆丹	林晗	刘娟	冉江洋	孙景建	李强	邱婷婷	刘冉
罗承能	任帅帅	孙盼盼	李小燕	石翔	卢娜	马春辉	孙天行
孙智滨	刘闯	宋健	牛千木	马万里	王孟鸾	王彤	马超群
陶子晨	孙晨皓	毛星舟	王生起	王文	倪天磊	王佳英	王冠华
丘宙	王严燕	王晓蒙	孙磊	韦琳苑	王佳男	石瑶	邬莹欢
吴晓丹	田中秋	邢佳蕾	王森正	唐强	郗萌	吴智勇	王美琪
徐朋	王振帅	干彬	夏磊	许聪	徐开依	许国松	魏士坤
吴乐	许田广	叶文智	张蕊	杨帆	杨钧晗	徐欢	许微微
伊春宇	赵红洋	岳栩彦	尹俊	许鹏	杨浩	曾显清	周隆伟
曾祥超	詹荣华	杨硕	姚杭东	张立东	朱丽萍	张伟	张琦
张建林	于秀峰	赵婕玲	邹雪天	朱继鹏	张兴	张理杰	张修武
赵维杰	陈国庆	朱维桢	周歆雄	张诏生	赵宇		

经济管理系

刘巧	胡海霞	祁子哲	邵鹏程	王昱勋	赵元隆	段铭	胡显立
全从新	史怡杰	吴松	周玥	高亚蒙	雷恺杰	沈辰昕	苏妮
杨刚	毕立朋	龚运	李崧	施佳男	田虹辰	杨硕	崔薰
苟丹	李夕	史玉芳	王静	曾利	丁启钊	黄权恒	李雨
苏蕾	王勋	张文	高越	冀予	卢晓娟	孙升驰	谢念
张悦睿	耿晓伶	蒋开强	罗丹	田旭	邢睿	赵爱娟	胡月
金璐	闵静静	王海宁	徐隆	赵娜	李金强	李丹	孙静怡
王睿	严斐	周士祺	李上	李东进	田野	吴婷婷	张星宇
陈凯玲	罗乔丹	李好	王蒙	杨丽莹	郑天琪	陈欣	马敏

李庆阳	王小燕	俞佳轲	周天琪	单　双	潘　博	李晓洋	徐雪莲
张天翊	朱庭萱	苟瑞欣	彭伟松	刘子玉	徐志鹏	张婷婷	安常乐
韩　冰	乔　乔	毛舜杰	杨国卫	赵惠珍	蔡文雯	何云超	秦宇航
孟　琪	杨　霞	赵　祺	常晓辉	李少龙	丘艺婕	王　晨	余玉琴
周舒静	程月雯	李严博	苏耀成	王丽娟	张红豆	范媛媛	郭玉千
刘　静	王　源	王　敏	张洪秩	郭瑞鑫	黄丽君	刘　梦	于晨阳
王　鑫	张　舒	韩涛涛	纪　婷	乔斌斌	张　冕	熊建武	张一枫
黄晓凡	贾玉婷	仝　琳	张　倩	杨伟炯	郑坚松	纪　新	李思远
王好雷	张　婷	杨小明	祝士垚	蒋丽雅	李　璇	王　凯	张　岩
张　彪	安保平	瞿姝姝	林　雪	王雨晴	郑焕海	张汝佳	崔　莹
匡载淋	刘　浩	肖　垚	朱　利	张　逾	高树彬	蓝雪瑶	陆俊杰
叶亚飞	盖　林	赵柯舟	苟雅迪	李　昂	孟　幻	叶焱垚	楼洪飒
郑　策	黄　丹	李天朔	师　维	于秀秀	王雪潼	蔡顺文	李庆梅
刘　颖	宋飞云	张锋锋	许紫涵	关　心	李文艳	娄方元	王佳伟
章国旗	费文波	光峰涛	刘东冉	陆嘉雯	王平伟	赵德斌	殷　婧
何晓博	刘华胜	马千千	王时瑶	赵领弟	丁玉乐	侯宇硕	聂麟鹏

英语系

艾亚妮	刘玲玲	向星蓉	杜焙焙	李鹏鸽	潘蓉蓉	安换路	陆梦庭
徐　柯	韩　敏	李　婷	王小凤	程世兰	石　昕	杨天娇	孔崇钟
刘阿娟	肖　遥	付小禹	史鸿翔	赵旭宇	兰淑丹	刘　典	阴雪莹
李　琛	孙伟朕	艾雪晴	李健杰	刘文文	张　策	李　瑜	王颖靓
陈　红							

法政系

安　平	麦麦提图尔荪·赛麦提	赵诗柯	卢颖琴	朱　琴	吕丹娜	安外尔·克热木	宋王鹏
朱梦琳	罗　阳	陈婷婷	马　啸	曹梦幻	孙天留	陈苗苗	梅　雪
杜泓锐	任姣姣	丁亚楠	孙于睿	冯宇浩	邵博文	付双乐	孙雅楠
杜知之	王天祺	何超然	苏春晓	高　航	田婉莹	甘青锋	王铁权
侯　佳	汤爱学	高　敏	王文思	高海悦	王香玉	胡继峥	唐　云
何　娟	王晓斌	韩兆凯	吴　珊	黄思博雅	王贝贝	黄　赟	谢　鑫
胡钰彬	徐　睿	贾梦菲	王　瀚	蒋爱伦	熊亚琴	贾　芹	叶晨馨
孔静怡	吴雅琪	李延宇	许永艳	金香兰	袁　正	李安慧	邢　璐
廖唱枫	于雅馨	李碧霄	张　乐	李明泽	张春子	林来春	张春鹏
李　殊	张美玉	李　悦	张　营	刘玉黔	周保权	梁浩冉	张　玮
刘延旭	赵　研	龙玉珠	周　晨	马　瑞			

计算机系

吴亚鸿	侯增起	吴金来	张锦文	刘鸫翔	张鹏程	康世冰	胡龙基
薛晓丽	陈佳启	刘　洋	张乔伟	谢　君	黄基湛	曾　颖	陈　震
马清彦	张淑真	李天宇	李楚璇	张齐齐	程　龙	时欣悦	张　颖
刘少伟	李　晶	张藤予	范申龙	苏继鹏	赵瑞祥	张晓琳	李明辉

张晓妍	韩　文	陶　韬	郑乐爔	黄　剑	李　乔	张学谦	黄学祺
王　贝	周　鹏	宋　波	刘　凯	赵　云	霍春美	王丹蓉	朱静慈
肖继峰	刘少波	朱航江	姜方正	肖　文	柴诗雨	徐雄图	刘轩驿
朱章南	姜文超	谢时超	陈　茜	敖　然	谭松星	艾　静	李　丽
谢文超	陈雅卓	曹文杰	王　倩	仇文博	李廷峰	杨佩茹	陈　颖
曹旨昊	王秀玲	单　琳	闵　丹	叶斯木汗·达吾力提	崔同帅	常　欢	王玉坤
董冬阳	庞红伟	伊敏江·图拉麦提	段　越	程　启	韦尚男	冯甲军	祁雄雄
张声乐	金　津	杜　沛	吴宇鹏	贾楷阳	谭佳瑶	张胜男	蓝　玻
冯　芬	夏跃萍	姜文俊	韦庆圆	白若林	李　磊	郝鹏海	杨　舰
雷天宇	文　婷	边建彪	林泽宇	黄　堰	杨明晓	李丹平	夏明轩
崔刚弋	刘　策	焦　琪	姚　鹏	刘桂华	杨青玺	邸晓阳	刘旭东
柯钰铭	张　开	刘庭辉	张嘉焰	高　欢	罗晨曦	李　彭	赵玉杰
刘砚波	赵健伟	黄先宇	邱红萍	李玉伟	周昉昉	梅明星	赵伟凯
梁晃毓	邱日轩	刘　彬	包周嘉	欧阳峰	钟　岳	莫焕彬	曲炳臻
吕　进	付权有	师春雨	周　杰	阙玉涛	石晓婷	马旭洋	高新星
孙昊翔	周宗辉	尚煜东	孙颖昊	王远雄	高延明	孙　涛	艾　壮
王　棋	陶梦琪	魏建国	何子杰	覃智补	高　晶	王志男	王世泽
袁梦真	靳晓妹	王晨旭	耿佳兴	吴海峰	王鑫鑫	张　萌	李庆贺
王松雁	顾江鹏	吴辉贤	王艳艳	张　鹏	梁文斌	王兴兰	郭　辉
谢玉婷	王　喆	朱万意	聂率航	王　助	蒋越怀	邢朋朋	熊　秋
曹增禄	沈哲吉	徐京京	金强强	徐振华	徐一洲	陈炳荣	王崑澎
杨金朋	柯行思	薛　奕	阴　宇	冯旖旎	王伟涛	张桉童	李俊鹏
张　弛	张庆耀	韩　宁	魏子辉	张国超	李　松	张和泉	张云潮
韩少伟							

数理系

周佛佑	马玉娇	赵文静	刘祖权	张正昌	渠继航	丁志新	牛　牛
郑　辰	陆豪强	赵　炜	陶齐勇	李云燕	钦　晨	周奥军	路红柱
赵泽睿	王冰洋	张诏议	邱智韬	陈玉成	潘　睿	周　志	王　磊
白纪伟	邵　森	郭　璞	曲洪图	朱姗姗	王渊博	海学权	孙　琦
洪雨楠	石　乐	陈雄飞	韦星宁	郝超颖	武　岳	黄晨蕾	孙翠萍
杜昊聪	吴金澄	洪添杰	杨　姗	黄萍静	孙新宇	付　豪	杨　达
胡　康	杨晓冰	金彬斌	汤　潘	郭筑楼	叶文平	黄桂琳	杨　洋
金永红	王　琪	胡世诚	袁　月	李东野	余泽远	李　博	王　婷
江修国	张　莉	林辛博	俞倩倩	李生虎	温春艳	刘久炜	张　伟
刘泽珺	喻　兵	李雯颐	杨　冕	马　鹏	周子舒	马兴华	臧晓玲
李　潇							

自动化系

龙　蛟	程燕楠	江　波	王立国	许　鑫	范海鹏	张飞腾	杜　颖

刘颖超	武 昊	闫 峰	何 毅	孙 逊	高经纬	伦海杰	谢碧霞
张 晨	胡文杰	徐槐远	公 超	潘宇遥	徐定康	张恩瑞	贾 岩
杨国军	黄锦燕	任 冬	袁一丁	张华丽	蒋铁成	白 雪	蒋莹莹
苏志鑫	岳科科	张唯玉	柯 军	陈海涛	李晨曦	田 弘	曾 曼
朱宏超	李金拓	崔业婷	李 硕	王 朝	张丽温	旦增曲措	刘 静
董超群	李外强	王 天	张 强	狄 锐	史 航	段贵金	李昱蓉
王依然	张树浩	范泽祺	唐 玲	冯 丽	刘奥博	谢涵羽	张天宇
甘 霖	陶 琳	郭 铮	刘泽兵	徐 楠	张 萧	高国明	田德阳
黄建雄	马丹妮	严 凯	周丽娟	杭胜瑞	吴 超	蒋巧玲	马佳奇
杨 磊	朱泽华	侯亚飞	吴冠鸿	焦向东	马 攀	叶柱彬	陈涵久
金鑫磊	杨 博	蓝 天	任志伟	于 笑	陈世聪	康佳鑫	杨国栋
雷世雄	宋 达	张 皓	高 岩	赖 咪	杨星星	李嘉伟	孙 博
张慧美	葛 瑞	黎瑞斌	雍云飞	李梦楠	王浩博	张 晓	郭世博
李昌浩	张 蕾	李小鹏	王钦惠	陈明渊	韩 露	李嘉运	张 明
马许珩	王书扬	陈煜琦	侯学刚	梁莎莎	张木柳	宋显億	吴隆佳
崔 灿	靳昊凡	刘放潮	赵珈靓	孙启明	吴延群	顾 瑾	李 幸
盛碧霞	周雪菲	陶王东	杨 迪	关晓红	刘 葵	王 辉	靳朝阳
王栋立	张晓伟	郭俊霖	陆 帅	王 剑	苏 畅	王景成	赵国强
霍景亮	罗元龙	王 林	王康成	王 庆	赵 晶	俱 帅	马海平
王 茜	谢 天	王 舜	周 清	李 博	马 亮	徐 超	郭利轩
王卫宁	周旭飞	李重春	闵 琪	许茹欣	陈潇一	王 源	周友明
刘桂箐	牟景艳	杨 磊	欧燕森	肖庆芳	邓 芃	吕正鑫	潘 浩
雍 方	傅海超	徐超杰	董 蔚	潘永亮	齐建亮	张鸿平	孟庆鹏
杨德玉	杜远征	祁俊雄	汤泽煜	郑文栋	牟天乐	余有名	高英鹏
宋晓晨	汪森依泉	陈桂兰	刘欣悦	曾华清	郭逸凡	唐天禹	王中豪
陈 曦	詹文超	保守福	侯璐璐	仝子靖	肖群雄	窦金辉	

国际教育学院

于 洋	李春鹏	杜欣然	朱 越	张可佳	李则戎	师玉天	李佳骏
郭 城	黎乔乔	张明睿	潘 超	丁丹阳	罗鸿昌	黄晓祚	王 晗
张世虎	冉丰尧	黄 晨	沈 劲	李保霖	王文遥	张心驰	涛 漠
黄国梁	王亚萌	刘铭坤	王心怡	段鹏宇	王 韬	刘 畅	王宇林
徐翰超	吴晨宁	冯 媛	袁 寒	鲁胜男	尹 茜	尹恒阳	徐菲琳
黄 赞	曾 茗	张少阳	张庭齐	周远鹏	杨孝天	孔王维	张 立
贺康航	陈佳盈	朱博通					

奖励与表彰

华北电力大学 2015 届省市级优秀毕业生名单

（北京市）

电气与电子工程学院（共 43 人）

李先锋	陈　林	陈紫薇	张正昕	仇楠媄	胡　浩	张雪垠	李佩霖
林长盛	林雯瑜	刘吉昀	刘译聪	龙日尚	吕思琦	马安安	任　艺
孙博洋	张　曼	王昊月	王吉亚	王历晔	王　宇	翁　馨	肖凤女
忻　达	严　鑫	杨佳艺	张立凡	张雨薇	郑梦园	周泊宇	周企慧
周　喆	粟华林	肖童心	孙启梦	吴晨曦	陈晓帆	崔　婧	金东亚
史金鑫	王　超	东野忠昊					

能源动力与机械工程学院（共 22 人）

宋　涛	高　远	杨　霏	沈　新	李　创	夏单城	王　仲	徐　然
顾令东	谢云云	刘　琪	张雨檬	龙　宇	韩瑞午	国旭涛	王　帅
陈　宇	王　胜	孙　依	李倩倩	张庭祎	董永星		

经济与管理学院（共 25 人）

卜银河	王艺歌	邓凤娟	付静雯	全恒禛	刘梦琦	刘　勤	许小峰
宋宇晴	吴　磊	张弘扬	李　冉	李　玥	李　敏	杨蕙嘉	周瑜智
胡　勇	钦秋萍	宾　凤	黄　果	巢方毅	韩梦文	焦　扬	潘张益
潘　格							

控制与计算机工程学院（共 20 人）

付胜国	王文亚	陈丽雪	胡忠文	张会峰	简一帆	李晨星	杨　阳
王　娟	谢伟戈	张明慧	申　思	马思腾	张琛宸	徐郑晨	陈　溪
汪鼎民	陈　睿	金乘成	杨雅兰				

人文与社会科学学院（共 9 人）

胡枭峰	黄陈辰	李雪松	斯　瑶	李　娉	靳子乐	潘韵竹	范婷婷
贾万文							

可再生能源学院（共 15 人）

赵裕童	张文霞	李　欣	汤卓凡	詹芳蕾	林　楠	祁荷音	胡雪晴
陈　颖	胡　斌	卢　航	吴云召	吴帅锦	韦　永	江韦龙	

数理学院（共 3 人）

黄晨雨	冯　乐	贾玉改

外国语学院（共 3 人）

王海枫	王晨玺	赵悦含

核科学与工程学院（共 7 人）

王　雨 | 许爱威 | 鲍娜娜 | 罗思民 | 汪　喆 | 林韩清 | 吕红梅

国际教育学院（共6人）

徐椤赟 | 商唯琳 | 于　越 | 张晓涛 | 董颖章 | 孙艺阳

（河北省）

电力工程系（共30人）

曹澄沙 | 曹文斌 | 陈搏威 | 陈　垒 | 陈　烨 | 陈章妍 | 戴岸珏 | 樊　舒
黄淳驿 | 黄　通 | 蒋　乐 | 靳伟佳 | 梁涵卿 | 林　荧 | 刘　畅 | 马彩娟
马　静 | 钱凌寒 | 谭程凯 | 汤　钰 | 佟彦磊 | 王梦琳 | 王怡聪 | 项佳宇
薛伏申 | 杨智伟 | 于思超 | 张经纬 | 钟　平 | 周立栋

动力工程系（共16人）

顾君苹 | 王青会 | 周　正 | 马梦祥 | 洪有耀 | 权　琛 | 王新赫 | 崔　吉
张超炜 | 何　伟 | 李帅帅 | 刘万宇 | 杨　雪 | 闫　鑫 | 夏宏伟 | 高建树

计算机系（共11人）

郭　辉 | 王秀玲 | 张　鹏 | 冯旖旎 | 谢玉婷 | 张淑真 | 王　棋 | 闵　丹
时欣悦 | 王兴兰 | 程　龙

自动化系（共11人）

顾　瑾 | 陈明渊 | 袁一丁 | 王康成 | 张晓伟 | 王钦惠 | 张木柳 | 谢碧霞
赵珈靓 | 刘　葵 | 赖　咪

机械工程系（共15人）

周仲强 | 邹小红 | 方超文 | 张秋爽 | 韩永强 | 廉　涛 | 刘　琰 | 赵金鹏
杨浩楠 | 孙明耀 | 于　凡 | 陈怡帆 | 张钰淇 | 马一丹 | 毛慧志

经济管理系（共10人）

李　夕 | 毛舜杰 | 王　凯 | 苏　蕾 | 孙静怡 | 王佳伟 | 关　心 | 谢　念
史玉芳 | 王雨晴

电子与通信工程系（共6人）

王　明 | 王扶文 | 袁胜兰 | 孟灵丽 | 杨　翠 | 黄世亮

环境科学与工程学院（共8人）

姜　莹 | 曾显清 | 孙盼盼 | 陈国庆 | 陈　晨 | 陈煜茜 | 雷　雨 | 高　然

法政系（共4人）

汤爱学 | 孙雅楠 | 李　殊 | 吴　珊

数理系（共4人）

周奥军 | 余泽远 | 臧晓玲 | 汤　潘

英语系（共2人）

阴雪莹 | 向星蓉

华北电力大学 2015 届校级优秀毕业生名单

（北京校部）

博士研究生 (21 人)

陈　炜	但扬清	汤庆峰	王　博	朱　雷	蒋　程	郑一博	马　爽
刘　阳	张自力	汪　涛	解玉磊	李精精	郝润龙	陶　君	信　晶
胡文超	杨益晟	许儒航	嵇　灵	耿　帅			

硕士研究生（103 人）

刘　灏	周恩泽	许　晖	倪一峰	行晋源	林晓华	温剑锋	李海南
苏　斌	刘羽超	高　翔	温从溪	林永朋	秦晓培	苏靖棋	马　伟
林周宏	王建波	赵彦杰	丁秀香	韩玉蓉	李芝娟	郭津瑞	申　昭
俞隽亚	徐　凯	刘慧娟	刘　杰	俞露杰	李月月	王　尧	王　琮
唐亚迪	黄　浩	张惠汐	李嘉迪	路欣怡	吴旻昊	彭茂兰	刘　聪
宋晓旭	杨德龙	李　珏	许晓春	尹琪东	刘　婧	熊万能	刘　莹
张晨旭	袁　凯	付　丽	刘姝女	马　恺	李云博	吴　娅	徐　威
尤　立	董焕焕	程博昊	楚胜楠	艾明浩	徐　月	王　蓓	蒋　军
韩　霜	黄琳华	席　珂	王海东	于　慧	唐艳梅	张　晔	王梦月
钟振芳	姚　进	武亚琴	高　敏	傅骏杰	祁之强	李欣芸	李　越
刘洋洋	徐玉杰	周　佳	杜　乾	何森雅	高小力	赵博华	叶小宁
邢　峰	陈　平	曹　桢	屠逍鹤	赵云淦	陈蒙腾	张孟超	苏海鹏
刘　鹏	陈　晶	王　超	朱佳琦	姜妍文	洪　悦	姜舒婷	

本科生

电气与电子工程学院（共 83 人）

陈　林	陈紫薇	张正昕	仇楠娭	胡　浩	张雪垠	李先锋	李佩霖
林长盛	林雯瑜	刘吉昀	刘译聪	龙日尚	吕思琦	马安安	任　艺
孙博洋	张　曼	王昊月	王吉亚	王历晔	王　宇	翁　馨	肖凤女
忻　达	严　鑫	杨佳艺	张立凡	张雨薇	郑梦园	周泊宇	周企慧
周　喆	粟华林	肖童心	孙启梦	吴晨曦	陈晓帆	崔　婧	金东亚
史金鑫	王　超	蔡　博	成敏杨	代　航	关　睿	韩　通	何　畏
黄焕彬	黄　婷	李晓婷	李晓霞	李雨薇	刘启智	刘烁洁	吕勃翰
马骏鹏	秦嘉策	石　城	宋　悦	王方雨	王洁聪	王　婧	王　媛
王泽黎	郗　泽	杨　帆	杨俊威	张　理	张红颖	张　曼	张　莎
张逸楠	周　正	朱　晨	顾　玮	苗晓晓	韩　璐	刘飞飞	曲照言
付　强	王　蒙	东野忠昊					

能源动力与机械工程学院（共 44 人）

宋　涛	高　远	杨　霏	沈　新	李　创	夏单城	王　仲	徐　然

顾令东	谢云云	刘　琪	张雨檬	龙　宇	韩瑞午	国旭涛	王　帅
陈　宇	王　胜	孙　依	李倩倩	张庭祎	董永星	许彦斌	唐　昊
徐士猛	申　鹏	章岱超	刘　雷	蔡　黎	冯沛飞	黄应红	高清鑫
张海东	胡贺超	丁泽宇	鲁敬妮	赵忠正	辛文韬	李凯璇	凌坤雄
孙旭鸿	何晗玮	唐三力	张鹏飞				

经济与管理学院（共 51 人）

卜银河	王艺歌	邓凤娟	付静雯	全恒禛	刘梦琦	刘　勤	许小峰
宋宇晴	吴　磊	张弘扬	李　冉	李　玥	李　敏	杨蕙嘉	周瑜智
胡　勇	钦秋萍	宾　凤	黄　果	巢方毅	韩梦文	焦　扬	潘张益
潘　格	王　杨	孙润波	朱国栋	牟艳鑫	闫　博	刘舒琪	肖　琳
李依莎	杜善重	张天硕	张栩蓓	张黛妮	李弘洋	杨　双	沈　橙
邹睿思	陈冠宇	单媛君	林　卫	郑　楠	厚杭希	赵小菡	徐幼珍
黄　昊	翟　优	谭粤元					

控制与计算机工程学院（共 39 人）

付胜国	王文亚	陈丽雪	胡忠文	张会峰	简一帆	李晨星	杨　阳
王　娟	谢伟戈	张明慧	申　思	马思腾	张琛宸	徐郑晨	陈　溪
汪鼎民	陈　睿	金乘成	杨雅兰	姚　远	王婉君	杨一雷	邹光华
杜　欢	莫欣睿	邓志光	陈丽娟	钟佾歆	张　皓	苏　晴	秦绪良
姜　婷	孟格思	张雅坤	李绣雯	孙　楠	陈立翼	黄世晨	

人文与社会科学学院（共 17 人）

胡枭峰	黄陈辰	李雪松	斯　瑶	李　娉	靳子乐	潘韵竹	范婷婷
贾万文	朱子璇	曾留馨	侯晨曦	刘　伟	沈兴辉	吴　琼	陈晓旭
周　璟							

可再生能源学院（共 29 人）

赵裕童	张文霞	李　欣	汤卓凡	詹芳蕾	林　楠	祁荷音	胡雪晴
陈　颖	胡　斌	卢　航	吴云召	吴帅锦	韦　永	江韦龙	罗莹莹
蒋涵颖	何文栋	谢　玄	徐小雪	杨馥源	周舒琦	顾培根	许丽琪
陈梦圆	羊冰清	马　爽	胡　莎	赵亚威			

数理学院（共 5 人）

黄晨雨	冯　乐	贾玉改	段　波	马　帅

外国语学院（共 5 人）

王海枫	王晨玺	赵悦含	黄诗音	朱　悦

核科学与工程学院（共 13 人）

王　雨	许爱威	鲍娜娜	罗思民	汪　喆	林韩清	吕红梅	徐秋冬
王园鹏	张慧帅	任　硕	丁少飞	康峥嵘			

国际教育学院（共 12 人）

徐椤赟	商唯琳	于　越	张晓涛	董颖章	孙艺阳	段旭辉	齐步洋
韩　硕	李一凡	陈焕玉	郑　毅				

（保定校区）

研究生

申　雪	吴丽娜	王春梅	王　倩	原亚宁	李岩松	王彦波	苗鹏超
孙晓霞	高成彬	林　鹏	魏俊姣	周一辰	窦鹏冲	殷梓恒	应璐曼
苗宏佳	张晓红	冯宏恩	黄国林	范环宇	张　洁	王　续	庞　彬
鄢小安	李　晶	陈　沫	李广杰	全　芸	皮　薇	黎　特	欧青翔
王　超	张化光	冯理达	李　强	明　镜	许艳超	张膦英	杨京云
申珍珍	李　娜	崔　帅	郝思琪	钱新凤	谢泽坤	马云龙	徐楠楠
刘彦华	陈文雯	张会超	姚欣彤	李境达	马伟娜	董国静	吴伟铭
许加庆	郎进花	郝晓飞	陈朋强	王　锐	林　卿	张圣陶	杨　昆
白彦飞	李鹏敏	冯　涛	张　永	王慧芳	杨红叶	赵　旭	李英敏

本科生

电力工程系（共59人）

曹澄沙	曹文斌	陈搏威	陈　垒	陈　烨	陈章妍	戴岸珏	樊　舒
黄淳驿	黄　通	蒋　乐	靳伟佳	梁涵卿	林　荧	刘　畅	马彩娟
马　静	钱凌寒	谭程凯	汤　钰	佟彦磊	王梦琳	王怡聪	项佳宇
薛伏申	杨智伟	于思超	张经纬	钟　平	周立栋	陈光勇	陈晓琳
李大勇	李力行	李　梦	林西阔	马玉龙	毛宇晗	任　洁	石砺瑄
孙　聪	汪　洋	王　卉	卫婧菲	徐靖雯	杨宏宇	尹　唱	张　锴
张美娜	张晓春	张祎慧	张雨濛	周怡冰	祝晋尧	祝　凯	李立周
王　琛	王资博	乔林思杭					

动力工程系（共32人）

顾君苹	王青会	周　正	王润曦	马梦祥	洪有耀	权　琛	王新赫
崔　吉	张超炜	何　伟	李帅帅	刘万宇	杨　雪	闫　鑫	夏宏伟
高建树	武丽蓉	田　巍	和　鹏	程槐号	胡振波	廖金龙	缪佳静
吕　媛	祁　超	张　戈	黄　雄	雷　泽	贾　曦	梁新宇	杨诗繁

计算机系（共22人）

郭　辉	王秀玲	张　鹏	冯旖旎	谢玉婷	张淑真	王　棋	闵　丹
时欣悦	王兴兰	程　龙	张和泉	杨明晓	金强强	覃智补	常　欢
张胜男	王艳艳	周昉昉	艾　静	白若林	王伟涛		

自动化系（共21人）

顾　瑾	陈明渊	袁一丁	王康成	张晓伟	王钦惠	张木柳	谢碧霞
赵珈靓	刘　葵	赖　咪	王卫宁	蒋巧玲	詹文超	祁俊雄	董超群
盛碧霞	靳昊凡	杨　磊	牟景艳	徐　楠			

机械工程系（共21人）

周仲强	邹小红	方超文	张秋爽	韩永强	廉　涛	刘　琰	赵金鹏
杨浩楠	孙明耀	于　凡	陈怡帆	张钰淇	马一丹	毛慧志	赵金健
邵山峰	赵　晴	黄　铃	张贵军	金满山			

经济管理系（共20人）

李　夕	毛舜杰	王　凯	苏　蕾	孙静怡	王佳伟	关　心	谢　念
史玉芳	王雨晴	严　斐	李　璇	郑　策	李　昂	常晓辉	张星宇
刘　浩	王　鑫	张　岩	张天翊				

电子与通信工程系（共9人）

王　明	王扶文	袁胜兰	孟灵丽	杨　翠	黄世亮	王　畅	苏莉娜
田雨婷							

环境科学与工程学院（共16人）

姜　莹	曾显清	孙盼盼	陈国庆	陈　晨	陈煜茜	雷　雨	高　然
张修武	杨　硕	许田广	邢佳蕾	冯　雪	黄帅斌	张　琦	赵婕玲

法政系（共9人）

汤爱学	孙雅楠	李　姝	吴　珊	朱　琴	李　悦	高　敏	王文思
李碧霄							

数理系（共6人）

周奥军	余泽远	臧晓玲	汤　潘	李　博	袁　月

英语系（共2人）

阴雪莹	向星蓉

华北电力大学2015届志愿支援国家西部建设毕业生名单

序号	姓名	专业名称	性别	生源地区	单位名称	单位所在地
1	何　畔	风能与动力工程	男	安徽省	中船重工（重庆）海装风电设备有限公司	重庆市渝北区
2	杨树维	风能与动力工程	男	云南省	国投云南风电有限公司	云南省昆明市
3	张振邦	电气工程及其自动化	男	贵州省	广西电网有限责任公司南宁供电局	广西南宁市
4	刘玉奇	电气工程及其自动化	女	陕西省	国网陕西省电力公司延安供电公司	陕西省延安市
5	马　斌	工商管理	男	青海省	中国农业银行股份有限公司青海省分行	青海省西宁市
6	旺　姆	法学	女	西藏自治区	西藏自治区国家税务局	西藏拉萨市
7	葛　强	信息与计算科学	男	甘肃省	大唐景泰发电厂	甘肃省白银市
8	史俊达	信息与计算科学	男	天津市	大唐景泰发电厂	甘肃省白银市
9	赵　肸	信息与计算科学	男	青海省	上海浦东发展银行股份有限公司西宁分行	青海省西宁市
10	邓　玲	材料科学与工程	女	宁夏回族自治区	长江三峡设备物资有限公司	四川省成都市
11	杨宏伟	材料科学与工程	男	新疆维吾尔自治区	华电新疆发电有限公司	新疆乌鲁木齐市
12	王良远	材料科学与工程	男	广西壮族自治区	华能云南滇东能源有限责任公司滇东电厂	云南省曲靖市
13	杨永成	材料科学与工程	男	青海省	青海桥头铝电股份有限公司	青海省西宁市
14	马　东	电力工程与管理	男	新疆维吾尔自治区	特变电工国际工程有限公司	新疆昌吉市

续表

序号	姓名	专业名称	性别	生源地区	单位名称	单位所在地
15	马　飞	电力工程与管理	男	青海省	国网青海省电力公司检修公司	青海省西宁市
16	饶　艺	电力工程与管理	男	宁夏回族自治区	国网宁夏电力公司	宁夏银川市
17	王怡璇	电力工程与管理	女	宁夏回族自治区	国网宁夏电力公司	宁夏银川市
18	韦淑婉	电力工程与管理	女	广西壮族自治区	广西电网有限责任公司柳州供电局	广西柳州市
19	魏　征	电力工程与管理	男	甘肃省	国网白银供电公司	甘肃省白银市
20	卓嘎央宗	电力工程与管理	女	西藏自治区	国网西藏电力有限公司	西藏拉萨市
21	开买尔江·玉素甫	电力工程与管理	男	新疆维吾尔自治区	国网新疆电力公司乌鲁木齐供电公司	新疆乌鲁木齐市
22	李　强	电力工程与管理	男	宁夏回族自治区	国网宁夏电力公司	宁夏银川市
23	王佳振	电力工程与管理	男	内蒙古自治区	国网内蒙古东部电力有限公司电力科学研究院	内蒙古呼和浩特市
24	许泽峰	电力工程与管理	男	青海省	国网四川省电力公司成都供电公司	四川省成都市
25	阳　鹏	电力工程与管理	男	新疆维吾尔自治区	国网新疆电力公司昌吉供电公司	新疆昌吉市
26	袁　健	电力工程与管理	男	贵州省	贵阳供电局	贵州省贵阳市
27	扎西嘉措	电力工程与管理	男	四川省	国网四川省电力公司绵阳供电公司	四川省绵阳市
28	嘎玛旦增	机械工程及自动化	男	西藏自治区	国网西藏电力有限公司	西藏拉萨市
29	胡方融	机械工程及自动化	男	陕西省	中国西电电气股份有限公司	陕西省西安市
30	陈　川	测控技术与仪器	男	云南省	华能澜沧江水电股份有限公司	云南省昆明市
31	蒋运洋	测控技术与仪器	男	贵州省	贵州乌江水电开发有限责任公司	贵州省贵阳市
32	马　伟	测控技术与仪器	男	宁夏回族自治区	宁夏永利电厂筹备处	宁夏银川市
33	张　甜	测控技术与仪器	女	陕西省	陕西华电杨凌热电有限公司	陕西省咸阳市
34	陈卉捷	测控技术与仪器	男	广西壮族自治区	广西柳州发电有限责任公司	广西柳州市
35	古国伟	测控技术与仪器	男	四川省	重庆市三峰卡万塔环境产业有限公司	重庆市大渡口区
36	胡忠文	测控技术与仪器	男	贵州省	中电（普安）发电有限责任公司	贵州省普安县
37	李晓东	测控技术与仪器	男	新疆维吾尔自治区	国网新疆电力公司昌吉供电公司	新疆昌吉市
38	马　良	测控技术与仪器	男	青海省	特变电工国际工程有限公司	新疆昌吉市
39	杨一雷	测控技术与仪器	男	云南省	云南电网有限责任公司红河供电局	云南省蒙自市
40	李伯尧	测控技术与仪器	男	宁夏回族自治区	国电建投内蒙古能源有限公司	内蒙古鄂尔多斯市

续表

序号	姓名	专业名称	性别	生源地区	单位名称	单位所在地
41	牛　斌	测控技术与仪器	男	甘肃省	武威市人力资源和社会保障局	甘肃省武威市
42	许　玥	测控技术与仪器	女	云南省	云南电网有限责任公司昆明供电局	云南省昆明市
43	杨文良	测控技术与仪器	男	青海省	华能重庆珞璜发电有限责任公司	重庆市江津区
44	贾赛赛	热能与动力工程	男	新疆维吾尔自治区	特变电工国际工程有限公司	新疆昌吉市
45	杨彩雯	热能与动力工程	女	广西壮族自治区	国电南宁发电有限责任公司	广西南宁市
46	张　强	热能与动力工程	男	青海省	华电新疆发电有限公司	新疆乌鲁木齐市
47	蒯丽娟	热能与动力工程	女	云南省	大唐贵州发电有限公司	贵州省贵阳市
48	王晓东	热能与动力工程	男	青海省	黄河上游水电开发有限责任公司	青海省西宁市
49	张利亚	热能与动力工程	女	贵州省	大唐贵州发耳发电有限公司	贵州省六盘水市
50	常梦星	热能与动力工程	男	云南省	华能新能源股份有限公司云南分公司	云南省昆明市
51	隆　昕	热能与动力工程	男	青海省	黄河上游水电开发有限责任公司	青海省西宁市
52	马振华	热能与动力工程	男	宁夏回族自治区	宁夏大唐国际大坝发电有限责任公司	宁夏青铜峡市
53	周　敏	热能与动力工程	男	新疆维吾尔自治区	华电新疆发电有限公司	新疆乌鲁木齐市
54	马　军	热能与动力工程	男	宁夏回族自治区	华电宁夏灵武发电有限公司	宁夏灵武市
55	尚星宇	热能与动力工程	男	甘肃省	甘肃华电环县风力发电有限公司	甘肃省兰州市
56	张宇航	热能与动力工程	男	内蒙古自治区	北方联合电力有限责任公司	内蒙古呼和浩特市
57	赵天乐	热能与动力工程	男	新疆维吾尔自治区	特变电工新疆新能源股份有限公司	新疆乌鲁木齐市
58	郑荣辉	热能与动力工程	男	福建省	广西防城港核电有限公司	广西防城港市
59	靳生文	热能与动力工程	男	青海省	黄河上游水电开发有限责任公司	青海省西宁市
60	马　波	热能与动力工程	男	宁夏回族自治区	华电宁夏灵武发电有限公司	宁夏灵武市
61	徐道克	热能与动力工程	男	云南省	华能云南滇东能源有限责任公司滇东电厂	云南省曲靖市
62	杨　帆	热能与动力工程	男	重庆市	重庆市三峰卡万塔环境产业有限公司	重庆市大渡口区
63	张　强	热能与动力工程	男	四川省	东方汽轮机有限公司	四川省德阳市
64	董家纬	热能与动力工程	男	内蒙古自治区	内蒙古锡林郭勒白音华煤电有限责任公司赤峰新城热电分公司	内蒙古赤峰市
65	何　研	热能与动力工程	男	宁夏回族自治区	国电电力吴忠热电有限责任公司	宁夏吴忠市

续表

序号	姓名	专业名称	性别	生源地区	单位名称	单位所在地
66	黄中艺	热能与动力工程	男	广西壮族自治区	中国大唐集团公司广西分公司	广西南宁市
67	刘　津	热能与动力工程	女	天津市	华能重庆珞璜发电有限责任公司	重庆市江津区
68	肖　龙	热能与动力工程	男	重庆市	重庆市三峰卡万塔环境产业有限公司	重庆市大渡口区
69	张　强	热能与动力工程	男	甘肃省	国电成都金堂发电有限公司	四川省成都市
70	张应荣	热能与动力工程	男	云南省	重庆市三峰卡万塔环境产业有限公司	重庆市大渡口区
71	黄小亮	热能与动力工程	男	宁夏回族自治区	华电宁夏灵武发电有限公司	宁夏灵武市
72	刘旭栋	热能与动力工程	男	甘肃省	内蒙古京能康巴什热电有限公司	内蒙古鄂尔多斯市
73	常文帅	热能与动力工程	男	甘肃省	华电宁夏灵武发电有限公司	宁夏灵武市
74	马　乾	热能与动力工程	女	宁夏回族自治区	华能平凉发电有限责任公司	甘肃省平凉市
75	覃兴宁	热能与动力工程	男	广西壮族自治区	国电南宁发电有限责任公司	广西南宁市
76	赵忠正	热能与动力工程	男	内蒙古自治区	京能（赤峰）能源发展有限公司	内蒙古赤峰市
77	达娃曲珍	热能与动力工程	女	西藏自治区	国网西藏电力有限公司	西藏拉萨市
78	刘高志	热能与动力工程	男	四川省	四川中电福溪电力开发有限公司	四川省宜宾市
79	石　敏	热能与动力工程	女	青海省	中国大唐集团科学技术研究院有限公司西北分公司	陕西省西安市
80	吴礼坤	热能与动力工程	男	贵州省	贵州乌江水电开发有限责任公司	贵州省贵阳市
81	闫培耘	热能与动力工程	男	甘肃省	宁夏京能宁东发电有限责任公司	宁夏灵武市
82	杨　艳	热能与动力工程	女	宁夏回族自治区	宁夏永利电厂筹备处	宁夏银川市
83	刘舒宁	电气工程及其自动化	女	青海省	国网青海省电力公司经济技术研究院	青海省西宁市
84	张格格	电气工程及其自动化	女	陕西省	陕西省电力公司西安供电局	陕西省西安市
85	张　悦	电气工程及其自动化	女	云南省	云南电网有限责任公司普洱供电局	云南省普洱市
86	郭昊天	电气工程及其自动化	男	内蒙古自治区	国网内蒙古东部电力有限公司赤峰供电公司	内蒙古赤峰市
87	唐　伟	电气工程及其自动化	男	四川省	国网四川省电力公司达州供电公司	四川省达州市
88	袁嘉斌	电气工程及其自动化	男	宁夏回族自治区	国网宁夏电力公司	宁夏银川市
89	朱韶一	电气工程及其自动化	女	陕西省	国网陕西省电力公司西安供电公司	陕西省西安市

续表

序号	姓名	专业名称	性别	生源地区	单位名称	单位所在地
90	代丽娟	电气工程及其自动化	女	青海省	国网青海省电力公司西宁供电公司	青海省西宁市
91	史康宁	电气工程及其自动化	男	陕西省	国网陕西省电力公司咸阳供电公司	陕西省咸阳市
92	宋世杰	电气工程及其自动化	男	四川省	国网四川省电力公司眉山供电公司	四川省眉山市
93	杨　睿	电气工程及其自动化	男	宁夏回族自治区	国网宁夏电力公司	宁夏银川市
94	卢韵西	电气工程及其自动化	女	广西壮族自治区	阳朔供电公司	广西阳朔县
95	滕岳桓	电气工程及其自动化	男	甘肃省	国网宁夏电力公司	宁夏银川市
96	仝　欣	电气工程及其自动化	男	内蒙古自治区	内蒙古电力（集团）有限责任公司	内蒙古呼和浩特市
97	王燕领	电气工程及其自动化	男	内蒙古自治区	内蒙古电力（集团）有限责任公司	内蒙古呼和浩特市
98	吴紫恒	电气工程及其自动化	女	新疆维吾尔自治区	国网新疆电力公司乌鲁木齐供电公司	新疆乌鲁木齐市
99	武嘉薇	电气工程及其自动化	女	宁夏回族自治区	国网宁夏电力公司	宁夏银川市
100	陈泫光	电气工程及其自动化	男	四川省	国网四川省电力公司成都供电公司	四川省成都市
101	党成斌	电气工程及其自动化	男	陕西省	国网陕西省电力公司渭南供电公司	陕西省渭南市
102	杨晶晶	电气工程及其自动化	女	宁夏回族自治区	国网宁夏电力公司	宁夏银川市
103	陈　琪	电气工程及其自动化	女	贵州省	中国南方电网有限责任公司超高压输电公司天生桥局	贵州省兴义市
104	何国佩	电气工程及其自动化	女	广西壮族自治区	广西电网有限责任公司崇左供电局	广西崇左市
105	刘　帆	电气工程及其自动化	男	甘肃省	国网陕西省电力公司西安供电公司	陕西省西安市
106	柳林天	电气工程及其自动化	男	陕西省	陕西送变电工程公司	陕西省西安市
107	罗昕宇	电气工程及其自动化	男	云南省	云南电网有限责任公司昆明供电局	云南省昆明市
108	马永珍	电气工程及其自动化	男	青海省	国网青海省电力公司海东供电公司	青海省海东市
109	伍林海	电气工程及其自动化	男	重庆市	国网重庆市电力公司	重庆市渝中区
110	朱兴隆	电气工程及其自动化	男	江西省	国网四川省电力公司自贡供电公司	四川省自贡市

续表

序号	姓名	专业名称	性别	生源地区	单位名称	单位所在地
111	何　鑫	电气工程及其自动化	男	西藏自治区	国网四川省电力公司德阳供电公司	四川省德阳市
112	梁媛方	电气工程及其自动化	女	广西壮族自治区	广西电网有限责任公司南宁供电局	广西南宁市
113	赵生延	电气工程及其自动化	男	青海省	国网青海省电力公司经济技术研究院	青海省西宁市
114	邓铭薇	电气工程及其自动化	女	广西壮族自治区	广西电网有限责任公司南宁供电局	广西南宁市
115	李南君	电气工程及其自动化	男	云南省	云南电网有限责任公司曲靖供电局	云南省曲靖市
116	李子豪	电气工程及其自动化	男	陕西省	国网陕西省电力公司西安供电公司	陕西省西安市
117	马俊杰	电气工程及其自动化	男	青海省	国网青海省电力公司西宁供电公司	青海省西宁市
118	马啸宇	电气工程及其自动化	男	四川省	国网四川省电力公司检修公司	四川省成都市
119	汪煜涛	电气工程及其自动化	男	内蒙古自治区	国网内蒙古东部电力有限公司赤峰供电公司	内蒙古赤峰市
120	王小明	电气工程及其自动化	男	宁夏回族自治区	国网宁夏电力公司	宁夏银川市
121	陈明佳	电气工程及其自动化	男	广西壮族自治区	中国南方电网有限责任公司柳州局	广西柳州市
122	李亦斌	电气工程及其自动化	男	四川省	国网四川省电力公司乐山供电局	四川省乐山市
123	李玉亮	电气工程及其自动化	男	宁夏回族自治区	国网宁夏电力公司	宁夏银川市
124	龙　杰	电气工程及其自动化	男	贵州省	国网重庆市电力公司	重庆市渝中区
125	石建江	电气工程及其自动化	男	重庆市	国网四川省电力公司达州供电公司	四川省达州市
126	张　健	电气工程及其自动化	男	青海省	国网青海省电力公司经济技术研究院	青海省西宁市
127	朱江江	电气工程及其自动化	男	陕西省	北方联合电力有限责任公司	内蒙古呼和浩特市
128	朱永康	电气工程及其自动化	男	甘肃省	国网甘肃省电力公司平凉供电公司	甘肃省平凉市
129	陈辅成	电气工程及其自动化	男	广西壮族自治区	合浦供电公司	广西合浦县
130	耿祥瑞	电气工程及其自动化	男	甘肃省	国网宁夏电力公司	宁夏银川市
131	马俊杰	电气工程及其自动化	男	青海省	国网青海省电力公司西宁供电公司	青海省西宁市

续表

序号	姓名	专业名称	性别	生源地区	单位名称	单位所在地
132	王永航	电气工程及其自动化	男	云南省	云南电网有限责任公司玉溪供电局	云南省玉溪市
133	陈　翔	电气工程及其自动化	男	广西壮族自治区	广西电网有限责任公司贺州供电局	广西贺州市
134	方　伟	电气工程及其自动化	男	宁夏回族自治区	国网宁夏电力公司	宁夏银川市
135	林　毅	电气工程及其自动化	男	贵州省	中国南方电网有限责任公司超高压输电公司天生桥局	贵州省兴义市
136	屈炳君	电气工程及其自动化	女	重庆市	国网四川省电力公司天府新区供电公司	四川省成都市
137	王佳桢	电气工程及其自动化	男	陕西省	内蒙古电力（集团）有限责任公司包头供电局	内蒙古包头市
138	王　磊	电气工程及其自动化	男	内蒙古自治区	内蒙古电力（集团）有限责任公司包头供电局	内蒙古包头市
139	张婷婷	电气工程及其自动化	女	云南省	云南电网有限责任公司曲靖麒麟供电局	云南省曲靖市
140	侯婧婷	自动化	女	四川省	四川省建筑设计研究院	四川省成都市
141	马唯伦	自动化	男	宁夏回族自治区	华电宁夏灵武发电有限公司	宁夏灵武市
142	孙绮蔚	自动化	女	云南省	中国移动通信集团云南有限公司玉溪分公司	云南省玉溪市
143	奥斯曼·伊米提	自动化	男	新疆维吾尔自治区	国网新疆电力公司和田供电公司	新疆和田县
144	程玉翔	自动化	男	新疆维吾尔自治区	国电哈密煤电开发有限公司	新疆哈密市
145	丁　悦	自动化	女	青海省	黄河上游水电开发有限责任公司	青海省西宁市
146	桑麟慧	自动化	女	内蒙古自治区	内蒙古电力（集团）有限责任公司	内蒙古呼和浩特市
147	锁　钊	自动化	男	宁夏回族自治区	宁夏京能宁东发电有限责任公司	宁夏银川市
148	仙子龙	自动化	男	甘肃省	黄河上游水电开发有限责任公司	青海省西宁市
149	柏文健	自动化	男	贵州省	都匀供电局	贵州省都匀市
150	曹先波	自动化	男	四川省	特变电工（德阳）电缆股份有限公司	四川省德阳市
151	麦麦提卡热·努尔麦提	自动化	男	新疆维吾尔自治区	国网新疆电力公司疆南供电公司	新疆喀什市
152	马志雄	自动化	男	宁夏回族自治区	华电宁夏灵武发电有限公司	宁夏灵武市
153	谢　奥	自动化	男	重庆市	华能重庆珞璜发电有限责任公司	重庆市江津区
154	李利成	电子信息工程	男	云南省	云南昆船电子设备有限公司	云南省昆明市

续表

序号	姓名	专业名称	性别	生源地区	单位名称	单位所在地
155	李治军	电子信息工程	男	贵州省	中国联合网络通信有限公司黔西南州分公司	贵州省兴义市
156	罗 晨	电子信息工程	男	新疆维吾尔自治区	国网新疆电力公司乌鲁木齐供电公司	新疆乌鲁木齐市
157	蒙锦飞	电子信息工程	男	贵州省	贵州省安顺市西秀区商务投资促进局	贵州省安顺市
158	李智翔	通信工程	男	广西壮族自治区	中国大唐集团公司广西分公司	广西南宁市
159	万 军	通信工程	男	云南省	云南电网有限责任公司红河供电局	云南省蒙自市
160	王亚玲	通信工程	女	宁夏回族自治区	中国电信股份有限公司宁夏分公司	宁夏银川市
161	黄山珂	通信工程	男	云南省	云南电网有限责任公司玉溪供电局	云南省玉溪市
162	赵宗耀	通信工程	男	宁夏回族自治区	宁夏银行股份有限公司	宁夏银川市
163	朱在兵	通信工程	男	贵州省	四川华能康定水电有限责任公司	四川省康定县
164	米玛平措	通信工程	男	西藏自治区	国网西藏电力有限公司	西藏拉萨市
165	申 钰	通信工程	女	广东省	中国电信股份有限公司四川分公司	四川省成都市
166	季雨欣	计算机科学与技术	女	云南省	中国移动通信集团云南有限公司昆明分公司	云南省昆明市
167	吴 雷	计算机科学与技术	男	西藏自治区	国网西藏电力有限公司	西藏拉萨市
168	李 洋	电子科学与技术	男	云南省	中国水电顾问集团风电泸西有限公司	云南省泸西县
169	王科敏	电子科学与技术	女	重庆市	中国移动通信集团重庆有限公司	重庆市渝北区
170	马 毅	软件工程	男	宁夏回族自治区	宁夏银行股份有限公司	宁夏银川市
171	努尔东·麦合木提	软件工程	男	新疆维吾尔自治区	中国移动通信集团新疆有限公司	新疆乌鲁木齐市
172	旺青扎堆	软件工程	男	西藏自治区	国网西藏电力有限公司	西藏拉萨市
173	姜渭鹏	软件工程	男	云南省	中国南方电网有限责任公司超高压输电公司大理局	云南省大理市
174	冯瑞翔	建筑环境与设备工程	男	内蒙古自治区	内蒙古电力（集团）有限责任公司	内蒙古呼和浩特市
175	闻陆靖	建筑环境与设备工程	男	云南省	云南中烟工业有限责任公司昆明卷烟厂	云南省昆明市
176	曹廷祥	信息安全	男	云南省	中国南方电网有限责任公司调峰调频发电公司鲁布革水力发电厂	云南省罗平县

续表

序号	姓名	专业名称	性别	生源地区	单位名称	单位所在地
177	万睿娜	信息安全	女	宁夏回族自治区	宁夏黄河农村商业银行股份有限公司	宁夏银川市
178	吴　瑕	信息安全	女	宁夏回族自治区	中国联合网络通信有限公司宁夏回族自治区分公司	宁夏银川市
179	次　央	工程管理	女	西藏自治区	国网西藏电力有限公司	西藏拉萨市
180	林朝静	工程管理	女	海南省	中国水利水电第十四工程局有限公司	云南省昆明市
181	吕林骏	工程管理	男	新疆维吾尔自治区	特变电工国际工程有限公司	新疆昌吉市
182	沈　橙	工程管理	男	云南省	云南电网有限责任公司昆明供电局	云南省昆明市
183	陈　嫄	工程管理	女	青海省	国网四川省电力公司成都供电公司	四川省成都市
184	段　意	电气工程及其自动化	男	内蒙古自治区	内蒙古电力集团有限责任公司包头供电局	内蒙古包头市
185	蒋茵梦	工程管理	女	广西壮族自治区	中国能源建设集团广西水电工程局有限公司	广西南宁市
186	李青龙	工程管理	男	甘肃省	黄河上游水电开发有限责任公司	青海省西宁市
187	史振哲	工程管理	男	新疆维吾尔自治区	武威市人力资源和社会保障局	甘肃省武威市
188	刘晓岚	工商管理	女	西藏自治区	中国建设银行股份有限公司四川分行	四川省成都市
189	许小峰	工商管理	男	河北省	特变电工股份有限公司	新疆昌吉市
190	曾凡伟	市场营销	男	四川省	中国移动通信集团四川有限公司成都分公司	四川省成都市
191	华　勇	市场营销	男	云南省	中国水利水电第十四工程局有限公司	云南省昆明市
192	马学福	市场营销	男	宁夏回族自治区	中国银行股份有限公司宁夏回族自治区分行	宁夏银川市
193	籍　翔	会计学	女	内蒙古自治区	内蒙古电力（集团）有限责任公司	内蒙古呼和浩特市
194	李永栋	会计学	男	云南省	中国水利水电第十四工程局有限公司	云南省昆明市
195	王衍琦	会计学	男	内蒙古自治区	中国建设银行股份有限公司内蒙古自治区分行	内蒙古呼和浩特市
196	薛　芳	会计学	女	广西壮族自治区	广西金川有色金属有限公司	广西防城港市
197	姚凤先	会计学	女	新疆维吾尔自治区	国网新疆电力公司阿勒泰供电公司	新疆阿勒泰市
198	巴桑卓嘎	财务管理	女	西藏自治区	中国农业银行股份有限公司西藏自治区分行	西藏拉萨市
199	梁馨文	财务管理	女	广西壮族自治区	广西龙源风力发电有限公司	广西南宁市

续表

序号	姓名	专业名称	性别	生源地区	单位名称	单位所在地
200	吾日娜	财务管理	女	新疆维吾尔自治区	华能新疆能源开发有限公司轮台热电分公司	新疆轮台县
201	乌米古丽·艾柯木	财务管理	女	新疆维吾尔自治区	国网新疆电力公司和田供电公司	新疆和田县
202	张召园	财务管理	男	河北省	内蒙古电力（集团）有限责任公司	内蒙古呼和浩特市
203	闻　浩	人力资源管理	男	四川省	中国水利水电第十四工程局有限公司	云南省昆明市
204	白玛曲珍	电子商务	女	西藏自治区	中国移动通信集团西藏有限公司	西藏拉萨市
205	明　玉	电子商务	女	贵州省	中国工商银行股份有限公司贵州分行	贵州省贵阳市
206	刘凌宇	行政管理	女	贵州省	贵阳朗玛信息技术股份有限公司	贵州省贵阳市
207	程　垚	行政管理	女	陕西省	中国人民银行铜川市中心支行	陕西省铜川市
208	朱妮莎	公共事业管理	女	西藏自治区	国家开发银行股份有限公司西藏自治区分行	西藏拉萨市
209	潘多晨	劳动与社会保障	男	宁夏回族自治区	宁夏永利电厂筹备处	宁夏银川市
210	索朗普赤	劳动与社会保障	女	西藏自治区	中国农业银行股份有限公司西藏自治区分行	西藏拉萨市
211	赵又艺	劳动与社会保障	女	重庆市	国网重庆市电力公司	重庆市渝中区
212	孙庆琦	水利水电工程	女	内蒙古自治区	武威市人力资源和社会保障局	甘肃省武威市
213	杨骕騑	水利水电工程	男	云南省	华能澜沧江水电有限公司	云南省昆明市
214	何小江	水利水电工程	男	贵州省	中国水利水电第十四工程局有限公司	云南省昆明市
215	胡　森	水利水电工程	男	云南省	华能澜沧江水电有限公司	云南省昆明市
216	刘　超	水利水电工程	男	宁夏回族自治区	武威市人力资源和社会保障局	甘肃省武威市
217	刘　明	水利水电工程	女	河南省	中国水利水电第十四工程局有限公司	云南省昆明市
218	孙　超	水利水电工程	男	黑龙江省	中国水利水电第十四工程局有限公司	云南省昆明市
219	唐　俊	水利水电工程	男	湖南省	中国水利水电第十四工程局有限公司	云南省昆明市
220	吴　萍	水利水电工程	女	重庆市	重庆市长寿区委组织部	重庆市长寿区
221	张大鹏	水利水电工程	男	甘肃省	中国水利水电第十四工程局有限公司	云南省昆明市
222	张　曼	水利水电工程	女	安徽省	中国水利水电第十四工程局有限公司	云南省昆明市
223	唐　飞	核工程与核技术	男	新疆维吾尔自治区	浙能新疆阿克苏能源开发有限公司	新疆阿克苏市

续表

序号	姓名	专业名称	性别	生源地区	单位名称	单位所在地
224	周　乐	核工程与核技术	男	广西壮族自治区	广西防城港核电有限公司	广西防城港市
225	丁少飞	核工程与核技术	男	陕西省	中核核电运行管理有限公司	青海省西宁市
226	祁学灵	核工程与核技术	男	青海省	中核核电运行管理有限公司	青海省西宁市
227	唐　剑	核工程与核技术	男	河北省	中核核电运行管理有限公司	青海省西宁市
228	王喜祥	核工程与核技术	男	甘肃省	中核核电运行管理有限公司	青海省西宁市
229	肖元元	核工程与核技术	男	江西省	广西防城港核电有限公司	广西防城港市
230	袁　野	核工程与核技术	男	贵州省	广西防城港核电有限公司	广西防城港市
231	张志鹏	核工程与核技术	男	宁夏回族自治区	宁夏永利电厂筹备处	宁夏银川市
232	别克吐尔松·达列里汗	风能与动力工程	男	新疆维吾尔自治区	大唐新疆发电有限公司	新疆乌鲁木齐市
233	金海生	风能与动力工程	男	宁夏回族自治区	龙源宁夏风力发电有限公司	宁夏银川市
234	马国林	风能与动力工程	男	青海省	武威市人力资源和社会保障局	甘肃省武威市
235	梁　钊	风能与动力工程	男	陕西省	北京京能新能源有限公司宁夏分公司	宁夏银川市
236	马尔旦·帕尔哈提	风能与动力工程	男	新疆维吾尔自治区	中国三峡新能源公司新疆分公司	新疆乌鲁木齐市
237	王　迪	风能与动力工程	男	云南省	云南华电朵古风力发电有限公司	云南省昆明市
238	王海峰	风能与动力工程	男	河北省	华润电力风能内蒙古巴音锡勒有限公司	内蒙古呼和浩特市
239	王启强	风能与动力工程	男	贵州省	云南华电朵古风力发电有限公司	云南省昆明市
240	牙森·热西提	风能与动力工程	男	新疆维吾尔自治区	大唐新疆发电有限公司	新疆乌鲁木齐市
241	雷晓玲	风能与动力工程	女	青海省	青海省三江水电开发股份有限公司	青海省西宁市
242	李浩钧	风能与动力工程	男	云南省	中国水利水电第十四工程局有限公司	云南省昆明市
243	向劲松	风能与动力工程	男	贵州省	华润新能源（锦屏）风能有限责任公司	云南省昆明市
244	朱红彬	风能与动力工程	男	甘肃省	北京京能新能源有限公司宁夏分公司	宁夏银川市
245	邱泽强	水文与水资源工程	男	重庆市	中国大唐集团公司广西分公司	广西南宁市
246	韦永江	水文与水资源工程	男	广西壮族自治区	中国大唐集团公司广西分公司	广西南宁市
247	詹森国	水文与水资源工程	男	四川省	四川大唐国际甘孜水电开发有限公司	四川省康定县

续表

序号	姓名	专业名称	性别	生源地区	单位名称	单位所在地
248	钟　青	水文与水资源工程	男	贵州省	中国水利水电第十四工程局有限公司	云南省昆明市
249	肖学冰	能源工程及自动化	男	湖南省	黄河上游水电开发有限责任公司	青海省西宁市
250	张　昊	能源工程及自动化	男	内蒙古自治区	黄河上游水电开发有限责任公司	青海省西宁市
251	耿　超	新能源材料与器件	男	云南省	华能云南滇东能源有限责任公司风电分公司	云南省昆明市
252	康富振	新能源科学与工程	男	辽宁省	北方联合电力有限责任公司	内蒙古呼和浩特市
253	奉　鑫	新能源科学与工程	男	四川省	重庆市能源利用监测中心	重庆市江北区
254	洛　桑	新能源科学与工程	男	青海省	黄河上游水电开发有限责任公司	青海省西宁市
255	余庆春	新能源科学与工程	女	云南省	云南滇东雨汪能源有限公司雨汪电厂	云南省曲靖市
256	陈晓帆	智能电网信息工程	女	云南省	云南电网有限责任公司昆明供电局	云南省昆明市
257	万雪婷	智能电网信息工程	女	青海省	国网青海省电力公司西宁供电公司	青海省西宁市
258	王豪阳	智能电网信息工程	男	山西省	国网重庆市电力公司	重庆市渝中区
259	刘丽娜	智能电网信息工程	女	宁夏回族自治区	国网宁夏电力公司	宁夏银川市
260	马　强	智能电网信息工程	男	甘肃省	国网新疆电力公司乌鲁木齐供电公司	新疆乌鲁木齐市
261	文　茜	智能电网信息工程	女	广西壮族自治区	广西电网有限责任公司南宁供电局	广西南宁市
262	高白玲	会计学	女	云南省	南方电网财务有限公司昆明分公司	云南省昆明市
263	陈　逸	金融学	女	四川省	中国银行股份有限公司资阳分行	四川省资阳市
264	龚　浩	金融学	男	云南省	中国人民银行普洱市中心支行	云南省普洱市
265	杨　鑫	金融学	女	贵州省	四川中电福溪电力开发有限公司	四川省宜宾市
266	刘　博	金融学	男	四川省	特变电工（德阳）电缆股份有限公司	四川省德阳市
267	马　旭	金融学	男	宁夏回族自治区	宁夏黄河农村商业银行股份有限公司	宁夏银川市
268	苏　红	金融学	女	山东省	四川中电福溪电力开发有限公司	四川省宜宾市
269	张誉耀	金融学	男	云南省	云南中石油昆仑燃气有限公司	云南省昆明市
270	周　爽	电气工程及其自动化	女	陕西省	国网陕西省电力公司西安供电公司	陕西省西安市

续表

序号	姓名	专业名称	性别	生源地区	单位名称	单位所在地
271	赵天琲	电气工程及其自动化	女	陕西省	国网陕西省电力公司西安供电公司	陕西省西安市
272	李晓霞	电气工程及其自动化	女	广西壮族自治区	中国南方电网有限责任公司超高压输电公司柳州局	广西柳州市
273	林美好	电气工程及其自动化	女	广西壮族自治区	广西电网有限责任公司南宁供电局	广西南宁市
274	马梁智聪	电气工程及其自动化	男	新疆维吾尔自治区	国网新疆电力公司乌鲁木齐供电公司	新疆乌鲁木齐市
275	陈建希	电气工程及其自动化	女	云南省	云南电网有限责任公司昆明供电局	云南省昆明市
276	鄢鸿婧	电气工程及其自动化	女	重庆市	国网重庆市电力公司	重庆市渝中区
277	尹加琦	电气工程及其自动化	男	西藏自治区	国网四川省电力公司眉山供电公司	四川省眉山市
278	李　伟	材料科学与工程	男	陕西省	西安西电光电缆有限责任公司	陕西省西安市
279	傲　东	电力工程与管理	女	新疆维吾尔自治区	国网新疆电力公司昌吉供电公司	新疆昌吉市
280	龙江幸	电力工程与管理	女	贵州省	国网重庆市电力公司	重庆市渝中区
281	郭　翔	测控技术与仪器	男	广西壮族自治区	广西电网有限责任公司柳州供电局	广西柳州市
282	胡金婷	热能与动力工程	女	广西壮族自治区	国电永福发电有限公司	广西桂林市
283	余　欢	热能与动力工程	男	贵州省	贵州乌江水电开发有限责任公司	贵州省贵阳市
284	奉钰力	电气工程及其自动化	男	广西壮族自治区	中国南方电网有限责任公司超高压输电公司柳州局	广西柳州市
285	王秀瑞	电气工程及其自动化	女	云南省	云南电网有限责任公司红河供电局	云南省蒙自市
286	骆李成	电气工程及其自动化	男	广西壮族自治区	中国南方电网有限责任公司超高压输电公司柳州局	广西柳州市
287	袁艺仓	电气工程及其自动化	男	贵州省	修文供电局	贵州省修文县
288	皮尔开提·玉苏甫	自动化	男	新疆维吾尔自治区	国网新疆电力公司疆南供电公司	新疆喀什市
289	秦清佩	通信工程	男	贵州省	中国南方电网有限责任公司超高压输电公司天生桥局	贵州省兴义市
290	买合布拜·肖开提	软件工程	女	新疆维吾尔自治区	国网新疆电力公司信息通信公司	新疆乌鲁木齐市
291	麦麦提吐尔孙·米吉提	市场营销	男	新疆维吾尔自治区	中国移动通信集团新疆有限公司	新疆乌鲁木齐市

续表

序号	姓名	专业名称	性别	生源地区	单位名称	单位所在地
292	王菊霞	会计学	女	云南省	云南电网有限责任公司玉溪供电局	云南省玉溪市
293	张颖琦	会计学	女	云南省	云南电网有限责任公司文山供电局	云南省文山市
294	吴朝莹	财务管理	女	贵州省	中国邮政储蓄银行股份有限公司贵州省分行	贵州省贵阳市
295	米尔艾合买提·阿吾孜	人力资源管理	男	新疆维吾尔自治区	国网新疆电力公司疆南供电公司	新疆喀什市
296	徐　涛	水利水电工程	男	云南省	贵州送变电工程公司	贵州省贵阳市

华北电力大学2015级新生入学成绩优秀奖获得者名单

（北京校部）

省份	姓名	科类	省份	姓名	科类
安徽	张明晨	理工类	江西	刘学林	理工类
	吴 雨	文史类		袁雅云	文史类
北京	张誉籍	理工类	辽宁	董占翔	理工类
	郝海天	理工类		马浩明	理工类
	魏思蒙	文史类		王美楠	文史类
福建	蔡靖杰	理工类	内蒙古	张 宁	理工类
	陈茹莹	文史类		王佳浩	理工类
甘肃	何 睿	理工类		王睿杰	文史类
	朱冬冬	文史类	宁夏	马宇坤	理工类
广东	陈正柏	理工类		田海梅	文史类
	涂 旭	文史类	青海	赵志军	理工类
广西	滕敬德	理工类		吴 智	文史类
	黄信诚	文史类	山东	李竹青	理工类
贵州	戴雯菊	理工类		吴 靖	文史类
	林子叶	文史类	山西	王长宇	理工类
海南	王则文	理工类		荀 健	文史类
	周紫欣	文史类	陕西	张榆浠	理工类
河北	王姝彦	理工类		刘 琪	文史类
	刘孜贺	文史类	上海	张文悦	理工类
河南	张 浩	理工类		张琳溪雨	文史类
	王 杨	理工类	四川	王 鑫	理工类
	袁 洁	文史类		廖雁翎	文史类
黑龙江	李东明	理工类	天津	陈昶宇	理工类
	姚 博	文史类		闫潇晴	文史类
湖北	李赵晶	理工类	西藏	王李思涵	理工类
	曾维超	理工类		熊梓涵	文史类
	范雪峰	文史类	新疆	王晨光	理工类
湖南	蒋思雯	理工类		胡家华	理工类
	江佳声	理工类		毛恺强	文史类
	杨淑惠	理工类		乔子燕	文史类
	许毓敏	文史类	云南	庄明丹	理工类
吉林	张芷馨	理工类		王晓榆	文史类
	徐晟尊	理工类	浙江	刘笑丽	理工类
	夏 旭	文史类		李晓宁	文史类

续表

省份	姓名	科类	省份	姓名	科类
江苏	邵昱铭	理工类	重庆	张玉田	理工类
	韩晶晶	文史类		周泯含	文史类

（保定校区）

省份	姓名	科类	省份	姓名	科类
安徽	孙晨	理工类	江西	李国锋	理工类
	王梦宇	文史类		熊婉琦	文史类
北京	张加霖	理工类	辽宁	孙兴宇	理工类
	李洁清	文史类		左小杭	文史类
福建	林钰芳	理工类	内蒙古	岳宇鑫	理工类
	庄勇杰	文史类		孟繁玉	文史类
甘肃	牛海涛	理工类	宁夏	马婷	理工类
	徐士雅	文史类		周盛盛	文史类
广东	蔡衍麒	理工类	青海	王逸晖	理工类
	邓璨明	文史类		李婧	文史类
广西	刘彦锦	理工类	山东	王禹琪	理工类
	陈诗婷	文史类		李玉	文史类
贵州	罗佳佳	理工类	山西	陈冲冲	理工类
	洪阳	文史类		郭怡然	文史类
海南	陈鸿铬	理工类	陕西	西皓天	理工类
河北	杨宜霖	理工类		胡梦蝶	文史类
	潘继璇	文史类	上海	杨懿凡	理工类
河南	张龙涛	理工类	四川	王孝华	理工类
	朱易珍	文史类		张玉萤	文史类
黑龙江	张硕	理工类	天津	蔡海鹏	理工类
	周海轩	文史类		武斌	文史类
湖北	刘静	理工类	新疆	田胜轩	理工类
	邓若晖	文史类		杨佳钰	文史类
湖南	谭涵丹	理工类	云南	陈强	理工类
	祝建梅	文史类		李思卓	文史类
吉林	丁兆民	理工类	浙江	卢风景	理工类
	吉春霖	文史类		陈柯均	文史类
江苏	孙宇星	理工类	重庆	刘西娅	理工类
	史惠卿	文史类		刘诗涵	文史类
西藏	刘宇玮	理工类			

华北电力大学 2015 年学生科研获奖情况一览表

（北京校部）

获奖级别	获奖名称
国际级	蓝色动力合唱团获“激情梦想 两岸同心”艺术大赛金奖
国家级	蓝色动力合唱团获 CCTV“合唱先锋”比赛周冠军
国家级	声工厂获大学生音乐超级联赛 8 强
省部级	民舞团获北京大学生舞蹈节一等奖、二等奖及优秀组织奖
省部级	光合话剧团获天津电视台全国大学生舞台剧邀请赛季军
省部级	朗诵团获北京市“蓝天白云杯”低碳环保演讲比赛优胜奖
省部级	“一笑堂”相声社获第二届京城高校相声邀请赛最佳组织奖
省部级	拉丁舞团获“阳光体育”北京市体育舞蹈锦标赛高校业余 A 组第四 C 组第三

（保定校区）

获奖级别	获奖名称
国家级	大学生艺术团获“乾豪杯”第四届全国行进乐大赛金奖
省部级	大合唱《大青藏》获全国第四届大学生艺术展演活动声乐作品二等奖
省部级	大合唱、小合唱分别获河北省第四届大学生艺术展演声乐类一、二、三等奖
省部级	第四届大学生艺术展演戏剧类一等奖
省部级	小合奏获河北省第四届大学生艺术展演器乐类一等奖
省部级	小品获河北省第四届大学生艺术展演一等奖、三等奖
省部级	管乐合奏获省第四届大学生艺术展演器乐类一等奖
省部级	摄影作品获河北省第四届大学生艺术展演摄影类一等奖、二等奖

华北电力大学 2015 年学生学科竞赛获奖情况一览表

（北京校部）

获奖项目	获奖等级	获奖队数	姓名	班级	姓名	班级	姓名	班级	指导教师
全国大学生数学建模与计算机应用竞赛	全国一等奖	2	吕　哲	创新电 1301	应晓亮	创新电 1301	杜如钧	电气 1312	高　欣
			李轶凡	实践电 1201	王　硕	计算 1302	姜继恒	创新电 1301	谷云东
	全国二等奖	5	周光阳	实践电 1301	王子哲	电气 1306	朱雨杰	电气 1306	赵红涛
			孟凯鑫	能动 1310	余一鸣	能动 1301	宋依璘	能动 1301	曹艳华
			郝奇琦	计科 1302	袁文俊	物理 1301	周　璇	测控 1304	高　欣
			牟　亚	实践电 1301	刘浩宇	电气 1303	崔　鹏	电气 1303	高　欣
			李　沛	电气 1308	赵诗萌	电气 1308	曹文远	电气 1309	王小英

续表

获奖项目	获奖等级	获奖队数	姓名	班级	姓名	班级	姓名	班级	指导教师
全国大学生数学建模与计算机应用竞赛	北京一等奖	15	李宗翰	创新电 1301	谢浩铠	创新电 1301	姚尚润	实践电 1301	赵红涛
			邬登金	创新电 1301	张一鸣	电气 1307	刘　牛	能动 1304	高　欣
			杨倩如	工管 1302	夏　琰	信息 1302	冯谟可	创新电 1301	黄晔辉
			胡金宇	电网 1301	陈铭豪	创新自 1301	郑嘉乐	创新自 1301	赵红涛
			林朱凡	实践动 1301	王闽茜	工管 1301	王翰涛	实践动 1301	马德香
			林声涛	电气 1305	黄　馨	自动 1305	郭　倩	信安 1301	马德香
			张子扬	计科 1302	张　超	工管 1302	李罗一帆	会计 1302	黄晔辉
			李　燊	电气 1301	刘　立	电气 1301	张　威	自动 1303	黄晔辉
			倪潇茹	电气 1311	张志宏	核电 1301	徐兴嘉	实践核 1301	雍雪林
			牛云帆	电气 GJ1306	周银平	电气 1314	李渊博	物联 1301	谷云东
			张艺伟	电气 1312	田　巍	水文 1301	宋文达	实践核 1301	潘　志
			暨勇策	能动 1303	刘　苗	能动 1311	高舒潭	创新动 1301	潘　志
			傅盛磊	核电 1302	隋卓婕	核电 1302	彭　庆	电气 GJ1306	潘　志
			张涌新	电气 1309	徐诗甜	电气 1301	沈　弘	电气 1304	潘　志
			李佳诚	创新电 1301	宋冰倩	创新电 1301	何雄豪	创新电 1301	潘　志
	北京二等奖	14	王喜森	实践电 1301	熊一蓉	创新电 1301	尤嘉钰	电气 1302	高　欣
			刘育豪	电气 1303	李宛齐	电气 1311	顾书苑	能动 1303	赵红涛
			刘鹏坤	软件 1302	间昊辉	电气 1308	邓雅方	软件 1302	曹艳华
			卫　璇	电气 1311	杨艺烜	电气 1308	胡　博	实践电 1301	黄晔辉
			冯卓诚	实践电 1301	何朝博	电气 1306	李　彪	实践电 1301	雍雪林
			严　凯	能科 1302	甄子新	能科 1302	杨林超	电气 1311	雍雪林
			黎瑶聪	核安 1301	方晓兵	信安 1302	赵崇岩	实践核 1301	潘　志
			王　超	电气 1304	韩可欣	电气 1304	黄登一	电气 1310	谷云东
			赵子菡	通信 1301	陈碧阳	电气 1309	黄怡凌	创新电 1401	谷云东
			成一平	实践电 1301	陈修鹏	实践电 1301	王　渊	实践电 1301	谷云东
			程川原	电气 1312	苏　翰	电气 1312	张　萌	实践电 1301	王小英
			林晓宇	电气 1309	侯玮琳	电气 1310	黄华震	电气 1310	王小英
			耿志超	电气 1312	孔颖超	工管 1302	浦　迪	工管 1302	马德香
			李晓彬	自动 1303	邹昌铭	自动 1304	黄　毅	创新自 1301	马德香

续表

获奖项目	获奖等级	获奖队数	姓名	班级	姓名	班级	姓名	班级	指导教师
美国大学生数学建模竞赛	一等奖	10	李轶凡	实践电 1201	姜继恒	创新电 1301	李　慧	电气 1203	赵红涛
			张浩然	计算 1302	宋冰倩	创电 1301	王子哲	电气 1306	邱启荣
			杨　坤	创新电 1201	支冬梅	创新自 1201	张楠霞	创新自 1201	高　欣
			杨金垚	创新动 1201	冼圣贤	创新动 1201	时　华	创新动 1201	高　欣
			郑宇航	电管 1201	韩路超	信息 1202	张栗楠	电气 1206	何凤霞
			曾文伟	电气 1206	吕　良	创新电 1201	鹿馨匀	实践电 1201	雍雪林
			余　璐	风能 1203	韩德鹏	能科 1202	李思敏	能科 1201	曹艳华
			王　烨	创新电 1201	张　瑜	创新电 1201	孙　鹏	创新电 1201	曹艳华
			张效宁	创自 1201	唐思邈	实践核 1201	刘祥璐	测控 1202	潘　志
			赵崇岩	实践核 1301	傅盛磊	核电 1302	黎瑶聪	核安 1301	潘　志
	二等奖	18	郭晓茜	创新电 1201	张传云	创新电 1201	姚春晓	创新电 1201	黄晔辉
			李雲建	创新电 1201	褚卿莹	创新电 1201	陈　晔	创新电 1201	黄晔辉
			朱雨杰	电管 1203	梁　凯	实践动 1301	陈俊宇	电气 1307	王　雷
			陈峥嵘	自动化 1303	裘莫寒	工管 1302	涂康斌	自动化 1304	王　雷
			王盛煜	财务 1202	李博文	水电 1201 班	李卓希	电气 1204	王　雷
			刘通明	电气 1211	路　达	电气 1211	毛　洋	电气 1211	邱启荣
			刘　林	通信 1201	龚一莼	水电 1202	呼海林	通信 1203	邱启荣
			胡楚云	电气 1207	王子倓	创新电 1201	邹海涵	实践电 1201	邱启荣
			罗　瑾	创新电 1201	吕　哲	创新电 1301	王　昊	电气 1310	高　欣
			裘丛民	电气 1209	徐　轩	电气 1209	刘建波	创自 1201	何凤霞
			杜　蕙	创新自 1201	苏　曼	创新自 1201	陈　喆	创新自 1201	何凤霞
			孙泽宇	电气 1206	张怡冰	电气 1206	于松源	测控 1201	何凤霞
			黄瀚燕	实践电 1201	闫　东	测控 1201	秦景坤	计算 1202	雍雪林
			任瀚文	实践电 1201	郑　雄	实践电 1201	姜佳慧	电气 1209	雍雪林
			毛政中	创新动 1201	王　克	创新动 1201	罗　耿	创新动 1201	雍雪林
			吴　雨	电气 1203	韩大奇	电气 1203	谭传玉	测控 1203	曹艳华
			牛燕斌	测控 1204	邱森波	自动化 1202	李　沛	电气 1308	王小英
			范思远	电气 1208	魏　岑	实践核 1201	刘世尧	实践核 1201	潘　志

续表

获奖项目	获奖等级	获奖队数	姓名	班级	姓名	班级	姓名	班级	指导教师
全国大学生电子设计竞赛	全国一等奖	1	李云鸶	创新自 1201	苏　健	电气 1310	陈修森	自动 1302	孙淑艳、赵　东、柳　赟、李月乔、刘向军、刘春颖、王　赟、文亚凤、牛印锁、刘　晋、王炳革、梁光胜
	全国二等奖	3	钱一琛	信息 1202	呼海林	通信 1203	杨　超	物联网 1301	
			顿鹏翔	电子 1301	王秋伶	电子 1301	宋　册	电气 1305	
			冯良骏	创新自 1301	古有志	创自 1301	朱瑞迪	自动 1301	
	北京市二等奖	6	吴方舟	信息 1202	周　浩	信息 1202	谢文强	电气 1206	
			李　艺	电子 1201	邓　玲	电子 1201	曹占国	电子 1201	
			王世佳	电子 1201	刘力行	电子 1201	范宗皓	电子 1201	
			郭双娟	电气 1204	贾新潮	自动化 1302	谢　东	电子 1301	
			夏　琰	信息 1302	孙　鹏	创新电 1201	张　杰	实践核 1201	
			许苏迪	电网 1201	杨　啸	信息 1201	汪　坤	电网 1201	
	北京市三等奖	9	邓宏远	电气 1314	陈奎烨	电气 1313	廖凌熙	信安 1401	
			江泽铭	创新自 1201	张　军	自动 1304	魏兆祥	自动 1202	
			王喜森	实践电 1301	庞辉庆	风能 1202	蓝海健	核电 1205	
			刘建波	创新自 1201	胡赟昀	创新自 1201	支冬梅	创新自 1201	
			温　阳	信息 1302	郑陈熹	信息 1302	王忠钰	信息 1302	
			涂康斌	自动 1304	陈峥嵘	自动 1303	罗　颖	测控 1301	
			梁凯鑫	电网 1302	靳文钊	电气 1312	沙江波	电气 1312	
			张　威	自动 1303	井思桐	自动 1303	赵诗萌	电气 1308	
			陈显云	自动 1305	刘　建	自动 1301	张念东	自动 1302	
第七届全国大学生节能减排社会实践与科技竞赛	特等奖	1	陈科枫	电气 1313	王敏壕	王敏壕	电气 1313	电气 1314	杨国田
			蒋雄镇	能自 1201					
	一等奖	1	宋文浩	实践动 1201	林司晅	实践动 1201	彭　越	实践动 1201	宋玉旺
			张　欢	创新动 1201	郭宇程	电气 1209			
	二等奖	2	朱瑞迪	自动 1301	于松源	测控 1201	徐飞阳	电气 1310	杨国田 杨锡运
			焦梦龙	电子 1301	刘育豪	电气 1303	张　颖	创自 1301	
			宋依璘	能动 1301	蒋大浪	能动 1304	张一鸣	电气 1307	杜小泽
			颜济青	能动 1301	张尧翔	创新电 1301			

续表

获奖项目	获奖等级	获奖队数	姓名	班级	姓名	班级	姓名	班级	指导教师
第七届全国大学生节能减排社会实践与科技竞赛	三等奖	6	龚一莼	水电 1202	李思敏	能科 1201	龙　颖	风能 1202	李美成
			韩德鹏	能科 1202	刘　林	通信 1201	金　灿	热动 1401	
			郑宇航	电管 1201	李雲建	创新电 1201	韩陆超	信息 1202	尹忠东
			穆卓文	电管 1201	苏国赟	电气 1202	姜继恒	创新电 1201	
			李博文	水电 1201					
			曲映溪	能科 1202	熊雯婷	电气 1209	曾郁兴	能动 1310	李美成
			罗　耿	创新动 1201	孟凯鑫	能动 1310	毛政中	创新动 1201	
			曾文伟	电气 1206					
			韩天轮	电管 1201	袁梦迪	热能 1211	刘　文	水文 1201	陈海平
			张英杰	热能 1211	杨晓茹	热能 1211	张　涛	测控 1204	
			高舒潭	创新动 1301					
			程　淏	能科 1301	刘　洋	资源 1201	杨晨星	能科 1302	邓　英
			吕　良	创新电 1201	宋宁宁	材料 1202	潘哲煜	会计 1201	
			邓　玲	电子 1201	范宗皓	电子 1201	曹占国	电子 1201	梁光胜
			曾梓鹏	实践电 1201	王世佳	电子 1201	李　登	电子 1201	
			揣依娜	电网 1201					
全国大学生“飞思卡尔”杯智能汽车竞赛	三等奖	1	祁博健	测控 1301	吴易霖	测控 1304	宋依璘	能动 1301	程晓磊
ACM-国际大学生程序竞赛	亚洲区域赛铜牌	1	宋　礼	计算 1201	白宇宁	电气 1105	刘　洋	信安 1202	马　炜、贾静平
北京市大学生第七届物理实验竞赛	一等奖	1	王喜森	实践电 1301	王　武	自动 1305	张　军	自动 1304	胡　冰
	二等奖	1	张涌新	电气 1309	方　正	电气 1302	沈　弘	电气 1304	韩榕生
	三等奖	3	成一平	实践电 1301	杨林超	电气 1311	严　凯	能科 1302	黄　霞
			黄子洋	电气 1310	黄登一	电气 1310	皮海亚	物理 1301	邓加军
			范迦羽	电气 1401	黄　蓉	物理 1401	赵至尊	物理 1401	刘纪彩

续表

获奖项目	获奖等级	获奖队数	姓名	班级	姓名	班级	姓名	班级	指导教师
第六届大学生广告设计大赛	全国一等奖	1	周津羽	广告 1301	杨佳梦	广告 1301			张　勤 陈　波 陈　玲 庞　涛
	全国二等奖	2	王心晴	广告 1301	王莉侥	广告 1301			
			黄　玥	广告 1301	李玉蝶	广告 1301			
	全国三等奖	1	叶梦颖	广告 1301	杨佳梦	广告 1301			
	北京市金奖	1	吴钰琦	广告 1301					
	北京市银奖	4	刘馨乔	广告 1301	季泱帆	广告 1301			
			张　浩	广告 1401	游　欢	广告 1401	李瑞德	广告 1401	
			王梦婧	广告 1301					
			韩天行	广告 1401	范泽宇	广告 1401			
	北京市铜奖	8	张　浩	广告 1401	游　欢	广告 1401	李瑞德	广告 1401	
			单君媛	广告 1301	杜妍臻	广告 1301			
			起家妍	广告 1301					
			段佳佳	广告 1301	葛萌萌	广告 1301			
			张　浩	广告 1401	游　欢	广告 1401			
			李瑞德	广告 1401	单君媛	广告 1301	杜妍臻	广告 1301	
			李玉蝶	广告 1301					
			韩天行	广告 1401	范泽宇	广告 1401			
第五届北京市大学生模拟法庭竞赛	北京市三等奖	1	王海东	法学 1302	张洪源	法学 1302	李　慧	法学 302	王春波
			王　晶	法学 301	王奕彤	法学 301	戚　艳	法学 1301	
全国大学生英语竞赛	特等奖	3	周奕瑶	创新电 1201	陈嘉曦	电气 1211	王友潮	电气 GJ1401	王　华 姜　雪 杨　芹
	一等奖	4	林瑶琦	电气 1215	叶陈丹	会计 1201	刘尔佳	国教电气 1404	宁圃玉 王　欣 李海燕 吴学惠
			陈乐怡	会计 1202					

续表

获奖项目	获奖等级	获奖队数	姓名	班级	姓名	班级	姓名	班级	指导教师
全国大学生英语竞赛	二等奖	18	康孟佳	电气 1215	王士元	电气 1215	孟雨杉	电气 1306	司微指导小组
			李勉芝	会计 1202	陈　桥	能动 1406	王月莹	会计 1402	
			王占博	能动 1407	施晓颖	国教 1304	马昕雨	电气 1408	
			姜春钰	实践电 1301	张　倩	电气 1306	杨梦瑶	电气 1407	
			周靖杰	国教电气 1402	许冰倩	水电 1402	刘思放	通信 1302	
			余　涛	计算 1302	吴嘉杰	水文 1201	甄子新	能科 1303	
	三等奖	35	张韦维	电气 1311	喻麓彤	会计 1201	王泽众	创新动 1401	
			阮　晨	会计 1201	诸　婧	国教电气 1402	郑　帅	行管 1402	
			周贤钰	核电 1404	蔡芊芊	创新动 1201	肖克宇	GJ 电气 1403	
			王闽茜	工管 1301	刘　洋	电气 1205	张天一	电气 1310	
			马　灵	应物 1201	姜佳慧	电气 1209	张文逸	实践电 1301	
			杨冰玢	能动 1309	裘莫寒	工管 1302	郑　雄	实践电 1201	
			李　昊	电气 1216	杨更宇	能科 1403	宋冰倩	创电 1301	
			金　鑫	电气 1411	胡　博	实践电 1301	徐天骄	财务 1201	
			盛　慧	电气 1209	程　爽	国教 1304	张歆笛	电气 GJ1401	
			闫　园	电气 1302	乔　冉	通信 1302	姚　皓	电气 1407	
			杨　坤	创新电 1201	谭传玉	测控 1203	郭碧莹	会计 1401	
			王子倓	创新电 1201	吕　煜	电气 1411			
北京市大学生数学竞赛	北京市一等奖	3	陈　昌	电气 1404	沈志杰	实践动 1301	吴　璇	创新动 1401	彭武安
	北京市二等奖	5	李幸芝	创新自 1401	俞永杰	电气 1401	王子奇	创新动 1301	
			吕子奎	创新自 1401	苏　阳	核电 1404			
	北京市三等奖	20	廖圣文	创新电 1401	范世源	创新电 1401	朱逸凡	电气 1401	
			高明阳	创新电 1401	李乔乔	创新电 1401	喻建瑜	电气 1303	
			李静轩	创新电 1401	张传云	创新电 1201	刘　裕	电气 1410	
			刘云阳	创新电 1401	黄子洋	电气 1310	马一鸣	创新自 1401	
			戴谷禹	工管 1402	黄茂然	电气 1408	李海爽	测控 1401	
			徐　亮	经贸 1401	孙馨福	电气 1408	梁　凯	实践动 1301	
			张　涛	核电 1403	章建徽	实践动 1301			

续表

获奖项目	获奖等级	获奖队数	姓名	班级	姓名	班级	姓名	班级	指导教师
第32届全国部分地区大学生物理	一等奖	5	陈 昌	实践电1401	王少杰	创新电1401	俞永杰	实践电1401	黄 霞 陈 雷 付星球 李瑞洁 胡 冰 刘纪彩
			崔 鹏	创新电1401	王闻墨	能科1404			
	二等奖	4	张丽阳	电气1410	刘亚迪	电气1401	单俊儒	创新电1401	
			朱 浩	电气1403					
	三等奖	20	牟 杰	创新电1401	马 铁	电气1410	邹文隆	实践动1401	
			刘云阳	创新电1401	洪晨威	创新电1401	黄怡凌	创新电1401	
			陶 冶	能科1403	涂 腾	创新电1401	吴文庆	能动1401	
			张 宇	电气1407	林弋莎	电气1403	赵广睿	实践电1401	
			薛 涛	创新电1401	刘德成	自动1401	朱思颖	能科1404	
			王稼琪	自动1401	康建伟	创新电1401	沈 丹	能动1401	
			刘仲康	电气1403	叶杨莉	实践电1401			
第五届"蓝桥杯"全国软件专业人才设计与创业大赛	一等奖	4	邹昌铭	自动化1304	梁兴仑	计算1202	宋 礼	计算1201	马 炜、 贾静平
			刘妍君	电网1202					
	二等奖	4	许苏迪	电网1201	黄 毅	创自1301	程 淏	能科1301	
			吕鑫鹏	通信1303					
	三等奖	4	刘 洋	信安1202	秦景坤	计算1202	喻小菲	能科1306	
			胡光朴	计算1201					
北京市大学生计算机博弈大赛	一等奖	1	刘宝琦	计算1202	秦景坤	计算1202	欧阳志群	软件1402	刘春阳
	三等奖	2	马 涛	信安1201	许哲源	电气1411	王稼琪	自动1401	
			邓馥昕	信安1401	刘宝琦	计算1202	张加其	软件1202	
北京市人文知识竞赛	二等奖	2	陶春阳	实践核1301	熊 焰	中文1401	王彤彤	电气1409	马 冬、 郑 路
			崔维锋	中文1401	刘天怡	英语1301	李梦露	社保1401	
			杨 涛	行管1301	刘泽铖	实践动1401	马 铁	电气1410	
			张玉莹	自动1501					
2015年全国大学生管理决策模拟大赛	总决赛全国一等奖	1	荆一鸣	经济1201	陈巩凡	工管1302	李一鸣	财务1402	刘金朋 张 琪 郭 鑫 马同涛
	半决赛二等奖	5	罗 茜	工管1301	叶博童	工管1301	王丽娜	工管1301	
			赵伟博	营销1201	陈蓉珺	经济1202	潘哲煜	会计1201	
			董文娜	营销1402	李一鸣	财务1402	胡雅星	营销1401	
			陈巩凡	工管1302	聂青云	工管1302	蒲 迪	工管1302	
			荆一鸣	经济1201	张 峰	经济1201	李罗一帆	会计1302	

续表

获奖项目	获奖等级	获奖队数	姓名	班级	姓名	班级	姓名	班级	指导教师
PEAK — TIME	全国特等奖（冠军）	1	林弘扬	测控 1201	王义峰	会计 1102	杨　雪	财务 1201	张　琪 孙晶琪
			张越聪	财务 1102	吴锦莹	自动 1105			
2015 年第六届“尖烽时刻”全国模拟大赛（第十九届“PEAKTIME”全球商业模拟挑战赛）	全国特等奖（国际第一名）	1	秦　磊	物流 1201	秦鹏飞	信管 1201	赵佳伟	信管 1201	张　琪 刘力纬 孙红星 郭　鑫 李乐明 马同涛
			林弘扬	测控 1201	陈乐怡	会计 1202	杨倩茹	会计 1201	
			荆一鸣	经济 1201	方　靖	经济 1201			
	全国三等奖	8	李凡迪	信管 1201	林晓珊	信管 1201	刘炳均	会计 1201	
			王盛煜	财务 1202	陈志琼	资源 1201	潘哲煜	会计 1201	
			吴明焘	物流 1201	孟雅儒	工商 1201	郑　清	资源 1201	
			何　晶	会计 1201	陈梦瑶	会计 1201	赵伟博	营销 1201	
			尤希琦	会计 1301	邹睿晟	英语 1301	张亚楠	电气 1309	
			李玲闻樱	工管 1202	沈孟迪	工管 1202	张予燮	资源 1201	
			刘　娟	商务 1201	孙　楠	工商 1201	袁月晴	财务 1202	
			卜晓梦	会计 1202	杨蘅益	会计 1202	张　峰	经济 1201	
第一届全国大学生能源经济学术创意大赛	全国二等奖	4	殷商莹	经济 1203	陈晗文	电管 1202	于英姿	工管 1201	张兴平 牛东晓 张素芳 刘敦楠 孙　冬 檀勤良 吴忠群 李永臣 张　琪 王永利
			李鹏龙	经济 1301					
			宋籽锌	工管 1302	阮　晨	会计 1201	邬登金	创新电 1301	
			裘莫寒	工管 1302					
			刘红雨	营销 1301	刘　涵	资源 1301	刘素影	资源 1301	
			秦　琨	资源 1301					
			王　立	电气 1310	徐飞阳	电气 1310	杨颖晖	电气 1310	
			王　昊	电气 1310					
第一届全国大学生能源经济学术创意大赛	全国三等奖	3	陈蓉珺	经济 1202	赵伟博	营销 1201			张兴平 牛东晓 张素芳 刘敦楠 孙　冬 檀勤良 吴忠群 李永臣 张　琪 王永利
			黄佳慧	营销 1201	隆竹寒	营销 1201	彭　范	测控 1201 班	
			张雪垠	电网 1101					
			厉　艳	工商 1301	叶嘉雯	工商 1301	陈方义	电气 1307	
			林玉栋	能动 1303					
第七届全国大学生网络商务创新应用大赛	全国三等奖	1	李诗琪	会计 1201	王文艳	商务 1201	王　芝	商务 1201	田惠英
			毕雨婷	商务 1201					
	北京市三等奖	1	赵姗姗	商务 1201	陈昭利	商务 1201	高　敏	商务 1201	

续表

获奖项目	获奖等级	获奖队数	姓名	班级	姓名	班级	姓名	班级	指导教师
北京市大学生机器人大赛	一等奖	1	吴俊达	能动 1309	程　淏	能科 1301	郑滨涛	机械 1301	夏延秋 吴　浩
			朱莎弘	能动 1309	李雨辰	计科 1402	童　磊	材料 1402	
			燕　鹏	能动 1407	吴　润	测控 1402			
	二等奖	1	田基森	机械 1301	孟凯鑫	能动 1310	刘　牛	能动 1304	
			王　宇	能动 1404	刘泽铖	实践动 1401	马　莉	自动 1405	
			张明瑞	软件 1401	邬登金	创新电 1301			
北京市第四届大学生工程训练综合能力竞赛	一等奖	2	李成行	创自 1301	苏　健	电气 1310	黄　毅	创自 1301	夏延秋 吴　浩
			杜林坤	创自 1301	秦　彬	自动 1305	林　昕	机械 1301	
			杨建川	实践动 1301	陈建伟	能动 1312	刘兆宇	能动 1312	
			孟凯鑫	能动 1310	王睿哲	电气 1309	王孝慈	实践电 1301	
北京市第四届大学生工程训练综合能力竞赛	二等奖	2	杨冰玢	能动 1309	严　凯	能科 1302	徐　宇	测控 1304	夏延秋 吴　浩
			程　淏	能科 1301	李浪波	能动 1302	刘雪妍	信安 1301	
			石　阳	能动 1311	饶逸龙	能动 1311	南江峰	测控 1301	
			吴　伟	测控 1301	赵志伟	机械 1301			
2014 年“毕昇杯”全国电子创新设计竞赛	全国二等奖	1	李　艺	电子 1201	范宗皓	电子 1201	吴佳丽	测控 12	梁光胜
2014 年“博创杯”全国大学生嵌入式物联网设计大赛	全国三等奖	1	李　艺	电子 1201	王世佳	电子 1201	吴佳丽	测控 12	梁光胜
2015 年“赛佰特杯”第五届全国大学生物联网创新应用设计大赛	全国二等奖	1	李　艺	电子 1201	吴佳丽	测控 12	王世佳	电子 1201	梁光胜
			刘力行	电子 1201	范宗皓	电子 1201			
	全国三等奖	1	吴方舟	信息 1202	周　浩	信息 1202	葛　磊	信息 1202	
			谢文强	电气 12					

续表

获奖项目	获奖等级	获奖队数	姓名	班级	姓名	班级	姓名	班级	指导教师
“西门子”杯全国大学生工业自动化挑战赛	华北赛区一等奖	1	温　源	风能 1201	喻小菲	能科 1304	冯书勤	实践动 1201	邓　英
	华北赛区二等奖	1	郎　昆	能科 1402	王一博	能科 1402	王旭明	能科 1402	
2015 年“协鑫杯”大学生绿色能源科技创新大赛	全国三等奖	1	曹占国	电子 120	邓　玲	电子 1201	曾梓鹏	电气 12	梁光胜
			范宗皓	电子 1201	李　登	电子 1201	揣依娜	通信 12	
			王世佳	电子 1201					
2015 年全国大学生物联网设计竞赛（TI 杯）	全国特等奖	1	张恒友	2015 级硕士	崔文哲	2013 级硕士	刘红丽	2014 级硕士	梁光胜
	全国三等奖	2	李　艺	电子 1201	王世佳	电子 1201	刘力行	电子 1201	
			吴佳丽	测控 12	吴方舟	信息 1202	周　浩	信息 1202	
			葛　磊	信息 1202	谢文强	电气 12			
2015 年“外研社杯”全国英语写作大赛北京赛区	二等奖	1	吴嘉杰	水文 1201					王　欣
	三等奖	4	刘恬恬	英语 1301	杨　鹤	英语 1402	叶　波	经济 1401	余青兰、王　欣、张　倩、宁圃玉
			孙立伟	能动 1401					
第六届海峡两岸口译大赛	华北赛区三等奖	2	王芳君	英语 1402	吕滨汐	英语 1203			王海若 刘朝晖

（保定校区）

竞赛名称	获奖级别	获奖等级	获奖队数
2015 年美国国际大学生数学建模竞赛	国际级	特等奖提名奖	1
		一等奖	12
		二等奖	55
第六届全国大学生数学竞赛	国家级	二等奖	3

续表

竞赛名称	获奖级别	获奖等级	获奖队数
第十八届外研社杯全国大学生英语辩论赛华北赛区	省部级	二等奖	1
第十八届外研社杯全国大学生英语辩论赛全国总决赛	国家级	三等奖	1
第二届全国高校物联网应用创新大赛华北赛区	省部级	一等奖	1
		二等奖	4
		三等奖	9
第十届全国周培源大学生力学竞赛	国家级	二等奖	3
		三等奖	15
第十届全国周培源大学生力学竞赛河北赛区	省部级	特等奖	3
		一等奖	15
		二等奖	16
		三等奖	34
第四届全国大学生工程训练综合能力竞赛	国家级	一等奖	1
第十届“飞思卡尔”全国大学生智能汽车竞赛	国家级	二等奖	1
第十届“飞思卡尔”全国大学生智能汽车竞赛华北赛区	省部级	一等奖	1
		二等奖	2
		三等奖	1
第五届全国大学生电子商务“创新、创意及创业”挑战赛全国总决赛	国家级	三等奖	2
第五届全国大学生电子商务“创新、创意及创业”挑战赛河北赛区	省部级	一等奖	3
		二等奖	5
		三等奖	8
2015 年全国大学生电子设计竞赛河北赛区	省部级	一等奖	3
		二等奖	1
第七届全国大学生广告艺术大赛河北赛区	省部级	二等奖	3
		三等奖	10
第二届台达杯高校自动化设计大赛	省部级	一等奖	1
第八届“中国电机工程学会杯”全国大学生电工数学建模竞赛	省部级	一等奖	5
		二等奖	18
		三等奖	33
2015 年“深圳杯”大学生数学建模夏令营	国家级	三等奖	1
2015 中国机器人大赛暨 Robocup 公开赛	国家级	一等奖	7
		二等奖	7
		三等奖	3

续表

竞赛名称	获奖级别	获奖等级	获奖队数
2015 全国大学生数学建模竞赛河北赛区	省部级	一等奖	16
		二等奖	31
2015 全国大学生数学建模竞赛	国家级	一等奖	2
		二等奖	8
第十六届河北省高校“世纪之星”英语演讲大赛	省部级	一等奖	1
		三等奖	3
2015 年河北省高等学校“外研社杯”英语写作大赛	省部级	一等奖	2
		二等奖	1
		三等奖	2
2015 年河北省高等学校“外研社杯”英语阅读大赛	省部级	一等奖	2
		二等奖	2
2015 年河北省大学生人文知识竞赛	省部级	一等奖	1
第二届全国物联网应用创新大赛总决赛	省部级	三等奖	1
2015 年华北五省大学生计算机应用大赛	省部级	一等奖	1
		二等奖	1
		三等奖	2
首届中国“互联网 +”大学生创新创业大赛	国家级	三等奖	1
首届中国“互联网 +”大学生创新创业大赛河北赛区	省部级	一等奖	1
2015 年全国大学生英语竞赛	国家级	特等奖	10
		一等奖	7
		二等奖	38
		三等奖	78
第二届全国研究生智慧城市技术与创意设计大赛	国家级	一等奖	2
		三等奖	15
“麦芒杯”第一届全国研究生移动终端应用设计创新大赛	国家级	二等奖	3
		三等奖	1
第十届中国研究生电子设计竞赛华北赛区	省部级	一等奖	1
		二等奖	1
		三等奖	3
第十届中国研究生电子设计竞赛	国家级	三等奖	1
2015 年第八届全国大学生节能减排社会实践与科技竞赛	国家级	一等奖	1
		二等奖	3
		三等奖	4

续表

竞赛名称	获奖级别	获奖等级	获奖队数
2015年创行世界杯创新公益大赛全国赛	国家级	二等奖	1
2015年创行世界杯创新公益大赛华北赛区		二等奖	1
2015年“挑战杯”河北省大学生课外学术科技作品竞赛	省部级	特等奖	7
		一等奖	4
		二等奖	4
		三等奖	5
2014年河北省大学生“调研河北”社会调查活动	省部级	特等奖	2
		一等奖	5
		二等奖	5
		三等奖	5
2015“创新创业杯”全国管理决策模拟大赛	国家级	一等奖	1
第14届(2015)全国MBA培养院校企业竞争模拟大赛	国家级	一等奖	1
2015年全国高校环保科技创意设计大赛	省部级	二等奖	2
		三等奖	1
2015年第九届梁国治中国社会工作教育发展奖学金	省部级	一等奖	1
		二等奖	3
		三等奖	1
首届“协鑫杯”大学生绿色能源科技创新大赛	国家级	一等奖	1
		二等奖	1
第十四届“挑战杯”全国大学生课外学术科技作品	国家级	一等奖	1
		二等奖	2
		三等奖	3
	省部级	特等奖	7
第四届中国(河北)青年创业创新大赛暨第二届“创青春”中国青年创新创业大赛	省部级	二等奖	1
		三等奖	1
第二届“大智慧杯”全国大学生金融精英挑战赛“金融操盘手”	国家级	二等奖	3
		三等奖	13
第三十届全国青少年科技创新大赛	国家级	二等奖	1
		三等奖	1

华北电力大学 2014—2015 学年度学生评优获奖名单

华北电力大学 2015 年获国家奖学金学生名单

（北京校部）

一、电气与电子工程学院

博士（10 人）

申洪明	李学宝	李 探	苏小玲	江 军	何东欣	陈奇芳	李海峰
邹志龙	梁营玉						

硕士（29 人）

汪筱巍	李益楠	陈 启	黄天意	闫 新	李伯涛	李春华	刘 炜
张鹏飞	饶 志	张 颖	田鹏飞	刘文昭	鲁 旭	丁 伟	黄旭炜
吴 丹	陈鹏伟	刘瑞煌	陆格野	邱 扬	牛淑娅	樊 玮	李慧勇
王嘉钰	于 钊	任哲锋	周 秋	温俊强			

本科（25 人）

郭晓茜	鹿馨匀	李 昊	曾文伟	张宇熙	穆卓文	许苏迪	刘力行
刘 林	吴方舟	吕 哲	牟 亚	朱雨杰	闫 园	黄 睿	乔 冉
夏 琰	顿鹏翔	王少杰	马昕雨	吕 煜	林弋莎	刘 裕	涂 腾
张丽阳							

二、能源动力与机械工程学院

博士（10 人）

付 鹏	朱 勇	吴令男	吴俊杰	周璐瑶	葛翔宇	刘 静	李 晶
姜 龙	王晓龙						

硕士（18 人）

曹正锋	赵苗苗	丁开翔	廖海涛	何 强	乐 龙	梁飞飞	侯 勇
李 韵	李 力	王 野	李永毅	董 伟	彭 波	陈 袁	和圣杰
陈 莹	项宇彤						

本科（17 人）

宋 宁	宁张欢	朱茂川	朱 月	张英杰	冯书勤	杨冰玢	李寒羽
章建徽	王子奇	吴俊达	孟凯鑫	梁瑞雪	朱思嘉	吴 璇	赵俊媛
孙 涛							

三、控制与计算机工程学院

博士（4 人）

孟洪民	李晓明	何 芳	董蕊芳

硕士（16 人）

李 博	杨亭亭	王 尧	史墨祎	王洪燕	姜 珂	李滨阳	籍天明

王诚诚	郭锦荣	宋纯锋	苏荣强	崔　超	侯　杰	杨旼才	张丽颖

本科（15人）

谭传玉	罗智凌	曹　杰	吴　治	王艺萌	潘晨阳	涂康斌	古有志
张浩然	刘鹏坤	吕子奎	李安强	孙　瑶	刘晓婷	丁江萍	

四、经济与管理学院

博士（4人）

徐　燕	李　明	鞠立伟	郭　森

硕士（13人）

郑书誉	徐方秋	张吉祥	邱金鹏	秦　超	王　毅	樊　娇	刘依林
杨亚会	伊　静	宋易阳	任领志	罗　晨			

本科（16人）

王文艳	杨倩茹	殷商莹	徐天娇	戴舒羽	范吉成	解宇欣	尤希琦
李　偲	厉　艳	王闽茜	段　玲	赵源筱	董文娜	杨舒婷	王子琪

五、可再生能源学院

博士（4人）

李晓丹	阎　洁	王兵兵	张智博

硕士（7人）

李越强	崔　鹏	李　聪	冷　川	延玲玲	张天翔	付鹏飞

本科（10人）

万子裴	韩德鹏	李思敏	蒋雄镇	白婉欣	程　淏	李垚垚	郑　郝
尚朋阳	田　巍						

六、核科学与工程学院

博士（2人）

刘　亮	张钰浩

硕士（3人）

刘　雨	杨　旭	马国航

本科（5人）

唐思邈	刘世尧	杨安霞	赵崇岩	陈昭

七、数理学院

硕士（3人）

王卫娟	刘晓彤	陈　祎

本科（2人）

周　林	朱琎琦

八、人文与社会科学学院

硕士（3人）

余　森	韩江雪	于　迪

本科（6人）

马　麟	吉柯宇	朱玉红	李玉蝶	李雪远	崔潇轩

九、外国语学院

硕士（3人）

罗梦妍 | 杨树青 | 徐　娜

本科（2人）

谭　莹 | 王芳君

十、国际教育学院

本科（4人）

曾志宏 | 程　爽 | 赵耀华 | 杜轶卓

保定校区（60人）

电力系

硕士(15人)

徐　多	于晓蒙	郅　静	陈　坤	陶珺函	杜林森	钟玉廷	刘　熊
翟俊义	於慧敏	刘　丹	程华新	张　宁	董沛毅	黑　阳	

本科（19人）

余小梦	胡怡霜	曹文轩	赵一名	刘　慧	李　梦	傅雨荷	宫　鑫
杨　彬	曹文君	孙　帆	张午宇	贾孟硕	崔泽宇	邢法财	郭佳熠
周光奇	黄馨仪	王一珺					

电子系

硕士（6人）

李　倩 | 尹永飞 | 高育栋 | 刘　宁 | 徐国智 | 左保收

本科（5人）

苑　文 | 周宇航 | 许　密 | 汪莞乔 | 郭子裕

动力系

硕士（9人）

吕少昆	王鹏程	陈　亮	孙少东	琚荣源	杨　颖	肖坤玉	李　鹏
王　鹏							

本科（12人）

孙　琦	华趣仪	陈金宝	祝遵强	刘明恺	于泽田	刘　健	陈　贺
席　泽	祝敏捷	王彦方	李新磊				

法政政教

硕士（1人）

张纯瑜

本科（3人）

杜雅轩 | 胡蝶 | 郑翩翩

环境学院

硕士（3人）

曹　欣 | 王添颢 | 王弯弯

本科（6人）

闫利	杨莫愁	李丹阳	邢磊	张贺	孙晓慧

机械系

硕士（4人）

吴学华	姚鹏辉	刘冠辰	杨　勃

本科（12人）

刘　旭	李　玥	李春芳	祝志磊	王耀福	冯文韬	李志向	邓泽奇
闫保如	朱天陆	李忠成	郝犇珂				

计算机系

硕士（5人）

石　鑫	宁晓光	苗云	李紫君	程晓佳

本科（8人）

李承阳	张瑞祥	孟　欢	曾楚杰	王炜康	袁　野	戚　鹏	韩金新

经管系

硕士（6人）

梁　毅	李　浩	卢　灿	杜　蕾	孙　平	刘默涵

本科（7人）

苗峻玮	彭小珂	蔡蓉蓉	王琪雅	徐小东	李京妍	宋卓奇

数理系

硕士（2人）

史伟伟	王洪珏

本科（3人）

李文乔	廖明伟	张　靖

英语系

硕士（2人）

陈　蔚	李姗姗

本科（2人）

白雪	陶宁致

自动化系

硕士（7人）

叶治宇	王南洋	赵　杰	伍　洋	王佳荣	王　桐	何宗源

本科（8人）

陈郑逸帆	韩宜轩	姜　炜	姜文倩	王安琪	袁　彤	钟汕林	邹　玥

国际教育学院

本科（2人）

于　浩	胡淳珂

华北电力大学 2014—2015 学年度国家励志奖学金获奖学生名单

(北京校部)

电气与电子工程学院: 71 人

任瀚文	苏国赟	姜佳慧	尹丽娟	谢文强	郭　斌	李　盈	全璐瑶
王旭阳	张栗楠	郭双娟	李　斌	刘鑫滢	葛良军	宁中正	李新宇
揣依娜	黄瑜璜	曹占国	刘利亚	王美兰	刘　昱	韩陆超	葛　磊
孙宁姚	姚尚润	陈修鹏	刘育豪	曹文远	刘昊宇	樊建寒	卫　璇
张飞飞	杭天琦	范富瀚	马忠英	林晓宇	李　燊	王　琪	徐少博
张　哲	魏沛芳	王学婧	雷　珺	罗　阳	王忠钰	付鑫如	孙可欣
刁春燕	申爱林	黄怡凌	李幸芝	易承乾	刘仲康	薛海鹏	黄　婉
张　颖	李晓亮	何慧之	张　静	朱茂林	李广萍	王浩宇	朱孟媛
李舒曼	吴嘉玲	张慧雯	刘方蕾	孙馨福	邱宏修	葛青宇	

能源动力与机械工程学院: 61 人

石　果	谭　晖	宋文浩	罗　耿	袁　鹏	孙雯雯	周　鑫	晋若男
曹　琦	周陈颖	孙　婧	冼仲斌	崔梦其	肖　瑶	李秀华	徐媛媛
袁梦迪	吴映达	来振亚	李艳梅	刘海波	蒋大浪	林志华	徐弘阳
李健宁	韦泱均	姚贤槐	朱　琪	刘　俊	曹东宏	李潇洒	刘兆宇
丁冬冬	方璐瑶	王　聪	王　婷	李　傲	田基森	邵明润	胡　强
王丰力	杨容嫣	马云峰	邢学利	万　君	李金涛	王瑞峰	刘桦珍
刘泽铖	吴文庆	刘　津	李　冉	董海泉	张　妍	傅宏明	田军权
李　志	张森浩	李怀翔	方　攀	张小根			

经济与管理学院: 52 人

朱宇佳	宋丹丹	涂传英	陈梦瑶	曾怡平	陆　昊	刘　娟	丁　华
秦鹏飞	窦金月	陈志琼	陈蓉珺	隆竹寒	蒋舒婷	林燕如	王　鑫
罗　茜	王丽娜	谭冰冰	龙孟婷	牛　萌	崔颖颖	蒋照生	臧　威
牛婷婷	邵双双	付　静	高俊茹	李　卫	李　金	郭　岚	尧茜婷
韩雅儒	齐志平	李一鸣	张　元	叶慧男	许珍珍	庞　博	李文基
谢小萱	徐　磊	刘金洁	王凤飞	孙丽洁	邱锋凯	郑千一	王丽婉
李美蒨	武红强	赵德福	吴文卓				

控制与计算机工程学院: 55 人

吴佳丽	闫　东	尹凌霄	牛燕斌	罗　蓓	谢永靖	郑艳秋	郑　捷
郭玉威	刘　珊	弓林娟	支冬梅	秦景坤	廖　文	张加其	王冬冬
刘小源	郭冉冉	吴　宇	刘闽建	赵　松	南江峰	李凤杰	马康丰
张　颖	杨春晓	韩淑宇	邓雅方	郭孟瑶	陈　莎	尧聪聪	张　维
奚芸华	王媛媛	黄文婷	孟若含	张东升	林佳琦	朱　琳	刘德成
崔文庆	曾祥晖	何　乐	王　磊	延　奇	田歌星	李海爽	文佳豪
年嘉伟	吕鹏博	周文辉	陈智鹏	陈　思	常　凯	霍文聃	

可再生能源学院：39 人

庞辉庆	闫肖蒙	侯晓娟	李 伟	谢华珣	李春辉	陈 俊	刘 文
李宁宁	颜灵伟	陶立壮	张艳影	谢伟丰	李瑞阳	陈旭鑫	靳再兴
袁佩贤	刘红宇	陈 冲	张超学	徐 赞	高 峰	师雪丽	孙 静
王旭明	石岱星	王 彪	程 斌	彭会荣	熊世剑	许国强	徐乐乐
马 铢	钟志恒	刘梦云	叶凯华	李 倩	王章霞	徐东寒	

人文学院与社会科学学院：21 人

朱 琳	李丹星	张 敏	赵 钱	王 芳	鲍志超	高星宇	李 悟
赵碧瑶	项 云	郜 敏	刘 畅	刘洋洋	柳家雯	柴 松	张慧娴
游 欢	刘 霜	张凤敏	阿咏琪	崔维锋			

外国语学院：5 人

秦西玲	赵丛莉	陈思敏	刘绒会	图尔荪古丽·托合提

数理学院：9 人

吴鑫莹	王珂珂	吴国璋	刘 瑞	贺建锋	曹迎迎	宋芳兵	杨 柳
徐长达							

核科学与工程学院：20 人

魏 岑	欧阳斌	杨梦灵	张贤杰	吉家旭	马翔凤	贾唐堂	王仕集
黎瑶聪	周 彪	吴 婷	高可庆	孙妍妍	王代福	闫永恒	李 军
蒋伟兵	傅俊森	吴 泽	张 涛				

（保定校区）

电力工程系：64 人

邓莉荣	张占喜	戴 明	彭 程	张 科	李 蕾	许英强	张冠群
王 玉	赵 剑	黎乾勇	胡 灿	张 婕	鞠佃军	赵夏瑶	李东旭
张 引	彭远会	金基伟	王 磊	刘玉珩	邹培根	赵晨晨	洪庆亮
杨炜晨	郑 鑫	车泉辉	李奕颖	韩建沛	杨 斌	马云凤	马 显
王兆宇	向 彪	尹钧毅	王雅兴	张 欣	宋子君	张晓磊	陈宏勇
王聪聪	殷艳娇	李殷殷	杨政权	宋美琪	单存知	刘长荣	徐小龙
刘爱静	丁 星	陈爱君	徐家将	梁延昌	阎英楚	李守强	赵贵鑫
林华祥	周益斌	王科超	朱思宇	谭开东	徐晓会	田 兵	杨晓华

经济管理系：24 人

李燕兰	付亚男	解亚敏	陈 莹	曹 丽	杨 帆	倪 宁	牛晶磊
祝邑尧	马中华	栗雨铄	宋晓静	李慧娟	曹旖旎	武晓霞	杜晓梦
闫佳堃	李 云	罗 晶	刘一瑾	张士营	沈广进	鲁雨彤	刘宝生

电子与通信工程系：17 人

刘 坚	贾 瑞	郝艳丽	蒋海颜	孙艳楠	杨 超	孙海伦	王 浩
胡 静	景 阳	秦文婕	郭玉荣	韩 竞	万 姣	冯妍妍	杨 婷
张 艳							

动力工程系：41 人

秦若男	刘智远	张尧康	马玉锋	丁建勇	陈飞雄	贺莎莎	蔺小龙
邱旭莹	许道秀	岳慧强	曹志旭	马　亮	万文博	杨　夺	杨　振
孙　纬	王明军	杨东晓	王地开	苏士伟	马文魁	缪玉玲	杨　潇
任瑞涛	徐欣腾	温丙末	连　慧	牛　凡	施智贤	何茹玥	陈奎元
董　宁	钟　雅	赵　阳	孟　冲	杨旭东	刘旺胜	管亚鑫	张春秀
王　力							

法政系：10 人

温若帆	郭少云	王斌斌	陈文娜	李梦珂	汪智娟	杜晓静	王　丹
甘玉婷	周小青						

环境科学与工程学院：22 人

牛旭飞	冯育宁	林文伟	陈　兴	于　梦	李志刚	牛俊蓉	张广满
傅　坤	樊一凡	王　雪	翁小玉	王泽楠	巫小明	王维鑫	吴晓帅
卢　肃	张耀宇	刘园园	蒙　强	孙博华	黄　陈		

机械工程系：40 人

祝润生	许高渊	王英瑞	孙尚飞	李宇倩	姚瑞海	尚聪宾	庞圣养
闫友璨	金　龙	李赛赛	纪安仕	王大陆	任志培	赵蕾蕾	程侃如
国　强	孙悦欣	柳　喆	杜　楠	吕志彦	陈士超	秦颖峰	梁承华
魏亚军	韦梦圆	徐晓彬	马东福	潘依依	胡飞良	王文亮	闫华青
邓稳旭	冯思雨	包婉琪	刘思博	黄毅辉	陈　鸿	戚宇航	肖丽颖

数理系：10 人

李　芮	张贺飞	张瑞杰	江新华	韩　博	周晓旭	赵永贺	吴　同
董　礼	李梦涛						

计算机系：26 人

温克花	董海斌	刘玲珊	杨　艳	冯文科	肖文婧
韩　旭	蒋来来	何紫伶	王　肖	李辉年	王君可
高怡茹	吴相发	冶晓艳	张奥博	陈　卓	段国蕊
郭　雯	谷玉虎	杨江平	崔亚男	朱晓琳	王锦龙
高永琳	李　雪				

自动化系：28 人

孔　润	李秀美	张培阳	庄文秀	任国俊	陶君明
杨丽娟	池浩湉	王子奇	李　伟	刘佳佳	吴红妃
柴佳能	林静怡	李召胜	邵　丁	陈曦圆	张　丛
冯　时	余承海	李继业	张霁崴	董　娟	裴露露
栗毓欣	崔　茅	周继祥	余　雷		

英语系：4 人

刘　阳	苗蕊蕊	韩　蕾	汪美芳

华北电力大学 2014—2015 学年度校长奖学金获奖学生名单

（北京校部）

电气与电子工程学院：3 人

张 瑜	余 培	江 军（博士）

经济与管理学院：1 人

徐天娇

控制与计算机工程学院：1 人

崔 超（硕士）

可再生能源学院：1 人

冷 川（硕士）

（保定校区）

电力工程系：1 人

贾孟硕

动力工程系：1 人

吕少昆（硕士）

机械工程系：1 人

李 玥

自动化系：1 人

钟汕林

华北电力大学 2014—2015 学年度学生综合奖学金、单项奖学金获奖学生名单

（北京校部）

一、一等奖学金：439 人

电气与电子工程学院：109 名

王少杰	单俊儒	马昕雨	吕 煜	杨梦瑶	侯延琦	叶敏芝	易承乾
黄钰辰	俞永杰	张 敏	刘方蕾	王燕宁	王嘉伟	陈 昌	陈逸轩
黄贤睿	叶杨莉	赵广睿	林弋莎	王 楠	庄嘉妍	李广萍	刘 裕
李子昂	涂 腾	赵哲宇	潘祎希	武绍琮	张丽阳	申爱林	曾 雪
姜继恒	吕 哲	宋冰倩	牟 亚	王孝慈	应超楠	闫 园	刘育豪
王 超	梁 冰	王子哲	朱雨杰	张一鸣	李 沛	杨艺烜	赵诗萌
曹文远	张涌新	徐飞阳	倪潇茹	杨林超	张韦维	程川原	谷 铮
张艺伟	冯佳耀	卢文清	靳文钊	黄 睿	顿鹏翔	赵子菡	陈一童
乔 冉	陈京生	夏 琰	郭晓茜	吕 良	鹿馨匀	黄瀚燕	李 昊

曾文伟	张宇熙	沈雅琦	李一铮	李　慧	苏国赟	姜佳慧	孙广增
熊雯婷	周光东	尹丽娟	张怡冰	孙泽宇	吴　雨	林瑶琦	冯家欢
谢文强	李　楠	郭　斌	徐丹蕾	尉怡青	李　盈	韩大奇	全璐瑶
殷子寒	穆卓文	郑宇航	许苏迪	揣依娜	任桐萱	刘力行	刘　林
刘利亚	李淑贤	呼海林	吴方舟	韩陆超			

能源动力与机械工程学院：68 名

曹　茜	陈姝宇	冯书勤	郭新鹏	黄元媛	蒋　雯	晋若男	李汉卿
李　帅	宋宁宁	宋文浩	孙雯雯	肖　瑶	袁梦迪	张　欢	张英杰
赵富山	郑雅文	朱茂川	朱　月	梁瑞雪	何　雯	费　阳	吴　璇
马云峰	黄　超	储　超	沈　丹	杨雅珂	刘亚迪	张　晨	张　倩
周星辰	周　峰	朱思嘉	苏靖雅	万君成	梁　成	王瑞峰	赵俊媛
孙　涛	张子奇	刘姝含	李金涛	李　傲	孟凯鑫	曾郁兴	李寒羽
蒋大浪	吴丹卉	张鹏鲲	刘　牛	来振亚	宋依璘	王子奇	章建徽
刘海波	张黎阳	彭　程	沈志杰	丁冬冬	韦泱均	吴俊达	杨冰玢
朱莎弘	曹东宏	李潇洒	叶维祥				

控制与计算机工程学院：65 名

闫　东	于松源	刘祥璐	谭传玉	吴佳丽	张　涛	曹　杰	张皓涵
秦景坤	吴　治	张伯安	王冬冬	王艺萌	孙　玥	罗智凌	谢永靖
张彬文	马乐乐	王　睿	潘晨阳	罗　颖	罗　玮	郑格南	江　峰
冯良骏	张浩然	余　涛	兰鑫玥	刘鹏坤	郭孟瑶	何　涛	柳幼婷
陈颖璇	张　佳	刘思奇	涂康斌	朱瑞迪	吴宇昕	尚　暖	奚芸华
张　维	陈峥嵘	吕子奎	马一鸣	李安强	吕　静	林佳琦	刘德成
陈文悦	崔文庆	孙　瑶	何　乐	吴张曦	严晓婷	周清雅	刘晓婷
郑凯宇	杨雨月	丁江萍	刘亚楠	余丹璇	李延旭	文佳豪	陈伟达
霍文聃							

经济与管理学院：70 名

徐天娇	戴舒羽	胡诗仪	张一凡	王　慧	王盛煜	杨倩茹	阮　晨
陈乐怡	叶陈丹	殷商莹	方　靖	唐一品	范吉成	王文艳	孟诗语
王俊力	乔梦妮	秦鹏飞	赵伟博	窦金月	刘　洋	朱心慈	刘玉闪
张　萍	邹晓囡	王闽茜	裘莫寒	汪扬澜	孔颖超	厉　艳	尤希琦
刘昭国	汪钰婷	龙孟婷	解宇欣	蒋照生	臧　威	阳佳颖	关　敏
邵双双	艾先能	栗安琪	李　偲	李　卫	杨卜铭	曾昱榕	赵源筱
金子阳	赵昊昊	叶　波	李文基	段　玲	艾柄均	林童尧	隋怡君
沈　晶	李一鸣	张　元	杨舒婷	杨　硕	范晓杰	董文娜	冯文泽
孙丽洁	张曦予	计　萌	华婧雯	王子琪	李玲闻樱		

可再生能源学院：45 名

余　璐	龙　颖	温　源	尹宜夫	万子裴	韩德鹏	李思敏	曲映溪
蒋雄镇	李博文	李春辉	龚一纯	吴嘉杰	李宁宁	严　凯	程　淏
张超宇	李垚垚	郑　郝	李瑞阳	李　俊	尚朋阳	袁佩贤	刘炳文
田　巍	甄子新	高　峰	殷卓君	左瀚文	贾大爽	许冰倩	马　铢

赵欣禹	梁晨阳	王若晗	张　静	程　鸣	佟景鑫	杨更宇	陈思彤
石岱星	辛永琳	练丹阳	张子健	蒋皓然			

核科学与工程学院：21 名

唐思邈	刘世尧	杨安霞	丁聪瑾	刘宏达	卢桂池	沈　翀	赵崇岩
马翔凤	傅盛磊	陈　昭	贾唐堂	王仕集	黎瑶聪	周贤钰	宋曼青
苏　阳	李睿之	黄逸煌	张　涛	王亚婕			

数理学院：11 名

周　林	吴鑫莹	游臻俊	张习习	任靖雯	郝奇琦	朱珽琦	孟祥瑞
曹润竹	宋芳兵	范迦羽					

人文与社会科学学院：24 名

鲍志超	赵英鹏	张国峰	张　敏	吉柯宇	牟康辉	李丹星	马　麟
李雪远	余美玲	侯　硕	廖偲伶	王　颖	柳家雯	刘　畅	李玉蝶
高　薇	崔潇轩	徐　薇	刘　霜	张凤敏	杨伊可	郑　帅	熊　焰

外国语学院：8 名

陈文超	罗雨婷	谭　莹	汪辰晓	陈思敏	王芳君	张馨丹	孙炜婷

国际教育学院：18 名

曾志宏	程　爽	赵耀华	张天煜	施晓颖	程　鹏	韩　星	李烁炜
陈　煜	王敏壕	丁嘉禾	董晓耕	杜轶卓	王友潮	刘宇晴	诸　婧
张博宁	陈子其						

二、二等奖学金：896 人

三、三等奖学金：900 人

四、校内奖学金单项：1769 人

（编者注：以上二、三等奖学金及各单项奖学金获得者只列获奖人数，名单从略）

（保定校区）

一、校内奖学金一等：356 人

电力工程系：82 人

邓莉荣	贺宜恒	谭亚萍	张　科	王　磊	彭　程	王　祯	李演达
王斯妤	王睿豪	鞠佃军	邢佳妮	刘　佳	陈　耀	张贻娜	古珊珊
刘玉珩	朱露莎	裴继坤	邓忻依	邹培根	门向阳	胡　灿	付佳良
廖婉莹	李　燕	李宛容	李新军	陈　蕊	谢翔杰	周钰童	梁芷睿
郭喆宇	张庆辉	王蔚卿	车泉辉	陈　聪	龙覃飞	齐小涵	张煌竟
陈思佳	白雪儿	林安妮	韩建沛	李奕颖	白　阳	杨　斌	杨洪旺
马　显	徐　媛	张　欣	黄志成	陈濛迪	张晓磊	罗　列	黄凌宇
王　楠	朱　旭	叶雨晴	吴天昊	刘长荣	吴辉捷	赵鹏飞	张丰铎
任健瑞	王　柘	张少华	李伊玲	单存知	刘江山	牛　灿	王义凯
史乐旻	张　枫	王偎行	徐小龙	董子奕	刘爱静	王　湃	张雪涵
周智行	陆明璇						

电子与通信工程系：16 人

冯妍妍	万福海	夏　露	沈华萍	薛婷婷	苏珍香	张　艳	付玲枝
郭玉荣	秦文婕	王　浩	韩　竞	杨如仙	郝艳丽	赵雯程	邵馨玉

动力工程系：52 人

刘　洋	高中华	宋佳桐	陈　曦	李济东	管逸鹏	赵　阳	白中泽
费　龙	牛　凡	朱烨璇	李　可	唐芳艳	卢晓剑	曾　伟	范　琳
王　力	王彦博	谢玮霞	王　曦	邱旭莹	姚倩蓉	李得第	张尧康
胡娟娟	董敏敏	金文华	李庆浩	贺莎莎	孟令彬	赵红芳	黄云璐
胡皓玮	李林洪	孙　纬	王明军	郭舒毓	王增基	杨宇轩	董正涛
徐欣腾	朱晓宇	陈　博	申宗旺	王天宇	连　慧	马文魁	麻腾威
杨晓华	孙浩然	李立垚	杨　潇				

自动化系：35 人

池浩湉	陈　瑞	边会淳	王润芳	李彩霞	李雅晶	吴志伟	邵　丁
陈晟伟	王雪莹	杨翼荣	余　雷	杨　乐	韩思麒	张培阳	施　翼
任国俊	邱香域	庄文秀	吴绍华	宋　悦	刘佳佳	高旋畅	钟羽洁
李显燕	李一鸣	柴佳能	王亚楠	乙　洁	初荣琪	冯　时	徐建南
晁倪杰	黄均纬	李　帅					

机械工程系：50 人

耿雨潇	王兴周	祝润生	蒋　行	王英瑞	余媛君	李宇倩	江　辉
尚聪宾	李红兵	金　龙	庞圣养	闫友璨	高　媛	陈　曦	梁承华
吴俊雄	陈佳莉	李　闻	季倩倩	柳　喆	赵文波	杜　楠	吴　纯
徐　翔	岳星宇	张　斌	国　强	黄旺旺	孙悦欣	朱　丹	程侃如
赵蕾蕾	王佳琪	王梓萌	田艺琼	范振宇	戚宇航	熊大建	颜　森
赵　展	李晨阳	刘　涛	闫华青	吴冰倩	于　迪	张　琨	李　楠
丁　锐	周华嫣然						

计算机系：29 人

杨　泽	刘莉菲	杨江平	崔亚男	张馨月	张宇潇	杨伟海	李晓珊
王　肖	黎孟晨	刘建春	翁一茗	吴相发	冶晓艳	钟昊文	张奥博
金　祥	任清清	董海斌	杨　丽	余长城	赵宇含	蔡雨萌	黄彦宁
臧宇航	肖文婧	王铭灏	许　涛	郭　晗			

经济管理系：30 人

张知秋	陈寒钰	祝邑尧	牛晶磊	付亚男	王彩飞	张雪婷	常玛丽
张　然	杨　帆	付成然	苏　星	周欣达	韩　凝	檀小亚	栗雨铄
宋晓静	裴天韵	王　婧	曹旖旎	叶梦蝶	马昕媛	李　颖	黄　杉
缪静颖	王照远	刘一瑾	张士营	王　默	沈广进		

环境科学与工程学院：29 人

周庆国	胡加伟	王　琛	丁雪莹	马　铮	黄俊钦	夏凌峰	刘园园
高　杉	徐　闻	王云阳	佟　童	周晓梅	蒙俊霖	詹楚竑	李颖雪
刘万生	马　凤	曾红燕	翁小玉	姜　芳	张　蕾	张　菀	胡　璇
宫庆坤	黄　凯	林文伟	陈　兴	于　梦			

数理系：12 人

吴昊滢 | 张贺飞 | 李芳芳 | 练　煜 | 韩　博 | 国　赫 | 尹　旭 | 霍晨鹏
牛　犇 | 王祥念 | 董　礼 | 李　哲

法政系：13 人

武秀丽 | 高　婕 | 赵雨濛 | 侯丽娜 | 单　婷 | 戴贝旎 | 张　楚 | 陈文娜
张霱雯 | 庄　冉 | 王　爽 | 李佳怿 | 万紫千红

英语系：3 人

汪美芳 | 韦　宇 | 韩　蕾

国际教育学院：5 人

许琬昱 | 王晓晗 | 陆典昆 | 童　谣 | 卢　甲

二、二等奖学金：737 人

三、三等奖学金：718 人

四、学习优秀奖学金：374 人

五、社会工作优秀奖学金：353 人

六、文化活动优秀奖学金：335 人

七、体育活动优秀奖学金：354 人

八、思想道德表现优秀奖学金：356 人

九、科技创新能力优秀奖学金：230 人

（编者注：以上二、三等奖学金及各单项奖学金获得者只列获奖人数，名单从略）

华北电力大学 2014—2015 学年度研究生社会奖学金获奖学生名单

一、四方股份奖学金：38 人

北京校部：28 人

谢　军 | 王　健 | 苑　宾 | 张兆华 | 张　宁 | 李树鹏 | 兰巧倩 | 骆　晨
张冬冬 | 王燕萍 | 李顺杰 | 李岩松 | 石　俏 | 王　博 | 刘　昌 | 袁艺嘉
刘　晨 | 郑祯晨 | 张得泷 | 张海龙 | 徐　汉 | 赵世飞 | 卢陈越 | 张　维
赵泽昆 | 李冰洁 | 袁　睿 | 胡泽华

保定校区：10 人

聂　暘 | 韩　平 | 岳贤龙 | 苑　园 | 黄彦辉 | 庞永超 | 任旭丹 | 王　勇
王　迪 | 余　健

二、南瑞继保奖学金：20 人

北京校部：8 人

刘忠义 | 甄　钊 | 索之闻 | 陈　强 | 周　勇 | 王　欣 | 马　蓉 | 刘耀先

保定校区：12 人

刘　哲 | 张健平 | 张静怡 | 杨　月 | 邬旭东 | 樊世通 | 陈　赟 | 李清然
任玉成 | 何壮壮 | 张新胜 | 李　通

三、国能中电奖学金：18 人

北京校部：18 人

倪晓军	张 旭	孙颖颖	李新凯	袁之康	王冠杰	高春嘉	何智鹏
初 兰	汪晨辉	王 磊	马 莹	谈元鹏	杜 翠	徐鸿飞	宁 翔
许晓敏	蒋桂武						

四、泰科电子奖助金：20 人

北京校部：10 人

许菲菲	齐玉娟	梁晓林	杨万涛	梁燕红	周 凯	王 玲	张淑萍
张芬芬	宋梦琪						

保定校区：10 人

徐文岐	董俊杰	吴 慧	李 凯	李 浪	郑 洁	张媛媛	郭永明
孙玉晶	毛王清						

五、协鑫奖学金：12 人

北京校部：6 人

张俊龙	张晓霞	冯天天	高琳越	袁 博	吉 雅

保定校区：6 人

裴少通	王龙杰	王洋洋	吴紫薇	刘 洋	成 蕾

六、中国风电研究生入学奖学金：10 人

北京校部：10 人

马 爽	赵 钰	顾培根	陶钧烨	刘 易	张文霞	何文栋	胡 斌
赵亚威	陈梦圆						

七、九州方圆助学金：6 人

北京校部：6 人

林伟香	负飞龙	杨家莉	邹兰青	刘 浩	许丹瑞

八、中海阳奖学金：6 人

北京校部：6 人

李瑞科	高 洁	于 露	孙 莹	王恬越	陈杰威

九、广哈通信奖学金：9 人

保定校区：9 人

石 盼	赵 凝	王 静	张文正	李 佳	阳佑敏	方蓬勃	宋天慧
陈青钦							

十、毅格奖学金：10 人

北京校部：4 人

熊雪艳	白金芳	任 赟	张 轶

保定校区：6 人

丁莎莎	黄　月	韩朵朵	周生平	张　晓	刘倩倩

十一、巨邦电气助学金：4 人

北京校部：4 人

王　超	赵志伟	王亚楠	谢素娟

十二、昊蓬机电奖（助）学金：5 人

保定校区：5 人

马一丹	崔月东	蒙玉超	范挚阳	李文浩

华北电力大学 2014—2015 学年度企业专项奖助学金获奖名单

1. 四方股份奖学金：30 人

北京校部：20 人

赵源筱	赵欣禹	王若晗	余　涛	郭昊明	宋依璘	刘　牛	彭　程
朱莎弘	叶维祥	张璐路	李　慧	应超楠	张一鸣	梁　冰	卢文清
陈京生	单俊儒	黄贤睿	白如玉				

保定校区：10 人

张贻娜	杨　斌	赵宇含	沈华萍	薛婷婷	李济东	周庆国	李　闻
李　楠	方军鹏						

2. 中国风电奖学金：36 人

一等奖：6 人

龙　颖	温　源	张超宇	张雨薇	张　静	程　鸣

二等奖：10 人

尹宜夫	仇理化	高　洋	苗　辰	秦梦雅	吴伊雯	石鹏举	佟景鑫
陈　乐	刘　熙						

三等奖：20 人

包文奇	李翔宇	武　英	赵志铎	赵泽湖	张浩然	黄程东	张路娜
耿长昕	张　欢	祝铮鸣	孙士苘	张　悦	吴彦宏	王　爽	陈希文
袁鸿辉	林爱美	钱　程	王一博				

3. 博纳之星奖学金：40 人

一等奖：10 人

王闽茜	李烁炜	傅盛磊	辛永琳	张皓涵	张鹏鲲	张国峰	任靖雯
马俊女	姜继恒						

二等奖：30 人

殷商莹	尤希琦	解宇欣	程　鹏	王友潮	甘　甜	朱文娇	陈浩文

苏　阳	龚一莼	李　俊	贾大爽	刘建波	马一鸣	严晓婷	付发威
吴丹卉	苏靖雅	陆　爽	廖偲伶	左旌北	郝奇琦	皮海亚	钱浩然
李紫瑶	周筠竹	张　聪	王孝慈	张艺伟	范世源		

4. 安徽省电力公司奖学金：50 人

少校区

秦鹏飞	窦金月	宋丹丹	隆竹寒	曾怡平	朱宇佳	陈凯平	刘凤鸣
罗　飞	窦尚轶	黄康丰	周世界	惠林博	陈希谣	荆　柱	冉和平
韦　桃	王志玺	张　纲	柳　娜	杨娜云	赵正平	张楠霞	吴小娜
陈美伶	王　伟	曹　茜	阮　冲	茹　宇	段应芬	李汉卿	杨晓茹
谢　天	王　欢	李欣宇	许　芳	曾　颖	陈　杰	宋　佳	周光东
徐雅惠	尹智斌	姚川东	谢国超	代　悦	文正锋	权　超	张　敏
王停娟	宫　琦						

5. 毅格奖助学金：37 人

北京校部：18 人

李　艺	呼海林	郑陈熹	赵子菡	王　楠	张晓萌	赵哲宇	许哲源
李　阳	周　浩	韦荣桃	张　琦	李梦颖	韩　辉	李院霞	张冰妍
徐晓明	唐化江						

保定校区：22 人

李文洁	李博阳	乔珊珊	王文丹	裘瑾怡	徐　瑞	周俊杰	孙海伦
王　浩	秦文婕	叶大德	韩　竞	徐　剑	王志威	陈　豪	夏　露
柳　叶	姜忠昊	蒋舒婷	刘　欢	彭仔豪	胡旭欣		

6. 南瑞继保奖学金：15 人

北京校部：5 人

李　沛	宋冰倩	刘思放	叶敏芝	王嘉伟

保定校区：10 人

焦　萌	王亚楠	胡淳珂	王　湃	刘江山	胡　灿	车泉辉	李　梦
郭喆宇	黄志成						

7. 九州方圆助学金：24 人

一等奖：8 人

范吉成	厉　艳	蒋照生	董文娜	宁　峰	李雪萍	封　钰	薛元亮

二等奖：16 人

丁　华	陈蓉珺	臧　威	李　卫	龙孟婷	段　玲	李文基	李一鸣
樊林禛	廖英怀	许晨辉	杨　帆	李宁德	刘雅敬	张建兵	李　宣

8. 特高压奖学金：6 人

郭晓茜	李一铮	沈雅琦	李　昊	吕　哲	林弋莎

9. 电力电子新春奖助金：30 人

保定校区：30 人
奖学金：10 人

胡怡霜	郑安然	曹文轩	马　显	林安妮	傅雨荷	杨　彬	曹文君
吴天昊	黄馨仪						

助学金：20 人

邢法财	乔嗣欢	叶婧雨	蔡雨萌	冯　硕	石梦舒	付玲枝	苏珍香
董　博	王佩姿	蔡丽霞	刘　派	张　琨	徐　莹	刘德民	肖　颖
李竹铭	王　萃	陈斌斌	雒富强				

10. “天河（保定）”环境工程有限公司奖助学金：27 人

保定校区：27 人
奖学金：10 人

江　辉	耿雨潇	高　媛	陈雪飞	王淑娴	黄　凯	刘　媛	宫庆坤
李刘刚	徐　芳						

助学金：17 人

曹应平	郝金鹏	陈丽敏	贾晋鑫	赵世卿	朱松阳	王欣彤	王宪全
贾宏伟	王丽丽	林文伟	牛俊蓉	李紫怡	张　菀	刘向阳	林铭巧
余斯娴							

11. “协鑫奖”奖学金：8 人

北京校部：4 人

王文艳	冯良骏	黄元媛	吕　良

保定校区：4 人

苑　文	杨　帆	胡　蝶	池浩湉

12. 国能中电奖学金：6 人

杨倩茹	杨舒婷	肖　红	郭晓宇	李佳诚	侯延琦

13. 昊蓬机电奖助学金：24 人

保定校区：24 人

田　辉	张　强	王　珂	陈孟哲	张艺伟	王海阳	陈　磊	马昊坤
季倩倩	赵文波	黄旺旺	布鹂遥	吴俊雄	李永瑞	陈佳莉	赵　贺
李文恒	董思捷	王龙飞	王　凯	李　冉	赖　典	李嘉诚	黄锦怡

14. 节能奖学金：10 人

刘　洋	罗　颖	侯晓宁	侯芳郁	曹润竹	蓝晓珊	武文韬	魏明心	陈科枫
史　磊								

15. 巨邦奖学金：8 人

王　超	赵志伟	王亚楠	谢素娟	苗　森	姚丽娟	丁　杰	黄鑫恺

华北电力大学 2014—2015 学年度校友奖助金获奖名单

一、本科生（北京校部）

电气与电子工程学院：15 人

孙广增	张怡冰	孙泽宇	李欣蔚	郑宇航	任桐萱	汪　坤	李淑贤
张　璐	刘春江	张远欣	霍方强	袁鑫浩	马　龙	胡珊珊	

能源动力与机械工程学院：9 人

滕　庚	蔡　安	赵荣发	赵义琛	谢坤圆	李承周	郑雅文	万智超
陶文灿							

控制与计算机工程学院：8 人

于松源	王　睿	张伯安	甘伟冲	雷　萌	盛歆歆	王　冲	陈明帅

经济与管理学院：10 人

徐天娇	戴舒羽	孟诗语	乔梦妮	张　元	李玲闻樱	孙丽洁	刘金洁
武红强	邱锋凯						

可再生能源学院：7 人

曲映溪	张　良	魏　祺	张　冠	成　宏	蔡桂安	任逍迪

核科学与工程学院：3 人

刘宏达	刘少华	钱郑宇

数理学院：2 人

何　玲	邱燕晖

人文与社会科学学院：4 人

杨英子	谢梦灵	邢　瑶	牟康辉

外国语学院：2 人

周晓黎	曹文芳

二、本科生（保定校区）

电力工程系：12 人

李　燕	郭佳熠	王　祯	王一珺	彭　程	王　磊	温世杨	田　兵
鹿国微	李思俣	乔兰兰	喻　婷				

电子与通信工程系：4 人

高　龙	郝艳丽	陈　文	郑明威

动力工程系：9 人

谢玮霞	金文华	邱丽红	梁雪琪	冯丽芳	刘奇缘	刘　杨	陈泽彬
刘雅婷							

自动化系：5 人

张凤南	黄镇东	张兴轩	刘民帅	刘　柳

机械工程系：9 人

王兴周 | 余媛君 | 金李艳 | 吴　炅 | 冯思雨 | 吴　瑶 | 邓稳旭 | 潘依依
郝犇珂

计算机系：6 人

杨江平 | 杨伟海 | 巩春军 | 赵　萌 | 陈　聃 | 娄红红

经济管理系：5 人

胡林敏 | 董露月 | 侯迎菲 | 张知秋 | 梁一景

环境科学与工程学院：4 人

张　蕾 | 胡　璇 | 王思龙 | 黄靖云

数理系：2 人

尹　旭 | 周程宁

法政系：2 人

李珍峰 | 代婷婷

英语系：2 人

吴颖婕 | 杨　萍

三、研究生（北京校部）

电气与电子工程学院：4 人

张　尚 | 王　璇 | 王雨秋 | 魏旭辉

能源动力与机械工程学院：3 人

李彦龙 | 胡峻榕 | 褚东亮

控制与计算机工程学院：3 人

刘　千 | 安培秀 | 刘　涛

经济与管理学院：3 人

欧阳邵杰 | 昝彦国 | 张向荣

可再生能源学院：2 人

杨绪飞 | 张　笑

核科学与工程学院：1 人

方晓璐

数理学院：1 人

赵卫娟

人文与社会科学学院　政教部：1 人

曾学华

外国语学院：1 人

李慧娇

四、研究生（保定校区）

电力工程系：1 人

刘雷涛

电子与通信工程系：1 人

蔡银萍

动力工程系：1 人

田胜楠

机械工程系：1 人

柯孟强

自动化系：1 人

李　珂

计算机系：1 人

郝姜伟

环境科学与工程学院：1 人

杨春燕

经济管理系：1 人

曹　叶

英语系：1 人

张　喻

数理系：1 人

张艳丽

政教部：1 人

梁　丽

五、校友奖助金－电力工程系助学金：10 人

杨洪旺	王　月	余　翠	翟广丽	田　夏	焦　萌	余长城	陶二滈
金绍贵	吕慧芳						

华北电力大学 2014—2015 学年度本科生先进集体和先进个人名单

（北京校部）

一、十佳班级

研英 1432	能科 1401	软件 1401	研电 1409	会计 1402	行管 1301	核安 1301	创自 1401
工管 1301	计科 1402						

二、十佳宿舍

4#420	7A321	12#520	11#621	7A231	11#439	7A223	7A102
7A521	12#110						

三、先进个人获奖名单

（一）三好学生获奖名单

1. 三好学生标兵：89 人

电气与电子工程学院：22 人

单俊儒	林弋莎	涂　腾	张丽阳	马昕雨	刘　裕	黄　睿	吕　哲
牟　亚	朱雨杰	乔　冉	夏　琰	顿鹏翔	姜继恒	郭晓茜	李　昊
曾文伟	张宇熙	穆卓文	许苏迪	刘　林	吴方舟		

能源动力与机械工程学院：14 人

黄元媛	宋宁宁	张　欢	朱　月	朱茂川	孟凯鑫	李寒羽	章建徽
吴俊达	梁瑞雪	吴　璇	赵俊媛	朱思嘉	孙　涛		

控制与计算机工程学院：14 人

吕子奎	李安强	孙　瑶	李延旭	刘晓婷	潘晨阳	涂康斌	冯良骏
刘鹏坤	张浩然	罗智凌	曹　杰	谭传玉	吴　治		

经济与管理学院：14 人

王文艳	杨倩茹	殷商莹	徐天娇	戴舒羽	王闽茜	尤希琦	厉　艳
解宇欣	杨舒婷	董文娜	王子琪	赵源筱	段　玲		

人文与社会科学学院：5 人

鲍志超	马　麟	李雪远	李玉蝶	崔潇轩

数理学院：2 人

周　林	朱琎琦

核科学与工程学院：4 人

杨安霞	唐思邈	傅盛磊	陈　昭

可再生能源学院：9 人

余　璐	万子裴	韩德鹏	蒋雄镇	李博文	吴嘉杰	严　凯	甄子新
郑　郝							

外国语学院：2 人

谭　莹	王芳君

国际教育学院：3 人

曾志宏	程　爽	杜轶卓

2. 校级三好学生：526 人

电气与电子工程学院：131 人

范世源	黄钰辰	陈逸轩	朱逸凡	吴嘉玲	马　铁	曾　雪	刁春燕
俞永杰	黄贤睿	王　楠	赵哲宇	易承乾	申爱林	吕　煜	张　敏
叶杨莉	庄嘉妍	武绍琮	许哲源	李了昂	杨梦瑶	刘方蕾	赵广睿
李广萍	刘校销	陈　昌	谌庆芳	侯延琦	王燕宁	李珠玲	白如玉
何子晨	刘云博	张慧雯	叶敏芝	王嘉伟	夏嘉航	黄小夏	陈京生
蔡金棋	郑陈熹	陆　锋	谢浩铠	闫　园	张艺伟	刘育豪	张一鸣
梁　冰	谷　铮	张涌新	张韦维	王　超	曹文远	程川原	杨林超
李　沛	王子哲	徐飞阳	杨艺烜	赵诗萌	倪潇茹	李宛齐	黄　罡
余青蔚	刘昊宇	王荣杰	黄子洋	王孝慈	应超楠	赵子菡	王秋伶
卢文清	靳文钊	冯佳耀	徐少博	孟子超	樊峻维	陈一童	刘思放
周　浩	杨　啸	吴清鹏	韩陆超	吕　良	王子俟	鹿馨匀	黄瀚燕
任瀚文	沈雅琦	李一铮	李　慧	苏国赟	姜佳慧	孙广增	熊雯婷

周光东	尹丽娟	张怡冰	孙泽宇	吴　雨	冯家欢	谢文强	李　楠
郭　斌	徐丹蕾	尉怡青	李　盈	韩大奇	全璐瑶	殷子寒	林瑶琦
尹智斌	徐雅惠	徐　轩	范思远	王旭阳	郭宇程	吴　丹	张栗楠
郑宇航	马洪宇	韩天轮	揣依娜	任桐萱	刘妍君	刘力行	刘利亚
李淑贤	呼海林	卢　超					

能源动力与机械工程学院：81 人

杨冰玢	宋依璘	朱莎弘	曹东宏	彭　程	刘　牛	刘海波	来振亚
韦泱均	叶维祥	李潇洒	曾郁兴	蒋大浪	顾书苑	付发威	王子奇
丁冬冬	高舒潭	沈志杰	梁　凯	张鹏鲲	吴丹卉	刘　钰	李　傲
顾家铭	张黎阳	张子卿	邵明润	晋若男	李汉卿	蒋　雯	陈姝宇
曹　茜	李　帅	肖　瑶	孙　婧	孙雯雯	赵富山	袁　鹏	阮　冲
袁梦迪	代　超	石　果	冯书勤	宋文浩	陶文灿	罗　耿	张英杰
郑雅文	王　伟	郭新鹏	李建新	秦　汉	黄　超	卢达志	何　雯
费　阳	张宇鑫	马云峰	邢学利	储　超	王凯琳	苏靖雅	杨雅珂
成梁成	刘亚迪	张　晨	万　君	李金涛	周星辰	张　倩	王瑞峰
沈　丹	刘姝含	周　峰	张子奇	刘桦珍	刘泽铖	张　涵	孔大力
吴文庆							

控制与计算机工程学院：78 人

马一鸣	张东升	吕　静	林佳琦	刘德成	陈文悦	崔文庆	沈鸿宇
吴浩然	何　乐	吴张曦	严晓婷	周清雅	王子琦	崔诗翊	陈　玥
文佳豪	陈伟达	杨　露	郑凯宇	杨雨月	李鹏程	吕鹏博	丁江萍
刘亚楠	余丹璇	霍文聃	陈传涛	罗　颖	罗　玮	郑　格	南江峰
宋霄霄	任芝含	朱瑞迪	吴宇昕	尚　暖	奚芸华	张　维	陈峥嵘
李晓彬	孟若含	郭孟瑶	何　涛	林雅婷	余　涛	兰鑫玥	刘　怡
柳幼婷	陈颖璇	张　佳	刘思奇	陈修森	张　颖	古有志	吴佳丽
闫　东	于松源	刘祥璐	张　涛	彭　范	尹凌霄	支冬梅	刘建波
张伯安	张　雍	楚　畅	谢永靖	王　睿	张彬文	孙　玥	马乐乐
郑艳秋	邱淼波	秦景坤	张皓涵	王艺萌	王冬冬		

经济与管理学院：84 人

王盛煜	胡诗仪	张一凡	王　慧	阮　晨	陈乐怡	叶陈丹	方　靖
唐一品	范吉成	孟诗语	王俊力	乔梦妮	秦鹏飞	赵伟博	窦金月
刘　洋	朱心慈	潘哲煜	魏　震	杨　蕾	宋丹丹	隆竹寒	陈慧敏
徐尔丰	李凡迪	曾怡平	李玲闻樱	刘玉闪	张　萍	邹晓囡	孔颖超
裘莫寒	汪扬澜	刘昭国	汪钰婷	龙孟婷	蒋照生	臧　威	阳佳颖
关　敏	邵双双	艾先能	栗安琪	李　偲	李　卫	杨卜铭	曾昱榕
卢禹彤	余若曦	刘红雨	叶嘉雯	康　丽	杨倩如	牛　萌	金子阳
赵昊昊	冯文泽	孙丽洁	张曦予	计　萌	叶　波	李文基	杨　硕
范晓杰	艾柄均	林童尧	华婧雯	沈　晶	李一鸣	张　元	隋怡君
耿雨柔	林宇彤	朱丽萍	王月莹	王　桢	陈　阳	刘金洁	武红强
熊　胖	邱锋凯	刘　媛	宁　静				

人文与社会科学学院：30 人

赵英鹏	吉柯宇	李丹星	余美玲	侯　硕	廖偲伶	王　颖	柳家雯
刘　畅	徐　薇	刘　霜	张凤敏	杨伊可	熊　焰	杨荔涵	邢　瑶
朱玉红	黄琳程	赵　钱	许　芳	杨柠榕	周佳惠	姜　雪	孔紫涵
周津羽	任奕囡	毕子原	马　力	黄圆喻	崔维锋		

数理学院：13 人

吴鑫莹	游臻俊	王明宇	张习习	任靖雯	郝奇琦	闫　彤	黄英凡
皮海亚	孟祥瑞	曹润竹	宋芳兵	范迦羽			

核科学与工程学院：25 人

丁聪瑾	刘宏达	卢桂池	沈　翀	杨梦灵	刘世尧	魏　岑	贾唐堂
王仕集	陈浩文	黎瑶聪	孙妍妍	赵崇岩	马翔凤	王睿智	苏　阳
李睿之	张　涛	吴雪雯	王代福	闫永恒	苗延凯	付　鹏	傅俊森
古朋辉							

可再生能源学院：55 人

温　源	仇理化	龙　颖	庞辉庆	尹宜夫	侯晓娟	曲映溪	李思敏
李　伟	谢华珣	陈　俊	李春辉	龚一莼	李宁宁	赖宇宁	张超宇
程　淏	张雨薇	高　峰	师雪丽	殷卓君	苏文静	李瑞阳	李　俊
王　宇	李垚垚	袁佩贤	尚朋阳	刘炳文	白婉欣	田　巍	贾大爽
左瀚文	陈湛旻	程　鸣	张　静	陈　乐	佟景鑫	杨更宇	陈思彤
石岱星	朱思颖	张子健	熊世剑	练丹阳	辛永琳	王丽蓉	赵欣禹
马　铢	许冰倩	王若晗	侯晓宁	梁晨阳	周正荣	蒋皓然	

外国语学院：9 人

陈文超	罗雨婷	吕滨汐	汪辰晓	陈思敏	罗　瑞	张馨丹	孙炜婷
蓝晓珊							

国际教育学院：20 人

赵耀华	张天煜	施晓颖	程　鹏	韩　星	李烁炜	陈　煜	王敏壕
丁嘉禾	艾　昕	周银平	吴瑞颖	刘宇晴	诸　婧	张博宁	陈子其
刘尔佳	左　勖	孔令京	董晓耕				

3. 院系级三好学生：695 人

电气与电子工程学院：174 人

沙　韵	马　原	王　简	邱宏修	刘雨佳	张若禹	邓　哲	黄怡凌
毛绍杰	姚　皓	沈金乙	金　鑫	单俊嘉	时广浩	刘　雨	孙馨福
徐晓明	葛青宇	符云韵	俞嘉伟	黄　昊	王　恒	林心怡	燕　蕾
周晓东	孙晨茜	李舒曼	黄　婷	吴　凡	余思雨	薛海鹏	黎长青
黄　婉	付志斌	巩金鑫	朱　浩	王　静	富天阳	刘仲康	高　琦
张晓萌	富子豪	丛逸洲	李政轩	王鹏程	程金金	王浩宇	李云平
王彤彤	王鹏飞	于侯健	葛　磊	张　璐	杜　飞	马茹昕	刘　昱
姚春晓	李雲建	郑　雄	郑凯元	武昭原	丰江波	王继慷	郭双娟
林温歆	张景煜	盛　慧	宋欣桐	高鹤铭	彭　丽	顾欣媛	姚川东

黎 晓	李 斌	谢国超	刘鑫滢	葛良军	王其玉	吴 杰	代 悦
陈嘉曦	文正锋	朱 阳	赵小博	林依青	王鹤静	权 超	郑淑婷
蒋超凡	李 娟	林少帅	高 洁	高可君	王玥琪	李亚波	朱 颖
张 敏	何承瑜	姜万龙	蔡昆仑	宁中正	康孟佳	陈晗文	王 望
李新宇	王停娟	宫 琦	汪 坤	陈 玥	徐圣扬	余 培	李 艺
曹占国	王美兰	李 阳	祁元英	邓雅文	石 墨	何朝博	郑逸飞
傅 实	方 正	许春蕾	杨 硕	郑含璐	王睿哲	王 超	赵远志
樊建寒	陈俊宇	张 倩	张适宜	陈冰莹	郑传良	卫 璇	郑小敏
杜如钧	方 煜	赵子凌龙	张飞飞	杭天琦	喻建瑜	范富瀚	黄华震
周 爽	常 莎	李汶灿	陈碧阳	刘丽莹	严菁菁	黄登一	沈 弘
马忠英	付鑫如	高 伟	刘昌利	魏沛芳	王学婧	李昊洋	雷 珺
田昀佳	温 阳	赵悦姗	夏 昂	赵红秀	梁国邦	陈一凡	梁凯鑫
刘博宁	王 琪	张伟豪	王钰沁	姚尚润	董程程		

能源动力与机械工程学院：108 人

陈美伶	龚 燕	林司晅	谢 天	李承周	谭天宇	熊贻芳	周陈颖
杨晓茹	苏逸峰	李 智	茹 宇	黄吉光	马 迪	刘 璐	崔梦其
陆紫君	陈卉瑶	冼仲斌	曹永莉	杨佐勋	吴映达	刘骁祯	刘芳琪
王佳禹	张海飞	王志建	段应芬	吴永超	章淳建	谭 晖	钱俊雯
陈羿姿	李家华	王小惠	刘兆宇	李健宁	杨 宇	陈建伟	姚贤槐
李艳梅	郭诗鹏	朱 琪	林志华	王 泉	汪 洋	吕培鑫	马腾霄
赵 越	石 阳	伍 锦	焦丽丽	徐弘阳	颜济青	刘 俊	杨 丹
聂亚洲	辛团团	陈 灿	任相蓉	方璐瑶	赵 亮	肖 远	王 聪
程文婷	王 婷	郑滨涛	田基森	胡 强	王绍宇	范青伟	朱万程
黄 杨	李 岩	杨容嫣	邵晓丹	郭嘉杰	刘竟帆	禹航宇	刘 霞
江宇舟	刘 津	李 冉	董海泉	刘 馨	张 妍	傅佳欣	傅宏明
孙坤宇	王占博	冯芹芹	刘秩含	邹文隆	马 优	王丹琪	田军权
杨云溪	李 志	张森浩	李建菁	李春蕾	邓 琦	涂伟超	熊 念
李怀翔	薛 凯	肖 红	陈震宇				

控制与计算机工程学院：103 人

金顺平	雷 萌	宋森平	丁凌崧	常新远	吴单萱	王 策	陈 曦
朱 琳	曾祥晖	郭子栋	徐 颖	杨 坤	张丽霞	马祥力	李明新
王 磊	许小文	陈俊安	郑丽君	李 珊	张珍杰	段倚天	叶 馨
吴元春	陈智鹏	王稼琪	宋晓军	王文浩	周文辉	郭昊明	李粽宣
吉 祥	于 洋	阳 琼	兰梦心	张耕瑞	李凤杰	赵 松	刘闽建
杜 桥	祁博健	方黄峰	仝慧林	张佳辉	戴晓燕	张 威	祝可可
董金凤	史雨柔	王云霄	黄文婷	常 宇	王媛媛	王 鑫	李笑笑
彭子豪	杨 泽	时永祥	邓雅方	杨春晓	韩淑宇	姚司昀	郭彩云
郭 倩	尧聪聪	邓 巍	陈 莎	李渊博	蒋山青	陈铭豪	朱慧娴
吴 倩	牛燕斌	吕鸿浩	陈 思	罗 蓓	吴诗彤	冉和平	韦 桃
秦 恒	周 宇	张楠霞	杜 蕙	廖 文	刘献强	张加其	吴 弯

郑　捷	郭玉威	刘　珊	弓林娟	张　纲	柳　娜	杨娜云	龚雅君
崔世能	梁兴仑	谭伟良	于　洋	甘伟冲	曾　婧	刘小源	

经济与管理学院：112 人

朱宇佳	朱瑜皓	祝雨歆	刘　洋	蒋舒婷	闫　格	郭小菱	于英姿
李　健	沈孟迪	孟雅儒	胡梦淇	何　晶	李诗琪	刘炳均	陈梦瑶
孙　芸	张　妍	陈蓉珺	宁　鑫	刘亚龙	常　乐	陆　昊	王　芝
刘　娟	孙　爽	杨　曦	欧蔼然	丁　华	秦　磊	林晓珊	康　辉
焦　哲	黄佳慧	杨玉亭	恽　燕	张予夔	郑　清	邵丹娜	闫晓宇
郑高洋	李　珮	张卜元	杨培文	王俞婷	贾卫兵	郭　岚	罗　茜
满京京	艾　昱	谭冰冰	崔颖颖	钟海梅	路　凡	林燕如	徐　禾
王　言	李彦霖	孙佳雪	郑梦菲	刘素影	刘芳彤	李佳琪	高俊茹
韩雅儒	李亭亭	卫传莹	黄振星	陈巩凡	翟佳静	尧茜婷	刘　涵
范杉杉	李锡宇	张　硕	叶慧男	许珍珍	刘　婕	乔　雅	魏　静
谭方辉	马小梅	魏泽鹏	张成迪	张　雪	付　钰	吕书贺	赵梦迪
赵　琳	王诗蔓	吴倩倩	杨晶晶	庞　博	李昭夏	叶航宇	黄　玥
吴文卓	谢时雨	周昊翀	谢小萱	王　璇	郑　浩	刘　倩	张琼丹
卞　贝	席星璇	王丽婉	林宏宇	林冰婕	迟焱淼	王凤飞	艾星贝

人文与社会科学学院：39 人

郑　帅	梁子琦	崔淑雅	薛江涛	朱　琳	徐海兰	陆海慧	郜　敏
项　云	陈溢依	刘　璇	刘洋洋	赵翊含	罗静雯	陆　爽	蒋　宁
王梦婧	刘馨乔	张家琪	张慧娴	邢植雅	王超杰	李沁阳	罗　薇
李旭东	柴嘉炜	王　芳	周隆斌	吴　迪	唐诗雨	曾怡凡	张婧琪
朱顺林	寇　青	范泽宇	徐尔东	刘　丹	王　玥	左旌北	

数理学院：17 人

卢世祺	张　镡	王珂珂	陈烨华	吴国璋	吴亚楠	谭晓琛	湛雨潇
黄一北	刘　瑞	曹迎迎	孟丽竹	王璐莹	高圣灵	邱燕晖	郭长营
钱浩然							

核科学与工程学院：33 人

赵　阳	高　尚	张文华	孔浩铮	蒲正清	吉家旭	刘聪慧	张　杰
欧阳斌	陈凯平	周　彪	吴　婷	隋卓婕	高可庆	赫连仁	宋　怡
黄翊君	殷亭茹	张　瑞	刘自结	宋文达	李　军	周　磊	蒋伟兵
吴　泽	丰　立	刘少华	李　晗	钱郑宇	周俊杰	朱凯锋	司　宇
俞　婷							

可再生能源学院：70 人

苗　辰	武　英	包文奇	李翔宇	高　洋	闫肖蒙	宋　歌	窦尚轶
张　良	黄康丰	郭浩强	宋　元	周世界	陈　硕	刘　文	汪东飞
魏　祺	刘璟玲	陈希谣	朱一鸣	秦梦雅	颜灵伟	吴伊雯	陶立壮
石鹏举	杨　翁	鲁冠斌	吴　静	孙　静	罗灌文	朱雯婷	龙　飞
汪德成	武伟伟	郑　璐	林宜萍	张启凡	陈　冲	王晚词	刘红宇
成睿琦	屈承珺	孙春雨	王章霞	傅星杰	方国栋	李　倩	袁鸿辉

刘　熙 陈希文 林爱美 王　爽 阮雅丽 陶　冶 王闻墨 王　彪
甄　皓 朱　恒 梁欣悦 洪皓月 许国强 孙春雨 邵佳杨 钟志恒
贾晓阳 周家慷 刘浩越 刘梦云 徐乐乐 陈　琳

外国语学院：12 人

柯蔚出 秦西玲 李紫瑶 王雅楠 王姝懿 赵丛莉 马俊女 王念煜
许凤琪 徐雯钰 杨　鹤 李　易

国际教育学院：27 人

张跃如 张俊琛 张冠柔 汪宁馨 王士元 耿钰鄰 胡家欣 李嘉晨
吴鹤雯 席燕萍 窦昌靖 廖泽弘 高远达 王柯轶 周斯腾 苏　东
叶　晋 彭张瑞明 黄若辰 李思晨 甘　甜 薛茹双 张夕冉 周逸宁 肖克宇
袁乐林 冉荞野

（二）优秀学生干部获奖名单

1. 学生干部标兵：31 人

电气与电子工程学院：4 人

王少杰 李佳诚 樊林禛 路　达

能源动力与机械工程学院：3 人

万智超 许晓丰 杨雨默

控制与计算机工程学院：3 人

张婧怡 周　泉 刘春杨

经济与管理学院：3 人

戴舒羽 艾先能 邵丹娜

人文与社会科学学院：1 人

王　欢

数理学院：1 人

陈　杰

核科学与工程学院：1 人

武文韬

可再生能源学院：2 人

包明明 李易炜

外国语学院：12 人

陈思敏

国际教育学院：1 人

李明杰

2. 校级优秀学生干部：86 人

电气与电子工程学院：22 人

崔　鹏 袁一寒 朱孟媛 马　浩 潘祎希 左　莎 王　帅 李征洲
杨颖晖 刘亦菲 宋冰倩 徐诗甜 李　鑫 孙宁姚 张　瑜 邵天赐
刘通明 何　兴 段仁伟 姚佳琦 陈　超 张　钰

能源动力与机械工程学院：14 人

伍　锦 汪　洋 聂亚洲 程文婷 谭　晖 杨宪鹏 袁啸廷 张　浩
林　宁 刘希骞 杨云溪 张　涵 郭晓宇 罗　沛

控制与计算机工程学院：13 人

罗智凌	谢永靖	张伯安	徐建保	罗　玮	刘一可	曾志雄	郭昊明
杨雨月	楚　畅	刘　帅	庄子扬	王艺萌			

经济与管理学院：14 人

孟诗语	林晓珊	王　慧	俞晓桐	杨　叶	阮　晨	陈　楠	刘心竹
秦　琨	陆太虎	马　真	沈　晶	赵昊昊	徐　磊		

人文与社会科学学院：5 人

张国峰	王海东	田　园	姜子杰	左旌北

数理学院：2 人

姚　远	申　桐

核科学与工程学院：4 人

朱文娇	李奕彤	黄翊君	许　帅

可再生能源学院：9 人

曲炯辉	邱　颖	李思敏	龙　颖	郑玉婷	王　帅	喻小菲	刘焕龙
刘阿罗							

外国语学院：2 人

李紫瑶	王芳君

国际教育学院：3 人

王友潮	郑欣怡	柴晔

3. 院系级优秀学生干部：172 人

电气与电子工程学院：43 人

封　钰	焦　点	蓝　宁	邰宇峰	赵冠琨	庞　舰	张　婷	姬彦洵
燕富超	赵　璐	楼茜妮	吉亚太	唐康洋	谢　欢	何雄豪	曹雨洁
王雅婧	张敏昊	吴陈硕	李　玉	吴学洋	张尧翔	张浩起	张　哲
李培坚	许　迪	李　彪	潘　祯	张璐路	王　烨	李欣蔚	康文博
项晓强	芦　玉	赵书静	郭　虎	沈　钰	潘科宇	刘　帅	金　楷
黄瑜璜	王　哲	段华麟					

能源动力与机械工程学院：27 人

张继民	赵泓博	魏宗凯	李寒羽	魏　庆	章建徽	肖　远	闫　宁
史　磊	周　鑫	马洪建	杨佐勋	吴映达	刘芳琪	王　韬	李　琼
张哲旸	朱茂川	张新跃	曾宪龙	刘浩晨	邓　琦	张飞宇	刘秣含
周晓漫	李朋达	李建菁					

控制与计算机工程学院：26 人

卢　倩	雷洪顺	黄　沛	江泽铭	严人宁	夫鲁合	王云霄	陈杰扬
秦　彬	陈峥嵘	蒋山青	门志宏	张耕瑞	朱　琳	乔昆磊	严晓婷
阳　琼	张　杰	李伟桄	计鹏程	段　由	陈星任	陈柏杉	孟　瑶
井思桐	米尔扎提						

经济与管理学院：26 人

刘亚龙	常　春	张雅婷	刘昭国	潘　月	张　硕	代鹏图	柴晓艺
聂青云	秦光宇	张怡然	赵亚杰	何　倩	裘莫寒	邓彦丰	刘　畅

张馨月	武　德	王　言	童耀祖	邓煜鑫	冯文泽	刘　洋	艾星贝
林童尧	刘华鑫						

人文与社会科学学院：10 人

张　敏	李欣宇	宋　睿	方伟银	商　量	李梦瑶	李哲雅	白　央
袁秀田	牛　津						

数理学院：4 人

孟丽竹	胡艺凡	黄一北	李　扬

核科学与工程学院：8 人

宋黎明	王鸿鑫	夏子涵	于宗玉	朱耀选	马翔凤	黎瑶聪	贺一海

可再生能源学院：19 人

乔延辉	金胜利	宫英杰	刘云龙	夏泽宇	郑　郝	陈旭鑫	甄子新
张超宇	李瑞阳	侯晓宁	陈希文	曹美楠	洪皓月	程　斌	刘　新
郎　昆	卢　昂	朱　恒					

外国语学院：3 人

赵丛莉	马俊女	张永乐

国际教育学院：7 人

王　璐	梁雨耘竹	苏狄	蒲虹旭	汪玥君	庞伶琦	周靖杰

（三）单项荣誉获奖名单

1. 学习优秀奖：213 人

电气与电子工程学院：112 人

廖圣文	崔　鹏	高明阳	蔡　洋	吴羽翀	郜宇峰	庞俊成	黄茂然
刘晋升	王　胜	毛　雨	朱　杰	楼茜妮	吉亚太	肖　伟	丁梓桉
于　孟	曹天宇	杨晓辰	丁思雯	张　擎	周璟迪	王春斐	蔡　畅
李沁遥	唐　聪	高　骏	叶　欣	马雨桐	林睫菲	凌致远	张世宜
冯志远	冯谟可	李　钰	许　通	李　彪	夏　琦	颜熙炜	韩士琦
李腾腾	王　彬	韩可欣	闫家铭	廖英怀	黄思嘉	许晨辉	沈晓宇
高欣然	王雪埕	侯玮琳	沈　婧	王　立	张永兴	丁丹蕾	张笑康
周　佳	陈　明	李星宇	李宁德	杨　帆	张梦晨	韩　辉	邓美琴
张　琦	韦荣桃	李院霞	张冰妍	罗　瑾	周奕瑶	张传云	王　添
郑晓星	石晶洋	孙靖华	李海冰	曲　尧	徐　可	卢　莹	孙　健
邵天赐	杨梦晨	李文昱	龚昭宇	吴泳中	陈杏林	秦　晓	杜诗悦
郭玉婷	张杭锋	朱亚天	马小军	肖祥辉	樊　华	孙思玲	秦　瀛
张少谦	谭婧华	郝永康	杨双宁	蔡吉龙	阳昌旺	谢呵呵	陈　超
舒劲流	张婉意	马燕妮	赵　曼	武　尧	谭尧木	潘　祯	雷　蕾

2. 社会工作优秀奖：314 人

电气与电子工程学院：108 人

封　钰	樊　鑫	王　戈	李志涛	张　敏	赵冠琨	张建兵	顾旭辉
唐　悦	孔　贺	韦泽恺	杨宏杰	许多虎	韦伊扬	许丞昊	海云桥
王成帅	邹航标	付潇宇	张书盈	王　帅	苏　航	刘　炜	陈荣韬

崔建波	蓝　宁	张童生	焦　点	秦宇浩	张劭玮	蔡昱洲	燕富超
温　李	张尧翔	胡　博	张永泉	鲍　晨	刘亦菲	王明阳	王　帅
戴天泽	程铄淇	马晓寒	杨卓栋	李　玉	吴陈硕	邢泽洲	胡志宏
李宗强	肖黄能	杨若涵	房凡洪	王　昊	马娅妮	宋禹铭	王珞珈
胡金宇	金天一	李培坚	陈　育	张冰洁	刘翊澂	李　鑫	冉号楠
王　栋	杜姣姣	蓝江艳	陈　玲	胡思衡	秦炜淇	吴国栋	刘通明
邹涵宇	曹宇平	张逸科	潘科宇	刘　帅	张博宁	屠聪为	陈虹雪
何　兴	林芝茂	常艳平	布音塔	李廷鹤	刘时然	郭婉华	徐　峥
黄　昊	宋子扬	贺紫渊	危平安	费旭玮	郭　宁	段仁伟	阴钰宁
肖司航	姚佳琦	刘运杰	张　驰	钱政旭	何雪源	王　哲	段华麟
崔　辰	顾彧超	潘　航	熊　飞				

3. 文化活动优秀奖：146 人

电气与电子工程学院：109 人

李乔乔	王延浩	侯　栋	蔡楚晨	田硕文	袁鑫浩	周　鑫	杨　柳
吴科宏	詹凤楠	陈洁鸣	刘春江	李　硕	薛　章	权星星	帅　影
童艺玮	田　硕	郭　鹏	汤　浩	李海鸣	杨丹荔	唐康洋	李　欣
李　桐	李博文	徐　馨	崔晓昱	何　妍	李若行	周　兴	胡　旺
何雄豪	贺冬珊	王　渊	周光阳	滕淳先	杜宏宇	贺中豪	马　喆
张晓竹	张艺菲	徐新宇	王潇阳	李　涛	林声涛	任继云	吴　琼
杨忠艳	朱　岩	陈方义	李　洁	马江江	王腾岩	冯　辛	阮浩鸥
陈春林	卢昭睿	奚骋宇	张浩起	叶瑞祥	焦梦龙	李　欢	贺恬语
王玮琦	申建亭	张　鹏	孙　鹏	褚卿莹	宋雪莹	师云晓	王子馨
翟星宇	邵茹冰	胡文馨	姚　佼	柳一铭	李佳琪	王　月	陈愿米
程　灏	罗　鑫	李嘉贤	叶秋子	吴　戈	肖　伊	张竹沁	顾迎利
齐　天	刘　飞	蔡晓宁	李鸿达	成皓宇	李昕伟	胥经纬	魏一汀
赵　昶	朱云聪	邵倩文	汪可人	吴依凡	邓　玲	张云帆	周明宏
吴宇枫	陈之怡	徐玉蓉	冯俊豪	高　艺			

4. 体育活动优秀奖：298 人

电气与电子工程学院：109 人

洪晨威	张　健	殷健翔	张远欣	秦思畅	任　浩	刘晨东	杜雨时
邓　然	姚佳宁	冷　爽	马　召	郝学超	高建宇	李世英	周天寰
黄芙曼	郭苏鑫	刘大炜	胡长骁	卢湘涛	于镇侨	马　龙	赵征远
程　靖	谭晓刚	王小平	张晋阳	李　杨	冯湛凯	钟相谦	肖朝政
李　潇	夏　轩	王喜森	钟建文	董彩红	李明超	刘　立	杨皖昊
杨子豪	姜　晨	李思润	蔡　景	常　源	张廉杰	陈红发	孙　淼
姚　铁	边亚琳	高竟珂	徐文杰	杨雨欣	纪项钟	刘鑫森	王春晨
毕雨穆	李顺娇	李玉冰	沙小娟	石伟宏	王雨童	肖　蕾	柏卓锋
李梦颖	李　越	王昊天	陈　晔	薛乃凡	李轶凡	王凌飞	曾希哲
王　悦	赵新娅	封亚东	李自立	高　麒	张天一	吕委伦	金　楷
陈乃新	于延涛	夏亦晗	于寒霄	周非凡	宗　东	冯钰琳	陈政江

陈奇凤	沙伊杰	江　耀	王　震	任炳睿	刘姝嫔	王建鑫	吉宇非
石　伟	李　晨	张文斌	张立松	史新达	戴毅超	范宗皓	王苗庚
宋文婷	陈子昂	庞　迪	张　睿	闫　帅			

（保定校区）

一、先进班集体获奖名单

电力工程系

电力实 1202	电气化 1211	农　电 1202	电创新 1301	电实践 1301	电　气 1309	电　气 1409	电　气 1406
电　气 1408	电　气 1402	电　气 1404					

电子与通信工程系

通　信 1401	通　信 1302	通　信 1202

动力工程系

动创新 1301	能　动 1301	建　环 1301	能　动 1401	能　动 1407	能　动 1408	动　力 1202	建　环 1201

机械工程系

机　械 1204	机　械 1208	输　电 1301	设　制 1302	装　备 1301	工　程 1401	机　电 1402

自动化系

测　控 1202	自动实 1201	测　控 1302	自动化 1404	测　控 1403

计算机系

信　安 1201	信　安 1301	信　安 1401	网　络 1402	计　科 1402

经济管理系

会　计 1201	造　价 1301	会　计 1401	造　价 1402

环境科学与工程学院

应　化 1202	应　化 1302	环　工 1302	能　化 1402

法 政 系

社　工 1401	公　管 1301

数 理 系

信　息 1301	信　息 1302

英 语 系

英　语 1301

国际教育学院

电力英 1401

先进学生个人获奖名单

一、学生干部标兵：18 人

电力工程系：2 人

施凯伦	盛超群

电子与通信工程系：2 人

郑明威	赵彤彤

动力工程系：3 人

李济东	蔡喜军	王星雨

机械工程系：3人

李赛赛　金李艳　王亚祝

自动化系：1人

姜　炜

计算机系：1人

戚　鹏

经济管理系：1人

苗峻玮

环境科学与工程学院：2人

闫　利　曾韵洁

法政系：1人

梁　爽

数理系：1人

何　琦

英语系：1人

陈婉诗

二、校级优秀学生干部：72人

电力工程系：21人

魏石磊　金基伟　李演达　陈　媛　索　瑀　施凯伦　杨　宇　刘　通

余小梦　盛超群　张　毅　姜雨枫　张思琦　丁丹阳　王夏光　王从龙

张　欣　纪欣欣　常晓腾　郑子墨　杨　彬

电子与通信工程系：6人

宋　湉　郑明威　赵彤彤　郝婧宇　黄　谦　李骁睿

动力工程系：8人

孟　冲　周梦伟　李济东　傅　瑜　邱丽红　蔺小龙　胡晓天　王星雨

机械工程系：10人

李赛赛　李琳鑫　金李艳　王亚祝　余帮节　高玉洁　董　浩　周凝泽

陈鹏飞　吕亮亮

自动化系：5人

韩宜轩　杨丽娟　工安琪　高一凡　姜　炜

计算机系：4人

郭鹤旋　戚　鹏　王锦龙　王　肖

经济管理系：6人

陈寒钰　牛晶磊　苗峻玮　徐　畅　韩　凝　冯　硕

环境科学与工程学院：6人

郭　帅　陶　冶　何德瑞　闫　利　于　臻　曾韵洁

法政系：2人

胡　蝶　梁　爽

数理系：2人

任庆远　何　琦

英语系：1 人

陈婉诗

国际教育学院：1 人

张博涵

三、院系级优秀学生干部：147 人

电力工程系：33 人

李东旭	王斯好	吴　迪	崔笑菲	浦国琛	邓忻依	马子岳	邹培根
马春伟	李源锟	李松达	赵志涛	白雪儿	郝苓羽	赵文天	王枭枭
杨睿鹏	王兆宇	杨云萍	张晓磊	宋子君	李　梦	王　乐	路长青
何　心	任乙沛	丁　星	袁　轩	阎英楚	谭开东	刘曦阳	孙　萌
詹　文							

电子与通信工程系：9 人

苏国凯	张雪菲	汪梦闪	于天碧	王　浩	彭玲艳	丁　敏	沈岑惠
刘　坚							

动力工程系：21 人

王晓帅	许　瑞	刘宴群	祝遵强	李树伟	钟　雅	刘　浪	胡乐毅
蒋克涛	严雪南	张　华	包　帅	许道秀	张亚萌	姚　明	翁国柱
刘颖超	金铃杰	楚文斌	李新磊	温丙末			

机械工程系：20 人

王英瑞	王　康	李战争	江　辉	李仕玉	庞圣养	王耀福	陈　曦
陈佳莉	石生泉	艾润民	杜　楠	刘万聪	庄佳翔	张天懿	戚宇航
姚　涛	肖　雪	张　琨	安一方				

自动化系：14 人

陆新月	赵倩倩	张世雄	胡洪铭	高愫婷	杨浩哲	阴俊博	翟文培
李佳音	杜守春	林静怡	曹传刚	董　娟	姜文倩		

计算机系：13 人

刘德民	魏鹏达	谢铠羽	袁　野	杨伟海	陈秀新	马齐齐	刘　迪
张奥博	胡智瑄	冯芮苇	陈梦宇	肖文婧			

经济管理系：12 人

黄媛媛	姜鹏程	杨　帆	胡林敏	石梦舒	弓　宁	滕英杰	简闻娉
张洪珊	武　迪	吴　爽	杨　岚				

环境科学与工程学院：11 人

王昭月	何安恩	张博闻	杨添名	曾红燕	王　雪	祝富杰	柳　杨
吴星雨	林文伟	于　梦					

法政系：5 人

高　婕	姚　豆	夏　伟	郑翩翩	杜晓静

数理系：5 人

何　波	张贺飞	邓超语	赵玥琦	张　康

英语系：2 人

吴晨钰	徐　研

国际教育学院：2 人

于　浩	秦福伟

四、校级三好学生标兵：73 人

电力工程系：16 人

贾孟硕	崔泽宇	邢法财	郭佳熠	周光奇	王一珺	余小梦	胡怡霜
曹文轩	赵一名	李　梦	张午宇	孙　帆	傅雨荷	宫　鑫	杨　彬

电子与通信工程系：4 人

许　密	苑　文	周宇航	汪莞乔

动力工程系：10 人

孙　琦	陈金宝	祝遵强	刘明恺	谢玮霞	张尧康	孟令彬	姚　明
席　泽	祝敏捷						

机械工程系：11 人

刘　旭	李　玥	李春芳	祝志磊	冯文韬	李志向	邓泽奇	朱天陆
范振宇	周华	嫣然					

自动化系：7 人

韩宜轩	王安琪	袁　彤	姜文倩	钟汕林	姜　炜	陈郑逸帆

计算机系：7 人

王炜康	韩金新	戚　鹏	袁　野	李承阳	孟　欢	曾楚杰

经济管理系：6 人

张知秋	祝邑尧	王琪雅	徐小东	宋卓奇	李京妍

环境科学与工程学院：6 人

李丹阳	孙晓慧	邢　磊	胡　璇	宫庆坤	于　梦

法政系：3 人

梁　爽	杜雅轩	郑翩翩

数理系：2 人

韩　博	廖明伟

英语系：1 人

白　雪

国际教育学院：1 人

于　浩

五、校级三好学生：911 人

电力工程系：202 人

张智敏	翁浩源	吴若冰	邓莉荣	王训哲	解力也	刘婧妍	戴　明
贺宜恒	范文杰	张占喜	金基伟	刘　进	谭亚萍	张　引	吕梦妮
赵夏瑶	张柳芳	胡韵婷	张　科	刘　佳	刘力铭	王博闻	朱思宇
王　磊	彭　程	王　祯	李东旭	李演达	王斯妤	叶梓明	王睿豪
童格格	鞠佃军	彭远会	王　源	吴　迪	邢佳妮	刘　佳	张　婕
何　帅	张冬雪	赵周武	陈　耀	张贻娜	崔笑菲	胡一丹	浦国琛
王世杰	王　玉	赵　剑	陈　媛	刘玉珩	索　瑀	张朋宇	赵国瑾

朱露莎	曹 昂	常芳源	施凯伦	裴继坤	张冠群	廖成城	蔡 莹
邓忻依	黎乾勇	邹培根	李 蕾	何知遥	刘一菲	邹竟成	陈星彤
黄馨仪	李 燕	陈 涵	张雪原	陈玉婷	李源锟	王 希	黄嘉瑜
赵晨晨	蔡雪瑄	侯 佳	刘 通	谢翔杰	周钰童	董国静	梁芷睿
朱茂玮	盛超群	杨炜晨	洪庆亮	杨苒晨	郭喆宇	张庆辉	张 卓
郑 鑫	金天然	齐小涵	陈思佳	白雪儿	陈映妃	孟凡奇	董王英
韩建沛	郝苓羽	李奕颖	曹 萋	赵文天	王枭枭	苟小刚	吴天琦
杨 斌	姜雨枫	马云凤	杨睿鹏	马 显	徐 媛	丁丹阳	唐敏燕
向 彪	张旻希	王兆宇	于新杰	杨欣悦	尹钧毅	王夏光	王雅兴
杨云萍	张 欣	黄志成	纪欣欣	印 昊	陈宏勇	陈濛迪	孙 颖
杨依睿	张晓磊	罗 列	宋子君	王聪聪	殷艳娇	郭 禹	黄凌宇
李殷殷	李凯特	曹文君	揭沛鑫	金 璇	宋美琪	杨政权	董思同
董文艳	王 楠	许凌霄	袁 梦	韩 怡	林华祥	赵德洁	袁子贺
刘长荣	吴辉捷	黄亿鸿	周宇成	任乙沛	张丰铎	丁 星	汤 倩
王科超	闫 阳	袁 轩	孔亦晗	阎英楚	谭开东	俞 奏	张嘉心
陈爱君	王 栋	朱存远	陈 浩	李伊玲	张洁妍	赵贵鑫	单存知
刘江山	牛 灿	王义凯	史乐旻	张 枫	李斯璇	张 赟	刘爱静
黄嫣婉	詹 文	肖荣盛	徐晓会	周智行	李守强	梁延昌	陆明璇
周益斌	司徒绮琳						

电子与通信工程系：41 人

夏 露	陈 文	姜忠昊	沈华萍	文 鸣	杨 婷	蒋舒婷	刘 欢
薛婷婷	郑明威	苏珍香	张 艳	胡旭欣	江通政	汪梦闪	孙海伦
徐晓禹	周俊杰	郭玉荣	胡 静	景 阳	秦文婕	王 浩	韩 竞
郝婧宇	郭子裕	万 姣	陈 豪	丁 敏	胡煜翔	李文洁	刘 坚
李博阳	马明月	周若曦	谌杨春	蒋海颜	马 倩	裘瑾怡	邵馨玉
杨 超							

动力工程系：146 人

刘 洋	高中华	温 波	蔡熙川	陈洪浩	孟 冲	刘 阳	华趣仪
宋佳桐	牛广硕	董 宁	张 旭	李济东	管逸鹏	赵 阳	白中泽
费 龙	刘旺胜	赵 创	孔祥民	蔡 文	郭孝奇	张春秀	王 柱
冯 博	刘 贝	温丙末	李航行	牛 凡	朱烨璇	李 可	商宇轩
李树伟	陈奎元	董 博	谢新奇	唐芳艳	卢晓剑	曾 伟	范 琳
吴 超	于俊杰	钟 雅	刘 浪	李 威	李华文	袁小龙	傅 瑜
王 力	蒋克涛	于泽田	王彦博	蔡邦辉	何茹玥	冯凌杰	王 曦
邱旭莹	姚倩蓉	李得第	刘翊希	周安鹏	严雪南	岳慧强	王飞飞
万永清	胡娟娟	董敏敏	金文华	牛贝贝	左浩宇	秦若男	姚军军
曲默丰	许旭斌	许道秀	洪森权	孙 岑	张 瑞	韩 炜	李庆浩
贺莎莎	陈淑莲	苏孟翔	潘昌玉	袁冬杰	陈 都	蔡喜军	王学欣
曹志旭	赵得江	赵红芳	黄云璐	路 菲	舒 欣	王 沐	邱丽红
于 洋	章丽婷	熊照雪	丁伟婧	丁建勇	蔺小龙	胡皓玮	张 屹

刘智远	李林洪	梁雪琪	张　夏	赖华盛	马玉锋	阮祝鑫	刘　健
孙　纬	都　悦	郭舒毓	杨东晓	王晓妍	陈　贺	王增基	杨宇轩
黄道熠	董正涛	翁国柱	刘昊天	徐欣腾	孙一鸣	刘颖超	朱晓宇
陈　博	吴　捷	万文博	王天宇	颜　校	连　慧	马文魁	李凌峰
郭鑫玥	李嘉文	杨晓华	王彦方	孙浩然	杜　寒	许　桐	楚文斌
李新磊	陈徐吉文						

机械工程系：140 人

耿雨潇	贾淑惠	李赛赛	王兴周	祝润生	蒋　行	柴正英	杨　阔
王英瑞	余媛君	田　辉	汪　田	王　康	陈柳桥	丁林山	贾晋鑫
刘泽浩	郝金鹦	李宇倩	王焕捷	朱松阳	江　辉	王　珂	尚聪宾
金李艳	吕　鑫	张啸宇	黄　鹏	李红兵	洪裕辉	金　龙	陈　磊
庞圣养	闫友璨	杜梦娇	刘　晗	吴　炅	曹　硕	刘　雄	王耀福
王淑娴	赵　婷	刘　鹏	高　媛	陈　曦	纪安仕	侯　钰	张国英
陈士超	李明明	梁承华	林师玄	吴俊雄	陈佳莉	胡慧君	黄祥怡
刘　派	秦颖峰	史烨禾	田捷夫	李　闻	魏亚军	郑千好	艾润民
陈　健	季倩倩	柳　喆	苏　婷	赵文波	杜　楠	段鹏刚	吴　纯
徐　翔	岳星宇	张　斌	张铂琳	黄　敏	刘万聪	吕志彦	滕　斌
国　强	侯佳宝	黄旺旺	黄湛林	李　松	朱　丹	布鹏遥	程侃如
崔世博	闫保如	叶晟岐	赵蕾蕾	王佳琪	韦梦圆	任志培	王大陆
张天懿	高珍珍	田艺琼	李文恒	洪艳玲	王　萱	敖春燕	梁　君
戚宇航	熊大建	马东福	赵　展	李晨阳	付梦宇	高　曦	闫华青
郑　飞	吴冰倩	张泽华	肖　雪	于　迪	何琦琦	李艺璇	徐晓彬
张晨阳	郑优悠	周淇珺	赖　典	李　生	李忠成	麦　锋	沈　平
吴　瑶	包婉琪	寇　玺	李鑫欣	刘　楠	张　琨	安一方	李　楠
刘思博	丁　锐	郝犇珂	刘　洋				

自动化系：64 人

成其洋	池浩湉	钱　雯	刘韶婧	陆新月	陈　瑞	边会淳	钱嘉琦
杨丽娟	王润芳	李彩霞	赵倩倩	李雅晶	张　鸽	张世雄	谢雨虹
梁怡爽	张　丛	李　耐	胡洪铭	高愫婷	衣跃静	邹　玥	杨翼荣
卢楚怡	杨浩哲	张　婷	马淼森	吉瑞芳	阴俊博	韩新杰	李　迎
韩思麒	王佳鹏	张凤南	张培阳	靳　鑫	朱　祥	施　翼	邱香域
庄文秀	吴绍华	李欣格	宋　悦	李佳音	李　伟	钟羽洁	杨　凯
王　龙	李显燕	李建翠	刘怀远	孙天舒	林静怡	冯　时	董　娟
张家兴	蒋铭珏	温　爽	晁倪杰	李　帅	张小梅	田思佳	孙琬婷

计算机系：64 人

杨　泽	谷玉虎	杨春兰	宋旭鹤	杨江平	郭鹤旋	李姝瑶	东　昀
张宇潇	王榆圣	王锦龙	刘洪歧	赵圣楠	胡　皓	李　雪	李忠阳
孙　聪	仝卜匀	吴雨桐	杨伟海	王　肖	黎孟晨	李　煜	李佳锦
宋文华	张瑞祥	周庆波	陈　威	刘建春	马齐齐	翁一茗	吴相发
郑传哲	吴　蓉	钟昊文	吕翔飞	孙静雅	杨懿男	张奥博	陈　卓

段国蕊	任清清	米家奇	董海斌	冯芮苇	刘玲珊	鲁姝艺	余长城
赵宇含	黄彦宁	陈　聃	陈梦宇	冯文科	吴　润	张亚静	韩　旭
侯文星	李诗媛	李晓孟	肖文婧	邢紫薇	王铭灏	许　涛	张　含

经济管理系：63 人

李燕兰	陈寒钰	姜鹏程	倪　宁	梁一景	王家琨	牛晶磊	魏　昕
王海潮	解玲玲	裴胜丽	付亚男	苗峻玮	厉进月	彭小珂	张雪婷
蔡蓉蓉	常玛丽	陈　莹	李　桐	杨　帆	曹　丽	胡林敏	付成然
苏　星	杨颖琦	韩　凝	范永雪	董佳倩	栗雨铄	许　彪	余兴锦
廖春静	宋晓静	林垚钰	李莹莹	裴天韵	简闻娉	王　婧	曹旖旎
张洪珊	陈可可	陈秋潭	莫璐璐	崔美玉	叶梦蝶	黄晨晨	王继娴
武　迪	徐奕琳	马昕媛	缪静颖	冯　硕	王照远	黄　然	刘一瑾
杨媛娟	黄江李	邹佳艺	叶　楠	王　默	李思思	沈广进	

环境科学与工程学院：95 人

仲凯悦	周庆国	李　晴	张易峰	胡加伟	卢　肃	冯欣波	邢心语
王　琛	丁雪莹	叶恒舒	高博文	冯荣荣	马　铮	姚如栩	曾祥乙
赵　旭	黄俊钦	黄　陈	王静如	吕　薇	夏凌峰	刘园园	袁稳发
肖　寒	姜一琳	高　杉	徐　闻	王鹏辉	池上荷	刘　玥	张国威
张广满	赵学培	陈美云	王云阳	佟　童	刘光远	郭　帅	张博闻
薛雅文	张　贺	周晓梅	蒙俊霖	孙　尧	邓　婷	王泽楠	詹楚竑
李颖雪	刘万生	徐　蕊	王雪鹏	吴　昊	高晨露	谢　瑶	张　琪
王维鑫	马　凤	曾红燕	樊一凡	马　跃	王　艳	李仲赛	翁小玉
姜　芳	陈承涛	王　雪	陈虹蛟	张　蕾	张　菀	牛旭飞	晁　雪
祝富杰	闫　利	陈孝妍	张文强	雒富强	曲聆瑞	黄靖云	李志刚
杨莫愁	刘　媛	王爱德	方　婷	刘　闯	黄　凯	林文伟	别　璇
余斯娴	王贺梅	于　臻	陈　兴	何　旭	李　琳	文　艳	

法政系：31 人

武秀丽	蔡丽霞	张　艺	雷　菁	高　婕	赵雨濛	郄乔慧	侯丽娜
单　婷	黄瑛婷	段鑫玥	董露月	胡　蝶	温若帆	王　章	李珍峰
赵晓敏	郭晓月	陈文娜	张霭雯	庄　冉	姚　豆	王　爽	陈皓妍
李佳怿	郭少云	李　响	汪　钰	杜涵蕾	张云崎	万紫千红	

数理系：43 人

曹　治	何　波	李浩森	王秀芬	吴昊滢	张　靖	张贺飞	李芳芳
张　琪	肖　颖	叶　聪	许崇琪	练　煜	张瑞杰	邢永一	江新华
毛　塬	国　赫	鲜浩波	何　琦	林志勇	邓超语	李文乔	尹　旭
王长青	赵玥琦	霍晨鹏	马坚峰	赵永贺	程赫明	纪春洋	牛　犇
王祥念	王　雪	董　礼	潘桂芳	田　静	周程宁	李梦涛	李小斌
李　哲	张苓琬	朱嘉怡					

英语系：13 人

汪美芳	蒋思琪	焦文月	韦　宇	苗蕊蕊	张嘉越	方　舒	刘　阳
陶宁致	吴晓霞	顾英杰	韩　蕾	徐　研			

国际教育学院：9 人

胡淳珂	童　谣	戴仪天	方梓烨	谭智馨	卢　甲	张纷纷	李灵捷
马俊杰							

六、院系级三好学生：1657 人

电力工程系：359 人

马艳军	陈嘉敏	朱思丞	张雅倩	姚文展	杨　雪	赵明曦	申津京
吴光敏	赵泽锋	任俊霏	孙立鹏	张　君	张　希	董圣孝	蒋　达
张梦琪	丁玉杰	徐家梅	许英强	周梦璇	刘　强	陈贵滨	谭忠维
王榭崟	杨　柳	李　贺	胡　江	刘舒靓	苗志敏	岳莹莹	张　琪
王　钏	于东立	林　琪	刘奕坤	任晋伟	王凯强	韦世盛	杨晓舟
甘圣萍	高章鹏	胡志伟	李永光	刘　渊	郭雅娇	刘士骏	刘欣悦
田瑞雨	王溯塽	张　斌	张　豪	寇博绰	古珊珊	陈文文	崔立鹏
耿玉珠	李超然	李　洋	王旭升	吴夏洁	尹文阔	李　泽	王之龙
茶凤舻	谢佩瑀	周　璇	马子岳	杨　宇	赵慧聪	黄天超	武向璐
陈　宇	柯明东	马春伟	王伟哲	谢　鸿	杨　丹	杨　瑾	杨晓璇
张绍登	张延峰	门向阳	胡　灿	李梦珊	付佳良	廖婉莹	崔笑笑
蒋　畅	袁　淼	张佳辉	李宛容	牛天尧	李　阳	李新军	陈　蕊
张　蕾	许梦娇	牟晓琳	李明儒	王若麟	杨宇轩	冯　健	余　铮
高玉雅	程　睿	于　天	戴雨薇	郭　伟	刘兰涛	成明仪	李松达
彭　勃	王　迪	王　晗	袁可为	赵华夏	李昊霖	陈　曦	嵇冬冬
杨赛柯	李安琦	杨子千	陈　旸	刘晨旭	麦竣朗	孟永刚	秦海停
严　风	赵志涛	裴浩洋	王蔚卿	车泉辉	陈　聪	郭宽宽	李凤丽
龙覃飞	罗　焘	毛　靖	善峥亮	王　朝	张煌竟	史玮明	崔凯明
郭　彤	黄　杰	孟欣欣	王靖飞	周　聪	杨著朴	林安妮	张　毅
刘凤梧	苏诗洋	王润邦	吴颖慧	郑松竹	庄文武	罗　棋	黎　晗
翟广丽	袁紫微	胡琮汀	刘　强	马升佑	袁书文	胡国雄	程　兰
胡文乾	卢静怡	马云飞	木哈尔	白　阳	田　夏	沈玉兰	陈烨晶
何妍妍	胡利宁	陆　乐	吕丹洋	汪　博	王　政	玄智铭	杨键权
张思琦	刘云栋	张茹雪	张　玉	郭　营	娇坤霖	孙　源	闫西慧
沈殷和	郑　鹏	任　斌	杨洪旺	王非非	李　睿	姜　昶	田萧萧
王　勉	张鑫宇	徐佳晗	冀　茂	陈玉莹	沈志鑫	王世成	黄昊晨
董美娜	杨　帆	陈超宇	程思瑾	刘林林	王从龙	李佩征	张　雪
韩　笑	侯帅超	王若冰	郑安然	周　文	孙庆喜	赵　烨	刘小娜
田智璇	王圣洁	徐宏璐	邹健鹏	刘　静	吴佩颖	王婷婷	汪子乔
姚刚昱	刘思呈	张启哲	刘　慧	刘天明	陈　静	杨恩泽	余　翠
李　同	王　也	朱　旭	张天策	刘继兴	叶雨晴	王　乐	吴天昊
杨　钤	章思远	刘凡瑞	秦征凤	王子彤	张亚辉	周华皓	邹振平
陈文军	郭晨阳	郭乐铭	林志峰	路长青	孙正阳	王新娇	谢振鹏
靳铠闻	刘晓丰	赵宇琪	何　心	庞宇琦	田　昊	赵鹏飞	韩亚南

温世杨	陈　攀	陈宇海	贾　凯	孟书羽	唐焕新	张青青	赵彭辉
秦泽宇	任健瑞	田　兵	王　政	傅德帅	李星耀	李　毅	齐继志
孙玉乾	滕孟锋	蔡　钧	蔺若琦	刘　璐	刘智昌	梅　倩	王龄婕
王　柘	许泽昊	张致宁	曹　嵩	高若禹	韩　彬	宋　琳	邓晓天
陆静毅	商鉴泽	张少华	郑子墨	李奕衡	王和雷	习文青	徐家将
郁泽宇	翟文辉	沈洛齐	孙　萌	袁宇昊	张丽婧	张　硕	赵嘉欣
曹越芝	蓝丽丽	刘　硕	刘玉溪	孟　雪	夏旖聪	谢巍弘	杜　浩
晋绍珲	王偎行	徐小龙	陈雅婷	董子奕	刘　畅	宋新奇	叶　全
金　航	张鹤宇	李诗伟	任　博	王　湃	王文亮	傅　杰	武自彪
曹文君	耿瑜禅	李鎧权	梁白雪	马　锐	魏与廷	张雪涵	朱思宇
邓健昌	董明锐	陆昭杨	潘桂军	钱睿忻	刘　杨	嘉　佳	袁拉麻加

电子与通信工程系：111 人

冯妍妍	柳　叶	万福海	王三名	姜铁涵	娄烜玮	宋倩玉	宋　湉
唐年吉	王　露	吴　鹏	张慧君	黄文婵	宋金薇	付　凯	胡大帅
马生青	苗佳琦	苏国凯	王文韬	于艺海	张雪菲	赵彤彤	马天烁
王　宁	杨　淼	姚源斌	张　宁	郑超凡	朱建斌	段　爽	黄凤玲
李　利	谭　璐	唐伯宇	徐　瑞	于天碧	张　超	张伊慧	赵向宇
付玲枝	安茜雯	黄　谦	李骁睿	彭玲艳	桑颜婷	王　鹏	王鲜惠
叶大德	喻星源	郝令政	何明阳	贾洪志	孔德宁	赖婷婷	刘颖出
刘子琦	聂　磊	魏向欣	熊奕洋	杨如仙	张　硕	赵阳阳	董若南
耿　榕	庞维娜	沈岑惠	王志威	张宇轩	林依绿	裴易凡	苏昱坤
谈　欢	王雅琪	杨　创	喻　婷	张明月	张文婷	崔　涵	戴蓝昊
贾　瑞	李至峪	刘翔宇	马克琪	钱　文	任成昊	吴　玉	杨亚荣
张　奇	郝苏湘	郝艳丽	焦　萌	罗　坤	孟　媛	王成宇	肖　楠
周梦伊	董　雪	刘明哲	乔珊珊	孙艳楠	汪　弈	徐闻璐	赵雯程
祝智杭	代嘉菱	丁昱丹	吕重阳	田雨禾	王文丹	王占栋	

动力工程系：237 人

陈嘉映	王佩姿	佟勇婧	封敏丽	孙盛桃	闫博康	佟圣旭	陈　曦
曹　可	黄凯迪	胡依婷	王胜兵	丁　敬	王晓帅	张运通	管亚鑫
黄禹川	高　扬	赵盛禹	郭雨萌	刘　荀	许茹茹	雷彤彤	向　蔚
吕井飞	许　瑞	丁　帅	张飞飞	赵成宝	窦　捷	刘宴群	毕　腾
付　饶	洪伟萍	张　蓓	张丹丹	唐晓晋	黄　振	夏　晴	郭小宁
马圣原	王立元	黄纯嘉	牛　路	汤占勇	陈非凡	胡婵月	杨旭东
黄涵钗	潘定安	李　卡	杨　涵	邢佳颖	王嘉进	边永庆	彭　鸿
施智贤	胡乐毅	于烽城	田李果	杨　锟	李成晓	李英飒	梁　明
王铭岩	李政凌	王天蔚	杨宇佳	吴　宁	龚兴友	文姝岑	陈甜甜
莫　凡	张　江	李　瑾	游嵘臻	许　勉	张亚亚	陈飞雄	梁小壮
李　宁	高亚驰	潘龙有	屈靖洁	赵　霖	王小猛	韩　建	马首航
王未宇	刘　宇	陈萍萍	马　畅	韩汶辰	宋四明	张　华	包　帅
邹挺松	汪佳敏	肖艳红	王　娅	魏川彬	崔　悦	况　聪	赵丽花

甘汶艳	丁云花	王丹阳	郭殿奎	米 行	张晨浩	杨 灿	张 魁
陈诗怡	王天程	刘 玥	王培鑫	刘雪莹	陈 彬	丁永钰	徐玉刚
张亚萌	吴 清	朱浩涛	罗 迪	张学远	朴梦然	程 乐	李 刚
第青川	吴思玥	陈昆鹏	张伊甸	蒋慧卿	许佳欢	乐梦雅	宋晓玮
肖一鸣	徐巧变	黄思杰	袁 博	李鹏飞	赵崇邦	葛 臣	王旭锋
徐 亮	刘树培	胡庆祥	厉志鹏	李晨昕	郭子嫚	黄文英	陈吉玲
王明军	杜伟彪	王钦政	李斯琪	洪成功	翟 雪	刘海洋	池紫薇
马 玲	李华雄	缪玉玲	刘胜飞	刘竹清	陈施佳	张 翼	韩树学
刘奇缘	林益民	徐 屾	邓雨竹	王敬尧	滕先浩	刘雪燕	王地开
舒 健	刘 墨	姬禹杰	贾 鑫	罗学智	冯丽芳	张罗斌	姜 山
刘思言	江紫薇	杨 振	吴 茜	金铃杰	宋 雷	虞娇婷	刘 杨
杨 夺	苏新凯	李文泽	李 昊	任秋阳	田倍乐	林和鹏	续政轩
申宗旺	陈泽彬	李 毅	廖国强	安 平	马 亮	谢培洁	徐少鹏
黄 镭	邢振国	蒋 鹏	张东方	刘雅婷	李 斌	王晓磊	许煜娜
陈光铨	朱启将	麻腾威	任瑞涛	金志宏	陈东旭	刘 健	邓嘉荣
周士童	罗 爽	苏士伟	梁力文	刘 璐	陈一顺	郭雨生	谢成欣
李立垚	杨 潇	朱荣杰	王 伟	庄 艳			

机械工程系：190 人

李 杰	汪文秀	吴艳梅	周巧云	许高渊	王文铃	李的晋	李琳鑫
张 强	冯增行	吴芝浩	李战争	冯 渝	陈孟哲	陈雪飞	徐建栋
邱于里	孙尚飞	周雀林	邱 振	宋 阳	易浩杰	姚瑞海	王亚祝
王宪全	贾宏伟	曹应平	张艺伟	郑庆浩	殷 超	王海阳	赵星驰
李海超	林立乾	许 朋	马昊坤	秦楚宣	唐 畅	毕胜男	单绍琛
高玉洁	董 浩	贺俊雄	刘斌权	刘跃龙	刘云勋	卢 涛	邬传政
吴晓冬	周凝泽	彭 卓	张 朔	胡子璇	李海伦	李永瑞	陈鹏飞
孟朝阳	石生泉	于可欣	李 凯	蒙煌琨	施宗财	王 婧	陈冠村
李 慧	孙继朋	魏伦宁	曾大为	曾宇锐	刘世奇	马 赓	周崔波
白泽瑞	刘弘艳	宋振霆	闫启程	张恩认	韩佳宏	林 臻	孙悦欣
汪逸夫	王晓明	徐榕鏊	俞云吉	刘 桐	吕亮亮	王会元	张佐康
陈志昊	樊月佳	司琼阳	王梓萌	赵朝成	周谽泽	侯意超	刘凤民
宋昊阳	吴 桐	张雨晴	赵 贺	张佳琦	陈 鸿	马梦璇	陈 铠
陈亚杰	张鹤鸣	邹德坤	胡 苗	祁振明	胡亚康	李 航	辛世豪
颜 森	张树斌	丁 昊	刘成昌	刘 磊	龙健宁	潘依依	冉 斌
王 凯	王文豪	王宇桐	叶伟鑫	周灵杰	周啟生	邹权林	白 云
董思捷	胡飞良	李定康	李滢泽	陆 婷	陶 洋	王文亮	姚 涛
邓稳旭	郭 巍	衡建雄	刘 键	刘 涛	王荣荣	徐栋梁	杨 洪
杨邺鑫	周永蓁	毕文娟	林香君	肖丽颖	周兴龙	朱晓彤	迟耀东
李 义	孙铭珂	孙昱晨	汪海伟	张 潇	骆小满	马立峰	王孟博
张辉周	陈 伟	郭涵涛	黄毅辉	潘宇立	田昊欣	张 强	甄 帅
冯思雨	官泳余	马德昱	吴圆波	韩瑞迪	姜粝轩	梁 旭	刘 洋

孙恺恺	孙毓琦	唐宁宁	王　峰	张亚灵	张志聪	朱之健	黄锦怡
李嘉诚	陈达轩	刚　健	姬雨婷	李小春	康　伟		

自动化系：177 人

范征宇	高　鸣	蒋丽涛	沙理想	郭丹丹	王子奇	陈丽羽	陈思宇
黄碧漪	黄镇东	刘胜男	聂　源	赵泽辉	陈超逸	李慧敏	吴志伟
王　馨	姚　慧	陈曦圆	陈瑞杰	郭艾洁	康佳垚	李奕颖	刘小颖
陆珏婵	苏同发	王金娜	王文强	邵　丁	张　玲	李　源	刘依缦
覃潟祎	陈　琦	贾汝楠	栗毓欣	刘民帅	卢一帆	陈嘉健	雷文博
刘暑辉	吴童桐	陈晟伟	王雪莹	高睿恒	胡一丁	郎光娅	刘　恒
刘　柳	苗　艺	余　雷	杨　花	张　龙	周继祥	朱彦军	崔　茅
何忠魏	李晨鸥	杨　乐	李昕妍	刘润洁	魏佳楠	邵裕铭	岳志辉
赵　晶	沈一鸣	程旭峰	孟令虎	王　凤	苏晓宇	林一帆	孔　润
陈　肖	李亚玲	李美华	胡沛涛	彭　浩	李秀美	赵凯旋	牛　瑾
丘舒婷	李卓群	刘　霜	唐甜甜	田昕怡	舒向前	文　月	李雅雯
翟文培	谢工力	冯楚棋	任国俊	张广廷	陈素东	刘　浪	赵　恺
田　密	刘佳佳	张晓佳	高旋畅	王　旺	杨　楠	王　萃	杜守春
高一凡	黄　昕	李志豪	彭丽文	吴秋淑	李一鸣	吴红妃	成　茵
焦勇博	王元元	卢新蕊	邱作辉	柴佳能	黄　昱	夏子涵	张熙勇
王亚楠	陈思远	景　雪	张霁崴	李继业	李泽铭	王　聪	王秋富
倪　韬	乙　洁	周　浩	曹传刚	刘　岩	李馨蔚	张学仪	杨佳轩
常浩宁	陈斌斌	余承海	初荣琪	黄莉莉	屈津萍	王　刚	武星晔
赵　楠	何国松	张森镇	明　茜	徐建南	漆旭平	谢子泉	车　鑫
刘树力	芦家琪	马建伟	裴露露	王浩瀚	杨　凯	黄均纬	李　静
逄　飞	师昭蓉	陶君明	韦冬梅	吴梦莹	侯美玲	杨新宇	吴　科
周梦璐	周新丽	周　芸	高星宇	李召胜	王梓齐	武志强	杨　旭
澹台歆玥							

计算机系：157 人

郭　雯	李　青	李微微	程瑞营	刘德民	窦宗杰	蒋天一	刘莉菲
马利洁	庆亚敏	于佳文	张杰双	张少聪	唐　帅	董浩圆	徐　莹
晋志明	钟　渝	宣兆贝	王国庆	崔亚男	林　俊	曹进平	陈　鑫
何　日	林增贤	刘通慧	罗　鑫	綦人杰	魏鹏达	谢铠羽	徐　聪
姚滕俊	张馨月	朱晓琳	赵梦晴	史一杰	邹展垚	范　阳	李二超
余　烨	冯明明	刘文昌	高永琳	李宏强	满　意	涂豫平	于治麒
朱原兴	董　涵	黄静熊	李晓珊	李智诚	马艺超	彭成霞	邱慧勇
王　亚	李辉年	李业东	魏博文	肖钰皓	谢逸锟	赵渊博	陈秀新
胡翔宇	黄　星	李佳琪	罗　蒙	王君可	徐　莹	张金蒙	赵浩然
高怡茹	田思齐	赵文轩	贾志培	刘　涵	周震东	陈亦康	戴海青
梁玮轩	严建国	冶晓艳	张文涛	蒋思炯	刘　迪	马德志	魏少伦
徐永相	晏明昊	杨承南	郑景中	胡智瑄	金　祥	李佳忆	曹　峰
程昌虎	关　健	李定一	王　婷	温克花	周再达	朱定坤	安卓阳

刘曜华	刘　政	马　冲	王朝阳	徐雅婕	杨　丽	张旭超	赵紫霞
边　博	邓冠华	郭文启	朱君兴	蔡小雯	蔡雨萌	姜铁民	李昊儒
马钰峰	庞智旺	容振雄	杨晨曦	杨少波	杨　艳	代世雄	侯立洋
刘佳昌	王富荣	王继发	王尚泽	臧宇航	黄宝藩	李斯羽	凌谢津
刘晓晴	罗成于	张毅刚	周孟佳	蔡　仪	陈　林	蒋来来	李　江
沙　沫	吴屹浩	杨荣悦	白晓雪	陈晨晨	郭　晗	何紫伶	景筱竹
李　伟	马可心	唐材源	田　钺	王治博			

经济管理系：152 人

李慧娟	郭玲玲	梁　婕	吴　凡	刘显玲	王　乐	黄媛媛	廖婧婧
韩冰莹	李　威	刘宜楠	吕来城	田　裕	王会茗	杨施云	姚　景
张　璇	周　浩	赵　航	吴　薇	刘弦弦	田　风	尤　敏	乐玉熳
刘　巍	张思行	王彩飞	张延伍	陈雪莲	杨　丽	高　祺	张佃坤
梁进宇	许　悦	解亚敏	李雪莹	邹　冲	尤立莎	李　倩	周庆伟
李　锐	杜　磊	宋志鹏	陈静波	陈　倩	张　然	于　航	白莹洁
孙　泽	杨　艳	黄立君	朱先飞	石梦舒	茹政翔	金　易	徐　畅
余重阳	朱佳雯	马中华	李登览	李燕妮	亓彦珣	郭　颖	杜晓梦
周欣达	张　倩	张淑琴	檀小亚	朱晓燕	袁红霞	弓　宁	舒梦迪
李　畅	任淑敏	郭　婧	李宝双	闫佳塑	童晓琴	滕英杰	姜晓琛
许鈴莉	邵路路	高文涛	王雯敏	许小康	马　丹	石　楠	彭　贤
殷占峰	王世乐	杨春桃	满自涛	李　越	颜雨婷	侯治国	张　冉
彭宜丹	谭锡崇	李　云	陈冬玖	任楚梦	王子奇	李　颖	黄　杉
鲁雨彤	闫雪姣	李钦铃	王子玄	李星佳	李佳宇	吴　爽	曹　正
黄文毓	林云娗	刘宝生	康明慧	张　沛	刘　鑫	田　帅	张羽西
李　敏	曾　萍	顾舒婷	韩　琪	胡启迪	林诗敏	罗　晶	杨牧原
郑顺元	李　璠	王君媛	杜田丰	郑赛帧	杨志捷	何佳煜	陆子轩
张士营	余琪琦	窦　东	王佳邓	汤　柳	宋衍蓉	刘欣婕	石尚霞
杨　岚	董玉琳	樊　伟	付安媛	李　荆	李宇昊	刘李见	武晓霞

环境科学与工程学院：97 人

崔　畅	王思龙	吴晓帅	张楚璇	方　池	王昭月	王龙飞	张耀宇
刘元向	唐　杰	施垌垌	鲁　浩	田　园	孙博华	彭莉晴	何安恩
贾晨东	彭子杨	兰　泉	有晓丹	李思俣	亢凯斌	周　赛	彭子娟
刘威陇	胡宇航	刘　博	董志博	姚晋松	董　鹏	王　雪	张　琳
苏益民	范佳荟	苏迪宇	蒙　强	刘　畅	董韦汝	王　力	陈静艳
谢红霞	廖宇杰	钱　鑫	白子鹤	王　妍	贾里杨	金昊南	王　傲
解若琛	李治穷	房之莫	李　通	冼万如	赵艳阳	巫小明	邓书香
杨添名	陈　飞	姜　叶	李紫微	张宇敏	莫珺蕾	丁琳琳	占路遥
李　彤	姚鳗航	业润泽	岳晓楠	刘　琦	陶　冶	王丽丽	童　伟
刘向阳	冯育宁	柳　杨	邓雨晨	曹泳智	赵　炎	何轶杰	陈儒佳
郝会超	徐　芳	闫昕童	候　博	韩　斌	张　丽	候媛媛	向亚军
王春鑫	李刘刚	田相峰	吴晓娟	孙晨馨	秦佳佳	曾韵洁	董佳晨
尹宇发宁							

法政系：63 人

苏晨晨	么冬霞	辛　媛	王斌斌	李泉怡	万娇娇	张　悦	李梦珂
刘　旭	钱佳莹	苗梦舒	胡　慧	梁　萧	钟书慧	冯琳雅	周　旻
甘玉婷	关　晨	邹绮丽	于　昕	郑温馨	王梦莹	张　巍	刘　郴
徐　慧	骆　菲	徐媛媛	程良玉	艾丽娜	杨　洁	韩　欣	徐　娜
郑淑斐	李童茹	韩靖然	李亚盼	邬小倩	梅晓飞	季　彬	王　丹
彭红涛	代婷婷	夏　伟	赵思琪	曾媛媛	葛晶晶	张　澜	焦凤琪
杨　倩	汪智娟	关秋洁	袁水苹	杜晓静	冷美卿	冉小兰	戴贝旎
张　楚	杨雯博	蒋杨楠	苏俊廷	周小青	赵茹萱	徐闻达	

数理系：49 人

冯雪松	魏珠萍	郑沛东	刘　婷	王　安	杨玉兰	杨佳莹	邱丙文
刘丽君	陶二滈	沈小宇	陈　昕	季忠源	马少诚	崔小莲	张维健
王伟华	程　罡	张杨悦	彭嘉润	周晓旭	徐承毅	张　康	安　晟
林　泱	南　婧	骆雲鹏	何志鹏	邢国通	陈昊锐	韩梦婷	胡　实
胡　宇	黄高林	吴　同	徐进轩	于　宁	冯　倩	胡游柔	胡　正
姬　利	蒋宗亨	赖友进	彭立帅	钱越翡	郇　悦	李春琴	钟　锦
周　鹏							

英语系：24 人

高　彤	李　婕	黄海燕	侯　钰	陈婉诗	吴颖婕	刘　庆	康亚讷
王　杰	吴晨钰	黄皓雯	熊　瑶	李　聪	黄丽敏	赖诗琪	李昕航
刘乐蓉	周　莹	程　铭	崔玉盼	黄嘉睿	李月辉	刘隽昳	赵　晓

国际教育学院：41 人

许琬昱	徐铭蔚	赵　冬	张博涵	韦雅琳	纪思彤	樊　桢	滕文德
郭婉琳	王晓晗	张　婷	黄石成	吴洪坤	周　扬	张子木	袁玉婷
陆典昆	任　可	吕瑞祺	刘可一	张思源	赵金时	柴希鹏	陈紫嫣
赵雨琦	刘　琪	陈华森	孟　媛	周威铮	白　雪	刘竞爽	孙易洲
王烁尘	李佳航	汪姝君	张真罡	黄梓恒	赵凌曦	邱智蜀	褚泽坤
孙　倩							

七、业务素质优秀奖：213 人

电力工程系：46 人

谭阳琛	阚宇强	庞帅杰	陆　迪	吴家俊	李　通	王嘉琦	何雪燕
苏文存	闫纪源	乔嗣欢	魏湘盈	姚　璇	刘建炜	刘　青	高沁娇
魏天宇	徐　政	冯启程	兰　月	付　芸	黄基放	赵　禹	卞艺衡
常晓腾	王志祯	章伟俊	胡杨铄	王梓宇	吴　涛	贾玉朴	孙丰勤
朱云涛	韩健硕	计一鸣	陈天文	韦　岸	罗诗怡	张　晶	姜路冲
王　瑞	穆自强	陈鸿辉	李瑱璘	谢　乾	朱跃熹		

电子与通信工程系：19 人

杨毅冉	杨　哲	乔　莹	谭凤贤	陈　涛	周广权	韩　瑞	李　玥
张菲玥	阎智祺	蒋明远	李　智	管雁彬	贺　鑫	洪少雄	仪豆豆
黄彦钦	杨　洋	沈沁颖					

动力工程系：23 人

陈宇曲	李依霖	刘　璐	侯立泽	张宏盛	向　鹏	刘江帆	张伟德
王华胜	张子龙	虞熠鹏	谢模栋	杨　雪	韩晓敏	程　想	杨中智
周泽耀	王　姜	王　伟	李　林	张　伟	刘自强	赵志炉	

机械工程系：27 人

王季鑫	尹孟然	陈丽敏	王欣彤	曹倩倩	杨衡珊	胡宏境	韩　鹏
林　杨	赵亚辉	张　朝	谭连伟	赵会猛	庄佳翔	苏　敏	赵林玉
赖星宇	单天波	牛慈航	孙　博	陶东亮	张亚辉	张晨晨	李　冉
姚　睿	余　磊	张　越					

自动化系：27 人

胡子为	蒋玉虎	杨　攀	王乾铭	张建雨	韩永鑫	王　阳	崔　迪
陈炜耿	李　晓	沈冰彬	石汉东	李　瑶	杨信宇	程彭来	刁　进
李鹏程	罗晨瑀	张兴轩	梁胜男	李淑琴	王　超	史耕金	田亚猛
陈启明	陈钟琦	史　伟					

计算机系：24 人

张毅民	谢仁杰	王健民	王适存	王文杰	方军鹏	马琴超	杨　航
汪　杰	王　轩	李晓艳	唐正鑫	王雨萌	金　航	易景贵	王紫玉
孙建勇	陈颖鉴	程鸣洋	杨　江	朱俊杰	李丁章	姚雅斐	张甜甜

经济管理系：15 人

许　玥	陈　妍	钱　程	梁　艺	古悦阅	王春红	黄舒靖	何俞霖
赵　蕊	江怡宣	刘慧娜	乔兰兰	侯迎菲	王　茹	贺娅娅	

环境科学与工程学院：14 人

陈大川	董李杰	周达海	刘　晓	袁　铎	傅　坤	施　楠	何　晴
马昕鹏	倪金磊	郭　阳	龚奂彰	李紫怡	牛俊蓉		

法政系：8 人

朱涵雅	陈　滢	史益豪	江奕颖	蒋东凯	邵际炜	徐　杨	许清文

数理系：2 人

刘　彤	于鹏朔

英语系：7 人

赵斌宇	王　珂	杨　璐	孙文裕	朱　潇	陈思伊	韩　颖

国际教育学院：1 人

卢紫薇

八、社会工作优秀奖：314 人

电力工程系：69 人

魏　奕	魏石磊	黄湘云	段国强	饶雄文	苏至哲	王璐雪	刘　可
吴　睿	张部博	郭天宇	陆志文	李国杰	马华兴	张前楸	李庆杰
方　欢	纪　欣	张丁丁	李京晶	李锦钰	申成龙	韦　欣	严文帅
戚鹏博	姚　璇	戴　尧	董楠卿	刘　青	唐荣徽	朱凌宵	耿　璐
郭红艳	马健馨	吴　征	袁　野	冯佳豪	吴云飞	刘　鑫	燕思潼
李　蕾	徐　达	赵雨晨	王昕鹏	常晓腾	江宇峰	刘东旭	卢熠猛

李　欢	苏　岚	王泽轩	李昕烨	黄子平	尹兵欣	陈同凡	李　晴
罗宇星	陆安志	刘曦阳	王泽明	毛一钒	廖祖江	李京达	李经纬
穆自强	赵长皓	韩青俊	张　磊	董清阳			

电子与通信工程系：17 人

孟宪瑞	吴　宪	姜　越	何颖宣	潘　蔚	王新胜	张诗杭	张　鑫
钟岚依	刘郅铂	王向洋	熊国杰	张千一	薄宝刚	刘玉佳	潘晨清
张之浩							

动力工程系：49 人

周梦伟	贾晓强	顾晋饶	江凯军	汪　龙	李　典	薛宛辰	吴燕虹
秦　煌	李赫尧	李依霖	王　策	刘彦琛	田宇晨	李高俊	曾少雄
孙雷超	崔亮节	靳松桦	肖红洋	李锐涛	罗国栋	熊　峰	姜京东
张婷婷	陈　坤	贾昕瑜	黄保敬	于榕榕	王　慧	李　允	王　兴
郑雁冰	杨海涛	孟大旭	张一华	吴　松	梁建超	刘　磊	胡晓天
何雪萍	王星雨	李　凯	付朝阳	蒋　璇	张　欣	王　浩	董　睿
姜博文							

机械工程系：25 人

郝雪彬	朱晔晖	李未亭	何　飞	李仕玉	殷子沛	李洪文	傅家伟
米家奇	余帮节	汤善发	孙　嫱	强刚刚	王一帆	晁明智	马晓博
王志鹏	何志斌	王　聪	庄佳翔	赖星宇	周忠然	罗　皓	冉启平
苏贡晗钰							

自动化系：37 人

张　琨	徐宗强	胡子为	李　鹏	唐　刚	陈智祺	魏新远	曹　瑞
张　羿	全　杰	包　晗	史　玥	张　韬	吴宏旺	彭福祥	李　翔
黄亚捷	文　驰	周腾悦	马　杉	王程榕	张　秘	陈春屹	陈启璧
李　昉	李志杰	张　宁	马慧颖	赵　宁	徐海洲	李果行	马鑫泰
史　伟	孙连浩	田丽敏	王　珏	张国宝			

计算机系：22 人

陈逸凡	林　文	郭家琪	翁　敏	于　峥	袁夕岚	魏殿骏	冯心政
寇红伟	李祎蕾	魏　雪	娄红红	孟　娇	王晓伟	曲百锐	吴田同
赵　萌	杨旭颖	张　博	巩春军	姚鑫杰	美渴丽亚·帕拉哈提		

经济管理系：30 人

赵德骁	张敬柏	王婕妤	闫双情	张梦瑄	马　坤	邸　燕	王明辉
李美琳	刘英霖	刘春霆	刘　洋	王辰凌	张正阳	安艺敏	赵　蕊
李振楠	赵　航	王　睿	马　浩	杨　森	李文岳	张　蒙	尹　蓉
陈　瑞	刘净茹	赵棋羽	卢　静	李　政	徐　曼		

环境科学与工程学院：28 人

张东霞	夏天杰	陈雅雯	夏　瑜	孙明坤	段祺君	吴　娜	吕彦伯
朱丕涛	曹家宝	孙崇旭	杨鹏威	崔　超	任宏天	何德瑞	虞　婧
刘　明	李国良	武　凯	王炳然	吴星雨	赵　翔	牛俊蓉	郑　浩
李海亮	刘海韬	刘　畅	陈嘉浩				

法政系：16 人

包　旭	李佳颖	杨　琳	初金秋	朱　搏	邱小玲	白依宁	刘士钰
温　馨	王晓俊	祁　忠	华若昕	覃春晖	张志超	许之伟麟	艾则提艾力·艾尔肯

数理系：10 人

郭　凯	刘彤彤	任庆远	杨　坤	李思儒	刘　祥	张露月	勾璐璐
王　淳	金模瑶						

英语系：9 人

朱思慧	王翠竹	张　鹤	刘　琦	徐鹏飞	柴　琳	杨东阳	吕天皓
李春良							

国际教育学院：2 人

朱芮贤	秦福伟

九、文化活动优秀奖：146 人

电力工程系：35 人

王　炎	何仪颖	王璐雪	毛欣月	张郃博	徐学静	张　普	方　欢
宋毅杨	冯楚涵	于桐桐	马健馨	宋赫天	王志浩	张　颖	范文惠
赵雨晨	王瑞雪	赵　禹	王昕鹏	常晓腾	苏　岚	李昕烨	陈　稷
高语晨	谢映洲	张雨奇	侯雨琴	姚曦娴	陶福成	桑雨柔	王泽明
张婉婷	罗　洋	杨凌典					

电子与通信工程系：5 人

胡雨婷	陈　成	贺　鑫	仪豆豆	马英栋

动力工程系：24 人

胡明月	贾晓强	卢俊松	吴　迪	周　姗	李高俊	王梓琛	吴　优
蒋奎振	孟大旭	周　阳	钱　辉	孙铭跃	王钰璇	王一斐	胡雪松
廖圣瑄	王　浩	毛晓璇	唐旭尧	刘国栋	王利德	姜博文	苏巴特·艾海提

机械工程系：15 人

郝雪彬	朱晔晖	张　冕	张伯麟	毕董丹	傅家伟	孙　嫱	王一帆
方静怡	杨　宇	张　颖	李沫彤	杨　志	单天波	刘　瑜	

自动化系：17 人

蒋玉虎	刘佳吉	熊国恩	何丽蕊	谢　惠	王子琦	张　羿	曹　巍
张　韬	彭福祥	李　翔	马　杉	黄祖波	陈春屹	刘烁伟	龚　主
郑天瑞							

计算机系：16 人

陈逸凡	张毅民	孙　翔	朱云琦	施少龙	王健民	曲凌晓	桑雨薇
唐正鑫	刘玉琪	范宸尧	牛劲草	哈显贺	杨旭颖	张靖生	姚雅斐

经济管理系：15 人

梁　艺	古悦阅	梁　静	王辰凌	马　琛	李文岳	徐昱昕	李　申
赵小鸥	石　悦	张寄东	赵棋羽	樊心田	王志彪	徐　曼	

环境科学与工程学院：4 人

余欣芳	夏天杰	曹家宝	任宏天

法政系：7 人

初金秋	于佳鑫	耿世璇	邱小玲	冯　琳	宋羽双	靳泽远

数理系：4 人

刘彤彤	赵可心	李春晖	潘丽坛

英语系：2 人

雷　也	余珂妮

国际教育学院：2 人

叶凌霄	王晨宇

十、体育活动优秀奖：298 人

电力工程系：64 人

魏　奕	王　涛	王亚琦	王　炎	何仪颖	林子健	苏至哲	孙　昭
许　斌	刘　可	宋广胜	张郃博	李茂茗	刘清晨	李庆杰	方　欢
邹　福	张丁丁	徐伟杰	周家铭	梁睿智	杨颜冰	邹潇骏	魏湘盈
赵天一	戚鹏博	姚　璇	刘思聪	薛　野	朱凌宵	马健馨	李海宝
冯佳豪	臧　瑞	翟　颖	邱海杰	艾　熔	刘　鑫	王虹夷	龚玉辛
赵子仪	阿嘎日	孙　超	庞智豪	王泽轩	胡杨铄	高　萌	陈瑞峰
刁　左	金鸿宇	陈　稷	才　文	牛生云	孙丰勤	闫嘉勋	罗宇星
李占春	王　阳	陈铭远	陈　雨	付静柔	倪献棋	杨凌典	余方心恬

电子与通信工程系：23 人

孟宪瑞	任江华	王子璘	刘建达	韦龙坤	詹佳彬	陈科帆	何颖宣
李函霏	郭昊霖	张诗杭	刘郅铂	陈家辉	熊国杰	刘玉佳	潘晨清
陈蕴祺	陈鹏辉	刘艳蕊	沈沁颖	田　甜	余冬杰	张之浩	

动力工程系：37 人

顾　琦	王　伟	李枝林	徐承美	陈宝坤	崔亮节	杨杰坚	韩明亮
魏广迪	张子龙	许　童	赵玉良	张晓斌	任小丁	周一洲	杨　凯
刘　帅	王洪跃	李　凯	付朝阳	张艺瀚	苏梓星	夏甘露	王银玲
范林达	刘天伟	王宇彬	黄芝魁	金　文	陈家熠	雷浩洋	宋炳毅
姜博文	贺博言	怕拉沙提	塔里哈尔·巴格依	哈斯铁尔·艾列西			

机械工程系：29 人

郝雪彬	曾柳盛	周子杰	邓伟健	陈丽敏	米家奇	汤善发	孙　嫱
欧阳玲	陈　维	李　明	马振超	冉　灵	董星华	韩　鹏	李沫彤
赵林玉	罗　皓	杜　刚	冉启平	王洪运	贾舒茗	娄鸿伟	王荣垲
李鹏然	陆文婷	孙仲达	买尔旦·塔什	帕肉合·阿力木			

自动化系：39 人

刘　赛	张海洋	刘　扬	达祖森	胡子为	李　鹏	何其敏	郑　健
李睿泽	王航宇	刘　锐	石　睿	全　杰	王艳阳	吴宏旺	彭福祥

曾文珺	李　翔	严文锦	辛　雪	曹宇轩	张　昭	李　雪	周腾悦
窦毅琨	李贺延	李鹏程	刘普强	罗晨瑀	陈春屹	李　昉	李　阔
张经纬	任　铭	张　宁	杜敏荣	徐珮宸	马鑫泰	张国宝	

计算机系：28 人

李明睿	马占军	王　恺	张　伟	钟策才	安　慷	鄢光伟	赵正阳
陈宏宇	靳亚康	李忠明	尹国卓	高　鹏	王根学	吴宇峰	李舒婷
娄红红	黄子越	康志龙	葛　堃	曲百锐	吴田同	陈颖鉴	程鸣洋
姜　彤	张泽康	郭晓帅	净淏泽				

经济管理系：34 人

郭志明	符广润	杨　柳	张　云	姚　伟	李美琳	刘英霖	宋　阔
鲍辰雨	孙京鲁	王华卿	潘红竹	李向伟	朱碧璇	马　云	朱鹏伟
王　睿	马　浩	赵　宁	任中睿	陈东生	冯雅儒	白永莹	翟　睿
奥　娜	周文婉	王振鹏	王思雯	李科团	赵棋羽	孟彦廷	李　政
刘俊杰	阿力木江·阿地力						

环境科学与工程学院：16 人

王宇彤	萧子浩	董李杰	王禹衡	李晓菲	段祺君	胡　尧	黄宇圣
周长发	宣　言	杨　康	吴星雨	赵　剑	解鸿天	张昊屹	邝昭辉

法政系：12 人

陈庄子	杨婷婷	王海桃	白依宁	吴亨宝	齐志泽	王雪纯	孙　纪
申佳健	史志浩	马　楠	张志超				

数理系：5 人

杨　坤	刘　娴	刘文涛	王雪莹	郑志远

英语系：6 人

聂佩岚	柴　琳	陈思伊	郝　瑶	曹俊艳	杨　晶

国际教育学院：5 人

景　琦	回金一	陈雨若	秦福伟	上官学昕

十一、思想道德表现优秀奖：214 人

电力工程系：47 人

黄湘云	罗曼丹	刘　可	徐学静	张前楸	李庆杰	徐晓惠	方　欢
纪　欣	李傲雪	冯楚涵	习智超	赵段杰	李京晶	邹潇骏	李锦钰
李浩天	程　琳	申成龙	张韵秋	刘思聪	戴　尧	董楠卿	郝倚落
郭红艳	马健馨	田　华	张　颖	李　蕾	赵雨晨	刘东旭	卢熠猛
王泽轩	黄子平	尹兵欣	侯雨琴	李　晴	王泽明	毛一钒	刘　策
王　阳	李京达	任浩天	金炯奎	付静柔	赵长皓	郭雅欣	

电子与通信工程系：14 人

彭　飞	钟岚依	陈　成	张倩文	王向洋	梁思达	熊国杰	张千一
赵志祥	朱　庆	龚瑜馨	李宇航	叶　鹏	张之浩		

动力工程系：28 人

周梦伟	李　典	吴燕虹	冯若恒	李赫尧	周　姗	陈宝坤	刘彦琛

崔亮节	马　越	陈宏昌	任小丁	张　晋	李　军	肖卿宇	孙铭跃
张　欣	孙瑛杰	孙月亮	吴名起	王宇彬	李海霞	何　福	毛晓璇
杜武锦	宋炳毅	许光安	姜博文				

机械工程系：24 人

郝雪彬	何　飞	周子杰	李仕玉	王昊冉	孙　嫱	晁明智	曹劭斌
马振超	戴志鹏	张　颖	张志尧	李沫彤	周忠然	史　帅	李长锋
罗　皓	李云江	贾舒茗	李墨涵	武　彤	黄　森	永浩杰	帕肉合·阿力木

自动化系：29 人

李　鹏	刘佳吉	何丽蕊	单富饶	谢　惠	王子琦	张　羿	冯浩楠
曹　巍	包　晗	吴宏旺	彭福祥	张沛尧	李　翔	李彦龙	黄亚捷
周腾悦	李亚林	陈启擘	李　昉	赵美花	龚　主	张　宁	王一冉
张娅楠	徐海洲	李果行	马鑫泰	张国宝			

计算机系：20 人

陈逸凡	郭　放	钟策才	孙　翔	朱云琦	唐文静	唐　成	冯心政
刘玉琪	娄红红	曲百锐	吴田同	牛劲草	赵　萌	刘　鑫	李　晶
杨旭颖	张泽康	巩春军	郭晓帅				

经济管理系：22 人

张敬柏	王婧怡	邸　燕	丁振华	铁万梅	邹梦瑶	刘　洋	梁　静
王辰凌	王　鹏	马　浩	叶鹏浩	冯雅儒	王振鹏	姜朝阳	李科团
刘净茹	赵棋羽	卢　静	刘向前	尚帅东	石宇峰		

环境科学与工程学院：10 人

王宇彤	黄信达	张东霞	夏天杰	樊碧菡	田泽宇	陈雅雯	何德瑞
吴星雨	李海亮						

法政系：7 人

包　旭	李璐杉	王美琦	孙　纪	华若昕	覃春晖	马　阳

许之伟麟数理系：4 人

李思儒	勾璐璐	余丽芳	金模瑶

英语系：6 人

雷　也	徐鹏飞	王　瑶	李春良	杨　萍	曹俊艳

国际教育学院：2 人

郑如馨	秦福伟

十二、科技创新能力优秀奖：29 人

电力工程系：6 人

张伟韬	刘东旭	王志祯	李昕烨	金鸿宇

电子与通信工程系：1 人

陈　成

动力工程系：7 人

戴　航	贾晓强	李依霖	陈宝坤	刘彦琛	李高俊	虞熠鹏

机械工程系：3 人

陈文东	傅家伟	陈　杰

自动化系：2 人

徐海洲	王　恺

经济管理系：7 人

赵　晨	王婧怡	丁振华	刘春霆	李文岳	星　宇	陈　玲

环境科学与工程学院：3 人

吕彦伯	范珊珊	李宗红

华北电力大学 2014—2015 学年度研究生先进集体和先进个人获奖名单

（北京校部）

一、优秀研究生标兵：29 人

1. 博士：6 人

江　军	邹志龙	葛翔宇	孟洪民	郭　森	李晓丹

2. 硕士：23 人

鲁　旭	汪筱巍	李益楠	田鹏飞	邱　扬	陆格野	王　欣	黄旭炜
赵苗苗	乐　龙	董　伟	陈　袁	陈　莹	崔　超	宋智超	王诚诚
杨亚会	张吉祥	冷　川	刘　雨	王卫娟	董亚婧	徐　娜	

二、优秀研究生（438 人）

1. 电气与电子工程学院（141 人）

博士：24 人

谢　军	申洪明	李　探	李学宝	苏小玲	张　旭	陈奇芳	梁营玉
王上行	倪晓军	王　健	李海峰	殁　宾	梁晓林	甄　钊	帅　旗
王义龙	蔡万通	闫江燕	张　尚	李承昱	王皓界	赵妙颖	董　哲

硕士（117 人）

刘富浩	陈　强	王冠杰	李红贤	熊雪艳	孙　帅	李明洋	周　勇
张伊美	温俊强	兰巧倩	闫　新	黄天意	焦彦俊	马文祚	李伯涛
李春华	张　宁	杨万涛	李树鹏	赵鹏豪	陈　启	刘　炜	白金芳
李荣荣	沈　静	张　月	饶　志	贠飞龙	张　颖	王书瑶	李岩松
李天福	陈　罡	杜　翠	马　骢	梁燕红	申志成	黄建阳	张永帅
李顺杰	尹颢涵	佟晶晶	石云飞	丁　伟	高文鹏	刘浩程	刘文昭
张晓静	王　玲	石　俏	张子豪	刘　晗	魏　昕	米昕禾	张宇鹏
余沸颖	吴　丹	张芬芬	梁安琪	夏　妍	曹　炜	陈鹏伟	袁艺嘉
刘瑞煌	刘　畅	李慧勇	樊　玮	牛淑娅	钱　晨	郭裕群	袁晶晶
孙媛媛	任　赟	陈　玲	刘　昌	肖　莞	魏旭辉	刘　琦	杨奕飞
叶湖芳	宋梦琪	苏晨博	赵　乔	王雨秋	宋方方	谢瀚阳	杨家莉
于　钊	明晓航	石冰珂	李　志	于梦琪	闫　磊	冯　云	周　秋
杜施默	王光波	张　轶	王莎莎	林　佳	骆　晨	张鹏飞	何智鹏

许　鹏	王　迟	张淑萍	许菲菲	张首魁	涂　京	邹兰青	袁之康
王　博	王瑞杰	罗　娅	崔　仪	任哲锋			

2. 能源动力与机械工程学院：92 人

博士：23 人

吴俊杰	孙颖颖	金鑫明	刘慧敏	韩　雪	韩　旭	王　冰	孟　冲
王晓龙	吴令男	朱　勇	顾永正	陈东超	刘　静	王春晓	张俊龙
毛新华	李新凯	李　状	杨佳霖	卢　可	褚东亮	李　晶	

硕士：69 人

杨茜芝	郑祯晨	张海龙	聂霄萌	张　扬	王　磊	尹书剑	刘　晨
张鑫淼	翟鹏程	徐鸿飞	赵一凡	常乔磊	王　鹏	皮晶薇	梁　朋
李　力	袁　荔	李永毅	王　野	马　莹	刘凯华	曹苏恬	李　瑶
徐　璋	陈圆圆	尹传涛	苏　欣	彭　波	谭　鸿	和圣杰	孙诗梦
胡峻榕	刘彦达	孙　莹	王　婷	李　享	岳国强	柴永志	王源意
邱尤丽	罗　彬	何姗姗	曹正锋	张　昭	刘　椿	孙显星	赵世飞
丁开翔	李　庆	廖海涛	董　琳	曲万军	陈　晨	王立新	苏然然
何　强	张得泷	侯　勇	梁飞飞	霍启军	徐　汉	朱恒毅	张冬雪
朱一鸣	陈义忠	曾娅玲	张　凯	李　韵			

3. 控制与计算机工程学院：69 人

博士：7 人

何　芳	李晓明	武英杰	董蕊芳	杨燕燕	高骏强	张晓霞

硕士：62 人

王　尧	杨亭亭	史墨祎	马　蓉	张　鹏	孙　金	贾翠玲	卢　腾
冯　晨	张丽颖	李　博	丁雪伟	张　晶	杨立群	张实君	郭锦荣
严　川	刘　虹	刘　涛	白　冰	阳　洋	籍天明	刘耀先	王　伟
宋纯锋	傅冰云	苏荣强	吴子晗	曹　超	孙亚洲	关文渊	李滨阳
李　岩	张蜜蜜	马　杰	刘广旭	周旭祥	韩国龙	陈祖歌	姜　珂
卢陈越	陈　博	李树超	王洪燕	赵　敏	侯　杰	张　维	韩　梅
李　昭	洪　烽	杨旼才	包喜春	左嘉志	赵泽昆	王英男	周琬婷
隋世娇	范　昌	蒋敏敏	吴国勋	郭　欢	姜　卓		

4. 经济与管理学院：71 人

博士：8 人

张　晨	鞠立伟	冯天天	欧阳邵杰	李娜娜	刘慧晖	张　倩	朱　茳

硕士（63 人）

伊　静	林伟香	魏宇昂	唐树媛	宋易阳	昝彦国	曾钦顺	宋　琦
任领志	付　明	李冰洁	陈卓尔	梁燕妮	樊　娇	刘依林	赵宇飞
安　莉	葛宇剑	陈李荃	孙　俏	金　鑫	罗　晨	茹　铭	杨　陶
白俊维	张向荣	李　阳	曾怡萍	范耀文	许　克	蔺帅帅	李沐阳
杨　萌	邱金鹏	秦　超	彭道鑫	国潇丹	王　毅	韩江磊	林智明
范　磊	李雅然	牛英杰	刘　浩	许丹瑞	时媛媛	蒋文琦	张思文
李彦华	宋继高	丁　倩	孙　娴	唐　畅	王进超	贺　雷	柏　冰
蔡晓亚	刘晓鹏	袁玉赞	白沁园	马　营	张　林	王建华	

5. 可再生能源学院：29 人

博士：6 人

阎　洁	杨绪飞	王兵兵	张智博	蒋晓燕	李荣波

硕士：23 人

高　尚	王恬越	胡　哲	游聪娅	延玲玲	刘　璐	孙　莹	李秋翔
孙晓丹	董晓晨	徐　真	张馨月	张天翔	李越强	袁　睿	张　笑
李　闯	崔　鹏	李　聪	李瑞科	高琳越	付鹏飞	高　洁	

6. 核科学与工程学院：10 人

博士：2 人

郭　超	张钰浩

硕士：8 人

常　牧	姚　远	曾晓佳	许　鑫	王　聪	杨　旭	黄　雄	袁　博

7. 数理学院：9 人

陈　祎	刘晓彤	周亚玲	郭瑶瑶	高　鹏	赵卫娟	张晓乐	王　丹
贾利芬							

8. 人文与社会科学学院 政教部：9 人

韩江雪	王　迪	韩亚倩	冻　梁	吉　雅	王婷蕊	吕　娟	于　迪
孙奕菲							

9. 外国语学院：8 人

罗梦妍	陈　明	刘　娇	刘　燕	周九艳	周　瑶	杨树青	谢凌云

三、优秀研究生干部（243 人）

1. 电气与电子工程学院：78 人

博士：9 人

李学宝	江　军	帅　旗	蔡万通	杨　洋	张　强	李　猛	田　硕
谈元鹏							

硕士：69 人

李红贤	温俊强	杜　翠	王　玲	魏旭辉	刘　琦	周　秋	张　铁
王莎莎	骆　晨	张鹏飞	何智鹏	许　鹏	王　迟	张淑萍	黄旭炜
许菲菲	张首魁	涂　京	邹兰青	袁之康	王　博	王瑞杰	罗　娅
崔　仪	任哲锋	阚常涛	王　晟	司　梦	施锦月	王　萌	杨　波
杨嘉楠	霍　箭	苏洪玉	杨尔蔷	丁慧龙	胡　涛	符茜茜	惠飞翔
赵晨雪	史开拓	张　和	王　璐	曹雅榕	李永杰	马晓川	周　凯
杨　勇	王　心	陈　红	张洪奎	张在宝	田彦鹏	陈桂新	董春发
张鹏宁	王圆圆	褚　艺	陈弘扬	赵鲲翔	蔡正梓	高长青	孙吕祎
刘世强	郭　鹏	廖坤玉	刘宇石	吉　程			

2. 能源动力与机械工程学院：51 人

博士：6 人

徐　婧	刘伟龙	褚东亮	蒋东方	胡　亮	刘　辉

硕士（45 人）

赵苗苗	陈　袁	常　浩	刘　刚	宁　翔	霍明庆	刘　超	李梦源

高国建	杨茜芝	刘　达	周信华	贾时轮	郑祯晨	刘　锁	张海龙
谢　宇	聂霄萌	宋　莹	张富春	王　露	王伟涛	张　扬	陈素娟
洪瑞鑫	王　磊	初　兰	周　莹	王　瑞	李治甫	黄　帆	尹书剑
刘　晨	马　腾	刘磊洋	张鑫森	翟鹏程	徐鸿飞	赵一凡	常乔磊
彭向锋	王　鹏	蔡悠然	皮晶薇	张建杰			

3. 控制与计算机工程学院：34 人

博士：3 人

李　艺	王世林	王耀函

硕士：31 人

马　蓉	张　鹏	刘　珺	郑思远	张娇娇	邵冬冬	信　峥	尚泽禹
刘苹稷	任天翔	廖振宏	高　亮	杨如侠	刘鹏程	张晓航	秦　昊
王　怡	吕　骁	曾　帅	梁　超	安培秀	谢　谊	吴小树	崔靖涵
王雪梅	马　凯	张佳楠	黄　鹏	马　源	王亚京	韩　博	

4. 经济与管理学院：35 人

博士：7 人

许晓敏	路　妍	鞠立伟	许　浒	李娜娜	刘慧晖	陈开风

硕士：28 人

林伟香	王立志	高　洁	吴攀昊	高　瑞	刘冰旖	李大成	蒋慧娟
樊　娇	舒　艳	孙　俏	蒋桂武	孙浦萌	姜文涵	蔺帅帅	熊媛媛
毛春宇	郑书誉	钟雅珊	任东方	高　冰	牛英杰	刘　浩	许丹瑞
宋继高	柏　冰	郭瑞林	杨兆静				

5. 可再生能源学院：17 人

博士：2 人

蒋晓燕	李荣波

硕士：15 人

高　尚	胡　哲	孙　莹	李越强	张　笑	高琳越	高　洁	延　平
李　旭	李长达	吴　骥	郑　凡	刘　璐	胡泽华	卢东海	

6. 核科学与工程学院：8 人

硕士：8 人

欧阳袁渊	陈　伟	宋明强	张　顺	齐厚博	李　宇	付　玉	张　帆

7. 数理学院：6 人

硕士：6 人

刘晓彤	高　鹏	赵　倩	杨岩丽	程　琼	秦建平

8. 人文与社会科学学院 政教部：7 人

硕士：7 人

韩江雪	冻　梁	吕　娟	李思绮	谢益桂	邱瑞昕	张　鹏

9. 外国语学院：7 人

硕士：7 人

赵一彤	宋　菲	张　婷	薛晶晶	张晓翠	姜京秀	马　阳

四、先进班集体（19 个）

研电 1403 班	研电 1409 班	研电 1411 班	研电 1303 班	研电 1304 班
研动 1418 班	研动 1328 班	博控计 1237 班	博动 1443 班	研控计 1322 班
研控计 1425 班	博经管 1342 班	研经管 1421 班	研经管 1424 班	研核 1437 班
研数理 1433 班	研可再生 1435 班	研人文 1431 班	研外语 1432 班	

（保定校区）

一、优秀研究生标兵：17 人

邳 静	张静怡	翟俊义	黑 阳	李 倩	吕少昆	王鹏程	肖坤玉
任旭丹	杨 勃	石 鑫	彭 旭	刘 洋	史伟伟	李姗姗	叶治宇
何宗源							

二、优秀研究生（240 人）

1. 电力系：64 人

董金哲	刘 梦	吕思昕	徐 多	杨 月	陈 坤	韩 平	李清然
李 通	聂 晹	赵航宇	杜林森	陶珺函	岳 娜	钟玉廷	房 丹
李建芳	裴少通	齐 飞	赵 莹	陈 旭	樊世通	刘 卓	王志兴
郑曙光	陈 赟	邓 嵩	董 哲	刘 熊	刘 哲	毛王清	王 阳
郭永明	肖志恒	叶 茂	岳贤龙	张佳怡	郑伟烁	梁 宵	刘席洋
许士锦	於慧敏	于 淼	高世强	关大伟	刘 丹	吴 慧	康文强
刘 栋	孟娜娜	戚岭娜	程华新	董沛毅	张 宁	张媛媛	郑 洁
朱 静	黄 馗	蒋 雨	李 川	徐樊浩	徐文岐	严 逍	黄 河

2. 电子系：21 人

韩朵朵	黄 月	石 盼	尹永飞	赵 凝	丁莎莎	高育栋	刘 宁
王 静	苑 园	方蓬勃	黄 腾	李 佳	徐国智	阳佑敏	张 晓
周生平	陈青钦	刘倩倩	宋天慧	左保收			

3. 动力系：37 人

丁学亮	付 超	郭泰成	黄彦辉	任泽民	刘洪锟	邵 欢	王 通
王玉兰	杨相钊	陈 亮	王培毅	琚荣源	刘士名	任玉成	孙少东
王龙杰	赵 航	付晓俊	杨 颖	高彬彬	李 聪	邵立欣	于文圣
张 岩	李新号	庞永超	石 宇	白子为	杜 斌	李 鹏	王路松
王 鹏	王晓峰	薛全喜	张雪梅	周博滔			

4. 法政政教：6 人

李 圣	刘雅岚	张纯瑜	高鹏飞	胡晓静	彭 迁

5. 环境学院：15 人

柴 峰	韩停停	王姣龙	刁 星	王可心	杨 玉	赵子玮	齐铁月
秦晋阳	谢佳林	张立男	陆义海	晏雅婧	于伟静	张丽军	

6. 机械系：16 人

柯孟强	吴学华	姚鹏辉	张子阳	范挚阳	黄增浩	刘冠辰	朱伯文
陈寨辉	高雪媛	王 勇	徐振磊	李红梅	李文浩	吴 鹏	张秋桦

7. 计算机系：21 人

崔晓培	马 力	宁晓光	张 兰	何壮壮	苗 云	彭研枫	王 烨
禤俊杰	韩龙美	李天琦	李紫君	刘雪艳	潘振福	吴紫薇	程晓佳
郝姜伟	焦亚菲	许 静	杨 璐	姚 陶			

8. 经管系：24 人

樊围国	梁 毅	曹 叶	李 浩	李娅坤	翁剑锋	杜 蕾	高宇丹
李 欣	刘震坤	孙 平	俞 璐	葛小杰	刘默涵	聂 婧	申亚波
徐燕锋	窦洪杰	张春旺	姜 媛	李 芳	刘宇萍	田月怡	张梓原

9. 数理系：3 人

焦 键	王洪珏	张艳丽

10. 英语系：4 人

陈 蔚	施晓莉	刘 婷	张 喻

11. 自动化系：29 人

冯新强	苏 航	王南洋	薛 虹	曹喜果	成 蕾	张青月	张新胜
赵 杰	贾 昊	李新丽	曲晓荷	王佳荣	伍 洋	刘昭麟	王 桐
余 健	周小朋	李 冰	徐东东	闫 萧	杨金彭	邸 帅	李 珂
吕 猛	宋凯兵	王 迪	王晓雯	张 栋			

三、优秀研究生干部（153 人）

1. 电力系：46 人

李志伟	张 立	渠卫东	王 彦	魏方园	邬旭东	徐 多	杨 月
迟 成	冯 骁	赵航宇	梁永祥	裴少通	齐 飞	朱瑞敏	巴 林
蔡 杰	陈长胜	王 川	郑曙光	刘冀辰	王康元	王 阳	臧志华
王雪莹	肖志恒	杨海悦	岳贤龙	张佳怡	何 宸	蒋晨阳	孙玉晶
王羽凝	许士锦	关大伟	孟娜娜	王佳裕	郑 洁	仇敬宜	蒋 雨
徐樊浩	严 逍	袁 贺	董晨晨	史 孟	杨津鸣		

2. 电子系：12 人

邓朝昀	聂盛阳	孙智华	成雪松	李明舒	杨 阳	李 佳	王之涵
郑永濠	郝玉聪	李文敬	王 磊				

3. 动力系：22 人

郭泰成	王 茉	王体均	于星月	刘洪锟	汪 宁	赵金荷	潘 歌
石 普	王鹏程	王禹朋	田 欢	杨枨钧	邹 潺	肖坤玉	于文圣
郭永成	石 宇	杜 斌	屈柯楠	王路松	周博滔		

4. 法政政教：6 人

李 晴	马 勇	牛适然	李靖瑶	梁 丽	张会杰

5. 环境学院：7 人

邓 悦	金 飞	王倩倩	王添颢	杨春燕	袁晓东	孙中豪

6. 机械系：8 人

刘 鹏	蒙玉超	王 勇	张志强	李红梅	李文浩	乔 茜	王晓萌

7. 计算机系：12 人

宁晓光	岳 娇	刘静宇	倪中洲	禤俊杰	李紫君	潘振福	赵江曼

董景涛	李　强	杨　璐	张　静				

8. 经管系：22 人

王光丽	张　恒	赵宇琦	周维维	官小燕	李　浩	彭　旭	李　欣
卢　灿	卢　威	吴舒华	葛小杰	黄沈海	贾智杰	王玥玥	叶民权
李丽萍	刘　洋	马延郡	刘媛媛	唐竞雄	田月怡		

9. 数理系：1 人

刘存哲

10. 英语系：2 人

田基勇	雷海燕

11. 自动化系：15 人

蔡　硕	刘梦琼	苏　航	许炳坤	蒋雪丽	席嫣娜	张新胜	吴延峰
刘昭麟	王　桐	何宗源	吴家佳	李　珂	宋凯兵	张　栋	

四、先进班集体（11 个）

硕电力 133 班	硕电力 136 班	硕电力 141 班	硕电子 132 班	硕动力 134 班
硕动力 144 班	硕环工 141 班	硕计算机 132 班	硕机械 141 班	硕经管 133 班
硕自动化 143 班				

华北电力大学 2014—2015 学年度优秀本科班主任名单

（北京校部）

十佳优秀班主任名单

戴忠信	高　攀	李玲玲	柳　赟	吕　蓬	施应玲	隋丹婷	吴万凯
张　戈	赵建涛						

优秀班主任名单

电气与电子工程学院

毕天姝	崔维新	董云霞	黄晓明	刘自发	马　静	皮　伟	孙　毅
文　俊	武　昕	曾　博	赵　东	郑　辉	周劲松	朱周斌	

能源动力与工程学院

冯　欣	齐娜娜	宋玉旺	王宁玲	郭永权	张　志	滕　伟

经济与管理学院

付　静	郭　鑫	刘元欣	易　涛	余中福	袁家海	张　琪

控制与计算机工程学院

房　方	韩晓娟	滕　婧	段泉圣	杨锡运	齐林海	杨婷婷	孙华昕
高　峰							

人文与社会科学学院

陈建国	邓　程	方仲炳	李　涛	马卫华	杨建成

外国语学院

刘朝晖	张诗卉	杨　芹	宋晓漓

数理学院

邓加军	丁迅雷	马新科	李忠艳

可再生能源学院

李芬花	李继清	申　艳	赵　莉	戴松元	陆　强	张验科	郭　伟

核科学与工程学院

陈　娟

（保定校区）

十佳班主任：10 人

机　械 1108 贺运政	自动化 1404 韩亮亮	机　械 1208 王璋奇	能　动 1105 黄新颖
电　气 1309 王　成	会　计 1101 刘树良	公　管 1301 李冰水	自动实 1201 苏　杰
电　子 1202 尚秋峰	电　气 1406 孙中伟		

优秀班主任：77 人

农　电 1202 胡立峰	电气化 1102 刘英培	电气化 1104 王胜辉	电气化 1114 彭建章
农　电 1101 崔桂彦	电气化 1111 严伟能	电实践 1301 梁海峰	农　电 1301 李兰涛
电气化 1301 张　骞	电　气 1409 刘　欣	电气化 1408 谢红玲	电　气 1402 王慧娟
电　气 1404 梁长屹	电气化 1212 宣兆卫	电力实 1202 王　毅	电气化 1212 杨　璐
通　信 1202 韩东升	通　信 1401 孔英会	通　信 1302 杨　博	电　子 1301 张　珂
动创新 1301 韩中合	能　动 1301 刘英光	建　环 1301 郑国忠	能　动 1407 刘明浩
能　动 1408 李恒凡	动　力 1202 刘　璐	建　环 1201 时国华	能　动 1401 李　斌
能　动 1106 范大志	能　动 1208 张春旺	能　动 1306 张　咪	能　动 1107 李建强
工　程 1401 王小磊	机　电 1402 陈　焘	输　电 1402 于海龙	设　制 1403 韩会龙
输　电 1301 宋立琴	设　制 1302 慈铁军	装　备 1301 赵　萱	机　械 1201 何玉灵
机　械 1203 唱瑞芬	机　械 1105 朱晓光	会　计 1402 戴立新	造　价 1402 范利国
造　价 1301 李艳梅	造　价 1302 刘　梅	会　计 1201 李泽红	工　商 1101 王秀梅
测　控 1202 翟永杰	测　控 1302 梁　莹	测　控 1403 赵劲松	自动化 1104 付　萍
自动化 1304 张汉军	信　安 1401 岳　燕	软　件 1101 李　整	软　件 1102 李　刚
网　络 1402 班代曼	信　安 1301 王建文	计　科 1102 王晓辉	计　科 1402 袁和金
信　安 1201 胡朝举	应　化 1202 权宇珩	应　化 1201 王保生	应　化 1301 李　旭
应　化 1302 陈　岚	环　工 1302 张敬红	环　工 1401 吕建燚	能　化 1402 刘帅志
信　息 1301 马新顺	信　息 1302 江卫春	信　息 1402 马燕鹏	社　工 1301 张　健
法　学 1201 刘宇晖	英　语 1301 牛培培	英　语 1201 安国平	电力英 1401 赵　乔
电力英 1301 张大超			

华北电力大学 2014—2015 学年度优秀研究生班主任名单

北京校部：31 人

王　璁	李渤龙	黄晓明	王　群	刘春明	刘献伟	宗　伟	郝建红
李惊涛	夏延秋	张晓东	卞　双	刘　彤	李　薇	杨锡运	申晓留
梁　赓	李新利	刘　娜	刘海青	何平林	黄敏芳	李金超	刘元欣
孙　哲	赵军伟	李　莉	李　鹏	石玉英	苑英科	王　华	

保定校区：20 人

翟学明	袁和金	李永臣	温　磊	王建红	花广如	阎占元	危日光
范大志	张旭涛	郭　雷	孟　明	刘　青	郑焕坤	李　鹏	任建文
付　东	徐　扬	马　平	王印松				

华北电力大学 2014 － 2015 学年度教学优秀奖获奖名单

（北京校部）

一、教学优秀特等奖：5 人

电气与电子工程学院：朱永强

控制与计算机工程学院：杨锡运

经济与管理学院：李彦斌

数理系：马德香

英语系：宁圃玉

二、教学优秀奖：57 人

电气与电子工程学院：

董云霞	刘　君	刘自发	孙建平	汪　燕	王　昊	王雁凌	文　俊
吴润泽	杨　琳						

能源动力与机械工程学院：

董玉亮	何成兵	李　季	康志忠	杨志凌	徐宝萍	戴丽萍	李　斌
张东博							

控制与计算机工程学院：

单　波	马苗苗	魏振华	吴　华	夏　宏	周长玉

经济与管理学院：

田惠英	王　婧	张　琪	刘喜梅	王建军	李金超	赵洱岽

可再生能源学院：

白一鸣	杨世关	门宝辉	张　惠

核科学与工程学院：

陈　涛	吕雪峰

人文与社会科学学院：

沈　磊	徐保云	杨建成	周　静

数理系：

曹艳华	韩榕生	史小川	赵红涛	周继泉

英语系：

张　婷	杨　芹	王　华	任虎林

思想政治理论课教学部：

周作芳	王威威

体育教学部：

蔡利敏	耿爱华

国际教育学院：

刘　松

环境与化学工程系：

艾玥洁

（保定校区）

一、教学优秀特等奖：5 人

电力工程系：李永刚
信息与网络管理中心：潘卫华
电子与通信工程系：张淑娥
数理系：马新顺
思想政治理论课教学部：孙　芳

二、教学优秀奖：45 人

电力工程系：

李慧奇	刘　欣	赵洪山	朱晓荣	徐志钮	郝育黔

动力工程系：

李　斌	李慧君	程友良	李加护	王春波

电子与通信工程系：

马海杰	姚国珍	刘　涛

机械工程系：

何玉灵	杨文刚	刘　静	苑素玲

环境科学与工程学院：

李保会	朱洪涛	李志勇

经济管理系：

刘树良	张树国	李云燕	张　省

英语系：

李　静	杜艳霞	高玲慧	蔡红改

法政系：

尚晓丽	栾文敬

计算机系：

张少敏	王蓝婧	王德文	李　莉

数理系：

刘敬刚　赵占龙　苏晓红　万景瑜　徐艳梅

自动化系：

王东风　魏　乐　王旭光

体育教学部：

宋　琼　闫　旭

华北电力大学 2014—2015 学年度社会奖教金获奖名单

一、四方股份奖教金获奖人员：4 人

郑　乐　许云燕　陆　伟　赵吉鹏

二、泰科电子奖教金获奖人员：2 人

徐衍会　余　洋

三、南瑞继保奖教金获奖人员：10 人

张　利　孙晓琼　罗格非　梁　英　卢锦玲　韩东升　梅华威　崔克彬
张汉军　赵津茹

四、昊蓬机电奖教金获奖人员：2 人

郄力博　赵　萱

华北电力大学 2014—2015 学年度教职工年度考核优秀名单

（北京校部）

电气与电子工程学院：：23 人

陈　艳　陈艳波　韩民晓　郝建红　焦重庆　廖　斌　刘春磊　刘　念
刘文颖　孙淑艳　孙　毅　陶　顺　屠幼萍　王莉丽　于　伟　王银顺
武　昕　肖　姝　许国瑞　赵海森　赵宪平　郑　重　朱永强

能源动力与机械工程学院：：23 人

杜冬梅　段立强　付忠广　戈志华　郭民臣　何　青　侯步蟾　胡刚刚
李宝让　马美倩　庞力平　宋光雄　宋玉旺　王晓东　吴　浩　武昌杰
徐　超　徐　钢　杨立军　杨天明　翟融融　张照煌　周乐平

控制与计算机工程学院：：17 人

白　焰　高明明　葛　红　关志涛　韩晓娟　胡永辉　李元诚　梁　庚
马应龙　钱殿伟　钱相臣　王震宇　吴　华　于　磊　张建华　张金芳
张　莹

经济与管理学院：：18 人

付　静	郭晓鹏	李伯远	李　涛	李星梅	梁春燕	刘元欣	罗国亮
乔　虹	孙　冬	孙晓琼	谭忠富	王建军	乌云娜	叶陈云	袁家海
张　琪	赵洱岽						

可再生能源学院：：9 人

白一鸣	程桂石	葛铭纬	李　鹏	李英峰	刘振增	门宝辉	张　成
张尚弘							

核科学与工程学院：：5 人

曹　博	曹　琼	马续波	吴　军	张　斌

数理学院：：15 人

陈　雷	谷云东	胡　冰	黄　海	李　敏	李瑞洁	李忠艳	刘纪彩
潘　志	彭慧春	吴立飞	严稳利	雍雪林	张化永	张学梅	

人文与社会科学学院：：9 人

陈建国	崔　琦	胡舒敏	李红枫	李　英	刘　扬	赵　军	赵旭光
周凤翱							

外国语学院：：10 人

卜叶蕾	戴忠信	皇甫伟	李海燕	李丽君	宁圃玉	宋晓漓	王苗苗
吴学惠	余青兰						

国际教育学院：：2 人

周　爽	王　娟

思想政治理论课教学部：：4 人

王威威	梁红燕	樊良树	周作芳

体育教学部：：4 人

王建军	刘桂玲	奚彩莲	张慧智

新能源电力系统国家重点实验室：：16 人

齐　磊	马　静	齐　波	赵成勇	马国明	贾　科	曹　军	许建中
卞星明	田　德	田　亮	王　玮	刘敦楠	高明明	张　鹏	葛丹丹

机关党委：：15 人

彭军林	汤明润	赵风雷	梁玉超	史清风	牛辰昊	李祝华	路雨欣
孙翠亭	程　诚	张　凯	赵子健	陈　蔚	李　烨	唐　成	

教科研党总支：：10 人

郑如秉	郭军红	罗格非	张　洪	李潇雨	雷　蕾	梁淑红	刘子荣
王晓强	姚敬伟						

离退休党委：1 人

张　丽

继续教育学院：：2 人

杨　曲	徐育新

图书馆网络与信息中心：：8 人

杜建华	胡　涛	马　磊	武桂芹	徐淑芝	张晓华	赵振文	宗　萍

校医院：：3 人

邢玉娥	赵海鹏	于雁鸿

后勤管理处后勤服务集团：：8 人

陈伟斌	耿　洁	韩广才	刘贵臣	石翠玲	肖　义	闫建民	张雅娟

（保定校区）

电力工程系：：17 人

谢　庆	刘　欣	武玉才	李俊卿	李　鹏	栗　然	梁海峰	徐志钮
王　平	余　洋	戴志辉	梁志瑞	王　飞	刘会兰	冯文宏	田菲菲
张　辉							

动力工程系：：12 人

张学镭	刘英光	王春波	钱江波	李春曦	叶学民	谷俊杰	刘志坚
靳光亚	李　非	范大志	李永华（男）				

自动化系：：6 人

刘长良	刘卫亮	林永君	王晓燕	赵劲松	郑晓坤

计算机系：：9 人

朱永利	王德文	李　刚	崔克彬	王蓝婧	袁和金	牛为华	张东阳
张芳娥							

电子与通信工程系：：9 人

苑津莎	赵振兵	韩东升	孙　正	赵丽娟	马海杰	吕安强	李星蓉
谷喜岭							

机械工程系：：10 人

万书亭	郑海明	胡爱军	何玉灵	王璋奇	唐贵基	江文强	杨文刚
郄力博	李　林	环境科					

学与工程学院：：7 人

马双忱	吕建燚	陈传敏	王保生	李志勇	吕晓娟	赵　毅

经济管理系：：8 人

王敬敏	孙　薇	崔和瑞	李金颖	刘树良	苑秀娥	高　冲	赵吉鹏

英语系：：8 人

吕振华	安国平	顾莹华	祖　林	周　霞	史玮璇	郭　喆	吴　蕊

数理系：：11 人

杨玉华	苏晓红	王　涛	刘敬刚	史会峰	张隆阁	曹春梅	徐艳梅
黄明强	张贵银	马金英					

法政系：：3 人

胡宏伟	孟亚男	栾文敬

思想政治理论课教学部：：2 人

魏彤儒	张乃芳

体育教学部：：4 人

潜沉香	张晓龙	孙　宇	宋　琼

信息与网络管理中心：：4 人

罗贤缙	库文颖	张　洁	冼学辉

机关党委：：14 人

水志国	姚军英	张湘武	李　焱	彭建章	王　倩	朱安华	张利峰
高婷婷	史延平	于勇坤	郑伟华	李铁纪	李　炜		

教科党总支：：19 人

黄　威	李　冶	梁长屹	平　萍	顾声权	王　锦	李　晞	张晓丽
李晓志	高玉平	田永超	申金波	胡　静	龚信华	张月琴	宋占军
管爱华	刘永和	陈小群					

离退休党委：1 人

马同军

校医院：：3 人

陈　静	马宝生	蒙玉平

校产党总支：：4 人

马士英	崔　凝	万　军	赵小朵

后勤与基建管理处：：20 人

张卫杰	赵　征	郑玉清	杨　林	韩广兴	崔士杰	李建成	渠建良
韩建国	李玉坚	郎有国	冉云泉	辛　奇	贾进军	李国忠	徐　港
赵锦福	刘荣芳	杨莉莉	张文莉				

科技学院：：10 人

王晓峰	李伟娜	梁富荣	郭　钰	平玉环	郭丰娟	周福成	宋立芝
石金玮	王晓君						

教育教学

华北电力大学 2015 年本科专业设置一览表

北京校部		
工学	电气类	智能电网信息工程
工学	电子信息类	电子科学与技术
工学	电子信息类	电子信息工程
工学	电子信息类	通信工程
工学	机械类	机械工程
工学	能源动力类	能源与动力工程
工学	能源动力类	新能源科学与工程
工学	土木类	建筑环境与能源应用工程
工学	材料类	材料科学与工程
工学	材料类	新能源材料与器件
工学	水利类	水利水电工程
工学	水利类	水文与水资源工程
工学	核工程类	辐射防护与核安全
工学	核工程类	核工程与核技术
工学	仪器类	测控技术与仪器
工学	自动化类	自动化
工学	计算机类	计算机科学与技术
工学	计算机类	软件工程
工学	计算机类	物联网工程
工学	计算机类	信息安全
管理学	电子商务类	电子商务
管理学	工商管理类	财务管理
管理学	工商管理类	工商管理
管理学	工商管理类	会计学
管理学	工商管理类	人力资源管理
管理学	工商管理类	市场营销
管理学	公共管理类	劳动与社会保障
管理学	管理科学与工程类	工程管理
管理学	管理科学与工程类	信息管理与信息系统
管理学	物流管理与工程类	物流管理
管理学	公共管理类	公共事业管理
管理学	公共管理类	行政管理

保定校区		
工学	电气信息类	电气工程及其自动化
工学	电子信息类	通信工程
工学	电子信息类	电子信息科学与技术
工学	机械类	机械工程及自动化
工学	机械类	机械工程（输电线路工程）
工学	机械类	机械电子工程
工学	机械类	过程装备与控制工程
工学	能源动力类	热能与动力工程
工学	农业工程类	农业电气化
工学	土木类	建筑环境与能源应用工程
工学	仪器类	测控技术与仪器
工学	自动化类	自动化
工学	环境科学与工程类	环境工程
工学	化学类	应用化学
工学	化工与制药类	能源化学工程
工学	计算机类	计算机科学与技术
工学	计算机类	软件工程
工学	计算机类	网络工程
工学	计算机类	信息安全
管理学	工商管理类	会计学
管理学	工商管理类	工商管理
管理学	公共管理类	公共事业管理
管理学	管理科学与工程类	信息管理与信息系统
管理学	管理科学与工程类	工程造价
管理学	工业工程类	工业工程

续表

北京校部			保定校区		
经济学	金融学类	金融学	经济学	经济学类	经济学
	经济学类	经济学			
	经济与贸易类	国际经济与贸易			
理学	数学类	信息与计算科学	理学	数学类	信息与计算科学
	物理学类	应用物理学			应用物理学
	化学类	应用化学		环境科学类	环境科学
文学	外国语言文学类	英语	艺术学	社会学类	产品设计
		翻译			
	新闻传播学类	广告学	文学	外国语言文学类	英语翻译
			法学	社会学类	社会工作
法学	法学类	法学		法学类	法学

华北电力大学 2015 年含第二学位学科设置一览表

	北京校部			保定校区	
工学	电气信息类	电气工程及其自动化	工学	电气信息类	电气工程及其自动化
管理学	工商管理类	人力资源管理			

华北电力大学 2015 年本科课程设置一览表

北京校部 2014—2015 学年第二学期		
《论语》导读	管理软件应用实践	视听语言解读
35KV 变电站设备综合实验	管理文秘	数据仓库与数据挖掘
DSP 技术及应用	管理心理学	数据结构
HRM 理念与企业文化	管理信息系统	数据结构课程设计
HRM 英语阅读	管理信息系统设计	数据结构与算法
HVAC 课程设计	管理运筹学	数据结构与算法课程设计
J2EE 开发平台级程序设计	光电薄膜与器件	数据库应用
Matlab 及其在通信中的应用	光电薄膜与器件课程设计	数理方程及特殊函数
Matlab 语言	光纤通信原理	数学分析（2）
Matlab 语言课程设计	光学	数学建模
Oracle 数据库系统应用	光学显微分析	数学建模课程设计（1）
VB 程序设计	广告摄影（2）	数学建模课程设计（2）
VC++ 程序设计	广告史	数学建模与数学实验
VI 设计	广告项目设计	数学物理方程 A
Web 技术及应用	锅炉及锅炉房设备	数字电子技术基础 A

续表

北京校部 2014—2015 学年第二学期		
Web 开发技术	锅炉原理	数字电子技术基础 B
Web 开发技术实践	国际法	数字电子技术基础实验 A
XML 和企业电子商务信息集成	国际货币金融法	数字逻辑与数字系统设计
办公自动化	国际结算	数字逻辑与数字系统设计实验
半导体集成电路	国际金融学（英文）	数字通信原理
半导体集成电路版图设计	国际经济法	水电站建筑物
半导体器件	国际经济技术合作（双语）	水工建筑物
半导体物理学	国际经济学（双语）	水工建筑物课程设计
保险学	国际经贸理论动态与实践	水工模型试验及检测
北京魅力	国际贸易法律实务	水环境规划与管理
泵与阀门	国际贸易实务	水环境规划与管理课程设计
比较政治制度	国际贸易实务模拟	水环境化学
毕业教育	国际贸易与国际金融	水力学（1）
毕业论文	国际商务保险	水利工程经济学课程设计
毕业设计	国际投资法律实务	水利工程实习
毕业实习	国外政府监管体制	水利水电工程概论
薄膜物理	过程参数检测及仪表 A	水利水电工程施工课程设计
簿记训练	过程参数检测及仪表 B	水能资源开发利用
材料固体理论基础	过程参数检测技术课程设计	水能资源开发利用课程设计
材料科学基础（1）	过程控制技术与系统	水文学原理
材料力学	过程控制技术与系统课程设计	水文学原理课程设计
材料力学 B	焊接技术	水污染控制工程
材料塑性成型	合同实务	水质监测
材料物理性能	河流动力学	水资源规划及利用
材料性能综合实习	核电厂材料、结构力学与水化学	水资源优化配置
财务成本会计模拟实验	核电厂系统与设备	水资源优化配置课程设计
财务管理基础	核电厂运行与维护	税法
财务管理理论动态与实践	核电站参数检测与控制（研讨型）	顺序控制
财务管理模拟实践	核电站控制与运行	司法制度概论
财务会计（英文）	核反应堆理论基础	思想道德修养与法律基础
财务会计报告分析	核反应堆热工分析	速录训练与会议管理
财政学	核反应堆热工分析课程设计	随机水文学
操作系统 A	核反应堆物理分析	太阳电池材料
操作系统安全技术	核反应堆物理分析课程设计	太阳电池设计及工艺
操作系统课程设计	核反应堆仪表	太阳能利用技术
测控技术与仪器概论	核辐射测量与防护实验	太阳能热电厂
测量实习	核辐射探测与辐射防护	陶瓷工艺学
测量学	核辐射探测与辐射防护课程设计	体育赏析—台球
产业经济学 A	核环境与核应急	通信电子电路
常微分方程	核数据获取与处理	通信技术综合实验
超导物理学	红楼梦导读	通信网理论基础

续表

北京校部 2014—2015 学年第二学期		
超导应用基础	宏观经济学	通信系统原理
成本管理会计（英）	环境法	通信专业英语阅读
成本会计	环境与健康	统计学
初级德语	汇编语言程序设计	图书馆与文献检索
初级法语	汇编语言课程设计	外国民商法
初级韩语	会计理论动态及实践	外贸英语函电
初级日语	会计实务（2）	外企财务英语
传播学概论	会计信息系统	外语实习（1）
传感与检测技术	会计学	外语实习（3）
传热学	婚姻家庭继承法	网络广告
传热学 B	火电厂运行仿真实践	网络技术基础
大气污染控制工程	货币银行学	网络信息实用检索
大型数据库应用	货币银行学（英）	网络营销
大学美育	机械设计基础 A	网络与通信技术
大学生 KAB 创业基础	机械设计基础课程设计	网络著作权法（案例）
大学生创业案例分析	机械原理	微观经济学
大学生创业经营模拟仿真实验	机械原理课程设计	微机原理与汇编语言程序设计
大学生健康教育	机械制造基础	微机原理与接口技术 A
大学生生涯规划与择业	机械制造技术基础	微纳加工技术
大学生心理健康	基础法语 2	文学概论
大学物理（1）	基础法语 4	无机材料科学基础
大学物理（1）（英文）	基础口译	无机化学（2）
大学物理 J（1）	基础写作	无机化学实验
大学英语 2 级	基金管理	无损检测
大学英语 4 级	绩效管理实践	无线传感器网络实验
大学英语 6 级	集成运放的研究与应用	舞蹈欣赏
大学语文	集团公司财务管理	舞蹈形体
单片机应用入门—摇摇棒制作	计量经济学	物理化学
单片机与嵌入式系统	计算方法	物理化学 A（2）
单片机与嵌入式系统 B	计算机辅助翻译原理与实践入门	物理前沿专题
单片机与嵌入式系统课程设计	计算机辅助设计（CAD）	物理实验（1）
单片机原理及应用	计算机控制技术课程设计	物理实验 A（1）
弹塑性力学基础	计算机控制技术与分散控制系统	物联网应用技术
弹性力学	计算机控制技术与系统	物流管理
低维材料物理性能	计算机控制技术与系统课程设计	物流管理（双语）
地理信息系统及应用	计算机控制系统 B	物流管理方案设计
地下水文学	计算机认识实习	物流管理专题
地质实习	计算机实践（2）	物流经济学
第二外语（英）（法）（1）	计算机体系结构	物流理论动态与实践
第二外语（英）（法）（3）	计算机网络及安全	物流系统规划与设计课程设计
第二外语（英）（日）（1）	计算机网络实验	物流信息技术

续表

北京校部 2014—2015 学年第二学期		
第二外语（英）（日）（3）	计算机应用系统设计与实现（JAVA）	物流信息系统
电厂仿真综合实验	计算机组成与结构	物流学
电厂高温金属	计算物理基础	物流专业英语阅读
电厂热力设备及运行	计算物理实践（1）	物权法
电厂认识实习	技术经济学	西方公共事业
电磁测量	检测新技术（研讨型）	西方文论
电磁场与微波技术	建设法规	西方行政思想史
电磁学	建筑概论	现代电子技术
电动力学	建筑环境与能源应用工程专业概论	现代光学
电动力学（理）	建筑设备施工安装技术	现代汉语（2）
电工技术基础	接口与通信技术	现代交换技术
电工实践	接口与通信技术综合实验	现代交换技术综合实验
电机实验	节水理论与技术	现代控制理论
电机学（1）	解析几何	现代控制理论 A
电机学 B	金工实习	现代通信技术
电机学 C	金融理论动态与实践	现代物理
电价学	金融市场学（双语）	线性代数
电力采购与招投标管理	金融文献阅读实践	线性代数 B（英）
电力产业绩效分析	金融中介学	线性代数 J
电力法	金融资产定价模型的估计与分析	消费者行为学
电力负荷预测	金属材料学	心理·生活·人生
电力规划	经典影视广告鉴赏	新能源材料与器件
电力经济学基础（2）	经济法	新能源发电
电力企业计算机财务管理实验	经济法概论	新能源发电技术
电力生产技术概论	经济法学	新能源器件微纳加工技术
电力市场概论	经济谈判	新闻采访
电力市场交易模拟实验	经济学理论动态及实践	新闻采访和写作
电力统计分析与预测	经济学专业文献阅读（2）	新制度经济学
电力系统基础	经济学专业英语阅读	信号分析与处理 B
电力系统继电保护与高电压技术	经贸文献阅读实践	信号与系统
电力系统继电保护原理	经贸英语阅读（1）	信息安全基础
电力系统远程监控原理	科技翻译	信息安全数学基础
电力系统暂态分析	科技英语翻译▲	信息安全综合实验
电力系统暂态上机计算	科学与社会	信息管理理论动态与实践
电力系统综合实验 A	可编程控制器应用系统和组态环境编程训练	信息管理专业实践与调研
电力信息化	可编程逻辑器件原理与应用	信息经济学
电力英语实务	可编程序控制器及应用	信息理论基础
电力营销	课程论文	信息系统分析与设计
电力营销课程设计	课题调研	刑法总论
电路理论 A（2）	控制系统数字仿真与参数优化	行政法学
电路理论 B（1）	控制装置与系统	行政法与行政诉讼法

续表

北京校部 2014—2015 学年第二学期		
电路理论 B（2）	控制装置与系统课程设计	形势与政策
电路实验（1）	控制装置与仪表	形势与政策（2）
电路实验（2）	跨文化交际	形势与政策（4）
电能计量	跨文化商务交际▲	形态构成
电气工程前沿技术专题	劳动关系与劳动合同管理	旋转机械振动与动平衡
电气工程综合实验	离散数学 A（2）	学年论文
电网与变电站课程设计	离网光伏系统设计	学年论文（1）
电网运行技术	量子力学	学术英语写作
电影音乐赏析	领导与领导力	雅思写作
电影中的法律	流态化原理	岩石力学
电子薄膜与器件	流体力学 B	液压与气压传动
电子电路计算机辅助分析与设计	旅游英语与文化	以案说《消费者权益保护法》
电子技术创新设计与实践	律师实务	音乐鉴赏
电子技术基础 B	马克思主义原理	应用激光物理
电子技术综合实验	毛泽东思想和中国特色社会主义理论体系概论	应用文写作
电子商务	煤在发电和焦炭生产过程的利用	英汉语言对比与翻译
电子商务安全与支付	美国情景喜剧语言与文化	英美概况
电子商务理论与动态实践	美国文学史及选读	英文电影与英语语言文化
电子商务系统分析与设计	美国宪法及其修正案导读	英语词汇学拓展
电子商务系统设计与实践	美术基础	英语泛读（2）
电子商务专业实践与调研	美术鉴赏	英语泛读（4）
电子文献检索与利用	面向对象的程序设计 A	英语会话（2）
动力工程 A	民法概论	英语会话（4）
动力工程 B	民歌欣赏	英语精读（2）
多媒体通信技术	民事诉讼法	英语精读（4）
多媒体应用基础	民事庭审见习	英语口译入门
多媒体应用基础（信管）	模拟电子技术基础	英语口语
多媒体应用课程设计	模拟电子技术基础实验 A	英语口语（2）
二极管特性研究	模拟电子技术基础实验 B	英语口语（4）
发电厂电气部分	内部审计学	英语名诗欣赏
发电厂电气部分课程设计	纳税筹划	英语听力（2）
发电厂经济运行课程设计	能源与环境	英语听力（4）
发电厂经济运行与管理	碾压砼技术	英语戏剧欣赏
法国社会面面观	暖通空调	英语写作
法经济学	配电网运行与管理	英语演讲
法理学	配电自动化	营销理论动态与实践
法律文书写作	片上系统设计	营销专业英语阅读
法律诊所（2）	企业策划	影视广告制片
法语交际口语	企业集团财务管理	硬件技术基础
房地产法	企业内部控制与风险管理	有机化学
房屋建筑学	企业沙盘模拟	有机化学（1）

续表

北京校部 2014—2015 学年第二学期		
仿真实验（能科）	企业文化	有机化学实验
仿真综合实验	企业战略管理	语言与文化
分散控制系统课程设计	企业专家授课 1	运筹学
风电场电气工程	气象与气候学	运输规划方法
风电机组设计与制造	汽轮机原理 B	债权法
风电机组设计与制造课程设计	汽轮机原理课程设计	张学良与二十世纪中国
风资源测量与评估	汽轮机运行	证据法
复变函数论	全面预算管理	证券投资模拟
复变函数与积分变换	燃气轮机原理	证券投资学
概率论与数理统计	热工过程可视化监测（双语、研讨）	政府经济学
概率论与数理统计 A（1）	热工控制系统 B	知识产权法
概率论与数理统计 B	热工系统建模	知识产权法 A
钢筋砼结构	热力发电厂	直流输电技术
钢筋砼结构课程设计	热质交换原理课程设计	职业素养综合训练
高等代数（2）	热质交换原理与设备	制冷及低温技术·低温物理学
高等数学 B（2）	人力资源管理	制造工程学
高等数学 B（2）（英）	人力资源管理诊断	智能电网先进传感技术
高等数学 C（2）	人身权及其损害赔偿	智能电网信息安全
高等数学 J（2）	人员测评与招聘	智能机器人控制比赛
高电压技术	人员培训与开发	智能科学
高电压技术（企业）	人员招聘模拟	中高级英语
高电压技术课程设计	认识实习	中国传统文化概论
高电压绝缘	认识实习（1）	中国当代文学
高级财务管理	软件工程课程设计	中国公务员制度
高级财务会计	软件技术基础	中国古代文学（2）
高级听力（2）	软件人机界面设计	中国古代文学作品选读（1）
高级学术英语（2）	软件项目管理	中国古代文学作品选读（4）
高级英语精读（2）	软件综合实践	中国近代爱国诗词选讲
工程材料学	三维计算机辅助设计	中国近代史纲要
工程测量学	莎士比亚戏剧选读	中国民俗文化研究
工程测量学实习	商法概论	中国文化概览 1（英语）
工程地质	商务智能	中国文化概览 2（英文）
工程电磁场	商务专业英语阅读	中国现代文学作品选读
工程方法与实践	设计与创新	中国政治思想
工程管理理论动态与实践	社保专业英语阅读	中级财务管理
工程光学	社会保障概论	中级财务管理（英文）
工程化学	社会保障专题社会调查	中级财务会计（上）
工程经济学	社会调查	中级法语 2
工程力学 B	社会实践	中级韩语
工程力学 A（2）	社会问题与社会政策	中级宏观经济学
工程流体力学 A	社会学	中级微观经济学

续表

北京校部 2014—2015 学年第二学期		
工程流体力学 B	社交礼仪	中级物理实验（1）
工程热力学 B	社区管理	中外广告法规
工程设计拓展训练	摄影后期制作	专利法（案例）
工程实践 1（社会实践）	审计模拟实验	专题辩论
工程实习	生产实践（1）	专业实践与调研
工程图学 A（2）	生产实践（2）	专业实践与调研 A
工程图学 B（2）	生产实习	专业英语阅读
工程图学 B（水电）（2）	生物化学	专业英语阅读（法学）（1）
工程项目质量管理	生物化学基础实验	专业英语阅读（风电）
工程训练	生物物理	专业英语阅读（工管）
工程制图	生物质燃料分析与测试	专业英语阅读（公共）（1）
工程制图（建筑）	生物质生化转化技术	专业英语阅读（广告）（1）
工程制图（英）	生物质生化转化技术课程设计	专业英语阅读（机械）
工业产品营销	声乐艺术鉴赏	专业英语阅读（计科）
工作分析与劳动定额	声学基础	专业英语阅读（计算机）
工作日写实与工作分析模拟	施工技术	专业英语阅读（建环）
公共关系学	施工组织	专业英语阅读（能材）
公共关系原理与实务	施工组织课程设计	专业英语阅读（热能）
公共行政学	实变函数与泛函分析	专业英语阅读（软件）
公共组织学	实践与创新	专业英语阅读（水文与水资源）
公司法	实践与调研	专业英语阅读（信息）
公司金融学（双语）	实验经济学模拟	专业英语阅读（信息安全）
公务员制度概论	实用摄影	专业英语阅读（行管）
公益劳动	世界贸易组织法	专业英语阅读（自动化）
功能材料	世界文学名著赏析	字体设计
供热工程	世界现代设计史	自动化专业概论
古代汉语（2）	世界艺术设计鉴赏	自动控制理论 B
股票模拟交易	市场调查与分析	自然地理与水文地质
管理沟通	市场调研	自然地理与水文地质学实习
管理会计（英）	市场营销模拟实验	组织行为学
管理理论动态与实践	市场营销学	组织行为学（双语）
管理软件应用	视唱与合唱	

北京校部 2015—2016 学年第一学期		
.NET 程序设计	管理软件应用实践	世界贸易组织法
.NET 程序设计实践	管理信息系统	世界文学
220V 声控电灯的安装与调试	管理信息系统与决策支持系统	世界文学名著赏析
35KV 变电站设备综合实验	管理学原理	世界艺术设计鉴赏
C 语言课程设计	管理运筹学	市场信息分析实践
IPO 上市模拟操作	管制经济学	市场信息分析实务

续表

北京校部 2015—2016 学年第一学期		
IT 市场调研	光电子技术	市场营销学
JAVA 程序设计实践	光伏电站设计、运行与控制	市政学
JAVA 语言程序设计基础	光伏组件拆装实习	试唱与合唱
LINUX 体系及编程	光纤通信技术	书法鉴赏
Matlab 语言	光纤通信课程设计	书籍设计
POP 设计	广告策划与创意	数据分析
RFID 原理与应用	广告经营与管理学	数据结构
UNIX/LINUX 编程课程设计	广告媒体研究	数据结构（计算机）
UNIX/LINUX 系统及编程	广告摄影（1）	数据库基础
VBA 程序设计	广告文案写作	数据库应用
Vc++ 程序设计	广告效果研究与方法	数据库应用课程设计
VHDL 与数字系统设计	广告心理学	数据库与网络技术导论
Visual C++ 课程设计	广告学	数据库原理
办公自动化课程设计	广告作品设计	数理方程
办公自动化课程设计高级	锅炉燃烧试验与测试技术	数理方程及特殊函数
半导体物理	锅炉设备与运行（双语）	数学分析（1）
北京魅力	锅炉原理	数学分析（3）
泵与阀门	锅炉原理课程设计	数学建模
泵与风机	锅炉运行	数学建模与 MATLAB 应用
泵与风机节能技术	国际会计学（英文）	数学物理方程 A
泵与风机综合实验	国际金融学（英文）	数学物理方程的 MATLAB 解法与可视化
编译技术	国际经济法	数学物理方法
编译技术课程设计	国际经济学 I （双语）	数值分析 A
变电站仿真综合实验	国际贸易实务（双语）	数字电子技术基础 A
表面工程	国际贸易与国际金融	数字电子技术基础 B
冰蓄冷与低温送风	国际商法	数字电子技术基础实验 A
并网光伏系统设计	国际商务	数字逻辑与数字系统设计
材料测试分析	国际市场营销学	数字图像处理
材料处理与表征实习	国际私法	数字系统设计自动化
材料分析测试方法	国际物流学	数字信号处理
材料分析方法（双语）	过程参数检测及仪表 B	数字信号处理课程设计
材料科学基础（2）	过程参数检测及仪表 J	数字信号处理课程实验
材料科学基础 B	过程参数检测及仪表课程设计	水电站建筑课程设计
材料科学与工程导论	过程控制技术与系统	水电站水库调度及其自动化系统
材料力学性能	过程控制技术与系统课程设计	水电站水库调度及其自动化系统课程设计
材料物理性能	焊接检验	水电站专题
材料研究方法	合同法	水工建筑物安全监测
财务分析	合同法概论	水工专题
财务管理	合同实务	水环境保护

续表

北京校部 2015—2016 学年第一学期		
财务管理 B	核电厂仿真综合实验	水环境保护课程设计
财务管理案例分析	核电厂系统与设备	水力学（2）
财务会计（英文）	核电专业文献检索与写作	水利工程经济学
财务会计报告分析	核电专业英语	水利经济
财政学	核反应堆安全分析	水利经济课程设计
采购与合同管理	核反应堆安全分析课程设计	水利科学技术史
彩灯控制器的设计	核反应堆控制与保护	水利水电工程概预算
操作系统安全技术	核反应堆热工分析 B	水利水电工程管理
测控专题	核反应堆物理分析	水利水电工程施工
测试技术	核辐射物理与防护	水轮机
测试技术综合实验	核辐射物理与防护实验	水能资源开发利用
拆装实习	核工程与核技术概论	水能资源开发利用课程设计
程序设计模式	核工程与核技术前沿	水文水利计算
抽水蓄能技术	核燃料循环与废物处置	水文水利计算课程设计
初级德语	核物理基础	水文预报
初级法语	核物理基础 A	水文预报课程设计
初级韩语	核物理基础 B	水灾害防治
初级日语	红楼梦导读	水资源优化配置
传感器原理与应用	宏观经济学	水资源优化原理与方法
传感器综合实验	互换性与技术测量	税法学
传热学	汇编语言与接口技术	顺序控制
传热学 C	会计学概论	思想道德修养与法律基础
创新基础实践	会计职业道德	算法分析与设计
创新教育与综合实验	会计专题	算法设计与分析
大型电机运行与故障诊断	婚姻家庭继承法	随机水文学
大学化学	火电厂计算机仿真	太阳电池材料测试分析
大学美育	火电厂自动化专题	太阳电池材料与器件（1）
大学生 KAB 创业基础	机电系统控制	太阳能工程
大学生创业案例分析	机炉运行课程设计	太阳能资源测量
大学生创业经营模拟仿真实验	机械工程材料	通信导论
大学生健康教育	机械工程专业概论	通信网理论基础
大学生生涯规划与择业	机械故障诊断技术	通信网络仿真技术
大学生心理健康	机械设计	通信网络与信息安全
大学物理（2）	机械设计基础 B	通信系统原理
大学物理（2）（英文）	机械设计基础课程设计	通信新技术专题讲座
大学物理 J（2）	机械设计课程设计	通信原理实验
大学英语 1 级	机械制造概论	投资学
大学英语 3 级	机械制造技术	投资银行学
大学英语 4 级	机械制造装备课程设计	图书馆与文献检索
大学语文	机械制造装备设计	图像处理的 PDE 方法

续表

北京校部 2015—2016 学年第一学期		
大学语文 J（1）	基础法语 3	图形创意
单片机原理及应用	基础会计	土力学
单元机组程控与保护	绩效管理	土力学与地基基础
单元机组集控运行	集成电路设计	土木工程概论
单元机组控制系统	集成电路制造技术	外国法制史
单元机组运行原理	计量测试技术	外语实习（4）
当代西方政治思潮	计量经济模型应用实践	网络技术基础
当代中国政治制度	计量经济学	网络市场调研
地方政府学	计算地球流体力学	网络信息实用检索
地理信息系统及应用	计算机导论	网络应用基础
地下水水文学	计算机辅助翻译原理与实践入门	网络应用实践
第二外语（法）（4）	计算机辅助工程	网络与通信技术
第二外语（日）（4）	计算机辅助设计（CAD）	网络著作权法（案例）
第二外语（英）（法）（2）	计算机辅助设计课程设计	网页设计制作
第二外语（英）（日）（2）	计算机辅助设计与制造	网站建设与管理
电厂化学	计算机控制	网站建设与管理实践
电厂热力设备及运行	计算机密码学	微分方程数值解
电厂认识实习	计算机密码学综合实验	微观经济学
电厂认知实习	计算机软件技术导论	微机原理及应用课程设计
电磁场数值计算	计算机软件技术基础	微机原理与汇编语言程序设计
电磁场与电磁波	计算机实践	微机原理与接口技术 B
电磁兼容技术	计算机实践（1）	微机原理与应用
电工产品学	计算机实践（3）	微网与电能存储
电工技术基础	计算机实践（4）	无机非金属材料科学基础
电机实验	计算机图形学	无机化学
电机学（2）	计算机网络	无机化学（1）
电价学	计算机网络实验	无机化学实验 B
电力产品交易模拟实验	计算机组成与结构	无线传感器网络
电力电子仿真实验	计算机组成原理	无线通信技术
电力电子技术	计算流体力学（CFD）技术及其应用	无线网络综合实验（原名：网络技术综合）
电力电子技术 B	计算物理实践（2）	无线遥控电灯的安装调试
电力电子技术课程设计	技术经济学	舞蹈鉴赏
电力电子技术应用	继电保护定值计算	舞蹈形体
电力电子技术综合实验	继电保护与自动化综合实验	物理化学
电力法	检测新技术（研讨型）	物理化学 A（1）
电力负荷预测	检测仪表拆解与分析	物理化学 B（1）
电力负荷预测课程设计	建筑材料	物理前沿
电力工程概预算实务	建筑环境测试技术	物理实验（2）
电力工程与经济拓展研究	建筑环境学 A	物理实验 A（2）
电力监管法律实务	建筑环境与能源应用工程专业概论	物联网工程导论

续表

北京校部 2015—2016 学年第一学期		
电力经济与管理前沿	建筑节能	物流案例与实践
电力经济综合实验	建筑结构	物流工程
电力企业财务管理	建筑结构课程设计	物流信息管理
电力企业法律实务	教学共同体（中国股票市场）	物流综合实验
电力企业会计	接口与通信技术	物质的低温性质
电力企业会计电算化模拟实验	接口与通信技术综合实验	误差理论与数据处理
电力企业计算机财务管理实验	节能原理	西方经济学
电力企业市场营销	洁净煤发电技术	西方神话
电力企业市场营销模拟	结构力学	西方政治思想
电力企业物流管理	结构陶瓷材料	戏剧鉴赏
电力生产技术概论	金工实习	戏曲鉴赏
电力生产自动化	金工实习 A	系统工程导论
电力市场概论	金融工程学（I）	现代光技术基础
电力市场基础	金融企业会计	现代汉语（1）
电力市场技术支持系统	金融市场学	现代科学与前沿技术
电力市场技术支持系统课程设计	金融数学与金融工程基础	线性代数
电力市场交易模拟实验	金融文献阅读实践	宪法学
电力系统分析基础	金融学	项目管理软件应用
电力系统规划与可靠性	金融资产定价模型的估计与分析	项目融资学
电力系统过电压	金属腐蚀与保护	小波分析及其应用
电力系统过电压上机计算	近海风力发电	心理·生活·人生
电力系统基础	经典影视广告鉴赏	新能源材料概论
电力系统课程设计	经济博弈论	新能源材料课程设计
电力系统通信	经济法	新能源发电
电力系统微机保护	经济法概论	新能源发电系统控制
电力系统主设备保护	经济管理建模	新能源概论
电力系统自动化	经济理论前沿	新能源技术与应用概论
电力系统综合仿真	经济史	新能源科学与工程导论（生物质能）
电力系统综合实验 B	经济谈判	新生专业研讨
电力项目可行性研究模拟	经济学专业文献阅读（1）	薪酬管理
电力英语翻译	经济学专业文献阅读（3）	薪酬管理实践
电力英语翻译入门	经贸英语翻译	信号分析与处理
电力英语实务	经贸英语阅读（2）	信号分析与处理（自）
电力英语听说	决策支持系统与专家系统	信号分析与处理 B
电路理论 A（1）	科技翻译	信号分析与处理课程设计
电路理论 A（2）	科技文献检索基础	信息安全工程与管理
电路理论 B	科研方法与论文写作	信息安全基础
电路理论 B（1）	科研实用软件	信息安全实验课程
电路理论 B（2）	科研训练	信息管理概论
电路实验	可编程逻辑器件原理与应用	信息技术基础
电路实验（1）	可再生能源概论	信息技术基础 B

续表

北京校部 2015—2016 学年第一学期		
电路实验（2）	客户关系管理	信息论与编码 B
电脑图文设计（1）	空调与制冷工程	信息系统安全与保密
电脑图文设计（2）	控制电机	信息系统分析与设计
电能质量概论	控制工程	信息学概论
电气测量技术	控制系统综合实验	刑法分论
电气工程创新设计 B	控制仪表拆解与分析	刑事诉讼法学
电气工程综合实验	库存与成本管理	刑事庭审见习
电气工程综合训练	跨国公司财务管理（英文）	形式逻辑
电气设备在线监测与故障诊断	跨文化交际	形势与政策（1）
电气新生研讨课	宽带数字网技术	形势与政策（3）
电视广告设计与制作	劳动法与社会保障法	虚拟现实
电影中的法律	劳动合同设计	虚拟仪器技术（研讨型）
电子材料	劳动经济学	蓄能原理与技术
电子电路计算机辅助分析	离散数学 A（1）	旋转机械振动与动平衡
电子技术工艺实训	离散数学 B	学年论文
电子技术基础 B	理论力学	学年论文（1）
电子技术综合实验	理论力学（理）	学年论文（2）
电子商务	理论力学 A	学术英语写作
电子商务应用软件技术	力学	循环流化床锅炉设备与运行
电子商务专题	领导科学	压水堆核电厂系统与设备
电子陶瓷材料	领导与领导力	冶金概论
电子政务	流态化原理	仪表可靠性基础
动力工程 A	流体力学 B	仪器仪表实训（电装实习）
动力工程 B	流体输配管网	移动商务应用
多媒体技术及应用	流体输配管网课程设计	艺术导论
多媒体信息安全保密技术	律师实务	音乐鉴赏
发电厂电气部分课程设计	论文写作训练	应用统计学
发电市场仿真实验	马克思主义原理	应用文写作
发展经济学	毛泽东思想和中国特色社会主义理论体系概论	英国文学史及选读
法国社会面面观	煤在发电和焦炭生产过程的利用	英汉语言对比与翻译
法律逻辑学	美国宪法及其修正案导读	英美概况
法律诊所	美术基础	英文电影与英语语言文化
法律诊所教程	蒙特卡罗方法及应用	英译汉
法律咨询	民法概论	英语词汇学
法学导论	民法总论	英语短篇小说欣赏
法语交际口语	模拟电子技术基础	英语泛读（1）
翻译名篇欣赏	模拟电子技术基础实验 A	英语泛读（3）
房地产法	模拟电子技术基础实验 B	英语会话（1）
房地产金融	纳米材料与纳米技术	英语会话（3）
房地产开发	纳税会计	英语精读（1）

续表

北京校部 2015—2016 学年第一学期		
房屋建筑学课程设计	能源法	英语精读（3）
仿真综合实验	能源经济学	英语口译入门
放射化学基础	能源物理	英语口语
非线性生态学	暖通空调新技术	英语口语（1）
非盈利组织管理	企业 Java 应用	英语口语（3）
分散控制系统	企业 Java 应用实践	英语听力
分散控制系统课程设计	企业策划	英语听力（1）
分析化学	企业管理概论	英语听力（3）
分析化学实验	企业竞争模拟	英语小说欣赏▲
风电场仿真实验	企业认识实习	英语语法
风电机组测试与认证	企业沙盘对抗模拟	英语语言学概论
风电机组监测与控制	企业文化	英语语音入门
风电机组监测与控制课程设计	企业物流管理实习	营销策划
风电机组设计与制造	企业物流认识实习	营销风险管理
风力发电场	企业信息化专题	营销决策模拟
风力发电场课程设计	企业专家授课 2	影视摄像与编辑
风力发电机组设计软件	汽轮机设备故障诊断	硬件技术基础
风力发电原理	汽轮机原理	硬件综合实验
风力机空气动力学	汽轮机原理课程设计	用电营销与管理
风险分析与管理	嵌入式系统	有机化学（2）
风险管理	嵌入式系统 A	有机化学实验
服务市场营销学	嵌入式系统 A 课程设计	语言学概论
复变函数与积分变换	嵌入式系统设计与实现	语音信号处理
复合材料	全光网络技术概论	预算管理实务
概率论与数理统计 A（2）	全面预算管理	原子物理学
概率论与数理统计 B	燃气供应	运筹学 A
概率论与数理统计 C	燃气轮机概论	运动控制
钢结构	燃气轮机结构与强度	运营管理课程设计
钢结构课程设计	燃气轮机联合循环控制与运行	运作管理
高等代数（1）	燃气蒸汽联合循环发电	责任会计
高等数学 B（1）	热动研讨课 1	展示设计
高等数学 B（1）（英）	热动研讨课 2	哲学与人生
高等数学 C（1）	热工控制系统 A	证券投资模拟
高等数学 J（1）	热工控制系统课程设计	证券投资学
高电压试验技术	热工理论基础 B	政治经济学
高电压综合试验	热力发电厂	政治学原理
高分子材料（双语）	热力发电厂课程设计	知识产权法
高分子化学与物理	热能动力工程前沿	制冷及低温技术·低温物理学
高级会计学	热能与动力工程概论	制冷技术
高级口译	热学	智能电网导论
高级听力（1）	人工智能及应用	智能电网通信技术

续表

北京校部 2015—2016 学年第一学期		
高级学术英语（1）	人力资源管理	智能电子应用系统设计
高级英语精读（1）	人力资源管理 A	智能计算方法与应用
高级语言程序设计（C）	人力资源管理导论	智能控制
高级语言程序设计（C）课程设计	人力资源统计	智能汽车比赛
高级语言程序设计 A（C）	人身权及其损害赔偿	智能仪器设计
工程方法与实践	认识实习	中国当代文学作品选读
工程估价	认识实习（2）	中国法制史 A
工程估价课程设计	入学教育及军训	中国古代文学（3）
工程化学 B	软件测试	中国古代文学作品选读（2）
工程建设合同管理	软件测试综合实验	中国近代史纲要
工程力学 B	软件工程	中国书法史
工程力学 A	软件工程概论	中国现代文学
工程力学 A（1）	软件工程课程设计	中级财务管理
工程流体力学 A	软件工具与环境	中级财务会计（下）
工程流体力学 B	软件技术基础	中级法语 1
工程热力学	软件体系结构	中级韩语
工程热力学 C	软件体系结构课程设计	中级物理实验（2）
工程水文及水利计算	三维计算机辅助设计	中央银行学
工程水文及水利计算课程设计	三相六拍步进电机的脉冲分配器的设计	仲裁法
工程图学 A（1）	色彩构成	专家讲座（英语）
工程图学 B（1）	莎士比亚戏剧选读	专利法（案例）
工程图学 B（水电）（1）	商法	专业文献阅读与写作（双语）
工程项目管理	商法概论	专业英语阅读
工程运筹学	商检与海关	专业英语阅读（电气）
工程制图	商务谈判	专业英语阅读（电子）
工业微生物学	商务英语视听说	专业英语阅读（核电）（1）
工业微生物学实验	商务英语写作	专业英语阅读（商务）（1）
公差与金属材料	社会保险学	专业英语阅读（生物质能）
公共管理案例分析	社会保障与社会福利	专业英语阅读（文学）
公共管理改革	社会调查	专业英语阅读（信管）
公共管理学	社会科学研究方法	专业英语阅读（仪表）
公共事业管理	社会企业家培育与创业的理论与实践	专业指导
公共政策分析	社会实践	专用集成电路设计
公关策划学	社会学	资本运营
公益劳动	社区管理实习	资产评估
供电企业营销实习	审计学	自动化系统工程设计与案例分析
供应链管理	生产实习	自动化新生研讨课
供应链系统仿真实验	生产与运作管理	自动化专业概论
供应链与物流管理	生态学与复杂性	自动控制理论 A
沟通策略	生物质能工程	自动控制理论 B
股票模拟交易	生物质热化学转化技术	自动控制理论课程设计

续表

北京校部 2015—2016 学年第一学期		
固体废物处理与利用	生物质热化学转化课程设计	自动控制系统实训
固体物理	声学基础	自然资源与环境保护法
固体物理 B	实习（2）	自适应与预测控制
固体物理学	实验参量与控制	组织行为学
管理定量分析	实验数据分析	最优化理论与方法
管理沟通	实用美术与广告设计（2）	
管理软件应用	实用摄影	

2014—2015 学年第二学期本科课程设置表（保定校区）		
20 世纪的西方音乐	公共关系学 A	社会工作行政
DSP 系统课程设计	公共管理学 B	社会工作师综合能力专题
DSP 系统设计	公共管理学术前沿（专题）	社会实践
ERP 原理及应用	公共管理研究方法	社会实践实训
ERP 原理与应用	公共事业管理概论	社会实践与学年论文
FIDIC 合同条件	公共政策学	社会调查
Flash 应用	公管专业英语（1）	社会统计学
IT 审计	供电技术	社会心理学
IT 项目管理	供电设计	社会学
JAVA 语言程序设计	供热工程	涉外知识
JSP 实用技术	供热及锅炉房课程设计	神韵诗史
Matlab 基础与应用	故障分析上机计算	审计理论与实务（2）
Oracle 数据库系统应用	管理定量分析	审计模拟实验
Pro/E 工程软件应用	管理经济学概论	生产实践
SOPC 技术	管理文秘	生产实习
TCP/IP 协议原理	管理心理学	生产实习（电自）
VB 程序设计	管理信息系统	生产实习（设计）
VC++ 程序设计	管理学概论	生产实习（物料）
Visual Basic	管理学原理	生产实习（制造）
Web 技术及应用	管理学原理 A	生产实习与毕业实习
Web 开发技术课程设计	光电子技术基础	生产与运作管理
WINDOWS 体系及编程	光纤通信原理	生态学
WTO 法律规则	锅炉燃烧与污染	生物质能发电技术
安全工程学	锅炉原理 A	施工组织与设计
安装工程施工技术与计量	国防与军事科学	实变函数与泛函分析
办公自动化训练	国际法	实务与研究能力综合运用（1）
保险法	国际会计	世界贸易组织法
泵与风机	国际经济法	市场营销学
泵与风机 B	国际经济学	市场营销综合模拟实验
毕业论文	国际贸易法律实务	视听英语
毕业论文（设计）	国际贸易模拟实验	书法鉴赏

续表

2014—2015 学年第二学期本科课程设置表（保定校区）		
毕业设计	国际贸易实务 A	输变电系统及其保护与控制
毕业设计（电力）	国际贸易与国际金融	输电线路工程机械
毕业设计（电自）	国际私法	输灰控制及自动化
毕业设计（高压）	过程参数检测及仪表 A	数据仓库与数据挖掘
毕业设计（设计）	过程参数检测及仪表 A 课程设计	数据分析与实验优化设计
毕业设计（实验班）	过程参数检测及仪表 B	数据库原理
毕业设计（物料）	过程控制	数据库原理及应用
毕业设计（制造）	合唱与指挥	数据库原理课程设计
毕业设计与实践	核电厂系统与设备	数据通信
毕业实习	核电站水质工程	数据整理与统计分析
毕业实习（毕业论文）	核辐射探测学	数理方程
变电站电气工程	核物理与辐射防护	数理方程及特殊函数
变电站仿真实习	宏观经济学	数理经济学
材料力学 B	化工原理	数位板辅助设计表现
材料力学 T	化工原理课程设计	数学分析（2）
财务成本会计模拟	化工制图与 CAD	数学建模与数学实验
财务管理 A	化工制图与 CAD 上机实习	数学实验
财务管理 B	化学电源	数学物理方程
财务管理学	化学腐蚀与防护	数学物理方法
财政学	化学与社会	数字电子技术基础 A
操作系统	环工专业外语（1）	数字电子技术基础 B
测量学	环境地学基础	数字电子技术基础实验 A
测量与分析软件	环境毒理学概论	数字电子技术基础实验 B
产品结构	环境工程施工	数字逻辑
产品设计（2）	环境工程原理	数字逻辑与数字系统设计
产品设计课程设计（1）	环境规划	数字逻辑与数字系统设计课程设计
产品数据管理	环境规划课程设计	数字通信系统
产业经济学	环境监测 A	数字信号处理基础
常微分方程	环境科学与工程基础	水污染控制工程
成本会计	环境科学与工程基础 B	水污染控制工程课程设计
成本与管理会计（英语）	环境生物学	水资源与水环境学
程序设计实习	环境数学模型	税法
传感器原理与应用	环境统计	顺序控制与热工保护
传感器综合实验	环境与发展课题调研	思想道德修养与法律基础
传热学 A	环科专业外语（1）	算法与数据结构
传热学 B	会计模拟实验	算法与数据结构实验
传热学 C	会计实务（2）	探索宇宙奥妙的数学
创新工程学	会计学	碳一化学
创新思维与方法	婚姻家庭继承法	碳一化学 A
大气污染气象学	火电厂动力工程 A	特种加工

续表

2014—2015 学年第二学期本科课程设置表（保定校区）		
大学俄语（4）	火电厂动力工程 B	体育（1）
大学化学（通识类）	火电厂水务管理	体育（2）
大学日语（4）	火电厂运行仿真实践	体育（3）
大学生创业基础	火力发电过程认识实习	体育（4）
大学生就业能力培养	货币银行学（英语）	铁塔 CAD 技术
大学生心理健康	机电基础	通信电子电路
大学生职业生涯发展与规划	机电一体化系统设计	通信电子电路综合实验
大学物理（1）	机械电子工程概论	通信专业英语阅读
大学物理 E（1）	机械设计	统计软件应用
大学物理 T（1）	机械设计课程设计	统计学
大学写作	机械设计学	统计学方法与应用：从数据到结论
大学英语（2）	机械系统设计	透平机械调节与强度
大学英语（3）	机械优化设计	透平机械原理
大学英语（4）	机械制造装备设计	图形处理与 CAD
大学英语（6）	机械专业外语（机电）（1）	网络攻防系统实验
大学英语 6 级	机械专业外语（设计）（1）	网络管理
大学语文	机械专业外语（物料）（1）	网络技术基础
单片机与嵌入式系统 A	机械专业外语（线路）（1）	网络数据库应用
单片机与嵌入式系统 A 课程设计	机械专业外语（制造）（1）	网络数据库综合设计
单片机与嵌入式系统 B	集控运行综合实验	网络通信实验与设计
单片机与嵌入式原理与应用	计算机辅助工业设计	网络系统工程
单片机原理	计算机控制技术与系统	网络系统工程课程设计
当代中国社会问题	计算机控制技术与系统课程设计	网络信息安全
地方政府学	计算机软件技术基础	网络应用基础
第二外国语（2）	计算机图形学	网络与电子商务法
第二外国语（4）	计算机网络	网络综合实验
电厂热力设备及运行	计算机网络课程设计	网页设计
电厂热力设备及运行 A（1）	计算机系统结构	网站建设与管理
电除尘器供电技术	计算机专业英语阅读（2）	网站开发与建设综合实践
电磁测量	技术经济学	微波工程
电磁场与微波技术	技术经济学课程设计	微观经济学
电磁兼容基础	技术系统课程设计	微机继电保护综合实验
电磁学	继电保护定值计算	微机原理及应用课程设计
电工技术基础	架空输电线路设计	微机原理与接口技术 A
电工实践	建环专业英语	微机原理与接口技术 B
电机实验（1）	建筑 CAD 基础	微机原理与接口技术 T
电机学（1）	建筑电气	微机原理与接口技术实验
电机学 B（2）	建筑给排水	微机原理与接口技术实验 T
电机学 T（1）	建筑工程施工技术与计量	微计算机原理与嵌入式系统
电力产业绩效分析	建筑学	微型计算机原理与应用
电力电子技术 B	建筑学课程设计	文秘英语

续表

2014—2015 学年第二学期本科课程设置表（保定校区）		
电力负荷预测模拟实验	交直流调速控制系统	无线网络
电力工程 B	接口与通信技术	舞蹈鉴赏
电力工程 C	洁净煤技术	物理化学 A
电力工程测量技术	结构力学	物理化学 B
电力工程设计	金工实习 A	物理化学实验 A
电力工程项目造价案例分析	金工实习 B	物理化学实验 B
电力工程造价	金融工程	物理实验（1）
电力机械	金融工程模拟实验	物理专业英语
电力企业成本核算与分析	经济法 A	物料系统设备
电力企业内部控制	经济法 B	物料系统设计
电力生产认识实习	经济计量学	物料系统自动控制
电力市场概论 B	经济史	物流管理
电力系统仿真实习	经济学原理	物流综合实验
电力系统负荷预测	精密加工	物权法
电力系统故障分析	科技论文阅读与翻译	物业管理
电力系统过电压上机	科技信息检索	西方法律思想史
电力系统继电保护原理 A	科技英语	西方经济学
电力系统继电保护原理 B	科技英语翻译	西方文化导论
电力系统继电保护原理 T	科研实践与学年论文	西方文化概论
电力系统课程设计	可行性研究与评估综合性设计	吸收式制冷
电力系统认识实习	可靠性设计	现代工程控制理论
电力系统远动	空调制冷技术	现代交换技术
电力系统暂态分析	控制系统数字仿真与参数优化	现代交换技术综合实验
电力系统综合实验 A	控制装置与系统 A	现代控制理论
电力线载波通信	控制装置与系统 A 课程设计	现代设计方法概论
电力需求侧管理	控制装置与系统 B	线性代数
电力英语阅读	控制装置与系统 B 课程设计	线性代数 T
电力营销与客户服务	跨文化商务交际	项目采购与合同管理
电路理论（1）	劳动法与社会保障法	新能源概论
电路理论 T（1）	劳动经济学	信管专业外语
电路实验（1）	乐理基础	信号处理基础（1）
电路实验 T（1）	离散数学	信号分析与处理 B
电气测量技术（电磁测量 + 现代电子测量技术）	理论力学	信号与系统
电气设备高压试验	立体构成	信息安全工程与管理
电子测量与仪器	量子力学	信息安全基础
电子测量与仪器综合实验	领导科学	信息安全实验课程
电子工艺实践	流体力学 B	信息安全数学基础
电子技术基础	流体力学 C	信息安全专业英语阅读（1）
电子技术基础实验	流体力学 T	信息产业法律法规

续表

2014—2015 学年第二学期本科课程设置表（保定校区）		
电子技术基础实验 T（1）	旅游英语	信息经济学
电子商务	律师实务	信息论与编码
电子商务系统分析与设计	马克思主义基本原理	信息系统课程设计
电子商务综合实验	毛泽东思想和中国特色社会主义理论体系概论	信息系统与数据库
电子设计讲座	煤化工	信息隐藏技术
电子设计竞赛训练	美国文学	刑法分论
电子设计自动化	面向对象程序设计	刑事诉讼法学
电子线路（2）	面向对象程序设计（C++）	刑事庭审见习
电子线路设计（1）	面向对象程序设计（JAVA）	学科论文实践
电子线路设计（2）	面向对象程序设计（JAVA）课程设计	学年论文
电子线路实验（2）	面向对象程序设计综合实验	学年论文（1）
电子线路综合实验	面向对象程序设计综合实验（2）	学年论文（2）
电子专业外语（2）	面向对象程序设计综合实验（VC++,Java）（4）	学术前沿
多媒体技术	模拟电子技术基础 A	学术英语写作
多媒体技术应用与设计	模拟电子技术基础 B	雅思听说（1）
多媒体应用基础	模拟电子技术基础 T	烟尘测试理论与技术
俄语入门	模拟电子技术基础实验 A	养老保险基础
发电厂电气部分 A	模拟电子技术基础实验 B	移动平台程序设计
发电厂电气部分 B	能源材料	艺术导论
发电厂电气部分 T	能源概论	英汉语言文化对比
发电厂电气部分课程设计	能源化学工程专题讲座	英美概况
发电厂电气设备及运行	能源化学工程专业外语（1）	英文写作
发电厂动力部分	能源经济学	英语辩论
发展经济学	能源与动力工程专业英语	英语词汇学
发展社会学	能源转化	英语词汇学 B
法理学	农村电网规划	英语泛读（2）
法律逻辑学	暖通空调	英语精读（2）
法学前沿（专题 2）	暖通空调工程制图	英语精读（4）
翻译理论与实践（2）	配电自动化	英语精读（6）
翻译实习（1）	票据法	英语口语
房地产开发与经营	平面设计（2）	英语口语（2）
分布式能源系统	平面设计课程设计	英语口语（4）
分布式能源系统课程设计	普通物理实验（2）	英语听力（2）
分析化学 A	普通物理实验（4）	英语听力（4）
分析化学 B	普通语言学（2）	英语文体与修辞
分析化学实验 A	期货交易理论与实务	英语小说欣赏
分析化学实验 B	企业财务诊断	英语写作（2）
风力发电原理	企业管理概论	影片精读

续表

2014—2015 学年第二学期本科课程设置表（保定校区）		
风险投资	企业实践（毕业论文）	应用电化学
复变函数	企业税收理论与实务	应用化学专业外语（1）
复变函数论	企业文化案例精选	应用文写作
复变函数与积分变换	企业战略管理	硬件设计与实践
改变世界的物理学	汽轮机原理 A	用电技术
概率论与数理统计（2）	嵌入式系统	优秀传统文化与伦理道德
概率论与数理统计 B	嵌入式系统课程设计	有害气体控制工程
杆塔结构设计	青年心理学	有害气体控制工程课程设计
钢筋混凝土	清洁能源发电控制系统	有机合成实训
高等代数（2）	情感哲学与情感教育	有机化学工程与工艺学
高等数学 A（2）	区域经济学	原子物理学
高等数学 B（2）	确定运筹学	造型基础
高等数学 C（2）	燃气供应工程	债权法
高等数学 E（2）	燃气－蒸汽联合循环发电技术	展示设计
高等数学 J（2）	热工控制系统 A	证券法
高电压技术	热工控制系统 B	证券投资模拟实验
高电压技术 T	热工系统建模	证券投资学
高电压绝缘	热交换器计算及设计	政治学原理
高电压综合实验	热力发电厂给水处理	政治学原理 A
高分子物理化学	热力发电厂给水处理课程设计	知识产权法 B
高级英语视听说（2）	热力设备腐蚀与防护	质量工程学
高级语言程序设计（2）	热力系统工程	中国公共政策分析
高级语言程序设计（C++）	热力学统计物理	中国公务员制度
高级语言程序设计综合实验	热学	中国古代礼仪文明
高阶英语 2	热源动力设备原理及运行	中国古近代思想史
高阶英语选修 2	人工智能及应用	中国近现代史纲要
工程测量实习	人口社会学	中级财务管理（英语）
工程成本规划与控制	人力资源管理	中级财务会计（1）
工程电磁场	人力资源管理案例分析	中英文翻译
工程电磁场 T	认识实习	仲裁法
工程电磁场导论	认知实习	专题：大型火电机组分散控制
工程定额原理及清单计价规范	日语入门	专业基础综合实验
工程光学	软件测试	专业认识实习
工程化学	软件工程	专业社会实践
工程技术及工程预算	软件工程课程设计	专业实践
工程结构	软件界面设计与欣赏	专业实习
工程经济学	软件体系结构	专业实习（1）
工程力学（2）	色彩构成	专业外语（1）
工程热力学 C	色彩基础	专业外语（2）
工程图学 A（2）	商务管理英语会话	专业外语阅读（农电）
工程图学 B（2）	商务谈判	专业英语

续表

2014—2015 学年第二学期本科课程设置表（保定校区）		
工程图学 D（2）	商务英语视听说	专业英语阅读（自动化）
工程项目管理	商务英语写作	专业综合实践：大型火电机组热控系统设计及实现（3）
工程项目投资管理	商业银行经营管理	装饰雕塑
工程项目造价案例分析	设计材料与成型工艺	资产评估
工程中的数值分析方法	设计方法学	自动化制造系统
工程咨询概论	设计管理	自动控制理论 B
工科数学分析（2）	设计考察	自主实习
工业催化	设计色彩	综合设计：智能汽车设计（1）
工艺美术史	设计思维	综合设计：智能汽车设计（3）
公差与技术测量 A	设计调研与消费心理	组织设计与管理
公差与技术测量 B	设计制造综合实验	最优化算法
公共关系礼仪实务	社会工作概论	

2015—2016 学年第一学期本科课程设置表（保定校区）		
EDA 课程设计	广告学	社会工作及相关专题研究
ERP 沙盘对抗模拟试验	锅炉及锅炉房设备	社会调查
GIS 装置与绝缘技术	锅炉原理 A	社会问题调查与社会实践（1）
IT 企业创业案例分析	锅炉原理 B	社会问题调查与社会实践（2）
J2EE 开发平台及程序设计	锅炉原理课程设计	社会问题调查与社会实践（3）
Matlab 在化学化工中应用	国际结算	社会学
Oracle 数据库系统应用	国际金融法律实务	社会学概论
PKI 系统设计综合实验	国际金融模拟实验	社会研究方法
Pro/E 工程软件应用	国际金融实务（双语）	摄影技术
Rhino 产品建模与渲染	国际贸易实务	生产实习
UG 工程软件应用	国际私法	生产实习（电力）
UNIX/LINUX 体系及编程	过程参数检测及仪表	生产实习（高压）
VB.NET 程序设计	过程参数检测及仪表 B	生产系统课程设计
VB 程序设计	过程参数检测及仪表 B 课程设计	生产系统设计与管理
VC++ 程序设计	过程控制 A 课程设计	生物化学
Visual C#.net 程序设计与应用	过程控制 B	生物医学电子学
Web 开发技术	过程控制 B 课程设计	施工组织课程设计
WINDOWS 体系及编程	过程控制装置与系统	施工组织与设计
办公自动化 B	过程装备 CAD	实体建模技术及其应用
办公自动化概论	过程装备制造工艺	实务与研究能力综合运用（2）
包装设计	行政法	市政学
保险经济学	行政法学	视频编辑
编译技术	合同法	书籍装帧设计
编译技术课程设计 A	合同法学	输电线路课程设计
编译技术课程设计 B	核电厂系统课程设计	输电线路设计基础

续表

2015—2016 学年第一学期本科课程设置表（保定校区）		
变电站电气工程	核电厂系统与设备	输电线路运行与检修
变电站二次技术	核电厂运行仿真实践	输电线路综合实践
变电站综合自动化	核电站参数检测与控制（研讨型）	输电线路综合实验
标准化工程	核电站化学	输灰工程
簿记训练	核电站水化学	数据仓库与数据挖掘应用系统设计
材料成型技术基础	宏观经济学	数据分析
材料力学	宏观经济学（双语）	数据结构
财会信息系统	户外写生与考察	数据结构与算法
财会专业外语	化工安全与环保	数据结构综合设计
财务成本模拟	化工测量与仪表	数据库系统分析与设计
财务分析及财务软件应用	化工机械	数据库系统原理
财务管理 B	化工热力学	数据库与网络技术导论
操作系统	化工仪表与自动化	数据库原理
操作系统综合实验	化工原理	数据库原理及应用
测控技术与仪器专业概论	化工原理课程设计	数据库原理课程设计
测试表征技术	化学反应工程	数据通信与计算机网络
测试技术	化学反应工程课程设计	数据通信原理
产品改良设计	环工专业外语（2）	数控技术及应用
产品设计（3）	环境保护与可持续性发展 B	数理经济学
产品设计课程设计（2）	环境工程 CAD 及上机实习	数学分析（1）
常用数学软件实验（Matlab,Mathematica）	环境工程仿真控制上机实习	数学分析（3）
超高压电网继电保护专题	环境工程仿真设计上机实习	数学建模
超临界燃煤发电机组	环境工程施工	数值分析
成本控制	环境工程微生物学	数值计算方法
城市公用事业管理理论与实践	环境工程学	数值计算方法 T
程序设计方法	环境工程学课程设计	数字电子技术基础 B
程序设计模式	环境工程综合实验	数字电子技术基础 T
除尘技术	环境管理与法规	数字电子技术基础实验 B
除尘技术课程设计	环境化学	数字图像处理
储能技术	环境监测 A	数字系统设计与 EDA 技术
传感器原理与应用	环境监测 B	数字信号处理
传感器综合实验	环境经济学	数字信号处理基础
传热学 T	环境科学信息检索	数字信号处理综合实验
创新工程学	环境模型程序设计及应用上机实习	税收理论与实务
创新思维与方法	环境生态行为综合实验	顺序控制
创业策划	环境生物学	思想道德修养与法律基础
大型发电机与变压器运行	环境信息系统	诉讼法律实务
大学计算机基础	环境学导论	算法设计与分析
大学生创业创新教育	环境质量评价	随机运筹学
大学生就业指导	环境质量评价课程设计	太阳能发电技术

续表

2015—2016 学年第一学期本科课程设置表（保定校区）		
大学物理（2）	环境资源法	体育（1）
大学物理 E（2）	环科专业外语（2）	体育（2）
大学物理 T（2）	环艺设计	体育（3）
大学写作	环艺设计课程设计	体育（4）
大学学习指导	汇编语言程序设计	调查方法与软件应用
大学英语（1）	汇编语言程序设计综合实验	通信导论
大学英语（2）	会计职业道德	通信技术综合实验
大学英语（3）	绘画艺术	通信网概论
大学英语（4）	火电厂化学	通信网络基础
大学英语（5）	火电厂机务造价实务	通信系统创新实践
大学英语（6）	火电厂运行仿真实践	通信系统仿真
大学语文 B	火电厂自动化专题	通信系统原理
单片机原理与接口	火电机组启停及运行	通信新技术专题讲座
单片机原理与应用	货币金融学	通信原理实验
单元机组程控与保护	货币银行学	统计方法与应用
单元机组控制系统	机电传动控制	统计软件应用
单元机组协调控制	机电控制系统仿真	投资银行实务
单元机组运行原理	机电液控制综合实验	投资银行学
单元机组运行原理 B	机电一体化课程设计	透视与速写
单元机组运行原理课程设计	机械 CAD/CAE/CAM 技术	图形处理与 CAD
当代世界经济与政治	机械创新设计	图形设计
当代世界经济与中国经济政策分析	机械工程项目管理	土建工程施工图预算实务
当代中国政治制度	机械设计基础 B	团体工作
第二外国语（1）	机械设计基础课程设计	外贸英语函电
第二外国语（3）	机械系统动力学仿真	网络技术与数据库
电厂概论	机械原理	网络软件程序设计
电厂高温金属材料	机械原理课程设计	网络软件程序设计课程设计
电厂化学 A	机械振动与噪声控制	网络协议分析与设计
电厂化学 B	机械制造技术基础	网络信息安全综合实验
电厂化学仪表与程控	机械制造自动化技术	网络营销
电厂热力设备及运行	机械专业外语（机电）（2）	网络应用基础
电厂热力设备及运行 A（2）	机械专业外语（设计）（2）	网络与电子商务法
电厂应用化学	机械专业外语（物料）（2）	网络与通信技术
电厂运行仿真	机械专业外语（线路）（2）	网络与通信技术 T
电磁兼容技术	机械专业外语（制造）（2）	微处理器课程设计
电动力学	机械状态监测与故障诊断	微处理器系统课程设计
电工电子技术基础	基础会计	微处理器系统原理与设计
电工电子实习	基础心理学	微处理器系统原理与设计实验
电工技术基础	基础英语精读（1）	微观经济学
电工实践	基础英语听力（1）	微机保护原理

续表

2015—2016 学年第一学期本科课程设置表（保定校区）		
电机学（2）	基础英语写作（1）	微机电系统技术基础
电机学 B（1）	集成电路设计基础	微机控制系统
电机学 T（2）	集成电路设计综合实验	微机原理及应用
电机与电力拖动	计量测试技术	微机原理及应用课程设计
电力传动系统仿真	计量经济学	微机原理与汇编语言程序设计
电力电缆	计量经济学模拟实验	微机原理与汇编语言程序设计课程设计
电力电子技术 A	计算方法	微机原理与接口技术 B
电力电子技术 T	计算机病毒防治	微型计算机原理与应用
电力法	计算机操作系统	卫星通信
电力负荷预测	计算机辅助平面设计	文秘英语
电力负荷预测模拟实验	计算机辅助设计	文献检索实训
电力工程 B	计算机基础及程序设计	文学翻译
电力工程基础	计算机控制技术	无机化学 A
电力工程造价	计算机密码学	无机化学 B
电力机械	计算机密码学综合实验	无机化学实验 A
电力经济与管理前沿	计算机软件技术导论	无机化学实验 B
电力企业成本核算与分析	计算机软件技术基础	无线通信
电力商务英语	计算机网络	物理实验（2）
电力生产过程与动力设备	计算机网络技术应用实践	物理性污染控制工程
电力实验经济学	计算机网络体系结构	物理性污染控制工程课程设计
电力市场概论	计算机专业英语阅读（3）	物联网技术
电力市场基础	计算机组成与结构	物联网技术与应用
电力市场技术支持系统	计算机组成原理	物流工程学
电力统计	计算机组成原理综合实验	物流管理
电力外文文献阅读与翻译	计算智能	物流管理概论
电力系统潮流上机计算	技术经济学	误差理论与数据处理
电力系统潮流上机计算 T	继电保护与自动化综合实验	戏剧鉴赏
电力系统仿真实习	检测新技术（研讨型）	系统工程导论
电力系统分析基础	建设法规	系统工程学
电力系统分析基础 T	建筑法规案例分析	先进控制
电力系统规划与可靠性	建筑概论	先进制造技术
电力系统过电压	建筑工程概预算	先进制造系统
电力系统微机保护	建筑工程预算实务	现代电子技术
电力系统稳定	建筑环境测量	现代防雷技术
电力系统谐波与无功补偿	建筑环境学	现代管理学
电力系统自动化 A	建筑环境与能源应用工程概论	现代汉语
电力系统自动化 B	建筑设备安装工程	现代经济学
电力系统自动化 T	建筑设备自动化	现代密码学
电力系统综合实验 A	建筑水暖电课程设计	现代信息技术（专题）
电力系统综合实验 B	教学实习	线路金具
电力项目后评价	洁净煤发电技术	线性代数

续表

2015—2016 学年第一学期本科课程设置表（保定校区）		
电力新生研讨课	解析几何	宪法学
电力信息化与信息安全	金工实习 B	项目风险管理
电力英语阅读	金融法	项目管理
电力用油	金融企业会计	项目管理 B
电路理论（2）A	近代物理实验	项目管理综合模拟实验
电路理论（2）B	经济法	消费者行为学 B
电路理论 T（2）	经济学前沿（教授讲坛）	小波分析及其应用
电路实验（2）A	经济学说史	校内基地实践
电路实验（2）B	经济与社会政策分析专题	心理咨询师综合能力专题
电路实验 T（2）	精确农业	新能源发电技术
电能质量概论	静电防护	新闻英语
电气工程概论	决策支持系统与专家系统	新制度经济学
电气工程文献综述	军事理论教育及实践	薪酬理论与实务
电气工程新技术（报告形式）	科技发展史	信管专业外语
电气设备在线监测与故障诊断	科技信息检索	信号处理基础（2）
电子技术基础	科技英语阅读与写作	信号处理基础实验
电子技术基础实验	可编程控制器应用	信号分析与处理
电子技术基础实验 T（2）	可再生能源	信息安全专业英语阅读（2）
电子技术综合实验	客户关系管理	信息安全综合实验
电子技术综合实验 A	空调制冷课程设计	信息管理学概论
电子技术综合实验 T	控制工程基础 A	信息技术基础与计算机导论
电子商务概论	控制工程基础 B	信息论与编码
电子线路（1）	控制论基础	信息系统安全与保密
电子线路设计（3）	控制系统综合实验	信息资源规划与管理
电子线路设计（4）	跨国公司经营与管理	刑法总论
电子线路实验（1）	快速原形制造技术	虚拟现实技术
电子政务 B	宽带数字网技术	虚拟仪器及其应用
电子政务实验	劳动法与社会保障法	虚拟仪器技术（研讨型）
电子专业外语	离散数学	学科前沿研究
动力新生研讨课	理论力学	学术训练
动态网络技术应用实践	理论力学 B	雅思听说（2）
多工况空气处理过程模拟实验	理论力学 T	雅思英语
多媒体技术及应用	力学	演讲与口才
多媒体通信技术	领导科学	液压与气压传动
俄语入门	流体机械	液压与气压传动 B
发电厂仿真实习	流体力学 B	医疗保险基础
发电厂经济运行管理	流体力学 C	仪表可靠性基础
发电厂生产过程	流体输配管网	仪器分析
法律诊所	逻辑学	仪器仪表实训（电装实习）
法学导论	马克思主义基本原理	英国文学

续表

2015—2016 学年第一学期本科课程设置表（保定校区）		
法学前沿（专题 3）	毛泽东思想和中国特色社会主义理论体系概论	英汉口译
法学原理	煤化工安全与环保	英美概况
翻译古典名篇欣赏	煤化工综合设计	英美文化
翻译理论与实践（1）	美术鉴赏	英文写作
翻译实习（2）	密码学趣谈	英语泛读（1）
仿真训练	面向对象程序设计（Java）	英语会话（1）
非政府组织管理	面向对象程序设计综合实验（1）	英语精读（1）
分散控制系统	面向对象程序设计综合实验（3）	英语精读（3）
分散控制系统课程设计	面向对象技术	英语精读（5）
风险投资	面向对象技术与 UML	英语口语
风险投资 B	面向对象技术与 UML 课程设计	英语口语（1）
复变函数	民法总论	英语口语（3）
复变函数与积分变换	民事案例与诉讼	英语听力（1）
概率论	民事法律实务	英语听力（3）
概率论与数理统计（1）	民事诉讼法学	英语写作（1）
概率论与数理统计 B	民事庭审见习	英语演讲
高层建筑空调	模糊数学	英语语法
高等代数（1）	模拟电子技术基础 A	英语语音
高等数学 A（1）	模拟电子技术基础 B	英语语音入门
高等数学 B（1）	模拟电子技术基础实验 A	英语阅读（1）
高等数学 C（1）	模拟电子技术基础实验 B	影视鉴赏
高等数学 E（1）	模型制作与塑造	应用化学专业外语（2）
高等数学 J（1）	纳税会计	应用统计学
高电压技术课程设计	能源法律与政策	应用统计综合实验
高电压试验技术	能源化工概论	用电营销与管理
高级英语视听说（1）	能源化学工程专业外语（2）	有机化学 A
高级英语选读	能源环境化学	有机化学 B
高级英语语法	能源环境学	有机化学实验 A
高级语言程序设计（1）	能源经济学	有机化学实验 B
高级语言程序设计（C++）	能源情报翻译	有限元方法
高阶英语 1	能源与动力工程概论	有限元分析及工程应用
高阶英语选修 1	暖通空调系统分析与设计	运筹学
高压电器	排水工程	运动控制
个案工作	平面构成	证据法学
给排水工程及实务	普通物理实验（1）	证券法
工程材料	普通物理实验（3）	政府与非营利组织会计
工程技术及工程预算	普通语言学（1）	政务礼仪
工程经济学	企事业单位实习	政治经济学
工程力学（1）	企业创业策划	知识产权法 A
工程力学 C	企业管理概论	直流输电与 FACTS 技术

续表

2015—2016 学年第一学期本科课程设置表（保定校区）		
工程流体力学 A	企业沙盘模拟对抗	制造工程基础
工程流体力学 B	企业形象策划	制造技术课程设计
工程热力学	企业战略管理	智能机器人概论
工程热力学 A	企业诊断	智能控制
工程热力学 B	汽轮机设备故障诊断	智能手机信息安全
工程热力学 C	汽轮机原理 B	智能仪表课程设计
工程热力学 T	汽轮机原理课程设计	智能仪器设计
工程图学 A（1）	嵌入式软件开发技术	中国传统艺术
工程图学 B（1）	嵌入式系统	中国法制史
工程图学 C	清洁生产	中国公共政策分析
工程图学 D（1）	清洁生产课程设计	中国近现代史纲要
工程项目管理	燃料化学	中级财务会计（2）
工程项目管理课程设计	燃气－蒸汽联合循环发电仿真实践	中级微观经济学
工程运筹学	燃气－蒸汽联合循环发电课程设计	中外名篇译本对比
工程造价管理案例分析	燃烧理论与技术	中外名曲欣赏
工程造价计价与控制	燃烧与污染控制	中西文化与哲学
工程造价前沿及学年论文	热泵技术	中英文翻译
工程造价软件	热工控制系统 A	专题：超临界火电机组运行与仿真
工程造价专业外语	热工控制系统 A 课程设计	专题：大型火电机组热控系统优化设计
工程招投标管理	热工理论基础	专题辩论
工程招投标课程设计	热工与流体机械基础	专业概述
工程制图	热交换器设计	专业基础综合实验
工程制图 B	热力发电厂 A	专业课程设计（设计）
工科数学分析（1）	热力发电厂 B	专业课程设计（物料）
工业催化	热力发电厂课程设计	专业课程设计（线路）
工业工程导论	热力发电厂生产过程	专业课程设计（制造）
工业工程综合实验	热力发电厂水汽系统化学	专业认识实习
工业机器人技术基础	热力系统工程	专业实习（2）
工业设计史	热质交换原理与设备	专业外语
工作分析与绩效评估	人工智能基础	专业外语（2）
公共关系	人工智能及应用	专业外语阅读（电力）
公共关系学 A	人机工程学	专业外语阅读（电自）
公共管理学 A	人类成长与社会环境	专业外语阅读（高压）
公共管理学 B	人力资源管理	专业英语阅读（测控）
公共管理学名著导读	人力资源管理 B	专业英语阅读与写作（1）
公共事业管理法律制度	认识实习	专业应用软件编制上机实习
公管专业英语（2）	日语入门	专业综合实践（机电）
公务员职业能力测试实训	软件工程	专业综合实践（设计）
供暖系统安装、调试及运行	软件工具与环境	专业综合实践（物料）
供用电管理	软件设计与实践	专业综合实践（制造）

续表

2015—2016 学年第一学期本科课程设置表（保定校区）		
固体废物处理与处置	软件思想与实践技术	专业综合实践：大型火电机组热控系统设计及实现（1）
固体物理	软件项目管理	专业综合实践：大型火电机组热控系统设计及实现（2）
管理定量分析	软件质量保证	专业综合实验
管理会计	商法	专业综合实验（设计）
管理逻辑学	商事法律实务	专业综合实验（物料）
管理软件应用	商务英语	专业综合实验（制造）
管理统计软件应用	商业实习	自动化专业概论
管理文献翻译训练	设计表现技法	自动控制理论 A
管理心理学	设计工程基础	自动控制理论课程设计
管理信息系统	设计管理	自动控制系统组态与编程（设计性）
管理信息系统开发综合实验	设计素描	自动控制原理 C
管理信息系统与决策支持系统	设计制造工程课程设计	字体版式与标志设计
管理学原理	社会保障概论	综合设计：智能汽车设计（2）
管理运筹学	社会保障概论 B	综合实验
管制经济学	社会福利思想与政策	组织行为学
光机电检测技术	社会工作的价值与伦理	
光学	社会工作及相关专题概述	

华北电力大学 2015 年研究生课程设置一览表

（北京校部）

2014—2015 学年研究生课程设置表

课程编号	课程名称	教研室	任课教师
40120011	科技信息检索与论文写作专题讲座	信息咨询部	王宝清等
50120511	电网络分析理论	电工电子教学实验中心	王雁凌 全玉生 许　军
50120321	微机继电保护	四方研究所 *	肖仕武
50120351	变电站自动化	四方研究所 *	贾　科
50120551	继电保护专题	四方研究所 *	黄少锋 郑　涛
50120931	专题课程（新能源电力系统保护与控制）	四方研究所 *	王增平 黄少锋 毕天姝 张建华

续表

课程编号	课程名称	教研室	任课教师
50120151	电气设备在线监测与故障诊断	高电压与绝缘技术研究所	王　伟
50120161	电介质放电理论及其应用	高电压与绝缘技术研究所	齐　波
50120171	过电压分析与防护	高电压与绝缘技术研究所	屠幼萍
50120181	专业英语（高电压与绝缘技术）	高电压与绝缘技术研究所	詹花茂
50121031	专题课程（电磁与放电）	高电压与绝缘技术研究所	李庆民
50120631	电磁兼容基础实验	电磁与超导电工研究所	张卫东
50120681	专题课程（电子科学与技术研究生专题课程）	电磁与超导电工研究所	李　琳 郝建红 王泽忠 卢铁兵
50120691	电磁场选论	电磁与超导电工研究所	焦重庆 王泽忠
50120721	电磁场数值计算	电磁与超导电工研究所	赵志斌 王泽忠
50120741	现代电磁测量技术	电磁与超导电工研究所	卢斌先
50120761	多导体传输线理论	电磁与超导电工研究所	齐　磊
50120781	电磁兼容基础	电磁与超导电工研究所	焦重庆 赵志斌
50120801	瞬态电磁场分析与测试	电磁与超导电工研究所	李　琳 张卫东
50120831	专业英语（电工理论与新技术）	电磁与超导电工研究所	刘宏伟
50120981	半导体物理和工艺	电磁与超导电工研究所	黄永章
50120101	电机运行及控制技术	电机运行控制与节能技术研究所	刘明基
50120191	交流电机及其系统分析	电机运行控制与节能技术研究所	刘晓芳
50120201	电力系统储能技术	电机运行控制与节能技术研究所	尹忠东
50120221	大型电机分析及故障诊断	电机运行控制与节能技术研究所	赵海森
50120671	专业英语（电机与电器）	电机运行控制与节能技术研究所	赵海森
50120901	专题课程（电机新技术专题）	电机运行控制与节能技术研究所	赵海森 刘明基
50120381	电力市场理论与技术	电力市场研究所	王雁凌
50120561	能源经济	电力市场研究所	张粒子 张　洪
50120991	中国电力工业发展史	电力市场研究所	王　鹏
50120431	电力系统风险评估	输配电系统研究所	刘文霞
50120611	现代控制理论	输配电系统研究所	刘　念
50120641	智能配电技术	输配电系统研究所	刘春明
50120661	专业英语（电气工程）	输配电系统研究所	刘自发 黄　伟
50120971	电力系统空间天气灾害效应	输配电系统研究所	刘春明
50121011	风力发电系统建模与控制	输配电系统研究所	刘其辉

续表

课程编号	课程名称	教研室	任课教师
50120491	专题课程（电力电子在电力系统中的应用）	柔性电力技术研究所	文　俊 朱永强 韩民晓 张一工
50120531	分布式电源与微网技术	柔性电力技术研究所	韩民晓
50120541	高压直流输电技术	柔性电力技术研究所	文　俊
50120831	专业英语（电工理论与新技术）	电磁与超导电工研究所	刘宏伟
50120981	半导体物理和工艺	电磁与超导电工研究所	黄永章
50120101	电机运行及控制技术	电机运行控制与节能技术研究所	刘明基
50120191	交流电机及其系统分析	电机运行控制与节能技术研究所	刘晓芳
50120201	电力系统储能技术	电机运行控制与节能技术研究所	尹忠东
50120221	大型电机分析及故障诊断	电机运行控制与节能技术研究所	赵海森
50120671	专业英语（电机与电器）	电机运行控制与节能技术研究所	赵海森
50120901	专题课程（电机新技术专题）	电机运行控制与节能技术研究所	赵海森 刘明基
50120381	电力市场理论与技术	电力市场研究所	王雁凌
50120561	能源经济	电力市场研究所	张粒子 张　洪
50120991	中国电力工业发展史	电力市场研究所	王　鹏
50120431	电力系统风险评估	输配电系统研究所	刘文霞
50120611	现代控制理论	输配电系统研究所	刘　念
50120641	智能配电技术	输配电系统研究所	刘春明
50120661	专业英语（电气工程）	输配电系统研究所	刘自发 黄　伟
50120971	电力系统空间大气灾害效应	输配电系统研究所	刘春明
50121011	风力发电系统建模与控制	输配电系统研究所	刘其辉
50120491	专题课程（电力电子在电力系统中的应用）	柔性电力技术研究所	文　俊 朱永强 韩民晓 张一工
50120531	分布式电源与微网技术	柔性电力技术研究所	韩民晓
50120541	高压直流输电技术	柔性电力技术研究所	文　俊
50120571	柔性交流输电系统	柔性电力技术研究所	谭伟璞
50120591	现代电力电子技术	柔性电力技术研究所	刘　晋 张一工
50120651	专业英语（电力电子与电力传动）	柔性电力技术研究所	朱永强
50121001	电力系统电磁暂态仿真及建模	柔性电力技术研究所	姚蜀军
50120281	智能电网技术专题	电力系统研究所	孙英云
50120311	数字信号处理	电力系统研究所	鲍　海

续表

课程编号	课程名称	教研室	任课教师
50120411	高等电力系统分析	电力系统研究所	孙英云 姜　彤 陈艳波 刘宝柱 孙英云 刘宝柱
50120451	电力系统规划与可靠性	电力系统研究所	董　雷
50120011	检测与估值理论	通信技术研究所	卢文冰
50120021	宽带数据通信网	通信技术研究所	祁　兵
50120031	通信网络运营支撑技术	通信技术研究所	仇英辉
50120041	无线传感器网络与物联网技术	通信技术研究所	李　彬
50120051	无线通信原理及应用	通信技术研究所	赵雄文
50120061	现代光纤通信技术	通信技术研究所	仇英辉 吴润泽
50120071	现代数字通信技术	501011—通信技术研究所	吴润泽
50120081	现代通信理论	通信技术研究所	孙凤杰
50120091	现代微波工程	通信技术研究所	卢文冰
50120111	智能电网信息通信技术	通信技术研究所	孙　毅
50120121	信息论及编码	通信技术研究所	唐良瑞
50120131	现代通信网理论	通信技术研究所	翟明岳
50120141	专业英语（通信与信息系统）	通信技术研究所	马永红
50120251	通信工程技术应用专题	通信技术研究所	祁　兵 孙　毅 赵雄文 吴润泽
50110021	现代数字信号分析与处理	电子信息技术研究所	许　刚
50120241	现代数字信号处理	电子信息技术研究所	许　刚
50120291	多媒体信息处理	电子信息技术研究所	陆　俊
50120711	专业英语（电子与通信工程）	电子信息技术研究所	耿绥燕
50120731	现代传感与检测技术	电子信息技术研究所	龚钢军
50120751	网络与信息安全	电子信息技术研究所	孙中伟
50120791	智能电网信息物理融合系统	电子信息技术研究所	孙中伟
50120811	专业英语（信号与信息处理）	电子信息技术研究所	耿绥燕
50120821	信息处理技术应用专题	电子信息技术研究所	许　刚
50120911	专题课程（信息与通信前沿技术讲座）	电子信息技术研究所	孙　毅 孙凤杰 祁　兵 许　刚 赵莲清 仇英辉 孙中伟
50120231	现代电路理论及分析	现代电子技术研究所	范杰清

续表

课程编号	课程名称	教研室	任课教师
50120261	功率电子学	现代电子技术研究所	文亚凤
50120301	电子电路设计与仿真	现代电子技术研究所	高雪莲
50120361	量子理论	现代电子技术研究所	郝建红
50120371	嵌入式系统和SOC设计	现代电子技术研究所	梁光胜
50120461	现代电子技术应用专题	现代电子技术研究所	孙建平 李守荣 郝建红 高雪莲
50120481	电能质量分析与控制	新能源电网研究所	陶　顺
50120961	柔性直流输电技术	新能源电网研究所	许建中 赵成勇 郭春义
50120501	电网调度自动化	电网与调度研究所	刘文颖
50120621	新能源发电与并网技术	电网与调度研究所	刘其辉 林　俐
50120841	专业英语（电力系统及其自动化）	电网与调度研究所	周　明 曹　昉 徐衍会
50120861	智能技术及其在电力系统中的应用	电网与调度研究所	赵冬梅
50120881	电气工程新技术专题	电网与调度研究所	李庚银 崔　翔 艾　欣 毕天姝
50120921	专题课程（新能源电力系统分析）	电网与调度研究所	肖湘宁 刘文颖 李庚银 周　明
40120011	科技信息检索与论文写作专题讲座	信息咨询部	王宝清 等
50121021	电力系统软件开发技术	电网与调度研究所	张东英
50220131	工程测试与信号处理	机械研究室	柳亦兵
50220141	机电系统工程学	机械研究室	滕　伟
50220151	机械系统动力学	机械研究室	周　超 柳亦兵
50220161	现代设计理论与方法	机械研究室	刘衍平 高青风
50220171	工程优化方法	机械研究室	李　林
50220181	机械工程前沿	机械研究室	张照煌 柳亦兵 芮晓明 夏延秋
50220191	先进制造技术	机械研究室	高青风 芮晓明
50220211	工业检测技术	机械研究室	芮晓明

续表

课程编号	课程名称	教研室	任课教师
50220221	现代设备工程学	机械研究室	张照煌
50220231	摩擦与磨损	机械研究室	夏延秋
50220251	结构设计与数值软件应用	机械研究室	马志勇 周　超
50220261	专业英语（机械设计及理论）	机械研究室	柳亦兵 芮晓明
50220271	专业英语（机械电子工程）	机械研究室	芮晓明
50220281	专业英语（机械制造及其自动化）	机械研究室	武　鑫 刘衍平
50220351	机械工程应用专题	机械研究室	夏延秋
50220721	专题课程（机械工程前沿）	机械研究室	张照煌 夏延秋 芮晓明 柳亦兵
50220761	数字化设计与制造	机械研究室	宋玉旺
50220771	风电机组设计技术	机械研究室	武　鑫 芮晓明
50220561	制冷系统热动力学	建筑环境与设备工程教研室	周国兵
50220571	现代制冷与低温技术	建筑环境与设备工程教研室	张金珊
50220631	供热空调新技术	建筑环境与设备工程教研室	程金明
50220691	建筑热模拟	建筑环境与设备工程教研室	周国兵
50220851	室内环境控制与节能	建筑环境与设备工程教研室	王　锡
50220291	热力系统辅助设备特性分析	热能动力工程教研室	梁双印
50220301	气液两相流和沸腾传热	热能动力工程教研室	庞力平
50220311	振动工程理论及应用	热能动力工程教研室	何成兵
50220321	燃烧理论与技术	热能动力工程教研室	孙保民
50220341	大型汽轮机运行特性	热能动力工程教研室	付忠广
50220371	电站锅炉运行特性	热能动力工程教研室	刘　彤
50220381	设备状态监测与故障诊断技术	热能动力工程教研室	顾煜炯
50220581	专业英语（动力工程及工程热物理）	热能动力工程教研室	王宁玲 周乐平
50220651	洁净煤发电技术	热能动力工程教研室	康志忠
50220711	燃烧室数学模型	热能动力工程教研室	李文艳
50220791	电厂燃烧污染及控制技术	热能动力工程教研室	张永生
50220801	最优化技术在电厂热力工程中的应用	热能动力工程教研室	陈海平
50220201	节能原理	工程热物理教研室	周少祥
50220331	离心叶轮内流理论基础	工程热物理教研室	戴丽萍
50220391	专题课程（先进能量系统）	工程热物理教研室	杨勇平
50220401	高等传热学	工程热物理教研室	徐　超 魏高升
50220411	高等工程热力学	工程热物理教研室	郭民臣
50220421	生物质能利用技术	工程热物理教研室	郭民臣

续表

课程编号	课程名称	教研室	任课教师
50220431	火电厂热力系统性能分析	工程热物理教研室	李惊涛
50220441	二氧化碳捕集与封存（CCS）技术	工程热物理教研室	张国强
50220481	动力工程热经济学	工程热物理教研室	王修彦
50220491	高等工程流体力学	工程热物理教研室	张晓东
50220501	场协同理论及强化传热技术	工程热物理教研室	杨立军
50220511	数值传热学	工程热物理教研室	杨立军
50220521	燃气—蒸汽联合循环	工程热物理教研室	段立强
50220541	太阳能热利用技术	工程热物理教研室	侯宏娟
50220611	计算流体力学	工程热物理教研室	王晓东
50220621	热能动力工程前沿	工程热物理教研室	杜小泽
50220731	专题课程（热能动力工程前沿）	工程热物理教研室	杜小泽
50220751	微纳尺度传热传质学	工程热物理教研室	周乐平
50220821	现代热物理测试技术	工程热物理教研室	魏高升
50220831	相变对流换热	工程热物理教研室	冼海珍
50220861	化学反应工程	工程热物理教研室	常　剑
50220871	计算流体力学与传热	工程热物理教研室	常　剑
50220881	高等化工热力学	工程热物理教研室	陈宏刚
50220891	化工过程模拟及计算	工程热物理教研室	陈宏刚
50220901	煤炭转化的化学基础	工程热物理教研室	陈宏刚
50220911	煤炭转化技术	工程热物理教研室	陈宏刚
50220921	专题课程（能源化工进展）	工程热物理教研室	陈宏刚
50220931	现代传质分离技术	工程热物理教研室	齐娜娜
50220941	专业英语（化学工程与技术专业）	工程热物理教研室	齐娜娜
50220951	传递过程原理	工程热物理教研室	张　锴
50220961	绿色化工概论	工程热物理教研室	张　锴
50220971	现代仪器分析	工程热物理教研室	滕　阳
50210021	材料性能学	材料教研室	徐　鸿 刘宗德
50220011	振动分析与动态测试	材料教研室	何　青
50220021	检测技术	材料教研室	何　青
50220031	材料结构基础	材料教研室	郭永权
50220041	功能材料	材料教研室	李文瀚 李宝让
50220051	材料分析方法	材料教研室	刘东雨
50220061	材料腐蚀与防护	材料教研室	王永田
50220071	高等材料力学	材料教研室	李　斌
50220081	合金热力学	材料教研室	王东辉
50220091	材料凝固与连接	材料教研室	薛志勇
50220101	陶瓷材料学	材料教研室	陈克丕
50220111	无机材料合成	材料教研室	吕玉珍
50220121	现代表面工程	材料教研室	张东博

续表

课程编号	课程名称	教研室	任课教师
50220601	数值计算软件在动力工程中的应用	材料教研室	徐　鸿
50220681	专业英语（材料学）	材料教研室	刘东雨
50220741	专题课程（新材料及其在能源电力行业中的应用）	材料教研室	吕玉珍 李宝让 郭永权 刘宗德
50620011	工程项目管理案例	工程管理教研室	刘　睿
50620021	多目标决策理论	工程管理教研室	庞南生
50621261	房地产估价实务	工程管理教研室	陈文君
50620041	项目计划与控制	工程管理教研室	庞南生
50620051	工程经济学	工程管理教研室	赵会茹
50620061	工程项目管理理论与应用	工程管理教研室	李金超
50621271	机器设备评估	工程管理教研室	李金超
50620081	工程项目管理前沿	工程管理教研室	刘金朋 赵振宇
50620981	专业英语（管理科学与工程、工程管理、项目管理）	工程管理教研室	刘　睿
50620451	管制经济学	经济学教研室	马　昕
50620651	博弈论	经济学教研室	李春杰 胡军峰
50620681	产业经济学前沿问题	经济学教研室	李春杰 孙晶琪 赵新刚
50620701	产业组织经济学	经济学教研室	孙晶琪
50620771	现代能源经济学	经济学教研室	周　东 张晓春
50620791	项目投融资方法与实务	经济学教研室	赵会茹
50620811	新制度经济学	经济学教研室	罗国亮
50620851	应用统计学	经济学教研室	马　昕
50620871	中级计量经济学	经济学教研室	马　昕 闫庆友
50620881	中级微观经济学	经济学教研室	李泓泽
50620911	数据、模型与决策	经济学教研室	闫庆友
50620941	中级宏观经济学	经济学教研室	张晓春 刘喜梅
50621011	专业英语（产业经济学、数量经济学）	经济学教研室	李春杰 孙晶琪
50621051	专题课程（规制理论与能源规制）	经济学教研室	赵会茹
50621151	管理经济学	经济学教研室	张晓春
50621231	经济学	经济学教研室	张晓春
50620641	工作分析与岗位评价	人力资源教研室	刘　琳
50620691	集团公司人力资源管控	人力资源教研室	袁家海

续表

课程编号	课程名称	教研室	任课教师
50620721	劳动关系研究	人力资源教研室	赵长红
50620781	人力资源管理与沟通	人力资源教研室	檀勤良 余恩海
50620831	人力资源管理体系设计	人力资源教研室	余顺坤
50620861	薪酬与绩效管理	人力资源教研室	郭京生 熊敏鹏
50621081	专题课程（企业管理专题）	人力资源教研室	余顺坤
50620661	采购与合同管理	市场营销教研室	李晓宇
50620671	电力企业物流管理	市场营销教研室	刘　杰
50620711	供应链管理	市场营销教研室	王　怡
50620741	物流系统建模与仿真	市场营销教研室	郭晓鹏
50620751	现代物流工程概论	市场营销教研室	王　怡
50620761	物流系统规划与设计	市场营销教研室	郭晓鹏
50620801	现代营销学	市场营销教研室	李　翔
50620821	消费者行为分析	市场营销教研室	李　莹
50620841	运营管理	市场营销教研室	李星梅
50620991	专业英语（企业管理、物流工程）	市场营销教研室	王　怡
50621131	物流成本管理	市场营销教研室	张金良
50620091	电力负荷预测方法	电力经济管理教研室	张福伟
50620101	电力规划理论与实务	电力经济管理教研室	谢传胜
50620111	电力生产管理	电力经济管理教研室	刘敦楠
50620121	电力市场理论与实务	电力经济管理教研室	曾　鸣
50620131	风险管理理论及方法	电力经济管理教研室	韩金山
50620141	工业工程案例	电力经济管理教研室	董　军
50620151	公司治理	电力经济管理教研室	李彦斌
50620161	技术经济评价理论与方法	电力经济管理教研室	张兴平
50620171	能源规划与系统分析	电力经济管理教研室	董　军
50620181	人因工程	电力经济管理教研室	王永利
50620191	网络计划优化方法	电力经济管理教研室	张立辉 乞建勋
50620201	网络流理论及其管理应用	电力经济管理教研室	张立辉
50620211	管理与沟通	电力经济管理教研室	赵洱岽
50620221	现代工业工程	电力经济管理教研室	董　军
50620231	现代管理理论	电力经济管理教研室	李彦斌
50620241	现代企业战略管理	电力经济管理教研室	谭忠富
50620251	综合评价方法	电力经济管理教研室	何永秀
50620261	电力系统经济运行及管理	电力经济管理教研室	刘敦楠
50620271	管理运筹学（二）	电力经济管理教研室	施应玲
50620901	技术创新管理	电力经济管理教研室	祝金荣
50620921	系统工程学	电力经济管理教研室	施应玲

续表

课程编号	课程名称	教研室	任课教师
50620971	专业英语（技术经济及管理、工业工程）	电力经济管理教研室	韩金山 曾　鸣
50621071	专题课程（电力经济管理专题课）	电力经济管理教研室	曾　鸣
50620301	会计理论	会计教研室	夏　宁
50620471	高级财务会计理论与实务	会计教研室	王　婧 张　戈
50620531	高级审计理论与实务	会计教研室	赵宝柱
50620591	商业伦理与会计职业道德	会计教研室	李艳玲
50620891	会计软件设计及应用	会计教研室	宋晓华 李乐明
50620931	企业全面风险管理	会计教研室	叶陈云
50621001	专业英语（会计学、会计硕士、资产评估）	会计教研室	刘晓彦
50621061	专题课程（会计前沿问题研究）	会计教研室	王　婧
50621101	环境会计	会计教研室	余中福
50621141	财务理论研究	会计教研室	夏　宁
50621161	财务会计理论与实务	会计教研室	张莉萍
50621171	管理会计理论与实务	会计教研室	张　戈
50621191	审计理论与实务	会计教研室	赵宝柱
50621201	会计管理软件设计与应用	会计教研室	李乐明
50621211	预算管理理论与实务	会计教研室	夏　宁
50621221	业绩评价与改善	会计教研室	王　婧
50621251	财务会计与会计准则	会计教研室	王　婧
50620281	财务会计报告分析	财务管理教研室	李　涛
50620291	高级财务管理理论与实务	财务管理教研室	刘崇明
50620311	企业财务管理案例分析	财务管理教研室	颜苏莉
50620321	企业价值评估	财务管理教研室	简建辉
50620341	企业纳税筹划	财务管理教研室	沈剑飞
50620351	企业内部控制理论与实务	财务管理教研室	张　颖
50620381	无形资产评估	财务管理教研室	颜苏莉
50620401	资本运营理论与实务	财务管理教研室	刘崇明
50620421	资产评估理论与方法	财务管理教研室	颜苏莉
50620951	电力资产评估实务与案例分析	财务管理教研室	刘崇明
50620961	中外资产评估准则	财务管理教研室	刘崇明
50621021	财务报表编制与分析	财务管理教研室	李冬妍
50621031	职业道德教育	财务管理教研室	刘崇明
50621091	企业价值管理	财务管理教研室	何平林
50621181	财务管理理论与实务	财务管理教研室	龙成凤
50621241	财务管理	财务管理教研室	刘崇明
50620551	货币金融学	国际金融与贸易教研室	孙　冬
50620581	金融衍生产品定价理论	国际金融与贸易教研室	高建伟
50620611	能源金融	国际金融与贸易教研室	孙　冬

续表

课程编号	课程名称	教研室	任课教师
50620631	金融市场	国际金融与贸易教研室	沈　巍
50620731	能源发展与政策专题	国际金融与贸易教研室	张素芳
50621121	国际商务	国际金融与贸易教研室	李　宁
50620331	大型数据库及网络软件开发	信息管理教研室	王　辉
50620371	经济管理软件应用	信息管理教研室	刘　谊
50620481	商务智能应用	信息管理教研室	瞿　斌
50620541	建设项目信息管理	信息管理教研室	李存斌
50620571	电力市场技术支持系统	信息管理教研室	陈永权
50620601	项目管理软件及应用	信息管理教研室	董福贵
50620621	信息管理与决策支持	信息管理教研室	陈永权
50620621	信息管理与决策支持	信息管理教研室	李存斌
50621041	专题课程（工程管理及信息管理工程专题）	信息管理教研室	侯学良
50621111	数学建模 MATLAB 语言及应用	信息管理教研室	王建军
50720211	知识产权法研究	法律科学教研室	李喜蕊
50720221	证据法学	法律科学教研室	李红枫
50720231	行政诉讼法研究	法律科学教研室	李红枫
50720241	专业英语（法学）	法律科学教研室	沈　磊
50720251	刑事诉讼法专题	法律科学教研室	赵旭光
50720261	刑法专题	法律科学教研室	方仲炳
50720271	物权法专题	法律科学教研室	刘玉红
50720281	知识产权及电力相关法律知识	法律科学教研室	王书生
50720291	比较刑事诉讼法专题	法律科学教研室	赵旭光 王学棉
50720311	司法改革专题研究	法律科学教研室	方仲炳
50720321	民事执行法研究	法律科学教研室	刘晓东 王学棉
50720331	民事诉讼法专题	法律科学教研室	王学棉
50720341	民商法专题	法律科学教研室	刘玉红
50720351	劳动与社会保障法	法律科学教研室	杜　波
50720371	环保法总论	法律科学教研室	陈维春
50720381	市场经济安全与政府监管专题	法律科学教研室	杜　波
50720391	国际投资与金融法专题	法律科学教研室	杨卫东
50720401	国际私法前沿研究	法律科学教研室	杨卫东
50720411	国际贸易法专题	法律科学教研室	李　英
50720421	国际经济争端解决研究	法律科学教研室	付　荣
50720431	国际经济法前沿问题研究	法律科学教研室	沈　磊
50720441	国际环境法专题	法律科学教研室	陈维春
50720451	国际法专题	法律科学教研室	李　英
50720461	公司法研究	法律科学教研室	孙晓洁
50720481	法律实务专题	法律科学教研室	方仲炳
50720511	比较证据法专题	法律科学教研室	刘晓东

续表

课程编号	课程名称	教研室	任课教师
50720521	比较环境法研究	法律科学教研室	陈维春
50720531	WTO 法专题	法律科学教研室	付　荣
50720541	资源保护法	法律科学教研室	曹治国
50720551	中国能源法	法律科学教研室	周凤翱
50720561	外国能源法	法律科学教研室	周凤翱
50720581	能源监管法	法律科学教研室	赵保庆
50720591	国际能源法	法律科学教研室	周凤翱
50720601	专题课程（法学研究方法与社会热点问题）	法律科学教研室	方仲炳
50720611	商法专题	法律科学教研室	曹治国
50720631	法学经典文献选读	法律科学教研室	曹治国
50720671	海商法	法律科学教研室	陈燕红
50720681	行政法专题	法律科学教研室	赵保庆
50720741	经济法专题	法律科学教研室	杜　波
50720751	知识产权法前沿问题研究	法律科学教研室	李喜蕊
50720011	政治学理论与方法	公共管理教研室	张绪刚
50720021	政府监管体制	公共管理教研室	刘向晖
50720041	能源政策研究	公共管理教研室	赵　军
50720051	公共部门人力资源管理	公共管理教研室	王　伟
50720061	领导科学与艺术	公共管理教研室	苑英科
50720071	公共政策基本理论与方法	公共管理教研室	李玲玲
50720081	公共行政学前沿	公共管理教研室	张绪刚
50720091	高等教育评估	公共管理教研室	翟亚军
50720101	高等教育管理专题	公共管理教研室	荀振芳
50720111	社会问题与社会政策	公共管理教研室	贾江华
50720121	社会科学研究方法	公共管理教研室	姚建平
50720131	非政府组织研究专题	公共管理教研室	姚建平
50720141	比较政府与政治	公共管理教研室	高富锋
50720151	公共事业管理专题研究	公共管理教研室	卢海燕
50720161	政治学、行政学经典著作选读	公共管理教研室	李玲玲
50720171	政府经济学	公共管理教研室	赵　军
50720181	公共管理学	公共管理教研室	朱晓红
50720201	专业英语（公共管理）	公共管理教研室	陈建国
50720621	专题课程（行政管理专题）	公共管理教研室	贾江华
50720661	高等教育学原理	公共管理教研室	荀振芳
50820441	科技翻译	大学英语第二教研室	吕亮球
50820031	文学理论	英语专业教研室	刘　辉
50820051	文学批评	英语专业教研室	陈惠良
50820061	英汉比较与翻译	英语专业教研室	吕亮球
50820091	认知语言学	英语专业教研室	任虎林
50820121	英国小说	英语专业教研室	陈惠良
50820131	语篇分析	英语专业教研室	马铁川

续表

课程编号	课程名称	教研室	任课教师
50820161	英美诗歌	英语专业教研室	杨春红
50820171	应用语言学研究方法与论文写作	英语专业教研室	马铁川
50820181	文学翻译	英语专业教研室	李丽君
50820191	英美现代戏剧批评	英语专业教研室	郑蓉颖
50820201	美国小说	英语专业教研室	刘　辉
50820211	心理语言学	英语专业教研室	任虎林
50820221	社会语言学	英语专业教研室	李占芳
50820231	认知心理学	英语专业教研室	戴忠信
50820241	英语学习策略研究	英语专业教研室	戴忠信
50820321	语用学	英语专业教研室	国　防
50820361	基础笔译	英语专业教研室	赵玉闪
50820371	基础口译	英语专业教研室	王海若
50820381	翻译概论	英语专业教研室	宁圃玉
50820461	跨文化交际学（专业学位）	英语专业教研室	李　新
50820491	语篇分析（专业学位）	英语专业教研室	马铁川
50820521	计算机辅助翻译	英语专业教研室	皇甫伟
50820531	英语文学的自然观	英语专业教研室	孟　亮
50820561	国际会议口译	英语专业教研室	高晓薇
50820601	商务口译	英语专业教研室	宋晓漓
50820631	科技笔译工作坊（汉译英）	英语专业教研室	孙　利
50820641	科技笔译工作坊（英译汉）	英语专业教研室	吴嘉平
50820651	科技口译工作坊（英译汉）	英语专业教研室	宁圃玉
50820661	科技口译工作坊（汉译英）	英语专业教研室	王　欣
50820671	能源电力笔译	英语专业教研室	吴嘉平
50820681	应用翻译	英语专业教研室	李丽君
50820691	文学翻译（专业学位）	英语专业教研室	李丽君
50820701	中西翻译史	英语专业教研室	李海燕
50820711	交替传译	英语专业教研室	王海若
50820721	能源电力口译	英语专业教研室	刘　辉
50820731	第二外国语（专业学位日语）	英语专业教研室	葛一鹏
50820741	第二外国语（专业学位法语）	英语专业教研室	裴光宇
50820751	第二外国语（专业学位德语）	英语专业教研室	窦学欣
50820771	文体与翻译	英语专业教研室	李　新
50820791	经贸翻译	英语专业教研室	郑　晶
50820801	同声传译	英语专业教研室	王海若
50820811	旅游翻译	英语专业教研室	段素萍
50820821	金融翻译	英语专业教研室	马晓颖
50820831	翻译项目管理	英语专业教研室	吕亮球
50820841	中国语言文化	英语专业教研室	
50820011	功能语法	研究生外语教研室	国　防
50820021	翻译理论	研究生外语教研室	赵玉闪

续表

课程编号	课程名称	教研室	任课教师
50820041	外语教学理论	研究生外语教研室	牛跃辉
50820071	跨文化交际学	研究生外语教研室	李　新
50820081	第二语言习得	研究生外语教研室	杜　异
50820141	英语教学实践	研究生外语教研室	牛跃辉
50820151	西方文化导论	研究生外语教研室	李　新
50820301	第二外国语（日语）	研究生外语教研室	葛一鹏
50820311	第二外国语（法语）	研究生外语教研室	裴光宇
50820391	第一外国语—综合英语	研究生外语教研室	郭晓军 刘　阳 张　帆 尹　宇 王海若 李　新 李占芳 马晓颖 刘　辉 杜　异 杨海霞 皇甫伟 段素萍
50820401	第一外国语—国际会议交流	研究生外语教研室	尹　宇 李　新 郑蓉颖 刘　辉
50820411	第一外国语—科技英语写作	研究生外语教研室	张　帆
50820421	第一外国语—科技英语翻译	研究生外语教研室	皇甫伟 张　湛 郭晓军 马晓颖 廖　麦 高晓薇
50820431	第一外国语—高级英语	研究生外语教研室	皇甫伟
50820511	专题课程（英语语言文学前沿研究）	研究生外语教研室	李　新
50820551	专题课程（外国语言学及应用语言学前沿研究）	研究生外语教研室	吕亮球
50820621	视译	研究生外语教研室	王海若
50920011	逼近论及其应用	数学教研室 *	张希荣
50920021	不确定规划	数学教研室 *	高　欣
50920031	测度论	数学教研室 *	张金平
50920041	多元统计分析	数学教研室 *	朱勇华
50920051	泛函分析及其应用	数学教研室 *	罗振东
50920071	非线性发展方程	数学教研室 *	黄晔辉
50920081	非线性数值分析	数学教研室 *	杨晓忠

续表

课程编号	课程名称	教研室	任课教师
50920101	偏微分方程数值解法	数学教研室 *	杨晓忠
50920111	常用数学软件选讲	数学教研室 *	雍雪林
50920121	生物数学	数学教研室 *	张　娟
50920131	时间序列分析	数学教研室 *	王小英
50920141	随机过程	数学教研室 *	何凤霞
50920151	微分方程定性理论	数学教研室 *	张　娟
50920161	微分方程稳定性方法	数学教研室 *	张　娟
50920171	现代偏微分方程概论	数学教研室 *	赵引川
50920181	小波分析及其应用	数学教研室 *	李忠艳
50920191	最优化理论与方法	数学教研室 *	谷云东
50920591	专业英语（数学）	数学教研室 *	石玉英
50920631	模糊数学	数学教研室 *	谷云东
50920641	矩阵论	数学教研室 *	马德香 邱启荣 孙淑珍 黄晔辉
50920651	组合数学	数学教研室 *	赵红涛
50920661	泛函分析	数学教研室 *	罗振东
50920671	应用数理统计	数学教研室 *	朱勇华
50920681	规划数学	数学教研室 *	吕　蓬 潘　志
50920691	数值分析	数学教研室 *	彭武安 曹艳华 甄亚欣
50920711	随机过程（数学专业）	数学教研室 *	何凤霞
50920721	模糊数学（数学专业）	数学教研室 *	谷云东
50920731	理论生态学	数学教研室 *	张化永
50920741	专题课程（应用数学研讨班）	数学教研室 *	陈学刚 陈德刚 张金平 谷云东 杨晓忠 罗振东 石玉英 张　娟
50920781	试验设计与分析	数学教研室 *	石玉英
50920791	应用回归分析	数学教研室 *	王小英
50920801	统计调查	数学教研室 *	石玉英
50920811	概率统计前沿	数学教研室 *	王小英 朱勇华 张金平 何凤霞

续表

课程编号	课程名称	教研室	任课教师
50920821	数据挖掘	数学教研室 *	陈德刚
50920831	随机微分方程及其在金融中的应用	数学教研室 *	张金平
50920841	金融风险管理模型与实务	数学教研室 *	叶振军
50920851	生态学统计方法与模型	数学教研室 *	张化永
50920861	金融数学与金融工程	数学教研室 *	叶振军
50920221	超导物理	物理教研室	黄　海
50920311	高等半导体物理学	物理教研室	邓加军
50920321	高等量子力学	物理教研室	陈　亮
50920351	固体理论	物理教研室	黄　海
50920431	激光物理学	物理教研室	刘纪彩
50920481	量子光学	物理教研室	穆青霞
50920531	群论	物理教研室	张　昭
50920701	专业英语（物理）	物理教研室	丁迅雷
50920761	专题课程（物理学前沿）	物理教研室	韩榕生 黄　海 邓加军 陈　雷
50920771	误差理论与数据处理	物理教研室	付星球
50920871	统计物理学	物理教研室	张业奇
51120031	高等水工结构	水利水电工程教研室	许桂生
51120041	高等水力学	水利水电工程教研室	张　华
51120051	高等岩土力学	水利水电工程教研室	吕爱钟
51120131	结构动力学	水利水电工程教研室	孙万泉
51120201	水电站建筑物结构分析	水利水电工程教研室	申　艳
51120231	水库移民安置研究	水利水电工程教研室	姚凯文
51120311	塑性力学	水利水电工程教研室	吕爱钟
51120371	有限单元法及程序开发	水利水电工程教研室	董福品
51120421	专题课程（海洋能开发利用和水利水电工程管理发展动态）	水利水电工程教研室	张　华
51120441	专题课程（水工结构工程新进展）	水利水电工程教研室	吕爱钟
51120011	水资源系统规划与管理	水文水资源教研室	纪昌明
51120021	3S 技术及其应用	水文水资源教研室	张尚弘
51120091	河流动力学	水文水资源教研室	张　成
51120111	洪水灾害与减灾策略分析	水文水资源教研室	李继清
51120121	计算水动力学	水文水资源教研室	彭　杨
51120171	近代水文学	水文水资源教研室	李继清
51120211	水环境分析及预测	水文水资源教研室	彭　杨
51120221	水库调度自动化系统	水文水资源教研室	李继清 纪昌明
51120251	水文随机分析	水文水资源教研室	门宝辉

续表

课程编号	课程名称	教研室	任课教师
51120271	水资源经济学	水文水资源教研室	张验科 王丽萍
51120291	水资源系统风险分析	水文水资源教研室	纪昌明
51120301	水资源学	水文水资源教研室	门宝辉
51120401	专业外语（水利工程）	水文水资源教研室	卢宏玮
51120411	高等恢复生态学	水文水资源教研室	张化永
51120451	专题课程（水资源与水电系统研究前沿与成果）	水文水资源教研室	纪昌明
51120681	数值模拟分析	水文水资源教研室	王俊奇 李芬花
51120641	风力发电系统技术	风能与动力工程教研室	邓　英 刘永前 田　德
51110041	光伏器件原理与设计	能源工程及自动化教研室	陈诺夫
51120381	薄膜技术与薄膜材料	能源工程及自动化教研室	谭占鳌
51120391	太阳电池光伏发电及其应用	能源工程及自动化教研室	姚建曦
51120631	光电器件基础及应用	能源工程及自动化教研室	白一鸣
51120591	生物质发电技术	511005—新能源科学与工程教研室	李继红
51120601	生物燃料技术	新能源科学与工程教研室	杨世关
51120621	现代仪器分析（可再生能源与清洁能源专业）	新能源科学与工程教研室	杨少霞
51120431	专题课程（可再生能源学科前沿与科技问题）	新能源材料与器件教研室	何　理 董长青 刘永前 田　德 陈诺夫 李美成 姚建曦
51120611	新能源材料与器件技术	新能源材料与器件教研室	林　俊
51120611	新能源材料与器件技术	新能源材料与器件教研室	李美成
51120661	专业外语（可再生能源与清洁能源）	新能源材料与器件教研室	林　俊
51220011	近代物理导论	核反应堆工程教研室	蔡　军
51220021	核电厂设备与部件	核反应堆工程教研室	吕雪峰 陆道纲
51220041	高等核反应堆物理分析	核反应堆工程教研室	张　斌
51220051	高等核反应堆热工分析	核反应堆工程教研室	李向宾
51220071	高等核反应堆安全分析	核反应堆工程教研室	陈　娟 周　涛
51220081	核电厂结构设计与有限元分析方法	核反应堆工程教研室	黄　美
51220091	可靠性工程与核电站概率安全分析	核反应堆工程教研室	牛风雷 玉　宇
51220151	AP1000 核电站	核反应堆工程教研室	郝祖龙

续表

课程编号	课程名称	教研室	任课教师
51220171	专题课程（核能技术前沿）	核反应堆工程教研室	牛风雷
51220031	核辐射物理基础	512002—核反应堆工程教研室	吴　英
51220061	原子核物理	核辐射防护与环境保护教研室	赵　强 刘　芳
51220141	Monte-Carlo 方法在核科学技术中应用	核辐射防护与环境保护教研室	刘　洋
51220161	专业英语（核电）	核辐射防护与环境保护教研室	刘　滨
52720541	自适应控制	控制理论与系统教研室	田　涛
52720561	现代控制理论	控制理论与系统教研室	袁桂丽
52720571	变结构控制理论与应用	控制理论与系统教研室	钱殿伟
52720621	多变量系统分析	控制理论与系统教研室	谭　文 禹　梅
52720641	线性系统理论	控制理论与系统教研室	张金芳 马苗苗
52720651	现代电厂控制与优化	控制理论与系统教研室	房　方
52720731	火电机组负荷控制系统设计与实现	控制理论与系统教研室	房　方
52720741	控制系统计算机辅助设计与仿真	控制理论与系统教研室	侯国莲
52720751	模糊控制	控制理论与系统教研室	侯国莲
52720771	故障诊断与容错控制	控制理论与系统教研室	张建华
52720781	预测控制	控制理论与系统教研室	刘向杰
52720791	专业英语（控制理论与控制工程）	控制理论与系统教研室	刘向杰
52720801	非线性系统分析与控制	控制理论与系统教研室	张建华
52720811	火电机组燃烧控制系统设计	控制理论与系统教研室	钱殿伟
52720831	鲁棒控制	控制理论与系统教研室	谭　文
52720891	专题课程（先进控制理论及其在能源电力系统中的应用）	控制理论与系统教研室	侯国莲 谭　文 刘向杰 张建华
52720911	专题课程（发电过程状态监测与优化控制）	控制理论与系统教研室	曾德良 牛玉广 房　方 刘吉臻
52720941	控制系统性能评估	控制理论与系统教研室	张金芳
52720961	机器学习理论与应用	控制理论与系统教研室	王震宇
52720171	数据挖掘	测控技术与仪器教研室	黄孝彬
52720181	检测理论与应用	测控技术与仪器教研室	吕　游 杨婷婷
52720191	误差分析与数据处理	测控技术与仪器教研室	邱　天
52720211	现代传感技术	测控技术与仪器教研室	段泉圣
52720241	专业英语（检测技术与自动化装置）	测控技术与仪器教研室	韩晓娟
52720471	风力发电机组的控制技术	测控技术与仪器教研室	吕跃刚
52720481	仪表智能化技术	测控技术与仪器教研室	吕跃刚

续表

课程编号	课程名称	教研室	任课教师
52720511	多传感器信息融合	测控技术与仪器教研室	韩晓娟
52720581	人工智能	测控技术与仪器教研室	郭 鹏
52720591	信号处理	测控技术与仪器教研室	杨锡运
52720601	虚拟仪器与软测量技术	测控技术与仪器教研室	杨锡运
52720631	自主式智能系统	测控技术与仪器教研室	刘俊承
52720661	仪表可靠性技术	测控技术与仪器教研室	段泉圣
52720671	新能源转换及发电控制技术	测控技术与仪器教研室	肖运启
52720861	专题课程（测控领域前沿技术专题）	测控技术与仪器教研室	Inaki 段泉圣 杨锡运 韩晓娟 郭 鹏 吕跃刚 刘 石
52720111	模式识别	控制装置与系统教研室	刘 禾
52720121	系统工程方法论	控制装置与系统教研室	师瑞峰
52720131	工业控制计算机网络	控制装置与系统教研室	陆会明
52720141	系统工程导论	控制装置与系统教研室	罗 毅
52720151	系统建模	控制装置与系统教研室	罗 毅
52720201	系统决策与分析	控制装置与系统教研室	师瑞峰
52720221	优化理论与最优控制	控制装置与系统教研室	黄 仙
52720231	智能控制	控制装置与系统教研室	黄从智
52720251	专业英语（模式识别与智能系统）	控制装置与系统教研室	梁 庚
52720261	专业英语（系统工程）	控制装置与系统教研室	黄 仙
52720491	计算机控制理论及应用	控制装置与系统教研室	陆会明
52720501	监控系统软件接口设计理论及应用	控制装置与系统教研室	吴 华
52720521	分散控制系统与现场总线控制	控制装置与系统教研室	梁 庚
52720531	复杂系统分析	控制装置与系统教研室	黄 仙
52720551	微弱信号检测	控制装置与系统教研室	杨国田
52720611	嵌入式系统	控制装置与系统教研室	杨国田
52720681	火力发电过程自动化	控制装置与系统教研室	刘 禾
52720691	无线传感器网络	控制装置与系统教研室	白 焰 琚 赟
52720711	计算机视觉	控制装置与系统教研室	李新利
52720721	图像处理与分析	控制装置与系统教研室	李新利
52720901	专题课程（模式识别与智能系统专题）	控制装置与系统教研室	白 焰 刘 禾 陆会明 杨国田
52720921	专题课程（系统工程发展前沿与研究热点专题）	控制装置与系统教研室	师瑞峰 黄 仙 罗 毅

续表

课程编号	课程名称	教研室	任课教师
52720271	Linux 应用程序开发	计算机公共基础教研室	徐琳茜
52720361	ERP 原理与实践	计算机公共基础教研室	姜力争
52720051	高级操作系统	计算机科学与技术教研室	李　为
52720071	计算机测控技术	计算机科学与技术教研室	贾静平
52720301	面向 SOC 的高级嵌入系统设计技术	计算机科学与技术教研室	琚　赟 邵作之
52720341	高级计算机系统结构	计算机科学与技术教研室	夏　宏
52720381	计算机工程技术前沿	计算机科学与技术教研室	马应龙 夏　宏 程文刚 徐　磊 吴克河 柳长安
52720391	数据集成与数据分析技术	计算机科学与技术教研室	齐林海
52720441	物联网技术及应用	计算机科学与技术教研室	李国栋
52720821	嵌入式系统软件开发	计算机科学与技术教研室	李东江
52720931	专题课程（嵌入式平台上的计算机视觉系统专题）	计算机科学与技术教研室	贾静平
52720981	分子传感与智能计算	计算机科学与技术教研室	杨　静
52720081	高级软件工程	软件工程教研室	马素霞
52720091	离散数学（三）	软件工程教研室	胡海涛
52720101	数据仓库与数据挖掘	软件工程教研室	郑　玲
52720291	语义 Web 原理与应用	软件工程教研室	马应龙
52720311	图与网络	软件工程教研室	马应龙
52720351	图像理解	软件工程教研室	程文刚
52720401	面向对象系统设计与实现	软件工程教研室	马素霞
52720411	Oracle 原理及应用	软件工程教研室	郑　玲
52720421	软件体系结构	软件工程教研室	王竹晓 赵　强
52720431	软件工程管理	软件工程教研室	彭　文 周　景
52720761	Java EE 架构及应用开发	软件工程教研室	赵　强
52720841	高级计算机图形学	软件工程教研室	周登文
52720871	专题课程（软件工程专题讲座）	软件工程教研室	胡海涛 齐林海 李元诚 马素霞 赵　强 马应龙 程文刚

续表

课程编号	课程名称	教研室	任课教师
52720951	软件测试与质量保证	软件工程教研室	熊建国
52721021	软件设计模式	软件工程教研室	王素琴 胡　祥
52720021	Java 程序设计	信息安全教研室	祖向荣
52720161	专业英语（系统结构、应用技术、软件与理论）	信息安全教研室	徐　磊
52720321	网络信息安全	信息安全教研室	李元诚
52720331	算法分析与复杂性理论	信息安全教研室	李元诚
52720371	电力工业信息化案例	信息安全教研室	曾德良 吴克河 徐茹枝
52720451	云计算	信息安全教研室	胡　祥
52720461	专业英语（软件工程、计算机技术）	信息安全教研室	滕　婧
52720851	决策支持系统	信息安全教研室	王默玉 申晓留
52720011	人工智能与知识工程	物联网工程教研室	魏振华
52720031	高级计算机网络	物联网工程教研室	李国栋
52720041	智能机器人技术	物联网工程教研室	吴　华 柳长安
52720061	人工神经网络	物联网工程教研室	魏振华
52720281	软件智能化技术	物联网工程教研室	吴克河
52720701	智能电网概论	物联网工程教研室	王震宇
52720881	专题课程（计算机应用技术专题）	物联网工程教研室	吴　华 申晓留 李元诚 吴克河
52720971	电力信息安全	物联网工程教研室	吴克河
52820011	比较德育	思想道德修养和法律基础教研室	郑洪晓
52820051	思想政治教育心理学	思想道德修养和法律基础教研室	苑英科
52820061	思想政治教育学原理	思想道德修养和法律基础教研室	张　艳
52820171	专题课程（人的发展专题研究）	思想道德修养和法律基础教研室	张　艳 郑洪晓 苑英科 周作芳 王威威 王建永 侯丹娟
52820091	马克思主义中国化专题研究	中国近现代史纲要教研室	郭正秋
52820101	中国近现代史专题研究	中国近现代史纲要教研室	白冶钢
52820031	马克思主义与社会科学方法论	马克思主义原理教研室	崔　凡
52820041	哲学导论	马克思主义原理教研室	郑洪晓 马临真

续表

课程编号	课程名称	教研室	任课教师
52820071	自然辩证法概论	马克思主义原理教研室	马临真 刘 娟 周小华 崔 凡 王永生
52820081	专业英语（马克思主义理论）	马克思主义原理教研室	刘 娟
52820121	马克思主义经典著作选读	马克思主义原理教研室	刘 娟
52820131	马克思主义基本原理专题研究	马克思主义原理教研室	王建永
52820141	伦理学专题研究	马克思主义原理教研室	侯丹娟
52820161	传统文化与当代中国社会	马克思主义原理教研室	王威威
52820021	中国特色社会主义理论与实践研究	毛泽东思想和中国特色社会主义理论体系概论教研室	王建永 白冶钢 张月想 孙 平 蔡利民 周作芳 郭正秋 许丹娜
60220021	环境规划学	能源与环境研究中心	许 野
60220031	土壤与地下水污染修复工程	能源与环境研究中心	唐振武
60220041	高等环境工程	能源与环境研究中心	李 薇
60220051	固体废物处理及资源化工程	能源与环境研究中心	李 薇
60220061	环境不确定性优化研究案例	能源与环境研究中心	黄国和
60220071	环境监测质量控制技术	能源与环境研究中心	李 鱼
60220081	环境影响评价技术	能源与环境研究中心	李 鱼
60220091	流域综合管理	能源与环境研究中心	丁晓雯
60220101	专业英语（能源环境工程）	能源与环境研究中心	林千果
60220111	生态水文学与分布式水文模型	能源与环境研究中心	王盛萍
60220151	环境系统分析	能源与环境研究中心	李永平
60220201	专题课程（区域能源系统优化）	能源与环境研究中心	黄国和
60220211	环境工程功能材料及应用	能源与环境研究中心	张一梅
52920011	专业英语与写作	环境化学教研室	王祥科
52920021	环境化学	环境化学教研室	侯 静 郭 伟 彭 林
52920031	高等分析化学	环境化学教研室	王素华
52920041	胶体与界面化学	环境化学教研室	王祥科
52920051	纳米化学前沿	环境化学教研室	陈 哲
52920061	煤化工概论	环境化学教研室	张岳玲
52920071	计算化学基础	环境化学教研室	艾玥洁

续表

课程编号	课程名称	教研室	任课教师
52920081	环境化学前沿与进展	环境化学教研室	郭　伟 艾玥洁 王素华 王祥科
52920091	重金属离子环境行为分析	环境化学教研室	王祥科
52920101	膜分离技术与应用	环境化学教研室	郭　伟
50110031	现代电气工程的电磁基础	电磁与超导电工研究所	崔　翔 林　俊 詹花茂 李美成 王银顺 韩榕生
50110051	现代通信技术与计算机网络	通信技术研究所	孙凤杰
50110021	现代数字信号分析与处理	电子信息技术研究所	许　刚
50110041	动态电力系统理论与方法	电网与调度研究所	黄少锋 毕天姝 李庚银 王海风
50210041	高等燃烧学	热能动力工程教研室	孙保民
50210051	高等转子动力学	热能动力工程教研室	付忠广
50210061	现代环境污染控制理论	热能动力工程教研室	赵　毅 黄国和
50210011	高等热学理论	工程热物理教研室	周少祥
50210031	粘性流体动力学	工程热物理教研室	张晓东
50210021	材料性能学	材料教研室	刘宗德 徐　鸿
50610061	工程与项目管理方法论	工程管理教研室	侯学良
50610151	工程管理最佳实践	工程管理教研室	赵振宇
50610161	工程信息模型与仿真	工程管理教研室	刘　睿
50610171	新能源电力工程建设	工程管理教研室	乌云娜
50610041	高级经济学	经济学教研室	闫庆友
50610201	金融工程与资本市场分析	经济学教研室	赵新刚
50610081	现代人力资源管理理论与方法	人力资源教研室	余顺坤
50610021	企业经营管理理论与方法	市场营销教研室	杨淑霞
50610011	预测与计划评价理论	电力经济管理教研室	牛东晓 刘敦楠
50610071	高级管理学	电力经济管理教研室	谭忠富
50610181	工程复杂网络理论	电力经济管理教研室	乞建勋
50610051	会计理论与方法研究	财务管理教研室	夏　宁
50610091	财务管理专题研究	财务管理教研室	刘崇明
50610101	复杂系统理论与方法	国际金融与贸易教研室	高建伟
50610111	管理数学模型方法论	国际金融与贸易教研室	高建伟

续表

课程编号	课程名称	教研室	任课教师
50610121	高级金融理论与建模	国际金融与贸易教研室	吴忠群
50610131	现代项目信息管理	信息管理教研室	刘吉成
50610141	工程风险管理与决策	信息管理教研室	李存斌
50610191	数据挖掘与知识发现	信息管理教研室	董福贵
50810011	第一外国语（博士英语）	研究生外语教研室	金朋荪 赵玉闪 马铁川 戴忠信
50910011	现代数学基础与方法	数学教研室 *	李忠艳
50910021	高等泛函分析	数学教研室 *	罗振东
51110011	水（能）资源系统规划与管理	水文水资源教研室	纪昌明 王丽萍
51110021	风力发电系统	风能与动力工程教研室	田　德 刘永前
51110041	光伏器件原理与设计	能源工程及自动化教研室	陈诺夫
52710041	现代工程控制理论	控制理论与系统教研室	韩　璞
52710051	非线性系统理论	控制理论与系统教研室	刘向杰
52710011	科研方法论	测控技术与仪器教研室	闫　勇
52710031	智能控制理论及应用	控制装置与系统教研室	白　焰
52810011	中国马克思主义与当代	毛泽东思想和中国特色社会主义理论体系概论教研室	周作芳 等

（保定校区）

2014—2015 学年研究生课程设置表

课程编号	课程名称	教研室	任课教师
40420012	科技文献检索及科技写作	信息中心	王淑凤
40420012	科技文献检索及科技写作	信息中心	金　声
40420012	科技文献检索及科技写作	信息中心	金　声
40420012	科技文献检索及科技写作	信息中心	周晓兰
51320022	智能电网技术专题	发电教研室	栗　然
51320022	智能电网技术专题	发电教研室	梁海峰
51320022	智能电网技术专题	发电教研室	张建成
51320022	智能电网技术专题	发电教研室	任建文
51320042	电力市场理论与技术	发电教研室	高亚静
51320052	电力系统规划与可靠性	发电教研室	赵书强
51320062	电能质量分析与控制	发电教研室	张建成
51320072	电气工程新技术专题	发电教研室	王永强
51320072	电气工程新技术专题	发电教研室	梁海峰

续表

课程编号	课程名称	教研室	任课教师
51320072	电气工程新技术专题	发电教研室	赵洪山
51320072	电气工程新技术专题	发电教研室	李永刚
51320082	动态电力系统分析与控制	发电教研室	常鲜戎
51320112	高等电力系统分析	发电教研室	郝育黔
51320112	高等电力系统分析	发电教研室	卢锦玲
51320132	柔性交流输电系统	发电教研室	张建成
51320192	电网调度自动化	发电教研室	任建文
51320212	智能技术在电力系统中的应用	发电教研室	盛四清
51320252	高压直流输电技术	发电教研室	梁海峰
51320262	新能源发电与并网技术	发电教研室	朱晓荣
51320292	分布式电源与微网技术	发电教研室	李　鹏
51320172	微机继电保护	电自教研室	焦彦军
51320222	变电站自动化	电自教研室	李　翀
51320322	电力系统风险评估	电自教研室	任　惠
51320342	继电保护专题	电自教研室	杨明玉
51320342	继电保护专题	电自教研室	王　雪
51320162	电网络分析理论	电工教研室	梁贵书
51320162	电网络分析理论	电工教研室	刘　欣
51320162	电网络分析理论	电工教研室	孙海峰
51320202	现代电磁测量技术	电工教研室	赵书涛
51520362	多导体传输线理论	电工教研室	梁贵书
51520362	多导体传输线理论	电工教研室	孙海峰
51520362	多导体传输线理论	电工教研室	刘　欣
51320102	现代电力电子技术	电机教研室	王　毅
51320122	交流电机及其系统分析	电机教研室	许伯强
51320232	电机运行及控制技术	电机教研室	孟　明
51320242	大型电机分析及故障诊断	电机教研室	李永刚
51320142	电介质放电理论及其应用	高压教研室	王永强
51320152	电气设备在线监测与故障诊断	高压教研室	汪佛池
51320282	高电压测量技术	高压教研室	刘云鹏
51320372	过电压分析与防护	高压教研室	张重远
51320012	数字信号处理	电信教研室	刘　刚
51320012	数字信号处理	电信教研室	安　勃
51320032	电磁场数值计算	电信教研室	刘　刚
51320182	电磁场选论	电信教研室	刘　刚
51320182	电磁场选论	电信教研室	王　平
51320392	电磁兼容基础	电信教研室	李慧奇
51320392	电磁兼容基础	电信教研室	杨　光
51320382	配电系统分析与自动化	供电教研室	梁志瑞
51420012	大型汽轮机运行特性	动力教研室	王　智

续表

课程编号	课程名称	教研室	任课教师
51420042	动力工程热经济学	动力教研室	杜亚荣
51420092	节能原理	动力教研室	李慧君
51420132	火电厂热力系统性能分析	动力教研室	王惠杰
51420162	高等工程热力学	动力教研室	李永华（女）
51420192	设备状态监测与故障诊断	动力教研室	田松峰
51420032	电站锅炉运行特性	热能教研室	闫顺林
51420052	多相流理论	热能教研室	方立军
51420062	高等传热学	热能教研室	梁秀俊
51420062	高等传热学	热能教研室	高正阳
51420102	离心叶轮内流理论基础	热能教研室	吕玉坤
51420142	计算流体力学	热能教研室	高正阳
51420152	热能动力工程前沿	热能教研室	李永华（男）
51420172	高等工程流体力学	热能教研室	程友良
51420172	高等工程流体力学	热能教研室	叶学民
51420182	燃烧理论与技术	热能教研室	李永华（男）
51420262	洁净煤发电技术	热能教研室	雷　鸣
51420282	数值计算软件在动力工程中的应用	热能教研室	危日光
51420292	循环流化床锅炉技术	热能教研室	高建强
51420312	风机节能与降噪	热能教研室	李春曦
51420322	强化传热	热能教研室	刘彦丰
51420022	单元机组控制	集控教研室	谷俊杰
51420302	热工过程建模与仿真	集控教研室	杨建蒙
51420082	供热空调新技术	建环教研室	时国华
51420082	供热空调新技术	建环教研室	王江江
51420202	室内环境控制与节能	建环教研室	谢英柏
51420212	现代制冷与低温技术	建环教研室	谢英柏
51420222	制冷系统热动力学	建环教研室	谢英柏
51420232	暖通空调设计与系统分析	建环教研室	郑国忠
51420232	暖通空调设计与系统分析	建环教研室	高月芬
51420242	建筑节能技术	建环教研室	魏　兵
51520012	无线通信原理及应用	电子学教研室	鲍　慧
51520042	现代电子技术应用专题	电子学教研室	范寒柏
51520062	现代电路理论及分析	电子学教研室	范寒柏
51520092	通信网络运营支撑技术	电子学教研室	高会生
51520132	光电子技术	电子学教研室	尚秋峰
51520142	现代电子系统设计与测试	电子学教研室	胡正伟
51520172	现代数字信号处理	电子学教研室	孙　正
51520212	传感与检测技术	电子学教研室	尹成群
51520342	嵌入式系统和 SOC 设计	电子学教研室	胡正伟
51520032	通信工程技术应用专题	通信教研室	鲍　慧

续表

课程编号	课程名称	教研室	任课教师
51520072	现代通信网理论	通信教研室	戚宇林
51520082	现代微波工程	通信教研室	李永倩
51520112	检测与估值理论	通信教研室	高　强
51520152	现代数字通信技术	通信教研室	杨　志
51520182	现代通信理论	通信教研室	孔英会
51520202	微波技术基础	通信教研室	张淑娥
51520232	信息论及编码	通信教研室	余　萍
51520242	现代传感与检测技术	通信教研室	刘　涛
51520262	现代光纤通信技术	通信教研室	张淑娥
51520292	多媒体信息处理	通信教研室	戚银城
51520302	无线传感网络与物联网技术	通信教研室	贾惠彬
51520322	智能电网信息物理融合系统	通信教研室	赵振兵
51520052	信息处理技术应用专题	信息处理教研室	苑津莎
51520272	智能信息处理	信息处理教研室	张卫华
51520282	网络与信息安全	信息处理教研室	杨　宏
51520312	智能电网信息通信技术	信息处理教研室	张铁峰
51620022	系统工程导论	控制理论教研室	孙建平
51620052	工业控制计算机网络	控制理论教研室	马永光
51620072	故障诊断与容错控制	控制理论教研室	李大中
51620082	线性系统理论	控制理论教研室	王东风
51620092	非线性系统分析与控制	控制理论教研室	王印松
51620102	火电机组负荷控制系统设计与实现	控制理论教研室	董　泽
51620112	火电机组燃烧控制系统设计与实现	控制理论教研室	马　平
51620132	系统建模	控制理论教研室	焦嵩鸣
51620142	系统决策与分析	控制理论教研室	刘长良
51620162	优化理论与最优控制	控制理论教研室	王东风
51620172	预测控制	控制理论教研室	王东风
51620192	智能控制	控制理论教研室	韩　璞
51620202	自适应控制	控制理论教研室	赵文杰
51620222	现代控制理论	控制理论教研室	刘鑫屏
51620012	检测理论与应用	测控教研室	苏　杰
51620062	检测技术	测控教研室	苏　杰
51620122	误差分析与数据处理	测控教研室	韦根原
51620152	现代传感技术	测控教研室	田　沛
51620212	模式识别	测控教研室	翟永杰
51620232	信号处理与信息融合	测控教研室	金秀章
51620242	图像处理与计算机视觉（图像处理与分析）	测控教研室	杨耀权
51720022	群论	应用物理教研室	白占武
51720032	固体理论	应用物理教研室	吕　刚
51720082	多孔材料中的声传播	应用物理教研室	张晓宏
51720112	非线性光学	应用物理教研室	张贵银

续表

课程编号	课程名称	教研室	任课教师
51720232	理论声学	应用物理教研室	姜根山
51720282	蒙特卡罗方法及其应用	应用物理教研室	白占武
51720362	高等原子分子物理学	应用物理教研室	张贵银
51720462	等离子体物理	应用物理教研室	尹增谦
51720482	近代声学	应用物理教研室	姜根山
51720492	激光物理学	应用物理教研室	任　芝
51720512	低温等离子体诊断技术	应用物理教研室	尹增谦
51720532	生物物理导论	应用物理教研室	关荣华
51720562	激光光谱技术及应用	应用物理教研室	张贵银
51720572	液晶表面物理及效应	应用物理教研室	关荣华
51720010	信息光学	理论物理教研室	任　芝
51720012	路径积分	理论物理教研室	白占武
51720030	光子晶体光学	理论物理教研室	任　芝
51720222	高等统计物理	理论物理教研室	白占武
51720242	量子场论	理论物理教研室	王志刚
51720262	规范场论	理论物理教研室	王志刚
51720272	粒子物理	理论物理教研室	汪伟建
51720312	液晶物理学	理论物理教研室	关荣华
51720332	高等量子力学	理论物理教研室	阎占元
51720502	光子晶体基础	理论物理教研室	任　芝
51720042	逼近论及其应用	概率与统计教研室	谷根代
51720062	测度论	概率与统计教研室	苏　岩
51720102	非参数统计	概率与统计教研室	苏　岩
51720142	数学物理方法	概率与统计教研室	杨玉华
51720152	偏微分方程数值解法	概率与统计教研室	孔　倩
51720172	现代数学基础与方法	概率与统计教研室	殷云星
51720192	小波分析及其应用	概率与统计教研室	谷根代
51720292	时间序列分析	概率与统计教研室	华回春
51720302	最优化理论与方法	概率与统计教研室	马新顺
51720052	不确定规划	信息教研室	马新顺
51720092	多元统计分析	信息教研室	张亚刚
51720132	非线性数值分析	信息教研室	谷根代
51720182	数值分析	信息教研室	刘敬刚
51720182	数值分析	信息教研室	谷根代
51720202	随机过程	信息教研室	殷云星
51720212	泛函分析及其应用	信息教研室	李聚玲
51720252	构造逼近	信息教研室	蒋艳杰
51720322	矩阵论	信息教研室	张　坡
51720322	矩阵论	信息教研室	蒋艳杰
51720372	规划数学	信息教研室	马新顺
51720372	规划数学	信息教研室	张国立

续表

课程编号	课程名称	教研室	任课教师
51720382	模糊数学	信息教研室	张国立
51720582	智能计算	信息教研室	张国立
51720592	模糊数学（专业）	信息教研室	张国立
51720122	泛函分析	高等数学教研室	王胜华
51720342	数学物理方程	高等数学教研室	杨玉华
51720392	随机数学	高等数学教研室	张隆阁
51720402	应用统计学	高等数学教研室	吴晓坤
51720412	现代偏微分方程概论	高等数学教研室	孔　倩
51720422	微分方程稳定性方法	高等数学教研室	孔　倩
51820062	综合评价方法	工商管理教研室	孙　伟
51820102	电力规划理论与实务	工商管理教研室	范利国
51820132	网络计划优化方法	工商管理教研室	乞建勋
51820172	多目标决策理论	工商管理教研室	孔　峰
51820202	技术经济评价理论与方法	工商管理教研室	孙　薇
51820222	工程项目管理案例	工商管理教研室	孔　峰
51820282	中级宏观经济学	工商管理教研室	武群丽
51820302	管理与沟通	工商管理教研室	孙　薇
51820332	经济管理软件应用	工商管理教研室	张梅梅
51820372	管理运筹学（二）	工商管理教研室	孔　峰
51820392	数据、模型与决策	工商管理教研室	孔　峰
51820422	运营管理	工商管理教研室	王　婷
51820432	工程项目管理理论与应用	工商管理教研室	李金颖
51820452	现代物流工程概论	工商管理教研室	李云燕
51820482	现代企业战略管理	工商管理教研室	张彩庆
51820502	现代管理理论	工商管理教研室	贾正源
51820682	电力负荷预测方法	工商管理教研室	孟　明
51820732	电力系统经济运行与管理	工商管理教研室	范利国
51820762	能源规划与系统分析	工商管理教研室	李金颖
51820862	风险管理理论及方法	工商管理教研室	赵巧芝
51821012	项目计划与控制	工商管理教研室	李金颖
51820032	博弈论	经济学教研室	李艳红
51820142	电力市场理论与实务	经济学教研室	黄元生
51820252	人力资源管理体系设计	经济学教研室	何永贵
51820272	薪酬与绩效管理	经济学教研室	何永贵
51820362	中级计量经济学	经济学教研室	崔和瑞
51820412	产业组织经济学	经济学教研室	武群丽
51820462	金融市场	经济学教研室	刘鸿雁
51820512	中级微观经济学	经济学教研室	李　伟
51820532	企业价值评估	经济学教研室	刘志彬
51820552	企业纳税筹划	经济学教研室	陈　娟

续表

课程编号	课程名称	教研室	任课教师
51820582	投资学	经济学教研室	周建国
51820622	资产评估学	经济学教研室	王喜平
30520102	职业道德教育	财会教研室	刘树良
51820052	财务报表编制与分析	财会教研室	杨方文
51820472	会计理论	财会教研室	苑秀娥
51820492	高级财务会计理论及实务	财会教研室	苑秀娥
51820522	高级审计理论及实务	财会教研室	李永臣
51820542	高级财务管理理论及实务	财会教研室	闫丽萍
51820562	财务会计报告分析	财会教研室	杨方文
51820702	机电设备评估	财会教研室	王新利
51820722	无形资产评估	财会教研室	闫丽萍
51820752	电力资产评估实务与案例分析	财会教研室	刘志彬
51820772	高级管理会计理论及实务	财会教研室	戴立新
51820802	中外资产评估准则	财会教研室	闫丽萍
51820822	企业内部控制理论与实务	财会教研室	王新利
51820842	房地产估价理论与方法	财会教研室	王海峰
51820882	企业预算管理理论与实务	财会教研室	林志宏
51820892	商业伦理与会计职业道德	财会教研室	刘树良
51820922	企业财务管理案例分析	财会教研室	李泽红
51821002	企业会计前沿	财会教研室	李永臣
51820042	物流工程与管理案例	信息管理教研室	李云燕
51820342	信息管理与决策支持	信息管理教研室	王敬敏
51820382	物流系统建模与仿真	信息管理教研室	温　磊
51820402	供应链管理	信息管理教研室	温　磊
51820612	物流系统规划与设计	信息管理教研室	张梅梅
51820932	电力企业物流管理	信息管理教研室	李云燕
51821052	建筑工程评估与管理	信息管理教研室	张树国
51920010	公共管理学	公管教研室	李冰水
51920012	知识产权及电力相关法律知识	公管教研室	李庆保
51920012	知识产权及电力相关法律知识	公管教研室	李庆保
51920022	劳动与社会保障法	公管教研室	刘志军
51920030	政府经济学	公管教研室	史胜安
51920032	刑事诉讼法专题	公管教研室	陈　奎
51920050	社会科学研究方法	公管教研室	胡宏伟
51920052	法学经典文献选读	公管教研室	苗春刚
51920060	非政府组织研究	公管教研室	秦伟江
51920062	法理学专题	公管教研室	沈长月
51920090	公共政策基本理论与方法	公管教研室	谭　琪
51920092	公司法研究	公管教研室	郜　庆
51920100	公共部门人力资源管理	公管教研室	夏　珑

续表

课程编号	课程名称	教研室	任课教师
51920102	民事执行法研究	公管教研室	梁　平
51920110	公用事业管理专题研究	公管教研室	尚晓丽
51920122	民事诉讼法专题	公管教研室	梁　平
51920142	政治学理论与方法	公管教研室	秦伟江
51920150	政治学、行政学经典著作选读	公管教研室	秦伟江
51920152	物权法专题	公管教研室	甄增水
51920170	能源政策研究	公管教研室	秦伟江
51920172	证据法学	公管教研室	沈长月
51920192	比较民事诉讼法专题	公管教研室	陈　奎
51920200	电力体制改革专题研究	公管教研室	夏　珑
51920202	知识产权法研究	公管教研室	刘宇晖
51920212	司法改革专题研究	公管教研室	梁　平
51920230	城市管理专题	公管教研室	尚晓丽
51920240	高等教育评估	公管教研室	王秀梅
51920250	领导科学与艺术	公管教研室	谭　琪
51920252	债权法专题	公管教研室	甄增水
51920362	国际经济法前沿问题研究	公管教研室	安文靖
51920372	法律实务专题	公管教研室	刘志军
51920272	社会学理论与方法	社工教研室	孟亚男
51920272	社会学理论与方法	社工教研室	孟亚男
51920282	社会保障学理论与方法基础	社工教研室	栾文敬
51920282	社会保障学理论与方法基础	社工教研室	栾文敬
51920292	数据处理技术与计量软件应用	社工教研室	胡宏伟
51920292	数据处理技术与计量软件应用	社工教研室	胡宏伟
51920302	社会保障前沿问题研究	社工教研室	栾文敬
51920302	社会保障前沿问题研究	社工教研室	栾文敬
51920312	劳动经济学理论与方法	社工教研室	胡宏伟
51920312	劳动经济学理论与方法	社工教研室	胡宏伟
51920322	人口学理论与方法	社工教研室	孟亚男
51920322	人口学理论与方法	社工教研室	孟亚男
51920332	劳动与社会保障法专题研究	社工教研室	刘志军
51920332	劳动与社会保障法专题研究	社工教研室	刘志军
51920342	劳动人事科学与人力资源管理实务	社工教研室	胡宏伟
51920342	劳动人事科学与人力资源管理实务	社工教研室	胡宏伟
51920352	社会保障基金管理	社工教研室	栾文敬
51920352	社会保障基金管理	社工教研室	栾文敬
51920182	民商法专题	概论教研室	甄增水
52020012	第二外国语（日语）	专业教研室	柴宝芬
52020020	第二外国语（俄语）	专业教研室	董　光
52020022	基础笔译	专业教研室	陈红平
52020032	英语教学基础理论	专业教研室	董　天

续表

课程编号	课程名称	教研室	任课教师
52020042	基础口译	专业教研室	周　密
52020052	第一外国语	专业教研室	储　艳
52020052	第一外国语	专业教研室	薛晓瑾
52020052	第一外国语	专业教研室	李　光
52020052	第一外国语	专业教研室	郭　雷
52020052	第一外国语	专业教研室	杜敬杰
52020052	第一外国语	专业教研室	李　静
52020052	第一外国语	专业教研室	苏雷江
52020052	第一外国语	专业教研室	周　霞
52020052	第一外国语	专业教研室	王　珊
52020052	第一外国语	专业教研室	牛培培
52020052	第一外国语	专业教研室	刘　洋
52020052	第一外国语	专业教研室	沈　茜
52020052	第一外国语	专业教研室	王乐洋
52020052	第一外国语	专业教研室	张　莉
52020072	语篇分析	专业教研室	储　艳
52020082	第二外国语（法语）	专业教研室	高瑞凤
52020092	翻译理论	专业教研室	郭　雷
52020102	语用学	专业教研室	沈　茜
52020112	文学理论	专业教研室	张　莉
52020122	文学批评	专业教研室	王　珊
52020132	英语学习策略研究	专业教研室	史玮璇
52020152	诗歌导论	专业教研室	张　莉
52020162	英国小说	专业教研室	李　静
52020172	语义学	专业教研室	储　艳
52020182	西方文学渊源	专业教研室	外教一
52020192	功能语法	专业教研室	王乐洋
52020202	社会语言学	专业教研室	陈红平
52020212	应用语言学研究方法与论文写作	专业教研室	郭　喆
52020222	英美诗歌	专业教研室	张　莉
52020232	中西翻译史	专业教研室	魏月红
52020242	英汉对比语言学	专业教研室	祖　林
52020252	文体与翻译	专业教研室	薛晓瑾
52020262	跨文化交际学	专业教研室	刘　洋
52020272	翻译概论	专业教研室	周　霞
52020282	经贸翻译	专业教研室	薛晓瑾
52020292	英汉比较与翻译	专业教研室	祖　林
52020302	二外（法语 / 日语）	专业教研室	柴宝芬
52020302	二外（法语 / 日语）	专业教研室	高瑞凤
52020312	第二语言习得	专业教研室	牛培培

续表

课程编号	课程名称	教研室	任课教师
52020322	文学翻译	专业教研室	郭　雷
52020332	美国小说	专业教研室	郭　雷
52020342	英语语言测试理论与实践	专业教研室	董　天
52020352	科技翻译	专业教研室	牛培培
52020362	科技笔译工作坊（汉译英）	专业教研室	祖　林
52020372	科技笔译工作坊（英译汉）	专业教研室	祖　林
52020382	科技口译工作坊（汉译英）	专业教研室	杜敬杰
52020392	科技口译工作坊（英译汉）	专业教研室	杜敬杰
52020402	国际会议口译	专业教研室	周　密
52020412	非文学翻译	专业教研室	张　莉
52020422	交替传译	专业教研室	周　密
51520252	网络信息安全	计算机教研室	张少敏
52120022	计算机仿真技术	计算机教研室	李　刚
52120032	离散数学（三）	计算机教研室	孟建良
52120052	算法分析与复杂性理论	计算机教研室	胡朝举
52120062	离散数学	计算机教研室	孟建良
52120072	高级编程技术	计算机教研室	庞春江
52120082	电力工业信息化案例	计算机教研室	祁在山
52120092	图与网络	计算机教研室	刘晓峰
52120102	高等计算机系统结构	计算机教研室	翟学明
52120112	组合数学	计算机教研室	孟建良
52120132	高级计算机网络	计算机教研室	程晓荣
52120132	高级计算机网络	计算机教研室	赵惠兰
52120152	计算机工程技术前沿	计算机教研室	胡朝举
52120182	计算机测控技术	计算机教研室	张　冀
52120192	计算智能	计算机教研室	鲁　斌
52120302	物联网技术与应用	计算机教研室	邸　剑
52120012	ERP 原理与实践	软件教研室	廖尔崇
52120122	高级操作系统	软件教研室	宋亚奇
52120142	高级软件工程	软件教研室	宋　雨
52120162	人工智能与知识工程	软件教研室	刘　丽
52120172	数据仓库与数据挖掘	软件教研室	王保义
52120242	面向 SOC 的高级嵌入式系统设计	软件教研室	刘书刚
52120252	ORACLE 原理及应用	软件教研室	黄建才
52120272	分布式系统	软件教研室	李　刚
52120292	软件工程管理	软件教研室	岳　燕
52320032	电除尘理论与技术	环境工程教研室	胡志光
52320080	现代传质分离技术	环境工程教研室	付　东
52320110	化工过程模拟及计算	环境工程教研室	张玉玲
52320112	废水处理工程	环境工程教研室	王淑勤
52320122	粉体气力输送原理	环境工程教研室	原永涛

续表

课程编号	课程名称	教研室	任课教师
52320132	高等环境工程	环境工程教研室	曾　芳
52320142	高等环境流体力学	环境工程教研室	陈　岚
52320172	气溶胶力学	环境工程教研室	齐立强
52320182	锅炉燃烧理论与污染物排放	环境工程教研室	吕建燚
52320192	过滤式除尘技术	环境工程教研室	杨官平
52320202	燃煤环境污染控制案例	环境工程教研室	胡志光
52320202	燃煤环境污染控制案例	环境工程教研室	马双忱
52320282	环境污染化学与物理	环境工程教研室	赵　毅
52320292	环境系统分析	环境工程教研室	赵　毅
52320322	烟气脱硫脱硝理论与技术	环境工程教研室	赵　毅
52320392	环境工程技术前沿	环境工程教研室	赵　毅
52320020	催化理论	环境科学教研室	马双忱
52320152	现代环境科学导论	环境科学教研室	汪黎东
52320162	固体废物处理及资源化工程	环境科学教研室	尹连庆
52320222	环境毒理学	环境科学教研室	苑春刚
52320332	高等无机化学	环境科学教研室	许佩瑶
52320362	现代生态学	环境科学教研室	苑春刚
52320042	传递过程原理	应用化学教研室	付　东
52320052	高等化工热力学	应用化学教研室	付　东
52320070	煤炭转化技术	应用化学教研室	付　东
52320072	化学反应工程	应用化学教研室	权宇珩
52320082	现代仪器分析	应用化学教研室	李保会
52320092	有机合成工艺	应用化学教研室	权宇珩
52320102	反应堆水化学	应用化学教研室	张胜寒
52320232	环境分析化学	应用化学教研室	李艳坤
52320242	膜分离原理与技术	应用化学教研室	马双忱
52320352	污染控制化学进展	应用化学教研室	付　东
52320382	腐蚀原理与控制技术	应用化学教研室	陈颖敏
52320402	金属腐蚀试验方法	应用化学教研室	张胜寒
52320432	给水处理原理与技术	应用化学教研室	张胜寒
52320482	火力发电厂水汽系统化学	应用化学教研室	马双忱
52420302	工程优化方法	设计教研室	花广如
52420402	数字化设计与制造	设计教研室	杨晓红
52420452	先进制造技术	设计教研室	花广如
52420022	ERP 原理与应用	制造教研室	杜必强
52420112	企业 MIS 建设	制造教研室	王进峰
52420372	计算机集成制造系统	制造教研室	康文利
52420482	机械工程应用专题	制造教研室	范孝良
52420042	人机工程学	工业设计教研室	崔彦彬
52420072	工业设计理论与应用	工业设计教研室	崔彦彬

续表

课程编号	课程名称	教研室	任课教师
52420362	计算机辅助产品造型设计	工业设计教研室	崔彦彬
51820192	运筹学（二）	工业工程教研室	慈铁军
52420032	系统工程学	工业工程教研室	慈铁军
52420052	现代工业工程	工业工程教研室	戴庆辉
52420082	现代设计理论与方法	工业工程教研室	戴庆辉
52420102	创新设计	工业工程教研室	戴庆辉
52420192	质量工程学	工业工程教研室	慈铁军
52420262	工业工程案例	工业工程教研室	慈铁军
52420292	技术战略与创新	工业工程教研室	戴庆辉
52420412	工程经济学	工业工程教研室	叶　锋
52420422	人因工程	工业工程教研室	王小磊
52420012	机械系统动力学	力学教研室	安利强
52420322	输电线路工程学	力学教研室	王璋奇
52420332	高等材料力学	力学教研室	王璋奇
52420502	有限元分析及应用	力学教研室	王璋奇
52420522	特高压铁塔结构设计	力学教研室	安利强
52420532	导线力学与防舞技术	力学教研室	江文强
52420122	汽轮发电机组振动	机电教研室	唐贵基
52420142	现代物流管理	机电教研室	郭铁桥
52420182	振动与模态分析	机电教研室	胡爱军
52420252	光机电技术	机电教研室	郑海明
52420282	工业检测技术	机电教研室	张　超
52420342	机械工程前沿	机电教研室	唐贵基
52420352	机械故障诊断学	机电教研室	胡爱军
52420392	工程测试与信号处理	机电教研室	胡爱军
52420432	转子动力学	机电教研室	张　超
52420472	机电系统工程学	机电教研室	郑海明
52420492	机电系统建模与仿真	机电教研室	郑海明
52920012	比较德育	思想道德修养与法律基础	魏彤儒
52920032	企业思想政治工作与企业文化	思想道德修养与法律基础	王建红
52920082	中国特色社会主义理论与实践研究	思想道德修养与法律基础	王聚芹
52920082	中国特色社会主义理论与实践研究	思想道德修养与法律基础	孟祥林
52920082	中国特色社会主义理论与实践研究	思想道德修养与法律基础	王建红
52920082	中国特色社会主义理论与实践研究	思想道德修养与法律基础	王建红
52920082	中国特色社会主义理论与实践研究	思想道德修养与法律基础	王聚芹
52920152	思想政治教育学原理	思想道德修养与法律基础	魏彤儒
52920172	经济社会政策调查与数据处理技术	思想道德修养与法律基础	胡宏伟
51920132	自然辩证法概论	马克思主义基本原理教研	戴　民
51920132	自然辩证法概论	马克思主义基本原理教研	刘新峰
51920132	自然辩证法概论	马克思主义基本原理教研	刘新峰

续表

课程编号	课程名称	教研室	任课教师
51920132	自然辩证法概论	马克思主义基本原理教研	刘新峰
51920132	自然辩证法概论	马克思主义基本原理教研	戴　民
52920052	马克思主义经典著作选读	马克思主义基本原理教研	王聚芹
52920062	马克思主义发展史专题研究	马克思主义基本原理教研	武兰芳
52920072	马克思主义基本原理专题研究	马克思主义基本原理教研	王聚芹
52920112	马克思主义政治经济学专题研究	马克思主义基本原理教研	王建红
52920122	马克思主义与社会科学方法论	马克思主义基本原理教研	张乃芳
51920042	马克思主义中国化专题研究	当代中国马克思主义教研	孟祥林
52920142	中国改革开放专题研究	当代中国马克思主义教研	张　军
52920022	传统文化与当代中国社会	中国近现代史纲要教研室	徐岿然
52920042	中国共产党思想政治教育史	中国近现代史纲要教研室	窦熙博
52920092	政治学专题研究	中国近现代史纲要教研室	秦伟江
52920102	中国近现代史专题研究	中国近现代史纲要教研室	徐岿然
52920132	毛泽东思想专题研究	中国近现代史纲要教研室	孟祥林
30520062	专题课程 /seminar 课程	研究生院	李大中
30520062	专题课程 /seminar 课程	研究生院	张国立
30520062	专题课程 /seminar 课程	研究生院	张重远
30520062	专题课程 /seminar 课程	研究生院	赵　毅
30520062	专题课程 /seminar 课程	研究生院	孙　正
30520062	专题课程 /seminar 课程	研究生院	周兰欣
30520062	专题课程 /seminar 课程	研究生院	李冰水
30520062	专题课程 /seminar 课程	研究生院	高　强
30520062	专题课程 /seminar 课程	研究生院	李慧君
30520062	专题课程 /seminar 课程	研究生院	李永刚
30520062	专题课程 /seminar 课程	研究生院	马　平
30520062	专题课程 /seminar 课程	研究生院	胡志光
30520062	专题课程 /seminar 课程	研究生院	胡宏伟
30520062	专题课程 /seminar 课程	研究生院	王淑勤
30520062	专题课程 /seminar 课程	研究生院	李慧奇
30520062	专题课程 /seminar 课程	研究生院	梁志瑞
30520062	专题课程 /seminar 课程	研究生院	许佩瑶
30520062	专题课程 /seminar 课程	研究生院	白占武
30520062	专题课程 /seminar 课程	研究生院	魏彤儒
30520062	专题课程 /seminar 课程	研究生院	梁贵书
30520062	专题课程 /seminar 课程	研究生院	张新春
30520062	专题课程 /seminar 课程	研究生院	苑津莎
30520062	专题课程 /seminar 课程	研究生院	张　莉
30520062	专题课程 /seminar 课程	研究生院	陈　奎
30520062	专题课程 /seminar 课程	研究生院	胡朝举
30520062	专题课程 /seminar 课程	研究生院	刘树良
30520062	专题课程 /seminar 课程	研究生院	程友良
30520062	专题课程 /seminar 课程	研究生院	田　沛
30520062	专题课程 /seminar 课程	研究生院	张胜寒

华北电力大学2015年硕士学位授权点一览表

（北京校部）

学科门类及代码	一级学科		二级学科		类别
	学科名称	学科代码	学科名称	学科代码	
经济学 02	应用经济学（一级学科）	0202	金融学（含：保险学）	020204	硕士
			产业经济学	020205	硕士
			统计学	020208	硕士
			数量经济学	020209	硕士
法学 03	法学（一级学科）	0301	诉讼法学	030106	硕士
			环境与资源保护法学	030108	硕士
			国际法学（含：国际公法、国际私法、国际经济法）	030109	硕士
	马克思主义理论（一级学科）	0305	思想政治教育	030505	硕士
文学 05	外国语言文学（一级学科）	0502	英语语言文学	050201	硕士
			外国语言学及应用语言学	050211	硕士
理学 07	数学（一级学科）	0701	计算数学	070102	硕士
			应用数学	070104	硕士
			运筹学与控制论	070105	硕士
	物理学（一级学科）	0702	理论物理	070201	硕士
			凝聚态物理	070205	硕士
			光学	070207	硕士
工学 08	机械工程（一级学科）	0802	机械制造及其自动化	080201	硕士
			机械电子工程	080202	硕士
			机械设计及理论	080203	硕士
			车辆工程	080204	硕士
	材料科学与工程（一级学科）	0805	材料学	080502	
	动力工程及工程热物理（一级学科）	0807	工程热物理	080701	博士、硕士
			热能工程	080702	博士、硕士
			动力机械及工程	080703	博士、硕士
			流体机械及工程	080704	博士、硕士
			制冷及低温工程	080705	博士、硕士
			化工过程机械	080706	博士、硕士
	电气工程（一级学科）	0808	电机与电器	080801	博士、硕士
			电力系统及其自动化	080802	博士、硕士
			高电压与绝缘技术	080803	博士、硕士
			电力电子与电力传动	080804	博士、硕士
			电工理论与新技术	080805	博士、硕士

续表

<table>
<tr><th rowspan="2">学科门类及代码</th><th colspan="2">一级学科</th><th colspan="2">二级学科</th><th rowspan="2">类别</th></tr>
<tr><th>学科名称</th><th>学科代码</th><th>学科名称</th><th>学科代码</th></tr>
<tr><td rowspan="4">工学 08</td><td rowspan="2">电子科学与技术（可授工学、理学学位）（一级学科）</td><td rowspan="2">0809</td><td>电路与系统</td><td>080902</td><td>硕士</td></tr>
<tr><td>电磁场与微波技术</td><td>080904</td><td>硕士</td></tr>
<tr><td rowspan="2">信息与通信工程（一级学科）</td><td rowspan="2">0810</td><td>通信与信息系统</td><td>081001</td><td>硕士</td></tr>
<tr><td>信号与信息处理</td><td>081002</td><td>硕士</td></tr>
</table>

（保定校区）

序号	专业代码	专业名称	所属一级学科名称
1	020201	国民经济学	应用经济学
2	020202	区域经济学	应用经济学
3	020203	财政学（含：税收学）	应用经济学
4	020204	金融学（含：保险学）	应用经济学
5	020205	产业经济学	应用经济学
6	020206	国际贸易学	应用经济学
7	020207	劳动经济学	应用经济学
8	020208	统计学	应用经济学
9	020209	数量经济学	应用经济学
10	020210	国防经济	应用经济学
11	030101	法学理论	法学
12	030102	法律史	法学
13	030103	宪法学与行政法学	法学
14	030104	刑法学	法学
15	030105	民商法学（含：劳动法学、社会保障法学）	法学
16	030106	诉讼法学	法学
17	030107	经济法学	法学
18	030108	环境与资源保护法学	法学
19	030109	国际法学（含：国际公法、国际私法、国际经济法）	法学
20	030110	军事法学	法学
21	030501	马克思主义基本原理	马克思主义理论
22	030502	马克思主义发展史	马克思主义理论
23	030503	马克思主义中国化研究	马克思主义理论
24	030504	国外马克思主义研究	马克思主义理论
25	030505	思想政治教育	马克思主义理论
26	050201	英语语言文学	外国语言文学
27	050202	俄语语言文学	外国语言文学
28	050203	法语语言文学	外国语言文学
29	050204	德语语言文学	外国语言文学
30	050205	日语语言文学	外国语言文学

续表

序号	专业代码	专业名称	所属一级学科名称
31	050206	印度语言文学	外国语言文学
32	050207	西班牙语语言文学	外国语言文学
33	050208	阿拉伯语语言文学	外国语言文学
34	050209	欧洲语言文学	外国语言文学
35	050210	亚非语言文学	外国语言文学
36	050211	外国语言学及应用语言学	外国语言文学
37	070101	基础数学	数学
38	070102	计算数学	数学
39	070103	概率论与数理统计	数学
40	070104	应用数学	数学
41	070105	运筹学与控制论	数学
42	070201	理论物理	物理学
43	070202	粒子物理与原子核物理	物理学
44	070203	原子与分子物理	物理学
45	070204	等离子体物理	物理学
46	070205	凝聚态物理	物理学
47	070206	声学	物理学
48	070207	光学	物理学
49	070208	无线电物理	物理学
50	080201	机械制造及其自动化	机械工程
51	080202	机械电子工程	机械工程
52	080203	机械设计及理论	机械工程
53	080204	车辆工程	机械工程
54	080501	材料物理与化学	材料科学与工程
55	080502	材料学	材料科学与工程
56	080503	材料加工工程	材料科学与工程
57	080701	工程热物理	动力工程及工程热物理
58	080702	热能工程	动力工程及工程热物理
59	080703	动力机械及工程	动力工程及工程热物理
60	080704	流体机械及工程	动力工程及工程热物理
61	080705	制冷及低温工程	动力工程及工程热物理
62	080706	化工过程机械	动力工程及工程热物理
63	080801	电机与电器	电气工程
64	080802	电力系统及其自动化	电气工程
65	080803	高电压与绝缘技术	电气工程
66	080804	电力电子与电力传动	电气工程
67	080805	电工理论与新技术	电气工程
68	080901	物理电子学	电子科学与技术
69	080902	电路与系统	电子科学与技术

续表

序号	专业代码	专业名称	所属一级学科名称
70	080903	微电子学与固体电子学	电子科学与技术
71	080904	电磁场与微波技术	电子科学与技术
72	081001	通信与信息系统	信息与通信工程
73	081002	信号与信息处理	信息与通信工程
74	081101	控制理论与控制工程	控制科学与工程
75	081102	检测技术与自动化装置	控制科学与工程
76	081103	系统工程	控制科学与工程
77	081104	模式识别与智能系统	控制科学与工程
78	081105	导航、制导与控制	控制科学与工程
79	081201	计算机系统结构	计算机科学与技术
80	081202	计算机软件与理论	计算机科学与技术
81	081203	计算机应用技术	计算机科学与技术
82	081401	岩土工程	土木工程
83	081402	结构工程	土木工程
84	081403	市政工程	土木工程
85	081404	供热、供燃气、通风及空调工程	土木工程
86	081405	防灾减灾工程及防护工程	土木工程
87	081406	桥梁与隧道工程	土木工程
88	081501	水文学及水资源	水利工程
89	081502	水力学及河流动力学	水利工程
90	081503	水工结构工程	水利工程
91	081504	水利水电工程	水利工程
92	081505	港口、海岸及近海工程	水利工程
93	081701	化学工程	化学工程与技术
94	081702	化学工艺	化学工程与技术
95	081703	生物化工	化学工程与技术
96	081704	应用化学	化学工程与技术
97	081705	工业催化	化学工程与技术
98	082701	核能科学与工程	核科学与技术
99	082702	核燃料循环与材料	核科学与技术
100	082703	核技术及应用	核科学与技术
101	082704	辐射防护及环境保护	核科学与技术
102	082804	农业电气化与自动化	农业工程
103	083001	环境科学	环境科学与工程
104	083002	环境工程	环境科学与工程
105	120100	管理科学与工程	管理科学与工程
106	120201	会计学	工商管理
107	120202	企业管理（含：财务管理、市场营销、人力资源管理）	工商管理

续表

序号	专业代码	专业名称	所属一级学科名称
108	120203	旅游管理	工商管理
109	120204	技术经济及管理	工商管理
110	120401	行政管理	公共管理
111	120402	社会医学与卫生事业管理	公共管理
112	120403	教育经济与管理	公共管理
113	120404	社会保障	公共管理
114	120405	土地资源管理	公共管理
115	0807Z1	能源环境工程	动力工程及工程热物理
116	0807Z2	核电与动力工程	动力工程及工程热物理
117	0808Z1	电气信息技术	电气工程
118	0811Z1	信息安全	控制科学与工程
119	0811Z2	系统分析、运筹与控制	控制科学与工程
120	1201Z1	工程与项目管理	管理科学与工程
121	1201Z2	信息管理工程	管理科学与工程
122	1202Z1	能源管理	工商管理
123	99J1	可再生能源与清洁能源	交叉学科

华北电力大学 2015 年博士学位授权点一览表

（北京校部）

<table>
<tr><th rowspan="2">学科门类及代码</th><th colspan="2">一级学科</th><th colspan="2">二级学科</th><th rowspan="2">类别</th></tr>
<tr><th>学科名称</th><th>学科代码</th><th>学科名称</th><th>学科代码</th></tr>
<tr><td rowspan="15">工学 08</td><td rowspan="8">动力工程及工程热物理（一级学科）</td><td rowspan="8">0807</td><td>工程热物理</td><td>080701</td><td>目录内</td></tr>
<tr><td>热能工程</td><td>080702</td><td>目录内</td></tr>
<tr><td>动力机械及工程</td><td>080703</td><td>目录内</td></tr>
<tr><td>流体机械及工程</td><td>080704</td><td>目录内</td></tr>
<tr><td>制冷及低温工程</td><td>080705</td><td>目录内</td></tr>
<tr><td>化工过程机械</td><td>080706</td><td>目录内</td></tr>
<tr><td>能源环境工程</td><td>0807Z1</td><td>目录外自设</td></tr>
<tr><td>核电与动力工程</td><td>0807Z2</td><td>目录外自设</td></tr>
<tr><td colspan="2"></td><td>可再生能源与清洁能源</td><td>99J1</td><td>交叉学科</td></tr>
<tr><td rowspan="6">电气工程（一级学科）</td><td rowspan="6">0808</td><td>电机与电器</td><td>080801</td><td>目录内</td></tr>
<tr><td>电力系统及其自动化</td><td>080802</td><td>目录内</td></tr>
<tr><td>高电压与绝缘技术</td><td>080803</td><td>目录内</td></tr>
<tr><td>电力电子与电力传动</td><td>080804</td><td>目录内</td></tr>
<tr><td>电工理论与新技术</td><td>080805</td><td>目录内</td></tr>
<tr><td>电气信息技术</td><td>0808Z1</td><td>目录外自设</td></tr>
</table>

续表

学科门类及代码	一级学科		二级学科		类别
	学科名称	学科代码	学科名称	学科代码	
工学 08	控制科学与工程（一级学科）	0811	控制理论与控制工程	081101	目录内
			检测技术与自动化装置	081102	目录内自设
			模式识别与智能系统	081104	目录内自设
			信息安全	0811Z1	目录外自设
			系统分析、运筹与控制	0811Z2	目录外自设
管理学 12	管理科学与工程（一级学科）	1201	本一级学科不分设目录内二级学科		目录内
			工程与项目管理	1201Z1	目录外自设
			信息管理工程	1201Z2	目录外自设
	工商管理（一级学科）	1202	会计学	120201	目录内自设
			企业管理	120202	目录内自设
			技术经济及管理	120204	目录内
			能源管理	1202Z1	目录外自设

（保定校区）

序号	专业代码	专业名称	所属一级学科名称
1	080701	工程热物理	动力工程及工程热物理
2	080702	热能工程	动力工程及工程热物理
3	080703	动力机械及工程	动力工程及工程热物理
4	080704	流体机械及工程	动力工程及工程热物理
5	080705	制冷及低温工程	动力工程及工程热物理
6	080706	化工过程机械	动力工程及工程热物理
7	080801	电机与电器	电气工程
8	080802	电力系统及其自动化	电气工程
9	080803	高电压与绝缘技术	电气工程
10	080804	电力电子与电力传动	电气工程
11	080805	电工理论与新技术	电气工程
12	081101	控制理论与控制工程	控制科学与工程
13	081102	检测技术与自动化装置	控制科学与工程
14	081103	系统工程	控制科学与工程
15	081104	模式识别与智能系统	控制科学与工程
16	081105	导航、制导与控制	控制科学与工程
17	120100	管理科学与工程	管理科学与工程
18	120201	会计学	工商管理
19	120202	企业管理（含：财务管理、市场营销、人力资源管理）	工商管理
20	120203	旅游管理	工商管理
21	120204	技术经济及管理	工商管理

续表

序号	专业代码	专业名称	所属一级学科名称
22	0807Z1	能源环境工程	动力工程及工程热物理
23	0807Z2	核电与动力工程	动力工程及工程热物理
24	0808Z1	电气信息技术	电气工程
25	0811Z1	信息安全	控制科学与工程
26	0811Z2	系统分析、运筹与控制	控制科学与工程
27	1201Z1	工程与项目管理	管理科学与工程
28	1201Z2	信息管理工程	管理科学与工程
29	1202Z1	能源管理	工商管理
30	99J1	可再生能源与清洁能源	交叉学科

华北电力大学2015年博士后流动站一览表

序号	设站学科	批准文号	审批时间（年.月.日）
1	电气工程	人发〔2001〕28号	2001.3.26
2	工商管理	国人部发〔2003〕38号	2003.10.23
3	动力工程及工程热物理	国人部发〔2007〕110号	2007.8.14
4	管理科学与工程	人社部发〔2009〕107号	2009.9.4
5	控制科学与工程	人社部发〔2012〕48号	2012.8.29

华北电力大学2015年本科各省市招生执行情况表

（北京校部）

		北京	天津	河北	山西	内蒙古	辽宁	吉林	黑龙江	上海	江苏	浙江	安徽	福建	江西	山东	河南
理工类	当地重点线	548	538	544	515	464	500	525	483	414	344	605	555	525	540	562	529
	录取最高分	660	646	676	625	619	647	642	638	455	383	691	655	657	634	675	630
	录取最低分	644	619	640	583	579	623	589	604	418	362	655	610	618	585	638	600
	录取平均分	648	626	649	594	597	629	613	611	435	368	673	633	630	604	654	608
	最低分高出重点线	96	81	96	68	115	123	64	121	4	18	50	55	93	45	76	71
	平均分高出重点线	100	88	105	79	133	129	88	128	21	24	68	78	105	64	92	79
文史类	当地重点线	579	547	548	513	487	530	543	495	434	343	626	597	549	528	568	513
	录取最高分	634	612	620	563	588	589	597	586	442	365	662	638	600	573	625	576
	录取最低分	624	596	611	552	567	584	566	573	438	352	652	632	562	560	610	557
	录取平均分	627	602	614	556	578	586	576	577	440	357	657	635	591	565	614	562
	最低分高出重点线	45	49	63	39	80	54	23	78	4	9	26	35	13	32	42	44
	平均分高出重点线	48	55	66	43	91	56	33	82	6	14	31	38	42	37	46	49

续表

		湖北	湖南	广东	广西	海南	重庆	四川	贵州	云南	西藏汉	西藏藏	陕西	甘肃	青海	宁夏	新疆
理工类	当地重点线	510	526	577	480	608	573	528	453	500	355	285	480	475	400	445	446
	录取最高分	614	626	646	629	803	666	616	604	654	625	380	629	603	603	592	593
	录取最低分	595	599	615	560	705	622	592	539	579	587	327	572	555	465	445	560
	录取平均分	601	608	623	582	727	634	601	556	600	606	354	587	565	521	546	571
	最低分高出重点线	85	73	38	80	97	49	64	86	79	232	42	92	80	65	0	114
	平均分高出重点线	91	82	46	102	119	61	73	103	100	251	69	107	90	121	101	125
文史类	当地重点线	521	535	573	530	652	572	543	543	540	440	325	510	517	466	507	486
	录取最高分	564	586	601	608	757	636	589	609	612	603	372	578	581	557	587	577
	录取最低分	553	580	589	575	728	625	577	591	597	594	368	560	553	476	551	566
	录取平均分	559	583	594	588	745	629	581	599	603	599	370	567	564	524	567	571
	最低分高出重点线	32	45	16	45	66	53	34	48	57	154	43	50	36	10	44	80
	平均分高出重点线	38	48	21	58	83	57	38	56	63	159	45	57	47	58	60	85

（保定校区）

		北京	天津	河北	山西	内蒙古	辽宁	吉林	黑龙江	上海	江苏	浙江	安徽	福建	江西	山东	河南
理工类	当地重点线	548	538	544	515	464	500	525	483	414	344	605	555	525	540	562	529
	录取最高分	641	627	662	611	608	637	627	613	436	378	685	644	640	622	663	619
	录取最低分	618	601	620	567	557	580	528	582	414	357	651	621	605	588	628	590
	录取平均分	625	611	630	578	582	599	584	595	425	363	662	626	618	597	638	596
	最低分高出重点线	70	63	76	52	93	80	3	99	0	13	46	66	80	48	66	61
	平均分高出重点线	77	73	86	63	118	99	59	112	11	19	57	71	93	57	76	67
文史类	当地重点线	579	547	548	513	487	530	543	495		342	626	597	549	528	568	513
	录取最高分	606	598	612	548	582	582	586	564		359	662	630	594	555	607	549
	录取最低分	590	569	595	540	509	564	565	559		344	640	606	582	543	601	543
	录取平均分	597	586	603	543	549	572	572	561		349	645	623	587	548	603	545
	最低分高出重点线	11	22	47	27	22	34	22	64		2	14	9	33	15	33	30
	平均分高出重点线	18	39	55	30	62	42	29	66		7	19	26	38	20	35	32

续表

		湖北	湖南	广东	广西	海南	重庆	四川	贵州	云南	西藏汉	西藏藏	陕西	甘肃	青海	宁夏	新疆
理工类	当地重点线	510	526	577	480	608	573	528	453	500	420	315	480	475	400	445	446
	录取最高分	607	618	634	634	736	648	614	603	653	579	327	601	574	574	594	576
	录取最低分	580	588	600	553	611	624	582	523	552	552	317	559	541	401	521	529
	录取平均分	587	599	610	572	684	633	590	542	577	567	321	573	549	487	546	542
	最低分高出重点线	70	62	23	73	3	51	54	70	52	132	2	79	66	1	76	83
	平均分高出重点线	77	73	33	92	76	60	62	89	77	147	12	93	74	87	101	96
文史类	当地重点线	521	535	573	530	/	572	543	543	540	/	510	517	466	507	486	521
	录取最高分	551	570	584	584	/	611	587	603	585	/	556	559	488	561	559	551
	录取最低分	549	562	574	553	/	592	565	564	572	/	539	538	477	543	540	549
	录取平均分	550	565	579	566	/	602	572	574	577	/	545	542	482	551	546	550
	最低分高出重点线	28	27	1	23	/	20	22	21	32	/	29	21	11	36	54	28
	平均分高出重点线	29	30	6	36	/	30	29	31	37	/	35	25	16	44	60	29

教职工及师资情况

华北电力大学2015年教职工情况表

单位：人

	编号	教职工数									聘请校外教师	离退休人员	附属中小学幼儿园教职工	集体所有制人员
		合计	校本部教职工					科研机构人员	校办企业职工	其他附设机构人员				
			计	专任教师	行政人员	教辅人员	工勤人员							
甲	乙	1	2	3	4	5	6	7	8	9	10	11	12	13
总计	1	2922	2889	1801	508	379	201		33		251	1053		
其中：女	2	1177	1171	714	203	206	48		6		97	483		
正高级	3	423	422	393	17	12			1		35	229		*
副高级	4	883	867	597	147	123			16		46	280		*
中级	5	1210	1199	758	261	180			11		161	*	*	*
初级	6	169	165	37	66	62			4		7	*	*	*
未定职级	7	237	236	16	17	2	201		1		2	*	*	*
其中聘任制 小计	8										*	*	*	*
其中聘任制 其中：女	9										*	*	*	*
其中聘任制 正高级	10										*	*	*	*
其中聘任制 副高级	11										*	*	*	*
其中聘任制 中级	12										*	*	*	*
其中聘任制 初级	13										*	*	*	*
其中聘任制 未定职级	14										*	*	*	*

华北电力大学 2015 年专任教师聘请校外教师岗位分类情况表

单位：人

	编号	本学年授课专任教师				本学年授课聘请校外教师				本学年不授课专任教师				
		合计	公共课基础课	专业课		合计	公共课基础课	专业课		合计	进修	科研	病休	其他
				计	其中：双师型			计	其中：双师型					
甲	乙	1	2	3	4	5	6	7	8	9	10	11	12	13
总　计	1	1618	348	1270		251	147	104		183	35	84	7	57
其中：女	2	645	188	457		97	69	28		69	14	28	6	21
正高级	3	385	57	328		35	8	27		8	1	1		6
副高级	4	576	124	452		46	19	27		21	10	6	4	1
中　级	5	639	164	475		161	117	44		119	22	64	2	31
初　级	6	18	3	15	*	7	1	6	*	19	2	13	1	3
未定职级	7				*	2	2		*	16				16

华北电力大学2015年专任教师聘请校外教师学历（位）情况表

高基422

单位：人

	编号	合计			博士研究生			硕士研究生			本科			专科及以下		
		计	其中：获学位		计	其中：获学位		计	其中：获学位		计	其中：获学位		计	其中：获学位	
			博士	硕士		博士	硕士		博士	硕士		博士	硕士		博士	硕士
甲	乙	1	2	3	4	5	6	7	8	9	10	11	12	13	14	15
1. 专任教师	1	1801	1010	659	1010	1009	1	566		560	221	1	98	4		
其中：女	2	714	312	336	313	312	1	294		292	105		43	2		
正高级	3	393	287	70	286	286		65		61	42	1	9			
副高级	4	597	374	153	375	374	1	111		109	107		43	4		
中　级	5	758	334	399	334	334		353		353	71		46			
初　级	6	37	2	34	2	2		34		34	1					
未定职级	7	16	13	3	13	13		3		3						
2. 聘请校外教师	8	251	1	6	26	1		188		4	37		2			
其中：女	9	97		3	3			77		2	17		1			
外籍教师	10	12			9			1			2					
其他高校教师	11	170		5	9			146		4	15		1			
正高级	12	35	1	1	16	1		13			6		1			
副高级	13	46		1	8			26			12		1			
中　级	14	161		3	2			142		3	17					
初　级	15	7		1				7		1						
未定职级	16	2									2					

华北电力大学 2015 年分学科专任教师数

单位：人

	编号	合计	正高级	副高级	中级	初级	未定职级
甲	乙	1	2	3	4	5	6
总计	1	1801	393	597	758	37	16
其中：女	2	714	100	252	343	15	4
哲学	3	3			3		
经济学	4	51	13	21	17		
法学	5	78	14	31	32		1
教育学	6	162	11	36	89	23	3
其中：体育	7	51	4	22	23	2	
文学	8	145	14	46	79	5	1
其中：外语	9	124	12	41	68	3	
历史学	10						
理学	11	175	36	56	80	2	1
工学	12	1033	274	336	409	6	8
其中：计算机	13	119	21	32	66		
农学	14						
其中：林学	15						
医学	16						
管理学	17	146	30	67	46	1	2
艺术学	18	8	1	4	3		

华北电力大学 2015 年研究生指导教师情况表

单位：人

		编号	合计	29 岁及以下	30–34 岁	35–39 岁	40–44 岁	45–49 岁	50–54 岁	55–59 岁	60–64 岁	65 岁及以上
甲		乙	1	2	3	4	5	6	7	8	9	10
总计		1	1110	3	87	198	227	175	265	90	49	16
其中：女		2	339	1	35	44	84	63	77	19	14	2
按专业技术职务分	正高级	3	433			12	39	69	182	71	44	16
	副高级	4	518	1	29	114	165	103	82	19	5	
	中级	5	159	2	58	72	23	3	1			
按指导关系分	博士导师	6	5						2	2		1
	其中：女	7	1									1
	硕士导师	8	893	3	87	190	203	139	183	56	27	5
	其中：女	9	316	1	35	43	83	56	71	16	11	
	博士、硕士导师	10	212			8	24	36	80	32	22	10
	其中：女	11	22			1	1	7	6	3	3	1

华北电力大学2015年人才接收与引进表

北京校部（35人）

序号	姓名	部门	性别	出生日期	年龄	编制标志	学历	学位	毕业学校	所学专业
1	夏　宁	经济与管理学院	男	1974-01-01	42	教学	研究生毕业	博士后	复旦大学	财务
2	张岳玲	环境与化学工程系	女	1977-11-29	39	教学	研究生毕业	博士后	北京大学	化学
3	詹　阳	电气与电子工程学院	男	1978-08-15	38	教学	研究生毕业	博士后	加拿大阿尔伯塔大学	电力系统及其自动化
4	王海若	英语系	女	1983-01-27	33	教学	研究生毕业	博士	上海外国语大学	英语教育
5	王　鹏	现代电力研究院	男	1973-11-24	43	教学	研究生毕业	博士	华北电力大学	电力系统及其自动化
6	陈　哲	环境与化学工程系	女	1987-07-10	29	教学	研究生毕业	博士后	北京大学	化学
7	张世平	能源动力与机械工程学院	男	1983-01-06	33	教学	研究生毕业	博士后	华北电力大学	机械工程及自动化
8	熊星宇	能源动力与机械工程学院	男	1985-09-25	31	教学	研究生毕业	博士	英国曼彻斯特大学	机械工程及自动化
9	刘　灏	电气与电子工程学院	男	1985-10-20	31	教学	研究生毕业	博士	华北电力大学	电力系统及其自动化
10	汪　涛	能源动力与机械工程学院	男	1987-04-20	29	教学	研究生毕业	博士	华北电力大学	热能工程
11	张　硕	经济与管理学院	男	1985-08-07	31	教学	研究生毕业	博士	北京科技大学	管理科学
12	邓艳明	教务处	男	1989-02-15	27	行政	研究生毕业	硕士	华北电力大学	管理科学
13	侯　静	环境与化学工程系	女	1986-11-14	30	教学	研究生毕业	博士	北京师范大学	环境科学类其他专业
14	胡　阳	控制与计算机工程学院	男	1986-07-05	30	教学	研究生毕业	博士	华北电力大学	热能工程
15	许儒航	经济与管理学院	男	1988-08-09	28	教学	研究生毕业	博士	华北电力大学	管理工程
16	田海鑫	人文与社会科学学院	男	1988-05-23	28	教学	研究生毕业	博士	北京师范大学	法学
17	孟境辉	能源动力与机械工程学院	男	1986-06-27	30	教学	研究生毕业	博士	北京科技大学	热能工程与动力机械
18	靳　周	可再生能源学院	男	1990-10-02	26	辅导员	研究生毕业	硕士	华北电力大学	热能工程与动力机械

续表

序号	姓名	部门	性别	出生日期	年龄	编制标志	学历	学位	毕业学校	所学专业
19	丁　宁	经济与管理学院	女	1988-02-27	28	辅导员	研究生毕业	硕士	华北电力大学	企业管理
20	潘振东	控制与计算机工程学院	男	1991-11-03	25	辅导员	研究生毕业	硕士	华北电力大学	物流管理
21	王　彤	电气与电子工程学院	女	1985-04-07	31	教学	研究生毕业	博士后	华北电力大学	电气工程及其自动化
22	朱卉平	核科学与工程学院	女	1987-04-03	29	教学	研究生毕业	博士	中科院近代物理研究所	原子核物理学及核技术
23	冯兰兰	数理系	女	1988-11-16	28	教学	研究生毕业	博士	清华大学	数学
24	张永华	人文与社会科学学院	男	1976-06-16	40	教学	研究生毕业	博士	中国艺术研究院	中国画
25	郑茂盛	环境研究院	男	1987-11-03	29	教学	研究生毕业	博士	北京大学	环境工程
26	许　晨	电气与电子工程学院	女	1988-05-24	28	教学	研究生毕业	博士	北京大学	信息与电子科学
27	熊小玲	电气与电子工程学院	女	1984-11-02	32	教学	研究生毕业	博士	南京航空航天大学	电力系统及其自动化
28	周轶欧	英语系	女	1990-10-09	26	教学	研究生毕业	硕士	德国马尔堡大学	德语
29	丁肇豪	现代电力研究院	男	1988-12-21	28	实验研究	研究生毕业	博士	德克萨斯大学阿灵顿分校	电气工程及其自动化
30	郭张鹏	核科学与工程学院	男	1988-06-22	28	教学	研究生毕业	博士	陕西省西安交通大学	核科学与工程
31	王素华	环境与化学工程系	男	1969-04-20	47	教学	研究生毕业	博士后	日本	环境
32	潘家鸿	可再生能源学院	男	1979-04-03	37	教学	研究生毕业	博士	韩国仁荷大学	化学
33	夏世威	电气与电子工程学院	男	1984-03-28	32	教学	研究生毕业	博士	香港理工大学	电机与电器
34	张　静	财务处	女	1982-06-25	34	教辅	研究生毕业	硕士	厦门大学	财政学
35	赵　毅	环境与化学工程系	男	1955-05-23	61	教学	研究生毕业	硕士	河北大学	化学

保定校区（27 人）

序号	姓名	部门	性别	出生年月	年龄	编制标志	学历	学位	毕业学校	所学专业
1	王恩见	法政系	男	1987/10/23	28	教学	研究生毕业	博士	吉林大学	社会学
2	徐伟峰	计算机系	男	1982/3/24	33	教学	研究生毕业	博士	吉林大学	计算机系统结构

续表

序号	姓名	部门	性别	出生年月	年龄	编制标志	学历	学位	毕业学校	所学专业
3	王睿坤	动力工程系	男	1987/9/22	28	教学	研究生毕业	博士	浙江大学	热能工程
4	郝润龙	环境学院	男	1988/8/5	27	教学	研究生毕业	博士	华北电力大学	能源环境工程
5	柳　青	机械工程系	女	1986/7/22	29	教学	研究生毕业	博士	中科院国家纳米中心	材料学
6	张义德	数理系	男	1979/5/15	26	教学	研究生毕业	博士	哈尔滨工业大学	固体力学
7	董子健	自动化系	男	1984/9/16	31	教学	研究生毕业	博士	华北电力大学	控制理论与控制工程
8	王茹洁	环境学院	女	1983/8/17	32	教学	研究生毕业	博士	大连理工大学	化学工程
9	李　明	环境学院	男	1985/3/25	30	教学	研究生毕业	博士	中国科学院理化技术研究所	无机化学
10	武晓阳	英语系	女	1990/6/28	25	教学	研究生毕业	硕士	北京外国语大学	日语语言文学
11	李林倩	英语系	女	1992/12/19	23	教学	研究生毕业	硕士	北京外国语大学	英汉同声传译
12	李　檬	环境学院	女	1988/9/20	27	教学	研究生毕业	博士	英国巴斯大学	化学
13	苑　朝	自动化系	男	1985/7/19	30	教学	研究生毕业	博士	韩国汉阳大学	机械电子工程
14	苏　攀	计算机系	男	1986/4/19	29	教学	研究生毕业	博士	英国艾伯瑞斯特维斯大学	计算机科学
15	丛志新	体育教学部	男	1981/3/22	34	教学	大学毕业	硕士	西安体育学院	运动训练
16	高　艳	财务与资产管理处	女	1987/11/1	28	教辅	研究生毕业	硕士	华北电力大学	会计学
17	赵会超	数理系	男	1988/7/21	27	教辅	研究生毕业	硕士	华北电力大学	自动化控制工程
18	刘　欢	工程训练中心	男	1987/9/20	28	教辅	研究生毕业	硕士	华北电力大学	艺术设计
19	孟建辉	电力工程系	男	1987/4/2	28	教辅	研究生毕业	博士	华北电力大学	电力电子与电力传动
20	崔　帅	电力工程系	男	1988/2/14	27	教学	研究生毕业	硕士	华北电力大学	环境工程
21	李　宁	动力工程系	男	1989/10/14	26	教学	研究生毕业	硕士	华北电力大学	电子与通信工程
22	刘东旭	经济管理系	男	1990/3/19	25	教学	研究生毕业	硕士	中国矿业大学	管理科学与工程
23	张志超	研究生院	男	1989/1/4	26	行政	研究生毕业	硕士	华北电力大学	控制理论与控制工程
24	赵书彬	学生处	男	1987/3/29	28	行政	研究生毕业	硕士	华北电力大学	环境工程
25	李　萌	财务与资产管理处	男	1990/10/18	25	行政	研究生毕业	硕士	华北电力大学	资产评估
26	赵　谦	国际合作处、国际教育学院	女	1989/12/26	26	行政	研究生毕业	硕士	北京语言大学	外国语言学及应用语言学
27	李梦雅	宣传部	女	1990/2/4	25	行政	研究生毕业	硕士	山东大学	马克思主义哲学

科研产业与校企合作情况

华北电力大学2015年度中央高校基本科研业务费立项一览表

（北京校部）

（单位：万元）

序号	项目编号	项目名称	负责人	所在单位	资助类别	申请领域	资助金额（万元）
1	2015ZZD01	纳米复合材料制备及环境污染治理应用研究	王祥科	环境科学与工程学院	重大项目	工程技术类	80
2	2015ZZD02	炉内高效燃烧与多场协同污染控制	胡笑颖	可再生能源学院	重大项目	工程技术类	80
3	2015ZZD03	基于高效光管理结构的硅基杂化太阳能电池	李英峰	可再生能源学院	重大项目	工程技术类	80
4	2015ZZD04	低温多效蒸发海水淡化关键技术及其应用	陈克丕	能源动力与机械工程学院	重大项目	工程技术类	80
5	2015ZZD05	700℃超超临界锅炉管镍基合金应用关键技术	张乃强	能源动力与机械工程学院	重大项目	工程技术类	80
6	2015ZD01	基于p-cycle的新一代生产控制云滴系统信息流架构	李　彬	电气与电子工程学院	重点项目	工程技术类	20
7	2015ZD02	计及广义需求侧资源的用户侧自动响应机理与优化方法	刘　念	电气与电子工程学院	重点项目	工程技术类	20
8	2015ZD03	多运行条件下新一代高效电机设计理论研究	赵海森	电气与电子工程学院	重点项目	工程技术类	20
9	2015ZD04	下一代高能正负电子对撞机的先进探测技术研究	韩　然	核科学与工程学院	重点项目	工程技术类	20
10	2015ZD05	社会网络影响下的商业银行绩效模型研究	李晓宇	经济与管理学院	重点项目	经济管理类	12
11	2015ZD06	我国分布式光伏发电融资与商业模式创新研究	刘小丽	经济与管理学院	重点项目	经济管理类	12
12	2015ZD07	高效太阳能电池－锂电池一体化器件的研究	姜　冰	可再生能源学院	重点项目	工程技术类	20
13	2015ZD08	太阳能聚焦能流全息检测与调控	宋记锋	可再生能源学院	重点项目	工程技术类	20
14	2015ZD09	厌氧发酵提高玉米秆热解选择性的机理研究	王体朋	可再生能源学院	重点项目	工程技术类	20
15	2015ZD10	基于频率图的旅行商问题求解方法研究	王　永	可再生能源学院	重点项目	工程技术类	20
16	2015ZD11	钙钛矿太阳电池中的光物理及电输运机理研究	许　佳	可再生能源学院	重点项目	工程技术类	20
17	2015ZD12	面向大数据的实时事件数据流并行化处理研究	马应龙	控制与计算机工程学院	重点项目	工程技术类	20

续表

序号	项目编号	项目名称	负责人	所在单位	资助类别	申请领域	资助金额（万元）
18	2015ZD13	事件驱动多智能体系统的研究及其在电力系统中的应用	禹　梅	控制与计算机工程学院	重点项目	工程技术类	20
19	2015ZD14	特高压变压器用油纸绝缘材料的纳米改性研究	吕玉珍	能源动力与机械工程学院	重点项目	工程技术类	20
20	2015ZD15	多源信息融合理论及其在风电设备群智能诊断中的应用	滕　伟	能源动力与机械工程学院	重点项目	工程技术类	20
21	2015ZD16	非线性波的 MI 分析、Talbot 效应及在 NLTL 电路中的应用	王　雷	数理学院	重点项目	理学类	12
22	2015MS01	超常材料的电磁屏蔽效应研究	董云霞	电气与电子工程学院	面上项目	工程技术类	6
23	2015MS02	风电场虚拟惯性控制影响电力系统功角稳定性机理研究	杜文娟	电气与电子工程学院	面上项目	工程技术类	6
24	2015MS03	屏蔽腔内置 PCB 板的电磁脉冲效应研究	高雪莲	电气与电子工程学院	面上项目	工程技术类	6
25	2015MS04	基于用户效用模型的博弈均衡网络定价	古　博	电气与电子工程学院	面上项目	工程技术类	6
26	2015MS05	电动汽车与电网互动的顶层分析方法研究	郭春林	电气与电子工程学院	面上项目	工程技术类	6
27	2015MS06	多周期配电网检修计划优化模型与算法研究	黄弦超	电气与电子工程学院	面上项目	工程技术类	6
28	2015MS07	基于光纤传感的变压器油中溶解气体监测研究	马国明	电气与电子工程学院	面上项目	工程技术类	6
29	2015MS08	大型风电场等值模型及其参数辨识研究	薛安成	电气与电子工程学院	面上项目	工程技术类	6
30	2015MS09	SSO 阻尼控制器抑制能力分析及协调控制策略	张　鹏	电气与电子工程学院	面上项目	工程技术类	6
31	2015MS10	地区电网无功优化常用智能算法求解能力研究	张　旭	电气与电子工程学院	面上项目	工程技术类	6
32	2015MS11	配电室智能在线监测系统研究	赵　东	电气与电子工程学院	面上项目	工程技术类	6
33	2015MS12	分布式电源系统并网 / 孤网切换控制策略研究	赵国鹏	电气与电子工程学院	面上项目	工程技术类	6
34	2015MS13	内陆核电厂放射性核素大气弥散模式研究	曹　博	核科学与工程学院	面上项目	工程技术类	6
35	2015MS14	基于宽禁带半导体材料的辐射探测技术研究	刘　洋	核科学与工程学院	面上项目	工程技术类	6
36	2015MS15	核电站火灾风险评估方法研究	王　宇	核科学与工程学院	面上项目	工程技术类	6
37	2015MS16	核电厂三维激光扫描及辐射场可视化技术研究	臧启勇	核科学与工程学院	面上项目	工程技术类	6
38	2015MS17	一地多仓型的网上超市订单实时处理方法	黄敏芳	经济与管理学院	面上项目	经济管理类	4

续表

序号	项目编号	项目名称	负责人	所在单位	资助类别	申请领域	资助金额（万元）
39	2015MS18	基于大数据分析的个性化客户关系管理研究	梁春燕	经济与管理学院	面上项目	经济管理类	4
40	2015MS19	“源－网－荷－储”协调优化模型及仿真平台研究	刘敦楠	经济与管理学院	面上项目	经济管理类	4
41	2015MS20	餐厨垃圾堆肥过程中恶臭废气的成分分析和治理	程桂石	可再生能源学院	面上项目	工程技术类	6
42	2015MS21	生物质与煤共气化过程氮的转化及协同机制	高　攀	可再生能源学院	面上项目	工程技术类	6
43	2015MS22	基于参数化建模的月牙肋岔管计算规定研究	申　艳	可再生能源学院	面上项目	工程技术类	8
44	2015MS23	变电站设备统一在线监测平台研发	成永强	控制与计算机工程学院	面上项目	工程技术类	6
45	2015MS24	基于 Bladed 的风电机组控制器参数整定与优化	高　峰	控制与计算机工程学院	面上项目	工程技术类	6
46	2015MS25	基于大数据与机理混合建模的风机性能评估	郭　鹏	控制与计算机工程学院	面上项目	工程技术类	6
47	2015MS26	氧量软测量建模方法及误差分析研究	李　健	控制与计算机工程学院	面上项目	工程技术类	6
48	2015MS27	风力发电系统随机切换控制问题研究	林忠伟	控制与计算机工程学院	面上项目	工程技术类	6
49	2015MS28	微电网孤岛运行模式下的协调控制策略研究	马苗苗	控制与计算机工程学院	面上项目	工程技术类	6
50	2015MS29	含有风电场的微网系统频率稳定控制研究	钱殿伟	控制与计算机工程学院	面上项目	工程技术类	6
51	2015MS30	基于蓄热辅调的火电机组新型协调控制研究	王　玮	控制与计算机工程学院	面上项目	工程技术类	6
52	2015MS31	基于迁移学习的关键电力设施与事件识别	王震宇	控制与计算机工程学院	面上项目	工程技术类	6
53	2015MS32	风电机组运行状态评估及功率优化调度研究	肖运启	控制与计算机工程学院	面上项目	工程技术类	6
54	2015MS33	循环流化床富氧燃烧模型及污染物排放控制研究	张文广	控制与计算机工程学院	面上项目	工程技术类	6
55	2015MS34	电力企业内网业务运维审计关键技术研究	张晓良	控制与计算机工程学院	面上项目	工程技术类	6
56	2015MS35	基于语义的地理信息集成方法研究	张　莹	控制与计算机工程学院	面上项目	工程技术类	6
57	2015MS36	基于风险元传递的电网自然灾害预警方法研究	周　景	控制与计算机工程学院	面上项目	工程技术类	6
58	2015MS37	失谐对风力机叶轮影响的研究	戴丽萍	能源动力与机械工程学院	面上项目	工程技术类	6
59	2015MS38	重型燃气轮机压气机叶片设计制造技术研究	高青风	能源动力与机械工程学院	面上项目	工程技术类	6

续表

序号	项目编号	项目名称	负责人	所在单位	资助类别	申请领域	资助金额（万元）
60	2015MS39	膜法燃煤电厂烟气水分回收实验研究	刘广建	能源动力与机械工程学院	面上项目	工程技术类	6
61	2015MS40	热虹吸原理用于大功率LED微通道相变冷却研究	刘广林	能源动力与机械工程学院	面上项目	工程技术类	6
62	2015MS41	燃气轮机气冷涡轮叶片建模关键技术研究	宋玉旺	能源动力与机械工程学院	面上项目	工程技术类	6
63	2015MS42	太阳能集热系统中辐射传输机理研究	孙亚松	能源动力与机械工程学院	面上项目	工程技术类	6
64	2015MS43	超低排放火电机组节能诊断机理与多目标优化	王宁玲	能源动力与机械工程学院	面上项目	工程技术类	6
65	2015MS44	锅炉尾部受热面用高耐蚀防磨抗积灰非晶涂层	王永田	能源动力与机械工程学院	面上项目	工程技术类	6
66	2015MS45	形状记忆合金的稀土合金化研究	辛　燕	能源动力与机械工程学院	面上项目	工程技术类	6
67	2015MS46	镍基高温合金中微观反位原子缺陷演化模拟	张建军	能源动力与机械工程学院	面上项目	工程技术类	6
68	2015MS47	微纳复合结构强化沸腾传热研究	张　伟	能源动力与机械工程学院	面上项目	工程技术类	6
69	2015MS48	行政处罚与刑事司法的有效衔接机制研究	李红枫	人文与社会科学学院	面上项目	人文社科类	4
70	2015MS49	互联网语境中的国产影片市场营销案例研究	刘　扬	人文与社会科学学院	面上项目	人文社科类	4
71	2015MS50	基于INCITES和ESI的学科分析服务系统研究	曹艳华	数理学院	面上项目	理学类	4
72	2015MS51	基于负荷结构分析的需求侧评估与购用电规划	谷云东	数理学院	面上项目	理学类	4
73	2015MS52	炭化污泥用于沉积物中TBBPA污染调控机制研究	郭　伟	数理学院	面上项目	理学类	4
74	2015MS53	双流体力学方程解的性质的研究	韩励佳	数理学院	面上项目	理学类	4
75	2015MS54	激光诱导分子材料多光子过程研究	刘纪彩	数理学院	面上项目	理学类	4
76	2015MS55	用QSD方法处理光机械系统的纠缠与冷却	穆青霞	数理学院	面上项目	理学类	4
77	2015MS56	非自治孤子的动力学研究	雍雪林	数理学院	面上项目	理学类	4
78	2015MS57	基于量子协错的多体量子关联的理论研究	张业奇	数理学院	面上项目	理学类	4
79	2015MS58	思维模式纬度的应用翻译策略研究	宁圃玉	外国语学院	面上项目	人文社科类	4
80	2015MS59	翻转课堂在英语演讲教学中的运用	王皎皎	外国语学院	面上项目	人文社科类	4
81	2015MS60	黄淮海典型湿地中手性OCPs生物累积规律研究	唐振武	资源与环境研究院	面上项目	工程技术类	6

续表

序号	项目编号	项目名称	负责人	所在单位	资助类别	申请领域	资助金额（万元）
82	2015MS61	华北土石山区经营管理调控植被用水机制	王盛萍	资源与环境研究院	面上项目	工程技术类	6
83	2015QN01	需求响应促进可再生能源消纳的综合规划方法	曾　博	电气与电子工程学院	青年项目	工程技术类	2
84	2015QN02	智能电网移动安全接入平台研究	陈　飞	电气与电子工程学院	青年项目	工程技术类	2
85	2015QN03	大扰动下发电机阻尼作用及相关参数辨识研究	许国瑞	电气与电子工程学院	青年项目	工程技术类	2
86	2015QN04	MMC 型换流器戴维南等效整体建模方法研究	许建中	电气与电子工程学院	青年项目	工程技术类	2
87	2015QN05	当代语体语法学理论下的汉语教学模式	贾林华	国际教育学院	青年项目	人文社科类	2
88	2015QN06	基于定量统计的同义连词对比研究	刘　松	国际教育学院	青年项目	人文社科类	2
89	2015QN07	基于语料库的汉语不规则变体的篇章考察	刘欣朋	国际教育学院	青年项目	人文社科类	2
90	2015QN08	乏燃料棒束池式沸腾实验研究	王　汉	核科学与工程学院	青年项目	工程技术类	2
91	2015QN09	电力配额和碳排放对电力行业的影响分析模型	康　鹏	经济与管理学院	青年项目	经济管理类	2
92	2015QN10	新型半导体纳米晶的组分及光学性能研究	戴美林	可再生能源学院	青年项目	工程技术类	2
93	2015QN11	基于运行数据的燃煤电站关键参数的自适应动态建模	吕　游	控制与计算机工程学院	青年项目	工程技术类	2
94	2015QN12	新能源发电过程的高效非线性模型预测控制	孔小兵	控制与计算机工程学院	青年项目	工程技术类	2
95	2015QN13	嵌入式系统软件模型检验技术研究	王　红	控制与计算机工程学院	青年项目	工程技术类	2
96	2015QN14	双馈感应风机次同步振荡机理与抑制方法研究	张　剑	控制与计算机工程学院	青年项目	工程技术类	2
97	2015QN15	有机工质朗肯循环热工转换机理研究	刘　欢	能源动力与机械工程学院	青年项目	工程技术类	2
98	2015QN16	化学腐蚀法制备硅纳米线及其形成机制研究	刘　琳	能源动力与机械工程学院	青年项目	工程技术类	2
99	2015QN17	高强耐热稀土镁合金强韧化及热变形机制研究	任　宇	能源动力与机械工程学院	青年项目	工程技术类	2
100	2015QN18	译者的主体性—周氏兄弟文学翻译实践研究	崔　琦	人文与社会科学学院	青年项目	人文社科类	2
101	2015QN19	石墨烯系统中的磁性杂质问题	陈　亮	数理学院	青年项目	理学类	2
102	2015QN20	EHD 驱动空气泵强化传热机理及性能优化研究	王天虎	数理学院	青年项目	理学类	2

续表

序号	项目编号	项目名称	负责人	所在单位	资助类别	申请领域	资助金额（万元）
103	2015QN21	超镂核激发态转动带角动量顺排机制的研究	张振华	数理学院	青年项目	理学类	2
104	2015QN22	美国创新发展路径、特点及对中国的启示	王旭琰	思想政治理论课教学部	青年项目	人文社科类	2
105	2015QN23	电力企业数据库安全审计关键技术研究	崔文超	苏州研究院	青年项目	工程技术类	2
106	2015QN24	对高校教职工运动优异者的体检结果调查研究	李　亮	体育教学部	青年项目	人文社科类	2
107	2015QN25	《哈姆雷特》中语序变异的汉译	段素萍	外国语学院	青年项目	人文社科类	2
108	2015QN26	高校教师代谢性疾病初探	陈红艳	校医院	青年项目	理学类	2
109	2015QN27	高校大学生群体实验室参考区间建立及常见病的诊断与治疗探析	赵　冰	校医院	青年项目	理学类	2
110	2015QN28	气候变化对北京市能源消费的影响研究	郭军红	资源与环境研究院	青年项目	工程技术类	2
111	2015QN29	多重不确定性小流域生态水资源管理研究	郑如秉	资源与环境研究院	青年项目	工程技术类	2
112	2015XS01	交直流混成电网机电暂态过程基础理论研究	毕经天	电气与电子工程学院	学生项目	工程技术类	0.5
113	2015XS02	交直流混合运行电网连锁故障全动态过程建模	蔡万通	电气与电子工程学院	学生项目	工程技术类	0.5
114	2015XS03	电动汽车光伏充电站的自动需求响应策略	陈奇芳	电气与电子工程学院	学生项目	工程技术类	0.5
115	2015XS04	VSC 暂态特性影响智能电网功角稳定性机理	陈　骁	电气与电子工程学院	学生项目	工程技术类	0.5
116	2015XS05	面向智能用电的压缩感知关键技术研究	崔　灿	电气与电子工程学院	学生项目	工程技术类	0.5
117	2015XS06	“荷－网－源”协调无功电压协调控制方法研究	郭　鹏	电气与电子工程学院	学生项目	工程技术类	0.5
118	2015XS07	配用电通信网络高能效资源管理策略研究	季石宇	电气与电子工程学院	学生项目	工程技术类	0.5
119	2015XS08	弱化换流器间耦合的柔性直流电网控制研究	李承昱	电气与电子工程学院	学生项目	工程技术类	0.5
120	2015XS09	面向 5G 的无线信道仿真平台扩展研究	李　树	电气与电子工程学院	学生项目	工程技术类	0.5
121	2015XS10	高载能负荷参与新能源发电调峰控制策略研究	李亚龙	电气与电子工程学院	学生项目	工程技术类	0.5
122	2015XS11	大容量高压高频电力变压器电磁特性相关研究	刘　晨	电气与电子工程学院	学生项目	工程技术类	0.5
123	2015XS12	混压同塔对继电保护的影响及对策研究	刘　欣	电气与电子工程学院	学生项目	工程技术类	0.5

续表

序号	项目编号	项目名称	负责人	所在单位	资助类别	申请领域	资助金额（万元）
124	2015XS13	非正弦条件下功率理论分析及其应用研究	罗　超	电气与电子工程学院	学生项目	工程技术类	0.5
125	2015XS14	VSC-HVDC 改善 LCC-HVDC 系统运行性能的基础研究	倪晓军	电气与电子工程学院	学生项目	工程技术类	0.5
126	2015XS15	光 / 储互补发电系统研究	荣经国	电气与电子工程学院	学生项目	工程技术类	0.5
127	2015XS16	交直流互联系统对继电保护的影响研究及对策	申洪明	电气与电子工程学院	学生项目	工程技术类	0.5
128	2015XS17	图像流中移动物体跟踪的张量技术研究	谈元鹏	电气与电子工程学院	学生项目	工程技术类	0.5
129	2015XS18	直流输电线路交叉跨越时合成电场计算方法	王东来	电气与电子工程学院	学生项目	工程技术类	0.5
130	2015XS19	毫米波大规模 MIMO 信道传播特性研究	王　琦	电气与电子工程学院	学生项目	工程技术类	0.5
131	2015XS20	电力变压器电磁场、流场及温度场耦合计算研究	谢裕清	电气与电子工程学院	学生项目	工程技术类	0.5
132	2015XS21	变压器油纸绝缘多重化硫腐蚀劣化机理研究	闫江燕	电气与电子工程学院	学生项目	工程技术类	0.5
133	2015XS22	大规模电网多时间尺度高精度仿真方法研究	杨　洋	电气与电子工程学院	学生项目	工程技术类	0.5
134	2015XS23	虚拟元件增强 MMC 系统稳定运行能力研究	苑　宾	电气与电子工程学院	学生项目	工程技术类	0.5
135	2015XS24	大气颗粒物对高压直流导线离子流场影响的基础实验研究	邹志龙	电气与电子工程学院	学生项目	工程技术类	0.5
136	2015XS25	聚变堆源项多节点模型的研究	李　璐	核科学与工程学院	学生项目	工程技术类	0.5
137	2015XS26	环形燃料在超临界水堆中的热工特性研究	魏晓燕	核科学与工程学院	学生项目	工程技术类	0.5
138	2015XS27	基于合同 WBS 的项目费用监控模型研究	陈开风	经济与管理学院	学生项目	经济管理类	0.5
139	2015XS28	基于 hIO-LCA 模型的我国风电产业发展影响研究	郭　森	经济与管理学院	学生项目	经济管理类	0.5
140	2015XS29	通过用户侧提高发电侧电力资源效率优化模型研究	鞠立伟	经济与管理学院	学生项目	经济管理类	0.5
141	2015XS30	不确定型多属性决策方法及其应用研究	李　明	经济与管理学院	学生项目	经济管理类	0.5
142	2015XS31	基于经济结构调整的河北省用电需求预测研究	李娜娜	经济与管理学院	学生项目	经济管理类	0.5
143	2015XS32	基于大数据的用户诱发电网风险预警模型研究	李书科	经济与管理学院	学生项目	经济管理类	0.5
144	2015XS33	参考点依赖型多准则群决策方法及应用研究	刘慧晖	经济与管理学院	学生项目	经济管理类	0.5

续表

序号	项目编号	项目名称	负责人	所在单位	资助类别	申请领域	资助金额（万元）
145	2015XS34	输变电工程全面造价动态管控模型研究	路 妍	经济与管理学院	学生项目	经济管理类	0.5
146	2015XS35	生物质发电供应链优化研究	罗开颜	经济与管理学院	学生项目	经济管理类	0.5
147	2015XS36	经济视角下的电网规划智能优化模型研究	马天男	经济与管理学院	学生项目	经济管理类	0.5
148	2015XS37	计及资源与时间约束的自动需求响应研究	彭丽霖	经济与管理学院	学生项目	经济管理类	0.5
149	2015XS38	新疆电网外送电交易模式及效益分析研究	王世成	经济与管理学院	学生项目	经济管理类	0.5
150	2015XS39	知识创新型人才激励模型研究	王 征	经济与管理学院	学生项目	经济管理类	0.5
151	2015XS40	非经营性政府投资项目群多目标决策模型研究	许 浒	经济与管理学院	学生项目	经济管理类	0.5
152	2015XS41	负债和利润约束下的电网企业投资能力分析研究	许晓敏	经济与管理学院	学生项目	经济管理类	0.5
153	2015XS42	节能服务产业商业模式和融资模式创新研究	薛贵元	经济与管理学院	学生项目	经济管理类	0.5
154	2015XS43	电能替代和多样化源荷背景下山东电网规划方案优化评价研究	杨雍琦	经济与管理学院	学生项目	经济管理类	0.5
155	2015XS44	大用户直接交易情景下多方主体利益均衡模型研究	张 晨	经济与管理学院	学生项目	经济管理类	0.5
156	2015XS45	复杂大型非经营政府投资责任追究方法研究	张金颖	经济与管理学院	学生项目	经济管理类	0.5
157	2015XS46	非期望效用理论下最优再保险及最优投资策略	赵 峰	经济与管理学院	学生项目	经济管理类	0.5
158	2015XS47	区域新能源发电资源动态优化配置模型研究	朱 茳	经济与管理学院	学生项目	经济管理类	0.5
159	2015XS48	重复性项目时间费用权衡模型及其扩展研究	邹 鑫	经济与管理学院	学生项目	经济管理类	0.5
160	2015XS49	多能互补和风险约束下的地下水修复优化研究	樊 星	可再生能源学院	学生项目	工程技术类	0.5
161	2015XS50	考虑来水预报误差的水库发电调度风险分析	李传刚	可再生能源学院	学生项目	工程技术类	0.5
162	2015XS51	环境和能源效益下地下水多目标修复优化设计	李 晶	可再生能源学院	学生项目	工程技术类	0.5
163	2015XS52	太阳能发电模型技术研究	梅文明	可再生能源学院	学生项目	工程技术类	0.5
164	2015XS53	多目标水库调度非劣解问题优化研究	王渤权	可再生能源学院	学生项目	工程技术类	0.5
165	2015XS54	碱性氧化物对灰熔融特性的影响规律	王 洋	可再生能源学院	学生项目	工程技术类	0.5

续表

序号	项目编号	项目名称	负责人	所在单位	资助类别	申请领域	资助金额（万元）
166	2015XS55	NWP风速修正及其在风电功率预测中的应用	王一姝	可再生能源学院	学生项目	工程技术类	0.5
167	2015XS56	新型太阳能电池性能研究	卫　东	可再生能源学院	学生项目	工程技术类	0.5
168	2015XS57	基于一维纳米结构电子传输层的钙钛矿太阳电池研究	肖　黎	可再生能源学院	学生项目	工程技术类	0.5
169	2015XS58	基于并行算法的水库群中长期优化调度问题研究	张　培	可再生能源学院	学生项目	工程技术类	0.5
170	2015XS59	太阳能电池制备工艺及性能优化	张志荣	可再生能源学院	学生项目	工程技术类	0.5
171	2015XS60	磁性固体碱催化热解生物质制备酚类衍生物	张智博	可再生能源学院	学生项目	工程技术类	0.5
172	2015XS61	基于自抗扰的电力系统负荷频率控制研究	常帅兵	控制与计算机工程学院	学生项目	工程技术类	0.5
173	2015XS62	供热机组储能利用快速变负荷理论问题研究	邓拓宇	控制与计算机工程学院	学生项目	工程技术类	0.5
174	2015XS63	基于飞行机器人的架空输电线路视觉跟踪技术	董蕊芳	控制与计算机工程学院	学生项目	工程技术类	0.5
175	2015XS64	基于声学层析成像的堆积生物质温度分布测量	郭　淼	控制与计算机工程学院	学生项目	工程技术类	0.5
176	2015XS65	模糊预测控制在核电站过程控制中的研究	姜　頔	控制与计算机工程学院	学生项目	工程技术类	0.5
177	2015XS66	基于火焰自由基成像与软计算的污染物排放的预测研究	李　楠	控制与计算机工程学院	学生项目	工程技术类	0.5
178	2015XS67	火电机组AGC性能优化技术研究	李晓明	控制与计算机工程学院	学生项目	工程技术类	0.5
179	2015XS68	考虑大转动惯量的风力发电系统控制研究	孟洪民	控制与计算机工程学院	学生项目	工程技术类	0.5
180	2015XS69	基于历史数据的火电厂SCR系统建模与优化	秦天牧	控制与计算机工程学院	学生项目	工程技术类	0.5
181	2015XS70	发电侧机网协调系统远程检测诊断应用研究	王世林	控制与计算机工程学院	学生项目	工程技术类	0.5
182	2015XS71	大数据分类理论与关联规则挖掘	张晓霞	控制与计算机工程学院	学生项目	工程技术类	0.5
183	2015XS72	电网安全接入设备集中监管关键技术研究	朱亚运	控制与计算机工程学院	学生项目	工程技术类	0.5
184	2015XS73	基于运行数据的风电场群动态模型与特性研究	祝　牧	控制与计算机工程学院	学生项目	工程技术类	0.5
185	2015XS74	熔融碳酸盐燃料电池转功机理与脱碳性能研究	卞　境	能源动力与机械工程学院	学生项目	工程技术类	0.5
186	2015XS75	CO2吸收和解吸过程中气液两相输运机理及强化技术	褚凤鸣	能源动力与机械工程学院	学生项目	工程技术类	0.5

续表

序号	项目编号	项目名称	负责人	所在单位	资助类别	申请领域	资助金额（万元）
187	2015XS76	光–煤互补复合发电系统优化及静动态特性研究	冯　蕾	能源动力与机械工程学院	学生项目	工程技术类	0.5
188	2015XS77	电站锅炉多源泄漏识别及精确定位研究	冯　强	能源动力与机械工程学院	学生项目	工程技术类	0.5
189	2015XS78	烟气余热利用与污染物减排系统集成研究	韩　宇	能源动力与机械工程学院	学生项目	工程技术类	0.5
190	2015XS79	燃气轮机周向拉杆转子动力学建模及分析	胡　亮	能源动力与机械工程学院	学生项目	工程技术类	0.5
191	2015XS80	基于环境与尾气排放耦合模型的车辆污染物转化传输机理研究	金鑫明	能源动力与机械工程学院	学生项目	工程技术类	0.5
192	2015XS81	超低排放条件下火电机组多目标优化方法	李晓恩	能源动力与机械工程学院	学生项目	工程技术类	0.5
193	2015XS82	带涡发生器风力机叶片绕流机理与设计方法研究	李新凯	能源动力与机械工程学院	学生项目	工程技术类	0.5
194	2015XS83	基于声学的气固两相流特性测量研究	刘伟龙	能源动力与机械工程学院	学生项目	工程技术类	0.5
195	2015XS84	光学、声学信息相结合的燃烧测温方法研究	穆怀萍	能源动力与机械工程学院	学生项目	工程技术类	0.5
196	2015XS85	官能团对石墨烯 / 环氧树脂界面传热系数的影响	孙颖颖	能源动力与机械工程学院	学生项目	工程技术类	0.5
197	2015XS86	电场作用下水合液滴合并与反弹机理研究	王兵兵	能源动力与机械工程学院	学生项目	工程技术类	0.5
198	2015XS87	太阳能热与燃煤机组互补发电系统的建模、仿真与优化	吴俊杰	能源动力与机械工程学院	学生项目	工程技术类	0.5
199	2015XS88	基于数据挖掘的燃煤发电机组调峰运行能效分析与诊断	徐　婧	能源动力与机械工程学院	学生项目	工程技术类	0.5
200	2015XS89	W 型火焰锅炉富氧点火特性研究及数值模拟计算	闫高程	能源动力与机械工程学院	学生项目	工程技术类	0.5
201	2015XS90	泡沫金属强化相变材料相变过程实验研究	杨佳霖	能源动力与机械工程学院	学生项目	工程技术类	0.5
202	2015XS91	相变传热多尺度结构制备及液滴动力学研究	杨卧龙	能源动力与机械工程学院	学生项目	工程技术类	0.5
203	2015XS92	利用比热匹配减小有机朗肯循环火用损的研究	于　超	能源动力与机械工程学院	学生项目	工程技术类	0.5
204	2015XS93	微气象条件下输电线覆冰模型的研究	张　暕	能源动力与机械工程学院	学生项目	工程技术类	0.5
205	2015XS94	太阳能–燃煤双热源锅炉的研究与设计	张茂龙	能源动力与机械工程学院	学生项目	工程技术类	0.5
206	2015XS95	源识别模式下大气环境质量管理及调控研究	甄纪亮	能源动力与机械工程学院	学生项目	工程技术类	0.5
207	2015XS96	新疆开都河融雪径流分析	庄晓雯	能源动力与机械工程学院	学生项目	工程技术类	0.5

续表

序号	项目编号	项目名称	负责人	所在单位	资助类别	申请领域	资助金额（万元）
208	2015XS97	不确定条件下的能源系统优化管理	靳舒葳	资源与环境研究院	学生项目	工程技术类	0.5
209	2015XS98	基于贝叶斯模型平均法的最大熵–Copula频率分析模型研究	孔祥铭	资源与环境研究院	学生项目	工程技术类	0.5
210	2015XS99	西北干旱地区水环境安全与水生态补偿模式优化研究	王　冰	资源与环境研究院	学生项目	工程技术类	0.5
211	2015XS100	不确定条件下开都河流域融雪径流过程研究	王春晓	资源与环境研究院	学生项目	工程技术类	0.5
212	2015XS101	区域能源活动与环境系统效应评估及调控研究	王　深	资源与环境研究院	学生项目	工程技术类	0.5
213	2015XS102	基于区间模糊机会约束的城市能源系统规划	于　磊	资源与环境研究院	学生项目	工程技术类	0.5
214	2015XS103	水环境承载力影响因素及水质改善研究	翟爱丰	资源与环境研究院	学生项目	工程技术类	0.5
215	2015XS104	不确定性下区域二氧化碳捕集运输封存的优化	翟明洋	资源与环境研究院	学生项目	工程技术类	0.5
216	2015ZZD06	新型薄膜太阳电池关键材料与器件的研究	张　兵	可再生能源学院	重大项目	工程技术类	100
217	2015ZZD08	调水活动对海河流域水环境及水生态的影响调控与改善	李　薇	资源与环境研究院	重大项目	工程技术类	100
218	2015ZZD09	相变储热系统动态特性及性能调控研究	魏高升	能源动力与机械工程学院	重大项目	工程技术类	100
219	2015ZZD10	基于机炉耦合与主动蓄能的燃煤电站优化集成	李元媛	能源动力与机械工程学院	重大项目	工程技术类	100
220	2015ZZD11	燃煤发电机组排烟水分及废水按质回收利用的关键技术研究	高　丹	能源动力与机械工程学院	重大项目	工程技术类	100
221	2015ZZD12	铅基快堆概念设计及关键问题研究	马续波	核科学与工程学院	重大项目	工程技术类	100
222	2015ZZD14	碳循环燃煤火力发电系统的基础研究	苗　政	能源动力与机械工程学院	重大项目	工程技术类	100
223	2015ZZD15	大型循环流化床机组综合优化控制技术及其应用	房　方	控制与计算机工程学院	重大项目	工程技术类	100
224	JB2015RCJ01	基于混和模拟技术的地表径流过程模拟研究	卢宏玮	可再生能源学院	杰青培育项目	工程技术类	80
225	JB2015RCJ02	有机光电材料与器件的研究	谭占鳌	可再生能源学院	杰青培育项目	工程技术类	80
226	JB2015RCJ03	基于多元流体的新型冷却技术和传热特性研究	周乐平	能源动力与机械工程学院	杰青培育项目	工程技术类	80
227	JB2015RCY01	多尺度多相流传热的基础研究	程永攀	能源动力与机械工程学院	优青培育项目	工程技术类	50
228	JB2015RCY02	变压器状态光学检测方法研究	马国明	电气与电子工程学院	优青培育项目	工程技术类	50

续表

序号	项目编号	项目名称	负责人	所在单位	资助类别	申请领域	资助金额（万元）
229	JB2015RCY03	电力系统中 CO 催化氧化反应的机理研究	丁迅雷	数理学院	优青培育项目	工程技术类	50
230	JB2015RCY04	风电与抽水蓄能联合运行中的若干核心问题研究	张宇宁	能源动力与机械工程学院	优青培育项目	工程技术类	50
231	JB2015RCY05	基于不确定性尾流模型的风电场鲁棒优化研究	王晓东	能源动力与机械工程学院	优青培育项目	工程技术类	50
232	JB2015RCY06	基于碳纳米管催化剂联合等离子体脱硫脱硝研究	汪　涛	能源动力与机械工程学院	优青培育项目	工程技术类	50
233	2015ZD17	风光储自治微电网优化控制技术研究	刘卫亮	控制与计算机工程学院	重点项目	工程技术类	20
234	2015ZD18	Markov 跳跃系统的鲁棒预测控制	张隆阁	数理学院	重点项目	理学类	12
235	2015ZD19	缘子沿面放电紫外图像特征及闪络预警研究	王胜辉	电气与电子工程学院	重点项目	工程技术类	20
236	2015ZD20	复杂背景航拍图像中绝缘子状态检测方法研究	赵振兵	电气与电子工程学院	重点项目	工程技术类	20
237	2015ZD21	基于 BOTDR 的光纤复合海底电缆机械疲劳特性分析与评估方法研究	吕安强	电气与电子工程学院	重点项目	工程技术类	20
238	2015ZD22	输变电设备一体化巡检装置研究	刘云鹏	电气与电子工程学院	重点项目	工程技术类	20
239	2015ZD23	烟气多污染物一体化脱除装置工程化研究	郭天祥	环境科学与工程学院	重点项目	工程技术类	20
240	2015ZD24	具有 HgO 氧化能力的 SCR 催化剂制备及表征	刘松涛	环境科学与工程学院	重点项目	工程技术类	20
241	2015ZD25	类 NASICON 结构锂离子导体改性与导电机理研究	吕晓娟	环境科学与工程学院	重点项目	工程技术类	20
242	2015ZD26	静电纺丝制备纳米复合纤维及其应用研究	苑春刚	环境科学与工程学院	重点项目	工程技术类	20
243	2015ZD27	基于外在交叉特征的发电机内部交叉故障识别	何玉灵	能源动力与机械工程学院	重点项目	工程技术类	20
244	2015ZD28	基于信息物理融合的电动汽车网络化控制	李　刚	控制与计算机工程学院	重点项目	工程技术类	20
245	2015ZD29	反向 HK 不等式及其在通信领域中的应用	田景峰	科技学院	重点项目	工程技术类	20
246	2015ZD30	司法公正的社会认同研究	陈　奎	人文与社会科学学院	重点项目	人文社科类	12
247	2015ZD31	多中心治理视角下现代大学制度的运行机制研究	尚晓丽	人文与社会科学学院	重点项目	人文社科类	12
248	2015ZD32	分布式能源在京津冀雾霾治理中的作用研究	崔伟春	人文与社会科学学院	重点项目	人文社科类	12
249	2015ZD33	京津冀能源结构优化模型及路径对策研究	李艳红	经济与管理学院	重点项目	经济管理类	15

续表

序号	项目编号	项目名称	负责人	所在单位	资助类别	申请领域	资助金额（万元）
250	2015MS62	基于过程数据的电站锅炉优化控制方法研究	樊振萍	控制与计算机工程学院	面上项目	工程技术类	6
251	2015MS63	再生水中氮、磷在循环冷却系统内资源化途径与机制研究	张玉玲	环境科学与工程学院	面上项目	工程技术类	6
252	2015MS64	新型硅橡胶表面憎水迁移性的动力学研究	赵　鹏	环境科学与工程学院	面上项目	工程技术类	6
253	2015MS65	基于图论的流化床流体网络建模及风煤配比	张　悦	控制与计算机工程学院	面上项目	工程技术类	6
254	2015MS66	基于量子并行特性的粒子群优化算法及其在热工过程辨识中的应用研究	黄　宇	控制与计算机工程学院	面上项目	工程技术类	6
255	2015MS67	混合学习模式下思维能力培养模式的应用研究	郭　喆	外语学院	面上项目	人文社科类	4
256	2015MS68	输出驱动假设视角下大学英语写作教学模式的研究	张　颖	外语学院	面上项目	人文社科类	4
257	2015MS69	学习动机与大学英语课程设置及教学研究	魏红华	外语学院	面上项目	人文社科类	4
258	2015MS70	基于“输出驱动－输入促成假设”的大学英语教学研究	任俊红	外语学院	面上项目	人文社科类	4
259	2015MS71	数字教育时代下大学英语思辨教学多维教学模式研究	蔡红改	外语学院	面上项目	人文社科类	4
260	2015MS72	简·奥斯汀小说中的博弈论研究	顾莹华	外语学院	面上项目	人文社科类	4
261	2015MS73	基于 PBI 的研究生学术英语能力培养的可行性研究	薛晓瑾	外语学院	面上项目	人文社科类	4
262	2015MS74	跨语际跨文化交流视阈下的电气工程科技英语研究	高　然	外语学院	面上项目	人文社科类	4
263	2015MS75	20 世纪 70 年代后美国华裔女性小说中的人物形象建构	吕振华	外语学院	面上项目	人文社科类	4
264	2015MS76	认知视域下的中英文视觉诗多模态意义研究	韩佳玲	外语学院	面上项目	人文社科类	4
265	2015MS77	无液氦导冷系统中复合超导体的稳定性研究	崔英敏	数理学院	面上项目	理学类	4
266	2015MS78	BP 神经网络在 SCR 脱硝效率预测模型中的应用	归　毅	数理学院	面上项目	理学类	4
267	2015MS79	低温环境下变压器启动过程多场耦合问题研究	刘　刚	电气与电子工程学院	面上项目	工程技术类	6
268	2015MS80	含分布式能源资源的配电网供电能力研究	高亚静	电气与电子工程学院	面上项目	工程技术类	6
269	2015MS81	新能源环境下计及虚拟电厂的电力系统优化调度	李　虹	电气与电子工程学院	面上项目	工程技术类	6
270	2015MS82	面向工程的电工材料磁性能模拟技术研究	赵小军	电气与电子工程学院	面上项目	工程技术类	6

续表

序号	项目编号	项目名称	负责人	所在单位	资助类别	申请领域	资助金额（万元）
271	2015MS83	主动配电网分层协调控制研究	赵　飞	电气与电子工程学院	面上项目	工程技术类	6
272	2015MS84	双馈风电机组并网次同步振荡机理及对策研究	高本锋	电气与电子工程学院	面上项目	工程技术类	6
273	2015MS85	分布式电源高渗透率接入主动配电网规划关键技术研究	苏海锋	电气与电子工程学院	面上项目	工程技术类	6
274	2015MS86	基于多智能体的风电场有功功率预测控制方法研究	刘兴杰	电气与电子工程学院	面上项目	工程技术类	6
275	2015MS87	雾霾天气对特高压输电线路电磁环境的影响研究	王慧娟	电气与电子工程学院	面上项目	工程技术类	6
276	2015MS88	电动汽车动力电池组健康状态在线评估系统的研究	曲　伟	电气与电子工程学院	面上项目	工程技术类	6
277	2015MS89	多逆变器并联系统过电压分析及抑制	甄永赞	电气与电子工程学院	面上项目	工程技术类	6
278	2015MS90	冲击电压下典型油纸绝缘结构局部放电特性研究	赵　涛	电气与电子工程学院	面上项目	工程技术类	6
279	2015MS91	10kV 高压电缆振荡波局部放电检测关键技术研究	张力晖	电气与电子工程学院	面上项目	工程技术类	6
280	2015MS92	高压全膜电容器热性能仿真及试验研究	王子建	电气与电子工程学院	面上项目	工程技术类	6
281	2015MS93	风电直流联网的分散协同与网源协调控制技术	付　媛	电气与电子工程学院	面上项目	工程技术类	6
282	2015MS94	基于广域信息的大电网失步解列策略研究	胡永强	电气与电子工程学院	面上项目	工程技术类	6
283	2015MS95	全维度天线系统资源调度方法的研究	赵　伟	电气与电子工程学院	面上项目	工程技术类	6
284	2015MS96	基于多通信域协作的非对称双向中继技术研究	陈智雄	电气与电子工程学院	面上项目	工程技术类	6
285	2015MS97	中压电力线通信自适应阻抗匹配与噪声抑制技术研究	郭以贺	电气与电子工程学院	面上项目	工程技术类	6
286	2015MS98	基于 QoS 的电力线通信网络的组网技术及保障机制研究	胡正伟	电气与电子工程学院	面上项目	工程技术类	6
287	2015MS99	无线传感器网络故障容错算法研究	王雅宁	电气与电子工程学院	面上项目	工程技术类	6
288	2015MS100	基于复杂生物信息的去身份识别研究	车辚辚	电气与电子工程学院	面上项目	工程技术类	6
289	2015MS101	45GHz 毫米波蜂窝通信系统覆盖与系统容量研究	李星蓉	电气与电子工程学院	面上项目	工程技术类	6
290	2015MS102	高温高压工质物性的实验测量与预测方法研究	朱霄珣	能源动力与机械工程学院	面上项目	工程技术类	6
291	2015MS103	功能化介孔材料的研发及其吸附 CO_2	孙　玮	能源动力与机械工程学院	面上项目	工程技术类	6

续表

序号	项目编号	项目名称	负责人	所在单位	资助类别	申请领域	资助金额（万元）
292	2015MS104	斯特林机驱动分布式能源系统集成与优化研究	刘春涛	能源动力与机械工程学院	面上项目	工程技术类	6
293	2015MS105	基于均质化理论的表面微结构对流动影响研究	杨红月	能源动力与机械工程学院	面上项目	工程技术类	6
294	2015MS106	二次再热机组热力系统设计及再热器控制技术研究	管志敏	能源动力与机械工程学院	面上项目	工程技术类	6
295	2015MS107	开放式微波谐振腔测量液膜厚度技术研究	李恒凡	能源动力与机械工程学院	面上项目	工程技术类	6
296	2015MS108	室内微生物气溶胶污染机制及健康效应研究	刘志坚	能源动力与机械工程学院	面上项目	工程技术类	6
297	2015MS109	高挥发分固体燃料化学链燃烧实验和数值研究	鲁许鳌	能源动力与机械工程学院	面上项目	工程技术类	6
298	2015MS110	海洋温差能－太阳能联合发电系统性能优化研究	秦志明	能源动力与机械工程学院	面上项目	工程技术类	6
299	2015MS111	脊状微结构表面涡演化及减阻特性研究	戎　瑞	能源动力与机械工程学院	面上项目	工程技术类	6
300	2015MS112	氦气、氢气在氩霜表面竞争吸附的特性研究	汤建成	能源动力与机械工程学院	面上项目	工程技术类	6
301	2015MS113	起伏管路内多相流参数检测与流动模型研究	张炳东	能源动力与机械工程学院	面上项目	工程技术类	6
302	2015MS114	风电场运行对局地大气边界层的影响研究	李　非	能源动力与机械工程学院	面上项目	工程技术类	6
303	2015MS115	利用电梯竖井的高层建筑排烟系统研究	张旭涛	能源动力与机械工程学院	面上项目	工程技术类	6
304	2015MS116	环境风对空冷凝汽器换热性能影响的机理研究	张学镭	能源动力与机械工程学院	面上项目	工程技术类	6
305	2015MS117	基于拉曼散射效应的地下供热管道泄漏温度场分布及检测机理研究	申金波	能源动力与机械工程学院	面上项目	工程技术类	6
306	2015MS118	生物炭用于富营养水体处理的机理研究	尹倩倩	能源动力与机械工程学院	面上项目	工程技术类	6
307	2015MS119	太阳能与天然气互补冷热电联供系统	王江江	能源动力与机械工程学院	面上项目	工程技术类	6
308	2015MS120	基于变分的半周向受热对流传热优化机理研究	刘　赟	能源动力与机械工程学院	面上项目	工程技术类	6
309	2015MS121	混合工质冷凝与沸腾换热理论与实验研究	张雪东	能源动力与机械工程学院	面上项目	工程技术类	6
310	2015MS122	基于 SDP 与图像处理的风机失速检测研究	许小刚	能源动力与机械工程学院	面上项目	工程技术类	6
311	2015MS123	复合催化剂耦合等离子体降解 VOCs 的研究	李晶欣	环境科学与工程学院	面上项目	工程技术类	6
312	2015MS124	纳米电连接器的粘附力学机理及优化设计研究	王　鹏	能源动力与机械工程学院	面上项目	工程技术类	6

续表

序号	项目编号	项目名称	负责人	所在单位	资助类别	申请领域	资助金额（万元）
313	2015MS125	基于深度学习的协同过滤技术及其优化研究	朵春红	控制与计算机工程学院	面上项目	工程技术类	6
314	2015MS126	城市建筑群环境中有害气体扩散运动模拟研究	邵绪强	控制与计算机工程学院	面上项目	工程技术类	6
315	2015MS127	分布式能源系统能量管理方法研究	鲁　斌	控制与计算机工程学院	面上项目	工程技术类	6
316	2015MS128	考虑节能减排的机组组合优化方法的研究	李　整	控制与计算机工程学院	面上项目	工程技术类	6
317	2015MS129	基于卷积神经网络的显著目标识别研究	王　平	控制与计算机工程学院	面上项目	工程技术类	6
318	2015MS130	大学生创新创业教育模式的研究与实践	王建文	控制与计算机工程学院	面上项目	工程技术类	4
319	2015MS131	新型非稀土发光材料制备及发光性能研究	赵　妙	科技学院	面上项目	工程技术类	6
320	2015MS132	风气互补系统燃气轮机组功率自适应控制研究	李牡丹	科技学院	面上项目	工程技术类	6
321	2015MS133	风力发电机组视情维修决策模型的研究	刘华新	科技学院	面上项目	工程技术类	6
322	2015MS134	MIS 开发中的软件水印关键技术研究	周阳修	科技学院	面上项目	工程技术类	6
323	2015MS135	基于类属的托福词汇情景串联记忆方法研究	张　侦	科技学院	面上项目	人文社科	4
324	2015MS136	语用学视角下的大学生翻译能力研究与培养	赵　洁	科技学院	面上项目	人文社科	4
325	2015MS137	大学英语四六级考试背景下课堂气氛的研究	顾臻臻	科技学院	面上项目	人文社科	4
326	2015MS138	基于语料库的英汉语法隐喻对比研究	王爱会	科技学院	面上项目	人文社科	4
327	2015MS139	多状态复杂系统可靠性分析方法研究	秦金磊	信息与网络管理中心	面上项目	工程技术类	6
328	2015MS140	大学生廉洁观及其教育的客观考量与制度分析	张冬生	思想政治理论课教学部	面上项目	人文社科类	4
329	2015MS141	基于协同创新的高校创业教育体系研究	赵冬鸣	思想政治理论课教学部	面上项目	人文社科类	4
330	2015MS142	高校心理危机全程化预警与干预体系的构建	石世平	思想政治理论课教学部	面上项目	人文社科类	4
331	2015MS143	民事公益诉讼制度实现与理论深化研究	李　海	人文与社会科学学院	面上项目	人文社科类	4
332	2015MS144	社会工作视角下老年歧视与社会支持	栾文敬	人文与社会科学学院	面上项目	人文社科类	4
333	2015MS145	农村火葬制度研究	李平菊	人文与社会科学学院	面上项目	人文社科类	4

续表

序号	项目编号	项目名称	负责人	所在单位	资助类别	申请领域	资助金额（万元）
334	2015MS146	孤贫儿童慈善救助机制研究	陈　静	人文与社会科学学院	面上项目	人文社科类	4
335	2015MS147	中美高校大学生创新创业教育比较研究	陆　伟	人文与社会科学学院	面上项目	人文社科类	4
336	2015MS148	基于大数据的城市生活圈 O2O 品质提升研究	张梅梅	经济与管理学院	面上项目	经济管理类	4
337	2015MS149	法治视域下高校内部治理研究	张蓓蓓	经济与管理学院	面上项目	经济管理类	4
338	2015MS150	碳排放约束与能源效率及其驱动因素研究	任　峰	经济与管理学院	面上项目	经济管理类	4
339	2015MS151	基于 MIDAS 模型的电力需求短期预测研究	韩凤舞	经济与管理学院	面上项目	经济管理类	4
340	2015QN30	布朗粒子在色噪声驱动下的扩散动力学研究	庞　娟	数理学院	青年项目	理学类	2
341	2015QN31	煤与生物质在富氧气氛下的共燃研究	董静兰	能源动力与机械工程学院	青年项目	工程技术类	2
342	2015QN32	微通道内种子汽泡触发沸腾传热理论研究	宗露香	能源动力与机械工程学院	青年项目	工程技术类	2
343	2015QN33	钙基吸收剂碳酸化硫酸化机理对比研究	赵争辉	能源动力与机械工程学院	青年项目	工程技术类	2
344	2015QN34	垃圾在富氧下燃烧与污染物排放特性研究	马　凯	能源动力与机械工程学院	青年项目	工程技术类	2
345	2015QN35	思维方式变革对晚清现代化的影响研究	赵鲁臻	思想政治理论课教学部	青年项目	人文社科类	2
346	2015XS105	强声波在炉内含固体颗粒气体中的传播特性研究	许伟龙	数理学院	学生项目	工程技术类	0.5
347	2015XS106	智能电网状态监测大数据处理与分析方法研究	王刘旺	电气与电子工程学院	学生项目	工程技术类	0.5
348	2015XS107	局部放电模式识别特征提取及融合方法研究	谢　军	电气与电子工程学院	学生项目	工程技术类	0.5
349	2015XS108	光伏电站天空图像处理与云团运动算法研究	甄　钊	电气与电子工程学院	学生项目	工程技术类	0.5
350	2015XS109	电力系统安全分析的趋势辨识研究	张　尚	电气与电子工程学院	学生项目	工程技术类	0.5
351	2015XS110	适用于直流微网的双向直流变换器的研究	吕　正	电气与电子工程学院	学生项目	工程技术类	0.5
352	2015XS111	基于虚拟同步机的多源互补微电网优化设计	张伟超	电气与电子工程学院	学生项目	工程技术类	0.5
353	2015XS112	单相电力电子变压器 PWM 整流器控制技术研究	孙玉巍	电气与电子工程学院	学生项目	工程技术类	0.5
354	2015XS113	动车组隔离开关复合绝缘子状态评估研究	马建桥	电气与电子工程学院	学生项目	工程技术类	0.5

续表

序号	项目编号	项目名称	负责人	所在单位	资助类别	申请领域	资助金额（万元）
355	2015XS114	基于相移检测的外差 BOTDA 传感方法研究	安　琪	电气与电子工程学院	学生项目	工程技术类	0.5
356	2015XS115	煤燃烧过程中砷的释放和脱除特性研究	刘慧敏	能源动力与机械工程学院	学生项目	工程技术类	0.5
357	2015XS116	Na 元素对准东煤气化过程的作用机理研究	张志远	能源动力与机械工程学院	学生项目	工程技术类	0.5
358	2015XS117	700℃超超临界锅炉参数设计与过程特性研究	樊晋元	能源动力与机械工程学院	学生项目	工程技术类	0.5
359	2015XS118	铁基合金耐蚀性能的半导体电化学研究	石荣雪	环境科学与工程学院	学生项目	工程技术类	0.5
360	2015XS119	基于自然风激励的高压输电铁塔模态参数识别方法研究	王　剑	能源动力与机械工程学院	学生项目	工程技术类	0.5
361	2015XS120	旋转机械关键部件早期故障诊断方法研究	王晓龙	能源动力与机械工程学院	学生项目	工程技术类	0.5

华北电力大学 2015 年纵向科研项目立项情况一览表

（单位：万元）

序号	项目名称	经费（万元）	负责人	项目编号	项目来源
1	燃煤发电系统能源高效清洁利用的基础研究	3000	杨勇平	2015CB251500	科技部“973”计划项目
2	高效介孔钙钛矿太阳电池关键技术研究	355	姚建曦	2015AA050602	科技部“863”计划课题
3	子课题：保障直流配网可靠性的多端柔性直流控制保护关键技术	71.59	刘崇如	2015AA050101	科技部“863”计划子课题
4	子课题：智能配用电大数据应用关键技术	85	许　刚	2015AA050203	科技部“863”计划子课题
5	子课题：大数据分析技术在输变电设备状态评估中的研究及应用	100	齐　波	2015AA050204	科技部“863”计划子课题
6	子课题：交直流混合配电网关键技术	212	艾　欣	2015AA050102	科技部“863”计划子课题
7	子课题：二氧化钛花带及串球结构在钙钛矿太阳能电池中的应用	35	李美成	2015AA034601	科技部“863”计划子课题
8	火电机组汽轮机低位能梯级供热技术研究	481	戈志华	2014BAA06B01	国家科技支撑计划课题
9	LOCA 事故安全壳碎片对燃料组件压降影响试验	470	牛风雷		大型先进压水堆核电站国家重大科技专项子课题
10	乏燃料贮存格架与水池间流固耦合特性研究	503.25	陆道纲	2015ZX06004002-003	大型先进压水堆核电站国家重大科技专项子课题
11	CAP1400 非能动安全壳冷却系统水膜覆盖率影响分析	80	玉　宇	2015ZX06002007（KYHT-W2015-004）	大型先进压水堆核电站国家重大科技专项子课题

续表

序号	项目名称	经费（万元）	负责人	项目编号	项目来源
12	部分洞庭湖、部分运城盐湖有毒有害化学品赋存特征与水环境调查	35	郭　伟	2015FY110900-02	国家重大科技专项子课题
13	高效钙钛矿结构太阳能电池研究	500	戴松元	Z141100003314003	北京市科委新能源先进技术研发与应用
14	燃煤电厂烟气预氧化脱硫脱硝脱汞一体化工程技术研究	1000	赵　毅	Z151100002815012	北京市科委重大成果转化落地培育项目
15	燃煤发电烟气重金属脱除工艺研究与示范	800	张永生		北京市科委首都蓝天行动培育项目
16	聚光式光伏 / 光伏一体化三联供系统开发与应用研究	650	陈海平	Z151100003515002	北京市科委新能源先进技术研发与应用
17	中央分成水资源费年度项目成果汇编及专项检查材料分析核查	20	丁晓雯		水利部综合事业局重大项目管理专项
18	高耗水火电行业落后用水工艺、设备和产品淘汰名录制定	25	李芬花		水利部综合事业局“中央分成水资源费项目”
19	基于 GaN 材料的脉冲辐射探测技术研究	20	刘　洋		强脉冲辐射环境模拟与效应国家重点实验室对外开放课题
20	高效、稳定钙钛矿太阳电池研究	200	戴松元		江苏省科技支撑计划项目
21	稠密竖直乏燃料棒束喷淋冷却传热机理及模型研究	4	曹　琼		清华大学先进反应堆工程与安全教育部重点实验室开放基金项目
22	循环流化床锅炉重金属污染物排放特征与控制技术	123	滕　阳		山西省煤炭重点科技攻关项目课题
23	新型半边界法的研究	20	黄　美		强脉冲辐射环境模拟与效应国家重点实验室
24	推进我国光伏式光伏发电应用的创新政策与配套体系研究—以北京市为例	9.78	张素芳		北京市支持中央在京高校共建项目
25	燃烧产物组分成像及燃烧诊断技术研究	48.1	刘　石		北京市支持中央在京高校共建项目
26	新型直接甲醇燃料电池质子交换膜的制备机器应用基础研究	30	戴松元		北京市支持中央在京高校共建项目
27	华北电力大学科技园激光熔覆复合材料工业技术研发中心共建项目	30	王宏盛		北京市支持中央在京高校共建项目
28	哲社基地建设共建项目	20	王　伟		北京市支持中央在京高校共建项目
29	炭化污泥对污染水体 TBBPA 迁移的调控机制	4	郭　伟		北京建筑大学城市雨水系统与水环境省部共建教育部重点实验室开放课题
30	质子束在气体闪烁体中发光机理研究	20	韩　然		强脉冲辐射环境模拟与效应国家重点实验室对外开放课题
31	非能动系统物理过程失效概率方法研究	20	周　涛		核反应堆系统设计技术重点实验室

续表

序号	项目名称	经费（万元）	负责人	项目编号	项目来源
32	跨流域调水工程“准市场”生态补偿机制研究	3	李继清		长江水利委员会长江科学院开放研究基金资助项目
33	末端通断调节模式下供热系统水力特性研究	3	徐宝萍		北京建筑大学供热供燃气通风及空调工程北京市重点实验室研究基金
34	梯级水库群水沙多目标调控及风险决策研究	5	彭　杨		长江水利委员会长江科学院开放研究基金资助项目
35	3DMIMO 信道传输特性与仿真技术研究	10	赵雄文		东南大学移动通信国家重点实验室开放课题
36	钙钛矿太阳电池材料的计算与性能预测	230	张　兵		国家“973”计划项目课题
37	部分洞庭湖、部分运城盐湖有毒有害化学品赋存特征与水环境调查	36	郭　伟		科技基础性工作专项专题计划项目
38	分布式预测控制及其在微电网协调控制中的应用	2	马苗苗		上海交大国家重点实验室开放基金项目
39	河北省光伏产业对外投资模式及其路径研究	2	付　静	14454317D	河北省科技局
40	课堂语码转换的多视角研究	2.5	杜　异	第 50 批	教育部国际合作与交流司
41	高温水蒸汽下镍基合金应力腐蚀开裂裂尖扩展的原位环境透射电镜研究	18	张乃强		北京自然科学基金项目
42	硅基高效 GaInP\GaInAs\Ge 三结太阳电池研究	65	陈诺夫		北京自然科学基金项目
43	无机水合盐相变材料稳定过冷蓄能与触发凝固释能机理及方法研究窗体底端	18	周国兵		北京自然科学基金项目
44	风雨致输电线－塔耦联体系失稳机理及参数振动研究	18	周　超		北京自然科学基金项目
45	稠密竖直乏燃料棒束喷淋冷却传热机理及模型研究	8	曹　琼		北京自然科学基金项目
46	离子改性草本植物对加油场站土壤芳烃的摄取机制和根际效应	18	郭　伟		北京自然科学基金项目
47	Lu2Ti2O7 纳米线的结构相变及其微观机制研究本转化路径研究	18	李宝让		北京自然科学基金项目
48	联接主义理论关照下的英语二语句子加工研究工	12	任虎林		北京市哲学社会科学规划项目（重点项目）
49	老龄化背景下中国养老保险体系的长寿风险管理理论研究	30	高建伟		北京市哲学社会科学规划项目（重大项目）
50	北京能源发展研究报告	3	王　伟		北京市哲学社会科学规划项目
51	高用水工业建设项目水资源论证后评估技术方案制定	40	丁晓雯		水利部项目
52	火电机组热力系统全工况优化与能耗控制策略研究	170	杨勇平		国家自然科学基金项目
53	中国对外能源投资争议解决研究	0	李　英		司法部法治建设与法学研究部级项目

续表

序号	项目名称	经费（万元）	负责人	项目编号	项目来源
54	加强中央企业反腐败体制机制创新和制度保障——当前反腐败形势研究	2.70	李红枫		国务院国资委纪委 2014B9-9 项目
55	加强中央企业反腐败体制机制创新和制度保障——国际反腐败体制机制经验研究	3	赵旭光		国务院国资委纪委 2014B9-9 项目
56	英汉概念隐喻与意象图式理论在词义拓展中的认知对比研究	0.40	赵玉闪		全国高校外语教学科研项目
57	大学英语翻译教学课堂互动模式研究	1.60	赵玉闪		全国高校外语教学科研项目
58	基于双网络耦合结构的智能电网信息故障蔓延动力力学建模与仿真研究	8.10	王　靖		国家自然科学基金项目
59	基于需求导向的社会组织培训课程模块化研究	6	张绪刚		其他部委项目
60	基于水资源安全的核电评估方法和指标体系建设	60	丁晓雯		其他部委项目
61	首都高校辅导员职业发展环境研究	5	卜春梅		北京市哲学社会科学规划项目
62	北京市城镇生活用水和非常规水源利用国家重点节水技术推广目录制订	25	张　成		其他部委项目
63	民政部 2015 年度慈善事业创新和发展课题评审委托协议	7	朱晓红		其他
64	北京市民办非企业单位 2014 年度发展报告	5	朱晓红		其他
65	环境污染型工程项目社会稳定风险与治理研究	20	樊良树		国家社科基金项目
66	中关村社会组织 2014 年度检查分析报告	5	杨建成		北京市社会团体管理办公室
67	学会承接政府转移职能和开展社会化公共服务的运行机制、约束机制、公开机制和服务机制	20	陈建国		中国科协学会学术部
68	能源电力 ESP 课程建设	1	吕亮球		外语教学与研究出版社有限责任公司
69	复合绝缘子异常发热现象及其机理研究	41	王　璁		国家自然基金（合作项目）
70	多源混合信号分选数学方法研究	39	王小英	1430103	国家自然基金（合作项目）
71	提高电力系统灵活性的市场机制研究	25	张粒子		国家发展和改革委员会能源研究所
72	工业锅炉大气污染物高分辨率排放清单及总量控制研究	56	李　薇		环保部
73	广州市深化电力体制改革实施方案研究报告	29	王　鹏		广州市发改委
74	电力市场建设国际案例研究与经验借鉴	25	董　军		国家能源局
75	在完善国有企业监管制度中纪检机构监督作用的研究	7.50	李红枫		国务院国资委纪委

续表

序号	项目名称	经费（万元）	负责人	项目编号	项目来源
76	特高压交流输电价格传导机制及社会承受力分析	4	张粒子		国家能源局
77	源项剂量分析及关键核素迁移行为对水资源安全影响评估指标体系构建	60	丁晓雯		水利部
78	铱氧化合物自旋轨道耦合体系中的关联效应	24	陈　亮	11504106	国家自然科学基金青年科学基金项目
79	反钙钛矿结构 Mn3Co1-xMxN（M=Zn、Ag 等）化合物的磁结构及关联物性研究	28.10	褚立华	11504107	国家自然科学基金青年科学基金项目
80	超重核转动性质的研究	21	张振华	11505058	国家自然科学基金青年科学基金项目
81	基于目标导向的角度自适应射线效应消除方法研究	28.80	张　斌	11505059	国家自然科学基金青年科学基金项目
82	基于 GaN 材料的脉冲辐射探测技术研究	27.60	刘　洋	11505060	国家自然科学基金青年科学基金项目
83	应用于天基探测粒子分辨的四阈值过阈时间－波形甄别（QuadTOT-PSD）方法研究	27.60	程晓磊	11505061	国家自然科学基金青年科学基金项目
84	L^2（R^d）框架乘子系统化及其在群表示酉系上的拓展研究	53.50	李忠艳	11571107	国家自然科学基金面上项目
85	各向异性岩体隧洞衬砌相互作用的力学解析方法	71.20	吕爱钟	11572126	国家自然科学基金面上项目
86	低于电离阈值的谐波产生机制及其相干控制的理论研究	70.94	刘纪彩	11574082	国家自然科学基金面上项目
87	超越平均场方法研究原子核性质	73.20	曹李刚	11575060	国家自然科学基金面上项目
88	基于高效偶阶离散纵标法的全堆粒子输运模拟方法研究	76.80	陈义学	11575061	国家自然科学基金面上项目
89	U（VI）和 Ni（II）在粘土上竞争吸附机理和微观结构研究	83	王祥科	21577032	国家自然科学基金面上项目
90	巢湖南淝河流域典型紫外吸收剂污染输移机制与生物富集研究	77.50	唐振武	41571445	国家自然科学基金面上项目
91	冲击波致微结构演化对钛合金力学性能的影响	24	任　宇	51501064	国家自然科学基金青年科学基金项目
92	类石墨烯碳材料在层状硅酸盐受限空间内的可控制备与性能研究	23.70	陈　哲	51502089	国家自然科学基金青年科学基金项目
93	基于泡间相互作用的空化模型研究及实验验证	22.72	张宇宁	51506051	国家自然科学基金青年科学基金项目
94	系统大扰动过程中汽轮发电机转子本体阻尼作用及相关参数辨识研究	26	许国瑞	51507059	国家自然科学基金青年科学基金项目
95	兼具换相失败抑制和直流故障穿越能力的新型混合直流输电系统	24	郭春义	51507060	国家自然科学基金青年科学基金项目
96	智能配电网下主动负荷与可再生能源发电的稳健交互机制及鲁棒集成方法研究	23.50	曾　博	51507061	国家自然科学基金青年科学基金项目

续表

序号	项目名称	经费（万元）	负责人	项目编号	项目来源
97	智慧型风电场频率优化控制方法研究	23.70	胥国毅	51507062	国家自然科学基金青年科学基金项目
98	考虑双网级联失效的复杂大电网 ICS 可靠性研究	24	吴润泽	51507063	国家自然科学基金青年科学基金项目
99	二氧化钛 / 氮掺杂石墨烯气凝胶的可控制备及电吸附脱盐性能研究	23.94	张一梅	51508187	国家自然科学基金青年科学基金项目
100	随机水文模拟与系统风险分析	286	黄国和	51520105013	国家自然科学基金国际（地区）合作与交流项目
101	多场耦合热质传输	150	徐　超	51522602	国家自然科学基金优秀青年科学基金项目
102	染料敏化太阳电池硫属化合物对电极催化活性及其反应机理研究	74.74	戴松元	51572080	国家自然科学基金面上项目
103	高效叠层聚合物太阳电池的关键界面特性及调控研究	74.60	谭占鳌	51573042	国家自然科学基金面上项目
104	风雨致特高压紧凑型输电线－塔体系失稳振动特征与风偏闪络规律研究	73.08	周　超	51575180	国家自然科学基金面上项目
105	植物叶片表面蜡质组分在润滑剂中的作用及摩擦学机理研究	76.80	夏延秋	51575181	国家自然科学基金面上项目
106	太阳能热互补的联合循环发电系统全息集成机制与设计方法	76.80	段立强	51576062	国家自然科学基金面上项目
107	亲疏水性多孔金属表面固定核化中心、调控沸腾形态强化相变传热的机理研究	75.68	陈宏霞	51576063	国家自然科学基金面上项目
108	生物质快速催化热解选择性制备高附加值酚类衍生物的基础研究	84	陆　强	51576064	国家自然科学基金面上项目
109	基于多轴角运动模型的风轮非定常气动特性与三维流动研究	70.30	王晓东（小）	51576065	国家自然科学基金面上项目
110	自治微电网柔性规划建模研究	64.80	刘自发	51577058	国家自然科学基金面上项目
111	双侧互动模式下电动汽车光伏充电站的在线优化方法	64.38	刘　念	51577059	国家自然科学基金面上项目
112	特高压变压器 GIC 响应机制及电网无功效应研究	64.80	刘连光	51577060	国家自然科学基金面上项目
113	智能需求响应调度运营模式及激励机制研究	64.80	周　明	51577061	国家自然科学基金面上项目
114	航空航天装备绝缘系统在极端环境中的多因素协同老化特性及机理	91.20	屠幼萍	51577062	国家自然科学基金面上项目
115	基于新型内置光纤 F-P 传感器变压器局部放电故障定位方法的研究	84.70	王伟（大）	51577063	国家自然科学基金面上项目
116	计及直流输电线路下介质薄膜的荷电特性影响的离子流场建模与计算方法研究	82.68	卢铁兵	51577064	国家自然科学基金面上项目
117	计及可再生能源时空特征量灵敏度分析的储能电站规划研究	72	韩晓娟	51577065	国家自然科学基金面上项目

续表

序号	项目名称	经费（万元）	负责人	项目编号	项目来源
118	坝区局地天气环境下的挑流喷溅水滴的碰撞和并合机制研究	74.96	张　华	51579100	国家自然科学基金面上项目
119	基于无线传感器网络的风电场在线监测和动态风速预测	25.20	滕　婧	61503137	国家自然科学基金青年科学基金项目
120	基于零模间色散双芯光子晶体光纤的飞秒脉冲全光孤子开关研究	23.64	李　敏	61505054	国家自然科学基金青年科学基金项目
121	内燃机余热利用系统的智能全程控制	10	张建华	61511130082	国家自然科学基金国际（地区）合作与交流项目
122	融合 CFD 信息的风场层析成像	78.07	刘　石	61571189	国家自然科学基金面上项目
123	线性自抗扰控制分析、设计及其在电力系统负荷频率控制中的应用	77.40	谭　文	61573138	国家自然科学基金面上项目
124	电力监控大数据的语义理解与个性化服务	19.20	王震宇	61573139	国家自然科学基金面上项目
125	基于声发射检测的气送煤粉粒度分布在线测量技术研究	78.40	胡永辉	61573140	国家自然科学基金面上项目
126	能源革命下区域电力供需系统时空协同演化机理与承载力分析理论研究	22.20	刘金朋	71501071	国家自然科学基金青年科学基金项目
127	“一地多仓型”大型网上超市订单分解与合并的优化方法	57.60	黄敏芳	71571067	国家自然科学基金面上项目
128	我国减少清洁能源发电弃能的机制设计及其模拟模型研究	57.40	谭忠富	71573084	国家自然科学基金面上项目
129	多元铁基钙钛矿型催化剂的构建及其湿式氧化降解有机物的机制	11.92	杨少霞	21547008	国家自然科学基金应急管理项目
130	传热传质学	400	王晓东	51525602	国家自然科学基金国家杰出青年科学基金
131	贵金属单原子催化剂活化和转化甲烷的机理研究	97.20	丁迅雷	91545122	国家自然科学基金重大研究计划
132	清洁能源价格竞争力及财税价格政策研究	80	张兴平	15ZDB165	国家社科基金重大项目
133	南方电力市场建设方案及市场监管规则研究	44.50	张粒子		国家能源局南方监管局
134	色散偏微分方程中的若干调和分析问题	20	王玉昭		国家自然科学基金面上项目（合作）
135	南方电力市场监管制度及发电侧监管方式研究	9	舒　隽		国家能源局南方监管局
136	武术国际化推广体系研究	0	蔡利敏		国家体育总局
137	武术散打段位制分级进校园实验设计与方法研究	0	蔡利敏		国家体育总局
138	中国煤电产能过剩与投资泡沫研究项目	8	袁家海		绿色和平 Green peace
139	我国管理会计信息化发展路径与机制研究	5	夏　宁		财政部
140	中国武术的国家地位及社会责任研究	0	蔡利敏		全国哲学视乎规划办公室

续表

序号	项目名称	经费（万元）	负责人	项目编号	项目来源
141	电力交易中心和市场设计关键问题研究	5	张粒子		国家能源局
142	实验区应对高温极端天气事件行动方案研究与示范	10	李　薇		国家发改委
143	“十三五”电力行业煤炭消费总量控制战略与行动计划（2016—2020）	43.40	袁家海		自然资源保护协会（NRDC）
144	能源互联网与零碳奥运的运营模式和效益评估	8	刘敦楠		北京社科基地项目
145	基于政策工具理论视角的北京市低碳化交通发展模式及策略研究	8	刘向晖		北京社科基地项目
146	京津冀地区清洁能源发展的市场主体利益激励机制优化研究	20	王　伟		北京社科基地项目
147	北京市“十二五”能源发展大事述略与“十三五”能源发展战略研究	8	徐唐棠		北京社科基地项目
148	大气污染综合防治对京津冀地区能源供需的影响研究	12	曾　鸣		北京社科基地项目
149	北京市“十二五”能源发展大事述略与“十三五”能源发展战略研究	3	徐唐棠		北京社科出版基金项目
150	基于核酸系统的复杂分子逻辑电路研究	12.60	杨　静		国家自然科学基金（合作）
151	促进我国“十三五”能源规划中大规模可再生能源并网消纳的需求侧响应作用及实施路径研究	10	曾　鸣		国家能源局项目
152	高强韧镁合金关键承力构件阻尼机理及协调控制技术	9.50	薛志勇		国家自然科学基金（合作）
153	大幅度提高电力系统效率的潜力及对策研究	102	赵　军		美国能源基金会
154	功能化纳米结构材料在乏燃料后处理中的应用基础研究	500	王祥科	91326202	国家自然科学基金重大研究计划
155	环境放射化学	260	王祥科	21225730	国家自然科学基金杰出青年科学基金项目
156	兼顾能源电力行业需求及与 ACCA 对接的 MPAcc 培养模式研究	2	宋晓华	2015Y0305	中国学位与研究生教育学会项目
157	社会救助绩效评估指标体系构建研究	8	姚建平		民政部社会救助司项目
158	2016 年中央财政支持社会组织参与社会服务项目评审	13.90	朱晓红		民政部民间组织管理局
159	学会体制改革研究	15	孙晶琪		中国科协发展研究中心
160	翻译过程的认知心理因素研究	1.60	赵玉闪	2015BJ0014A	全国高校外语教学科研项目
161	大型燃烧电站热能传递效率在线评估与优化	80	刘向杰	61533013	国家自然科学基金重点（合作）项目
162	支撑供给侧改革的电力体制机制的若干问题研究	10	曾　鸣		国家发展和改革委员会项目
163	新疆“开展能源综合改革试点”研究	3	王　鹏		国务院发展研究中心项目

续表

序号	项目名称	经费（万元）	负责人	项目编号	项目来源
164	蒙西电网市场交易电量电价上限系数专题研究	8	王　鹏		内蒙古自治区经济和信息化委员会
165	广西输配电价机制改革方案研究	18	张粒子		广西壮族自治区物价局
166	东亚及东南亚国家可再生能源融资：有效政策工具之首	5.16	张素芳		国际间合作项目
167	针对气相氮自由基和臭氧及其相互作用的荧光分析方法研究	88	王素华	21475134	国家自然科学基金面上项目
168	光声光谱技术在血管细胞内生物活性物质研究中的应用探索	90	王素华	91439101	国家自然科学基金重大研究计划项目
169	大型风电场智能化运行维护关键技术研究及示范	67.88	赵洪山	2015BAA06B03	国家科技支撑计划子课题
170	面向光伏超短期预测的云团分类识别方法与功率出力映射模型研究	6	王　飞	E2015502060	2015 年河北省自然科学基金面上项目
171	高气压下 SF6/N2 中环氧树脂直流沿面闪络前后的材料表面特性研究	6	谢　庆	E2015502081	2015 年河北省自然科学基金面上项目
172	油纸温升不均匀性对换流变压器极性反转瞬态电场影响的研究	4	刘　刚	E2015502004	2015 年河北省自然科学基金青年科学基金
173	微网系统自同步电压源逆变器并联技术研究	4	张　波	E2015502046	2015 年河北省自然科学基金青年科学基金
174	风电场有功功率分层模型预测控制方法研究	4	刘兴杰	E2015502066	2015 年河北省自然科学基金青年科学基金
175	可控惯性发电系统的动态频率特性及协同控制研究	21	张祥宇	51507065	2015 年度国家自然科学基金青年科学基金项目
176	脉冲电压下 SF6 气体放电极性效应研究	21	冉慧娟	51507066	2015 年度国家自然科学基金青年科学基金项目
177	非正弦周期激励下硅钢的损耗和磁化特性研究	60	李慧奇	51577066	2015 年度国家自然科学基金面上项目
178	基于云团运动数学描述与量化表征的光伏发电功率超短期预测方法研究	54	王　飞	51577067	2015 年度国家自然科学基金面上项目
179	基于空间电荷特性的硅橡胶伞裙老化及闪络性能分析	6	汪佛池	E2015502009	2015 年河北省自然科学基金面上项目
180	风电场经柔性直流输电并网关键理论研究	6	刘英培	E2015502012	2015 年河北省自然科学基金面上项目
181	交直流混合微网的多时间尺度分区分层优化运行与控制方法	54	李　鹏	51577068	2015 年度国家自然科学基金面上项目
182	沙尘条件下超 / 特高压交流输电线路导线电晕损失特性分析	70	刘云鹏	51577069	2015 年度国家自然科学基金面上项目
183	新能源发电系统中风电运维与光伏逆变技术研究	20	颜湘武	15214307D	2015 年河北省科技计划项目
184	风火打捆经高压直流送出的次同步振荡问题研究	0	高本锋	Z2015041	2015 年河北省高等学校科学研究计划

续表

序号	项目名称	经费（万元）	负责人	项目编号	项目来源
185	风火打捆经直流送出系统的次同步振荡问题研究	20	高本锋	51507064	2015 年度国家自然科学基金青年科学基金项目
186	海南电力绿色发展评价关键技术及其应用示范	20	米增强	ZDXM2015111	
187	河北省输变电设备安全防御重点实验室运行补助经费	40	律方成	159676102D	河北省科技创新平台建设项目
188	高密度分布式能源接入交直流混合微电网关键技术	91.93	李　鹏	2015AA050104	国家高技术研究发展计划课题
189	一体化多基站协作 MIMO 联合资源分配技术研究	3	韩东升	F2014502029	2015 年河北省自然科学基金青年基金项目
190	河北省互感器工程技术研究中心	20	谢志远		2016 年省级工程技术研究中心
191	基于学习理论的无线蜂窝网络动态绿色能量管理方法研究	19	李保罡	61501185	2015 年度国家自然科学基金青年科学基金项目
192	大数据下电力用户负荷模式提取与识别的理论与方法	6	张铁峰	F2015502047	2015 年河北省自然科学基金面上项目
193	基于光纤应变分布的海底电缆机械特性分析及故障诊断方法	4	吕安强	E2015502053	2015 年河北省自然科学基金青年科学基金
194	基于布里渊散射的高精度高分辨率温度和应变同时测量方法研究	4	赵丽娟	F2015502059	2015 年河北省自然科学基金青年科学基金
195	基于直方图方向关系形式化模型的三维空间关系描述理论与方法研究	4	张　珂	F2015502062	2015 年河北省自然科学基金青年科学基金
196	基于均质化理论具有微结构的微通道流动特性研究	5	李春曦	A2015502058	2015 年河北省自然科学基金面上项目
197	火电机组辅机系统能耗综合评价与配置优化研究	15	冉　鹏	10853145-3	2015 年国家自然科学基金应急管理项目
198	喷雾冷却系统性能及控制效果仿真	15	冉　鹏		
199	分子结连接的碳纳米管网络导热的多尺度研究	64	杨薛明	51576066	2015 年度国家自然科学基金面上项目
200	低品位热能－压缩空气储能系统集成优化与储气室传热规律研究	21	冉　鹏	51506052	2015 年度国家自然科学基金青年科学基金项目
201	多因素耦合条件下微通道沸腾不稳定触发机制及模式识别	21	宗露香	51506053	2015 年度国家自然科学基金青年科学基金项目
202	生物炭在富营养水体处理和土壤改良应用中的耦合机理研究	21	尹倩倩	51506054	2015 年度国家自然科学基金青年科学基金项目
203	基于直膨式太阳能热泵的液化石油气气化系统优化设计及性能研究	0	时国华	Z2015119	2015 年河北省高等学校科学研究计划
204	河北省政府购买失独家庭服务项目及运行机制研究	0	夏　珑	SZ151024	2015 年河北省高等学校科学研究计划
205	慈善组织市场化：资源短缺、创新与效果	0	栾文敬		民政部 2015 年度慈善事业创新和发展理论研究部级课题
206	老年人群体参与城市社区集体维权行动研究	0.3	王恩见	HB15SH029	2015 年度河北省社会科学基金年度项目

续表

序号	项目名称	经费（万元）	负责人	项目编号	项目来源
207	2015年度河北省社会科学重要学术著作出版资助项目	2.5	梁　平		
208	河北省农村联户沼气应用现状调研－以青县为例	0	史胜安	201401948	河北省社会发展研究课题（调研河北）
209	保定市基层法院民事执行强制措施适用现状与对策完善	0	梁　平	201506066	保定市2015年成果呈阅结项
210	社会养老服务体系研究	0	栾文敬	201501825	
211	民国时期社会工作实务研究	20	孟亚男	15CSH067	2015年度河北省社会科学发展研究课题民生调研专项
212	建立领导干部“接地气”长效机制研究	0	梁　平	HB2014TW015	2015年度国家社会科学基金项目
213	领导干部法治思维的培育机制研究	0	梁　平	201563	河北省社会科学基金项目
214	行业协会商会诚信自律建设研究	0	孟亚男	2015MZR001-33	河北省委讲师团系统2015年度科研课题
215	河北省城乡老年护理需求评估与应对机制研究	0.3	胡宏伟	HB15GL056	民政部2015年“中国社会组织建设与管理”理论研究部级课题
216	社会共治视域下政府购买居家养老服务模式研究	0.3	陈　静	HB15SH028	2015年度河北省社会科学基金年度项目
217	最低生活保障制度城乡统筹研究	10.8	胡宏伟	MSJ15-01	2015年度河北省社会科学基金年度项目
218	中国城乡困难家庭社会政策支持系统建设数据分析报告（2015）	10	胡宏伟		联合国儿童基金会&民政部共同支持
219	中国城乡困难家庭社会政策支持系统建设数据分析报告（2014）	10	胡宏伟	MZZY01501	
220	工科院校文科生创业现状及对策研究	0	陆　伟	215040403	国家重大项目：中国城乡困难家庭社会政策支持系统建设（子课题）
221	社会共治视域下政府购买居家养老服务模式研究	0	陈　静	2015040324	2015年度河北省社会发展研究课题
222	现代大学监督体系下纪检监察体制机制创新研究	0	李冰水	2015031227	2015年度河北省社会科学发展研究课题
223	基层法院审判管理体制改革研究—以河北为样本	0	李　雷	2015030304	2015年度河北省社会科学发展研究课题
224	新常态下高校治理体系建设研究	0	尚晓丽	2015020401	2015年度河北省社会科学发展研究课题
225	京津冀区域重点领域大气污染防治技术优化与示范	40	赵　毅	2014BAC23B04-06	2015年度河北省社会科学发展研究课题
226	燃煤电站多污染物脱除过程的耦合机制研究	10	王淑勤		2014年度国家自然科学基金
227	大气颗粒物重金属形态分析及人群暴露指示物研究	75	苑春刚	91543107	2015年度国家自然科学基金重大研究计划项目
228	基于MgO/NaClO2的燃煤工业锅炉同时脱硫脱硝反应特性及机理研究	20	刘　凤	51508188	2015年度国家自然科学基金青年科学基金项目

续表

序号	项目名称	经费（万元）	负责人	项目编号	项目来源
229	催化剂脱硝协同脱汞技术研究及示范	60	刘松涛	15273706D	2015 年河北省科技计划项目
230	Co3O4/CeTiOx 多级结构微纳米材料的光助 NH3-SCR 催化性能及反应机理研究	20	刘　洁	21507029	2015 年度国家自然科学基金青年科学基金项目
231	信息生态视域下高校数字档案馆信息服务研究	0	谢海洋	冀档科字 2014 第 08 号	2014 年档案软科学研究项目
232	我国档案生态安全应急管理机制研究	0	谢海洋	14BTQ061	2014 年度国家社会科学基金项目
233	保定市城市视觉形象设计策略研究	0.3	刘　静	HB15YS029	2015 年度河北省社会科学基金年度项目
234	精密切削 SiCp 增强铝基复合材料的表面缺陷形成机制及控制方法研究	0	王进峰	Z2015127	2015 年河北省高等学校科学研究计划
235	基于发电机－轴系联合模型的发电机内部复合故障下弯扭振动特性研究	6	万书亭	E2015502008	2015 年河北省自然科学基金面上项目
236	基于外在机电交叉故障特性的发电机内部机电交叉故障识别方法研究	4	何玉灵	E2015502013	2015 年河北省自然科学基金青年科学基金
237	输电铁塔中连接滑移的不确定性及结构非线性分析与设计方法研究	4	江文强	E2015502016	2015 年河北省自然科学基金青年科学基金
238	纳米线阵列电连接器的制备及其结构优化的关键技术研究	4	王　鹏	E2015502023	2015 年河北省自然科学基金青年科学基金
239	多尺度泥石流灾害场景的物质点法模拟技术研究	21	邵绪强	61502168	2015 年度国家自然科学基金青年科学基金项目
240	河北省光伏产业对外投资模式及其路径研究	2	付　静	14454317D	河北省软科学科技计划项目
241	河北城镇化发展对能源消费和供应影响研究	7	齐　玮	14454215D	河北省软科学科技计划项目
242	充分发挥企业主体间的协作，激发河北省市场活力	0.5	张　帆	HB15GL057	2015 年度河北省社会科学基金年度项目
243	低碳经济下河北省能源消费结构的转换和升级路径研究	0.3	王新利	HB15YJ039	2015 年度河北省社会科学基金年度项目
244	引入倒逼机制的河北省节能降耗创新思路研究	0.5	李艳梅	HB15YJ038	2015 年度河北省社会科学基金年度项目
245	输配电环节的政府激励性规制模型及定价机制	0.3	张　欢	HB15GL058	2015 年度河北省社会科学基金年度项目
246	河北省区域科技创新指数构建及评价研究	4	苑秀娥	15456234D	河北省科技计划项目（软科学）
247	河北省火电企业可持续发展与社会责任管理研究	0	闫丽萍	201501516	2015 年度河北省社会科学发展研究课题民生调研专项
248	京津冀地区农村能源消费及替代能源利用模式与政策研究	8	张彩庆	14JGB066	2014 年度北京市社会科学基金项目
249	新常态下中国碳排放峰值预测及减排对策研究	20	李　伟	15BGL145	2015 年度国家社会科学基金项目

续表

序号	项目名称	经费（万元）	负责人	项目编号	项目来源
250	保定农村留守儿童心理健康教育帮扶机制构建	0	程利敏	201502007	2015年度保定市社会科学规划课题
251	保定市经济发展与生态环境保护的协同发展对策研究	0	赵巧芝	201501001	2015年度保定市社会科学规划课题
252	京津冀产业协同下的能源效率提升策略研究	8	王敬敏	15JGB050	2015年北京市哲学社会科学基金项目
253	基于低碳经济的公共工程项目绩效评价研究	0	贺湘硕	201505004	2015年度保定市社会科学规划课题
254	两类经典不等式的推广、改进、性质及其应用	0	田景峰	Z2015137	2015年河北省高等学校科学研究计划
255	中微子质量矩阵特殊结构与味对称	18	汪伟建	11505062	2015年度国家自然科学基金青年科学基金项目
256	受限胶体中结构与力学性质的动态密度泛函研究	21	孙宗利	21503077	2015年度国家自然科学基金青年科学基金项目
257	基于Bootstrap方法的随机动态死亡率模型研究及其在人口与养老保险领域的应用	8	吴晓坤	15YJCZH186	2015年度教育部人文社会科学研究一般项目
258	有限数据下生命表的构造和预测	0.3	吴晓坤	HB15LJ005	2015年度河北省社会科学基金年度项目
259	非对易标准模型下的中微子唯象学研究	5	汪伟建	11447117	2014年国家自然科学基金应急管理项目
260	电离层TEC多源数据融合	20	熊　波		国家高技术研究发展计划（863计划）子课题
261	分裂均衡问题模型的建立与解的构造方法	5	王胜华	A2015502021	2015年河北省自然科学基金面上项目
262	炉内管阵列中的泄漏喷流声辐射与声传播特性研究	5	姜根山	A2015502077	2015年河北省自然科学基金面上项目
263	高效的秘密图像共享方案的构造研究	4	李　鹏	F2015502014	2015年河北省自然科学基金青年科学基金
264	构建高校与企业多元化协同创新模式的路径与对策研究	0	周晓兰		2014年保定市科技支撑计划
265	驻保高校图书馆推进全民阅读的策略研究	0	张国艳	201501002	2015年度保定市社会科学规划课题
266	加强图书馆在高校思想政治教育中的作用机制探索	0	平欢梅	201502008	2015年度保定市社会科学规划课题
267	现代大学监督体系下纪检监察体制机制创新研究	9	李双辰	15JDJYLZ02	2015年度教育部人文社会科学研究专项任务
268	河北省农村留守儿童生存现状及未来发展研究—以保定市顺平县为例	0	商　雷	201401949	河北省社会发展研究课题（调研河北）
269	高校法治的运行机制与优化路径研究	0.5	姜　波	HB15JY030	2015年度河北省社会科学基金年度项目

续表

序号	项目名称	经费（万元）	负责人	项目编号	项目来源
270	金·斯坦利·罗宾逊科幻小说的生态伦理研究	0.3	王　珊	HB15WX013	2015 河北省哲学社会科学规划办公室
271	词源学视阈下英语词汇形态演变规律及形义关系实证研究	0.5	蔡红改	HB15YY016	2015 年度河北省社会科学基金年度项目
272	简·奥斯汀小说中“game”的研究	0	顾莹华	SZ151219	2015 年河北省高等学校科学研究计划
273	ESP 视角下的河北省大学英语教育改革创新研究	0	蔡红改	201503003	2015 年度保定市社会科学规划课题
274	民国时期京津冀下层启蒙运动研究	0	赵建春	SZ151180	2015 年河北省高等学校科学研究计划
275	高校思想政治教育法治化的长效机制新探	0	武兰芳	SZ151179	2015 年河北省高等学校科学研究计划
276	关于保定融入京津冀协同发展，“硬区划”内辅以“软区划”的建议	0.1	孟祥林	201507003	2015 年保定市专家建言
277	新兴互联网金融企业发展的信用机制研究	0.3	王建红	HBTFKL201402	河北省科技金融重点实验室开放基金
278	社会主义核心价值观建设的文艺路径	0	李书萍	2015030322	2015 年度河北省社会科学发展研究课题
279	孔子生命担当精神的现代转化与中国梦的实现	0.5	张乃芳	HB15FX013	2015 年度河北省社会科学基金年度项目
280	先秦儒道担当精神的现代转生——价值观培育与践行研究	0	张乃芳	2015030103	2015 年度河北省社会发展研究课题
281	基于相关性的大数据分类理论与方法研究	20	董　泽	71471060	国家自然科学基金
282	300MW CFB 发电机组超低排放仿真系统的研发	19	韩　璞	MD2014-03-06-02	山西省煤基重点科技攻关项目子课题

华北电力大学 2015 年度科研项目完成情况一览表

序号	项目名称	立项时间	负责人	项目来源
1	锅炉低温烟气余热深度利用的基础研究	2011	徐进良	国家重点基础研究发展计划（973 计划）项目
2	以变电站为基本单元的分布式后备保护系统研究	2011	王增平	高等学校博士学科点专项科研基金项目
3	基于随机分布控制理论的燃烧过程节能控制研究	2011	张建华	高等学校博士学科点专项科研基金项目
4	石墨烯碳纳米硅基复合双结太阳电池研究	2011	李成美	高等学校博士学科点专项科研基金项目
5	电力系统扩展黑启动恢复及其决策优化技术研究	2011	顾雪平	高等学校博士学科点专项科研基金项目

续表

序号	项目名称	立项时间	负责人	项目来源
6	非平整壁面上波状液膜流的传热特性研究	2011	王松岭	高等学校博士学科点专项科研基金项目
7	微网中分布式能源的优化集成与发展机制研究	2011	王永利	高等学校博士学科点专项科研基金项目
8	新型主客体复合交联溶菌酶晶体的制备及性能研究	2011	古丽米娜	高等学校博士学科点专项科研基金项目
9	基于NDEA-Tobit模型的风电产业链技术效率及其影响因素研究	2011	檀勤良	高等学校博士学科点专项科研基金项目
10	兆瓦级高倍聚光化合物太阳电池关键技术	2011	陈诺夫	国家“863”计划课题
11	CaO表面N_2O非均相生成及分解研究	2013	胡笑颖	东南大学能源热转换及其过程测控教育部重点实验室开放基金项目
12	教育部“新世纪优秀人才支持计划”	2011	陈克丕	教育部科技司
13	教育部“新世纪优秀人才支持计划”	2011	陈义学	教育部科技司
14	教育部“新世纪优秀人才支持计划”	2011	何　理	教育部科技司
15	教育部“新世纪优秀人才支持计划”	2011	侯学良	教育部科技司
16	教育部“新世纪优秀人才支持计划”	2011	柳长安	教育部科技司
17	教育部“新世纪优秀人才支持计划”	2011	王晓东	教育部科技司
18	教育部“新世纪优秀人才支持计划”	2011	姚建曦	教育部科技司
19	“区域能源与环境系统优化”教育部创新团队	2011	黄国和	教育部科技司
20	北京市实现碳强度目标的能源价格政策研究与路径选择	2012	何永秀	北京自然科学基金项目
21	生物质能和天然气混合驱动的建筑冷热电联供系统基础研究及评价	2012	王江江	北京自然科学基金项目
22	风电—火电混合电力系统自动发电控制	2012	谭　文	北京自然科学基金项目
23	北京市城市固体废物特征分析与综合管理	2012	李永平	北京自然科学基金项目
24	有机朗肯循环新型工质设计与筛选	2012	张　兵	北京自然科学基金项目
25	基于调度式弱硬实时网络的分布式测控系统通信性能评价与优化	2012	梁　庚	北京自然科学基金项目
26	分布式预测控制及其在混合风光发电系统中的应用	2012	刘向杰	北京自然科学基金项目
27	北京市能源强度的演变机理及模拟规划研究	2012	申晓留	北京自然科学基金项目
28	智能电网环境下无线传感器网络流量特性研究	2012	翟明岳	北京自然科学基金项目
29	从Scherk曲面到Allen-Cahn方程的整体解	2011	刘　勇	国家自然科学基金项目
30	基于算子代数理论的Bessel、框架生成元乘子相关问题研究	2011	李忠艳	国家自然科学基金项目
31	Hamilton-Jacobi方程解的整体结构	2011	赵引川	国家自然科学基金项目
32	(C_nH_2n+1NH_3)_2MX_4单晶的铁电性及其与磁性的耦合研究	2011	张金珊	国家自然科学基金项目
33	波在超常材料中的量子化及其在量子信息中的应用	2011	董云霞	国家自然科学基金项目
34	梯级水库运行期汛限水位动态设计与调控理论及方法研究	2013	李继清	国家自然科学基金项目
35	热力学，节能理论与技术，先进能量系统	2010	杨勇平	国家自然科学基金项目

续表

序号	项目名称	立项时间	负责人	项目来源
36	热力发电系统节能与优化控制基础研究	2010	刘吉臻	国家自然科学基金项目
37	复杂环境下特高压直流输电线路的离子流和合成电场特性的研究	2010	崔　翔	国家自然科学基金项目
38	激光熔覆大厚度高纯铁基非晶涂层的形成机理及其在腐蚀介质中的磨损特性	2011	王永田	国家自然科学基金项目
39	时效影响 Co–Ni–Ga 合金复相强韧化作用的机制研究	2011	辛　燕	国家自然科学基金项目
40	新型多孔金属化交联溶菌酶晶体的制备及其性能研究	2011	古丽米娜	国家自然科学基金项目
41	生物质与煤互补的液体燃料—电力联产系统集成研究	2011	刘广建	国家自然科学基金项目
42	太阳能辅助燃煤发电系统控制策略研究	2011	翟融融	国家自然科学基金项目
43	高效稳定的流动与传热压力修正算法的构建及推广	2011	孙东亮	国家自然科学基金项目
44	毛细结构调控两相流型显著改善冷凝传热性能的研究	2011	陈宏霞	国家自然科学基金项目
45	铁基载氧体深层氧化煤 / 生物质气化气机理研究	2011	覃　吴	国家自然科学基金项目
46	中低温条件下纤维素快速热解机理与调控机制研究	2011	陆　强	国家自然科学基金项目
47	计及负荷控制和分布式电源的配电网故障恢复模型与算法	2011	黄弦超	国家自然科学基金项目
48	交直流复合电场下油纸绝缘交界面沿面爬电过程的研究	2011	齐　波	国家自然科学基金项目
49	生物表面活性剂—天然有机质复合体系对石油污染物在土壤和地下水中迁移与降解过程影响研究	2011	余　晖	国家自然科学基金项目
50	大型输水系统闸群调度控制优化及水力响应特征研究	2011	张　成	国家自然科学基金项目
51	厌氧干发酵对秸秆压缩成型的促进作用机理与调控机制研究	2013	李继红	国家自然科学基金项目
52	工程热物理学科人才培养战略研究	2013	杨勇平	国家自然科学基金项目
53	复杂环境下基于三维地理信息的空间源网协调规划	2013	舒　隽	国家自然科学基金项目
54	2014 国际传热研讨会	2014	徐进良	国家自然科学基金项目
55	面向电力杆塔安全检视的视点规划方法	2011	吴　华	国家自然科学基金项目
56	柔性关节机器鱼的神经—身体—流场耦合自适应高效游动控制研究	2011	胡永辉	国家自然科学基金项目
57	智能电网中的微网的电力需求侧管理研究	2011	王永利	国家自然科学基金项目
58	大功率 LED 关键热物理问题的基础研究	2010	徐进良	国家自然科学基金项目
59	区域低碳经济发展模式路径依赖及最小抵制路径研究	2011	杨淑霞	教育部人文社科项目
60	以研究生工作站为依托的产学研协同研究生培养生态体系的构建与实施研究	2012	赵冬梅	教育部人文社科专项项目
61	我国风电产业链动态建模及其柔性问题研究	2012	赵振宇	教育部人文社科项目
62	电力交易中心和市场设计关键问题研究	2015	张粒子	国家能源局
63	支撑供给侧改革的电力体制机制的若干问题研究	2015	曾　鸣	国家发展改革委体改司

续表

序号	项目名称	立项时间	负责人	项目来源
64	东亚及东南亚国家可再生能源融资：有效政策工具之首	2015	张素芳	东盟与东亚经济研究所
65	武术散打段位制分级进校园实验设计与方法研究	2015	蔡利敏	国家体育总局
66	中国煤电产能过剩与投资泡沫研究项目	2015	袁家海	绿色和平 Green peace
67	中关村社会组织 2014 年度检查分析报告	2015	杨建成	北京市社会团体管理办公室
68	能源行政管理职能优化调整问题研究	2015	王　鹏	
69	提高电力系统灵活性的市场机制研究	2015	张粒子	国家发展和改革委员会能源研究所
70	广州市深化电力体制改革实施方案研究报告	2015	王　鹏	广州市发改委
71	大学英语翻译教学课堂互动模式研究	2015	赵玉闪	上海外语教育出版社
72	电力市场建设国际案例研究与经验借鉴	2015	董　军	国家能源局
73	基于需求导向的社会组织培训课程模块化研究	2015	张绪刚	民政部民间组织服务中心
74	美国数学会 Fan 基金中国交流项目	2015	赵红涛	美国数学会
75	在完善国有企业监管制度中纪检机构监督作用的研究	2015	李红枫	国务院国资委纪委
76	民政部 2015 年度慈善事业创新和发展课题评审委托协议	2015	朱晓红	民政部社会福利和慈善事业促进司
77	北京市民办非企业单位 2014 年度发展报告	2015	朱晓红	北京市社会团体管理办公室
78	城市社区自治模式的分类比较与选择	2015	陈建国	民政部（政策研究中心）
79	特高压交流输电价格传导机制及社会承受力分析	2015	张粒子	国家能源局
80	“十三五”电力行业煤炭消费总量控制战略与行动计划（2016—2020）	2015	袁家海	自然资源保护协会（NRDC）
81	中国对外能源投资争议解决研究	2014	李　英	中国法学会
82	全国学会规范与发展政策研究	2014	朱晓红	中国科学技术学会
83	北京市朝阳区电力突发事件应急预案研究	2014	毛安家	朝阳区突发事件应急委员会办公室
84	适应电力市场化和可再生能源发展的辅助服务机制课题研究	2014	张粒子	国家能源局市场监管司
85	北京市电子废物管理法律制度研究	2014	陈维春	北京市法学会
86	英汉概念隐喻与意象图式理论在词义拓展中的认知对比研究	2014	赵玉闪	上海外语教育出版社中国外语教材与教法研究中心
87	风电优先调度的经济技术可行性及社会价值评价	2014	赵晓丽	美国能源基金会
88	学会组织体制研究	2014	孙晶琪	中国科学技术协会
89	大数据环境下智能挖掘电力负荷预测方法研究	2014	王建军	中国国际商会商业行业商会
90	复杂英语二语句子加工的句法和语义界面关系研究	2013	任虎林	北京市哲社办
91	首都智能电网中微网系统的优化集成与发展机制研究	2013	王永利	北京规划办
92	省域学位与研究生教育评估研究—基于教育监测的视角	2012	翟亚军	教育部人文社会科学研究项目

续表

序号	项目名称	立项时间	负责人	项目来源
93	农产品物流供应链动态博弈优化模型与风险控制研究	2012	李晓宇	教育部人文社会科学研究项目
94	国外石油基金法律制度比较研究—兼论石油基金法律制度的建构	2011	杨卫东	教育部人文社会科学研究项目
95	中国低碳经济能源环境政策研究	2010	袁家海	教育部人文社科项目
96	中国能源消费与环境污染的影响机理研究	2010	刘小丽	教育部人文社科项目
97	刑事诉讼中目的不正当的公权力行为研究	2010	赵旭光	教育部人文社科项目
98	北京市二氧化碳减排潜力分析研究	2011	王　怡	北京社科基金项目
99	首都风电产业链环境动荡性测度与柔性优化配置研究	2012	赵振宇	北京社科基金项目
100	首都智能电网中微网系统的优化集成与发展机制研究	2013	王永利	北京社科基金项目
101	北京市政府投资复杂大型项目协同监管机制研究	2012	乌云娜	北京社科基金项目
102	北京市分布式能源政策与立法研究——以紧急状态下北京市能源安全保障为视角	2012	曹治国	北京社科基金项目
103	“十二五”期间北京地方电力立法研究	2012	王学棉	北京社科基金项目
104	北京市老旧小区物业管理模式研究	2012	陈建国	北京社科基金项目
105	轴流式压气机积垢形成机理及在线监测方法研究	2011	杨化动	2011 国家自然科学基金
106	多目标框架下的发电机故障在线检测技术研究	2011	武玉才	2011 国家自然科学基金
107	电力系统连锁故障早期预警机理研究	2011	任　惠	2011 国家自然科学基金
108	烟气中二氧化碳化学捕集和超临界利用过程的热力学研究	2012	付　东	2012 年度河北省自然科学基金杰出青年科学基金项目
109	用于新能源汽车的高效宽调速永磁电机新结构机理研究	2012	王艾萌	2012 年度河北省自然科学基金面上项目
110	光伏发电功率影响因子识别与出力特性建模方法研究	2012	米增强	2012 年度河北省自然科学基金面上项目
111	富氧煤粉燃烧锅炉机组动态机理模型及其运行特性研究	2012	高建强	2012 年度河北省自然科学基金面上项目
112	不同供电模式下电除尘器同时脱除燃煤烟气中多种污染物的研究	2012	齐立强	2012 年度河北省自然科学基金面上项目
113	湿法脱硫浆液中汞再释放及其抑制研究	2012	陈传敏	2012 年度河北省自然科学基金面上项目
114	燃烧火焰中碳烟的理化特性及初始成核行为研究	2012	吕建燚	2012 年度河北省自然科学基金面上项目
115	基于 UV-DOAS 多气体干扰下的烟气汞浓度测量方法研究	2012	郑海明	2012 年度河北省自然科学基金面上项目
116	模糊多目标非线性优化方法研究	2012	张国立	2012 年度河北省自然科学基金面上项目
117	基于时间序列统计特征的热力系统控制性能监视关键问题研究	2012	王印松	2012 年度河北省自然科学基金面上项目

续表

序号	项目名称	立项时间	负责人	项目来源
118	基于绝缘子沿面放电紫外图谱特征的外绝缘状态评估的研究	2012	王胜辉	2012年度河北省自然科学基金青年科学基金
119	基于非均匀周期准相位匹配结构的超宽带波长转换技术研究	2012	刘　涛	2012年度河北省自然科学基金青年科学基金
120	基于动态负荷预测的生物质能驱动冷热电联供系统动态特性研究	2012	王江江	2012年度河北省自然科学基金青年科学基金
121	降压过程中和低压环境下多组分液滴相变的传热传质机理研究	2012	刘　璐	2012年度河北省自然科学基金青年科学基金
122	天冬氨酸共聚物的微波辐射合成及结构—性能关系研究	2012	张玉玲	2012年度河北省自然科学基金青年科学基金
123	基于定点谐波平衡有限元法的变压器铁心直流偏磁磁滞特性研究	2012	赵小军	2012年度北京市自然科学基金预探索项目
124	复合纳米材料与不同形态汞的多相界面过程研究	2012	苑春刚	2012年度北京市自然科学基金面上项目
125	基于多模通信融合技术的智能配电网关键智能电气设备研制	2014	谢志远	河北省科技支撑计划项目

华北电力大学2015年科技成果及奖励情况一览表

序号	年度	获奖项目	所获奖项	获奖等级	级别	获奖人
1	2014	自主卫星导航系统精密时间传递关键技术与示范	河北省科学技术奖	二等奖	省级	姜彤9
2	2014	核电站严重事故缓解系统	河北省科学技术奖技术发明奖	三等奖	省级	周涛1，陈娟2
3	2014	多级调度协调的湖南电网在线综合调控体系研究与建设	湖南省科技进步奖	二等奖	省级	刘敦楠6、曾鸣7
4	2014	复杂地质条件下双护盾TBM施工关键技术研究	新疆维吾尔自治区科学技术进步奖	二等奖	省级	张照煌7
5	2014	火电直接空冷单元冷却空气导流技术及应用	新疆维吾尔自治区科学技术进步奖	二等奖	省级	杨勇平1，杨立军2，杜小泽4、席新铭8
6	2014	河西新能源基地送出及消纳关键技术研究	甘肃省科学技术进步奖	三等奖	省级	无
7	2014	高渗透率分布式光伏电源智能并网技术研究	江西省科学技术进步奖	二等奖	省级	韩民晓3
8	2014	李永平	中国青年女科学家奖	无	社会力量奖	李永平1
9	2014	广州亚运工程项目管理理论与实践	中国建筑学会科技进步奖	一等奖	社会力量奖	侯学良、贺全龙、丁昌银、王毅、卢梅、李彦斌、谭晓宁、何炳泉、何晨、刘叶芳、汪勇、唐辉、王冬梅

续表

序号	年度	获奖项目	所获奖项	获奖等级	级别	获奖人
10	2014	换流变压器的交直流绝缘特性及电场测量与运行安全评估技术研究	中国电工技术学会科学技术奖	三等奖	社会力量奖	齐波 3
11	2015	钢铁烧结烟气汞污染监测及控制技术示范	北京市科学技术奖	三等奖	省级	张锴 3
12	2015	2MW 双馈式风电机组关键技术及系列产品产业化	重庆市科学技术奖	一等奖	省级	田德 9
13	2015	600MW 超临界循环流化床锅炉关键技术研究与应用	高等学校科学研究优秀成果奖（科学技术）	一等奖	部级	高明明 20
14	2015	大型电站锅炉燃烧温度场声学测量方法及应用研究	高等学校科学研究优秀成果奖（科学技术）	二等奖	部级	安连锁，沈国清，张世平，姜根山，陈海平，吴智泉，杨祥良，李庚生，王鹏，王然，冯强，刘伟龙，许伟龙，蒋泓亮，何寿荣
15	2015	电网信息安全主动防御关键技术与自主可控装备	中国电力科学技术奖	一等奖	部级	吴克河 15
16	2015	±800kV 特高压直流输电换流阀关键技术、装置及工程应用	中国电力科学技术奖	二等奖	部级	崔翔 5
17	2015	适应无旁路脱硫和低氮燃烧的燃煤机组 RB 及协调控制关键技术研究	中国电力科学技术奖	二等奖	部级	庞力平 6
18	2015	风电场、光伏电站集群控制系统研究与开发	中国电力科学技术奖	二等奖	部级	王增平 6
19	2015	适应大规模新能源集中并网的调度运行控制系统关键技术研究及应用	中国电力科学技术奖	三等奖	部级	无
20	2014	中国能源革命的缘起、目标与实现路径	国家能源局软科学研究优秀成果奖	二等奖	副部级	刘崇明 8
21	2014	提高居民生活电气化水平对改善环境的影响及对策研究	国家能源局软科学研究优秀成果奖	三等奖	副部级	齐郑 7
22	2014	南方电网西电东送中长期市场竞争力评估研究	国家能源局软科学研究优秀成果奖	三等奖	副部级	谭忠富 4
23	2014	“十三五”大幅提高天然气比重的途径及对策措施研究（平行课题研究）	国家能源局软科学研究优秀成果奖	三等奖	副部级	无
24	2015	风火打捆能源基地交直流外送协调控制及安全防御系统研究与示范	电力建设科学技术奖	一等奖	社会力量奖	刘文颖 7
25	2015	适应大规模风电并网的无功电压协调控制系统研发与工程应用	电力建设科学技术奖	一等奖	社会力量奖	毕天姝 4，董雷 5
26	2015	大型建筑工程项目质量监管新技术——以广州亚运工程为例	中国商业联合会科学技术奖	二等奖	社会力量奖	侯学良 王 毅 汪 勇 唐 辉 王万雨 侯植元 贺全龙 丁昌银

续表

序号	年度	获奖项目	所获奖项	获奖等级	级别	获奖人
27	2015	以客户需求为导向的供电公司客户服务体系构建研究	中国商业联合会科学技术奖	二等奖	社会力量奖	沈剑飞 2
28	2015	北京市生物质能源产业现状与发展对策研究	中国商业联合会科学技术奖	二等奖	社会力量奖	檀勤良 魏咏梅 张 充 邓艳明 杨海平 王瑞武 潘昕昕
29	2015	煤矸石综合利用发电项目后评价理论与方法研究	中国商业联合会科学技术奖	三等奖	社会力量奖	张兴平 李泓泽 李金超 孙冬 袁家海 李婷婷 李小龙 毛玉玲 王成洁 梁艳妮
30	2015	基于大气污染防治政策下的冀北电网负荷预测方法研究	中国商业联合会科学技术奖	三等奖	社会力量奖	牛东晓 2
31	2015	现代电网企业运营管理理论与方法研究	中国商业联合会科学技术奖	三等奖	社会力量奖	李金超 宋璇坤 李金颖 陈文君 韩 柳 肖智宏 张雅坤 张弘扬
32	2015	消费与投资理论及其在能源领域的应用与政策研究	中国商业联合会科学技术奖	三等奖	社会力量奖	吴忠群 赵晓丽 赵洱岽
33	2015	洁净煤燃烧及能源高效利用评价机制	河北省科学技术奖	二等奖	省级	王春波 1 王江江 2 陈传敏 3 阎维平 4 雷鸣 5
34	2015	风力发电机主轴刹车片摩擦性能试验系统	河北省科学技术奖	三等奖	省级	胡爱军 1 张超 2 向玲 5
35	2015	全断面隧道掘进机刀盘设计理论及应用	河北省科学技术奖	一等奖	省级	张照煌 1 孟亮 4 孙飞 6 叶定海 7 刘瑞华 8 曹雷 9 王乐 10
36	2015	燃煤电厂烟气脱硫脱汞协同净化与碳减排关键技术	山东省科学技术奖	二等奖	省级	陈传敏 4 刘松涛 9
37	2015	利用低热值煤气加热一次风提高磨煤机干燥出力	中国电力科学技术奖	二等奖	部级	阎维平 3
38	2015	110 千伏光电复合海底电缆立体综合监测系统	福建省科学技术奖	三等奖	省级	李永倩 5
39	2015	基于脱汞的燃煤电站烟气污染物联合脱除技术研究及应用	广东省科学技术奖	三等奖	省级	高正阳 2
40	2015	北方集中供暖地区建筑因素对 PM2.5 排放特性影响研究	中国建筑学会科技进步奖	二等奖	社会力量	刘志坚 4
41	2015	民事司法权力运行机制的改革与实践——以河北法院为例	第九届河北省社会科学基金项目优秀成果奖	一等奖	省级	梁平 1，陈奎 2，王雅坤 3，于浩 4，陈焘 5，李庆保 6
42	2015	我国青少年灾难教育的客观考量与制度设计研究	第九届河北省社会科学基金项目优秀成果奖	二等奖	省级	魏彤儒 1，郭孝锋 2，张金辉 3，屈朝霞 4，齐秀强 5，李书萍 6，史胜安 7，张冬生 8
43	2015	东方社会发展模式比较研究	第九届河北省社会科学基金项目优秀成果奖	二等奖	省级	王聚芹 1，苑英科 2，宋彦民 3，王建红 4，张乃芳 5，魏彤儒 6，屈朝霞 7

华北电力大学2015年科研工作各院系贡献情况一览表

注：表中SCI数据包括SCI、SSCI、A&HCI

（北京校部）

单位	成果获奖			成果鉴定	专利				学术论文和学术著作				
	国家级	省部级	合计		发明	实用新型	外观设计	合计	SCI	EI	ISTP	著作	合计
电气与电子工程学院		9	9	1	72	43	2	117	72	346		9	427
能源动力与机械工程学院		5	5	2	52	31	4	87	110	88		1	199
控制与计算机工程学院		2	2	1	41	15	0	56	49	93		5	147
经济与管理学院		11	11		7	0	0	7	90	82	1	18	191
可再生能源学院		1	1		30	7	0	37	66	64	1	2	133
核科学与工程学院		1	1		15	6	0	21	21	27			48
环境与化学工程系								0	13	2			15
数理学院								0	43	11	1		55
外国语学院								0	2	1		6	9
人文与社会科学学院								0	2	2		17	21
思政部								0				3	3
资源与环境研究院					9	0	0	9	49	8	1	1	59
高等教育研究所													0
现代电力研究院										8			8
其他		1	1						1	8		2	11
合计		31	31	4	226	102	6	334	518	740	4	64	1326

（保定校区）

单位	成果获奖			成果鉴定	专利			学术论文和学术著作				
	市区级	省部级	合计		发明	实用新型	合计	SCI	EI	CSSCI	著作	合计
电力工程系					31	40	71	18	88		2	108
电子与通信工程系		1	1		8	4	12	8	20		3	31
动力工程系		4	4		12	57	69	23	24		1	48
机械工程系		1	1		12	21	33	11	14	1	1	27
自动化系					8	11	19	5	8		1	14
计算机系	1		1		2		2	3	20			23
经济管理系					1	1	2	12	45	5	2	64
环境科学与工程学院		1	1		8	6	14	24	2		1	27
数理系					10	17	27	39	13	2		54
法政系								1		10	6	17
政教部	1		1							5	2	7
英语系											3	3
信息与网络管理中心					1		1		4			4

续表

单位	成果获奖			成果鉴定	专利			学术论文和学术著作				
	市区级	省部级	合计		发明	实用新型	合计	SCI	EI	CSSCI	著作	合计
科技学院					1	3	4	12	5			17
其他					2		2		1	4	4	9
合计	2	7	9		96	160	256	156	244	27	26	453

华北电力大学 2014 年度出版著作情况一览表

序号	著作名称	作者	类别	出版社	出版时间	ISBN 号	全书字数（万字）
1	战略定性研究基础：实施与控制	胡光宇	专著	人民出版社	2014-01-01	978-7-010-12040-9	46
2	功率理论与电能质量治理	陶　顺	译著	机械工业出版社	2014-01-01	978-7-111-44230-1	25
3	电力系统次同步振荡及其抑制方法	肖湘宁	专著	机械工业出版社	2014-01-01	978-7-111-44605-7	42
4	崛然独立：孙犁纷争	苑英科	专著	河北大学出版社	2014-01-03	978-7-5666—0363-0	23
5	能源电力建设项目网络组合管理体系	乌云娜	专著	中国电力出版社	2014-01-08	978-7-5123—5252-0	11
6	太阳能利用技术及工程应用	朱永强	译著	机械工业出版社	2014-01-10	9787111442325	47
7	中国低碳能源政策研究	袁家海	专著	中国水利水电出版社	2014-01-21	978-7-5170—1519-2	26
8	荀子译注	王威威	译著	上海三联书店	2014-01-23	978-7-5426—4435-0	14
9	《孔丛子》译注	白冶钢	译著	上海三联书店	2014-01-23	978-7-5426—4477-0/B.315	16
10	多种约束的项目网络机动时间特性理论及其应用	李星梅	专著	中国水利水电出版社	2014-02-01	978-7-5170—1741-7	18
11	英汉 / 汉英风力发电词汇详解	肖运启	其他公开出版	中国电力出版社	2014-02-10	978-7-55123—4990-2	16
12	企业财务报告编制的理念与操作	张莉萍	专著	中国统计出版社	2014-02-28	978-7-5037—7051-7	39
13	养老金制度精算设计及动态投资策略研究	高建伟	专著	科学出版社	2014-03-01	9787030394934	28
14	商事合同法律规制	孙晓洁	专著	中国政法大学出版社	2014-03-03	978-7-5620—5620-9	24
15	政府投资建设项目代建人信用管理	陈文君	专著	中国电力出版社	2014-03-30	978-7-5123—5482-1	14
16	柔性直流输电建模和仿真技术	赵成勇	专著	中国电力出版社	2014-04-01	978-7-5123—5378-7	26
17	Renewable Energy in China	袁家海	专著	Nova Publishers	2014-04-01	978-1-63117-610-4	14
18	中国、石油与全球政治	张素芳	译著	社会科学文献出版社	2014-04-23	978-7-5097—5580-8	20
19	Spiritual Sickness and Modernity：A Nietzschean Reading of James Joyce and Lu Xun	孟　亮	专著	中央民族大学出版社	2014-04-26	978-7-5660—0698-1	22
20	做一个拾光者摄影达人旅行摄影手记	陈　玲	专著	中国电力出版社	2014-05-01	978-7-5123—5521-7	39

续表

序号	著作名称	作者	类别	出版社	出版时间	ISBN 号	全书字数（万字）
21	黑色电影：银幕恶之花	刘朝晖	译著	世界图书出版公司	2014-05-01	978-7-5100—7866-8	16
22	环境金融——环境风险评估与金融产品指南	孙　冬	译著	北京大学出版社	2014-05-01	9787-7-301-23437-2/F.3784	19
23	《列子》译注	白冶钢	译著	上海三联书店	2014-05-07	978-7-5426—4695-8/B.361	17
24	混合直流输电	赵成勇	专著	科学出版社	2014-06-01	978-7-03-040667-5	22
25	染料敏化太阳电池	戴松元	专著	科学出版社	2014-06-01	9787030408143	60
26	国际投资政治风险的防范与救济	李　英	专著	知识产权出版社	2014-06-01	978-7-5130—2725-0	31
27	软件定义网络：基于 OpenFlow 的 SDN 技术揭秘	徐　磊	译著	机械工业出版社	2014-06-01	978-7-111-46808-0	11
28	20 天成为摄影高手旅行摄影手记	陈　玲	专著	机械工业出版社	2014-06-02	978-7-111-46611-6	30
29	业主选择与城市社区自主治理	陈建国	专著	社会科学文献出版社	2014-06-02	978-7-5097—5723-9	28
30	贸易开放引致的我国收入分配失衡研究	李　宁	专著	对外经贸大学出版社	2014-06-08	978-7-5663—1058-3	22
31	新诗的懂与不懂	邓　程	专著	中国社会科学出版社	2014-06-15		16
32	刑事审判程序的经济分析	刘晓东	专著	中国检察出版社	2014-06-20	978-7-51020—1182-9	34
33	环境污染物总量控制与低碳经济发展优化模型研究	李　鱼	专著	辽宁教育出版社	2014-06-25	978-7-5549—0526-5	29
34	中国发展成本论	胡光宇	专著	人民出版社	2014-07-01		46
35	科技英语写作方法——自动化领域学术论文写作与发表	刘向杰	编著	机械工业出版社	2014-07-01	978-7-111-47331-2	9
36	电力供应链联盟协同决策研究	刘吉成	专著	中国水利水电出版社	2014-07-01	978-7-5170—2254-1	19
37	基于战略对应理论的新能源电力项目适时决策	乌云娜	专著	中国电力出版社	2014-07-11	978-7-5123—5823-2	19
38	Integral Sliding Mode Formation Control of Uncertain Mobile Robots	钱殷伟	专著	LAP LAMBERT Academic Publishing	2014-08-01	978-3-659-63336-2	20
39	北京能源发展研究报告 2013	王　伟	编著	中国经济出版社	2014-08-01	978-7-5136—3407-6	26
40	公共管理案例分析：社会治理卷	王　伟	编著	中国经济出版社	2014-08-01	978-7-5136—3342-0	26
41	中西方装饰图案与设计图典	陈　玲	编著	机械工业出版社	2014-08-01	978-7-111-46966-7	36
42	女子抓举技术的测试与研究	张晓栋	编著	人民体育出版社	2014-08-07	978-7-5009—4638-0	27
43	制度环境、审计行为与上市公司会计信息质量研究	叶陈云	专著	对外经济贸易大学出版社	2014-08-08	978-7-5663—1044-6	25
44	中医翻译研究	高晓薇	编著	河北大学出版社	2014-08-30	978-7-5666—0765-2	28
45	薄膜太阳电池关键科学和技术	戴松元	专著	上海科学技术出版社	2014-09-01	978-7-5478—1555-7	54

续表

序号	著作名称	作者	类别	出版社	出版时间	ISBN 号	全书字数（万字）
46	治理商业贿赂的法律对策研究	方仲炳	专著	中国政法大学出版社	2014-09-01	978-7-5620—5421-4	23
47	电力法实施疑难问题研究	王书生	专著	中国政法大学出版社	2014-09-01	9787562055570	17
48	纳米熔盐合成技术	李宝让	专著	中国建材出版社	2014-09-01	978-7-5160—0975-8	20
49	现代篮球训练方法与人才培养研究	张慧智	专著	中国水利水电出版社	2014-09-01	978-7-5170—1018-0	20
50	英汉对比与翻译研究	吕亮球	编著	研究出版社	2014-09-16	978-7-80168-914-6	30
51	中国治理：中国经验	胡光宇	专著	人民出版社	2014-09-23	9787010137193	30
52	生物质能发电环境效益分析及其燃料供应模式	檀勤良	专著	石油工业出版社	2014-09-30	978-7-5183—0413-4	13
53	大地悲歌：屈原传	窦学欣	专著	中国华侨出版社	2014-10-01	978-7-5113—4848-7	24
54	中国风火电联合运营效益评价研究	牛东晓	编著	煤炭工业出版社	2014-10-01	9787502046002	21
55	中压配电网单相接地故障选线及定位技术	杨以涵	专著	中国电力出版社	2014-10-01	9787512354159	26
56	风力发电技术与工程应用	刘其辉	译著	机械工业出版社	2014-10-01	9787111475859	49
57	社团管理——原理与方法	朱晓红	译著	中国科学技术出版社	2014-10-01	9787504661166	23
58	iOS 编程	夏　宏	译著	中国电力出版社	2014-10-09	978-7-5123—5559-0	123
59	陪你学财务报表分析	叶陈云	专著	机械工业出版社	2014-11-01	978-7-111-48153-9	35
60	电动汽车融入现代电网	郭春林	译著	机械工业出版社	2014-11-14	978-7-111-48182-9	36
61	广域同步相量测量技术及其应用	毕天姝	译著	中国电力出版社	2014-12-01	978-7-5123—6235-2	22
62	应用文体翻译研究	赵玉闪	编著	河北大学出版社	2014-12-01	978-7-5666—0854-4	24
63	区域低碳经济发展模式路径依赖及最小抵制路径	杨淑霞	专著	东北林业大学出版社	2014-12-01	978-7-5674—0523-3	16
64	建设工程项目管理指标的选取方法与应用	侯学良	专著	中国电力出版社	2014-12-25	978-7-5123—6807-1	20
65	低碳城市发展下的需求侧智能用电管理	李云燕	专著	河北大学出版社	2014-01-01	978-7-5666—0542-9	270
66	磁性测量手册	赵书涛	译著	机械工业出版社	2014-01-15	978-7-111-43439-9	734
67	新能源汽车新型电机的设计及弱磁控制	王艾萌	专著	机械工业出版社	2014-01-30	978-7-111-44808-2	224
68	《心象·自然　刘渊油画艺术》	刘　渊	专著	河北大学出版社	2014-03-22	978-7-5666—0584-9	750
69	联合循环电站汽轮机性能试验规程	阎维平	译著	中国电力出版社	2014-04-01	155123・1652	188
70	高校常见球类运动科学健身理念与方法研究	经飞跃	编著	中国时代经济出版社	2014-04-01	978-7-5119—1936-6	652
71	唤醒你正能量的名家励志演讲	成应翠	译著	人民邮电出版社	2014-04-01	978-7-115-34437-3	328
72	临床普通外科诊疗新进展	于　浩	编著	天津科学技术出版社	2014-04-02	978-7-5308—8802-5	400

续表

序号	著作名称	作者	类别	出版社	出版时间	ISBN 号	全书字数（万字）
73	中国能源消费低碳化发展模型与政策	孟　明	专著	科学出版社	2014-06-01	978-7-03-040645-3	230
74	聚焦高等教育七大热点问题	孟祥林	专著	北京邮电大学出版社	2014-06-01	978-7-5635—3912-3	286
75	田径体能训练理论与实践研究	张晓龙	编著	九州出版社	2014-06-24	978-7-5108—3019-8	250
76	政府、市场与社会：我国行业协会变迁及发展研究	孟亚男	专著	河北大学出版社	2014-08-01	978-7-5666—0703-4	210
77	司法运行的一般机理	陈　奎	专著	中国政法大学出版社	2014-08-25	978-7-5620—5608-9	230
78	纠纷解决机制的现状研究与理想建构	梁　平	专著	中国政法大学出版社	2014-08-29	978-7-5620—5607-2	380
79	燃煤电厂输灰系统及控制技术	齐立强	编著	冶金工业出版社	2014-09-01	978-7-5024—6726-5	285
80	电子设计自动化	胡正伟	编著	中国电力出版社	2014-09-01	978-7-5123—6285-7	463
81	高等教育文化的传承与发展	刘　洋	专著	现代教育出版社	2014-09-24	978-7-5106—2414-8	330
82	网络法十六讲	陈　奎	编著	对外经济贸易大学出版社	2014-10-01	978-7-5663—1224-2	314
83	面向智能输变电的图像处理技术	赵振兵	专著	中国电力出版社	2014-11-01	978-7-5123—6829-3	237
84	舌尖上的战斗—美国总统大选精彩辩论站集锦	彭园珍	译著	北京航空航天大学出版社	2014-11-01	978-7-5124—1583-6	364
85	Java 语言袖珍指南	李新叶	译著	中国电力出版社	2014-11-01	978-7-5123—6456-1	187
86	羽毛球运动的教学理论与训练方法研究	潜沉香	专著	光明日报出版社	2014-11-10	978-7-5112—3823-8	430
87	傅伟勋生死哲学研究	张乃芳	专著	人民出版社	2014-12-01	978-7-01-013987-6	180
88	中国城乡困难家庭社会政策支持系统建设蓝皮书（2013）	王杰秀	专著	中国社会出版社	2014-12-01	978-7-5087—4826-9	450
89	中国城乡困难家庭社会政策支持系统建设数据分析报告（2013）	王杰秀	专著	中国社会出版社	2014-12-01	978-7-5087—4773-6	600
90	热工检测系统设计	苏　杰	编著	中国电力出版社	2014-12-01	978-7-5123—6875-0	325

（编者注：因出版著作统计数据次年公布，故延后一年刊登）

华北电力大学 2015 年度已授权专利情况一览表

编号	专利名称	申请人姓名	专利类别	申请日期	授权日期	专利号
1	基于可测电气量的鼠笼式异步电机能效在线监测方法	赵海森，王　庆，许国瑞，杜中兰，刘晓芳	发明	2013.6.26	2015.12.23	ZL201310259889.0
2	基于相关向量机的高精度风电场功率区间预测方法	刘永前，阎　洁，韩　爽，张晋华	发明	2011.12.27	2015.1.7	ZL201110443265.5
3	一种半导体量子点发光二极管及其制备方法	谭占鳌，李舒生，何少剑，林　俊	发明	2012.3.29	2015.1.7	ZL201210089138.4
4	利用磁性钛基催化剂催化热解生物质制备液体燃料的方法	陆　强，董长青，杨勇平，胡笑颖	发明	2012.5.10	2015.1.7	ZL201210144320.5

续表

编号	专利名称	申请人姓名	专利类别	申请日期	授权日期	专利号
5	一种无线视频检修装置	梁光胜，范杰清，邓博仁，黄寿华，刘冰燕，高雪莲	发明	2012.6.1	2015.1.7	ZL201210179782.0
6	隧道电缆巡检机器人充电管理系统及方法	刘春阳，步显廷，杨国田，柳长安，吴　华	发明	2012.7.11	2015.1.7	ZL201210240420.8
7	一种微网中电动汽车充电站谐波检测法	李　鹏，李婉娉，刘承佳，张双乐，肖湘宁	发明	2012.8.14	2015.1.7	ZL201210289227.3
8	一种质点定位系统及方法	柳长安，王　硕，吴　华，杨国田，刘春阳	发明	2012.8.21	2015.1.7	ZL201210298946.1
9	图形化的电网故障恢复路径动态显示方法	赵冬梅，程雪婷，张　旭	发明	2012.9.28	2015.1.7	ZL201210370970.1
10	一种复杂系统测试优选的实现方法	陈晓梅，李瑞静	发明	2012.9.27	2015.1.7	ZL201210366367.6
11	化学吸收 CO_2 捕获流程的降耗方法及系统	张国强，杨勇平，翟代龙，徐　钢，杨志平，张　锴	发明	2012.9.29	2015.1.7	ZL201210375960.7
12	加装新型供热汽轮机的低品位供热系统及运行调节方法	杨勇平，李沛峰，杨佳霖，戈志华，何坚忍，宋之平	发明	2012.9.29	2015.1.7	ZL201210376278.X
13	汽轮发电机组低频振动非稳态实时预警方法	宋光雄	发明	2012.10.12	2015.1.7	ZL201210388573.7
14	巡检飞行机器人斜面起飞控制方法	吴　华，杨国田，焦　敏，柳长安，刘春阳	发明	2012.12.3	2015.1.7	ZL201210510268.0
15	一种电晕初始电流的测量装置及方法	刘　阳，崔　翔	发明	2012.12.12	2015.1.7	ZL201210536620.8
16	电力变压器匝间绝缘表面气泡局部放电模拟实验平台及实验方法	郑　重，郭　亮，刘少宇，卢　毅，谢丽芳	发明	2013.1.6	2015.1.7	ZL201310003778.3
17	一种基于LSP效应陷光增效新型减反射结构的制备方法	李美成，戴　菡，丁瑞强，陈　召，谷田生，范汇洋	发明	2013.1.9	2015.1.7	ZL201310009297.3
18	一种低成本的碳纳米管阵列的制备方法	李美成，陈　召，戴　菡，谷田生，宋丹丹，范汇洋	发明	2013.1.9	2015.1.7	ZL201310008135.8
19	用作太阳能电池吸收层的稀土半导体化合物及其制备方法	郭永权，郑　淑，付　丽	发明	2013.1.10	2015.1.7	ZL201310009479.0
20	一种输电线路故障智能分类和定位方法	许　刚，马　爽，史　巍，王紫雷，刘　坤	发明	2013.1.14	2015.1.7	ZL201310013391.6
21	直接空冷单元空气导流喷淋一体化装置	席新铭，杜小泽，杨　磊，杨立军，杨勇平	发明	2013.3.29	2015.1.7	ZL201310106122.4
22	大型汽轮发电机组低频振动实时预测方法	宋光雄	发明	2013.6.13	2015.1.7	ZL201310233907.8
23	用于直接空冷单元内部导流装置的安装结构	陈　磊，杨立军，杜小泽，杨勇平，王自宽，刘羽平，梁志福	实用新型	2014.6.23	2015.1.7	ZL201420337653.4
24	一种太阳能显热蓄热器	侯宏娟，汉京晓，李沛文	实用新型	2014.10.8	2015.1.7	ZL201420577343.X
25	一种应用于电动轿车的车内温度调节系统	高　鹏，何百川，吕　闯，郭泽慧，蔡小刚，魏少雄	实用新型	2014.7.2	2015.1.7	ZL201420361549.9

续表

编号	专利名称	申请人姓名	专利类别	申请日期	授权日期	专利号
26	一种永磁直驱型风力发电系统网侧变流器的优化控制方法	薛安成，毕天姝，陈进美，杨奇逊	发明	2013.1.14	2015.1.14	ZL201310038847.4
27	一种永磁直驱风力发电机组模拟实验系统	高　峰，吕跃刚，刘俊承，肖运启，田　涛	发明	2012.4.23	2015.1.21	ZL201210120746.7
28	一种非热处理型高电导率高强度耐热铝合金导体材料	刘东雨，张　静，高　倩，刘静静，侯世香	发明	2012.8.16	2015.1.21	ZL201210292664.0
29	基于海上风电机组的即插式波浪能发电系统	顾煜炯，王兵兵，王向志，黄　委，张原飞，杜　伟，惠万馨，金铁铮，张婷婷，雷少博，刘圣冠，李佳佳	发明	2012.8.29	2015.1.21	ZL201210313817.5
30	一种全桥 MMC–HVDC 直流故障分类检测与保护方法	赵成勇，刘文静，许建中，李　探	发明	2012.9.5	2015.1.21	ZL201210326230.8
31	特高压调压变压器保护的等效瞬时电感涌流闭锁判别方法	郑　涛，陈佩璐，卢　婷	发明	2012.9.17	2015.1.21	ZL201210344440.X
32	一种减小热分层影响的管道	周　涛，林达平，汝小龙，宋明强，陈敏娜	发明	2012.11.12	2015.1.21	ZL201210451146.9
33	基于G语言的电网地理接线图自动绘制方法	赵冬梅，龚　群，张　旭	发明	2012.11.20	2015.1.21	ZL201210473632.0
34	适用于仿生机器鱼的应变测速系统及其方法	钱殿伟，张博雅	发明	2012.12.5	2015.1.21	ZL201210517987.5
35	一种用于机房温度监控的自闭合环形网络监控系统	杨国田，焦　敏	发明	2012.12.19	2015.1.21	ZL201210556583.7
36	一种超临界水氧化技术处理土壤中有机污染物的方法	卢宏玮，李振通，何　理	发明	2013.4.27	2015.1.21	ZL201310153637.X
37	一种新型全液压式风力发电系统	顾煜炯，王兵兵，黄　委，刘圣冠，赵　伟，雷少博，李佳佳，张婷婷，杨伟鹏，史鹏飞	发明	2013.5.30	2015.1.21	ZL201310210616.7
38	基于 Youla 参数化的阻尼自适应控制系统及控制方法	马　静，王　彤，王增平	发明	2013.5.31	2015.1.21	ZL201310215480.9
39	一种边相关的联合彩色去马赛克和放大方法	周登文，程志明，董未名	发明	2013.7.25	2015.1.21	ZL201310317267.9
40	基于多种预测算法的电能质量稳态指标预警方法	马素霞，苏卫卫，齐林海	发明	2013.8.30	2015.1.21	ZL201310385869.8
41	基于红外坐标码的大型室内定位系统	刘祥璐，孙泽宇，袁啸廷	实用新型	2014.10.15	2015.1.21	ZL201420596647
42	一种用于直接空冷凝器冬季防冻的排汽管道结构	杜小泽，水海波，邓红周，张　涛，席新铭，梁建军，杨立军，杨勇平	发明	2013.1.23	2015.1.23	ZL201310025373.X
43	一种沿加热棒长度方向热流密度非均匀变化的电加热棒	陆道纲，易　晔，姚志鹏，袁　博，王　聪	实用新型	2014.10.28	2015.2.4	ZL201420632064.9
44	利用人体动能和光能给手机补充充电的装置	吕　良，李瀛澜，姚春晓	实用新型	2014.11.14	2015.2.4	ZL201420684950.6

续表

编号	专利名称	申请人姓名	专利类别	申请日期	授权日期	专利号
45	一种具有视觉增强功能的车载行车记录仪	王震宇，王天宇，滕　婧，李　航	实用新型	2014.8.15	2015.2.11	ZL201420464033.7
46	一种核电站设备故障检修的方法和系统	刘春阳，宋雷雄，柳长安，杨国田，吴　华	发明	2012.7.2	2015.2.25	ZL201210228392.8
47	一种调速器附加次同步阻尼控制方法	杨　琳，肖湘宁，郭春林	发明	2012.7.4	2015.2.25	ZL201210230772.5
48	一种充氮气体颗粒物脱除系统	周　涛，陈　娟，樊昱楠，汝小龙，刘　亮，林达平，王泽雷	发明	2012.8.23	2015.2.25	ZL201210303469.3
49	核电站充氮加压严重事故处理系统	周　涛，林达平，樊昱楠，汝小龙，王泽雷	发明	2012.8.27	2015.2.25	ZL201210309046.2
50	集成带吹扫气 OTM 供氧的常压 CO_2 零排放 SOFC.AT.ST 复合动力系统	段立强，黄科薪，杨勇平	发明	2012.11.8	2015.2.25	ZL201210443051.2
51	一种用于调整光伏电池板角度的支架	朱永强，王治宇，孙小燕，叶　青，张景明	发明	2012.12.18	2015.2.25	ZL201210552101.0
52	一种数据驱动型的控制性能检测装置及方法	刘吉臻，孟庆伟，钟振芳，牛玉广，房　方	发明	2013.4.3	2015.2.25	ZL201310116365.6
53	基于有机朗肯循环的烟气冷凝热回收热电联供系统	徐进良，刘　超	发明	2013.5.7	2015.2.25	ZL201310164791.7
54	一种修复受多氯联苯污染土壤的装置及方法	卢宏伟，任丽霞，何　理	发明	2013.7.5	2015.2.25	ZL201310280676.6
55	利用太阳能和灰渣余热辅助燃煤锅炉发电的系统	侯宏娟，蔡文汇，付　立，王修彦，王梦娇	发明	2013.8.16	2015.2.25	ZL201310357754.8
56	一种 MMC 型统一电能质量调节器的协调控制装置及方法	陆晶晶，肖湘宁，袁　敞，陈　罡	发明	2013.8.22	2015.2.25	ZL201310369700.3
57	一种基于磁控电抗器的快速励磁及去磁装置	尹忠东	发明	2012.9.29	2015.3.4	ZL201210376352.8
58	一种微波辅助 SVE 去除土壤中有机污染物的系统及方法	何　理，潘海洋，卢宏伟，张一梅	发明	2013.11.21	2015.3.4	ZL201310593736.X
59	基于混合控制的四旋翼无人机增稳控制方法	李国栋，刘　琳，吴　华，宋志立，罗　晗，宋志新，李小龙，黄琳华	发明	2012.10.30	2015.3.11	ZL201210424807.9
60	一种复杂电网自组织临界状态的辨识方法	郑　伟，刘文颖，智　勇，梁　才，拜润卿，但扬清，梁　琛，刘　茜，韩旭衫，卢甜甜，杨　勇，蔡万通，周喜超，文　晶，崔立心，郭　鹏，倪赛赛，李俊游，杜　波	发明	2013.7.2	2015.3.11	ZL201310273562.9
61	MMC 型 UPQC 并联侧补偿量优化分配控制装置及方法	陆晶晶，袁　敞，张　剑，肖湘宁，徐云飞，刘先达	发明	2013.10.21	2015.3.11	ZL201310495809.1
62	一种双馈风力发电机组的对称故障穿越控制方法	刘素梅，毕天姝，薛安成，杨奇逊	发明	2013.4.11	2015.3.11	ZL201310125243.3

续表

编号	专利名称	申请人姓名	专利类别	申请日期	授权日期	专利号
63	一种浮动式发电机轮	高　鹏，郭泽慧，吕　闯	实用新型	2014.4.8	2015.3.11	ZL201420166464.5
64	一种太阳能建筑一体化窗式集热雾化装置	项宇彤，周国兵，李　韵	实用新型	2014.11.19	2015.3.18	ZL201420694341.9
65	基于灵敏度和多 Agent 的电网无功智能控制方法	王维洲，刘文颖，秦　睿，梁　才，智　勇，徐　鹏，梁　琛，吴耀浩，拜润卿，王建波，安亮亮，王久成，梁福波，李　波，邢延东，吴晓丹，刘　巍，周海洋，杨　斌	发明	2013.7.29	2015.3.25	ZL201310323143.1
66	一种结合夜间通风的窗式相变蓄冷调温装置	项宇彤，周国兵	实用新型	2014.11.19	2015.3.25	ZL201420696262.1
67	制图桌	张英杰，袁梦迪，马江江，陆铮涛	实用新型	2014.11.14	2015.4.1	ZL201420683984.3
68	带透镜的太阳能聚光充电装置	翟融融，朱　勇，罗　耿，赵苗苗，李　超	实用新型	2014.12.26	2015.4.8	ZL201420846947.X
69	充气式便携垃圾袋	王冠杰，朱永强，梁燕红，李红贤，谭伟璞	实用新型	2014.12.2	2015.4.8	ZL201420763853.6
70	添加氧气辅助点燃低挥发份煤燃烧的方法	付忠广，张永生	发明	2011.9.20	2015.4.15	ZL201110280429.7
71	直流输电线下小型接地物体表面合成电场的计算方法	崔　翔，甄永赞，卢铁兵	发明	2011.10.21	2015.4.15	ZL201110324649.5
72	利用固体磷酸催化热解纤维素制备左旋葡萄糖酮的方法	陆　强，田慧云，董长青，杨勇平	发明	2011.12.20	2015.4.15	ZL201110430742.4
73	一种基于流量预测的 GPON 动态带宽分配方法	蔡明明，唐良瑞，张琦毓，祁　兵，孙　毅	发明	2012.2.16	2015.4.15	ZL201210035467.0
74	一种利用乏燃料热量驱动斯特林发动机的发电系统	周　涛，程万旭，林达平	发明	2012.3.14	2015.4.15	ZL201210067521.X
75	基于计算流体力学模型的风电场功率物理预测方法	李　莉，刘永前，韩　爽，杨勇平	发明	2012.4.9	2015.4.15	ZL201210103707.6
76	集发电与监控于一体的航空风力发电系统	王震宇，张宇泽	发明	2012.5.15	2015.4.15	ZL201210150994.6
77	一种“O”型铅铋换热装置	周　涛，刘梦影，李精精，苏子威，邹文重，吴宜灿，柏云清	发明	2012.6.11	2015.4.15	ZL201210191966.9
78	沉降式塔式电站锅炉系统	徐　钢，许　诚，杨勇平，周璐瑶，杨志平，黄圣伟，刘　彤	发明	2012.6.27	2015.4.15	ZL201210215794.4
79	用于加热高压给水的电站锅炉烟气余热深度利用系统	徐　钢，许　诚，杨勇平，李　君，杨志平，刘　彤，尹宗齐	发明	2012.6.27	2015.4.15	ZL201210216449.2
80	一种基于磁性载氧体的固体燃料化学链燃烧系统及工艺	董长青，梁志永，覃　昊，胡笑颖，肖显斌，高　樊	发明	2012.7.6	2015.4.15	ZL201210232754.0

续表

编号	专利名称	申请人姓名	专利类别	申请日期	授权日期	专利号
81	基于飞行机器人的架空电力线路巡检数据采集方法	吴　华，董蕊芳，杨国田，柳长安，刘春阳，王江平	发明	2012.7.19	2015.4.15	ZL201210251417.6
82	一种用于超临界水堆余热排出的自然循环换热器	周　涛，陈　娟，侯周森，刘梦影，程万旭	发明	2012.8.22	2015.4.15	ZL201210301144.1
83	一种制备左旋葡萄糖酮的方法	陆　强，张智博，董长青，杨勇平	发明	2012.8.28	2015.4.15	ZL201210310970.2
84	全桥型 MMC-HVDC 子模块故障就地诊断与保护方法	赵成勇，李　探，许建中，刘文静	发明	2012.9.5	2015.4.15	ZL201210326616.9
85	110kV 以上输电线路干字型耐张塔智能视频监测装置	龚钢军，孙　毅，陆　俊，祁　兵，魏钜坛，王兴川	发明	2012.9.11	2015.4.15	ZL201210335718.7
86	一种基于指数型目标函数的抗差励磁系统参数辨识方法	李文清，张兆阳，薛安成，续　涛，章沈潜，张俊利，毕天姝，王　琮	发明	2012.9.27	2015.4.15	ZL201210374432.X
87	一种快速建立交直流混合系统小干扰状态空间模型的方法	刘崇茹，王　伟，李海峰，陈作伟，邓应松，吴旻昊，贠飞龙	发明	2012.9.28	2015.4.15	ZL201210367355.5
88	一种提高双馈入直流系统稳定性的方法	赵成勇，张岩坡，倪俊强，郭春义	发明	2012.10.25	2015.4.15	ZL201210413379.X
89	一种建立模块化多电平换流器的混合结构模型的方法	赵成勇，刘兴华，王朝亮，彭茂兰，刘济豪，郭春义	发明	2012.11.12	2015.4.15	ZL201210451918.9
90	一种通过插值卷积计算精确定位电力电缆故障位置的方法	郑　重，于　洪，刘建寅	发明	2012.11.15	2015.4.15	ZL201210461318.0
91	一种自抗扰控制器参数的整定方法	梁　庚，李　文	发明	2012.11.22	2015.4.15	ZL201210479254.7
92	一种提高锅炉烟气含氧量测量精度的方法	韩晓娟，程　成，陈跃燕，孔令达	发明	2012.11.27	2015.4.15	ZL201210491020.4
93	带有炭燃烧池的生物质锅炉高效分段控制燃烧方法及系统	史　飞，胡笑颖	发明	2012.12.11	2015.4.15	ZL201210533851.3
94	一种可扩展工作风速范围的风力发电机组	朱永强，闫　然，贾天昊，贾忧然，段春明	发明	2012.12.27	2015.4.15	ZL201210580151.X
95	一种调控 CsI（Na）晶体发光特性的方法	刘　芳，欧阳晓平，刘金良，刘　滨，程晓磊，刘　洋，胡俊鹏	发明	2013.1.10	2015.4.15	ZL201310008357.X
96	基于分隔烟道与多级空气预热的锅炉受热结构及受热方法	徐　钢，许　诚，杨勇平，方亚雄，薛志勇，王永田	发明	2013.1.31	2015.4.15	ZL201310039575.X
97	一种利用眼镜反应制备硅表面形貌可控纳米银粒子的方法	姜　冰，李美成，白　帆，余　航	发明	2013.2.28	2015.4.15	ZL201310064543.5
98	一种紧急功率支援控制方法	刘崇茹，魏佛送，陈作伟，韩民晓，刘振亚	发明	2013.4.26	2015.4.15	ZL201310150859.6
99	一种空冷凝汽器单元环形短管束顺逆流混合结构	杨立军，杜小泽，杨勇平	发明	2013.5.6	2015.4.15	ZL201310163005.1
100	一种包含水平轴轴流风机群的空冷凝汽器结构	杨立军，杜小泽，杨勇平	发明	2013.5.6	2015.4.15	ZL201310163299.8

续表

编号	专利名称	申请人姓名	专利类别	申请日期	授权日期	专利号
101	一种电动力紫外光光解原位修复装置及其修复方法	何　理，樊　星，李振通，李小萌，卢宏伟	发明	2013.5.10	2015.4.15	ZL201310170781.4
102	机端对称性故障双馈发电机阻抗电压源等效电路设计方法	郑　涛，魏占朋，刘　辉，吴林林，刘京波	发明	2013.5.14	2015.4.15	ZL201310176062.3
103	用于电压控制的 SVC 控制器及其控制方法	郭春林，杨　琳，张　非，蒋凌云，张　剑	发明	2013.5.17	2015.4.15	ZL201310184786.2
104	一种电磁屏蔽材料屏蔽效能的测试方法	焦重庆，牛　帅，李　琳	发明	2013.5.27	2015.4.15	ZL201310201395.7
105	一种玉米杆多级热解联产 5- 羟甲基糠醛、4- 乙烯基苯酚和生物油的方法	陆　强，张俊姣，叶小宁，董长青，杨勇平	发明	2013.5.28	2015.4.15	ZL201310204271.4
106	一种高干度 T 型三通气液两相流分离装置	庞力平，吕玉贤，张文妍，张琪琛，曹　勇	发明	2013.5.28	2015.4.15	ZL201310204365.1
107	大型汽轮发电机组低频振动预测优化方法	宋光雄	发明	2013.6.13	2015.4.15	ZL201310233533.X
108	一种光纤布喇格光栅风向传感系统及风向计算方法	马国明，李成榕，穆瑞峰，江　军，左　健，王　亮	发明	2013.6.17	2015.4.15	ZL201310238120.0
109	防腐抗垢的高效烟气余热回收装置	陈　林，徐　超，杜小泽，杨勇平，杨立军，徐　钢，魏高升，梁江涛	发明	2013.6.24	2015.4.15	ZL201310253579.8
110	过载保护型光纤布喇格光栅称重传感器及覆冰监测系统	马国明，李成榕，穆瑞铎	发明	2013.6.24	2015.4.15	ZL201310253743.5
111	一种褐煤提质后燃烧或掺烧系统	庞力平，曹　勇，张琪琛，张文妍，吕玉贤	发明	2013.7.29	2015.4.15	ZL201310322906.0
112	用户侧分散储能设备的实时功率分配系统和分配方法测量装置及方法	刘　念，段力铭，张建华，刘宗歧，刘　杰	发明	2013.8.21	2015.4.15	ZL201310365789.6
113	一种生物质锅炉防腐蚀剂及其制备和应用	李　季，谭　巍，杨勇平，宋景慧	发明	2013.8.22	2015.4.15	ZL201310368745.9
114	配电网故障下电动汽车换电站 V2G 运行的主动控制方法	刘　念，张颖达，张建华	发明	2013.8.28	2015.4.15	ZL201310379876.7
115	一种多能源联合发电系统运行模拟的优化方法	赵冬梅，李星宇，牟澎涛，俞勤政，李龙龙，王建峰，郭　威，金小明，张东辉，魏国清，胡剑琛，祁永福，吴　峰	发明	2013.10.10	2015.4.15	ZL201310469621.X
116	RTDS 与 SimuEngine 之间的模拟量通信接口装置	肖小清，阚伟民，宋景慧，菜　笋，冯永新，祁志远，李　飞，肖仕武	实用新型	2014.12.29	2015.4.15	ZL201420853843.1
117	一种可视化窄矩形自然循环系统	周　涛，邹文重，张　蕾，苏子威，盛　程，洪德训	发明	2012.5.10	2015.4.22	ZL201210145005.4
118	利用锅炉烟气分级预热空气与汽轮机凝结水的集成系统	徐　钢，许　诚，杨勇平，黄圣伟，杨志平，尹宗齐，刘　彤	发明	2012.6.27	2015.4.22	ZL201210216896.8

编号	专利名称	申请人姓名	专利类别	申请日期	授权日期	专利号
119	夏季用空调与太阳能热水器一体化装置	王海东，师瑞峰，王江平	发明	2012.10.12	2015.4.22	ZL201210387518.6
120	一种用于电网黑启动的 MMC-HVDC 换流站启动方法	赵成勇，李 探，王朝亮，郭春义	发明	2012.11.12	2015.4.22	ZL201210451948.X
121	一种锅炉汽包水位自适应 PID 控制方法	韩晓娟，孔令达，程 成，王笑宇	发明	2012.11.27	2015.4.22	ZL201210492396.7
122	太阳能光伏与光热耦合型太阳能电池及其耦合发电方法	张 伟，牛志愿，武超群，徐进良	发明	2012.11.27	2015.4.22	ZL201210492244.7
123	一种压水堆核电站管嘴密封连接方法	陆道纲，李宗洋，夏会宁	发明	2012.11.29	2015.4.22	ZL201210500337.X
124	一种广域阻尼自适应控制系统及其控制方法	马 静，姜宪国，王增平	发明	2013.5.31	2015.4.22	ZL201310214962.2
125	一种 PCB 板电磁辐射特性测试分析设备	高雪莲，韩 猛，王 哲，金 芳，马士杰，李 丹	实用新型	2014.12.25	2015.4.29	ZL201420836019.5
126	一种带显示功能的 PCB 板微博特性测试分析设备	高雪莲，王 哲，韩 猛，金 芳，马士杰，李 丹	实用新型	2014.12.25	2015.4.29	ZL201420835898.X
127	PCB 板电磁辐射源定位分析仪	高雪莲，金 芳，马士杰，李 丹，韩 猛，王 哲	实用新型	2014.12.25	2015.4.29	ZL201420835139.3
128	无功补偿控制器和智能电容器组的混合装置	赵国鹏，韩民晓，刘 涛，王志春	实用新型	2014.4.11	2015.5.6	ZL2014ZL20172174.1
129	一种小区停车引导系统	韩陆超，郑 策，王 晖，梁光胜，张婉意，张桔萍	实用新型	2015.1.4	2015.5.6	ZL201520001587.8
130	一种三相交叉互联电缆中间接头局部放电的在线检测方法	王伟	发明	2012.11.12	2015.5.6	ZL201210452043.4
131	一种变压器油纸绝缘套管在线监测装置	程养春，蔡 巍，王广真，龙凯华，胡 涛，李志刚	实用新型	2014.10.16	2015.5.12	ZL201420603118.9
132	双环复合传感光学电流互感器	李岩松，刘 君	实用新型	2014.12.29	2015.5.13	ZL201420854535.0
133	一种线夹回转式阻尼回转间隔棒	葛江锋，刘连光，马 芳	实用新型	2014.12.29	2015.5.13	ZL201420845566.X
134	一种电动出租车充电站有序充电系统及方法	陶 顺，李秋硕，张曦予，肖湘宁，温剑锋，唐亚迪，黄 浩，李 科	发明	2013.6.27	2015.5.20	ZL201310264204.1
135	一种基于 GPRS 的远程液氮液位监测系统	李卫国，张祥帅，焦彦俊，阳以歆，陈 艳，王 璁，陈攀峰	实用新型	2014.12.26	2015.5.20	ZL201420839060.8
136	一种基于 WIFI 无线通信的绝缘子电阻检测系统	李卫国，蔡正梓，焦彦俊，代 冲，陈 艳，刘 骁	实用新型	2014.12.26	2015.5.20	ZL201420839726.X
137	一种应用于电力杆塔的驱鸟装置	李卫国，高 寒，刘富浩，曾 臣，陈 艳，刘 骁	实用新型	2014.12.26	2015.5.20	ZL201420839458.1
138	一种基于 GPRS 的远程液氮液位监测系统	李卫国，张祥帅，焦彦俊，阳以歆，陈 艳，王 璁，陈攀峰	实用新型	2014.12.26	2015.5.20	ZL201420839060.8
139	用于热刺激电流测量的电极系统	屠幼萍，彭庆军，王劭鹤，王 璁，邹立峰，张少泉，王纪渝，黄修乾，陈先富，陈小云	实用新型	2015.1.15	2015.5.27	ZL201520027922.1

续表

编号	专利名称	申请人姓名	专利类别	申请日期	授权日期	专利号
140	两用健腹轮	李卫国，代 冲，刘文斌，刘富浩，陈 艳，王 璁	实用新型	2014.12.26	2015.6.3	ZL201420840012.0
141	一种新型直流电弧发生装置	李卫国，焦彦俊，阳以歆，贾国滨，陈 艳，孙淑艳	实用新型	2014.12.26	2015.6.3	ZL201420838998.8
142	一种基于TNY280电源控制器的小功率电源	李卫国，蔡正梓，曾 臣，张祥帅，陈 艳，王 璁	实用新型	2014.12.26	2015.6.3	ZL201420839667.6
143	一种基于DSP的直流系统绝缘在线监测装置	李卫国，贾国滨，高 寒，李志超，陈 艳，孙淑艳	实用新型	2014.12.26	2015.6.3	ZL201420839438.4
144	一种全自动油品微量水分测定仪	李卫国，曾 臣，李志超，刘文斌，陈 艳，陈攀峰	实用新型	2014.12.26	2015.6.3	ZL201420842307.1
145	利用磁性固体磷酸催化剂制备左旋葡萄糖酮的方法	陆 强，田慧云，董长青，杨勇平	发明	2011.12.20	2015.6.10	ZL201110430778.2
146	一种热电联产系统及供热方法	宋之平，杨勇平，李沛峰，戈志华，杨佳霖	发明	2012.5.18	2015.6.10	ZL201210156898.2
147	一种谢尔宾斯基海绵结构细颗粒物脱除装置	周 涛，汝小龙，林达平，王泽雷，樊昱南	发明	2012.7.12	2015.6.10	ZL201210242155.7
148	一种硅纳米线双层阵列结构材料的制备方法	李美成，白 帆，谷田生，黄 睿	发明	2012.8.3	2015.6.10	ZL201210276363.9
149	电缆隧道环境参数监测系统	杨国田，仇晓伟，柳长安，刘春阳，吴 华	发明	2012.8.24	2015.6.10	ZL201210305955.9
150	地空异构式变电站全方位巡检系统	吴 华，仇晓伟，杨国田，柳长安，刘春阳	发明	2012.8.28	2015.6.10	ZL201210310915.3
151	一种基于海量数据的缓变参数状态检测方法	曾德良，刘继伟，刘吉臻	发明	2012.9.14	2015.6.10	ZL201210343160.7
152	基于组合图元的输电网单线图自动设计方法	赵冬梅，龚 群，张 旭	发明	2012.9.17	2015.6.10	ZL201210345730.6
153	一种聚合物太阳能电池阳极修饰材料及其修饰方法	谭占鳌，李良杰，钱德平，徐 琦	发明	2012.10.23	2015.6.10	ZL201210407557.8
154	一种基于多语义分析和个性化排序的语义检索方法	马应龙，张潇澜，于 潇	发明	2012.11.26	2015.6.10	ZL201210488572.X
155	一种微型压电发电机调频方法	何 青，闫 震，杜冬梅	发明	2012.12.31	2015.6.10	ZL201210592977.8
156	一种电力变压器局部放电与产气速率关系研究实验平台及其测量方法	郑 重，郭 亮，刘少宇，卢 毅，谢丽芳	发明	2013.1.6	2015.6.10	ZL201310004942.2
157	一种表面修饰的由纳米片层组装的微米银球及其制备方法	李美成，李晓丹，姜永健，赵 兴，余 航，谷田生	发明	2013.1.9	2015.6.10	ZL201310009307.3
158	一种ZnO纳米柱和ZnO纳米片层复合结构材料的制备方法	李美成，姜永健，余 航，赵晓丹，余 悦，赵 兴	发明	2013.1.9	2015.6.10	ZL201310008117.X
159	卧推训练器发电装置	王 昊，袁之康，卢陈越，张超群，王亚男，刘思华，李 韵	发明	2013.4.3	2015.6.10	ZL201310116271.9
160	基于模糊Petri网的风电机组液压变桨系统故障诊断方法	杨锡运，李美霞，陈 嵩，肖运启	发明	2013.5.16	2015.6.10	ZL201310182102.5

续表

编号	专利名称	申请人姓名	专利类别	申请日期	授权日期	专利号
161	一种改进的热集成的燃煤电站脱碳系统及脱碳方法	徐　钢，丁　捷，唐宝强，刘文毅，杨勇平，李守成	发明	2013.5.1	2015.6.10	ZL201310214482.6
162	基于区域双类故障特征的距离III段防误动系统及方法	马　静，姜宪国，王增平，马　伟，高　翔	发明	2013.5.31	2015.6.10	ZL201310214961.8
163	多相真空抽吸强化紫外光催化光解修复系统及其修复方法	何　理，樊　星，董焕焕，潘海洋，卢宏伟	发明	2013.6.27	2015.6.10	ZL201310263654.9
164	一种相分离微通道冷凝器	孙东亮，徐进良，陈奇成	发明	2013.7.11	2015.6.10	ZL201310290608.8
165	随动实验装置过渡过程自动记忆回放系统	杨国田，张　晔，惠　晨，仇晓伟，刘　芳，于　磊，秦　硕	发明	2013.8.16	2015.6.10	ZL201310359737.8
166	微生物燃料电池强化堆肥修复石油污染土壤的方法和装置	卢宏伟，杜　鹏，何　理，任丽霞	发明	2013.12.16	2015.6.10	ZL201310688179.X
167	一种鼓泡加热一体式循环除氧装置	初　兰，李梦源，朱忠亮，孙艳宇，徐　鸿	实用新型	2015.1.20	2015.6.10	ZL201520036083.X
168	集成并行多通道回路热管的散热装置	纪献兵，徐进良，王　野	实用新型	2015.1.20	2015.6.17	ZL201520039734.0
169	一种节省脱硫塔水耗的电站褐煤流化床干燥系统	徐　钢，董　伟，陈　袁，赵世飞，马　英，刘文毅，杨勇平	实用新型	2015.1.22	2015.6.17	ZL201520041575.8
170	一种基于烟气再循环技术的电站褐煤干燥集成系统	徐　钢，赵世飞，董　伟，陈　袁，马　英，刘文毅，杨勇平	实用新型	2015.1.22	2015.6.17	ZL201520041571.X
171	筷子筒	杨金垚，谢国超，韦泱均，刘春颖，尹忠东	外观设计	2015.2.12	2015.6.17	ZL201530043422.2
172	一种钛铝基合金和钛合金的异种金属等强度接头连接方法	薛志勇，黄源珣	发明	2012.2.24	2015.6.24	ZL201210046227.0
173	基于双MCU实现的飞行机器人系统	柳长安，李　钊，吴　华，杨国田，刘春阳	发明	2012.7.11	2015.6.24	ZL201210240792.0
174	基于4摄氏度水特性的驱动控制器及其控制方法	周　涛，邹文重，苏子威，刘梦影，李云博	发明	2012.7.25	2015.6.24	ZL201210259616.1
175	改变刀盘与其回转支撑间联接半径的全断面隧道掘进机	张照煌，孟　亮，李福田，王江伟，孙　飞	发明	2012.9.27	2015.6.24	ZL201210365268.6
176	一种二氧化钛纳米多孔膜材料的制备方法	李美成，姜永健，陈　召，谷田生，黄　睿，范汇洋	发明	2013.1.9	2015.6.24	ZL201310008110.8
177	汽轮发电机组碰摩故障的弯扭耦合振动特性分析方法	何成兵，顾煜炯，王争明，刘　京	发明	2013.1.11	2015.6.24	ZL201310011221.4
178	一种基于温升热膨胀系数突变的热敏材料的非能动停堆装置	陆道纲，马文慧，衣聪慧，李雨潇	发明	2013.1.28	2015.6.24	ZL201310032285.2
179	一种低误报率的改进主元分析过程监测方法及其检测系统	邱　天，杨婷婷，牛玉广，曾德良，刘吉臻	发明	2013.3.8	2015.6.24	ZL201310075192.8
180	一种固体燃料直接化学链燃烧的装置与方法	张俊姣，董长青，陆　强，廖航涛	发明	2013.3.18	2015.6.24	ZL201310086317.7

续表

编号	专利名称	申请人姓名	专利类别	申请日期	授权日期	专利号
181	用常压 MCFC 回收燃气轮机排气中 CO_2 的复合动力系统	段立强，朱竞男，杨勇平	发明	2013.4.3	2015.6.24	ZL201310116341.0
182	一种模块化多电平换流器的子模块电容电压优化均衡方法	赵成勇，王朝亮，许建中，李　探，郑容皓，白承泽，袁　震	发明	2013.4.17	2015.6.24	ZL201310132753.3
183	用于重金属或有机物污染土壤的电动力学修复装置及方法	张一梅，张　超，陆　俊，卢宏伟	发明	2013.7.5	2015.6.24	ZL201310282521.6
184	一种硅壳钨芯加热丝及制备方法	陈诺夫，何海洋，辛雅焜，吴　强，弭　辙，白一鸣，高　征	发明	2013.8.12	2015.6.24	ZL201310349665.9
185	一种颗粒性腐蚀产物在管道内迁移和沉积测量的实验系统	陆道纲，马忠英，吴立村	发明	2013.9.4	2015.6.24	ZL201310397384.0
186	一种新型槽式太阳能再循环式集热系统	陈海平，冯　蕾，安连锁，徐　玫	发明	2013.8.30	2015.6.24	ZL201310390655.X
187	一种基于机组动态分类的多级备用协调方法	刘敦楠，姜新凡，徐玉杰，葛　睿，张思远，陈　浩，刘志刚，张文磊，刘欣明，胡　宇	发明	2013.10.23	2015.6.24	ZL201310504908.1
188	针对土壤有机砷污染的联合微波氧化复合修复系统及方法	何　理，李小萌，卢宏伟，樊　星，张一梅	发明	2013.11.20	2015.6.24	ZL201310586047.6
189	多尺度毛细芯平板环路热管式散热装置	纪献兵，徐进良，杨卧龙	发明	2013.12.16	2015.6.24	ZL201310689409.4
190	一种针对土壤中含砷有机物的多重联合修复系统及方法	何　理，李小萌，卢宏伟，李　晶，申　婧	发明	2013.12.16	2015.6.24	ZL201310687341.6
191	一种全方位联合技术修复铀污染土壤的装置和方法	卢宏玮，任丽霞，何　理	发明	2014.4.24	2015.6.24	ZL201410168041.1
192	一种燃气轮机缩尺模型实验装置	潘作为，周　超，柳亦兵	实用新型	2015.1.7	2015.6.24	ZL201520009425.9
193	一种三维光学通道电磁场移动扫描测量系统	李岩松，刘　君	实用新型	2015.3.9	2015.6.24	ZL201520134254.2
194	超导绝缘材料电气特性测试装置	屠幼萍	发明	2012.11.6	2015.6.24	ZL201210440210.3
195	考试桌（防作弊）	高青风，张　欢，时　华，彭　越	外观设计	2015.1.29	2015.6.24	ZL201530027731.0
196	纱窗	黄元媛，刘衍平	外观设计	2015.1.7	2015.6.24	ZL201530003799.5
197	考试桌（防作弊）	高青风，张　欢，时　华，彭　越	外观设计	2015.1.29	2015.6.24	ZL201530027731.0
198	筷子筒	谢国超，韦泱均，孙泽宇，刘春颖，尹忠东	实用新型	2015.1.16	2015.7.1	ZL201520031793.3
199	一种太阳能聚光光伏发电装置	朱永强，王冠杰，李红贤，蔡冰倩	实用新型	2015.4.21	2015.7.8	ZL201520239245.X
200	适用于变工况运行的电站锅炉尾部烟气余热利用系统	徐　钢，杨勇平，黄圣伟，刘　超，许　诚，刘　欢，刘文毅	发明	2012.6.27	2015.7.15	ZL201210216829.6

续表

编号	专利名称	申请人姓名	专利类别	申请日期	授权日期	专利号
201	一种呼吸式准直器	周　涛，刘　亮，李精精，李云博，何伦华	发明	2012.12.13	2015.7.15	ZL201210540842.7
202	一种槽式太阳集热器热性能动态测试装置及测试方法	侯宏娟，王梦娇，杨勇平，宋记锋	发明	2013.1.30	2015.7.15	ZL201310035468.X
203	一种混合纳米颗粒高导热性储热熔盐及其制备方法	吴　迪，刘　石，年　越	发明	2013.4.24	2015.7.15	ZL201310146451.1
204	包含两段凝结环形翅片管束和引风轴流风机的空冷凝汽器	杨立军，杜小泽，杨勇平	发明	2013.5.6	2015.7.15	ZL201310162783.9
205	一种检测在役支柱瓷绝缘子裂纹缺陷的方法	郑　重，冯　伟，黄智伟，陈校芸，刘建寅，于　洪，余　洋	发明	2013.7.9	2015.7.15	ZL201310286537.4
206	全断面隧道掘进机盘形滚刀刃宽和刃角的确定方法	张照煌，王　磊，李福田	发明	2013.10.21	2015.7.15	ZL201310495827.X
207	基于超级电容和大容量储能装置的组合式功率平抑系统	姜　彤，王静然，马　娴，陈伟丽，毕经天	发明	2012.8.28	2015.7.15	ZL201210310971.7
208	一种利用水合盐相变材料稳定过冷蓄能装置及方法与应用	周国兵，韩玉维，王雪皎	发明	2014.1.20	2015.7.15	ZL201410025949.7
209	一种考虑风电机组运行健康程度的风电场优化调度方法	肖运启，贺贯举，王昆朋，张晓航，陈敏娜	发明	2014.2.20	2015.7.15	ZL201410058574.4
210	一种光触媒过滤网	余峰涛，谭天宇，朱　月，蒋　雯，杨永明，方黄峰，杨雨默，杨天明	实用新型	2015.1.29	2015.7.22	ZL201520065239.7
211	过滤网（紫外线）	谭天宇，余峰涛，蒋　雯，朱　月，杨永明，方黄峰，杨雨默，杨天明	外观设计	2015.1.29	2015.7.22	ZL201530027666.1
212	基于全息投影技术的人机交互系统	吴　华，张怡冰，余裕璞，王旭阳，许克珂，龚彦豪，毛政中	实用新型	2015.4.27	2015.8.5	ZL201520261848.X
213	一种防积灰管式空气预热器	徐　钢，陈　袁，谢昂均，和圣杰，刘文毅	实用新型	2015.3.25	2015.8.5	ZL201520169695.6
214	一种便携式 CFB 锅炉水冷风室静压测量装置	徐　钢，陈　袁，和圣杰，谢昂均，刘文毅	实用新型	2015.3.25	2015.8.5	ZL201520170371.4
215	一种 CFB 锅炉床料流化均匀性监测系统	徐　钢，和圣杰，陈　袁，谢昂均，刘文毅	实用新型	2015.3.25	2015.8.5	ZL201520170188.4
216	一种换热器管束截距优化装置	刘文毅，侯　勇，宋晓童，李永毅，徐　钢	实用新型	2015.4.14	2015.8.5	ZL201520220322.7
217	一种氟塑料管硫渗透特性测试系统	刘文毅，侯　勇，李永毅，董　伟，徐　钢，杨勇平	实用新型	2015.4.14	2015.8.5	ZL201520221610.4
218	一种自动标定循环流化床锅炉播煤风量的皮托管系统	刘文毅，侯　勇，董　伟，李永毅，徐　钢，杨勇平	实用新型	2015.4.14	2015.8.5	ZL201520220416.4
219	大型建筑工程质量的关键工序识别与监控方法	侯学良	发明	2011.12.14	2015.8.12	ZL201110416295.7

续表

编号	专利名称	申请人姓名	专利类别	申请日期	授权日期	专利号
220	一种基于煤粉分级预燃—解热的电站锅炉燃烧器	徐 钢，丁 捷，杨勇平，张晨旭，杨志平	发明	2013.2.7	2015.8.12	ZL201310049397.9
221	基于压缩空气储能的虚拟抽水蓄能电站及储能发电方法	姜 彤，毕经天，陈伟丽，马 娴，王静然	发明	2013.2.1	2015.8.12	ZL201310042435.8
222	一种架空配电线路单相接地故障定位方法	赵志斌，姜 晨，王 芳	发明	2013.3.15	2015.8.12	ZL201310084622.2
223	局部放电特高频检测装置的标定系统和标定方法	唐志国，李成榕，许鹤林，张连根，卢启付	发明	2013.3.21	2015.8.12	ZL201310091314.2
224	利用电池储能系统平滑光伏发电系统功率的方法	韩晓娟，陈跃燕，程 成，孔令达，李相俊	发明	2013.4.7	2015.8.12	ZL201310117984.7
225	一种三维输出概率密度函数的动态建模与控制器设计方法	张金芳，许 曼	发明	2013.6.19	2015.8.12	ZL201310244539.7
226	基于异步迭代模式的电力系统分布式状态估计计算方法	张海波，易文飞	发明	2013.6.26	2015.8.12	ZL201310259914.5
227	一种串状 TiO2 微米球材料及其制备方法	李美成，姜永健，宋丹丹，张志荣，赵 兴	发明	2013.6.24	2015.8.12	ZL201310253775.5
228	一种基于中空纤维膜捕集烟气中水蒸汽的装置及方法	陈海平，兰俊杰，杜文韬，冯 蕾，周亚男，仲雅娟，马 瑞，郑 伟，苏 超，李晓磊	发明	2013.9.10	2015.8.12	ZL201310410548.9
229	半固相 Fenton 强氧化联合电动力修复砷污染土壤的系统及方法	何 理，董焕焕，卢宏伟，李 晶，潘海洋	发明	2013.12.16	2015.8.12	ZL201310688339.0
230	一种含风电场的大电网可靠性的评估方法	毛安家，高忠旭，黄昀思，陈得治，宋云亭	发明	2013.12.23	2015.8.12	ZL201310716801.3
231	网源联合仿真及其多级调度闭环控制系统	刘吉臻，张海波，王莉莉，葛丹丹，李鹏华，杨 灿，曾德良	发明	2014.1.10	2015.8.12	ZL201410012514.9
232	四旋翼飞行机器人	谢永靖，张 涛，张 纲，郑世强，常艳平	外观设计	2015.3.5	2015.8.12	ZL201530054022.1
233	一种用于废液焚烧炉的节水型液态排渣装置	肖显斌，李本善，刘 吉，何青松，张景文，赵 莉，董长青	实用新型	2015.4.8	2015.8.12	ZL201520207813.8
234	一种小型反应堆蒸汽发生器螺旋传热管固定结构	郭 昕，蔡 军，孙巧智，刘博伟，江 双	实用新型	2015.3.31	2015.8.12	ZL2015ZL20190463.9
235	核反应堆冷却剂中颗粒物的脱除装置	周 涛，方晓璐，杨 旭	实用新型	2015.4.1	2015.8.12	ZL2015ZL20194376.0
236	一种双向连续发电的新型摆式波能发电装置	宁中正，吴 杰，任桐萱，屠聪为，朱永强，谢国超，姜义虎，王冠杰	实用新型	2015.4.21	2015.8.12	ZL201520239255.3
237	高速路收费站压水发电系统	梁燕红，谢文超，朱永强，杜少飞，谭伟璞，夏瑞华，文 俊	实用新型	2015.4.21	2015.8.12	ZL201520239281.6

续表

编号	专利名称	申请人姓名	专利类别	申请日期	授权日期	专利号
238	一种光伏电池输出特性建模方法	徐永海，孔祥雨，陶　顺，曾雅文，肖湘宁	发明	2012.11.27	2015.8.19	ZL201210492358.1
239	一种喷淋式第一液态壁发生装置	陈　娟，杨　旭，周　涛，方晓璐，林平达	实用新型	2015.5.13	2015.8.19	ZL201520307963.6
240	计数式海浪波长测量装置	朱永强，王治宇，李传栋，段春明，杨名舟，罗继业，王项南，王　鑫，李　彦，路　宽	发明	2013.1.10	2015.8.26	ZL201310008817.9
241	多端统一电能质量控制器直流侧电压控制装置及方法	周　明，赵云灏，任　艺	发明	2013.7.30	2015.8.26	ZL201310326296.1
242	一种电动汽车快、慢速充电设施配置比例的计算方法	陶　顺，温剑锋，肖湘宁，章家义，李秋硕	发明	2014.1.2	2015.8.26	ZL201410001487.5
243	一种深度利用锅炉烟气余热的集成系统	徐　钢，和圣杰，侯　勇，董　伟，刘文毅	实用新型	2015.4.14	2015.8.26	ZL201520220324.6
244	一种利用太阳能辅助再沸器加热的脱碳系统	徐　钢，段栋伟，满孝增，侯　勇，胡　玥，梁飞飞，杨勇平，刘文毅	实用新型	2015.3.30	2015.8.26	ZL201520180168.5
245	一种循环流化床锅炉床温偏差反馈调节系统	徐　钢，宋晓童，侯　勇，李永毅，刘文毅	实用新型	2015.4.14	2015.8.26	ZL201520220321.2
246	一种具有热管导液装置的非能动安全壳冷却系统	陈　娟，杨　旭，周　涛	实用新型	2015.5.20	2015.8.26	ZL201520330100.0
247	一种用于气力输送粉体参数测量的光学探头防污装置	白冰	实用新型	2015.4.30	2015.9.2	ZL201520274306.6
248	一种绝热压缩空气蓄能与太阳能集成的系统	刘文毅，李　庆，满孝增，侯　勇，徐　钢	实用新型	2015.3.30	2015.9.2	ZL201520180186.3
249	一种适用于滴管炉真实烟气的腐蚀特性研究系统	刘文毅，侯　勇，梁飞飞，李永毅，徐　钢	实用新型	2015.5.13	2015.9.2	ZL201520308917.8
250	一种空冷岛风速分布测量装置	徐　钢，谢昂均，何圣杰，陈　袁，刘文毅	实用新型	2015.3.25	2015.9.2	ZL201520169936.7
251	一种新型的追光聚光定点汇集装置	郑　雄，任瀚文，张　杰，朱永强，王冠杰，李承周，石晶洋	实用新型	2015.4.23	2015.10.7	ZL201520248277.6
252	一种利用温差传感的核电站注射信号系统	周　涛，苏子威，邹文重，李精精，李云博	发明	2012.10.29	2015.10.14	ZL201210421158.7
253	一种基于 TiO2.MWNTs 复合物纳米纤维毡的气体净化装置	周　涛，陈柏旭，何逸凡	实用新型	2015.4.27	2015.10.14	ZL201520262455.0
254	一种板式蒸发空冷凝汽器	魏高升，苏然然，邢丽婧，杜小泽，杨勇平	发明	2014.6.6	2015.10.21	ZL201410250593.7
255	一种脱除烟气中砷、汞的装置及脱砷、汞的方法	张凯华，张冬雪，张　锴	发明	2013.12.31	2015.10.28	ZL201310750980.2
256	基于室内环境因素的暖气设备自动控制装置	王震宇，张文广，贾剑锋	发明	2013.12.3	2015.11.18	ZL201310642023.8

续表

编号	专利名称	申请人姓名	专利类别	申请日期	授权日期	专利号
257	磁吸附式自适应壁面移动机器人	吴　华，王　伟，曹　杰，罗智凌，支宸啸	实用新型	2015.7.7	2015.11.18	ZL201520484670.5
258	磁吸附式柔性自适应壁面移动机器人	吴　华，李文忠，王　伟，曹　杰，罗智凌，支宸啸	实用新型	2015.7.7	2015.11.25	ZL201520485658.6
259	一种用于发电机同步电抗参数辨识的 PMU 数据的筛选方法	毕天姝，张俊利，薛安成，杜贵和，陈　实，王正风，汤　伟，胡世骏	发明	2012.12.13	2015.12.2	ZL201210539499.4
260	一种同步相量测量单元 PMU 的静动态测试系统	毕天姝，刘　灏	发明	2015.12.26	2015.12.9	ZL201210575902.9
261	一种光－煤互补热发电系统	陈海平，冯　蕾，安连锁，徐　玫，马　瑞，李晓磊	发明	2013.8.30	2015.9.30	ZL201310389657.7
262	一种研究消毒后中水回用设备腐蚀影响因素的方法	李　薇，刘　磊，翟爱丰，付正辉，黄国和	发明	2013.11.12	2015.10.21	ZL201310559958.X
263	基于 MCFC 电化学法捕集 IGCC 系统中 CO_2 的复合动力系统	段立强，孙思宇，杨勇平	发明	2014.7.3	2015.10.21	ZL201410315411.X
264	汽轮发电机组轴承瓦温变化趋势实时分析方法	宋光雄	发明	2011.1.24	2015.10.21	ZL201110026025.5
265	基于 TiO2-SnO2 复合载体的 SCR 烟气脱硝催化剂及制备方法	董长青，陆　强，苏淑华，杨勇平	发明	2011.6.13	2015.10.21	ZL201110158ZL201.0
266	一种用于嬗变的高通量热中子堆堆芯	刘　滨，王　凯	发明	2012.3.28	2015.10.21	ZL201210086699.9
267	一种基于自由搜索算法的变电站优化选址方法	王志强，陈锦山，赵天阳，高丹丹，朱翰超，刘　流，蒋洪源，李盈枝，徐继凯，杨　勇	发明	2012.5.9	2015.10.21	ZL201210142110.2
268	一种适用于超临界水冷堆的水棒	周　涛，程万旭，刘　亮，陈　娟	发明	2012.9.12	2015.10.21	ZL201210336919.9
269	模糊逻辑与速度转换结合的电缆隧道巡检机器人防摆方法	吴　华，孟伶智，杨国田，柳长安，刘春阳	发明	2012.9.28	2015.10.21	ZL201210367180.8
270	考虑软件失效和人为失效的全数字化继电保护可靠性评估方法	薛安成，王　宝，罗　麟，王睿琛，毕天姝	发明	2012.10.25	2015.10.21	ZL201210412001.8
271	一种具有减反射特性的亚波长硅纳米线阵列的制备方法	李美成，黄　睿，白　帆，谷田生，姜　冰，宋丹丹，李英峰	发明	2013.1.9	2015.10.21	ZL201310007946.6
272	一种带有减震、防冲击弹簧装置的乏燃料运输容器	陆道纲，马文慧，洪　阳	发明	2013.1.28	2015.10.21	ZL201310032345.0
273	一种可使气体等温缩放的内控温液体活塞装置	姜　彤，陈伟丽，毕经天	发明	2013.3.12	2015.10.21	ZL201310077734.5
274	可变耐压级联式液体活塞装置	姜　彤，毕经天，陈伟丽	发明	2013.4.17	2015.10.21	ZL201310134389.4
275	一种基于 LSP 效应制备“弹坑状”多孔硅结构的方法	李美成，丁瑞强，戴　菡，李晓丹	发明	2013.5.16	2015.10.21	ZL201310182159.5
276	一种高性能聚合物太阳能电池阴极修饰材料	谭占鳌，李舒生，孙　刚，林　俊	发明	2013.5.21	2015.10.21	ZL201310189987.1

续表

编号	专利名称	申请人姓名	专利类别	申请日期	授权日期	专利号
277	内插丝网周期性强化换热管	徐进良，曹　桢	发明	2013.5.28	2015.10.21	ZL201310204362.8
278	基于随机布点 PMU 的电网故障识别系统及故障识别方法	马　静，姜宪国，王增平，马　伟	发明	2013.5.31	2015.10.21	ZL201310214483.0
279	定日镜反射光斑偏差校正方法	宋记锋，吴俊杰，杨勇平	发明	2013.6.18	2015.10.21	ZL201310241588.5
280	一种蒙脱土－二氧化硅超疏水涂层及其制备方法	林　俊，钱红雪，何少剑，李恒阳，胡　莎	发明	2013.7.3	2015.10.21	ZL201310277146.6
281	一种硫磺改性的热固性聚合物质子交换膜及其制备方法	何少剑，钱红雪，李恒阳，刘　鑫，林　俊	发明	2013.7.3	2015.10.21	ZL201310277150.2
282	基于阵列式声传感器的颗粒粒度分布在线测量装置及方法	胡永辉，闫　勇，钱相臣，黄孝彬	发明	2013.7.24	2015.10.21	ZL201310314857.6
283	大容量压缩空气储能高效发电系统	付忠广，卢　可	发明	2013.8.22	2015.10.21	ZL201310370213.9
284	一种组合型印制电路板电容层析成像传感器	刘　石，任思源	发明	2013.8.23	2015.10.21	ZL201310373289.7
285	一种集成式电容－超声层析成像传感器	刘　石，任思源	发明	2013.8.23	2015.10.21	ZL201310373305.2
286	利用固态氧化铅调节液态铅铋合金中氧浓度的装置及方法	牛风雷，单祖华，田　力，赵云淦，齐厚博，高　胜，吴宜灿	发明	2013.10.15	2015.10.21	ZL201310482895.2
287	一种制备高导电率多晶硅薄膜的方法	陈诺夫，吴　强，辛雅焜，何海洋，弭　辙，白一鸣，高　征，刘　虎，付　蕊，杨　博，牟潇野	发明	2013.11.5	2015.10.21	ZL201310542462.1
288	微波加热辅助阳极液淋洗强化电动力修复土壤系统及方法	何　理，董焕焕，卢宏玮，樊　星，张一梅	发明	2013.12.13	2015.10.21	ZL201310685024.0
289	一种电缆隧道巡检机器人通信系统	杨国田，吴　华，张　晔，柳长安，刘春阳	发明	2014.1.3	2015.10.21	ZL201410003633.8
290	一种板式蒸发空冷凝汽器	魏高升，苏然然，邢丽婧，杜小泽，杨勇平	发明	2014.6.6	2015.10.21	ZL201410250593.7
291	垂直布置于空冷塔周围的 V 型翅片管束空冷散热器结构	杨立军，廖海涛，杜小泽，杨勇平	实用新型	2015.3.2	2015.10.21	ZL201520122767.1
292	一种热解火焰法连续合成碳纳米管的系统	郭永红，丁开翔，孙保民，康志忠	实用新型	2015.3.9	2015.10.21	ZL201520133127.0
293	一种光伏板清洁装置	白志波，吴　杰，沈　阳，张竹沁，惠　涛	实用新型	2015.3.20	2015.10.21	ZL201520158819.0
294	一种二次再热机组省煤器变面积余热利用系统	徐　钢，李永毅，韩　宇，侯　勇，杨勇平，刘文毅	实用新型	2015.4.22	2015.10.21	ZL201520248003.7
295	一种发电厂空冷岛汇集下降管剩余能量利用装置	付旭晨，王修彦，韩　露	实用新型	2015.6.10	2015.10.21	ZL201520398842.7
296	多功能太阳能伞	谢永靖，陈　硕，尹智斌，张明智，杨　熠	外观设计	2015.3.6	2015.10.21	ZL201530054709.5
297	基于源荷协同系数的线路过负荷紧急控制系统及其方法	马　静，王　卓，高　翔，李益楠，王增平	发明	2014.3.1	2015.10.28	ZL201410073979.5

续表

编号	专利名称	申请人姓名	专利类别	申请日期	授权日期	专利号
298	基于距离保护契合因子的区域保护系统及故障识别方法	马　静，郭雅蓉，马　伟，王增平	发明	2013.10.24	2015.12.9	ZL201310508378.8
299	一种电厂 SCR 脱硝系统催化剂活性在线监测方法	付忠广，齐敏芳，曹宏芳，陈　颖，张　越	发明	2013.11.7	2015.12.9	ZL201310549775.X
300	无损式太阳电池电流—电压测试系统样品夹具	白一鸣，高　征，吴金良，陈诺夫，辛雅焜，何海洋，刘　海	发明	2013.8.1	2015.12.9	ZL201310331980.9
301	基于吸附技术的低温回转式电站烟气脱硝系统	徐　钢，杨勇平，方亚雄，许　诚，陈宏刚，张　锴	发明	2013.7.12	2015.12.9	ZL201310294191.2
302	一种用于耐磨耐蚀涂层的铁基非晶粉末及制备方法	王永田，薛志勇，宝志坚，徐　钢，古凌云，汪　洋，蒋润森	发明	2013.6.18	2015.12.9	ZL201310241966.X
303	用于配电网削峰填谷的双储能系统储能容量的优化方法	韩晓娟，张　浩，孔令达，黄　蕙	发明	2013.5.13	2015.12.9	ZL201310175242.X
304	考虑不确定信息的电网故障诊断系统的实现方法	张海波，苏炜智	发明	2013.5.31	2015.12.9	ZL201310214608.X
305	一种基于风电场流动相关性的风电场机组分组方法	阎　洁，韩　爽，刘永前，李　莉，张晋华	发明	2013.7.30	2015.12.9	ZL201310324260.X
306	火电厂厂级负荷和电压一体化自动控制系统	牛玉广，李晓明	发明	2013.3.27	2015.12.9	ZL201310102601.9
307	基于改进的灰色预测法的电力负荷预测方法	焦润海，苏辰隽，莫瑞芳，林碧英	发明	2012.8.17	2015.12.9	ZL201210295811.X
308	单片机控制系统的红外遥控器按键识别系统及其使用方法	贾静平	发明	2012.12.21	2015.12.9	ZL201210563720.X
309	一种基于背景知识的动态重构的语义检索方法	马应龙，张潇澜，宋　鹏	发明	2012.12.27	2015.12.9	ZL201210580666.X
310	一种降低风电机组机械损耗的风电场内优化调度方法	张晋华，刘永前，韩　爽，徐　强，阎　洁，顾　波	发明	2014.4.10	2015.12.9	ZL201410142894.8
311	基于关联矩阵与回路矩阵的电网拓扑分析系统及其方法	马　静，张俣妤，马　伟，王增平	发明	2014.1.6	2015.12.9	ZL201410005257.6
312	一种用于电力系统负荷特性仿真的建模方法	徐衍会，宋　歌，张蓝宇	发明	2014.4.16	2015.12.9	ZL201410153770.X
313	计及可中断负荷的多时段配电网供电恢复方法	黄弦超，杨　雨	发明	2014.4.29	2015.12.9	ZL201410177567.6
314	天然气－氧与煤粉燃烧相结合的联合循环发电系统及方法	徐　钢，赵世飞，周璐瑶，宋晓童，杨勇平，刘文毅	发明	2014.6.24	2015.12.9	ZL201410289438.6
315	一种基于多元数据融合的电压监测数据智能分析方法	齐林海，杨奇民，陶　顺，蒋　军，焦润海，马素霞	发明	2014.6.6	2015.12.9	ZL201410249532.9
316	一种变刚度柔性驱动器	胡永辉，何宇婷	发明	2014.12.12	2015.12.9	ZL201410769310.X
317	基于半导体激光器和光敏电阻矩阵的气泡检测装置	李欣泽，葛良军，莫赫超，刘凤鸣，李听听，姚志鹏，陆道纲，周世梁	实用新型	2015.8.17	2015.12.9	ZL201520620749.6

续表

编号	专利名称	申请人姓名	专利类别	申请日期	授权日期	专利号
318	一种基于STM的多通道风电机组振动数据采集系统	滕 伟，张铭元，柳亦兵	实用新型	2015.8.13	2015.12.9	ZL201520610342.5
319	基于可移动电容极板阵列的两相流探测器标定装置	陈凯平，刘乐侠，蒲正清，刘聪慧，游力仑，姚志鹏，陆道纲，周世梁	实用新型	2015.8.17	2015.12.16	ZL201520620712.3
320	一种内插分段丝网的管壳式换热器	徐进良，王子炫，曹 泷，李玉章	实用新型	2015.8.20	2015.12.16	ZL201520632027.2
321	适用于空冷机组的两级原煤干燥系统	徐 钢，董 伟，马 英，白 璞，许 诚，王春兰，杨勇平	实用新型	2015.7.13	2015.12.16	ZL201520504004.3
322	类气相预氧化结合吸收的烟气一体化脱除系统	赵 毅，郝润龙，周思涵，郭天祥，杨 硕	实用新型	2015.7.22	2015.12.16	ZL201520535934.5
323	一种测量气液两相流中空泡份额的标定实验台架	陆道纲，姚志鹏，刘乐侠，陈凯平，周世梁	实用新型	2015.7.28	2015.12.16	ZL201520555084.5
324	一种可拆分式风力发电机组塔筒	张 惠，龙 凯	实用新型	2015.7.29	2015.12.16	ZL201520561279.0
325	一种MMC子模块冗余配置及可靠性的计算方法	赵成勇，王朝亮，许建中，李 探，刘文静	发明	2012.9.12	2015.12.16	ZL201210337797.5
326	基于纹理聚类的电力塔杆图像描述方法	吴 华，叶 文，柳长安，杨国田，刘春阳	发明	2012.7.19	2015.12.16	ZL201210251160.4
327	一种自适应的继电保护装置恒定故障率计算方法	薛安成，罗 麟，王 宝，王睿琛，毕天姝，黄少锋	发明	2012.10.25	2015.12.16	ZL201210411319.4
328	直流电场测量仪的标定装置及其标定与校验方法	邹志龙，崔 翔，刘 阳	发明	2013.2.20	2015.12.23	ZL201310054272.5
329	大尺度电气设备阻抗宽频特性的时域测量方法	方 超，齐 磊，崔 翔	发明	2013.9.11	2015.12.23	ZL201310412768.5
330	用两级常压MCFC回收燃气轮机排气中CO2的复合动力系统	段立强，朱竞男，杨勇平	发明	2013.8.21	2015.12.23	ZL201310367604.5
331	一种利用可重复使用的衬底制备多晶硅薄膜的方法	陈诺夫，辛雅焜，何海洋，吴 强，弭 辙，白一鸣，高 征	发明	2013.8.7	2015.12.23	ZL201310342034.4
332	一种薄膜太阳电池Ag.Al芯壳复合纳米颗粒陷光结构的制备方法	白一鸣，辛雅焜，高 征，吴 强，何海洋，刘 海，陈诺夫	发明	2013.8.21	2015.12.23	ZL201310367670.2
333	一种模块化多电平换流器的子模块故障诊断方法	赵成勇，李 探，王朝亮，徐 洁，郑容皓，白承泽，袁 震	发明	2013.4.17	2015.12.23	ZL201310132795.7
334	一种针对中压配电网双环网接线模式的自动识别方法	刘 念，张清鑫，张建华	发明	2013.1.29	2015.12.23	ZL201310035303.2
335	一种室内相对湿度在线监测系统及湿度计算方法	沈国清，安连锁，刘伟龙，张世平，高宪波	发明	2013.6.24	2015.12.23	ZL201310253330.7
336	一种发电机转子绕组动态匝间短路故障的定位方法	李俊卿，李和明，侯纪勇	发明	20121206	20150107	ZL201210518935.X

续表

编号	专利名称	申请人姓名	专利类别	申请日期	授权日期	专利号
337	一种新能源发电的电网电压无功复合协调控制系统及方法	李　鹏，薛金明，王旭斌，李　涛，信鹏飞，李家明，潘永忠，陈建杰	发明	20130329	20150128	ZL201310114173.1
338	一种压力调谐的光子晶体光纤微波毫米波发生器	任　芝，李松涛，王慧娟	发明	20110901	20150204	ZL201110259201.X
339	一种用于风力发电机塔筒的清洗机器人	李　琦，房　静，鲁震威，刘　欢	发明	20130118	20150204	ZL201310018222.1
340	一种控制中小型斯特林机正向启动与反向工作的装置	时国华，赖小垚，张艺腾，张　翎，汪　波，程许谟	发明	20130314	20150204	ZL201310081969.1
341	一种具有圆环形反射镜的固体激光器	任　芝，李松涛	发明	20130118	20150218	ZL201310025166.4
342	一种具有圆环台形反射棱镜的固体激光器	任　芝，李松涛	发明	20130118	20150218	ZL201310025104.3
343	一种双热源跨临界二氧化碳多功能热泵系统	谢英柏，欧阳晶莹，刘春涛，王　帅，吴　宇，刘　赟	发明	20120830	20150225	ZL201210314850.X
344	一种燃气机驱动的热泵干燥装置	谢英柏，王　帅，刘春涛，吴　宇，欧阳晶莹，石　雪	发明	20120830	20150225	ZL201210314856.7
345	一种光伏电源混合储能系统	张建成，刘汉民，张改利	发明	20130425	20150225	ZL201310147371.8
346	一种用于镁法脱硫工艺的固相复合型金属催化剂	汪黎东，郭静娴，许佩瑶，李蔷薇，杨　晓	发明	20130621	20150225	ZL201310248369.X
347	一种电站锅炉主蒸汽温度全程控制方法	王东风，刘　千，江溢洋，牛成林	发明	20131118	20150225	ZL201310576564.5
348	一种黑启动方案在线自动生成方法	梁海平	发明	20140123	20150304	ZL201410036329.3
349	一种电力箱柜柜门状态智能监测方法	陈智雄，项洪印	发明	20120926	20150311	ZL201210366510.1
350	一种脉冲预泵浦瑞利 BOTDA 温度与应变的测量方法	李永倩，安　琪	发明	20121218	20150311	ZL201210550770.4
351	一种基于 PSD 的工业机器人自标定方法及装置	杜必强，席　宁	发明	20120821	20150325	ZL201210299130.0
352	一种高可靠性检测笼型异步电动机转子断条故障的方法	许伯强，孙丽玲	发明	20121130	20150325	ZL201210503118.7
353	基于布里渊散射的光纤应变和温度同时标定装置和方法	吕安强，李永倩，李　静	发明	20130121	20150325	ZL201310022704.4
354	一种 PSCAD-EMTDC 仿真模型自动生成方法	梁海平，顾雪平	发明	20140213	20150325	ZL201410050517.1
355	一种并网不上网的小型光伏发电系统及控制方法	马良玉，刘卫亮，刘长良，林永君，陈文颖，马　进，马永光	发明	20130814	20150401	ZL201310354391.2
356	一种电力系统谐波阻抗计算方法	贾秀芳，曹东升，华回春，赵成勇	发明	20120718	20150408	ZL201210250086.4

续表

编号	专利名称	申请人姓名	专利类别	申请日期	授权日期	专利号
357	基于物联网和云计算的实时互动智能用电系统及互动方法	陈　亮，王　扬，顾雪平	发明	20130121	20150408	ZL201310022317.0
358	一种冠状动脉血管壁应力和应变的估算方法	孙　正，刘　存，王健健	发明	20130422	20150408	ZL201310140122.6
359	锅炉汽温控制系统中减温水冲击导前汽温测点的动态补偿方法	田　亮，刘鑫屏，徐晨静，刘　芳，王铁华	发明	20130722	20150408	ZL201310308005.6
360	变压器局部放电定位系统及其定位方法	王子建，律方成，刘云鹏，程述一，杨海涛	发明	20120608	20150415	ZL201210193893.7
361	一种车用铅酸蓄电池故障诊断、应急点火方法	颜湘武，曲　伟，颜朴苗	发明	20121105	20150422	ZL201210433665.2
362	一种使用小功率探测器探测大功率激光束的装置及方法	李松涛，任　芝	发明	20130118	20150422	ZL201310025169.8
363	半干法烟气脱硫脱硝汞的方法	赵　毅，郝润龙，郭　青，王　涵，薛方明，郝思琪	发明	20130418	20150422	ZL201310135501.6
364	一种水式自清洁除痕板擦	慈铁军，张敬文，刘席洋，伍　洋	发明	20131028	20150429	ZL201310514306.4
365	智能送餐机器人	范孝良，谢胜利，房　静	发明	20130703	20150506	ZL201310277650.6
366	一种低噪声离心式通风机机壳	李春曦，叶学民，尹　攀，李新颖	发明	20130105	20150513	ZL201310002227.5
367	一种烟气多污染物去除装置	郭天祥，赵　毅，黄斐鹏，孙天行，杜亚荣	发明	20131012	20150513	ZL201310475468.1
368	一种变压器局部放电超声矢量阵列定位装置及其制造方法	谢　庆，陶珺函，王　兵，王亚运，刘　熊，律方成	发明	20140821	20150513	ZL201410414008.2
369	基于新型方向元件的复杂配网过电流保护时序配合方法	戴志辉	发明	20130108	20150520	ZL201310006066.7
370	非调和谐波干扰下的带有机械弹性储能的永磁电动机组控制方法	余　洋，米增强	发明	20130311	20150520	ZL201310076196.8
371	多种外部干扰下的带有机械弹性储能的永磁电动机组控制方法	余　洋，米增强	发明	20130311	20150520	ZL201310076223.1
372	一种声源定位摄像追踪装置	张东阳，张培华，林陈伟，翟俊义，袁思远，魏子辉，贾晓霞	发明	20130417	20150520	ZL201310133558.2
373	应用于火电厂脱硫循环系统的减阻剂及使用方法	马双忱，熊远南，闫　蓓，王一宁，刘席洋，吴国栋，谢桂林	发明	20130726	20150520	ZL201310319492.6
374	光伏光热集热器与燃气－蒸汽联合循环机组联合供能系统	金秀章，谢泽坤	发明	20130802	20150520	ZL201310333599.6
375	一种现场管线坡口切割机	赵　婷，贺运政	发明	20140127	20150520	ZL201410039379.7
376	环形增益介质固体激光器	任　芝，李松涛	发明	20130118	20150527	ZL201310025065.7
377	利用旋转波片抑制连续激光受激布里渊散射装置和方法	任　芝，李松涛	发明	20120322	20150603	ZL201210082478.4
378	一种 CAG 图像序列的弹性配准方法	孙　正，刘　存，刘冰茹	发明	20120412	20150603	ZL201210106492.3

续表

编号	专利名称	申请人姓名	专利类别	申请日期	授权日期	专利号
379	一种气态元素汞检测方法	郑海明	发明	20130301	20150603	ZL201310065537.1
380	一种干燥褐煤后的乏气水分回收利用换热器	李　钧，宣凌燕	发明	20130916	20150603	ZL201310421851.9
381	一种直接空冷机组空冷岛防风装置	张学镭，陈海平，安连锁	发明	20130722	20150610	ZL201310306576.6
382	电站锅炉承压部件热膨胀量在线监测装置	陈鸿伟，姜华伟，赵学斌	发明	20120621	20150617	ZL201210207375.6
383	一种基于新能源的双向互动式直流牵引供电系统	孟　明，刘　剑，王喜平，胡大龙，蒋　理，宋颖巍，刘　岩，宁辽逸	发明	20130729	20150617	ZL201310322814.2
384	小电流接地故障分区分段在线定位方法	郑顾平，李　刚，齐　郑，杨以涵，姜　超，田永超，樊志翀，曹锦纲	发明	20120208	20150624	ZL201210027405.5
385	基于布里渊散射的温度和应变同时测量方法	李永倩，李晓娟	发明	20121218	20150624	ZL201210550755.X
386	一种自助还书机	郑海明，常志腾，吴　浩	发明	20130422	20150624	ZL201310140121.1
387	大型蜗簧储能装置中蜗簧储能箱的对称式结构	王璋奇，汤敬秋，米增强，余　洋	发明	20130614	20150624	ZL201310237916.4
388	一种变电站临时地线检测装置	李燕青，谢红玲，赵　亮，王飞龙，张　乾，王永强，谢　庆，王子建，刘国平，张兰欣	发明	20120915	20150708	ZL201210340804.7
389	一种同时脱除烟气中二氧化硫、氮氧化物的元素态汞的方法	赵　毅，郝润龙，王　涵，薛方明，郝思琪，郭　青	发明	20130609	20150708	ZL201310230019.0
390	一种电压跌落发生器直流母线电压的控制方法	王　毅，孟建辉，付　超，石新春，王　慧，全成浩，刘　剑	发明	20130509	20150715	ZL201310170172.9
391	一种用于烟气脱除 CO_2 工艺的复合型有机吸收剂及其制备方法	赵　毅，李蔷薇，汪黎东	发明	20130806	20150715	ZL201310338755.8
392	一种利用太阳能对燃煤锅炉污染物进行脱除的方法及系统	韩中合，王营营，王继选	发明	20130520	20150722	ZL201310185196.1
393	一种并网型光伏发电微型逆变器及其控制方法	刘长良，刘卫亮，张会超，马良玉，陈文颖，林永君，马　进	发明	20130813	20150722	ZL201310352484.1
394	基于负序电流注入的光伏并网逆变器孤岛检测方法	戴志辉	发明	20130711	20150805	ZL201310291637.6
395	一种遥控式背负晴雨伞	周福成，唐贵基	发明	20140705	20150805	ZL201410316523.7
396	电网中线路参数和故障扰动的分析方法	董　清，颜湘武	发明	20121228	20150812	ZL201210592462.8
397	热水管道系统	祝邑尧，苑秀娥，冯秀梅，孟祥松，刘志彬，祝喜坤	发明	20130425	20150812	ZL201310147098.9
398	一种柜斗可移动的储物柜	房　静，张江河，赵路佳，杨　斌	发明	20130826	20150812	ZL201310375172.2

续表

编号	专利名称	申请人姓名	专利类别	申请日期	授权日期	专利号
399	单元制电站锅炉主蒸汽流量软测量方法	刘鑫屏，田　亮	发明	20120925	20150819	ZL201210360382.X
400	布里渊散射装置	任　芝，李松涛	发明	20130118	20150819	ZL201310025102.4
401	适用于电能质量数据交换格式的谐波污染责任的计算方法	华回春，贾秀芳，曹东升，赵成勇	发明	20130401	20150819	ZL201310114221.7
402	大型蜗簧储能装置中串联用单体式储能箱	王璋奇，汤敬秋，米增强，余　洋	发明	20130614	20150819	ZL201310237919.8
403	一种基于分布式电源的直流牵引供电系统	孟　明，刘　剑，王喜平，胡大龙，蒋　理，宋颖巍，刘　岩，宁辽逸	发明	20130729	20150819	ZL201310322813.8
404	一种合成肼基甲酸醇酯的方法	赵　毅，刘　威	发明	20140426	20150819	ZL20141070656.8
405	基于档端位移激励的架空导线舞动试验装置及试验方法	王璋奇，杨文刚，韩志杰，高林涛	发明	20120113	20150826	ZL201210021143.1
406	一种光伏电站辐照度预测值修正方法	王　飞，米增强，苏　适，刘友宽，李　萍，严玉廷	发明	20130120	20150826	ZL201310019097.6
407	配电网潮流计算中基于搜索的配电网拓扑编号生成方法	戴志辉，焦彦军	发明	20140123	20150826	ZL201410030084.3
408	用于降低轴流风机噪声的机壳	李春曦，叶学民，尹　攀，李新颖	发明	20130105	20150902	ZL201310002258.0
409	小型永磁直驱风力发电系统最大功率跟踪装置及控制方法	刘卫亮，马良玉，刘长良，林永君，马　进	发明	20130813	20150902	ZL201310350059.9
410	一种电气设备局部放电定位方法及系统	谢　庆，律方成，程述一	发明	20120530	20150909	ZL201210173231.3
411	一种双馈风力发电机组次同步振荡的抑制方法	高本锋，赵书强，卢　云，张　剑，肖湘宁	发明	20130722	20150909	ZL201310308327.0
412	文档操作题的自动组卷方法和自动阅卷方法	朱有产，瘳尔崇，秦金磊，罗贤缙	发明	20130325	20150916	ZL201310097570.2
413	一种三元掺杂二氧化钛及其制备方法与应用	王淑勤，赵　毅，赵少鹏	发明	20131226	20150916	ZL201310731517.3
414	光纤中抑制脉冲激光束受激布里渊散射的较佳方法	任　芝，李松涛，罗鸿志	发明	20120322	20151007	ZL201210082477.X
415	利用电光效应抑制脉冲激光束受激布里渊散射的装置和方法	任　芝，李松涛	发明	20120322	20151007	ZL201210082476.5
416	一种基于 MMC 的 UPQC 起动控制方法	杨用春，刘正富，盛　超，徐　柏，袁　敞，肖湘宁，陆晶晶，马明王浩	发明	20130426	20151021	ZL201310148740.5
417	一种用于负荷增容的 UPQC 拓扑电路及控制调节方法	杨用春，袁　敞，肖湘宁，刘正富，徐柏瑜，盛　超	发明	20130507	20151021	ZL201310165245.5
418	一种基于新能源的混合双向互动式直流牵引供电系统	孟　明，刘　剑，王喜平，胡大龙，蒋　理，宋颖巍，刘　岩，宁辽逸	发明	20130729	20151021	ZL201310325905.1
419	一种直接空冷凝汽器进风冷却扩压导流装置	张学镭，吴婷婷，陈海平	发明	20131204	20151021	ZL201310638639.8

续表

编号	专利名称	申请人姓名	专利类别	申请日期	授权日期	专利号
420	一种基于饱和蒸汽压法的汞标气发生器	郑海明，解东水，李广杰	发明	20140114	20151021	ZL201410015587.3
421	热力发电厂汽水管道疏水阀在线检漏装置	高建强，曲振肖，危日光	发明	20121230	20151028	ZL201210584931.1
422	一种笼型异步电动机转子断条故障检测方法	孙丽玲，许伯强	发明	20121130	20151118	ZL201210502826.9
423	一种双向互动式电气化铁路高压直流牵引供电系统	孟　明，刘　剑，王喜平，胡大龙，蒋　理，宋颖巍，刘　岩，宁辽逸	发明	20130729	20151118	ZL201310325972.3
424	一种海底光电复合缆全方位监测及故障点准确定位方法	赵丽娟，李永倩，翟丽娜	发明	20130909	20151118	ZL201310408093.7
425	一种架空线弯曲刚度测量装置	王璋奇，王　孟，巩鑫龙	发明	20131011	20151118	ZL201310471052.2
426	一种碳化钛梯度材料的制备方法	丁海民，范孝良，储开宇，李春燕	发明	20131216	20151118	ZL201310682147.9
427	光电式特高压直流绝缘子泄漏电流监测系统	刘云鹏，王　亮，郭文义，秦春旭，张瑞峰，李　聪，李锐海	发明	20120821	20151119	ZL201210297103.X
428	大型燃煤锅炉烟气流量软测量方法	田　亮，刘鑫屏，霍秋宝，武现聪	发明	20121230	20151125	ZL201210583956.X
429	一种固体或气体激光器快速稳频方法	李松涛，刘　洋，任　芝	发明	20131022	20151125	ZL201310508733.1
430	多基站协作系统中基于波束选择的用户调度方法	韩东升，尼俊红，赵　伟，陈智雄	发明	20130419	20151209	ZL201310138451.7
431	分布式网络化的光伏电池板智能跟踪装置及其控制方法	林永君，刘卫亮，马云龙，马良玉，马　进，陈文颖，刘长良，马永光	发明	20131105	20151209	ZL201310540917.6
432	一种遥控式背负晴雨伞	周福成，唐贵基	实用新型	20140705	20150107	ZL201420368112.8
433	一种基于超声波测距的防皮带撕裂装置	周福成，唐贵基	实用新型	20140705	20150107	ZL201420368111.3
434	一种基于激光二极管的局部放电光电检测系统	刘云鹏，王　剑，赵　涛，裴少通，刘贺晨，李世延	实用新型	20140721	20150107	ZL201420402664.6
435	压电式发电地毯	虞熠鹏，贺莎莎，蔺小龙，钱　辉，王修武	实用新型	20141022	20150107	ZL201420609187.0
436	一种用于模拟忆阻元件的实验装置	李力行，梁涵卿，董文凯，季一宁，邓忻依	实用新型	20140725	20150114	ZL201420414243.5
437	一种用于人工气候室的气水喷雾加湿系统	刘云鹏，耿江海，周松松，王晶晶	实用新型	20140807	20150114	ZL201420441377.6
438	一种具有良好散热效果的 LED 灯	田　巍，刘彦丰，杨军伟，付晓俊	实用新型	20140822	20150114	ZL201420475214.X
439	一种限声门铃电路	苏晓红，岳　娜，刘　哲，贾秀芳	实用新型	20141011	20150114	ZL201420585066.7
440	一种基于四轴飞行器的火电厂盘煤测绘装置	田艺琼，王　恺，卢谋芝，房　静	实用新型	20140926	20150121	ZL201420559733.4

续表

编号	专利名称	申请人姓名	专利类别	申请日期	授权日期	专利号
441	一种访客免遗漏及防盗式门铃	苏晓红，岳　娜，刘　哲，贾秀芳	实用新型	20141011	20150121	ZL201420587616.9
442	汽轮机仿生减振静子叶片	王庆五，付文锋	实用新型	20140829	20150128	ZL201420490869.4
443	一种分段组合式自行车车把	黄增浩，杨　勃，张晓洁，李　琦	实用新型	20141013	20150128	ZL201420592842.6
444	一种激光器驱动电路	李松涛，赵爱林，高亚鉴，张晓红	实用新型	20140827	20150204	ZL201420499838.5
445	一种35KV以下配电线电缆接地远程监视装置	任　芝，李松涛	实用新型	20140827	20150204	ZL201420499840.2
446	一种小型上吸式生物质气化炉连续密闭加料装置	王华胜，彭　越，韦冬梅，王江江	实用新型	20140909	20150204	ZL201420524500.0
447	一种研究刚体平衡类型的趣味教具	杨文刚，孙　岑，张晨浩，傅家伟	实用新型	20141125	20150204	ZL201420713886.X
448	一种混合气体配制装置	郑海明，李广杰	实用新型	20140930	20150218	ZL201420573573.9
449	一种具有随机扰动功能的电能质量试验装置	李建文，齐　飞，李永刚	实用新型	20141111	20150225	ZL201420668983.1
450	无线路由器防护与信号增强装置	韦世盛，郭佳熠，王凯强，苑东伟	实用新型	20141126	20150225	ZL201420717882.9
451	一种报警装置	韩东升，车辚辚，孙景芳	实用新型	20140901	20150304	ZL201420499683.5
452	新型双向海浪冲击双转子电机发电装置	翟俊义，任建文，渠卫东，刘献超	实用新型	20140929	20150304	ZL201420565034.0
453	一种电厂用直接空冷凝汽器散热单元	程友良，胡宏宽，任泽民	实用新型	20141017	20150304	ZL201420603193.5
454	一种集成发电和储能功能的楼梯装置	段　巍，曹应平，庞圣养，陈　杰，雒富强，陈文东，谢工力，肖　遥	实用新型	20141114	20150304	ZL201420684047.X
455	一种公交车自发电系统	段　巍，曹应平，陈　杰，庞圣养，陈文东，雒富强，何　勇	实用新型	20141114	20150304	ZL201420683029.X
456	一种易拉罐压缩器	王博闻，孟凡奇，范晓舟，齐　岩	实用新型	20140927	20150311	ZL201420558947.X
457	种室内照度控制系统	王雅宁，赵建立，周　敏，于　浩，潘子春，王　伟	实用新型	20141017	20150311	ZL201420601788.7
458	机械夹固车刀可调整断屑装置	吴学华，曲默丰，王进峰	实用新型	20141021	20150311	ZL201420627677.3
459	可远程自动校正的氧化锆氧量测量装置	董　泽，于金生，延　寒，李　哲	实用新型	20141009	20150318	ZL201420580320.4
460	自供电智能水表	于东立，王斯妤，刘浩东	实用新型	20141209	20150318	ZL201420766961.9
461	一种多功能组合灯具	王博闻，孟凡奇，范晓舟，齐　岩	实用新型	20141105	20150325	ZL201420653120.7
462	一种自动控温电热衣	师昭蓉，张小梅，邢佳妮	实用新型	20141117	20150401	ZL201420690308.9
463	一种M-BUS主机收发机制模块	杨耀权，张新胜	实用新型	20141124	20150401	ZL201420711781.0

续表

编号	专利名称	申请人姓名	专利类别	申请日期	授权日期	专利号
464	一种省力钳	曲默丰，宫庆坤，黄靖云，王进峰，刘　明	实用新型	20141107	20150408	ZL201420685095.0
465	路灯自动控制系统	陈　蕊，余　铮，李松涛	实用新型	20141219	20150408	ZL201420814148.4
466	一种基于WIFI网络和3G网络的光伏电池数据采集装置	程兰	实用新型	20141226	20150408	ZL201420836846.4
467	一种利用循环水余热耦合传统暖风器预热空气的系统	高正阳，杨朋飞，吉　硕，吕少昆，孟欣欣，赵　航	实用新型	20140529	20150415	ZL201420280719.0
468	一种理论力学教具	孙　岑，张晨浩，傅家伟，杨文刚	实用新型	20141116	20150415	ZL201420698964.3
469	一种室内温度湿度调控器	刘　洋，杨宇轩，陈　蕊，张子龙	实用新型	20140829	20150422	ZL201405000037.6
470	基于多种新能源的海岛智能发电系统	程友良，池浩湉，赵明曦，钟汕林	实用新型	20141027	20150422	ZL201420624002.3
471	一种用于陶瓷过滤器的自动防故障装置	赵　毅，刘　侃	实用新型	20141111	20150422	ZL201420669017.1
472	一种用于输电线路在线监测系统的电源设计	催泽宇，邓莉荣，印　昊	实用新型	20141017	20150429	ZL201420602885.8
473	一种断路器动触头运动特性检测中的定标及追踪灯装置	赵书涛，赵现平，葛玉敏，程志万，崔克彬	实用新型	20141223	20150506	ZL201420829719.1
474	一种插接可靠的电源插座	李演达，刁永锴，梁承华，宋立琴，吕奕成，杨晓舟，钱云冲	实用新型	20141231	20150506	ZL201420863992.6
475	一种基于吸热反应的制冷风扇	黄靖云，宫庆坤，曲默丰，刘松涛	实用新型	20141107	20150513	ZL201420685093.1
476	一种低阻输油管道	虞熠鹏，于东立，王斯妤，高正阳	实用新型	20141217	20150513	ZL201420795924.0
477	应用于制冷系统中的径向式叶轮发电节流装置	高　媛，纪安仕，左浩宇，张朋宇，高建强	实用新型	20141218	20150513	ZL201420803613.4
478	一种节能制冷系统	左浩宇，高　媛，纪安仕，张朋宇，高建强	实用新型	20141218	20150513	ZL201420803682.5
479	一种锂离子电池短路测试夹具	吕晓娟	实用新型	20141224	20150513	ZL201420829746.9
480	一种适用于锂电池检测设备的夹具	吕晓娟	实用新型	20141224	20150513	ZL201420828727.4
481	一种洗漱间节能系统	邢佳妮，郭佳熠，陈嘉敏，赵书强	实用新型	20141215	20150520	ZL201420789224.0
482	一种电磁触发式高压固态开关的触发回路	裴少通，刘云鹏，王资博，钟　平，刘贺晨，王　畅，张嗣琦	实用新型	20150121	20150520	ZL201520039338.8
483	一种光纤触发的高压固态开关	钟　平，刘云鹏，裴少通，王资博，王　畅，刘羽希	实用新型	20150121	20150520	ZL201520039245.5
484	一种电磁触发式高压固态开关的高压回路	钟　平，刘云鹏，裴少通，刘贺晨，王资博，王　畅，庞予童	实用新型	20150122	20150520	ZL201520042984.X

续表

编号	专利名称	申请人姓名	专利类别	申请日期	授权日期	专利号
485	一种用于小型水轮发电机组调速器的综合测量装置	王印松，邓天白	实用新型	20141109	20150527	ZL201420662273.8
486	一种输电线激光驱鸟装置	李松涛，任　芝	实用新型	20141118	20150527	ZL201420711175.9
487	应用于制冷系统中的叶轮式发电节流装置	左浩宇，高　媛，纪安仕，张朋宇，高建强	实用新型	20141218	20150527	ZL201420803686.3
488	一种叶轮机叶片动态应变测量系统	鞠佃军，安子浩，付佳良，刘　洋，李松涛，关荣华	实用新型	20150114	20150527	ZL201520032273.4
489	一种车载智能防撞系统	刘　洋，鞠佃军，马　冲，李得第	实用新型	20140829	20150603	ZL201420500036.1
490	一种嵌入式风光互补空气净化器	陈永业，任玉成，黄家栋	实用新型	20141121	20150603	ZL201420717426.4
491	一种适用于重型柴油机械的尾气余热利用装置	肖一鸣，韩　炜，孙　岑	实用新型	20141230	20150603	ZL201420854787.3
492	一种具有较高转换效率的波浪发电装置	李演达，杨晓舟，钱云冲，刁永锴，吕奕成，李飞宇，于新杰，伏泽来	实用新型	20141231	20150603	ZL201420861520.7
493	应用于即热式饮水机的防干烧装置	黄湘云，张占喜，施凯伦，王怡聪	实用新型	20141231	20150603	ZL201420863667.X
494	丝杆压力发电摇椅	吉瑞芳，吴天琦，吴晓东，范文杰，严思奇	实用新型	2150121	20150610	ZL201520041264.1
495	一种用于电力工业高反应率的污染气体净化系统	於慧敏，卢锦玲	实用新型	20141211	20150610	ZL201420775537.0
496	一种低损耗高效率的电力工业污染气体净化系统	於慧敏，卢锦玲，何振民，魏方园，王　阳，杨　月	实用新型	20141211	20150610	ZL201420775878.8
497	一种风力发电机塔架	程友良，薛占璞，杨国宁	实用新型	20141211	20150617	ZL201420777451.1
498	一种空冷凝气器管排散热器的辅助降温装置	程友良，任泽民	实用新型	20141211	20150617	ZL201420777386.2
499	一种用于无刷双馈电机的控制装置	李　冰，卢伟甫，段琦玮，刘　石	实用新型	20141221	20150617	ZL201420810423.5
500	一种多功能空气净化台灯	任玉成，陈永业，黄家栋	实用新型	20150104	20150617	ZL201520010813.9
501	一种三相励磁涌流抑制装置	李松涛，任　芝	实用新型	20140827	20150624	ZL201420499839.X
502	一种太阳能移动 WiFi 装置	陈永业，任玉成，黄家栋	实用新型	20150105	20150624	ZL201520021489.0
503	八元方框形超声阵列传感器固定装置	赵明曦，陶珺函，曹晟哲，李　雪，李　通，刘绪英，刘　丹，谢　庆	实用新型	20150217	20150624	ZL201520114086.0
504	一种便携式氚化水采样装置	于国梁，汪伟建	实用新型	20150314	20150624	ZL201520155298.3
505	一种采用开合角卷边角钢的输电铁塔	江文强，张子阳，王璋奇，安利强	实用新型	20141209	20150701	ZL201420767321.X
506	一种基于双层热管结构的 LED 散热装置	赖华盛，张　夏，洪森权，刘彦丰	实用新型	20150105	20150701	ZL201520015825.0
507	一种汽车尾气除尘装置	赵梦雅，王鹏程，梁志瑞	实用新型	20150123	20150701	ZL201520045797.7
508	一种地铁风能利用装置	赵梦雅，王鹏程，章少山，梁志瑞	实用新型	20150123	20150701	ZL201520045769.5

续表

编号	专利名称	申请人姓名	专利类别	申请日期	授权日期	专利号
509	一种新型电子机械钥匙和配套锁孔	赵梦雅，王鹏程，章少山，梁志瑞	实用新型	20150123	20150701	ZL201520045739.4
510	基于文丘里效应的环保风力涡轮发电装置	刘兴杰，魏安安，徐 瑞，陈 健，鞠佃军	实用新型	20150126	20150701	ZL201520058160.1
511	一种新型空调过滤器	刘志坚，靳光亚，李 非	实用新型	20150127	20150701	ZL201520063744.8
512	一种新型室内空气净化器	刘志坚，靳光亚，李 非	实用新型	20150127	20150701	ZL201520063856.3
513	一种新型空调系统	刘志坚，靳光亚，李 非	实用新型	20150127	20150701	ZL201520063745.2
514	一种基于网络分析仪的电容分压器宽频阻抗测量系统	王 平，张广勇，李慧奇	实用新型	20150312	20150701	ZL201520141187.7
515	具有抑制横向激射功能的玻璃基质激光棒	任 芝，赵一名，梁嘉娣，蒋 畅	实用新型	20141027	20150708	ZL201420638185.4
516	一种用于输电线的激光驱鸟器	李松涛，任 芝	实用新型	20141210	20150708	ZL201420792333.8
517	一种带有中空式螺旋式翼板的电力工业尾气净化系统	於慧敏，卢锦玲	实用新型	20141211	20150708	ZL201420775822.2
518	一种用于窗户的防冻装置	周新丽，张凤南，刘颖超	实用新型	20150107	20150708	ZL201520008586.6
519	输电线路上灰密检测装置及方法	李松涛，任 芝	实用新型	20150313	20150708	ZL201520151417.8
520	一种具有较高转换率的悬浮式发电装置	胡皓玮，张朋宇，王亚祝，李永刚	实用新型	20141231	20150715	ZL201420861106.6
521	一种麻花钻清扫装置	王进峰，范孝良，吴学华	实用新型	20150121	20150715	ZL201520054434.X
520	一种颗粒传热实验装置	王鹏程，赵梦雅，刘彦丰	实用新型	20150123	20150715	ZL201520045714.4
521	一种室内自然加湿装置	刘彦丰，王鹏程，赵梦雅，章少山	实用新型	20150123	20150715	ZL201520045952.5
522	一种便携式温差发电装置	王鹏程，赵梦雅，刘彦丰，章少山	实用新型	20150123	20150715	ZL201520045783.5
523	一种海上温差发电装置	刘彦丰，王鹏程，赵梦雅，章少山	实用新型	20150123	20150715	ZL201520045953.X
524	一种输电线路弧垂快速测量装置	王璋奇，黄增浩，古珊珊，刘 佳，李海超	实用新型	20150203	20150715	ZL201520072215.4
525	一种用于煤质工业分析的自动取煤制样装置	郭泰成，陈 亮，肖坤玉，杨 帆，王春波，郭永成，李新号	实用新型	20150305	20150715	ZL201520130187.7
526	用于煤质工业分析的坩埚清扫装置	郭泰成，陈 亮，肖坤玉，杨 帆，王春波，郭永成，李新号	实用新型	20150305	20150715	ZL201520129241.6
527	用于煤质工业分析的瓷舟自动冷却吹扫装置	陈 亮，郭泰成，肖坤玉，杨 帆，王春波，郭永成，李新号	实用新型	20150305	20150715	ZL201520130188.1
528	一种用于挥发分测量的坩埚自动加盖装置	郭泰成，陈 亮，肖坤玉，杨 帆，王春波，郭永成，李新号	实用新型	20150305	20150715	ZL201520126850.6
529	一种新型煤粉取样装置	陈 亮，郭泰成，肖坤玉，杨 帆，王春波，郭永成，李新号	实用新型	20150305	20150715	ZL201520127933.7

续表

编号	专利名称	申请人姓名	专利类别	申请日期	授权日期	专利号
530	输电线路绝缘自动包裹装置	吴　鹏，赵星驰，王润芳，朱晓光，房　静	实用新型	20150306	20150715	ZL201520130268.7
531	一种多功能饮水机	施凯伦，张占喜，朱存远，黄湘云，李松涛	实用新型	20150316	20150715	ZL201520147560.X
532	一种雾霾环境下户外呼吸防护装置	孟　冲，李济东，程　兰，韩中和	实用新型	20150124	20150722	ZL201520068499.x
533	一种基于斯特林发电机的电脑余热回收发电装置	张冠群，石梦舒，杨睿鹏	实用新型	20150310	20150722	ZL201520134139.5
534	一种滚动轴承组合故障模拟实验台	何玉灵，邓飞跃，周展徽，祝润生，谢林昊	实用新型	20150409	20150722	ZL201520207119.6
535	一种基于无线网络环境的LED驱动管理系统	张京席，戚宇林	实用新型	20150423	20150722	ZL201520250978.3
536	一种太阳能与热电联产互补的供热系统	张伊甸，许佳欢，吴　科	实用新型	20150313	20150729	ZL201520143327.4
537	一种船用明轮推进器	王睿豪，李庆浩，赵　霖，韩中合	实用新型	20150319	20150729	ZL201520155970.9
538	基于LC振荡电路的压力变送器	刘智远，钱江波，陈飞雄，王洪跃	实用新型	20150428	20150729	ZL201520265439.7
539	可伸缩的污水罐液位监测装置	朱晓光，柯孟强，赵路佳，吴　鹏，王江伟	实用新型	20141202	20150805	ZL201420744032.8
540	一种电磁触发式高压固态开关	裴少通，刘云鹏，王　畅，王资博，赵路佳，钟　平，刘贺晨	实用新型	20150121	20150805	ZL201520039336.9
541	一种四路隔离输出的IGBT驱动模块及其电路板	钟　平，刘云鹏，裴少通，王资博，赵路佳，王　畅	实用新型	20150122	20150805	ZL201520043057.X
542	一种可充分利用涂料的喷涂工具	李　召，肖坤玉，许白强，黄湘云，李冠军，周鹏举，熊　茜	实用新型	20150301	20150805	ZL201520120356.9
543	一种刹车盘热能发电系统	梁大为，张　婕，邢法财，张伊甸，石　磊	实用新型	20150312	20150805	ZL201520140351.2
544	一种汽车刹车盘余热发电装置	徐　岩，梁大为，张　婕，邢法财，张伊甸，石　磊	实用新型	20150313	20150805	ZL201520143088.2
545	一种用于（n，xn）截面测量的多层裂变电离室装置	于国梁，汪伟建	实用新型	20150314	20150805	ZL201520155299.8
546	一种螺旋形芒刺放电极	王丽丽，齐立强，李　军，钱　辉，杨莫愁，殷子沛，曾　芳，张敬红	实用新型	20141213	20150812	ZL201420825322.5
547	一种螺旋型芒刺放电极	王丽丽，齐立强，李　军，钱　辉，杨莫愁，殷子沛，曾　芳，张敬红	实用新型	20141213	20150812	ZL201420825322.5
548	一种风光储热式冷热电联供系统	任玉成，陈永业，黄家栋	实用新型	20150104	20150812	ZL201520010755.X
549	一种VM循环热泵发电装置	谢英柏，刘静雯，陈健阳，邓小冬，赵金荷	实用新型	20150204	20150812	ZL201520077052.9

续表

编号	专利名称	申请人姓名	专利类别	申请日期	授权日期	专利号
550	一种适用于清洗釜的硅片夹持装置	靳光亚，王　娅，王佳鹏，朱松阳，吕　媛，程友良	实用新型	20150407	20150812	ZL201520202937.7
551	一种电脑散热器	姚万业，杨金彭，张超峰	实用新型	20150508	20150812	ZL201520303806.8
552	烟气循环流化床联合脱汞脱砷装置	高　鹏，杨勇平，赵丹阳，张　锴，高建强，陈鸿伟，闫顺林，高彬彬	实用新型	20150413	20150819	ZL201520218505.5
553	一种发电厂的集中供风空冷岛	程友良，任泽民，董晓瑞	实用新型	20150415	20150819	ZL201520226171.6
554	一种用于凝汽器胶球清洗系统中的收球网装置	李永华，王学欣，张宇潇，韦康怡，张亚萌，尹云龙，李　鹏，李　芳，张春旺，付晓俊，张奥斐	实用新型	20150421	20150819	ZL201520240441.9
555	一种半导体硅片清洗釜	靳光亚，王佳鹏，王　娅，朱松阳，吕　媛，程友良	实用新型	20150519	20150819	ZL201520322497.9
556	一种具有逼真效果的生日电子蜡烛	胡怡霜，陈玉婷，展瑞琦，卢静怡	实用新型	20150508	20150829	ZL201520293367.7
557	基于余热利用的丝瓜瓤嵌入式智能收发洗碗系统	程友良，周　芸，池浩湉，冯雪松，赵国谨，饶雄文，金文华，张国英，唐　年，吉邵丁	实用新型	20150424	20150902	ZL201520252458.6
558	一种适用于多位体态的可调式便携阅读架	唐贵基，何玉灵，刘奕坤，韦世盛，王　源	实用新型	20150429	20150902	ZL201520268332.8
559	便携式臭氧浓度在线监测装置	郑海明，姚鹏辉，陈寨辉，李长朝，杨婧君	实用新型	20150512	20150902	ZL201520302989.1
560	一种基于马格努斯效应的海流能发电装置	程友良，雷　朝，赵洪嵩	实用新型	20150512	20150902	ZL201520302550.9
561	一种空中漂浮式风力发电机	程友良，薛占璞，史亚骏，杨国宁	实用新型	20150513	20150902	ZL201520306476.8
562	一种新型的煤粉点火装置	程友良，周安鹏，缪伦奇，管逸鹏	实用新型	20150520	20150902	ZL201520325063.4
563	一种可用于低负荷下煤粉炉的微波助燃系统	程友良，周安鹏，缪伦奇，管逸鹏	实用新型	20150520	20150902	ZL201520325070.4
564	一种用于臭氧浓度监测试验中的加湿装置	郑海明，姚鹏辉，李长朝，陈寨辉	实用新型	20150519	20150903	ZL201520320136.0
565	一种金属陶瓷电除尘器	齐立强，崔少平，王丽丽，曾　芳	实用新型	20141213	20150909	ZL201420825300.9
566	一种牛奶快速冷却装置	梁雪琪，李林洪，邹培根，刘彦丰，刘一菲，王博闻	实用新型	20150123	20150909	ZL201520045954.4
567	一种新型无动力吸尘黑板擦	李依霖，郑国忠，张丹丹，曹　萋	实用新型	20150504	20150909	ZL201520277679.9
568	一种电缆隧道机器人	邢迪雄，吴　鹏，庄文秀，黄虹霖，吴芝浩，房　静，周子杰，王焕捷	实用新型	20150527	20150909	ZL201520346519.5
569	一种功冷联供系统	杨先亮，黄文辉，时国华	实用新型	20150128	20150916	ZL201520072229.6

续表

编号	专利名称	申请人姓名	专利类别	申请日期	授权日期	专利号
570	一种集热系统	靳光亚，刘志坚，崔　薰，刘腾克，王宗武，李　夕	实用新型	20150408	20150916	ZL201520216104.6
571	一种制动器刹车片试验机	张　超，张　雄	实用新型	20150529	20150923	ZL201520361857.6
572	一种自动纱窗门	刘志坚，孟令琳，王晓妍	实用新型	20150722	20150923	ZL201520264818.4
573	输电线路交叉跨越距离测量装置	仝卫国，韩晓坤	实用新型	20150119	20150930	ZL201520034879.1
574	开式地表水源热泵取水装置	刘志坚，李　非，靳光亚	实用新型	20150203	20151007	ZL201520076416.1
575	一种余热回收高温热泵机组	刘志坚，孟令琳，王晓妍	实用新型	20150428	20151007	ZL201520264735.2
576	高压输配电线路在线监测设备的供电装置和系统	谢志远，毕亭亭，王力崇	实用新型	20150616	20151007	ZL201520414753.7
577	一种城市公交车制动能量回收利用系统	杨　烁，赵　健，戴海涛	实用新型	20150515	20151014	ZL201520312383.6
578	用于DEH管道系统流体压力稳定及脉动消减的装置	韩中合，朱霄峋，钱江波	实用新型	20150508	20151028	ZL201520292237.1
579	一种具有保温防冻效果的太阳能热水装置	程友良，杨国宁，韩　健，杜尚任	实用新型	20150430	20151104	ZL201520272754.2
580	一种深度节电型普适智能充电器	李雅晶，闫保如，黄湛林，陈士超，房　静，叶学民	实用新型	20150706	20151111	ZL201520478561.2
581	光伏光热集热器辅助燃煤机组的混合发电系统	陈海平，于鑫玮，鲁光武，高　沛	实用新型	20130802	20151118	ZL201310333611.3
582	一种具有清洗功能的太阳能电池板	梁芷睿，余小梦，朱茂玮，李　虹	实用新型	20150701	20151118	ZL201520460759.8
583	一种火焰温度试验测量器	苏　杰，张　楠，王旭光	实用新型	20150702	20151118	ZL201520468123.8
584	喷雾器加电装置	赵文杰，邸　帅，吕　猛	实用新型	20150715	20151118	ZL201520512964.4
585	一种热机驱动VM循环热泵的分布式能源系统	谢英柏，邓小冬，周博滔，赵金荷，刘静雯	实用新型	20141225	20151125	ZL201520830965.9
586	一种新型气流式窗户	刘志坚，朱烨璇，祝遵强	实用新型	20150713	20151125	ZL201520503312.4
587	一种应对雾霾天的空调进风系统	刘志坚，任清清，杨　帆	实用新型	20150810	20151202	ZL201520597777.0
588	一种智能化室内新风进风系统	刘志坚，任清清，杨　帆	实用新型	20150810	20151202	ZL201520597778.5
589	宽输入全桥多功能驱动板	王永强，王　壮，敖晓凭	实用新型	20150906	20151223	ZL201520682673.X
590	汽车后视镜	马　帅，马昊坤	外观设计	20141117	20150506	ZL201430453426.3
591	LED路灯	马　帅，马昊坤	外观设计	20141117	20150506	ZL201430451915.5
592	爿椅	邓小姝，张国英，王耀福，陈泽帆，王　岚	外观设计	20150120	20150527	ZL201530016495.2
593	多用电吹风机	刘　鹏，王　勇，康　辉	外观设计	20150326	20150610	ZL201530075589.7
594	折叠儿童床	周　硕，王　勇，康　辉	外观设计	20150326	20150617	ZL201530074994.7
595	履带爬行运水机	王　勇，周　硕，汪　钰，康　辉	外观设计	20150326	20150617	ZL201530075436.2
596	超声波巡检小车	贺运政，李　轮，张钰淇	外观设计	20150101	20150624	ZL201530004891.3
597	婴儿床	姚小清，王耀福，张国英	外观设计	20150120	20150624	ZL201530016355.5
598	菠萝削皮机	王　勇，汪　钰，尹　涛，康　辉	外观设计	20150326	20150624	ZL201530074993.2

续表

编号	专利名称	申请人姓名	专利类别	申请日期	授权日期	专利号
599	变电站巡检机器人	刘　佳，郝承承，吴　鹏，房　静	外观设计	20141217	20150805	ZL201430531979.6
600	口袋式验钞机	王　勇，汪　钰，刘　鹏，康　辉	外观设计	20150326	20150805	ZL201530075465.9
601	方形灭火器	迟耀东	外观设计	20150403	20150805	ZL201530086376.4
602	水杯	王　勇，马昊坤，汪　钰，康　辉	外观设计	20150326	20150826	ZL201530075511.5
603	一种可自由出入人员的多功能桌椅	何玉灵，刘　佳，蒋玉壶，陈柳桥，贾淑惠	外观设计	20150402	20150923	ZL201530084503.7

华北电力大学2015年科研成果鉴定情况一览表

序号	成果名称	完成人	组织鉴定单位	鉴定形式	鉴定时间	鉴定结论
1	大型电站锅炉燃烧温度场声学测量方法及应用研究	安连锁1，沈国清2，张世平3，姜根山4，陈海平5，吴智泉6，杨祥良7，李庚生8	教育部科技发展中心	会议鉴定	2015-1-24	国际领先
2	环境风影响下直接空冷凝汽器的性能及空冷岛加装防风网的实践	陈海平1，张学镭2，安连锁3，沈国清4，刘广建5	教育部科技发展中心	会议鉴定	2015-1-24	国际先进
3	源网联合调度控制仿真系统研究与开发	刘吉臻1，张海波2，曾德良3，葛丹丹4，毕天姝5，牛玉广6，王　玮7，段新会，赵　征9，吴润泽10，张文广11，李　青12，张　鹏13，胥国毅14，董　青	中国电机工程学会	会议鉴定	2015-8-22	国际先进
4	电动汽车充电基础设施建设关键技术研究及大规模示范应用	肖湘宁2，郭春林3，颜湘武8，刘念11，李岩松12，刘文霞13，陶顺14，徐永海15	中国电机工程学会	会议鉴定	2015-5-17	国际先进

华北电力大学2015年校企（地、校）合作情况一览表

合作单位	合作时间	合作领域
华北电力大学与九州方圆实业控股（集团）有限公司	4月10日	根据协议，双方进行人才培养、科学研究、科技成果转化、教育培训等产学研合作，实现双方优势互补
华北电力大学与扬中市人民政府	4月15日	根据协议，双方建立全面战略合作伙伴关系，共建智能电气研究院，华北电力大学在人才培养、科技创新、人员与学术交流等方面发挥自身优势与扬中市开展深层次合作
北京高科大学联盟与秦皇岛市人民政府	6月28日	根据协议，双方共建北京高科大学北戴河新区科研成果转化基地，在教学、科研、成果转化等领域开展深入合作
华北电力大学与山西大学	7月15日	根据协议，双方将在学科建设、人才培养、科学研究等领域开展广泛合作，促进山西大学能源电力学科的崛起，加快华北电力大学高水平综合性大学的建设进程，更好支撑山西省能源电力事业的创新发展与科学发展，为山西经济社会更好更快发展做出更大的贡献

续表

合作单位	合作时间	合作领域
华北电力大学与新疆生产建设兵团十二师、大航控股集团有限公司	8月14日	根据协议，三方共建新能源微电网示范中心，结合新疆生产建设兵团十二师乌鲁木齐工业园区的产业发展，三方共同打造具有国家示范效应、具有国际竞争力、具有绿色智能特色的兵团新能源微电网示范中心

2015年华北电力大学理事会理事单位名单

国家电网公司
中国南方电网有限责任公司
中国华能集团公司
中国大唐集团公司
中国华电集团公司
中国国电集团公司
国家电力投资集团公司
中国电力企业联合会
华北电力大学

（吴良器）

2015年华北电力大学校办企业名录

序号	公司名称	成立时间	地址	主要产品
1	北京华电天德资产经营有限公司	1993.03	北京市昌平区朱辛庄北农路2号华北电力大学56#	资产经营管理
2	北京华电之星科学技术发展有限公司	2000.08	北京市昌平区朱辛庄北农路2号	在电力、能源、环保、机械、建筑、计算机等工程技术领域从事科技开发、设计、加工制作、产品代理、销售和咨询等业务
3	北京华电天达科技有限责任公司	2003.08	北京市昌平区朱辛庄北农路2号华北电力大学	门禁系列产品、停车场系列产品、读卡器系列产品、消费POS机系列产品
4	北京华电能达科技有限责任公司	2002.03	北京市昌平区科技园永安路47号	计算机及配套产品、软件开发、环保节能产品的开发、销售
5	北京四方立德保护控制设备有限公司	1999.04	北京市海淀区上地创业中路32号	电力系统继电保护和自动化装置、变电站综合自动化系统及故障录波装置
6	北京华电天仁电力控制技术有限公司	2003.04	北京市海淀区上地东路1号盈创动力E-201	电力辅助设备、仪器仪表、电子装置及电子标签，计算机硬件，网络安全设备、系统集成及装置等
7	北京华电卓越国际技术培训有限责任公司	2005.06	北京市昌平区朱辛庄北农路2号华北电力大学	国际电力仪器仪表技术开发、咨询、培训、服务、交流
8	北京华电纳鑫科技有限公司	2003.09	北京市昌平区马池口镇上念头村北	微纳米表面技术开发、应用、生产，新型耐磨材料技术应用、生产
9	北京丹华昊博电力科技有限公司	2003.09	北京市海淀区上地信息路1号2号楼2205室	小电流接地电网单相接地故障选线装置、10kV主从式自动调谐消弧线圈控制装置

续表

序号	公司名称	成立时间	地址	主要产品
10	北京微肯佛莱科技有限公司	2003.12	北京市昌平区朱辛庄北农路2号华北电力大学	电力基本建设管理系统软件、电力市场理论研究及相关技术支持系统、电力系统分析计算、电力企业ERP、电力系统监测和计量
11	北京华电辰能科技发展有限公司	1999.12	北京市海淀区中关村东路123号1号楼1701号	技术开发、服务、转让、咨询；销售开发后的产品、计算机软硬件及外围设备、电力发配电设备、环保节能设备
12	四方电气（集团）股份有限公司	1999.04	北京市海淀区上地信息产业基地四街9号	变电站综合自动化系统等微机保护产品
13	北京华电天德科技园有限公司	2007.01	北京市昌平区朱辛庄华北电力大学教四楼	技术开发、咨询、服务、电力技术培训；销售电力设备、电子设备
14	北京华电大通环保科技有限公司	2004.08	北京市海淀区太平路甲18号西南写字楼311室	开发环保技术，研制、生产环保产品；提供技术咨询服务
15	北京华电杰德科技有限公司	2007.03	北京市丰台区科学城海鹰路8号2号楼405室（园区）	火电厂仿真系统、电厂自动控制设备
16	北京榕科电气有限公司	2014.02	北京市昌平区回龙观镇朱辛庄北农路2号主楼D座1423室	技术开发、技术转让、技术咨询、技术推广服务；销售仪器仪表、机械设备
17	华电智连科技（北京）有限公司	2015.04	北京市昌平区回龙观镇朱辛庄北农路2号第四行政楼C座502室	宽带电力线载波通信模块的研发及销售，智能母线综合解决方案，智能家居综合解决方案，软件的研发和销售
18	保定华电天德科技园有限公司	2008.05	河北省保定市复兴西路118号	电力设备、电子设备、通信设备、太阳能及风能设备、输变电及控制设备、计算机及外部设备、仪器仪表制造销售、电力工程设计、计算机软件技术开发、技术咨询、技术服务
19	保定华电科源电气有限公司	1995.5	河北省保定市永华北大街619号76#信箱	微机综合自动化系统、变电站模拟系统、电网故障信息管理系统、微机保护装置、微机故障录波器
20	保定中力电力科技发展有限公司	2000.4	河北省保定市高开区竞秀街677号火炬产业园	微机发电机－变压器保护、分布式光纤母线保护系统
21	保定市毅格通信自动化有限公司	1998.6	河北省保定市高开区竞秀街677号火炬产业园	电力通信网监控管理系统、远动通道监测装置、电力企业管理与运营信息自动化、网络集成与管理等
22	保定华仿科技有限公司	1993.11	河北省保定市高开区竞秀街677号火炬产业园	大型火电机组全仿真机、电网及变电站全仿真机、航天载人飞船飞行训练模拟器
23	保定华电配电设备有限公司	1986.6	河北省保定市华电路3号华电二校内	高低压开关柜
24	保定锐腾电力科技有限公司	2010.4	河北省保定市复兴西路118号	电网调度自动化、配电网自动化、变电站自动化、继电保护及自动化装置、仪器仪表等输变电设备，以及从二次设备到一次设备的配套产品及服务
25	保定华电辉煌科技有限公司	1994.4	河北省保定市朝阳北大街658号发展大厦5层A座	应用软件开发、计算机网络系统集成、综合布线工程
26	保定华电电力设计院有限公司	1994.11	河北省保定市高开区竞秀街677号火炬产业园	乙级资质范围内的发电、送变电工程设计、三级及以下等级工业与民用建筑设计

续表

序号	公司名称	成立时间	地址	主要产品
27	保定华电科技开发服务中心	1996.1	河北省保定市永华北大街619号大3#信箱	科技项目管理
28	保定电谷科技园有限公司	2012.12	河北省保定市高新区北二环路5699号	高新技术企业服务
29	北京华星电力电子新技术开发公司	1989.4	北京市大兴区兴政街3号	小电流接地选线综合装置、微机直流接地综合选线装置及继电保护装置、变电站综合自动化系统
30	北京思达星电力自动化有限公司	1996.4	北京市大兴区兴政街3号	小电流接地选线综合装置、直流系统绝缘在线检测装置、远程监控系统
31	苏州华电科技创业园管理有限公司	2011.9	江苏省苏州工业园区独墅湖高教区仁爱路188号	高科技企业创业孵化、管理；销售：电力设备、电子设备并提供技术开发、技术咨询、技术服务

人物

华北电力大学2015年教授名录

杨勇平	李成榕	刘吉臻	安连锁	张粒子	胡三高	赵冬梅	赵会茹
张东英	刘宗歧	沈剑飞	许丹娜	王银顺	郝建红	崔翔	黄伟
王伟	肖湘宁	王泽忠	张建华	刘连光	杨奇逊	孙凤杰	鲍海
韩民晓	徐永海	刘文颖	黄少锋	宗伟	毕天姝	艾欣	李卫国
姜彤	徐磊	李存斌	董军	唐良瑞	许刚	付忠广	张照煌
刘东雨	杜小泽	刘石	何青	柳亦兵	董兴辉	刘宗德	刘彤
孙保民	顾煜炯	芮晓明	徐鸿	周少祥	李文艳	郭民臣	周涛
刘禾	罗毅	侯国莲	白焰	吕跃刚	张建华	陆会明	杨国田
谭文	刘向杰	吴克河	马素霞	郭京生	余顺坤	熊敏鹏	李涛
何永秀	谢传胜	乌云娜	曾鸣	谭忠富	杨淑霞	闫庆友	张艳
蔡利民	孙晓洁	张绪刚	杜波	周凤翱	方仲炳	李英	戴忠信
马铁川	陈惠良	李新	赵玉闪	朱勇华	张希荣	杨晓忠	何凤霞
王佩琼	邱启荣	曾玉华	陈德刚	孙淑珍	吕蓬	董福品	吕爱钟
田德	陆道纲	陈义学	刘晓芳	王丽萍	纪昌明	张华	张化永
李鱼	李金全	张锴	张兴平	郭永权	罗振东	秦立军	万书亭
屠幼萍	戚银城	董玲	陈宏刚	黄国和	李美成	李永平	何理
卢宏玮	谭占鳌	林俊	牛风雷	董天	梁平	房游光	李全化
蔡军	夏延秋	程伟良	张悦想	黄元生	沈长月	李彦斌	李永华
姚凯文	祁兵	刘衍平	魏彤儒	尹忠东	孔英会	王志刚	葛永庆
姚万业	苏杰	孟建良	崔和瑞	梁双印	火月丽	汪庆华	柳长安
李伟	王春波	焦彦军	陈雷	马永光	于荣生	高建强	甄成刚

常鲜戎	林永君	苑英科	陈诺夫	赵振宇	丁常富	陈海平	徐进良
赵建娜	朱予东	董泽	李俊卿	杜冬梅	阎维平	尹成群	张金辉
张天兴	李双辰	郭孝锋	吴乐为	米增强	苑津莎	李琳	张建成
王振旗	张丽静	朱有产	付东	周海云	李永臣	李慧君	周明
律方成	顾雪平	栗然	梁贵书	颜湘武	卢铁兵	李永刚	朱永利
李鹏	赵书强	李庚银	盛四清	宋玮	徐玉琴	王增平	赵成勇
刘力丰	王建伟	马平	刘长良	张栾英	王印松	任建文	韩中合
周兰欣	梁志瑞	韩璞	王松岭	杨实俊	李大中	杨耀全	孙建平
高强	尚秋峰	闫顺林	陈鸿伟	程友良	李永华	牛玉广	谷俊杰
田沛	杨玉华	王福海	高会生	谢志远	宋雨	程晓荣	王保义
张少敏	侯思祖	李永倩	戚宇林	唐贵基	张文建	王璋奇	范孝良
戴庆辉	赵毅	陈颖敏	胡志光	王聚芹	尹连庆	张胜寒	牛东晓
张彩庆	孙薇	王敬敏	张国立	姜根山	谷根代	邢棉	马新顺
卢占会	张莉	郭雷	张晓宏	张贵银	何永贵	孙毅	陈红平
关荣华	尹增谦	曹春梅	赵书涛	许伯强	赵洪山	张重远	孙正
赵莲清	程养春	文俊	张卫东	郑顾平	刘忠	庞力平	田松峰
崔彦彬	李元诚	赵强	黄仙	王东风	刘彦丰	马峻峰	谢力
李庆民	赵雄文	高建伟	侯学良	刘吉成	张素芳	孔峰	周建国
王淑勤	马双忱	董长青	姚建曦	刘永前	黄美	董瑾	张娟
李忠艳	白占武	史玮璇	朱晓红	郭正秋	屈朝霞	王晓东	邓英
杨立军	段立强	冼海珍	陈克丕	阎占元	翟明岳	赵志斌	任惠
刘云鹏	苑春刚	陈传敏	陈学刚	祖林	胡光宇	叶学民	魏兵
向玲	李为	曾德良	郑玲	段泉圣	庞南生	吴忠群	赵新刚
温磊	李泽红	杨少霞	王学棉	戴松元	张海波	卢斌先	刘艳
王艾萌	周国兵	周乐平	徐超	丁迅雷	周登文	赵文清	张立辉
李泓泽	张满红	刘滨	李继清	吕建燚	刘洋	郭鹏	任虎林
李燕青	彭林	王祥科	龚雁峰				

（田赞梅）

新增教授名录：

刘文霞	刘崇茹	齐磊	王毅	戈志华	李春曦	房方	马良玉
檀勤良	张尚弘	吴英	齐立强	石玉英	孟祥林	曹李刚	胡秀娟
康辉	云欣						

（田赞梅）

华北电力大学2015年两院院士名单

序号	单位	姓名	性别	出生年月	职称	学历	学位	入选年度
1	电气与电子工程学院	杨奇逊	男	1937.10	教授	研究生	博士	1994
2	能源动力与机械工程学院	黄其励	男	1941.1	教授	研究生	博士	1997

续表

序号	单位	姓名	性别	出生年月	职称	学历	学位	入选年度
3	能源动力与机械工程学院	陈蕴博	男	1935.1	教授	本科	学士	1999
4	能源动力与机械工程学院	樊明武	男	1943.7	教授	本科	学士	1999
5	电气与电子工程学院	沈国荣	男	1949.7	教授	研究生	硕士	1999
6	核科学与工程学院	欧阳晓平	男	1961.1	教授	研究生	博士	2013
7	控制与计算机工程学院	刘吉臻	男	1951.8	教授	研究生	博士	2015

华北电力大学2015年长江学者特聘教授名单

序号	单位	姓名	性别	出生年月	职称	学历	学位	入选年度
1	经济与管理学院	牛东晓	男	1962.10	教授	研究生	博士	2011
2	能源动力与机械工程学院	徐进良	男	1966.4	教授	研究生	博士	2012
3	环境研究院	李永平	女	1970.8	教授	研究生	博士	2013 、2014
4	环境科学与化学工程系	王祥科	男	1973.3	教授	研究生	博士	2015

华北电力大学2015年“长江学者和创新团队发展计划”学术带头人名单

序号	单位	姓名	性别	出生年月	职称	学历	学位	入选年度
1	电气与电子工程学院	李成榕	男	1957.3	教授	研究生	博士	2005
2	能源动力与机械工程学院	刘宗德	男	1963.5	教授	研究生	博士	2007
3	控制与计算机工程学院	刘　石	男	1956.9	教授	研究生	博士	2009
4	资源与环境研究院	黄国和	男	1961.11	教授	研究生	博士	2011

华北电力大学2015年杰出青年科学基金获得者名单

序号	单位	姓名	性别	出生年月	职称	学历	学位	入选年度
1	资源与环境研究院	黄国和	男	1961.11	教授	研究生	博士	2002
2	电气与电子工程学院	崔　翔	男	1960.5	教授	研究生	博士	2003
3	能源动力与机械工程学院	康　顺	男	1955.12	教授	研究生	博士	1998
4	可再生能源学院	徐进良	男	1966.4	教授	研究生	博士	2008

续表

序号	单位	姓名	性别	出生年月	职称	学历	学位	入选年度
5	能源动力与机械工程学院	杨勇平	男	1967.4	教授	研究生	博士	2010
6	资源与环境研究院	李永平	女	1970.8	教授	研究生	博士	2012
7	环境与化学工程系	王祥科	男	1973.3	教授	研究生	博士	2012
8	能源动力与机械工程学院	王晓东	男	1973.7	教授	研究生	博士	2015

华北电力大学2015年入选国家“百千万人才工程”名单

序号	单　位	姓名	性别	出生年月	职称	学历	学位	入选时间
1	电气与电子工程学院	崔　翔	男	1960.5	教授	研究生	博士	1996
2	可再生能源学院	田　德	男	1958.8	教授	研究生	博士	1996
3	控制与计算机工程学院	刘吉臻	男	1951.8	教授	研究生	博士	1997
4	能源动力与机械工程学院	刘宗德	男	1963.5	教授	研究生	博士	2004
5	电气与电子工程学院	李成榕	男	1957.3	教授	研究生	博士	2004
6	经济与管理学院	牛东晓	男	1962.10	教授	研究生	博士	2007
7	能源动力与机械工程学院	杨勇平	男	1967.4	教授	研究生	博士	2009
8	能源动力与机械工程学院	徐进良	男	1966.4	教授	研究生	博士	2013
9	环境研究院	李永平	女	1970.8	教授	研究生	博士	2014

华北电力大学2015年突出贡献专家名单

序号	单　位	姓名	性别	出生日期	职称	学历	学位	获准时间
1	电气与电子工程学院	杨奇逊	男	1937.01	教授	研究生	博士	1990
2	电气与电子工程学院	崔　翔	男	1960.05	教授	研究生	博士	1992
3	现代电力研究院	张振华	男	1966.02	教授	研究生	硕士	1996
4	控制科学与工程学院	王兵树	男	1950.07	教授	研究生	硕士	1998
5	电气与电子工程学院	高中德	男	1940.04	教授	本科	学士	1994
6	能源动力与机械工程学院	徐进良	男	1966.04	教授	研究生	博士	2013
7	环境研究院	李永平	女	1970.8	教授	研究生	博士	2014

华北电力大学2015年入选“新世纪优秀人才支持计划”名单

序号	单位	姓名	研究方向	入选年度
1	能源动力与机械工程学院	刘宗德	微纳米表面工程	2004
2	电气与电子工程学院	朱永利	网络化电力运动系统人工智能在电力系统中的应用	2004
3	能源动力与机械工程学院	杨勇平	能源系统集成与优化	2005
4	电气与电子工程学院	毕天姝	电力系统及其自动化	2005
5	电气与电子工程学院	丁立健	高电压与绝缘技术	2006
6	控制与计算机工程学院	刘向杰	复杂系统的智能控制及其工业应用	2006
7	经济与管理学院	谭忠富	电力经济	2006
8	可再生能源学院	李美成	新能源材料与器件	2006
9	环境科学与工程学院	付　东	化工热力学和分离技术	2006
10	经济与管理学院	牛东晓	经济预测	2007
11	能源动力与机械工程学院	杜小泽	传热传质学	2007
12	数理学院	王志刚	相对论束缚态和QCD求和规则	2007
13	能源动力与机械工程学院	顾煜炯	汽轮发电机组轴系振动量化评价和状态维修决策方法研究	2008
14	经济与管理学院	董　军	能源与电力经济	2008
15	经济与管理学院	闫庆友	创新授权理论研究	2008
16	能源动力与机械工程学院	王春波	洁净煤燃烧及污染物控制	2008
17	电气与电子工程学院	李庆民	高电压与绝缘技术	2008
18	可再生能源学院	张　锴	洁净能源转化技术、多相流反应工程	2009
19	核科学与工程学院	牛风雷	反应堆工程与反应堆安全	2009
20	环境科学与工程学院	苑春刚	环境科学与工程	2009
21	经济与管理学院	高建伟	保险精算，投资	2010
22	资源与环境研究院	李永平	环境系统分析、模拟优化模型、水资源管理、水污染控制	2010
23	可再生能源学院	董长青	生物质的高效清洁利用	2010
24	核科学与工程学院	陈义学	核能科学与工程	2011
25	能源动力与机械工程学院	陈克丕	铁电与压电材料	2011
26	可再生能源学院	姚建曦	光电材料及器件	2011
27	可再生能源学院	王晓东	相变与界面传递现象	2011
28	控制与计算机工程学院	柳长安	智能机器人技术 / 人工智能及应用	2011
29	资源与环境研究院	何　理	环境工程	2011
30	经济与管理学院	侯学良	工程项目管理、工程经济	2011
31	数理学院	任　芝	信息功能材料	2012
32	能源动力与机械工程学院	周乐平	传热传质与多相流	2012
33	电气与电子工程学院	刘崇茹	电力系统分析与控制	2012
34	环境科学与工程学院	汪黎东	环境科学与工程	2012
35	可再生能源学院	谭占鳌	太阳能光伏及能源材料	2012
36	能源动力与机械工程学院	薛志勇	先进金属材料	2012

续表

序号	单位	姓名	研究方向	入选年度
37	经济与管理学院	张兴平	技术经济评价理论与应用	2012
38	法政系（保定）	梁 平	民事诉讼法、司法制度	2013
39	资源与环境研究院	卢宏玮	水资源与水环境	2013
40	可再生能源学院	孙东亮	数值传热、强化传热、相变换热	2013
41	可再生能源学院	杨少霞	水和废水处理理论与技术	2013

华北电力大学2015年来访情况一览表

序号	来访时间	国家/地区/单位	来访人员	来访事宜
1	1月8日	法国	Herve Machenaud先生、Aline Penot女士、潘敏女士	为华北电力大学捐赠设立奖学金
2	3月2日	英国	曼彻斯特大学副校长Steve Flint教授、电气工程学院院长Tony Brow教授和王忠东教授	进行学术访问与交流
3	3月11日	澳大利亚	悉尼大学副校长兼工程与信息技术学部部长Archie Johnston和电气信息工程学院院长董朝阳	进行学术访问与交流
4	3月13日	蒙古	蒙古科技大学副校长ENKHJARGAL Khaltar、电气工程学院MANGALJALAV Chimid院长以及项目负责人BEKHBAT Galsan先生	就两校共建可再生能源研究中心进行探讨
5	3月13日	国家外国专家局	教科文卫专家司司长聂飙、教科文卫专家司副司长王嵩、计划处处长炊海春	调研座谈
6	3月17日	美国	罗克韦尔自动化全球总监迈克尔·库克、亚太区经理李磊、中国区大学项目高级专员吕颖珊	参加华北电力大学－罗克韦尔自动化实验室揭牌仪式
7	3月26日	澳大利亚	纽卡斯尔大学常务副校长Kevin Hall	进行学术访问与交流
8	4月3日	教育部国际交流司	国际合作与交流司司长岑建君	
9	4月8日	美国	北科罗拉多大学校长Kay Norton、常务副校长Robbyn Wacker、教育与行为科学学院院长Eugene Sheehan以及院长助理Ginny Huang	进行学术访问与交流
10	4月13日至14日	英国、意大利、挪威、克罗地亚	英国曼彻斯特大学、意大利博洛尼亚大学、挪威科技大学、克罗地亚萨格勒布大学及华北电力大学、清华大学、北京交通大学、国网智能电网研究院的专家代表	中国——欧盟研究及创新伙伴计划启动会议
11	4月16日至17日	东北电力大学	党委书记李岩峰	调研
12	4月17日	美国	美国密西西比大学全球事务办公室主任Nosa O.Egiebor教授，化学工程学院Wei-Yin Chen教授，Sandra Spiroff副教授	进行学术访问与交流
13	5月5日	直属高校基本建设规范化管理专项检查组	西北农林科技大学副校长冷畅俭、北京外国语大学副校长贾德忠、电子科技大学副校长朱宏	直属高校基本建设规范化管理专项检查

续表

序号	来访时间	国家 / 地区 / 单位	来访人员	来访事宜
14	5月13日	加拿大	里贾纳大学副校长戴维教授	进行学术访问与交流
15	5月14日	中国核学会	叶奇蓁、杜祥琬、胡思德、潘自强、陈念念	参加院士校园行活动
16	5月15日	英国	曼彻斯特大学数学学院院长 Peter Duck 和国际事务处处长 Mike Prest	进行学术访问与交流
17	5月18日—29日	美国	Ravi S. Gorur 教授	进行为期两周的教学活动和学术交流
18	5月18日—31日	美国	Shakeel Kazmi 教授	进行为期2周的访问讲学活动
19	5月20日	加拿大	原子能公司 Laurence Leung 教授	进行学术访问与交流
20	5月21日—28日	美国	伊利诺伊大学香槟分校电气与计算机工程系乔治·格罗斯（George Gross）教授	就王飞副教授的国家外国专家局2015年度聘请单位重点引智项目开展学术交流
21	5月26日	英国	曼彻斯特大学电气与电子工程学院院长 Tony Brown 教授	进行学术访问与交流
22	6月24日	英国	英国曼彻斯特大学副校长 Martin Schroder	合作交流
23	6月26日	科摩罗、南苏丹	科摩罗联盟驻华大使默罕默德·M·阿布德，南苏丹共和国驻华全权特别大使迈克尔·米利·侯赛	参加华北电力大学2015届本业生毕业典礼
24	7月2日	美国	威斯康星大学知名教授 Thomas M. Jahns 院士	合作交流
25	8月1日	山西大学	山西省教育厅副厅长孙世新、 山西大学党委书记师帅、山西大学校长贾锁堂	签署合作协议
26	9月15日	中国国电集团公司	集团公司党组成员、副总经理于崇德、科综部主任张文建 国电电科院院长刘建民、国电电力副总经理兼总工程师许琦、安生部副主任祁智明 科综部副主任刘东远、龙源集团副总经理张滨泉、国电新能源研究院副院长郭　桦、科环集团副总经理杨东、 安生部科技环保处处长崔立群、科综部科技处处长崔青汝、副处长、秘书谭勇、科综部科技处陶志刚	科研对接交流会
27	9月24日	民革中央、民革北京市委会	全国政协常委、民革中央副主席、民革中央教科文卫体委员会主任、北京市政协副主席、民革北京市委会主委傅惠民， 民革中央调研部副巡视员、民革中央教科文卫体委员会副主任、团结报社社长邵丹峰， 民革中央教科文卫体委员会副主任、北京市政协副秘书长、民革北京市委会副主委于雪鹰， 北京市政协委员、海淀区政协副秘书长、民革北京市委会秘书长蒋耘晨	调研共建“能源软科学研究中心”
28	10月13日—17日	加拿大	能源研究中心高级研究员丹尼斯·陆	学术访问与交流

续表

序号	来访时间	国家 / 地区 / 单位	来访人员	来访事宜
29	10 月 22 日	英国	英国 CMS 金马伦麦坚拿律师事务所合伙人安捷博士、高级顾问彭亮	访问北京能源发展研究基地
30	11 月 16 日	巨邦电气集团	董事长张建芳、总经理张小昉	签署战略合作协议
31	11 月 16 日	德国	德国黑森州中国合作促进中心主席施密特	参加中欧可再生能源创新中心揭牌仪式
32	12 月 3 日	美国	西肯塔基大学校长 Gary Ransdell，孔子学院外方院长潘伟平，教育和行为科学学院院长 Sam Evans 和孔子学院外方副院长 Betty Yu	西肯塔基大学孔子学院理事会
33	12 月 9 日	上海电力学院	校长办公室主任苏少华、校长办公室副主任胡花玉、 对外联络处处长兼校长办公室副主任王凡、机要秘书李媛媛	调研考察
34	12 月 13 日 –15 日	澳大利亚	著名学者、历史学家、作家大卫· 沃克教授（David Walker）和凯伦· 沃克教授（Karen Walker）	讲学

其他

华北电力大学 2015 年校友会理事会名单

姓名	校友会任职	工作单位	职务
史玉波	名誉理事长	国家电力监管委员会	副主席
李小鹏	名誉理事长	山西省委人民政府	常委、常务副省长
杨奇逊	名誉理事长	华北电力大学	华北电力大学教授、中国工程院院士
刘吉臻	理事长	华北电力大学	校长
李和明	常务副理事长	华北电力大学	副校长
王永干	副理事长	中国电力企业联合会	专职顾问
张成杰	副理事长	中国国电集团公司	党组成员，副总经理
舒印彪	副理事长	国家电网公司	副总经理
张丽英	副理事长	国家电网公司	总工程师
王良友	副理事长	中国南方电网有限责任公司	副总经理
王日文	副理事长	中国华电集团公司	总经济师
杨　庆	副理事长	中国大唐集团公司	副总经理
毛　迅	副理事长	神华集团有限责任公司	电力管理部总经理
袁　德	副理事长	中国电力投资集团公司	总工程师
谢　进	副理事长	中国华能集团公司技术经济研究院	院长
岳　曦	副理事长	中国人民武装武警部队水电指挥部	主任、少将，正军职
沈国荣	副理事长	南瑞继保电气有限公司	董事长、中国工程院院士
辛保安	副理事长	中国华电集团公司	副总经理

续表

姓名	校友会任职	工作单位	职务
贺　禹	副理事长	中国广东核电集团有限公司	党组书记、董事长
王绪昭	副理事长	北京四方继保自动化股份有限公司	董事长
杨　昆	副理事长	国家电监会安监局	局长
魏昭峰	副理事长	中国电力企业联合会	专职副理事长
刘国跃	副理事长	华能国际股份公司	党组副书记、总经理
曹景山	副理事长	大唐国际发电股份有限公司	党组书记、总经理
石生光	常务理事	南方电网国际有限公司	总经理
吕　慧	常务理事	北方联合电力公司	董事长兼党委书记
孙正运	常务理事	河北电力公司	总经理
孙学勤	常务理事	云南省电力公司	副总工程师
孙渝江	常务理事	重庆市电力公司	副总经理
许良策	常务理事		
许金明	常务理事	东北电力设计院	院长
闫少俊	常务理事	吉林省电力公司	总经理
吴　清	常务理事	海南电网公司安全生产技术部	主任
张维荣	常务理事	中国水电建设集团甘肃能源投资有限公司	执行董事、总经理
李文毅	常务理事	国家电网公司电网建设部	主任
杨迎建	常务理事	国网电力科学研究院	总工程师
邹宗宪	常务理事	中国能源建设集团设计事业部	副主任
陈文彬	常务理事	辽宁省电力有限公司	原副总经理
陈祖斌	常务理事	广西电网公司物资分公司	总经理
周　建	常务理事	合肥供电公司	书记
俞国勤	常务理事	上海市电力公司上海电力技术与管理学院	院长 高工
胡文森	常务理事	国电集团安全生产部	副主任
赵义亮	常务理事	上海电力公司	书记
晁　剑	常务理事	贵州省电网公司	副总经理
涂朝阳	常务理事	国电福建公司	副总经理
袁邦亮	常务理事	四川省电力公司生计部	主任
郭钛星	常务理事	山西格蒙国际能源公司	副总经理
崔继纯	常务理事	国家电网公司	副总工程师兼产业发展部主任
黄良玉	常务理事	Atomic Energy of Canada Ltd	Senior Engineer Section Head
董　璞	常务理事	青海省经济委员会	副主任
雷金娥	常务理事	西北电监局	副局长
谭永香	常务理事	江西省电力公司	副总经理
戴庆华	常务理事	湖南省电力公司	副总工程师
魏庆海	常务理事	中国电力技术装备电力公司	总经理
魏兆龙	常务理事	郑州电力高等专科学校	党委书记，教授
王　欣	理事	中国大唐集团公司总经理工作部	主任
王昕伟	理事	北京电力公司总经理工作办公室	主任
乔彦和	理事	衡水供电公司	副总经理

续表

姓名	校友会任职	工作单位	职务
孙章岭	理事	邯郸供电公司	总工程师
闫晓丁	理事	保定供电公司	党委书记
余　璟	理事	深圳市能源集团有限公司生产运营部	总监
宋　畅	理事	北京国华发电有限公司	副总经理
张志忠	理事	承德供电公司	副总经理
张俠志	理事	南方电网公司国际公司	副总经理
杨会堂	理事	沧州供电公司	党委副书记兼纪检书记
杨秀歧	理事	秦皇岛发电有限公司	总经理
		华北局物资公司	总经理兼招标办主任
肖建元	理事	唐山发电总厂	原党委书记
陈保卫	理事	中国国电新能源技术研究院	副院长
周　旭	理事	国网电力科学研究院	市场部主任
尚锦山	理事	天津电力公司	常委、工会主席
胡日查	理事	中国华电集团公司	副总工程师
赵化民	理事	河北兴泰发电有限责任公司	党委书记
赵崇理	理事	张家口供电公司	副书记兼工会主席
夏祥木	理事	台州电业局	经理
董双武	理事	河北省电力公司	纪检书记兼人力资源部主任
蒋锦峰	理事	国家电监会安监局	副局长
靳东来	理事	中国电力投资集团公司安运部	副主任
薛晓乐	理事	廊坊市农电管理局	副局长
魏锁钧	理事	石家庄供电公司	副经理
聂国欣	秘书长	华北电力大学校友工作办公室	主任

2015年媒体报道索引

序号	标题	媒体	时间
1	冠军为什么是他们	科技日报	2015年01月13日
2	华电学子：点亮一盏盏撬动阳光的灯	光明日报	2015年01月14日
3	华电“轮椅女孩”史怡杰获5所世界名校录取通知书	燕赵都市报	2015年03月23日
4	“轮椅女孩”坚毅求学 被5所世界名校青睐	中国新闻网	2015年03月24日
5	大学生志愿者清明植树踏青倡环保	新浪网	2015年04月07日
6	华北电大激活学生创业潜能	中国教育报	2015年04月14日
7	需求侧终端用电效率需提高	中国电力报	2015年04月21日
8	投身改革大潮 不负期待关怀	人民日报	2015年04月30日
9	“聪明大脑”一网扫除管理烦恼	中国教育报	2015年05月01日
11	莫让“志愿扎堆”屈了个人志趣	中国教育报	2015年06月19日
12	非物质文化遗产 磁州窑陶瓷艺术走进华电	北京电视台	2015年06月20日
13	高考选专业需“量体裁衣”	中国教育报	2015年06月23日

续表

序号	标题	媒体	时间
14	“轮椅女孩”的夏天	中国教育报	2015年06月29日
15	华北电力大学积极构建困难学生帮扶体系	教育部网站	2015年08月17日
16	多所高校迎新 报到五花八门	北京青年报	2015年09月12日
17	多所大学“海选”新生发言稿	北京青年报	2015年09月17日
18	华北电力大学大力实施新生引航工程帮助学生迈好开学第一步	教育部思政司网站	2015年09月30日
19	让数学“会说话”——访华北电力大学数理系马新顺教授	中国科学报	2015年10月08日
20	华北电力大学：立学以读书为本	光明日报	2015年12月09日
21	华北电力大学着力提高专业学位研究生实践创新能力	教育部网站	2015年12月10日

2015年华北电力大学出版物名单

《华北电力大学学报》《华北电力大学学报（社会科学版）》《现代电力》

□ 索引

INDEX

·索　引·

使用说明

一、本索引采用主题分析索引法编制。年鉴中有实质检索意义的内容均予以标引，以供检索使用。

二、本索引基本上按汉语拼音音序排列。具体排列方法如下：以数字开头的标目，排在最前面；以英文字母打头的标目，列于其次；汉字标目则按首字的音序、音调依次排列。首字相同时则以第二个字排序，依此类推。

三、索引标目后的数字，表示检索内容所在的年鉴正文页码。年鉴正文中的栏别，从左至右分别以 a、b、c 来表示。年鉴中以表格形式反映的内容，则在索引标目后用括号注明（表）字，以区别于文字标目。

四、为反映索引款目间的逻辑关系，对于二级标目，采取在一级标目下缩两格的形式编排，之下再按汉语拼音的音序、音调排列。

0 ~ 9

索　引

索　引

A ~ Z

A

B

C

D

索　引

H

K

L

M

N

P

Q

R

W

X

Y

Z